Handbuch für Planung, Gestaltung und Schutz der Umwelt

Band 1 Die Umwelt des Menschen

Band 2 Die Belastung der Umwelt

Band 3 Die Bewertung und Planung der Umwelt

Band 4 Umweltpolitik

Herausgeber

Prof. Dr. KONRAD BUCHWALD, Hannover

Direktor des Institutes für Landschaftspflege und Naturschutz
der Technischen Universität Hannover

Prof. Dr. WOLFGANG ENGELHARDT, München

Generaldirektor der Staatlichen Naturwissenschaftlichen Sammlungen Bayerns

Buchwald/Engelhardt (Hrsg.)

Handbuch für Planung Gestaltung und Schutz der Umwelt

2

Die Belastung der Umwelt

BLV Verlagsgesellschaft München Bern Wien

CIP-Kurztitelaufnahme der Deutschen Bibliothek

Handbuch für Planung, Gestaltung und Schutz der Umwelt / Buchwald-Engelhardt (Hrsg.). – München, Bern, Wien: BLV Verlagsgesellschaft.

NE: Buchwald, Konrad [Hrsg.]; Buchwald-Engelhardt, . . .

2. Die Belastung der Umwelt. – 1978.
ISBN 3-405-12032-2

Satz und Druck: Georg Appl, Wemding
Bindung: R. Oldenbourg, München

Printed in Germany · ISBN 3-405-12032-2

Die Mitarbeiter des Gesamtwerkes

Prof. Dr.-Ing. GERD ALBERS, Lehrstuhl f. Städtebau u. Regionalplanung der TU München, Arcisstr. 21, 8000 München 2

Prof. Dr. HANNES AN DER LAN, Zoolog. Inst. der Universität Innsbruck, Universitätsstr. 4, A-6020 Innsbruck

Dipl.-Ing. ROBERT BACHFISCHER, Lehrstuhl f. Raumforschung, Raumordnung und Landesplanung der TU München, Gabelsbergerstr. 30, 8000 München 2

Prof. Dr. ALFRED BARTHELMESS, Prinzenstr. 83, 8000 München 19

Dozent Dr. ARNIM BECHMANN, Inst. f. Landschaftspflege u. Naturschutz der TU Hannover, Herrenhäuserstr. 2, 3000 Hannover

Dipl.-Ing. ERICH BIERHALS, Inst. f. Landschaftspflege u. Naturschutz der TU Hannover, Herrenhäuserstr. 2, 3000 Hannover

Prof. Dr. Dr. h. c. EDUARD VON BOGUSLAWSKI, Inst. f. Pflanzenbau u. Pflanzenzüchtung d. Justus Liebig-Universität, Ludwigstr. 23, 5300 Gießen

Dr. DIETRICH VON BORRIES, Geschäftsstelle des Rates von Sachverständigen f. Umweltfragen, Statistisches Bundesamt, Gustav-Stresemann-Ring 11, 6200 Wiesbaden

Prof. Dr. KONRAD BUCHWALD, Inst. f. Landschaftspflege u. Naturschutz der TU Hannover, Herrenhäuserstr. 2, 3000 Hannover

Prof. Dr. GERHARD DARMER, Am Markt 7, 2139 Fintel

Dr.-Ing. JÜRGEN DAVID, Lehrstuhl f. Raumforschung, Raumordnung u. Landesplanung der TU München, Gabelsbergerstr. 30, 8000 München 2

Prof. Dr. MEINOLF DIERKES, Internationales Inst. f. Umwelt u. Gesellschaft, Wissenschaftszentrum Berlin, Blissestr. 2, 1000 Berlin 31

Prof. Dr. IRENÄUS EIBL-EIBESFELDT, Forschungsstelle f. Humanethologie am Max-Planck-Institut f. Verhaltensphysiologie, 8131 Seewiesen

Prof. Dr. WOLFGANG ENGELHARDT, Generaldirektor der Staatl. Naturwissenschaftlichen Sammlungen Bayerns, Menzingerstr. 71, 8000 München 19

Prof. Dr. WOLFGANG ERZ, Bundesforschungsanstalt f. Naturschutz u. Landschaftsökologie, Konstantinstr. 110, 5300 Bonn 2

Prof. Dr. JOST MARTIN FRANZ, Inst. f. biologische Schädlingsbekämpfung, Biologische Bundesanstalt f. Land- u. Forstwirtschaft, Heinrichstr. 243, 6100 Darmstadt

Prof. Dipl.-Ing. RALPH GÄLZER, Inst. f. Landschaftspflege, Landschaftsgestaltung u. Gartenkunst der TU Wien, Karlsgasse 11, A-1040 Wien

Prof. Dr. HANS-WALTER GEORGII, Inst. f. Meteorologie u. Geophysik, Joh.-Wolfg. Goethe-Universität, Feldbergstr. 47, 6000 Frankfurt am Main

Dr. LIESEL GOETTERT, Med. Inst. f. Lufthygiene u. Silikoseforschung u. Inst. f. Hygiene der Universität Düsseldorf, Gurlittstr. 53, 4000 Düsseldorf

Dipl.-Agr. PETER GROSCH, Inst. f. Landschaftspflege u. Naturschutz der TU Hannover, Appelstr. 23, 3000 Hannover 1

Prof. Dr. Wolfgang Haber, Lehrstuhl f. Landschaftsökologie der TU München, Weihenstephan, 8050 Freising 12

Prof. Dr. Karl-Heinrich Hansmeyer, Seminar f. Finanzwissenschaft, Universität Köln, Geibelstr. 5, 5000 Köln 21

Dipl.-Ing. Wolfgang Harfst, Inst. f. Landschaftspflege u. Naturschutz der TU Hannover, Herrenhäuserstr. 2, 3000 Hannover

Dipl.-Volksw. Volkmar Hartje, Internationales Inst. f. Umwelt u. Gesellschaft, Blissestr. 2, 1000 Berlin 31

Oberverwaltungsdirektor Dr. Karolus Heil, Leiter der Planung. Sozialreferat der Stadt München, Waldstr. 1, 8031 Eichenau

Dr. Ingrid Herlyn, Doz. f. Soziologie an der Päd. Hochschule Niedersachsen, Abt. Göttingen, Ernst-Curtius-Weg 12, 3400 Göttingen

Prof. Dr. Ulfert Herlyn, Lehrstuhl f. Grünplanung, Landschaftsplanung d. Ballungsräume der TU Hannover, Nienburger Str. 17, 3000 Hannover

Prof. Dr. Ludwig Jung, Tropeninst. d. Justus Liebig-Universität, Abt. Bodenkunde u. Bodenerhaltung, Schottstr. 2–4, 6300 Lahn-Gießen

Dipl.-Ing. Dietrich-Eckhard Kampe, Ahrweiler Str., 5307 Wachtberg-Berkum (ab Frühj. 79)

Ministerialdirigent Dipl.-Ing., Gunter Kappert, Niedersächsischer Ministerpräsident, Staatskanzlei, Plankstr. 2, 3000 Hannover

Reg.-Dir. Dipl.-Ing. Karl-Heinz Kellner, Bayer. Landesamt f. Umweltschutz, Rosenkavalierpl. 2, 8000 München 81

Prof. Dr. Hans Kiemstedt, Inst. f. Landschafts- u. Freiraumplanung der TU Berlin, Heerstr. 75/77, 1000 Berlin 19

Prof. Dr. Werner Klosterkötter †, Inst. f. Hygiene u. Arbeitsmedizin d. Universität Essen, Hufelandstr. 55, 4300 Essen

Peter Knauer, Umweltbundesamt, Bismarckplatz 1, 1000 Berlin 33

Dipl.-Ing. Ekkart Krause, Inst. f. Landschaftspflege u. Naturschutz der TU Hannover, Herrenhäuserstr. 2, 3000 Hannover

Dipl.-Ing. Barbara von Kügelgen, Institut für Landschafspflege u. Naturschutz der TU Hannover, Herrenhäuserstr. 2, 3000 Hannover

Prof. Dr. Hans Langer, Inst. f. Landschaftspflege u. Naturschutz der TU Hannover, Herrenhäuserstr. 2, 3000 Hannover

Reg.-Dir. Dipl.-Ing. Dietrich Lüderwaldt, Niedersächs. Landesverwaltungsamt Naturschutz, Landschaftspflege, Vogelschutz, Richard-Wagner-Str. 12, 3000 Hannover 1

Prof. Dr. Franz H. Meyer, Inst. f. Landschaftspflege u. Naturschutz der TU Hannover, Herrenhäuserstr. 2, 3000 Hannover

Wissensch. Direktor Dr. Walter Mrass, Bundesforschungsanstalt f. Naturschutz u. Landschaftsökologie, Inst. f. Landschaftspflege u. Landschaftsökologie, Konstantinstr. 110, 5300 Bonn 2

Dipl.-Ing. Werner Nohl, Lehrstuhl f. Landschaftsarchitektur der TU München, Weihenstephan, 8050 Freising

Prof. Dr. Karl Oettle, Inst. f. Verkehrswirtschaft u. öffentliche Wirtschaft der Universität München, Ludwigstr. 28, 8000 München 22

Prof. Wolfram Pflug, Lehrstuhl f. Landschaftsökologie u. Landschaftsgestaltung der TH Aachen, Schinkelstr. 1, 5100 Aachen

Prof. Dr. Hans-Ulrich Preusse, Inst. f. Bodenkunde u. Bodenerhaltung der Justus-Liebig-Universität Gießen, Ludwigstr. 23, 6300 Lahn-Gießen

Dr. Josef Reichholf, Zoologische Staatssammlung München, Maria-Ward-Str. 1B, 8000 München 19

Prof. Dr. Ing. G. Rincke, Inst. f. Wasserwirtschaft der TH Darmstadt, Lessingstr. 19, 6142 Bensheim-Auerbach

Prof. Dr. Paul Seibert, FB Biologie und Forstwissenschaft, Schellingstr. 14, 8000 München 40

Prof. Dr. med. Hans Schaefer, Universität Heidelberg, Im Neuenheimer Feld 326, 6900 Heidelberg

Prof. Dr. Ing. Helmut Schaefer, Lehrstuhl f. Energiewirtschaft u. Kraftwerktechnik der TU München, Arcisstr. 21, 8000 München 2

Prof. Dr. Klaus Schäfer, Lehrstuhl f. ländliches Bau- u. Siedlungswesen der TU Hannover, Schloßwenderstr. 1, 3000 Hannover

Dipl.-Landw. Helmut Scharpf, Inst. f. Landschaftspflege u. Naturschutz der TU Hannover, Herrenhäuserstr. 2, 3000 Hannover

Prof. Dipl.-Ing. Werner Schenkel, Umweltbundesamt, Bismarckplatz 1, 1000 Berlin 33

Prof. h. c. Dr. Hugo Meinhard Schiechtl, Wurmbachweg 1, A-6020 Innsbruck

Prof. Dr. Hans-Werner Schlipköter, Med. Inst. f. Lufthygiene u. Silikoseforschung u. Inst. f. Hygiene der Universität Düsseldorf, Gurlittstr. 53, 4000 Düsseldorf

Prof. Dr. Uwe Schlüter, Inst. f. Landschaftspflege u. Naturschutz der TU Hannover, Herrenhäuserstr. 2, 3000 Hannover

Prof. Dr. Sigfrid Schneider, Bundesforschungsanstalt f. Landeskunde u. Raumordnung, Michaelstr. 8, 5300 Bonn-Bad Godesberg 1

Prof. Dr. Helmut Schönnamsgruber, Landesanstalt f. Umweltschutz Bad.-Württemberg, Inst. f. Ökologie u. Naturschutz, Bannwaldallee 32, 7500 Karlsruhe 21

Dr. Ingolf Schuphan, Lehrbeauftragter f. Ökochemie an der Universität Mainz, Glauberstr. 5, 1000 Berlin 45

Prof. Dr. Lore Steubing, Inst. f. Pflanzenökologie d. Justus Liebig-Universität Gießen, Heinrich-Buff-Ring 38, 6300 Gießen

Prof. Dr. Rudolf Stich, Univ. Kaiserslautern, Pfaffenbergstr. 95, 6750 Kaiserslautern

Dipl.-Ing. Heinrich Stillger, Inst. f. Landschaftspflege u. Naturschutz der TU Hannover, Herrenhäuserstr. 2, 3000 Hannover

Ltd. Min. Rat Dipl.-Ing. Günther Strössner, Bayer. Staatsministerium f. Ernährung, Landwirtschaft u. Forsten, Ludwigstr. 2, 8000 München 22

Prof. Dr. Rainer Thoss, Inst. f. Siedlungs- u. Wohnungswesen der Westf. Wilhelms-Universität, Am Stadtgraben 9, 4400 Münster

Dr. Frederic Vester, Studiengruppe f. Biologie u. Umwelt, Nußbaumstr. 14, 8000 München 2

Dr. Horst Wedeck, Lehrstuhl f. Landschaftsökologie u. Landschaftsgestaltung der TH Aachen, Auf der Gallich 29, 5100 Aachen

Dozent Dr. Hans Wöbse, Inst. f. Landschaftspflege u. Naturschutz der TH Hannover, Herrenhäuserstr. 2, 3000 Hannover

Prof. Dr. Rolf Zundel, Inst. f. Forstpolitik, Forstmarktlehre, Forstgeschichte u. Naturschutz der Universität Göttingen, Büsgenweg 5, 3400 Göttingen

Vorwort

Umweltvorsorge und Umweltschutz sind im letzten Jahrzehnt in kurzer Zeit unverzichtbarer Bestandteil der Daseinsvorsorge moderner Industriegesellschaften geworden – in Forschung, Lehre, Verwaltung und zunehmend auch in der Wirtschaft.
Die Umweltpolitik hat sich – trotz heftiger Auseinandersetzungen und auch Rückschlägen – eine feste Position neben den traditionellen Politikbereichen gesichert.
Seit dem Beginn der 70er Jahre besteht ein wachsendes Umweltbewußtsein breiter Bevölkerungskreise. Selten hat ein neu auftretender Bereich menschlicher Daseinsvorsorge so engagierte Verfechter – gerade auch in der jüngeren Generation – gefunden. Die geistige und politische Auseinandersetzung um den Stellenwert des ökologischen Denkens und Handelns gegenüber dem ökonomischen und sozialen Bereich hält an.
In dieser Situation kam es darauf an, aus einer verwirrenden Fülle von Einzelveröffentlichungen sowie Darstellungen von Teilbereichen des Umweltschutzes einen Überblick über den Stand unseres Wissens an gesicherten Tatsachen, theoretischen Ansätzen, Methoden und Maßnahmen zu gewinnen und zu vermitteln. Dieser Versuch wird heute von den Herausgebern in einer relativ frühen Phase der Entwicklung des noch jungen Arbeitsgebietes unternommen, mit allen Mängeln, die einem solchen ersten Versuch zwangsläufig anhaften müssen.
Eindeutig bestand in den letzten Jahren die Gefahr, daß sich zwei in den meisten Behörden administrativ und organisatorisch getrennte Teilgebiete der Umweltvorsorge wie des Umweltschutzes auch konzeptionell und hinsichtlich der praktischen Zusammenarbeit auseinanderentwickeln: Der sogenannte »biologisch-ökologische« und der »technologisch-hygienische« Umweltschutz.
Das biologisch-ökologische Teilgebiet entwickelte sich aus den landespflegerischen Arbeitsgebieten des Naturschutzes, der Landschaftspflege und der Grünplanung. Hierzu traten Raumordnung und Städtebau in ihren ökologischen und strukturellen Komponenten als weitere komplexe Bereiche der Umweltpolitik. Das Planungsinstrument der Landschaftsplanung wurde zu einer querschnittsorientierten ökologischen Planung weiterentwickelt und methodisch ergänzt durch Verfahren zur ökologischen Beurteilung der Nutzungseignung von Standorten, zur Bewertung von Belastungen und Risiken.
In diesen komplexen Bereichen wird menschliche Umwelt in Freiraum und Siedlung als System verstanden und untersucht. Ziel ist die Steuerung und Strukturwandlung des Systems in ihren ökologischen, ökonomischen und sozialen Komponenten.
Das technologisch-hygienische Teilgebiet umfaßt den Schutz der Gewässer und das Abwasserwesen, die Reinhaltung der Luft, den Lärmschutz, die Beseitigung fester Abfälle, den Schutz vor Umweltchemikalien und harten Strahlen. Der Schwerpunkt liegt hier in der Entwicklung technischer Verfahren und rechtlicher Regelungen zur Minimierung der Umweltbelastungen.
Komplexe wie Teilbereiche sind noch in voller Entwicklung. Das ökologische Datenmaterial ist in vielen Bereichen noch gering oder nicht planungsrelevant aufbereitet.
Planungsmethodisch sind weitere Fortschritte zu erwarten. Angesichts der in vielen Bereichen kritischen Umweltsituation kam es aber darauf an, das heute vorhandene Datenmaterial und die z. Zt. verfügbaren Methoden und Instrumente vorzustellen, um damit Hinweise und Hilfen für die heute möglichen Problemlösungen zu geben.
In diesem Handbuch ist versucht worden, Teilbereiche und komplexe Bereiche des Umweltschutzes in ihren gegenseitigen Bezügen als ein Ganzes darzustellen.
Der wesentliche Schwerpunkt des Werkes liegt dabei auf dem Gebiet der ökologisch-strukturellen Planung sowie auf den daraus abzuleitenden neugestaltenden, pflegerischen und vorsor-

gend-schützenden Maßnahmen. Aus der Inhaltsübersicht wird deutlich, daß die Beiträge des Handbuches in erster Linie die »natürliche« wie auch die »gebaute« (technische) Umwelt des Menschen in ihren ökologischen und psychologischen Auswirkungen auf diesen und die Gesellschaft untersuchen, aber auch in ihrer Abhängigkeit von diesen. Damit ist in vielen Beiträgen zugleich die »soziale« Umwelt einbezogen, jedoch nicht schwerpunktmäßig behandelt.
Dieses Handbuch baut auf dem in den Jahren 1968/69 gemeinsam mit zahlreichen Mitarbeitern beim gleichen Verlag herausgebrachten vierbändigen »Handbuch für Landschaftspflege und Naturschutz« (1270 Seiten) auf. Nachdem dieses Werk überraschend schnell vergriffen war, haben wir, auch auf Wunsch des Verlages, 1973 eine »Kurzfassung« unter dem Titel »Landschaftspflege und Naturschutz in der Praxis« (664 Seiten) herausgegeben, in dem alle Grundlagenkapitel weggelassen wurden. Auch diese Ausgabe ist vergriffen. Sie war von Anfang an als Übergangslösung gedacht, denn der Verlag und die Herausgeber waren sich darüber im klaren, daß das Handbuch gemäß den Fortschritten in Forschung und Praxis auf allen Teilgebieten der Umweltplanung und des Umweltschutzes fortentwickelt werden sollte. Das Konzept für das neue Werk wurde im Sommer 1975 entwickelt und im Laufe des Jahres mit den Mitarbeitern diskutiert und abgestimmt. Das Handbuch unterlag so einem relativ langen Reifeprozeß und hat während dessen noch wichtige Anregungen empfangen. Wesentliche Anstöße konzeptioneller Art wie auch eine Überprüfung und Ergänzung des technologischen Kenntnisstandes verdanken Herausgeber und Mitarbeiter den Veröffentlichungen des Rates der Sachverständigen für Umweltfragen bei der Bundesregierung.
Zunächst in 2 Bänden geplant, wurde, auch um den spezifischen Anforderungen der verschiedenen Benutzergruppen Rechnung zu tragen, die handlichere und leichter benutzbare 4-bändige Form gewählt:

Band 1: *Die Umwelt des Menschen*
Band 2: *Belastung der Umwelt und ihrer Teilbereiche*
Band 3: *Bewertung und Planung der Umwelt*
Band 4: *Umweltpolitik.*

Unser Handbuch soll nicht nur ein Nachschlagewerk, sondern das Arbeitsmittel für alle im Gesamtbereich oder in Teilbereichen der Umweltplanung und des Umweltschutzes Tätigen sein – an Instituten, in der Verwaltung wie in der planerischen Praxis. Insbesondere soll es auch ein Hochschulbuch für den Gesamtbereich sein.
Die Herausgeber danken allen Mitarbeitern für die sachliche und vertrauensvolle Zusammenarbeit, Ministerien, Dienststellen und Instituten sowie vielen Kollegen für die Überlassung wertvoller Unterlagen, vor allem auch dem Verlag für Geduld, Mühe und Großzügigkeit bei dem oft langwierigen mühevollen Entstehen des gemeinsamen Werkes.

Hannover und München, im Sommer 1978

Konrad Buchwald
Wolfgang Engelhardt

Aus dem Inhalt der übrigen Bände

Band 1 Die Umwelt des Menschen

Kap. 1 *Die Umweltkrise*

Umwelt – Mensch – Gesellschaft. Die Entstehung der Umweltproblematik · Bevölkerungsentwicklung · Verstädterung · Erschöpfung natürlicher Grundgüter menschlichen Lebens · Belastung der Umwelt

Kap. 2 *Begriff und System menschlicher Umwelt*

Fragestellung und Grundbegriffe der Ökologie · Ökosystemforschung – Ergebnisse und offene Fragen · Humanökologisch-anthropologische Grundlagen der Umweltgestaltung · Humanökologie · Der Mensch und seine Umwelt · Ethologische Perspektiven · Soziologische Grundlagen der Umweltgestaltung · Sozialmedizin · Mensch – Umwelt als ökologisches System

Kap. 3 *Gesamtplanungen aus der Sicht umfassender Umweltplanung: Raumordnung, Landesentwicklung, Regional- und Bauleitplanung*

Begriffe und Organisation der Raumordnung und Landesentwicklung · Ziele, Methodik und Probleme der Raumordnung und Landesentwicklung · Begriffe, Rechtsgrundlagen, Organisation des Städtebaus · Ziele, Aufgaben, Methoden und Probleme der Stadtplanung · Ländliche Gemeinden · Entwicklung des ländlichen Raumes · Beurteilung der Flächennutzung unter umweltpolitischen Gesichtspunkten · Folgerungen für eine ökologisch orientierte Raumordnung

Kap. 4 *Fachplanungen aus der Sicht umfassender Umweltplanung*

Verkehrsplanung · Energiewirtschaftliche Planung und Umweltbeeinflussung · Wasserwirtschaftliche Planung · Forstliche Planung · Folgerungen für eine ökologische Orientierung der Fachplanungen

Band 3 Die Bewertung und Planung der Umwelt

Kap. 6 *Der Beitrag ökologisch-gestalterischer Planungen zu Gesamt- und Fachplanungen*

Aufgabenstellungen ökologisch-gestalterischer Planungen im Rahmen umfassender Umweltplanung · Landschaftsplanung und Grünplanung · Methodik der Landschafts- und Grünplanung · Bewertungsverfahren · Zur Bedeutung landschaftsökologischer Grundlagen für die Planung · Zur Ermittlung ökologisch optimaler Nutzungskombinationen · Ökologische Modelle · Ansätze zur Erfassung des Umweltsystems · Ökologisch-ökonomische Bewertungsmodelle für die Mehrfachnutzung · Möglichkeiten der Integration ökologischer Sachverhalte in die Raumordnung · EDV-Anwendung in der Landschaftspflege · Die Interpretation von Fernerkundungsdaten zur Beurteilung der Gestalt- und Erlebnisqualität · Anwendungsbereich der Landschafts- und Grünplanung · Problematik und Lösungsversuche in Industriegebieten · Landschaftsplanung als Beitrag zur Rekultivierung am Beispiel des Braunkohlentagebaues · Anwendungsbereiche der Landschaftsplanung in Agrargebieten · Problematik und Lösungsversuche in Erholungsgebieten · Problematik und Lösungsversuche im Rahmen wasserwirtschaftlicher Planungen · Problematik und Lösungsversuche im Rahmen der Verkehrsplanung · Problematik und Lösungsversuche im Rahmen der Planung von Stromversorgungsanlagen und Rohrleitungen · Problematik und Lösungsversuche für die Behandlung der Außenreklame · Problematik und Lösungsversuche in Naturschutzgebieten und Nationalparks · Problematik und Lösungsversuche im Rahmen des Städtebaus und der Stadtentwicklung · Landschaftsplanung als Beitrag zur Stadtentwicklungs- und Bauleitplanung · Ökologische Planungsansätze im Rahmen der Stadtplanung · Die ökologische Risikoanalyse als Entscheidungsgrundlage für die räumliche Gesamtplanung – dargestellt am Beispiel der Industrieregion Mittelfranken · Problematik und Lösungsversuche im Rahmen des Landesraumordnungsprogramms – Beitrag des Landschaftsprogramms · Naturschutz: Problemstellung, Aufgabenbereich, Maßnahmen · Landschaftsbau: Grundlagen, Methoden, Anwendungsgebiete · Umweltbelastungen von Bäumen in urban-industriellen Ökosystemen

Band 4 Umweltpolitik

Kap. 7 *Umweltpolitik und ihre Instrumente*

Umwelt und Gesellschaft zwischen Wachstum und Gleichgewicht · Zukunftsprognosen, Modelle, Strategien · Umweltpolitik · Ziele der Umweltpolitik · Umweltprogramm · Ökonomische Aspekte der Umweltpolitik · Internationale Aspekte der Umweltpolitik · Instrumente der Umweltpolitik · Umweltrecht · Planerische Instrumente · Beteiligung des Bürgers an umweltverändernden Planungen · Organisation des Umweltschutzes und der Umweltplanung · Forschung, Ausbildung, Information

Inhaltsverzeichnis

5 Teilbereiche der Umweltvorsorge und des Umweltschutzes

Buchwald, Konrad

5.0 Landschaft – Begriff, Elemente, System

Der Begriff »Landschaft« ist im Laufe der Jahrhunderte seit dem frühen Mittelalter in vielseitiger Weise verwendet worden. Um den Landschaftsbegriff hat es in der Geographie bis zum heutigen Tag eine intensive Diskussion gegeben[1], auf die in Abschnitt 2.4 eingegangen wurde.

5.0.1 Zum Landschaftsbegriff: »Landschaft« und »Landschaftsräume«

Als Ausgangspunkt für die Entwicklung der Begriffe »Landschaft« und »Landschaftsraum« werden im folgenden die Definitionen von Leser [1976] zitiert. Leser definiert *»Landschaft«* als »das konkret, d. h. real vorhandene landschaftliche Ökosystem eines beliebig ausgedehnten räumlichen Ausschnittes der Geosphäre. Je nach Anzahl der sie aufbauenden, ursächlich miteinander verknüpften Sphären kann das landschaftliche Ökosystem in verschiedenen Integrationsstufen auftreten: im einfachsten Fall – z. B. Physiosystem Extremwüste – umfaßt es Lithosphäre, Hydrosphäre und Atmosphäre; dort können biotische Komponenten in geographisch relevanter Größenordnung fehlen. In den meisten Bereichen der Erdoberfläche ist es jedoch höher integriert zu einer mit Lebewesen erfüllten Ökosphäre, in der das Leben in artspezifischer Weise auf seine Umwelt eingestellt ist und mit ihr zusammen selbstregulierende Wirkungsgefüge bildet, die wegen des komplexen Charakters als landschaftliche Ökosysteme bezeichnet werden. Landschaft ist insofern stets ein offenes stoffliches und/oder energetisches System, das sich in einem dynamischen Gleichgewicht befindet und eine gewisse Amplitude aufweist. In das System kann der Mensch gestaltend oder auch zerstörend eingreifen. Das landschaftliche Ökosystem befindet sich in einem permanenten Wandel, der ursächlich naturgesetzlich abläuft, aber eben auch anthropogen geregelt werden kann. Sukzessionen bzw. Entwicklungsstadien der landschaftlichen Ökosysteme sind die objektiv-reale Manifestation dieses Wandels im Raum. Infolge der Strukturierung der einzelnen Sphären und der damit zusammenhängenden Unterschiedlichkeiten der landschaftlichen Ökosysteme treten in der Landschaft sowohl physiognomische als auch funktionale Verbreitungsmuster auf, die wichtig für die Eingliederung in die naturräumlichen Ordnungsstufen und damit die nur sekundär bedeutende Abgrenzung sind. Ein Ausschnitt der Geosphäre mit einheitlicher Struktur und der Ordnungsstufe entsprechend homogenen Systemcharakter wird als ein *»Landschaftsraum«* bezeichnet. Damit ist der seitherige Stand der geographischen Fassung der Begriffe in Weiterentwicklung der Definition von Troll [1950, 1963] wiedergegeben. Landschaften, die landschaftlichen Ökosysteme, sind das »natürliche Potential für die Nutzung durch den Menschen« [Leser 1976]. Mensch und Gesellschaft sind nutzender und störender Faktor, *aber außerhalb des Systems,* selbst nicht in das System »Landschaft« einbezogen (vgl. aber Neef 1972ff.).
Unter Weiterentwicklung der Begriffe bei Humboldt (»Totalcharakter einer Erdgegend«), Bobek und Schmithüsen [1949] (»Landschaft«), Troll [1950] (»Geographische Landschaft«), Berninger [1968] (»Landschaftscharakter«) und Leser [1976] (»Landschaft«) wird »Landschaft« im folgenden im umfassenden Sinne als *Qualität eines Teilraumes der Erdoberfläche* unter Einschluß aller bebauten Flächen verstanden. Umfassend bedeutet hierbei: Die menschli-

[1] Zusammenfassende Darstellungen u. a. bei Berninger [1968], Ruppert [1976], Langer [1977/78].

che Gesellschaft ist in die funktionalen Verflechtungen des landschaftlichen Ökosystems und das Strukturgefüge dieses Raumes einbezogen, ist selbst Teil des Gesamtsystems Landschaft. Wir sprechen von der *Bördelandschaft* und kennzeichnen damit eine bestimmte *Qualität,* einen *Landschaftstypus* mit einer für ihn charakteristischen ökologischen, strukturellen, physiognomischen, historischen und sozioökonomischen Eigenart.

Räumliches Bezugsobjekt aller raumbezogenen Umweltplanungen (Gesamt- und Fachplanungen, Landschaftsplanung) sind konkrete »*Landschaftsräume*« als zweckmäßig und je nach Aufgabenstellung zielgerecht abgegrenzte und abgrenzbare Ausschnitte aus der Geosphäre mit einer für sie spezifischen landschaftlichen Qualität. In diesem Zusammenhang sprechen wir von dem konkreten, individuellen Landschaftsraum etwa der *Calenberger Börde,* der durch eine hier spezifische »Bördequalität« nach den obengenannten Kriterien von anderen, benachbarten Landschaftsräumen abgrenzbar ist.

Die Erdoberfläche oder *Geosphäre,* in der sich pflanzliches, tierisches und menschliches Leben abspielt, verstehen wir als Wirkungsgefüge der abiotischen Faktorengruppen Atmosphäre, Hydrosphäre, Litho- und Pedosphäre, der Biosphäre sowie der Anthropo- oder Noosphäre, die sich in verschiedenem Maße durchdringen. Bobek und Schmithüsen [1949] haben versucht, die in der Geosphäre und ihren Teilräumen wirkenden Gruppen von Landschaftsfaktoren und Gesetzmäßigkeiten wie die vorhandenen Seinsbereiche darzustellen. Das Schema gibt in erster Annäherung die Komplexität der Geosphäre bzw. ihrer landschaftlichen Teilräume wieder, ohne jedoch dem Systemcharakter gerecht zu werden (Abb. 1). In Abb. 2 wird die Integration zur Landschaft in ihren Hauptstufen für die drei Seinsbereiche dargestellt [Bobek und Schmithüsen 1949]. Landschaft im Sinne von menschlich genutzter Kulturlandschaft ist hier als Integration von Landesnatur und Gesellschaft, Umwelt und Lebenseinheit dargestellt, ohne daß die funktionalen Bezüge, das Wesen der Landschaft als Leben-Umwelt-System, bzw. ihr Systemcharakter deutlich würden. Unter »Landesnatur« eines Teiles der Erdoberfläche wird von den Autoren die Gesamtheit dessen verstanden, was nicht durch den Menschen geschaffen

<table>
<tr><th>Gruppen von Landschaftsfaktoren</th><th>Seinsbereiche</th><th>Art der Gesetzmäßigkeit</th><th></th><th></th></tr>
<tr><td>Atmosphäre
Hydrosphäre
Lithosphäre
Pedosphäre</td><td>Anorganische Welt</td><td>Physikalische Kausalität</td><td rowspan="2">In der Naturlandschaft wirkend (Naturausstattung)</td><td rowspan="3">In der Kulturlandschaft wirkend.</td></tr>
<tr><td>Biosphäre
(Tier- u. Pflanzenwelt)</td><td>Vitale Welt</td><td>Vitale Gesetzlichkeit</td></tr>
<tr><td>Anthroposphäre (menschliche Gesellschaft und ihre Werke)</td><td>Geistbestimmte vitale Welt</td><td>Geistige Ordnung und vitale Gesetzlichkeit</td><td></td></tr>
</table>

Abb. 1 In der Kulturlandschaft wirkende Gruppen von Landschaftsfaktoren und Gesetzmäßigkeiten, vorhandene Seinsbereiche. Verändert nach Bobek und Schmithüsen [1949].

<table>
<tr><th colspan="3">Landschaft</th></tr>
<tr><td colspan="2">Landesnatur</td><td>Gesellschaften, örtl. Siedlungskomplexe</td></tr>
<tr><td>örtl. abiotische Gesamtkomplexe</td><td>Biozönosen</td><td>Menschliche Gruppen</td></tr>
<tr><td>abiot. Teilkomplexe bzw. Einzelerscheinungen</td><td>Biotische Elemente</td><td>Menschen</td></tr>
</table>

Abb. 2 Hauptstufen der Integration zur Landschaft. Nach Bobek und Schmithüsen [1949].

oder gestaltet ist. Landesnatur ist demnach Wirkungsgefüge von Erscheinungen und Kräften der anorganischen und der vitalen Welt.
Landschaftsräume als konkrete Teilräume der Geosphäre sind nach bestimmten, für die betreffende Aufgabe bzw. den speziellen Planungszweck geeigneten und zweckmäßigen Kriterien abzugrenzen. Die Abgrenzung kann sowohl nach der Landesnatur (= Naturausstattung) wie auch nach kulturlandschaftlichen bzw. Nutzungseinheiten oder etwa nach Verwaltungsgrenzen bzw. Planungseinheiten erfolgen.

5.0.2 Zur Kennzeichnung von Landschaftsräumen

Die *Kennzeichnung oder Charakterisierung eines Landschaftsraumes* kann erfolgen nach
- dem Landschaftshaushalt (ökologischer Aspekt),
- der Landschaftsstruktur (struktureller Aspekt),
- dem Landschaftsbild (physiognomischer Aspekt) wie
- der Landschaftsgeschichte (historisch-genetischer Aspekt)
- und der diesen Landschaftsraum bewohnenden und nutzenden Gesellschaft, ihren Produktions- und Reproduktionsstrukturen, den Arbeitskräfte-, Siedlungs- und Infrastrukturen (sozio-ökonomischer Aspekt).

Wir verstehen unter dem *Landschaftshaushalt* die Wirkungsbeziehungen (Wirkungs- oder Kausalgefüge) zwischen den Landschaftsfaktoren Relief, Gestein, Boden, Klima, Wasser, Pflanzendecke, Tierwelt, menschliche Gesellschaft innerhalb eines Landschaftsraumes und zu denen benachbarter oder auch ferner liegender Landschaftsräume. Der *Haushalt einer Naturlandschaft* umfaßt lediglich die natürlichen Landschaftsfaktoren, der *Haushalt einer Kulturlandschaft* schließt die menschliche Gesellschaft als die Naturausstattung nutzenden, gestaltenden bzw. die ökologischen Prozesse regelnden und Strukturen verändernden Faktor mit ein. Die natürliche Leistungskraft *(Naturpotential)* und das Bild eines Landschaftsraumes sind Ausdruck und Ergebnis des landschaftlichen Wirkungsgefüges. Die Wissenschaft vom Haushalt der Landschaftsräume nennen wir *Landschaftsökologie.* Wir verwenden diesen von TROLL [1963] u. a. ursprünglich nur für die Wissenschaft vom Wirkungsgefüge der Naturausstattung geprägten Ausdruck entsprechend dem hier verwendeten Landschaftsbegriff für die Wissenschaft von den Mensch-Umwelt-Beziehungen in Landschaftsräumen.
Unter der *Landschaftsstruktur* wird die stoffliche und formale Struktur eines Landschaftsraumes verstanden, d. h. Größe, Formenwelt, Farben, stoffliche Zusammensetzung und damit der innere und äußere Aufbau eines Landschaftsraumes aus den Landschaftselementen.
Unter dem *Landschaftsbild* verstehen wir das visuell wahrnehmbare Erscheinungsbild der Landschaft. Visuell wahrnehmbar sind in Landschaftsräumen Größe, Formen, Farben, stoffliche Beschaffenheit (z. T.) sowie die äußere Gliederung.
In einem Landschaftsraum sind nicht nur säkular gesehen die natürlichen Landschaftsfaktoren (Naturausstattung) einer Entwicklung unterworfen (gebirgsbildende und abtragende Kräfte, Veränderungen der Land-Meer-Grenze, Klimaänderungen und -schwankungen, Wechsel von Pflanzendecke und Tierwelt), sondern auch in prähistorischen und historisch überschaubaren Zeiträumen durch die Wechselbeziehung Naturausstattung: Gesellschaft in einem ständigen Gestaltwandel begriffen. Unter der *Landschaftsgeschichte* verstehen wir demnach die geschichtliche Entwicklung, die zu dem gegenwärtigen Wirkungsgefüge, der derzeitigen Struktur und dem heutigen Erscheinungsbild geführt hat und darüber hinaus in die Zukunft weiterführt. So können Formen und Entwicklungszustände überkommen sein, die aus der gegenwärtigen Dynamik heraus keine Erklärung finden (z. B. glazialer Formenschatz in der heutigen Landschaft). Summe und Ergebnis der Wirkungsgefüge der Vergangenheit bestimmen maßgeblich das heutige Wirkungsgefüge mit.

5.0.3 Landschaftsfaktoren, Landschaftselemente

Bei der Erläuterung der Landschaftsstruktur wie des Landschaftshaushaltes wurde auf die Geofaktoren in ihrer Eigenschaft als Landschaftselemente und Landschaftsfaktoren hingewiesen. Hierunter verstehen wir die Oberflächenformen und den Gesteinsaufbau (Lithosphäre), die Hülle der Böden (Pedosphäre), die Lufthülle mit den klimatischen Prozessen (Atmosphäre), die Pflanzendecke und die Tierwelt (Biosphäre), sowie die menschliche Gesellschaft mit ihren Werken (Anthroposphäre). Geofaktoren sind einmal wirkende Kräfte im Wirkungsgefüge des Landschaftshaushaltes. In dieser Eigenschaft nennen wir sie *Landschaftsfaktoren.* Zum anderen sind sie Bauelemente der Landschaft mit raumbildenden und raumerfüllenden Eigenschaften, Landschaftsbildner. In dieser Eigenschaft nennen wir sie *Landschaftselemente.* Der Dolomitklotz des Sellastocks in Südtirol, der Wasserkörper des Bodensees, ein Waldkomplex im Mittelgebirge sind einmal wirkende Kräfte im Wirkungsgefüge der betreffenden Landschaftsräume (Landschaftsfaktoren), zum anderen raumbildende und raumerfüllende Landschaftsbildner, Bausteine der Landschaft (Landschaftselemente). Dabei ist es üblich, bei Landschaftsfaktoren, die in Räumen von der Größenordnung der Landschaftszelle oder des Standortraumes (Ökotops) wirksam sind, von Standortsfaktoren zu sprechen. Den Begriff Landschaftselement wenden wir unabhängig von der Größenordnung an. So sprechen wir vom Landschaftselement Wald bei einer Walddecke von vielen qkm Größe wie vom Landschaftselement eines Heckenzuges im Teil einer Feldmark. Für kleinere Landschaftselemente wie Flurbäume, Feldgehölze, Hecken, einzelne Gehöfte wird auch der Begriff Landschaftsbestandteil verwendet.

5.0.4 Naturräumliche Gliederung

Werden Landschaftsräume lediglich nach den natürlichen Landschaftsfaktoren abgegrenzt, so sprechen wir von *»Naturräumen«*. In der *naturräumlichen Gliederung* [Meynen und Schmithüsen 1953] (vgl. Abb. 10) wird versucht, nach ihrer Landesnatur (Naturausstattung) möglichst homogene Raumeinheiten auszuscheiden, wobei in einem System verschiedener Ordnungsstufen größere Einheiten wie Landschaftsgürtel oder -zonen mittlere und kleinere Einheiten wie Groß- oder Einzellandschaften bis hin zu den Landschaftszellen als kleinsten Einheiten umfassen. Die ökologische Homogenität des Naturraumes und die Einheitlichkeit der Struktur nimmt naturgemäß mit der Höhe der Ordnungsstufe ab. Berninger [1968] gibt im Anschluß an Paffen [1948] folgende Übersicht über die Größenkategorien von Landschaftsräumen.

Größenkategorien d. Landschaftsräume	Benutzbarer Kartenmaßstab	Beispiele in Blickrichtung a. d. Niederrhein. Tiefland
1. Landschaftsgürtel	1:150 Mill. bis 1:250 Mill.	Nordhemisphärisch-gemäßigter Mittelgürtel
2. Landschaftszone	1:100 Mill. bis 1:150 Mill.	Eurasiatische Laub-Nadelwald-Zone
3. Landschaftsregion	1: 25 Mill. bis 1:100 Mill.	Mitteleuropa
4. Großlandschaftsgruppe	1: 5 Mill. bis 1: 25 Mill.	Mitteleuropäisches Tiefland
5. Großlandschaft	1: 1 Mill. bis 1: 5 Mill.	Niederrheinisches Tiefland
6. Einzellandschaft	1:500000 bis 1: 1 Mill.	Mittlere Niederrheinebene
7. Kleinlandschaft	1:100000 bis 1: 500000	Moerser Donkenland
8. Landschaftszelle (Standortraum = Ökotop = site)	1: 10000 bis 1: 25000 1: 5000	Feuchte Kendelniederung

Die kleinste landschaftsräumliche Einheit, die noch »geographisch relevant«, d. h. noch von landschaftlicher und zugleich von planerischer Bedeutung ist, wird hier »Landschaftszelle« genannt. In ihrer Größenordnung entspricht sie den Begriffen »Standortraum« oder »Ökotop«[1].

Von den Faktoren der Naturausstattung sind manche wie Gesteinsaufbau, Relief und Klima

[1] Ökotop = landschaftsräumliche Grundeinheit (= Landschaftszelle). Dieser konkreten räumlich-ökologischen Grundeinheit entspricht als funktionelle Einheit das Ökosystem.

relativ wenig veränderlich und bestimmen daher stark das Gesamtgefüge der Landschaftsräume. Sie wurden daher bevorzugt zur Ausscheidung der naturräumlichen Einheiten herangezogen. Die leicht veränderlichen Landschaftsfaktoren wie Pflanzendecke und Tierwelt sowie eine ökologische Charakterisierung wurden bisher kaum zur Kennzeichnung und Ausscheidung der Naturräume verwendet. Die Gliederung nach Naturräumen bzw. naturbedingten Landschaften [Schultze 1955] erfolgt überwiegend nach dem »physiognomischen Prinzip« [Schmithüsen 1949], d. h. nach geomorphologischen Kriterien.
Sicher ist, daß die Areale der einzelnen landschaftsbestimmenden Elemente und Faktoren (z. B. geologischer Untergrund, Bodentyp, GW-Höhe, Geländeklima, Pflanzendecke) sich häufig stark überschneiden. Oft bestehen fließende Übergänge, selten sprunghafte Änderungen im Landschaftshaushalt. Man muß sich also darüber klar sein, daß bei der linienhaften Begrenzung und der Ausgliederung von naturräumlichen Einheiten, wie allgemein von Landschaftsräumen, ein hohes Maß an subjektiver Entscheidung zu treffen ist. »Alle solche Gliederungsgrenzen sind weder richtig noch falsch, sondern nur zweckmäßig oder unzweckmäßig. Denn sie bilden nur ein menschliches Hilfsmittel zur Ordnung der ungeheuer mannigfaltigen Ausbildung der geographischen Substanz« [Lautensach 1938].
Zweifellos stand hinter dem Anliegen der naturräumlichen Gliederung das Bemühen, Entscheidungshilfen für die Raumplanung, d. h. für die Nutzung der Landschaftsräume zu liefern. Eine solche Aussage über die Nutzungseignung ist angesichts des Maßstabes der vorliegenden naturräumlichen Karten und damit der Genauigkeit der Differenzierung nur auf Landes- und regionaler Ebene zu erreichen. *Auf diesen Ebenen vermag die Gliederung nach Naturräumen allerdings einen wertvollen Überblick über das natürliche Nutzungspotential zu vermitteln,* insbesondere dann, wenn neben Bodenkarten auch Karten der potentiell natürlichen Vegetation als synökologischer Ausdruck der abiotischen Standortsfaktoren zur Abgrenzung der Raumeinheiten herangezogen wurden. Auf dieser Basis (Abb. 3), d. h. unter Heranziehung aller wesentlichen Landschaftsfaktoren, wurde von Langer [1970] eine naturlandschaftliche Gliederung Süddeutschlands erarbeitet (Abb. 4 und Abb. 5).

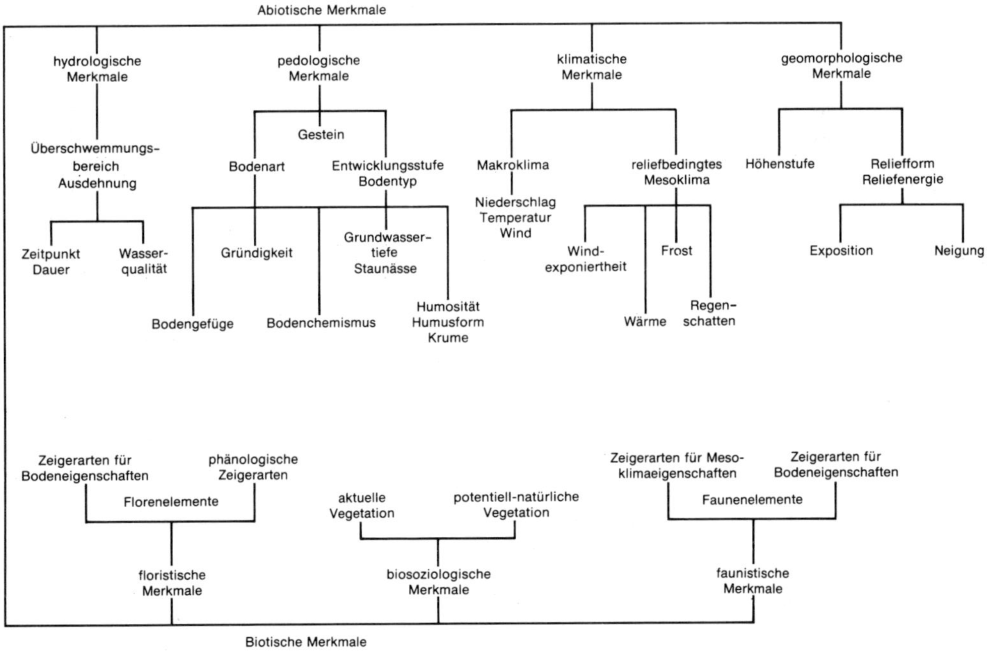

Abb. 3 Merkmale natürlicher landschaftsökologischer Raumeinheiten. Nach Langer [1970].

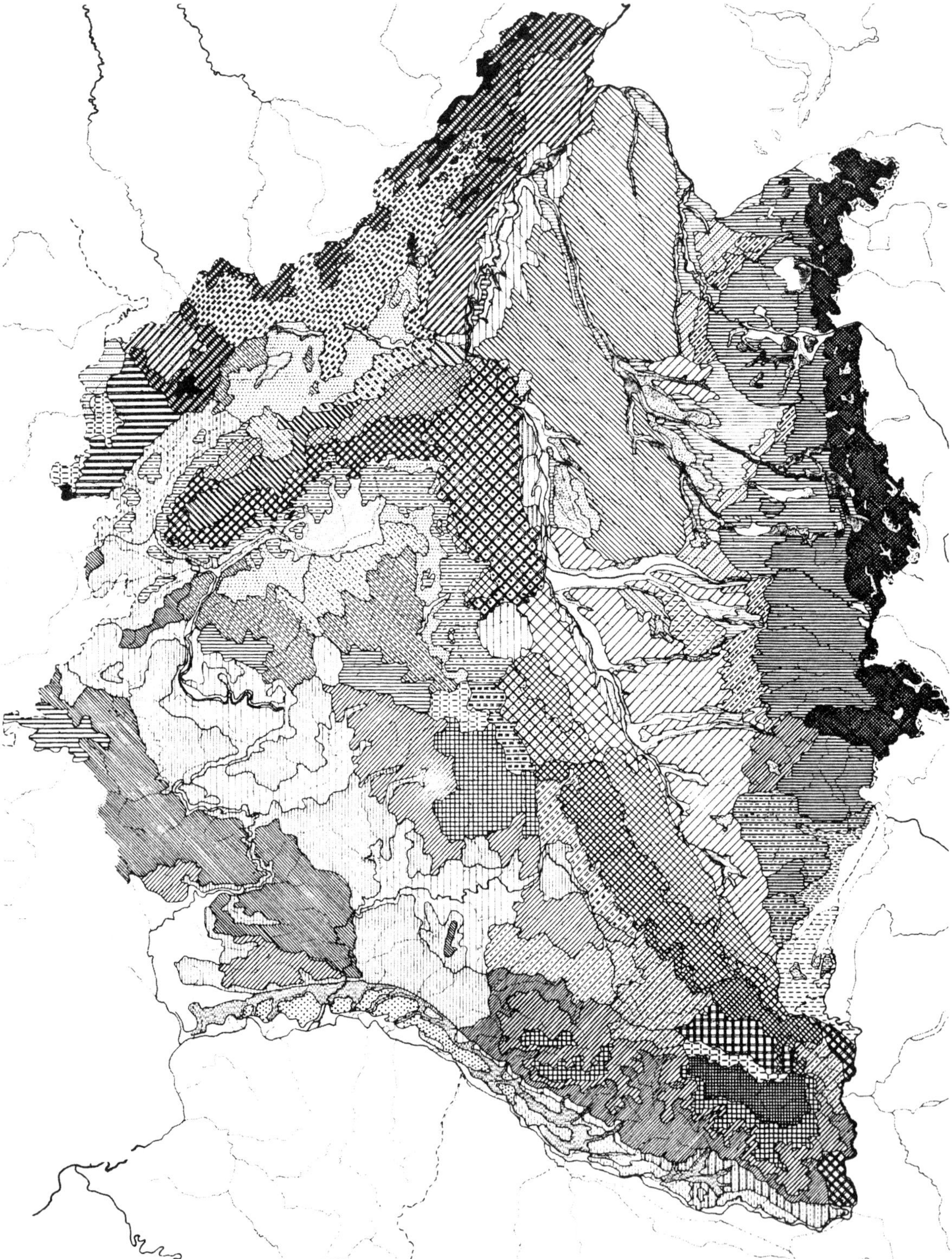

Abb. 4 Potentiell-natürliche Vegetation Süddeutschlands. Nach LANGER [1970].

Kiefer-Eichenwälder und Birken-Eichenwälder

- artenarmer Ki-Ei-Wald/Moos-Ki-Wald
- artenarmer Ki-Ei-Wald
- artenarmer Ki-Ei-Wald/submont. artenarmer Ei-Bu-Wald gem. kont. Ei-Hbu-Wald
- artenarmer Ki-Ei-Wald/kont. submont. artenarmer Ei-Bu-Wald, kont. submont. Kalk-Ei-Bu-Wald
- artenarmer Ki-Ei-Wald/kont. submont. Kalk-Ei-Bu-Wald
- Hbu-Ei-Bi-Wald

Laubwälder der Eichenstufe

- subatl. Ei-Hbu-Wald
- subatl. Ei-Hbu-Wald/Ei-Ul-Es-Wald, Erl-Es-Au
- gem. kont. Ei-Hbu-Wald/koll. artenarmer und artenreicher Ei-Bu-Wald, koll. Kalk-Ei-Bu-Wald
- gem. kont. Ei-Hbu-Wald/koll-submont. artenarmer Ei-Bu-Wald
- gem. kont. Ei-Hbu-Wald/kiefernreiche Waldgesellschaften
- gem. kont. Ei-Hbu-Wald/submont. artenarmer Ei-Bu-Wald, artenarmer Ki-Ei-Wald
- gem.kont. Ei-Hbu-Wald/koll. Kalk-Ei-Bu-Wald, koll. artenarmer und artenreicher Ei-Bu-Wald
- gem. kont. Ei-Hbu-Wald/kont. submont. Kalk-Ei-Bu-Wald
- präalp. Li-Ei-Hbu-Wald
- präalp. edellaubholzreicher Li-Ei-Hbu-Wald
- koll. artenarmer und artenreicher Ei-Bu-Wald/gem. kont. Ei-Hbu-Wald, koll. Kalk-Ei-Bu-Wald

Bodensaure Buchenmischwälder

- submont. artenarmer Ei-Bu-Wald
- submont. artenarmer Ei-Bu-Wald/artenarmer Ki-Ei-Wald, gem. kont. Ei-Hbu-Wald, z. T. in einer Randzone der Tanne
- präalp. submont. artenarmer Ei-Bu-Wald/artenarmer Ki-Ei-Wald
- präalp. submont. artenarmer Ei-Bu-Wald und Ta-Ei-Bu-Wald/artenarmer Ki-Ei-Wald
- kont. submont. artenarmer Ei-Bu-Wald/artenarmer Ki-Ei-Wald, kont. submont. Kalk-Ei-Bu-Wald, in einer Randzone der Tanne
- kont. submont. artenarmer Ei-Bu-Wald und kont. submont. Kalk-Ei-Bu-Wald/artenarmer Ki-Ei-Wald u. a. Kiefernwaldgesellschaften

Bodensaure und Braunerde-Buchenmischwälder

- submont. artenarmer und artenreicher Ei-Bu-Wald
- submont. artenarmer und artenreicher Ei-Bu-Wald/submont. Kalk-Ei-Bu-Wald
- submont. artenarmer und artenreicher Ei-Bu-Wald in einer Randzone der Tanne/submont. Kalk-Ei-Bu-Wald
- montangenäherter artenarmer und artenreicher Ta-Bu-Wald/submont. Kalk-Ta-Bu-Wald
- präalp. submont. artenarmer und artenreicher Ei-Bu-Wald
- präalp. submont. artenarmer und artenreicher Ei-Bu-Wald in einer Randzone der Tanne
- präalp. submont. artenarmer und artenreicher Ei-Bu-Wald und Bu-Wald
- präalp. montangenäherter artenarmer und artenreicher Ta-Ei-Bu-Wald
- präalp. montangenäherter artenarmer und artenreicher (Ei-)Ta- Bu-Wald
- subatl. submont. artenarmer und artenreicher Ta-Ei-Bu-Wald
- subatl. mont. artenarmer und artenreicher Ta-Bu-Wald
- herzyn. submont. artenarmer und artenreicher Ta-Ei-Bu-Wald/Waldgesellschaften mit Höhenkiefer
- herzyn. submont. artenarmer und artenreicher Ta-Ei-Bu-Wald
- herzyn. montangenäherter artenarmer und artenreicher Ta-Bu-Wald/Waldgesellschaften mit Höhenkiefer
- herzyn. mont. artenarmer und artenreicher Fi-Ta-Bu-Wald

Braunerde-Buchenmischwälder

- submont. artenreicher Ei-Bu-Wald/hiefernreiche Waldgesellschaften
- submont. artenreicher Ei-Bu-Wald/submont. artenarmer Ei-Bu-Wald, z. T. in einer Randzone der Tanne
- submont. artenreicher Ei-Bu-Wald/submont. Kalk-Ei-Bu-Wald, in einer Randzone der Tanne
- submont. artenreicher Ta-Ei-Bu-Wald/submont. Kalk-Ta-Bu-Wald
- mont. artenreicher Bu-Wald
- präalp. submont. artenreicher Ei-Bu-Wald und gem. kont. Ei-Hbu-Wald
- präalp. submont. artenreicher Ei-Bu-Wald und gem. kont. Ei-Hbu-Wald in einer Randzone der Tanne
- präalp. submont. artenreicher Ei-Bu-Wald und Bu-Wald in einer Randzone der Tanne
- präalp. submont. artenreicher Ta-Ei-Bu-Wald
- präalp. submont. artenreicher Ta-Ei-Bu-Wald und Ta-Bu-Wald/präalp. submont. Kalk-Bu-Wald
- präalp. mont. artenreicher Fi-Ta-Bu-Wald
- herzyn. montangenäherter artenreicher Ta-Bu-Wald

Kalk-Buchenmischwälder

- submont. Kalk-Ei-Bu-Wald in einer Randzone der Tanne
- nordalp. mont. Fi-Ta-Bu-Wald/nordalpiner artenreicher Fi-Ta-Wald, nordalp. Fi-Wald
- kont. submont. Kalk-Ei-Bu-Wald/kont. submont. artenarmer Ei-Bu-Wald
- kont. submont. Kalk-Ei-Bu-Wald und kont. submont. artenarmer Ei-Bu-Wald/kont. submont. Kalk-Bu-Wald, in der Tannen randzone
- kont. submont. Kalk-Bu-Wald und kont. submont. artenarmer Ei-Bu-Wald/artenarmer Ki-Ei-Wald
- kont. submont. Kalk-Bu-Wald
- kont. submont. Kalk-Bu-Wald/kont. submont. artenarmer Ei-Bu-Wald, in einer Randzone der Tanne
- kont. mont. Kalk-Bu-Wald/kont. mont. artenarmer Bu-Wald
- kont. mont. Kalk-Bu-Wald
- kont. montangenäherter Kalk-Ta-Bu-Wald (Obere Wutach) bzw.
- kont. mont. Kalk-Ta-Bu-Wald (Schwäbische Alb)

Bodensaure Tannenmischwälder

- subkont. artenarmer Ki-Ei-Ta-Wald/artenarmer (Fi-)Ki-Ta-Wald
- bor. kont. artenarmer Fi-Ki-Ta-Wald/mont. artenreicher Fi-Ta-Wald (Baarschwarzwald) bzw. montangenäherter artenreicher Ta-Bu-Wald (Frankenwald)
- subatl. mont. artenarmer Ta-Mischwald

Braunerde-Tannenmischwälder

- submont. artenreicher Bu-Ta-Wald
- mont. artenreicher Fi-Ta-Wald/bor. kont. artenarmer Fi-Ki-Ta-Wald

Kalk-Tannenmischwälder

- bor. kont. artenreicher Kalk-Fi-Ta-Wald

Fichtenwälder

- herzyn. Hochlagen-Fichtenwald

Kiefernwälder

- präalp. Schneeheide-Ki-Wald

Sonstige Flächen

- Fels

Auenwälder, Bruchwälder und Moore

- Auen- und Bruchwald
- Nieder- und Hochmoore

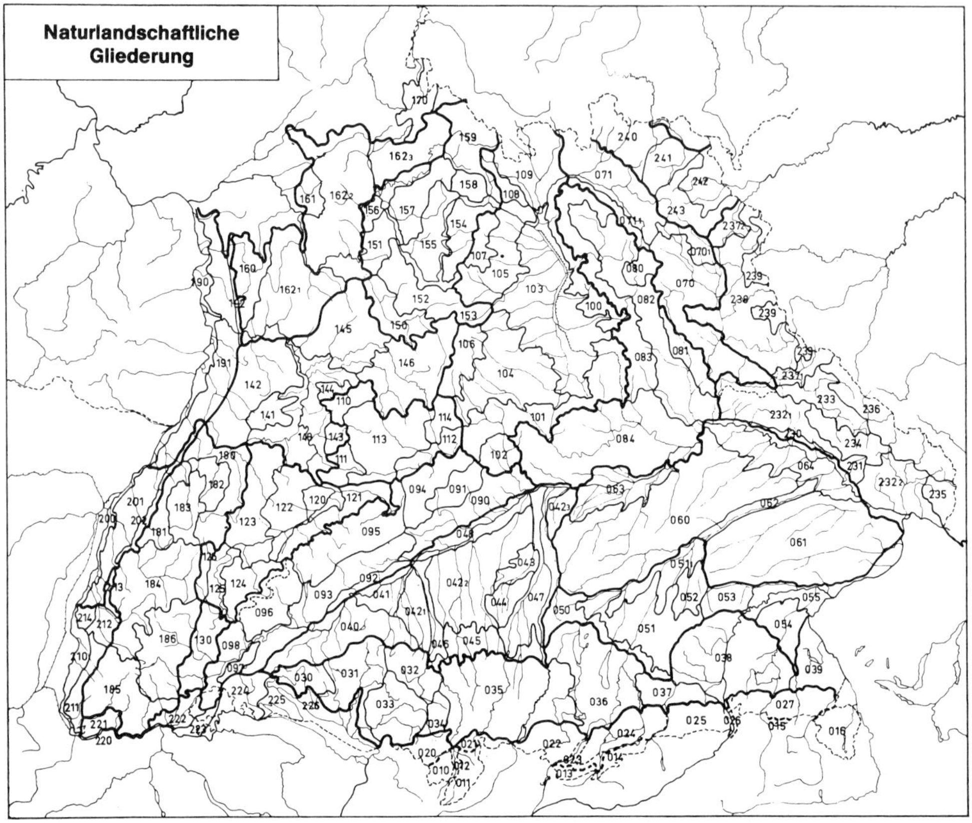

Abb. 5 Naturlandschaftliche Gliederung Süddeutschlands. Nach LANGER [1970].

01 Nördliche Kalkalpen
010 Hinterer Bregenzer Wald
011 Allgäuer Hochalpen
012 Oberstdorfer Becken
013 Wettersteingebirge
014 Karwendelgebirge
015 Loferer und Leoganger Alpen
016 Berchtesgadener Alpen
02 Schwäbisch-bayerische Voralpen
020 Vorderer Bregenzer Wald
021 Vilser Gebirge
022 Ammergebirge
023 Niederwerdenfelser Land
024 Kocheler Berge
025 Mangfallgebirge
026 Kufsteiner Becken
027 Chiemgauer Alpen
03 Voralpines Hügel- und Bergland
030 Stockacher Hügelland
031 Waldseer Hügelland
032 Aitracher Platte
033 Westallgäuer Hügelland
034 Adelegg
035 Iller-Lech-Vorberge
036 Ammer-Isar-Hügelland
037 Loisach-Mangfall-Vorberge
038 Inn-Chiemsee-Hügelland
039 Salzach-Hügelland
04 Donau-Iller-Lech-Platten
040 Donau-Riß-Platte
041 Hügelland der Unteren Riß
042_1 Holzstöcke
042_2 Günz-Zusam-Platte
042_3 Aindlinger Terrassentreppe
043 Horgauer Ausräumungsbecken
044 Staudenplatte
045 Südliche Iller-Lech-Platte
046 Unteres Illertal
047 Lech-Wertach-Ebene
048 Donauried
05 Isar-Inn-Platten
050 Brucker-Holzkirchener Hügelland
051 Münchener Schotterebene
051_1 Dachauer und Erdinger Moos
052 Sempt-Hügelland
053 Isen-Hügelland
054 Alz-Platte
055 Unteres Inntal
06 Tertiärhügelland
060 Donau-Isar-Hügelland
061 Isar-Inn-Hügelland
062 Unteres Isartal
063 Donaumoos
064 Dungau
07 Oberpfälz.-obermain. Hügelland
070 Oberpfälzisches Hügelland

070_1 Hesser Berge
071 Obermainisches Hügelland
071_1 Albvorland

08 Fränkische Alb
080 Veldensteiner Forst
081 O-Rand der Mittleren Frankenalb
082 Zentralbereich der Mittleren und Nördlichen Frankenalb
083 W- und N-Rand der Mittleren und Nördlichen Frankenalb
084 Südliche Frankenalb

09 Schwäbische Alb
090 Riesalb, Niedere Alb
091 Südliches Härtsfeld
092 Teutschbuch-Hochsträß
093 Mittlere Flächenalb und östliche Hegaualb
094 Albuch und nördliches Härtsfeld
095 Mittlere Kuppenalb
096 Hochalb
097 Westliche Hegaualb
098 Baar- und Randenalb

10 Fränkisches Keuper-Lias-Land
100 Vorland der N-Frankenalb
101 Vorland der Mittleren und Südlichen Frankenalb
102 Ries
103 Mittelfränkisches Becken
104 Hügelland zwischen Frankenhöhe und Albvorland
105 O- und S-Steigerwald
106 Frankenhöhe
107 Zentral-Steigerwald
108 Haßberge
109 Itz-Baunach-Hügelland

11 Schwäb.-frank. Waldberge
110 Löwensteiner-Waldenburger Berge
111 Schurwald und Buocher Höhe
112 Vorland der Schwäbischen Ostalb
113 Schwäbisch-fränkischer Wald
114 Virngrund

12 Oberes Neckarland
120 Filder
121 Vorland der Mittleren Schwabenalb
122 Schönbuch und Glemswald
123 Oberes Gäu
124 Kleiner Heuberg
125 Oberes Neckargäu
126 Glattgäu

13 Baar

14 Unteres Neckarland
140 Neckarbecken
141 Strom- und Heuchelberg
142 Kraichgauer Hügelland
143 Backnanger Bucht
144 Löwensteiner Hügelland
145 Bauland
146 Kocher-Jagst-Ebene

15 Tauber-Main-Platten
150 Taubergrund
151 Marktheidenfelder Platte
152 Ochsenfurter und Gollachgäu
153 Windsheimer Bucht
154 Steigerwald Vorland
155 Gäuplatten im Maindreieck
156 Fränkische Saale-Platte
157 Wern-Lauer-Platte
158 Hesselbacher Waldland
159 Grabfeld

16 Odenwald, Spessart, Südrhön
160 Vorderer Odenwald
161 Vorderer Spessart
162_1 Sandstein-Odenwald
162_2 Sandstein-Spessart
162_3 Südrhön

17 Osthessisches Bergland
170 Hochrhön (Lange Rhön)

18 Schwarzwald
180 Schwarzwald-Randplatten
181 Nördlicher Talschwarzwald
182 Enz-Höhen
183 Grindenschwarzwald
184 Mittlerer Schwarzwald
185 Hochschwarzwald
186 Südost-Schwarzwald

19 Nördliches Oberrheintal
190 Nördliche Oberrheinniederung
191 Hardtebene und Hessische Rheinebene
192 Bergstraße

20 Mittleres Oberrheintal
200 Mittlere Oberrheinniederung
201 Offenburger Rheinebene
202 Ettlinger-Bühler Hügelzone

21 Südliches Oberrheintal
210 Markgräfler Rheinebene
211 Markgräfler Hügelland
212 Freiburger Bucht
213 Emmendinger Hügelzone
214 Kaiserstuhl

22 Hochrhein und Bodensee
220 Hochrheintal
221 Dinkelberg
222 Untere Wutach
223 Klettgaualb
224 Hegäu
225 Westliches Bodenseebecken
226 Östliches Bodenseebecken

23 Bayerischer Wald und Oberpfälzer Wald
230 Bogener Vorhügelland
231 Lallinger Winkel
232_1 Falkensteiner Vorwald
232_2 Passauer Abteiland und Neuburger Wald
233 Regensenke
234 Vorderer Bayerischer Wald
235 Wegscheider Hochfläche
236 Hinterer Bayerischer Wald
237_1 Cham-Further-Senke
237_2 Naab-Wondreb-Senke
238 Vorderer Oberpfälzer Wald
239 Hinterer Oberpfälzer Wald

24 Frankenwald, Fichtelgebirge
240 Frankenwald
241 Münchberger Hochfläche
242 Selb-Wunsiedeler Hochfläche
243 Hohes Fichtelgebirge

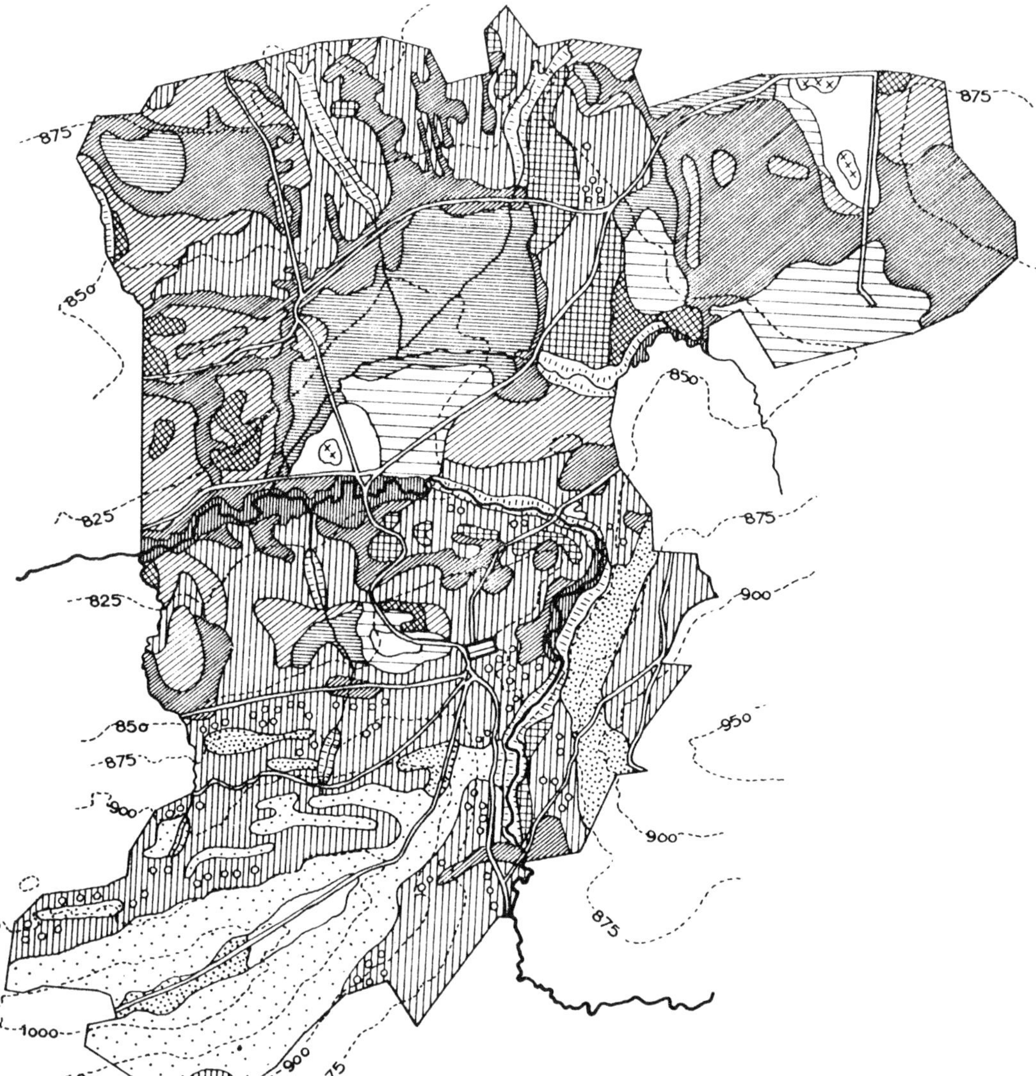

Abb. 6 Lokale forstliche Standortgliederung. Forstdistrikt Senkelewald. Nach LANGER [1970].

(a) Altmoränenzone
(b) Jungmoränenzone
(c) Molasseberge der Jungmoränenzone

Nr.	Waldgesellschaft	a	b	c
1	Weißseggen-Bu-Wald auf mäßig frischen bis frischen, anlehmigen bis lehmigen Kiesböden (Rendzina, braune Rendzina) steiler Hanglagen.	(+)	+	+
2	mont. artenreicher (Fi-Ta-)Bu-Wald auf mäßig frischen bis frischen, kiesig-sandigen Lehmboden (Braunerde, Rendzina-Braunerde) hängiger und kuppiger Lagen.	+	+	+
3	mont. artenreicher Fi-Ta-Bu-Wald frischer bis sehr frischer, kiesiger Lehmböden (Braunerde) hängiger Lagen.	+	+	+
4	mont. artenreicher Fi-Ta-Bu-Wald frischer Feinlehmböden und sandiger Lehmböden (Parabraunerde) hängiger Lagen.	+		
5	mont. edellaubholzreicher Fi-Ta-Bu-Wald auf sickerfrischen, kiesigen Lehmböden (Hanggley-Braunerde) der Hangfüße und Terrassen.	+	+	+
6	mont. artenarmer Fi-Ta-Bu-Wald auf frischen bis mäßig frischen, lehmigen Sand- und sandigen Lehmböden (podsolige Braunerde) hängiger Lagen.	+		
7	mont. artenarmer Fi-Ta-Bu-Wald auf frischen bis mäßig frischen, schweren Lehmböden (podsolige Braunerde, Podsol-Braunerde) hängiger und verebneter Lagen.		+	
8	mont. artenarmer Fi-Ta-Bu-Wald auf frischen bis mäßig frischen, kiesigen Lehmböden (Podsol-Braunerde, Braunerde-Podsol) hängiger Lagen.			+
9	mont. artenreicher (Bu-)Fi-Ta-Wald auf frischen bis wechselfrischen, schweren Lehm- und Lettenböden (Pseudogley-Braunerde, Braunerde-Pseudogley) hängiger und verebneter Lagen.	+	+	+
10	mont. artenreicher Fi-Ta-Wald auf frischen bis wechselfrischen, schweren Letten- und Tonböden (Braunerde-Pelosol. Pseudogley-Pelosol) verebnete Lagen.	+	+	
11	mont. Heidelbeer-Schachtelhalm-Fi-Ta-Wald auf wechselfrischen bis wechselfeuchten, schweren Lehm- und Lettenböden (Pseudogley) verebneter Lagen.	+	+	
12	mont. Heidelbeer-Fi-Ta-Wald auf wechselfrischen, schweren Lehm- und Lettenböden (Pseudogley-Podsol) verebneter Lagen.			+
13	Es-Ah-Ul-Wald auf sickerfrischen bis sickerfreuchten, lehmigen Kies- und kiesigen Lehmböden (braune Rendzina, Rendzina-Braunerde) schluchtiger Einhänge.	+	+	+
14	Es-Ta-Wald auf grund- bis hangfeuchten Lehmböden (Hanggley) in Hangmulden und Rinnen	+	+	+
15	Bacheschenwald auf wasserzügigen (sickernassen) kiesig-sandigen Lehmböden(Gley) der Bachtälchen.	+	+	+
16	Erl-Fi-Wald auf (sandig-kiesigen) Lehmböden (Gley) in flachen Mulden mit geringem Wasserzug.	+	+	+
17	Erl-Fi-Wald auf schweren Lehmböden mit Naßhumusauflage (Anmoorgley) in flachen Mulden mit mehr oder weniger stagnierender Feuchtigkeit.	+	+	+
18	Fi-Wald auf mehr oder weniger mächtigen Naßhumusböden in Randlage der Hochmoore	(+)	+	+
19	Spirken-Hochmoore	(+)	+	+

5.0.5 Nutzungsspezifische und Allzweck-Landschaftsgliederungen

Entscheidend für die Beurteilung der Nutzungseignung auf örtlicher Ebene ist jedoch eine Naturraumgliederung in der Größenordnung der Landschaftszellen und der Gefüge von Landschaftszellen, bzw. der Standortsräume und Standortraumgefüge. Solche Standortkartierungen mit hohem Entwicklungsstand der Auswertungsmöglichkeiten liegen vor
als forstliche Standortkartierungen [vgl. u. a. SCHLENKER 1964],
als obstbauliche Standortkartierungen [ELLENBERG u. a. 1956], aber
auch als Bewertungen abiotischer Komponenten des Naturpotentials wie die Kartierungen des geolog. Untergrundes als Baugrund, der abbauwürdigen Steine und Erden oder der Grundwasservorkommen [LÜTTIG u. a. 1974].
Diese Gliederungen in Standorteinheiten sollen Aussagen machen über spezielle Nutzungseignungen für waldbauliche oder obstbauliche Zwecke. Sie sind also *nutzungsspezifisch* auf eine Nutzung ausgerichtet *(Spezialzweck-Klassifizierungen).*
Darüber hinaus ist bald versucht worden, Standortgliederungen zur Beurteilung der Nutzungseignung *für mehrere Nutzungen* durchzuführen wie die Pflanzenstandortskarte [ELLENBERG 1951] und die landbau-ökologische Gliederung [SCHREIBER und WELLER 1966] *(Mehrzweck-Klassifizierungen).*
Schließlich liegen Versuche vor, eine naturräumliche Gliederung mit Eignungsaussagen für möglichst viele Nutzungen durchzuführen *(Allzweck-Klassifizierungen)*[1]. Den Anspruch darauf erheben die »Naturräumliche Gliederung Deutschlands« [MEYNEN und SCHMITHÜSEN 1949], die »Naturbedingten Landschaften der DDR« [SCHULTZE 1955] u. a. Auf örtlich-regionaler Ebene sind hier vor allem die Arbeiten zur Landschaftsgliederung in »Ökologische Raumeinheiten« von PFLUG und Mitarbeitern [1970 ff.] zu erwähnen, über die in Abschnitt 6.3.1 dieses Handbuches berichtet wird. Einen Überblick über groß-, mittel- und kleinmaßstäbliche landschaftsökologische Karten gibt LESER [1976]. Einen systematischen Überblick über ökologische Raumgliederungen als Grundlage ökologischer Bewertungsverfahren gibt BIERHALS in Abschnitt 6.3.2.
Eine Vorstellung von der Feingliederung eines größeren Landschaftsraumes in Landschaftszellen oder Standorträume vermitteln die dem Abschnitt 6.3.1 beigegebenen Karten. Die charakteristischen Standortraumgefüge der Altmoränenzone, der Jungmoränenzone sowie der Molasseberge im Landschaftsraum der Iller-Lech-Vorberge (Naturräumliche Einheit 0.35) hat LANGER [1970] für den Forstdistrikt Senkelewald dargestellt (Abb. 6).
Diese zwar spezifisch auf die waldbauliche Nutzung ausgerichtete Standortgliederung vermittelt jedoch allgemein eine Vorstellung von der *Vielfalt des Musters der kleinsten noch planungsrelevanten naturräumlichen Einheiten* (Landschaftszellen, Standorträume).

5.0.6 Zustandsformen der Landschaft: Naturlandschaft/Kulturlandschaft

Unter einer *Naturlandschaft* verstehen wir einen vom Menschen nicht beeinflußten Zustand der Landschaft. Die Naturlandschaft ist in ihrem Landschaftshaushalt, ihrer Struktur und ihrem Landschaftsbild nur durch die natürlichen Faktoren bestimmt. Die reale Vegetation ist identisch mit der potentiell natürlichen Vegetation[2]. Die Landschaftsräume sind Gefüge natürlicher Ökosysteme[3]: Von Wäldern, Mooren, Fließ- und Stillgewässern, Dünen, küstennahen Heiden, Watten, alpinen Matten und Felsfluren. Da die natürlichen Landschaftsfaktoren und ihr Wirkungsgefüge durch nutzende Eingriffe des Menschen wie auch unabhängig von ihm einer Entwicklung unterworfen sind, muß zwischen (rekonstruierbaren) *ehemaligen Naturlandschaften* zu einem bestimmten Zeitpunkt (z. B. Naturlandschaft bestimmter postglazialer Perioden), *heute vorhandenen (realen) Naturlandschaften* und durch Abstrahierung des menschlichen Einflusses annäherungsweise faßbaren hypothetischen oder *potentiellen heutigen Naturlandschaften* unter-

[1] Gliederung nach BIERHALS [1974].
[2] Vgl. Abschnitt 5.9 (P. SEIBERT).
[3] Zur Erläuterung des Ökosystembegriffes sowie der Elemente eines Ökosystems vgl. die Abschnitte 2.1 und 2.2 (bearbeitet von W. HABER).

Abb. 7 Naturlandschaft in der alpinen Stufe (Drei-Zinnen-Gebiet, Sextener Dolomiten, Südtirol). Matten und Felsregion. Schutthalden, Felswände, -spalten, und -bänder sowie Schneetälchen sind nur spärlich von höheren Pflanzen besiedelt. Seit die Matten nicht mehr von Schafen beweidet werden, hat nahezu jeder menschliche Einfluß aufgehört. Abseits der Wege und Klettersteige ist die Trittwirkung durch Bergsteiger selten. Foto: K. Buchwald.

schieden werden. So ist die Naturlandschaft an der Wende von der Mittleren zur Jüngeren Steinzeit, also dem Zeitpunkt vor der neolithischen Revolution mit dem Umbruch zur Agrargesellschaft, aufgrund pollenanalytischer und archäologischer Daten für Nordwestdeutschland annäherungsweise rekonstruierbar.

Auch die potentielle heutige Naturlandschaft etwa der Calenberger oder Hildesheimer Lößbörden ist annäherungsweise durch Abstrahierung des menschlichen Einflusses und vergleichende Sukzessions- und Bodenbeobachtungen faßbar. Heutige reale Naturlandschaften finden sich z. B. noch in begrenzten Teilen der alpinen Stufe der Ostalpen (Abb. 7).

Unter der *Kulturlandschaft* verstehen wir einen Zustand der Landschaft zu einem bestimmten Zeitpunkt, in dem sie durch menschliche Nutzung in ihrem Haushalt, ihrer Struktur sowie ihrem Bild mehr oder weniger stark beeinflußt ist.

Abb. 8 Naturnahe Kulturlandschaft (Naturpark Bayerische Rhön). Viele Mittelgebirgslandschaften zeichnen sich durch hohe Vielfalt an Ökosystemen wie Strukturen aus. Der Anteil an naturnahen Ökosystemen (Wälder, Bachtälchen, Kleine Moore) sowie an extensiv genutzten Agrarökosystemen (Trockenrasen, Streuwiesen, ungedüngte einschnittige Bergwiesen) ist hoch. Im Bilde geht der Blick von einer Basaltkuppe mit Trockenrasen und Buchenwald im Wechsel mit Grünland über ein Wiesental mit einzelnen Äckern, kleinräumig gegliedert durch bachbegleitende Gehölze, Hecken und Baumgruppen, zu den Buchen- und Buchenmischwäldern im Hintergrund. Foto: K. BUCHWALD.

Als »*naturnahe Kulturlandschaft*« bezeichnen wir eine vom Menschen gestaltete und genutzte Landschaft, deren Pflanzendecke als Indikator der Nutzungsintensität noch einen hohen Flächenanteil naturnaher und halbnatürlicher oder doch nur teilweise naturferner, z. T. sogar natürlicher Ökosysteme enthält. Die reale Vegetation ist auf großen Flächenanteilen der potentiell natürlichen Vegetation nahestehend, in seltenen Fällen auf begrenzten Flächen mit ihr identisch. Sinngemäß nennen wir die Kulturlandschaft, die durch intensive Nutzung, stärkste menschliche Eingriffe und Ausräumung von natürlichen, naturnahen und halbnatürlichen Ökosystemen völlig oder bis auf geringe Reste entblößt ist, »naturfern«. In der »*naturfernen Kulturlandschaft*« besteht keinerlei Übereinstimmung zwischen der realen und der potentiell natürlichen Vegetation.

Abb. 9 Naturferne Kulturlandschaft (Agrarisches Vorranggebiet, Bördelandschaft/Niedersachsen). Intensiv genutzes, flächiges, landwirtschaftliches Produktionsgebiet mit Wiesen- und Zuckerrübenfeldern, völlig ausgeräumt von gliedernden naturnahen Strukturelementen. Das Landschaftsbild bestimmend sind von Kraftwerken im Hintergrund ausgehende Energiestraßen mit Hochspannungsmasten. Der Ökosystemkomplex dieses Landschaftsraumes besteht aus Agrar- und urban-industriellen Ökosystemen (Kraftwerke). Naturnahe Ökosysteme fehlen. Foto: K. BUCHWALD.

Als naturnahe Kulturlandschaften können viele deutsche Mittelgebirgslandschaften, aber auch große Teile der montanen und subalpinen Stufe der Alpen bezeichnet werden (Abb. 8); so etwa die montane Stufe des Südschwarzwaldes, der Trauf und Teile der Hochfläche der Schwäbischen Alb. Naturferne Landschaften sind die agrarischen Vorranggebiete Deutschlands (Abb. 9) wie die Bördelandschaften, die »Stadtlandschaften« der Großstädte und Verdichtungsräume.

5.0.7 Ökosysteme verschiedenen Natürlichkeitsgrades

Landschaftsräume als menschliche Umwelt bestehen aus *Ökosystemen unterschiedlicher menschlicher Beeinflussung,* bzw. verschiedenem Natürlichkeitsgrades.

Natürliche Ökosysteme sind ausschließlich aus einheimischen standorteigenen Arten aufgebaut. Sie sind vom Menschen unbeeinflußt und zur Selbstregulation befähigt. Natürliche Ökosysteme finden sich in Mitteleuropa und im Alpenraum nur noch in den Kernzonen einiger Naturschutzgebiete, meist auf extremen Standorten, vor allem noch in begrenzten Räumen der alpinen Stufe.
Naturnahe Ökosysteme sind fast ausschließlich aus einheimischen standorteigenen Arten aufgebaut, sie zeigen geringe durch menschliche Einwirkungen hervorgerufene Veränderungen bzw. Degradationserscheinungen, so manche Laubwaldgebiete Mitteleuropas, Flußauen, Stranddünen, Großseggenrieder, Schilfgürtel, nur noch einige wenige Hochmoore.
Halbnatürliche Ökosysteme bestehen zwar ebenfalls fast ausschließlich aus einheimischen Arten, die jedoch zu neuen charakteristischen Artenkombinationen und Mengenverhältnissen vereinigt sind. Sie können nur bei extensiver menschlicher Nutzung (Mahd, Weide) bestehen, wie Streuwiesen, viele Niedermoore, Magerrasen, Zwergstrauchheiden in waldfähigen Gebieten.
Naturferne Ökosysteme sind aus einheimischen unter Beteiligung adventiver Arten gebildet, die oft dominieren können. Beide Artengruppen sind zu neuen Artenkombinationen zusammengefaßt. Sie sind vom Menschen intensiv genutzt, die Standorte mechanisch und chemisch erheblich verändert. Hierher gehören die Agrarökosysteme mit Fettwiesen, Fettweiden, Halm- und Hackfruchtbeständen mit ihren Ackerwildkrautgesellschaften, Gärten sowie die Forstökosysteme mit Kunstforsten in allen Übergängen zu naturnahen Waldbeständen. Die Fähigkeit zur Selbstregulation ist in diesen Systemen begrenzt.
Künstliche oder abiotische Ökosysteme sind die urban-industriellen Ökosysteme der Wohnsiedlungen, Industrieanlagen, Kraftwerke und Verkehrsanlagen der Städte und Stadtregionen. Wesentlicher Unterschied zu allen biotischen Systemen ist ihre menschliche Steuerung und die Tatsache, daß sie auf die Zufuhr von Energie auf der Basis fossiler Brennstoffe, Wasserkraft oder Kernenergie angewiesen sind.

5.0.8 Landschaft als System

In Abschnitt 1.1 hatten wir einleitend festgestellt, daß die Geosphäre als Ganzes einmal als ein äußerst komplexes Makroökosystem[1] aus abiotischen und biotischen Faktorengruppen zu verstehen ist, andererseits als ein sozioökonomisches System. Beide Systeme sind integriert und bilden insgesamt ein globales, dynamisches ökologisch-sozio-ökonomisches System.
Im gleichen Sinne bezeichnet Langer (Abschnitt 2.4) die Geosphäre als »geosoziales System«. Dies gilt in entsprechender Weise für Landschaftsräume als Teilräume der Geosphäre.
Wir müssen Landschaftsräume in einer planerisch relevanten Größenordnung als *Ökosystemkomplexe* auffassen, d. h. als räumliche Mosaike verschiedener Ökosysteme. So sind auch die in Abb. 10 (Naturräumliche Gliederung 1:200000, Blatt 161 Karlsruhe) als Haupt- und Untereinheiten erfaßten naturbedingten Landschaftsräume in sich nicht homogen, sondern sowohl in der Natur- wie Kulturlandschaft Komplexe von Ökosystemen. So setzt sich etwa die Speyerer Rheinniederung (222.2), d. h. die 4 km breite und rd. 30 km lange ehemalige Rheinaue zwischen Mannheim-Ludwigshafen und Germersheim, aus mehreren Ökosystemen: dem korrigierten Strombett, den Altwasserarmen, den unterschiedlichen Niveaus der Weich- und Hartholzauen auf Auelehmdecken und den vermoorten Rinnen in den Außenbuchten vor dem Hochgestade zusammen. Das Funktionsgefüge innerhalb des landschaftlichen Ökosystemkomplexes wie der Teilsysteme ist uns bisher nur in einigen wenigen Beispielen und auch da erst in den Grundlinien bekannt. Insgesamt sind die Stoffkreisläufe und Energieflüsse bei limnischen Systemen besser als bei den terrestrischen bekannt [Ellenberg 1973]. Bei den urban-industriellen Systemen sind einige wesentliche Ansätze gemacht und Teilsysteme messend erfaßt [Sukopp 1968, Duvigneaud und Mitarbeiter 1975, Müller 1974; vgl. Abschnitt 1.1].

[1] Unter Makroökosystemen werden Ökosystemkomplexe oder -mosaike unterschiedlicher Vielfalt verstanden, die ihrerseits als Ganzes ebenfalls als Ökosystem zu begreifen sind.

Abb. 10 Naturräumliche Gliederung 1:200000, Blatt 161, Karlsruhe, Nord-Westteil. Bearbeiter: J. SCHMITHÜSEN, 1952/53.

Haupt- und Untereinheiten

221. *Vorderpfälzisches Tiefland*
221.3 Queichschwemmkegel
221.4 Schwegenheimer Lößplatte
221.5 Speyerbachschwemmkegel
221.9 Frankenthaler Terrasse

222. *Nördliche Oberrheinniederung*
222.1 Mannheimer-Oppenheimer Rheinniederung
222.2 Speyerer Rheinniederung

223. *Hardtebenen*
223.6 Lüsshardt
223.7 Kraichniederung
223.8 St. Ilgener Niederung
223.9 Hockenheimer Hardt

224. *Neckar-Rheinebene*
224.1 Schwetzinger Sand
224.2 Neckarschwemmkegel

226. *Bergstraße*
226.1 Gaisbergfuß
226.2 Heidelberger Taltrichter
226.3 Weinheimer Bergstraße

125. *Kraichgau*
125.15 Eichelbergvorland
125.18 Angelbachgäu
125.41 Rauenberger Bucht
125.42 Letzenberg
125.43 Rettigheimer Buch

144. *Sandstein-Odenwald*
144.1 Westlicher Kleiner Odenwald
144.3 Odenwald-Neckartal
144.6 Zeitalter Sandstein-Odenwald

145. *Vorderer Odenwald*
145.1 Südlicher Grundgebirgs-Odenwald

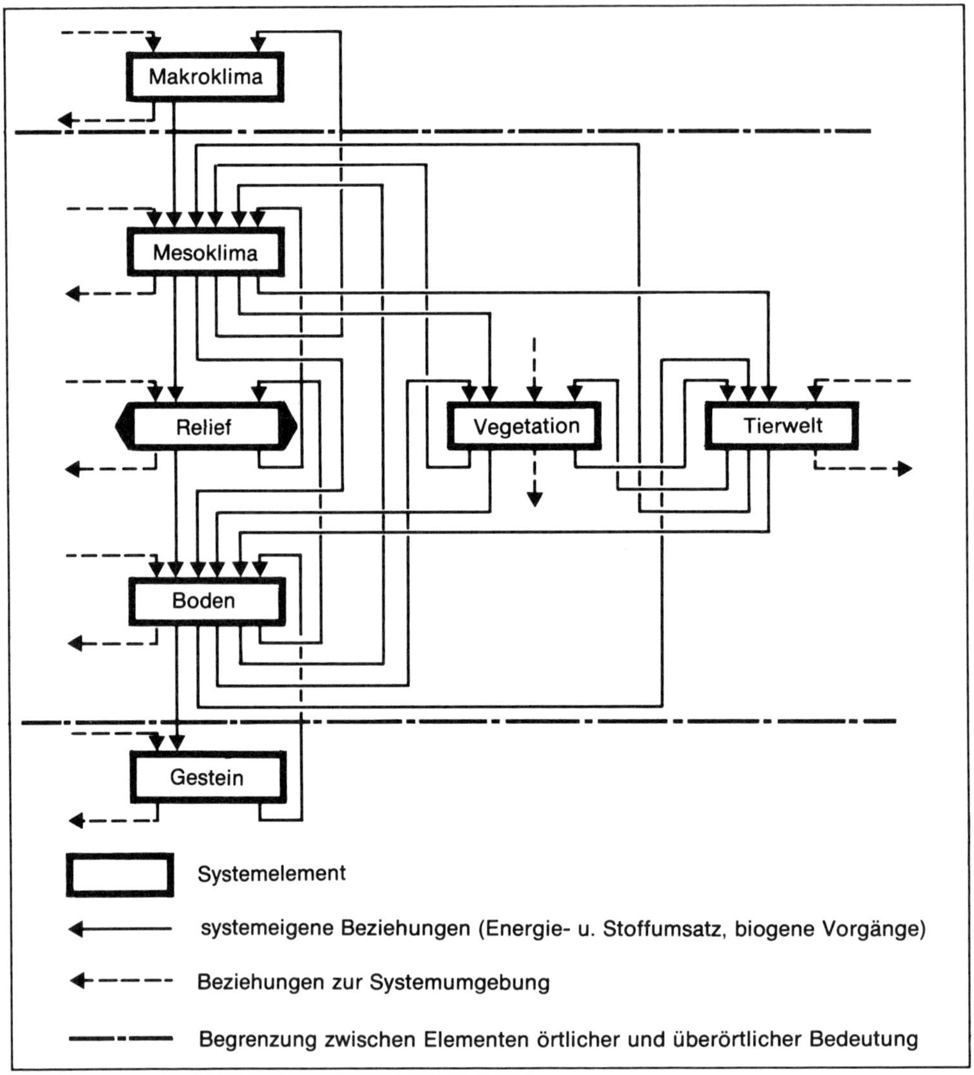

Abb. 11 Strukturmodell des landschaftlichen Ökosystems (homogener Naturraum). Vereinfacht nach RICHTER [1968].

In Abb. 11 wird der Entwurf des Strukturmodelles eines landschaftlichen Ökosystems [aus LANGER 1977/78, vereinfacht nach RICHTER 1968] dargestellt. Es handelt sich um einen ökologisch-strukturell homogenen Naturraum. Die Systemelemente sind einmal durch systemeigene Beziehungen wie Stoffkreislauf, Energiefluß und biogene Vorgänge miteinander verbunden, andererseits haben sie durch input und output Beziehungen zu benachbarten Ökosystemen. Die Systemelemente Makroklima und Gestein hat das System mit benachbarten Ökosystemen gemeinsam.

Der Austausch, der zwischen den einzelnen Systemelementen sowie mit Nachbarsystemen abläuft, läßt sich im graphischen Modell in Einzelprozesse auflösen und darstellen. In Abb. 12 (vereinfacht nach RICHTER 1968) ist der Umsatz des Wassers, ohne Trennung nach Zustandsformen, dargestellt.

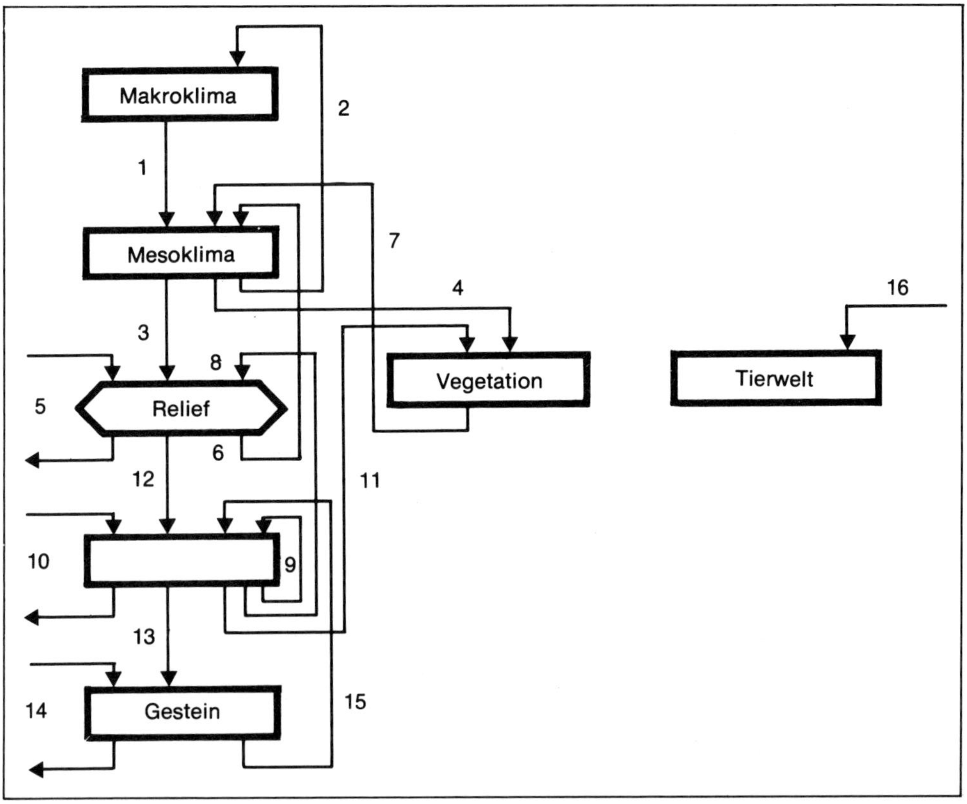

Abb. 12 Umsatz von Wasser als Teilprozeß im landschaftlichen Ökosystem. Nach Richter [1968].

1 Atmosphärischer Niederschlag
2 Wasserumsatz zwischen bodennaher Luftschicht und Atmosphäre
3 Niederschlagspende für die Bodenoberfläche
4 Unmittelbare Niederschlagspende für die Vegetation
5 Horizontaler Wasseraustausch an der Bodenoberfläche
6 Verdunstung von der Bodenoberfläche
7 Transpiration der Pflanzen
8 Bodenwasserbewegung gegen die Bodenoberfläche
9 Bodenwasserumsatz durch Verdunsten, Eintrocknen, Kondensieren
10 Tangentialer Sickerwasserzu- und -abfluß
11 Wasserentnahme der Vegetation aus dem Boden
12 Sickerwasserzufuhr im Boden
13 Sickerwasserzufuhr zum Gestein
14 Tangentialer Grundwasserzu- und -abfluß
15 Grundwassereinfluß auf den Boden
16 Wasseraufnahme der Tiere

Meist sind jedoch landschaftliche Ökosysteme ökologisch-strukturell heterogen, d. h. sie sind Ökosystemkomplexe, die aus mehreren Ökosystemen oder homogenen Naturräumen bestehen (Abb. 13). Im Gesamtsystem sind diese in unterschiedlichem Maße untereinander und mit Nachbarsystemen verbunden (n, i, e).
In beiden Strukturmodellen (Abb. 11 und 13) ist der nutzende, belastende oder regelnde Einfluß des Menschen nicht berücksichtigt.
Einen Schritt weiter führt das Modell der Territorialstruktur (Abb. 14). Deutlich werden die beiden kulturlandschaftlichen Komponenten Landesnatur (»primäres Milieu«) und Gesellschaft (»sekundäres Milieu«) mit ihren Systemelementen, beiderseitigen Regelkreisen (naturgesetzlich bestimmte Prozesse und sozioökonomisch bestimmte Prozesse), aber auch den Kopplungen zwischen beiden Komponenten. Erwünscht wäre eine differenzierte Darstellung,

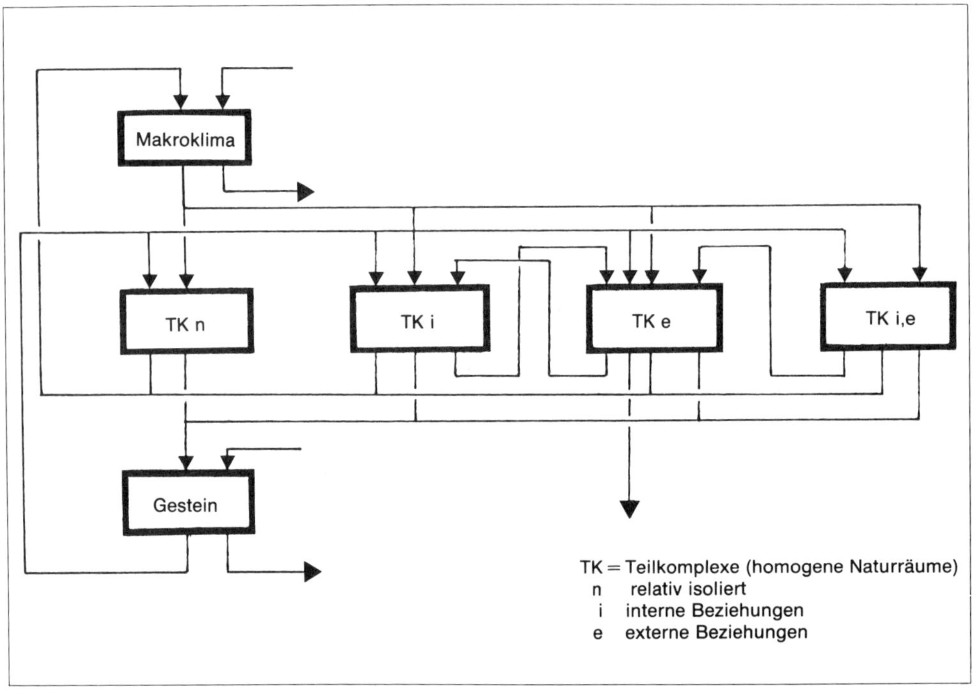

Abb. 13 Strukturmodell des landschaftlichen Ökosystems – heterogener Naturraum. Vereinfacht nach RICHTER [1968].

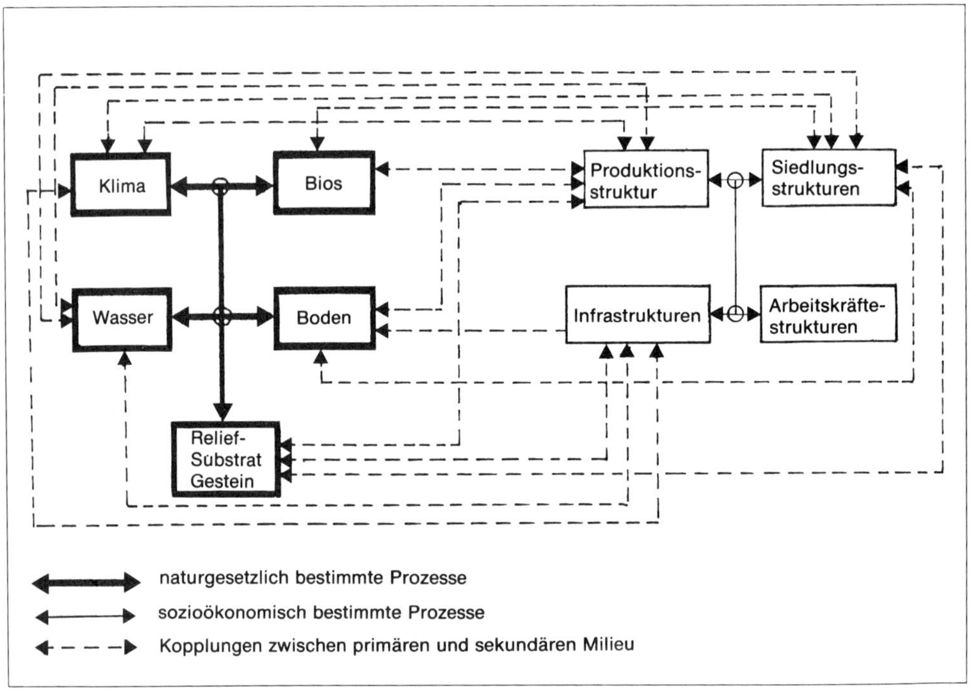

Abb. 14 Modell der Territorialstruktur. Vereinfacht u. a. nach BARSCH [1971], RICHTER u. KUGLER [1972].

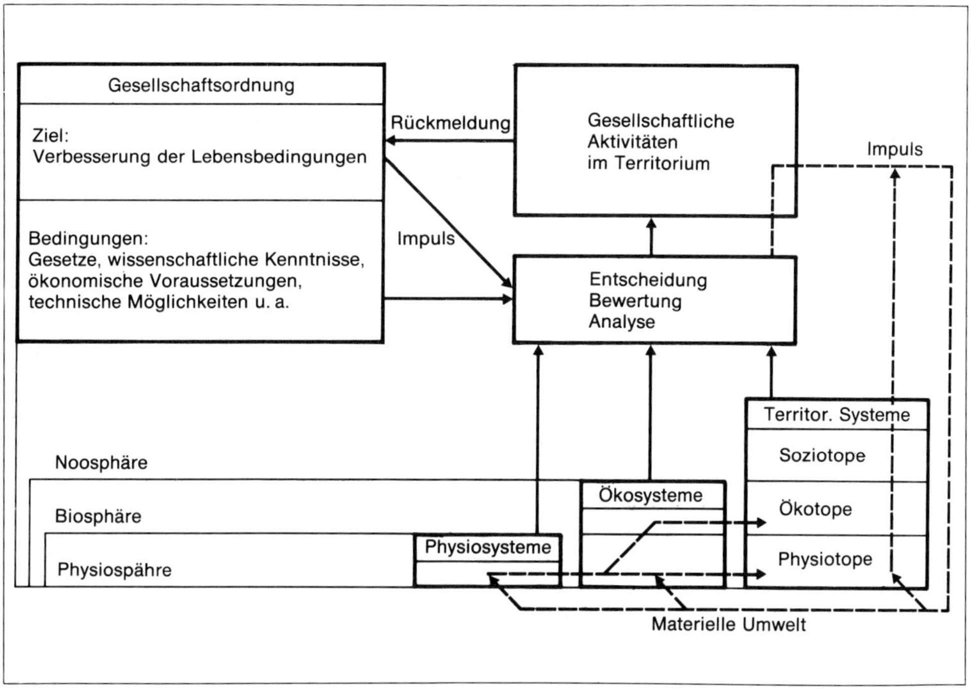

Abb. 15 Allgemeines Modell der Mensch-Umwelt-Beziehungen. Nach Neef [1972].

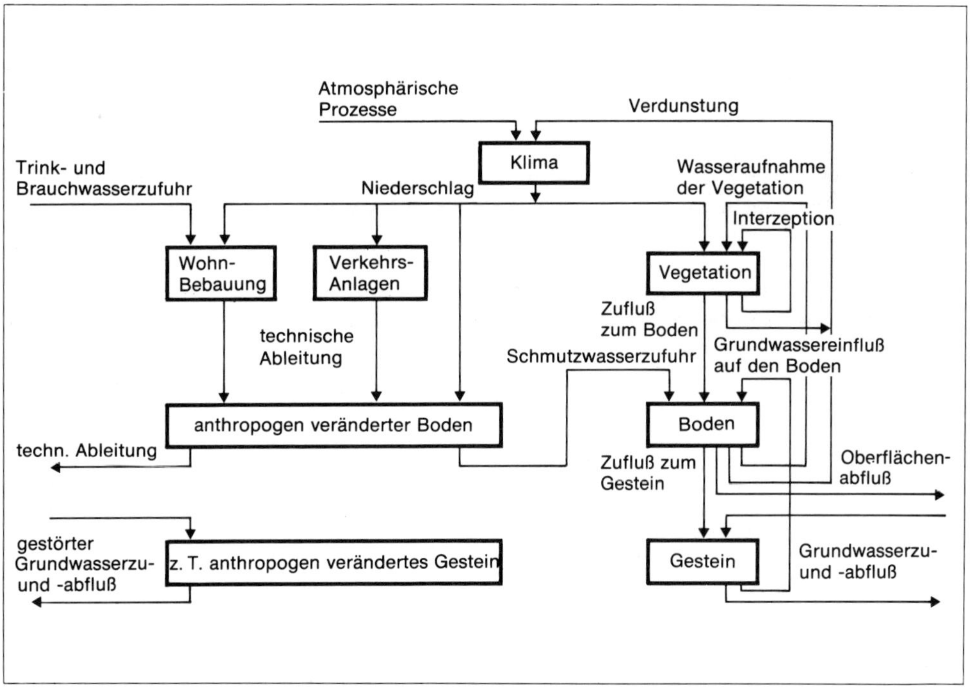

Abb. 16 Bereich mit Wohnfunktion – Umsatz von Wasser. Nach Langer [1977/78].

die – wie auch die Quantifizierung der Prozesse – bei der Komplexität der Aufgabe bisher nur in Teilbereichen möglich wurde. »Einmal umschließt (der Begriff Territorialstruktur) alle kulturlandschaftlichen Erscheinungen eines Raumes, eingeschlossen seiner nicht sichtbaren sozioökonomischen Strukturen, wobei der Raum als politisch-administrativ abgegrenztes Gebilde aufzufassen ist, das sich im Laufe der historisch territorialpolitischen Entwicklung herausgebildet hat und sich auch noch weiterentwickelt. Dieser Raum ist (jedoch) nicht nur der ökonomische Wirkungsbereich der dort arbeitenden, wohnenden, sich bildenden und erholenden Bevölkerung, sondern gleichzeitig ein willkürlicher Ausschnitt aus der Landschaftsphäre, die in sich naturgesetzlich geordnet ist, die aber darüber hinaus anthropogen beeinflußt wird und nach ihrer Bewertung durch den Menschen das natürliche Potential repräsentiert, das der Nutzung und/oder Übernutzung durch die sozialen Gruppen unterliegt« [LESER 1976].
Das Modell deutet bereits die Richtung an, in der Strukturmodelle weiter zu entwickeln sind. Es wird nämlich in der Reihe der hier vorgestellten Modelle erstmals die Funktion des landschaftlichen Ökosystems als menschliche Umwelt und die intensive Integration seiner Naturausstattung mit der sie nutzenden Gesellschaft deutlich. Ersichtlich wird auch die Bedeutung von Informationsprozessen für die Regulation des Systems [LESER 1976, LANGER 1977/78].
In einem von NEEF [1972] entwickelten allgemeinen Modell der Mensch-Umweltbeziehungen wird beides noch evidenter (Abb. 15).
Differenzierter als das Territorialmodell der Abb. 14 stellt Abb. 16 modellartig die Beziehungen der Elemente (Gestein, Boden, Vegetation) etwa eines Agrar-Ökosystems (Park, Grünanlagen) mit dem benachbarten urbanen Bereich mit Wohn- und Verkehrsfunktion am Beispiel des Wasserumsatzes dar [nach LANGER 1977/78]. Deutlich wird das unterschiedliche Verhalten des Wasserabflusses in beiden benachbarten Systemen.
Bisher ist es noch nicht gelungen – und dies nicht nur aus Darstellungsschwierigkeiten – das Mensch-Umwelt-System »Landschaft« in einer seiner Komplexität und den Besonderheiten seines Funktionsgefüges gerecht werdenden befriedigenden Weise in einem Grundmodell darzustellen. »Befriedigend« bedeutet hier, daß nicht nur Ansätze zur *Erklärung* des Systems geliefert werden, sondern auch Ansätze, die eine *Quantifizierung* der Prozesse und Möglichkeiten ihrer *Steuerung* eröffnen. Dies liegt neben der Komplexität vor allem daran, daß hier 2 offene Systeme, Gesellschaft und Umwelt, mit eigenen Gesetzmäßigkeiten und Regelkreisen in ihrer Verflechtung dargestellt werden müssen. Versuche zur Quantifizierung der Stoffströme und Energieflüsse sowie der Bilanzen gibt es erst für Teilsysteme von Landschaftsräumen. Hier liegt noch ein weites Arbeitsfeld als Voraussetzung künftiger ökologischer Planung im Sinne von Ökosystemsteuerung vor uns.
In Abschnitt 2.4 bringt LANGER den Entwurf eines Grundkonzeptes des Gesellschaft-Umwelt-Systems und umreißt damit die Aufgabenstellung. In Abschnitt 6.3.3.2 gibt VESTER einen Überblick über weitere Ansätze zur Erfassung des Umweltsystems. Das in Abschnitt 7.1 dargestellte, von NEDDENS [1976] entwickelte Grundmodell des Gesellschaft-Umwelt-Systems sowie die darauf aufbauenden Teilmodelle in verschiedenen Abschnitten des Handbuches, stellen insbesondere die Prozesse der Produktion und des Konsums im Funktionsgefüge des Gesamtsystems in den Vordergrund.

Schrifttum

BARSCH, H., 1971: Landschaft und Landschaftsnutzung – ihre Abbildung im Modell. – Z.F. Erdkundeunterricht *23*.

BERNINGER, H., 1968: Die Landschaft. In: Buchwald-Engelhardt, 1968: Handbuch für Landschaftspflege und Naturschutz, *1*, München.

BIERHALS, E., 1974: Stellung der ökologischen Planung in der Landschaftsplanung. ARL-Nachrichten 9, Hannover.

BOBEK, H. und J. SCHMITHÜSEN, 1949: Die Landschaft im logischen System der Geographie. Erdkunde *3*.

DUVIGNEAUD, P. ct DENAYER – DE SMET, S., 1975: L'écosystème urbain. Application á l'agglomération bruxelloise, Bruxelles.

ELLENBERG, H., 1973: Ziele und Stand der Ökosystemforschung. In: Ökosystemforschung, Berlin, Heidelberg, New York.

Ders. und O. Zeller, 1951: Die Pflanzenstandortkarte. Am Beispiel des Kreises Leonberg. In: Forschungs- und Sitzungsber. d. Akademie f. Raumforschung u. Landesplanung *2.*

Ders. u. a., 1956: Grundlagen und Methoden der Obstbau-Standortkartierung. Der Obstbau *75.*

Langer, H., 1970: Die ökologische Gliederung der Landschaft und ihre Bedeutung für die Fragestellung der Landschaftspflege. Landschaft und Stadt, Beiheft 3. Stuttgart.

Ders., 1973: Ökologie der geosozialen Umwelt. Landschaft und Stadt, Jg. 5, *3.*

Ders., 1977/78: Mensch-Umwelt als ökologisches System. – Vorlesungsmanuskript WS 1977/78. Institut f. Landschaftspflege und Naturschutz der Techn. Universität Hannover (als Mskr. vervielfältigt).

Lautensach, H., 1938: Über die Erfassung und Abgrenzung von Landschaftsräumen. Compt. Rend. Congr. Internat. Geógraph. Amsterdam, T. II, Sect. V.

Leser, H., 1976: Landschaftsökologie. Stuttgart.

Lüttig, G. und D. Pfeiffer, 1974: Die Karte des Naturraumpotentials – ein neues Ausdrucksmittel geowissenschaftlicher Forschung für Landesplanung und Raumordnung. Neues Archiv für Niedersachsen *23.*

Meynen, E. und J. Schmithüsen (u. a.), 1953–1962: Handbuch der naturräuml. Gliederung Deutschlands. Bad Godesberg.

Müller, P., 1972: Probleme des Ökosystems einer Industriestadt. Dargestellt am Beispiel Saarbrückens. In: Belastung und Belastbarkeit von Ökosystemen. Tagungsbericht der Gesellschaft für Ökologie. Tagung Gießen 1972.

Neddens, M., 1976: Grundmodell des Umweltsystems. Envitec, Düsseldorf.

Neef, E., 1969: Der Stoffwechsel zwischen Gesellschaft und Natur als geographisches Problem. Geograph. Rundschau *21.*

Ders., 1972: Geographie und Umweltwissenschaft. Pet. Mitt. *116.*

Paffen, K. H., 1948: Ökologische Landschaftsgliederung. Erdkunde *2.*

Paffen, K. H., 1953: Die natürliche Landschaft und ihre räumliche Gliederung. Eine methodische Untersuchung am Beispiel der Mittel- und Niederrheinlande. Forschungen zur Deutschen Landeskunde *68,* Remagen.

Pflug, W., 1977: Hexbachtal, Aachen (Als Mskr. vervielfältigt).

Richter, H., 1968 (a): Beitrag zum Modell des Geokomplexes. In: Neef-Festschrift (Landschaftsforschung). – Petermanns Mitt. Erg.-H. *271.*

Ders., (1968 (b): Naturräumliche Strukturmodelle. In: Petermanns Mitt. *112.*

Ders. und H. Kugler, 1972: Landeskultur und landeskultureller Zustand des Territoriums. Wiss. Abh. Geograph. Ges. DDR, *9.*

Ruppert, K., 1976: Kulturlandschaft erhalten heißt Kulturlandschaft gestalten. In: Kulturlandschaft in Gefahr (Hrsg. P. C. Mayer-Tasch), München.

Schmithüsen, J., 1949: Grundzüge für die Untersuchung und Darstellung der naturräumlichen Gliederung von Deutschland. In: Ber. z. deutschen Landeskunde *6.*

Ders., 1952: Geographische Landesaufnahme 1:200000. Die natürlichen Einheiten auf Blatt 161 Karlsruhe. Stuttgart.

Schlenker, G., 1964: Entwicklung des in Südwestdeutschland angewandten Verfahrens der forstlichen Standortkunde. In: Standort, Wald und Waldwirtschaft in Oberschwaben. Verein f. forstliche Standortkunde und Forstpflanzenzüchtung. Stuttgart.

Schreiber, K. F. und F. Weller, 1966: Die natürlichen Grundlagen landbaulicher Nutzungsmöglichkeiten in Mittelbaden. Vierteljahrsber. Planungsgemeinschaft Mittelbaden *1.*

Schultze, H. J., 1955: Die naturbedingten Landschaften der Deutschen Demokratischen Republik. Petermanns Mitt., Erg.-H. *257,* Gotha.

Sukopp, H. und W. Kunick, 1973: Die Großstadt als Gegenstand ökologischer Forschung. TUB 5. Zeitschrift d. Techn. Univesität Berlin 5. Jg.

Troll, C., 1950: Die geographische Landschaft und ihre Erforschung. Studium Generale III.

Ders., 1963: Über die Landschaftssukzession. Arbeiten z. rhein. Landeskunde *19,* Bonn.

Jung, Ludwig – Preusse, Hans-Ulrich

5.1 Boden

Der Boden ist, einer Definition Schroeder's [1969] zufolge, ein nicht scharf abgrenzbarer Naturkörper; er zählt als Grenzphänomen der Erdoberfläche zur Pedosphäre und wird von der Litosphäre, Hydrosphäre, Atmosphäre und Biosphäre durchdrungen und überlagert. Er ist, im Gegensatz zu festen Gesteinen, ein Mehrphasensystem, das neben der aus mineralischen und organischen Bestandteilen bestehenden festen Phase unterschiedlichen Dispersitätsgrades die in einem Hohlraumsystem befindliche flüssige und gasförmige Phase enthält. Der Boden ist befähigt, mehrere Funktionen zu erfüllen, wie die als Pflanzenstandort bzw. Standort pflanzlicher Produktion, Regulator des Wasserhaushaltes, der Stoffumwandlung, der Filterung fester und gelöster Wasserinhaltsstoffe sowie technische Funktionen (z. B. Tragschicht für Bauwerke).

5.1.1 Zusammensetzung des Bodens

Bezüglich der Literatur zu diesem Kapitel sei auf die Veröffentlichungen von Scheffer-Schachtschabel [1976], Mückenhausen [1975] und Schroeder [1969] verwiesen.

5.1.1.1 Mineralische und organische Bodenbestandteile

Die feste Bodensubstanz ist mineralischer und organischer Natur mit unterschiedlicher Zusammensetzung und Korngröße.
Die mineralischen Bestandteile sind das Ergebnis der Gesteins- und Mineralaufbereitung durch mechanische Kräfte (mechanische oder physikalische Verwitterung) sowie die durch die chemische Verwitterung hervorgerufene Mineralzersetzung. Die hierbei entstehenden Partikel sind überwiegend grob- bis feindispers, die bei der chemischen Verwitterung gebildeten Verwitterungsprodukte dagegen überwiegend kolloiddispers (Teilchen-∅ kleiner als 2 μm, entsprechend 2×10^{-6} m). Diese werden entweder aus der Verwitterungsschicht ausgewaschen, oder bilden den Verwitterungsbedingungen angepaßte Minerale. Zu diesen zählen, neben den Oxiden der Kieselsäure, des Eisens u. a., vor allem die Tonminerale (sekundäre silikatische Minerale). Bei diesen handelt es sich um Schichtsilikate kolloidaler Größenordnung mit den für Kolloide typischen Eigenschaften (große aktive Oberfläche, befähigt zur Sorption von Molekülen und Ionen, zur Peptisation, Koagulation, Quellung und Schrumpfung). Tonminerale können auch aus Glimmern ohne Zerstörung der Silikatstrukturen hervorgehen.
Mineralböden sind in der Regel Mischungen verschiedener Kornfraktionen (Sand, Schluff, Ton). Ihre Eingruppierung in Bodenarten erfolgt auf Grund der vorherrschenden Kornfraktionen in Sand-, Schluff-, Lehm- und Tonböden (Abb. 17). Zwischen Bodenart und Bodeneigenschaften bestehen enge Beziehungen.
Zur organischen Bodensubstanz werden alle abgestorbenen, im Abbau oder Umwandlung begriffenen bzw. bereits zu bodentypischen, dunkel gefärbten, organischen Substanzen (Humus) umgewandelten pflanzlichen und tierischen Organismen auf und in dem Boden gerechnet. Bisweilen wird der Begriff Humus auch auf die Gesamtheit der postmortalen organischen Substanz bezogen.
Die postmortale Bodensubstanz ist Nahrungsgrundlage der heterotrophen Bodenflora und -fauna sowie Ausgangssubstanz für die Humusbildung.
Die Bestandteile des Humus sind die kolloidalen und reaktiven Huminstoffe. Die Bildung erfolgt aus Spaltprodukten tierischer und pflanzlicher Zellinhaltsstoffe unter Mitwirkung von Mikroorganismen oder chemisch. Die wichtigsten Huminstoffgruppen sind die Fulvosäuren (niederpolymere, saure Huminstoffe hoher Mobilität), die Huminsäuren (höherpolymere, schwach saure Huminstoffe geringer Mobilität) und Humine (Alterungsprodukte vorgenannter Gruppen). Fulvosäuren sind überwiegend chemisch gebildet und typisch für nährstoffarme, saure Standorte, Huminsäuren dagegen typisch für nährstoffreiche Standorte.

Abb. 17 Bodenartendiagramm
Nach MÜCKENHAUSEN [1975]

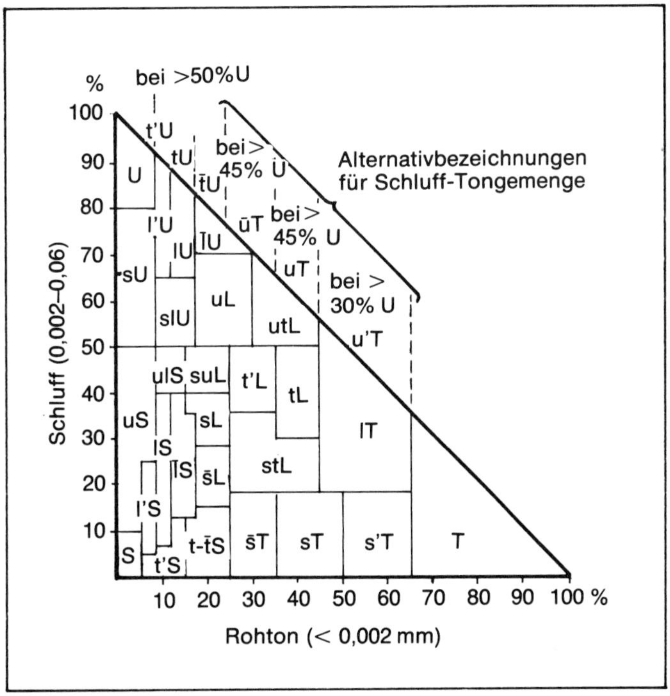

Die Gesamtheit der organischen Substanz auf und in dem Boden bildet den Humuskörper, der morphologisch in Humushorizonte gegliedert wird. Die Kombination der Humushorizonte ergibt die Humusformen Mull, Moder und Rohhumus (Auflagehumus). In der angeführten Reihenfolge nimmt der Gehalt an niederpolymeren Huminstoffen infolge abnehmender biotischer Aktivität zu.

Die Böden werden nach dem Humusgehalt klassifiziert von humusarm (weniger als 1% organische Substanz) über humushaltig (1–2%), humos (2–4%), stark humos (4–8%) bis sehr stark humos (8–15%).

5.1.1.2 Bodenwasser und Bodenluft

Bodenwasser und Bodenluft sind Inhaltsstoffe des durch Aneinanderlagerung ungleichmäßig geformter fester Bodenbestandteile bzw. durch menschliche und tierische Tätigkeit gebildeten Hohlraumsystemes. Das Bodenwasser ist ein wichtiger ökologischer Faktor. Es sichert die Wasserversorgung der Pflanze, ist für die Lebenstätigkeit der Mikroorganismen unerläßlich, fördert die chemische Verwitterung und bildet, zusammen mit Nährstoffen, die Nährlösung. Weiterhin ist es an der Profildifferenzierung beteiligt und verleiht tonreichen Böden plastische Eigenschaften. Das Bodenwasser tritt als Sicker-, Haft-, Grund- und Stauwasser auf.

Als Sickerwasser wird das durch den Boden zum Grundwasser hin sich infolge der Schwerkraft bewegende Wasser bezeichnet. Grund- und Stauwasser bilden sich, wenn das Sickerwasser auf undurchlässige Schichten auftrifft und gestaut wird, wobei ein zeitweilig gestautes Wasser als Stauwasser bezeichnet wird. Das Haftwasser wird an der Oberfläche der festen Bodensubstanz, insbesondere der der Bodenkolloide als Adsorptionswasser sowie in den Bodenporen < 10 µm als Kapillarwasser entgegen der Schwerkraft zurückgehalten. Das maximale Haftwasservolumen wird als Feldkapazität bezeichnet. Von ökologischer Bedeutung ist das in dem Porenbereich 0,2 bis 10 µm locker gebundene und von der Pflanze aufnehmbare Haftwasser. In den Grobporen (> 10 µm ∅) ist das Gravitationspotential größer als das von der festen Bodensubstanz ausgehende Matrixpotential; das Wasser versickert. In Abb. 18 sind die Wasserspan-

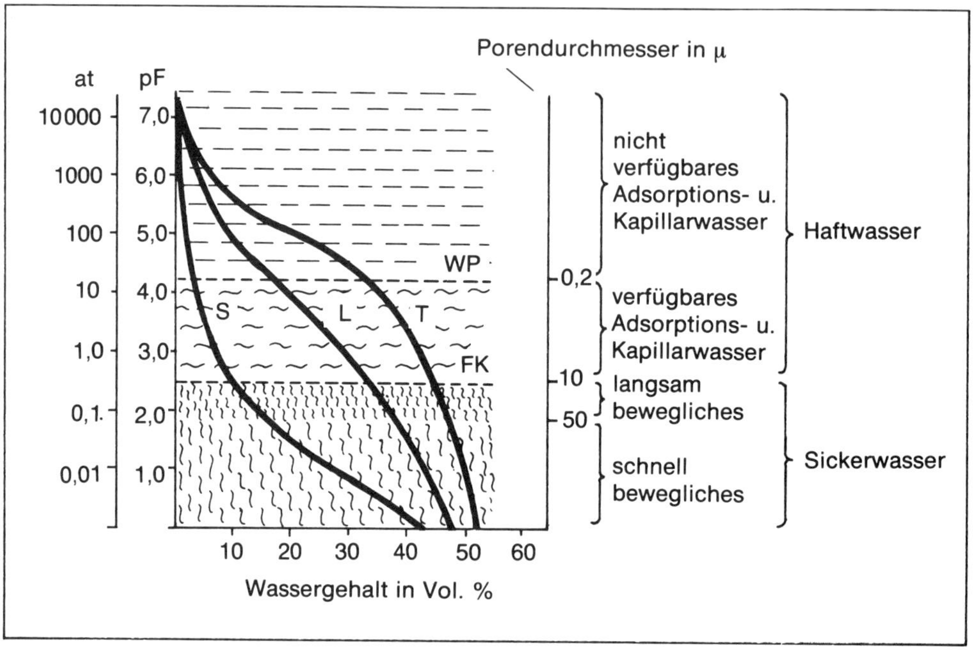

Abb. 18 Wassergehalt in Abhängigkeit von der Wasserspannung in den Texturen Sand (S), Lehm (L) und Ton (T) (WP = Welkepunkt, FK = Feldkapazität). Nach MÜCKENHAUSEN [1975].

nungskurven, d. h., die Wassergehalte bei den jeweiligen Matrixpotentialen der drei Hauptbodenarten nebst den Porengrößenabgrenzungen aufgeführt. Die Wasserspannung wird als pF-Wert (log cm Wassersäule, die zur Entfernung des Wassers notwendig ist) angegeben. Danach weist ein Tonboden, bedingt durch den hohen Anteil an Fein- und Mittelporen, ein hohes Haftwasservolumen auf, das Volumen an pflanzenverfügbarem Wasser ist dagegen in einem Schluffboden höher (höherer Gehalt an Mittelporen).
Der Luftgehalt des Bodens ist vom Wassergehalt abhängig. Im Zustand der Feldkapazität sind die großen Poren, in denen das Wasser nicht gegen die Schwerkraft festgehalten wird, mit Luft gefüllt. Diese beträgt bei Sandböden 30–40%, bei Lehmböden 10–25%, bei Tonböden 5–15% [SCHEFFER-SCHACHTSCHABEL 1976]. Als optimales Boden – Wasser – Luft – Verhältnis kann eine Verteilung von 50:30:20 angesehen werden.
Die Zusammensetzung der Bodenluft weicht von der der Atmosphäre ab, da die Bodenorganismen und die Pflanzenwurzeln Sauerstoff verbrauchen und CO_2 abgeben. Der CO_2-Gehalt richtet sich nach der Möglichkeit des Gasaustausches mit der Atmosphäre.

5.1.1.3 Bodenflora und Bodenfauna

Bodenflora und Bodenfauna setzen die organischen Bestandsabfälle im Zuge der Verwesung und Humifizierung um (biotische Humifizierung). Die abgestorbenen Organismen stellen wegen ihres hohen Eiweißgehaltes eine wichtige Ausgangssubstanz für die Huminstoffbildung dar. Während die Bodenfauna, sowohl die Makro- wie die Mikrofauna, die Bestandsabfälle zerkleinert und somit die Zellinhaltsstoffe freilegt sowie oberirdische Bestandsabfälle in den Mineralboden einarbeitet (Regenwürmer), erfolgt die weitere Zerlegung der Inhaltsstoffe in die Grundbausteine, aus denen Huminstoffe gebildet werden können bzw. die Mineralisierung der Grundbausteine durch die Bodenflora (Bakterien, Actinomyceten, Pilze).
Die von diesen Organismen an ihre Umwelt gestellten Ansprüche sind sehr unterschiedlich. So benötigen Bakterien, denen die intensivste Umsetzung zuzuschreiben ist, schwach saure bis

schwach alkalische Bodenreaktion, ausreichende Feuchte- und Wärmeverhältnisse sowie organische Ausgangssubstanzen mit leicht abbaubaren Inhaltsstoffen. Da diese Faktoren auf Rohhumusstandorten sowie auf nassen Standorten nicht gegeben sind, kommt es zur Anreicherung ungünstiger Humusformen. Dagegen gedeihen Pilze auch auf ungünstigen Standorten; ihre Umsatzleistung ist aber gering.

5.1.1.4 Die Bodentypen

Die Bildung des Naturkörpers Boden beruht auf den durch die Wechselbeziehungen bodenbildender Faktoren (Gestein, Klima, Wasser, Relief, Zeit, Vegetation, Fauna, Mensch) ausgelösten bodenbildenden Prozesse. Diese können in Umwandlungs- und Verlagerungsprozesse unterteilt werden. Umwandlungsprozesse sind die Mineral- und Gesteinsverwitterung einschließlich der Bildung bodentypischer Minerale (letztgenannter Prozeß wird auch als Verlehmung und Verbraunung bezeichnet), die Verwesung postmortaler organischer Substanzen einschließlich der Humifizierung, Ionenumtausch- und Red-Ox-Reaktionen sowie die Gefügebildung. Zu den Verlagerungsprozessen zählen, neben dem an der Bodenoberfläche erfolgenden Bodenabtrag durch Wind und Wasser, die abwärtsgerichtete Verlagerung ionen- bis kolloiddisperser Substanzen mit dem Sickerwasser, die allseitig gerichtete Ionenverlagerung mit dem Haftwasser, die Durchmischung des Bodens infolge menschlicher und tierischer Tätigkeit sowie die quellungs- und schrumpfungsbedingte Verlagerung. Durch gleiche pedogene Prozesse gebildete Böden weisen vergleichbare Erscheinungsbilder, erkenntlich an typischen Horizontabfolge[1)] und somit vergleichbare Eigenschaften auf; sie werden zu Bodentypen zusammengefaßt. Die wichtigsten Bodentypen, gegliedert nach den vorherrschenden Prozessen, sind:

1. *Schwarzerde* (A_h-C-Profil) (Humifizierung und zoogene Turbation)
2. *Ranker, Rendzina, Pararendzina* (A_h-C-Böden) und Braunerde (A_h-B_v-C) (Verlehmung, Verbraunung und Humifizierung)
3. *Pelosol* (A_h-P-C) (Humifizierung und Verlagerung infolge Quellung und Schrumpfung)
4. *Parabraunerde* (A_h-A_l-B_t-C) (Verlagerung von Tonsubstanz mit dem Sickerwasser, Tondurchschlämmung, Lessivierung)
5. *Podsol* (A_h-A_e-B_{hs}-C) (Zerstörung von Silikaten und Oxiden durch saure Humusstoffe und gemeinsame Verlagerung mit dem Sickerwasser – Podsolierung)
6. *Gley* (Grundwasserboden, A_h-G_o-G_r) und *Pseudogley* (Stauwasserboden, A_h-S_w-S_d) (Red-Ox-Prozesse verbunden mit Verlagerungsprozessen).

5.1.1.5 Der Boden als Vegetationsstandort

Entscheidend für die Ertragsfähigkeit eines Bodens, auch als Bodenfruchtbarkeit bezeichnet, sind die ökologischen Standorteigenschaften. Zu diesen sind, neben den Niederschlags-, Temperatur- und Reliefverhältnissen, die Eigenschaften des Bodens selbst wie durchwurzelbarer bzw. durchwurzelter Bodenraum, Wasser-, Luft- und Wärmehaushalt sowie Nährstoffhaushalt zu rechnen.

Der durchwurzelbare Bodenraum wird begrenzt durch das Gestein, er kann aber bei Lockergesteinen mächtiger sein als das Solum,[2)] bei grobporenarmen Böden bzw. Horizonten geringmächtiger als dieses. Hinsichtlich dieser Eigenschaft wird zwischen flachgründig (weniger als 10 cm) über mehrere Zwischenstufen bis sehr tiefgründig (mehr als 100 cm) unterschieden.

Aus dem den Pflanzenwurzeln zur Verfügung stehenden Bodenraum beziehen die Pflanzen das Wasser. Die maximal verfügbare Haftwassermenge, die Nutzwasserkapazität, ausgedrückt in mm, hängt von der Tiefe des Wurzelraumes und dem Volumen an Mittelporen ab. Die Auffül-

[1)] Die durch die Bodenentwicklung entstandenen Bodenhorizonte werden durch große Buchstaben gekennzeichnet; z. B.: A, B, C, D (von oben nach unten; daneben Ca von $CaCO_3$-Hor.; S von Stauwasser, G von Gley (Grundwasser) O = Auflagehorizont aus organischer Substanz; T von Torf; Sa von Salz. Kleine Buchstaben z. B. A_p (p von Pflugarbeit); A_h (h = humos); B_v (v = verwittert); B_t (t = tonig); B_g (g = gleyartig); G_o (o = Oxydation); G_r (r = Reduktion).

[2)] Solum = Zu A- u. B-Horizont umgewandeltes Gestein (Bodenmasse).

lung dieser Kapazität erfolgt in den Wintermonaten. Der durchschnittliche Wasserbedarf der Pflanzen während einer Vegetationsperiode beträgt 300 mm. Nutzwasserkapazität dieser Größenordnung haben schluffige Böden (tiefgründiger Wurzelraum, hohes Mittelporenvolumen). Sand- und Tonböden weisen dagegen niedrige Nutzwasserkapazitäten (unter 100 mm) auf.
Der Bodenlufthaushalt ist entscheidend für die Wurzelatmung, für die Existenz aerober Mikroorganismen sowie für den Gasaustausch. In grobkörnigen, d. h., grobporenreichen Böden ist der Lufthaushalt optimal, bei Grobporengehalten unter 10% ist er dagegen eingeschränkt. Die Bodenwärme stimuliert die Wachstumsprozesse und die mikrobielle Tätigkeit; das Optimum liegt zwischen 20 und 30 °C.
Der Nährstoffgehalt des Bodens wird maßgeblich bestimmt durch die Bindungsform der Nährelemente. Der überwiegende Teil liegt als nur sehr schwer durch Verwitterungs- und Mineralisierungsprozesse mobilisierbare Reserve vor, ein geringerer Teil, lokalisiert an der Oberfläche verwitternder Minerale oder inkorporiert in leichtmineralisierbaren organischen Verbindungen. Dagegen sind die an den Kolloidoberflächen sorbierten Nährelemente leicht und die in der Bodenlösung befindlichen sehr leicht durch Pflanzen aufzunehmen. Nährstoffreisetzung und -aufnahme sind an das Bodenwasser gebunden. Geringe Gehalte an pflanzenverfügbarem Wasser schränken somit die Nährstoffversorgung ein, während bei zu geringen Nährstoffkonzentrationen die Pflanze zur erhöhten Wasseraufnahme angeregt wird (Luxuskonsum).
Ein optimaler Ertrag ist nur unter den Bedingungen optimaler Standorteigenschaften möglich.

5.1.2 Der Boden als Filter

Die Pedosphäre stellt, bedingt durch ihre Porosität, die große Oberfläche sowie die in dem Porenraum enthaltene flüssige und gasförmige Phase und infolge der Durchdringung mit der biotischen Phase ein natürliches Puffer- bzw. Filtersystem meist hoher Effektivität dar. Der Landwirtschaft, der Forstwirtschaft und dem Gartenbau war die Filtereigenschaft seit jeher bekannt. Im Zusammenhang mit der Trinkwassergewinnung aus Grundwässern [Wohlrab 1976], der Sauberhaltung von Talsperren u. anderen Wasserspeichern, den erhöhten Anforderungen an die Nahrungsmittelqualität sowie der Wiederverwendung von Siedlungsabfällen ist die Bedeutung des Bodens als Filter weiteren Bevölkerungskreisen bewußt geworden.
Die Filterfunktion beruht auf mechanischen, chemischen, physikochemischen und biologischen Prozessen. Sie ist somit abhängig von den verschiedenen Bodeneigenschaften und wird von klimatischen Faktoren maßgeblich beeinflußt [Preusse 1972, Müller 1975]. Da das Filtersystem nicht regenerierbar und nicht vermehrbar ist, sollten alle sich auf den Boden auswirkenden menschlichen Aktivitäten unter dem Gesichtspunkt der minimalen Belastung erfolgen [Europäische Bodencharta 1975].

5.1.2.1 Mechanische Filterfunktion

Die mechanische Filterfunktion beruht auf der Rückhaltung von mit dem Sicker- und Haftwasser transportierten anorganischen und organischen Feststoffe. Am günstigsten sind mittelkörnige Substrate wegen der bei hinreichend schneller Wasserbewegung ausreichender Filterleistung. In feinkörnigen Substraten (Ton) erfolgt die Wasserbewegung zu langsam und das Filter neigt zur Verstopfung, während grobkörnige Substrate die Feststoffe nur ungenügend zurückhalten. Für die Filtereffektivität ist ferner, und dies gilt auch für die anderen Filterfunktionen, die Filterstrecke entscheidend.

5.1.2.2 Physikochemische und chemische Filterfunktion

Die physikochemische Filterfunktion beruht auf der Anlagerung von Ionen an der Oberfläche fester Teile meist kolloidaler Größenordnung. Hierbei handelt es sich um Sorptionsprozesse, die durch entgegengesetzte Ladungen bedingt sind, oder um Adsorptionsprozesse (Ligandenaustausch).

1972, GEBHARDT and COLEMAN 1974, SCHEFFER-SCHACHTSCHABEL 1976]. Mit zunehmender Filterbelastung nimmt die Filterleistung ab. Von den umweltrelevanten Elementen bzw. Verbindungen sollen nur die Phosphate, Schwermetalle und Biozide erwähnt werden. Die ebenfalls relevanten und durch die Düngung dem Boden zugeführten N-Verbindungen werden im nächsten Kapitel erwähnt.

Besonders filteraktiv sind Mineralböden gegenüber Phosphatanionen, da an der Filterung Sorptions-, insbesondere aber Adsorptionsprozesse beteiligt sind. Daneben werden die Anionen in stark sauren Böden als Al-Fe-Phosphate, in carbonathaltigen Böden als Ca-Phosphate ausgefällt. Die Filterleistung wird unter reduzierenden Bodenbedingungen stark eingeschränkt [BRÜMMER 1974, FISCHER und BAUMANN 1977] und ist in organischen Böden sehr gering [SCHEFFER 1976].

Die Filterleistung ist abhängig, und dies gilt auch für die weiteren Ausführungen, von dem Gehalt des Bodens an filteraktiven Substanzen (im Falle der P-Filtration Fe-, Al-Oxide, Allophane und Tonminerale) und von der Feldkapazität (Wasserrückhaltevermögen). Je höher die Feldkapazität, um so länger verbleiben die Phosphate in der Filterschicht, aus der sie durch die Pflanzenwurzeln aufgenommen, von Mikroorganismen inkorporiert (biologische Filterung) oder durch o. a. Prozesse inaktiviert werden können.

Die Folge der hohen Filterleistung sind die allgemein niedrige P-Konzentration in der Bodenlösung unterhalb der Wurzelzone bzw. im Grundwasser mit durchschnittlich 0,01 bis 0,1 ppm, bei hoher Düngung filterinaktiver Böden auch bis 0,3 ppm [SCHEFFER-SCHACHTSCHABEL 1976, OHLENDORF 1976, CZERATZKI 1976], der geringe Gesamtaustrag mit 0,05 bis 0,5 kg/ha/Jahr [KÖHNLEIN und WEICHBRODT 1971, SIEGEL 1972] sowie die Anreicherung der Böden mit Phosphaten [SCHMITT 1955, COOKE and WILLIAMS 1970].

Unter den vorangegangenen Gesichtspunkten sind die Ausführungen VESTER's [1975] hinsichtlich der Grundwasserbelastung durch P-Düngung kritisch zu betrachten, zumal dieser Autor den natürlichen Eintrag durch Niederschläge, der meist höher ist als der Austrag [MAYER 1971, PREUSSE und VOSS 1975, MAYER und HEINRICHS 1977] und die lithogenen Phosphate nicht berücksichtigt.

Im Gegensatz zu den Phosphaten werden Schwermetalle nur durch Sorptionsprozesse zurückgehalten, wobei allerdings auch organische Kolloide (Huminstoffe) wesentlich beteiligt sind. Allgemein nimmt die Filterleistung mit zunehmender Bodenversauerung ab. Nicht der Filterung unterliegen dagegen wasserlösliche metallorganische Komplexe. Hinsichtlich des Verhaltens der verschiedenen umweltrelevanten Spurenelemente sei auf die einschlägige Literatur verwiesen [SCHEFFER-SCHACHTSCHABEL 1976, DITTER 1976, HERMS und BRÜMMER 1977]. Die Filterkapazität des Bodens ist besonders bei der Deponie schwermetallhaltiger Siedlungsabfälle und bei der Verwendung von Klärschlämmen zu berücksichtigen [SCHÄFER 1975].

Die physikochemische Filterung des ionaren Stickstoffs erstreckt sich in erster Linie auf das Ammoniumion (Festlegung an Tonmineralen), während für die Filterung des Nitrations die biologische Phase verantwortlich ist.

Auch die Rückhaltung der Biozide und deren Abbauprodukte erfolgt durch Sorption an anorganischen, besonders aber an organischen Kolloiden. Sie ist ferner abhängig von den chemischen und physikalischen Eigenschaften dieser Substanzen. Eine wesentliche Rolle spielt aber auch der mikrobielle Abbau [SCHEFFER-SCHACHTSCHABEL 1976, MÜLLER-WEGENER 1977, SÜSS und FUCHSBICHLER 1975].

5.1.2.3 Biologische Filterfunktion

Die biologische Filterung ist eine Funktion aller biologischen Prozesse; die Kapazität ist abhängig von der Vegetation und der mikrobiellen Aktivität im Boden. Sie beruht auf der Mineralisierung grundwasserbelastender organischer Inhaltsstoffe des Bodenwassers [TORMANN 1975]. Die dabei freigesetzten mineralischen Inhaltsstoffe können von der Pflanze aufgenommen bzw. von Mikroorganismen inkorporiert (insbesondere Stickstoff) oder durch physikochemische und chemische Prozesse inaktiviert werden.

Die biologische Filterung spielt vor allem beim Stickstoff eine Rolle, der, im Gegensatz zum

Phosphor, u. U. in erheblichem Umfang ausgewaschen wird und in Form des NO_3-N die Trinkwasserqualität herabsetzt. Die durchschnittliche NO_3-Konzentration in den Sickerwässern landwirtschaftlicher Nutzflächen beträgt 2 bis 50 ppm, der jährliche Austrag 5 bis 30 kg/ha. Diese Werte können jedoch auf filterinaktiven Böden und bei zu hoher, dem Pflanzenbedarf nicht angepaßter Düngung überschritten werden [Kolenbrander 1969, Jung 1972, Siegel 1972, Strebel et al. 1975, Czeratzki 1976, Ohlendorf und Vömel 1976]. Überhöhte Konzentrationen und Austräge treten aber fast nur während der vegetationslosen Zeit auf und sind die Folge der Mineralisierung organischer Bodensubstanzen während dieser Zeit [Kolenbrander 1969]. Besonders intensiv ist die Auswaschung unter Brache [Thomsen 1975] und nach Finck [1965] werden jährlich aus dem Humus durchschnittlich 160 kg N/ha freigesetzt. Der N-Austrag ist somit nicht durch eingeschränkte mineralische und verstärkte organische Düngung zu mildern.
Zur biologischen Filtration zu zählen ist der gasförmige N-Verlust infolge Denitrifikation, der von Meyer [1974] als wirksamer Sperrmechanismus unterhalb der Wurzelzone angesehen wird. Jegliche Überlastung des natürlichen Filtersystems Boden führt zur Störung der Filterfunktionen.

5.1.3 Nutzungsbedingte Schäden und deren Ursachen

Da der Boden als dynamisches System aufzufassen ist, kann er sich bei Umwandlung der Vegetationsdecke bzw. Nutzung durch den Menschen im Sinne seiner Produktivität positiv oder negativ verändern. Je labiler das ökologische Gleichgewicht der Standortfaktoren ist, um so größer werden die Bodenveränderungen bei einem Eingriff des Menschen sein; d. h. wenn eine Nutzung des Bodens den Standortfaktoren nicht angepaßt ist, kann es zu Bodenzerstörungen durch Wasser und Wind kommen [Jung 1976]. So führte die starke Entwaldung in den Mittelmeergebieten zu einer solchen Störung, daß die anfallenden Niederschläge nicht mehr bodenbildend und landschaftsaufbauend wirkten, sondern die Zerstörung des Bodens auslösten. Je weniger eine Landschaft geeignet ist, in bestimmte Formen einer Agrarlandschaft umgewandelt zu werden, um so mehr menschliche Arbeit muß aufgewendet werden, um den veränderten Faktoren Rechnung zu tragen und dieser Landschaft einen bleibenden Wert für den Menschen zu sichern. Dem Schutz des Bodens vor Abschwemmung durch Starkregen oder Verwehung durch den Wind kommt daher besondere Bedeutung zu, da in der Kulturlandschaft eine dauernde schützende Vegetationsdecke nicht mehr gegeben ist. Nicht nur in tropischen Klimagebieten, sondern auch im mitteleuropäischen Raum treten in den Agrarlandschaften solche durch »Bodenerosion« verursachten Schäden auf und führen im Laufe der Zeit nicht nur zu starken Bodenschäden und Ertragsausfällen, sondern auch zu Störungen im Wasserhaushalt der Landschaft. Die Bezeichnung »Bodenerosion« wurde aus dem englischen Sprachgebrauch »soil erosion« übernommen [Richter 1965, Mieczkowski 1965]. In Anlehnung an Schultze [1952] wird unter Bodenerosion die Verlagerung des Bodens verstanden die durch Wasser und Wind bewirkt wird, die aber ihre Ursache in einer der natürlichen Landschaft nicht angepaßten Wirtschaftsweise des Menschen hat [Jung und Rohmer 1971].

5.1.3.1 Geschichtliches

Bodenzerstörungen infolge falscher Nutzung sind auch aus früheren Jahrhunderten überliefert [Vogt 1953, 1957, 1958, Ehrenberg 1951]. Der Landwirt kannte noch keine mineralische Düngung und war bestrebt, die Bodenabschwemmungen zu verhindern, um die Ertragsfähigkeit seines Bodens zu erhalten. So diente die Ausbildung der Ackergrenzen in Form von Feldrainen oder Bankterrassen quer zum Hanggefälle oder den Höhenschichtlinien folgend der Erhaltung der Ackerkrume. Die bodenschützende Wirkung dieser Hangstufen wurde durch Bepflanzung mit Hecken und Büschen noch erhöht [Wandel und Mückenhausen 1951, Taschenmacher 1955]. Es entstand ein Hangstufensystem, das heute noch in steileren Lagen der Mittelgebirgslandschaft das Gepräge gibt. In der Literatur finden sich bereits in der ersten Hälfte des vorigen Jahrhunderts Hinweise auf die Bedeutung der Erosionsvorgänge [Löll

Abb. 19 Anriß und Grabenerosion nach der Schneeschmelze; am rechten oberen Rand ausgeprägte »Waldrandstufe«.

1951, Lienau 1912] und auch der Schutzwirkung der Terrassen und Hecken [Krämer 1863]. Die Hecken dienten in erster Linie als Windschutz. Sie wurden von Krämer [1863] als sehr zweckmäßig gepriesen und ihre Abholzung wegen Vergrößerung der Anbaufläche sehr bedauert. Es entstanden an der Grenze zwischen Wald und offener Ackerfläche sogenannte »Waldrandstufen«, die heute deutlich erkennbar sind [Wandel und Mückenhausen 1951, Müller 1959] (Abb. 19).
Mit stärkerer Intensivierung der Landwirtschaft und dem damit verbundenen Einsatz landwirtschaftlicher Maschinen verschwand an den weniger stark geneigten Hängen dieses alte Hangstufensystem. Auch konnte man nun auftretende Ernteschäden infolge Verlagerung und Zerschlämmung der Ackerkrume durch die inzwischen eingeführte mineralische Düngung ausgleichen. Doch im Laufe der Zeit mußte man feststellen, daß nur mit der Düngung allein die Ertragsfähigkeit des Bodens nicht auf gleicher Höhe gehalten werden kann, wenn nicht gleichzeitig Maßnahmen für den Schutz der Ackerkrume vor Wasser- und Windeinwirkung getroffen werden. Der Bodenabtrag steigert sich von Jahr zu Jahr, so daß auf flachgründigen Böden der Ackerbau zum Erliegen kommt und das Landschaftsbild im negativen Sinne verändert wird.

5.1.3.2 Erosionsformen durch Wassererosion

Trotz gegenteiliger Meinungen, die unter dem gemäßigten Charakter des mitteleuropäischen Klimas die Wirksamkeit der Bodenerosion in Abrede stellten, konnte in zahlreichen Arbeiten eine Beeinflussung großer Gebiete durch oberflächlich abfließendes Wasser nachgewiesen werden [Ehrenberg 1946, Kuron 1948, Flegel 1958, Ganssen 1972].
Vorherrschend ist vor allem die »Flächen- oder Schichterosion«, die sich zwar in einem gemäßigten Abtrag äußert, deren Gefahr aber darin besteht, daß sie sich zunächst kaum bemerkbar vollzieht, sich aber im Laufe der Zeit erheblich steigert (Abb. 20).

Abb. 20 Schichterosion auf Lößlehm (erodierte Parabraunerde).

Auf allen Kulturflächen des Berglandes haben sich die Abtragsvorgänge ständig summiert und erhebliche Schäden des Bodens hervorgerufen, die sich in Bodenverstümmelungen und in Verschlechterungen des Wasser- und Nährstoffhaushaltes bemerkbar machen [Kuron und Mitarb. 1954].
Neben dieser schleichenden Schichterosion kann man aber häufig auch im mitteleuropäischen Bereich direkte Bodenschäden durch »Grabenerosion« beobachten, die in steileren Lagen der Mittelgebirge in Hohlhängen mit großem Einzugsgebiet auftreten (Abb. 21). Bei Gräben kleineren Durchmessers spricht man auch von »Rillen-, Rinnen- und Furchenerosion«. Bei tiefgründigen Lößböden oder Bodenprofilen mit Horizonten unterschiedlicher Dichte bilden sich vereinzelt unterirdische Hohlräume durch die Spülwirkung des Wassers, die eine »Tunnelerosion« [Schröder 1973] auslösen, die bei Lößböden von Ehrenberg [1940] als »Lößbrunnenerosion« bezeichnet wird. Ähnliche Erscheinungen beschreibt Müller [1959] (Abb. 22).
Größere Bodenabrisse an Steilhängen werden als Rutschungen bezeichnet. Sie entstehen bei starker Durchfeuchtung des Bodens und besonders, wenn dieser auf parallel zur Hangneigung anstehendem Gestein aufliegt (Sandsteine, Mergel u. ä.) (Abb. 23); [Schmitt 1952, Scheffer-Schachtschabel 1976].
Eine besondere Form einer schleichenden Bodenverlagerung, »Bodenfluß«, wird von Kittler [1963] beschrieben.
Neben diesen Formen des Abtrags sind die durch den Abtrag bedingten kolluvialen Aufschüttungen zu nennen, die sich in vielen Fällen deltaartig am Hangfuß auf dem ursprünglichen Boden auflagern und das Bodenprofil verlängern und seine ursprüngliche Beschaffenheit verändern.
An langen Hängen treten oft sogenannte Zwischenablagerungen auf [Kuron und Jung 1961]. Es sind dies vorübergehende Ablagerungen (wandernde Böden), die bei dem nächsten Starkregen wieder weiter transportiert werden können.

Abb. 21 Grabenerosion einer Parabraunerde.

Abb. 22 Tunnelerosion (Lößbrunnenerosion).

Abb. 23 Abgerutschter Hang auf Buntsandstein nach einem Starkregen.

5.1.3.3 Erosionsfördernde Faktoren der Wassererosion

Als Ursache der Bodenerosion kann man äußere und innere Faktoren unterscheiden. Als äußere Faktoren sind folgende zu nennen:

Niederschlag (Starkregenhäufigkeit und Intensität)
Geländeform (Hangneigung, Hangform, Größe des Einzugsgebietes)
Vegetation (Vorhandensein und Beschaffenheit einer Vegetationsdecke, Nutzungsform)

Unter den inneren Faktoren werden die Bodeneigenschaften verstanden:

Bodenart und Bodentyp
Profilaufbau (Struktur, organische Substanz u. ä. m.)

5.1.3.3.1 Niederschlag

Messungen von oberflächlichem Abfluß und Abtrag durch Kuron, Jung und Schreiber [1956] haben ergeben, daß eine bestimmte Spitzenintensität während eines Regens zur Auslösung des Abtrags führt; und zwar ist eine Intensität erforderlich, die größer ist als das Einsickerungsvermögen des betreffenden Bodens. Die Einsickerungswerte schwanken bei Lehmböden je nach Humus- und Tongehalt zwischen 1,5 mm/min und etwa 0,1–0,5 mm/min. Bei lockeren Sandböden liegen die Zahlen über 1 mm/min. Die erosionsauslösende Wirkung hängt von einem Schwellenwert der Niederschlagsintensität ab, der innerhalb eines Starkregens auftritt. Dieser Intensitätswert liegt nach den Erfahrungen der Gießener Stationen bei ~ 0,3 mm/min [Kuron 1960]. Dies wurde auch durch weitere langjährige Abtragsmessungen bestätigt.
Neben der Intensität des Niederschlags wirkt sich die Größe der Regentropfen auf die Zerstörung des Bodens aus. Die Tropfen können mit steigender Intensität des Niederschlags 4–5 mm ∅ erreichen, während ein normaler Landregen Tropfengrößen von ungefähr 1 mm ∅ hat. Durch die Prall- und Planschwirkung der Tropfen werden die Bodenaggregate zerstört und die Einzelteilchen hochgeschleudert. Sie fallen wegen der Hangneigung nicht an den gleichen Platz zurück, sondern werden hangabwärts verlagert bzw. von bereits oberflächlich abfließendem Niederschlagswasser mitgerissen.
Aus langjährigen Beobachtungen und Messungen ist zu erkennen, daß Dauer und Menge des Niederschlags ebenfalls den Oberflächenabfluß und damit den Bodenabtrag beeinflussen [Kuron und Mitarb. 1956].
Starke Bodenschäden werden oft durch schnelle Schneeschmelze im Frühjahr verursacht, wenn der Unterboden noch gefroren ist und die anfallenden Schmelzwässer nicht aufnehmen kann (Abb. 19). Dasselbe gilt für Frühjahrsregen auf den nach Kahlfrost gefrorenen oder vollständig gesättigten Boden [Kuron 1962, Flohr 1962].
Die erosive Wirkung des Niederschlags (Erosivität) ergibt sich aus der Niederschlagsmenge und deren Intensität sowie der kinetischen Energie [Wischmeier und Smith 1962, Hudson 1973]. Gegenwart [1952] bezeichnet die Zeit der Frühjahrsbestellung mit geringer Vegetation als »erosionsaktiven Zeitraum«.

5.1.3.3.2 Geländeform

Je größer das Hanggefälle ist, um so höher ist die Erosionsgefahr. Im freien Feld können Neigungen von 2% und weniger je nach Bodenart bereits Bodenverlagerungen bedingen. Eine Übersicht über den kritischen Neigungswinkel gibt Schultze [1955] für verschiedene Standorte Thüringens. Hänge mit > 30% Gefälle in den Mittelgebirgen sind besonders gefährdet. Erhöhte Abtragsgefahr besteht in Hohlhängen mit größeren Einzugsgebieten, die einen Zusammenfluß des Tagwassers begünstigen.
Große Einzugsgebiete und lange Hänge sind im Hügelland sehr häufig und können Grabenerosion auslösen. Dies ist besonders in den diluvialen Moränenlandschaften sowie im lößbedeckten Hügelland am Mittelgebirgsrand zu beobachten. Einkerbungen in den Hohlhängen und deltaartige Aufschüttungen in den Talauen geben Zeugnis von den Erosionsvorgängen. An langen Hängen ist häufig ein welliges Relief zu erkennen, das sich aus der Wechselwirkung zwischen

Abb. 24 »Waschbrettrelief« infolge Wechselwirkung von Bodenerosion und Bodenbearbeitung.

Grabenerosion und deren Beseitigung ergibt. Kuron [1954] spricht von einem »Waschbrett-relief« (Abb. 24).
Im allgemeinen nimmt mit zunehmender Hanglänge der Bodenabtrag zu, d. h., in vielen Fällen nur der Abtrag, während der Oberflächenabfluß gleich bleibt oder leicht zurückgeht. Die Situation an Hangflächen und ihre Auswirkung auf Abfluß und Abtrag wird besonders von Richter [1965] hervorgehoben und an Hand von Beispielen geschildert.

5.1.3.3.3 Vegetation

Eine geschlossene Vegetationsdecke schützt die Bodenoberfläche vor dem direkten Aufprall der Regentropfen und verhindert somit die Zerstörung der Bodenkrümel. Das Blätterdach fängt die Wucht der Regentropfen ab, so daß das Niederschlagswasser an den Stämmen oder Stengeln abfließen kann, um ohne Schädigung der Bodenoberfläche zu versickern. Bewaldete Hangflächen sind daher weitgehend vor Bodenabtrag geschützt. Untersuchungen über den Einfluß des Waldes bzw. von Kahlschlägen auf den Bodenabtrag liegen von Delfs und Mitarb. [1958] vor (siehe 5.1.3.5.1).
Von den landwirtschaftlichen Kulturpflanzen schützen Feldfutterpflanzen mit hohem Anteil an Leguminosen am besten gegen Erosionsschäden. An zweiter Stelle steht das Grünland, vor allem die Wiesen. Weiden gewähren nur dann ausreichenden Schutz, wenn sie in gutem Zustand sind und nicht überweidet werden. Weniger Schutz bieten die Getreidearten auf Grund kürzerer Vegetationszeit und weniger dichten Bestandes. An letzter Stelle sind die Hackfrüchte zu nennen. Beregnungsversuche, die in neuerer Zeit von Karl [1973] durchgeführt wurden, bestätigen diesen Befund. Kuron und Föhrenbacher [1962] stellten auf drei verschiedenen Böden den Einfluß des Pflanzenbestandes und der Bearbeitung bzw. der Pflanzrichtung auf den Bodenabtrag fest.

5.1.3.3.4 Bodenbeschaffenheit

Zahlreiche Beobachtungen und Erfahrungen haben ergeben, daß die stärksten Erosionsschäden in den flachwelligen Bördelandschaften mit Löß- und Lößlehmböden auftreten. Es sind die Bodenarten mit hohem Anteil von Schluff und Feinsand (Korngröße 0,002–0,2 mm ∅). So kommt es häufig zum Abtrag des gesamten Oberbodens bei Lößböden, da ihnen grobkörnige Sande oder feine Tone fehlen [BERMANAKUSUMAH 1975]. Die Anfälligkeit der Böden deutscher und europäischer Landschaften wird bereits von KURON [1940, 1943, 1944] beschrieben. Die starke »Erodierbarkeit« des Löß tritt vor allem dann in Erscheinung, wenn er nur in dünnen Lagen auf festem Gestein aufliegt, wie dies oft im Mittelgebirge der Fall ist. Bei landwirtschaftlicher Nutzung kommt es zu erheblichen Abtragsschäden an den Oberhängen, so daß geringmächtige und skelettreiche Böden an die Stelle ehemals günstiger Lößstandorte treten [KURON und Mitarb. 1954]. Über Veränderungen in der Kornzusammensetzung der Hangböden unter dem Einfluß der Bodenerosion berichtet JUNG [1962] während BARGON [1962] die Wandlung der Bodentypen beschreibt. Auch WERNER [1962] stellt den Einfluß des Bodenabtrags auf Relief und Bodenprofil heraus. Der Umfang der Erosionsschäden wird davon abhängen, wie groß die Widerstandsfähigkeit des Bodens gegen die Wirkung des Regentropfens und der Durchfeuchtung ist. Die Widerstandskraft des Bodens oder seine Erodierbarkeit [MIDDLETON 1930, WISCHMEIER und MANNERING 1969, WISCHMEIER, JOHNSON und CROSS 1971, HUDSON 1971] hängt von seiner physikalischen, chemischen und biologischen Zusammensetzung ab.
In Anlehnung an ELLISON [1947] versuchten KURON und JUNG [1958] die Erodierbarkeit aus dem Quotienten Beweglichkeit (B) durch Stabilität (St) zu bestimmen und kennzeichneten auf Grund jahrelanger Abfluß- und Abtragsmessungen drei typische Standorte der deutschen Mittelgebirge. BERMANAKUSUMAH [1975] bestimmte die Erodierbarkeit der Böden verschiedener Standorte im hessischen Gebirgsland, indem er die Kennwerte des Quotienten von KURON und JUNG erweiterte und den Steingehalt der Böden mit in die Formel einbrachte. JUNG [1960] konnte bei Abtragsmessungen den starken Einfluß der Steinauflage feststellen. BERMANAKUSUMAH [1975] kommt zu folgender Reihenfolge der Erodierbarkeit seiner untersuchten Böden: Löß- und Lößlehmböden > Böden auf mittlerem Buntsandstein > Böden auf Muschelkalk > Zechsteinverwitterungsböden > Böden auf Grauwackenschiefer.
Die von JUNG im Rahmen der Arbeiten des KWK[1] durchgeführten Abfluß- und Abtragsmessungen bestätigen die starke Erodierbarkeit der feinsandigen, schluffigen Lößböden. Im Durchschnitt ergaben 7–10 jährige Messungen des Abtrags durch Starkregen über 10 mm und über der kritischen Intensität von 0,3 mm/min auf 16 m^2 großen Parzellen bei annähernd gleicher Hangneigung folgende Werte:

Tabelle 1

Bodenart	Abtrag kg/ha pro mm Niederschlag	Abtrag kg/ha pro mm Abfluß	Abfluß in % des Niederschlags
Feinsandiger Schluff	56,7	347,4	16,3
steiniger, schluffiger Lehm	7,5	38,6	2,3
toniger Lehm	39,6	223,1	23,1
sandiger, schluffiger Lehm	49,0	127,6	38,4

Aus der Tabelle 1 geht die starke Erodierbarkeit des feinsandigen schluffigen Bodens hervor, während steiniger schluffiger Lehm die geringste Anfälligkeit zeigt.
Die niedrige Abflußrate des steinigen Schlufflehms ist durch die Steinauflage dieses Bodens (Tonschieferverwitterung) bedingt, der die Planschwirkung des Niederschlags verhindert und die Einsickerungsmöglichkeit erhöht, im Gegensatz zum sandigen Schlufflehm, wo durch den Aufprall der Regentropfen eine Oberflächenverschlämmung entsteht, die den Abfluß fördert.

[1] Kuratorium für Wasserwirtschaft und Kulturbauwesen (noch nicht veröffentlichtes Manuskript).

KURON [1960] kam zu gleichen Ergebnissen nach kurzer Versuchsdauer mit drei Versuchsböden. Die gleiche Tendenz der Erodierbarkeit zeigt sich in der Aufstellung von SCHRÖDER [1950]:

Tabelle 2

Bodenart	Erosionswiderstand
Feiner Sandboden	0,2–0,4 kg/m^2
festgelagerter lehmiger Boden	1,0–1,2 kg/m^2
Gerölle	3,0–6,0 kg/m^2

Eine Reihenfolge der Erodierbarkeit verschiedener Bodenarten in Verbindung mit dem Ausgangsgestein der Böden stellt RICHTER [1965] auf, die sich weitgehend mit den oben beschriebenen Ergebnissen deckt.
Das Zusammenwirken der geschilderten Faktoren bedingt die Gefährdung der Landschaft sowie Beginn und Ausmaß der Erosionsvorgänge und ihre Abspülungsintensitäten [RICHTER 1965]. Im Zusammenwirken mit Bewirtschaftungsmaßnahmen durch den Menschen ergeben sich Bodenverluste durch die Erosion, die WISCHMEIER und SMITH [1962] durch eine Bodenverlustgleichung berechnen, die für die amerikanische Agrarstruktur und die dort vorherrschenden Regenstrukturen ausgearbeitet wurde.
Da in Mitteleuropa hohe Regenintensitäten nur kurzfristig während eines Starkregens auftreten, kommt dem Faktor Bodenbeschaffenheit (Erodierbarkeit) besondere Bedeutung zu, weil durch gezielte Antierosionsmaßnahmen, welche die Erodierbarkeit des Bodens berücksichtigen, Abtragsschäden weitgehend verhindert werden können (siehe 5.1.4).

5.1.3.4 Faktoren und Bewegungsarten der Winderosion

Wie das Wasser, so ist auch der Wind in der Lage, den Zusammenhalt des Bodens zu zerstören und seine Einzelteile zu transportieren. Wenn auch die Windverwehungen im mitteleuropäischen Raum nicht zu vergleichen sind mit den Staubstürmen Amerikas oder der semiariden Ebenen der Sowjetunion und des Vorderen Orients, so legen die von Menschenhand angelegten Wälle (Knicks) und Windschutzhecken beredtes Zeugnis ab von der Wirkung des Windes in den Ebenen Norddeutschlands.
CHEPIL [1945, 1946] hat die Grundvorgänge der Winderosion in mehreren Arbeiten dargestellt. Folgende Faktoren sind als maßgeblich zu nennen:

Tabelle 3

I Luft	II Gelände	III Boden
1. Geschwindigkeit	1. Rauheit	1. Struktur abhängig von a) Humusgehalt b) Kalkgehalt c) Körnung
2. Turbulenz	2. Pflanzendecke	2. Spez. Gewicht
3. Dichte, abhängig von a) Temperatur b) Druck c) Feuchtigkeit	3. Hindernisse	3. Wassergehalt
4. Zähigkeit	4. Temperatur	
	5. Geländeform	

Nach KURON [1952].

Die Bewegung der Bodenteilchen erfolgt in dreierlei Weise:

1. In Suspension als Flugstaub
2. In Springbewegung
3. In Kriechbewegung (rollend oder gleitend).

Körner kleiner als 0,1 mm ∅ können als Flugstaub fortbewegt werden. Gröbere Körner wandern meist in Sprüngen bis zu einer Größe von etwa 0,5 mm ∅, während noch größere Körner bis ungefähr 1 mm ∅ über die Bodenoberfläche rollen oder kriechen. Alle größeren Kornfraktionen können als auswehungsresistent bezeichnet werden.
Die Bewegung der einzelnen Bodenkörner beginnt in dem Moment, wo Zug- und Schubkraft des Windes die Schwerkraft und Haftfestigkeit des Bodenkornes übersteigen. Die Bewegung beginnt zunächst bei den Bodenteilchen, die ein geringeres Eigengewicht haben und geringe Kohäsion (Fein- und Mittelsand 0,1–0,5 mm ∅). Diese Sandkörner werden erst am Boden entlang gerollt und dann unter dem Einfluß des welligen Reliefs durch den Wind in die Luft geschleudert. Sie gleiten in einem spitzen Winkel wieder auf den Boden auf (Saltation). Nach den bisherigen Untersuchungen können diese Körner Höhen von 5–10 cm, aber in Einzelfällen auch Höhen über 50 cm erreichen. Dabei können sie 1 m weit fortgetragen werden. Beim Aufprall auf den Boden stoßen sie durch ihre Bewegung andere Bodenteilchen an, die dann ebenfalls an der Windbewegung teilnehmen. Die größeren Körner (bis 1 mm ∅) werden zu einer rollenden oder kriechenden Bewegung auf der Bodenoberfläche veranlaßt. Feine Bodenteilchen (Schluff und Ton) können durch diese Bewegung losgelöst und vom Wind erfaßt werden. Sie werden leicht emporgehoben und vom Wind in große Höhen und über weite Strecken fortgetragen. Sie bilden die großen Staubwolken, die man häufig auf weiten von Winderosion erfaßten Flächen beobachten kann.
Die Bewegungsart der einzelnen Teilchen hängt im wesentlichen von der Bodenart ab:

Tabelle 4 Anteile der Bewegungsarten bei verschiedenen Böden. Nach Chepil, zit. bei Kuron [1952].

	Bewegung in % springend	schwebend	kriechend
Schwerer Ton	71.9	3,2	24,9
Lehm	54,5	38,1	7,4
Feinsandiger Lehm	54,7	32,6	12,7
Feiner Dünensand	67,7	14,6	15,7

In dieser Tabelle kommt die Beziehung der Auswehbarkeit und der Bewegungsart zur Kornverteilung zum Ausdruck. Bei allen angeführten Bodenarten steht die Springbewegung (Saltation) im Vordergrund. Wegen Aggregatbildung sind die Tonteilchen schwer verwehbar, während die Schluffteilchen des Lehms leicht fortgeführt werden können.
Die Anfälligkeit eines Bodens wird nach seinem Gehalt an nicht verwehbaren stabilen Aggregaten beurteilt. Auf rotierenden Sieben mit 0,84 mm Lochweite wird der Gehalt an Aggregaten und Körnern > 0,84 festgestellt. Es ergibt sich folgende Beurteilung:

Tabelle 5

Verwehbarkeit	Anteil an nicht verwehbaren Körnern %
gering	> 75
mittel	75–65
mäßig	65–45
stark	45–20
sehr stark	< 20

Auch bei der Winderosion ist Abtragung und Ablagerung zu unterscheiden bzw. Auswehung und Aufwehung. Die Zwischenablagerungen sind ausgedehnter als bei der Wassererosion. Die Vorgänge können sich bei der Winderosion stark überlagern. So liegen Auswehung und Aufwehung oft dicht beieinander.
Durch die Auswehung entstehen Windmulden und Deflationspflaster. Windmulden sind häufig bei Hindernissen an der Leeseite zu beobachten. Als Kleinform treten die »Rippelmarken« in Erscheinung, die der Bodenoberfläche ein kleinwelliges Relief aufprägen.
Deflationspflaster sind Anreicherungen von Grobsand, Kies und Geröllen, die durch Auswehung der Feinteile entstanden sind.
Die Anwehung zeigt sich in flächenhafter Überschüttung. Sie entsteht durch Windbremsung infolge rauher Bodenoberfläche. Diese Windbremsung kann durch Vegetation oder auch durch eine Geländefalte hervorgerufen werden. Einzelstehende Hindernisse führen häufig zu Anwehungen in Form langgestreckter Fahnen.

5.1.3.5 Schadwirkungen infolge der Aktivierung der Erosionsfaktoren durch den Menschen

Wie in der Definition der Bodenerosion (siehe 5.1.3) zum Ausdruck kommt, werden die Faktoren, die die Bodenerosion bewirken, durch eine falsche Wirtschaftsweise des Menschen aktiviert. D. h., in der Kulturlandschaft muß der Eingriff des Menschen in das ökologische Gleichgewicht der Standortfaktoren diesen Faktoren angepaßt sein, um die Erosionsfaktoren nicht zur Wirkung kommen zu lassen. Die Schadwirkungen bestehen nicht allein in einer Zerstörung der Bodenoberfläche und in Bodenverlagerungen, sondern vor allem auch in einer Veränderung des Wasserhaushaltes der betroffenen Landschaft [Jung 1976].
Interessante Beobachtungen über anthropogen bedingte Dellen und Schluchten machte Richter [1967] auf Lößflächen im nördlichen Odenwald. Alte Erosionsformen auf heute mit Laubwald bedeckten Pseudogleyböden aus Löß wurden vom Verfasser auch im westlichen Vogelsberg beobachtet.
Die Belastungen der Biosphäre durch die Einwirkungen des Menschen zeichnet Olschowy [1969] auf.

5.1.3.5.1 Schadwirkungen auf forstlichen Standorten

Bodenzerstörungen unter Wald werden in erster Linie durch Kahlhiebe hervorgerufen, die großflächig vorgenommen werden.
Ansatzpunkte für die Wassererosion sind Bodenwunden, die durch Schlepprinnen verursacht werden. Wasserfanggräben auf leicht »verseifenden« Gesteinen [Kirwald 1968] können bei zu starkem Wasseranfall bzw. zu geringem Gefälle Hangrutschungen zur Folge haben, die verheerende Wirkung in den anschließenden Tälern haben. Dies gilt auch allgemein für Hangböden, die schlecht entwässern, d. h., bei denen wenig Wurzelröhren und Tiergänge vorhanden sind, die eine Dränung des Bodens bewerkstelligen könnten [Burger 1929].
Die flachgründigen Waldböden in vielen Mittelgebirgen sind die Folge einstigen Raubbaues, insbesondere durch die Köhlerei. Die kahlen Flächen wurden durch Wasser und Wind erodiert und bildeten eine schlechte Ausgangsbasis für den Jungwuchs.
Auf alten Gemarkungskarten konnte Jung [1962] die Waldlosigkeit infolge Raubbaues erkennen. Hinzu kam die starke Beanspruchung der Waldflächen durch Waldweide. Dort, wo durch Entwaldung ein Wasserzusammenfluß und damit ein erhöhter Oberflächenabfluß ausgelöst wird, steigt auch der Bodenabtrag. Dies wird durch die forsthydrologischen Untersuchungen bestätigt, die Delfs und Mitarb. [1958] in einigen Einzugsgebieten im Oberharz durchführten.
Der Waldboden hat auf Grund seines großen Porenvolumens eine gute Versickerungsmöglichkeit des anfallenden Niederschlagswassers. Diese Aufnahmefähigkeit wird aber stark vermindert, wenn nach Kahlschlag der Boden durch Winderosion seiner Feinteile und vor allem seiner organischen Substanz beraubt wird. Es fehlt dann der Zusammenhalt, so daß die Wassererosion umso leichter angreifen kann.

Auf die starken Erosionen, die durch Kahlhiebe und Beweidung im Bergland ausgelöst werden, weist vor allem KARL [1956] in seiner Arbeit in den Trauchgauer Flyschbergen hin.
Die starke Verfichtung in vielen Forsten als Folge kommerziellen Denkens bedingt häufiger auftretende Sturm- und Schneebruchschäden, die sich in nicht geringem Maße auf die Zerstörung des Bodens auswirken. Einmal wird durch die Fichte der Boden in eine saure podsolige Form überführt, der einen gestörten Wasserhaushalt hat und damit dem Oberflächenabfluß förderlich ist, zum anderen sind die Aufbrüche und die Bodenschäden bei der Aufbereitung Ansatzpunkte für größere Rutschungen und Anrisse.
Besonders gravierend sind die Eingriffe des Menschen in den Wald der Gebirgslandschaften. Infolge größerer Hangneigungen und den Wasserzusammenfluß fördernde Hohlformen wirken sich Kahlhiebe oder einseitige Monokulturen stärker bodenschädigend aus als in schwach geneigten Mittelgebirgslagen [KARL 1967].
Eine besondere Bedeutung mißt KARL [1972] der Jagdwirtschaft im Bergwald zu. Durch das starke Anwachsen des Rotwildes im letzten Jahrhundert ist eine Naturverjüngung des Bergwaldes kaum noch gegeben. Es entstehen Waldlücken, auf denen durch den Tritt der Tiere Anbrüche ausgelöst werden. Die gleiche Gefahr infolge Überbesatz an Rotwild besteht auch in vielen Wäldern der Mittelgebirge.
Die heutigen Einflüsse und Fakten, die das ökologische Gleichgewicht in den Wäldern des Alpenraumes belasten, sind indirekt für starke Erosionen und Wasserhaushaltsschäden verantwortlich [KARL und DANZ 1972]. Eine direkte Erosionsgefahr ist bei der Anlage von Skipisten im Alpengebiet gegeben, wenn nicht durch eine sorgfältige Begrünung und Pflege dem Bodenschutz Rechnung getragen wird. Eine interessante Studie über den Einfluß von Skiabfahrten auf Mikroklima, Boden, Wald, Wasser, Kleintierwelt, Wild, Weidevieh liegt vom Institut für allgemeine Botanik der Universität Innsbruck vor [CERNUSCA 1976].
Die Gefahr starker Bodenerosion wie sie im Freiland bei plötzlicher Schneeschmelze und noch gefrorenem Boden oft beobachtet wird, ist im Wald nur dann gegeben, wenn durch unsachgemäßen Holzeinschlag und Dezimierung der Bestände Waldlücken vorhanden sind, die einen schnellen Abschmelzvorgang auslösen. Im allgemeinen wird durch den Wald diese Gefahr weitgehend gemindert, wobei die Holzarten sich unterschiedlich verhalten [BRECHTEL 1971 a, 1971 b, 1972, BALÁZS und BRECHTEL 1974].
Die Gefahr der Waldvernichtung war nach dem Krieg ein aktuelles Thema [SIGMOND 1947].

5.1.3.5.2 Schäden auf landwirtschaftlichen Standorten

Infolge der im Vergleich zum Wald geringeren Bodenbedeckung durch die landwirtschaftlichen Kulturpflanzen tritt die Einwirkung der Erosionsfaktoren Starkregen und Wind stärker in den Vordergrund. Bewirtschaftung von Bodenflächen in Hanglagen wird oft nur nach betriebswirtschaftlichen und kommerziellen Gesichtspunkten durchgeführt. Das hat zur Folge, daß erhebliche Bodenzerstörungen und Oberbodenverluste einschließlich Nährstoffen auftreten. Dies gilt besonders für die Bewirtschaftung großer Ackerschläge mit großen Maschinen oder auch für viehlose Betriebe in den weiträumigen Lößlandschaften am Rande der Mittelgebirge. Wenn keine Unterbrechung eines Hanges durch eine Terrasse oder einen Weg vorhanden ist, bilden sich große Einzugsgebiete mit Wasserzusammenfluß heraus, in denen infolge erhöhter Abflußkraft des Wassers Rinnen und Gräben in den Boden eingeschnitten werden, die sich schluchtartig vertiefen und erweitern können.
Mit der Einführung der landwirtschaftlichen Maschinen wurden – um großflächig arbeiten zu können – viele Terrassen und Hangstufen geschleift und vor allem Hecken und Feldgehölze beseitigt. Dies hatte zur Folge, daß wir heute von ausgeräumten Landschaften sprechen können, in denen den bodenschädigenden Faktoren Tür und Tor geöffnet sind, abgesehen von dem zerstörten ökologischen Wert einer solchen Landschaft (siehe auch 5.1.4).
Weiträumige Ackerfluren ohne jegliche Unterbrechung durch Feldgehölze fördern die Windgeschwindigkeit und erhöhen dadurch die Erosionsgefahr durch Wind, der außerdem die Verdunstung fördert, was in vielen Ackerbaulandschaften zu Wassermangel der Kulturpflanzen führt.

Weitere Bodenverluste und Bodenverlagerungen entstehen infolge falscher Pflugrichtung bzw. Bearbeitungsrichtung. Bei einer Pflugrichtung im Hanggefälle hat das Oberflächenwasser eine vorgearbeitete Abflußrinne (Erosionsleitlinie), in der es große Geschwindigkeiten erreichen kann. Durch das Mitreißen kleiner Bodenpartikel erhöht sich die Reibung und Lockerung in der Pflugfurche, so daß es zu tiefen Anrissen und zur Schluchtenbildung auf der Oberfläche kommt.

Bei vielen Betrieben und großflächigem Anbau fehlt häufig genügend organische Substanz im Boden und vor allem der Futterbau in der Fruchtfolge, der als guter Bodenschutz zeitweise eingeschaltet sein sollte. Infolge der dadurch bewirkten größeren Erodierbarkeit des Bodens kommt es auch hier zur Zerstörung der Ackerkrume und zu ökologisch ungünstigen Veränderungen im Wasserhaushalt des Standortes.

Da bei den im mitteleuropäischen Raum gegebenen Regenstrukturen der Widerstandsfähigkeit des Bodens eine besondere Bedeutung beigemessen werden muß, sind Bodenschäden besonders auf schlecht bewirtschafteten (schlecht gedüngten) Böden zu erwarten, sei es durch Wasser- oder Winderosion. Die Böden der vielen kleinen Ackerparzellen in den Mittelgebirgslagen sind relativ erosionsresistent, da sie von jeher gut mit organischem Dünger (Stallmist) versorgt worden sind.

Ausgiebige intensive Starkregen finden häufig Angriffspunkte zur Bodenverlagerung in Wagenspuren, ebenso in einbrechenden Hohlräumen von Kleintiergängen.

Das gleiche gilt für zerstörte Grasnarbe durch den Tritt der Weidetiere auf Hutungen, insbesondere wenn es sich um flachgründige trockene Standorte handelt. Ein anschauliches Beispiel bietet die Abb. 25, die eine durch starke Überweidung zerstörte Hangfläche auf Muschelkalk zeigt.

Die durch Panzerfahrzeuge und Militärfahrzeuge stark befahrenen Truppenübungsplätze sind beispielhaft. KARL (mündl. Mitteilung) konnte durch Beregnungsversuche folgende Auswirkungen auf einem Truppenübungsplatz feststellen: Auf Grünland (ehem. Acker) 38% Oberflächenabfluß. Auf einer Fläche mit geschlossener Grasnarbe aber mit wenigen Panzerspuren

Abb. 25 Durch Bodenerosion zerstörte Hangfläche infolge starker Überweidung auf Muschelkalk.

50% Oberflächenabfluß. Auf einer weiteren Fläche mit starker Panzerbelastung, auf der kaum noch Graspflanzen vorhanden sind, erhöhte sich der Oberflächenabfluß auf 70% vom Niederschlag. Dagegen konnte auf einer weiteren Fläche mit geschlossenem Grasbestand (~ 30 cm hoch) kein Oberflächenabfluß registriert werden. Die Bodenabtragsmengen zeigten die Verhältniszahlen 1:3,5:34:0.

Die Ausräumung der Landschaft von jeglicher Baum- und Strauchvegetation, die Beseitigung von Hecken, Buschgruppen u. a. m. hat in den ebenen Landschaften zu erheblichen Winderosionen geführt. Auch die Entfernung der Straßenbäume aus Sicherheitsgründen ist der Erhöhung der Windgeschwindigkeit förderlich und führt zu starken Verwehungen des Feinbodens. Das gleiche gilt für die Entblößung der Landschaft von jeglichem Bewuchs im Braunkohlenbergbau [Wacker 1967]. Dieses durch Menschenhand veränderte Landschaftsbild bedingt die im Kap. 5.1.3.4 geschilderten Vorgänge der Winderosion, die sich in Ernteertragseinbußen bemerkbar macht. Schädigung der Pflanzen durch Freilegung des Wurzelhalses oder Schädigung der Pflanzen durch die Windfracht oder Überwehung junger Pflanzen sind die Folgen der Bodenverwehungen durch hohe Windgeschwindigkeiten, die bei einer standortgerechten ökologisch durchdachten Wirtschaftsweise zu vermeiden sind.

Erwähnt seien die hohen Abtragsschäden bei Sonderkulturen z. B. Weinbau in Steillagen [Ruppert 1952] oder im Hopfenbau [Höltl und Mitarb. 1973], deren Verhinderung hohe Investitionen erfordert.

Im Weinbau hat man in Steillagen Betonmauern errichtet, um den Boden zurückzuhalten [Breider 1968]. Die Folge ist ein starker Wasserstau hinter diesen Mauern; der Boden verwandelt sich in einen zähflüssigen Brei, der schließlich über die Mauer hinwegströmt und größere Rutschungen auf der Hangfläche nach sich zieht.

Die starken Abtragsschäden in Weinbergslagen sind dreijährigen Messungen im Weinberg bei Hattenheim im Rheingau zu entnehmen, die von Schreiber [1956] (Tab. 6) und Homrighausen [1962] durchgeführt wurden.

Tabelle 6 Meßergebnisse einer Erosionsmeßstelle in Hattenheim/Rh. in 20% Gefälle (Messungen zwischen den Rebreihen).

Datum	Bodenzustand	Regenmenge mm	Regendichte mm/min	Abfluß %	Abtrag kg/ha
16.6.53	feucht	22,5	0,30	11,0	678
4.7.53	feucht	32,0	0,46	35,4	2372
20.9.53	feucht	15,0	0,25	4,1	216
5.7.55	feucht	8,0	0,20	6,8	172
19.7.55	trocken	27,0	0,70	25,9	12000
22.7.55	naß	21,0	0,45	44,1	27200
15.8.55	trocken	13,0	0,25	52,8	1464

Nach Schreiber [1956].

Weitere Meßergebnisse liegen auch von Peyer [1962] aus der Schweiz vor. Über Unwetterschäden infolge Fehler bei der Flurbereinigung (Vergrößerung der Abflußlängen u. a. m.) macht Kuder [1974] bemerkenswerte Ausführungen. Abtragsmessungen im Weinbau in Franken und an der Mosel [Richter 1975] lassen aufschlußreiche Ergebnisse erwarten.

5.1.3.5.2.1 Ernteertragsdepressionen

Die Erosionsvorgänge auf Hangflächen, die sich im Bodenabtrag, Zwischenablagerung und Bodenauflagerung zeigen, bedingen Veränderungen der Ackerkrume, die sich in den Ernteerträgen der landwirtschaftlichen Kulturpflanzen niederschlagen. Athenstaedt [1941], Oberdorf [1942] fanden Ernteschäden in norddeutschen Kulturlandschaften. Jung [1955 und 1956]

Abb. 26 Ernteschaden durch Bodenerosion.

stellte Ertragseinbußen besonders in Hanglagen auf Böden verschiedener geologischer Herkunft in Westdeutschland fest (Abb. 26). Amerikanische und sowjetische Autoren [Jung 1955] fanden eine Korrelation zwischen Krumentiefe und Humusgehalt einerseits und Ernteertrag andererseits. Stark von Schichterosion beeinflußte Hangflächen zeigen auf Grund des erosionsbedingten unterschiedlichen Wasserhaushaltes Ungleichheiten im Reifeprozeß der Saaten und übermäßigen Unkrautbewuchs auf den zerstörten Oberböden [Jung 1971]. Grosse [1963] betont den besseren Ertrag auf den durch Erosion freigelegten B-Horizonten auf Parabraunerden in Niedersachsen. Neuere vergleichende Untersuchungen von Harrach [1975] und Németh und Harrach [1974] ergaben sehr unterschiedliche Erträge der Kulturpflanzen, die sie z. T. auf zu geringe Nährstoffkonzentration in den abgetragenen Hangböden zurückführen, die aber auch klimatisch und betriebswirtschaftlich bedingt sein können. Werner [1964] kennzeichnet das Leistungspotential abtragsgeschädigter Böden in Südostthüringen. Höhere Düngergaben und günstige Witterung können aber die fortdauernde Bodenschädigung und langfristige Ertragsminderung nicht aufhalten.

5.1.3.6 Gewässereutrophierung

Unter Gewässereutrophierung wird die Nährstoffanreicherung verstanden. Der Begriff wird jedoch auf die daraus resultierende verstärkte Primärproduktion (Algenwachstum in stehenden Gewässern) und die dadurch bedingte Sauerstoffzehrung ausgedehnt [Elster 1977]. Die Primärproduktion wird limitiert durch den im Minimum vorhandenen Nährstoff, in den meisten Fällen Phosphor. Hierbei ist vor allem der Anteil an gelösten eutrophierungsaktiven Phosphaten von Bedeutung, doch stellen die suspendierten Phosphate eine Reserve dar, aus der lösliche Phosphate freigesetzt werden können.

Nach Bernhardt [1976] liegt die kritische Konzentration gelöster Phosphate in Trinkwassertalsperren bei etwa 0,01 ppm. Diese Konzentration wird in den meisten Fließgewässern über-

schritten [Hoffmann 1974, Süssmann 1976]. Den P-Eintrag in Gewässer gliedert Schwertmann [1973] in den natürlichen (Grundbelastung), den landwirtschaftlichen sowie den kommunalen und industriellen Anteil.
Die Landwirtschaft wird wegen des steigenden P-Düngerverbrauches von verschiedenen Autoren [u. a. Vester 1975] als einer der Hauptverursacher der Gewässereutrophierung genannt. Es kann nicht abgestritten werden, daß die Landwirtschaft zur Gewässereutrophierung beiträgt [zusammenfassende Literatur u. a. Schwertmann 1973, Kolenbrander 1971, 1972, Bernhardt 1976, Vollenweider 1971, Vollenweider und Dillon 1976], doch ist eine Differenzierung in den natürlichen und den landwirtschaftlichen Anteil schwierig. Der natürliche Anteil umfaßt nach Schwertmann [1973] die P-Auswaschung und die laterale Verlagerung in Oberflächengewässer im Zuge der Erosion. Diese Prozesse können durch die landwirtschaftliche Nutzung einschließlich der Düngung verstärkt werden.
Die Angaben über den durch die landwirtschaftliche Bodennutzung hervorgerufenen absoluten und relativen Austrag gehen weit auseinander; dies ist wegen der in jedem Einzugsgebiet andersgearteten Verhältnisse verständlich. Der OECD-Studie zufolge werden jährlich pro ha im Durchschnitt 0,4 kg P durch den Oberflächenabfluß und die Auswaschung sowie 3 kg P durch die Wassererosion ausgetragen. Nach Angaben in den »Materialien zum Umweltprogramm der Bundesregierung 1971« stammen 9% der Phosphate in den Gewässern von landwirtschaftlichen Nutzflächen. Kolenbrander [1972] beziffert den Anteil der Landwirtschaft an der Gewässereutrophierung in den Niederlanden auf 4% bei einem jährlichen Austrag von 0,26 kg P/ha und Kretzschmar [1977] ermittelte zum Beispiel für ein 13 km^2 großes Einzugsgebiet in Holstein einen Eintrag in ein Fließgewässer von insgesamt 1 kg P/ha/Jahr; hiervon entfallen 25% auf die Basisbelastung und 20% auf die Landbewirtschaftung. Die durchschnittliche P-Auswaschung aus mehreren landwirtschaftlich genutzten Einzugsgebieten gibt Schmid [1974] mit 0,47, die aus forstlich genutzten mit 0,35 kg P/ha/Jahr an.
Hinzuweisen sei abschließend auf die von Kuron und Mitarbeiter [1955] durchgeführten Erosionsmessungen einschließlich der Bestimmung des mit dem erodierten Bodenmaterial abgetragenen pflanzenverfügbaren Phosphors sowie auf Untersuchungen an der Lösungs- und Suspensionsfracht von Erosionsabläufen [Preusse und Voss 1975, Voss 1978]. Nach letztgenannten Autoren werden unter günstigen Erosionsbedingungen pro ha und Jahr maximal 1,75 kg suspendierte und gelöste sowie 0,5 kg gelöste Phosphate, beides als P ausgedrückt, ausgetragen. Alle Maßnahmen, die zur Verhütung des Oberflächenabflusses und der Bodenerosion getroffen werden, wirken sich auch eutrophierungsmindernd aus.

5.1.4 Maßnahmen zur Bodenerhaltung

Es muß das Ziel jeglicher Bodenbewirtschaftung sein, alle Maßnahmen, die zur Erhaltung des Leistungspotentials des Bodens und für die Bedürfnisse des Menschen notwendig sind, den gegebenen Standortfaktoren anzupassen, damit Boden und Landschaftsschäden vermieden werden.

5.1.4.1 Maßnahmen gegen Bodenschäden durch Wasser

Erhebliche Bodenschäden sind bei ungünstigen Oberflächenformen zu erwarten, die den Zusammenfluß der Tagwässer ermöglichen. Solche Wasserzusammenflüsse fließen mit erhöhter Energie ab und hinterlassen beträchtliche Bodenschäden. Der beste Bodenschutz ist daher immer eine geschlossene Vegetationsdecke. Deshalb kommt dem Wald, wenn er ordnungsgemäß bewirtschaftet wird, eine besondere bodenschützende Bedeutung zu, weil er dem Niederschlag die Prallwirkung nimmt und ihn als Stammabfluß auf den Boden leitet. Besonders in rutschgefährdeten, hängigen Lagen und windgefährdeten Standorten hat der Wald spezielle Schutzfunktion für den Boden. Er schützt darüberhinaus angrenzendes landwirtschaftliches Kulturland und kann als Straßenschutzwald, Speicherschutzwald (Wasserwirtschaft) und Lawinenschutzwald dienen [Zundel 1975]. Über den Einfluß des Waldbodens auf die Wasserabflußspende und den Bodenabtrag führte Brechtel und Mitarb. [1973] in Zusammenarbeit mit

dem Ausschuß Bodenerosion des Kuratoriums für Wasserwirtschaft und Kulturbauwesen (KWK) [Karl und Toldrian 1973] Beregnungsversuche unter Buchenbestand auf Ranker-Braunerden bzw. Pseudogley-Parabraunerden im hessischen Hinterland (Rheinisches Schiefergebirge) durch. Die Behandlung der Waldflächen und ihr zweckmäßiger Aufbau ist Gegenstand der Arbeiten von Kirwald [1968] und Mitscherlich [1975].
In der Agrarlandschaft aber sind drei Gesichtspunkte zu beachten:
1. Die Niederschläge müssen nach Möglichkeit da zur Versickerung kommen, wo sie auf den Boden auftreffen.
2. Das Wasser, das nicht mehr versickern kann, sei es bei Starkregen oder bei der Schneeschmelze, muß ohne Schaden zu verursachen, abfließen können und am Zusammenfluß gehindert werden.
3. Geländeteile, die den Zusammenfluß und den Abfluß von Fremdwasser fördern, müssen besonders gesichert werden [Kuron 1952, Jung 1971].

5.1.4.1.1 Ackerbauliche Maßnahmen

Um die unter Punkt 1. geforderte Versickerung des Niederschlags am Ort des Auftreffens zu erreichen, sind ackerbauliche Maßnahmen notwendig, die eine weitgehende Aufnahmefähigkeit der Ackerkrume für den anfallenden Regen gewährleisten. Das Ziel muß ein Ackerboden mit lockerem Gefüge sein, d.h., ein Boden ohne Pflugsohlen oder Unterbodenverdichtung. Eine Unterbodenlockerung kann in diesem Sinne positiv wirken und sollte auf solchen Standorten befürwortet werden, wo ein Erfolg auf längere Sicht zu erkennen ist [Steinmetz 1965]. Tiefgründige Bearbeitung und entsprechende Düngung müssen ineinandergreifen, damit auch das biologische Geschehen in den oft durch Schichterosion an organischem Material verarmten Böden gefördert wird.
In der vegetationsfreien Zeit muß eine rauhe und grobschollige Bodenoberfläche geschaffen werden, sie kann bis zu einem gewissen Grade die Prall- und Planschwirkung der Regentropfen verhindern.
Weitere Maßnahmen sind Vergrößerung der Blattmasse durch gezielte Düngung, Zwischenfruchtbau, z.B. Weidelgras, Peluschken, Raps, Ölrettich, Phacelia, Senf, Sonnenblumen, Lihoraps und Chinakohl, dort wo es die klimatischen Gegebenheiten des Standortes zulassen [Jakob 1949, Hansen 1941]. Zu prüfen ist, ob moderne Bodenbearbeitung z.B. Minimalbearbeitung oder Mulchen anwendbar ist. Letzteres hat bei uns mehr im Gartenbau Freunde gefunden.
Je größer die Erosionsgefahr, desto mehr Futterbau ist in die Fruchtfolge einzuschalten, vor allem auf klee- und luzernefähigen Böden. Auf besonders gefährdeten Hangflächen kann eine Sonderfruchtfolge angewandt werden.
Dem Ziel einer Abdeckung des Bodens ist man auch durch Aufbringung mit gut verrottetem Müllkompost nähergekommen, wie deutsche und schweizerische Arbeiten im Weinbau zeigen [Schwarz und Zundel 1975, Andres 1961 und Peyer 1962]. Die Aufbringung von künstlichen Bodenfestigern (soil conditioners) auf landwirtschaftlich genutzte Flächen ist nur dort möglich, wo keine Bearbeitung erfolgt und wo die Anwendung betriebswirtschaftlich vertretbar ist. Sie haben daher in der Landwirtschaft kaum Eingang gefunden. Eine Einsatzmöglichkeit besteht bei der Befestigung von Böschungen im Straßen- und Wegebau als Begrünungshilfsmittel. Sie können aber die Schutzwirkung der Vegetation nur bedingt ersetzen [Schaffer und Reys 1976].
Um den in Punkt 2. geforderten gefahrlosen Abfluß der nicht versickernden Niederschläge zu erreichen, müssen zunächst die oben erwähnten Forderungen erfüllt sein, die an sich keine Belastung des Betriebes darstellen, da sie zur Erzielung eines leistungsfähigen Bodens sowieso notwendig sind. Damit es aber nicht zu einem Zusammenfluß kommt, sind die Ackerschläge quer zum Gefälle, wenn möglich den Höhenlinien folgend, anzulegen, damit auch die Pflug- und Bearbeitungsrichtung quer zum Hang erfolgt. Abtragsmessungen und Beobachtungen zeigen eindeutig die abfluß- und abtragshemmende Wirkung der Querbearbeitung [Kuron 1953]. Breite Flächen sind im sogenannten Streifenbau zu bebauen. Es wechseln bodenschützende Früchte (z.B. Futterpflanzen) mit weniger schützenden (z.B. Getreide, Hackfrucht) ab [Jung

Abb. 27 Konturbearbeitung im Mittelgebirge.

1971]. Die Breite der Streifen richtet sich nach dem Gefälle. In besonders gefährdeten Lagen können Pufferstreifen eingeschaltet werden, um einen erhöhten Schutz zu erreichen. Sie dienen gleichzeitig dem Reliefausgleich und können in Dauergrünland gelegt werden oder aber Buschvegetation oder Gehölze tragen. Letzteres würde zur Belebung der Landschaft beitragen.

Eine weitere Maßnahme ist die Anlage von Wasserfangfurchen mit geringem seitlichen Gefälle < 1%, welche plötzlich anfallendes Niederschlagswasser abfangen und gefahrlos zum Vorfluter führen. Bei größerem Wasseranfall können diese Fangfurchen breiter angelegt werden und auch eingesät werden (beraste Fangmulden), entsprechend den Mulden- und Dammterrassen in den USA. In besonderen Fällen ist auch eine Dränung in Erwägung zu ziehen.

Großflächige Bearbeitung in der Kontur, wie sie in Amerika durch den soil conservation service eingeführt wurde, hat bei uns wenig Freunde gefunden. Wir finden sie wohl auf den kleineren Ackerschlägen im Mittelgebirge, die sich in ihrer Ausdehnung den meist in der Kontur verlaufenden Grenzrainen anpassen (Abb. 27).

Zur Sicherung gefährdeter, steiler Hangflächen (Punkt 3) ist zunächst die Überlegung notwendig, ob solche Flächen überhaupt als Ackerland genutzt werden sollen. Wenn ja, so muß der Aufwand bedacht werden, der durch vermehrte Schutzmaßnahmen, wie Terrassenbau, Verbauung der Einzugsgebiete, zweckmäßige Grabenführung und -pflege entsteht. Wenn nein, so ist hier Grünland am Platze oder Aufforstung. Auf keinen Fall ist ein Vorteil zu erzielen, wenn man in solchen Lagen die letzte Terrasse schleift, wie es leider in solchen gefährdeten Lagen festgestellt werden konnte [Olschowy 1973]. Die gewonnene, größere Bearbeitungsfläche wiegt nicht die Verluste und Schäden auf, die in der Folgezeit durch Bodenabtrag verursacht werden. Bei Hangneigungen, die 18% übersteigen, ist auf den Ackerbau zugunsten von Grünland oder Wald zu verzichten. Bei Gefälle < 15% ist Dauervegetation dann angebracht, wenn die Fläche als Hohlhang ausgebildet ist und den Zusammenfluß der Niederschläge fördert, oder wenn Schläge mit großer Ausdehnung im Gefälle durch Grünstreifen unterteilt werden müssen.

Abb. 28 Folgen eines falsch angelegten Weges im Wald nach einem Starkregen.

5.1.4.1.2 Flurgliederung und kulturtechnische Maßnahmen

Voraussetzung für diese Maßnahmen ist in geschlossenen Gemarkungen eine den Belangen des Bodenschutzes entsprechende Flurgliederung. Mit ihrer Durchführung bieten sich die besten Möglichkeiten, dem Erosionsschutz Rechnung zu tragen [Olschowy 1959]. Sie ist gegeben durch zweckmäßige Anlage der Wege und Gräben [Kuron und Föhrenbacher 1963, Niesmann 1962]. Deshalb muß eine reliefnahe Aufgliederung der Hangflächen erfolgen, z. B. durch Anlage von Gürtelwegen mit bergseitigen Gräben, die quer zum Hang liegende, langgestreckte Blöcke begrenzen. Beraste Wendewege sind nach Möglichkeit in gefährdete Hohlhänge zu legen. Wege- und Wasserableitungsgräben sind so anzulegen und so zu pflegen, daß kein Wasser in die Äcker ausbrechen kann, daß aber auch die Wege nicht als Wasserableitung mißbraucht werden (Abb. 28, Abb. 29).
Die in den letzten Jahren auftretende Sozialbrache bietet im Rahmen der Flurbereinigung Möglichkeiten, abtragsgefährdete Einzugsgebiete der ackerbaulichen Nutzung zu entziehen und Schutzpflanzungen anzulegen, die als Landschaftsstützflächen wirksam werden können [Jung 1973].

5.1.4.2 Maßnahmen gegen Winderosion

Die geschilderten ackerbaulichen Maßnahmen sind auch gegen Schäden durch Winderosion zweckmäßig, weil möglichst andauernde Vegetationsdecken oder rauhe schollige bzw. steinige Bodenoberflächen ein Abbremsen des über den Boden blasenden Windes bewirken. Der Wind kann schwere Bodenaggregate nicht transportieren. Sie bremsen ihn aber und fangen mitgetriebene Feinerde ab.
Der wirksamste Schutz in durch Winderosion gefährdeten Landschaften wird durch die Anlage von Windschutzhecken oder -gürteln erreicht, welche hohe Geschwindigkeiten turbulenter Winde abbremsen. Wichtig dabei ist, daß der Wind durch die Hecke gebremst und zerteilt, gewissermaßen »zerfasert« wird, d. h., das Hindernis muß durchlässig sein, denn eine geschlos-

Abb. 29 Zweckmäßige Wegeführung nach einer Flurbereinigung im Schiefergebirge.

sene Barriere verursacht turbulente Winde, die eine Verstärkung der Erosion bedingen. Über Aufbau und zweckmäßige Baumarten für diese Windschutzanlagen siehe Kap. 5.9.6.1.
Die günstige Wirkung und der Aufbau solcher Schutzanlagen ist eingehend von Kreutz [1956 und 1968] dargestellt worden. Windschutz in der Landwirtschaft praktizieren Bätjer, Blaszyk, Feise, Meyer, Ness und v. Lücken [1967 a, 1967 b, 1971] sowie Homrighausen [1967, 1968]. Olschowy [1965] berichtet über Bodenschutz in Niederösterreich. Bodenschutz speziell durch Windschutz wird von Zeuschner [1965] beschrieben.
Über Windschutzuntersuchungen an der Donau bei Herbertingen liegt ein umfassender Bericht von Eskuche 1957] vor. Eine kurze Übersicht über Bodenerosion und Bodenerhaltung als Bestandteil des Umweltschutzes gibt Richter [1973].
Schwerdtfeger und Schröder [1976] betonen auf Grund agrarhistorischer Studien und Messungen an der Windschutzanlage Suderburg die große Bedeutung zweckmäßiger Windschutzpflanzungen.

5.1.5 Bodenkarten

Mit der Entwicklung der bodenkundlichen Forschung als selbstständige Wissenschaft, trat auch die Bodenkartierung, die planimetrische Darstellung des Bodens, immer stärker in den Vordergrund.
Teilte Fallon [1862] [zit. bei Schucht 1930] die Böden auf petrographischer Grundlage nach dem Muttergestein ein, so bedingten im Laufe der Jahre die praktischen Erfordernisse der Land- und Forstwirtschaft eine Vielzahl von Bodenkarten nach unterschiedlichen Gesichtspunkten, die alle eine bestimmte Nutzungsrichtung des Bodens zum Ziele hatten [Stremme 1932]. Nachdem die genetische Bodenlehre in Deutschland immer stärker in den Vordergrund bodenkundlicher Forschung getreten war, wurde auch die morphologische Darstellung des Bodens, die bereits lange in Rußland als Grundlage der Bodenkartierung diente, in die Bodenkarte einbezogen. In neuerer Zeit wird daher der Bodentyp in den Bodenkarten hervorgehoben

[Mückenhausen 1975]. Schönhals [1954] fand bei der Erstellung der Karte der Böden Hessens 1:300000 eine gute Synthese der wichtigen Kriterien wie Bodenart, Gründigkeit, geologische Herkunft, Wasserverhältnisse, Basensättigung und Bodentyp, wodurch sich ein »charakteristisches Bodenbild einzelner Landschaften« ergab. Neben dieser Bodenkarte, aus der Landwirte, Forstwirte und Ökologen wertvolle Grundlagen entnehmen können, werden heute neben den Bodenkarten in größeren Maßstäben 1:25000 und 1:5000 auch Spezialbodenkarten angefertigt. Die rasante Entwicklung der menschlichen Gesellschaft wirft in zunehmendem Maße Probleme der Landesplanung und Landeskultur auf, die zu ihrer Lösung solcher spezieller ökologischer oder landeskultureller Boden- oder Standortkarten bedürfen [Schreiber 1969]. Einen Überblick über die vorhandenen Bodenkarten mit unterschiedlichen Maßstäben gibt Mückenhausen [1975].

5.1.5.1 Die Bodenkarte 1:25000

Die Kartierung des Bodens und die Anfertigung der Bodenkarten wird in der Bundesrepublik Deutschland von den Landesämtern für Bodenforschung oder Geologischen Landesämtern durchgeführt. Die von diesen Ämtern eingesetzten Bodenkundler führen Untersuchungen im Gelände nach einer 1971 aufgestellten Kartieranleitung (Hannover 1971) durch. Bodenproben werden außerdem im Laboratorium untersucht und mit den Felduntersuchungen abgestimmt in der Form, daß »flächenhaft gültige, reproduzierbare Ergebnisse« auf Bodenkarten dargestellt werden können [Müller 1970]. Im folgenden sei als Beispiel die Bodenkarte von Niedersachsen 1:25000 erläutert.

Die Bodenkarte 1:25000 bietet auf Grund der Darstellung Unterlagen für Vorplanung von Flurbereinigungen, Meliorationen und der Landplanung. Durch flächenhafte Farbgebung und Schraffur kommen Bodeneinheiten mit folgenden bodenkundlichen Aussagen zur Darstellung: Bodentyp, Bodenart, Bodenartenschichtung, Ausgangsgestein der Bodenbildung, Oberflächenform und darüberhinaus Angaben über Wasser- und Lufthaushalt und andere wichtige Eigenschaften, die für eine spezielle Bodennutzung oder Meliorationsnotwendigkeit von Bedeutung sind. Die wichtigsten Bodeneigenschaften sind durch zahlreiche Analysendaten untermauert z. B. pH-Wert, organische Substanz, Kalkgehalt, Austauschkapazität und austauschbare Kationen, Kornverteilung, Porengrößenanteile, Wasserdurchlässigkeit.

Aus dieser Zusammenstellung von Faktoren, die in der Legende der Karte aufgeführt sind, geht die relativ große Aussagekraft einer solchen Karte hervor. Es ist aber dem Praktiker nur schwer möglich, aus dieser umfangreichen Bodendarstellung die für ihn richtige Aussage zu erkennen. Aus diesem Grunde werden zusätzliche Auswertungskarten über die Nutzungspotenz der Böden angefertigt, die dem praktischen Landwirt ein klares Bild über die Grenzen der Nutzungsmöglichkeiten geben, z. B. auch über die Notwendigkeit einer Dränung und optimalen Dränabständen bzw. über die Wasserverhältnisse im Boden (Grundwasser, Stau- oder Hangwasser).

5.1.5.2 Spezielle Bodenkarten

Als größtes Kartenwerk spezieller Art in Deutschland ist die Reichsbodenschätzung nach dem Reichsbodenschätzungsgesetz von 1934 zu bezeichnen.

Sie diente einer gleichmäßigen Bewertung des landwirtschaftlichen Besitzes. Neben der Ermittlung der Ertragsfähigkeit der Böden auf Grund natürlicher Ertragsbedingungen (Boden, Gelände und Klima) fanden mit Hilfe eines Schätzungsrahmens die Bodenart, die Zustandsstufe (Bodentyp) und die geologische Herkunft Eingang in die Bodenbewertung. Bei der Schätzung des Grünlandes wurden die Wasserverhältnisse in die Schätzung mit einbezogen. Der Wert des Bodens fand in den aus den Schätzungsrahmen entnommenen Bodenzahlen bzw. Acker- und Grünlandzahlen seinen zahlenmäßigen Ausdruck [Rothkegel und Herzog 1935, Schönhals 1953]. Als Grundlage diente die Katasterkarte, auf der die Schätzungsergebnisse ihren Niederschlag fanden.

Wenn auch heute wegen der Weiterentwicklung der bodenkundlichen Forschung diese Reichsbodenschätzung nicht mehr vollkommen befriedigen kann, so stellt sie trotzdem auch heute

noch eine wertvolle Grundlage für viele spezielle Karten und auch für die Bodenkarte 1:25000 dar. Vor allem aber war sie die Grundlage für die Bewertung des Bodens bei Grundstücken, die im Zuge der Flurbereinigungsverfahren umgelegt werden mußten. Daß man hier bemüht ist, weitere Verbesserungen bei der Beurteilung des Bodenwertes zu erreichen, zeigen die vielen Vorschläge für spezielle Bodenbewertungskarten.
In der DDR ist Matz [1956] nach dem Kriege daran gegangen, die Unterlagen der Reichsbodenschätzung für eine »planvolle Gestaltung der Bodennutzung« weiter zu entwickeln. So ist hier ein »Agrar-Atlas« im Maßstab 1:200000 entstanden, der alle Grenzen der politischen Gemeinden enthält [Rothkegel 1957]. Bei der Bewertung hängiger Grundstücke wurde von Jung und Steinmetz [1968] ein Schätzungsrahmen vorgeschlagen, aus dem Abschläge für Bodenschäden durch Bodenerosion abzulesen sind und der auf dem Schätzungsrahmen der Reichsbodenschätzung aufbaut.

5.1.5.2.1 Kartierung der Bodenerosion

Für die Aufgaben der Flurbereinigung und Landesplanung sollten Kartenunterlagen über Bodenerosionsgefahr eine notwendige Grundlage sein. Es ist zunächst möglich, die Bodenschäden kartographisch aufzunehmen. Grosse [1950] hat die Kartierung von Erosionsschäden eingeleitet und später [1955] größere Areale auf der Karte 1:25000 zur Darstellung gebracht, indem er drei Erosionsstufen herausstellte; Mückenhausen und Wortmann [1958] erstellten eine Übersichtskarte der Erosionsgefahr für Nordrhein-Westfalen. Schutzbedürftige Gebiete der DDR wurden von Flegel [1958] kartiert.
Eine großräumige Erosionskartierung von Thüringen liegt von Schultze [1952] vor, der Form und Umfang der Erosionsschäden, Bodenart, Geländeform, Geologie und Klima in Hangprotokollen erfaßt und in einer Karte im Maßstab 1:500000 zur Darstellung brachte. Von Hempel [1963 und 1968] wurden Karten ebenfalls im Maßstab 1:500000 der Erosionsgefährdung für alle Länder der Bundesrepublik herausgebracht, die neben den nicht vom Menschen beeinflußbaren Erosionsfaktoren auch die Bearbeitung und Bearbeitungsrichtung bei Feldlängen bis 80–120 m in Gefällerichtung berücksichtigen. Auf Grund umfangreicher Geländeaufnahmen, wobei Form und Ausmaß der Schäden registriert wurden, ergaben sich vier Intensitätsstufen, die in den Karten ihren Niederschlag finden.
Einen wertvollen Beitrag zur Erosionskartierung lieferte Richter [1965 und 1967] mit seinem Kartenwerk über »die mittlere Bodenerosionsanfälligkeit auf der Grundlage der naturräumlichen Einheiten« im Maßstab 1:100000. Richter stellte die wichtigsten Faktoren der Bodenerosionsbeeinflussung für jeden Naturraum zusammen und kommt auf Grund der vorhandenen Bodenerosionsschäden und Abspülungsintensitäten, die sich aus allen Erosionsfaktoren ergeben, zur Darstellung der mittleren Bodenerosionsanfälligkeit (Gefährdung). Als ergänzende Karten stehen folgende Karten 1:1000000 zur Verfügung:
1. Der vorherrschende mittlere Hangneigungswert
2. die Anfälligkeit der Böden gegenüber Bodenerosion
3. die landwirtschaftliche Bodennutzung und Bodenerosion
4. Bodenerosionsschäden (Schadenskartierung)
5. Waldflächen
6. Ackerflächen, Veränderung der Ackerflächen, Grünlandanteil (3 Karten 1:200000).
Neuartige Wege geht Karl [1975] mit der »Datenbank Bayerische Alpen«. Er geht davon aus, daß in größeren Räumen die Faktoren und Einflußgrößen auf die Erosion nicht mehr überschaubar sind. Mit Hilfe der elektronischen Datenverarbeitung werden zunächst alle Einzelfaktoren auf Lochkarten gespeichert, deren Daten auf Magnetbänder übertragen werden und in Planquadraten (1 km^2) zum Ausdruck gelangen. Die Einflußgrößen werden in verschiedenen Farben unterschiedlicher Abstufung dargestellt. So entstanden für den bayerischen Alpenraum sechs Karten: mittlerer Jahresniederschlag, Geologie, Flußdichten, Vegetation, Erosionsschäden, Belastung und Stabilität, wobei in der letzteren die Erosionsneigung bzw. Gefährdung in vier Stufen zum Ausdruck kommt. In der Karte Erosionsschäden sind vor allem auch große Anbrüche (Rutschungen) erfaßt.

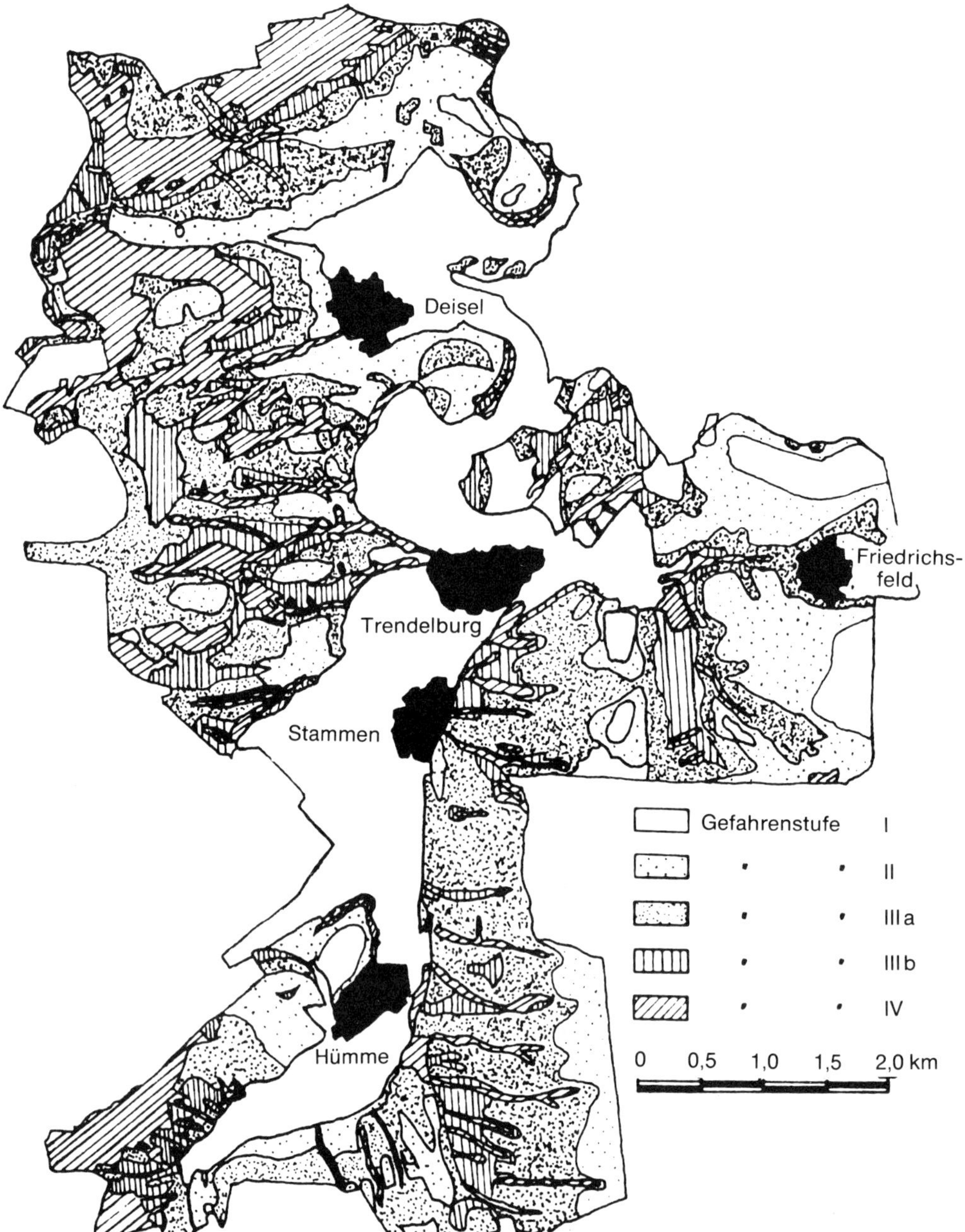

Abb. 30 Bodenerosionsgefahrenstufenkarte. Nach KURON und JUNG [1961]. Gefahrenstufenkarte der Gemarkungen Deisel, Trendelburg, Friedrichsfeld, Stammen, Hümme.

Abb. 30 zeigt eine Erosionsgefahrenstufenkarte für mehrere Gemarkungen im nordhessischen Raum. Das Kartierungsverfahren wurde von Kuron und Jung [1961] für Bodenerosion durch Wasser ausgearbeitet und erstmals auf einen landwirtschaftlichen Betrieb im Odenwald praktiziert [Kuron, Jung, Weber 1954]. Die Kartierung größerer Areale schloß sich an [Steinmetz 1955, Lüttmer 1957, Kuron und Weingarten 1958, Rohmer und Steinmetz 1960, Niesmann 1963]. Das Verfahren kennzeichnet die Erosionsgefahr auf Grund klimatischer Daten, Geländeform und -neigung, Bodenart und Bodentyp. Es werden fünf Gefahrenstufen unterschieden, deren Anzahl aber je nach Geländestruktur verringert oder erweitert werden kann. Aus der Legende sind die jeweiligen notwendigen Bekämpfungsmaßnahmen zu entnehmen.
Bei der Kartierung ergibt sich als Vorläufer dieser Karte eine sogenannte Nutzungshorizontkarte, die angibt, welcher genetische Bodenhorizont z. Zt. den Oberboden bildet und ackerbaulich genutzt wird. Zur Kennzeichnung der Profile wurde von Jung [1953] eine Nomenklatur erodierter Böden vorgeschlagen, um die Kartierung zu erleichtern. Diese Erosionsgefahrenstufenkarte ist eine wertvolle Grundlage bei Flurbereinigungsverfahren und hat sich in Umlegungsverfahren, bei denen sie erstellt wurde, sehr gut bewährt.
Da diese Kartierung von erfahrenen Bodenkundlern durchgeführt werden muß, schlug Harrach [1968] vor, eine Gefällestufenkarte anzufertigen, die in kritischen Fällen zu einer Gefahrenstufenkarte ergänzt werden kann.
Aus den Ausführungen geht hervor, daß der Boden kein unveränderlicher Faktor ist, wie die landwirtschaftliche Betriebslehre früher annahm. Er ist wie alle anderen Landschaftsfaktoren wandelbar, wenn das Gleichgewicht aller Faktoren verändert wird, sei es durch den Menschen oder durch Naturereignisse. Sorgen wir dafür, daß der Mensch den rechten Weg findet, die notwendige Bodenbewirtschaftung so zu gestalten, daß Boden und Landschaft erhalten bleiben und dem Menschen einen gesunden Lebensraum bieten.

Schrifttum

Andres, O., 1961: Warum ist der Winzer an Müll- und Müll-Klärschlamm-Komposten interessiert und welche Wünsche hat er an die Forschung? Organischer Landbau, H. *1*, Berlin, 13–16.

Athenstädt, H., 1941: Ursachen, Ausmaße und Schadwirkungen der Bodenerosion auf einem Gute in Mecklenburg. Der Kulturtechniker, *44*, 142.

Balázs, A. und H. M. Brechtel, 1974: Wieviel Wasser kommt aus dem Wald? Allgem. Forstzeitschrift, *29*, Nr. 49, 1083–1090.

Bargon, E., 1962: Bodenerosion. Ihr Auftreten, ihre Erkennung und Darstellung. Geol. Jb., Bd. *79*, 479–492 Hannover.

Bätjer, D., Blaszyk, Feise, J., Meyer, Ness, R. und J. von Lücken: Windschutz in der Landwirtschaft sowie Anlagen und Unterhaltung von Windschutzpflanzungen. Aktuelle Fragen des Landbaues H. *2, 3* und *5* (1967 a + b, 1971), Verl. Paul Parey.

Bear, F. E., 1964: Chemistry of the Soils. Reinhold Publishing Corp., New York.

Bermanakusumah, R., 1975: Untersuchungen über Bodenverlagerung und Erodierbarkeit einiger Mittelgebirgsböden Hessens. Diss., Gießen.

Bernhardt, H., 1967: Die Bedeutung der Erosion landwirtschaftlich genutzter Flächen als Ursache der eutrophierenden Phosphatbelastung stehender Gewässer. Forschung und Beratung; Reihe C, H. *30*, 139–166.

Brechtel, H. M., 1971: Wald und Schnee. Beeinträchtigt die Umwandlung von Buchen in Fichtenbestände die wasserwirtschaftliche Funktion des Waldes? Allgem. Forstzeitschrift, *8*.

Ders., 1971: Einfluß des Waldes auf Hochwasserabflüsse bei Schneeschmelzen. Wasser und Boden, H. *3*, Jg. 23, 60–63.

Ders., 1972: Einfluß von Waldbeständen verschiedener Baumarten und Altersklassen auf die Schneeansammlung und Schneeschmelze in den Hochlagen des Westl. Vogelberges. Dtsch. Gewässerkundl. Mitt. *16*, H. 5, 121–133.

Brechtel, H. M., Lehnhardt, F. und H. Toldrian, 1975: Zur Problematik einer quantitativen Erfassung des Einflusses der Landnutzung auf Oberflächenabfluß und Bodenabtrag sowie auf oberflächennahe Abflüsse. Interprevent, 127–139.

Breider, H., 1968: Der Weinbau in der Landschaft. Handbuch für Landschaftspflege und Naturschutz, *2*, 215.

Brümmer, G., 1974: Phosphatmobilisierung unter reduzierenden Bedingungen, ein Beitrag zum Problem der Gewässereutrophierung. Mitt. Dtsch. Bodenkdl. Ges. *18*, 175–177.
Bundesministerium 1971: Materialien zur Umweltplanung der Bundesregierung.
Burger, H., 1929: Zur Aufklärung über den Einfluß des Waldes auf den Wasserhaushalt bei Landregen. Schweiz. Z. f. Forstwesen *80*, 339–347.
Cernusca, A., 1976: Übungen zur Ökosystemanalyse-Schiabfahrt Achenkirch, Tirol. Innsbruck, Inst. f. Allgem. Botanik d. Univ.
Chepil, W. S., 1945, 1946: Dynamics of wind erosion I und III soil science *60*, 305, 397, 475; IV *61*, 167, 257, VI *61*, 331.
Cooke, G. W. and R. J. B. Williams, 1970: Losses of nitrogen and phosphorus from agricultural land. Wat. Treatm. Exam. *19*, 253–276.
Czeratzki, W., 1976: Einfluß der land- und forstwirtschaftlichen Bodennutzung auf die Beschaffenheit des Sickerwassers. Forschung und Beratung, Reihe C, H. *30*, 139–166; Landwirtschaftsverlag GmbH Münster-Hiltrup.
Delfs, Friedrich, J. W., Kiesekamp H. und A. Wagenhoff, 1958: Der Einfluß des Waldes und des Kahlschlages auf den Abflußvorgang, den Wasserhaushalt und den Bodenabtrag. Mitt. a. d. Niedersächsischen Landesforstverwaltung H. *3*.
Ditter, P., 1976: Schwermetalle im Boden unter besonderer Berücksichtigung ihrer Verlagerung in die Gewässer. Mitt. Dtsch. Bodenkdl. Ges. *23*, 113–120.
Ehrenberg, P., 1940: Wirkungen der Bodenerosion auf deutschem Ackerlande. 1. Die Erosion auf Lößboden. Der Kulturtechniker *5/6*.
Ders., 1946: Der Bodenabtrag, ein gefährliches Übel am deutschen Nutzboden. Lutzeyers Wegweiser f. d. deutsche Landwirtschaft 1.40.
Ders., 1951: Die ersten ausführlichen Hinweise über Bodenabtrag (Erosion) im landwirtschaftlichen Sinne. Z. f. Pflanzenernährung, Düngung und Bodenkunde *53, 63*.
Ellison, W. D., 1947: Soil erosion studies – Part. I–VII Agricultural Engineering, 145–146; 197–201; 245–248; 297–300; 349–351; 401–405; 442–444; 450.
Elster, H. J., 1977: Die Eutrophierung unserer Gewässer. Schriftenreihe der Universität Hohenheim, Allgem. Reihe *88*, 50–66.
Eskuche, U., 1957: Über die Windschutzuntersuchungen an der Donau bei Herbertingen. Naturschutz und Landschaftspflege in Baden-Württemberg. Veröff. d. Landesstelle f. Naturschutz und Landschaftspflege Baden-Württemberg und der Württembergischen Bezirksstellen in Stuttgart und Tübingen, H. *25*, 57–114.
Europaparlament, 1975: Europäische Bodencharta Europaparlament, Straßburg.
Finck, A., 1969: Pflanzenernährung in Stichworten. Verlag F. Hirt, Kiel.
Fischer, W. R. und G. Baumann, 1977: Die Phosphatsorption an carbonatreichen Unterwasserböden unter reduzierenden und oxydierenden Bedingungen. Mitt. Dtsch. Bodenkdl. Ges. *25*, 217–220.
Flegel, R., 1958: Die Verbreitung der Bodenerosion in der Deutschen Demokratischen Republik, Leipzig.
Flohr, E. F., 1962: Bodenzerstörungen durch Frühjahrsstarkregen im nordöstlichen Niedersachsen. Göttinger Geogr. Abh. *28*.
Ganssen, R., 1972: Boden-Geographie K. F. Koehler, Stuttgart.
Gebhardt, H. and N. T. Coleman, 1974: Anion adsorption by allophanic tropical soils. III. Phosphate adsorption. Soil Sci. Soc. Am. Proc. *38*; 263–266.
Gegenwart, W., 1952: Die ergiebigen Stark- und Dauerregen im Rhein-Main-Gebiet und die Gefährdung der landwirtschaftlichen Nutzflächen durch Bodenzerstörung. Rhein-Mainische Forschungen H. *36*, Frankfurt/M.
Grosse, B., 1950: Bodenerosionskartierung eines typischen Bereiches im mitteldeutschen Lößgebiet. Z. f. Acker- und Pflanzenbau *92*, 238.
Ders., 1955: Die Bodenerosion in Westdeutschland mit 5 Karten. Mitt. a. d. Institut f. Raumforschung, H. *11*, Bonn.
Ders., 1963: Über den Einfluß der Bodenerosion auf die Ertragsfähigkeit von Parabraunerden aus Löß. Z. f. Pflanzenernährung, Düngung und Bodenkunde *102*, 212–217.
Hansen, R., 1941: Pflanzendecke und Bodenerhaltung im Schrifttum d. Vereinigten Staaten von Nordamerika. Forschungsdienst Bd. 11, H. *2*, 192–201.
Harrach, T., 1975: Die Ertragsfähigkeit von Lößböden unterschiedlichen Erosionsgrades. Landw. Forschung Bd. 28, H. *3*, 190–199.
Hempel, L., 1968: Bodenerosion in Norddeutschland mit 9 Karten. Bundesanst. f. Landeskunde u. Raumforschung, Bd. 144, Bad Godesberg.
Ders., 1968: Bodenerosion in Süddeutschland mit 28 Karten. Bundesforschungsanstalt f. Landeskunde und Raumordnung Bd. 179, Bad Godesberg.

Herms, U. und G. Brümmer, 1977: Der Einfluß des pH-Wertes auf die Löslichkeit von Schwermetallen in Böden und Komposten. Mitt. Dtsch. Bodenkdl. Ges. *25*, 139–142.

Hoffmann, J., 1974: Die Wasserqualität von Vorflutern in Mittelgebirgslandschaften in Abhängigkeit von der naturräumlichen Ausstattung unter besonderer Berücksichtigung des Phosphateintrages. Diss., Gießen.

Homrighausen, E., 1962: Ein Beitrag zur Kenntnis des Bodenabtrags in den Weinbergslagen der Gemarkung Nackenheim (Rhein). Weinberg u. Keller, Bd. *9*, 185–192.

Hornig, H. M., 1971: Einfluß von Windschutzhecken auf den Wasserhaushalt leichter Böden. Mitt. a. d. Leichtweiss-Inst. f. Wasserbau und Grundbau d. Techn. Hochschule Braunschweig, H. 15, 16 u. 19.

Hudson, N., 1971: Soil Conservation, B. T. Batsford, London W 1.

Jacob, H., 1949: Fruchtfolge und Bodenerosion in Norddeutschland. Die deutsche Landwirtschaft 3, H. *11*, 165–168.

Jung, J., 1972: Faktoren der Stickstoffauswaschung aus dem Oberboden und Beziehungen zum Gewässerschutz. Landw. Forsch. *25*, 336–354.

Jung, L., 1953: Zur Frage der Nomenklatur erodierter Böden. Mitt. a. d. Inst. f. Raumforschung, *20*, 61, Bonn.

Ders., 1955: Auswirkungen der durch Wasser verursachten Bodenverlagerung auf Standort und Ernte und die Kartierung erosionsgefährdeter Böden. Habil-Schrift, Gießen.

Ders., 1956: Untersuchungen über den Einfluß der Bodenerosion auf die Erträge in hängigem Gelände. Schriftenreihe f. Flurbereinigung, H. *9*, Stuttgart.

Ders., 1960: The influence of stone cover on runoff and erosion on slate soil. I.A.S.H. Comm. of Landerosion, No. *53*, 143.

Ders., 1962: Soil particle distribution on eroded slopes. Internat. Assoc. of Scient. Hydrology (I.A.S.H.) Landerosion. Symposium of Bari Gentbrugge, 205–213.

Ders., 1965: Von Wittgensteins Böden und ihrer Geschichte. In: Wittgenstein I, Gebr. Zimmermann, Balve i. W., 39–49.

Ders., 1971: Die Bodenerosion und ihre Bekämpfung im landwirtschaftlichen Betrieb. Vortrag, geh. bei der Tagung der Ackerbau-Abt. d. DLG, Wiesbaden.

Ders., 1973: Die Bodenerosion in den mittelhessischen Landschaften. Mitt. Dtsch. Bodenkdl. Ges. *17*, 63–72.

Ders., 1976: Das Verhalten des Bodens bei Nutzungsänderung. Giessener Beiträge zur Entwicklungsforschung, Reihe 1, Bd. *2*, 67–71, Tropeninstitut Gießen.

Ders. und J. Steinmetz, 1968: Die Bodenwertminderung durch Bodenerosion. In: Die Bewertung hängiger Grundstücke bei der Flurbereinigung, Schriftenreihe f. Flurbereinigung, H. *50*, 47–60.

Ders. und W. Rohmer, 1971: Bodenerosion und Bodenschutz. Handbuch der Landwirtschaft und Ernährung in den Entwicklungsländern, Bd. *2*, 81–98, Eugen Ulmer-Verl. Stuttgart.

Karl, J., 1956: Wald und Erosion in den Trauchgauer Flyschbergen. Allgem. Forstzeitschrift, H. *37/38*.

Ders., 1967: Um die Zukunft d. bayerischen Gebirgslandschaft. Allgem. Forstzeitschrift H. *31*.

Ders., 1972: Jagd im Gebirge. Merian H. *5*.

Ders. und W. Danz, 1972: Der Einfluß des Menschen auf die Erosion im Bergland. Schriftenreihe d. Bayer. Landesstelle f. Gewässerkunde, H. *1*, 1–98.

Ders. und H. Toldrian, 1973: Eine transportable Beregnungsanlage für die Messung von Oberflächenabfluß und Bodenabtrag. Wasser und Boden 25, H. *3*, 63–65.

Karl, J. und M. Seyberth, 1975: Datenbank Bayerische Alpen. Garten und Landschaft, H. *2*, 61–66.

Kirwald, E., 1968: Der Wald. In: Handb. d. Landschaftspflege u. Naturschutz, Bd. *2*, 82–135. BLV, München.

Kittler, G. A., 1963: Bodenfluß. Eine von der Agrarmorphologie vernachlässigte Erscheinung. Forsch. z. Deutschen Landeskunde 143, Bad Godesberg.

Kolenbrander, G. J., 1971: Contribution of agriculture to eutrophication of surface waters with nitrogen and phosphorus in the Netherlands. Pap. 10, Inst. f. Soil Fertility, Haren-Groningen.

Ders., 1972: The eutrophication of surface water by agriculture and the urban population. Stikstof *15*, 56–67.

Köhnlein, J. und H. H. Weichbrodt, 1971: Die Nährstoffauswaschung aus der Ackerkrume in den Unterboden und ihr Einfluß auf die Nährstoffbilanz. Ztschr. Acker- u. Pflanzenbau *134*, 50–82.

Kretzschmar, R., 1977: Untersuchungen von Fließgewässern in einem schleswig-holsteinischen Jungmoränengebiet. Vortrag, Tagung Deutsche Landeskulturvereinigung, Gießen und Mengeskirchen.

Kreutz, W., 1956: Der Windschutz als Klimafaktor und die Bedeutung des Windschutzes f. d. Landwirtschaft. Arb. d. Dtsch. Landwirtschafts-Ges., Bd. *37*, 7–40.

Ders., 1968: Beeinflussung des Standortklimas durch Windschutz. Handbuch f. Landschaftspflege u. Naturschutz, Bd. *2*, 257–287. BLV, München.

KRÄMER, A., 1863: Gemeinfaßliche Briefe an die Landwirte des Kreises Wittgenstein, Arnsberg.
KUDER, G., 1974: Unwetterschäden in den Weinberglagen des Rheingaus. Natur u. Landschaft 49, H. *1*, 12–16.
KURON, H., 1940: Beobachtungen über die Bedeutung des Bodenabtrags in Norddeutschland. Z. Bodenkunde u. Pflanzenernährung, Bd. *21/22* (66/67), 181–194.
DERS., 1943: Die Bodenerosion in Europa. Forschungsdienst Bd. *16*, H. 1/6–20.
DERS., 1944: Die Bodenerosion in den europäischen Gebirgen. Forschungsdienst Bd. *17*, H. 11, 546–554.
DERS., 1948: Veränderungen d. Ackerböden unter dem Einfluß der Bodenerosion. Z. f. Pflanzenernährung, Düngung und Bodenkunde, *41*, 245.
DERS., 1952: Die physikalische Seite der Bodenerosion, besonders durch Wind. Tonindustrie-Zeitung *76*, H. 15/16, 223–227.
DERS., 1952: Berücksichtigung des Bodenschutzes bei Beratung und Umlegung. Inst. f. Raumforschung Bonn, 45/46, 353–365.
DERS., 1953: Beobachtungen über Bodenerosion nach einem Unwetter im Odenwald. Mitt. aus d. Inst. f. Raumforschung Bonn, 2. Aufl., H. *20*, 147–164.
DERS., 1954: Ergebnisse von 15-jährigen Untersuchungen über Bodenerosion durch Wasser in Deutschland. Vortr. geh. a. d. Generalvers. d. Int. Union f. Geodäsie u. Geophysik, Rom.
KURON, H., 1960: Long-term measurements of runoff and soil loss on three typical soils of Germany. I.A.S.H.Comm. of Landerosion No. *53*, 135–142.
DERS., 1962: Beobachtungen über besondere Erosionserscheinungen im Winter und Frühjahr 1962. Extract of Publication No. *65*, I.A.S.H. Comm. of Landerosion 16–21.
KURON, H., JUNG, L., SCHÖNHALS, E. und H. WEBER, 1954: Landwirtschaft und Bodenerosion: Der Roßbacher Hof bei Erbach im Odenwald. Mitt. a. d. Inst. f. Raumforschung *23*, Bonn.
DERS., JUNG, L. und H. SCHREIBER, 1956: Messungen von oberflächlichem Abfluß und Bodenabtrag auf verschiedenen Böden Deutschlands. Schriftenreihe d. Kuratoriums f. Kulturbauwesen, *5*, Hamburg.
DERS. und L. JUNG, 1958: Über die Erodierbarkeit einiger Böden. Int. Assoc. of Scient. Hydrology, Gen. Assembly of Toronto, Vol 1, 161–165 Gentbrugge.
DERS. und D. WEINGARTEN, 1958: Die Gefährdung der landwirtschaftlich genutzten Flächen des Kreises Biedenkopf durch Bodenerosion. AVA-Arbeitsgemeinschaft z. Verbesserung d. Agrarstruktur in Hessen, Sonderheft *2*.
DERS. und A. FÖHRENBACHER, 1962: Der Einfluß verschiedener Pflanzenbestände auf Abfluß und Abtrag von Böden. Extract of Publication No. *65*, of the I.A.S.H. Comm. Landerosion, 60–79.
KURON, H. und A. FÖHRENBACHER, 1963: Unzulängliche Feldwege als Leitlinien für die Bodenerosion durch Wasser. Z. f. Kulturtechnik u. Flurbereinigung 4, 5, 293–299.
DERS. und L. JUNG, 1961: Untersuchungen über Bodenerosion und Bodenerhaltung im Mittelgebirge als Grundlage für Planung bei Flurbereinigungsverfahren. Z. f. Kulturtechnik u. Flurbereinigung, Jg. 2, 129–145.
LIENAU, D., 1912: Die Entstehung der Ackerböden. Halle-Saale.
LÖLL, 1951: Hess. Landw. Z. 1848, 162/3 und Fühlings Landw. Z., H. 10, 1878, 712, zit. n. Ehrenberg, Z. f. Pflanzenernährung, Düngung und Bodenkunde *53*, 63.
LÜTTMER, J., 1957: Bodenschutz in der Flurbereinigung. Untersuchungen über die Notwendigkeit und Möglichkeiten des Bodenschutzes in Flurbereinigungsverfahren, dargest. am Beispiel der Gemarkung Martinshöhe/Pfalz. Schriftenreihe f. Flurbereinigung, H. *14*.
MATZ, R., 1956: Agrar-Atlas über das Gebiet der Deutschen Demokratischen Republik, zit. n. ROTHKEGEL, W., 1957: Auswertung der Bodenschätzungsergebnisse. Mitt. d. Dtsch. Landw. Ges. 72, H. *4*, 83–84.
MAYER, R., 1971: Bioelementtransport im Niederschlagswasser und in der Bodenlösung eines Wald-Ökosystems. Göttinger Bodenkdl. Berichte *19*, 1–119.
DERS. und H. HEINRICHS, 1977: Gehalte an 26 Elementen (einschl. Spurenelementen) in Düngemitteln und Böden sowie Bodenvorräte und Flüssebilanzen in zwei Waldökosystemen. Mitt. Dtsch. Bodenkdl. Ges. *25*, 367–376.
MEYER, B., 1974: Boden- und Dünger-N-Umsätze, -Umverteilung und -Bilanzen in Löß-Parabraunerden in Abhängigkeit von Bewuchs, Dünger-N-Formen und Umsatzregulatoren. Mitt. Dtsch. Bodenkdl. Ges. *20*, 416–424.
MIDDLETON, H., 1930: Proporties of soil which influence soil erosion. Techn. Bull. 178, U.S.D.A.
MIECZKOSKI, Z., 1965: Untersuchungen über die Bodenzerstörung im niederösterreichischen Weinviertel (am Beispiel des Bisamberg-Russbachgebietes). Mitt. d. Österr. Bodenkdl. Ges., H. *9*, Wien.
MITSCHERLICH, G., 1975: Wald, Wachstum und Umwelt. Bd. *3*.
MÜCKENHAUSEN, E., 1975: Bodenkunde, 515–521.
DERS. und WORTMANN, 1958: Erläuterungen zur Bodenübersichtskarte von Nordrhein-Westfalen, Krefeld.

MÜLLER, S., 1959: Waldrandstufen und dolinenartige Schlämmtrichter als Sonderformen der Bodenerosion im Kleinen Odenwald. Jahresber. u. Mitt. d. Oberrheinischen Geol. Vereins, N.F., Bd. *41*, 29–34.
MÜLLER, W., 1970: Die Bodenkartierung in Niedersachsen. Beitr. Geol. Jahrb., Bodenkdl. Beitr., 1–12, 4 Taf., Hannover.
DERS., 1975: Filtereigenschaften von Böden. Mitt. Dtsch. Bodenkdl. Ges. *22*, 323–330.
NEMETH, K. und T. HARRACH, 1975: Interpretation der chemischen Bodenuntersuchung bei Lößböden verschiedenen Erosionsgrades. Landw. Forschung 30/1, Sonderheft, 131–137.
NIESMANN, K., 1962: Die Flurgliederung als Grundlage von Bodenschutz und Bodenerhaltung. Extract of publication I.A.S.H. Landerosion No. *65*, 95–102.
DERS., 1963: Die Gefährdung der landwirtschaftlich genutzten Flächen der Kreise Erbach und Bergstraße durch Bodenerosion. Hess. Min. f. Landwirtschaft u. Forsten, Wiesbaden.
NÖLTL, W., PORZELT, M. und H. TOLDRIAN, 1973: Abfluß und Bodenabtrag aus Hopfengärten. Wasser und Abwasser, H. *5*, 146–152.
OBERDORF, F., 1942: Wirtschaftliche Auswirkungen und Maßnahmen zur Bekämpfung der Bodenerosion im Moränengebiet Norddeutschlands. Der Kulturtechniker *45*, 127.
OECD-Bericht, 1973: Impact of fertilizers and agricultural waste products on the quality of waters.
OHLENDORF, W., 1976: Lysimeteruntersuchungen über den Verbleib der Düngernährstoffe insbesondere des mit ^{15}N markierten Stickstoffs. Diss., Gießen.
DERS. und A. VÖMEL, 1976: Untersuchungen über den Nitrataustrag im Sickerwasser von Lysimetern bei Ackernutzung. Forschung u. Beratung, Reihe C, 29–37, Landwirtschaftsverl. GmbH., Münster-Hiltrup.
OLSCHOWY, G., 1959: Aufgaben der Landespflege im Rahmen der Flurbereinigung. Schriftenr. f. Flurbereinigung *22*, 68.
DERS., 1965: Bodenschutz in Niederösterreich. Natur u. Landschaft *40*, H. 2, 21–29.
DERS., 1975: Zur Belastung der Biosphäre. Natur u. Landschaft *44*, H. 1, 3–6.
DERS., 1973: Landschaftsökologie und Landwirtschaft. Natur u. Landschaft *48*, H. 7/8, 201–204.
PEYER, E., 1962: Erosionsgefahren im Rebbau und deren Verhütungsmöglichkeiten. Intern. Arbeitsgem. f. Müllforschung (I.A.M.), Informationsblatt 15/17.
PREUSSE, H.-U., 1972: Die Filterfunktion des Bodens. Ergeb. landwirtschaftl. Forschung an der Justus-Liebig-Universität Gießen, Heft XII, 343–350.
DERS. und W. VOSS, 1975: Bodenerosion und Gewässereutrophierung. Ergeb. landwirtschaftl. Forschung an der Justus-Liebig-Universität Gießen, Heft XIII, 228–237.
RICHTER, G., 1965: Bodenerosion, Schäden und gefährdete Gebiete in der Bundesrepublik Deutschland. Bundesanstalt f. Landeskunde u. Raumforschung, Selbstverl. Bad Godesberg.
DERS., 1965: Bodenerosion, Schäden und gefährdete Gebiete in der Bundesrepublik Deutschland – Kartenband – Bundesanstalt f. Landeskunde u. Raumforschung, Selbstverl. Bad Godesberg.
DERS., 1967: Eine Übersichtskarte der mittleren Bodenerosionsgefährdung für die Bundesrepublik Deutschland. Inst. f. Landeskunde; 25 Jahre Amtl. Landeskunde, Bundesanst. f. Landeskunde und Raumforschung, 251–269.
DERS., 1973: Schutz vor Bodenerosion – ein wichtiger Bestandteil d. Umweltschutzes. Geogr. Rundschau *25*, H. 10, 377–386.
DERS., 1975: 1. Bericht über den Aufbau der Forschungsstelle Bodenerosion und die hier durchgeführten Bodenerosionsmessungen in Weinbergslagen des Ruwertales von Oktober 1973 – Februar 1975. Univ. Trier, Lehrstuhl »Physische Geographie«.
DERS. und W. SPERLING, 1967: Anthropogen bedingte Dellen und Schichten in der Lößlandschaft im nördlichen Odenwald. Mainzer Naturwiss. Archiv 5/6, 136–176.
ROHMER, W. und H. J. STEINMETZ, 1960: Bodenerhaltung in der Flurbereinigung. Untersuchungen über die Planung u. Durchführung in der Gemarkung Schloßborn/Taunus. Schriftenreihe f. Flurbereinigung H. *31*.
ROTHKEGEL, W. und H. HERZOG, 1935: Das Bodenschätzungsgesetz, Kommentar, Berlin.
RUPPERT, K., 1952: Die Leistung des Menschen zur Erhaltung der Kulturböden im Weinbaugebiet des südlichen Rheinhessens. Rhein-Mainische Forschungen, H. *34*, Frankfurt/M.
SCHAFFER, G. und K. REUS, 1976: Wirkung von Begrünungsmitteln bei der mutterbodenlosen Begrünung eines Landdammes. Z. f. Kulturtechnik u. Flurbereinigung *17*, 6, 341–348.
SCHÄFER, K., 1975: Zur Beweglichkeit der mit Abwasserfaulschlamm verabreichten Metalle Blei, Chrom, Kupfer und Zink in natürlich gelagerten Böden. Ergebn. landwirtschaftl. Forschung an der Justus-Liebig-Universität Gießen, H. XIII, 242–249.
SCHEFFER, B., 1976: Gewässerbelastung aus Dränabflüssen, dargest. an Beispielen nordwestdeutscher Niederungsböden. Forschung und Beratung, Reihe C, H. *30*, 217–227, Landwirtschaftsverl. GmbH., Münster-Hiltrup.
SCHEFFER-SCHACHTSCHABEL, P., 1976: Lehrbuch der Bodenkunde, 9. Aufl., 304, Ferd. Enke-Verl. Stuttgart.

SCHMID, G., 1974: Einfluß landwirtschaftlicher Bewirtschaftungsmaßnahmen auf die Belastung der Oberflächengewässer. Z. Landw. Forschung, *30*, II. Sonderheft, 208–218.
SCHMITT, L., 1952: Die Bedeutung der Phosphorsäure für Boden, Pflanze, Tier und Mensch. Die Phosphorsäure *12*, 3–28.
SCHMITT, O., 1952: Grundlagen und Verbreitung d. Bodenzerstörung im Rhein-Main-Gebiet mit einer Untersuchung über Bodenzerstörung durch Starkregen im Vorspessart. Rhein-Mainische Forschungen, H. *33*, Frankfurt/M.
SCHÖNHALS, E., 1953: Die Schätzung des landwirtschaftlich genutzten Bodens. Geogr. Rundschau, Z. f. Schulgeographie *5*, H. 9, 333–339.
DERS., 1954: Die Böden Hessens und ihre Nutzung. Abhandl. d. Hess. Landesamtes f. Bodenforschung, *2*.
SCHREIBER , H., 1956: Abfluß- und Abtragsmessungen auf Weinbergsböden im Rheingau. Schriftenr. d. Kuratoriums f. Kulturbauwesen, H. *5*, 69–86.
SCHREIBER, K. F., 1969: Landschaftsökologische und standortkundliche Untersuchungen im nördlichen Waadtland als Grundlage für die Orts- und Regionalplanung. Arbeiten d. Universität Hohenheim, Bd. *45*.
SCHROEDER, D., 1969: Bodenkunde in Stichworten. Verl. Ferdinand Hirt, Kiel.
SCHROEDER, G., 1950: Landw. Wasserbau, 2. Aufl., Berlin.
SCHRÖDER, D., 1973: Tunnelerosion in schluffreichen Böden des Bergischen Landes. Z. f. Kulturtechnik u. Flurbereinigung *14*, 21–31.
SCHUCHT, F., 1930: Grundzüge der Bodenkunde, Berlin.
SCHULTZE, J. H., 1952: Die Bodenerosion in Thüringen. Ergänzungsheft Nr. 247, Gotha.
SCHWARZ, O. und R. ZUNDEL, 1975: Versuche mit Müll-Klärschlamm-Komposten in Kiefern- Douglasien- u. Roteichenkulturen. Allgem. Forst. Z., Jg. *30*, H. 22, 479–481.
SCHWERDTFEGER, G. und G. SCHRÖDER, 1976: Windschutz auf leichten Böden. Z. f. Kulturtechnik u. Flurbereinigung *17*, 349–357.
SCHWERTMANN, U., 1973: Der landwirtschaftliche Anteil am Phosphateintrag in Gewässer (Literaturübersicht) und die Bedeutung des Bodens hierfür. Wasser- u. Abwasserforschung *6*, 190–195.
SIEGEL, O., 1972: Düngung und Umweltschutz. Mitt. d. DLG *87*, H. 23, 611–614.
SIGMOND, J., 1947: Die Gefahren der Waldvernichtung, sowie Mittel und Wege zur Abwehr. In: »Wasserhaushalt und Waldverwüstung«. Dechema, Bd. *103*, 18–36.
STEINMETZ, J., 1955: Ausmaß des Bodenabtrages in einem Teilgebiet der Wetterau und Vorschläge zur Verhütung der durch ihn entstandenen Schäden. Archiv f. Raumforschung in Hessen, H. 4–6.
DERS., 1965: Bodenerhaltung durch Gefügeveränderung. Reprint of the Bulletin of the I.A.S.H. No. 1, 40–43.
STREBEL, O., RENGER, M. und W. GIESEL, 1975: Vertikale Wasserbewegung unterhalb des Wurzelraumes. Mitt. Dtsch. Bodenkdl. Ges. *22*, 277–286.
STREMME, H., 1932: Die Bodenkartierung – In: Blank – Handbuch d. Bodenlehre, 259–428.
SÜSS, A. und G. FUCHSBICHLER, 1975: Sorptionsverhalten verschiedener Böden gegenüber Herbiziden. Mitt. Dtsch. Bodenkdl. Ges. *22*, 537–550.
SÜSSMANN, W., 1976: Einfluß der Bodennutzung auf Abflußregime und Wasserqualität von Wasserläufen. Mitt. Dtsch. Bodenkdl. Ges. *23*, 209–214.
TASCHENMACHER, W., 1955: Die Böden des Südergebirges. Spieker, H. *6*, Münster/Westf.
VESTER, F., 1975: Das Überlebensprogramm. Fischer Taschenbuch Verl., Frankfurt/M. 6274.
VOGT, J., 1953: Erosion des sols et techniques de culture en climat tempéré de transition (France et Allemagne) Revue de Geomorphologie Dynamique, Jg. *4*, 157–183.
DERS., 1958 a: Zur historischen Bodenerosion in Mitteldeutschland. Petermanns Geogr. Mitt., J. *102*, 199–203.
DERS., 1958 b: Zur Bodenerosion in Lippe. Erdkunde Bd. *12*, 132–135.
VOLLENWEIDER, R. A., 1971: Scientific fundamentals of the eutrophication of lakes and flowing waters with particular reference to nitrogen and phosphorus as factors of eutrophication. OECD-Enviroment Directorate, Paris.
DERS. und P. J. DILLON, 1976: The application of the phosphorus loading concept to eutrophication research. Nat. Res. Council Canada NRTC. Nr. 13690.
VOSS, W., 1978: Ermittlung der Nährstoffumlagerung durch Erosion und Charakterisierung der Erosionsfracht einiger Vorfluter in hessischen Mittelgebirgs-Kleinlandschaften. Diss. in Vorbereitung, Gießen.
WACKER, H., 1967: Aktuelle Fragen des Landbaues 2 – Windschutz in der Landwirtschaft, H. *2*, 7–8.
WANDEL, G., 1949: Neue vergleichende Untersuchungen über den Bodenabtrag an bewaldeten und unbewaldeten Hangflächen im Nordrheinland.
DERS. und MÜCKENHAUSEN, 1951: Neue vergleichende Untersuchungen über den Bodenabtrag an bewaldeten und unbewaldeten Hangflächen im Nordrheinland. Geol. Jb. *65*, 507.

WERNER, D., 1962: Der Bodenabtrag als profilprägender und reliefgestaltender Faktor auf Ackerböden in Thüringen. Geogr. Berichte 25/4, 378–395.
DERS., 1964: Profilbild und Leistungspotential abtragsgeschädigter Böden in Ostthüringen. Albrecht-Thaer-Archiv Bd. *8*, H. 6/7, 509–524.
WISCHMEIER, W. H., und D. D. SMITH, 1962: Soil-loss estimation as a tool in soil and water management planning. Intern. Assoc. of Scient. Hydrology, Comm. of Landerosion, Symposium of Bari, Gentbrugge, 148–159.
DERS. und J. V. MANNERING, 1969: Relation of soil properties to its erodibility. Soil Scie. Soc. Americ. Proc. *33*.
DERS. und C. B. JOHNSON und B. V. CROSS, 1971: A soil erodibility monograph for farmland and construction sites. Journal of soil and water conservation *26*, 5, 189–193.
ZEUSCHNER, G., 1965: Bodenschutz durch Windschutz. Natur u. Landschaft *40*, H. 2, 30–36.
ZUNDEL, R., 1975: Die Erfassung der Waldfunktion als landschaftsplanerische Grundlage für den Schutz und die Bewirtschaftung der Wälder sowie für Aufforstungsplanung. Vortr. b. Seminar an der Fakultät f. Naturschätze der Univ. Teheran v. 1.–15. 9. 1975.

ENGELHARDT, WOLFGANG

5.2 Wasserhaushalt, Grundwasser und Oberflächengewässer des Binnenlandes

5.2.1 Vorbemerkung

Wie wohl bei keinem anderen Landschaftsfaktor werden gerade beim Wasser und den Gewässern auch dem Laien die vielfältigen Wechselbeziehungen zwischen den verschiedenen Teilbereichen des Umweltschutzes klar. In der systembedingten Komplexität der Umweltprobleme liegt ja auch eine Hauptschwierigkeit ihrer befriedigenden Lösung.
Um so hilfreicher ist die Darstellung der vielfältigen Zusammenhänge, wie dies NEDDENS [1977] in seinem »Funktionalen Modell der Wassergütewirtschaft« für den Bereich des »Wassers« recht anschaulich getan hat (Abb. 31).
Zum möglichen weiteren Ausbau des Modells bzw. seiner Benutzung weist NEDDENS darauf hin, daß »beispielhaft zum Problem »Eutrophierung von Seen« eine Detaillierung angedeutet« sei, »für die bereits mit geringer weiterer Verfeinerung Programme für Simulationsrechnungen nach der Methode System Dynamics vorhanden sind. Auf diese Weise lassen sich die Auswirkungen von Maßnahmen in beliebigen Stellen des Systems« durch das gesamte ökologisch-sozioökonomische Umweltsystem hindurch verfolgen.

5.2.2 Der Wasserhaushalt in der Bundesrepublik Deutschland

Die Fläche des Bundesgebietes beträgt rund 250000 km^2, die mittlere jährliche Niederschlagshöhe 800 mm/m^2. Das ergibt – im Durchschnitt der letzten 40 Jahre – eine jährliche Gesamtniederschlagsmenge von etwa 200 Milliarden Kubikmetern Wasser.
Dazu kommen noch ungefähr 25 Milliarden Kubikmeter, die Flüsse (besonders Rhein, Mosel, Elbe) von jenseits der Landesgrenzen in das Bundesgebiet bringen.
Von dem Gesamtniederschlagsdargebot (200 Md. m^3) fließen über Drainagen, Bäche und Flüsse jährlich rund 66 Md. m^3 oberflächlich ab; unter natürlichen Verhältnissen würden sie – abzüglich einer Verdunstungsmenge von etwa 3 Md. m^3 – schließlich ins Meer gelangen.
Über die Hälfte des Gesamtniederschlags – rund 106 Md. m^3 – verdunstet: Boden-, Oberflächen- und Pflanzenverdunstung (Transpiration).
Nur rund 28 Md. m^3 gelangen schließlich ins Grundwasser.

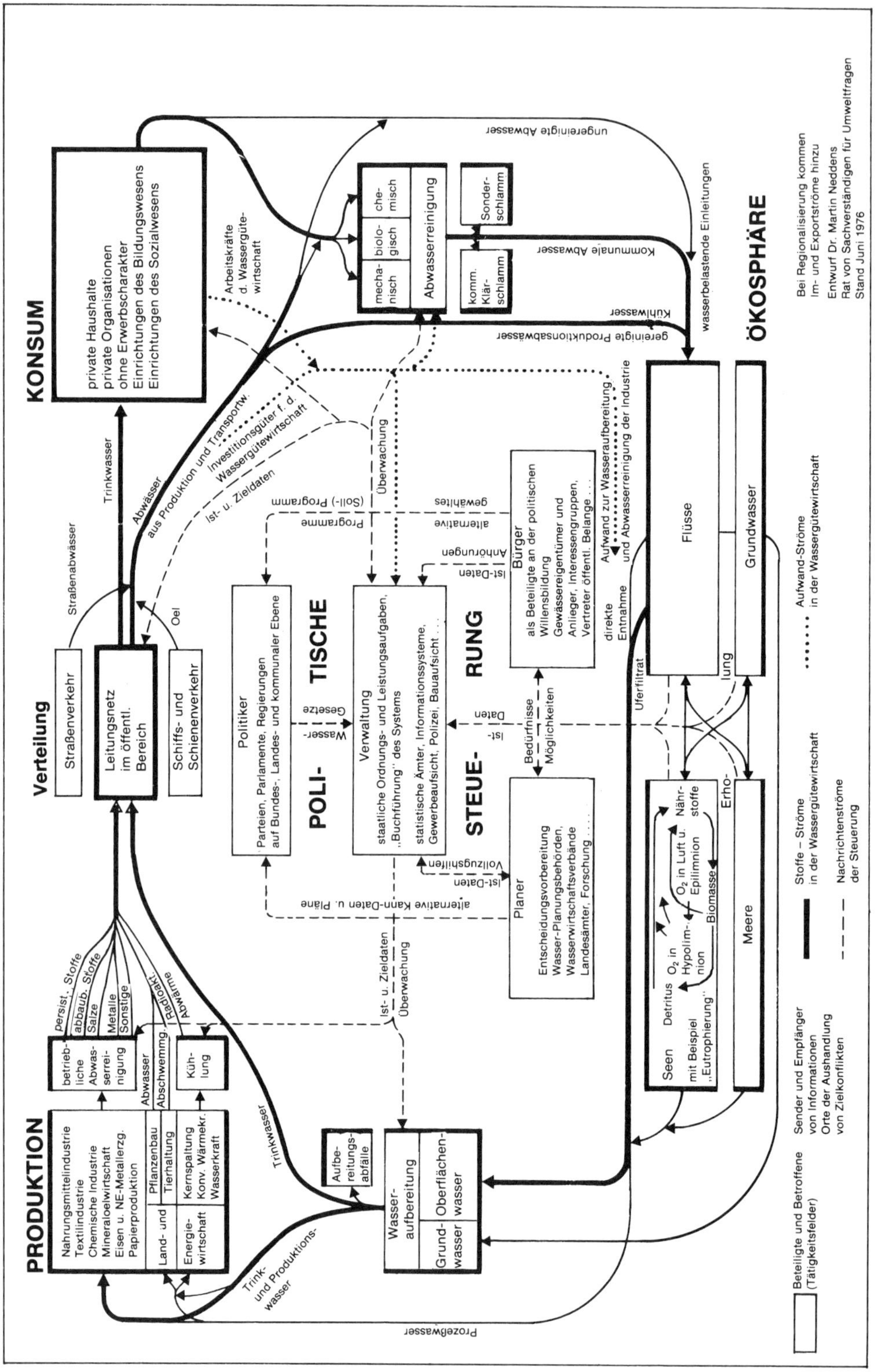

Abb. 31 Funktionales Modell der Wassergütewirtschaft [NEDDENS 1975].

Dabei ist allerdings zu berücksichtigen, daß die Niederschlagsspende in Trockenjahren ganz erheblich unter dem Mittelwert liegen kann:
1959 fielen z. B. nur 148 Md. m^3 (= 74% der Durchschnittsmenge). Je nach den regionalen Wetterbedingungen sind selbstverständlich die einzelnen Landesteile unterschiedlich betroffen; so hatte 1959 Niedersachsen einen Fehlbetrag von 42%; im Jahr 1976 lagen die Niederschläge in manchen Gebieten bis zu 35% unter dem langjährigen Mittelwert.

5.2.3 Der Wasserbedarf in der Bundesrepublik Deutschland

Der Wasserbedarf eines Landes steigt im allgemeinen mit dem Lebensstandard seiner Bevölkerung und der Industrialisierung. Industrie und Gewerbe bemühen sich allerdings zunehmend – aus Gründen der Kosten und Verfügbarkeit – um die Entwicklung neuer, wassersparender Technologien. Z. B. Nutzung des Fabrikationswassers im Kreislauf, Mehrfachnutzung in verschiedenen Produktionsstufen bei abnehmenden Erfordernissen der Wasserqualität, sog. trokkene Produktionsverfahren.
In der Bundesrepublik Deutschland belief sich der häusliche Pro-Kopf-Verbrauch im Jahr 1975 auf durchschnittlich 132 Liter.
Den Anstieg dieses Wertes während der letzten 25 Jahre zeigt Tab. 7.

Tabelle 7 Täglicher Wasserverbrauch in Liter im Haushalt je Person (Bundesrepublik Deutschland).

1950	1955	1960	1965	1970	1975
85	86	98	107	123	132

Rechnet man zu diesem Pro-Kopf-Verbrauch im Haushalt noch die in den öffentlichen Einrichtungen (Krankenhäuser, Schulen, Badeanstalten usw.) benötigten Wassermengen, so ergibt sich natürlich ein weit höherer Betrag: 236 Liter pro Kopf und Tag. Damit liegt die Bundesrepublik Deutschland übrigens immer noch weit hinter der Schweiz mit 400 und den USA mit rund 500 Litern Pro-Kopf-Tagesverbrauch.
Die öffentlichen Wasserversorgungsunternehmen haben 1976 insgesamt 5,32 Md. m^3 Wasser gefördert und aufbereitet. Davon haben 4,39 Md. m^3 der *Versorgung der Bevölkerung* gedient, während die Industrie etwa 0,93 Md. m^3 abgenommen hat.
Der Gesamtwasserbedarf der *Industrie* für Gebrauch und Verbrauch in der Produktion einschließlich der im innerbetrieblichen Kreislauf benötigten Wassermenge und der Energieversorgung beläuft sich z. Zt. (1977) auf rund 26 Md. m^3. Davon entfallen auf die eigentliche industrielle Produktion etwa 11,3 Md. m^3. Besonders ins Gewicht fallende Wassereinsparungen konnten in den letzten Jahren durch den zunehmenden Ausbau innerbetrieblicher Kreisläufe erzielt werden. Die Industrie deckt ihren Bedarf überwiegend durch Eigenförderung, und zwar zu etwa 60% der Gesamtmenge aus Oberflächengewässern.
Schließlich hat die *Landwirtschaft* einen jährlichen Bedarf von etwa 1,3 Md. m^3 Brauchwasser.
Die drei großen Verbrauchergruppen – Bevölkerung, Industrie und Landwirtschaft – hatten daher 1976 einen Gesamtbedarf an Trink- und Brauchwasser von rund 32 Md. m^3.
Die Herkunft der durch die *öffentliche* Wasserversorgung geförderten Wassermengen zeigt Tab. 8
Theoretisch könnte etwa die Hälfte des Wassers, das während eines Jahres in den oberirdischen Gewässern dem Meere zufließt, wasserwirtschaftlich genutzt werden. Den Fließgewässern müssen genügende Wassermengen für die Schiffahrt und die natürliche Selbstreinigung (s. S. 95)

Tabelle 8 Bedarfsdeckung der öffentlichen Wasserversorgung 1953 und 1976 in % der Gesamtmenge.

	echtes Grundwasser	Quellwasser	Oberflächenwasser
1953	76	15	9
1976	57	16	27

belassen werden. Danach können aus dem Oberflächenwasser rund 30 Md. m^3 gewonnen werden. Beim Grundwasser muß zwischen der technisch förderbaren und der nachhaltig nutzbaren Menge unterschieden werden. Letztere kann nicht größer sein, als im Jahreskreislauf wieder ergänzt wird. Die Grundwasserförderung ist daher in der Bundesrepublik Deutschland auf etwa 16 Md. m^3 jährlich begrenzt [Bischofsberger 1977].

Wie Tab. 8 veranschaulicht, muß wegen der begrenzten Grundwasservorkommen bereits mehr und mehr auf Oberflächenwasser ausgewichen werden.

Eine *Vorhersage* der künftigen Steigerung des Wasserverbrauchs in der Bundesrepublik Deutschland ist aus verschiedenen Gründen einigermaßen schwierig, besonders wegen der Unsicherheit des mittelfristigen Wirtschaftswachstums. Die Wasserversorgungsunternehmen der Bundesrepublik rechnen bis zum Jahre 2000 mit einer Steigerung des Wasserverbrauchs in den privaten Haushalten aufgrund zunehmender Ausstattung mit wasserverbrauchenden Maschinen (besonders Wasch- und Spülmaschinen) von 132 (1975) l/Einw./Tag auf 196 l/Einw./Tag (= etwa 50%). Das Batelle-Institut hat 1972 einen Anstieg des Gesamtwasserbedarfs auf 44 Md. m^3 im Jahre 2000 berechnet, wobei es eine Verdoppelung des industriellen Wasserbedarfs zugrunde gelegt hat.

Rincke [1978] ist wegen des absehbaren merklichen Rückgangs der Bevölkerung, des stark verlangsamten wirtschaftlichen Wachstums, der Entwicklung neuer wassersparender Technologien und des bei steigenden Wasserpreisen voraussichtlich zunehmenden Kostenbewußtseins der privaten Verbraucher überzeugt, daß der vom Batelle-Institut vorhergesagte Bedarf merklich unterschritten wird.

Trotzdem: Die an sich günstigen klimatischen und hydrologischen Verhältnisse der BRD würden auch eine jährliche Gesamtentnahme von 40–50 Md. m^3 erlauben, wobei allerdings noch mehr als bisher Oberflächenwasser benutzt werden müßte. Der bei weitem größte Teil des Wassers wird ja nicht *ver-* sondern nur *gebraucht.* Örtliche und regionale Engpässe der Wasserversorgung, wie sie z. B. schon heute in den Verdichtungsräumen Frankfurt, Stuttgart oder Erlangen-Fürth-Nürnberg vorliegen und zur Zuleitung aus teilweise weitentfernten Wasservorkommen zwingen, würden dann sicher vermehrt auftreten, z. B. werden im Seeteil Überlinger See des Bodensees bis zu 7,5 m^3/s Wasser 400 m vom Ufer entfernt in 60 m Tiefe entnommen und nach Aufbereitung in einem Werk am Ufer über eine 160 km lange Leitung in den Stuttgarter Raum geführt. Dort werden z. Zt. etwa 2,5 Mill. Menschen in nahezu 500 Gemeinden auf diese Weise versorgt. Die Schwierigkeit ausreichender Wasserversorgung in diesen Räumen beruht letztlich im wesentlichen auf der starken Verschmutzung der »eigenen« Oberflächengewässer. *Die Wasserversorgung in der Bundesrepublik Deutschland ist* in erster Linie *ein Problem der Wassergüte, nicht der Wassermenge.*

5.2.4 Grundwasser

5.2.4.1 Allgemeines

Durch die Ausdehnung der Siedlungsgebiete und der Verkehrsanlagen (vgl. Kap. 3.7) werden immer größere Flächen so abgedichtet (»versiegelt«), daß das Niederschlagswasser auf ihnen nicht mehr versickern kann, sondern oberflächlich abfließen muß. Der Ausbau aller Flüsse zum Hochwasserschutz, für die Schiffahrt und die Energiegewinnung, die Regulierung der meisten Bäche und nicht zuletzt die Dränage großer landwirtschaftlich genutzter Flächen wirken sich dahingehend aus, daß nicht nur Hochwasserwellen, sondern überhaupt alle Abflüsse möglichst schnell dem Meer zugeführt werden, ob dies nun bei den verschiedenen Wasserbaumaßnahmen tatsächlich beabsichtigt gewesen ist oder nicht. Für das Versickern der Niederschläge steht immer weniger Zeit und Fläche zur Verfügung. Die Rückhaltekraft der Landschaft und gleichzeitig die Grundwasserergänzung werden beträchtlich verringert.

Andererseits steigt die Beanspruchung der Grundwasservorräte für die Wasserversorgung, besonders der Bevölkerung (vgl. Kap. 5.2.3). So kann es nicht ausbleiben, daß es regional und in längeren Trockenperioden zu teilweise recht beträchtlichen Absenkungen des Grundwassers kommt. Sie haben [Rincke 1978] folgende nachteilige Auswirkungen:

– Die Förderung für die öffentliche Wasserversorgung wird in Frage gestellt
– Landwirtschaftliche Bewässerungsanlagen fallen trocken
– Unterschiedliche Bodensetzungen führen zu Schäden an Gebäuden und Straßendecken
– Die Steighöhe des Kapillarwassers erreicht die Wurzelspitzen der Kultur- und Wildpflanzen nicht mehr. Bei längeren Trockenzeiten während der Vegetationsperiode kommt es zu Trokkenschäden, zunächst zur Wipfeldürre und Zuwachsminderung von Bäumen, schließlich auch zu Ernteverlusten in der Landwirtschaft und im Obstbau.

Als Beispiel für solche regionale Überbeanspruchungen der Grundwasservorräte wird hier das Hessische Ried im Oberrheintal genannt. Hier wird nicht nur Wasser für den örtlichen Bedarf, sondern auch für den verbrauchsintensiven Frankfurter Raum gewonnen. Da durchschnittlich nur 500 mm Niederschläge im Jahr fallen, ist schon aus diesem Grund auch in Normaljahren die Ergänzung der Grundwasservorräte begrenzt. Die überhöhten Entnahmen haben bereits zwischen 1969 und 1974 zu einer Absenkung des Grundwasserspiegels von 2,50 m auf 4,70 m unter Gelände geführt. Das Trockenjahr 1976 brachte dann gar eine Absenkung auf 8,50 m unter Gelände mit allen oben geschilderten Folgen. Um landschaftsökologische und wirtschaftliche Schäden zu verhüten, müssen Entnahme und Ergänzung der Grundwasservorkommen nicht nur im Jahreskreislauf ausgeglichen sein, sondern auch über längere Zeiträume.

Möglichkeiten zur Neubildung von Grundwasser sind:
– Der Bau von Rückhalteteichen im Oberlauf von Bächen, wie in den letzten Jahren verstärkt in Mittel- und Oberfranken geschehen.
– Die Errichtung von Stauwehren in landschaftsökologisch falsch regulierten Flüssen zur abschnittsweisen Hebung des Wasserspiegels, auch wenn bei solchen Maßnahmen keine zusätzliche Energiegewinnung möglich ist.
– Die Verrieselung von Oberflächenwasser.

5.2.4.2 Uferfiltriertes Grundwasser

Besonders in Verdichtungsgebieten werden die natürlichen Grundwasservorkommen durch uferfiltriertes Wasser ergänzt. Dazu errichtet man in den Uferzonen von Oberflächengewässern, meist von Flüssen, leistungsstarke Förderbrunnen. Das Flußwasser dringt dann aus dem

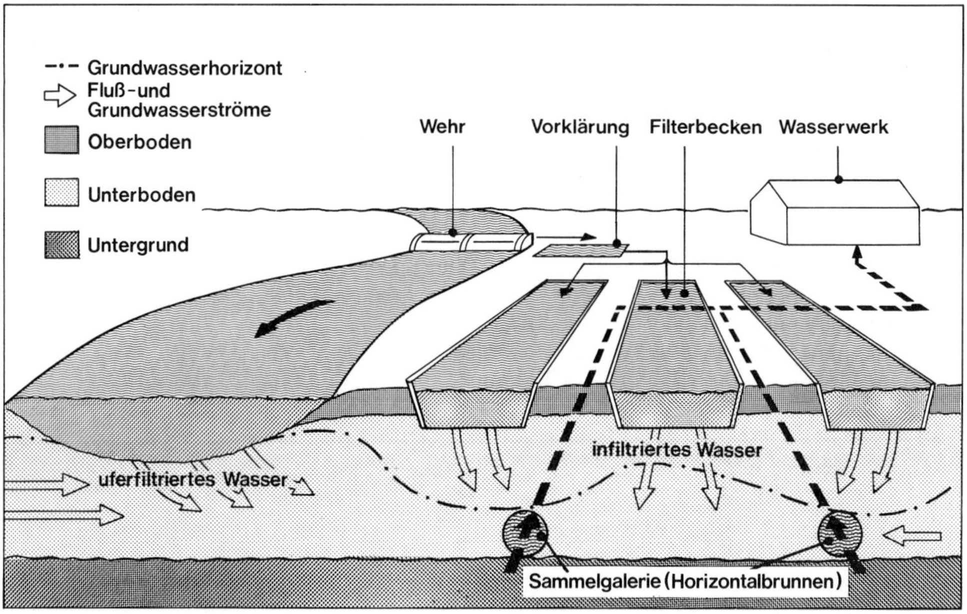

Abb. 32 Trinkwassergewinnung aus Oberflächengewässern durch Uferfiltration und Infiltrationsbecken.

Flußbett durch die Ufer in die benachbarten Grundwasserräume. Dabei wirkt der Boden als riesengroßer Filter, der zumindest die meisten im Oberflächenwasser vorhandenen Schmutzstoffe zurückhält. Die Filterwirkung hängt selbstverständlich von der Bodenstruktur ab. Manchmal entspricht uferfiltriertes Wasser allerdings in geschmacklicher Hinsicht nicht den Anforderungen, auch ist es bisweilen im Sommer zu warm, im Winter zu kalt. In diesen Fällen muß es in Wasserwerken aufbereitet und ggf. mit echtem Grundwasser vermischt werden.
Eine Weiterentwicklung der Uferfiltration stellt ein an der Ruhr praktiziertes Verfahren dar: Das Flußwasser wird mechanisch gereinigt (Rechen und Absetzbecken) und dann in künstliche, mit Sandschichten ausgekleidete Sicker- oder Infiltrationsbecken in der Flußaue geleitet. Diese sind 100 bis 300 m lang, 25–50 m breit und 1–2 m tief. Durch die Sandschichten sickert das Wasser in den Boden, wird dort zusätzlich gereinigt und vermischt sich mit dem natürlichen Grundwasser (Abb. 32).

5.2.4.3 Verschmutzung des Grundwassers

Die häufigsten Ursachen für die nachteilige Veränderung des Grundwassers sind:
- *Ablagerung von wasserlöslichen Abfällen* (Hausmüll) *und Einleitung von Abwasser in Geländemulden,* ehemalige Kies-, Lehm- oder Sandgruben, Steinbrüche (vgl. Abb. 33).
- *Aussickern von Abwasser aus undichten Abwasserleitungen.*

In diesen beiden Fällen reichern sich die Schadstoffe im Grundwasser immer mehr an, das verunreinigte Grundwassergebiet breitet sich immer weiter aus. Auf diese Weise ist der oberste Grundwasserhorizont besonders im Bereich vieler ländlicher Siedlungen für den menschlichen Gebrauch ungeeignet geworden.
Da in den nächsten Jahren zahlreiche lokale Deponien geschlossen und entsprechend aufnahmefähige Zentraldeponien eingerichtet werden müssen, kommt deren sachgerechter Anlage zum Schutze des Grundwassers besondere Bedeutung zu. Bischofsberger [1977] stellt folgende Forderungen an eine geordnete Deponie, wobei alle denkbaren Gefährdungen des Grundwassers berücksichtigt werden:
»An geordnete Deponien von Hausmüll sind folgende Forderungen zu stellen:
1. Voraussetzung für den ordnungsgemäßen Betrieb einer Deponie ist die geregelte Systemsammlung und die geregelte Anfuhr der Abfälle zur Deponie.

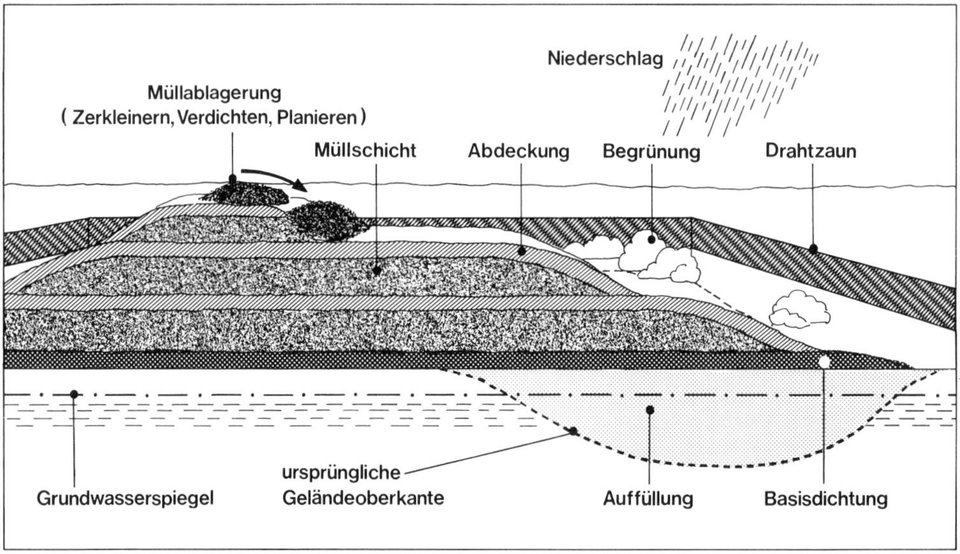

Abb. 33 Vorschriftsmäßiger Aufbau einer Mülldeponie unter Beachtung des Grundwasserschutzes. Nach Bischofsberger [1977], verändert.

2. Konzentration der Abfallablagerung auf wenigen Plätzen. Zentrale Deponien mit kleiner Grundfläche. Verwendung möglichst geringwertiger Flächen unter Berücksichtigung der Belange der Landschaftspflege und des Naturschutzes.
3. Ablagerung der Abfälle über der Grundwasseroberfläche als Halde, da Halde leichtere Wasserhaltung und bessere Durchlüftung bietet.
4. Abfälle verschiedenster Herkunft und Beschaffenheit homogenisiert als Multikomponentendeponie ablagern.
5. Ablagerung sofort, spätestens noch am Tage der Anlieferung der Abfälle.
6. Deponien sind schichtenweise aufzubauen. Die Schichten sollen leicht geneigt und nicht dicker als 2,0 m eingebaut werden.
7. Ablagerung der Abfälle möglichst hohlraumarm. Aus diesem Grunde sollten die Sammelfahrzeuge nicht unmittelbar an der Schüttkante, sondern etwa 10 m davor entleert werden. Mehrmaliges Befahren mit der Raupe erzielt grobe Zerkleinerung der Abfälle mit anschließendem Abschieben dieser über die Schüttkante.
8. Die Abfälle sollten mit wasserundurchlässigem Material abgedeckt werden, um die Sickerwassermenge möglichst niedrig zu halten. Diese Maßnahme verhindert außerdem weitgehend eine Geruchsbelästigung. Die Abdeckung sollte besonders im lockeren Böschungsbereich arbeitstäglich geschehen. Als Abdeckmaterial ist besonders nichtbindiges Material geeignet. Toniges Material kann bei nasser Witterung die Befahrbarkeit der Deponie beeinträchtigen.
9. Deponien sollten in niederschlagsarme Gebiete gelegt werden.
10. Deponien sollten in Gebieten mit großen Flurabständen zur Grundwasseroberfläche hin angelegt werden.
11. Unter den Deponien und im Grundwasserstrom sollten gut luft- und wasserdurchlässige sowie sorptionsfähige Deckschichten vorhanden sein.
12. Deponien sollten in Gebieten geringer Grundwasserfließgeschwindigkeit angelegt werden. Hohe Fließgeschwindigkeiten haben eine große Reichweite der Verunreinigungen im Grundwasserunterstrom zur Folge. Daher Deponien möglichst nie in Regionen mit Kluft- und Karstwassergrundleitern.
13. Deponien sollten in Gebieten mit Grundwasserleitern mit guter Reinigungsleistung angelegt werden. Gute Reinigungsleistung besitzen vor allem Sande und fein- bis mittelkörnige Kiese der Talauen sowie lehmiger Hangschutt. Basisabdichtung nur sinnvoll, wenn restlose Sickerwassersammlung und -beseitigung gewährleistet ist; kostenmäßig nur notwendig und vertretbar, wenn sehr wertvolle Grundwasservorkommen zu schützen sind oder wenn von sehr giftigen oder gefährlichen Abfallstoffen eine weitreichende Grundwasserverschmutzung zu erwarten wäre.
14. Zum Zwecke der Beweissicherung sollte im Bereich von Deponien das Grundwasser durch Kontrollbrunnen überwacht werden.
15. Deponien dürfen nie innerhalb von Überschwemmungsgebieten angelegt werden, um eine Ausbreitung und Verschwemmung des Abfallmaterials bei Hochwasser zu vermeiden.«

Vergrabung von Industrieabfällen; Einleitung industrieller Abwässer ins Grundwasser, z. B. auf dem Umweg über stillgelegte Brunnen- oder Bergwerkschächte. Dabei sind Giftstoffe, Schwermetallsalze und radioaktive Abfälle besonders gefährlich, wenn ihre Abbauzeit (Halbwertzeit) lang ist und sie sich daher in den betreffenden Grundwasservorkommen anhäufen. So können – auch weit vom Einbringungsort entfernte – Grundwasservorkommen verdorben werden, die an sich durch undurchlässige Deckschichten vor Verschmutzung von der Oberfläche her geschützt sind.

Auslaufen von Mineralölen

Leckwerden von Heizöl- und Treibstofftanks. Die jetzt in der Bundesrepublik Deutschland gültigen Vorschriften für die Herstellung und den Einbau solcher Tanks verhindern das Auslaufen von Öl weitgehend: Doppelte Wände, Ausrüstung mit automatischen Leckanzeigegeräten, Aufstellung nur in besonders ausgebauten und gesicherten Kellerräumen oder – außerhalb von Gebäuden – in Betonwannen.

Die Gefahr liegt in den Tausenden von Tanks, die vor Erlaß dieser Bestimmungen ohne entsprechende Sicherheitsvorkehrungen in Betrieb genommen worden sind. Die Heizöle enthalten Säuren, die die Wände der Metalltanks mit der Zeit zerfressen. Schon durch ein Leck vom Durchmesser nur eines Stecknadelkopfes kann in einer einzigen Stunde ein Liter Öl aussickern (in einer Woche etwa 200 Liter!).
Das Überfüllen von Tanks beim Bebunkern (Sicherung: Ausrüstung der Tankwagen mit Kontrollgeräten).

Unfälle von Tankwägen mit Auslaufen der Ladung.
Lecke in Ölfernleitungen (Pipelines).
Im Boden versickertes Mineralöl führt zum Tod zahlreicher Bodenorganismen und mehr oder weniger erheblichen Pflanzenschäden. Das Öl lagert sich als hauchdünner Film um die einzelnen Bodenteilchen und bildet so eine Sperrschicht zwischen Erdteilchen, Bodenwasser und Haarwurzeln. Dadurch wird die Aufnahme von Nährsalzen und Wasser behindert. Bei stärkerer Ölverseuchung sterben die Pflanzen ab.
Sickert Mineralöl bis zum Grundwasserspiegel, so bildet es auf diesem eine linsenförmige Schicht von 3 bis 5 cm Dicke. Mit dem Grundwasserstrom kann das Öl auch in weitentfernte Brunnenanlagen gelangen und deren Förderung für den Trinkwassergebrauch ungenießbar machen: 1 l Öl vermag in homogener Vermischung 1 000 000 l Wasser für den menschlichen Genuß geschmacklich zu verderben.
Läßt sich ausgelaufenes Mineralöl nicht abpumpen, muß das gesamte ölverseuchte Erdreich ausgebaggert und auf einem entsprechend abgedichteten Platz verbrannt werden.

Verunreinigung des Grundwassers durch Kunstdünger
Bisher sind aus Kunstdünger stammende *Phosphate* im Grundwasser nicht festgestellt worden. Sie werden in der Haftwasserzone an Bodenteilchen gebunden oder auf ihrem Weg zum Grundwasserspiegel abgebaut. Vielerorts wird jedoch ein leichter Anstieg des *Nitratgehalts* aufgrund übermäßiger Kunstdüngergaben berichtet. Auch eine langsame Anreicherung von langlebigen Pestiziden und Herbiziden in der obersten Grundwasserschicht ist möglich.
Wegen der großflächigen Anwendung dieser Chemikalien ist eine Vorbeugung nur durch den Gebrauch von Präparaten mit möglichst kurzer Abbauzeit, durch die Vermeidung von Überdosierungen und durch ständige Überwachung des Grundwassers möglich [Engelhardt 1977, Kovács 1977].

5.2.4.4 Wasserschutzgebiete

Eine wichtige Maßnahme des praktischen Umweltschutzes ist die Ausweisung von Wasserschutzgebieten nach dem Wasserhaushaltsgesetz: Landschaftsteilen, die für die Versorgung der Bevölkerung mit Wasser, in erster Linie Trinkwasser, von besonderer Bedeutung sind, wie Quellgebiete, ergiebige Grundwasservorkommen, offene Trinkwasserspeicher. Sie sind durch Schilder gekennzeichnet.
Größere Wasserschutzgebiete sind in drei Zonen von abgestufter Schutzbewehrung eingeteilt:
Zone I, der engere Fassungsbereich, erstreckt sich direkt um die Brunnenanlage. Halbmesser nach Möglichkeit mindestens 100 m. In dieser Zone sind grundsätzlich alle Maßnahmen verboten, die zu einer Verschmutzung der Wasservorräte führen könnten: Bebauung aller Art, Lagerung von Benzin, Heizöl und anderer wassergefährdender Stoffe, Düngung von Feldern und Wiesen.
Die Ausdehnung der Zonen II und III, der Engeren und der Weiteren Schutzzone, ist von den jeweiligen Standortverhältnissen abhängig. Es gelten besondere Bestimmungen, um eine Gefährdung des Grundwassers zu verhüten. Auch noch in Zone III sind Wohnhäuser und Gewerbebetriebe nur dann erlaubt, wenn sie an eine einwandfreie Abwasserkanalisation angeschlossen sind. Die Verrieselung und Verregnung von Abwasser, die Anlage von Mülldeponien und industriellen Schutthalden sind verboten.
Leider haben die Bundesländer bisher in recht unterschiedlichem Maß von der Möglichkeit

Gebrauch gemacht, solche Wasserschutzgebiete auszuweisen. Z. B. gibt es in Bayern rund 2000, in Nordrhein-Westfalen nur etwas mehr als 100.
Im Zuge einer vorausschauenden Landesplanung sollten bei der Aufstellung der Landschaftsrahmen- und Flächennutzungspläne unbedingt Wasserschutzgebiete in ausreichender Zahl und Ausdehnung ausgewiesen werden.

5.2.5 Beeinflussung der natürlichen Ökosysteme der Gewässer durch Maßnahmen des Wasserbaus und der Landeskultur

5.2.5.1 Allgemeines

In der Vergangenheit wurden alle mitteleuropäischen Ströme und Flüsse sowie ungezählte Bäche reguliert: Zur Hochwasserfreilegung von Tälern, Siedlungen und Verkehrsanlagen, zur Gewinnung von Ackerland, zur Schiffbarmachung und Energieerzeugung. Dabei wurden fast ausnahmslos nur technische Gesichtspunkte berücksichtigt.
Erhebliche landschaftsökologische Schäden waren vielfach die Folge: Beträchtliche Beschleunigung des Abflusses, Erhöhung der Strömungsgeschwindigkeit, Verstärkung der Tiefenerosion der Fließgewässer, Zunahme der Hochwasser- und Abnahme der Niederwasserführung, z. T. erhebliche Absenkung des Grundwasserspiegels.
Schließlich ist mit der Regulierung und dem rein technischen Ausbau eines Fließgewässers stets eine weitgehende und ungünstige Veränderung seiner Eigenschaften als Lebensraum zahlreicher Pflanzen und Tiere verbunden.

5.2.5.2 Verarmung des Artenbestandes in regulierten Fließgewässern

Die Entfernung des natürlichen Uferbewuchses, von Bäumen und Sträuchern, hebt den bunten Wechsel von Beschattung und Belichtung auf. Die Begradigung des Laufs schneidet Schlingen und Altwasserarme ab und schafft auf weite Strecken ein gleichmäßig breites Bett. Die gleichförmige Befestigung der Ufer beseitigt stille Flachwasserbuchten, tiefe Kolke und die für viele Fische so wichtigen Unterstände unter überhängenden Uferteilen. Die Ausräumung der Sohle, häufig mit einer Verbreiterung des Gewässerbettes verbunden, läßt Kies- und Sandbänke, große Steine oder Felsen, Untiefen verschwinden.
Es ist unvermeidlich, daß bei den Bauarbeiten die Bestände der Wasserpflanzen völlig oder zum größten Teil vernichtet werden. Häufig können sie sich aber auch nach Beendigung der Baumaßnahmen wegen der ungünstig veränderten Strömung und Wasserführung nicht mehr ansiedeln. Das Fehlen oder die starke Verminderung der Wasserpflanzen ist eine Hauptursache für die Artenarmut der Tierwelt in regulierten Gewässern. Die Wasserpflanzen bieten zahlreichen Wassertieren Nahrung, Aufenthalt, Versteck- und Laichmöglichkeiten.
ENGELHARDT [1951] hat die stark regulierte Neue Ammer (südlicher Zufluß des Ammersees, Oberbayern) in ihrem letzten, etwa 5 km langen Abschnitt vor der Mündung in den Ammersee mit dem etwa gleich langen, unregulierten Unterlauf der Alten Ammer in hydrobiologischer Hinsicht verglichen: Während die Alte Ammer große Bestände zahlreicher Wasserpflanzen aufzuweisen hatte, gedieh in der Neuen Ammer – von Algenüberzügen der Uferbefestigungssteine abgesehen, nur das Quellmoos *(Fontinalis antipyretica L.)*. In der Alten Ammer konnten 148, in der Neuen nur 55 Arten von Wasserinsekten festgestellt werden. Noch bemerkenswerter war jedoch, daß von den insgesamt gefundenen 203 Arten nur *zwei* in beiden Gewässern vorkamen, obgleich diese maximal nur etwa 1 km voneinander entfernt dem Ammersee zuströmen und die Imagines (Vollinsekten) dieser Arten sämtlich flugfähig sind. So verschieden waren die ökologischen Bedingungen in dem kanalartig regulierten und in dem restlichen natürlichen Fluß.
In kleineren Flüssen und Bächen mit geringerem Gefälle wuchern jedoch die Wasserpflanzen nach der Abholzung des Uferbewuchses wegen der nunmehrigen starken Belichtung so ungehemmt, daß der Wasserabfluß durch die Pflanzendickichte behindert wird. Das Gewässer muß dann jährlich ein- oder zweimal entkrautet werden. Dabei werden jedes Mal unzählige Wassertiere vernichtet. Im übrigen muß in diesen Fällen mit der Mahd der Wasserpflanzen stets am

unteren Ende des Bestandes begonnen und fluß- bzw. bachaufwärts gearbeitet werden. Andernfalls stauen sich in Arbeitspausen die abgeschnittenen Wasserpflanzenmassen an den noch stehenden Pflanzenbeständen, beginnen zu faulen und verursachen auf diese Weise mehr oder weniger starke Sauerstoffzehrung. Die Anwendung von Herbiziden zur Entkrautung ist wegen der zahlreichen, z. T. noch unerforschten Neben- und Folgewirkungen unbedingt zu vermeiden. Grundsätzlich gilt: Die Begradigung und Regulierung eines Fließgewässers setzt an die Stelle natürlicher Vielfalt von Ufergestalt und -bewuchs, der Sohle, der Strömungsverhältnisse und der Wasserführung eine weitgehende Einförmigkeit. Je eintöniger die Verhältnisse eines regulierten Fließgewässers sind, desto ungünstiger sind sie für die Entwicklung eines reichen Pflanzen- und Tierbestandes in ihm, desto geringer wird damit aber auch die natürliche Selbstreinigungskraft eines solchen Gewässers, desto schlechter ist meist auch die wasserbauliche Lösung der gestellten Aufgabe in landschaftsökologischer Sicht.

5.2.5.3 Ausbau von fließenden Kleingewässern

Meist im Rahmen von Flurbereinigungsverfahren wurden – und werden leider stellenweise auch heute noch – eine Vielzahl von kleinen Bächen nach rein wasserbautechnischen Gesichtspunkten ausgebaut. Begründet werden diese Maßnahmen mit der Notwendigkeit, die betriebswirtschaftlichen Bedingungen für die Landwirtschaft zu verbessern und die Unterhaltung der Gewässer zu erleichtern und zu verbilligen.
Geradlinige Trassierung und maximales Gefälle beschleunigen den Abfluß, verstärken die Hochwasserwellen in den Vorflutern, unterbinden den Wasseraustausch mit dem Boden- und Grundwasser und vermindern die Lebensmöglichkeiten von Organismen. Dittmar [1955] hat in noch natürlichen Bächen des Sauerlandes 486 Tierarten und eine Individuendichte von durchschnittlich 3180 Tieren je Quadratmeter gefunden, in regulierten Bächen gleicher Größenordnung nur 241 (<50%) Arten und nur 450 Individuen je Quadratmeter (= 15%!).
Noch schlimmer wirkt sich die Auspflasterung des gesamten Bachbettes mit *Betonschalen,* am allerungünstigsten die *Verrohrung* von kleineren Fließgewässern aus. Die neuerdings als Ersatz für Betonschalen zur Auskleidung von Sohle und Böschungsfüßen häufig verwendeten Bongossiholzbretter können nach den bisher vorliegenden Beobachtungen die geschilderten Nachteile kaum mildern.
Durch diese Ausbaumaßnahmen werden die Gewässer aus dem landschaftsökologischen Wirkungsgefüge herausgenommen; sie haben keine Verbindung mehr zum Bodenwasser; weder Wasserpflanzen noch -tiere können in ihnen leben; sie veröden völlig, haben kein Selbstreinigungsvermögen und keinen Erholungswert.
Eine einschlägige gemeinsame Bekanntmachung der Bayerischen Staatsministerien des Innern und für Ernährung, Landwirtschaft und Forsten vom 2. 5. 1972 (MABl Nr. 26) ist vorbildlich, sollte allgemein beachtet und auch in den anderen Bundesländern entsprechende Nachahmung finden. Sie faßt die bei der Neuordnung des ländlichen Raumes zu beachtenden Grundregeln der Wasserwirtschaft folgendermaßen zusammen:

- Natürliche Gewässer dürfen nur aus zwingenden wasserwirtschaftlichen Gründen verändert werden,
- natürliche Hochwasserrückhalteräume (Überschwemmungsgebiete) sollen möglichst erhalten werden,
- Wege sind so anzulegen, daß sie keinen sonst entbehrlichen Ausbau natürlicher Gewässer verursachen,
- soferne Überschwemmungsflächen durch den Gewässerausbau verkleinert oder beseitigt werden, ist für einen Ausgleich durch entsprechende Rückhaltung zu sorgen, und schließlich
- der Umfang abflußverschärfender Maßnahmen ist auf ein Mindestmaß zu beschränken.

5.2.5.4 Vernichtung von Feuchtbiotopen

Zahllose Weiher, Wald- und Wiesentümpel, sumpfige Mulden und andere Naßstellen sind in der Vergangenheit mit Müll, Bauschutt oder Abraum von Baustellen zugeschüttet worden.

Leider wird dieses unsinnige Verhalten auch heute noch geübt. Der katastrophale Rückgang der heimischen Lurche (Frösche, Kröten, Unken, Molche) geht in erster Linie auf diese Vernichtung ihrer Laichgewässer zurück. Außerdem wird aber auch der Lebensraum vieler Sumpfpflanzen, Vögel und wirbelloser Tiere auf diese Weise zerstört.

5.2.5.5 Stauseen, besonders Flußstauseen

5.2.5.5.1 Zerstückelung von Fließgewässern durch Stauwehre

Wehre, die den Fluß auf längere oder kürzere Strecken aufstauen, bilden besonders schwerwiegende Eingriffe in seine natürlichen Bedingungen. Gleichgültig, ob der Stau der fließenden Welle der Errichtung von Flußkraftwerken, von Schleusenanlagen für die Schiffahrt, der Speicherung von Bewässerungswasser, der Trinkwasserrückhaltung oder der Hebung des Grundwasserspiegels in Tallandschaften dient, in denen das Grundwasser infolge der Tiefenerosion falsch regulierter Flüsse allzu weit abgesunken war, stets ergibt sich eine *Zerstückelung der Flußläufe.* Diese werden, wenn es sich, wie dies meist zutrifft, um mehrere Wehre in gewissen Abständen handelt, zu Ketten langgestreckter Stauseen. Die physikalisch-chemischen und biologischen Eigenschaften der Flußstaue sind je nach ihrer Lage im Gebirge oder Flachland, nach der Geschiebe- und Schwebstofführung, der Abwasserbelastung des Gewässers usw. recht verschieden, so daß Verallgemeinerungen nicht statthaft sind. Immer jedoch verändern sich die Lebensbedingungen in diesen Gewässern grundlegend gegenüber dem Zustand vor dem Aufstau.
Außer der Wassertiefe ist selbstverständlich die Durchströmung der Stauseen von großer Bedeutung. In Österreich gibt es Flußstaue, die das Wasser mit einer Geschwindigkeit von 1 m/sec durchströmt, in den meisten Stauseen Mitteleuropas ist jedoch die Strömung nur sehr gering. Der Durchflußkoeffizient bestimmt in hohem Maße die physikalisch-chemischen Verhältnisse, wie die Ausbildung einer Sprungschicht usw.
Nach der Füllung des Stauraumes verschwinden die Wasserpflanzen, die zu ihrem Gedeihen Sonnenlicht benötigen, aus der Tiefenregion des Staubeckens und können nur im Uferbereich neue Bestände bilden, vorausgesetzt, daß die Gestaltung der Ufer dies zuläßt. Aber natürlich handelt es sich im Stausee um andere Arten, als sie für das Fließgewässer kennzeichnend waren.

5.2.5.5.2 Auswirkungen von Spiegelschwankungen der Stauseen

Sehr wichtig ist die *Schwankung des Wasserspiegels,* die bis zu 20 m betragen kann. Kleinere oder größere Flächen des Seebodens fallen trocken. Die Folgen für die Wasserpflanzen und Bodentiere sind je nach der Jahreszeit der Absenkung verschieden. Im Winter retten sich viele Tiere dadurch, daß sie sich in den feuchten Boden unter Schnee oder Eis eingraben. Absenkungen des Wasserspiegels während trockenen Sommerwetters vermögen nur verhältnismäßig wenige Organismen zu überstehen. Wundsch [1949] hat allerdings »Zuckmückenlarven noch zwei Monate nach dem Trockenfallen der von ihnen besiedelten Flächen, teilweise mehr als metertief, in dem feuchten Boden« aufgefunden. Nach Engelhardt [1958] können auch die *Bodenverhältnisse* der trockenfallenden Flächen für das Überleben vieler Wassertiere entscheidend sein: Der Walchensee (Oberbayern) wird seit 1924 energiewirtschaftlich genutzt und in jedem Winter bis zu 6,60 m abgesenkt. Das Ufer – 26,7 km lang – ist nur auf 10% seiner Länge als Flachufer ausgebildet. Um Abrutschungen der Steiluferstrecken infolge des fehlenden Wasserdruckes während der Absenkungsperiode zu verhüten, wurden diese Uferteile (rund 23 km!) mit einem lückenlosen Mantel großer, eng aneinander gefügter Felsbrocken (Rollierung) versehen, der von der Normalstrandlinie bis zum Niveau der tiefsten Absenkung reicht. Ein Teil der Litoraltierarten wandert mit dem sinkenden Wasserspiegel abwärts. Andere vergraben sich in der Seekreideschicht unter den Rollierungssteinen und erhalten durch diese einen wirksamen Schutz gegen Austrocknung für mehr als 3 Monate und gegen Frost geringerer Stärke. Unter der Rollierung wurden im Mittel etwa 900 Tiere je m^2 (Zuckmücken-, Eintagsfliegen-, *Sialis*-larven, Wasserasseln, Schnecken, Borstenwürmer) festgestellt. Die Bewohner der unbefestigten Uferteile überstehen die Absenkung nicht.

Sehr ungünstig wirken sich auf die Organismen der betroffenen Flächen *häufige, stark wechselnde* Schwankungen des Wasserspiegels aus. Diese sind besonders die Ursache für das Absterben von Fischlaich und Fischbrut (besonders der Uferlaicher Hecht und Barsch). Bei sinkendem Wasserspiegel werden die Wasserpflanzen der tieferen Zonen zu starker schädigender Belichtung ausgesetzt, während die Wasserpflanzen der oberen Schichten trocken fallen.
In manchen besonders günstigen Fällen ist es möglich, Wasserhahnenfuß *(Ranunculus fluitans Lam.)*, Wasserknöterich *(Polygonum amphibium L.)* und andere Wasserpflanzen, die mehrere Meter lange Sprossen bilden, unterhalb der maximalen Absenkungslinie anzusiedeln. Die langen, flutenden Sprosse vermögen der schwankenden Wasserhöhe zu folgen. Im allgemeinen sind jedoch Stauseen mit *stark wechselndem* Wasserstand von einer mehr oder weniger breiten, unbelebten und häßlichen »Schlammkrawatte« umsäumt.
Bei *längerer Absenkung während der Vegetationsperiode* begrünen sich die Uferflächen der Stauseen häufig mit Landpflanzen. Bei der folgenden Überstauung gehen diese zugrunde, zersetzen sich und liefern größere Mengen organischen Düngers, der sich hinsichtlich einer starken Vermehrung der Zuckmückenlarven und des Phytoplanktons auswirkt.
Bei Stauseen mit mehr oder weniger gleichmäßigem Pegelstand hat man in Rußland gute Erfahrungen mit der Anpflanzung hydrophiler Landpflanzen (verschiedene Arten der Grasgattung *Beckmannia,* Kanadischer Reis *(Zizania aquatica L.)*) in der Uferzone gemacht. Damit werden krautlaichenden Fischen gute Laichmöglichkeiten geboten, die biologische Selbstreinigung gefördert, (nach Franzew [1959] sinkt die organische Belastung des Wassers eines Flusses nach dem Aufenthalt in einem Stausee, dessen Uferregion mit kanadischem Reis bepflanzt ist, auf etwa 50% des ursprünglichen Wertes) und Ernten (beim kanadischen Reis) erzielt.
Dagegen konnte Stundl [1961] keine nennenswerte Veränderung der chemischen Zusammensetzung des stark mit Industrie- und Siedlungsabwässern verunreinigten Wassers der Mur (Steiermark, Österreich) nach dem Durchgang durch zwei Flußstauseen feststellen.

5.2.5.5.3 Durchspülung von Stauseen

In den Stauseen setzen sich die *Schwebstoffe* und gegebenenfalls auch die Geschiebe der gestauten Flüsse in teilweise sehr beträchtlichem Umfange ab (75% und mehr). Das Ausmaß der Verschlammung hängt von den klimatischen Verhältnissen und der Bodenerosion im Einzugsgebiet des betreffenden Flusses, seiner Wasserführung, Tiefenerosion und Abwasserbelastung ab. Besonders ungünstig angelegte Stauseen verlanden in wenigen Jahrzehnten (z. B. Salachstausee oberhalb Bad Reichenhall, Bayern innerhalb 30 Jahren). Um der Verschlammung zu begegnen, werden viele Stauseen in bestimmten Zeitabständen durchgespült. Dadurch wird der Flußlauf unterhalb des Wehrs auf weite Strecken plötzlich von riesigen Schlammengen überflutet, die rein mechanisch die Organismen des Gewässers einschließlich der Fische schwer schädigen oder gar töten. Handelt es sich bei dem ausgespülten Material um organische Substanzen (besonders aus Stauseen in abwasserbelasteten Flüssen), kann die mit der Zersetzung dieser Substanzen verbundene Sauerstoffzehrung für die sauerstoffbedürftigen Flußorganismen, besonders auch die Salmoniden, gefährlich werden. Z. B. machten sich nach Nisbet [1961] die Schlammablagerungen einer Spülung des Stausees Verbois in der Rhone noch 20 km stromabwärts bemerkbar. Der Sauerstoffgehalt beträgt in dieser Flußstrecke während 16–24 Std. nach der Spülung nur 3 mg/l, was 25% des Sättigungswertes (normal 80 bis 85%) bedeutet. Es ist für die betroffene Flußstrecke und ihre Lebewesen günstiger, wenn der Schlamm von Stauseen häufiger und damit in kleineren Mengen ausgespült wird, als wenn alle paar Jahre katastrophengleiche Schlammfluten sich in den Fluß ergießen. Außerdem sollten Spülungen der Stauhaltungen jeweils in Absprache mit den Fischereiberechtigten vorgenommen werden.

5.2.5.5.4 Fischereiliche Nutzung von Stauseen

Ebenso wie in Staubecken die typischen Fließwasserarten unter den Wasserpflanzen zugrunde gehen, verschwinden die strömungsliebenden, meist ziemlich sauerstoffbedürftigen Wassertiere und machen Stillwasserformen Platz.

Nach der Überstauung größerer Landflächen zersetzen sich in den ersten Monaten die Landpflanzen. Das überreiche Angebot an Detritus und die damit verbundene reiche Entfaltung der Bakterienflora führt meist zu einer Massenentwicklung von Zuckmücken (vorzugsweise der *plumosus*-Gruppe). Mehr als 10000 Larven je m^2 sind keine Seltenheit. Mit der zunehmenden Erschöpfung des pflanzlichen Detritus geht vom dritten Jahr nach der Überstauung an die Zahl der Zuckmückenlarven meist stark zurück, zugunsten der Zunahme von Schlammröhrenwürmern *(Tubificidae)* und Kugelmuscheln *(Sphaeriidae)*. In der Tiefe abwasserbelasteter Stauseen lagern sich bald dicke Schichten von Faulschlamm ab, mit Sulfatreduktionen und Schwefelwasserstoffbildung (Gasblasen!) und weitgehendem oder völligem Sauerstoffschwund im Tiefenwasser. Dort können dann fast nur noch Schlammröhrenwürmer leben.
Die Abwasserbelastung von Flüssen, in die Staue eingeschaltet sind, sollte besonders niedrig sein.
Die fischereiliche Nutzung der zu Stauseeketten umgewandelten Flüsse muß völlig umgestellt werden. Die auf Kies laichenden Flußfische – (Forellenartige *(Salmonidae)*, Sterlet *(Acipenser ruthenus L.)*, Nase *(Chondrostoma nasus L.)* u. a.) – finden in den Stauen keine geeigneten Lebensbedingungen mehr. Diese sind hier nur für Bewohner langsam fließender und stehender Gewässer, der sogenannten Brachsenregion und der Seen gegeben: Brachsen *(Abramis brama L.)*, Plötze oder Rotauge *(Leuciscus rutilus L.)*, Karpfen *(Cyprinus carpio L.)*, Hecht *(Esox lucius L.)* und Barsch *(Perca fluviatilis L.)* sind die wichtigsten.
In den ersten Jahren nach der Füllung der Stauseen wachsen diese Fische dank des reichen Nahrungsangebots wegen der Massenentwicklung der Zuckmückenlarven meist sehr gut. Mit der Abnahme der Nahrungstiere und der Verschlechterung der Laichbedingungen geht in den folgenden Jahren eine geringere Vermehrungsquote und schlechtere Gewichtszunahme Hand in Hand. Auf die Dauer geben die meisten Flußstauseen nur dann einen befriedigenden Fischertrag, wenn sie sorgfältig bewirtschaftet werden: Anlage künstlicher Laichplätze, regelmäßiger Besatz mit Jungfischen aus Zuchtanstalten. Die fischereiliche Bewirtschaftung dieser Flüsse muß also völlig umgestellt werden. Besonders betroffen durch diese Zerstückelung der Flüsse sind selbstverständlich die Wanderfische wie Lachs *(Salmo salar L.)*, Stör *(Acipenser sturio L.)* und Aal *(Anguilla anguilla L.)*, die zum Laichen vom Meer in die Flüsse aufsteigen oder umgekehrt, ihre Jugendentwicklung in Binnengewässern durchlaufen und zur Fortpflanzung ins Meer zurückkehren. So ist z. B. in Weser und Ems die Lachsfischerei nach dem Bau von Wehren völlig zum Erliegen gekommen. Neuere Untersuchungen haben ergeben, daß nicht nur die eigentlichen Wanderfische, sondern alle Flußfische größere Ortsveränderungen in ihren Wohngewässern vornehmen: Bei Hochwasser steigen sie viele Kilometer flußaufwärts, bei fallendem Wasser ziehen sie in Richtung Mündung. Auf den Einbau von Fischtreppen oder Fischaufzügen in den Wehren sollte deshalb nur dann verzichtet werden, wenn das Verhältnis zwischen dem Wasservolumen der Stauhaltung und der Wasserführung des betreffenden Flusses sehr ungünstig ist. In allen anderen Fällen ist der Verzicht auf solche Einrichtungen, die den Fischen die Überwindung der Staustufen ermöglichen sollen, hinsichtlich der künftigen fischereilichen Nutzung des Flusses nicht zu verantworten. Entscheidend für den Erfolg eines Fischpasses ist in erster Linie die Lage und Gestalt seiner *unteren Mündung*. Fischaufzüge müssen vollautomatisch sein. Für weitere Einzelheiten muß auf die Fachliteratur verwiesen werden.
Fast noch schwieriger, als den Wanderfischen den Aufstieg über die Wehre zu ermöglichen, ist es, den Tieren einen ungefährdeten Rückweg zu sichern. Die ein- oder zweijährigen Junglachse z. B. wandern ja aus den Oberläufen der Flüsse ins Meer, um sich dort bis zur Reife aufzuhalten. Dieser Weg zum Meer führt aber nach der Errichtung eines Laufkraftwerkes durch dessen Turbinen. Ist der Druck in den Turbinen nicht allzu hoch, sind die Abstände der Turbinenflügel groß genug, so können, wie die Erfahrung gezeigt hat, Junglachse (und andere entsprechend kleine Fische) ohne Gefährdung die Turbinen passieren. Laborversuche haben ergeben, daß Junglachse noch einen Druck auszuhalten vermögen, der einer Wassersäule von 60 m entspricht. Dagegen erleiden nach SCHIEMENZ [1957/58] etwa 20% der durch die Turbinen hindurchgehenden Aale lebensgefährliche Verletzungen. Vor den Turbinen von Wasserkraftwerken und vor den Einlässen von Pumpwerken sollen daher Schutzrechen, deren Stäbe etwa 2 cm

Abstand haben, angebracht werden. Der Energieverlust durch solche Schutzgitter ist nur gering.
Man kann auch flußaufwärts vom Stauwehr Netze quer durch den Stausee oder vor den Eingängen der Turbinentunnel anbringen, um die Fische aufzuhalten und zum oberen Eingang der Fischtreppe zu leiten. Diese Netze müssen in einem solchen Abstand vom Werk errichtet werden, daß die Strömungsgeschwindigkeit des Wassers nicht mehr als etwa 30 cm/sec. beträgt, andernfalls würden die Jungfische durch die Strömung in das Netz gedrückt und getötet. Mechanisch wirkende Absperrungen genügender Größe sind jedoch teuer und außerdem schwierig von Treibgut freizuhalten. In Schottland wurden Versuche mit elektrischen Sperren gemacht. Diese wirken nach den bisherigen Erfahrungen zwar ausreichend, um größere, abwärtswandernde Fische aufzuhalten, versagen jedoch teilweise gegenüber kleineren.
Häufig werden, um die nötigen Wassermengen zur Füllung eines Stausees zu gewinnen, Bäche aus verschiedenen Einzugsgebieten zusammengeführt. Dabei kann es vorkommen, daß saueres und alkalisches Wasser miteinander vermischt werden. In einem aus Schottland berichteten Fall enthielt ein Gewässer alkalischer Reaktion Lehm in feinster Suspension. Bei der Mischung mit leicht saurem Wasser kam dieser Lehm in halbkolloidaler Form zur Ausfällung, was sich als recht schädlich für die Junglachse erwies. Vorherige eingehende Untersuchungen sind also unbedingt erforderlich.

5.2.6 Milderung der landschaftsökologischen Nachteile wasserbaulicher Eingriffe

In einem dicht besiedelten Kulturland wie der Bundesrepublik Deutschland, kann selbstverständlich auf Baumaßnahmen an Gewässern nicht grundsätzlich verzichtet werden.
Die im Abschnitt 5.2.5 behandelten, im ganzen recht ungünstigen Auswirkungen wasserbaulicher Maßnahmen für die Organismen der Fließgewässer, ihre Selbstreinigungskraft und ihren Erholungswert können bei Anwendung neuerer Verfahren des Wasserbaus jedoch zumindest sehr gemildert werden.
Am Beginn jeder Planung eines technischen Eingriffs in ein natürliches oder naturnahes Gewässer muß sorgfältig geprüft werden, ob die vorgesehene wasserbauliche Maßnahme unter Berücksichtigung der landschaftsökologischen Gesamtsituation, besonders im Hinblick auf die derzeitige und mittelfristig absehbare Hauptnutzung der betreffenden Landschaft (z. B. Ackerbau, Viehzucht, Erholung) notwendig ist oder ob sie nur zum Nutzen oder gar nur der Bequemlichkeit einiger weniger Anlieger erfolgen soll. Trifft letzteres zu, sollte der Eingriff unterbleiben. Ist er jedoch unvermeidbar, so muß er so schonend wie möglich ausgeführt werden. Hierzu hat der heutige Wasserbau viele Möglichkeiten:

- Grundsätzlich keine Verrohrung oder Ausbetonierung kleiner Fließgewässer, auch keine Auskleidung mit Bongossiholzbrettern.
- Belassung des natürlichen Wasserlaufs auf möglichst lange Strecken.
- Erhaltung des Uferbewuchses oder Neubepflanzung der Ufer mit standortgerechten Baum- und Straucharten.
- Verzicht auf Sohlrollierung und Betonierung der Böschungsfüße.
- Leichtere Steinwürfe anstatt Pflasterung der Böschungsfüße.
- In Gebirgs- und Vorgebirgslandschaftsflüssen Einbau räumlich gekrümmter Blocksteinrampen [nach SCHAUBERGER 1957] anstelle gerader Absturzwehre aus Beton.
- In Flachlandflüssen Einbau niedriger Sohlschwellen.
- Festlegung von Kiessohlen durch den Einbau von Querbändern aus Bruchsteinen.
- Buhnen mit Leitwürfen (Querbauten) und standortgerechter Bepflanzung anstelle hoher Längsleitwerke.
- Sicherung der Ufer gegen Abbrüche durch Lebendverbau.
  (Auskolkungen an Prallhängen kommen nur hinter *einzeln* stehenden Bäumen vor)
- Auslegung höherer Uferböschungen im Doppelprofil.
- Dauernde Erhaltung von Altwässern mit offener Verbindung zum Hauptgewässer (Laichplätze, Kinderstuben und Winterquartiere (grundeisfrei) für Flußfische)
- Stauseen:

Abb. 34 Stausee am unteren Inn: Bild einer regenerierten Flußlandschaft. Foto REICHHOLF.

Abb. 35 Laufstausee am unteren Inn: Dämme schneiden den Auwald vom Fluß ab. Eine ökologische Regeneration ist unmöglich. Foto REICHHOLF.

An natürlichen Flüssen haben Stauseen stets zahlreiche negative ökologische Auswirkungen. An regulierten Flüssen können sie dagegen so gestaltet werden, daß die ungünstigen Folgen der Kanalisierung wenigstens z. T. wieder rückgängig gemacht werden. Voraussetzung ist, daß die Führung der Seitendämme die Überstauung einer möglichst großen Talfläche erlaubt. Dann kann sich nach einigen Jahren ein Gleichgewicht zwischen Sedimentation und Erosion im Staubereich einstellen, und es bilden sich in der Folge Inseln, Halbinseln, Altwässer, Buchten und Flachwasserzonen. So entsteht schließlich eine Flußlandschaft fast urtümlichen Charakters. Als Beispiel sei das heutige Naturschutzgebiet »Unterer Inn« genannt, das zu einem Wasservogelreservat europäischer Bedeutung geworden ist (Abb. 34 u. 35). S. hierzu REICHHOLF [1976 und 1977]. Schon kleine Änderungen in der Formgebung kleiner und mittlerer Hochwasserrückhaltebecken können sehr günstige ökologische Folgen haben [REICHHOLF 1976] (Abb. 36).

5.2.7 Bewertung von Gewässern

5.2.7.1 Beurteilung der ökologischen Verhältnisse an Fließgewässern

Für die Beurteilung der Wassergüte gibt es seit langem geeignete Grundlagen, zum größten Teil quantitativer Art (s. Kap. 5.2.7.2).
Dagegen fehlen bisher, wie LUDWIG [1976] zurecht betont, »in der Praxis des Wasserbaus geeignete Grundlagen zur Beurteilung der ökologischen Verhältnisse an Wasserläufen und somit auch Vorstellungen über Auswirkungen wasserbaulicher Maßnahmen auf das Ökosystem«.
LUDWIG und SCHOLZE [1976] haben deshalb ein Bewertungsschema entwickelt. Es enthält zehn ökologisch relevante Faktoren, die jeweils durch abgestufte Wertzahlen gewichtet werden:

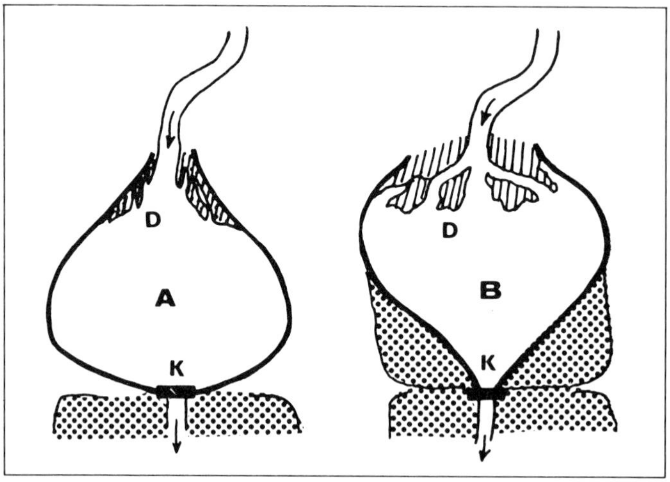

Abb. 36 Ökotechnische Alternative zur Birnenform eines kleinen Stausees oder Hochwasser-Rückhaltebekkens: Die Standardausführung A minimiert die Verlandungszone beim Flußeintritt – während B diese ökologisch bedeutsame Zone möglichst groß werden läßt. Aus Reichholf [1976].

Tabelle 9 Bewertung ökologischer Faktoren an Wasserläufen. Aus Ludwig und Scholze [1976].

Nr.	Faktoren		Wertzahl
1.	Fischleben		
1.1	– intensive Fischnutzung möglich bzw. reges Fischleben auf der Gesamtlänge erkennbar		40
1.2	– Fischnutzung z. T. möglich, Fischleben auf Teilstrecken erkennbar		25
1.3	– Fischnutzung nicht lohnend, Fischleben nur an Einzelstelle oder Kleintierleben erkennbar		10
1.4	– kein Fisch- und Kleintierleben erkennbar		0
2.	Ufergehölz		
2.1	– dichter Mischbestand mit Strauchunterbau		20
2.2	– Mischbestand ohne Strauchunterbau		10
2.3	– Einzelreihen, Einzelbäume		2
2.4	– ohne Gehölz		0
3.	Grundwasserstand		
3.1	– auf 80 bis 100% der Länge optimal regelbar		10
3.2	– auf 50 bis 80% der Länge optimal regelbar bzw. natürlicher langjährig eingespiegelter MW-Stand ohne mittl. Einschnitte > 1,20 m über MW		6
3.3	– auf 10 bis 50% der Länge optimal regelbar bzw. natürlicher langjährig eingespiegelter WM-Stand mit Einschnitten von 1,20 m bis 3,0 m über MW		3
3.4	– auf Teillänge < 10% regelbar bzw. natürlicher langjährig eingespiegelter MW-Stand mit Einschnitten > 3,0 m über MW Grundwasserentzug aus wasserwirtschaftlichen Anlagen; vegetationsstörende Absenkungen		0
	Für den Neu-Zustand	Für den Ist-Zustand	
4.	Altarme	Tallänge:Gewässerlänge	
4.1	> 10% der Länge der neuen Trasse	1:1,3 und größer	6
4.2	zwischen 5 und 10% der Länge der neuen Trasse	1:1,2 bis 1,3	3
4.3	zwischen 0,5 und 5% der Länge der neuen Trasse	1:1,1 bis 1,2	1
4.4	< 0,5% der Länge der neuen Trasse	1:1,0 bis 1,1	0

Nr.	Faktoren				Wertzahl
5.	Auenwald oder teilbewaldete natürliche Ausuferungsflächen				
5.1	>10 B (Bewaldung mind. 25% der Flächen)				5
5.2	2 bis 10 B				3
5.3	0,1 bis 2 B				1
5.4	<0,1 B			(B = Flußbreite)	0
6.	Sauerstoffeintragung durch Wehre oder Sohlabstürze mit vollkommenem Abfluß vor allem bei NW + MW				
	Nutzungsstufe	II	III	IV	
	Belastung	mäßig	mittel	stark	
6.1	Anzahl der Wehre	3	4	5	5
6.2	oder Sohlabstürze	2	3	4	3
6.3	je 10 km Flußlänge	1	2	3	1
6.4		0	1	2	0
7.	Erholungseffekt				
7.1	– Gewässer mit Uferschutzgehölz und Fischleben, auf der gesamten Länge begehbar				5
7.2	– Gewässer mit Uferschutzgehölz und Fischleben, auf Teilstrecken begehbar				3
7.3	– Gewässer mit Uferschutzgehölz und Fischleben ohne Zugang, bzw. Gewässer begehbar ohne Uferschutzgehölz oder ohne Fischleben				1
7.4	– Gewässer ohne Uferschutzgehölz und ohne Fischleben				0
8.	Extrembiotope (Naßflächen, Brüche, Weiher, Sölle, Quellfluren)				
8.1	>1,0% der Einflußfläche				3
8.2	0,3 bis 1,0% der Einflußfläche				2
8.3	0,1 bis 0,3% der Einflußfläche				1
8.4	<0,1% der Einflußfläche				0
9.	Wassergüteverbessernde zweikeimblättrige Unterwasserflora auf				
9.1	10 bis 20% der Unterwasserfläche				3
9.2	5 bis 10% der Unterwasserfläche				2
9.3	0,5 bis 5% der Unterwasserfläche				1
9.4	<0,5% der Unterwasserfläche				0
10.	Trassierungselemente				
10.1	– Klotoide oder natürlich eingestellte Übergangsbögen				3
10.2	– Klotoide, Gerade und Kreisbögen				2
10.3	– Gerade und Kreisbögen				1
10.4	– ausschließlich Gerade				0

Durch Addition der Wertzahlen der einzelnen Parameter erhält man die »Ökologische Gesamtwertzahl« des beurteilten Gewässers oder Gewässerabschnittes. LUDWIG u. SCHOLZE schlagen aufgrund von Testermittlungen folgende Wertungsstufen vor:

	Ökologische Gesamtwertzahl
sehr gute ökologische Verhältnisse	70 bis 100
gute ökologische Verhältnisse	50 bis 75
mäßige ökologische Verhältnisse	25 bis 50
schlechte ökologische Verhältnisse	bis 25

Selbstverständlich ist dieses Bewertungsschema nicht völlig unproblematisch, u. a. weil die Wichtung der einzelnen Faktoren unvermeidlich nicht völlig objektiv in naturwissenschaftlichem Sinn sein kann. Diese Kritik gilt aber für fast alle vergleichbaren Bewertungsschemata. Andererseits überzeugt das LUDWIG'sche Schema durch seine Einfachheit und die Meßbarkeit vieler Parameter. Die Anwendung dieses Verfahrens versetzt den Projektanten schon bei der Planung einer wasserbaulichen Maßnahme in die Lage, die jeweils gegebenen ökologischen Verhältnisse eines Wasserlaufs ziemlich umfassend aufzunehmen und die Folgen des beabsichtigten Eingriffs abzuschätzen. Dadurch wird die Suche nach geeigneten Alternativlösungen zweifellos sehr motiviert. LUDWIG u. SCHOLZE schlagen vor, die Ergebnisse der ökologischen Einschätzung bei der Projektierung von Wasserbaumaßnahmen in einem Nachweisblatt zusammenzufassen und dabei die Wertzahlen der Einzelfaktoren im Ist- und Neuzustand einander gegenüberzustellen. Verschlechterungen des Neu- gegenüber dem Istzustand müßten eingehend begründet werden, besonders bezüglich ihrer Unvermeidlichkeit. »Dabei ist die Situation des Neu-Zustandes verantwortlich einzuschätzen, wie dies bei Wirtschaftlichkeitsberechnungen auch erfolgt.«
Jedenfalls würde die allgemeine Anwendung dieses Bewertungsschemas zu einer stärkeren Berücksichtigung ökologischer Gesichtspunkte im Wasserbau führen. Sie wäre ein geeignetes Mittel für eine Bestandsaufnahme des ökologischen Zustandes unserer Fließgewässer, würde auf Regional- und Landesebene vergleichbare Wertungen ergeben und somit auch eine wichtige Voraussetzung für Sanierungsmaßnahmen bilden.

5.2.7.2 Wassergüteklassen nach dem Saprobiensystem

Die Wassergüte der Gewässer wird nach biochemischen Gesichtspunkten und dem Saprobiensystem in vier Klassen eingeteilt. Die durch entsprechende Analysen ermittelte Wasserqualität eines Gewässers oder eines Gewässerabschnitts kann auch kartographisch durch bestimmte Schraffuren oder – nach LIEBMANN – durch bestimmte Farben festgehalten werden. Falls nötig, werden Übergangs- bzw. Mischzonen kartiert.
Güteklasse I: unbelastet, Kartierungsfarbe blau.
Gewässer mit reinem, sauerstoffreichem und nährstoffarmem Wasser. Zone der Oligosaprobier. Nur wenige Bakterien je ml. Artenreiche Tierwelt, besonders viele Larven von Wasserinsekten.
Güteklasse I–II: gering belastet. Kartierungsfarbe blaugrün.
Güteklasse II: mäßig belastet. Kartierungsfarbe grün.
Gewässer mit noch beträchtlichem Sauerstoffgehalt und mäßiger Verunreinigung. Zone der β-Mesosaprobier. Zahlreiche Arten von Wasserpflanzen (einschließlich Algen), Schnecken, Kleinkrebsen, Wasserinsekten und Fischen.
Güteklasse II–III: kritisch belastet. Kartierungsfarbe grüngelb.
Güteklasse III: stark verschmutzt. Kartierungsfarbe gelb.
Gewässer mit niedrigem Sauerstoffgehalt und starker organischer Verunreinigung. Meist Schlammablagerung am Boden. Große Zahl von Bakterien je ml. Nur wenige Arten von vielzelligen Tieren: Schlammröhrenwürmer, Chironomidenlarven der *plumosus*-Gruppe, Wasserasseln, Egel. Häufig Fischsterben.
Güteklasse III–IV: sehr stark verschmutzt. Kartierungsfarbe gelbrot.
Güteklasse IV: übermäßig verschmutzt.
Gewässer mit Sauerstoffmangel. Starke Faulschlammbildung am Grund. Anaerobe Fäulnisprozesse: Schwefelwasserstoff, Methan, Ammonium. Bakterien u. Protozoen in Massenentwicklung. Höchstens Schlammröhrenwürmer.

Trophiestufen der Gewässer:

oligotroph	geringer Gehalt an Pflanzennährstoffen
mesotroph	mittlerer Gehalt an Pflanzennährstoffen
eutroph (polytroph)	reicher Gehalt an Pflanzennährstoffen
hypertroph	sehr reicher Gehalt an Pflanzennährstoffen

5.2.7.3 Meßdaten zur Prüfung der Wassergüte

Zur Prüfung und Kennzeichnung der Qualität von Roh-, Trink- und Abwasser werden folgende Daten erhoben:

Physikalische Daten
Temperatur (Die Löslichkeit des Sauerstoffs im Wasser ist temperaturabhängig; mit steigender Temperatur sinkt die im Wasser lösliche Sauerstoffmenge)
Elektrische Leitfähigkeit
Färbung
Strömungsgeschwindigkeit (bei Fließgewässern)
Trübung
Korngröße des Substrats

Chemische Daten
Geruchsbelastung
Geschmacksbelastung
Sauerstoffgehalt (Sauerstoffdefizit)
Gesamtgehalt an gelösten *anorganischen* Stoffen
Gehalt an Einzelstoffen bzw. Verbindungen (Chloride, Sulfate, Nitrate, Ammonium, Eisen, Blei, Chrom, Cadmium, Kupfer, Quecksilber, Zink; Arsen; Fluoride).
Wasserstoffionenkonzentration (pH-Wert)

Gesamtgehalt an gelösten *organischen* Stoffen:
Biochemischer Sauerstoffbedarf in fünf Tagen (= BSB_5, Einwohnerwert): Wert zur Kennzeichnung der organischen Belastung eines Gewässers, eines Abwassers oder des Wirkungsgrades einer Kläranlage. Die Mikroorganismen verbrauchen zum Abbau (Mineralisation) des von *einem* Menschen an *einem* Tag erzeugten Abwassers bei 20° C Wassertemperatur im Mittel 60 g im Wasser gelösten Sauerstoff, wobei der Abbauprozeß fünf Tage dauert. Der BSB_5 gibt also an, wieviel Sauerstoff innerhalb von fünf Tagen verbraucht wird, um die Reinigung einer bestimmten Wassermenge durch Mikroorganismen zu bewirken. Großer Sauerstoffverbrauch zeigt einen hohen Verschmutzungsgrad an. Mit dem BSB_5 sind aber nur die leichter abbaubaren organischen Verbindungen zu erfassen. (Englischer Fachausdruck für BSB_5: BOD_5 = Biological Oxygen Demand.)

Einwohnergleichwert
Die verschiedenen industriell-gewerblichen organischen Abwasserarten haben selbstverständlich ganz unterschiedliche BSB_5-Werte. Sie wurden jeweils für 1 Liter ermittelt und in Tabellen festgehalten. Z. B. beträgt der BSB_5 für das Abwasser einer Stärkefabrik 4575 mg O_2/l. Durch Multiplikation der Zahl 4575 mit der täglichen Gesamtabwassermenge der Stärkefabrik erhält man den gesamten BSB_5 des Abwassers dieser Fabrik je Tag. Wenn man diesen Gesamtwert durch den Einwohnerwert (= 60 g) teilt, erhält man eine Zahl, die vergleichsweise angibt, dem Abwasser von wievielen Menschen der tägliche Abwasserausstoß des betreffenden Werkes entspricht: *Einwohnergleichwert.* Die Einwohnergleichwerte sind für alle biochemisch abbaubaren Abwasserarten und Produktionseinheiten ausgerechnet und tabellarisch erfaßt. Sie spielen für die Beurteilung der Vorflutbelastung usw. in der Praxis eine große Rolle.

Chemischer Sauerstoffbedarf (CSB)
Während der BSB_5 nur die leichter abbaubaren organischen Verbindungen erfaßt, kann man durch die Bestimmung des CSB nach der Kalium-Dichromatmethode alle (die leicht und die schwer abbaubaren) organischen Stoffe (Kohlenstoffverbindungen) einer Wasserprobe erfassen. Der Quotient BSB_5:CSB gibt das Verhältnis zwischen den Anteilen der leicht und der schwer abbaubaren organischen Substanzen an. Bei kommunalem Rohabwasser beträgt er 0,5–0,8. Nach mechanisch-biologischer Reinigung sinkt er auf Werte unter 0,3 ab [Sontheimer 1970].

Bakteriologische Daten
Fäkalcolititer. Diese Meßzahl gibt an, in welcher untersuchten Wassermenge *Escherichia coli* nachweisbar ist. Hohe Titerwerte bedeuten eine geringe fäkale Belastung des Wassers durch Coli-Keime.

5.2.8 Die Verschmutzung der Gewässer

5.2.8.1 Belastung aquatischer Ökosysteme durch Fremdstoffe

Durch Stoffe, die im Abwasser, in Regen, Schnee oder im Staubniederschlag enthalten sind, können die aquatischen Ökosysteme auf verschiedene Weise belastet werden. Es kann sich dabei um Stoffe bzw. Stoffverbindungen handeln, die dem betreffenden Ökosystem (Fließgewässer, See usw.) in seinem natürlichen Zustand *fremd* sind.
Im Jahre 1920 waren einige Dutzend Chemikalien aus natürlichen Gewässern bekannt, 1970 etwa 50000 (!) und die Tendenz ist weiter steigend. Z. T. handelt es sich um Stoffe, die schnell in harmlose Verbindungen abgebaut werden, andere sind sehr resistent und mehr oder weniger giftig (z. B. Schwermetalle, chlorierte Kohlenwasserstoffe).
Eine Belastung kann sich aber auch durch den *übermäßigen* Eintrag von Stoffen ergeben, die an sich – in geringer Menge – auch in natürlichen Systemen vorkommen: organische, oxidierbare Verbindungen, z. B. Ammonium.
Gegen die letztgenannte Belastung wehrt sich das System im Rahmen der Selbstregulation durch die Massenvermehrung von Organismen, die die in übernormalen Mengen eingeführten Stoffe abbauen: Natürliche Selbstreinigung der Gewässer (s. Abschn. 5.2.8.6). Sie kann allerdings nur bis zu einer bestimmten, systemabhängigen Belastungsgrenze funktionieren, bei deren Überschreitung das System seinen eigentümlichen Charakter vollkommen verändert. Bei übermaßiger Abwasserbelastung wird z. B. ein nährstoffarmer (oligotropher) See zu einem nährstoffreichen (eutrophen) See, der nun weitgehend andere Eigenschaften aufweist [Bick 1978].
Für die Wirkung einer Belastung ist auch ihre zeitliche Dauer von Bedeutung: So kann die kurzfristige Einwirkung eines giftigen Fremdstoffes (Giftwelle) zahlreiche Organismen eines Gewässerabschnittes töten, z. B. akutes Fischsterben; das Ökosystem kann sich aber auch nach Beendigung dieser Einwirkung gegebenenfalls verhältnismäßig schnell regenerieren, wobei es auf die gesamten ökologischen Verhältnisse ankommt (z. B. die Höhe des Durchflußkoeffizienten). Dagegen führt die langfristige Einwirkung an sich subletaler Einzeldosen von Schadstoffen häufig zu einer nachhaltigen Veränderung. Über die chronische Toxizität von Fremdstoffen ist im übrigen viel weniger bekannt als über die akute.
Die unterschiedliche Ausprägung einzelner, ja sogar eines einzigen ökologischen Faktors kann die Empfindlichkeit gegenüber bestimmten Belastungen entscheidend beeinflussen: Der SO_2-Eintrag aus der Atmosphäre wird z. B. in einem kalkreichen Gewässer abgepuffert, in einem kalkarmen führt ein SO_2-Eintrag gleicher Größenordnung zur fortlaufenden Erniedrigung des pH-Wertes und schließlich zu verheerenden Folgen für die meisten Organismen.
Die limnologische Literatur ist sehr reich an Arbeiten über die Wirkung einzelner, in den verschiedenen Abwasserarten enthaltener Fremdstoffe auf bestimmte Arten von Süßwasserorganismen oder Organismengruppen. Dagegen wissen wir noch sehr wenig darüber, welche Folgen sich aus der *gleichzeitigen* Einwirkung recht verschiedener Belastungsstoffe ergeben, wie dies ja in der Praxis meist der Fall ist. Dabei kann es zu Wirkungsveränderungen, auch -steigerungen kommen.
Abb. 37 zeigt die zahlreichen und z. T. verwickelten Wege, auf denen Fremdstoffe in aquatische Ökosysteme gelangen können.
Hinsichtlich der Aufnahme von Schadstoffen in den Körper besteht zwischen Land- und Wasserorganismen ein wichtiger Unterschied: Landbewohnende Organismen nehmen den größten Teil der Fremdstoffe mit der Nahrung auf, Wasserbewohner dagegen weit mehr über die gesamte Körperbedeckung (Haut), besonders auch die Kiemen. Das trifft für Wirbeltiere (Fische) genau so wie für Wirbellose zu. Durch erhöhte Wassertemperatur (z. B. Abwärmeeinlei-

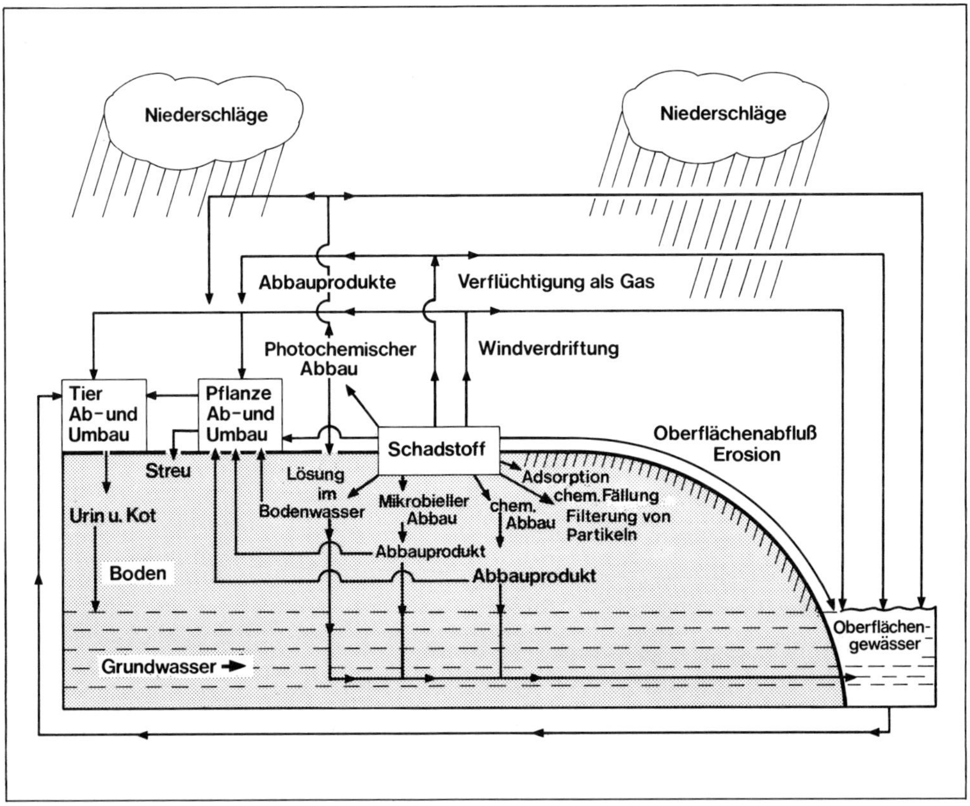

Abb. 37 Schematische Darstellung der Wege, auf denen Schadstoffe in das Grundwasser und Oberflächengewässer gelangen können. Aus SR-U [1978], leicht verändert.

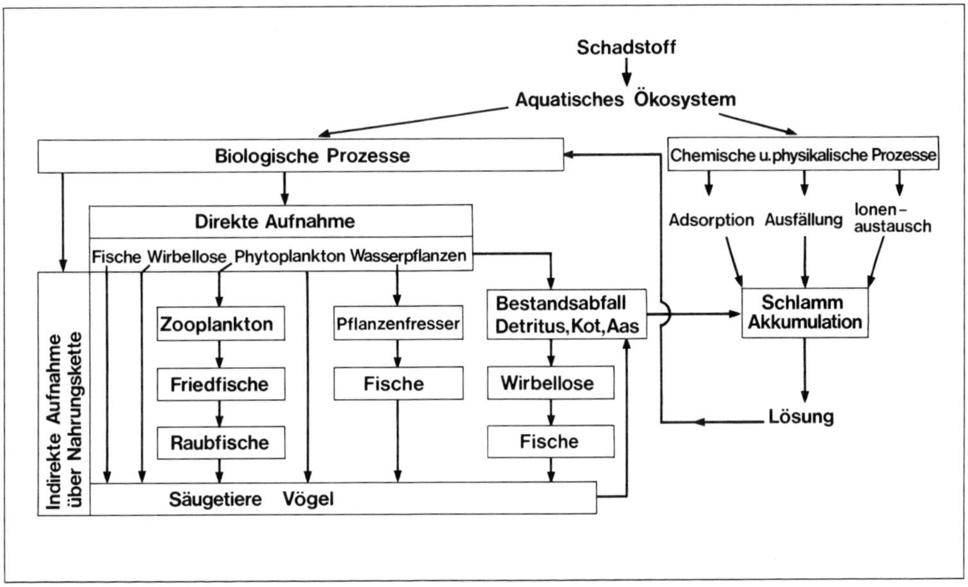

Abb. 38 Wege eines Schadstoffes in einem aquatischen Ökosystem. Aus SR-U [1978].

tung) kann die Aktivität vieler wechselwarmer Tiere besonders während der kühlen Jahreszeit erheblich gesteigert werden. Erhöhte Aktivität ist mit gesteigerter Atemfrequenz gekoppelt; die Kiemen werden von größeren Wassermengen umspült und dementsprechend mehr Fremdstoffe aufgenommen [Bick 1978] (s. Abb. 38).
Besonders wichtig ist schließlich die Anhäufung von Fremdstoffen auf dem Wege der Nahrungsketten. Sie führt häufig zu der Erscheinung, daß Stoffe, die im Wasser nur in minimaler Konzentration nachweisbar sind, in Organismen des gleichen Gewässers in hohen Werten vorliegen. Die Arten in den Endpositionen der Nahrungsketten weisen dabei auch in ihren Körpern den höchsten Gehalt an Schadstoffen auf. Häufig sind gerade diese Arten – da höher organisiert – auch noch empfindlicher gegen den betreffenden Schadstoff als die Arten niederer Organisation auf den unteren Stufen der Nahrungskette. Das folgende Beispiel zeigt die Anreicherung von Quecksilber in der Nahrungskette eines Teichs im Solling (Nordrhein-Westfalen):

	Werte in ppb (= µg/kg) bei Organismen Bezugsbasis Frischgewicht.
Süßwasser	0,01–0,08
Sediment	43–70
Kaulquappen	28
Libellenlarven	31–171
Regenbogenforellen (Muskulatur)	307–603

Aus SR-U [1978] nach Bombosch und Peters [1975].

Besonders geeignet für die Beurteilung der Bioakkumulation in Gewässern sind langlebige Fische, die sich zeitlebens in engräumigen Revieren aufhalten wie z. B. der Hecht *(Esox lucius)*. Bei diesen Tieren kann man mit einem Ausgleich zufälliger Variationen rechnen. So wurden in Hechten aus südschwedischen Gewässern bis zu 9,8 µg Hg je g Frischgewebe festgestellt, was einem Konzentrationsfaktor von etwa 3000 von Wasser zu Hecht entsprach [Ackefors u. a. 1970].

5.2.8.2 Das Abwasserwesen in der Bundesrepublik Deutschland (Stand 1975)

Tabelle 10 Stand des Abwasserwesens im öffentlichen Bereich 1969 und 1975.

Nr.	Abwasser von Einwohnern (Nr. 1–3) oder Einwohner (Nr. 4 u. 5)	1969 1000 Einw.	1969 %	1975 1000 Einw.	1975 %	Änderung 1969–1975 1000 Einw.
1	wurde vollbiologisch gereinigt	21267	34,9	31482	50,9	+10215
2	teilbiologisch und mechanisch behandelt	18025	29,6	15569	25,2	− 2456
3	oder unbehandelt eingeleitet	8857	14,5	5891	9,5	− 2966
4	waren an Kanalisationen angeschlossen	48149	79,0	52942	85,6	+ 4793
5	waren an Kanalisationen nicht angeschlossen	12693	21,0	8890	14,4	− 3803
6	Einwohner insgesamt	60842	100	61832	100	+ 990

(Mitteilung des Bundesministeriums des Innern vom 15. 3. 78).

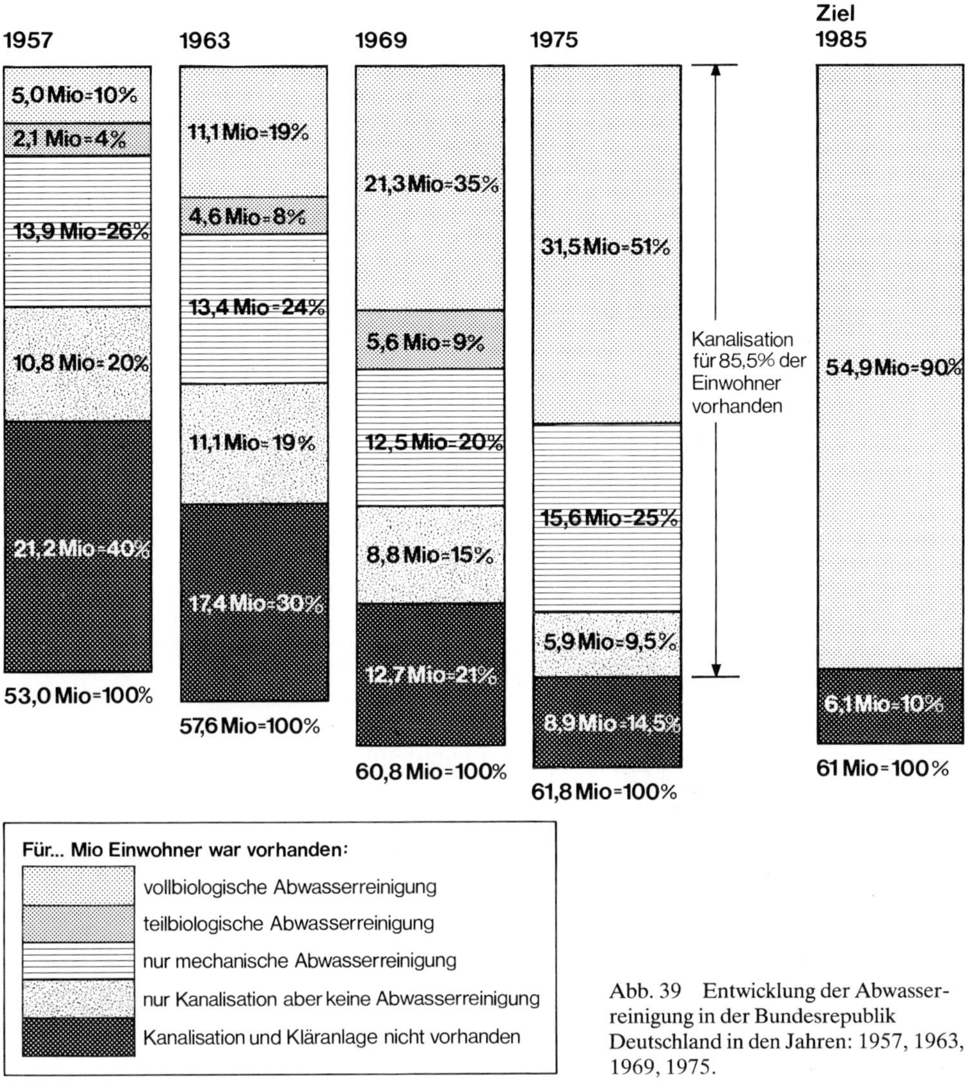

Abb. 39 Entwicklung der Abwasserreinigung in der Bundesrepublik Deutschland in den Jahren: 1957, 1963, 1969, 1975.

Die Entwicklung des Abwasserwesens im öffentlichen Bereich im Gebiet der Bundesrepublik Deutschland zeigt Abb. 39.
In Tab. 10 ist der Stand des Abwasserwesens des öffentlichen (kommunalen) Bereichs nach Einwohnern im Jahr 1969 den vorläufigen Ergebnissen der 1976 durchgeführten statistischen Erhebungen über die Verhältnisse des Jahres 1975 gegenübergestellt.
Ziel des Umweltprogramms 1971 der Bundesregierung war es, bis zum Jahre 1985 90% der Bevölkerung über entsprechende Kanalisationen an vollbiologische Kläranlagen anzuschließen. Da 1975 schon 85,6% der Einwohner an Kanalisationen »angeschlossen« waren, wird dieses Ziel hinsichtlich der Kanalisationen sicher bedeutend früher erreicht werden. 1985/88 werden etwa 93% der Einwohner an öffentliche Kanalisationen angeschlossen sein.
Dagegen wird bis zum Zieljahr die notwendige Zahl vollbiologischer Kläranlagen sicher nicht gebaut werden können. Um die Zielvorstellung zu erfüllen, hätten, beginnend mit dem Jahr 1971 auf der Preisbasis von 1970 etwa 13 Mrd. DM investiert werden müssen. Tatsächlich wurden aber von 1971–76 – bezogen auf das Preisniveau von 1970 und unter Berücksichtigung einer angenommenen Geldentwertungsrate von 5% p. a. – nur 4,734 Mrd. DM für den Bau von

Kläranlagen aufgewandt, so daß noch für etwa 40% der Einwohner neue Kläranlagen gebaut und vorhandene unzureichende (teilbiologische und mechanische) Kläranlagen zu vollbiologischen ausgebaut werden müssen.[1)]
Ein wesentlicher Grund für das Nachhinken auf dem Sektor »Kläranlagenbau« und für die regionale Zunahme der Gewässerverschmutzung ist die Überlastung zahlreicher, auch z. T. relativ neuer Klärwerke durch übermäßige Zunahme der Einwohnerzahlen bzw. (und) Industrieansiedlung in den betreffenden Orten (Ausweisung neuer Wohnbau- und Industriegebiete).
Z. B. war die Kläranlage von Radolfszell am Bodensee – 1966 als erste dreistufige Kläranlage am Bodensee in Betrieb genommen – für 35 000 EGW ausgelegt worden. 1974 betrug der Abwasseranfall in der Gemeinde jedoch etwa 72 000 EGW (ungefähr 13 000 natürliche Einwohner, der Rest EGW der Industrie)!

Tabelle 11 Zahl der kommunalen Kläranlagen im Vergleich der Jahre 1969 und 1975.

	Zahl der kommunalen Kläranlagen		
Reinigungsstufe	1969	1975	Veränderung
vollbiologisch	2979	3849	+ 870
teilbiologisch	499	1347	+ 848
mechanisch	2570	2584	+ 14
zusammen:	6048	7780	+1732

Man nimmt an, daß der über die öffentlichen Kanalisationen abgeleitete und in öffentlichen Kläranlagen behandelte kleingewerbliche und industrielle Abwasseranteil nach Menge und Schädlichkeit in Einwohnergleichwerten etwa dem gesamten häuslichen Abwasser der Einwohner gleichkommt. Unter dieser Voraussetzung kann die Schädlichkeit des in öffentlichen Kanalisationen gesammelten und öffentlichen Kläranlagen zugeleiteten kleingewerblichen und industriellen Abwassers in etwa durch Verdoppelung der Zahlen der Tab. 10 berücksichtigt werden.

5.2.8.3 Belastungsgruppen der Gewässergüte

Der Sachverständigenrat hat im Umweltgutachten 1978 betont, daß die Formen der Gewässerbelastung sich beträchtlich unterscheiden nach ihrer Herkunft, ihrer Auswirkung auf die Brauch- und Trinkwassergewinnung, z. T. auch hinsichtlich ihrer Bedeutung für verschiedene Gewässer der Bundesrepublik usw.
Es wird daher vorgeschlagen, anstelle der bisher allgemein üblichen, summarischen Beurteilung der Gewässergüte nach dem Saprobiensystem (s. Abschnitt 5.2.7.2, S. 76) künftig fünf Belastungsgruppen zu unterscheiden:
1. leicht abbaubare Stoffe
2. schwer abbaubare Stoffe
3. Salze
4. Schwermetallverbindungen
5. Abwärme

1. Die *Stoffe der Belastungsgruppe 1* sind die für den Sauerstoffhaushalt der Gewässer entscheidenden, *mit dem BSB_5 erfaßbaren Stoffe.* Auf ihre Entfernung bzw. Zurückhaltung war bisher das Hauptbemühen der öffentlichen Hand durch den forcierten Bau mechanisch-vollbiologischer Kläranlagen gerichtet, weil ein Gewässer, in dem wegen völligen Sauerstoffmangels anaerobe Zersetzungsvorgänge ablaufen, ohne kostspielige Aufbereitungsmaßnahmen überhaupt nicht mehr genutzt werden kann.

[1)] Briefl. Mitt. des BMI bei Drucklegung des Handbuchs.

In einer gut funktionierenden, nicht überlasteten Anlage dieser Art können etwa 85% der organischen Stoffe der Gruppe 1 mineralisiert werden. Nach den gültigen Richtlinien darf die Restverschmutzung bei der Einleitung in den Vorfluter 25 mg/l BSB_5 nicht übersteigen. Der Sachverständigenrat für Umweltfragen schätzt den Gesamtwirkungsgrad der BSB_5-Ausscheidung im Bereich der Kommunen und der industriellen Direkteinleiter auf etwa 60% (1978). Er glaubt, daß der Höhepunkt der Gewässerbelastung durch leicht abbaubare organische Stoffe bald überschritten sei, natürlich unter der Voraussetzung, daß der weitere Bau mechanisch-vollbiologischer Kläranlagen entsprechend dem oben genannten Planungsziel zügig vorangetrieben wird.
Innerhalb der Belastungsgruppe 1 hält der Sachverständigenrat die Lösung folgender Teilprobleme für vordringlich:

a) Die in Kläranlagen nicht erfaßbaren Belastungen des BSB_5 durch Regenwasserüber- und -abläufe, durch die Landwirtschaft (s. Abschn. 5.2.8.7, S. 97 ff.) und durch Immissionen aus der Luft (spielen bei größeren Seen eine beträchtliche Rolle) kommen in ihrer Gesamtbedeutung der Restverschmutzung aus den Kläranlagen nahe.
b) In überlasteten, während der kalten Jahreszeit auch in normal belasteten Kläranlagen werden hauptsächlich nur die Kohlenstoffverbindungen oxidiert. Die Oxidation der Stickstoffverbindungen erfolgt unter entsprechendem Sauerstoffverbrauch erst im Vorfluter. Allerdings sind »in den neueren Auflagen der Standard-Abwasserliteratur die Belastungswerte für die Bemessung biologischer Anlagen so drastisch gesenkt worden, daß damit unter normalen Bedingungen eine wesentliche Oxidation der Stickstoffverbindungen zu Nitrat erreicht wird« (SR-U 1978). Für die teilweise hohen Ammoniumwerte in den Gewässern sind nicht nur die Abläufe der Klärwerke, sondern auch gewisse industrielle Abwässer (z. B. aus Kokereien, Kunstdüngerfabriken) und Abschwemmungen von Natur- und Kunstdünger aus landwirtschaftlichen Kulturflächen verantwortlich.
c) Da im Mittel 50–60% des Gesamtgehalts von Phosphaten im Abwasser auf die Waschmittel zurückgehen, kommt der Entwicklung phosphatärmerer Waschmittel große Bedeutung zu. Nach dem heutigen Informationsstand (1978) sollen aufgrund neuer Forschungen bis 1981 25–40%, langfristig bis zu 50% der in den Waschmitteln vorhandenen Phosphate durch umweltfreundlichere Stoffe ersetzt werden können (SR-U 1978).
d) Die Lebewelt der Gewässer und damit die natürliche Selbstreinigung wird durch stoßweise Einleitung toxischer Verbindungen (»Giftwellen«) relativ häufig schwer geschädigt. Dabei spielen die Emissionen von Betrieben der Oberflächenveredelung von Metallen eine besondere Rolle.

2. Die *schwer abbaubaren Stoffe (Belastungsgruppe 2)* können auch in einwandfrei arbeitenden vollbiologischen Klärwerken innerhalb der verfügbaren Reaktionszeiten durch die Mikroorganismen (s. 5.2.8.4, S. 87 ff.) nicht mineralisiert werden. Dabei handelt es sich um zahlreiche organische Verbindungen, u. a. Halogenkohlenwasserstoffe, polycyclische Aromate. Z. T. sind sie schon in geringen Konzentrationen schädlich. Sie können z. B. die Adsorptionsfähigkeit der bei der Trinkwasseraufbereitung eingesetzten Aktivkohlefilter beeinträchtigen. Nach dem soeben Gesagten ist es klar, daß sie mit dem BSB_5 nicht erfaßbar sind, wohl aber mit dem CSB. Mengenmäßig machen sie in den meisten Gewässern etwa 10% der gesamten oxidierbaren organischen Abwasserfracht aus. Zum allergrößten Teil entstammen sie der industriellen Produktion. Aus technologischen und wirtschaftlichen Gründen ist es daher am günstigsten, sie in den Betrieben selbst durch geeignete chemisch-physikalische Verfahren zurückzuhalten oder – besonders wenn es sich um spezielle Schadstoffe handelt – ihre Entstehung durch Änderung der Produktionsverfahren zu vermeiden. Ihre Eliminierung in den öffentlichen Kläranlagen würde jedenfalls hohe, zusätzliche Aufwendungen erfordern. Als besonders ernstes Problem muß seit der Veröffentlichung des sogenannten »New-Orleans-Berichts« im Jahr 1974 die übliche Chlorung des Rohwassers bei der Aufbereitung des Trinkwassers angesehen werden: Forschungen in den USA haben ergeben, daß zumindest durch höhergradige Chlorung aus schwer abbaubaren, an sich »harmlosen« organischen Stoffen potentiell carcinogene Chlorkohlenwasserstoff-

verbindungen entstehen können. Z. Zt. liegen abschließende Ergebnisse der sofort eingeleiteten ergänzenden Untersuchungen noch nicht vor (SR-U 1978).

3. *Salze* treten in Konzentrationen, die die Lebewelt oder (und) die Nutzung der betroffenen Gewässer ernstlich beeinträchtigen, im Bereich der Bundesrepublik Deutschland nur in Rhein, Mosel, Werra, Fulda, Weser, Emscher und dem Unterlauf der Lippe auf. Bei Emscher und Lippe handelt es sich um Grubenabwässer des Steinkohlebergbaus, bei den anderen Flüssen um Abwässer von Kalibergwerken bzw. Düngemittelfabriken: Gemische von Kaliumchlorid (KCl), Calciumchlorid ($CaCl_2$), Natriumchlorid (NaCl), Magnesiumchlorid ($MgCl_2$) und Magnesiumsulfat ($MgSO_4$).
Die Chloridfracht des Rheins in Höhe von 325–385 kg Cl^-/s (Schwankung besonders durch die von der Wasserführung abhängige natürliche Fracht bedingt) stammt zu 37% aus den Kaligruben im Elsaß, zu 26,5% aus deutschen industriellen Einleitungen und zu 15% aus dem deutschen Kohlebergbau, um die wichtigsten Quellen zu nennen.
Die Chloridkonzentration schwankt je nach Wasserführung an der deutsch-niederländischen Grenze zwischen 170 und 380 mg/l (SR-U 1976).
Sie beeinträchtigt die Trinkwassergewinnung aus dem Rhein (Geschmack, Korrosion der Leitungen), die Brauchwasserverwendung (kostspielige Aufbereitung für bestimmte Produktionen), die Kühlwasserverwendung besonders bei Kreis- und Rücklaufkühlung in Kraftwerken und Industriebetrieben (Korrosion) und die Unterglaskulturen in den Niederlanden (die einzelnen Kulturpflanzen sind gegen höhere Chloridwerte sehr unterschiedlich empfindlich; enthält das Bewässerungswasser mehr als 200 mg/l Chlorid, werden die meisten Gewächshauskulturen bereits nachhaltig geschädigt). Gemäß dem nach jahrelangen Verhandlungen am 3. 12. 1976 zwischen den Anliegerstaaten des Rheins abgeschlossenen Abkommen ist Frankreich verpflichtet, die in den Rhein eingeleiteten Kaliabwässer (etwa 130 kg/s) in drei Stufen um insgesamt 60 kg/s Chlorid zu verringern. In der ersten, auf 10 Jahre ausgelegten Stufe, sollen täglich 1730 t Chlorid in tiefe Bodenschichten eingepreßt werden, was einer Verringerung des Salzwasseranfalls um 20 kg/s entspricht. Die Bundesrepublik trägt 30% der gesamten, auf 132 Mill. FF veranschlagten Investitionskosten. Die zweite Stufe der Gesamtmaßnahme ist für 1979, die dritte für 1981 vorgesehen, jeweils mit gleichen Beträgen der Verringerung der Salzwasserableitung um 20 kg/s.
Die Zielvorstellung, die Salzfracht des Rheins an der deutsch-niederländischen Grenze stets unter 200 mg/l zu halten, wird jedoch auch nach Zurückhaltung von 60 kg/s im Elsaß bei Niederwasser unter 1300 m^3/s Wasserführung nicht zu verwirklichen sein.
Die Salzbelastung der Weser stammt zu etwa 90% aus den Kaligruben in Thüringen (DDR). Die Chloridkonzentration beträgt an der Wesermündung im Jahresmittel etwa 180 kg/s, die Chlorid*konzentration* ist damit zehnmal höher als die des Rheins (Wasserführung). Dieser außerordentlich hohe Salzgehalt gefährdet die Trinkwasserversorgung Bremens und die Erholungsnutzung des Flusses in bestimmten Abschnitten. Die Biozönosen besonders der Werra zeigen z. T. schon typisch mesohaline Züge; z. B. Massenentwicklung bestimmter Kieselalgen, weitgehendes Fehlen ganzer für Süßwasser charakteristischer Tiergruppen (z. B. Schnecken und Muscheln). Die Verminderung der Salzbelastung von Werra und Weser ist bisher an unüberwindbaren technologischen und politischen Schwierigkeiten gescheitert.

4. *Schwermetalle,* Blei (Pb), Cadmium (Cd), Chrom (Cr), Kobalt (Co), Kupfer (Cu), Nickel (Ni), Quecksilber (Hg) und Zink (Zn) kommen in verschiedenen Verbindungen u. a. im Abwasser von Betrieben der Oberflächenveredelung und Legierung von Metallen, der Leder- und Kunstseidefabrikation, der Chlorherstellung, von Stahlwerken, Erzwäschereien und Erzbergwerken vor. Häufig stellen sie schon in sehr niedrigen Konzentrationen (0,1 mg/l) schwere Gifte für Wasserorganismen dar, wobei allerdings die Schwellenwerte für wirbellose Tiere und Fische oft sehr verschieden hoch sind. Besonders gefährlich sind bestimmte *Quecksilberverbindungen.* Als gefährlichste Verbindung wurde bisher das sogenannte Methylquecksilber (Methyl-Hg-di-cyanodiamid (CH_3-Hg(H_2N-C(NH)-N-CN)), – auch als Alkyl-Quecksilber bezeichnet – erkannt. Konzentrationen von 50 ng/g verursachen genetische Schäden (durch Störung der Mitose). Beim Menschen führt die Aufnahme von mehr als 0,1 mg täglich zu schweren

Nervenschäden verschiedener Art. Es wurde bis zum 1. 2. 1966 (Tag des Verbots) in Schweden als Fungizid in der Landwirtschaft (Samenbeize) und in der Papierindustrie in großem Umfang verwendet. Es gelangte in die Gewässer und hat sich über die Nahrungskette besonders in deren Endgliedern (Fischen, bei Landtieren u. a. Fasanen) extrem angereichert. So wurden in Fischen Hg-Konzentrationen von über 1000 ng/g, in einem Hecht sogar 9800 ng/g[1] festgestellt. Der Fang und Verzehr von Speisefischen mußte für zahlreiche schwedische Seen verboten werden [ACKEFORS u. a. 1970].

Trotz des Anwendungsverbots am 1. 2. 66 stiegen die Hg-Konzentrationen in Fischen in den ersten 70er Jahren weiter an [FAGERSTRÖM und ASELL 1973]. Der in den Fischen analysierte Hg-Gehalt bestand nach wie vor zu 70–100% aus Methyl-Hg. Es besteht der sehr begründete, auf entsprechenden Forschungen beruhende Verdacht, daß durch die Tätigkeit von noch nicht eindeutig determinierten Mikroorganismen (Bakterien), die in natürlichen Gewässern vorkommen, andere Hg-Verbindungen in Methyl-Hg überführt werden. Seit 1966 wird in Schweden wie in den meisten europäischen Staaten Methoxyäthylquecksilberacetat (CH_3-CH_2-CH_2-Hg-$OCOCH_3$) zur Saatbeize verwendet. Die schwedische Gesundheitsbehörde läßt jetzt 1 mg Hg/kg = 1000 ng/g (Naßgewicht) in Speisefischen zu, während Fachleute 200 ng/g als Höchstwert vorgeschlagen hatten.

Das Beispiel zeigt, wie gering unsere Kenntnisse über das Verhalten derartiger Stoffe in den Ökosystemen noch sind und welche Risiken eingegangen werden, wenn man sie in die Gewässer gelangen läßt.

Größere Mengen Quecksilber stammen aus dem Abwasser von Betrieben, die Chlor durch die Chlor-Alkali-Elektrolyse herstellen, wobei Quecksilberelektroden verwendet werden. 1972 wurde der Quecksilber-Verlust noch mit 50–150 g Hg je produzierte Tonne Chlor angegeben, er betrug 1977 etwa 9 g Hg und soll nach bereits von der Industrie erprobten Methoden innerhalb von fünf Jahren auf 0,5 g/t vermindert werden können (SR-U 1978). Schwermetallverbindungen können sich in den Seebodensedimenten anreichern und dort bei Sauerstoffschwund des Tiefenwassers wieder in Lösung gehen. In den obersten (= jüngsten) Sedimentschichten des Bodensees hat MÜLLER [1977] den höchsten Gehalt an Schwermetallverbindungen festgestellt.

5. *Das Abwärmeproblem und die Wärmebelastung der Gewässer*

Tabelle 12 Wirkungsgrad und Abwärmeanfall von Wärmekraftwerken, bezogen auf die eingesetzte Primärenergie.

	Kraftwerks-wirkungsgrad %	Sonstige Verluste %	Kondensator-Abwärme %
Konventionelles Kraftwerk	39–42	10	51–54
Kernkraftwerk (Leichtwasserreaktor)	32–33	4	62–63

Aus Abwärmekommission [1976].

Etwa 50–65% der eingesetzten Energie müssen also bei Wärmekraftwerken als Abwärme abgeführt werden. Für die Wärmeabgabe kommen praktisch nur Wasser und Luft als Abkühlmedien in Betracht.

Zum Umweltproblem ist der Abwärmeanfall erst in den letzten 10 Jahren geworden, und zwar aus folgenden drei Gründen:

1. Der rasch steigende Energiebedarf hat zu einer starken Ausweitung der Kraftwerkskapazität geführt.

[1] 1 ppm = 1 mg/kg = 1000 ng/g = 1000 ppb.

2. In der Kraftwerkstechnologie wurden immer größere Blockeinheiten entwickelt. Seit 1955 stieg die installierte Blockleistung von durchschnittlich 150 MW auf 700 MW (bei Steinkohlekraftwerken) bzw. 1300 MW (bei Kernkraftwerken). Dadurch fällt am jeweiligen Standort natürlich auch entsprechend mehr Abwärme konzentriert an.
3. Die Verschmutzung unserer Gewässer hat laufend zugenommen.

Bis vor wenigen Jahren wurden praktisch alle Wärmekraftwerke mit *Frischwasserkühlung* im *Durchlaufverfahren* betrieben, d. h. das Kühlwasser wurde dem Vorfluter entnommen und in erwärmtem Zustand wieder eingeleitet. Je 100 MW elektrischer Leistung und einer maximalen Kühlwassererwärmung von 10° C (die aber während warmer Witterungsperioden und dementsprechend hohen natürlichen Wassertemperaturen nicht zugelassen werden kann) benötigen konventionelle Wärmekraftwerke etwa 3 m^3/s, Kernkraftwerke mit Leichtwasserreaktoren etwa 4,5 m^3/s. Ein Kernkraftwerksblock von 1300 MW Leistung benötigt also bei günstigen Temperaturverhältnissen des Vorfluters rund 60 m^3 Kühlwasser pro Sekunde bei diesem Verfahren. So große Wassermengen stehen ganzjährig nur am Rhein und an den Unterläufen von Elbe, Weser und Inn sowie an der Donau flußabwärts von Donauwörth zur Verfügung.

Nach den z. Zt. gültigen Vorschriften dürfen unsere Fließgewässer durch Abwärmeeinleitung zu keiner Jahreszeit auf mehr als 28° C aufgeheizt werden. Aber auch eine Erwärmung, die unter diesem Grenzwert bleibt, führt bei organisch belasteten Gewässern in jedem Falle zu einer Beschleunigung der natürlichen Selbstreinigung. Dies kann bei geringer organischer Belastung, besonders während der kalten Jahreszeit, durchaus von Vorteil sein. Bei stärkerer organischer Verschmutzung kann aber der entsprechend erhöhte Sauerstoffbedarf unter Umständen nicht mehr befriedigt werden, so daß die aeroben Abbauvorgänge zum Erliegen kommen und das Gewässer »umkippt«: Tod der sauerstoffbedürftigen Organismen, Entwicklung anaerober Verhältnisse mit Faulschlamm- und Schwefelwasserstoffbildung.

Folgende Tatsachen sind von Bedeutung:

- Fast alle für die natürliche Selbstreinigung wichtigen Organismen benötigen für ihren Stoffwechsel Sauerstoff.
- Nach der Reaktionsgeschwindigkeit – Temperatur – Regel laufen biochemische Prozesse bei einer Temperaturerhöhung von 10° mit etwa doppelter Geschwindigkeit ab. Der Abbau der organischen Stoffe wird also durch Temperaturerhöhung beschleunigt, was wiederum mit gesteigertem Verbrauch von Sauerstoff verbunden ist.
- Der Sättigungswert des Wassers für Sauerstoff sinkt mit steigender Temperatur, d. h. die gleiche Wassermenge kann bei höherer Temperatur weniger Sauerstoff lösen als bei niedrigerer.

Durch künstliche Belüftung kann man dem drohenden Sauerstoffdefizit vorbeugen. Man schickt das erwärmte Kühlwasser über ein Überlaufwehr oder über einen Ablaufkühlturm. Im Ablaufkühlturm erreicht das abfließende Kühlwasser mindestens 90% der jeweiligen Sauerstoff-Sättigungskonzentration und wird außerdem abgekühlt. Bei Bedarf wird auf *Mischkühlung* geschaltet, d. h. ein Teil des Kühlwassers vom Ablaufkühlturm wieder in den Kühlkreislauf zurückgeleitet. Die Mischkühlung eignet sich mithin besonders für Vorfluter mit jahreszeitlich stark wechselndem Wasserstand.

Um die Auswirkungen von Wärmeeinleitungen auf ein bestimmtes Gewässer richtig beurteilen zu können, muß man eine Reihe von Daten zueinander in Beziehung setzen: BSB_5 bzw. CSB, Wasserkapazität während des Jahreszyklus, Menge und Temperatur des eingeleiteten Kühlwassers u. a.

Durch Berechnungen kann man für jeden Vorfluter Temperaturprognosen aufstellen für verschiedene Wasserführungen, Jahreszeiten, Wetterlagen, Wärmeeinleitungen und so seine Wärmebelastbarkeit im Ganzen oder in bestimmten Abschnitten ermitteln: *Wärmelastplan.* Die während der letzten Jahre aufgestellten Wärmelastpläne haben gezeigt, daß die Kühlkapazität unserer sämtlichen größeren Flüsse bereits fast erschöpft ist, zumindest während Niedrigwasserzeiten und stärkerer natürlicher Erwärmung. Soweit der Kühlwasserbedarf nicht durch neue wassersparende Technologien gesenkt werden kann, müssen neue Wärmekraftwerke mit anderen Kühlsystemen anstelle der Durchlaufkühlung ausgerüstet werden: Es kommen in Frage:
Naßkühlturm: Das im Werksprozeß erhitzte Kühlwasser wird im Innern der Kühltürme groß-

flächig verrieselt und versprüht. Dabei gibt es einen Teil seiner Wärme durch Verdunstung und Konvektion an die Luft ab und wird dann wieder in das Kühlsystem zurückgeleitet: Geschlossener Kreislauf. Nur der verdampfte Kühlwasseranteil muß laufend ersetzt werden. Das sind bei einem Kraftwerk von 700 MW Leistung etwa 1500–2000 m^3/Std., also etwa 1–1,5% der bei Durchlaufkühlung benötigten Menge. Der Luftstrom wird dabei im Gegen-, Quer- oder Quergegenstrom ohne Ventilatoren geführt. Um einen genügend starken Luftzug zu erhalten, benötigt man entsprechende Turmhöhen. Derzeitige Maximalauslegung in Stahlbeton: 180 m Höhe bei einem maximalen Durchmesser von 140 m.
An ungünstigen Standorten und bei entsprechenden Wetterlagen können die Dampfschwaden der Naßkühltürme zu Nebel- oder (und) Raureifbildung in der Nachbarschaft führen.
Muß dies vermieden werden oder stehen nur ungenügende Wassermengen zur Verfügung, bleibt noch die Möglichkeit der *Trockenkühlung* im geschlossenen Kreislauf. Trockenkühltürme arbeiten nach dem Prinzip luftgekühlter Automotoren. Die Wärme wird ohne Verdunstung von Kühlwasser direkt an die Luft abgegeben, das Kühlwasser kommt also mit der Außenluft nicht in Berührung. Außer der ersten Kreislauffüllung müssen nur etwaige Leckverluste ersetzt werden. Da jedoch 1 m^3 Luft weit weniger Wärme aufnehmen kann, als 1 m^3 Wasser, braucht man sehr große Bauwerke: Höhe 100–170 m, Basisbreite 100–400 m. Die gesamte Technologie des Trockenkühlverfahrens ist noch nicht ausgereift, ebenso wenig wie das der sogenannten *Hybridkühltürme,* eine Kombination des Naß- mit dem Trockenkühlsystem.

Tabelle 13 Prozentualer Anteil der verschiedenen Kühlsysteme bei den Wärmekraftwerken der Bundesrepublik Deutschland nach dem Stand von 1974.

Kühlverfahren	%
Frischwasserkühlung (Durchlaufkühlung)	43
Ablaufkühlung	5
Naßkühltürme	51
Trockenkühltürme	1

Aus Abwärmekommission [1976].

Im Abwasser, wie es in hochindustrialisierten Staaten anfällt, sind Tausende von Einzelstoffen nachweisbar, die in natürlichen Gewässern nicht vorkommen. Um ihre Bedeutung für die Trink- und Brauchwassernutzung sowie ihre Wirkung auf die ökologischen Verhältnisse des Gewässers und seine Organismen richtig beurteilen zu können, ist eine möglichst vollständige Kenntnis dieser Stoffe unerläßlich. Die einschlägige Literatur ist inzwischen für den einzelnen unübersehbar geworden. Die Landesanstalt für Wasser und Abfall von Nordrhein-Westfalen arbeitet unter Auswertung der Fachliteratur und eigener Forschungen an einer »Checkliste zur Beurteilung der Wassergefährlichkeit von Stoffen«. Diese Checkliste gibt, wie man am Beispiel des Trichloräthylens sieht (Tab. 14), umfassende und schnell ablesbare Informationen über Eigenschaften, Produktion, Anwendung, Eliminierung, Ist-Belastung, Abbaubarkeit, Nachweismöglichkeiten, Toxizität der betreffenden Stoffe. Es wäre sehr wünschenswert und hilfreich, wenn wenigstens für die wichtigsten Schadstoffe in absehbarer Zeit diese Übersichten erstellt wären.

5.2.8.4 Die Grundzüge der künstlichen Abwasserreinigung

Die in Industrie- und Gewerbebetrieben anfallenden Abwässer werden wegen ihrer sehr speziellen Eigenschaften am besten in betriebseigenen Anlagen geklärt, es sei denn, es handle sich um organische, leicht abbaubare Verbindungen.
Bei der künstlichen Reinigung des vorwiegend mit biologisch abbaubaren Stoffen belasteten Abwassers (Siedlungsabwasser) werden die Vorgänge der natürlichen Selbstreinigung, die sich sonst in natürlichen Gewässern abspielen, in technischen Anlagen vollzogen.

Tabelle 14 »Checkliste« für den Gewässerschadstoff Trichloräthylen

1	Beschreibung des Stoffes	
1.1	Namen	1.1.2-Trichloräthen, 1.1.2-Trichloräthylen; Trivialname: »Tri«
1.2	Formel	C_2HCL_3 (Summenformel) Cl H C – C (Strukturformel) Cl Cl
1.3	Physikalische Eigenschaften	
1.3.1	Farbe	farblos
	Geruch	obstähnlich chloroformähnlich (Geruchsschwelle ca. 1 ppm)
	Geschmack	süßlich (Geschmacksschwelle: 20 ppm)
1.3.2	Dichte	1,465 g/ml bei 20° C
1.3.3	Siedepunkt	86,7° C bei 760 Torr
1.3.4	Dampfdruck	57,7 Torr bei 20° C
	Verteilungs-koeffizient Wasser/Luft	2,74 (w/v per w/v) bei 20° C
1.3.5	Löslichkeit in Wasser	0,11% bei 25° C 1,18 ml/l entsprechend »sehr schwer löslich«
1.3.6	Emulgierbarkeit	emulgierbar mit Wasser
1.3.7	Suspendierbarkeit	entfällt (Flüssigkeit)
1.3.8	Adsorbierbarkeit	kein Standard-Meßverfahren verfügbar; an Aktivkohle bei der Trinkwasseraufbereitung zu ca. 90% adsorbierbar; gemessene Adsorption an Fluß- und Meersediment: Ruhrwasser: 0,7 ppb; Ruhrschlamm: 34 ppb; Meerwasser: 3,6 ppb; Meersediment: 9,9 ppb;
1.3.9	Flockbarkeit	keine Angaben (jedoch Förderung der Dechlorierung von Trichloräthylen bei Verwendung von Eisen als Flokkungshilfsmittel)
1.4	Chemische Eigenschaften	
1.4.1	Verhalten gegenüber Wasser	Dechlorierung bei hohem pH-Wert (Halbwertszeit in Meerwasser bei pH = 8 und 10° C: 39 Wochen)
1.4.2	Verhalten gegenüber Oxidationsmittel	Ozon: Spaltung der C-C-Doppelbindung
2	Produktion, Anwendung, Eliminierung	
2.1	Produktion	
2.1.1	Verfahren	Dehydrohalogenierung von Tetrachloräthan durch wäßrige Basen (Anfall von Prozeßabwasser), katalytische Pyrolyse (Anfall von sehr geringen Mengen von Prozeßabwasser)
2.1.2	Mengen	Bundesrepublik Deutschland: 1971: 73954 t 1972: 84459 t 1973: 57137 t Welt: 1000000 t Recycling-Quote: Chem. Reinig. (Bayern), 1974: 40–50% Industrie (Bad.-Württ.), 1974: 65%
2.2	Anwendung	
2.2.1	Art und	Bundesrepublik Deutschland
2.2.2	Menge	
	2.2.1.1	Entfettungsmittel in der Metallindustrie rd. 65000 t/a
	2.2.1.2	Lösungsmittel für Chemischreinigung rd. 20000 t/a
	2.2.1.3	Extraktionsmittel für Naturstoffe (z. B. Ölfrüchte, Coffein, Nicotin); hochgereinigt als Narkosemittel Biozid rd. 15000 t/a
2.2.3	Prognosen	siehe 2.1.2 Recycling-Quote bei Chemischreinigung auf 95% und bei Industrie auf 90% steigerungsfähig)
2.2.4	Alternativen	zu 2.2.1.1: andere Chlorkohlenwasserstoffe zu 2.2.1.2: andere Lösungsmittel zu 2.2.1.3: Halothane usw. andere Biozide
2.3	Vorkommen im Abwasser	gemessene Konzentrationen in Produktionsabwässern der Chem. Industrie in NW 1975: 1–25 ppb
2.4	Beeinträchtigung von Wassernutzungen	
2.4.1	Trinkwasser	Verwendung größerer Mengen Aktivkohle bei der Trinkwasseraufbereitung erforderlich
2.4.2	Abwasserreinigung	wegen bakterizider Eigenschaften Störung biologischer Kläranlagen und der Schlammfaulung schon bei Gehalten im unteren ppm-Bereich
2.4.3	Selbstreinigung	wegen bakterizider Eigenschaften Beeinträchtigung der Selbstreinigung von Gewässern
2.4.4	Fischerei	siehe 3.2.6
2.5	Abwasserreinigungs- und andere Vermeidungsverfahren	Reduzierung, Abtrennung, Rückgewinnung von Tri aus – flüssigen Produktions- und Betriebsrückst. (P), – Betriebsabwässern (B), – kommunalen Abwäss. (K)
2.5.1	Mechanische Verfahren	Mechanische Trennung (B, K)
2.5.2	Biologische Verfahren	Biologisch praktisch nicht abbaubar

5.3	Sonstige Verfahren	– Flüssigkeitsextraktion (P) – Stripping (B, K) – Destillation mit Trägerdampf (P, B) – Destillation ohne Trägerdampf (P, B) – A-Kohle-Adsorption (P, B)
5.4	Produktionsverfahren mit sehr geringem Anfall von Prozeßabwasser	– katalytische Pyrolyse
6	Trinkwasseraufbereitungsverfahren	Reduzierung, Entfernung von Tri aus dem Rohwasser durch A-Kohle-Adsorption bei Einsatz von: – A-Kohle-Pulver (Zugabe in das Rohwasser) – gekörnter A-Kohle (auf Filterbetten), gegebenenfalls mit vorgeschalteter Ozonung – A-Kohle-Einlagerungsfiltration
	Analytik, Ist-Belastung, Abbaubarkeit	
1	Analytik	
1.1	Verfahren	
	3.1.1.1	Anreicherung – Pentanextraktion – Stripping (Grob, Bellar)
	3.1.1.2	Analyse Gaschromatographie (GC) mit Elektroneneinfang-Detektor (ECD) Kapillargaschromatographie mit Flammen-Ionisations-Detektor (FID)
.2	Aufwand	
	3.1.2.1	Gerätekosten ca. 50000 DM
	3.1.2.2	Personalaufwand 1–2 Manntage
.3	Nachweisgrenzen	
	3.1.3.1	der Methoden 0,01 ppb in Wasser (GC m. ECD)
	3.1.3.2	0,004 ppb bei Stripping nach Grob für Praxis 0,1 ppb
	Ist-Belastung	
.1	Oberflächenwasser	D (NW) bis 1 ppb GB 0,01–1 ppb CH nachgewiesen
.2	Grundwasser	GB nicht nachgewiesen CH nachgewiesen
.3	Sediment	D (NW) 4–40 ppb, bis 400 ppb GB 0,1–1 ppb
.4	Trinkwasser	GB 0,01–1 ppb USA 1 ppb
.5	Meerwasser	GB 0,1–1 ppb
.6	Organismen	Wirbellose 1–10 ppb Fische 1–100 ppb Wasservögel 1–100 ppb Säugetiere 1– 10 ppb

3.2.7	Organe (Mensch)	Gesamtorganismus 1 ppb Fett bis 32 ppb Niere bis 3 ppb Leber bis 5,8 ppb
3.3	Abbaubarkeit	
3.3.1	Halbwertszeit	Süßwasser: 2,6–6 Jahre (physik.-chem.) kein mikrobieller Abbau Meerwasser: pH = 8; 10° C: 39 Wochen Luft (3100 ppm): 6 Wochen
3.3.2	Beeinflussung des biolog. Abbaues anderer Substanzen	Störung, da bakterizid Hemmung der Schlammfaulung
3.3.3	Metaboliten	Chlorwasserstoff, Phosgen, Di- und Trichloressigsäure
4	Toxizität	
4.1	Akute Toxizität	
4.1.1	Bakterien:	31–250 mg/l
4.1.2	Algen:	8–63 mg/l
4.1.3	Fischnährtiere und andere Wirbellose:	20 mg/l (Larven eines marinen Krebses LD 50, 48h)
4.1.4	Fische:	16 mg/l (Kliesche, LD 50, 96h) 136–200 mg/l (Goldorfen, LD 50, 48h)
4.1.5	Warmblüter:	4,3–7,3 mg/kg
4.1.6	Mensch:	50–500 mg/kg 3 mg/kg Bewußtlosigkeit starke narkotische Wirkung bei geringer oder fehlender Leber- oder Nierenbeteiligung; Tod durch Atemlähmung
4.2	Chronische Toxizität und Bioakkumulation	
4.2.1	Bakterien:	entfällt; Mutagenität nicht bekannt
4.2.2	Algen:	nachgewiesen
4.2.3	Fischnährtiere und andere Wirbellose:	nachgewiesen
4.2.4	Fische:	nachgewiesen
4.2.5	Warmblüter:	nachgewiesen
4.2.6	Mensch:	nachgewiesen, uncharakteristische psychoneurotische Beschwerden, schwaches Lebergift, Verdacht auf Cancerogenität
5	Schadensfälle	
5.1	in Gewässern:	Grundwasserkontaminierung Horlecke/Menden, Kreis Iserlohn, 1974
5.2	Grenzwerte:	Für Trinkwasser und andere Wassernutzungen keine Grenzwerte festgelegt

Quelle: Landesanstalt für Wasser und Abfall, Nordrhein-Westfalen 1977.

Am besten geschieht dies in Zentralkläranlagen, die das Abwasser einer ganzen Stadt oder mehrerer Siedlungen erfassen.
Die Voraussetzung für den Betrieb eines Zentralklärwerkes und damit für die ordnungsgemäße Reinigung der Abwässer eines größeren Siedlungsbereiches ist die *Schwemmkanalisation*. Durch sie werden die Abwässer aus allen Wohnhäusern und Betrieben des Anschlußbereichs über ein System von Kanälen verschiedener Größe, zuletzt über die sogenannten Hauptsammler, der Zentralkläranlage zugeführt.
Man unterscheidet zwei Arten von Kanalisation: Bei der *Trennkanalisation* sind zwei voneinander getrennte Rohrleitungssysteme vorhanden, eines zur Sammlung und Ableitung des Regenwassers, das von Dächern, Straßenoberflächen usw. abläuft, und ein zweites System zur Ableitung des Abwassers (so z. B. in Berlin und Hamburg).
Häufiger ist die *Mischkanalisation*. Bei ihr werden Regen- und Abwasser in einem einzigen Rohrsystem gesammelt und zur Kläranlage geleitet.
Bei stärkeren Regenfällen oder plötzlicher Schneeschmelze würden jedoch der Kläranlage so große Wassermengen in kurzer Zeit zugeführt werden, daß ihr Betrieb geschädigt würde. Deshalb sind in den Hauptsammlern der Mischkanalisation besondere Regenwasserauslässe eingebaut, durch die bei starkem Regenwasseranfall der Wasserüberschuß ablaufen kann. Das in den Städten anfallende Regenwasser ist jedoch heute mit so großen Mengen von Ruß, Ölrückständen und giftigen Stoffen aus den Auspuffen der Kraftfahrzeuge beladen, daß es keinesfalls ohne weiteres in natürliche Gewässer eingeleitet werden kann. Es muß vielmehr vorher in besonderen Regenwasserkläranlagen gereinigt werden.
Bei den meisten unserer Kläranlagen sind zwei Reinigungsstufen zu unterscheiden:

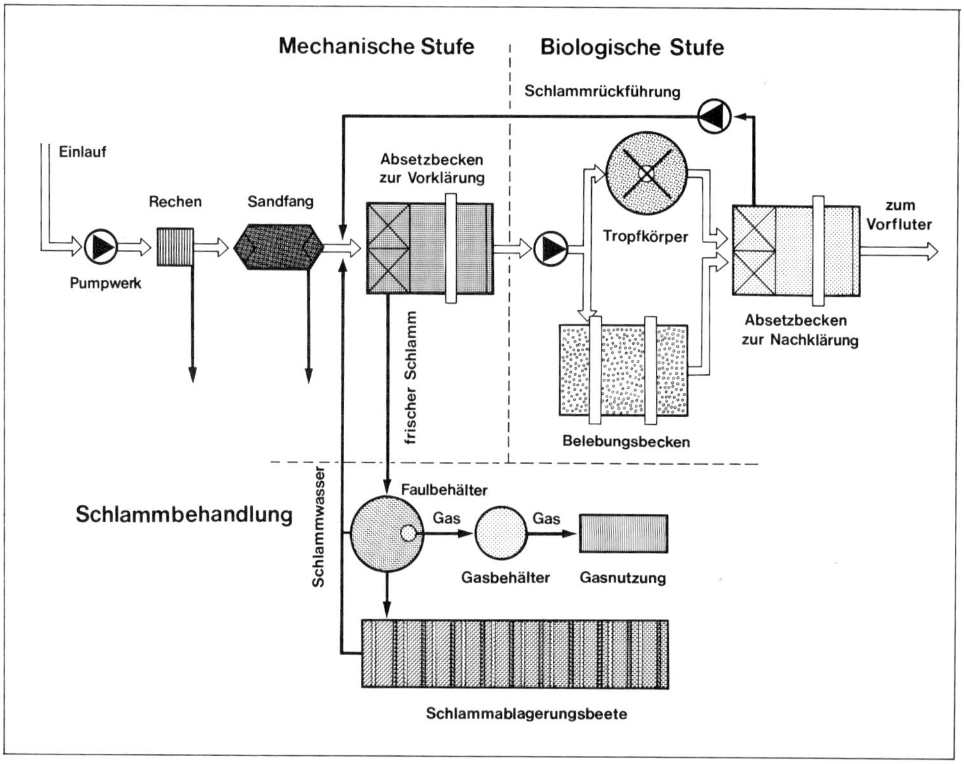

Abb. 40 Schema einer Kläranlage mit mechanischer und vollbiologischer Reinigungsstufe sowie Schlammbehandlung. Gewöhnlich sind in der Biologischen Stufe nur entweder Tropfkörper *oder* Belebtschlammbecken vorhanden.

Die *erste Reinigungsstufe* ist die *mechanische Klärung*. An Grob- und Feinrechen werden die im Abwasser befindlichen grobsperrigen Feststoffe zurückgehalten. In gewissen Zeitabständen werden die aufgefangenen Gegenstände, das sogenannte Rechengut, durch Arbeitskräfte oder automatische Greifzangen von den Rechen entfernt, gestapelt oder durch Spezialmaschinen zerhackt und zerrieben.
Nach dem Durchfließen des Rechens wird das Abwasser in den Sandfang geleitet. Die Sandfänge sind lange Betonrinnen, in denen die Fließgeschwindigkeit des Abwassers gerade so einreguliert ist, daß sich nur die schwereren, sandigen und erdigen Bestandteile, jedoch nicht die leichteren Schwebstoffe, absetzen können.
Als nächste Station durchläuft das Abwasser den Öl- und Fettabscheider. In dieser Anlage werden Benzin, Heizöl und fettartige Stoffe aufgrund ihres leichteren spezifischen Gewichts vom übrigen Abwasser getrennt.
Anschließend gelangt das Abwasser in große Absetzbecken, in denen es ein bis zwei Stunden verweilt. Während dieser Vorklärung setzen sich die ungelösten, absetzbaren Schwebstoffe auf dem Boden der Becken als Schlamm ab. Es gibt solche Absetzbecken in verschiedener Form.
Der abgesetzte Schlamm wird in besondere Behälter, die häufig turmartige Gestalt haben, gepumpt. Dort fault er unter der Einwirkung bestimmter Bakterienarten, der anaeroben Methanbakterien, aus. Diese benötigen zu ihrem Gedeihen Wärme, weshalb die Faultürme zweckmäßigerweise beheizt werden. Die Methanbakterien erzeugen bei ihrer Lebenstätigkeit Methangas (CH_4). Außerdem entsteht bei der Schlammfaulung auch Kohlendioxid (CO_2). Das »Schlammgas« besteht aus etwa 70% Methan und 30% Kohlendioxid. Es wird in großen Kläranlagen in solchen Mengen gebildet, daß es aufgefangen und wirtschaftlich verwertet werden kann. Entweder benutzt man es gleich wieder zur Heizung der Faultürme des Klärwerks, oder es wird dem städtischen Gaswerk zugeleitet. Der ausgefaulte Schlamm wird in besonderen Beeten getrocknet. Er stinkt nicht mehr, ist durch seinen Gehalt an Schwefeleisen (FeS) schwärzlich gefärbt und kann als wertvoller Dünger verwendet werden.
Allerdings werden z. Zt. in der Bundesrepublik nur 30–35% (= 0,6 von 1,7 t Trockensubstanz) des jährlich anfallenden und vorbehandelten Klärschlamms von der Landwirtschaft abgenommen. Dafür werden z. T. arbeitstechnische, z. T. psychologische Gründe angeführt. Der Absatz könnte sicher gesteigert werden, wenn künstlich getrockneter, streufähiger Schlamm zur Verfügung gestellt würde. Die Befürchtungen vor Infektionsgefahren sind bei ordnungsgemäß behandeltem Schlamm unbegründet. Dagegen birgt ein verhältnismäßig hoher Gehalt an Metallverbindungen zweifellos gewisse Gefahren in sich. Diesen kann am besten durch Fernhaltung solcher Abwasser von den öffentlichen Kläranlagen und Reinigung in den erzeugenden Betrieben selbst begegnet werden. Jedenfalls bereitet die Schlammdeponie bei zahlreichen Klärwerken steigende Schwierigkeiten.
Mit der Vorklärung sind die Möglichkeiten der mechanischen Reinigungsstufe erschöpft. Sie kann insgesamt nur etwa ein Drittel der im Abwasser enthaltenen Schmutzstoffe entfernen. Deshalb muß sich nun die *zweite Reinigungsstufe*, die *biologische*, anschließen.
In dieser werden die gelösten und kolloidalen organischen Schmutzstoffe durch Kleinstlebewesen (Bakterien, Geißel- und Wimpertierchen) abgebaut. Hier erfolgt also auf kleinem Raum grundsätzlich dasselbe wie bei der Selbstreinigung im natürlichen Gewässer, aber sehr viel intensiver, da die Lebenstätigkeit der Mikroorganismen u. a. durch ständige Zufuhr von Luft gefördert wird. Von den verschiedenen technischen Verfahren werden hier nur das Tropfkörperverfahren und das Belebtschlammverfahren behandelt.

Das Tropfkörperverfahren

Große kesselartige Behälter sind mit festem, großporigem Kleinmaterial gefüllt, das insgesamt eine möglichst große Oberfläche besitzt: Lavabrocken, Schlacke, Bimsstein, Ziegelstücke, neuerdings auch verschiedene Kunststoffe auf PVC-Basis. Das vorgeklärte Abwasser wird durch Drehsprenger auf der Oberfläche des Füllmaterials verspritzt und tropft langsam durch den Füllkörper zum Boden des Behälters. Das Füllmaterial ist von einem dichten Rasen aus den vorhin genannten Mikroorganismen überzogen.
Unter diesen spielen Algen eine große Rolle, da sie auf dem Tropfkörpermaterial Oberflächen-

filme bilden, in denen sich Protozoen und Pilze ansiedeln. Die Algen verbrauchen Nährstoffe und setzen bei der Photosynthese Sauerstoff frei. Dieser genügt jedoch für die Abbauvorgänge nicht. Deshalb wird von unten her Luft in den Füllkörper geblasen, die ihn nach oben durchströmt und so die Kleinstlebewesen mit Sauerstoff versorgt. Die Mikroorganismen leben von den Inhaltsstoffen des Abwassers, reinigen es auf diese Weise, vermehren sich schnell und sterben jeweils nach kurzer Lebenszeit ab.
Aus den Tropfkörpern wird das Abwasser in Nachklärbecken geleitet. Dort setzt sich feiner Schlamm, der hauptsächlich aus lebenden und toten Mikroorganismen besteht, ab. Er wird zum Teil in den Zulauf der biologischen Reinigungsstufe zurückgeleitet, um die lebenden Mikroorganismen erneut zum Einsatz zu bringen, zum Teil als Überschuß den Faulräumen zugeführt. Das nun auch biologisch gereinigte Abwasser wird in den meisten Fällen aus dem Nachklärbekken in das natürliche Gewässer (den sogenannten Vorfluter) eingeleitet.

Beim *Belebtschlammverfahren* wird das mechanisch geklärte Abwasser in große, flache Becken geleitet. Die Mikroorganismen sitzen nicht wie beim Tropfkörperverfahren auf einer festen Unterlage, an der das Abwasser vorbeiströmt, sondern schweben frei im Abwasser. Das Belebtschlammbecken enthält so eine Mischung von Abwasser und Kleinstlebewesen, die es aufbereiten. Auch in die Belebtschlammbecken wird ständig Luft durch Düsen eingepreßt oder mit besonderen Vorrichtungen von der Oberfläche her eingeschlagen. Durch Rührwerke wird das Wasser in ständiger Bewegung gehalten. Es verweilt 8 und mehr Stunden in den Belebtschlammbecken, um schließlich ebenfalls in ein Nachklärbecken und von dort in den Vorfluter entlassen zu werden. Siehe Schema Abb. 40.
Als eine der größten und modernsten Abwasserreinigungsanlagen der Erde wurde 1977 das Klärwerk Emschermündung (Bauherr und Betreiber die Emschergenossenschaft) in Betrieb genommen (Abb. 41 und 42).
Das Einzugsgebiet der riesigen Anlage (Gesamtfläche 70 ha) ist 768 km^2 groß. Das Werk ist für 5 Mio. Einwohnerwerte ausgelegt, die Bemessungswassermenge beträgt 20 m^3/s, die maximale behandelte Abwassermenge 30 m^3/s.
Der mittlere Zufluß beläuft sich auf 18,7 m^3/s, die BSB_5 – Fracht des Zulaufs auf rund 250 t/Tag.
Die Leistung des Werkes ist aus Tab. 15 ersichtlich:

Tabelle 15 Leistung des Klärwerkes Emschermündung.

	Schwebstoffe	BSB_5	CSB	$KMnO_4$	Phenol
Werte des zugeleiteten Abwassers in mg/l	300	165	550	300	6
Von der Aufsichtsbehörde festgelegte Ablaufwerte in mg/l	50	25		100	
Tatsächlich erwartete Ablaufwerte in mg/l	20	25	70	60	1,5
Abbauleistung in %	93	85	87	80	75

Das Werk verfügt u. a. über
12 Sandfangbecken: Gesamtinhalt 7600 m^3, Gesamtoberfläche 6000 m^2
18 Vorklärbecken: Gesamtinhalt 157000 m^3, Gesamtfläche 54000 m^2
60 Belebtschlammbecken: Gesamtinhalt 144000 m^3, Gesamtfläche 26500 m^2
72 Nachklärbecken: Gesamtinhalt 216000 m^3, Gesamtfläche 72000 m^2, Aufenthaltszeit 3 Std.
Der Vorklärschlamm und der überschüssige biologische Schlamm wird nach Eindickung über eine 18 km lange Leitung zur Zentralen Schlammbehandlung nach Bottrop gefördert, dort auf 40% Wassergehalt entwässert und in einem Kraftwerk verbrannt.
Gesamtkosten (Klärwerk und Schlammbehandlung): 320 Mio. DM
Näheres siehe ANNEN [1977] und GRAEFEN u. a. [1977].

Abb. 41 Klärwerk Emschermündung. Luftbild der Gesamtanlage (freigegeben Reg. Präs. Düsseldorf, Freig.-Nr. 19/H 361 vom 19. 10. 1977). Foto Emschergenossenschaft.

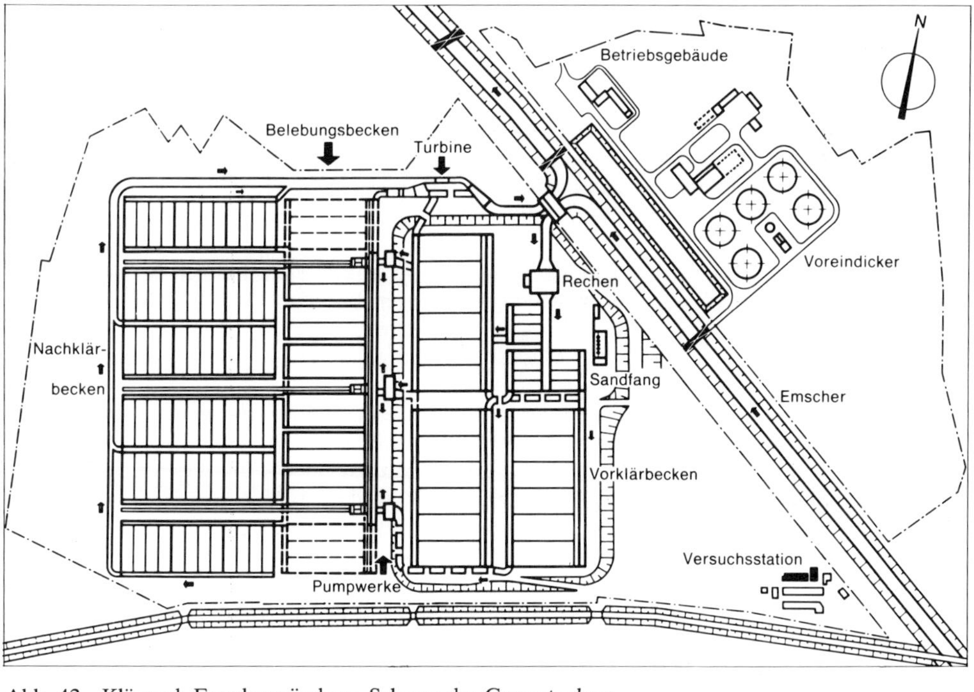

Abb. 42 Klärwerk Emschermündung. Schema der Gesamtanlage.

5.2.8.5 Die 3. Reinigungsstufe

Angesichts der im allgemeinen starken Abwasserbelastung unserer Gewässer und der Notwendigkeit, in den Verdichtungsgebieten mindestens z. T. mechanisch-biologisch geklärtes Abwasser als Trink- oder Brauchwasser erneut zu verwenden, reicht der durch die ersten beiden Reinigungsstufen unserer konventionellen Klärwerke erzielbare Reinigungsgrad in vielen Fällen nicht mehr aus. Der Abfluß der mechanisch-vollbiologischen Klärwerke enthält nämlich – auch wenn sie einwandfrei funktionieren und nicht überlastet sind, u. a. immer noch

- etwa 25 mg/l ungelöster Stoffe (etwa 15% der mit dem CSB erfaßbaren, oxidierbaren Stoffe),
- den größten Teil der Nitrate (10–12 mg N/l) und Phosphate (3–5 mg P/l), die durch die Abbauprozesse der biologischen Stufe entstanden sind. (Oligotrophe, natürliche Gewässer enthalten nur 0,5–1,0 mg N/l und 0,01–0,03 mg P/l),
- oft pathogene Bakterien und Viren.

In bestimmten Fällen, z. B. besonders im Einzugsgebiet von Seen und Trinkwasserspeichern, ist es daher nötig, das mechanisch-biologisch gereinigte Abwasser noch weiter zu behandeln:

1. Die erwähnten Restmengen ungelöster Stoffe können durch mechanische, physikalische oder chemische Verfahren entfernt werden, z. B. durch Mikrosiebe, Fällung, Adsorption, Ionenaustauscher, Elektrodialyse.
2. Die krankheitserregenden Keime können durch starke Oxidationsmittel, besonders Ozon (O_3) und Chlor (Cl) getötet werden. Poliomyelitis (spinale Kinderlähmung) -Viren werden z. B. durch 0,05–0,5 mg O_3/l in 2 Minuten zuverlässig abgetötet. Mit 0,5–1,0 mg Cl/l erzielt man das gleiche Ergebnis erst in 1,5–3 Stunden. Die Ozonisierung hat zudem den Vorteil, daß ozonisiertes Wasser geschmacks- und geruchsfrei ist. Allerdings ist die Ozonisierung zwei- bis dreimal teurer als die Chlorierung (vgl. aber Abschn. 5.2.8.3, S. 83).
3. Die gelösten Phosphorverbindungen können mit Aluminiumphosphat ($Al_2(SO_4)_3$ Eisen-II-sulfat ($Fe_2(SO_4)_3$), Eisen-III-chlorid ($FeCl_3$) oder auch mit Kalk als schwer lösliche Phosphate gefällt werden. Bei Verwendung von Aluminiumsulfat oder Eisen-II-sulfat als Fällungsmittel können diese während des Ablaufs der biologischen Reinigungsstufe direkt in die Tropfkörper bzw. die Belebtschlammbecken gegeben werden, ohne daß die biologischen Vorgänge gestört werden: Simultanfällung. In großen Behältern, die über den Belebtschlammbecken angebracht sind, befindet sich das Fällungsmittel, das entsprechend dem Gehalt des Abwassers an Phosphorionen nach stöchiometrischer Berechnung dosiert zugegeben wird. Manche Klärwerke wenden auch die sog. »Nachfällung« an: Dabei wird die chemische Fällung der Phosphorverbindungen, völlig getrennt von der biologischen Stufe, im bereits biologisch gereinigten und nachgeklärten Abwasser in einem besonderen, zusätzlichen Fällungsbecken vorgenommen. Diesem ist dann noch ein weiteres Nachklärbecken angeschlossen.

Die Entfernung der Phosphorverbindungen aus dem Abwasser ist also ein einfacher und auch billiger Vorgang, besonders bei Verwendung von Eisen-II-sulfat, einem Abfallprodukt der Metallindustrie.

Durch diese Verfahren läßt sich der Gesamtphosphorgehalt soweit erniedrigen, daß er im Ablauf des Klärwerks weniger als 1,5 mg/l beträgt.

Weit schwieriger ist die Entfernung des Stickstoffs aus dem mechanisch-biologisch gereinigten Abwasser. Die technischen Verfahren sind noch nicht praxisreif. Die besten Erfolge verspricht der Einsatz von Bakterien, weil hierbei als vollkommen unschädliches Endprodukt molekularer Stickstoff entsteht.

Nach dem Vorschlag von Liebmann [1972] sollte man alle diese unter 1–3 erwähnten Verfahren, die der 1. und 2. Reinigungsstufe nachgeschaltet werden müssen, unter dem Begriff der *»3. Reinigungsstufe«* zusammenfassen, also hierunter nicht nur die Phosphat- und eventuell Nitrateliminierung verstehen. (Analog dem in USA gebräuchlichen Begriff »Advanced Treatment«.)

Die wasserwirtschaftliche Dringlichkeit der Weiterbehandlung der Abwässer nach der 1. und 2. Reinigungsstufe ergibt nach Liebmann [1972] folgende Reihung:

1. »Entfernung der primären organischen Restverschmutzung
2. Entfernung der löslichen Abbauprodukte aus dem biologischen Teil der Kläranlage und der Trübstoffe
3. Entfernung der Viren
4. Eliminierung besonders von Phosphaten und evtl. von Nitraten.«

Siehe zu diesem Abschnitt besonders auch LIEBMANN [1965] und [1972].

5.2.8.6 Die natürliche Selbstreinigung der Gewässer

Natürliche Selbstreinigung nennt man den Vorgang, der bewirkt, daß organische, fäulnisfähige Verunreinigungen (Abwässer) nach einer bestimmten Aufenthaltszeit in einem Gewässer ohne Einwirkung des Menschen zu einfachen Stoffen abgebaut sind, die die Nutzung des Wassers nicht mehr einschränken. Dabei wirken zahlreiche physikalische, chemische und biologische Faktoren in enger Verflechtung und gegenseitiger Bedingtheit zusammen!

Zu den *physikalischen Faktoren,* die die natürliche Selbstreinigung entscheidend beeinflussen, gehören u. a. die Form des Flußbettes bzw. des Seebeckens, Dichte, Zähigkeit und Temperatur des Wassers, bei Seen die Lage der Sprungschicht, Strömungsgeschwindigkeit und Turbulenz, die Wasserführung des Vorfluters, das Mengenverhältnis zwischen eingeleitetem Abwasser und Wasser des Vorfluters. Durch diese Faktoren wird z. B. die Sedimentation, ein zunächst rein physikalischer Vorgang, bestimmt, aber auch die chemischen und biologischen Faktoren der Selbstreinigung werden durch sie wesentlich gesteuert.

Von den *chemischen Faktoren* kommt dem Gehalt an Kohlendioxid und Sauerstoff die größte Bedeutung zu. So wichtig die physikalischen und chemischen Eigenschaften eines Gewässers für seine Selbstreinigungskraft sind, die entscheidende Rolle spielen die – z. T. mikroskopisch kleinen – Pflanzen und Tiere, die unsere natürlichen oberirdischen Gewässer in vielen Arten und großen Individuenzahlen bewohnen. Diese Lebewesen benützen die im Wasser vorhandenen organischen und mineralischen Stoffe als Rohstoff- und Nahrungsquelle. Sie fressen die organischen Schmutzstoffe, bauen sie zu körpereigenen Stoffen um oder oxidieren sie unter Zuhilfenahme des im Wasser gelösten Sauerstoffs. »Natürliche Selbstreinigung« bedeutet also nicht, daß sich das Wasser als solches selbst reinigt.

Da die allermeisten Wasserorganismen zu ihren Lebensvorgängen Sauerstoff benötigen, ist der Sauerstoffgehalt des Wassers einer der wichtigsten Faktoren, von denen das Selbstreinigungsvermögen eines Gewässers abhängt. Die Sauerstofferneuerung eines Gewässers unterliegt zahlreichen Bedingungen. Zu einem erheblichen Teil erfolgt sie aus der Luft und ist damit begrenzt. Ohne Sauerstoff aber keine Selbstreinigung. Man darf also einem Gewässer nicht Stoffe in beliebig großer Menge zuführen, Überlastungen führen zu Sauerstoffmangel und damit zur Schwächung oder gar zum Erliegen der Selbstreinigungskraft.

Man kann zwei Stufen der natürlichen Selbstreinigung unterscheiden, die anaerobe Stufe, das ist die Fäulnis bei Sauerstoffschwund, stets gekennzeichnet durch unangenehme Gerüche, und die aerobe Stufe, der Abbau der organischen Stoffe in sauerstoffhaltigem Wasser. In der anaeroben Phase spielen fast ausschließlich Bakterien eine Rolle, während in der aeroben neben diesen auch noch zahlreiche Pilze, Algen und Tiere tätig sind. Beide Phasen können in verschiedenen Teilen eines Gewässers gleichzeitig nebeneinander oder auch nacheinander ablaufen.

Außerdem ist der Abbau der org. Abwasserstoffe auch zeitlich gestaffelt:

Der Abbau der im Abwasser befindlichen Kohlenstoffverbindungen beginnt sofort nach der Einleitung und ist bei 20° C in etwa 20 Tagen beendet. Der Abbau der Stickstoffverbindungen beginnt bei 20° C erst nach etwa 10 Tagen und benötigt einen längeren Zeitraum [LIEBMANN 1972]. Man kann sich die Tätigkeit der Pflanzen und Tiere der Gewässer in Form einer mehrfach verzweigten sogenannten »Nahrungskette« vorstellen. An der Spitze dieser Nahrungs- und Abhängigkeitskette stehen *Bakterien.* Sie leben in dem mit organischen Schmutzstoffen angereicherten Wasser in kaum vorstellbarer Menge: Über 1 Million Bakterien in 1 cm^3 Wasser der am stärksten verschmutzten Gewässerzone sind keine Seltenheit. In Abwasser, dessen sämtliche Bakterien abgetötet worden sind, werden organische Substanzen trotz reicher Sauerstoffzufuhr nur in sehr geringem Maße abgebaut. Sobald dem Abwasser dann Bakterien in größerer

Zahl zugesetzt werden, beginnt eine starke Zersetzung der organischen Stoffe. Offensichtlich vermitteln die Bakterien die oxidierende Wirkung des Sauerstoffs auf die im Wasser gelösten oder suspendierten organischen Stoffe. Was ihren Stoffwechsel betrifft, so vermögen die meisten Bakterien nur flüssige Nährstoffe aufzunehmen. Einige Arten greifen jedoch durch Ausscheidung von Enzymen auch feste Stoffe in ihrer Umgebung an.

Die Kohlehydrate – Zucker, Stärke, Zellulose –, werden stufenweise über organische Säuren, Alkohole und Ketone zu Kohlendioxid und Wasser abgebaut (bei der anaeroben Zersetzung entsteht in der vorletzten Abbaustufe Methan). Die Eiweiße werden unter der Einwirkung der von Bakterien erzeugten Proteinasen hydrolysiert. Die entstehenden Bruchstücke der riesigen Eiweißmoleküle, Dipeptide und Aminosäuren, werden von Bakterien gefressen und weiter unter Mitwirkung anderer Mikroorganismen zu Kohlendioxid, Wasser, Nitraten und Sulfaten abgebaut. Fette werden durch das von zahlreichen Bakterienarten erzeugte Enzym Lipase zunächst hydrolytisch in Glyzerin und Fettsäuren gespalten, die in der Endstufe zu Kohlendioxid und Wasser zerlegt werden.

Das auf die Bakterien folgende Glied dieser Nahrungskette sind die *Urtierchen* (Protozoen). Auch sie kommen gerade in den am stärksten verschmutzten Gewässerzonen, der polysaproben und alphamesosaproben Zone, massenhaft vor. Sie fressen in erster Linie Bakterien, manche Arten auch kolloidal gelöste Stoffe. Sie bewirken die Ausflockung und Adsorption der Kolloide. Die meisten Abwasserprotozoen sind Wimpertierchen (Ciliaten). »Der Einfluß der Protozoen (auf das Abwasser) ist am stärksten in bezug auf die Klarheit des Wassers; er ist jedoch gering in chemischer Hinsicht« [Liebmann 1958]. Die *Algen* – Geißel-, Blau-, Kiesel-, Joch-, Grünalgen – nehmen aus gelösten organischen Verbindungen Kohlenstoffverbindungen und organischen Stickstoff auf. Sie verarbeiten außerdem Fettsäuren, Aminosäuren, Harnstoffe und Peptone [Liebmann 1958].

Eine ganz besondere Bedeutung haben alle chlorophyllhaltigen Algen wie auch die höheren grünen Wasserpflanzen durch die Erzeugung von Sauerstoff während der Assimilation. Sie fördern dadurch die natürliche Selbstreinigung sehr, da ein großer Teil der hierbei ablaufenden biochemischen Prozesse mit Sauerstoffverbrauch verbundene Oxidationen sind. Algen dienen u. a. Urtierchen, Rädertierchen, Weichtieren, Würmern, Kleinkrebsen und den Larven vieler Wasserinsekten als Nahrung.

Höhere Wasserpflanzen wirken nach Liebmann [1939, 40] wie Filter. Sie halten die festen, im Wasser treibenden Stoffteile zurück und setzen sie dem durch die Assimilation erzeugten Sauerstoff aus. Zudem bilden die Wasserpflanzenbüschel und -dickichte die Wohnstätten zahlloser Tiere, abgesehen von den Algenüberzügen, die sie meist besitzen. Die »herausgefilterten« Schmutzteile werden so der Einwirkung dieser Lebewesen in erhöhtem Maße ausgesetzt.

Ufergewächse, insbesondere Weidensträucher und -bäume, beschleunigen die Selbstreinigung eines Gewässers stark [Skalski 1961]. Die Sauerstoffsättigung des Wassers erfolgte nach diesen Freilandversuchen im Vergleich zu Wasserläufen ohne Uferbewuchs in einem um 86–95% kürzeren Zeitraum! Offenbar nehmen die Ufergewächse, die mit ihren Wurzeln in die Gewässersohle reichen, dort mit dem Wasser gelöste Verbindungen auf. Diese Ergebnisse sind ein wertvolles Argument für die Forderung der Landschaftspflege nach lebendverbauten standortgerecht bepflanzten Gewässerufern.

Schließlich nehmen alle Wasserpflanzen, niedere und höhere, große Mengen Mineralsalze aus dem Wasser auf. In besonders hohem Maße gilt das nach den Forschungen von K. Seidel für eine Segge (*Carex elata* All.) und für die Flechtbinse (*Scirpus lacustris* L.). Bei Versuchen vermochten Flechtbinsen außerdem bis zu 600 mg/l Phenol aus dem Wasser restlos zu entfernen. Auch hinsichtlich der Beseitigung pathogener Keime aus dem Abwasser haben größere Bestände von Flechtbinsen einen Reinigungsgrad erzielt, der den von herkömmlichen Kläranlagen wesentlich übertrifft.

Unter den *höheren Wassertieren* sind die Muscheln (Teich-, Fluß-, Kugel-, Erbsenmuscheln) als Wasserfiltrierer bedeutungsvoll. Fast ohne Unterlaß filtrieren diese Tiere, die noch dazu häufig in verhältnismäßig großer Zahl den Gewässergrund bevölkern, Schwebestoffe aus dem Wasser und führen sie nach entsprechender Umsetzung in ihrem Körper dem Bodenschlamm zu. Eine nordamerikanische Teichmuschelart vermag z. B. in einer Stunde 42 Liter Wasser zu filtrieren.

Die 3 bis 6 cm langen Schlammröhrenwürmer (*Tubifex tubifex* Müller) stecken im Bodenschlamm stehender und fließender Gewässer, den Kopf nach unten gerichtet, während das Hinterleibsende mehr oder weniger weit aus der durch Schleim verfestigten Schlammröhre und über die Schlammoberfläche ins freie Wasser hinausragt. Diese Würmer nehmen ständig den an organischen Verbindungen reichen, sauerstofflosen Faulschlamm auf, setzen ihn in ihrem Körper um und lagern ihre Exkremente auf der Schlammoberfläche ab. Dort sind sie dem Angriff aerober Bakterien zugänglich und können somit weiter mineralisiert werden. Dabei handelt es sich um einen sehr erheblichen Sedimenttransport: Nach Alsterberg [1922] transportiert ein Wurm in 24 Stunden 4mal sein Eigen-(trocken)gewicht. In manchen Teilen des stark verschmutzten Hamburger Hafens z. B. leben durchschnittlich 970000 Schlammröhrenwürmer je m^2, die jährlich 2400 kg Schlamm (Trockengewicht) transportieren!
Auch die Larven vieler Zuckmückenarten, besonders der *Chironomus plumosus*-Gruppe spielen bei der Umlagerung und Umsetzung des Bodenschlammes eine große Rolle, zumal auch sie den Boden in großer Individuenzahl bevölkern können. Die kleineren Wassertiere dienen vielen Arten von Fischen und Wasservögeln als Nahrung. Diese erscheinen zum Teil auch auf der Speisekarte des Menschen, so daß sich auf diese Weise die Nahrungskette schließt.

5.2.8.7 Eutrophierung und Sanierung von Seen

Während der letzten Jahrzehnte sind zahlreiche, ursprünglich nährstoffarme (oligotrophe) Seen weitgehend eutrophiert, ja sogar bis zur Verödung verschmutzt worden. Die Belastung der Seen wird besonders durch folgende Faktoren verursacht:
- Unmittelbare Einleitung ungeklärter oder ungenügend geklärter Abwässer aus Siedlungen und Industriebetrieben in der Uferlandschaft
- Mittelbare Zufuhr von Abwasser aus Siedlungen und Industriebetrieben des Hinterlandes über die Zuflüsse des Einzugsgebietes
- Einschwemmung von Kunstdünger aus landwirtschaftlich genutzten Flächen
- Übermäßige Sportschiffahrt
- Übermäßige Erholungsnutzung (Badebetrieb).

Hauptursache der in vielen Fällen schnell fortschreitenden Eutrophierung ist dabei die steigende Zufuhr von Pflanzennährstoffen, besonders von Phosphor und Stickstoff sowie anderer organischer, sauerstoffzehrender Stoffe. Die Hauptbedeutung kommt dabei dem Phosphor zu, da er unter natürlichen Bedingungen die Rolle des Minimumfaktors unter den Pflanzennährstoffen spielt. Als *Beispiele* werden hier der Bodensee und der Chiemsee kurz behandelt.
Bodensee. Der Obersee (476 km^2 Fläche, 252 m maximale, 100 m mittlere Tiefe) war bis etwa 1940 ein typisch oligotropher See mit nährstoff- und deshalb produktionsarmem Epilimnion, mächtigem sauerstoffreichen Hypolimnion und nur einer Vollzirkulation im Winter. Die aus dem trophogenen Epilimnion in verhältnismäßig geringer Menge absinkenden toten Planktonorganismen zersetzten sich größtenteils schon während des Absinkens. Daher konnte sich auf dem Seeboden nur wenig sauerstoffzehrender Detritus ansammeln. Die Sauerstoffsättigung des Tiefenwassers lag stets bei 75–80%.
Die Vollzirkulation konnte daher auch keine großen Nährstoffmengen in die oberen, durchlichteten Wasserschichten bringen. Im Höchstfall und nur selten konnte dicht über dem Grund 2 mg P/m^3 nachgewiesen werden, in den höheren Wasserschichten überhaupt kein freies gelöstes Phosphat. Im März 1974 betrug die Durchschnittskonzentration in allen Tiefen 74 mg Gesamtphosphat/m^3! Die Konzentration, bei der der See noch als oligotroph gelten kann, beträgt etwa 1 mg P/m^3. Schon bei 5 mg P/m^3 wird die Eutrophierung stark beschleunigt. Nach Wagner [1976] betrug im Jahr 1974 der P-Gesamteintrag in den Bodensee-Obersee (Vergleichszahlen für 1935 in Klammern) 1929 t (311 t). Davon stammten aus den Fäkalien der Bevölkerung 377 t (186 t), aus Polyphosphaten besonders der Waschmittel 1137 t (12 t), aus von landwirtschaftlichen Kulturflächen hauptsächlich durch Flächenerosion abgeschwemmtem Dünger 167 t (65 t), aus Niederschlägen der durch Emissionen belasteten Atmosphäre 121 t (19 t) und aus der natürlichen Grundfracht der Zuflüsse 10 t (10 t). Im Winter 1972/73 war die Sauerstoffsättigung auf 19% abgesunken [Elster 1975].

Für den Chiemsee stellen Kaiser und Scheffelt schon 1925 fest, daß der ursprünglich rein oligotrophe See bereits mesotrophen Charakter habe und die Tendenz zur Eutrophierung erkennen lasse. 1952/53 betrug die Sauerstoffsättigung im Tiefenwasser des Weitsees noch 63%, 1972/74 nur noch 40–50%. Die mittlere Konzentration des Gesamtphosphors lag 1975 in allen Wasserschichten bei 10–15 mg P/m^3. Die Gesamtbelastung des Chiemsees mit pflanzenverfügbarem Phosphor wird für 1973/74 mit 115 t angegeben, die zu 61% aus Abwassereinleitungen stammen [Bayer. Landesamt für Wasserwirtschaft 1976].
Der hohe Nährstoffeintrag – besonders von Phosphat (PO_4), weniger bedeutungsvoll von Nitrat (NO_3) und Ammonium (NH_4) – führt zu einer qualitativen und quantitativen Veränderung der Primärproduktion und in der Folge des gesamten Organismenbestandes der betroffenen Seen. In der *Litoralzone* entwickeln sich, besonders in Buchten, dichte Bestände höherer Unterwasserpflanzen, vor allem verschiedene Laichkrautarten *(Potamogeton sp.)*. Sie können im Extremfall von Fadenalgen überwuchert und erstickt werden. In kleineren Seen werden große Bezirke der Wasseroberfläche von Wasserlinsenteppichen *(Lemna sp.)* bedeckt.
Nach übereinstimmenden Untersuchungsergebnissen von Forsberg [1965] und Melzer [1976] in schwedischen bzw. südbayerischen Seen sind Armleuchteralgen *(Characeae)* zuverlässige Bioindikatoren für den Trophiegrad eines Gewässers. In Gewässern mit mehr als 20 µg P/l kommen Charaarten nicht mehr vor bzw. verschwinden, wenn dieser Wert überschritten wird. Im Phytoplankton nehmen die für oligotrophe Seen typischen Kieselalgen *(Diatomeen)* mit fortschreitender Eutrophierung zunächst an Zahl pro Wasservolumen zu, treten aber dann mehr und mehr zugunsten von Blaualgen zurück, die schließlich zu Massenvermehrungen (Wasserblüten) kommen. So trat im Untersee des Bodensees 1972 *Aphanizomenon sp.* in riesigen Mengen auf, im Chiemsee die Netzblaualge *(Microcystis aeruginosa),* die Blasse

Abb. 43 Verschmutzung des Bodensees durch Abwasser – Vor dem Strand von Langenargen. Foto K. Buchwald.

Schwingalge *(Oscillatoria redekei)* und die durch besonders hohen Phosphorbedarf gekennzeichnete Burgunderblutalge *(Oscillatoria rubescens)*. Während im Jahr 1925 im Chiemsee verschiedene Kieselalgen Individuendichten von 100–150 Stück pro Milliliter erreichten, kam 1975 *Oscillatoria redekei* auf 6200 Fäden je Milliliter! [Bay. Landesamt für Wasserwirtsch. 1976].
Als Folge der Massenvermehrung der Primärproduzenten nimmt auch das Zooplankton entsprechend zu, dessen Artenzusammensetzung sich ebenfalls ändert.
Die toten Organismen der trophogenen Schicht sinken zum Seeboden ab und bilden dort ein nährstoffreiches Sediment, bei dessen bakteriellem Abbau große Mengen von Sauerstoff verbraucht werden. Die Bodenfauna antwortet auf Veränderungen ihres Lebensraumes sehr sensibel in qualitativer und quantitativer Hinsicht.
Einige Arten der Bodenfauna sind äußerst empfindlich gegenüber Sauerstoffmangel, andere widerstandsfähig gegen schwere Verschmutzungsgrade. Gewisse Fremdstoffe, wie Metalle und Pestizide können von den Bodentieren in meßbaren Mengen kumuliert werden. Die wichtigsten Indikatororganismen sind Zuckmückenlarven *(Chironomidae)*, Schlammröhrenwürmer *(Tubificidae)* und Büschelmückenlarven *(Chaoborus sp.)*. WIEDERHOLM [1973] gibt nach einer vergleichenden Untersuchung der Bodenfauna der großen schwedischen Seen (Mälaren, Vänern und Vättern) eine Skala von Chironomidenlarven, geordnet nach steigender Toleranz gegenüber Verschmutzung, die auf S. 100 oben wiedergegeben ist.
Im *Chiemsee* war 1936 noch die für oligotrophe Verhältnisse typische Chironomidengattung *Tanytarsus* die Leitform. Aber *Sergentia*-Larven waren auch schon zahlreich. 1958/60 waren die *Tanytarsus*-Larven völlig verschwunden, *Sergentia* auf die Tiefenregionen des Weitsees beschränkt, im übrigen die beiden eutrophen *Chironomusarten (Ch. anthracinus* u. *Ch. plumosus)* mit Besiedelungsdichten bis zu 5000 Larven/m^2 vorherrschend.

Abb. 44 Verschmutzung des Bodensees. Massenvermehrung von Blaualgen im Litoral vor einem Campingplatz. Foto K. BUCHWALD.

Art	Typischer Trophiegrad des Wohngewässers
Heterotrissocladius subpilosus	äußerst oligotroph
Tanytarsus sp.	
Micropsectra spp.	oligotroph
Stictochironomus rosenschöldi	mesotroph
Sergentia coracima	mesotroph
Chironomus anthracinus	eutroph
Chironomus plumosus	sehr eutroph

Chaoborus flavicans ist Indikator für äußerst verschmutztes Wasser.

Die Fischproduktion nimmt, jedenfalls in Seen mit großem Wasservolumen, in den ersten Stadien der Eutrophierung dank des größeren Nahrungsangebots insgesamt stark zu. Im Obersee des Bodensees z. B. von 1930–1973 auf das Fünffache. Dabei gehen aber im allgemeinen die Salmoniden (Forellenartige, Edelfische) erheblich zurück (im Obersee des Bodensees z. B. von 80% des Gesamtfangs auf 20%), während die Weißfische außerordentlich zunehmen (z. B. Barsch, Brachsen, Plötze).

Fortschreitende Eutrophierung führt schließlich zu immer größerem Sauerstoffdefizit, Schwefelwasserstoffbildung im Sediment, schließlich zum »Umkippen«, d. h. dem biologischen Tod des Sees. Solche Gewässer scheiden dann natürlich für Trinkwassergewinnung und Erholungsnutzung aus.

Die Hauptbedeutung des überhöhten Phosphoreintrags betrifft mithin den *Sauerstoffhaushalt* der Seen. STUMM und STUMM-ZOLLINGER [1968] haben dies aufgrund einer Überschlagsrechnung eindrucksvoll dargelegt und gleichzeitig gezeigt, daß es für die Sanierung der Seen ausschlaggebend ist, zunächst den Phosphoreintrag so weit wie irgend möglich zu vermindern: Das Abwasser eines Einwohners enthält pro Tag durchschnittlich 4 g P. Nun führt 1 g P in der trophogenen Schicht der Seen im Wege der Photosynthese zu etwa 100 g organischer Substanz. Bei der Mineralisation von 100 g organischer Substanz werden 142,5 g O_2 verbraucht, von 400 g organischer Substanz mithin 570 g O_2. In der trophogenen Schicht werden etwa 70% der dort gebildeten organischen Substanz auch wieder abgebaut: kurz geschlossener Kreislauf [OHLE 1962]. Die restlichen etwa 30% der Primärproduktion werden sedimentiert und beim Absinken zum Seeboden bei ausreichendem Sauerstoffgehalt vollständig mineralisiert, wozu also auch 30% von 570 g O_2 = 171 g O_2 verbraucht werden. Das ist etwa das *Dreifache* des BSB_5-Wertes von 60 g O_2, der in der biochemischen Stufe der Kläranlagen zum Abbau der organischen Abwässer eines Einwohners im Mittel benötigt wird.

Eine gefährliche Beschleunigung erfährt die Eutrophierung dann, wenn die im Bodensediment in mineralischer Form festgelegten Phosphate bei stark sinkendem Sauerstoffgehalt oder völligem Sauerstoffschwund in Lösung gehen. Im Falle des Bodensees sind manche Fachleute der Meinung, daß diese äußerst kritische Entwicklungsphase mindestens zeitweise und regional bereits begonnen hat.

Im Fall des Chiemsees gilt es zur Vermeidung dieser Entwicklung den jährlichen Gesamtphosphoreintrag auf wenigstens 80 t zu senken.

KALBE [1977] hat eine Zusammenstellung derjenigen Phosphor- und Stickstoffmengen – bezogen auf Quadratmeter und Jahr – gemacht, die gerade noch unter der kritischen Grenze sind. Dabei werden auch Tiefe, Temperaturschichtung und Hauptnutzung der Seen berücksichtigt.

Für die *Sanierung* eutrophierter Seen gibt es nach dem derzeitigen Stand von Wissenschaft und Technik folgende Möglichkeiten:

1. *Ringkanalisation:* Die Abwässer aller im Seeuferbereich liegenden Siedlungen und Gewerbebetriebe (letztere gegebenenfalls nach entsprechender Sonderbehandlung) werden in einem dem Seeufer folgenden, »ringförmigen« Hauptsammler zusammengefaßt und einer entsprechend ausgelegten zweistufigen zentralen Kläranlage – meist in der Nähe des Seeausflusses gelegen – zugeleitet. Vorfluter dieser Zentralkläranlage ist nicht der See, sondern dessen Abfluß. Vorteile: Der See wird von unmittelbaren Einleitungen völlig befreit. Die besonders

Tabelle 16 Tolerierbare P- und N-Belastung in Abhängigkeit von Tiefe und Nutzung stehender Gewässer.

Flachseen bis 5 m Tiefe und Erholungsnutzung	
0,07 g $P/m^2 \cdot a$	1,0 g $N/m^2 \cdot a$
Flachseen bis 5 m Tiefe mit Erholungsnutzung und Fischerei	
0,13 g $P/m^2 \cdot a$	2,0 g $N/m^2 \cdot a$
Flachseen bis 5 m Tiefe und ausreichenden Bedingungen für die Fischerei	
0,3 g $P/m^2 \cdot a$	4,5 g $N/m^2 \cdot a$
Geschichtete Seen bis 10 m Tiefe	
0,1 g $P/m^2 \cdot a$	1,5 g $N/m^2 \cdot a$
Geschichtete Seen bis 50 m Tiefe	
0,25 g $P/m^2 \cdot a$	4,0 g $N/m^2 \cdot a$
Geschichtete Seen bis 100 m Tiefe	
0,4 g $P/m^2 \cdot a$	6,0 g $N/m^2 \cdot a$

Aus SR-U [1978].

wertvolle Uferlandschaft wird nicht für mehrere Kläranlagenbauwerke beansprucht. Beim Bau einer Vielzahl von Kläranlagen in den Ufergemeinden wirken sich zudem die erfahrungsgemäß erheblichen Leistungsschwankungen kleiner und mittelgroßer Kläranlagen ungünstig auf den Reinigungseffekt aus. Für den vollen Erfolg der Sanierung ist es allerdings erforderlich, auch den mittelbaren Abwassereintrag über die Zuflüsse weitestgehend auszuschalten durch Neubau oder Ausbau (mit 3. Reinigungsstufe) von Kläranlagen im gesamten Einzugsgebiet des Sees. Neuerdings wird auch die – in Österreich bereits verwirklichte – Verlegung der Ringleitung im See selbst propagiert, wodurch Eingriffe in der Uferlandschaft vermieden werden.

Abwasser-Ringkanalisationen wurden im Gebiet der Bundesrepublik Deutschland bisher besonders in Bayern gebaut. Nach dem Stand von 1977 existieren folgende voll funktionsfähige Ringkanalisationen: Ammersee mit Wörth- und Pilsensee, Hintersee, Tegernsee, Schliersee, Spitzingsee, Staffelsee, Starnberger See. Im Bau ist die Ringkanalisation um den Simsee, geplant die Ringkanalisation für den Chiemsee.

2. *Möglichst vollständige Erfassung aller im Seeuferbereich anfallenden Abwässer* aus Siedlungen, Gewerbe- und Industriebetrieben *und Zuleitung zu* einem oder mehreren zentralen *Klärwerken* (bei den gewerblichen und industriellen Abwässern erforderlichenfalls nach entsprechender Vorbehandlung), die mit Anlagen zur chemischen Fällung der Phosphate (3. Reinigungsstufe) und Regenwasserbecken ausgerüstet sind. Einleitung der so aufbereiteten Abwässer an einer (wenigen), besonders ausgewählte(n) Stelle (Tiefe!) in den See.
   Dieses Verfahren wird z. Zt. am Bodensee angewandt.
   In Schweden setzt man besonders große Hoffnungen auf die Ausrüstung der Klärwerke mit der 3. Reinigungsstufe. Die erste derartige Anlage wurde dort 1968 in Betrieb genommen, heute arbeiten schon über 600.
   Welche Anteile des gesamten, im Abwasser enthaltenen Phosphors durch die verschiedenen Methoden der Abwasserbehandlung ausgeschieden werden können, zeigt Tab. 17.
   Mit den vorstehend unter 1. und 2. besprochenen Maßnahmen konnte man während der letzten Jahre eine Reihe von ehemals stark verschmutzten Seen sanieren. Besonders eindrucksvoll ist u. a. die Erholung des Tegern- und des Zürichsees [Hamm 1971, Thomas 1970]. In anderen Fällen waren die Ergebnisse – zumindest bisher – nicht ganz befriedigend. Jeder See hat wegen seiner jeweils besonderen hydrogeologischen und biochemischen Eigenschaften einen weitgehend individuellen Charakter. Man kann daher auch eine einheitliche Reaktion auf eine bestimmte Maßnahme – die mehr oder weniger vollständige Ausschaltung des Nährstoffeintrags – nicht erwarten. Laufende Untersuchungen müssen in jedem Fall den Erholungsprozeß kontrollieren.

Tabelle 17 Erfahrungswerte zum Phosphoreintrag aus Abwasser in Vorfluter.

Nährstoffherkunft	Nährstoffanfall
aus dem physiologischen Stoffumsatz aus Wasch- und Reinigungsmitteln	1,5–2,0 g P/(E.Tag) 1,5–2,0 g P/(E.Tag)
gesamt: mittlerer Jahreswert	3,0–4,0 g P/(E.Tag) 1,4 kg P/(E.Jahr)
Abwasserbehandlung	Verminderung des im Abwasser enthaltenen Phosphors
Abwasserableitung aus dem Niederschlagsgebiet des Sees mit Regenwasserbecken	nahezu 100%
mechanisch-biologische und chemische Abwasserbehandlung (je nach Fällungsverfahren und Auslastung der Anlage)	70–90%
mechanisch-biologische Abwasserreinigung	30–40%
mechanische Abwasserklärung	15–20%
mechanische Abwasserklärung mit anschließender Versickerung (je nach Bodendurchlässigkeit und Ufernähe der Versickerung)	50–95%
landwirtschaftliche Abwasserverwertung	rd. 95%

Aus: Bayer. Landesamt für Wasserwirtschaft [1976] Gewässerschutztechnische Studie zur Reinhaltung des Chiemsees. München. Unveröffentlicht.

3. *Besondere Maßnahmen bei flachen Seen:* Nach den Erfahrungen der letzten Jahre ist zwar auch bei flachen Seen (mittlere Tiefe bis zu etwa 5 m) die Fernhaltung der Phosphate die unerläßliche Voraussetzung für die Erholung, diese Maßnahme allein aber genügt bei derartigen Gewässern nicht:
In diesen flachen Gewässern bildet sich oft während der gesamten Vegetationszeit keine Temperaturschichtung, besonders auch keine Sprungschicht (Metalimnion) aus. Die gesamte Wassermasse kann deshalb durch die Stoffe des Sediments beeinflußt und mit von dort in Lösung gehenden Nährstoffen angereichert werden. Dabei kann es sich um beträchtliche Mengen von Phosphaten handeln, wodurch trotz der Eindämmung des externen Phosphoreintrags die Phytoplanktonproduktion entsprechend gesteigert wird und als Rückkopplungseffekt dann wieder die Phosphorfreisetzung aus dem Sediment. Zur endgültigen Sanierung solcher Seen bieten sich nach dem heutigen Stand von Wissenschaft und Technik folgende Verfahren an:

a) *Ausbaggern oder Absaugen des Bodenschlamms.* Nachteile: Das Verfahren ist teuer. Man benötigt zur Lagerung des sehr wasserhaltigen Schlamms ausreichende Flächen möglichst nahe beim See: Geländemulden oder Täler, die durch Erddämme abgesperrt werden müssen.

b) *Künstliche Belüftung* für bestimmte Zeit. Die Erhöhung des Sauerstoffgehalts beschleunigt einerseits die Mineralisation der organischen Substanz und regt andererseits Eisen-Phosphorreaktionen an, die den Trophiegrad senken. Zur künstlichen Durchlüftung von Seen wurden mehrere Verfahren entwickelt. Eine sehr gute Zusammenstellung der Technologien einschließlich der Kosten bringt Imhoff [1975]. Siehe auch Fast [1971]. Die künstliche Belüftung stehender Gewässer muß aber stets nur als Hilfsmaßnahme zur Überbrückung besonders kritischer Phasen im Prozeß der See-Eutrophierung angesehen werden.

c) Über ein neues, sehr interessantes Verfahren der *chemischen Oxidation phosphatreicher Seesedimente* in situ durch Injektion von Nitraten berichtet Ripl [1976]. Im Laufe von drei Wochen werden nacheinander entsprechend berechnete Mengen von Lösungen von Eisenchlorid ($FeCl_3$), Löschkalk ($Ca(OH)_2$) und Calciumnitrat ($Ca(NO_3)_2$) in das Bodensediment eingeleitet. Als Ergebnisse dieser Behandlung ergaben sich in praktischer Erprobung an dem 4,2 ha großen See Lillesjön (Jönköping, Südschweden) eine schnelle Oxidation der organischen Substanzen in der Boden-Wasser-Kontaktzone, Verschwinden der Sulfide, drastische Senkung des Phosphatgehalts in der Wasserschicht über dem Seeboden, Verminderung des Sauerstoffdefizits, starke Verlangsamung der Austauschreaktionen von Eisen und Phosphor, praktisch sofortige Denitrifikation, wobei das zugeführte Nitrat verschwindet, molekularer Stickstoff entweicht und gleichzeitig die Methan- und Schwefelwasserstoffbildung unterbrochen wird. Die Originalarbeit enthält genaue Angaben von Methodik und Kosten, die ganz wesentlich unter denen liegen, die für Schlammausbaggerung anfallen.

Belastung von Seen durch die Sportschiffahrt

Eine zahlenmäßige Überhandnahme der Sportschiffe im Verhältnis zur Seefläche kann in mehrfacher Hinsicht zu untragbaren Belastungen des Ökosystems und Beeinträchtigungen seiner übrigen Nutzungen (Badebetrieb, Fischerei, Trinkwassergewinnung) führen.

a) Auf dem Bodensee verkehrten z. B. 1977 etwa 35000 Sportboote, davon etwa 22000 mit Motoren ausgerüstete. Nach SIESSEGGER [1974] hat die Uferbank (0–5 m Wassertiefe) am baden-württembergischen Ufer im Untersee 19,4 km^2, im Obersee 19,8 km^2, zusammen 39,2 km^2 Fläche. Davon werden z. Zt. bereits 5% durch Hafen- und Steganlagen sowie Bojenfelder für Sportboote beansprucht. An Uferstrecke sind z. Zt. rund 10 km von Hafen- und Steganlagen besetzt; zusammen mit den für die nächsten Jahre bereits geplanten weiteren Häfen werden rund 10% des gesamten baden-württembergischen Ufers durch Sportboote beansprucht werden. In »kleineren«, sogenannten Intensivhäfen werden bei dichter Verankerung der Boote je Boot mittlerer Größe durchschnittlich *je* 43 m^2 Wasser- und Landfläche ohne Berücksichtigung der erforderlichen Parkplätze benötigt. Dieser enorme Flächenbedarf bedingt untragbare Eingriffe bzw. Zerstörungen in dem für das Ökosystem See so besonders wichtigen Litoral (vgl. Abschnitt 5.2.9).

b) Der Öleintrag durch Sportboote betrug 1977 beispielsweise im Bodensee rund 27 t [ZAHNER 1972, DORNIER 1973], wovon über 90% auf Zweitakt-Außenbordmotoren entfallen. Hinsichtlich der Einwirkung des Mineralöls auf Wasserorganismen besteht kein grundsätzlicher Unterschied zwischen Süß- und Salzwasser (s. Kap. 5.3., S. 122). Darüber hinaus verstärkt der Öleintrag die Tendenz zum Sauerstoffmangel in der Tiefenregion der Seen, was im Meer wegen der viel größeren Dimensionen nicht die gleiche Bedeutung hat. Die im Wasser gelösten und dispergierten Mineralölteilchen sinken schließlich, z. T. an abgestorbene Planktonorganismen geheftet, zum Sediment ab. Bei ihrem Abbau wird Sauerstoff verbraucht. BLUME [1971], KÖLLE und STIEGLITZ [1974] haben durch ihre Untersuchungen gezeigt, daß im Uferbereich des Bodensees über 60%, in den zentralen Bereichen über 85% der in den Sedimenten analysierten Kohlenwasserstoffe auf den Mineralöleintrag zurückgehen und die Konzentrationen dieser Stoffe bereits Werte erreicht haben, von denen giftige Wirkungen zu befürchten sind.

c) Im Bereich und in der Nachbarschaft der Liegeplätze von Sportbooten, die mit Wohn-, Koch- und Sanitäreinrichtungen ausgerüstet sind, wird die Einleitung der ja nicht einmal mechanisch gereinigten Abwässer ein hygienisches und ästhetisches Problem, zumal wenn es sich um Häfen mit Hunderten von Booten handelt.

d) Die gasförmigen Emissionen der Bootsmotore (etwa 70% Kohlenmonoxid, 15% Kohlenwasserstoffe, 15% Stickoxide) schichten sich direkt über der Wasseroberfläche ein, also dort, wo sich auch die schwimmenden und badenden Menschen befinden.

e) Die Lärmbelästigung der übrigen Erholungssuchenden und der Uferbewohner durch Motorboote kann erheblich sein.

Um diese Belastungen einzudämmen, sind folgende Maßnahmen erforderlich:

a) Begrenzung der Zulassungszahlen für Sportboote, besonders der Motorboote entsprechend der Seefläche und Uferlänge.

b) Konzentration der Liegeplätze an entsprechend ausgewählten Stellen.

c) Begrenzung der Stärke der Zweitaktmotoren auf 10 PS. Vorschrift eines Öl-Benzingemisches im Verhältnis 1:50.

d) Ausrüstung der Wohnboote mit Behältern zur Aufnahme der Fäkalien, Abfälle und Abwässer. Einrichtung geeigneter Annahmestellen in den Häfen.
e) Verbot der Schiffsreinigung mit phosphorhaltigen Waschmitteln. Vorschrift mechanischer Verfahren zur Reinigung der Boote, z. B. Dampfstrahl- oder Heißwasserhochdruckgeräte.
f) Festlegung von Sperrzonen für Motorboote, je nach Seegröße 300–500 m Uferabstand. Strenges Verbot für alle Sportboote, in den Uferpflanzengürtel hineinzufahren.

Die Rolle der Landwirtschaft bei der Eutrophierung der Gewässer
Seit einigen Jahren wird die Bedeutung der Nährstoffausschwemmung aus landwirtschaftlichen Kulturflächen für die Eutrophierung der Gewässer, besonders stehender Gewässer, eingehend diskutiert. Anlaß war u. a. die Beobachtung, daß auch nach vollständiger Zurückhaltung aller Abwässer durch Ringleitungen und in Seen ohne oberirdische Zuflüsse die Phytoplanktonproduktion nicht oder nur in den ersten Jahren nach der Sanierung zurückging und dann wieder anstieg. Man schloß daher auf den Eintrag von Pflanzennährstoffen aus übermäßig gedüngten Kulturflächen der Umgebung. Solche Schlußfolgerungen müssen sich auf entsprechende Untersuchungen stützen. Es können z. B. (s. S. 100) auch bereits im Seeboden sedimentierte Phosphate wieder in Lösung gehen. Der Nährstoff-, besonders der Phosphoreintrag aus landwirtschaftlichen Nutzflächen in Gewässern hängt jedenfalls sehr von den jeweiligen klimatischen und orographischen Verhältnissen, der Bodenstruktur und -entwässerung (Tiefenlage der Drainagen) und den Nutzungsformen (Halm- oder Hackfruchtbau, Zwischenfruchtanbau, Weidenutzung usw.) ab. Ein einfacher Rückschluß von den Kunstdüngergaben je Hektar auf den Nährstoffaustrag ist jedenfalls nicht statthaft. Andererseits kann dieser Nährstoffaustrag auch nachgewiesenermaßen sehr erheblich sein. So betrug nach den gewissenhaften Berechnungen des Bayerischen Landesamtes für Wasserwirtschaft (1976) der Gesamteintrag von pflanzenverfügbarem Phosphor in den Chiemsee 109,9 t/Jahr (1977). Davon stammen aus Abwässern 69,9 t/Jahr, der Rest von 45 t/Jahr wird »von den Einzugsflächen abgeschwemmt bzw. ausgewaschen oder (ist) diffusen Jaucheeinleitungen zuzuordnen«. Dieser sehr ins Gewicht fallende Anteil kann also auch durch eine vollständige Abwassersanierung nicht ausgeschaltet werden. Phosphor und Stickstoff verhalten sich jedenfalls im Boden sehr verschieden (s. S. 29/30). Bucksteeg und Hollfelder [1975], Hanus [1975] u. a. nennen eine Reihe von Möglichkeiten, deren Beachtung durch die Landwirtschaft den Nährstoffeintrag in Gewässer jedenfalls sehr vermindern würde. Der nachdrücklichen Beratung der Landwirte kommt hier große Bedeutung zu. Besonders sollte auf folgendes geachtet werden:
- Keine Düngung auf wassergesättigtem oder gefrorenem Boden,
- keine Düngung über den tatsächlichen pflanzenphysiologischen Bedarf hinaus,
- Verabreichung der Gesamtdüngermenge in mehreren, auf den Vegetationsablauf abgestimmten Teilgaben,
- Abstimmung der Düngung auf Bodentyp und Kulturart, gegebenenfalls nach Prüfung und Beratung durch das zuständige Amt,
- keine konzentrierte Aufbringung von Jauche oder Gülle,
- Vermeidung von Jauche-, Gülle- oder Mistaufbringung im direkten Uferbereich von Gewässern,
- Verhütung von Bodenerosion, besonders Flächenerosion im gesamten Einzugsgebiet (s. Kap. 5.1)
- Ordnungsgemäßer Ausbau von Dungstätten, Jauche- und Güllegruben sowie Futtersilos

5.2.9 Bedeutung und Gefährdung der Ufervegetation

In nahrungsreichen stehenden und langsam fließenden Gewässern zeigt die Ufervegetation in ungestörtem Zustand einen typisch zonalen Aufbau: Vom Ufer zur freien Wasserfläche folgen aufeinander:
- Der Röhrichtgürtel *(Phragmitetum* oder *Scirpeto-Phragmitetum).* Charakterpflanze Schilf *(Phragmites communis);* außerdem Rohrkolben *(Typha sp.),* Teichsimse *(Schoenoplectus* (= *Scirpus) lacustris)* u. a.

- Die Schwimmblattgesellschaft *(Nupharetum)*. Charakterpflanze Teichrose *(Nuphar luteum)*; außerdem Seerose *(Nymphaea alba)*, schwimmendes Laichkraut *(Potamogetan natans)* u. a.
- Der Großlaichkrautrasen *(Magno-Potamogetum)*. Charakterpflanzen die großen Laichkräuter, wie *Potamogeton perfoliatus, P. crispus;* außerdem Tausendblatt *(Myriophyllum spicatum)*, Hornblatt *(Ceratophyllum demersum)*.
- Die Zone der Armleuchteralgen. Charakterpflanze: *Chara aspera*.

Die Uferzone mit ihrer Vegetation – Übergangszone zwischen Wasser und Land – spielt im Haushalt der Gewässer eine wichtige Rolle. Ihre Bedeutung beruht besonders auf folgenden Tatsachen:

Im ufernahen Wasserbereich größerer Seen unterliegt das Bodensediment bis zu einer Tiefe von 4–5 m voll der Einwirkung der Wellen. Organische, aus dem Festland eingeschwemmte Stoffe werden dadurch immer wieder umgelagert und in dieser – im Vergleich zum übrigen Wasserkörper – sauerstoffreicheren und wärmeren Wasserschicht schneller abgebaut als in den tieferen Wasserschichten.

Die Stengel und Blätter der Pflanzen des Röhrichtgürtels sind von einem dichten Rasen von Aufwuchsalgen (epiphytische Algen) überzogen: Kiesel-, Grün- und Blaualgen in über 100 Arten. SUKOPP [1968] hat bis zu 492 Individuen einer bestimmten Kieselalgengruppe *je Quadratmillimeter* Schilfstengeloberfläche festgestellt! In der Primärproduktion übertreffen diese Aufwuchsalgen oft das Phytoplankton des freien Wasserraumes. Der Algenrasen ist die Lebensstätte zahlreicher Aufwuchstiere, besonders von Wimpertierchen, Rädertierchen, Kleinkrebsen, Wasserinsektenlarven in Hunderten von Arten. Die meisten Aufwuchsorganismen dienen Jungfischen, viele den Jungen von Wasservögeln als Nahrung.

Im Zusammenhang mit der Gewässereutrophierung spielt das Schilf *(Phragmites)* eine besonders positive Rolle: Es nimmt mit den Adventivwurzeln seiner Stengel die benötigten Nährstoffe nicht aus dem Boden, sondern dem Wasser auf [RUDESCU u. a. 1965] und trägt so zur Reinhaltung eines Sees bei. Die vom Schilf aufgenommenen »Nährstoffe gelangen nicht mehr in das freie Wasser und stehen somit dem Phytoplankton nicht mehr zur Verfügung. Beim Absterben belasten die Schilfpflanzen den See wenig, da die Nährstoffe großenteils in den unterirdischen Rhizomen (Kriechsprossen) gespeichert werden.« [STEINBERG 1977].

Die wichtigsten Funktionen des Röhrichtgürtels sind:

- Er ist die produktivste Zone des Gewässers.
- Er trägt wesentlich zur Selbstreinigung des Gewässers bei.
- Er ist Laichgebiet aller ufer-(»kraut-«)laichenden Fische (Karpfen, Barsch, Brachsen, Schleie, Rotauge, Rotfeder, Hecht u. a.); er ist Lebensraum der Jungfische.
- Er ist der Brut- und Lebensraum der meisten Wasservögel.
- Er bildet einen hervorragenden Uferschutz gegen Wellenerosion.

Während der letzten Jahrzehnte wurde die Ufervegetation unserer meisten Gewässer schwer geschädigt und dezimiert. Nach Erhebungen des Wasserwirtschaftsamtes Weilheim (1977) z. B. sind am Ostufer des Ammersees 58%, am Westufer 62% des Schilfbestandes bereits vernichtet. Als Ursachen sind besonders zu nennen:

- Anlage von Badestränden, Bootsstegen, Bootshäfen, Uferpromenaden aus Stein oder Beton.
- Bau von Wochenendhäusern, Freizeitsiedlungen, Campingplätzen am Ufer.
- Massierter Wassersport (Baden, Bootsfahren, Windsurfing, Segeln) verbunden mit teilweiser aktiver Vegetationsvernichtung.
- Algenblüten und aufschwimmende Algenteppiche, die als Folge der Eutrophierung auftreten und besonders im Frühjahr das Austreiben der Schilfsprosse aus den Rhizomen durch Beschattung hemmen. Näheres s. bei STEINBERG [1977].

  Verstärkte Schutzmaßnahmen für die Ufervegetation sind also dringend nötig:
- Ausweisung und deutliche Abgrenzung von Badeplätzen, die mit sanitären Einrichtungen auszustatten sind.
- Ausweisung von Sperrzonen für Sportboote aller Art.
- Möglichst weitgehende Zusammenfassung der Zugänge von Ufergrundstücken.
- Ausweisung von Schutzzonen mit Betretungsverboten.

Schrifttum

Abwärmekommission, 1976: Allgemeine Abwärmeprobleme bei Wärmekraftwerken Berlin (Veröff. des Umweltbundesamtes).

Ackefors, H., Löfroth, G. und C.-G. Rosén, 1970: A Survey of the Mercury Pollution Problem in Sweden with special Reference to Fish. Oceanogr. Mar. Biol. Ann. Rev. Bd. 8.

Annen, G., 1977: Klärwerk Emschermündung. Voraussetzungen – Planungsgrundsätze – Wirkung. gwf – wasser/abwasser 118, H. 5.

Bayer. Landesamt für Wasserwirtschaft, 1976: Gewässerschutztechnische Studie zur Reinhaltung des Chiemsees, München. Unveröffentlicht.

Bick, H., 1978: Schadstoffe und Schadwirkungen in Ökosystemen. In: SR-U Umweltgutachten 1978.

Bischofsberger, W., 1977: Spezielle Probleme der Siedlungswasserwirtschaft. In: Berichte aus der Flurbereinigung 29., Hrsg.: Bayer. Staatsministerium für Ernährung, Landwirtschaft und Forsten.

Blume, M., 1971: Verunreinigung der Gewässer durch Öl. – Zum Problem der persistenten Chemikalien in der Umwelt. Eidgen. Techn. Hochsch., Eidgen. Anstalt für Wasserversorgung, Abwasserreinigung u. Gewässerschutz. Separatdruck 398 Zürich-Dübendorf.

Bucksteeg, K. und F. Hollfelder, 1975: Phosphor und Gewässerschutz. In: bau-intern, Wasser und Abwasser, H. 6.

Dittmar, H., 1955: Ein Sauerlandbach – Untersuchungen an einem Wiesen-Mittelgebirgsbach. Arch. f. Hydrobiol. Jg. 50.

Dornier, 1973: Untersuchung über die Ölverschmutzung des Bodensees durch Sport- und Gewerbeschifffahrt. Gutachten im Auftrag d. Min. f. Landwirtsch., Ernährung u. Umwelt Baden-Württemberg (Unveröff. Mskr.).

Engelhardt, W., 1951: Faunistisch-ökologische Untersuchungen über Wasserinsekten in den südlichen Zuflüssen des Ammersees. Mitt. Münchener Entomol. Ges. Jhrg. XLI.

Ders., 1958: Limnologische Untersuchungen im Walchensee in den Jahren 1950–58, II. Untersuchungen über die Litoralfauna des Walchensees Oberbayern u. ihre Beeinflussung durch den Staubetrieb. Arch. Fischereiwiss. H. 3.

Ders., 1958: Wasserkraftwerke u. Fischereischutzmaßnahmen in Schottland. Die Wasserwirtschaft Nr. 12.

Ders., 1962: Probleme von Forschung u. Lehre auf dem Gebiet des Wasserbaues aus der Sicht des Landschaftsökologen u. Landschaftspflegers. Natur und Landschaft Nr. 10.

Ders., 1977: Was lebt in Tümpel, Bach und Weiher? Eine Einführung in die Lehre vom Leben der Binnengewässer. 7. Aufl. Franckh'sche Verlagshandlung, Stuttgart.

Ders., 1977: Umweltschutz. 3. Aufl. Bayer. Schulbuch-Verlag, München.

Fagerström, T. und B. Asell, 1973: Methyl Mercury Accumulation in an Aquatic Food Chain, A Model and Some Implications for Research Planning. Ambio. Vol. II, Nr. 5.

Fast, A. W., 1971: Environmental Protection Agency. Water Pollution Control Research. Series Nr. 16010 EXE 12.

Forsberg, C., 1965a: Environmental Conditions of Swedish Charophytes. Symb. Bot. Upsala Bd. 11.

Ders., 1965b: Nutritional Studies of Chara in Axenic Cultures. Physiol. Plant. Bd. 18.

Graefen, H., Dönges, H. J. und D. Radcke, 1977: Klärwerk Emschermündung. Bemessung, Konstruktion, Betrieb. gwf – wasser/abwasser 118, H. 5.

Hamm, A., 1971: Limnologische Untersuchungen am Tegernsee und Schliersee nach der Abwasserreinigung, Stand 1970. Wasser- u. Abwasserforschung, Nr. 5.

Hanus, H., 1976: Aktuelle Fragen der N-Düngung zu Getreide. Vorträge zur Hochschultagung des Agrarwissensch. Fachbereichs der Univ. Kiel, Bd. 54.

Imhoff, K., 1975: Wasser für die Erholungslandschaft. Erfahrungen mit der Belüftung von Seen u. Fließgewässern. In: Wasser für die Erholungslandschaft, Münchener Beiträge zur Abwasser-, Fischerei- und Flußbiologie, Bd. 26. Oldenbourg-Verlag, München – Wien.

Kaiser, P. E. und E. Scheffelt, 1925: Das Phytoplankton des Chiemsees. Arch. f. Hydrobiol., Bd. 15.

Kalbe, L., 1977: Wasserwirtschaftliche Grundlagen der Seesanierung unter besonderer Berücksichtigung der See-Entschlammung. Wasserwirtschaft – Wassertechnik, Bd. 27.

Kölle, W. und L. Stieglitz, 1974: Petrochemische u. biogene Kohlenwasserstoffe in den Sedimenten des Bodensees. Zschr. vom Wasser, Bd. 43.

Kovács, G., 1977: Human Interaction with Groundwater. In: Ambio. Vol. VI., Nr. 1.

Liebmann, H., 1939/40: Über den Einfluß der Verkrautung auf den Selbstreinigungsvorgang in der Saale unterhalb Hof. Vom Wasser 14.

Ders., 1960: Handbuch der Frischwasser- und Abwasser-Biologie, 2. München.

Ders., (Hrsg.), 1965: Die 3. Reinigungsstufe und die Wasser- und Abwasserbelüftung. Münchener Beiträge zur Abwasser-, Fischerei- und Flußbiologie, Bd. 12. R. Oldenbourg, München.

Ders., (Hrsg.), 1972: Abbau und Elimination in Wasser und Abwasser. Münchener Beiträge zur Abwasser-, Fischerei- und Flußbiologie, Bd. 22. R. Oldenbourg, München.
Ludwig, K. und H.-J. Scholze, 1976: Maßnahmen zur verstärkten Berücksichtigung der Ökologie im Wasserbau. Wasserwirtschaft und Wassertechnik, H. 6.
Melzer, A., 1976: Makrophytische Wasserpflanzen als Indikatoren des Gewässerzustandes oberbayerischer Seen, dargestellt im Rahmen limnologischer Untersuchungen an den Osterseen und den Eggstätt-Hemhofer Seen (Oberbayern). Diss. Lehrst. f. Landschaftsökologie der TU München, Weihenstephan.
Müller, G., 1977: Sedimentary Record of Heavy Metals and Polycyclic Aromatic Hydrocarbons in Lake. Constance Naturwissenschaften, Bd. 64.
Neddens, M., 1977: Modell des ökologisch-sozioökonomischen Umweltsystems. Exposé im Auftrag des BMI zur »Envitec 77«.
Nisbet, M., 1961: Un example de pollution de rivière par vidange retenue hydroélectrique. Verh. Internat. Verein. Limnol. 14. Stuttgart.
Ohle, W., 1962: Der Stoffhaushalt der Seen als Grundlage einer allgemeinen Stoffwechseldynamik der Gewässer. Kieler Meeresforschungen, Bd. 18.
Reichholf, J., 1976: Die quantitative Bedeutung der Wasservögel für das Ökosystem eines Innstausees. Verh. Ges. Ökol. Wien 1975.
Ders., 1976: Zur Öko-Struktur von Flußstauseen. Natur und Landschaft, Bd. 51.
Ders., 1977: Biotopstruktur und Funktionen der Staustufen am Unteren Inn. Verh. Ges. Ökol. Göttingen 1976.
Rincke, G., 1978: Wasserwirtschaft. In: SR-U Umweltgutachten 1978.
Ripl, W., 1976: Biochemical Oxidation of Polluted Lake Sediment with Nitrate. A New Lake Restoration Method. Ambio. Vol. V, Nr. 3.
Rudescu, L., Nidulescu, C. und P. I. Chivu, 1965: Die Monographie des Schilfrohrs.
Ryding, S.-O. und C. Forsberg, 1976: Six Polluted Lakes: A Preliminary Evaluation of the Treatment and Recovery Processes. Ambio. Vol. V, Nr. 4.
Schauberger, W., 1957: Naturgemäßer Wasserbau an geschiebeführenden Flüssen. In: Naturnaher Ausbau von Wasserläufen. Landwirtschaft – Angewandte Wissenschaft, Nr. 79. Hiltrup/W.
Schiemenz, F., 1957: Binnenfischerei in Niedersachsen und ihr Verhältnis zur Technik. Neues Arch. für Niedersachsen, 9.
Shadin, W. J., 1961: Die Wirkung von Stauanlagen auf natürliche Gewässer. Verh. Internat. Verein. Limnol. 14. Stuttgart.
Siessegger, B., 1976: mündliche Mitteilung.
Skalski, K., 1961: Selbstreinigung von Oberflächengewässern, die mit Abwässern der Lebensmittelindustrie belastet sind (unter Mitwirkung von Uferpflanzen). Verh. Internat. Verein Limnol. 14, Stuttgart.
Sontheimer, H., 1970: Der Verschmutzungsfaktor zur Bewertung von Abwassereinleitungen. In gwf – wasser/abwasser 111.
SR-U, 1976: Umweltprobleme des Rheins. 3. Sondergutachten des Rates von Sachverständigen für Umweltfragen. Verlag Dr. Hans Meyer, Bonn – Bad Godesberg.
SR-U, 1978: Umweltgutachten 1978. Der Rat von Sachverständigen für Umweltfragen. Verlag W. Kohlhammer, Mainz.
Steinberg, Ch., 1977: Bedeutung des Röhrichtes an Gewässern, Garten und Landschaft, H. 8. München.
Stumm, W. und E. Stumm-Zollinger, 1968: In Ambühl, H. 1975: Versuch der Quantifizierung der Beeinflussung des Ökosystems durch chemische Faktoren: Stehende Gewässer. Schweizerische Zeitschrift für Hydrologie, Bd. 37.
Stundl, K., 1961: Hydrobiologische Untersuchungen zweier abwasserbelasteter Flußstaue. Verh. Intern. Verein. Limnologie Bd. 14. Stuttgart.
Sukopp, H., 1968: Veränderung des Röhrichtbestandes der Berliner Havel 1962–1967. Hrsg.: Senator für Bau- und Wohnungswesen, Berlin.
Thomas, E. A., 1971: Einleitung gereinigter Abwässer und Oligotrophierung am Zürichsee. – Referat 9. Tagung d. Schweizerischen Mitglieder der Intern. Ver. f. Limnologie.
Wagner, G., 1976: Simulationsmodelle der Seeneutrophierung. Dargestellt am Beispiel des Bodensee-Obersees, Teil II: Simulation des Phosphorhaushaltes des Bodensee-Obersee. Arch. Hydrobiol. Bd. 78.
Wiesner, 1961: Die Zerstückelung der Gewässer. Ein Beitrag zu den Kernproblemen des Gewässer- und Fischerei-Schutzes. Allg. Fisch.-Zg. H. 23.
Wiederholm, T., 1973: Bottom Fauna as an Indicator of Water Quality in Sweden's Large Lakes. Ambio. Vol. II., Nr. 4.
Wundsch, H., 1949: Grundlagen der Fischwirtschaft in den Großstaubecken. Abh. aus der Fischerei und deren Hilfswissensch. Lfg. 1.
Zahner, R., 1976: Verhalten von Mineralöl in stehenden Gewässern. (Unveröff. Mskr.).

ENGELHARDT, WOLFGANG

5.3 Meere

5.3.1 Allgemeines

Die Ozeane mit ihren Nebenmeeren bedecken 361 Mill. km^2 oder 70,8% der Erdoberfläche, ihr Gesamtvolumen beträgt 1.369 Mill. km^3. Damit stellen sie den bei weitem größten Lebensraum der Erde dar. Sie werden zugleich als die letzte große Reserve der Menschheit für die Gewinnung von mineralischen Rohstoffen, Nahrung und Energie betrachtet. Z. B. betragen die Manganvorkommen der Meere nach den heutigen Schätzungen etwa die tausendfache Menge der Festlandsvorräte. Neue Technologien erlauben in zunehmendem Maße die Gewinnung von Rohstoffen, die in Form verschiedener Verbindungen im Meerwasser gelöst sind oder im Boden der Schelfmeere, ja sogar der Tiefsee lagern.

Die Rolle des Weltmeeres für die Ernährung der Menschheit wird sehr gegensätzlich beurteilt. Während die einen in den Ozeanen einen nahezu unerschöpflichen Nahrungsspeicher zur Lösung des Hungerproblems der rasch wachsenden Bevölkerung der Entwicklungsländer sehen, weisen die andern darauf hin, daß die Meere z. Zt. nur 1 bis 2 Prozent des Kalorienbedarfs der Menschheit decken und dieser Prozentsatz bestenfalls und auch erst in weiter Zukunft auf 7–10% gesteigert werden könnte. Eine realistische Beurteilung muß von folgenden Tatsachen ausgehen: Der bei weitem größte Teil des Wasserkörpers der Ozeane ist oligotroph, die Erzeugung organischer Substanz daher gering; sie liegt unter 100 mg C je Quadratmeter Oberfläche und Tag. Die wirklich produktiven Zonen sind die bis 200 m tiefen Flachseegürtel des Schelfs und die begrenzten Bereiche der Auftriebsströmungen. Hier können Werte von 500 mg/C, ja sogar etwa 2000 mg/C je m^2 und Tag erreicht werden.

Nur in diesen, verhältnismäßig kleinen Regionen kommen im allgemeinen die reichen Plankton- und Fischpopulationen vor.

Andererseits darf man, wie ACKEFORS [1977] zu Recht betont, bei der Beurteilung des Ernährungsbeitrags des Weltmeeres nicht allein von den gewinnbaren Kalorien ausgehen, ist doch ein Hauptproblem der Nahrungsversorgung der Mangel an Eiweiß, besonders an tierischem Eiweiß. Von den etwa 20 Aminosäuren, aus denen die natürlichen Proteine aufgebaut sind, vermögen Tiere und Menschen nur zwölf in ihrem Stoffwechsel zu synthetisieren. Dagegen müssen die sogenannten essentiellen Aminosäuren (Valin, Leucin, Isoleucin, Lysin, Methionin usw.) mit der Nahrung aufgenommen werden. Pflanzliches Eiweiß enthält nur so geringe Mengen dieser Aminosäuren, daß sie für eine vollwertige Ernährung des Menschen nicht, besonders nicht von Heranwachsenden, ausreichen. Fischeiweiß dagegen ist außerordentlich reich an diesen essentiellen Aminosäuren. Besonders Lysin ist in Fischeiweiß in einer Menge – durchschnittlich 10,6 g je 100 g Fischfleich – vorhanden, wie sie in keinem anderen tierischen und schon gar nicht in pflanzlichem Eiweiß erreicht wird. Zum Vergleich: Je 100 g Milcheiweiß enthält 7,5 g, Hühnereiereiweiß 7,2 g, Weizeneiweiß etwa 2 g Lysin.

ACKEFORS [1977] schätzt, daß z. Zt. jährlich etwa 5 Mill. Tonnen Eiweiß aus Meeresprodukten stammen, was 4–5 Prozent der gesamten Eiweißversorgung ausmacht.

Nach dem FAO-Jahrbuch der Fischereistatistik 1976 wurden in diesem Jahr etwa 63 Mill. t Meeresfänge angelandet, davon über 80% Fische; der Rest verteilt sich auf Muscheln, Kopffüßer (Tintenfische), Krebse, Algen und Lachse, die als im Süßwasser ablaichende Wanderfische besonders registriert werden.

Über die bei nachhaltiger, also nicht raubwirtschaftlicher Nutzung jährlich möglichen Höchstmengen an fang- und für die menschliche Ernährung nutzbaren Meerestieren gehen die Schätzungen der Fachleute weit auseinander:

Die Berechnungen von GULLAND (ohne Jahreszahl) gibt Tab. 18 wieder.

ACKEFORS [1977] nimmt auf Grund einer sorgfältigen, wahrscheinlich realistischen Analyse an, daß die nachhaltige Ausbeute an Meerestieren bis zum Jahr 2000 auf 120 bis 150 Mill. Tonnen gesteigert werden kann. Dazu könnten bis zum gleichen Zeitpunkt nach den Berechnungen der FAO noch weitere 50 Mill. Tonnen Fisch aus Salz- und Süßwasserzuchtanlagen sowie den

Dem Verfasser hat ein unveröffentlichtes Manuskript von Frau Hoffmann-Kroll für den Rat von Sachverständigen für Umweltfragen vorgelegen, das bei der Behandlung der Nordsee-Probleme benutzt wurde.

Tabelle 18 Mögliche Jahresernten in Millionen Tonnen.

1. Traditionelle Meerestiere (Fische und Wirbellose)	100
2. Wale (aus der Antarktis)	2,5
3. Kopffüßer (Tintenfische)	10–100
4. Krill (Euphausiiden, besonders *Euphausia superba* und verwandte Arten, antarktisch)	50–100
5. Myctophiden (Tiefseefische)	100

Binnengewässern kommen. Diese maximal erzielbaren 200 Mill. Tonnen von Fischen und anderen Wassertieren (davon etwa 15% aus den Binnengewässern) würden einen Ertrag von ungefähr 20 Mill. Tonnen tierischen Eiweißes bedeuten, also etwa das Vierfache des heute aus Meeresprodukten gewonnenen Eiweißes.

Auch die Nahrungsreserven des Weltmeeres können mithin die Hungerprobleme der Menschheit nicht lösen, jedoch einen wichtigen Beitrag zur Versorgung mit tierischem Eiweiß liefern. Allerdings nur unter der Voraussetzung, daß künftig jede Überfischung und damit Vernichtung der nutzbaren Populationen unterbleiben würde (vgl. hierzu Abschnitt 5.3.3).

Im Jahr 1973 wurden täglich bereits etwa 1 Mill. m^3 hochreinen Wassers in Meerwasserentsalzungsanlagen der verschiedenen Verfahren erzeugt [Czichon 1975]. Eine Menge, die zwar im Hinblick auf den Gesamtbedarf nicht sehr imponierend erscheint, örtlich aber von meist lebenswichtiger Bedeutung ist und die sich außerdem alle 2–3 Jahre verdoppelt.

Lange Strecken der Meeresküsten haben eine überragende Bedeutung für Freizeit und Erholung der jeweils einheimischen Bevölkerung und von Touristen.

Besonders wertvoll sind die *Wattgebiete* an der Nordseeküste. Sie bilden die letzte wirklich großräumige, noch weitgehend vom Menschen unzerstörte Naturlandschaft des nördlichen Mitteleuropa. Die besonderen geomorphologischen und amphibischen Bedingungen haben hier eine sehr charakteristische Lebensgemeinschaft entstehen lassen, die nur verhältnismäßig wenige Arten umfaßt, die aber zumeist in sehr individuenreichen Populationen vorkommen. Das Watt stellt den Brut-, Nahrungs-, Mauser-, Rast- und Überwinterungsraum für Millionen nordeuropäischer Schwimm- und Watvögel dar. Es ist der Lebensraum vieler Fischarten der Küstengewässer. Millionen von Menschen suchen hier alljährlich Erholung beim Wassersport, aber auch bei Wattwanderungen und zahlreichen naturkundlichen Aktivitäten.

Aus diesen Gründen hat die Regierung der Niederlande 1976 der Bundesrepublik Deutschland und Dänemark eine Gemeinsame Erklärung zum künftigen Schutz des Wattengürtels vorgeschlagen. Leider ist diese bisher am Widerstand der deutschen Küstenländer gescheitert.

Die Problematik liegt in dem offenkundigen und zum Teil sehr schwierig überwindbaren Zielkonflikt, das Weltmeer und seine Küsten einerseits nachhaltig, also langfristig für die oben skizzierten Zwecke zu nutzen, es andererseits aber als riesige »Müllgrube« zu mißbrauchen, in die – absichtlich oder unbeabsichtigt – Fremdstoffe verschiedenster Art in großen Mengen eingebracht werden.

Die Annahme, man könne den Meeren das Vielfache der derzeit eingebrachten Fremdstoffe ohne Verminderung der Wasserqualität zumuten, da sich diese Stoffe in dem riesigen Wasserkörper bis zu kaum nachweisbaren völlig unschädlichen Werten verdünnen würden, ist irrig. Nach Kinne [1968] ist eine »ozeanweise Verteilung örtlich eingebrachter Industrieabfälle innerhalb angemessener Zeitintervalle – Jahrzehnte, Jahrhunderte oder gar Jahrtausende – weder aufgrund der Strömungsverhältnisse noch aufgrund der bekannten Diffusionskoeffizienten zu erwarten.« Die Ortung und Erforschung mariner Planktonpopulationen, die ja aus eigener Kraft zu keinen nennenswerten Ortsveränderungen in der Lage sind, hat u. a. ergeben, daß es in den Ozeanen abseits der bekannten ausgeprägten Strömungen große Wasserkörper gibt, die ihre jeweiligen speziellen physikalisch-chemischen und biologischen Eigenschaften über lange Zeiträume bewahren, sich also nicht mit anderen Wasserqualitäten vermischen.

Das Schicksal lokal eingeführter Fremdstoffe hängt von den jeweiligen hydrographischen Verhältnissen am Einbringungsort ab. Dabei ist zwischen den Gezeitenbewegungen, die einen Wasserkörper nur über eine bestimmte Strecke horizontal hin- und hertransportieren und den sogenannten Restströmungen – die nach Abzug der Gezeitenbewegungen übrigbleiben – zu unterscheiden.

Im Bereich der Elbemündung wird z. B. ein- und derselbe Wasserkörper durch die Gezeiten etwa zwanzigmal hin- und herbewegt, bis er schließlich ins offene Meer triftet.

Nur die Restströmungen führen zu wirklichen Ortsveränderungen von Wasserkörpern und sind somit für Durchmischungen von ausschlaggebender Bedeutung.

Das Wasservolumen der *Nordsee* beträgt z. B. rund 54 000 km^3. Davon werden jährlich etwa 23 000 km^3 über den Nordatlantik (zwischen Nordschottland und Südnorwegen) ausgetauscht,

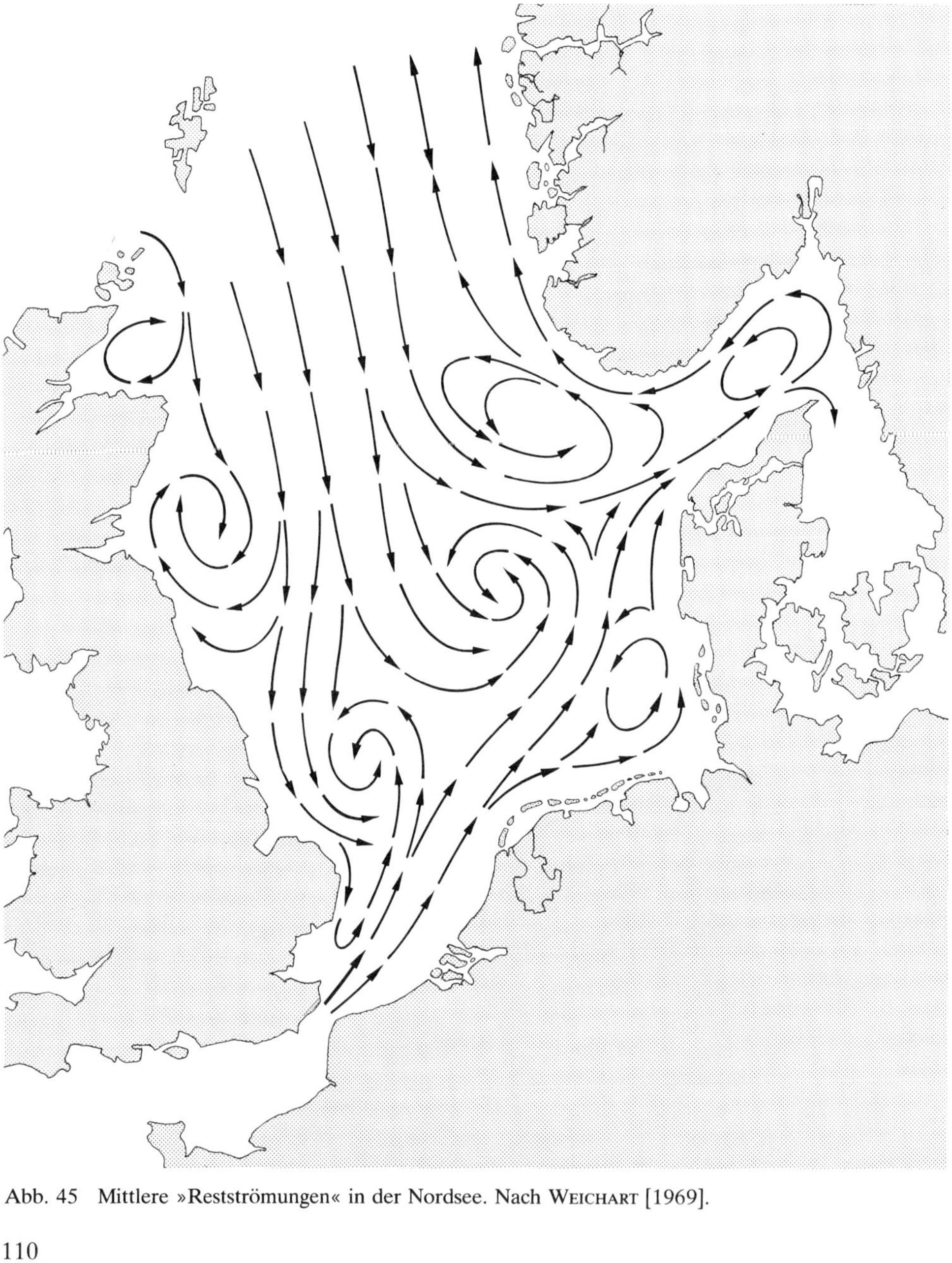

Abb. 45 Mittlere »Restströmungen« in der Nordsee. Nach WEICHART [1969].

1800 km^3 fließen jährlich durch den Ärmelkanal, 550 km^3 über den Skagerrak aus der Ostsee ein.
Die Zuflüsse aus den Festländern bringen im Jahresdurchschnitt etwa 150 km^3 Wasser in die Nordsee. Dieses mehr oder weniger stark verschmutzte Süßwasser vermischt sich aber nun keineswegs sogleich in das Gesamtvolumen der Nordsee. Vielmehr werden z. B. die Wasserspenden der an der belgischen, niederländischen und deutschen Küste mündenden Flüsse (die 80% des gesamten Süßwasserzuflusses liefern) durch die herrschenden Strömungen nach NO in die Küstengewässer gedrückt.
Das Volumen dieser Gewässer vor der belgischen, niederländischen, deutschen und dänischen Küste beträgt bis zur 25 m – Tiefenlinie rund 600 km^3. *Dieser* Wasserkörper und nicht das Gesamtvolumen der Nordsee hat also jährlich rund 120 km^3 abwasserbelastetes Süßwasser aufzunehmen [ROSENTHAL 1973]. Vgl. Abb. 45.
Naturgemäß wird die oben genannte Konfliktsituation an den Stränden in den seichteren Schelfgebieten, Meeresbuchten und Randmeeren wie z. B. auch dem Mittelmeer, der Nord- und Ostsee besonders deutlich.
Einerseits ist hier die pflanzliche Primärproduktion wegen der guten Durchleuchtung verhältnismäßig großer Wasserflächen und in der Folge auch die Entwicklung des Tierlebens besonders begünstigt und viel reicher als in den gewaltigen Wasserkörpern der Tiefsee, andererseits häufen sich gerade in diesen Gebieten die Aktivitäten des wirtschaftenden Menschen (siehe 5.3.2.1).
Zum Abschluß dieser kurzen Einführung muß auch darauf hingewiesen werden, daß im Vergleich zu den Binnengewässern die Erforschung der Ozeane in den verschiedenen Teildisziplinen noch sehr unvollständig ist, wenngleich gerade in jüngster Zeit die einschlägige Grundlagenforschung ebenso wie praxisbezogene Untersuchungen in zahlreichen Ländern sehr verstärkt worden sind. So wurden nach GERLACH [1976] im Jahr 1975 allein zu dem Thema »Meeresverschmutzung« 868 Veröffentlichungen referiert.

5.3.2 Die Verschmutzung der Meere

5.3.2.1 Herkunft der Verunreinigungen

WALDEN [1972] unterscheidet die folgenden Wege bzw. Ereignisse, auf (bei) denen schädliche Stoffe ins Meer gelangen:

- durch im Binnenland verschmutzte Flüsse
- durch direkte Einleitung (meist durch Rohre)
- durch Schiffe, die flüssige oder feste Abfälle im Meer abladen
- durch Schiffe und Flugzeuge, die Abfälle über Bord werfen
- bei der Gewinnung von Rohstoffen am Meeresgrund, z. B. bei Erdölbohrungen
- bei Unfällen, z. B. von Tankern, Bruch von Pipelines
- über die Atmosphäre, in die die Verunreinigungen zunächst durch Emissionen von festländischen Anlagen bzw. Aktivitäten gelangt sind.

5.3.2.2 Haushaltsabwässer

Unter diesem Sammelbegriff werden hier organische, mithin fäulnisfähige Abwässer, primär Fäkalabwässer verstanden. Sie sind jedoch nicht völlig gleichbedeutend mit Kommunalabwässern, da in die öffentlichen Kanalisationen und Klärwerke z. T. auch Abwasser aus Gewerbe- und Industriebetrieben eingeleitet wird.
Andererseits sind die Abwässer mancher Industriebetriebe, z. B. der Nahrungsmittelindustrie, rein organischer Art.
Seit alters her leiten die Küstenorte und die allermeisten küstennahen Siedlungen ihre Haushaltsabwässer entweder durch Rohre direkt oder über die Unterläufe bzw. Mündungsgebiete von Flüssen indirekt ins Meer. Bis in die jüngste Zeit geschah dies auch in den hochentwickelten Industrieländern, meist sogar ohne auch nur mechanische Vorklärung. In den Niederlanden

wird sogar das Abwasser von weit im Hinterland liegenden Orten, z. B. von Den Haag und Umgebung sowie aus zahlreichen Siedlungen der Provinz Nord-Brabant durch Rohrleitungen an die Küste geführt.
Nach einer vom Internationalen Rat für Meeresforschung (ICES) in allen Anliegerstaaten der *Nordsee* durchgeführten Erhebung wurden im Jahr 1974 die häuslichen Abwässer von insgesamt 31 Mill. Menschen direkt oder indirekt in dieses Randmeer eingeleitet:
7345 Mill m^3 je Tag bzw. 2680 Mill m^3 im Jahr.
Beispielhaft wird hier die Ausrüstung des deutschen Küstenraums mit Kläranlagen nach dem jeweils verfügbaren letzten Erfassungsstand mitgeteilt: In *Schleswig-Holstein* sind die einschlägigen Verhältnisse bei weitem am besten: 62% der Einwohner sind an zentrale Kläranlagen angeschlossen, 54% der gesamten häuslichen Abwässer werden mechanisch-biologisch geklärt. In die Nordsee werden etwa 250000 EGW eingeleitet, wovon 200000 EGW vorher mechanisch-biologische Kläranlagen durchlaufen. Auch auf den nordfriesischen Inseln Amrum, Sylt und Föhr sind Kläranlagen erstellt. (Stand Ende 1975). Die Abwässer von *Hamburg* werden zum erheblichen Teil unvollständig oder gar nicht geklärt in die Elbe eingeleitet. Die Belastung der *Unterweser* mit Abwassermengen von täglich 1,4 Mill. EGW zeugt davon, daß auch im Stadtstaat Bremen der größte Teil der Haushaltsabwässer ungeklärt abgeleitet wird. Jedoch sind z. Zt. eine größere Zahl von Kläranlagen im Bau, z. Teil kurz vor der Fertigstellung. Im Küstenraum von *Niedersachsen* waren Ende 1975 nur 30% von 1,7 Mill Einwohnern an Kläranlagen angeschlossen. Von den ostfriesischen Inseln besitzen bisher nur Baltrum und Spiekeroog Kläranlagen; die Abwässer der übrigen Inseln werden hauptsächlich auf den dem Festland zugewandten Küsten in das Wattenmeer eingeleitet.
Aus den Anliegerstaaten der *Ostsee* werden die Abwässer von 19,3 Mill. Einwohnern in das Meer eingeleitet. Im deutschen Hoheitsgebiet hat sich seit 1972 ein wesentlicher Fortschritt durch die Betriebsaufnahme der Kläranlage von Kiel (Anschluß etwa 300000 Einwohner) ergeben.
Die *natürliche Selbstreinigung* (vgl. Kap. 5.2, S. 95) läuft *im Meerwasser* grundsätzlich nach den gleichen Regeln wie im Süßwasser ab, wobei selbstverständlich im Salzwasser bei der Mineralisation der organischen Stoffe andere Arten (Bakterien und vielzellige Organismen) wie im Süßwasser tätig sind. Dabei ist allerdings zu berücksichtigen, daß sich Sauerstoff unter sonst gleichen Bedingungen in Salzwasser in etwas geringerer Menge als in Süßwasser löst.
Die Mehrzahl der Fachleute meint, daß der Selbstreinigungsprozeß im Salzwasser länger als im Süßwasser dauert – selbstverständlich unter der Voraussetzung gleicher Ausgangsstoffe.
Im allgemeinen aber können die Erfahrungen über den Abbau organischer Abwässer in Binnengewässern durchaus auf die Küstengewässer übertragen werden. So läuft natürlich die Selbstreinigung im Winter auch langsamer als unter den wärmeren Sommertemperaturen ab.
Die schwere Abwasserfracht bedingt die Einstufung der Unterläufe von Elbe und Weser unterhalb von Hamburg bzw. Bremen in die Wassergüteklassen III bzw. III–IV (stark, bzw. sehr stark verschmutzt), die untere Ems ist z. Zt. noch in Güteklasse II (mäßig verschmutzt) einzustufen.
Hat man bei einem Vergleich der direkten und der indirekten Einleitung organischer Abwässer nur die Küstengewässer im Blickwinkel, so ist die indirekte Einleitung günstiger:
Bei der indirekten Einleitung läuft ein Teil der Selbstreinigung bereits im Fluß ab, so daß der Sauerstoffverbrauch in den Küstengewässern geringer wird.
Eine *kritische Zone* besonderer Art ist das *Übergangsgebiet* zwischen Süß- und Salzwasser in den Ästuarien der großen Flüsse. In dieser Brackwasserzone stirbt mit zunehmendem Salzgehalt das Süßwasserplankton ebenso ab, wie andererseits das durch den Tidenhub hierher verfrachtete marine Plankton. Die toten Planktonorganismen sinken als Detritus nur langsam zu Boden und trüben das Wasser dieser Zone auffällig: Trübungszone. Sie ist in der Elbe z. B. 25–30 km lang [KAYSER 1968]. Im übrigen unterliegt der Wasserkörper dieser Zone den Gezeiten. Jede Flut drückt ihn wieder stromauf; er und mit ihm die eingeleiteten Abwassermengen werden mehrmals hin- und herbewegt, bis er schließlich das freie Küstenwasser erreicht. Dadurch wird natürlich die Verdünnung der Abwasserfracht verzögert. Zur Beurteilung notwendiger *Sanierungsmaßnahmen von Küstengewässern* sind neben der eingebrachten Abwasser-

menge, ihrer Zusammensetzung sowie der Kenntnis der im Küstenbereich herrschenden Meeresströmungen auch die Wassertiefe und der Tidenhub von Bedeutung.
Fällt der Schelfboden an den Einleitungsstellen bereits in größere Tiefen ab, ist selbstverständlich eine bessere Durchmischung gegeben als in flachen Küstenbereichen.
Die Gewässer der deutschen *Nordseeküste* sind verhältnismäßig seicht. An der Dreimeilengrenze herrschen Wassertiefen von durchschnittlich 14 m. Der Tidenhub beträgt im Mittel 3 m, im Höchstfall bis zu 7 m. An der deutschen *Ostseeküste* werden bereits in geringer Entfernung vom Ufer Wassertiefen bis zu 10 m erreicht, an der Hoheitsgrenze bis zu 27 m [Petersen 1972]. Die Gezeiten spielen in der Ostsee keine Rolle.
Bekanntlich dient das Bakterium *Escherichia coli,* das den Darm aller Warmblüter in großen Mengen bewohnt und deshalb auch in den Fäkalien und im Abwasser entsprechend zahlreich vorkommt, zur hygienischen Beurteilung der Wasserqualität.
Man weiß schon lange, daß Meerwasser auf Süßwasserbakterien, auch pathogene, abtötend wirkt. In Meerwasser unter 12° C Wassertemperatur vermehren sich die Colibakterien nicht mehr.
Guelin [1974] hat durch Versuche, die hier nicht geschildert werden können, gezeigt, daß die bakterientötende Wirkung nicht auf dem Chemismus des Salzwassers beruht, sondern von Mikroorganismen im Meerwasser, die wir jedoch bisher nicht kennen, hervorgerufen wird. *Escherichia coli* ist an sich völlig harmlos, sein Vorkommen ist nur ein Indikator für die Abwasserbelastung eines Gewässers. Über die Lebensfähigkeit der tatsächlich pathogenen Bakterien (z. B. der Erreger von Cholera, Typhus, Paratyphus) und Viren (z. B. der Erreger von Kinderlähmung, Gelbsucht und dgl.) im Meerwasser wissen wir z. Zt. nichts Endgültiges.
In Staaten mit verantwortungsbewußten Behörden werden zumindest die Strandgewässer, die dem Massenbadebetrieb dienen, regelmäßig untersucht. Besonders belastet sind verschiedene Badestrände der französischen und italienischen Mittelmeerküste. Dort wurden zeitweise bis zu 30000 Kolibakterien in einem Liter Meerwasser nachgewiesen, im Golf von Triest zu Beginn der siebziger Jahre sogar über 30000. Im Sommer 1971 mußten erstmals mehrere Badestrände am Mittelmeer für gewisse Zeiten offiziell geschlossen werden, da akute Infektionsgefahr durch Typhus, Paratyphus, Ruhr und Cholera bestand. Manche Hygieniker fordern daher Badeverbote im Umkreis von 1000 m um die Einmündungsstellen von Abwasserrohren [Ant 1972]. Bisher werden Badeverbote aufgrund der Wasserqualität von den Behörden der Küstenländer sehr unterschiedlich gehandhabt.
Nach einem Richtlinienvorschlag der Europäischen Wirtschaftsgemeinschaft dürfen nicht mehr als 5% der Proben mehr als 20 Fäkal-*coli*/ml oder mehr als 100 *Escherichia coli*/ml insgesamt enthalten, andernfalls Badeverbot zu erteilen wäre.
Ein besonderes Problem stellen die *Kulturen von Miesmuscheln und Austern* dar. Wie alle Muscheln filtrieren sie bei der Nahrungsaufnahme auch Bakterien aus dem Meerwasser und speichern sie in ihrem Körper für eine gewisse Zeit, ohne daß die Bakterien abgetötet werden. Dabei besteht kein Unterschied zwischen pathogenen und nicht pathogenen Keimen. Werden solche Muscheln in ungekochtem Zustand verzehrt, kann es zu schweren Infektionen kommen. Deshalb dürfen Muschelkulturen nur in abwasserfreien Küstengewässern betrieben werden.
Mit den häuslichen Abwässern gelangen auch große Mengen von *Pflanzennährsalzen* ins Meer. Im Zuge der Selbstreinigung entstehen schließlich Phosphate und Nitrate, die von benthonischen und planktonischen Algen aufgenommen werden. Nach Ices [1974] werden z. B. der Nordsee mit den direkt und indirekt eingeleiteten Abwässern aller Anliegerstaaten insgesamt rund 800000 t Gesamtstickstoff und 60000 t Phosphor jährlich zugeleitet. So groß diese Mengen auf den ersten Blick erscheinen mögen, bei den Phosphaten handelt es sich nur um etwa 15% der Menge, die die Nordsee pro Jahr mit der Frischwasserzufuhr (etwa 23000 km^3) aus dem Atlantik erhält. Aber in den Buchten und den übrigen Küstengewässern werden stark erhöhte Nitrat- und Phosphatkonzentrationen festgestellt. Der Eintrag an Phosphaten und Gesamtstickstoff allein durch die Flüsse Rhein, Elbe, Weser und Ems betrug nach Weichart [1973] die in Tab. 19 angeführten Werte.
Ices [1973] gibt für die niederländischen Küstengewässer (Mündungen von Rhein, Maas, Schelde) eine Erhöhung der für die Nordsee festgestellten mittleren Stickstoffkonzentration

Tabelle 19 Eintrag von Phosphaten und Gesamtstickstoff in die südliche Nordsee.

	Eintrag von Phosphaten in t/Jhr.	Eintrag von Gesamtstickstoff in t/Jhr.
Rhein	25000	400000
Elbe	10000	60000
Weser	3500	30000
Ems	1000	10000

von 300 μgN/l auf 500–1000 μgN/l (= 100–300%) und für die mittlere Phosphorkonzentration von 20 μgP/l auf 50–100 μgP/l (= 100–500%) an.
Erst in einer Entfernung von 30–40 km von der niederländischen Küste sinken die Nährsalzkonzentrationen auf die für die offene Nordsee gültigen Werte.
Die starke Düngung der verhältnismäßig seichten Küstengewässer führt hier zu einer regelrechten Hypertrophierung, starker Vermehrung des Phytoplanktons, zeitweise zu Algenblüten. Eine Massenvermehrung des Dinoflagellaten *Prorocentrum micans* hat dessen Anreicherung in Muschelkulturen zur Folge. Der Genuß solcher Muscheln rief paralytische Krankheitserscheinungen bei Menschen hervor [Kayser 1968].
Ein wichtiger Teilaspekt der Eutrophierung der Küstengewässer ist die *Veränderung der mechanischen Festigkeit der Wattböden.* Nicht völlig mineralisierte und gelöste Abwasserteilchen lagern sich als lockerer Film auf die von Natur aus sehr festen Wattböden. Solche lockeren Schichten können den an der Wattbodenoberfläche wirkenden Wasserströmungen nicht standhalten. Es käme zu dauernden Umlagerungen, damit voraussichtlich weitreichenden Folgen für den Küstenschutz [Petersen 1972] und natürlich auch zu einer entsprechenden Änderung der Lebensverhältnisse im Wattboden.
Der *Ostsee* wurden 1971 etwa 22000 t Phosphor, der größte Teil durch die Newa, zugeführt. Da der Gesamtphosphorinhalt der Ostsee auf rund 476000 t geschätzt wird, handelt es sich bei der genannten Menge um eine jährliche Zunahme der Phosphormenge von rund 4%, was in weniger als 25 Jahren zu einer Verdoppelung des derzeitigen Phosphorgehaltes der Ostsee führen würde [Hannerz 1971, Dybern 1972, Fonselius 1972].
Im Falle der *Ostsee* hat der Nährstoffeintrag möglicherweise wegen der ganz besonderen hydrographischen Verhältnisse dieses Randmeeres eine erhöhte Bedeutung. Diese Frage wird seit einigen Jahren in der Fachwelt heftig diskutiert.
Die Ostsee (mittlere Tiefe 58 m) ist mit der Nordsee nur über die drei schmalen und flachen Schwellen des Öresunds, des Großen und Kleinen Belts verbunden (größte Breite des Großen Belts 16 km, Wassertiefe 12 m). Das von den rund 200 Zuflüssen der Ostsee zugeführte, mehr oder weniger verschmutzte Süßwasser (jährlich 630–680 km^3) fließt oberflächlich dem Kattegatt zu. Gleich einer Decke liegt in der Ostsee eine Oberflächenschicht geringer Dichte (Salzgehalt im Norden nur 2–3‰, im Süden 8–10‰) über dem kälteren und schwereren Tiefenwasser (Salzgehalt 12–14‰). Der beträchtliche Dichteunterschied macht die Schichtung sehr stabil. Nur die brackwasserartige Oberflächenschicht ist genügend durchlichtet, daß sich in ihr aufgrund der fortschreitenden Eutrophierung[1)] das Plankton entsprechend vermehren kann. Die abgestorbenen Planktonorganismen sinken in die Tiefenschicht ab, wo jedoch eine aerobe Zersetzung nur in sehr geringem Maße wegen des herrschenden Sauerstoffmangels möglich ist. Nur ganz geringe Sauerstoffmengen diffundieren aus der Oberflächenschicht in das Tiefenwasser. Dieses bekommt merkliche Sauerstoffmengen nur durch Wasserschübe aus der Nordsee, die aber nur bei ganz bestimmten, recht seltenen Westwetterlagen einströmen und sich wegen ihres höheren Salzgehaltes und ihrer niedrigeren Temperatur ausschließlich in den Tiefen einschichten.
Seit Beginn dieses Jahrhunderts nimmt nun der Sauerstoffgehalt im Tiefenwasser der Ostsee immer mehr ab. In der Landsorttiefe z. B. (459 m) wurden um 1900 noch etwa 4 mg O_2/l, 1925

1) 1960 wurden der Ostsee mit den Abwässern je Einwohner etwa 1,5 g Phosphor, 1970 bereits etwa 4 g zugeführt.

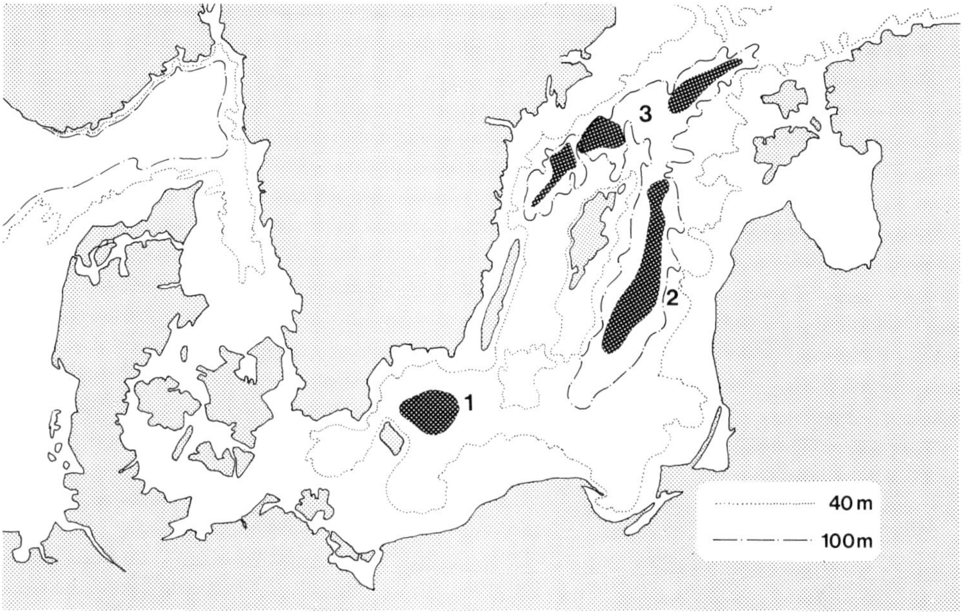

Abb. 46 Ostsee mit den sauerstoffarmen bzw. -freien Becken: 1 = Bornholmtief, 2 = Gotlandtief, 3 = Landsorttief (tiefschwarze Schraffur). Nach GRASSHOF [1975] aus GERLACH [1976].

nur noch etwa 2,5 mg, 1955 weniger als 1 m gemessen. 1968 kam es hier, ebenso im Bornholm- und Gotlandtief zu völligem Sauerstoffschwund und zur Schwefelwasserstoffbildung (Abb. 46). In weiten Bereichen der Tiefenzone starben alle Bodentiere – ausgenommen einige Fadenwürmer – ab. Dank eines stärkeren Salzwassereinbruchs im Winter 69/70 verbesserten sich die Verhältnisse wieder etwas; es konnten wieder einige Bodentiere festgestellt werden. Bereits 1975 aber war das Tiefenwasser der Ostsee wieder sauerstofffrei.

Noch sind allerdings die Gründe für diese Entwicklung keineswegs völlig geklärt. GERLACH [1976] meint, es sei »zur Zeit eine offene wissenschaftliche Frage, ob die zweifelsfrei nachgewiesene Eutrophierung des Oberflächenwassers der Ostsee einen nennenswerten Beitrag zum Sauerstoffdefizit im Tiefenwasser leistet, oder ob die natrugegebenen und nicht beeinflußbaren Prozesse das Übergewicht haben«. Eine Antwort wird von den laufenden Forschungsprogrammen über die Wasseraustauschvorgänge und die Sauerstoff- und Nährstoffkreisläufe in der Ostsee erwartet.

Eine abschließende Würdigung des in diesem Teilabschnitt behandelten Problems muß zu der Folgerung kommen, daß in flache Küstengewässer nur geklärte Abwässer eingeleitet werden dürfen, und Badestrände aus hygienischen und ästhetischen Gründen von Abwassereinleitungen freigehalten werden müssen.

5.3.2.3 Industrielle Abwässer

Große Mengen industrieller Abwässer gelangen selbstverständlich mit den Flüssen in die Meere. WEICHART [1972] gibt eine Zusammenstellung der Schwermetalle und Nichtmetalle, die z. B. der Rhein der Nordsee zuführt.

In den letzten Jahrzehnten hat die Ansiedlung neuer Industriewerke in Küstennähe in vielen Industriestaaten erheblich zugenommen, nicht zuletzt auch an der deutschen Nordseeküste. Für auf Rohstoffimporte angewiesene Firmen liegt der Vorteil eines hafennahen Standortes auf der Hand. Auch für kühl- und brauchwasserintensive Produktionen bietet Küstennähe große Vor-

Tabelle 20 Eintrag von Schwermetallen und Nichtmetallen in die Nordsee durch den Rhein. Verhältnis zwischen der Konzentration dieser Stoffe im Rheinwasser und Ozeanwasser.

Stoff	Eintrag durch den Rhein in t/Jhr.	Konzentrationsverhältnis Rheinwasser/Ozeanwasser
Chrom	1000	20
Mangan	6000	30
Eisen	80000	300
Nickel	2000	10
Kupfer	2000	10
Zink	20000	40
Cadmium	200	40
Quecksilber	100	20
Blei	2000	700
Arsen	1000	5

teile. Nicht zuletzt hat aber in vielen Fällen bei der Standortwahl die Überlegung mitgespielt, Abfallprodukte relativ billig durch Einleitung in das Meer oder durch Verklappung beseitigen zu können. Die deutschen Küstenländer haben zudem die Industrieansiedlung an der Küste aus Gründen der Raumordnung und der Verbesserung der regionalen wirtschaftlichen Struktur durch mannigfache infrastrukturelle Vorleistungen sehr gefördert.

In diesem Zusammenhang muß auch das *Projekt Scharhörn* erwähnt werden: Das Vorhaben der Hansestadt Hamburg, in der Elbemündung einen modernen Tiefwasserhafen, der auch für größte Ozeanschiffe geeignet wäre, zu bauen. Als Standort ist das Neuwerker Watt bei den Inseln Neuwerk und Scharhörn auf der Südseite der Außenelbe vorgesehen. Das Hafenbecken soll nach der Planfassung von 1972 eine Fläche von 215 ha und eine Wassertiefe von 20 m unter KN erhalten, die Einfahrt von der Elbe her durch eine 600 m lange Mole geschützt werden. Beiderseits des nach Süden einschneidenden Hafenbeckens soll ein Industriegelände von rund 1200 ha, südlich anschließend noch ein Erweiterungsgebiet von 620 ha aus Sand aufgespült werden. Zur Ansiedlung könnten – konkrete diesbezügliche Planungen sind noch nicht veröffentlicht – Betriebe der metallurgischen und chemischen Industrie, der Erdölverarbeitung und Energieerzeugung in Frage kommen. Ein rund 16 km langer, auf der Krone 70 m breiter Damm soll ebenfalls aus Sand aufgespült werden und die neue Hafen- und Industrieinsel mit dem Festland verbinden. Er soll eine zweigleisige Eisenbahn und eine vierspurige Straße tragen.

Ein von der Hansestadt 1974 berufener Ausschuß von 11 Fachleuten hat die gesamtökologischen Aspekte des Großprojektes untersucht und Ende 1976 einen Abschlußbericht vorgelegt. Dieser kommt zu dem Ergebnis, daß das Projekt Scharhörn im Gegensatz zu den Bemühungen steht, die schutzwürdige Wattlandschaft zu erhalten.

Schädigungen bzw. Beeinträchtigungen der Wattenfauna, des lokalen Fischbestandes, der Vogelwelt (Scharhörn ist Naturschutzgebiet!), des Erholungswesens (das Gebiet um Cuxhaven ist ein vorrangiges Fremdenverkehrsgebiet), des Landschaftsbildes sind mit Sicherheit zu erwarten.

Das Projekt sollte daher nur dann verwirklicht werden, »wenn dies aus gesamtvolkswirtschaftlichen Gründen notwendig wird und eine Standortalternative mit vergleichsweise geringeren Umweltbelastungen nicht vorhanden ist«.

Für diesen Fall macht der Ausschuß aus ökologischen Gründen eine Reihe von Änderungsvorschlägen für die Hafenplanungen selbst und alle mit dieser zusammenhängenden Teilbereiche des Gesamtprojekts [Schäfer, W. u. a. 1976].

Die deutschen Natur- und Umweltschutzverbände lehnen das Projekt als unvereinbar mit dem Schutz des Wattenmeeres nachdrücklich ab.

Die aus großenteils lückenhaften Erhebungen und Schätzungen stammenden Angaben über die *jährliche Gesamtmenge industrieller Abwässer* weichen schon für die vergleichsweise verhältnismäßig gut erfaßte Nordsee so weit voneinander ab, daß sie praktisch wertlos für entsprechende Schlußfolgerungen sind. Es dürfte sich um 4–7 Milliarden m^3 handeln. Die Schwierigkeiten der Erfassung von Menge und stofflicher Zusammensetzung der industriellen Abwässer hat folgende Gründe: Den Gemeinden fehlen meist ausreichende Angaben über die in die öffentliche Kanalisation eingeleiteten Industrieabwässer, die Werke halten entsprechende Daten meist geheim, da, wie jedenfalls vordergründig behauptet wird, aus diesen auf Produktionsverfahren geschlossen werden könnte. Die wasserrechtlichen Erlaubnisscheine geben keine Gewißheit über die tatsächlich abgegebenen Abwassermengen.

Seit etwa 20 Jahren fallen bei verschiedenen Produktionen immer mehr Industrieabfälle an, deren ordnungsgemäße Beseitigung oder Lagerung auf dem Festland wegen der besonderen Eigenschaften dieser Stoffe nur unter Schwierigkeiten möglich ist. Sie werden daher in zunehmendem Umfang mit Schiffen auf die hohe See verfrachtet und dort versenkt oder ins Wasser abgelassen. Der Fachausdruck für dieses Verfahren heißt *Verklappen* (englisch: »dumping«).

Bis zum Inkrafttreten der Konventionen von Oslo und London (s. Abschnitt 5.3.4) konnten die Firmen entsprechende Abfälle praktisch in jeder beliebigen Menge und an jeder beliebigen Stelle außerhalb der Hoheitsgewässer verklappen ohne Rechtsbestimmungen zu verletzen. Es wird daher nie mehr zu ermitteln sein, welche Mengen von Industrieabfällen insgesamt verklappt worden sind und welcher Art sie waren. Aus mehr oder weniger zufälligen Erkenntnissen kann man aber schließen, daß es sich um sehr große Mengen von zum Teil hochgiftigen Stoffen gehandelt haben muß. So wurden z. B. nach ROLL [1971] zwischen 1963 und 1969 rund 38 000 Fässer mit Chlorkohlenwasserstoffen in die Nordsee zwischen England und der belgisch-niederländisch-deutschen Küste versenkt.

Die z. Zt. bekannten Verklappungsgebiete in der Nordsee sind auf Abb. 47 eingezeichnet, Ort und Mengen der z. Zt. in der Nordsee verklappten Stoffe sind in Tab. 21 aufgelistet.

In der Bundesrepublik Deutschland ist das Genehmigungsverfahren zur Verklappung folgendermaßen geregelt: Die Industriefirma oder Reederei stellt beim Deutschen Hydrographischen Institut (Hamburg) unter Benennung aller Daten über Art und Menge der Stoffe einen Antrag. Das Institut holt gegebenenfalls Gutachten der Bundesforschungsanstalt für Fischerei, der Biologischen Anstalt Helgoland und der Bundesanstalt für Gewässerkunde ein. Entsprechend den gesetzlichen Regelungen (s. Abschnitt 5.3.4) und möglichen Umweltschäden (Gesundheitsgefährdung von Menschen, Schädigung von Meeresorganismen, Gefahren für Fischerei, Schiffahrt und Rohstoffgewinnung aus dem Meer) werden die Abfälle in verschiedene Gefahrenklassen eingeteilt, wobei folgende Kriterien berücksichtigt werden: Gesamtmenge, Einbringung pro Zeiteinheit, Konzentration von schädlichen oder gefährlichen Stoffen in flüssigen Abfällen bzw. Abwässern, physikalische und chemische Eigenschaften (z. B. Abbau durch Bakterien, Anreicherung in der Nahrungskette), Toxizität. Mit der Genehmigung werden Versenkungsort und -tiefe sowie gegebenenfalls die Verpackungsart angeordnet (z. B. Betonfässer). Verklappungsgebiet für besonders gefährliche Abfälle ist z. Zt. die westliche Biskaya in einem Küstenabstand von über 50 Seemeilen und in mehr als 3000 m Wassertiefe.

Für die *Ostsee* wurde bisher keine Verklappung von Industrieabfällen genehmigt.

In der *Nordsee* werden aus dem Gebiet der Bundesrepublik z. Zt. mit behördlicher Genehmigung täglich etwa 1800 t Abwässer der Titandioxid-Erzeugung in einem 12,5 Quadratseemeilen großen Gebiet 10–17 Seemeilen nordwestlich von Helgoland verklappt. Diese Abwässer enthalten 10 Gew.-% Schwefelsäure, 14 Gew.-% Eisen(II)sulfat und 3 Gew.-% mineralische Verunreinigungen. Damit sich diese Abwässer möglichst schnell mit dem Meerwasser vermischen, werden sie in das Schraubenwasser des mit einer Geschwindigkeit von etwa 6 Knoten (11 km/h) fahrenden Schiffes ausgeleitet. Bereits zwei Jahre vor Beginn dieser Verklappung wurde das vorgesehene Gebiet genau hydrographisch und -biologisch untersucht, um etwaige Veränderungen feststellen zu können. Diese Untersuchungen wurden in regelmäßigen Abständen weitergeführt. Dabei konnten bisher weder im Meereswasser, noch am Meeresboden, noch an der Bodentierwelt irgendwelche Veränderungen festgestellt werden, die auf die Einwirkung der Titandioxidabwässer zurückgeführt werden könnten. Die Säuretanker führen genaue Fahrtberichte über Ort und Zeit der Verklappung, Menge und Dichte der Abwässer. Der Standort der Schiffe wird außerdem durch Funkpeilung von Land aus kontrolliert [nach

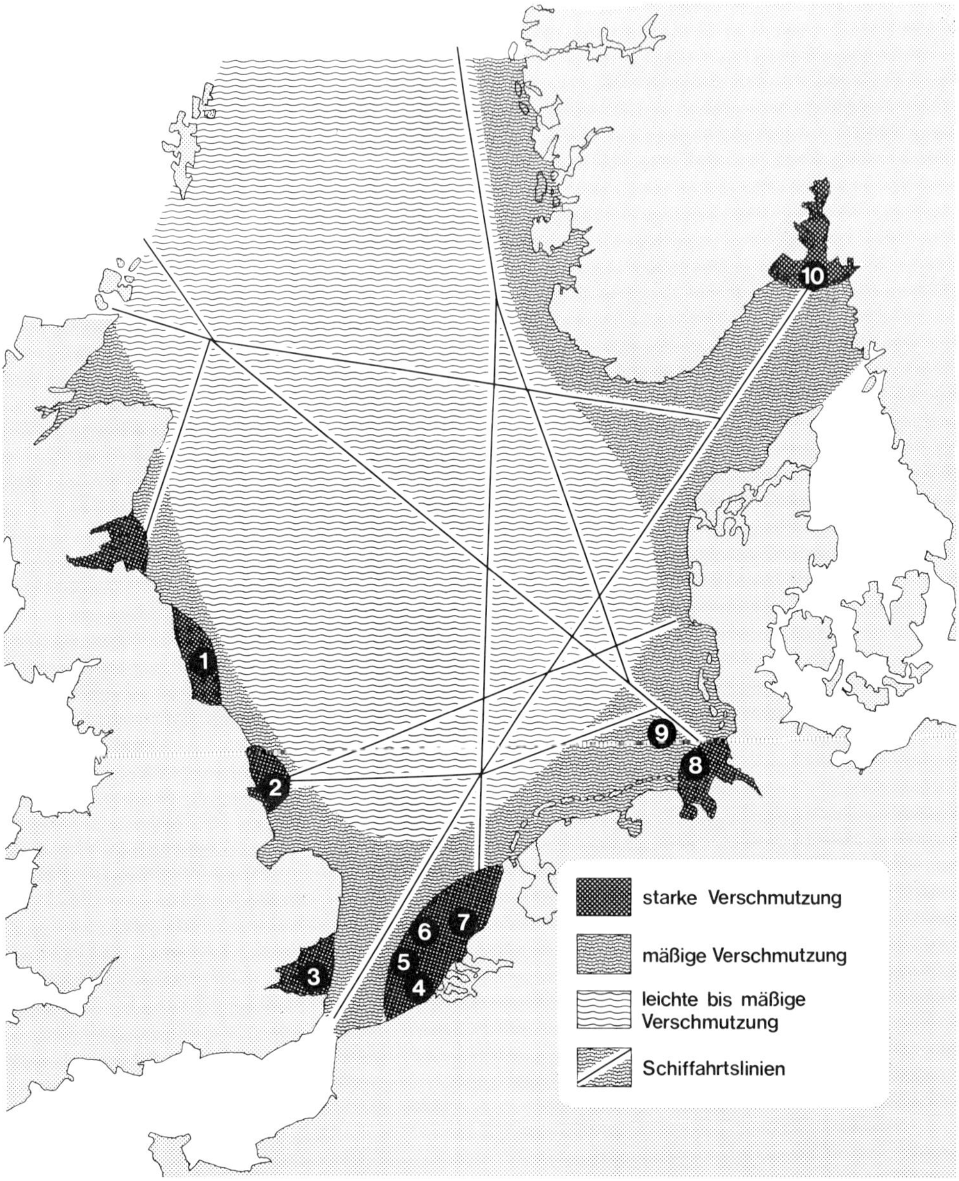

Abb. 47 Verschmutzungszonen der Nordsee mit Verklappungsorten (1–10, vgl. Tab. 21) und den Hauptschiffahrtsstraßen. Nach WEICHART [1973] (verändert).

WEICHART 1972, 1973 und GERLACH 1976]. WEICHART [1973] schätzt den Anteil der Verschmutzung durch Verklappung an der Nordsee auf 10–20% der Gesamtverschmutzung.
Zur näheren Unterrichtung über Quecksilbervergiftungen durch den Genuß abwasserverseuchter Fische – die Minamata = Krankheit – wird auf GERLACH [1976] verwiesen, der eine ausführliche Zusammenfassung über quecksilberhaltige Abwässer bringt und auch die Originalarbeiten zitiert.
Auch mehr oder weniger ausgefaulter Schlamm aus Klärwerken wird z. T. im Meer verklappt. Z. B. werden jährlich 250000 t Schlamm aus den Klärwerken von Hamburg und Elmshorn in der Nähe des Feuerschiffes Elbe 1 in einem Gebiet mit 20 m Wassertiefe verklappt. Dieser

Tabelle 21 Verklappung von Industrieabfällen in der Nordsee (Stand 1972). Nach WEICHART [1973] und ICES [1974].

Herkunftsland	Verklappungsort nach Abb. 47	Menge in t/Jahr	Abfallart
Großbritannien	1	765 000	Kraftwerksasche
		1 500 000	Feststoffe aus der Kohleproduktion
	2	60 000	Abfälle aus der Synthesefaserfabrikation (Humber Ästuar)
	3	4 500 000	Klärschlamm von London (Themse Ästuar)
		2 000	Tonschlamm Zusätzlich Abfall aus der Aluminiumproduktion (kein Rotschlamm) bis 1800 m^3 Schlamm oder 500 t Feststoffe jährlich vor der schottischen Küste geplant (1972): 45 000 t/a (Trockengew.) Klärschlamm vor schottischer Küste von Edinburg, Aberdeen, Dundee
Belgien	4	18 000	Abfälle aus der Enzymfabrikation (66% org. Substanz)
	5	150 000	Abwässer aus der Titandioxidproduktion mit 27% H_2SO_4 und 6% $FeSO_4$ (2. Fabrik) nahe bei Verklappungsort 5
		5 000	Abfälle aus der Kunstharzproduktion
	6	700 000	Abwässer aus der Titandioxidproduktion mit 10% H_2SO_4 und 2–3% $FeSO_4$ (max. 9%) (1. Fabrik) außerdem: 5400 t/a Abfälle aus der Harzproduktion (enthalten 1,5% Phenol, verklappt außerhalb der territorialen Gewässer). außerdem: unbekannte Menge Munitionsabfall, verklappt durch die belgische Armee bei 51° 54′N 3° 15′ E
Niederlande	7	40 000	anorganische und organische Säuren und Salze
		810 000	Abwässer aus der Titandioxidproduktion (aus der Bundesrepublik Deutschland)
		300 000	Säuren, hauptsächlich organisch (aus der Bundesrepublik Deutschland)
		50 000	alkalische Abwässer, hauptsächlich organisch (aus der Bundesrepublik Deutschland) außerdem: 300 000 t/a Abfälle aus der Titandioxidproduktion aus Belgien
Bundesrepublik Deutschland	8	250 000	ausgefaulter Klärschlamm aus Hamburg und Elmshorn
	9	650 000	Abwässer aus der Titandioxidproduktion mit 10 Gew. % H_2SO_4, 14 Gew.% $FeSO_4$
Norwegen	10		Faulschlamm (von Oslo?), weitere Verklappungen nicht geplant

Klärschlamm enthält nicht nur der natürlichen Selbstreinigung unterliegende Stoffe, sondern auch beträchtliche Mengen von Schwermetallen. Z. B. gelangen mit dem Klärschlamm von London jährlich etwa 1000 t Zink, 200 t Kupfer, 100 t Chrom, 50 t Nickel und 10 t Cadmium über die Themsemündung in die Nordsee [ICES 1970].

RACHOR [1977] untersucht seit 1969 die Bodenfauna in der Nachbarschaft des Verklappungsgebietes des Hamburger Klärschlamms. Er hat eine fortschreitende Artenverarmung der Biozönose festgestellt, die allerdings nicht auf Schwermetalleinwirkung, sondern auf Sauerstoffzehrung und Schwefelwasserstoffbildung im Laufe der Mineralisation des Klärschlamms zurückzuführen ist.

Sogenannter »*Rotschlamm*« ist ein Abfallprodukt der Aluminiumherstellung aus Bauxit. Der sehr feinkörnige, stark alkalische (pH 12) Schlamm ist chemisch unschädlich, flockt jedoch im Meerwasser aus. Die leichten Schlammflocken werden auch von geringen Meeresströmungen weit verbreitet und verkleben die Kiemen von Fischen, so daß diese verenden.

Seit mehreren Jahren werden beträchtliche Mengen von chlorierten Kohlenwasserstoffen von Spezialschiffen auf See transportiert und auf diesen Schiffen bei Temperaturen von etwa 1500° C zu 99,9% *verbrannt.* Aus der Bundesrepublik werden z. Zt. jährlich rund 90000 t Chlorkohlenwasserstoffe in der Nordsee, abseits der Schiffahrtsstraßen verbrannt. Bei der Verbrennung entstehen riesige Gaswolken, die sich auf die Meeresoberfläche senken, wobei u. a. Salzsäure entsteht. Auf jeden Fall ist dieses Verfahren zur Beseitigung solcher Abfälle der Einleitung in das Meer vorzuziehen.

5.3.2.4 Verschmutzung der Meere durch Öl

Über den Gesamteintrag von Erdöl und Erdölderivaten in das Weltmeer gehen die Schätzungen der Fachleute außerordentlich weit auseinander: Zwischen 2 und 12 Mill. Tonnen jährlich. GERLACH [1976] kommt aufgrund der Arbeiten von MCCAULL und GROSSLAND [1974] für das Jahr 1969 zu einem vom wirtschaftenden Menschen direkt oder indirekt verursachten Gesamteintrag von 12,18 Mill. Tonnen; die aus natürlichen untermeerischen Erdölquellen ausströmenden Mengen setzt er mit weniger als 0,10 Mill. Tonnen jährlich an.

Nach EHRHARDT und GRASSHOFF [1977] kann man die Tab. 22 zusammenstellen:

Tabelle 22 Schätzung der im Jahr 1976 in die Meere gelangten Mengen von Rohöl und Rohölderivaten.

Verschmutzungsquelle	Millionen Tonnen
Normale Tankerfahrt (Ballast-, Bilgen- und Tankwaschwasser)	2,08
Tankerunfälle	0,24
Untermeerische (Offshore-) Erdölbohrungen	0,08
Raffinerien an der Küste	0,24
Industrieabwässer	0,30
Abwässer der Küstenstädte	0,59
Ölabfälle und -verluste im Binnenland, gelangen hauptsächlich über die Flüsse ins Meer (Industrie, Verkehr)	1,59
Direkter Eintrag insgesamt	5,12
Indirekter Eintrag über die Atmosphäre (aus Verbrennungsprozessen von Industrie, Haushalt und Verkehr)	0,59
Vom Menschen verursachter Eintrag insgesamt	5,71
Natürliche untermeerische Erdölquellen	0,59
	6,30

Das Bundesverkehrsministerium (1975) kommt schon in einem einzigen Teilbereich zu einer weit höheren Schätzung. Es geht davon aus, »daß bei der Reinigung der Tanks eines Tankers mit der Bunkerkapazität von 100000 t 0,4% oder 400 t Rohöl abgelassen werden. Bezieht man diesen Prozentsatz auf die im Jahre 1973 nach Europa beförderte Rohölmenge von 1,23 Milliarden Tonnen (ca. die Hälfte der Gesamtmenge des 1973 geförderten Rohöls), so ergibt sich die stattliche Zahl von 4,92 Millionen Tonnen, die allein aus diesem Grund zur Wasserverschmutzung beitragen.«

Soweit nun die Schätzungen der verschiedenen Autoren bezüglich der einzelnen Teilkomponenten und des Gesamteintrags auseinanderliegen, sie stimmen darin überein, daß keineswegs die von der Öffentlichkeit so sehr beachteten und gefürchteten Tankerunfälle die wichtigste Rolle für die Verschmutzung der Meere mit Öl spielen, sondern das Fehlverhalten vieler Tankerkapitäne, die nach dem Löschen ihrer Ladung meist auf hoher See und im Schutze der Dunkelheit die Ölreste aus den Tanks ihrer Schiffe mit Meerwasser spülen und das so entstehende Öl-Wassergemisch einfach über Bord geben. Die betreffenden Kapitäne tun dies, um Zeitverlust und Unkosten zu vermeiden, die durch die ordnungsgemäße Abgabe des ölhaltigen Waschwassers in Tankreinigungsanlagen entstehen, die heute bereits in fast allen größeren Häfen eingerichtet sind.

Nach dem »Internationalen Übereinkommen zur Verhütung der Verschmutzung der See durch Öl« (London 1954,62) wurden in den Weltmeeren verschiedene Zonen festgelegt, in denen das Ablassen von Öl und ölhaltigen Gemischen grundsätzlich verboten ist. Ausgepumptes Ballast- und Tankwaschwasser von Tankschiffen darf in diesen Zonen höchstens 100 ppm Öl enthalten. Zu diesen Verbotszonen gehören auch die gesamte Nord- und Ostsee (vgl. Abschnitt 5.3.4).

Von den rund 6500 z. Zt. im Einsatz befindlichen Öltankern sind etwa 80% – nämlich die den großen Mineralölkonzernen gehörenden – mit dem LOT-System (»Load-on-top«) ausgerüstet. Bei diesem Verfahren wird das verölte Wasch- und Ballastwasser nicht ins Meer gepumpt, sondern in einen besonderen Tank, den Slop-Tank. Dort trennt sich mit der Zeit das leichtere Öl vom Wasser und sammelt sich an der Oberfläche. Ist der Entmischungsprozeß abgeschlossen, so kann das nunmehr saubere Wasser bis auf eine restliche Polsterschicht, die unter dem Öl steht, über Bord gepumpt werden. Beim nächsten Laden wird das neue Öl *auf* (= »on top«) die noch im Sloptank befindliche Restmenge gepumpt.

Ehrhardt und Grasshoff [1977] vertreten die Auffassung, daß etwa ein Viertel (rund 1,5 Mill. Tonnen) des Gesamtöleintrags in die Weltmeere, auf das Konto jener 20% Schiffe der Welttankerflotte gehen, die derzeit noch nicht mit dem LOT-System ausgerüstet sind. Die meisten dieser Tanker fahren unter sogenannten »Billigflaggen«, sind also in Ländern registriert, die es u. a. mit der Einhaltung der internationalen Sicherheitsbestimmungen nicht sehr genau nehmen.

Da das LOT-Verfahren auf kürzeren Fahrten nicht wirksam ist, wurden zusätzliche Technologien entwickelt, die auch in den Schiffen der großen internationalen Tankerreedereien zunehmend eingesetzt werden: Die rasche Trennung von Ballast- oder Waschwasser vom Öl durch Separatoren, die Verwendung von Rohöl zum Waschen der Tanks anstelle von Wasser (»Crude Washing«).

Wenngleich im Hinblick auf die Gesamtölverschmutzung der Meere die Tankerunfälle weniger ins Gewicht fallen (s. oben), so können die bei solchen Ereignissen ausfließenden Ölmengen doch *regional* besonders verheerende Folgen haben. Leider ist auch hier die Tendenz steigend: Im Jahr 1973 gelangten bei solchen Unfällen 84458 t, 1975 schon 188041 t und 1976 gar 204235 t Öl ins Meer. Zu dieser steigenden Tendenz trägt nicht zuletzt der Bau von immer größeren Tankschiffen bei. Die Neubauten der letzten Jahre liegen bei durchschnittlich 300000 t, der größte vor kurzem in Dienst gestellte Tanker hat 550000 t Ladekapazität. Fast alle bisherigen Tankerunfälle sind im übrigen auf menschliches Versagen zurückzuführen.

Da nach der internationalen Statistik 50% aller Kollisionen von Schiffen mit mehr als 500 Bruttoregistertonnen zwischen Dover und der Elbemündung vorkommen, hielt Gerlach [1976] eine Tankerkatastrophe in der südlichen Nordsee für »geradezu überfällig«. Diese Katastrophe ist inzwischen eingetreten: Mitte März 1978 ist der unter der Flagge von Nigeria fahrende Großtanker »Amoco Cadiz« wegen Bruch des Ruders an einem Riff vor der westbretonischen Küste gestrandet und durch Sturmfluten zerschlagen worden. 230000 t Öl sind ausgeströmt und haben die Küste der Bretagne auf 450 km Länge verschmutzt.

Viele Millionen von Seevögeln, Seeigeln, Seesternen, Muscheln und anderen Meerestieren sowie

riesige Algenfelder wurden vernichtet. Die Folgen für die ökologischen Verhältnisse im Küstenbereich, die Fischerei und das Erholungswesen sind verheerend.
Nach dem Golf von Mexiko ist heute die *Nordsee* das wichtigste »Off-shore« – Gebiet der Erde für *Erdölbohrungen.* Seit 1964 wurden in der Nordsee rund 1300 Prospektions- und Produktionsbohrungen niedergebracht. Die Lagerstätten liegen etwa 3000 m unter der Oberfläche des Meeresbodens. Man schätzt, daß hier 3,0–3,5 Milliarden Tonnen Erdöl und etwa 2,2 Billionen Kubikmeter Erdgas zu gewinnen sein werden (= rund 4% der 1976 nachgewiesenen gesamten Reserven der Erde an Erdgas und Erdöl). In den achziger Jahren hofft man, jährlich 200 bis 250 Millionen Tonnen Rohöl fördern zu können. Z. Zt. sind über 500 Bohrinseln in Betrieb, die zum größten Teil durch auf dem Grund der Nordsee verlegte Pipelines mit den jeweils nächstgelegenen Küsten verbunden sind. Fachleute schätzen den mit dem Off'shore-Betrieb in der Nordsee praktisch zwangsweise verbundenen Verlust von Öl auf z. Zt. etwa 30000 t jährlich. In dieser Zahl sind natürlich Unfälle wie derjenige, der sich im April 1977 auf der Bohrinsel »Bravo« im Ekofisk-Feld vor der norwegischen Westküste durch den Bruch eines falsch eingesetzten Sicherheitsventils ereignet hat, und in dessen Verlauf sich täglich 4000 t Rohöl in das Meer ergossen, nicht berücksichtigt.
Anläßlich dieses Unfalls wurde klar, wie völlig unzureichend die zuständigen Behörden aller Anliegerstaaten auf derartige Unfälle vorbereitet waren. Von den z. Zt. nachgewiesenen Ölvorkommen in der Nordsee liegen zwar zwei Drittel im britischen und ein Drittel im norwegischen Sektor, schwerere Unfälle durch den Bruch von Bohrgestängen oder Pipelines würden sich aber zweifellos auf sehr große Gebiete der Nordsee auswirken.
Erdöl ist ein sehr *kompliziertes Gemisch* aus vielen Hunderten von Kohlenwasserstoffverbindungen. Dabei gibt es in der Zusammensetzung noch Unterschiede je nach der Herkunft und damit von Entstehungsort- und -zeit. Von diesen Unterschieden werden u. a. auch der biologische Abbau der Rohöle und ihrer Derivate sowie ihre Toxizität für Organismen bestimmt. Alle Rohöle und ihre Fraktionen (ausgenommen hochgereinigtes Petroleum) sind in gewissem Ausmaß giftig für Meeresorganismen. Sehr häufig sind die giftigsten Bestandteile leichter wasserlöslich als die nichtgiftigen. Die Meeresorganismen reagieren recht unterschiedlich hinsichtlich ihrer Empfindlichkeit auf diese Giftstoffe. Eine hervorragende Zusammenstellung der bisherigen Kenntnisse über alle Teilbereiche der Meeresverschmutzung durch organische Stoffe geben Duursma und Marchand [1974].
Die Dichte der meisten Rohöle liegt zwischen 0,82 und 0,94, sie und die meisten ihrer Derivate schwimmen also – ins Meerwasser gebracht – zunächst als mehr oder weniger mächtige Schicht auf der Oberfläche: Solche »Ölteppiche« werden durch Winde und Meeresströmungen meist in kurzer Zeit über weite Strecken verfrachtet. Die leichtflüchtigen Anteile verdampfen dabei innerhalb von etwa acht Tagen in die Atmosphäre. Andere, ebenfalls leichtmolekulare Bestandteile, lösen sich in den obersten Wasserschichten. Sie sind nach unseren bisherigen Kenntnissen für Wasserorganismen sehr giftig. Die Toxizität beruht u. a. wohl in erster Linie darauf, daß diese Kohlenwasserstoffe nach dem Eindringen in die Körper der Organismen die Permeabilität der Zellmembranen verändern. Aber auch subletale Wirkungen, z. B. auf das Fortpflanzungsverhalten von Krebsen sind schon nachgewiesen worden. Der Rest, etwa 75% des ursprünglichen Ölvolumens, treibt für weitere Zeit auf der Meeresoberfläche. Es handelt sich um weniger giftige Komponenten. Zum Teil werden sie von UV-Strahlen oxidiert, zum Teil entstehen schließlich schmierige, asphaltähnliche Verbindungen: Teerklumpen, in der Mehrzahl von etwa Erbsengröße (»tarballs«). In die leichter löslichen Kohlenwasserstoffverbindungen lagern sich im Verlauf von Wochen und Monaten Wassertröpfchen ein, und an den Phasengrenzen von Öl und Wasser siedeln sich nun Mikroorganismen verschiedener Art – Bakterien, Hefepilze, Algen – an, die diese Erdölkomponenten für ihre Ernährung nutzen, also biochemisch abbauen. Durch Laborversuche weiß man, daß für eine gute Abbauleistung dieser Organismen besonders viel Sauerstoff, Nährsalze in Form von Stickstoff- und Phosphorverbindungen, relativ hohe Wassertemperaturen, auch bestimmte Wasserstoffionenkonzentrationen erforderlich sind. Nach Gunkel [1972] sind z. B. für die vollständige Oxidation von 1 kg Rohöl etwa 3,3 kg O_2 nötig. Bei einer durchschnittlichen Temperatur des Meereswassers von 15°C und einem O_2-Gehalt von 8 mg/l wären 400 m³ Meerwasser nötig, um – allein vom O_2-Bedarf her –

1 kg Rohöl zu CO_2 und H_2O zu oxidieren. Über die Geschwindigkeit, mit der diese biochemischen Prozesse unter natürlichen Bedingungen ablaufen, herrscht noch weitgehend Ungewißheit. Jedenfalls handelt es sich um Monate bis Jahre. Am Ende bleiben auch hier Verbindungen übrig, die von den Mikroorganismen nicht angegriffen werden; sie bilden gleichfalls teerartige Agglomerationen. S. hierzu FLOODGATE [1972], GUNKEL [1972], LINDEN [1976]. Vgl. Abb. 48.

Die biochemisch kaum noch angreifbaren Teerklumpen sinken langsam zum Meeresboden ab oder werden an Strände angetrieben. DUURSMA und MARCHAND [1974] schätzen, daß auf den Weltmeeren rund 150000 t Teerklumpen treiben, am meisten in den Bereichen der Haupttankerrouten. Nach WEICHART [1973] wurden in den Jahren 1963–73 an den Stränden der deutschen Nordseeküste während der Badesaison an 50% aller Tage leichte bis mittlere, an 34% aller Tage schwere Ölverschmutzungen festgestellt. Neben dieser erheblichen Beeinträchtigung des Erholungswesens und Schädigungen der Fischerei (Verschmutzen der Fanggeräte usw.) leiden in erster Linie die Seevögel unter der »*Ölpest*«.

Ohne Zweifel sind ihr während der letzten drei Jahrzehnte mehrere Millionen von Möwen, Seeschwalben, Sturmvögel, Enten, Alken, Tauchern, Sägern usw. zum Opfer gefallen, wobei der Hauptschaden durch treibende Ölfelder verursacht wurde. Allein in der Folge des »Torrey-Canyon«-Unglücks – der Tanker war im März 1967 am Seven Stones Riff nordöstlich der Scilly Inseln (Südwestecke von Cornwall) gestrandet – sind 40000 bis 50000 Meervögel umgekommen. Die Opfer der »Amoco Cadiz«-Katastrophe sind sicher noch zahlreicher. Besonders betroffen, zum Teil bereits völlig erloschen, sind die Kolonien der Tauchvögel: Papageitaucher, Tordalk, Trottellumme. Vielleicht halten die Seevögel die treibenden Ölflächen für Nahrung oder sie werden dadurch angelockt, daß an diesen Stellen die Wellen ruhiger sind.

Das Öl verschmiert das Gefieder der Vögel. Da sie sich an den verölten Körperstellen nicht mehr mit Bürzeldrüsensekret einfetten können, dringt die Kälte des Wassers bis auf die Haut und führt zu Unterkühlungen. Den tauchenden Arten wird der Nahrungserwerb erschwert, da das ölverklebte Federkleid das normale Tauchen und die Einhaltung der Tauchrichtung behindert. Die Ölverschmutzung ihres Gefieders löst bei den Tieren einen so nachhaltigen Putztrieb aus, daß sie sich fast ohne Unterlaß mit dem Schnabel zu reinigen versuchen, dabei jedoch immer mehr verschmutzen und schließlich an totaler Erschöpfung sterben. Beim Putzen des verölten Federkleides gelangt Öl in Magen und Darm. Das führt zu Vergiftungen, denen die Vögel unter Krämpfen erliegen. Daher kann auch das gut gemeinte nachträgliche Reinigen der Vögel diese in vielen Fällen nicht mehr retten, da man die Magen-Darm-Vergiftung auf diese Weise nicht beheben kann.

Über dem massenweisen Tod der Seevögel, der in der Öffentlichkeit stark beachtet wird, darf nicht vergessen werden, daß der Ölverschmutzung der Meere darüber hinaus alljährlich viele Milliarden von Meeresorganismen erliegen. Dadurch wird die Ernährung weiterer Tierpopulationen mehr oder weniger gestört und letztlich das Meer als Nahrungsquelle des Menschen geschädigt.

Zur *Bekämpfung von ausgelaufenem Öl* auf dem Meer sind nach dem heutigen Kenntnisstand grundsätzlich folgende Verfahren möglich:

1. Abbrennen der leicht flüchtigen, entzündbaren Fraktionen. Mit starker Luftverschmutzung verbunden.
2. Emulsion und Dispersion des Öls durch Übersprühen mit fettlösenden Detergentien. In der Vergangenheit wurden dabei organische Verbindungen angewandt im Mengenverhältnis 1:1. So wurden an der Küste von Cornwall zur Bekämpfung von 14000 t Rohöl, die aus der »Torry Canyon«-Katastrophe stammten, 10000 t Detergentien versprüht.

   Diese Mittel schädigen aber auch alle Meeresorganismen, die Fett enthalten, also Krebse, Muscheln, Fische. Das aus Öl und Detergentien entstehende Gemisch ist für die Meeresorganismen, besonders Jugendstadien, giftiger als das Öl allein. Emulgiertes Öl wirkt jedenfalls in der ganzen Wassersäule, wie GERLACH [1976] betont. Allerdings sind in den letzten Jahren weit weniger giftige Detergentien entwickelt worden.
3. Mittel, die das Öl binden, z.B. Kalziumkarbonat, und zum Absinken bringen. In flachen Meereszonen kann durch solche Bindemittel der Boden abgedeckt werden. Es kann dort zu

1 Ausgelaufenes Öl breitet sich auf der Meeresoberfläche aus.

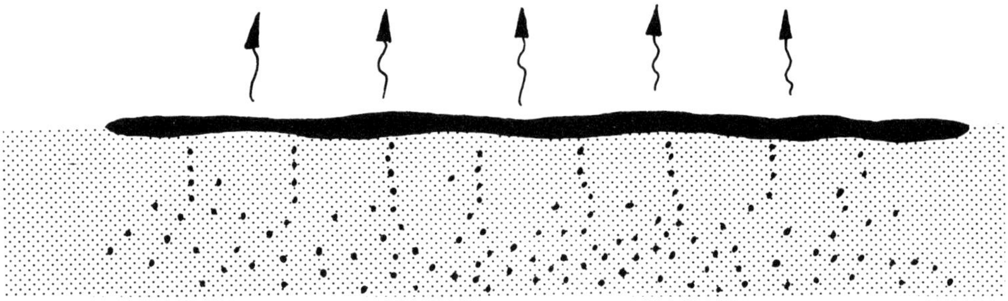

2 Die leichtflüchtigen Bestandteile verdampfen, andere, hochgiftige, lösen sich in den obersten Wasserschichten.

3 Nach einigen Wochen: Bildung von teerartigen Klumpen durch Oxidation, Emulgierung und biochemische Prozesse.

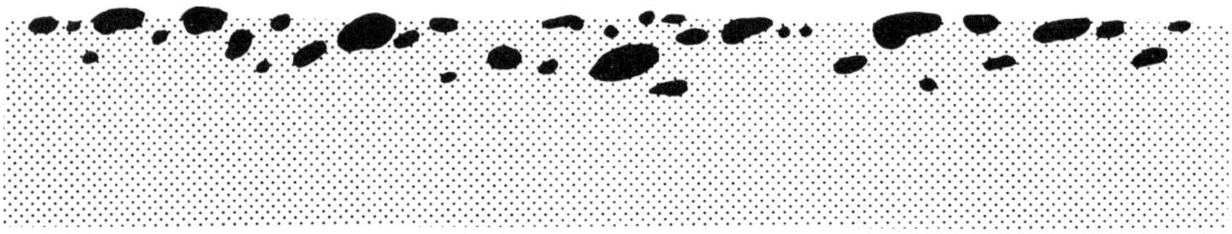

4 Nach Monaten: Der Ölteppich ist verschwunden. Teerklumpen treiben in der obersten Wasserschicht.

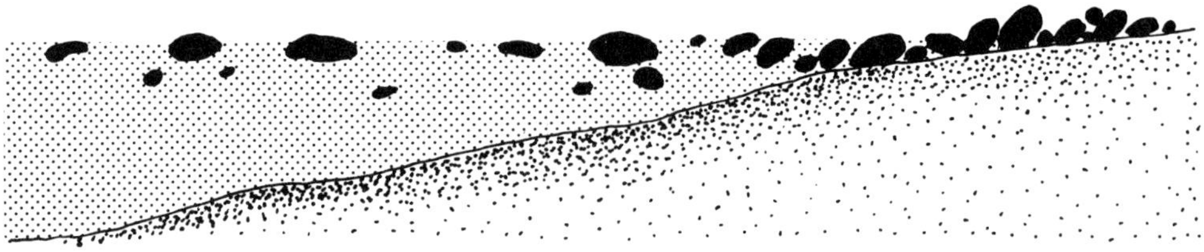

5 Teerklumpen werden an einen Strand gespült.

Abb. 48 Auflösung eines auf der Meeresoberfläche treibenden Ölteppichs.
Nach Ehrhardt und Grasshoff [1977].

völligem Sauerstoffschwund und anaerobem Abbau unter Schwefelwasserstoffbildung kommen.

4. Eingrenzung des Ölteppichs durch luftgefüllte, schwimmende Gummiwülste oder durch Luftblasen-Vorhänge, wozu perforierte Gummischläuche auf dem Meeresboden verlegt und mit Preßluft beschickt werden. Anschließend Abschöpfen des Öls durch Spezialfahrzeuge. Absaugen nach dem Staubsaugerprinzip durch Pumpen. Diese mechanischen Verfahren sind bisher leider nur bei ruhiger See erfolgreich anzuwenden. Vom ökologischen Standpunkt sind sie die vorteilhaftesten.

Keines dieser Verfahren ist voll befriedigend. Das unterstreicht die Notwendigkeit, die vorbeugenden Maßnahmen gegen die Ölverseuchung der Meere in jeder geeignet erscheinenden Weise zu verstärken. Vgl. Abschnitt 5.3.4.

5.3.2.5 Verschmutzung der Meere durch Chlorkohlenwasserstoffe

Hier ist die Umweltgefährdung durch zwei große organische Stoffgruppen zu behandeln:

1. Polychlorierte Biphenyle (PCB) waren bis vor einigen Jahren in zahlreichen wichtigen Erzeugnissen der Kunststoffindustrie enthalten, z. B. in Polyvinylchlorid (PVC).
   Nach Gerlach [1976] hat die Weltproduktion 1970 schätzungsweise um 80000 t betragen. Nachdem die besondere Umweltgefährlichkeit dieser Verbindung erkannt worden war, wurde in den USA, dem Hauptherstellerland, die Produktion von 1970 auf 1971 um 50% erniedrigt, in Japan 1972 völlig eingestellt, in anderen Industriestaaten strengeren gesetzlichen Regelungen unterworfen.
2. DDT (Dichlor-Diphenyl-Trichloräthan) und die verwandten Präparate unter den Handelsnamen Aldrin, Dieldrin, Endrin, Lindan, Heptachlor, Methoxychlor, Toxaphen usw. wurden seit 1945 in einer Gesamtmenge von mindestens 3000000 t produziert. Sie dienen zur Bekämpfung von Pflanzenschädlingen und von Insekten, die als Überträger von Krankheiten (z. B. Malaria, Schlafkrankheit) eine Rolle spielen (Insektizide). In der Bundesrepublik und anderen europäischen Staaten ist der Verkauf und die Anwendung von DDT und den chemisch verwandten Präparaten schon vor einigen Jahren wegen ihrer gefährlichen Nebenwirkungen verboten worden. Besonders in den tropischen und subtropischen Entwicklungsländern jedoch werden diese Mittel auch zukünftig noch in großen Mengen ausgebracht werden – man rechnet mit mindestens 100000 t jährlich –, jedenfalls so lange nicht ähnlich wirksame und verhältnismäßig preisgünstige Alternativen auf den Markt kommen.

Die chlorierten Kohlenwasserstoffe, besonders das DDT, sind heute buchstäblich auf der gesamten Erde allgegenwärtig. Man kann sie im Körperfett antarktischer Pinguine ebenso nachweisen wie im Eis Grönlands. Die globale Verseuchung mit Chlorkohlenwasserstoffen hat folgende Gründe: PCB oxidiert erst bei Temperaturen über 800° C vollständig zu Kohlendioxid und Salzsäure. Bei niedrigeren Verbrennungstemperaturen gehen die chlorierten Biphenyle im wesentlichen unverändert in die Atmosphäre. Beim Versprühen und Verstäuben von DDT und der verwandten Insektizide geht ein sehr hoher Prozentsatz – manche Forscher sprechen von rund 50% (!) [Lloyd – Jones 1971] – in die Luft, werden durch Winde mehr oder weniger weit verfrachtet und gelangen mit den Niederschlägen auf die Oberfläche des Festlandes und der Ozeane. Ein weiterer Anteil der auf land- und forstwirtschaftlichen Flächen bzw. zur Seuchenbekämpfung ausgebrachten Insektizide wird durch Niederschlagswasser in Rinnsale, Bäche und Flüsse geschwemmt und gelangt auf diesen Wegen schließlich ebenfalls in die Meere. Die chlorierten Kohlenwasserstoffe sind sehr stabil, im Erdboden und im Wasser werden sie nur in sehr langen Fristen – 10 bis 30 Jahren (!) – zu ungiftigen Verbindungen abgebaut.

Über die als »fall-out« bisher in die Meere gelangte Menge von Chlorkohlenwasserstoffen gibt es eine Reihe von Berechnungen, denen als Parameter die Produktionsmengen und das Wasservolumen des Weltmeeres zugrunde liegen. Sie kommen übereinstimmend zu Werten von 0,0005 bis 0,0007 μg DDT je Liter Meerwasser, was recht gut zu den Werten paßt, die tatsächlich in Regenwasser gemessen worden sind. Der direkte analytische Nachweis von DDT im Meerwasser ist aus verschiedenen chemischen Gründen außerordentlich schwierig. Unter anderem liegt das daran, daß höchstens ein geringer Teil dieser Verbindungen im Meerwasser

wirklich in Lösung vorliegt, der bei weitem größte Prozentsatz aber an Partikel von weniger als 1 µm Durchmesser angelagert ist [GERLACH 1976].
Jedenfalls lagern sie sich in Fettgewebe, Ölen und fettähnlichen Stoffen (Lipoiden) von Lebewesen aller Art ein, beim Menschen übrigens auch in den Muskeln, Keimdrüsen und Nervengeweben. Über die Nahrungsketten kommt es dann zu immer stärkeren Anreicherungen und zu außerordentlich hohen Konzentrationen in ihren Endgliedern. Z. B. ergaben Untersuchungen an der Küste von Long Island, daß tierische Planktonarten (z. B. Kleinkrebse) nur einen Gehalt von 0,04 ppm, Ährenfische, die von diesem Plankton leben, bereits 0,23 ppm und Hornhechte, die diese Ährenfische fressen, sogar durchschnittlich 2,07 ppm DDT in ihrem Körper gespeichert hatten. Fischfressende Seeschwalben weisen aber Werte bis zu 6,4 ppm, Fischadler 13,8 ppm, Möwen bis 18,5 ppm, Kormorane sogar 26,4 ppm auf. Je verschmutzter die Meeresgebiete sind, in denen die Tiere leben, desto höher der Gehalt ihrer Körper an Chlorkohlenwasserstoffen. Außerdem steigt dieser parallel zum Fettgehalt der Organismen bzw. ihrer einzelnen Organe. Besonders hohe Anreicherungen von DDT und PCB finden sich deshalb in Eiern und Lebern von Meerestieren. Bei Fischen muß man generell mit Konzentrationen von 10000–100000 rechnen, bezogen auf Feuchtgewichte. Die Meeresorganismen nehmen die Chlorkohlenwasserstoffe nicht nur mit der Nahrung, sondern auch über die gesamte Körperoberfläche aus dem Meerwasser auf. Eine Zusammenstellung neuerer Untersuchungsergebnisse der DDT- und PCB-Konzentrationen in Meerestieren gibt GERLACH [1976]. Darin werden u. a. folgende Werte aufgeführt:

Tabelle 23 DDT- und PCB-Konzentration in Speisefischen in µg/kg Feuchtgewicht.

		DDT-Gehalt	PCB-Gehalt
Scholle			
(aus dem Engl. Kanal 1971)	Leber	120–500	400–2200
	Muskulatur	3–7	10–40
Hering			
(Mittlere Nordsee 1972)	Leber	40–80	130–330
	Muskulatur	10–60	30–110
Dorsch			
(Mittlere Nordsee 1972)	Leber	30–1800	300–8100
	Muskulatur	6–10	30–70

Naturgemäß sind die Endglieder von Nahrungsketten – Meeresvögel und Meeressäuger –, die ausschließlich von Fischen leben, besonders gefährdet. Bei kalifornischen Seelöwen und den Ringelrobben der Ostsee z. B. ist der Fortpflanzungszyklus offenbar gestört, es haben sich Früh- und Totgeburten stark gehäuft. Nach Untersuchungen von HELLE u. a. [1976] werden nur noch 27% der fortpflanzungsfähigen Weibchen der Ringelrobbenpopulation *(Phoca hispida annellata)* im Bottnischen Meerbusen trächtig, während es normalerweise in weniger verschmutzten Gewässern 80–90% sind. Im Körper der nicht trächtigen Weibchen wurden signifikant höhere Werte von DDT und PCB gegenüber trächtigen gefunden.
Vier Monate vor der normalen Wurfzeit zeigte die Hälfte der nichttragenden Weibchen erweiterte Uteri und Narben in den Uteruswänden, was auf erfolgte Embryoimplantation und nachfolgende Resorption oder Abortus hindeutet.
Zahlreiche Populationen von Seevögeln sind am Rande des Aussterbens. Die Kolonien der Brandseeschwalbe *(Thalasseus sandvicensis)* an der niederländischen Nordseeküste gingen von rund 40000 Brutpaaren im Jahre 1954 über 12000 Paare 1961 auf etwa 1200 Brutpaare 1965 zurück. Zahlreiche Altvögel, Jungtiere und frisch aus den Eiern geschlüpfte Kücken starben unter Krämpfen, wie sie für Nervengifte typisch sind – und die Chlorkohlenwasserstoffe sind hochwirksame Nervengifte. Die Leber der verendeten Tiere enthielt hohe Werte von Chlorkohlenwasserstoffen.
Offenbar beeinflussen diese über den Enzymhaushalt besonders auch den Kalkstoffwechsel der fischfressenden Meeresvögel. Durch beschleunigte Elimination des Vitamins D wird die Kalk-

ablagerung in den Eierschalen gestört. Die Vögel legen Eier mit so dünnen Schalen, daß die meisten von den brütenden Tieren zerdrückt werden. Oder die Eier trocknen während der Brutzeit ein.
Aus Kolonien des Braunen Pelikans *(Pelecanus occidentalis)* auf Inseln in der Santa Monica Bucht im Golf von Kalifornien schlüpften 1969 aus 1125 Gelegen nur noch vier Junge. Die Eier enthielten 907 mg DDT je kg Fett!
Nachdem 1970 die Einleitung der Abwässer einer Schädlingsbekämpfungsmittelfabrik in die Küstengewässer gestoppt worden war, stieg der Bruterfolg des Braunen Pelikans wieder an: 1974 schlüpften aus 1286 Gelegen immerhin 1185 Jungvögel. Zur Bestandssicherung reicht dies aber immer noch nicht aus.
Kann man solche extremen Verunreinigungen von Meeresgebieten durch Einleitungen von pestizidhaltigen Abwässern auch ausschalten, nachdem heute die verheerenden Folgen bekannt sind, so wird der Gesamteintrag von Chlorkohlenwasserstoffen in die Meere aus der Atmosphäre in Zukunft noch weiter zunehmen.
Die Aspekte für die menschliche Gesundheit werden in Kapitel 5.11 behandelt.

5.3.2.6 Radioaktive Substanzen

Seit der Einstellung der oberirdischen Atombombenversuche ist die Radioaktivität des Meerwassers allgemein zurückgegangen. Küstennahe Kernkraftwerke und mit Isotopen arbeitende Betriebe leiten Ab- und Kühlwasser ins Meer. Dank strenger behördlicher Kontrollmaßnahmen ist jedoch die hierdurch in die Meere eingebrachte Radioaktivität bisher noch nicht bedenklich. [Walden 1972] Die Fao [1971] nimmt an, daß die Radioaktivität der Meere wegen der zunehmenden Verwendung von Kernenergie in der Wirtschaft bis zum Jahre 2000 auf das 100 bis 1000fache des heutigen Wertes anwachsen wird. Ein besonders schwerwiegendes Problem stellt die Einbringung radioaktiver Abfälle in die Meere dar. Nach Mitteilung der Organisation für wirtschaftliche Zusammenarbeit (OECD) sind seit 1967 bis zum Juli 1977 rund 52 000 t radioaktiven Materials im Atlantik versenkt worden. Die Abfälle wurden etwa 600 Seemeilen westlich der britischen und französischen Atlantikküsten in etwa 4600 m Tiefe abgelagert. Nach heutigem Erkenntnisstand ist die Versenkung jedenfalls von mittel- und hochradioaktiven Abfällen in den Meeren in höchstem Maße verantwortungslos.

5.3.3 Überfischung

1974 hat die Fischereikommission der FAO eine Übersicht der gegenwärtigen Bestände aller bekannten Fischpopulationen und anderer Meerestiere aller Meeresgebiete veröffentlicht. Nun wurde bestätigt, was Meeresbiologen schon lange vorausgesagt hatten: Zahlreiche, ehemals reiche Bestände von Walen, Speisefischen, ja sogar bereits von Kopffüßern sind während der letzten 15 Jahre durch maß- und sinnlose Überfischung entweder völlig vernichtet oder so dezimiert worden, daß ihre Erholung auch bei nunmehr völliger Schonung zweifelhaft ist. Der große Raubzug begann etwa um 1960 und wurde durch neue technische Errungenschaften ermöglicht: Ausrüstung praktisch aller Fischereifahrzeuge mit Echolot-Ortungsgeräten, Verfügbarkeit vieler Daten über Lebensgewohnheiten, Wanderungen usw. der Nutzfischarten, Bau und Einsatz riesiger Fabrikschiffe (Vollfroster) mit Tagesfangkapazitäten von 50 t »Rohware« usw. Diese modernen Fangschiffe verfügen in »Verarbeitungsstraßen« über alle notwendigen Einrichtungen, um das Fanggut in wenigen Stunden von konsumfertig zubereiteten und verpackten Filets bis zu Fischmehl aufzubereiten. Sie fahren jeweils mehrere Monate auf die Hohe See, halten keine Fangsaisonen mehr ein. In der Mitte der 60er Jahre wurden in deutschen Fischereihäfen solche Mengen von Heringen angelandet, daß sogar die Aufnahmefähigkeit der Fischmehlfabriken erschöpft war, große Bestände verfaulten und schließlich wieder auf See gebracht und versenkt wurden. Angesichts der Welternährungslage ein wahrhaft skandalöses Verhalten aller Beteiligten. Häufig wurden mit Netzen viel zu enger Maschenweiten sogar die noch nicht fortpflanzungsfähigen Jungfische gefangen und so eine Erholung der Bestände auch in zukünftigen Jahren zunichte gemacht.

Nebenergebnisse: Z. B. in den Netzen der Thunfischer verendeten auch Tausende von Delphinen; zahlreiche Kolonien von »Guanovögeln« (Pelikane, Kormorane) gingen aus Nahrungsmangel zugrunde.
So wurden – um nur einige Beispiele zu nennen –, nachdem schon vorher die gesamten nordatlantischen Walpopulationen ausgerottet worden waren, auch die südatlantischen und südpazifischen Bestände von Blau-, Buckel- und Finwal vernichtet. Erloschen sind die einst reichen Populationen des Kabeljau an der nordamerikanischen Küste, des »Kanal«-, atlanto-akandischen und nun auch des Nordseeherings, der Sardinen vor der kalifornischen und der Anchovis vor der peruanischen Küste (in den beiden zuletzt genannten Fällen spielten allerdings auch ungünstige hydrographische Verhältnisse mit).
In welch kurzer Zeit Fischbestände, die einst als unerschöpflich gegolten haben, durch Überfischung vernichtet werden können, sei am Beispiel des Nordseeherings aufgezeigt – einst billigstes Volksnahrungsmittel, dann teure Delikatesse, nun überhaupt vom Markt verschwunden: Von etwa 1960 bis 1965 wurden die Fangmengen – besonders durch die Norweger – ständig erhöht und erreichten 1965 die Rekordmenge von nahezu 1,5 Mill. Tonnen. Von da an nahmen die Anlandungen immer mehr ab. Als 1970 nur noch 618000 t gefangen wurden, wurde die Fangsaison durch internationale Vereinbarung eingeschränkt, der Einsatz großer Fangschiffe verboten. Zu spät: 1976 konnten insgesamt nur noch 170000 t gefangen werden. 1977 mußte der Fang auf den Nordseehering fast völlig eingestellt werden, nur Irland erhielt eine Ausnahmegenehmigung für 1500 t!
Außer dem weitgehenden oder völligen Ausfall der überfischten Speisefische auf den Fischmärkten und drastisch steigenden Verbraucherpreisen haben sich als weitere Folgen der Raubfischerei ergeben: Die Ausdehnung der nationalen Fischereizonen von 12 auf 50 Seemeilen vor der Küste, Überwachung der Fanggebiete, Fangquoten und Schonzeiten mit Kriegsschiffen und Hubschraubern, Festlegung von Fangquoten für die einzelnen Staaten usw.
Angesichts der weltweit rasch fortschreitenden Gefährdung der Meere und ihrer Lebewelt durch Verschmutzung und Raubnutzung verschiedenster Art hat der *WWF International* 1977 ein *umfangreiches Programm* unter dem Motto *»Die Meere müssen leben«,* gestartet.
Die von der IUCN ausgearbeitete Großaktion soll u. a. zur Errichtung eines internationalen Systems von Schutzgebieten für Wale, Robben, Seekühe, Seeottern, Seeschildkröten, Meeresvögel, Korallenriffe, Mangrovewälder usw. führen. Dazu kommen Sonderprojekte zur Erforschung der weiteren Entwicklung gefährdeter Populationen bzw. Arten.

5.3.4 Internationale gesetzliche Regelungen

Für seine Küstengewässer verfügt jeder Küstenstaat nach der Genfer Küstengewässerkonvention vom 29. 4. 1958 über volle Souveränität. Man unterscheidet die Dreimeilenzone (5,556 km) als eigentliche Hoheitsgewässer und die Zwölfmeilen-Fischereizone. Letztere wird in naher Zukunft mindestens auf den jeweils gesamten Schelfbereich, wahrscheinlich auf 50, möglicherweise sogar auf 200 Seemeilen ausgedehnt werden. In dieser Zone haben dann die jeweiligen Küstenstaaten das alleinige Recht der Fischerei und der Ausbeutung von Bodenschätzen.
In der Bundesrepublik Deutschland wurde durch das »Dritte Gesetz zur Änderung des Wasserhaushaltsgesetzes« vom 15. 8. 1967 der Geltungsbereich dieses Gesetzes auch auf die Küstengewässer ausgedehnt. Danach sind die Versenkungen von festen Stoffen, die Einleitung von Flüssigkeiten und alle anderen wasserschädigenden Maßnahmen ohne Genehmigung verboten. Der Bau und Betrieb von Kläranlagen kann angeordnet werden.
Für die Hohe See können gemäß dem völkerrechtlichen Grundsatz der »Freiheit der Meere« entsprechende Regelungen nur durch internationale Abkommen getroffen werden, die die Unterzeichnerstaaten zum Erlaß einschlägiger Gesetze und deren Überwachung verpflichten. Das älteste einschlägige Abkommen ist die *»London-Konvention« vom 12. 5. 1954,* erweitert am 11. 4. 1962: *»Übereinkommen zur Verhütung der Verschmutzung der See durch Öl«.* Da dieses Abkommen von der »Intergovernmental Maritime Consultative Organization« (IMCO) vorbereitet wurde, ist es in der Fachliteratur auch als »IMCO-Abkommen« bekannt. In der

Fassung von 1962 ist es seit 1967 in Kraft, auch für die Bundesrepublik Deutschland. Das Abkommen legt im Atlantik Verbotszonen fest, in denen Tankern über 150 BRT und anderen Schiffen über 500 BRT das Ablassen von Öl verboten ist. Zu den Verbotszonen gehören auch Nord- und Ostsee. Alle nach 1967 gebauten Schiffe mit über 20000 t Tragfähigkeit müssen mit dem LOT-System (s. S. 121) ausgerüstet sein, die Führung von Öltagebüchern ist zwingend vorgeschrieben, damit die Einhaltung der Bestimmungen überwacht werden kann. Das Abkommen gibt aber den Vertragsstaaten keine wirksamen Kontroll- und Zwangsrechte gegenüber Schiffen anderer Nationalität.
Die Fortsetzung und Erweiterung dieser Konvention stellt das *London-Abkommen vom 29. 12. 1972 »Übereinkommen zur Verhütung der Meeresverschmutzung durch das Einbringen von Abfällen und anderen Stoffen«* dar.
Sein Geltungsbereich umfaßt die Hohe See und das Küstenmeer innerhalb derjenigen Teile des Atlantiks und des Nördlichen Eismeeres und ihrer Nebengewässer, die nördlich von 36° n. B. und zwischen 42° w. L. und 51° ö. L. liegen – ausgenommen Ostsee und Mittelmeer – sowie denjenigen Teil des Atlantiks, der nördlich von 59° n. B. und zwischen 44° w. L. und 42° w. L. liegt. Es wurde von 91 Staaten unterzeichnet und ist völkerrechtlich seit 30. 8. 1975 in Kraft.
Die Vertragsstaaten sind verpflichtet, die Einhaltung der Bestimmungen des Übereinkommens von allen Schiffen und Luftfahrzeugen sicherzustellen, die in ihrem Hoheitsgebiet eingetragen sind, in ihren Häfen laden oder von denen angenommen werden muß, daß sie in die jeweiligen Küstengewässer Stoffe einzubringen beabsichtigen, deren Einbringung nach dem Übereinkommen verboten ist.
In *Anlage I* des Abkommens sind Stoffe aufgeführt, die *nicht* in die Meere eingebracht werden dürfen:
Organische Halogenverbindungen (soweit sie nicht unschädlich oder rasch in biologisch unschädliche Verbindungen abbaubar sind), organische Siliciumverbindungen, krebserregende Stoffe, Quecksilber und Quecksilberverbindungen, Cadmium und Cadmiumverbindungen, beständiges Kunststoffmaterial.
In *Anlage II* sind diejenigen Stoffe aufgeführt, die *nur nach besonderer,* für jeden Einzelfall einzuholender *Genehmigung* der jeweils zuständigen Behörde, in die Meere eingebracht werden dürfen:
Arsen, Blei, Kupfer, Zink und ihre Verbindungen, Cyanide und Fluoride sowie Schädlingsbekämpfungsmittel und ihre Nebenprodukte, soweit sie nicht unter Anlage I erfaßt sind; Schrott, Behälter, teerähnliche Stoffe, die auf den Meeresboden sinken können und die Fischerei behindern können; Stoffe, die zwar ungiftig sind, aber wegen der eingebrachten Mengen umweltschädigend wirken können.
Anlage III stellt die *Kriterien für die Erteilung von Genehmigungen* zur Einbringung von Abfällen ins Meer auf.

Die Erlaubnis darf nur erteilt werden, wenn
»1. Stoffe eingebracht oder eingeleitet werden sollen, die nicht ohne Beeinträchtigung des Wohls der Allgemeinheit oder nur mit unverhältnismäßig hohem Aufwand an Land beseitigt werden können,
2. durch das Einbringen oder Einleiten keine nachteilige Veränderung der Beschaffenheit des Meerwassers zu besorgen ist, die die menschliche Gesundheit gefährdet, die lebenden Bestände sowie die Tier- und Pflanzenwelt des Meeres schädigt, die Erholungsmöglichkeiten beeinträchtigt oder sonstige rechtmäßige Nutzungen des Meeres behindert und die nicht durch Bedingungen oder Auflagen verhütet oder ausgeglichen werden kann.«

Ein ähnliches *»Übereinkommen zur Verhütung der Meeresverschmutzung durch das Einbringen von Abfällen durch Schiffe und Luftfahrzeuge«* wurde am 15. 2. 1972 in *Oslo* von 13 Staaten unterzeichnet. Sein Geltungsbereich ist der Atlantik zwischen 42° w. B. und 51° ö. B. und nördlich 36° n. B.
Die Übereinkommen von London und Oslo sind international schon seit einiger Zeit in Kraft. Für die *Bundesrepublik Deutschland* sind sie am 23. 12. 1977 in Kraft getreten, nachdem sie durch Vertragsgesetz vom 11. 2. 1977 (BGBl II, S. 165 ff.) zugestimmt hatte.

Die entsprechende Durchführungsverordnung ist am 8. 12. 1977 in Kraft getreten: »Hohe See-Einbringungsverordnung« (BGBl I, S. 2478).
Die für die Erteilung von Genehmigungen und deren Überwachung zuständige Behörde ist das Deutsche Hydrographische Institut (Bernhard-Nocht-Str. 78, 2000 Hamburg 4).
Für den *Schutz der Ostsee* wurde am 22. 3. 1974 von den Anliegerstaaten das Abkommen von *Helsinki* unterzeichnet. Es hat noch bedeutend weitreichendere Schutzbestimmungen als die Abkommen von Oslo und London und verbietet grundsätzlich *jede* Einbringung, auch solche über die Atmosphäre und die von ungeklärten Siedlungsabwässern. Das Abkommen ist noch *nicht* in Kraft getreten. Das Zustimmungsgesetz wird vom Bundesministerium für Verkehr vorbereitet (Stand Ende 1977).
Das Abkommen von *Paris* zur *»Verhütung der Meeresverschmutzung vom Lande aus«* wird die Staaten der Europäischen Gemeinschaft verpflichten, ihre *Küstengewässer* am Atlantik und in der Nordsee vor schädlichen Stoffen zu schützen, die durch Flüsse, Rohrleitungen usw. eingeleitet werden. Es wird ebenfalls Listen enthalten, einerseits mit Stoffen, die wegen ihrer besonderen Gefährlichkeit überhaupt nicht mehr eingeleitet werden dürfen, andererseits mit solchen Stoffen, deren Einleitung nur mit besonderer Genehmigung und in eventueller Mengenbegrenzung möglich sein soll. Die Konvention, zu deren Inkrafttreten die Hinterlegung von sieben Ratifikationsurkunden erforderlich ist, ist international noch nicht in Kraft getreten. Die Verzögerung beruht u. a. darauf, daß sich die Vertragsstaaten lange Zeit nicht darüber einigen konnten, ob als Beurteilungsgrundlagen für erlaubte bzw. beschränkte Einleitungen Emissionsrichtwerte oder Wassergütestandards dienen sollten. Die Bundesrepublik Deutschland wird das entsprechende Zustimmungsgesetz voraussichtlich 1978 verabschieden.
Das Übereinkommen von *Barcelona* (16. 2. 1976) zum Schutze des *Mittelmeers* gegen Verunreinigungen ist zwar von den meisten Anliegerstaaten unterzeichnet, aber bisher noch nicht in Kraft gesetzt worden.
Die notwendigen gesetzlichen Grundlagen zum Schutze der Meere sind mithin gegeben bzw. werden in absehbarer Zeit vorliegen. Noch schwieriger als auf anderen Gebieten des Umweltschutzes wird hier die Durchsetzung des Vollzugs sein.

Schrifttum

ACKEFORS, H., 1977: Production of Fish and Other Animals in the Sea. Ambio VI/4, Stockholm.
ANT, H., 1972: Verschmutzte Meere. Bild der Wissenschaft. Jhrg. 9, H. 2. Deutsche Verlagsanstalt, Stuttgart.
Bundesverkehrsministerium (Hrsg.), 1975: Wie verhüten wir die Ölverschmutzung auf See? Hamburg.
CZICHON, G., 1975: Praxis der Gewinnung von Trinkwasser aus Seewasser. Deutsche Gewässerkdl. Mittl. Jhrg. 19, Sonderheft 1975, Bremen.
DUURSMA, E. G. und M. MARCHAND, 1974: Aspects of organic marine Pollution. Oceonogr. Mar. Biol. Ann. Rev. Bd. 12, George Allen u. Unwin Ltd., London.
DYBERN, B. J., 1972: Pollution in the Baltic. In: M. Ruivo (Hrsg.): Marine Pollution and Sea Life. In Fishing News. London.
EHRHARDT, M. und K. GRASSHOFF, 1977: Wird das Meer durch Öl verseucht? Bild der Wissenschaft, 6/1977. DVA Stuttgart.
FAO, 1971: Report of the Seminar on Methods of Detection, Measurement and Monitoring of Pollutants in the Marine Environment. FAO Fisheries Report Nr. 99. Suppl. 1, Rom.
DIES., 1974: Review of the Status of Exploitation of the World Fish Resources. COFI 74/4, Rom.
DIES., 1976: Yearbook of Fishery Statistics. Catches and Landings, Rom.
FLOODGATE, D. G., 1972: Microbial Degradation of Oil. Mar. Pollut. Bull. 3.
FONSELIUS, S. H., 1972: On Eutrophication and Pollution in the Baltic Sea. In: M. Ruivo (Hrsg.): Marine Pollution and Sea Life. Fishing News. London.
GERLACH, S. A., 1976: Meeresverschmutzung. Diagnose und Therapie. Springer-Verlag. Berlin-Heidelberg-New York.
GRASSHOFF, K., 1974: Chemische Verhältnisse und ihre Veränderlichkeit. In: Magaard, L. u. F. Rheinheimer (Hrsg.) Meereskunde der Ostsee. Springer. Berlin-Heidelberg-New York
GUELIN, A., 1974: Sur le pouvoir bactéricide de l'eau de mer. C. R. Acad. Sc. 279. Paris.
GULLAND, I. A., o. Jz.: The Fish Resources of the Ocean. Fishing News Ltd. West Byfleet, UK.

GUNKEL, W., 1972: Mikrobiologischer Abbau von Mineralöl und dessen Beeinflussung durch Emulgatoren. In SCHULTZE, H. (Hrsg.), Umweltreport, Umschau Verl. Frankfurt/M.
HANNERZ, L., 1971: Kann die Ostsee gerettet werden? In: Industrie- und Handelskammer zu Lübeck (Hrsg.): Die Wirtschaft im Ostseeraum. Umweltschutz für die Ostsee. Lübeck.
HELLE, E., M. OLSSON, und S. JENSEN, 1976: DDT und PCB Levels and Reproduction in Ringed Seal from the Bothnian Bay. Ambio V/4. Stockholm.
ICES, 1973: Eutrophication of the North Sea. London.
DERS., 1974: Report of the working Group for the International Study of the Pollution of the North Sea and its Effects on Living Resources and their Exploitation. ICES Cooper. Res. Rep. Bd. 39.
KINNE, O., 1968: Biologische und hydrographische Probleme der Wasserverunreinigung in der Nordsee und angrenzenden Gewässern. Helgoländer wiss. Meeresuntersuchungen, Bd. 17. Hamburg.
LINDEN, O., 1976: Effects on Oil on the Reproduction of the Amphipod Gammarus oceanicus. Ambio V/1. Stockholm.
DERS., 1976: The Influence of Crude Oil and Mixtures of Crude Oil/Dispersants on the Ontogenic Development of the Baltic Herring, Clupea harengus membras L. Ambio V/3. Stockholm.
LLOYD-JONES, C. P., 1971: Evaporation of DDT. Nature 229. London.
MC CAULL, I. und I. CROSSLAND, 1974: Water Pollution. Harcourt Brace Jovanovich, New York.
PETERSEN, M., 1972: Sanierungsmaßnahmen an Küstengewässern. In: SCHULTZE, H. (Hrsg.), Umweltreport, Umschau Verl. Frankfurt/M.
RACHOR, E., 1977: Faunenverarmung in einem Schlickgebiet in der Nähe Helgolands. Helgoländer Wiss. Meeresuntersuchungen . . . (im Druck).
REUTER, F., 1972: Minderung der Schäden bei Ölunfällen. In: Schultze, H. (Hrsg.), Umweltreport, Umschau Verl. Frankfurt/M.
ROLL, H. U., 1971: In: Deutscher Bundestag: Umweltschutz (I) Wasserhaushalt, Binnengewässer, Hohe See und Küstengewässer. Zur Sache 3.
ROSENTHAL, E., 1973: Zum Problem der Nordseeverschmutzung. Städtehygiene 3/1973, Uelzen. S. 57–63.
SCHÄFER, W., 1976: Projekt Scharhörn. Bericht des Wissenschaftlichen Ausschusses für gesamtökologische Fragen. Hamburg.
WALDEN, H., 1972: Verunreinigung der Meere. In: SCHULTZE, H. (Hrsg.), Umweltreport, Umschau Verl. Frankfurt/M.
WEICHART, G., 1969: Industrielle Abfallstoffe gefährden die Nordsee. Umschau in Wissenschaft und Technik. H. 19. Frankfurt.
DERS., 1972: Einbringen von Industrieabfällen ins Meer mit Schiffen. In: SCHULTZE, H. (Hrsg.), Umweltreport, Umschau Verl. Frankfurt/M.
DERS., 1973: Pollution of the North Sea. Ambio II/4. Stockholm.

GEORGII, HANS-WALTER

5.4 Grundzüge des Klimas und seine nutzungsbedingte Änderung

5.4.1 Begriff und Klassifikation des Klimas

Als Klima eines Ortes bezeichnet man nach SCHNEIDER-CARIUS [1961] »die meteorologischen Zustände und Vorgänge während eines Zeitraumes der hinreichend lang sein muß, um alle für diesen Ort bezeichnenden atmosphärischen Vorkommnisse in charakteristischer Häufigkeitsverteilung zu erhalten«. Die Definition des Klimas unterscheidet sich somit deutlich von der des Wettergeschehens oder des Wetterablaufes, in dem sie eine typische Zusammenfassung der atmosphärischen Zustände und Witterungsvorgänge während eines längeren Beobachtungszeitraumes vorschreibt. Als hinreichend langer Zeitraum ist hier in Abhängigkeit von dem jeweiligen Klimaelement und der Klimazone eine Meßreihe anzusehen, die sich über 10 bis 30 Jahre erstreckt. Dabei sind neben der Häufigkeitsverteilung als statistischer Zusammenfassung atmosphärischer Kenngrößen auch die mittleren und extremen Werte von großer Bedeutung.

5.4.1.1 Klimaelemente und Klimafaktoren

Die auf Mittel- und Extremwerten aufbauende Klimaforschung führte zu mannigfachen Versuchen der Klassifikation des Klimas unter Zugrundelegung bestimmter meßbarer klimatischer Parameter, der sogenannten *Klimaelemente* und »terrestrischer« und »planetarischer« Komponenten, die für einen bestimmten Ort bzw. eine Region als invariabel anzusehen sind und als *Klimafaktoren* bezeichnet werden. Als Klimaelemente im eigentlichen Sinne werden Strahlung, Temperatur der Luft, Niederschlag, Luftfeuchtigkeit, Bewölkung und Luftdruck, als Klimafaktoren geographische Breite und Länge, Höhenlage, Hang- oder Tallage und Kontinentalität und Maritimität zusammengefaßt. Häufig werden auch kombinierte Klimaelemente, die aus dem Zusammenwirken von zwei oder mehr Klimaelementen entstehen, benutzt. Als Beispiele seien hier Aridität und Humidität sowie der Begriff der Schwüle angeführt.
Da die Beschreibung des Klimas eines Ortes bewußt vom kurzfristigen Wettergeschehen abstrahiert, erfordert eine brauchbare Mittelbildung der klimatischen Elemente eine hinreichend lange Beobachtungsperiode. Diese ist nach den Untersuchungen von H. E. LANDSBERG und W. C. JACOBS [1951] für verschiedene Klimaelemente unterschiedlich lang. Um den Erfordernissen zu genügen, muß sie jedoch bei Elementen mit großer Variabilität, wie Temperatur und Niederschlag mindestens 30 Jahre umfassen. In den Tropen kann die notwendige Länge der Bezugsreihe bei allen Elementen mit Ausnahme des Niederschlags geringer sein. Auf jeden Fall benötigt man im Gebirge eine längere Beobachtungsreihe als im Flachland.
Die Klassifikation des Klimas und die Einteilung in die verschiedenen Klimabereiche kann einmal aufgrund definierter Grenz- und Andauerwerte verschiedener Klimaelemente vorgenommen werden. BLÜTHGEN [1966] bezeichnet diese Methode als »effektive« Klassifikation der Klimate. Am bekanntesten und verbreitesten im Sinne dieser Klassifikationen ist die Klimaklassifikation von W. KÖPPEN [1931] geworden, die innerhalb eines halben Jahrhunderts konsequent bis ins Detail entwickelt wurde und sich durch klar definierte Schwellen- und Andauerwerte der Klimaelemente Temperatur und Niederschlag an einwandfrei meß- und beobachtbaren Größen orientiert.
In jüngster Zeit sind mit der Entwicklung der synoptischen Meteorologie und der Erforschung der allgemeinen Zirkulation der Atmosphäre zusammenhängend »genetische« Klassifikationen der Klimate entwickelt worden. Diese basieren auf den durch den planetarischen Strahlungshaushalt und seine durch die Verteilung von Land und Meer bedingten großräumigen Abwandlungen entstehenden Gürteln der allgemeinen Zirkulation. Diese zunächst von A. HETTNER [1934] vollzogene Einteilung der Klimazonen wurde vor allem durch die Arbeiten von H. FLOHN [1957] fortentwickelt. Diesen modernen auf der allgemeinen Zirkulation fußenden

Klimaeinteilungen haftet jedoch der Nachteil an, daß sie sich nur schwer quantitativ durch am Ort meßbare Grenz- Schwellen- oder Andauerwerten klimatischer Elemente fassen lassen.

5.4.1.2 Makro- und Regionalklima

Die den Klimaeinteilungen zugrunde liegenden Gesichtspunkte zielen auf eine großräumige Einteilung der Erde in Klimazonen ab, die keine Detailanalysen und kleinräumige Differenzierung gestatten. Nur aufgrund dieses großräumigen Maßstabes ist es möglich, sich entsprechende und durch die Klimaschemata typisierte Gebiete in verschiedenen Kontinenten miteinander in Beziehung zu setzen. Im regionalen Bereich ist eine feinere stärker ins Detail gehende, und sich an den Gegebenheiten des betreffenden Raumes orientierende Beschreibung notwendig, so daß das auf diese Weise definierte Regionalklima, auch als Landschafts- oder Geländeklima bezeichnet [Mörikhofer 1932], nur für ein begrenztes Gebiet von etwa 20 bis 100 km Durchmesser charakteristisch ist, während das Makro- oder Großraumklima Gebiete der Größenordnung über 1000 km Durchmesser beschreibt. Es ist einleuchtend, daß die Bestimmung der Eigenschaften und Eigenarten des Regionalklimas ein besonderes Beobachtungsinstrumentarium, insbesondere eine geringe Maschenweite des Beobachtungsnetzes voraussetzt. Solche Sondernetze bedingen einen sowohl großen meßtechnischen Aufwand als auch einen erheblichen Aufwand bei der Verarbeitung des Datenmaterials. Eine noch weitergehende Differenzierung des Regionalklimas führt zum Standortklima, das unter Umständen von dem Großklima der betreffenden Klimazone erheblich abweichen kann. Mehr noch als schon beim Regionalklima werden beim Standortklima die Klimafaktoren wie Höhenlage oder Tallage, Expositionen zur Sonne bei Hanglage, Bodenbeschaffenheit und Durchlässigkeit des Bodens für Feuchte zu dominierenden Größen. Im Hinblick auf den klimatischen Einfluß auf die Vegetation wird das Standortklima zum »Bestandsklima« [Wilmers 1969].

5.4.1.3 Besonderheiten des Klimas der bodennahen Luftschicht

Ausgeprägter noch als beim Standortklima drängen sich dem Klima der bodennahen Luftschicht die charakteristischen Grundzüge des Untergrundes auf. Handelt es sich hierbei doch um die klimatische Beschaffenheit einer Schicht sehr geringer vertikaler Erstreckung. Diese Vielfalt der Erscheinungsformen des Mikroklimas verbietet eine Typisierung dieses Kleinklimas. R. Geiger [1961] hat in seinen richtungsweisenden Arbeiten die Bedeutung des Strahlungsumsatzes am Erdboden für die Ausprägung des Klimas der bodennahen Luftschicht, insbesondere im Hinblick auf Temperaturgang, Austauschvorgänge einschließlich Turbulenz, hervorgehoben. Nach der von R. Geiger gegebenen Definition ist die Vertikalerstreckung des Raumes, in dem mikroklimatische Prozesse ablaufen, auf die Luftschicht der untersten 2 m über der Bodenoberfläche beschränkt. Es handelt sich somit um den Raum, der mit den üblichen meteorologischen Beobachtungen, die in Meßhütten 2 m über dem Boden durchgeführt werden, meßtechnisch nicht erfaßt werden kann. Diese Schicht ist von besonderer Bedeutung als Grenzschicht zwischen Erdboden und Atmosphäre. Es ist die Schicht, in der sich das Pflanzenwachstum hauptsächlich abspielt. Der Erdboden ist die Quelle des für atmosphärische Vorgänge so wichtigen Wasserdampfes, eines Großteils der Partikel des atmosphärischen Aerosols und der Bodengase, die im Spurenstoffhaushalt der Atmosphäre eine wichtige Rolle spielen. Es sei hier nur auf Schwefelwasserstoff (H_2S), Distickstoffoxid (N_2O), Methan (CH_4), Wasserstoff (H_2) und Kohlenmonoxid (CO) hingewiesen. In der bodennahen Luftschicht finden auch die durch Photosynthese angeregten Assimilationsprozesse statt, die für den atmosphärischen CO_2-Haushalt Bedeutung haben. Die Strahlungsvorgänge in Bodennähe bewirken durch Absorption der Sonnenstrahlung und durch Ausstrahlung im langwelligen Bereich einen beträchtlichen Wärmeumsatz. Ein wichtiges Glied des Wärmeumsatzes in Bodennähe bildet die Verdunstung; hier zeigt sich die enge Verknüpfung zwischen Wärmehaushalt und Wasserhaushalt.

5.4.1.4 Methoden der Messung und Darstellung klimatologischer Größen

Die Grundlage für die Gewinnung aller klimatologischer Daten bildet das klimatologische Beobachtungsnetz. Das Klimastationsnetz in der Bundesrepublik Deutschland besteht aus 92 hauptamtlichen Klimastationen und 343 nebenamtlichen Stationen, hierzu kommen 2515 nebenamtliche Niederschlagsstationen, die durch 159 private Niederschlagsstationen ergänzt werden. Die Beobachtungen werden in Übereinstimmung mit den internationalen Vereinbarungen dreimal täglich um 7, 14 und 21 Uhr (MEZ) durchgeführt. Es wird großer Wert darauf gelegt, eine Beobachtungsstation über einen möglichst langen Zeitraum am gleichen Ort zu betreiben, wobei zu berücksichtigen ist, daß ein Zeitraum von 30 Jahren als Normalperiode für die Darstellung klimatologischer Elemente festgesetzt ist. Die Terminmeldung erstreckt sich auf Instrumentenablesung und Augenbeobachtung. Die Standardausrüstung der Klimastationen erlaubt die laufende Erfassung folgender Klimaelemente: Luftdruck, Lufttemperatur, Extremtemperaturen in 2 m Höhe und am Erdboden, Luftfeuchtigkeit, Wind nach Richtung und Stärke, Bedeckungsgrad, Sicht und Niederschlag. Es ist hier nicht Raum auf die dem Klimabeobachter zur Verfügung stehenden Instrumente einzugehen, insbesondere, da ausführliche Literatur hierüber vorliegt (Leitfaden für die Ausbildung im Dt. Wetterdienst Nr. 6/1969 Instrumentenkunde). Die Meßdaten und Beobachtungsergebnisse werden in Monatstabellen zusammengefaßt und zu statistischen Kenngrößen wie Mittelwerten, Streuung, Extremwerten, Häufigkeitsverteilungen, Andauerwerten oder Korrelationsgrößen weiterverarbeitet. Diese bilden dann die Grundlage für regionale oder nationale Tabellenwerte und Klima-Atlanten. Der Deutsche Wetterdienst unterhält neben dem Klimanetz weitere Sondereinrichtungen für spezielle klimatologische Fragestellungen. Es sei hier nur auf die agrarmeteorologischen Forschungs- und Versuchsstationen, die den mikrometeorologischen Messungen besondere Aufmerksamkeit widmen und das Überwachungsnetz auf radioaktive Beimengungen der Atmosphäre, das aus 11 Meß- und Probenahmestationen besteht, hingewiesen. Zu dem agrarmeteorologischen Beobachtungsnetz gehört letztlich auch die phänologische Beobachtung, die von 3000 nebenamtlich tätigen Beobachtern über den jahreszeitlichen Verlauf der Entwicklung bestimmter Pflanzen (z. B. zeitlicher Eintritt der Apfelblüte) gemeldet werden und ein wichtiges Hilfsmittel für die Klimaforschung bilden.

5.4.2 Klima als Umweltfaktor für Mensch, Tier und Pflanzen

Die Bioklimatologie hat in den letzten 40 Jahren eine rasch fortschreitende Entwicklung genommen. Ihr Arbeitsbereich wird nach den Ausführungen von F. LINKE [1935], wie folgt, definiert: »Die Bioklimatologie ist eine Grenzwissenschaft zwischen der Physik und ihrer Anwendungen auf der einen Seite, der Medizin und Biologie auf der anderen Seite; sie befaßt sich mit denjenigen Zuständen und Kräften der Atmosphäre und der Erdoberfläche, die auf den lebenden Organismus Einfluß haben«.
Dabei soll sich der Einfluß nicht nur auf das Klima als eines mittleren atmosphärischen Zustandes beziehen, sondern auch auf Witterungsabläufe und atmosphärische Erscheinungen, die wesentliche Komponenten des Klimas sind. Je nach der Wahl des Schwerpunktes sind heute Kurortklimatologie, Klimatherapie oder medizinische Klimatologie [W. AMELUNG und A. EVERS 1962] als praxisbezogene Teilbereiche der Bioklimatologie von besonderem Interesse. Der menschliche Organismus unterliegt in seinen Reaktionssystemen folgenden bioklimatischen Einflußkomplexen:

1. dem luftchemischen Wirkungskomplex. Dieser drückt sich in der Zusammensetzung und Beschaffenheit der Luft aus. Er wirkt über die Haut und den Respirationstrakt, speziell über die Lunge und soll angesichts einer sich stetig anthropogen verändernden Atmosphäre später näher erläutert werden.
2. dem thermischen Wirkungskomplex. Hier sind die direkte und globale Einstrahlung, insbesondere ihr UV-Anteil, die langwellige Ausstrahlung, Wasserdampfabgabe durch Verdunstung, aber auch Lufttemperatur und Wind die bestimmenden Parameter. Nach BÜTTNER [1938] wirken die verschiedenen Wellenlängenbereiche der Strahlung auf das Wärmeregula-

tionsvermögen des Organismus, auf die Hautfunktionen, den Blutkreislauf und auch auf die Zusammensetzung des Blutes.

3. dem Komplex des Wetterablaufes. Dieser Komplex ist unter Beteiligung regionaler klimatischer Gegebenheiten für das Auftreten meteorologischer Krankheitserscheinungen (Wetterfühligkeit, Föhnkrankheit) verantwortlich. Trotz wegweisender Untersuchungen von H. FIKKER und de RUDDER [1948] und anderen handelt es sich hier immer noch um unzureichend aufgeklärte bioklimatische Fragestellungen.

5.4.2.1 Der luftchemische Wirkungskomplex des Bioklimas

Der luftchemische Wirkungskomplex drückt sich im Stadtklima bzw. im Regionalklima der Verdichtungsräume in besonders extremer Weise aus. Er wird durch gasförmige und partikelförmige Beimengungen der Atmosphäre verursacht. Da der Mensch pro Tag etwa 12 m^3 Atemluft aufnimmt, sind die damit eingeatmeten Spurengase und Aerosole mengenmäßig nicht mehr vernachlässigbar (vgl. Kap. 5.5.3).
Reaktive Gase wie SO_2 oder NO und NO_2 können zu Reizungen und Schädigungen der Schleimhäute der Atmungsorgane und der Augen führen, wie winterliche Smogsituationen mit hohen Konzentrationen der wohl in Mitteleuropa verbreitesten Komponente der Luftverunreinigung, des Schwefeldioxids, immer wieder beweisen. Die schädliche Wirkung des SO_2 in Verbindung mit Aerosolteilchen äußert sich besonders heftig bei hoher Luftfeuchte und Nebelbildung (»Londoner Smog«). Schädigungen durch anthropogene Spurengase treten auch bei Pflanzen auf. Diese reagieren vielfach sogar empfindlicher als der menschliche Organismus, sind doch Pflanzenschäden schon bei SO_2-Konzentrationen von 0.5 mg/m^3 beobachtet worden. Aerosole könnnen ebenfalls je nach Art und Menge Schädigungen oder sogar Erkrankungen auslösen. Neben den anorganischen und organischen Partikeln des Aerosols, die im Größenbereich zwischen 10^{-7} cm und 10^{-3} cm Radius in der Atmosphäre auftreten, sind noch als speziell bioklimatisch bedeutsame Komponenten die pflanzlichen Organismen gleicher Größenordnung (Pollen, Blütenstaub, Sporen u. a.) zu erwähnen, die als Allergene beim Menschen wirksam werden und zum Auftreten von »Heuschnupfen« oder zu allergischen Anfällen beim Asthma bronchiale führen. Hinsichtlich der Resorption der Aerosolteilchen ist zu bemerken, daß Teilchen des natürlichen Aerosols bei Aufnahme im Atemtrakt des Menschen infolge der dort herrschenden hohen relativen Feuchte anwachsen. Dabei werden die Partikel im Größenbereich über 5×10^{-5} cm Radius vorwiegend in den Hauptbronchien resorbiert. Teilchen kleiner 5×10^{-5} cm dagegen in den Alveolen. Die Aitkenkerne (Radius $<10^{-5}$ cm) werden zum größten Teil wieder ausgeatmet, der Wiederaustritt von Teilchen größer 5×10^{-5} cm Radius ist vernachlässigbar. Es sei nur der Vollständigkeit halber abschließend erwähnt, daß auch die Abhängigkeit des Sauerstoffpartialdruckes vom Luftdruck dem luftchemischen Wirkungskomplex des Bioklimas zugerechnet wird. Der mit der Höhe abnehmende Sauerstoffpartialdruck führt bekanntlich in Höhen über 4000 m zu einer unvollständigen O_2-Sättigung des Hämoglobins und damit zu den spezifischen Wirkungen des Höhenklimas und der Höhenkrankheit, wobei in Höhen über 6000 m die kritische Schwelle liegt, die zu lebensbedrohenden Zuständen führt.

5.4.3 Anthropogene und umweltbedingte Änderungen des Klimas

5.4.3.1 Globale und regionale Klimaänderungen

Bei der kritischen Betrachtung genügend langer Beobachtungsreihen fällt auf, daß die errechneten Mittelwerte der einzelnen Klimaelemente nur selten vorzukommen pflegen, daß die Schwankungen um diese Mittelwerte zwar gering sind, jedoch von beträchtlichen Konsequenzen für das Klima der betreffenden Region sein können. Im allgemeinen können diese Klimaschwankungen auf natürliche Ursachen zurückgeführt werden. Hierzu gehören Schwankungen der Sonnenstrahlung, insbesondere im Bereich der UV-Strahlung. Als Ursache sind in diesem Fall Zusammenhänge mit der Sonnenaktivität (z. B. Sonnenfleckenzahl) bzw. der Einfluß hoch-

reichender Vulkanausbrüche anzuführen. Die wechselnde Schnee- und Eisbedeckung, einschließlich der Ausdehnung des arktischen Meereises hat durch die hohe Albedo des Eises einen höchst wirksamen Einfluß auf den Strahlungshaushalt der Atmosphäre. Ähnliches gilt für die großräumigen Ausbrüche des antarktischen Meereises, die nach FLOHN [1973] zu globalen Temperaturänderungen von 0.5 bis 1.0 °C führen können.
In der jüngsten Vergangenheit hat sich das Interesse stärker der anthropogen bedingten Veränderung der Zusammensetzung der Atmosphäre zugewandt und den durch sie verursachten globalen Auswirkungen. Es muß allerdings nüchtern festgestellt werden, daß bisher nur wenige Komponenten eine globale Bedeutung erlangt haben. Eine indirekte Einwirkung einzelner Komponenten wird durch deren chemischen Umsetzung in der Atmosphäre, die zur Bildung kleiner Schwebeteilchen (Aerosole) führt, bedingt. Die entstehenden Aerosolpartikel beeinflussen die optischen Eigenschaften der Atmosphäre und damit den Strahlungshaushalt des Systems Erde – Atmosphäre. In der folgenden Tabelle soll eine Übersicht über die Bestandteile der Atmosphäre gegeben werden, die im Hinblick auf eine globale Klimaänderung diskutiert werden.

Tabelle 24 Gobale Konzentrationsänderung atmosphärischer Gase.

Komponente	langperiodischer Trend	globale Auswirkungen
Wasserdampf	unbekannt	indirekt: Änderung der Wolkenbedeckung
Wasserstoff	Konzentrationsanstieg möglich	unbekannt
Sauerstoff	konstant	keine
Kohlendioxyd	Konzentrationsanstieg	Temperaturzunahme
Kohlenmonoxid	Konzentrationsanstieg nicht gesichert	nur lokale Bedeutung
Methan	konstant	keine
Schwefeldioxid	unbekannt	indirekte Wirkung auf den Strahlungshaushalt durch Aerosolbildung
Ammoniak	konstant	
Stickstoffoxide	unbekannt	indirekte Wirkung durch Aerosolbildung
Kohlenwasserstoffe	unbekannt	

Neuerdings wird auch der Anstieg der Fluorchlorkohlenwasserstoffe (z. B. das handelsübliche »Frigen« oder »Freon« als Sprühdosentreibmittel) in der Atmosphäre diskutiert, ebenso wie der Anstieg von Stickstoffoxiden in der Stratosphäre durch hochfliegende Flugzeuge. Diesen zuletzt genannten luftfremden Beimengungen werden Wirkungen auf die Ozonschicht in Höhen über 20 km zugeschrieben. Hieraus lassen sich jedoch keine globalen klimatischen Effekte ableiten. Diese Feststellung schließt natürlich nicht eventuelle biologische Effekte infolge verminderten Ozongehalts der Stratosphäre aus. Globaler Einfluß auf das Klima kann derzeit wohl nur zwei Komponenten zugebilligt werden, dem Kohlendioxid und den Aerosolen. Das Kohlendioxid, ein natürlicher und unschädlicher Bestandteil der Atmosphäre, zeigt als Folge der Zunahme des Verbrauchs fossiler Brennstoffe seit dem Beginn des Industriezeitalters einen ständigen Konzentrationsanstieg von etwa 285 ppm im Jahre 1880 auf 327 ppm im Jahre 1975. Eine Extrapolation der globalen CO_2-Konzentration auf das Jahr 2000 unter Berücksichtigung des Gas-Austausches zwischen Ozean und Atmosphäre sowie zwischen Biosphäre und Atmosphäre ergibt eine mittlere CO_2-Konzentration von etwa 380 ppm. Die klimatischen Auswirkungen des CO_2-Anstieges werden in den letzten Jahren von verschiedenen Autoren diskutiert. CO_2 ist ein starker Absorber der langwelligen Strahlung, die von der Erdoberfläche in den Weltraum abgestrahlt wird. Eine Zunahme des CO_2-Gehaltes der Luft vermindert den Wärmeverlust der Erde und führt zu einem Temperaturanstieg. Dieser wird bis zum Jahre 2000 etwa 0.8 °C betragen, wenn alle anderen Parameter unverändert bleiben. Eine Folge des Temperaturanstieges könnte jedoch eine Erhöhung der Verdunstungsrate und damit verknüpft eine

Zunahme der Wolkenbedeckung sein. Dabei ist zu bedenken, daß eine weltweite Bedeckungszunahme von weniger als 1% bereits zu einer Abkühlung von 0.5 °C führt [Möller 1963]. Eine solche geringe Änderung des Bedeckungsgrades wird auch mit weiter fortschreitender Verdichtung des klimatologischen Beobachtungsnetzes nicht feststellbar sein. Wir sind heute noch nicht in der Lage, Klimamodelle zu entwickeln, die die Komplexität atmosphärischer Vorgänge hinreichend genau berücksichtigen.

Mehreren gasförmigen Luftverunreinigungen kommt keine Bedeutung im Hinblick auf eine direkte Klimabeeinflussung zu. Sie sind jedoch als Reaktionspartner Quellen des atmosphärischen Aerosols. Man ist heute der Überzeugung, daß die Mehrzahl der atmosphärischen Aerosolteilchen Sekundärprodukte solcher Gasreaktionen sind. Weltweite Verbreitung haben auf diese Weise die sulfathaltigen Aerosolpartikel, insbesondere Ammoniumsulfat als Folgeprodukt der Oxidation von Schwefeldioxid gefunden. Bei einer atmosphärischen Verweilzeit dieser Partikel, die von der Größenordnung 0.01 bis 1 μm Radius sind, von etwa 2 Wochen muß man mit einer hemisphärischen Ausbreitung dieser Teilchen auf der Nordhalbkugel rechnen. Auf der Südhemisphäre dürfte der Anteil anthropogen erzeugter Aerosole wesentlich geringer sein.

Aerosolteilchen absorbieren und reflektieren die einfallende Sonnenstrahlung und können bei weiterer Konzentrationszunahme einen abkühlenden Effekt auf die unteren Luftschichten ausüben, der bei Konzentrationsverdoppelung zu 1.0°–1.5 °C berechnet wurde.

Den zweifellos größten globalen Effekt auf das Klima muß man irreversiblen Änderungen des Bedeckungsgrades mit Wolken zurechnen, die durch Zu- oder Abnahme der Verdunstung zustande kommen könnten. Wir wissen jedoch zur Zeit noch nicht, ob weltweite Änderungen des Bedeckungsgrades bereits im Gange sind und es wird noch zeitraubender Detailanalysen von Satellitenaufnahmen, die über einen längeren Zeitraum vorliegen müßten, bedürfen, bis eine klare Aussage über dieses wichtige Problem möglich sein wird. Globale Klimaänderungen können jedoch kaum durch Änderungen einer einzelnen Bezugsgröße herbeigeführt werden, sondern sind die Folge einer Vielzahl nicht linear miteinander verknüpfter Parameteränderungen. Eine umfassende Darstellung dieses zum Teil kontroversen Fragekomplexes hat kürzlich W. Bach [1976] gegeben. Im sogenannten »mesoscale« Bereich, d. h. im regionalen und lokalen Bereich (Radius etwa 20 bis 200 km) ist die Änderung der Zusammensetzung der Atmosphäre durch den Eingriff des Menschen jedoch schon weit fortgeschritten, und die Auswirkungen sind deutlich wahrnehmbar. Die Emission von Abwärme und von Luftverunreinigungen hat in industriellen Ballungszonen eine signifikante Klimamodifikation zur Folge. Diese ist in vielen hochzivilisierten Ländern zu einem ernsthaften Problem geworden. Ein Vergleich der Konzentration verschiedener Spurenstoffe in reiner und verunreinigter Atmosphäre verdeutlicht die veränderte Luftbeschaffenheit, die schließlich auch Ursache für Klimaänderungen in Stadt- und Industriegebieten ist [Landsberg 1970].

Tabelle 25 Spurenstoffkonzentration in reiner und verunreinigter Luft.

Spurenstoff	reine Luft	verunreinigte Luft
Schwebstaube	0.001–0.03 mg/m^3	0.07–0.8 mg/m^3
Schwefeldioxid	10^{-3}–10^{-2} ppm	0.02–1 ppm
Kohlenmonoxid	0.1–1 ppm	5–100 ppm
Kohlendioxid	320–340 ppm	350–750 ppm
Stickoxide	10^{-3}–10^{-2} ppm	10^{-2}–10^{-1} ppm
Kohlenwasserstoffe	1–2 ppm	2–20 ppm

Im regionalen Bereich sind es besonders Schwebstäube, SO_2 und das durch Kraftfahrzeuge emittierte CO, die die Hauptquellen der Luftverunreinigung ausmachen und auch zu den erwähnten Klimaänderungen führen, die sich exzessiv im Stadtklima auswirken.

5.4.3.2 Das Stadtklima

Die Besonderheiten des Stadtklimas wurden bereits vor fast 40 Jahren von F. Linke [1940] herausgestellt, Untersuchungen, die damals von Stummer [1939] in Frankfurt/Main begonnen wurden, inzwischen in vielen Städten fortgeführt wurden, zeigen, daß nahezu alle klimatischen Elemente im Bereich von Städten und industriellen Ballungsgebieten modifiziert werden. Es sind dies vor allem:

- Intensität der Sonnenstrahlung, insbesondere der UV-Strahlung,
- die Temperaturverteilung,
- die lokale Windverteilung,
- die Sichtweite,
- die Luftfeuchte,
- die Niederschlagsverteilung.

Die dichte Bebauung führt zu einer Umwandlung der natürlichen Topographie ländlicher Räume. Hierdurch wird im Bereich der Städte vor allem die Temperatur- und Windverteilung beeinflußt. Bei der Besprechung des Phänomens »Stadtklima« haben wir folglich zu unterscheiden zwischen

1. der Klimaänderung durch die Veränderung der natürlichen Topographie und
2. der Klimaänderung durch die Verunreinigung der Atmosphäre im Stadtbereich einschließlich der Emission von Abwärme.

Während die Monographie von Kratzer [1956] noch fast ausschließlich die Bebauungseffekte auf das Klima behandelt, tritt in den beiden letzten Jahrzehnten mehr und mehr die Luftverunreinigung als das Lokalklima beeinflussender Faktor in den Vordergrund. Die Besonderheiten des Stadtklimas sind besonders ausgeprägt bei wolkenlosen, windschwachen Wetterlagen. Das Stadtklima ist daher vor allem ein Schönwetterphänomen. Einen guten Überblick über die neueren Erkenntnisse der Erforschung des Stadtklimas bietet die Darstellung von Eriksen [1975]. Hinsichtlich der Verminderung der Sonneneinstrahlung werden von verschiedenen Autoren übereinstimmend Werte von 10 bis 20% für die direkte Einstrahlung genannt, die diffuse Himmelsstrahlung wird um einen geringeren Betrag vermindert. Weitaus stärker ist die Absorption der UV-Strahlung in der mit Spurengasen und Aerosolen angereicherten Stadtluft. Es dürfte nicht falsch sein, wenn man in diesem Zusammenhang von einer winterlichen »UV-Nacht« in Städten spricht. Landsberg [1970] gibt folgende Werte der Strahlungsverminderung in Städten an:

- Verminderung der Globalstrahlung auf die horizontale Fläche 15–20%,
- Verminderung der UV-Strahlung im Winter 30–40%,
- Verminderung der UV-Strahlung im Sommer 5%.

Der erhöhte Aerosolgehalt in der Stadtluft und in der »Dunstglocke« über Ballungsgebieten ist die Hauptursache für die Strahlungsverminderung. Diese ist besonders groß bei niedrigem Sonnenstand. Daraus folgt, daß Städte in hoher geographischer Breite und während des Winterhalbjahres in besonderem Maße von der Strahlungsminderung betroffen sind. Als Beispiel für eine Verbesserung der Strahlungsverhältnisse sei die mit der Einführung des »Clean Air Act« in London verbundene Abnahme der Rußteilchenzahl erwähnt, die nicht nur zu einer Zunahme der Intensität der Globalstrahlung, sondern auch zu einer Erhöhung der Zahl der Sonnenscheinstunden geführt hat.

Am bekanntesten und wohl am besten untersucht ist der »Wärmeinseleffekt« in Städten. Bereits bei Kratzer gut dokumentiert ist die Tatsache, daß die Stadt wärmer ist als das Umland. Das Ausmaß der Temperaturerhöhung in Städten ist abhängig von der Größe der bebauten Fläche sowie den Wind- und Strahlungsverhältnissen. Die größten Differenzen treten in windschwachen Strahlungsnächten auf und können dabei, wie von Chandler [1965] für London untersucht, Beträge von 8–10 °C ausmachen. Aber auch über das Jahr gemittelt ist die Lufttemperatur in Städten etwa 0.6–1.2 °C höher als in ländlichen Bezirken des Umlandes. Jüngere Untersuchungen mittels Fesselballonaufstiegen und Flugzeugmessungen zeigten, daß sich der »Wärmeinsel«-Effekt bis in Höhen von mehreren hundert Meter über den Erdboden erstreckt. ERIKSEN [1975] gibt drei Ursachenkomplexe für die Ausbildung der städtischen Wärmeinsel an:

1. die Strahlenabsorption und der Wärmeaustausch des städtischen Baukörpers,
2. die Strahlungsmodifikation durch die Luftverunreinigung,
3. die anthropogene Wärmezufuhr.

Eng verknüpft mit der thermischen Anomalie in Großstädten ist das stadteigene Windsystem, das sich als Folge der Temperaturdifferenz zwischen Stadtzentrum und Umland ausbildet. Dieses stadteigene Zirkulationssystem wird nur bei schwachem übergeordnetem Wind wirksam. Die Wärmeinsel führt zu einer thermisch instabilen Schichtung der Luft im Bereich der Innenstadt mit Vertikalbewegungen. Dies wiederum führt zu einem Sog von Luftmassen aus dem Umland in die Stadt hinein. Die Stadt wirkt in diesem Sinne wie ein lokales Wärmetief. Die in die Stadt gerichtete Störungskomponente führt zu konvergierenden Bodenwinden von 2 bis 4 m/sec, die häufig als Pulsationen auftreten.

Übergeordnete Strömungssysteme mit Windgeschwindigkeiten über 4 m/sec führen zu einer Unterbindung des lokalen Stadt- oder Flurwindsystems. Dennoch werden auch großräumige Luftströmungen durch die Städte beeinflußt; diese Beeinflussung führt im allgemeinen zu einer Verminderung der Windgeschwindigkeit durch die verstärkte Reibung an der bebauten Erdoberfläche um etwa 20% gegenüber der Windgeschwindigkeit im unbebauten Gelände. Wegen des bei windschwachen Wetterlagen auftretenden lokalen Stadtwindes ist die Zahl der Windstillen in Städten nicht signifikant höher als im Umland.

Die Zunahme der Schadstoffimmission in bebauten Gebieten führt zu Unterschieden der Sichtverhältnisse in Stadt und Land. Hygroskopische Aerosolpartikel quellen schon bei relativen Feuchten über 70% und führen zu verminderten Sichtweiten. Eine Untersuchung von GEORGII und HOFFMANN [1966] zeigte, daß niedrige Sichtweiten in Großstädten verknüpft sind mit hoher SO_2-Konzentration und geringer Windgeschwindigkeit. Einige Berichte enthalten Hinweise, daß in den letzten Jahren mit verbesserter Kontrolle der Luftverunreinigung in Großstädten der Vereinigten Staaten sich die Sichtweite erhöht und die Zahl der Tage mit geringer Sichtweite zurückgegangen ist [PETERSEN und BRYSON 1968].

Die Verbindung von geringer Sichtweite mit geringer Windgeschwindigkeit ist in vielen Fällen auch von stabiler vertikaler Temperaturschichtung begleitet, die zur Ausbildung sogenannter »*Inversionen*« führt.

Diese Parameterkombination tritt häufig in Großstädten und Industriegebieten in Flußniederungen auf. Bei diesen Wetterlagen wird der vertikale und horizontale Luftaustausch verhindert, sie begünstigen die Anreicherung von Luftverunreinigungen in der bodennahen Luftschicht. Solche »Inversionswetterlagen« können in industriellen Ballungsgebieten zu den berüchtigten »Smoglagen« führen, die in ungünstigsten Fällen zu den in der Literatur häufig zitierten Smog-Katastrophen führen. Als Beispiel sei der London-Smog vom Dezember 1952 erwähnt. In diesem Falle war eine winterliche Inversionslage mit dichtem Nebel und Windstille im Themsetal der auslösende Faktor.

Obwohl über die Unterschiede in der Luftfeuchte zwischen Stadt und Land noch relativ wenige Arbeiten vorliegen, dürfte die relative Feuchte in Städten stets einige Prozent unter der des Umlandes liegen. Die Verdunstung ist in Städten meist herabgesetzt gegenüber der landwirtschaftlich genutzten oder der mit Pflanzenwuchs bedeckten Umgebung. Der Abfluß des Niederschlags im Kanalisationsnetz führt ebenfalls zu einem verminderten Angebot an verdunstbarem Wasser. Unterschiede der relativen Feuchte können jedoch allein schon durch die Temperaturerhöhung in den Stadtzentren verursacht werden, so daß die Aussagefähigkeit nur durch Messungen der absoluten oder spezifischen Feuchte gewährleistet wird.

Spezialuntersuchungen der letzten Jahre zeigten, daß auch die Niederschlagsverhältnisse in Städten modifiziert werden. Nach LANDSBERG [1970] liegt die Niederschlagsmenge und die Zahl der Regentage um 5 bis 10%, die Zahl der Gewittertage um 15 bis 20% höher, die Schneefallhäufigkeit und die Tage mit Schneebedeckung um etwa 5% unter den Werten des Freilandes. Während die Veränderungen der Niederschlagverhältnisse in Städten allgemein als Tatsache anerkannt wird, bestehen über die Ursachen noch keine klaren Vorstellungen. Es kann aber als gesichert angesehen werden, daß sowohl die erzwungene Konvergenz der Stadtluft infolge der durch die Bebauung erhöhten Oberflächenrauhigkeit und die thermische Konvektion über der städtischen Wärmeinsel zur Niederschlagsvermehrung kumulativ beitragen. Die Erforschung des Stadt- und Geländeklimas hat in den vergangenen Jahren verdientermaßen besondere Förderung erfahren, die insbesondere in Zusammenhang mit interdisziplinären Studien zur Stadt- und Regionalplanung zu neuen Erkenntnissen über die klimatischen Verknüpfungen zwischen Stadt und Umland geführt haben. Über diese Probleme soll im letzten Abschnitt berichtet werden.

5.4.4 Stadt- und Regionalplanung unter Berücksichtigung von Umweltfaktoren

5.4.4.1 Planungskonzepte

Die Wirkungen der Luftverunreinigung in Städten und in industriellen Ballungsräumen äußern sich nicht nur in einer Veränderung des Regionalklimas, sondern häufig auch in Pflanzen- und Materialschäden. Man denke dabei nur an die Beeinträchtigung historischer Bausubstanz durch Emissionen von Industrie, Hausbrand und Verkehr. Die in der Bundesrepublik Deutschland angewandten Immissionsgrenzwerte sind auf die Vermeidung einer nachteiligen Wirkung der luftfremden Beimengungen auf Mensch, Tier und Pflanze abgestellt. Die Einhaltung der Immissionsgrenzwerte erfordert eine Berücksichtigung des Faktors Luftreinhaltung bei Stadt- und Regionalplanung, um eine Minimierung der Umweltbelastung zu realisieren. Selbstverständlich kann die Luftreinhaltung nur einer von vielen Faktoren sein, die in die Bauleitplanung des Bundesbaugesetzes als »dem wichtigsten Instrument der Gemeinden zur Lenkung der Bodenverwendung« [Kade-Vorläufer 1972] zur Verfügung stehen.
Jedoch wird im Rahmen der Landesplanung den übergeordneten Gesichtspunkten des Klimas und seiner Veränderung zunehmend Beachtung geschenkt. Nach Dreyhaupt [1971] sieht auch das Landesentwicklungsprogramm des Landes Nordrhein-Westfalen vor, Industrieflächen und Wohngebiete in ihrer Lage zueinander so anzuordnen, daß eine erhebliche Beeinträchtigung der Bevölkerung durch Immissionen vermieden wird. Wenn auch die volle Anwendung dieser Forderung heute noch nicht überall möglich ist, so deshalb, weil die notwendigen Planungsunterlagen, d. h. eine entsprechend detaillierte Klimaanalyse, meist fehlen. Die wesentlichen Elemente des Planungskonzeptes sind die Berücksichtigung der Windverteilung und die Schaffung bzw. Erhaltung von Grünzonen. Die Grünzonen müssen als Freiflächen belassen werden, um als Abstands- und Schutzzonen zwischen Industrie- und Wohngebieten wirksam zu werden. Diese von Dreyhaupt hervorgehobenen Grundsätze werden auch im Ausland bei ähnlichen Planungsvorhaben angewandt.
In verschiedenen Ländern, wie Israel, Polen und die UdSSR hat sich ähnlich wie in Nordrhein-Westfalen das System der »Pufferzonen« bewährt. Dabei bestimmt sich die Breite der Pufferzone zwischen Industrieansiedlungen und Wohngegenden aus dem Produktions- und Emissionstyp der Industrieansiedlung und variiert zwischen 200 und 3000 m.
Von alters her ist die Hauptwindrichtung ein bestimmendes Element des Städtebaus. Aber erst nach dem ersten Weltkrieg ist diese Grundforderung, nämlich die Wohnviertel gegen den Wind zu legen und die Industrieviertel hinter den Wohnvierteln zu errichten, teilweise verwirklicht worden. Dabei sollte einer Forderung von Schmauss [Kratzer S. 102] folgend, die Luvseite von der Leeseite durch Grünanlagen getrennt werden, und von der Luvseite sollten Industrieanlagen und Güterbahnhöfe verbannt werden. Kratzer [1956] erwähnt, daß man sich beim Aufbau der Städte in der Sowjetunion nach dem 2. Weltkrieg an diese Forderung gehalten habe. Dabei wurden einzelne Stadtteile wie Bänder nebeneinander gruppiert. Dabei folgen Wohnviertel, Erholungspark u. Industriegebiete von Luv nach Lee, um den Wohnvierteln ein möglichst von Luftverunreinigungen freies Klima zu sichern. Diese im Prinzip richtige Vorstellung kann jedoch unter Umständen auch zu Nachteilen für die Wohnbevölkerung führen. Untersuchungen der Windverteilung durch Wachter [1960] im Raume Frankfurt/Main haben zwar bestätigt, daß als Hauptwindrichtung Südwest bis West vorherrscht, daß jedoch austauscharme Wetterlagen und Schwachwindlagen vorwiegend mit Ostwinden verknüpft sind, so daß neben der Windrichtung die Windgeschwindigkeit, die atmosphärische Stabilität mit berück-

sichtigt werden muß. Das Beispiel der Untersuchung im Raum Frankfurt/Main zeigt, daß es notwendig aber nicht hinreichend ist, die Hauptwindrichtung zu beachten. Die Komplexität der Emissionskriterien und der meteorologischen Parameter in ihrer wechselseitigen Beeinflussung hat dazu geführt, daß in den letzten Jahren der Faktor Luftreinhaltung in der Planung auch in Form von theoretischen Emissions-Immissionsberechnungen berücksichtigt wurde. Mit Hilfe mathematischer Modelle können die Immissionsverteilungen auf der Grundlage von flächenbezogenen Emissionskatastern unter Berücksichtigung der verschiedenen meteorologischen Ausbreitungsbedingungen berechnet werden. Unter dem flächenbezogenen Emissionskataster versteht man nach DREYHAUPT [1972] die Auflistung aller Quellen luftverunreinigender Stoffe in einem bestimmten Gebiet geordnet nach dem geographischen Standort, nach den Emissionsbedingungen und der Emissionsart. Dabei werden die Quellen nach ihrer Struktur, Punkt- Linien- oder Flächenquellen zugeordnet und Hausbrand, Industrie und Verkehr wird meist getrennt aufgelistet. Die Auswertung des Emissionskatasters gibt einen Hinweis darauf, welche Komponenten für die Immissionsbelastung dominierend werden. Die Immissionsberechnung mittels eines flächenbezogenen Ausbreitungsmodelles gibt ein Bild der Immissionssituation in Abhängigkeit von den Witterungsbedingungen und erlaubt Folgerungen für notwendige Luftreinhalte- und Vorsorgeprogramme, insbesondere für die Reduzierung der Emission in Gebieten, in denen die Immissionsgrenzwerte bereits überschritten wurden. Es ist sinnvoll ein solches Modell auch für die Zwecke der Stadt- und Regionalplanung einzusetzen. Dies soll am Beispiel der lufthygienisch-meteorologischen Modelluntersuchung im Untermaingebiet erläutert werden (vgl. Kap. 5.5.1).

5.4.4.2 Die lufthygienisch-meteorologische Modelluntersuchung im Untermaingebiet

Das Untermaingebiet bietet eine günstige Ausgangssituation für eine großangelegte Studie über die Auswirkung zunehmender Siedlungstätigkeit und Industrialisierung auf die klimatischen und lufthygienischen Bedingungn in einem Verdichtungsraum. Im Rahmen des regionalen Raumordnungsplanes war dieser Frage eine beherrschende Bedeutung zugemessen worden; außerdem lagen für einen Teil des Gebietes klimatische und lufthygienische Daten bereits vor. Das Untersuchungsgebiet umfaßt eine Fläche von 1400 km^2 mit einer Bevölkerung von 1.8 Millionen Menschen. Der Landschaftsraum gliedert sich in das Mittelgebirge bis 900 m über NN, eine stark abfallende gegliederte Hanglandschaft, hügeliges Ackerbaugebiet und die Flußniederung. Die Landschaftsformung beeinflußt auch das Regionalklima maßgeblich, sowohl durch eine Bevorzugung austauscharmer Wetterlagen mit häufigen Inversionen in den Niederungen als auch durch die Begünstigung der Ausbildung von lokalen Zirkulationssystemen. Berg- und Talwinde treten in tageszeitlichem Rhythmus auf, Flurwinde wechseln in Richtung und Stärke, die bodennahen Winde in der Umgebung von Städten haben gerade bei windschwachem Wetter eine von den höheren Schichten abweichende Richtung. Das vom Bund und dem Land Hessen zu gleichen Teilen geförderte Programm, an dem unter der Federführung der Regionalen Planungsgemeinschaft Untermain mehrere Arbeitsgruppen beteiligt sind, die interdisziplinär die Regionalklimatologie, die Botanik und die Lufthygiene bearbeiten, wurde in einem Zeitraum von fünf Jahren abgewickelt. [GEORGII 1974]. Naturgemäß war es in einem orographisch so stark gegliederten Gebiet erforderlich, das meteorologische Beobachtungsnetz zu verdichten. Dies erfolgte mittels eines engmaschigen Sonderklimanetzes von 50 zusätzlichen Stationen, die die wichtigsten meteorologischen Elemente kontinuierlich registrierten. Aus den so gewonnenen Daten ließ sich die Existenz und die Lage der »Frischluftschleusen« festlegen, die durch Grünzonen erhalten und vor Bebauung geschützt werden mußten. Die meteorologischen Daten finden aber auch als statistische Kenngrößen zusammengefaßt Eingang in ein mathematisches Diffusionsmodell, dessen zweite Basis ein für das Untersuchungsgebiet erstelltes Emissionskataster bildet. Das Modell ist die Anwendung einer weiterentwickelten Version des für den Untersuchungsraum Bremen von H. FORTAK [1970] entworfenen Vielquellenmodells. Die Ergebnisse im Untermaingebiet zeigten eine befriedigende Übereinstimmung der berechneten mit den auf Meßwerten beruhenden Häufigkeitsverteilungen der Schwefeldioxidkonzentration. Die SO_2-Messungen wurden mit einem vom Bundesminister des Innern einge-

richteten Meßnetz durchgeführt, das aus ingesamt 8 Stationen in der Innenstadt, in den Außenbezirken und im Umland von Frankfurt/Main besteht und ergänzt wurde durch diskontinuierliche Messungen einer Vielzahl von luftverunreinigenden Komponenten.
Eine erhöhte Konzentration von Luftschadstoffen führt zu Pflanzenschäden. Niedere aber auch höhere Pflanzen sind infolge ihrer Empfindlichkeit gegenüber bestimmten Komponenten der Luftverunreinigung vorzügliche Indikatoren für die spezifische Belastung ihres Standortes. Dies zeigen die im Untermaingebiet von L. Steubing und Mit. [1971] angelegten Flechtenkartierungen, wobei sich im Untermaingebiet Gebiete einer totalen »Flechtenwüste« von solchen einer »Kampfzone« durch eine mittlere SO_2-Immissionskonzentration von 0,1 mg/m^3 deutlich abgrenzen lassen.
Die Modelluntersuchung im Untermaingebiet diente primär dazu, die vorhandene, aber auch die zu erwartende Luftbelastung für diesen Verdichtungsraum zu ermitteln. Es sind bereits jetzt einige Planungsvorhaben aufgrund der veröffentlichten Immissionsdaten und der Flechtenzonierung einer erneuten Überprüfung unterzogen worden. Auf dem Diffusionsmodell aufbauend sollen zukünftige Planungsvorhaben im Hinblick auf ihre Auswirkung auf Umwelt und Klima simuliert werden. Die Städte Bad Homburg und Frankfurt bereiten eine umfangreiche bioklimatische Studie als Grundlage für die weitere Flächennutzungsplanung vor. Die Einbeziehung des Untermain-Projektes in ein internationales Forschungsvorhaben unter Beteiligung der Studien über die Ballungsgebiete St. Louis (USA) und Ankara (Türkei) erlaubten darüber hinaus verallgemeinerbare Schlüsse auf die irreversible Änderung des Regionalklimas und der Luftbelastung in wachstumintensiven Verdichtungsräumen.
Untersuchungen in industriellen Ballungsgebieten über die Wirkung der Luftverunreinigung auf das Regionalklima haben sich bisher vorwiegend um eine Feststellung und Analyse der gegenwärtigen Situation bemüht. Für die Zukunft ist jedoch darüber hinausgehend für die Belange der Planung eine Luftreinhaltestrategie erforderlich, die die Bevölkerung vor vermeidbaren und abwendbaren Wirkungen der Luftverunreinigung schützt. Neben dem weiter notwendigen technologischen Fortschritt scheint das mathematisch-meteorologische Diffusionsmodell ein nützliches Planungsinstrument zu sein, wenn es um die Standortbestimmung von Industrie- und Wohngebieten geht.

Schrifttum

Amelung, W. und A. Evers, 1962: Handbuch der Bäder- und Klimaheilkunde. Schattauer Verlag, Stuttgart.

Bach, W., 1976: Global air pollution and climate change. Reviews of Geophysics and Space Physics *13*, 429–474.

Blüthgen, J., 1966: Allgemeine Klimageographie, 2. Aufl. de Gruyter, Berlin.

Büttner, K., 1938: Physikalische Bioklimatologie. Probleme der kosmischen Physik. Leipzig.

Chandler, T. S., 1965: The climate of London. Hutchinson, London.

Dreyhaupt, F. S., 1971: Luftreinhaltung als Faktor der Stadt- und Regionalplanung. Verlag TÜV Rheinland, Köln.

Ders., 1972: Das Emissionskataster. In: H. Schultze, Umwelt-Report. Umschau-Verlag, Frankfurt, 212–216.

Eriksen, W., 1975: Probleme der Stadt- und Geländeklimatologie. Wissenschaftliche Buchgesellschaft, Darmstadt.

Ficker, H. und B. de Rudder, 1948: Föhn und Föhnwirkungen. Akademische Verlagsgesellschaft, Leipzig.

Flohn, H., 1957: Zur Frage der Einteilung der Klimazonen. Erdkunde *11*, 161–175.

Ders., 1973: Natürliche und anthropogene Klimamodifikation. Ann. der Met. Nr. 6, 59–66.

Fortak, H., 1970: Mathematische Modelle zur Immissionsermittlung in den industriellen Ballungsgebieten. VDI-Berichte Nr. 149, VDI-Verlag Düsseldorf.

Geiger, R., 1961: Das Klima der bodennahen Luftschicht, 4. Auflage. F. Vieweg & Sohn, Braunschweig.

Georgii, H.-W., und L. Hoffmann, 1966: Beurteilung von SO_2-Anreicherungen in Abhängigkeit von meteorologischen Einflußgrößen. Staub-Reinhaltung der Luft Nr. 26, 511–514.

Georgii, H.-W., 1974: Die lufthygienisch-meteorologische Modelluntersuchung im Untermaingebiet. Ann. der Met. Nr. 9, 79–82.

HETTNER, A., 1934: Die Klimate der Erde. In: Vergleichende Länderkunde *3*, 87–202. Berlin.
KADE, G. und K. VORLÄUFER, 1972: Bodenordnung, Raum- und Umweltplanung. In: H. SCHULTZE, Umwelt-Report, 80–87. Umschau-Verlag, Frankfurt.
KÖPPEN, W., 1931: Grundriß der Klimakunde, 2. Auflage. de Gruyter, Berlin.
KRATZER, A., 1956: Das Stadtklima, 2. Auflage. F. Vieweg & Sohn, Braunschweig.
LANDSBERG, H. und W. C. JAKOBS, 1951: Applied climatology. In: Compendium of Meteorology. Boston, Mass., 976–992.
LANDSBERG, H., 1970: Climatic consequences of urbanisation. J. Wash. Acad. Sci. *60*, 82–87.
LINKE, F., 1935: Die physikalisch-meteorologischen Grundlagen der medizinischen Klimatologie. Verl. Dt. Gesell. Innere Medizin, Wiesbaden.
DERS., 1940: Das Klima der Großstadt in: Biologie der Großstadt. Verlag Th. Steinkopff, Leipzig.
MÖLLER, F., 1963: On the influence of changes in the CO_2-concentration in air on the radiation-balance of the Earth's surface and on the climate. J. Geophys. Res. *68*, 3877–3886.
MÖRIKHOFER, W., 1932: Probleme der Hochgebirgsmeteorologie. Verl. Schweizer Naturfreunde Ges., 282–293.
PETERSON, J. T. und R. A. BRYSON, 1968: Atmospheric aerosols: Increased concentrations during the last decade. Science *162*, 120.
SCHNEIDER-CARIUS, K., 1961: Das Klima, seine Definition und Darstellung. Geophys. Inst. Leipzig, Nr. 17, 805.
STEUBING, L., KIRSCHBAUM U. und R. KLEE, 1971: Flechten als Indikatoren für die Immissionsbelastung im Stadtgebiet von Frankfurt/Main. Staub – Reinhaltung der Luft 31, 21–24.
STUMMER, G., 1939: Klimatische Untersuchungen in Frankfurt/M. und seinen Vororten. F. Vieweg & Sohn, Braunschweig.
WACHTER, H., 1960: Der Wind in Frankfurt/Main. Met. Rdsch. *13*, 3–9.
WILMERS, F., 1969: Klima und Wetter als Standortfaktor Landschaft und Stadt *1*, 79–86.

5.5 Luft

KELLNER, KARL-HEINZ

5.5.1 Belastung der Luft durch Verunreinigungen

5.5.1.1 Allgemeines

Die Luft in ihrer gegebenen natürlichen Zusammensetzung gehört zu den Lebensgrundlagen für Mensch, Tier und Pflanzen und ist von wesentlichem Einfluß auch auf die unbelebte Umwelt. Eine Störung der natürlichen Zusammensetzung kann zu wahrzunehmenden umweltrelevanten Schädigungen führen. Dabei ist nicht nur die unmittelbare Umgebungsluft erdnaher Schichten, sondern aufgrund neuerer Erkenntnisse die Lufthülle bis über die Troposphäre hinaus in Höhen bis zu ca. 40 km Höhe [BATELLE-INSTITUT 1976] zu betrachten. Dort stattfindende Veränderungen können Rückwirkungen unterschiedlicher Art auf der Erdoberfläche zur Folge haben.
Die Zusammensetzung der natürlichen nicht verunreinigten Luft ist in Tabelle 26 dargestellt [17][1]. Neben den dort aufgeführten Bestandteilen enthält die natürliche »Reinluft« entsprechend Tabelle 27 bereits in kleinen Mengen Verunreinigungen, die jedoch noch keine negativen Umweltbeeinträchtigungen zur Folge haben [JUNGE 1963]. Die Verunreinigungen entstehen durch nicht anthropogene Vorgänge, wie z. B. atmosphärische Austauschvorgänge oder Fäulnisprozesse. Die sich für das Ökosystem ergebenden Zusammenhänge in Bezug auf Luftverunreinigungen können in einem funktionellen Modell der Luftreinhaltung dargestellt werden.

[1] Die Zahlen in Klammern beziehen sich auf Verordnungen, Richtlinien und dergleichen; s. Seite 164f.

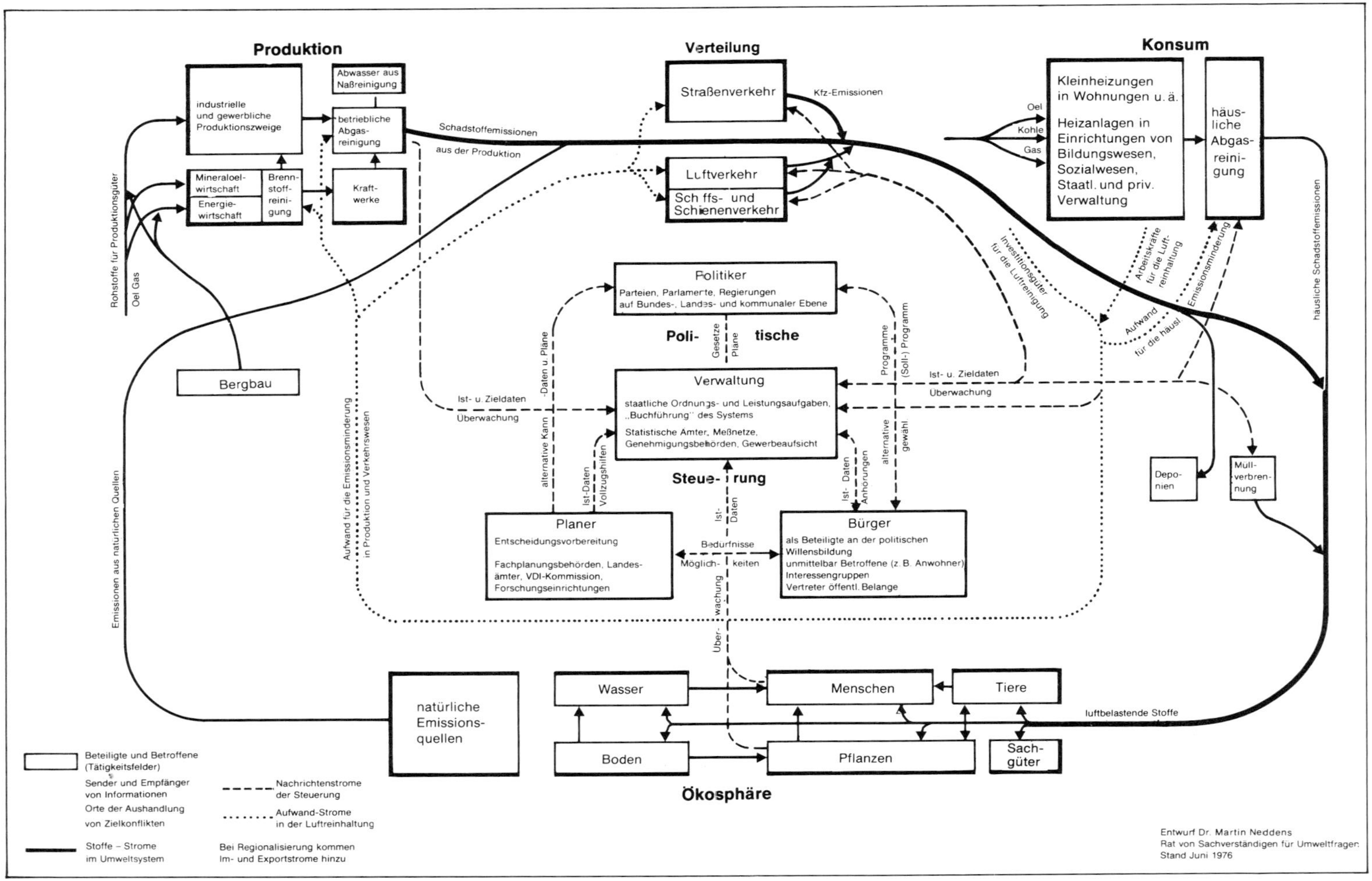

Abb. 49 Funktionales Modell der Luftreinhaltung; offener Ausschnitt aus dem Grundmodell des Umweltsystems.

Tabelle 26 Die natürliche Zusammensetzung der Luft.

Komponente		Vol.-% bezogen auf trockene Luft
Sauerstoff	O_2	20,93
Stickstoff	N_2	78,10
Argon	Ar	0,9325
Kohlendioxid	CO_2	0,03
Neon	Ne	0,0018
Helium	He	0,0005
Krypton	Kr	0,0001
Xenon	Xe	0,000009

Tabelle 27 Nichtumweltrelevante Verunreinigungen der natürlichen Luft.

Komponente		ppm[1)]
Methan	CH_4	1,5
Wasserstoff	H_2	0,4–1
Distickstoffoxid	N_2O	0,25
Kohlenmonoxid	CO	(1–20) 10^{-2}
Ozon	O_3	(1–5) 10^{-2}
Ammoniak	NH_3	(1–2) 10^{-2}
Stickstoffmonoxid	NO	(1–3) 10^{-3}
Stickstoffdioxid	NO_2	

[1)] ppm = parts per million.

5.5.1.2 Luftverunreinigungen und ihre Quellen

Eine wesentliche Veränderung der geschilderten Luftzusammensetzung erfolgt durch anthropogene Einflüsse und natürliche Geschehnisse (z. B. Vulkanausbrüche) größeren Ausmaßes. In den nachfolgenden Ausführungen sollen unter Luftverunreinigungen nur gas- dampf- oder staubförmige Stoffe künstlichen Ursprungs verstanden werden. Auf natürliche Quellen wird nicht eingegangen.

Die wesentlichen Quellengruppen für Luftverunreinigungen sind Industrie, Verkehr, Hausbrand und Kleingewerbe mit einer Reihe von Einzelquellen [17]. Aus diesen Bereichen werden eine Vielzahl von luftverunreinigenden Stoffen – über 300 – emittiert, von denen bei lufthygienischen Betrachtungen nur eine Auswahl herangezogen werden muß; wesentlich ist hierbei die Häufigkeit des Auftretens, die absolute Schadstoffmenge und der Einwirkungsgrad auf die Umwelt.

In diesem Zusammenhang ist die Definition der Begriffe »Emission« und »Immission« erforderlich.

Unter Emission werden die in die Außenluft entweichenden festen, flüssigen oder gasförmigen luftverunreinigenden Stoffe jeder Art und Herkunft verstanden. Immission ist die Zuführung von festen, flüssigen und gasförmigen luftverunreinigenden Stoffen, die ständig oder vorübergehend in Bodennähe verweilen. Entsprechend dem Umweltgutachten 1974 der Deutschen Bundesregierung ergibt sich für die Emissionsmengen ausgewählter Komponenten für das Jahr 1969 folgende ungefähre Situation:

Kohlenmonoxid, CO	8.10^6 t	Kohlenwasserstoffe, CxHy	2.10^6 t
Schwefeldioxid SO_2	4.10^6 t	Gesamtstaub	4.10^6 t
Stickoxide, NO, NO_2	2.10^6 t		

Bei der Bewertung der angegebenen Mengen ist zu beachten, daß keine Gleichverteilung der Schadstoffbelastung in der BRD gegeben ist, sondern die angegebenen Emissionen auf relativ wenige örtlich begrenzte Schwerpunkte verteilt sind. Trotz inzwischen eingeleiteter emissionsmindernder Maßnahmen wird sich in vielen Bereichen eine Steigerung bis zum jetzigen Zeitpunkt eingestellt haben.

5.5.1.2.1 Industrie

Dieser Emittentenbereich umfaßt Einrichtungen, die im allgemeinen Quellen größerer Mengen von luftverunreinigenden und lufthygienisch besonders wirksamer Schadstoffe darstellen. Die meisten einschlägigen Anlagen sind in der 4. Verordnung zur Durchführung des Bundesimmissionsschutzgesetzes [35] aufgeführt. Nachstehend werden davon die wesentlichen Anlagegruppen unr ihre Emissionen aufgeführt:

- *Chemie, Mineralöl- und Petrochemie*
  Gase und Dämpfe organisch-chemischer Verbindungen und anorganisch chemischer Verbindungen: Kohlenwaswerstoffe, organische Sauerstoff-, Stickstoff- und Schwefelverbindungen, Schwefeloxide, Stickoxide, Chlorwasserstoff, Ammoniak, Phosphorwasserstoff.
  Stäube: Fluoride, Asbest, organische Stäube.
  Bei den organisch-chemischen Verbindungen handelt es sich in vielen Fällen um intensive Geruchsstoffe.

- *Eisen- und Stahlerzeugung*
  Gase: Schwefeloxide, Stickoxide, Schwefelwasserstoff, Kohlenmonoxid
  Stäube: Oxide, Fluoride, Schwermetalle wie z. B. Blei, Zink, Cadmium, Arsen.

- *Nichteisenmetall- und Legierungserzeugung*
  Gase: Schwefeldioxid, Kohlenmonoxid, Fluorwasserstoff
  Stäube: Metall- und Nichtmetalloxide, Fluoride

- *Energieerzeugung*
  Gase: Stickoxide, Schwefeloxid, Kohlenwasserstoffe
  Stäube

- *Holzindustrie*
  Gase: Phenol, Formaldehyd
  Stäube

- *Kohlegewinnung- und verarbeitung*
  Gase: Kohlenwasserstoffe, Schwefelwasserstoff, Ammoniak, Phenol
  Stäube

- *Müllverbrennung*
  Gase: Chlorwasserstoff, Schwefelwasserstoff, Fluor
  Stäube

- *Bau, Steine, Erden, Glas, Keramik*
  Gase: Schwefeldioxid, Fluorwasserstoff
  Stäube

5.5.1.2.2 Haushalt und Kleingewerbe

Die Luftverunreinigungen stammen aus Feuerungsanlagen und aus verschiedensten gewerblichen Anlagen. Dabei kommt es zu Emissionen von Stäuben, Schwefeldioxid und Stickoxiden. Aus den kleingewerblichen Anlagen rühren vor allem Lösemitteldämpfe (Lackierereien, Drukkereien) und Geruchsemissionen her (Nahrungs- und Genußmittelindustrie, Tierintensivhaltungen, usw.).

5.5.1.2.3 Verkehr

5.5.1.2.3.1 Straßenverkehr

Die Hauptquelle für verkehrsbedingte Emissionen stellt der Straßenverkehr dar. Entsprechend des Gutachtens des Rates von Sachverständigen für Umweltfragen – Auto und Umwelt vom September 1974 trugen im Jahre 1969 die Kraftfahrzeuge in der BRD mit folgenden wesentlichen Emissionen zur Luftverunreinigung bei:

Kohlenmonoxid	ca. 3,65 Mio. t	Schwefeldioxid	ca. 57 000 t
Stickoxide	ca. 0,81 Mio. t	Feststoffe	ca. 51 000 t
Kohlenwasserstoffe	ca. 0,47 Mio. t	Reifenabrieb	ca. 60 000 t

Die Emission an Blei, die mit 7000 t angegeben ist, ist aufgrund des Inkrafttretens des Benzin-Blei-Gesetzes zurückgegangen. So wurde z. B. in Bayern von 1975 auf 1976 ein Rückgang des Bleigehalts in der Luft von ca. 55–70% [UWD 1976] registriert. Die Kraftfahrzeugabgase genießen deshalb eine gesteigerte Bedeutung, da ihre Komponenten Kohlenwasserstoffe und Stickoxide unter Einwirkung des Sonnenlichts eine photochemische Reaktion eingehen, die zur Entstehung von biologisch und chemisch aktiven Oxidantien führen kann; besonders sind dabei Ozon sowie organische Peroxide und Peroxacylnitrate (PAN) zu nennen [VDI-Fachdokumentation 1976, VDI-Kolloquium 1976].

5.5.1.2.3.2 Luftverkehr

Der Verbrauch des größten Teils des Treibstoffes im Luftverkehr findet in größeren Höhen statt. Aufgrund des im Vergleich zum Straßenverkehr geringeren absoluten Treibstoffverbrauchs und der starken Verteilung der Schadstoffe bis zur Einwirkung auf die Erdoberfläche ist die Gesamtimmission als relativ gering zu betrachten. Zu beachten sind jedoch eventuelle Einwirkungsmöglichkeiten von Flugzeugabgasen am Entstehungsort im Überschallflugbetrieb (siehe 5.5.1.5.2.)

5.5.1.3 Erfassung und Darstellung von Emissionen

Zur überörtlichen Erfassung und Darstellung von Emissionsverhältnissen eignen sich Emissionskataster. Dabei werden die Emissionsdaten aus Messwerten, Stoff- und Energiebilanzen, Berechnungen, statistischen Erhebungen und Erfahrungswerten ermittelt und kartenmäßig dargestellt (Bayerisches Landesamt für Umweltschutz 1974, TÜV-Rheinland 1974). Solche Emissionskataster sind z. B. für Köln [6] und den Raum Duisburg, Oberhausen, Mülheim 7 erarbeitet worden.

5.5.1.4 Ausbreitung von Luftverunreinigungen

Zur Beurteilung und Vorhersage der Wirkung von Luftverunreinigungen (siehe 5.5.1.5) ist die Kenntnis der Immissionskonzentration in der Umgebungsluft erforderlich. Die Vorhersage der Luftverunreinigungen ist vor allem unerlässliche Voraussetzung einer immissionsbezogenen Standortplanung, um eine entsprechende Zuordnung zwischen Gebietsnutzung und Schadstoffbelastung zu treffen. Von gleicher Bedeutung ist die Immissionsvorhersage bei der Abschätzung des Einflusses auf die gegebenen lufthygienischen Verhältnisse in der Umgebung von neu zu errichtenden oder zu erweiternden Industrie- und Gewerbeanlagen, beispielsweise um ausreichende Kaminhöhen zu bestimmen. Aus der Kenntnis der Emissionsverhältnisse kann mit Hilfe von mathematisch-physikalisch-meteorologischen Modellen über die Transmission, d. h. die Ausbreitung, die Immission abgeschätzt werden [Fortak 1972].
In Vereinfachung werden die Schadstoffe nach Austritt aus ihrer Quelle mit der herrschenden Luftströmung forttransportiert und auf ihrem Weg zum Immissionsort verdünnt, vermischt, ausgewaschen oder durch chemische Reaktionen verändert (Abb. 50). In der Praxis ergeben sich bei der Immissionsberechnung Unsicherheiten dadurch, daß in die Rechnung eine große

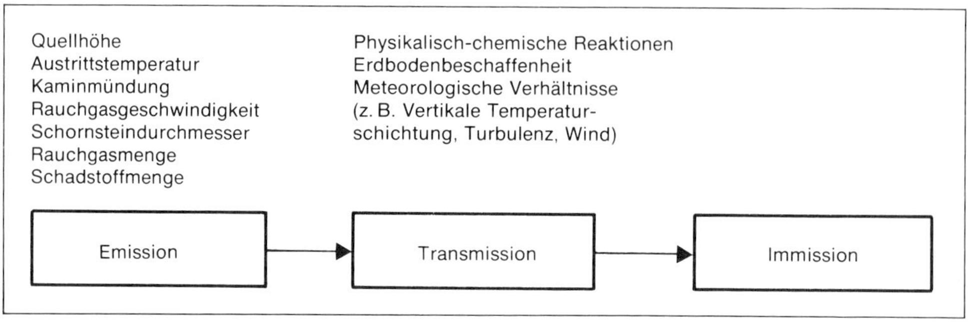

Abb. 50 Einflußgrößen für die Schadstofftransmission.

Anzahl von Parametern eingehen, die teilweise nicht in der erforderlichen Genauigkeit bekannt sind und außerdem zeitlich und örtlich stark schwanken. Die Bestimmungsgrößen für die Immission sind schematisch in Abb. 50 dargestellt.
Eine vielpraktizierte Anwendung findet die Ausbreitungsrechnung in der Kaminhöhenberechnung im Umkehrschluß gemäß der Technischen Anleitung zur Reinhaltung der Luft [3]. Dort wird mit Hilfe eines Nomogramms aus einer am Einwirkungsort vorgegebenen zulässigen Immissionsgröße und der emissionsseitig benötigten Werte, wie Schadstoffmenge, Rauchgasmenge usw. die ausreichende Kaminhöhe berechnet.

5.5.1.5 Wirkung von Schadstoffen

Eine große Anzahl der Luftverunreinigungskomponenten hat schädliche Wirkungen auf Menschen, Tiere, Pflanzen, Materialien und die gesamte Umwelt. Durch die Festsetzung von Immissionsgrenzwerten (siehe 5.5.1.6) wird versucht, das Maß der Einwirkungen weitgehend zu objektivieren. In 5.5.2 u. 5.5.3 werden die Einflüsse auf Pflanzen und Menschen behandelt, so daß sich die Ausführungen auf Materialien und indirekte Einwirkungen beschränken.

5.5.1.5.1 Materialien

Aufgrund chemischer, meist längerfristiger Einflüsse von bestimmten Luftverunreinigungen treten vermehrt umfangreiche Schädigungen an Materialien auf. Dabei sind im wesentlichen Steine, Beton, Metall, Farben, Glas und Keramik sowie Gummi und Kunststoffe betroffen. Als ursächliche Schadstoffe sind Bleioxide, Chlor, Chlorwasserstoff, Fluorwasserstoff, Schwefeloxide und Schwefelwasserstoff sowie Säuren, Basen und Stäube zu nennen. Merkliche Beeinträchtigungen entstehen z. B. an Bauwerken mit oft hohem künstlerischem Wert. Bei Steinbauten aus dem Mittelalter, Kirchen und Profanbauten, ist für die Zerstörung in erster Linie die Umsetzung von Schwefeldioxid aus Feuerungsabgasen mit Calciumcarbonat zu Calciumsulfat verantwortlich. Umweltbedeutend sind auch Korrosionserscheinungen an Metallen. Hiervon sind sowohl industrielle Bauten und Einrichtungen, Gegenstände des menschlichen Privatbereichs und Kunstgegenstände betroffen. So treten z. B. an elektrotechnischen- und Fernmeldeanlagen vermehrt Störungen durch Zersetzung hochempfindlicher Oberflächen und Kontakte auf. In der Literatur [Riederer 1972] wird über eine weitgehende Beeinträchtigung der Bronzeplastiken im Münchner Stadtbereich berichtet. Die Objekte weisen unterschiedlich gefärbte Krusten aus einer Mischung aus Blei- und Kupfersulfat bzw. aus Ruß, Kupfersulfat und Gips auf. Andere Plastiken zeigen löcherartige Korrosionen.

5.5.1.5.2 Indirekte Einwirkungen auf die Umwelt

Außer den direkten Einflüssen von Luftverunreinigungen gibt es indirekte, die erst durch eine Kausalkette wirksam werden. Es soll auf drei in letzter Zeit vieldiskutierte Problembereiche eingegangen werden.

5.5.1.5.2.1 Wirkung von Fluorchlorkohlenwasserstoffen (FCK)

Fluorchlorkohlenwasserstoffe werden als Kältemittel, Treibgas, Treibmittel, Reinigungsmittel und zur Herstellung von Polyfluorcarbonkunststoffen verwandt. Der Anteil an Treibgas beträgt z. B. in der BRD derzeit ca. 50000 t/a, der gesamte Verbrauch ca. 70000 t/a [Batelle Institut 1976].

Aus Fluorchlorkohlenwasserstoff, das durch Diffusion in die Stratosphäre gelangt, wird durch Einwirkung von UV-Licht Chlor abgespalten, das mit dem in Höhen von ca. 10–40 km vermehrt vorkommenden Ozon reagiert. In 20 km Höhe beträgt beispielsweise die Ozonkonzentration ca. 0,2 ppm [Leithe 1974]. Durch die Verminderung der Ozonkonzentration kommt es zu einer verstärkten Einstrahlung von UV-Licht auf die Erdoberfläche, das normalerweise zu einem großen Teil von der Ozonschicht absorbiert wird. Durch die verstärkte Einstrahlung werden vor allem eine Zunahme von Hautkrebs sowie vermehrte Schäden an Kulturpflanzen erwartet.

Die Änderung der Höhenverteilung von Ozon kann weiter direkt eine Änderung des atmosphärischen Austauschverhaltens in der Stratosphäre und somit eine Klimaänderung bewirken.

Eine sichere Aussage über die tatsächlichen Effekte der Fluorchlorkohlenwasserstoffe wird dadurch erschwert, daß über die Intensität der Diffusion des Schadstoffes in die Stratosphäre und somit über die dort zu erwartenden Konzentrationen bis jetzt noch keine wirklich gesicherten Angaben vorliegen.

Ähnliche Auswirkungen werden einer Zunahme des Überschalluftverkehrs in der Stratosphäre zugeschrieben, da auch die Stickoxide aus den Triebwerkabgasen mit Ozon reagieren und zu einer Konzentrationsminderung führen. Genaue quantitative Angaben liegen auch hier noch nicht vor.

5.5.1.5.2.2 Klimaveränderung durch Kohlendioxid-Anreicherung in der unteren Atmosphäre

Herrührend von Verbrennungsprozessen gehört das Kohlendioxid zu den wenigen Abgasen, dessen Konzentration in der Atmosphäre sich in kurzer Zeit meßbar stark erhöht. Nach Meadows [Meadows 1972] soll die Konzentration von derzeit ca. 320 ppm auf 380 ppm im Jahr 2000 zunehmen. Obwohl der menschliche Organismus in weiten Schwankungen vom Kohlendioxidgehalt unabhängig ist, der Grenzwert für die Maximale Arbeitsplatzkonzentration liegt beispielsweise bei 5000 ppm, können aus der laufenden Mengenzunahme andere, globale Wirkungen erwachsen.

Durch die Veränderung des Kohlendioxidgehaltes in der Atmosphäre entsteht eine erhöhte Absorption der langwelligen Erdabstrahlung, was eine verstärkte atmosphärische Gegenstrahlung und somit eine Temperaturerhöhung bewirkt [Technisches Umweltmagazin 1973].

Andere Autoren vertreten dagegen die Meinung, daß das vermehrte Kohlendioxid die Sonneneinstrahlung vermindert und damit Abkühlung hervorruft. In ähnlicher Weise sollen vermehrter Wasserdampf- und Staubgehalt Temperaturauswirkungen zur Folge haben [Technisches Umweltmagazin 1973].

5.5.1.6 Immissionsgrenzwerte

Bei Kenntnis der vorhandenen Luftverunreinigungskonzentrationen ist eine Beurteilung der Wirkung und die Einleitung von Maßnahmen im angewandten Immissionsschutz nur durch Vergleiche mit Bezugswerten möglich. Solche Bezugswerte sind Immissionsgrenzwerte oder sonstige Schadstoffgrenzwerte. Bei der Festlegung von Immissionsgrenzwerten geht man davon aus, daß bei Nichtüberschreiten der Werte in Abhängigkeit von der Einwirkungszeit keine schädlichen Einwirkungen auf Mensch, Tier und Pflanze zu erwarten sind. Quantitative Aussagen über die Wirkungen von Schadstoffen bei voller Ausschöpfung der Grenzwerte liegen nicht vor. Nicht geklärt sind letztlich auch die Effekte beim Einwirken mehrerer Komponenten gleichzeitig (Synergismus).

In der BRD werden u. a. folgende Werte benützt: die Maximalen Immissionsgrenzwerte der VDI-Richtlinien 2306 und 2310 [18, 19], die Immissionsgrenzwerte der TA-Luft [3] und die

Maximalen Arbeitsplatzkonzentrationswerte, berechnet für 8-stündigen Aufenthalt am Arbeitsplatz [ROTH, ROTH 1975]. Die in der TA-Luft aufgeführten Begriffe IW1 und IW2 können dabei als Langzeit- bzw. Kurzzeitgrenzwerte interpretiert werden. In Tabelle 28 sind für lufhygienisch relevante anorganische Stoffe Grenzwerte aus der TA-Luft und der VDI-Richtlinie 2310 zusammengestellt. Daneben sind für eine große Anzahl von Stoffen Schwellenwerte für die Geruchswahrnehmung und Werte für die Auslösung von Smog-Alarmen definiert. In der Smog-Verordnung von Nord-Rhein Westfalen [33] sind für die Alarmauslösung nachfolgende Basiswerte bestimmt, die zur Festlegung einzelner Alarmstufen mit entsprechenden Faktoren multipliziert werden.

Schwefeldioxid	0,4 mg/m³	Stickstoffoxide	0,3 mg/m³
Kohlenmonoxid	15 mg/m³	Kohlenwasserstoffe (ohne Methan)	2,5 mg/m³

Die Immissionswerte werden in mg/m³ oder ppm (= parts per million) angegeben. Es gilt in Abhängigkeit von Temperatur und Luftdruck folgende Umrechnungsformel:

$$\text{ppm} = \text{mg/m}^3 \cdot \frac{\text{Molvolumen}}{\text{Molgewicht}}$$

Für die Rechnung stehen Tabellen zur Verfügung [LEITHE 1974].

Tabelle 28 Immissionsgrenzwerte für anorganische Komponenten aus der TA-Luft und der VDI 2310.

Komponente	TA-Luft IW1 mg/m³	TA-Luft IW2 mg/m³	VDI 2310 1/2 h-Wert mg/m³	VDI 2310 24-h-Wert mg/m³	VDI 2310 Jahreswert mg/m³
Ammoniak			2	1	0,50
Chlor	0,10	0,30	–	–	–
Chlorwasserstoff	0,10	0,20	–	–	–
Fluorwasserstoff	0,003	0,006	0,2	0,1	0,05
Kohlenmonoxid	10	30	50	10	10
Ozon			0,15	0,05	0,05
Schwefeldioxid	0,14	0,50	1	0,30	0,10
Schwefelwasserstoff	0,01	0,02			
Stickstoffdioxid	0,10	0,30	0,20	0,10	
Stickstoffmonoxid	0,20	0,60	1	0,50	
Feinstaub[1)]	0,10	0,20	0,30	0,20	0,10

5.5.1.7 Maßnahmen zur Verminderung der Immissionen an gas-, dampf- oder staubförmigen Luftverunreinigungen (Abb. 51)

5.5.1.7.1 Emissionsgrenzwerte

Für die Planung und zur Dimensionierung technischer Maßnahmen zur Luftreinhaltung sind definierte Vorgaben erforderlich. Diese werden durch Immissionsgrenzwerte (s. Abschnitt 5.5.1.6 Immissionsgrenzwerte) und als Ergänzung und Fortentwicklung durch den jeweiligen Stand der Technik zur Abgasreinigung (siehe 5.5.1.7.4) gebildet.
Analog zu Immissionsgrenzwerten gibt es Grenzwerte für staub-, gas- oder dampfförmige

1) Partikelgröße $< 10\ \mu m$.

Emissionen. Sie sind anlagen- oder stoffspezifisch gegliedert. Entsprechend den Ausführungen der TA-Luft Punkt 2.3.1 sind die veröffentlichten Emissionswerte nicht starr zu handhaben, sondern dem jeweiligen Stand der Technik anzupassen. Dem Stand der Technik entsprechen dabei besondere Maßnahmen, die bereits mit Erfolg in Betrieb erprobt werden. In Ausnahmefällen können auch Einrichtungen als dem Stand der Technik entsprechend betrachtet werden, wenn eine bereits erfolgte Erprobung den Schluß zuläßt, daß die Anwendung ohne unzumutbares Risiko möglich ist. Zur Beurteilung des Standes der Technik zur Verminderung von Emissionen können die Richtlinien des VDI-Handbuches Reinhaltung der Luft, Bd. 2 u. 3 [11, 12] sowie DIN-Normen herangezogen werden. Indirekte Emissionsgrenzwerte werden durch Vorschriften über den Gehalt an bestimmten Stoffen in Einsatzprodukten festgeschrieben.
Für bestimmte Anlagearten sind in der TA-Luft Emissionsgrenzwerte und darüber hinaus allgemeine stoffspezifische Grenzwerte aufgezeigt, die im folgenden beschrieben werden.

5.5.1.7.1.1 Stoffspezifische Grenzwerte

- *Dunkler Rauch* Der Grauwert von Abgasfahnen muß heller sein als der Wert der Nummer 2 der Ringelmannskala. Unter Ringelmannskala versteht man eine Anordnung von 6 Feldern, von denen je eines schwarz (Nr. 5) und weiß (Nr. 0) und die restlichen vier abgestuft grau getönt sind [4].
- *Staubförmige Stoffe* Im Abgas enthaltene staubförmige Emissionen dürfen bestimmte Massenkonzentrationen entsprechend TA-Luft 2.3.3.1 nicht überschreiten. Eine Einschränkung dieser Vorschrift ist durch die Festlegung von Emissionen von besonderen staubförmigen Stoffen gegeben.
- *Besondere staubförmige Stoffe* Eine große Anzahl von staubförmigen Stoffen ist entsprechend ihrer lufthygienischen Bedeutung in die Klassen I, II, III eingeteilt. Beispielsweise werden Blei, Cadmium und seine löslichen Verbindungen zur Klasse I Kupfer und seine löslichen Verbindungen zu Klasse III gezählt. Für die zulässigen Massenkonzentrationen gelten dabei folgende Grenzwerte:

Klasse I	20 mg/m³ bei einem Massenstrom von $\geqq$ 0,1 kg/h
Klasse II	50 mg/m³ bei einem Massenstrom von $\geqq$ 1 kg/h
Klasse III	75 mg/m³ bei einem Massenstrom von $\geqq$ 3 kg/h

Beim Zusammentreffen von mindestens 2 Klassen zählt insgesamt jeweils der Grenzwert der höchsten Kategorie unbeschadet der Vorschrift für die niedrigste Kategorie.
- *Gasförmige anorganische Chlorverbindungen* 30 mg/m³ angegeben als Cl^- bei einem Massenstrom von $\geqq$ 3kg/h
- *Gasförmige anorganische Fluorverbindungen* 5 mg/m³ angegeben als F^- bei einem Massenstrom von $\geqq$ 150 g/h
- *Besondere dampf- oder gasförmige organische Verbindungen* Insgesamt 128 organische Verbindungen sind analog den staubförmigen Stoffen in Klassen I bis III mit maximalen Massenkonzentrationen geordnet:

Klasse I	20 mg/m³ bei einem Massenstrom von $\geqq$ 0,1 kg/h
Klasse II	150 mg/m³ bei einem Massenstrom von $\geqq$ 3 kg/h
Klasse III	300 mg/m³ bei einem Massenstrom von $\geqq$ 6 kg/h

Beim Vorhandensein von Verbindungen mehrerer Klassen darf unbeschadet des Satzes 1 die Massenkonzentration 300 mg/m³ nicht überschreiten.

5.5.1.7.1.2 Anlagenspezifische Grenzwerte und Vorschriften

Ergänzend zu 5.5.1.7.1.1 sind in der TA-Luft und in den VDI-Handbüchern Reinhaltung der Luft, Band 2 und 3 anlagenspezifische Emissionsgrenzwerte oder betriebsspezifische Maßnahmen festgelegt. Die in der TA-Luft erfaßten Anlagenarten sind in Tabelle 29 aufgeführt. Wesentlich ist dabei, daß die anlagenspezifischen Maßnahmen im allgemeinen gegenüber den stoffspezifischen Werten Vorrang haben. Neben den Angaben in der TA-Luft und in den VDI-Richtlinien gibt es noch weitere Gesetze, Verordnungen und Vorschriften, die über die Festlegung von Einsatzstoffen oder Emissionswerte der Verminderung von Luftverunreinigungen dienen.

- *Verordnung über Feuerungsanlagen* – 1. BImSchV Hier sind für Feuerungsanlagen, die nicht der Genehmigungspflicht nach § 4 BImSchG unterliegen, Werte für Rauch, Ölderivate, Staub, Ruß und Teer sowie bestimmte Einsatzstoffe vorgeschrieben und eine Betriebs-

Tabelle 29 Anlagen mit emissionsbeschränkenden Maßnahmen gemäß TA-Luft.

Anlagenart	Anlagenart
Herstellung, Förderung, Lagerung, Um- u. Abfüllung staubender Güter	Sinterung von Rohphosphatkonzentraten
Freilagerung von Schüttgütern	Schmelzen von Roheisen (Kupolofen)
Transport u. Lagerung staubender Verbrennungs- und Produktionsrückstände	Stahlerzeugung in Konvertern, Elektrolichtbogenöfen und Vakuum-Schmelzanlagen
Fahrwege	Elektro-Schlacke-Umschmelzung
Entleerung von Filteranlagen	Maschinelles Flämmen von Stahl
Fördereinrichtungen, Zerkleinerungs-, Klassier- und Abfüllanlagen	Schmelzanlagen für Aluminium
Ölfeuerungen	Schmelzanlagen für Nichteisenmetalle und ihre Legierungen, ausgenommen Aluminium
Feuerungsanlagen für feste Brennstoffe	Eisen, Temper- und Stahlgießereien, Gießereien für Nichteisenmetalle
Feuerungsanlagen für flüssige Brennstoffe	Herstellung von Chlorwasserstoff und Salzsäure
Feuerungsanlagen für gasförmige Brennstoffe	Herstellung von Salpetersäure
Verbrennungsanlagen für Abfälle aus Haushaltungen u. ähnliche Stoffe	Herstellung von Schwefeldioxid, Schwefeltrioxid, Schwefelsäure
Verbrennungsanlagen für sonstige Abfälle	Herstellung von Aluminium
Verbrennungsanlagen für feste Stoffe zur Rückgewinnung	Herstellung von Korund
Kompostierungsanlagen	Herstellung von Calciumkarbid
Shredder	Herstellung von Chlor
Brechen und Klassieren von in Steinbrüchen gewonnenem Gestein	Herstellung von Fluoriden
Mahlen und Blähen von Schiefer u. Ton	Herstellung von Flußsäure
Mahlen von Bauxit, Dolomit, Feldspat, Gips, Kieselgur, Magnesit, Mineralfarben, Muschelschalen, Pegmatitsand, Quarzit, Schamotte, Schlacke, Speckstein, Talkum, Tuff, Kalk	Herstellung von Schwefel
Brennen von Dolomit, Magnesit, Kalk	Herstellung von Holzfaserplatten oder Holzspanplatten
Brennen von Gips	Destillation oder Raffination von Erdöl und Erdölerzeugnissen (Mineralölraffination)
Herstellung von Zementen	Trockendestillation von Steinkohle (Kokereien)
Brennen von grobkeramischen Erzeugnissen	Aufbereitungsanlagen für bituminöse Straßenbaustoffe und Teersplit
Gewinnung von Roheisen	Herstellung von Hartbrandkohle oder Graphit durch Brennen
Gewinnung von rohen Nichteisenmetallen	Herstellung von Glas
Eisenerzsinteranlagen	Halten von Legehennen, Mastgeflügel, Schweine

überwachung gefordert. Diese Anforderungen werden in der Allgemeinen Verwaltungsvorschrift zu o. g. Verordnung [1] präzisiert.

- *Verordnung über Chemischreinigungsanlagen* – 2. BImSchV [36] Sie gilt für die Errichtung, die Beschaffenheit und den Betrieb von Anlagen, durch die Textilien, Leder oder Pelze unter Verwendung von Reinigungs- oder Behandlungsmitteln, die Trichloräthylen oder Perchloräthylen enthalten, gereinigt, getrocknet oder sonst behandelt werden. Es werden u. a. immissionsrelevante Betriebsausrüstungen sowie Emissionswerte für Trichloräthylen bzw. Perchloräthylen (30 ppm) vorgeschrieben.
- *Verordnung über Schwefelgehalt von leichtem Heizöl und Dieselkraftstoff* – 3. BImSchV [2] In der Verordnung über Schwefelgehalt von leichtem Heizöl und Dieselkraftstoffen wurde der Höchstschwefelgehalt entsprechend eines Zeitplanes limitiert:
  ab 1. 5. 1975 0,55 vom Hundert des Gewichts
  ab 1. 5. 1975 0,50 vom Hundert des Gewichts
  ab 1. 1. 1979 0,30 vom Hundert des Gewichts
- *Benzinbleigesetz* – BzBlG [5] In § 2 schreibt das Gesetz vor, daß in Ottokraftstoffen der Gehalt an Bleiverbindungen ab 1. 1. 1972 nicht mehr als 0,40 g/l und ab 1. 1. 1976 nicht mehr als 0,15 g/l betragen darf. Die Maßnahmen des Gesetzes sind bereits wirksam geworden und haben zu einer deutlichen Abnahme des Bleigehaltes geführt.

5.5.1.7.2 Planerische Maßnahmen

In die Beschreibung von Maßnahmen zur Verminderung von Immissionen sind neben den technologischen Verfahren auch Konzeptionen einzubeziehen, die sowohl präventiven als auch sanierenden Charakter haben können. Bei der Zuordnung zwischen Raumnutzung und Immissionsbelastung kann man z. B. von bereits erheblich belasteten Gebieten, von noch belastbaren Gebieten und besonders schutzbedürftigen Gebieten ausgehen. Die Kriterien für die Festlegung sind die gegebene Immissionsbelastung, die überwiegende Nutzungsart, die orographisch-meteorlogischen Gegebenheiten, die ökonomische Belastbarkeit und die sozio-ökonomischen Verhältnisse. Innerhalb der vorbelasteten Gebiete sollte primär eine Sanierung der gegebenen Emissionsverhältnisse durch emissionsmindernde Maßnahmen vorgenommen und eine Neuansiedlung von Emittenten nur bei Sicherstellung der Wirksamkeit der Sanierungsvorhaben geplant werden. In den noch belastbaren Gebieten ist bei der Neuplanung gleichzeitig auf prophylaktische Maßnahmen zur technischen Emissionsminderung zu achten, während die Belastung von schutzwürdigen Gebieten durch Schaffung neuer Emissionen zu vermeiden ist. Wünschenswertes Planungsziel aus der Sicht des Immissionsschutzes müßte es demnach sein, Emissionsgebiete von sog. Freiräumen, die nur wenig belastet sind, zu trennen; das heißt, eine der zu erwartenden Emissionsbelastung entsprechende Gebietszuordnung einzuführen [Guderian 1975]. Kritisch muß zu diesen Vorstellungen bemerkt werden, daß sie aufgrund der räumlichen Enge in der BRD und den bereits vorhandenen Strukturen für weitere Industrieansiedlungen bzw. Siedlungsvorhaben nur in wenigen Idealfällen verwirklichbar sind. Dabei muß man vor allem beachten, daß wegen der im allgemeinen hohen Quellmündungen der Hauptemittenten, die Immissionsmaxima meist weit von den Austrittsstellen der Verunreinigungen selbst entfernt sind. Letztlich würde sich durch eine konsequente Anwendung des Verfahrens der optimalen räumlichen Trennung von Emissions- und Nichtemissionsgebieten eine noch weitgehendere Zersiedlung der vorhandenen offenen und unbelasteten Freiflächen einstellen und im Endeffekt der angestrebte Schutzeffekt wieder zunichte gemacht werden. Aus diesem Grund ist mindestens parallel zur räumlichen Planung besonderes Schwergewicht auf die Verminderung gegebener Immissionen und die Einschränkung von Luftverunreinigungen bei geplanten Maßnahmen durch geeignete technische Vorkehrungen zu legen.

5.5.1.7.3 Abführung von Abgasen über Schornsteine

Unter 5.5.1.4 wurde bereits auf die Ausbreitung von Schadstoffen über Schornsteine berichtet. Ganz allgemein gilt hierfür die Forderung, daß durch eine ausreichende Schornsteinhöhe ein ungestörter Abtransport der Emissionen mit der freien Luftströmung und damit eine ausreichende Konzentrationsverdünnung ermöglicht wird. [3, 20] Die Berechnung der Schornsteinhöhe nach TA-Luft geht von einem noch auszunützenden Verunreinigungskontingent am Immissionsort aus. Für diesen sog. S-Wert darf höchstens der Wert 1/2 IW2 angesetzt werden. Es muß festgestellt werden, daß die alleinige Ableitung und Verdünnung von Emissionen über Kamine nur eine Hilfslösung zur Verminderung von Luftverunreinigungen darstellen kann, da ja insgesamt keine absolute Verringerung der Emissionen erreicht wird. Darüber hinaus beruhen die Berechnungen der Schornsteinhöhe auf einer weitgehenden Generalisierung, vor allem der Ausbreitungsverhältnisse. In der Praxis heißt dies, daß trotz hoher Kamine zeitlich und örtlich begrenzte Immissionsmaxima und bei austauscharmen Wetterlagen lufthygienisch bedenkliche Schadstoffmengen auftreten können. Letztlich bedeutet die alleinige Abführung der Abgase in die Atmosphäre ohne Reinigungen ein allmähliches Ausschöpfen des Emissionskontingents eines Gebietes und die Blockierung industrieller Erweiterungen.

5.5.1.7.4 Emissionsminderung durch technische Maßnahmen

Aufgrund der in Punkt 5.5.1.7.2 und 5.5.1.7.3 aufgezeigten Einschränkungen gewinnt die Emissionsverminderung durch technische Maßnahmen im Betrieb zusehends an Bedeutung. Wegen der beträchtlichen Investitionskosten kommen sie i. a. nur für industrielle oder größere gewerbliche Anlagen in Frage. In den meisten Fällen wird aber dadurch nicht nur ein Beitrag zur Luftreinhaltung geleistet, sondern es ergeben sich durch Rückgewinnung oder Rückhaltung wertvoller Produkte dadurch, daß sie der Abluft entzogen werden, betriebswirtschaftliche Vorteile. Dieser Sachverhalt sollte bei der Beurteilung von Investitionskosten für emissionsmindernde Betriebseinrichtungen nicht außer Acht gelassen werden. Grundsätzlich kann eine Emissionsminderung durch entsprechende Betriebsverfahren oder durch Nachbehandlung der Abgase ermöglicht werden (Abb. 51) [Knop 1972].

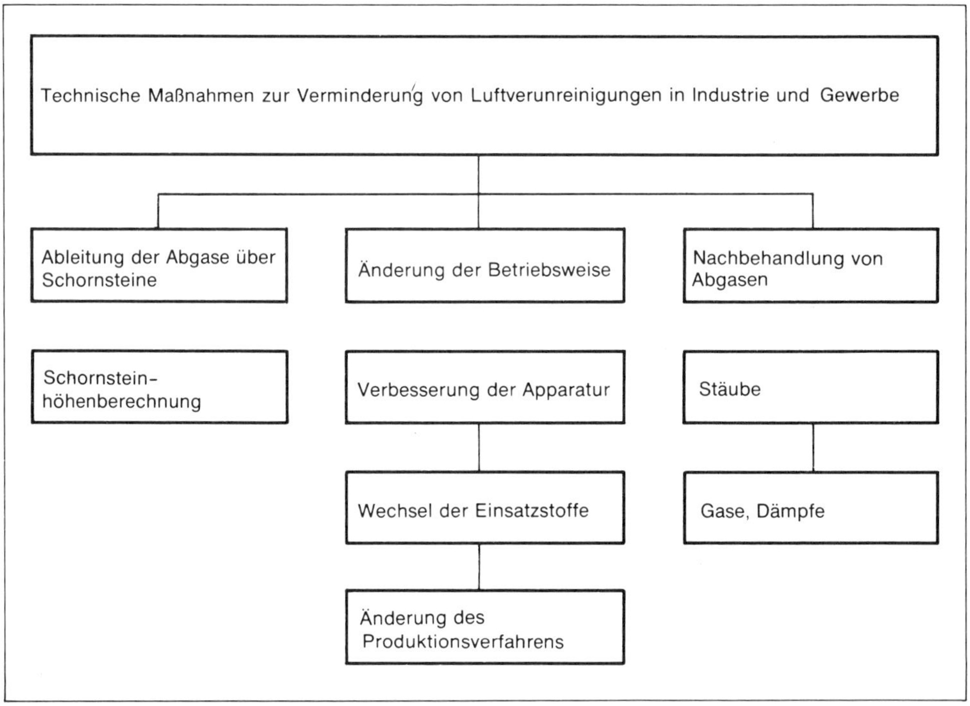

Abb. 51 Technische Maßnahmen zur Verminderung von Luftverunreinigungen in Industrie und Gewerbe.

5.5.1.7.4.1 Betriebsverfahren

- *Verbesserung der Apparatur* Ein großer Anteil der Luftverunreinigungen, vor allem bei älteren Anlagen, rührt aus offenen oder undichten Stellen her. Möglichkeiten zur Emissionsminderung bestehen in der Beseitigung von Leckagen, Anbringung geeigneter Dichtungen und Verschlüsse, Verwendung von Zirkulationssystemen bei Abnahmestellen sowie der Kapselung von Anlagenteilen. So können beispielsweise an Aufbereitungsanlagen für bituminöse Baustoffe durch Befestigung der Betriebsflächen und Kapselung von Übergabestellen (Förderbänder, Elevatoren) Staubentwicklungen eingeschränkt werden [Bayerisches Landesamt für Umweltschutz 1974]
- *Wechsel der Einsatzstoffe* Der Grad der Emissionen aus Anlagen ist oft durch die chemische Zusammensetzung der Einsatzstoffe gegeben. Es ist daher grundsätzlich möglich, wenn es der Produktionsprozeß erlaubt, durch Veränderung der Einsatzstoffe auf die Abgaszusammensetzung einzuwirken. Das einfachste Beispiel ist die Verwendung schwefelarmen Brennstoffes zur Verminderung von Schwefeldioxid. Des weiteren wird auf die Gewinnung von Acethylen hingewiesen. Bei der Herstellung aus Calciumcarbid entsprechend $CaC_2 + 2H_2O = C_2H_2 + Ca(OH)_2$ entstanden beträchtliche Staubemissionen, die vermieden werden, wenn Acethylen durch die thermische Zersetzung von Kohlenwasserstoffen erzeugt wird.
- *Änderung des Produktionsverfahrens* Maßnahmen zur Verfahrensänderung können neben positiven wirtschaftlichen Auswirkungen für die Erzeugung eines Produktes bedeutende emissionsmindernde Wirkungen haben. Im Rahmen der Entwicklung der Verfahrenstechnik innerhalb der chemischen Industrie sind hier große Fortschritte erzielt worden. Als Beispiel sei die Herstellung von Polyvinylchlorid genannt. Durch Polymerisation von Vinylchlorid wird unter Wärmezufuhr Polyvinylchlorid hergestellt, wobei beträchtliche Mengen an Vinylchlorid emittiert werden. Durch Einsatz der Intensiventgasung der Polymerisate in geschlossenen Systemen wurde die Vinylchloridemission auf etwa $^1/_{20}$ vermindert.

5.5.1.7.4.2 Nachbehandlung von Abgasen

Es werden lufthygienisch bedeutende Stoffe aus dem Abgas entfernt und teilweise zurückgewonnen. Abhängig von der Reinigungsaufgabe, der Betriebsweise der Anlage und den Abgasverhältnissen gelangen eine Reihe von Verfahren zum Einsatz [Knop 1972]

5.5.1.7.4.2.1 Feste Stoffe

- *Massenkraftabscheider* [28] Hierunter fallen die Schwerkraftabscheider (Staubkammern), Fliehkraftabscheider (Zyklone) und Trägheitskraftabscheider. Den benutzten Verfahren wird dabei die erhöhte Masse der Staubteilchen gegenüber den übrigen Abluftbestandteilen zugrundegelegt. Weitverbreitet eingesetzt werden Zyklone. Die Abluft wird in der Zyklone auf eine sich nach unten schraubende Kreisbahn gezwungen. Durch die Fliehkraft werden die Teilchen nach außen an die Wand geschleudert und gleiten an ihr herab. Aufgrund der beschränkten Reinigungswirkung werden die Massenkraftabscheider meist nur zur Vorabscheidung eingesetzt.
- *Filternde Abscheider* [29] haben einen wesentlich höheren Abscheidegrad als Massenkraftabscheider. Die Abluft wird durch Filter gedrückt, die je nach Einsatzzweck gestaltet und angeordnet (Schlauchfilter, Taschenfilter, Schichtfilter) und mit entsprechenden Filtermaterialien ausgerüstet sind. Die Wahl des Filtermaterials muß sich u. a. nach der Abgastemperatur richten. Es können Reingasstaubgehalte von < 1 mg/m^3 erzielt werden.
- *Elektrofilter* [30] gehören zu den wirksamsten Reinigungsanlagen, die Stäube und Tröpfchen abscheiden können. Den im Abgas befindlichen Teilchen wird über eine Sprühelektrode negative Ladung mitgeteilt, die geladenen Teilchen wandern zur Niederschlagselektrode und werden dort abgeschieden.
- *Naßabscheider* [31] verwenden das Wasser als Staubbindemittel. Man kann im wesentlichen zwischen Sprühwäschern, Wäschern mit nassen Auffangflächen und Wäschern mit Flüssigkeitsbädern unterscheiden.

5.5.1.7.4.2.2 Gasförmige Stoffe, Dämpfe

- *Absorption* Eine Verminderung der Emission gasförmiger Stoffe und Dämpfe kann mit Naßwäschern erfolgen, wobei zwischen chemischer und physikalischer Absorption unterschieden wird [27, 32]. Bei der physikalischen Absorption wird die Gaslöslichkeit durch physikalische Kräfte bewirkt. Die in der Waschflüssigkeit angereicherten Verbindungen können meist wieder aufgearbeitet werden. Bei der chemischen Absorption reagieren die Stoffe mit der Waschflüssigkeit. In der Praxis werden die Abluft und die Waschflüssigkeit im Gegenstrom einander zugeführt. Neben der nassen Absorption gibt es auch trockene Verfahren, bei denen die Absorption an der festen Grenzfläche stattfindet. Die Verfahren haben den Vorteil, daß keine Abwässer entstehen und die Abluft durch die Reinigung nicht stark abgekühlt wird.
- *Adsorption* Die Reinigung der Abgase erfolgt dadurch, daß die Schadstoffe an Stoffen mit großer innerer Oberfläche durch physikalische Adsorption, Kapillarkondensation oder Chemiesorption gebunden werden. Das Abgas wird dabei durch Türme geleitet, die mit Aktivkohle, Kieselgel oder Molekularsieb gefüllt sind. Die Reinigungsvorlagen werden im allgemeinen wieder regeneriert [26, 32].
- *Kondensation* Beim Kondensationsverfahren führt man Dämpfe durch Abkühlen unter den Taupunkt in den flüssigen Aggregatzustand über. Je tiefer die Kondensationstemperatur und je höher der Dampfdruck, umso geringer ist die Dampfkonzentration nach der Kondensation.
- *Verbrennung* Brennbare gas- oder dampfförmige Abgasbestandteile können durch möglichst vollständige Oxidation in lufthygienisch unbedenkliche Stoffe umgewandelt werden. Dabei kann eine thermische Behandlung, bei Temperaturen von 700–800° C bzw. eine Umsetzung an Katalysatoren bei ca. 300–400° C verwandt werden. Problematisch ist bei letzterem Verfahren bei einer Reihe von Stoffen die Inaktivierung des Katalysators [21, 22].

5.5.1.8 Immissionsmessungen

Zur Abschätzung der Schadstoffwirkung auf die Umwelt ist es erforderlich, das Maß der Immission zu bestimmen und die gemessenen Werte mit definierten – etwa durch Experiment gewonnenen – Wirkungsgrenzwerten zu vergleichen. Der Meßbereich erstreckt sich von der Größenordnung g/m^3 bei Arbeitsplatzuntersuchungen bis herunter zu $10^{-9} g/m^3$ bei Spurennachweisen, etwa von Schwermetallen.

5.5.1.8.1 Begriffserläuterungen, Voraussetzungen, Anforderungen an Meßgeräte

Bevor auf die eigentliche Immissionstechnik unmittelbar eingegangen wird, ist noch die Erläuterung von Begriffen und methodischen und apparativen Voraussetzungen erforderlich.

- *Dimensionsangaben* Bezugswert für die Schadstoffkonzentration ist 1 m^3 Luft. Die Konzentrationsbezeichnung erfolgt entsprechend in Gewichtsteilen pro m^3 oder Volumenteilen pro m^3, wobei die erste Angabe druck- und temperaturabhängig ist. Gebräuchlich sind mg/m^3, g/m^3, ppm (= parts per million) und ppb.
- *Meßstellenauswahl* Eine grundsätzliche Bedeutung für die Messung stellt die Auswahl der geeigneten Meßstellen dar. Für die Bestimmung der Grundbelastung und zur Schadstoffbestimmung für die Ermittlung von Immisionen in Belastungsgebieten werden rasterförmige Meßnetze mit einem bestimmten Abstand der Meßpunkte vorgeschrieben [3, 34].
- *Probenahme* Die Luftprobe kann dem Gerät direkt kontinuierlich zugeleitet werden; sie kann zunächst in Behältnissen gesammelt werden und weiterhin auf Vorlage angereichert werden. Wesentlich ist in jedem Fall, daß die Probe auf dem Transport zum Gerät in der chemischen Zusammensetzung und der Konzentration nicht verändert wird [Dornier 1973].
- *Eichung* Für fast alle automatischen oder halbautomatischen Analysenmethoden besteht die Notwendigkeit, in bestimmten Zeitabständen die Geräteeichgerade zu überprüfen. Eine Ausnahme stellen Geräte mit Absolutmeßmethoden dar.

  Bei Meßgeräten für gasförmige Verunreinigungen können hierzu Gase vorgegebener Konzentration, die im Handel erhältlich sind, verwandt werden. In Fällen, in denen dies nicht möglich ist, z. B. wenn geringe Konzentrationen über längere Zeit nicht konstant gehalten werden können, müssen die Eichgase für die jeweilige Eichung hergestellt werden (dynamisches Prinzip). Eichgeneratoren nach dem dynamischen Prinzip sind in zunehmendem Maß auf dem Meßgerätemarkt erwerbbar.

- *Leistungsanforderung an Meßgeräte* Zur Erzielung repräsentativer Meßergebnisse sind an Geräte bestimmte vom Meßzweck her vorgegebene Leistungsanforderungen zu stellen. Im wesentlichen sind dies: Fehlergrenze, Reproduzierbarkeit, Selektivität, Linearität, Nullpunktsdrift, Eichpunktsdrift, Totzeit, 90% Zeit, Meßbereiche und Wartungsverhalten [8].

5.5.1.8.2 Immissionsmeßtechnik für gasförmige Verunreinigungen

Der Schwerpunkt der Ausführungen soll bei den kontinuierlich registrierenden und routinemäßig zu betreibenden Meßeinrichtungen liegen, die kommerziell zu erwerben sind und für einen großen Anwendungsbereich ausreichen. Diese Geräte werden zunehmend bei den zuständigen Überwachungsbehörden, Meßinstituten und den Anlagenbetreibern eingeführt.
In zweiter Linie wird auf die diskontinuierlichen Meßmethoden, die u. a. Orientierungsuntersuchungen, Einzeluntersuchungen bestimmter Schadstoffe, Spezialuntersuchungen und der Spurenanalyse dienen, eingegangen.
Ausführliche Darstellungen der Immissionstechnik sind beispielsweise bei Jost, Umwelt und Qualität des Lebens, Geräte und Meßtechniken für die Luftverschmutzung, Kommission der Europäischen Gemeinschaften Leithe, Analyse der Luft und ihrer Verunreinigungen und in den VDI-Handbüchern Reinhaltung der Luft Bd. 4 und [14, 15] gegeben. Auf diese Literaturstellen wird zur Vermeidung zahlreicher Wiederholungen im Folgenden nicht mehr im Einzelfall hingewiesen.

5.5.1.8.2.1 Kontinuierliche, automatische Verfahren

Man kann grundsätzlich sowohl bei den kontinuierlichen automatischen (s. Tab. 30) als auch den diskontinuierlichen Verfahren zwischen physikalischen und chemischen Methoden unterscheiden. Bei ersteren wird mit Hilfe einer physikalischen Eigenschaft des zu untersuchenden Stoffes ein Meßwert bestimmt, der der gesuchten Konzentration proportional ist. Beim chemischen Verfahren wird über eine definierte chemische Reaktion in der Meßapparatur eine Meßgröße hergeleitet. In der Tabelle werden die für die wichtigsten automatisch und kontinuierlich erfaßten Schadstoffkomponenten gebräuchlichsten Nachweisverfahren aufgeführt. Der Vollständigkeit halber werden die staubförmigen Verunreinigungen miteinbezogen. Nachfolgend wird das Prinzip der Verfahren kurz erläutert.

- *Flammenphotometrie* Das Meßprinzip basiert auf der Tatsache, daß von Atomen oder Molekülfragmenten durch Anregung in einer Flamme definierte Spektrallinien oder Banden ausgesandt werden, die von lichtelektronischen Strahlungsempfängern nachgewiesen werden können [Marshall 1974]. Das Verfahren wird vornehmlich zum Nachweis schwefelhaltiger Verbindungen eingesetzt.
- *Flammenionisation* Wenn kohlenwasserstoffhaltige Luft in eine Wasserstofflamme eingebracht wird, erfolgt eine Ionisation der organisch gebundenen Kohlenstoffatome. Der dabei in einem angelegten elektrischen Feld meßbare Ionisationsstrom ist in etwa den in der Probe enthaltenen organisch gebundenen Kohlenstoffatomen proportional. Auf Kohlenmonoxid und Kohlendioxid spricht die Meßeinrichtung nicht direkt an.
- *Absorptionsspektroskopie* Für den Nachweis von Gasen kann ihre Absorptionseigenschaft im infraroten, sichtbaren und ultravioletten Bereich benützt werden.
  Die Meßgeräte bestehen prinzipiell aus einer Strahlungsquelle, der Meßküvette mit dem Probegas und einem Strahlungsempfänger, der die Abnahme der Strahlungsintensität durch Absorption mißt. Diese ist ein Maß für die Schadstoffkonzentration.
- *Infrarotabsorption* In der Praxis verwendet man vielfach die Infrarotspektroskopie, da die meisten mehratomigen Gase im Infrarotbereich ausgeprägte Absorptionsbanden haben. Zur

Tabelle 30 Kontinuierliche Immissionsmeßverfahren für ausgewählte Komponenten.

Physikalische Meßmethode \ Komponente	SO_2	H_2S	S	HCl	HF	NH_3	CO	NO	NO_2	O_3	Gesamt-kohlen-wasser-stoffe	Einzel-kohlen-wasser-stoffe	Schweb-staub
Flammenphotometrie	×	×	×										
Flammenionisation							×				×	×	
Infrarotspektroskopie							×						
Ultraviolett-spektroskopie	×									×			
D^2 Ultraviolett-spektroskopie	×					×		×	×	×			
β-Absorption													×
Lichtabsorption													×
Streulicht													×
Schwingoszillator													×
Chemische Meßmethode													
Coulometrie	×	×								×			
Potentiometrie					×								
Konduktometrie	×			×									
Kolorimetrie								×	×	×			
Amperometrie		×											
Chemolumineszenz								×	×	×			
Gaschromatographie											×	×	

Verdeutlichung der Meßtechnik sei ein sog. nichtdispersives Infrarotmeßgerät beschrieben: Es besteht aus einer Lichtquelle, einer Meßküvette, einer Vergleichsküvette und einem Empfänger. Der Empfänger setzt sich aus 2 Kammern zusammen, die voneinander durch eine Membran getrennt und mit dem zu bestimmenden Probegas gefüllt sind. Bei der Messung wird der Lichtstrahl in der Meßküvette geschwächt, in der Vergleichsküvette, die mit einem nicht aktiven Gas gefüllt ist, nicht. Folglich werden die beiden Empfängerkammern unterschiedlich erwärmt, was zu einer Membranbewegung führt, die in ein elektrisches Signal umgesetzt wird [Luft 1958].

- *Ultraviolettabsorption* Das Meßprinzip ist ähnlich dem vorstehend geschilderten. Entsprechende Geräte werden jedoch nur wenig eingesetzt. Die Schwierigkeit besteht vor allem darin, daß die Meßsignale vom spezifischen Geräterauschen gestört werden.
- *D^2-Ultraviolettabsorption* Hier erfolgt nicht die Absolutmessung der Absorptionsbande, sondern das Meßsignal, d. h. die Gaskonzentration ist für eine bestimmte Wellenlänge proportional der Kurvenkrümmung der Intensität. Um von Schwankungen der Strahlungsquelle unabhängig zu sein, wird das Ausgangssignal und damit die Konzentration durch den Term $\frac{\delta^2 I}{\delta^2 \lambda}$: I dargestellt. Dabei bedeutet I = Intensität, λ = Wellenlänge [Lear Siegler].
- *Coulometrie* Grundlage des Verfahrens ist die coulometrische Titration. Die zu messende Komponente verbraucht in der Meßzelle Reagenz. Das Reagenz wird über eine Elektrodenstrecke in der jeweils benötigten Menge hergestellt bzw. wieder oxidiert oder reduziert. Die hierfür nötige Strommenge ist ein Maß für die Verunreinigungskonzentration [23]. Bei besonderen Anwendungsverfahren, z. B. der Bestimmung von Ozon nach der jodometrischen Methode [24] wird die reduzierte oder oxidierte Substanz mit der Reaktionslösung abgeführt und durch Neuzufuhr ersetzt.
- *Konduktometrie* Bei den konduktometrischen Meßverfahren wird durch Einleiten des Probegases in einen Elektrolyten dessen Leitfähigkeit geändert; die Leitfähigkeitsänderung ist der gesuchten Gaskonzentration proportional.
- *Potentiometrie* Die potentiometrischen Meßverfahren, die bisher in erster Linie für diskontinuierliche Untersuchungen eingesetzt wurden, sind für einige Meßkomponenten, z. B. für

HF, automatisiert worden. Es werden für die zu untersuchende Meßkomponente ionenspezifische Elektroden eingesetzt. Dazu wird die Probe in eine Lösungsvorlage eingeleitet und darin mit einer spezifischen Elektrodenmeßkette das sich einstellende Potentional gemessen, das ein Maß für die gesuchten Ionenkonzentration darstellt [Philips 1976].

- *Kolorimetrie* Für den kolorimetrischen Nachweis wird die Gasprobe in ein schadstoffspezifisches Reagenz eingeführt. Die bei der stattfindenden Reaktion auftretende spezifische Färbung der Lösung wird photometrisch ausgemessen.
- *Amperometrie* Mit diesem Meßverfahren können sehr geringe Konzentrationen nachgewiesen werden. Die Probeluft wird einer Meßzelle mit 2 Elektroden zugeführt. Die an der Meßelektrode mit dem Schadstoff und dem Reagenz stattfindende Reaktion liefert direkt einen Strom über einen äußeren Stromkreis [Hartmann & Braun].
- *Chemolumineszenz* Die Nachweismethode hat in letzter Zeit an Bedeutung gewonnen. Sie besitzt den Vorteil, daß keine flüssigen oder festen Reagenzien benötigt werden. Die Erscheinung beruht darauf, daß bei der Umsetzung des gasförmigen Schadstoffes mit einem Reagenzgas ein gasförmiges Produkt in einem angeregten Zustand entsteht, das unter Aussendung von Lichtquanten in den Grundzustand zurückkehrt. Als Beispiel sei die Messung von Stickoxid genannt:

  $$NO + O_3 \rightarrow NO_2^* + O_2 \rightarrow NO_2 + O_2 + h\nu$$

  * = angeregter Zustand   h = Plancksches Wirkungsquantum
  v = Frequenz

- *Gaschromatographie* Das gaschromatische Verfahren besitzt die größte Selektivität und gestattet den spezifischen Nachweis einer großen Anzahl von Schadstoffen, vor allem Kohlenwasserstoffen. Für einzelne Kohlenwasserstoffe oder Kohlenwasserstoffgruppen ist es für den kontinuierlichen Betrieb teilautomatisiert worden. Das Verfahren beruht darauf, daß das Probegas mit einem Trägergas durch eine Trennsäule geleitet wird, aus der die Probe nach einer jeweils probenspezifischen Zeit wieder ausgetrieben werden kann. Die Probe wird dabei gleichzeitig angereichert und kann quantitativ mit einem nachgeschalteten Detektor nachgewiesen werden. Dazu wird beispielsweise die Flammenionisation verwandt.

5.5.1.8.2.2 Diskontinuierliche Verfahren

Diskontinuierliche Verfahren werden vorzugsweise dort eingesetzt, wo stichprobenartige Informationen über den lufthygienischen Zustand ausreichend sind. Ferner werden sie dort verwandt, wo entweder keine kontinuierlichen Verfahren zur Verfügung stehen oder die Genauigkeit dieser Verfahren für den entsprechenden Bestimmungszweck, z. B. zur Aufstellung von Eichkurven, nicht ausreicht.

- *Bestimmung mit Prüfröhrchen oder Prüfpapier* Bei der einfachsten Analysenart vor Ort wird die Probenluft durch ein entsprechend präpariertes Filterpapier gesaugt, auf dem sich je nach Konzentration eine Farbreaktion ergibt. Sehr verbreitet für Messungen in MAK-Bereich sind Prüfröhrchen. Die Prüfröhrchen sind mit Absorptionsmittel gefüllt, die eine für die Probe spezifische Farbreaktion ergeben, deren längenmäßige Ausdehnung im Röhrchen ein ungefähres Konzentrationsmaß darstellt [Leichnitz 1973].
- *Sonstige Verfahren* Für die diskontinuierliche Bestimmung von Gaskonzentration im Labormaßstab eignen sich unter Einschluß der Titration prinzipiell die bereits beschriebenen Verfahren, wobei hier unter entsprechenden apparativen Voraussetzungen besonders hohe Genauigkeiten erzielt werden können. Bei den Untersuchungen erfolgt im allgemeinen bereits eine Anreicherung der Komponente am Untersuchungsort entweder durch Absorption oder in Waschflaschen (Impinger-Verfahren).
- *Gaschromatographie* Die bereits genannte gaschromatische Verfahrenstechnik wird in erster Linie für Stichprobenuntersuchungen angewandt, wobei auch hier eine entsprechende Anreicherung bei der Probenahme erfolgt. Für die Konzentrationsbestimmung ist im Anschluß an die gaschromatographische Trennung ein Detektor nötig. Der Flammenionisationsnachweis wurde bereits erwähnt; es soll hier noch die Verwendungsmöglichkeit des

Elektroneneinfangdetektors, des Heliumdetektors und des Massenspektrographen genannt werden. Die genannten Verfahren können auch zur Direktbestimmung ohne Gaschromatographie herangezogen werden.

5.5.1.8.3 Immissionsmeßtechnik für Staub und Aerosole

Aus lufthygienischen Gründen ist es sinnvoll, den Staub nach Korndurchmessern zu unterscheiden. Bei Stäuben mit Korndurchmessern über 10 µm spricht man von Grobstaub, zwischen 0,5 µm und 10 µm von Feinstaub, unter 0,5 µm von Feinststaub, dessen Sedimentation gering ist. Staubteilchen unter 5 µm sind lungengängig. Bei der Staubuntersuchung kann zwischen der Staubniederschlagsmessung, der Staubmengen bzw. -konzentrationsmessung, der Partikeluntersuchung und der chemischen Analyse des Staubs unterschieden werden.

5.5.1.8.3.1 Staubniederschlagsmessung

Unter Staubniederschlag versteht man die aus der Umgebungsluft sedimentierte Staubmenge pro Fläche und Zeiteinheit.

- *Auffanggefäße* Die Messungen können mit Auffanggefäßen definierter Abmessungen, die in bestimmten Zeitabständen aufgestellt werden, durchgeführt werden. Der Staubniederschlag wird gewogen und kann z. B. in g/m^2 Monat angegeben werden.
- *Haftfolien* Hierbei werden Haftfolien bestimmter Fläche exponiert und der Staub nach Ablösung ebenfalls gewogen. Ein entsprechendes Verfahren wird von DIEM [DIEM 1961] beschrieben.

5.5.1.8.3.2 Staubkonzentrationsmessung

- *Gravimetrische Verfahren* Das gravimetrische Verfahren ist das ursprünglichste und genaueste und wird zu Eichzwecken benutzt. In der Literatur werden eine Reihe von entsprechenden Meßmethoden aufgeführt. Gemeinsam ist, daß die Probenluft über einen Filter angesaugt und die Partikel dort abgeschieden werden. Die Partikelmasse wird durch Wägung und aus dem Gerätedurchfluß die Angabe Menge/Volumen bestimmt. Für die gravimetrische Staubbestimmung besteht ferner die Möglichkeit, den Staub elektrostatisch auf einer Auffangplatte abzuscheiden [GAST 1957, 1961].
- *Automatische Verfahren* Hierunter sollten Verfahren verstanden werden, bei denen man physikalische Effekte, die bei Vorhandensein von Staub automatisch nachgewiesen werden können, benützt. Ihr Vorteil ist, daß sie bei entsprechender apparativer Gestaltung für kontinuierliche Messungen verwendbar sind. Nachfolgend zwei viel praktizierte Methoden:
  - *β-Absorptions-Verfahren* Hier wird ein in zeitlichen Intervallen bewegbares Filterband mit der zu untersuchenden Probe bestaubt. Die bestaubte Fläche wird mit einem schwachen β-Strahler bestrahlt und die Strahlungsschwächung, die ein Maß für die Filterbelegung ist, mit Hilfe eines Zählrohrs bestimmt. Das Meßgerät liefert für die gewählten Schrittzeiten die Staubmenge pro Volumeneinheit [AURAND 1967].
  - *Streulichtverfahren* Es wird der anteilige Streulichtanteil eines Lichtstrahls photometrisch erfaßt, der durch die Probenluft innerhalb einer Küvette geleitet wird. Mit Hilfe einer Photozelle erfolgt die Differenzbildung der Lichtintensität eines ungeschwächten Teilichtstrahls und des Streulichtstrahls, die der Staubkonzentration proportional ist [STUCKE 1964]. Eine Vereinfachung hierzu stellt die Extinktionsmessung dar, bei der die Schwächung des Lichtes durch Streuung und Absorption in Einfallsrichtung bestimmt wird.

5.5.1.8.3.3 Partikeluntersuchung

Für bestimmte Zwecke, z. B. aus medizinischen Gründen, ist es interessant, Teilchenzahl und Teilchengröße zu bestimmen. Eine Angabe der Teilchenzahl kann am einfachsten dadurch erfolgen, indem die Partikel auf einer Unterlage niedergeschlagen und dann mikroskopisch abgezählt werden. Es besteht ferner die Möglichkeit der Teilchenzählung in Expansionskammern, wo in feuchter Luft bestimmbare Kondensationskerne entstehen. Mit Hilfe von Kaskadenimpaktoren kann man die Staubteilchen der Probeluft nach bestimmten Größenfraktionen auftrennen und die Teilchenzahl der Einzelfraktionen bestimmen [Buck 1972, Herpertz 1971].

5.5.1.8.3.4 Analytische Untersuchung

Wesentlicher Bestandteil der Staubuntersuchung ist die analytische Bestimmung seiner Zusammensetzung.

- *Röntgenfluoreszenzanalyse* Für die Bestimmung der elementaren anorganischen Bestandteile eignet sich vorteilhaft die Röntgenfluoreszensanalyse. Sie hat den Vorteil, daß sie zerstörungsfrei erfolgt, elementspezifisch ist und weitgehend automatisiert werden kann. Die Meßmethode kann in Kürze wie folgt beschrieben werden: Bei der Bestrahlung der Atome einer Probe mit Röntgenstrahlen werden Elektronen aus den inneren Schalen der Elektronenhülle entfernt und die Leerstellen durch weiter außen sitzende Elektronen aufgefüllt. Die bei diesem Prozeß abgestrahlte Röntgenstrahlung besitzt eine diskrete Energiestruktur, die elementspezifisch ist. Die Energiemenge ist ein Maß für die Elementkonzentration [Jenkins 1974].
- *Atomabsorption* Als weiteres Verfahren zur Elementanalyse sei die Atomabsorption genannt, die eine empfindliche Meßmethode für Metalle darstellt. Hier werden in einer Flamme zunächst die freien Atome erzeugt, die mit einer entsprechenden Resonanzlinie bestrahlt werden. Der Intensitätsverlust des eingestrahlten Lichts wird spektralphotometrisch bestimmt [Welz 1975].
- *Naßchemische Verfahren* Für die Elementanalyse bestehen für anorganische Verbindungen, z. B. Schwefelsäure und Salzsäure, eine Reihe von manuellen oder teilautomatisierten naßchemischen Nachweisverfahren. Bei organischen Komponenten genießt der Nachweis der ungesättigten und polyzyklischen Kohlenwasserstoffe besondere Bedeutung [Jost 1974].

5.5.1.9 Emissionsmessungen

Die bei der Immissionsmeßtechnik bereits beschriebenen physikalischen und chemischen Analysenmethoden sind unter gewissen apparativen Modifikationen auch bei der Emissionsmessung gebräuchlich. Wie bei der Immissionsmessung ist auch hier zwischen kontinuierlichen und diskontinuierlichen Meßverfahren zu unterscheiden. Kontinuierliche Messungen werden in erster Linie zur laufenden Überwachung von industriellen oder gewerblichen Anlagen durchgeführt. In der TA-Luft [3] Punkt 2.8.4.2. und Punkt 2.8.4.3. sind in Abhängigkeit von der Wärmeleistung von Feuerungsanlagen bzw. von stündlichen Emissionsmengen von sonstigen Anlagen die kontinuierliche Registrierung der Meßkomponenten Rauchdichte, Staubkonzentration, Schwefeldioxid, Chlor, organische Verbindungen, Stickoxide, anorganische gasförmige Chlorverbindungen, anorganische gasförmige Fluorverbindungen, Schwefelwasserstoff und Kohlenmonoxid vorgeschrieben.

Diskontinuierliche Messungen dienen der stichprobenartigen Überprüfung der Emissionsgrenzwerte, der Überprüfung von Garantien für Betriebseinrichtungen (Abgasreinigungsanlagen) und der Kalibrierung von kontinuierlichen Geräten. Die Durchführung von diskontinuierlichen Emissionsmessungen ergibt sich vor allem aus § 26 und § 28 BImSchG, die vorschreiben, daß aus besonderem Anlaß oder erstmalig bzw. wiederkehrend an Anlagen Emissionsmessungen durchgeführt werden können. Die Verordnung über Feuerungsanlagen [4] sieht entsprechende Maßnahmen für Einrichtungen vor, die nicht einer Genehmigung nach § 4 BImSchG unterliegen. Eine entsprechende Regelung besteht für die Abgasüberprüfung von Kraftfahrzeugen.

In diesem Zusammenhang muß darauf hingewiesen werden, daß speziell Emissionsmessungen nicht alleinig als behördliche Kontrolleinrichtung verstanden werden dürfen, sondern in bedeutendem Umfang auch einer Anlagenüberwachung zur Aufrechterhaltung eines kostenoptimalen Betriebsablaufes dienen. Als Beispiel sei hier die Überwachung von Ölfeuerungsanlagen in vorwiegend privatem Bereich genannt. Ausgehend von der reinen Analytik bestehen aufgrund der gleichen Meßkomponenten zwischen Immissions- und Emissionsmessungen keine grundlegenden Unterschiede. In der Praxis ergeben sich jedoch vor allem wegen des Konzentrationsbereiches, der Schadstoffzusammensetzung, der Störeinflüsse, und der Art der Probenahme abgeänderte Verfahrensweisen.

5.5.1.9.1 Begriffserläuterungen, Voraussetzungen, Anforderungen an Meßgeräte

- *Meßstellenauswahl* Die Anordnung der Meßstelle kann je nach Meßzweck auf der Reingas- oder Rohgasseite erfolgen. Ausgehend von unterschiedlichen Konzentrationen über einen Schornsteinquerschnitt ist für die Idealmessung eine netzförmige Gasentnahmeanordnung über den Querschnitt vorzunehmen [15]. In Vereinfachung des Verfahrens sollte darauf geachtet werden, daß an der Gasentnahmestelle eine optimale Durchmischung besteht, die entnommene Probe also für die Abgasverhältnisse repräsentativ ist. Bei elektro-optischen Messungen über den gesamten Querschnitt sind diese Vorgaben unbedeutend.
- *Probenahmeeinrichtung* Im Gegensatz zur Immissionsmessung treten bei der Emissionsprobenahme teilweise extreme, die Messung beeinflussende Faktoren auf: hohe Strömungsgeschwindigkeiten, unterschiedliche Druckverhältnisse, Strähnenbildung im Abgasstrom, hohe Temperaturen, Abkühlung und Kondensatabscheidung und starke Belastung der Abgase mit Komponenten, die zu Querempfindlichkeiten oder zu Beeinträchtigungen der Meßapparatur führen. Bei der der Meßeinrichtung vorgeschalteten Probenahme ist deshalb besonders auf die Erfüllung folgender Voraussetzungen zu achten [Eichhoff 1976/15]: Strömungsgerechte Absaugung von Teilvolumenströmen, Dichtigkeit der Probenahmeeinrichtung, Beheizung der gasführenden Teile, Registrierung der herrschenden Druck- und Temperaturverhältnisse, Registrierung des Gasmengedurchflusses, Filterung oder Fällung störender Bestandteile, Beständigkeit gegen korrosive Bestandteile.

Die meisten der geschilderten Schwierigkeiten werden bei elektro-optischen Meßverfahren vermieden, bei denen keine Gasentnahme erfolgt, sondern Meßobjekt die gesamte im Kaminquerschnitt vorhandene Abgassäule ist.

- *Eichung* Trotz der allgemein großen Robustheit der Geräte müssen auch sie regelmäßig kalibriert werden. Bei der Kalibrierung von Staubmeßgeräten ist besonders zu beachten, daß die Meßanzeige für die gleiche Staubkonzentration stark von der Korngröße und den Strömungsverhältnissen abhängig ist. Für die ermittelte Kalibrierkurve ist deshalb noch der zugehörige Toleranzbereich anzugeben.
- *Anforderung an Meßgeräte* Vergleichbare Leistungsanforderungen wie in der Immissionsmeßtechnik müssen auch an Emissionsgeräte gestellt werden. Mindestanforderungen an laufend aufzeichnende Emissionsgeräte bei der Typprüfung sind in den Richtlinien für die Eignungsprüfung, den Einbau und die Wartung laufend aufzeichnender Emissionsmeßgeräte des Bundesinnenministeriums [9] festgelegt.

5.5.1.9.2 Automatische und kontinuierliche Emissionsmessungen

Es werden praktizierte Meßverfahren für die kontinuierliche Emissionsüberwachung der wesentlichen Komponenten genannt:

- *Staub* Photoelektrische Messung, radiometrische Messung [Bosch 1972]
- *Schwefeldioxid* Nichtdispersive Infrarotabsorption, Konduktometrie
- *Kohlenmonoxid* Nichtdispersive Infrarotabsorption
- *Kohlendioxid* Wärmeleitfähigkeit, nichtdispersive Infrarotabsorption, Konduktometrie
- *Stickoxide* Chemolumineszenz, Ultraviolettabsorption
- *Schwefeltrioxid* Isopropanolwäsche mit nachfolgender photometrischer oder Leitfähigkeitsmessung, Reaktion mit kondensiertem Wasserdampf und nachfolgender Leitfähigkeitsbestimmung [Fuhrmann 1974, Richter 1972]. Besonders muß hier auf die Probenahme-

technik geachtet werden, um die Umwandlung von SO_3 zu SO_2, die Absorption und Reaktion von SO_3 mit Staubpartikeln sowie das Ausscheiden von SO_3 durch Taupunktunterschreitung zu verhindern.

- *Chlorwasserstoff, Fluorwasserstoff* Potentiometrie- ionensensitive Elektrode
- *Sauerstoff* Paramagnetismus: Die Eigenschaft des Paramagnetismus besteht darin, daß paramagnetische Stoffe in einem inhomogenen Magnetfeld in Richtung wachsender Feldstärke gesogen werden, wobei zu beachten ist, daß der Effekt stark temperaturabhängig ist. Sauerstoff ist das am stärksten paramagnetische Gas. In einer Meßanordnung, die von HARTMANN und BRAUN beschrieben wird, wird die zu untersuchende Probe durch ein ungleichmäßig beheiztes Glasröhrchen geleitet, das sich in einem kräftigen Magnetfeld befindet. Aufgrund des Temperaturgefälles innerhalb des Röhrchens stellt sich eine Gasströmung, deren Geschwindigkeit der O_2-Konzentration proportional ist, ein.
- *Kohlenwasserstoffe* Flammenionisation

5.5.1.9.3 Diskontinuierliche Emmissionsmessungen

5.5.1.9.3.1 Feldmeßmethoden

In Anlehnung an die Immissionsmeßtechnik gibt es auch hier einige einfache »Handmeßmethoden«:

- *Rußzahl-Bestimmung nach der Ringelmannskala* Aus dem Rauchgas wird durch ein Filterpapier eine definierte Gasmenge gesaugt. Die Schwärzung auf dem Papier wird dann mit der Vergleichsskala (RINGELMANN) verglichen und mit einer Rußzahl bewertet (0–5) [4].
- *Bestimmung der Massenkonzentration an Staub, Ruß und Teer* Es wird unter definierten Bedingungen eine Rauchgasmenge von 90 l entnommen, über ein Filter geleitet und die abgeschiedene Staubmenge gravimetrisch ermittelt.
- *Bestimmung des Kohlendioxid-Gehaltes* Sie erfolgt über die Kohlendioxidabsorption in Lauge. Dazu wird das Probegas in Schüttelflaschen geleitet; das alkalische Medium absorbiert das Kohlendioxid und die Volumenabnahme der Probeluftmenge ist nach Kalibrierung ein Maß für die Kohlendioxidkonzentration.
- *Untersuchung auf Ölderivate (Pyridintest)*

5.5.1.9.3.2 Sonstige Messungen

Den weitaus größten Umfang nehmen stichprobenartige Untersuchungen zur Feststellung lufthygienisch relevanter Einzelkomponenten ein. Im wesentlichen handelt es sich um die organischen und anorganischen Komponenten, die in der TA-Luft aufgeführt sind (5.5.1.7.1.1). Als Nachweismethoden kommen im wesentlichen die Verfahren zum Tragen, die auch für Immissionsuntersuchungen verwandt werden. Beispielhaft sei auf Gaschromatographie, Flammenionisation, Atomabsorption und Röntgenfluoreszenz sowie auf manuelle naßchemische Verfahren hingewiesen.

5.5.1.9.3.3 Fernüberwachung

Eine hochtechnische Weiterentwicklung der Emissionsuntersuchung stellt die Fernbestimmung der Abgasbestandteile, z. B. mit Laserstrahlen dar. Ein Einsatz dieser Geräte ist jedoch zunächst über wissenschaftliche Versuchszwecke und erste Erprobungen noch nicht hinausgediehen [WERNER 1975].

5.5.1.10 Luftmeßnetze

Die automatische und kontinuierliche Luftanalyse kann in vollautomatischen und prozeßrechnergesteuerten Luftüberwachungsnetzen erfolgen [EDER 1976, KELLNER 1974]. Solche Überwachungssysteme werden heute vermehrt von Umweltbehörden und Großbetrieben installiert. Die Meßnetze bestehen im Prinzip aus 4 Komponenten:

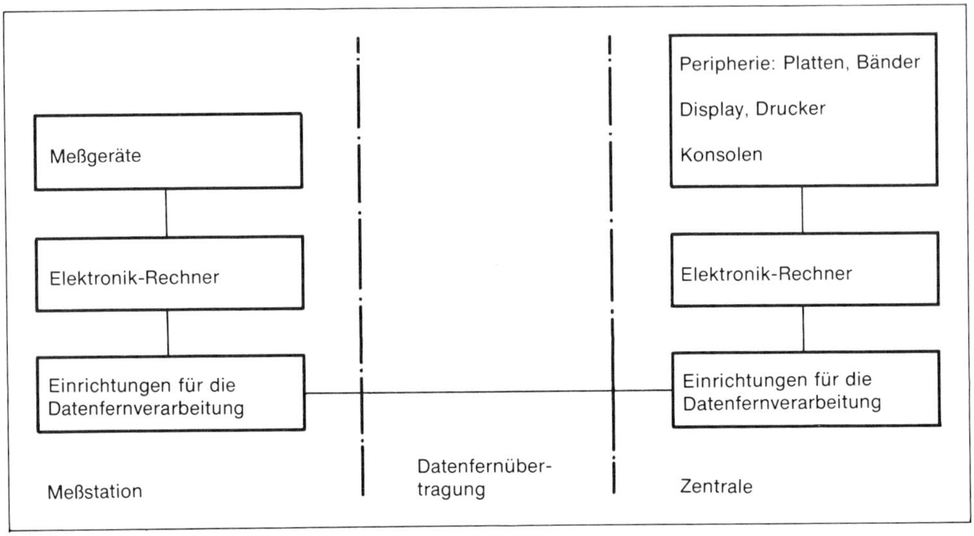

Abb. 52 Prinzipschaltbild eines rechnergesteuerten Luftüberwachungssystems.

Den Meßstationen mit den kontinuierlich arbeitenden Geräten und den Zusatzeinrichtungen, der Übertragungseinheit mit der Übertragungsstrecke, z. B. Telefonwählleitung, der Zentralstation mit einem Prozeßrechner und der software (siehe Abb. 52). Dabei werden in der Station die Meßwerte erfaßt und durch einen dort vorhandenen Kleinprozeßrechner vorverarbeitet und gespeichert. Nach Aufruf durch den Prozeßrechner in der Zentrale oder bei Grenzwertüberschreitung erfolgt eine Datenübertragung zum Zentralrechner mit anschließender Weiterverarbeitung und Darstellung. Sämtliche Meßnetzfunktionen werden mit Hilfe einer entsprechenden software über den Zentralrechner und die Kleinrechner gesteuert. Bei weit verzweigten Netzen besteht die Möglichkeit, einer intelligenten Meßstation nicht intelligente Unterstationen anzugliedern.
Grundsätzlich ist das beschriebene System nicht nur für die Immission, sondern auch zur zentralen Überwachung von Emissionskonzentrationen geeignet.

Verordnungen, Richtlinien und dergleichen

1 Allgemeine Verwaltungsvorschrift zur Ersten Verordnung zur Durchführung des BImSchG vom 3. Juni 1975 (GMBl. Nr. 18 vom 6. Juni 1975).
2 Dritte Verordnung zur Durchführung des BImSchG (Verordnung über Schwefelgehalt von leichtem Heizöl und Dieselkraftstoff 3. BImSchV) vom 15. Januar 1975 (BGBl I S. 264).
3 Erste Allgemeine Verwaltungsvorschrift zum BImSchG, Technische Anleitung zur Reinhaltung der Luft (TA-Luft) GBMl. 24 (1974).
4 Erste Verordnung zur Durchführung des BImSchG (Verordnung über Feuerungsanlagen – 1. BImSchV) vom 28. August 1974 (BGBl. I S. 2121).
5 Gesetz zur Verminderung von Luftverunreinigungen durch Bleiverbindungen in Ottokraftstoffen für Kraftfahrzeugmotore (Benzin-Blei-Gesetz – BzBlG) vom 5. August 1971 (BGBl. I S. 1234).
6 Minister für Arbeit, Gesundheit und Soziales des Landes Nord-Rhein-Westfalen, Emissionskataster Köln, 1976, Düsseldorf.
7 Minister für Arbeit, Gesundheit und Soziales des Landes Nord-Rhein-Westfalen, Zwischenbericht über die Ermittlung der Luftverunreinigungen im Raum Duisburg, Oberhausen, Mülheim, 1975, Düsseldorf.
8 Richtlinie für die Eignungsprüfung laufend aufzeichnender Immissionsmeßgeräte – Bek. v. 8.4.1975 des Rd. Schr. d. BMI vom 3.3.1975 UB II 2-005-0543-1/75.
9 Richtlinie für die Eignungsprüfung, den Einbau und die Wartung laufend aufzeichnender Emissionsmeßgeräte – Bek. v. 8.4.1975 des Rd. Schr. d. BMI vom 3.3.1975 – UB II 2-005-0543-1/75.

10 VDI-Handbuch Reinhaltung der Luft *1*. Beuth-Vertriebs-GmbH, Berlin, Köln.
11 VDI-Handbuch Reinhaltung der Luft *2*. Beuth-Vertriebs GmbH, Berlin, Köln.
12 VDI-Handbuch Reinhaltung der Luft *3*. Beuth-Vertriebs GmbH, Berlin, Köln.
13 VDI-Handbuch Reinhaltung der Luft *4*. Beuth-Vertriebs GmbH, Berlin, Köln.
14 VDI-Handbuch Reinhaltung der Luft *5*. Beuth-Vertriebs GmbH, Berlin, Köln.
15 VDI-Richtlinie 2066, Bl. 1.
16 VDI-Richtlinie 2090.
17 VDI-Richtlinie 2104.
18 VDI-Richtlinie 2306.
19 VDI-Richtlinie 2310.
20 VDI-Richtlinien 2289 Bl. 1–3.
21 VDI-Richtlinie 2441, E.
22 VDI-Richtlinie 2442, E.
23 VDI-Richtlinie 2451 E (10/1976).
24 VDI-Richtlinie 2468 Bl. 3.
25 VDI-Richtlinie 3490 Bl. 1 E, Bl. 2 E, Bl. 4, Bl. 7 E.
26 VDI-Richtlinie 3674 in Vorbereitung.
27 VDI-Richtlinie 3675 in Vorbereitung.
28 VDI-Richtlinie 3676 in Vorbereitung.
29 VDI-Richtlinie 3677 in Vorbereitung.
30 VDI-Richtlinie 3678 in Vorbereitung.
31 VDI-Richtlinie 3679 in Vorbereitung.
32 VDI-Berichte 253 (1976).
33 Verordnung zur Verhinderung schädlicher Umwelteinwirkungen bei austauscharmen Wetterlagen – Smog-Verordnung – des Landes Nord-Rhein-Westfalen (GV. NW. S 1432/SGV. NW 7129).
34 Vierte Allgemeine Verwaltungsvorschrift zum Bundesimmissionsschutzgesetz, Ermittlung von Immissionen in Belastungsgebieten GMBl. 14 (1975).
35 Vierte Verordnung zur Durchführung des Bundesimmissionsschutzgesetzes (Verordnung über genehmigungsbedürftige Anlagen – 4. BImSchV) vom 14. 2. 1975 (BGBl. I 2. 499) (ber. BGBl. I S. 727).
36 Zweite Verordnung zur Durchführung des BImSchG (Verordnung über Chemisch-Reinigungsanlagen – 2. BImSchV) vom 28. 9. 1974 (BGBl. I S. 2130).

Schrifttum

Aurand, K. und J. Bosch, 1967: Staub, Reinhaltung der Luft 27.

Batelle Institut, 1976: Studie über die Auswirkung von Fluorchlorkohlenwasserstoffen auf die Ozonschicht der Stratosphäre und die möglichen Folgen. Frankfurt.

Bayerisches Landesamt für Umweltschutz, 1974: Schriftenreihe Luftreinhaltung, Heft 1. München.

Bayerisches Landesamt für Umweltschutz, 1974: Schriftenreihe Luftreinhaltung, Heft 6. München.

Bosch, J., 1972: Staub, Reinhaltung der Luft 32.

Breuer, W. und K. Schreckling, 1970: Sonderdruck Archiv für techn. Messen.

Breuer, W., 1969: Sonderdruck Archiv für techn. Messen.

Buck, M., Jxfeld, H. und E. Herpertz, 1972: Schriftenreihe der LIB 27.

Derkosch, J., 1967: Absorptionsspektralanalyse. Akademische Verlagsgesellschaft, Frankfurt/Main.

Diem, M., 1961: Staub, Reinhaltung der Luft 21.

Dornier GmbH, 1973: Standardisierungsempfehlungen für automatische Meßnetze, Entwurf. Friedrichshafen.

Eder, E., Heise, S. und K.-H. Kellner, 1976: VDI-Umwelt 2.

Eichhoff, W. und C. Quecke, 1976: VDI-Umwelt 4.

Fortak, H., 1972: Anwendungsmöglichkeiten von mathematisch-meteorologischen Diffusionsmodellen zur Lösung von Fragen der Luftreinhaltung. Minister für Arbeit, Gesundheit und Soziales des Landes Nord-Rhein-Westfalen. Düsseldorf.

Fuhrmann, H., 1974: Wasser – Luft und Betrieb 18.

Gast, T., 1961: Staub, Reinhaltung der Luft 21.

ders., 1957: Chem. Ing. Techn. 29.

Guderian, R., 1975: Prophylaktischer Umweltschutz durch Raumordnungsmaßnahmen. Schriftenreihe der LIB 33.

Ders., 1975: Immissionsschutz-Kriterien für den Maximal-Umfang von Verdichtungsgebieten. Schriftenreihe der LIB, 34.

Gutachten des Rats von Sachverständigen für Umweltfragen – Auto und Umwelt, 1973. Wiesbaden.
Hartmann & Braun, Firmenmitteilung. Frankfurt.
Herpertz, E. und H. H. Gläser, 1971: Schriftenreihe der LIB 23.
Jenkins, R., 1974: An introduction to X-ray spectrometry. Verlag Heyden & Son Ltd., London, New York, Rheine.
Jost, D., 1974: Umwelt und Qualität des Lebens, Geräte und Meßtechniken für die Feststellung der Luftverschmutzung, Kommission der Europäischen Gemeinschaften, EUR 5135 d.
Junge, C. E., 1963: Air chemistry and radioactivity. Academic Press, New York, London.
Kellner, K.-H. und J. Landbrecht, 1974: Gesundheitsingenieur 95.
Knop, W., Heller, A. und E. Lahmann, 1972: Technik der Luftreinhaltung. Verlag Krauskopf, Mainz.
Lear Siegler, Inc., Denver Technological Center, Englewood, Colorado.
Leichnitz, K., 1973: Prüfröhrchen-Taschenbuch. Sonderdruck Drägerwerk AG, Lübeck.
Leithe, W., 1974: Die Analyse der Luft und ihrer Verunreinigungen in der freien Atmosphäre und am Arbeitsplatz, 2. Aufl. Wissenschaftliche Verlagsgesellschaft mbH, Stuttgart.
Luft, K. F., 1958: Analytische Chemie 164.
Marshall, S., 1974: Pollution detection and monitoring handbook. Noyes Data Corporation, Park Ridge, London.
Meadows, D., 1972: Die Grenzen des Wachstums. Deutsche Verlags-Anstalt, Stuttgart.
Philips Elektronik GmbH, 1976: Firmenmitteilung. Kassel.
Riederer, J., 1972: Deutsche Kunst und Denkmalpflege. Sonderdruck. München.
Richter, E. und S. Sattelberger, 1972: Brennstoff – Wärme – Kraft.
Roth, H. und L. Roth, 1975: Sicherheitsfibel Chemie, 2. erw. Auflage. Verlag C. F. Müller, Karlsruhe.
Stucke, J. und J. Rzeznik, 1964: Staub, Reinhaltung der Luft 24.
Trappenberg, R., 1959: Int. Journal Air Pollution *2*.
TÜV Rheinland, 1974: Erhebung und katastermäßige Dokumentation der Emissionen luftfremder Stoffe in der Atmosphäre. Verlag TÜV-Rheinland, Köln.
U – Das Technische Umweltmagazin 4, 1973.
Umweltgutachten der Deutschen Bundesregierung, 1974.
UWD 29, 1976.
VDI-Fachdokumentation 1976: Ozon und Begleitsubstanzen im photochemischen Smog, Bibliographie 1970–1976. Düsseldorf.
VDI-Kolloquium, 1976: Ozon und Begleitsubstanzen im photochemischen Smog. Düsseldorf.
Welz, B., 1975: Atom-Absorptions-Spektroskopie, 2. Aufl. Verlag Chemie, Weinheim.
Werner, C., 1975: Lidar, Technik und Anwendung. Deutsche Luft- und Raumfahrt, Mitteilung 75 – 14.

Steubing, Lore

5.5.2 Wirkungen von Luftverunreinigungen auf Pflanzen; Pflanzen als Bioindikatoren

Zu den Evolutionsfaktoren, die das Bild der heutigen Vegetation geprägt haben, ist mit der immer mehr um sich greifenden Luftverunreinigung ein neuer Selektionsfaktor hinzugekommen. So werden empfindliche Pflanzenarten durch phytotoxische Immissionen in ihrer Vitalität beeinträchtigt (Abb. 54), verlieren an Konkurrenzkraft, werden aus bestimmten Gebieten verdrängt oder sterben sogar ganz aus. Dafür können dann resistente Arten in stark belasteten Gebieten an Raum gewinnen. Ferner besteht auch die Möglichkeit, daß sich – ausgehend von der genetisch festgelegten Variabilität der Arten – unter dem Einfluß von Luftverunreinigungen tolerante Ökotypen oder Rassen neu herauskristallisieren.
Luftverunreinigungen werden verständlicherweise primär hinsichtlich einer unmittelbaren Gesundheitsgefährdung des Menschen bewertet. Immissionsbedingte Vegetationsschäden haben aber so mannigfache Rückwirkungen auf diese, daß sich allein schon daraus die Forderung nach einem Schutz der Pflanzen vor phytotoxischen Luftverunreinigungen ergibt. Gas- und staubförmige Immissionen vermögen den wirtschaftlichen Nutzen der Vegetation arg zu schmälern. Hiervon sind Land- und Forstwirtschaft sowie der Gartenbau betroffen. Für den Gartenbau im Ruhrgebiet wird die Ertragsminderung durch Immissionen auf 1,5 Mio DM pro Jahr geschätzt.

50 000 ha Waldfläche im Bundesgebiet gelten als immissionsgeschädigt, wovon die Hälfte auf Nordrhein-Westfalen entfällt. Der jährliche Zuwachsverlust der Wälder durch Staub- und Rauchschäden beläuft sich in der BRD auf etwa 20 Mio DM [Olschowy 1971]. Keine Zahlenangaben gibt es für eine Verringerung der Wohlfahrtswirkung der Vegetation, deren Freizeit- und Erholungswert unter dem Einfluß von Luftverunreinigungen (z. B. Absterben von Ästen, von Bäumen, Verschmutzung, Verkrüppelung) stark beeinträchtigt werden kann. Nur gesunde Pflanzenbestände vermögen ihre Funktion hinsichtlich des Klima- und Wasserhaushaltes sowie eines Schutzes vor Bodenerosion voll zu erfüllen. Überdies können sie zur Verringerung von Immissionskonzentrationen beitragen. Bekannt ist dies vor allem für staubförmige Immissionen [Steubing und Klee 1970]. Nach Untersuchungen von Hill [1971] kann es aber auch zu einem beachtlichen Abfall gasförmiger Luftverunreinigungen durch die Vegetation kommen. Bennett und Hill [1973] führten z. B. einem 40 cm hohen Alfafa-Bestand Fluorwasserstoff in einer Konzentration von 40 $\mu g/m^{-3}$ zu und konstatierten ein Absinken auf 8 $\mu g/m^{-3}$ in 10 cm Höhe über dem Boden. Schließlich darf auch nicht vergessen werden, daß eine Anreicherung absorbierter oder adhärierender Schadstoffe bei Futter- und Nutzpflanzen Veranlassung zur Erkrankung von Tieren und bei direktem Verzehr oder im Zuge der Nahrungskette auch wieder zu einer Gefährdung des Menschen führen kann.

5.5.2.1 Allgemeine Kriterien für Immissionseinwirkungen

Staubförmige Luftverunreinigungen stellen im allgemeinen eine geringere Gefahr für die Vegetation dar als die gasförmigen. Unter letzteren gehen großflächige Auswirkungen vor allem von SO_2 aus. Überregionale Bedeutung kommt Fluorwasserstoff und Chlorwasserstoff zu. In dem Maße wie nun auch in der BRD die Konzentration an Photosmog[1)] ansteigt, wird dieser Immissionstyp ebenfalls weiträumigere Verbreitung erlangen und phytotoxische Wirkungen entfalten können.
Noch bevor äußerlich sichtbare Pflanzenschädigungen durch Luftverunreinigungen eintreten, ist es zu Störungen im Zellstoffwechsel gekommen. Diese Störungen lassen sich schon in einem frühen Stadium durch biochemische und ökophysiologische Analysen nachweisen. Stärkere cytologische Veränderungen werden mikroskopisch wahrnehmbar und geben schließlich Veranlassung zu äußerlich sichtbaren Schädigungen. Die Schwierigkeit einer Diagnose von Immissionsschäden an Pflanzen beruht darauf, daß gleiche oder sehr ähnliche Schadensbilder auch durch eine Reihe tierischer oder pflanzlicher Schädlinge hervorgerufen werden. Der Nachweis einer Schadstoffanreicherung in der erkrankten Pflanze vermag dann die Diagnose abzusichern (Abb. 53).

5.5.2.1.1 Sichtbare Schädigungen

5.5.2.1.1.1 Makroskopische Schädigungssymptome

Ein allein auf Beobachtung beruhendes Erkennen von phytotoxisch bedingten Schädigungen an Kultur- und Wildpflanzen ist nur dann möglich, wenn auffällige Abweichungen von der Norm auftreten. Als solche gelten:

Blattnekrosen Hierunter versteht man abgestorbene Zellen oder Gewebepartien, die meist auf die Einwirkung hoher Immissionskonzentrationen zurückzuführen sind. Eine einmalige Einwirkung vermag schon eine entsprechende Schädigung auszulösen. So werden z. B. bei

1) Photosmog: Unter Smog versteht man ganz allgemein die gasförmigen, flüssigen und festen Bestandteile städtischer Luftverunreinigungen. Man unterscheidet 2 Smogtypen: Den bei uns vornehmlich an kalten, nebligen Tagen oder Nächten bei Inversionswetterlagen besonders im Winter auftretenden sogenannten »Londonsmog«. Seine vorherrschenden Luftverunreinigungskomponenten sind SO_2 und CO. Dieser Smogtyp wirkt reduzierend. Demgegenüber besteht der »Los-Angeles-Smog«, der auch »Photochemischer« oder einfach »Photosmog« genannt wird, primär aus unverbrannten Kohlenwasserstoffen, oxidierten Kohlenstoffen und Stickstoffmonoxyd, die unter Einwirkung des Sonnenlichtes miteinander reagieren. Auf diesem photochemischen Wege entstehen sekundär die diesen Smogtyp charakterisierenden Bestandteile wie: O_3, Peroxinitrate (PAN) und NO_2 mit stark oxidierenden Wirkungen.

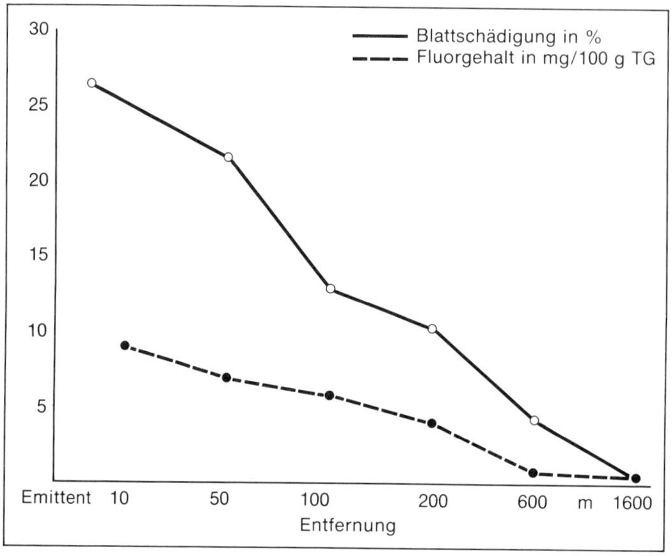

Abb. 53 Fluorgehalt und sichtbare Fluorschäden (in % der Blattfläche) von Gladiolenblättern in verschiedenem Abstand von einer Glashütte.

Petunien, die für nur 24 Std. dem Photosmog in Los Angeles ausgesetzt sind, charakteristische Blattnekrosen sichtbar. Der Beginn einer Nekrose ist – je nach einwirkendem Immissionstyp – durch silbrig bis fahlgrün oder blaugrün bis bräunlich verfärbte Flecken erkenntlich. Diese Flecken trocknen aus und weisen dann eine weißgelbe, hell- bis dunkel- oder rotbraune Färbung auf. Die Nekrosenbildung kann vom Blattrand ausgehen, ebenso aber auch zuerst das zwischen den Blattadern liegende Gewebe erfassen. Die letztgenannten Interkostalnekrosen treten z. B. bei dikotylen Pflanzen vornehmlich nach hohen SO_2-Konzentrationen auf, während bei Einwirkung niedriger Konzentrationen rand- oder punktförmige Nekrosen vorherrschen. Bei Nadelhölzern beobachtet man bei SO_2-Belastung eine von der Spitze der Nadeln ausgehende rotbraune Verfärbung, während unter dem Einfluß von Fluorwasserstoff zunächst weißgraue und erst später braune Farbtöne resultieren.

Chlorosen Reduktion oder Verlust des Chlorophylls in den Pflanzenblättern kann durch zahlreiche Umweltfaktoren – so auch durch Luftverunreinigungen – ausgelöst werden. Es resultieren grüngelbe Flecken, bisweilen auch rötlich gefärbte, sofern nämlich das Chlorophyll andere Farbstoffe überlagert hat, die erst nach Abbau des grünen Pigmentes sichtbar werden. Chlorosen sind oft das einzige Symptom, das auf eine langanhaltende Einwirkung geringer Schadstoffkonzentrationen deutet; sie können jedoch auch bei akuter Blattschädigung durch hohe Immissionskonzentrationen auftreten. Chlorosen sind häufig mit einem Alterungsprozeß des assimilatorischen Organs verbunden. Die chlorotischen Schadmuster sind unspezifisch und lassen erst in Verbindung mit charakteristischen Nekrosen Rückschlüsse auf die Einwirkung eines bestimmten Immissionstyps zu. Bisweilen sind nekrotische Flecken von einem chlorotischen Rand umgeben.

Wachstumsänderungen Immissionen rufen nicht nur Veränderungen an einzelnen Organen hervor, sondern es kann auch zur Beeinflussung des gesamten Habitus kommen. Unter hohen SO_2-oder HF-Konzentrationen treten an Bäumen und Sträuchern Verkrüppelung, Verkahlung, Absterben oder Zwergwuchs auf [Halbwachs und Kisser 1967, Wentzel 1971]. Bei Fichten, die weniger als sieben Nadeljahrgänge aufweisen, besteht Verdacht auf Immissionsschädigungen. Kiefernkronen verbuschen und können ein pinienähnliches Aussehen aufweisen. Bei Tomaten werden unter Ozoneinfluß Pflanzenhöhe, Blattgröße, Internodienlänge und Ertrag herabgesetzt [Manning und Feder 1976]. Ähnliche Beispiele ließen sich für zahlreiche andere Pflanzenarten und Immissionstypen aufführen. Erwähnt werden sollen noch sehr auffällige Wuchsdeformationen, die Schönbeck [1963] an Roter Bete in der Umgebung einer Färberei auffand, die carrierhaltige[1] Substanzen von Wuchsstoffcharakter emittierte. Ein weiteres Indiz für Einwirkung phytotoxischer Immissionen vermag vielfach eine Analyse der Jahresringe von Bäumen zu liefern, deren Breite sich mit zunehmender Schadstoffkonzentration verringert. Da aber zahlreiche andere Faktoren, wie z. B. Frost, Trockenheit, zu ähnlichen Effekten führen, ist der Hinweis auf Immissionseinfluß erst dann verstärkt, wenn sich über mehrere Jahre hinweg das anatomische Bild zeitlich ähnelt.

5.5.2.1.1.2 Mikroskopische Schädigungssymptome

Die Einwirkung höherer Schadstoffkonzentrationen äußert sich mikroskopisch zunächst durch Störung der Plasmabewegung und durch Plasmolysierung der Zellen. Danach verquillt der Zellinhalt, die Chloroplastenstruktur wird zerstört, so daß auch die Plastiden mit dem Plasma verklumpen und sich dieses Konglomerat in der Zellmitte zusammenballt oder an der Zellwand antrocknet. Oft kommt es dann zu einem Kollabieren der Gewebe. Bei Laubblättern wird das Palisadenparenchym am frühesten geschädigt (z. B. durch SO_2 oder Ozon), jedoch kann auch das Schwammparenchym früher angegriffen werden (z. B. durch Peroxyacetylnitrat = PAN). Bisweilen kommt es zu einer Dunkelfärbung der Zellwände durch ausgefallene Gerbstoffe [Berge 1970].

5.5.2.1.2 Äußerlich nicht sichtbare Schädigungen

5.5.2.1.2.1 Biochemische Schädigungssymptome

Die von der Pflanze absorbierten Schadstoffe verändern bei ihrem Eindringen in das Zellinnere die Permeabilität der Zellmembranen. Osmotischer Wert und Saugspannung werden beeinträchtigt [Halbwachs 1968]. Die Veränderung der Pufferkapazität gilt als ein besonders empfindliches Kriterium zum Nachweis einer Immissionsbelastung. Der häufig beobachtete Abfall oder die Veränderung an wichtigen Pflanzeninhaltsstoffen, wie z. B. essentiellen Aminosäuren oder Vitaminen beruht auf Änderung von Enzymaktivitäten. Hierbei können durch die gleiche Luftverunreinigungskomponente sowohl Enzyme gehemmt als auch stimuliert werden. Enzymtests haben insofern besondere Bedeutung, als sich mit ihrer Hilfe Immissionsschädigungen besonders frühzeitig erkennen lassen. Auf den Abbau des Chlorophylls, das durch saure Schadgase in das olivgrüne Phaeophytin überführt wird, wurde bereits verwiesen.
Eine Immissionsbelastung bringt im allgemeinen eine Schadstoffanreicherung mit sich, die mittels chemischer Analyse nachweisbar ist. Damit ist auch die Möglichkeit gegeben, beobachtete Pflanzenschädigungen auf definierte Immissionstypen zurückzuführen (Abb. 53). Von Interesse sind hierbei nicht nur der in das Pflanzengewebe aufgenommene Schadstoff, sondern ebenso auf Blättern und Früchten abgelagerte Immissionen, wie z. B. Schwermetallstäube oder carcinogene Substanzen, die sich durch Waschen nicht völlig entfernen lassen.

5.5.2.1.2.2 Ökophysiologische Schädigungssymptome

Untersuchungen des Gaswechsels und des Wasserhaushaltes von Pflanzen eignen sich ebenfalls für eine Frühdiagnose zur Erkennung phytotoxischer Luftverunreinigungen. Die Photosynthese reagiert noch empfindlicher als die Atmung auf eine Schadstoffbelastung. Sehr niedrige Immissionskonzentrationen können u. U. zunächst eine geringfügige Steigerung der Assimilationsintensität bringen, höhere Konzentrationen sistieren schließlich die Nettophotosynthese, später auch die Atmung. Da unter dem Einfluß von Luftverunreinigungen die Spaltöffnungen, durch welche die Schadgase in das Pflanzengewebe eindringen, meist ihre Funktionsfähigkeit verlieren, wird die Transpiration primär erhöht, fällt aber mit zunehmender Nekrotisierung der Blätter und verringertem Zuwachs pro Pflanze stark ab. Bisweilen vermag die Bestimmung des kritischen Wassersättigungsdefizits noch bessere Hinweise auf eine Immissionsbelastung als die Transpiration zu geben.

[1] Es handelt sich hierbei um die im Lösungsmittel vorhandenen Trägersubstanzen für Farbstoffe.

5.5.2.2 Aufnahme von phytotoxischen Immissionen durch Pflanzen

Luftverunreinigungen können wirken:
- durch direkte Aufnahme aus der Luft
- durch Ablagerung auf Pflanzenorganen, insbesondere auf den Assimilationsorganen
- durch Aufnahme über den Boden

Die wichtigsten Schadstoffe liegen in gasförmiger Form vor. Sie werden von der Pflanze zugleich mit dem CO_2 der Luft im Zuge der Photosynthese passiv durch die Spaltöffnungen aufgenommen und gelangen nach Lösung im Wasser der Zellwände durch die anschließende Membran in die Zellen hinein, wo der Angriff auf Protoplast und Organellen erfolgt. Stäube werden auf Blättern und Ästen abgelagert. Sofern sie nicht ebenfalls nach Lösung in die Zellen eindringen können (z. B. Cd), tragen sie zur Verringerung des Lichtzutritts zu den assimilatorischen Geweben bei, verändern den Wärmehaushalt und vermögen auch den Wasserhaushalt zu beeinträchtigen, was insbesondere beim Verkrusten der Spaltöffnungen der Fall ist. Schließlich können vom Boden adsorbierte und vom Regen eingewaschene Schadstoffe von der Pflanze durch die Wurzel aufgenommen werden wie z. B. die Schwermetalle.
Die Wirkung eines Schadstoffes hängt ab von seiner Absorbierbarkeit. Hierbei spielt die Oberflächenbeschaffenheit der Pflanze ebenso eine Rolle wie die Löslichkeit der Luftverunreinigungskomponente im Wasser oder fettartigen Substanzen (z. B. in Wachsschichten oder Cutin). Die Art der Schädigung ist durch die Azidität oder Alkalität des Immissionstyps und dessen reduzierenden oder oxydierenden Eigenschaften gegeben. Konzentration und Dauer der Einwirkung sind für den Schädigungsgrad verantwortlich, der wiederum entscheidend von der Widerstandsfähigkeit der Pflanze gegenüber der Immissionsbelastung abhängt.

5.5.2.3 Resistenz beeinflussende Faktoren

Resistenzunterschiede von Pflanzen können entwicklungsbedingt, durch Standortfaktoren modifiziert, arten- und sortenspezifisch sein.
Die geringste Resistenz weisen häufig die in der vollen Wachstumsphase befindlichen Blätter auf. Sie besitzen einen intensiveren Gaswechsel als ganz junge oder voll ausgewachsene Blätter, die widerstandsfähiger sind. Fichten und Tannen weisen gegenüber SO_2 eine maximale Empfindlichkeit der Nadeln im Frühjahr oder zeitigen Sommer kurz vor der vollen Entwicklung der Frühjahrstriebe auf [Guderian und van Haut 1970].
Bei Tabakpflanzen sind die ganz jungen Blätter, bei denen die Spaltöffnungen noch nicht voll ausgebildet und die alten Blätter, bei denen die Spaltöffnungen weitgehend geschlossen sind, am unempfindlichsten gegenüber Ozon. Aber nicht nur das Blattalter ist entscheidend für die Immissionssensibilität, sondern die ganze Pflanze durchläuft bestimmte Entwicklungsstadien, in denen sie im Wachstum und Ertrag für Luftverunreinigungen besonders anfällig ist. Van Haut und Stratmann [1967] führten Begasungen mit NO_2 an Hafer zur Zeit des Bestockens durch und fanden keine Ertragsdepression, dagegen trat eine solche bei NO_2-Einwirkung zur Zeit des Schossens ein.
Unter den Standortfaktoren wirken die Witterungseinflüsse resistenzverringernd, die zur Öffnung der Spaltöffnungen führen, wie z. B. hohe Luftfeuchte, Licht [Zahn 1963]. Die oft beobachteten unterschiedlichen Schädigungen an der gleichen Pflanzenart im Luv und Lee eines Industriebetriebes demonstrieren deutlich die Bedeutung, die den orographischen Faktoren (Exposition, Lage, Neigung) zukommt (Abb. 54).
Ferner müssen die edaphischen Faktoren für die Resistenz der Einzelpflanze berücksichtigt werden. Hierzu gehören sowohl die physikalischen, chemischen als auch biologischen Eigenschaften des Bodens. Durch gezielte Düngung läßt sich eine Resistenzerhöhung, aber auch eine Erniedrigung erreichen [Zahn 1963, Klein, Jäger und Steubing 1974]. Vitalitätssteigerung der Pflanzen bedeutet geringere Anfälligkeit gegenüber Immissionen. Schädlingsbefall führt oft zur Herabsetzung der Resistenz. Interessanterweise kann durch Besprühen mit Fungiziden die Sensibilität von Pflanzen gegenüber Photosmog gemindert werden [Claussen 1975]. Sorten- und artenbedingte Resistenzunterschiede werden einerseits dazu verwendet, wirtschaftliche

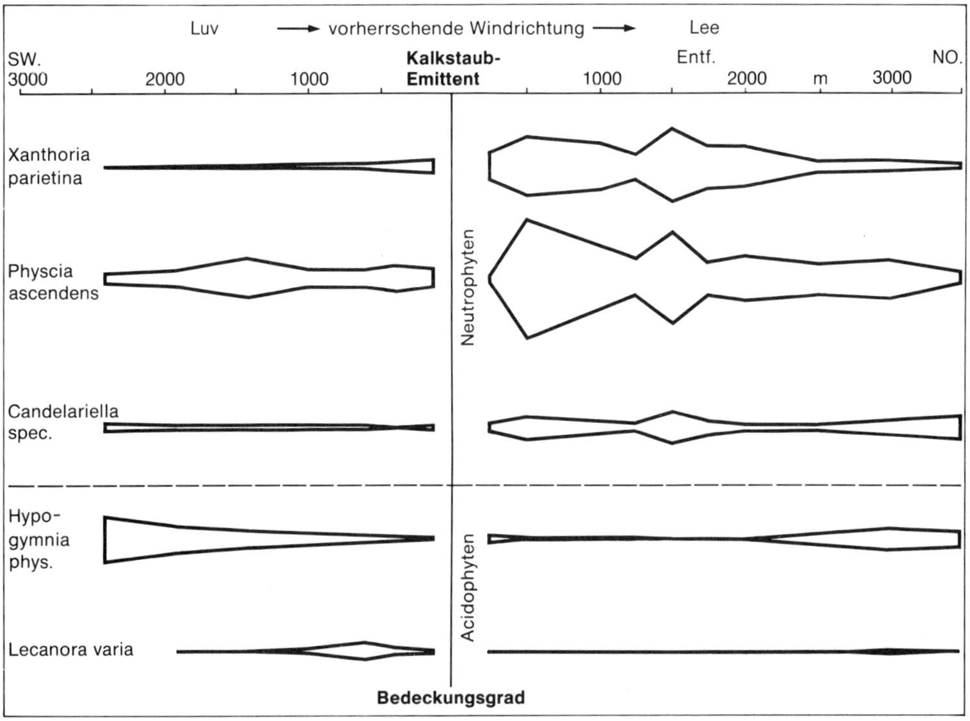

Abb. 54 Vitalitätsbeeinflussung des natürlichen Flechtenbewuchses im Luv und Lee eines Kalkstaub-Emittenten. Die vorherrschenden SW-Winde verfrachten den Kalkstaub verstärkt in NE-Richtung und bewirken hier eine Förderung der neutrophytischen und Zurückdrängung der azidophytischen Arten (Angaben in % der Bedeckung der Bewertungsfläche).

Ertragseinbußen in immissionsbelasteten Gebieten möglichst einzuschränken, andererseits lassen sich besonders sensible Arten gut als Monitoren für die Überwachung von Luftverunreinigungen für ein Gebiet einsetzen. Bradshaw [1976] sieht sowohl die Überempfindlichkeit als auch die Resistenz bestimmter Sorten als Ausdruck genetischer Veränderungen in Beantwortung des Immissionsreizes an: Eine Adaptation an die Kfz-bedingten Blei-Immissionen soll sich bei dem Lebermoos *Marchantia polymorpha* herausgebildet haben. *Lolium perenne,* ein wichtiges Futtergras, hat nach Bell und Mudd [1976] am natürlichen Standort in der immissionsbelasteten Region von Lancashire eine SO_2-resistente Sorte neu entwickelt.

Obwohl – wie vorstehend beschrieben – die Resistenz von mannigfachen Faktoren abhängig ist, läßt sich doch eine grobe Einstufung der Pflanzenarten in solche hoher, mittlerer und geringer Sensibilität vornehmen. Dabei können sich die Arten gegenüber verschiedenen Immissionstypen durchaus unterschiedlich verhalten, z. B. gilt die Eibe als fluorempfindlich, während sie eine geringe Sensibilität gegenüber SO_2 aufweist. Die Kenntnis der relativen Resistenz gegenüber bestimmten Luftverunreinigungskomponenten ist für den Anbau in Belastungsgebieten von großer Bedeutung.

5.5.2.4 Pflanzen als Bioindikatoren

Als Indikatoren für Immissionsbelastungen lassen sich sowohl besonders sensible Arten verwenden, bei denen makroskopische Schädigungen schnell und deutlich sichtbar werden, als auch weitgehend resistente Arten. Letztere zeichnen sich dadurch aus, daß sie die angebotenen Schadstoffe meist auch besonders gut akkumulieren [Akkumulationsindikatoren; Steubing

1976]. Eine große Anzahl von Pflanzenarten reagiert auf Luftverunreinigungen mit Schädigungen, die keinem Immissionstyp zugeordnet werden können, andere Arten reagieren demgegenüber komponentenspezifisch. Werden z. B. relativ SO_2-unempfindliche Pflanzen, wie Gladiolen, Tulpen, Hyazinthen, Flieder oder Eberesche, früher geschädigt als die SO_2-sensiblen Fichten und Tannenarten, so kann weniger mit Schwefeldioxid- als mit Fluorimmissionen gerechnet werden [VAN HAUT und GUDERIAN 1973]. In der Tabelle 31 sind einige Pflanzenarten aufgeführt, die besonders häufig als Indikatoren für eine allgemeine oder spezielle Schadstoffbelastung der Luft genannt werden.
Da nun die Empfindlichkeit der Pflanzen gegenüber Luftverunreinigungen nicht nur von genetischen Faktoren, sondern – wie bereits erwähnt – von vielen Standortfaktoren abhängt, ergibt sich die Notwendigkeit einer möglichst weitgehenden Standardisierung der Arbeiten für den Einsatz von Indikatorarten. Zwar kann man auch Pflanzen der natürlichen Vegetation zum Nachweis unterschiedlich hoher Schadstoffakkumulation an ihren Wuchsorten benutzen, jedoch sind die Ergebnisse noch beweiskräftiger, wenn die Testpflanzen unter absolut definierten Bedingungen eingesetzt worden sind.

Tabelle 31 Beispiele für Indikatorarten zur Kontrolle von Luftverunreinigungen.

Nachweis für	sensible Indikatoren	nicht sensible Indikatoren (Akkumulations-Indikatoren)
Allgemeine Immissionsbelastung	epiphytische Flechten und Moose	Baumborken
Schwermetallstäube	*Prunus domestica* *Phaseolus vulgaris* *Beta vulgaris* *var. altissima*	*Taxus baccata* *Sambucus nigra* *Lolium multiflorum* *ssp. italicum*
SO_2	*Picea spec.* *Medicago sativa* *Lupinus sativus*	
HF	*Prunus spec.* (Steinobst) Knollen- und Zwiebelpflanzen, z. B. *Gladiolus communis* »Snow Princes«	*Brassica oleracea* *var. acephala* *Lolium multiflorum* *ssp. italicum*
HCl	*Betula pendula* *Stellaria media* *Fragaria vesca*	
NH_3	*Aesculus hippocastanum* *Helianthus annuus* *Solanum lycopersicum*	
H_2S	*Spinacia oleracea* *Pisum sativum*	
Photosmog	*Syringa vulgaris* *Urtica urens* *Nicotiana tabaccum* BEL W 3 *Phaseolus vulgaris* »Tempo«	
Teerdämpfe polyzyklische Aromate	*Sedum spectabilis* *Impatiens noli tangere* *Glycine maxima*	*Brassica oleracea* *var. acephala*

Abb. 55 Flechtenzonierung in der Region Untermain. Nach KIRSCHBAUM, verändert [1972].

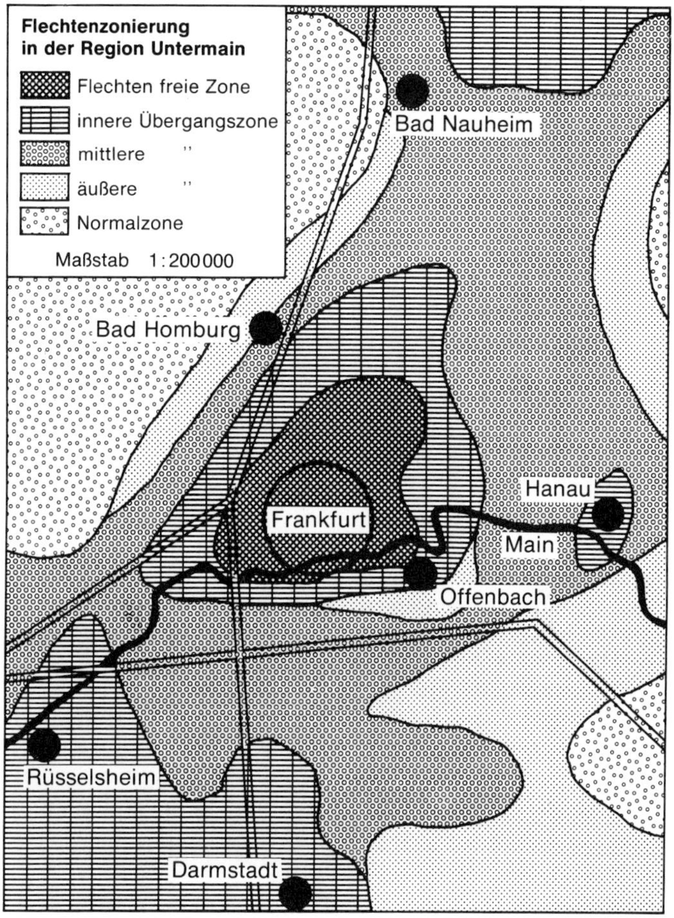

Zur lufthygienischen Überwachung eignen sich folgende Verfahren:

Pflanzensoziologische Kartierungen der natürlichen Vegetation In einem klimatisch einheitlichen Gebiet lassen sich Zonen verschieden hoher Immissionsbelastung durch empfindlich reagierende Pflanzengesellschaften oder auch einzelne Pflanzenarten voneinander abgrenzen. Mit Erfolg sind vor allem Flechten [Übersicht bei JÜRGING 1975] und Moose [DÜLL 1975], seltener Assoziationen höherer Pflanzen [NIKLFELD 1967, TRAUTMANN et al. 1971] für solche Kartierungen benutzt worden. Hierbei ist streng darauf zu achten, daß nur Pflanzen, die auf gleichartigen Substraten wachsen, miteinander verglichen werden dürfen (z. B. nur auf Apfelbäumen oder nur auf Eichen vorkommende Flechtenarten). Treten im Einflußbereich von Emittenten charakteristische Veränderungen in der Zusammensetzung von Pflanzengesellschaften auf, so ergibt sich daraus der Hinweis auf eine bereits längere Zeit schon vorhandene Immissionsbelastung (Abb. 55). Für einige Pflanzenarten sind auch die Immissionsgrenzwerte bekannt, nach deren Überschreitung sie ausfallen, so daß diese Indikatorarten zusätzliche Informationen über den Grad der Luftverunreinigungen liefern (Tab. 32).

Exponierung von Indikatorpflanzen Als geeignete Testpflanzen für den Einsatz in Belastungsgebieten haben sich bestimmte Moose und Flechten erwiesen, die in immissionsfreien Gebieten gesammelt und im Untersuchungsgebiet exponiert werden [LE BLANC et al. 1971, SCHÖNBECK 1969]. Flechten können z. B. samt der von ihnen besiedelten Borke in Tafeln eingesetzt, ebenso aber auch in Gazebeuteln exponiert werden [STEUBING und KUNZE 1976].

Tabelle 32 Grenzwerte für Flechten unterschiedlicher SO_2-Sensibilität.

Flechtenart	Einstufung	SO_2-Grenzwert mg/m^3 (Jahresmittel)
Parmelia caperata	hochempfindlich	0,05
Evernia prunastri	mittelempfindlich	0,06
Parmelia sulcata	gering empfindlich	0,10
Lecanora varia	toxitolerant	0,15

Zum Nachweis phytotoxischer Luftverunreinigungen mittels höherer Pflanzen ist möglichst genetisch einheitliches Material (am günstigsten sind Klone) zu verwenden, das in Einheitserde vorkultiviert und unter Kontrolle der Bewässerungszufuhr in dem Schadensgebiet exponiert wird. Ebenso wie auch bei den niederen Pflanzen muß sich eine Kontrollstation außerhalb des Immissionsgebietes befinden. Die Auswertung der Schädigungen erfolgt nach den vorstehend aufgeführten Kriterien. Zur Überwachung gas- und schwermetallhaltiger Luftverunreinigungen dient oft das Graskulturverfahren mit *Lolium multiflorum* als Akkumulationsindikator [SCHOLL 1971], als Fangpflanze für Cancerogene wird Blätterkohl *(Brassica oleracea)* empfohlen [HETTCHE 1968].

Testkammerverfahren Die sicherste Information, in welchem Umfange Schädigungen an Pflanzen durch Luftverunreinigungen bedingt sind, liefert das Testkammerverfahren. Hierbei wird gleichartiges Pflanzenmaterial in 2 unmittelbar miteinander verbundene Kammern gegeben. Die eine Kammer wird von ungefilterter Außenluft, die andere von Luft durchströmt, die zuvor durch ein Absorptionsfilter zur Entfernung des Schadstoffes gegangen ist. Der Einsatz hochwüchsiger Pflanzen erfordert große und relativ aufwendige Kammern, während in Mikrokammern mit niederen oder klein bleibenden höheren Pflanzen gearbeitet werden kann. Der Vorteil dieses Verfahrens besteht darin, daß an jedem zu bewertenden Standort eine Pflanzenkontrolle gleich mitgeführt wird und sich so auch eventuell vorhandene mikroklimatische Unterschiede innerhalb eines zu überwachenden Schadensgebietes eliminieren lassen.

Schrifttum

BELL, J. N. und C. M. MUDD, 1976: Sulphur dioxide resistance in plants: a case study of Lolium perenne. In T. A. MANSFIELD: Effects of air pollutants on plants. Cambridge, University Press, 87–103.

BENNETT, J. M. und A. C. HILL, 1973: Absorption of gaseous air pollutants by a standardised plant canopy. J. of Air Pollution Control Association *23*, 203–206.

BERGE, H., 1970: Immissionsschäden. In: Handbuch der Pflanzenkrankheiten, *11*, 4. Lieferung. Verlag Parey, Berlin u. Hamburg.

BRADSHAW, A. D., 1976: Pollution and evolution. In: T. A. MANSFIELD: Effects of air pollutant on plants. Cambridge University Press, 135–160.

CLAUSSEN, T., 1975: Die Relationen der Pflanzen auf Wirkungen des photochemischen Smogs. Verlag Parey, Berlin u. Hamburg.

DÜLL, R., 1975: Neuere Untersuchungen über Moose als abgestufte ökologische Indikatoren im Industriegebiet zwischen Rhein und Ruhr bei Duisburg. VDI-Komm. Reinhaltung Luft.

GUDERIAN, R. und H. VAN HAUT, 1970: Nachweis von Schwefeldioxidwirkungen an Pflanzen. Staub – Reinhaltung Luft *30*, 17–26.

HALBWACHS, G., 1968: Untersuchungen über den Wasserhaushalt rauchgeschädigter Forstgehölze. Ref. d. VI. Intern. Arbeitstag. forstl. Rauchschadensachverst. Katowice.

DERS. und J. KISSER, 1967: Durch Immissionen bedingter Zwergwuchs bei Fichte und Birke. Cbl. f. d. ges. Forstwesen *84*, 2–6, 156–173.

HETTCHE, H. O., 1968: Die Belastung der Atmosphäre durch polycyklische Aromate im Großraum eines Industriegebietes. Schriftenreihe d. Landesanst. f. Immissions- und Bodennutzungsschutz d. Landes Nordrhein-Westf. H. 12, 92–108.

HILL, A. C., 1971: Vegetation: A sink for atmospheric pollutants. J. of Air Pollution Control Association *21*, 341–346.

JÜRGING, P., 1975: Epiphytische Flechten als Bioindikatoren der Luftverunreinigung. Bibliotheca Lichenologie *4*.

KIRSCHBAUM, U., 1972: Kartierung des natürlichen Flechtenvorkommens. In: Lufthygienisch-meterolog. Modelluntersuchung in der Region Untermain, 76–80.

KLEIN, H., JÄGER, H. und L. STEUBING, 1974: Einfluß der Schwefel- und Stickstoffversorgung auf die SO_2-Empfindlichkeit von Pisum sativum. Angew. Bot. *48*, 1–8.

LE BLANC, F., COMEAU, G. und D. N. RAO, 1971: Fluoride injury symptoms in epiphytic lichens and mosses. Can. J. Bot. *49*, 1691–1698.

MANNING, W. J. und W. A. FEDER, 1976: Effects of ozone on economic plants. In: T. A. MANSFIELD: Effects of air pollutants on plants. Cambridge, University Press, 47–60.

NIKLFELD, M., 1967: Pflanzensoziologische Beobachtungen im Rauchschadensgebiet eines Aluminiumwerkes. Cbl. f. d. ges. Forstwesen *84*, 2–6, 318–329.

OLSCHOWY, G., 1971: Belastete Landschaft – Gefährdete Umwelt. Wiss. Taschenbuch. Goldmann Verlag, München.

SCHÖNBECK, H., 1963: Untersuchungen über Vegetationsschäden in der Umgebung einer Stückfärberei. Ber. aus d. Landesanst. f. Imm. u. Bodennutzungsschutz d. Landes Nordrhein-Westf. *4*, 33–78.

DERS., 1969: Eine Methode zur Erfassung der biologischen Wirkung von Luftverunreinigungen durch transplantierte Flechten. Staub, Reinh. Luft *29*, 14–18.

SCHOLL, G., 1970: Biologische Meßverfahren für Luftverunreinigungen. VDI Ber. *149*, 225–234.

STEUBING, L., 1976: Niedere und höhere Pflanzen als Indikatoren für Immissionsbelastungen. Landschaft und Stadt *8*, 97–103.

DERS. und R. KLEE, 1970: Vergleichende Untersuchungen zur Staubfilterwirkung von Laub- und Nadelgehölzen. Angew. Bot. *44*, 73–85.

TRAUTMANN, W., KRAUSE, A. und R. WOLFF-STRAUB, 1971: Veränderungen der Bodenvegetation in Kiefernforsten als Folge industrieller Luftverunreinigungen im Raum Mannheim-Ludwigshafen.

VAN HAUT, H. und H. STRATMANN, 1967: Experimentelle Untersuchungen über die Wirkung von Stickstoffdioxid auf Pflanzen. Schriftenreihe der Landesanst. f. Immissions- u. Bodennutzungsschutz d. Landes Nordrhein-Westf. *7*, 50–70.

DERS. und R. GUDERIAN, 1973: Pflanzen als Indikatoren der Luftverschmutzung. Probleme der Umweltforschung, Colloquium Verlag Berlin, 36–45.

WENTZEL, F. K., 1971: Habitus-Änderungen der Waldbäume durch Luftverunreinigung. Forstarchiv *41*, 165–172.

ZAHN, R., 1963: Über den Einfluß verschiedener Umweltfaktoren auf die Pflanzenempfindlichkeit gegenüber Schwefeldioxid. Z. Pflanzenkrankh., Pflanzenschutz *70*, 1–95.

SCHLIPKÖTER, HANS-WERNER – GOETTERT, LIESEL

5.5.3 Einflüsse von Luftverunreinigungen auf die Gesundheit des Menschen

5.5.3.1 Ursachen der Luftverunreinigungen

Die rapide Entwicklung der Industrie und der Bevölkerungszuwachs unter Verschmelzung von Industrie- und Wohngebieten sowie die Zunahme des Kraftfahrzeugverkehrs sind Ursache für die wachsende Luftverschmutzung. Bei den Verbrennungs- ebenso wie bei speziellen Industrieprozessen werden sowohl luftfremde Stoffe als auch natürlicherweise in der Luft vorkommende Substanzen emittiert, d. h., in die Luft abgegeben. In Stadtluft lassen sich bereits im Konzentrationsbereich unter 0,1 $\mu g/m^3$ einige hundert Fremdbestandteile nachweisen. Einen ersten Überblick geben die Abb. 56 bis 58. Sie zeigen die Konzentrationen einiger Luftverunreinigungen in den USA in den sechziger Jahren, dargestellt als 24-h-Maximalwerte und Jahresmittelwerte.

Ein genereller Anstieg der Konzentration luftverunreinigender Stoffe erfolgt während Inversionswetterlagen, wenn der vertikale Abstrom der Immissionen in die oberen Luftschichten der Atmosphäre durch eine Warmluftbarriere verhindert wird.

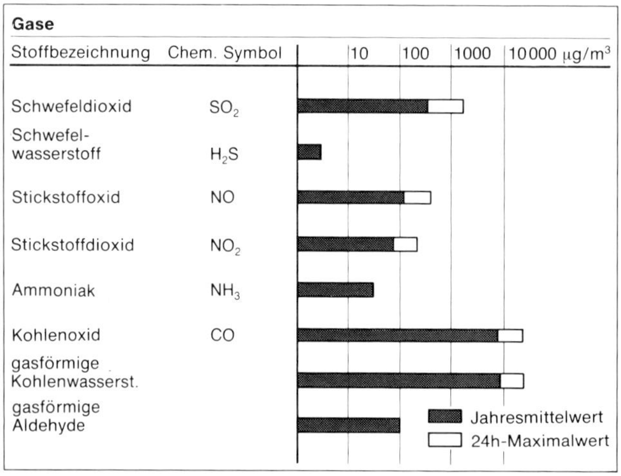

Abb. 56 Gase [SCHLIPKÖTER 1973c].

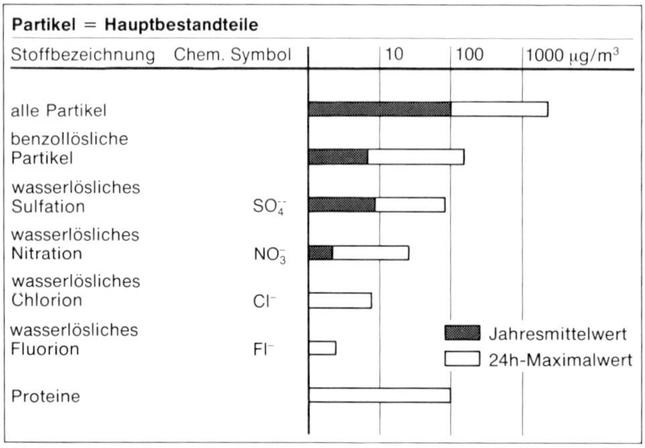

Abb. 57 Partikel = Hauptbestandteile [SCHLIPKÖTER 1973c].

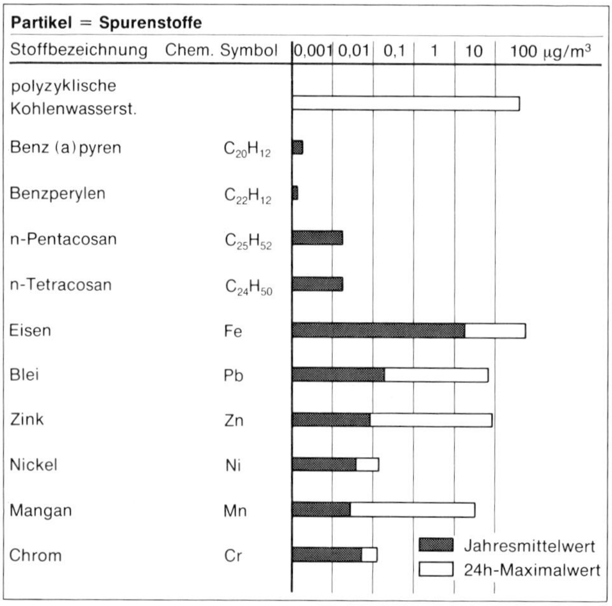

Abb. 58 Partikel = Spurenstoffe [SCHLIPKÖTER 1973c].

5.5.3.2 Luftschadstoffe

Man unterscheidet zwei Gruppen von Luftfremdstoffen, die nicht-partikulären und die partikulären Luftverunreinigungen. Zur ersten Gruppe gehören die Gase und Dämpfe, die zweite Gruppe bilden die Aerosole, das sind in Luft feinstverteilte Flüssigkeitströpfchen und Stäube.

5.5.3.3 Schädigungen der Gesundheit des Menschen

Schon Hippokrates vermutete, daß Verunreinigungen der Luft Krankheiten verursachen könnten. Die ersten Beweise, die hierfür erbracht wurden, entstammten aber fast ausnahmslos der Arbeitsumwelt. Erst als man Smog-Katastrophen beobachtete, vor allem die des Jahres 1952 im Großraum von London, als während weniger Tage 4000 zusätzliche Todesfälle registriert wurden, war erwiesen, daß von einer gewissen Konzentration an auch Verunreinigungen der Außenluft Gesundheitsschäden hervorrufen können. Besonders betroffen werden Neugeborene, Kinder, alte und kranke Menschen.

Gase, Dämpfe und partikuläre Luftverunreinigungen werden als schädlich betrachtet, wenn ihre Konzentrationen über kürzere oder längere Zeit so hoch sind, daß die vom Organismus aufgenommene Menge zu einer Gesundheitsschädigung oder Krankheitsverschlimmerung führt. Es hängt also von der in einer bestimmten Zeitspanne zugeführten Stoffmenge ab, ob es zu einer Schädigung kommt, ob nur Reaktionen erfolgen, die nicht unbedingt als Gesundheitsschädigung zu betrachten sind, weil sie durch die Regelsysteme des Organismus ausgeglichen werden können, oder ob gar keine unphysiologische Wirkung erkennbar wird (Dosis-Wirkungs-Relation).

Von einer *immissionsbedingten Gesundheitsschädigung* spricht man, wenn durch die Einwirkung luftverunreinigender Stoffe eine zeitweilige oder andauernde Veränderung von Funktionen und/oder Formen eintritt, die das Ausmaß der physiologischen Variationsbreite und Regelungskapazität überschreitet. Da biologische Reaktionen sehr komplex sind, spielen für das Zustandekommen der Schädigung nicht nur Geschlecht, Alter, Konstitution und ethnische Konstellation, sondern auch geographisch-klimatische Gegebenheiten, Ernährung, Rauchgewohnheiten, Beruf und andere sozioökonomische Faktoren eine Rolle.

Luftverunreinigungen können beim Menschen *lokale und/oder systemische Wirkungen* ausüben. Lokale Schädigungen treten an der Haut, an den Schleimhäuten des Atemtraktes und an den Augen auf, systemische nach Resorption der Stoffe am Skelett, an der Leber, den Nieren, dem Zentralnervensystem, dem Herz-Kreislaufsystem und der Erbsubstanz. Ferner können durch Schadstoffe allergische Reaktionen verursacht werden. Da die Aufnahme von Luftverunreinigungen hauptsächlich durch die Lunge erfolgt, stehen unter den durch Luftschadstoffe hervorgerufenen Krankheitsbildern die Atemwegserkrankungen im Vordergrund.

Die tatsächliche Belastung der Lunge ist wesentlich vom Eindringungsvermögen der Fremdstoffe in die tiefen Atemwege abhängig. Für gut wasserlösliche Gase ist sie geringer als für schwer wasserlösliche; Teilchen mit einem Durchmesser $> 5–10\ \mu m$ gelangen nicht in die Lunge. Außerdem ist die Lunge in der Lage, zumindest einen Teil der aufgenommenen Partikeln zu eliminieren. Der sogenannten Lungenreinigung dienen die Teilchenphagozytose durch Alveolarmakrophagen und die mukoziliare Elimination. Diese Fähigkeit zur Selbstreinigung des Atemtraktes läßt nach dem 40. Lebensjahr nach.

Die Lungenresorption von Gasen und Dämpfen ist abhängig von deren Löslichkeit, dem Konzentrationsgefälle zwischen Alveole und Blut, der Stärke der Blutströmung und dem Zustand der Alveolarmembran. Die Lunge besitzt eine große Resorptionsfläche; sie beträgt beim Erwachsenen etwa 80 m^2. In Ruhe atmet der Erwachsene täglich 12–15 m^3 Luft, bei Schwerarbeit sogar bis zu 40 m^3.

Mit rund 2 m^2 (Erwachsene) bietet auch die Haut für Luftverunreinigungen eine große Angriffsfläche. Dennoch sind immissionsbedingte Hautveränderungen ungewöhnlich.

Abbildung 59 zeigt eine Übersicht über einige Schadstoffe und deren toxikologische Eigenschaften.

Abb. 59 Schadstoffe und ihre toxikologischen Eigenschaften [Antweiler 1976].

Quelle	Schadstoff	Toxikologische Eigenschaft
	Kohlenmonoxid	Erstickungsstoff
	Blei	Blutgift
	Polyzyklische	
Motor-	aromatische	Krebsfördernde
fahrzeuge	Kohlenwasserstoffe	Substanzen
	Stickoxide	
	Aldehyde	»Irritants« =
Haus-	Kohlenwasserstoffe	Reizstoffe für Augen
feuerungen	Schwebestaub	und Atmungsorgane
	Schwefeldioxid	

Neben den im engeren Sinne gesundheitsschädigenden Luftverunreinigungen gibt es solche, die nur insofern als schädlich zu betrachten sind, als sie das Wohlbefinden, manchmal in erheblichem Maße, beeinträchtigen. Die Einwirkung derartiger Komponenten, z. B. der geruchsintensiven Stoffe, stellt eine Belästigung dar.

5.5.3.4 Die einzelnen Schadstoffe und ihre Einwirkungen auf die Gesundheit des Menschen

Im folgenden sollen die nicht-partikulären Luftverunreinigungen (Gase und Dämpfe) und die partikulären Luftverunreinigungen (Flüssigkeitströpfchen und Stäube) getrennt behandelt werden.

5.5.3.4.1 Nicht-partikuläre Luftverunreinigungen

5.5.3.4.1.1 Schwefeldioxid (SO_2)

Schwefeldioxid stammt aus der Industrie- und Hausbrandfeuerung sowie aus bestimmten industriellen Prozessen, wobei die Stärke der Emission primär vom Schwefelgehalt des fossilen Brennstoffes bestimmt wird – Erdgas ist praktisch schwefelfrei. SO_2 ist ein *Reizgas,* das durch seine leichte Wasserlöslichkeit zu mehr als 90% im Nasen-Rachenraum abgefangen wird. Bei Mundatmung, wenn die Konzentrationen extrem hoch sind oder das Gas zusammen mit Staubteilchen eingeatmet wird (Einschleppen in der Hydratationshülle von Partikeln), gelangt es jedoch auch in die tieferen Atemwege. Die Partikeln können katalysefördernd wirken, also die *Entstehung von SO_3* beschleunigen. Tierexperimente mit SO_2 ergaben, daß nur bei höherer SO_2-Konzentration *akute Wirkungen* auftreten, wie *Hemmung der Zilienbewegung* – wodurch der mukoziliare Transport verlangsamt oder gar unterbrochen, also die *Lungenreinigung beeinträchtigt* wird – oder eine Beeinflussung der *Infektionsresistenz* und der *Immunreaktion.* Erst bei Konzentrationen über 2,5 mg SO_2/m^3 treten funktionelle und morphologische Veränderungen an den Atmungsorganen auf. Aus epidemiologischen Studien wird geschlossen, daß unter *chronischer Einwirkung von SO_2* außer *Nebenhöhlenentzündung Atemwegserkrankungen und Lungenblähung (Emphysem)* vermehrt auftreten. *Mortalität* und *Morbidität* in Abhängigkeit von Konzentration und Dauer der SO_2-Einwirkung zeigt zusammenfassend Abb. 60. Dabei muß SO_2 allerdings als Indikator für die gesamte Luftverschmutzung betrachtet werden.

Zwei Beispiele sollen zeigen, welche *Wirkungen SO_2 in Kombination mit Staub* auf die Gesundheit der Bevölkerung hat: In einem stark verunreinigten Stadtgebiet von Salford (England) betrug die Häufigkeit der *Bronchitis* 130% der zu erwartenden, in einem schwach verunreinigten nur 60%. Die SO_2- und Staubkonzentrationen verhielten sich hier wie 4 : 1. In London leiden 58,7% der Männer im Alter von 50 bis 69 Jahren an Dauerhusten und Auswurf, während auf dem Lande diese Symptomatik nur mit einer Häufigkeit von 18,9% festgestellt wurde.

5.5.3.4.1.2 Stickstoffoxide (NO_x), besonders Stickstoffdioxid (NO_2)

Die Stickstoffoxide stehen im Verdacht, bei längerer Einwirkung in entsprechenden Konzentrationen das Entstehen der *chronischen Bronchitis* und die mit ihr verbundene *Lungenblähung* zu fördern. Unter den Stickstoffoxiden hat das in Wasser praktisch unlösliche Stickstoffdioxid sowohl als atmosphärisches Umwandlungsprodukt von NO als auch wegen seiner in epidemiologischen und tierexperimentellen Untersuchungen erwiesenen Wirkung die größere Bedeutung.

Bei Tieren führte die Inhalation von 0,2–2 mg NO_2/m^3 Luft zu einer Verminderung der Infektionsresistenz und des Reinigungsvermögens der Lunge, zu Zellveränderungen an den Bronchien sowie zu nur elektronenmikroskopisch sichtbaren Strukturabweichungen der Lunge. Inwieweit diese Ergebnisse sich auf den Menschen übertragen lassen, ist noch nicht eindeutig geklärt. Epidemiologische Untersuchungen an Kindern zeigten den negativen Einfluß einer Belastung mit ca. 0,2 mg NO_2/m^3 Luft auf die *Lungenfunktion* ($FEV_{0,75}$ – forciertes Exspirationsvolumen in 0,75 Sekunden) und eine Häufigkeitszunahme akuter *Bronchitiden* nach 2–3jähriger Belastung mit 0,12–0,16 mg NO_2/m^3 Luft. Bei Patienten mit einer chronischen Bronchitis verursachen 3,3 mg NO_2/m^3 Luft eine signifikante Erhöhung des *Atemwiderstandes.* Wie SO_2 stört auch NO_2 den mukoziliaren Transport durch *Hemmung der Zilienbewegung.*

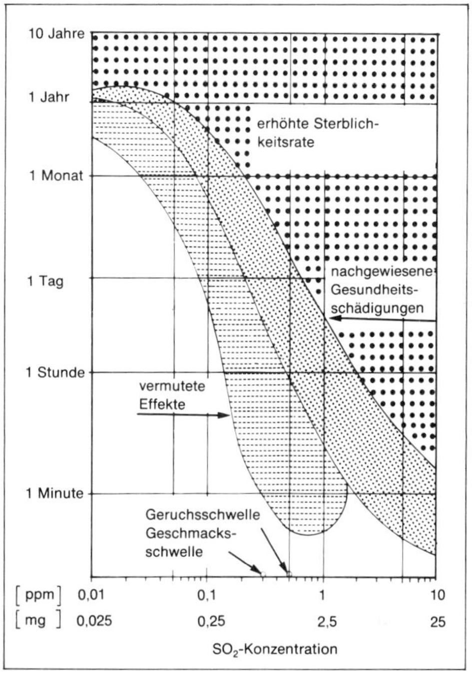

Abb. 60 Auswirkungen von SO_2 in der Atemluft auf die Gesundheit [GRÜMM 1971].

5.5.3.4.1.3 Photochemische Oxidantien

Photochemische Oxidantien (Photooxidantien) sind Produkte mit oxidierenden Eigenschaften, die unter Beteiligung von Stickstoffoxiden und reaktiven Kohlenwasserstoffen durch photochemische Reaktionen bei starker UV-Einstrahlung entstehen. Hauptvertreter sind das Ozon (O_3) und die Peroxyacylnitrate (PAN). Etwa 90% des eingeatmeten Ozons werden vom Organismus aufgenommen, und zwar 15 bis 20% in den oberen, der Rest in den unteren Luftwegen.

Lokale Angriffspunkte der Photooxidantien sind der *Respirationstrakt* und die *Augen.* Ferner wurden *Leistungseinbußen* bei Sportlern und *Resistenzverminderung* gegenüber Bakterienaerosolen beobachtet. Infektabwehr und natürliche Verhaltensweise werden im Tierversuch schon bei O_3-Konzentrationen unter 0,2 mg/m³ Luft beeinträchtigt. Beim Menschen wird die *Lungenfunktion* durch niedrige Konzentrationen erst vermindert, wenn die Expositionszeit mehr als 48 Stunden beträgt. Bei Expositionen bis zu 2 Stunden konnten Abweichungen von der Norm nur unter relativ hohen Ozon- bzw. PAN-Konzentrationen beobachtet werden. Beachtung verdient der Umstand, daß Ozon im Tierexperiment Abbau und Elimination von Benz(a)pyren in der Lunge hemmt und daß eine *koergistische Wirkung von Schwefeldioxid und Ozon besteht.* Nach den bisher vorliegenden experimentellen, klinischen und epidemiologischen Untersuchungsergebnissen ist bereits bei Ozon- und Oxidantien-Konzentrationen von 0,2 mg/m³ Luft mit Gesundheitsschäden zu rechnen.

5.5.3.4.1.4 Kohlenmonoxid (CO)

Kohlenmonoxid ist ein Produkt der unvollständigen Verbrennung. In verkehrsreichen Straßen werden maximale Stundenwerte von mehr als 35 bis 60 mg CO/m^3 Luft gemessen, als Spitzen können bei starkem Verkehr sogar Konzentrationen von 120 bis 350 mg CO/m^3 Luft auftreten. Besonders hohe Konzentrationen lassen sich auch innerhalb der Kraftfahrzeuge messen, die in einem längeren Stau stehen, vor allem, wenn zusätzlich noch geraucht wird.
Das aufgenommene Kohlenmonoxid bindet sich an den Blutfarbstoff, und es entsteht Carboxihämoglobin (COHb). Da CO eine etwa 240fach stärkere Bindungsfähigkeit an Hämoglobin hat als Sauerstoff, blockiert es die Bindungsorte für den Sauerstoff, hemmt damit den *Sauerstofftransport* im Blut und verursacht Sauerstoffmangel der Gewebe. Nicht-CO-Exponierte haben etwa 0,8% COHb, verursacht durch CO, das sich im Stoffwechsel bildet. Bei Rauchern erhöht sich dieser Prozentsatz auf etwa 7, in Extremfällen bis auf 15% COHb. Wie experimentelle Untersuchungen an Mensch und Tier ergaben, kann der Prozentsatz von CO, der an Hämoglobin gebunden wird, in Abhängigkeit von der inhalierten CO-Konzentration und der Inhalationsdauer abgeschätzt werden (s. auch Abb. 61 und 62).
Die Symptome, die in Abhängigkeit vom COHb-Gehalt vorkommen, zeigt Abb. 62. Bei geringen Konzentrationen stehen zwei Angriffspunkte im Vordergrund:

1. das Zentralnervensystem,
2. das Herz-Kreislaufsystem.

Durch neurophysiologische Untersuchungen und experimental-psychologische Verhaltensstudien ließ sich der negative Einfluß des erhöhten COHb-Spiegels auf das Nervensystem nachweisen. Experimente zur Feststellung der akustischen Vigilanzleistung, bei denen die Versuchspersonen Töne unterschiedlicher Dauer und Frequenz erkennen müssen, haben gezeigt, daß eine Beeinträchtigung der *Aufmerksamkeitsleistung* bei gesunden Personen schon ab 2,5% COHb nachzuweisen ist. Dieser Effekt könnte für den Großstadtbewohner von Bedeutung sein, insbesondere bei den hohen Anforderungen, die heute im Berufsleben und im Straßenverkehr an Aufmerksamkeitsleistung und Reaktionsvermögen gestellt werden. Die vorliegenden Ergebnisse über die Wirkung auf das Zentralnervensystem sind jedoch noch widersprüchlich und müssen durch Untersuchungen an vorgeschädigten Personen ergänzt werden. Bei Kraftfahrern, die in Unfälle verwickelt waren, wurden höhere COHb-Spiegel gefunden als bei entsprechenden Kontrollpersonen.

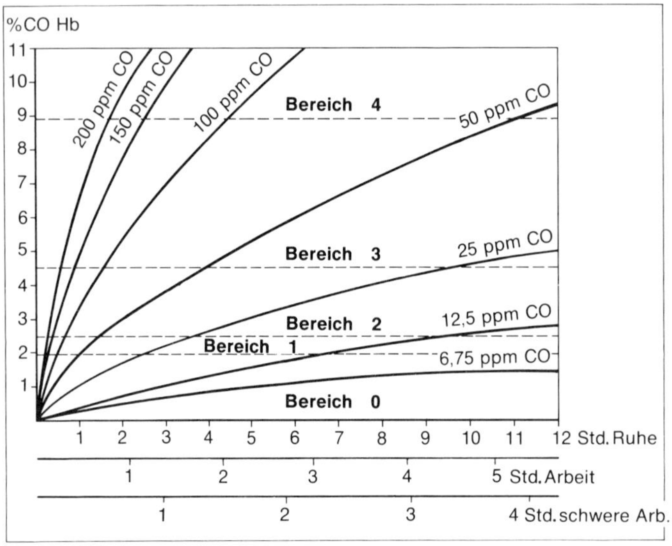

Abb. 61 Schematische Darstellung der COHb-Bildung in Abhängigkeit von Expositionshöhe und -dauer bei körperlicher Ruhe und verschieden schwerer Arbeit [SCHLIPKÖTER 1973a].

Abb. 62 Symptome bei Kohlenmonoxidvergiftung in Abhängigkeit vom COHb-Gehalt [ANTWEILER 1976].

COHb	Erscheinungen
5 ... 10%	leichte, eben meßbare Einschränkung des Visus (Schwelle der Verschmelzungsfrequenz gesenkt)
10 ... 20%	leichter Kopfschmerz, Mattigkeit, Unwohlsein, Kurzatmigkeit bei Anstrengung, Herzklopfen
20 ... 30%	Schwindel, Bewußtseinseinschränkung, Gliederschlaffheit und -lähmung
30 ... 40%	Haut rosafarben, Bewußtseinsschwund, Atmung verflacht, Kreislaufkollaps
40 ... 60%	tiefe Bewußtlosigkeit, Lähmung, Cheyne-Stokes'sche Atmung, sinken der Körpertemperatur
60 ... 70%	tödlich in 10 min bis 1 h
> 70%	tödlich in wenigen min

Bezüglich der schädlichen Wirkung auf das Herz-Kreislaufsystem wurde festgestellt, daß COHb-Werte von 2,8–3% bereits einen negativen Einfluß auf *Herzmuskelerkrankungen* haben. Zwischen der Zahl der mit Herzinfarkt aufgenommenen Patienten und der CO-Konzentration der Außenluft besteht zwar kein signifikanter Zusammenhang, zwischen den wöchentlichen Sterberaten an Herzinfarkt und den CO-Konzentrationen der Luft dagegen ist eine Beziehung nachzuweisen. Bei älteren Menschen zeigt sich wegen der häufigen sklerotischen Veränderungen an Herz- und Gehirngefäßen die schädliche Wirkung von CO bereits bei relativ niedrigen COHb-Konzentrationen. Auch nach Aufnahme von Alkohol, Antihistaminika sowie Antihypertonika können sonst noch nicht schädlich wirkende CO-Konzentrationen *additiv zu psychomotorischen Störungen* führen. Als gesichertes Ergebnis wurde festgestellt, daß COHb-Werte von 2,8% bei Patienten mit *Angina pectoris* und *Gefäßerkrankungen* der Beine früher objektivierbare Schmerzerscheinungen auslösen.

5.5.3.4.1.5 Schwefelwasserstoff (H_2S)

Schwefelwasserstoff findet sich in der Außenluft normalerweise nicht in einer so hohen Konzentration, daß er für die Gesundheit des Menschen gefährlich wird. Durch seinen starken Geruch führt er jedoch zu *Belästigungsreaktionen* individuell unterschiedlicher Stärke; eine gewisse Gewöhnung kann eintreten. Unter Versuchsbedingungen (ca. 3,5 mg H_2S/m^3 Luft für 2,5 h) waren subjektives Befinden sowie Konzentrationsleistung nicht signifikant betroffen.

5.5.3.4.1.6 Kohlenwasserstoffe (C_nH_n)

In Kraftfahrzeugabgasen sind mehrere hundert verschiedene Kohlenwasserstoffe festgestellt worden, und zwar aliphatische, zyklische und aromatische. Toxikologisch am bedeutsamsten sind die polyzyklischen Aromaten (s. unter 5.5.3.4.2.7). Kohlenwasserstoffe können – je nach Konzentration – generell folgende *Wirkungen* haben: Schleimhautreizung, Hustenreiz, Brechreiz, Benommenheit, Schwindel, Schläfrigkeit, Erregungszustände, Krämpfe, Atemlähmung, Kreislaufschock, Krebs. Ferner sind *toxische Effekte durch Summation* von Auswirkungen kleiner Konzentrationen verschiedener Stoffe möglich. Es werden aber auch viele Kohlenwasserstoffe im Körper zu weniger wirksamen Stoffwechselprodukten umgebaut.

5.5.3.4.1.7 Chlor und Chlorwasserstoff (Cl_2, HCl)

Chlor und Chlorwasserstoff sind *Reizgase,* die auf die *Binde- und Hornhaut des Auges* und die *Schleimhaut des Atemtraktes* je nach Konzentration schädigend einwirken. Die Gase können lebensbedrohlich werden, wenn sie unkontrolliert massiv ausströmen.
Sie entstehen bei vielen industriellen Prozessen, HCl auch bei Verbrennung chlorhaltiger Kunststoffe. Laufen die industriellen Prozesse unter Kontrolle ab und werden die vorgeschlage-

nen Grenzwerte nicht überschritten, so sind nach den derzeitigen Kenntnissen keine gesundheitsschädlichen Wirkungen zu erwarten.
Die Geruchsschwelle für Chlor liegt bei 0,06–0,15 mg/m^3 Luft, für Chlorwasserstoff bei 0,01–0,39 mg/m^3 Luft.

5.5.3.4.1.8 Sonstige

Aldehyde und Ketone haben nur als geruchsintensive Reizstoffe Bedeutung. Die gasförmigen Fluorverbindungen sind in den in der Außenluft vorkommenden Konzentrationen für den Menschen ungefährlich.

5.5.3.4.2 Partikuläre Luftverunreinigungen

Nach der Korngröße unterscheidet man zwischen Grobstaub und Feinstaub. *Grobe Partikeln* können, besonders in Industriegebieten, zu *Augenverletzungen* führen, sind jedoch wegen der hohen Sedimentationsgeschwindigkeit kaum atembar und spielen somit in der Außenluft keine große Rolle mehr. Anders verhält es sich mit dem Feinstaub: *Feine Partikeln* können durch Atmung aufgenommen, in den Atemwegen und in der Lunge deponiert und so *biologisch wirksam* werden. Außerdem hat der Feinstaub auch ohne Aufnahme in den Körper eine unerwünschte Wirkung: Er vermindert die UV-Einstrahlung, verzögert dadurch die Knochenreifung und fördert das Entstehen der *Rachitis*. Etwa die Hälfte aller Stäube besteht aus anorganisch-chemischen Verbindungen, etwa ein Zehntel aus organischen Verbindungen und der Rest aus Ruß.

5.5.3.4.2.1 Quarz

Von den mineralischen Stäuben erreicht Quarz in der Außenluft nicht die Konzentrationen, welche beispielsweise im Steinkohlenbergbau auftreten und dort zur Entwicklung einer Silikose führen können. Allerdings können Quarzpartikeln durch Adsorption anderer schädlicher Substanzen eine schädigungsfördernde Vehikelfunktion übernehmen.

5.5.3.4.2.2 Asbest

Die gewerbetoxikologische Bedeutung des Asbeststaubes ist schon lange bekannt. Berufliche Exposition hat zur Entwicklung von Lungenfibrosen (Asbestose) und Lungenkrebs geführt. Sind Asbestarbeiter zusätzlich Zigarettenraucher, so ist die Gefahr der Lungenkrebsentwicklung besonders groß.
Produktion und Verbrauch von Asbest sind in den letzten 20 Jahren auf mehr als das 10fache gestiegen. Daher lassen sich heute auch in der Außenluft Asbestfasern nachweisen, nicht nur in der Nähe von asbestverarbeitenden Industrien, sondern praktisch überall.
Nach neueren experimentellen Ergebnissen genügt u. U. die Inhalation weniger Asbestfasern für die Bildung von *Geschwülsten an Brust- und Bauchfell,* wobei die Silikatnatur des Asbestes für seine Kanzerogenität weniger verantwortlich sein dürfte als seine Nadelform. Die Emission von Asbestfasern in lungengängiger Größenordnung zu vermeiden, ist daher von größter Wichtigkeit. In den USA wurde Asbeststaub im Hinblick auf seine zunehmende außenlufthygienische Bedeutung zum »hazardous air pollutant« erklärt.

5.5.3.4.2.3 Glasfasern

Schließt man von den Ergebnissen aus Tierversuchen auf den Menschen, so ist zu befürchten, daß Glasfasern – bestimmte Abmessungen vorausgesetzt – Geschwülste verursachen können. Eine solche Wirkung wurde jedoch bisher bei glasfaserexponierten Arbeitern nicht beobachtet.

5.5.3.4.2.4 Ruß

Ruß macht etwa ein Drittel der Gesamtstaubmenge aus. Seine gesundheitsschädliche Wirkung scheint vor allem darauf zu beruhen, daß Rußteilchen vermittels ihrer *großen inneren Oberfläche* andere Stoffe adsorbieren und dadurch diese in die Lungentiefe transportieren können. Dort kann dann eine höhere Konzentration dieser Substanzen zur Wirkung kommen. Es handelt sich vorwiegend um Schwefeldioxid und Kohlenwasserstoffe, insbesondere polyzyklische Aromaten, beispielsweise Benz(a)pyren, die als krebserzeugende Stoffe bekannt sind.

5.5.3.4.2.5 Schwefelsäure (H_2SO_4) und Sulfate

Schwefelsäure und Sulfate sind generell in der Atmosphäre gebildete *Folgeprodukte des emittierten Schwefeldioxids.* Zu ihren Wirkungen gibt es relativ wenige Langzeitstudien. Affen zeigten eine empfindliche Reaktion bei 18-monatiger Inhalation von Schwefelsäureaerosol: Ab einer Konzentration von ca. 400 µg H_2SO_4/m^3 Luft und einem Teilchendurchmesser von 2,15 µm wurden Funktion und Struktur der Lunge beeinträchtigt. Lungenfunktionsproben an Kindern erbrachten Verschlechterungen der *$FEV_{0,75}$-Werte* (forciertes Exspirationsvolumen in 0,75 Sekunden) unter einer Sulfatbelastung mit 9 µg/m³ bei gleichzeitig relativ niedriger SO_2- und Staubkonzentration. Untersuchungen in Gemeinden des Salt Lake Basin (USA) ergaben neben einer hohen negativen Korrelation der Außentemperatur mit der Häufigkeit von *Asthmaanfällen,* daß bei einer bestimmten Schwebstoffkonzentration Anfälle umso häufiger sind, je höher der Sulfatgehalt ist.

5.5.3.4.2.6 Schwermetalle

Metalle, vor allem Schwermetalle, können bei längerer Einwirkungsdauer charakteristische organspezifische Gesundheitsstörungen hervorrufen. Einflüsse auf gewisse *Fermentsysteme* scheinen hierbei von Bedeutung zu sein; schlüssige Erklärungen liegen allerdings noch nicht vor. Interessant ist, daß einige dieser Metalle als Spurenelemente lebensnotwendig, in etwas höherer Dosierung aber bereits giftig und zum Teil kanzerogen sind. Manche Metallverbindungen haben ferner die Eigenschaft, die *Oxidation* von an ihrer Teilchenoberfläche adsorbierten Stoffen, beispielsweise SO_2 und NO_2, zu fördern und damit deren Wirkung zu steigern bzw. zu beschleunigen.

5.5.3.4.2.6.1 Blei (Pb) Von allen Metallen hat Blei als Luftverunreinigung die größte Bedeutung. Da Blei besonders bei der Verbrennung bleihaltigen Benzins auftritt, wurde es vom arbeitshygienischen zum allgemeinen lufthygienischen Problem. In Ballungsgebieten beträgt der Bleigehalt der Luft 2–4 µg/m³ und kann in den Hauptverkehrszeiten auf 20 µg/m³ ansteigen. Ein Großstadtbewohner nimmt täglich durch Inhalation etwa 30–60 µg, mit Wasser und Nahrung etwa 300 µg Blei auf. Vom Nahrungsblei werden höchstens 5–10% in den Körper aufgenommen, vom inhalierten Blei jedoch, nach Resultaten von Tierexperimenten, etwa 75%.

Resorbiertes Blei bindet sich vor allem an den roten Blutfarbstoff, so daß die Blutbleikonzentration ein ungefähres Maß der aktuellen Exposition ist. Der *Blutbleispiegel* des Großstadtbewohners liegt zwischen 15 und 35 µg/100 ml. Blei lagert sich passager in Leber und Niere ab und wird langfristig im Knochen deponiert. Solche Einlagerungen von Blei in das Skelettsystem bleiben an sich symptomlos, jedoch könnte es nach tierexperimentellen Ergebnissen und klinischen Beobachtungen unter besonderen Belastungen des Organismus zu einer *Mobilisierung von Knochenblei* kommen. Ob solche plötzlichen Blei-Ausschüttungen in die Blutbahn bereits Krankheitswert haben, ist noch nicht eindeutig geklärt.

Typische Symptome einer Bleivergiftung treten zwar erst bei einem Blutbleispiegel > 80 µg% auf, aber schon bei Konzentrationen von 10–35 µg% werden die ersten Anzeichen einer Störung des *Hämoglobinaufbaus* beobachtet. In der Schädigung der hier beteiligten und anderer Fermentsysteme zeigt sich die toxische Bleiwirkung am deutlichsten. Effekte an Fermenten können aber auch durch andere Schwermetalle verursacht werden.

Neuere Untersuchungsergebnisse liefern Anhaltspunkte dafür, daß Blei die Infektionsresistenz durch Schädigung der Alveolarmakrophagen herabsetzen und bei Einwirkung in der vor- und nachgeburtlichen Entwicklungsphase Leistungsminderungen des Zentralnervensystems hervorrufen kann.

5.5.3.4.2.6.2 Cadmium (Cd) Die Aufnahme von Cadmium erfolgt wie die des Bleis durch Nahrungsmittel und Atemluft. Das kritische Organ ist die *Niere.* Die höchsten Konzentrationen finden sich in der Nierenrinde, wo eine Anreicherung stattfindet, weil nur 1–2 μg Cadmium/Tag ausgeschieden werden. 200 μg Cd/g Nierenrinde (Frischgewicht) wird als Grenzkonzentration angenommen. Bei Überschreiten dieser Konzentration steigt die Ausscheidung von Eiweiß, Glukose und Mineralstoffen im Harn. Nach einigen Beobachtungen haben Hypertoniker in den Nieren und Emphysempatienten in der Lunge und anderen Geweben relativ höhere Cadmiumkonzentrationen. Im Tierversuch zeigte sich, daß eine langfristige Einwirkung von Cadmium in niedrigen Konzentrationen einen leichten Bluthochdruck verursachen kann. Wie andere Schwermetalle kann auch Cadmium bei Tieren die Pränatalentwicklung stören und Mißbildungen hervorrufen *(teratogene Wirkung).*

5.5.3.4.2.6.3 Zink (Zn) Untersuchungen über Schädigungen durch zinkhaltige Luftverunreinigungen sind noch nicht sehr umfangreich. Zink ist nächst dem Eisen quantitativ das wichtigste *Spurenelement.* Es wird zu etwa 95% mit der Nahrung zugeführt. Nur etwa 0,8% stammen aus der Atemluft. Der Bedarf des Erwachsenen liegt bei täglich 8–15 mg. Da einerseits die erforderliche Zinkmenge nicht immer durch die Nahrungsaufnahme sichergestellt zu sein scheint, andererseits Zink erst in großen Mengen giftig wirkt, ist die Zuführung kleiner zusätzlicher Zinkmengen u. U. sogar erwünscht.
Die Toxizität des per os aufgenommenen Zinks kann gut abgeschätzt werden; über die Wirkung von inhaliertem Zink liegen jedoch nur wenige Befunde vor. *Akut toxisch* scheinen erst Dosen von 15 mg Zinkoxid/m^3 Luft zu sein. Eine *chronische Toxizität* niedriger Dosen ist unbekannt. Allerdings wurden bei Tumorpatienten Veränderungen im Zinkstoffwechsel festgestellt.

5.5.3.4.2.6.4 Quecksilber (Hg) Alle Quecksilberverbindungen werden schnell über den Verdauungstrakt oder die Lunge resorbiert. Durch Einatmung von Dämpfen metallischen Quecksilbers kommt es zu einem erhöhten Gehalt an Quecksilber im Gehirn und Rückenmark. Es treten Schäden am *Zentralnervensystem* und an der *Lunge* auf, deren Ätiologie jedoch im Einzelfall wegen der Ähnlichkeit mit den Effekten von Blei schwierig zu beurteilen ist.

5.5.3.4.2.6.5 Arsen (As) Die Verbrennung arsenhaltiger Kohle ist eine der Quellen des atmosphärischen Arsens. Außer mit der Atemluft wird es mit Lebensmitteln aufgenommen und vor allem in Haut und Lunge angereichert. Seine *kanzerogene Wirkung* wird angenommen; es kann zu Hautkrebs führen. Sehr umstritten ist dagegen die Bedeutung von Arsen für die Entstehung von Lungenkarzinomen. Höhere Arsenzufuhr hat beim Menschen vereinzelt Chromosomenaberrationen hervorgerufen; im Tierversuch verursachte sie Mißbildungen.

5.5.3.4.2.7 Polyzyklische Kohlenwasserstoffe, vor allem Benz(a)pyren

Polyzyklische Kohlenwasserstoffe liegen in der Außenluft an Feinstaub gebunden vor. Ihr Anteil an den partikelförmigen Verunreinigungen der Luft beträgt ca. 1–2 Gewichtsprozente. Der zehnte Teil hiervon entfällt auf das als *Richtsubstanz* verwendete *Benz(a)pyren.* Etwa die Hälfte des eingeatmeten Benz(a)pyrens dürfte in der Tiefe der Lunge deponiert werden. Dort kann es durch die Alveolarmakrophagen und nach Weitertransport auch in der Leber abgebaut werden. Dieser Abbau wird experimentell durch atmosphärischen Feinstaub sowie durch Bleioxid und Bleibromid gehemmt. Verminderung der atembaren Staubkonzentration dürfte also auch unter diesem Aspekt wichtig sein, obwohl die Frage, ob und inwieweit Benz(a)pyren bzw. die anderen kanzerogenen Kohlenwasserstoffe in der Luft mit der starken Zunahme von

Krebserkrankungen, vor allem Lungenkrebs, in Zusammenhang stehen, noch unbeantwortet ist. Im Tierversuch können durch s. c. Injektion von Benz(a)pyren oder durch Tropfung auf die Haut bösartige Tumoren hervorgerufen werden (Abb. 63), und von den in Autoabgasen enthaltenen rund 150 polyzyklischen Aromaten sind mindestens 10 im Tierversuch mit Hilfe des Epikutantestes als kanzerogen ausgewiesen. Um tierexperimentell mit Benz(a)pyren Lungentumoren zu erzeugen, müssen allerdings extrem hohe Dosen in die Lunge injiziert werden. Gefördert wird die Tumorbildung durch Zumischung von Eisenoxid.

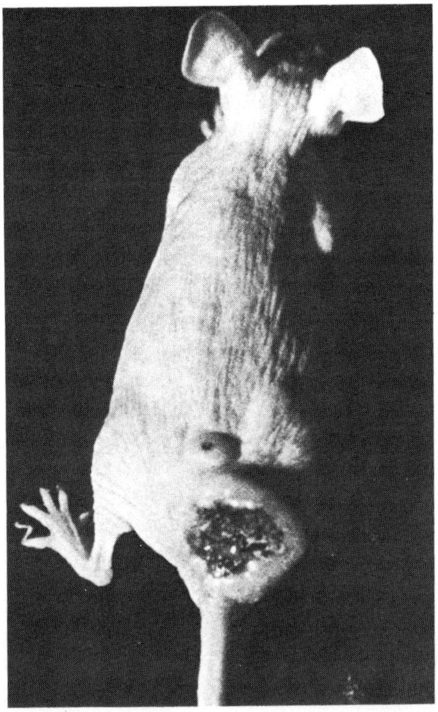

Abb. 63 Haut-Karzinom der Maus nach Benz(a)pyren-Pinselung [SCHLIPKÖTER 1970].

5.5.3.4.2.8 Benzol (C_6H_6)

Benzol gehört im Gegensatz zu Benz(a)pyren zu den niedermolekularen organischen Verbindungen. Es ist in einigen Benzinsorten bis zu 20% enthalten. Bei *chronischer inhalativer Aufnahme* relativ kleiner Benzolmengen – Konzentrationen über 80 mg Benzol/m^3 Luft während 3 bis 30 Jahren – kommt es beim Menschen zur Schädigung der *Blutbildung,* wobei auch krebsige Entartungen (Leukämie) auftreten können. Ferner sind bei beruflich Benzolexponierten Veränderungen von Chromosomen in Körperzellen festgestellt worden.

5.5.3.4.2.9 Stoffe auf Äthyleniminbasis

Derartige Verbindungen treten u. a. bei industriellen Prozessen als Zwischenprodukte auf, sind im Treibstoff von Düsenflugzeugen enthalten und Bestandteil von Textil- und Druckfarben. Sie sind *kanzerogenverdächtig* und wirken *mutagen.* Durch sie kann die Erbsubstanz bereits durch Konzentrationen geschädigt werden, die weit unter der Grenze der akuten Toxizität liegen.

5.5.3.4.3 Grenzwertbestimmungen

Nachfolgend soll aus medizinischer Sicht auf Grenzwertbestimmungen im Rahmen des Umweltschutzes eingegangen werden. Das Vorkommen von möglicherweise gesundheitsschädigenden Stoffen in der Umwelt des Menschen macht es notwendig, deren Konzentration bzw. Maß so zu begrenzen, daß auch bei langdauernder Exposition Gesundheitsschäden sowie erhebliche Belästigungen vermieden werden. Dies geschieht durch die Festlegung von Grenzwerten, welche nicht zu überschreiten sind, wenn das Auftreten einer Gesundheitsschädigung verhütet werden soll. Eine solche Festsetzung wirft allerdings Fragen auf, die nicht leicht beantwortet werden können. Die wichtigsten davon sind:

1. Wie kann ein Stoff schädlich sein?
2. Wann liegt eine Gesundheitsschädigung vor?
3. Wer soll und kann vor gesundheitsschädlichen Umwelteinflüssen geschützt werden?
4. Welchen Anforderungen sollen Grenzwerte potentiell schädlicher Stoffe genügen?
5. Wie können die minimalen schädlichen Dosen bzw. Konzentrationen von Stoffen festgestellt werden?

Die folgende Betrachtung bezieht sich nur auf die Luftverunreinigungen, die eine toxische Wirkung auf den Menschen haben. Reine Belästigungen bleiben also ebenso unerwähnt wie toxische Einwirkungen auf Tier, Pflanze und Sachgüter.
Man unterscheidet vier Grenzwertbegriffe. Als *Grenzen der schädlichen Wirkung* (Toxizität) werden Dosen bzw. Konzentrationen eines Stoffes bezeichnet, die noch eben nachweisbare schädliche Wirkungen haben. *Maximale Arbeitsplatz-Konzentrationen* (MAK) sind Konzentrationen eines Arbeitsstoffes in der Luft am Arbeitsplatz, die bei wiederholter und langfristiger – in der Regel täglich 8-stündiger – Einwirkung im allgemeinen die Gesundheit des Beschäftigten nicht beeinträchtigen. Für die Aufstellung *Maximaler Immissions-Konzentrationen* (MIK) wurden die Grenzwerte der Toxizität beim Menschen um einen stoffspezifischen Risikofaktor erniedrigt, um die Wahrscheinlichkeit einer Schädigung oder einer Krankheitsverschlimmerung durch Luftverunreinigungen auch bei Kindern, Alten und Kranken möglichst gering zu halten. Unter *Immissionsgrenzwerten* versteht man gesetzlich festgelegte, pragmatische Werte, bei deren Ermittlung neben der schädlichen Wirkung auch die belästigende Wirkung für den Menschen sowie ökonomische Gesichtspunkte berücksichtigt werden.
Mit diesen Grenzwerten kann aber nicht alles erfaßt werden. So sind *allergische Reaktionen,* die schon durch Spuren bestimmter Stoffe ausgelöst werden, in die Grenzwertbetrachtung nicht einbezogen. Ebenso läßt sich ein Grenzwert im Sinne der Definition nicht für sicher oder wahrscheinlich *kanzerogene, kokanzerogene, teratogene oder mutagene Stoffe* bestimmen. Es sind nämlich keine Dosen dieser Stoffe bekannt, die beim Menschen mit Sicherheit nicht die genannten Wirkungen haben. Trotzdem wird man in Zukunft Übergangswerte festsetzen müssen, um eine quantitative Kontrolle dieser Stoffe in der Biosphäre sicherzustellen und das Risiko vermindern zu können. Die Grenzwertfestsetzung hat schließlich sog. *Kombinationswirkungen* zu beachten. Bei kombinierter, simultan oder sukzessiv erfolgender Einwirkung mehrerer Stoffe können quantitativ und/oder qualitativ veränderte biologische Effekte eintreten. Bisher sind hierzu erst wenige gesicherte Kenntnisse vorhanden.
Die Erarbeitung von Grenzwerten geht allgemein von Ergebnissen experimenteller Untersuchungen an Tier und Mensch sowie von Resultaten epidemiologischer Studien am Menschen aus. Ihre Basis sind die sog. *Luftqualitätskriterien* (Air Quality Criteria), Datensammlungen über Zusammenhänge zwischen bestimmten Konzentrationen und Effekten von Luftschadstoffen. Aus ihnen lassen sich im Idealfall die Grenzen schädlicher Wirkungen ermitteln. Daneben aber muß festgestellt werden, welcher Sicherheitsabstand von diesen Grenzen eingehalten werden soll. Dies ist wichtig, weil die meisten Wirkungsdaten bei gesunden Menschen und Tieren gewonnen wurden, während ja gerade Kranke besonders empfindlich, also schutzbedürftig sind. Die Immissionsgrenzwerte vieler Stoffe differieren von Land zu Land, weil unterschiedliche Untersuchungsparameter herangezogen werden und die Bewertung der Ergebnisse verschieden ist.

5.5.3.5 Lösungsmöglichkeiten

Für die Verhinderung oder Beseitigung von Luftverunreinigungen gibt es keine generelle Lösung. Das Problem ist komplex, und wirtschaftliche Faktoren spielen eine große Rolle. Im folgenden werden wir uns jedoch auf medizinische Gesichtspunkte beschränken.
Das Umweltbewußtsein wurde in den letzten Jahren stark geweckt und findet seinen Niederschlag in behördlichen Vorschriften, oder es äußert sich in Protesten vonseiten der Bevölkerung. Durch beides ist die *Standortfrage* für einen Industriebetrieb in den Vordergrund gerückt. Denn obwohl Emissionen der Industrie im Vergleich mit denen von Haushalt und Verkehr von räumlich begrenzter Bedeutung sind, ist die Menge der von der Industrie emittierten Luftverunreinigungen erheblich, die Zahl der enthaltenen Komponenten sehr groß. Bei der Errichtung von thermischen Kraftwerken, Müllverbrennungsanlagen und Werken der anorganisch- oder organisch-chemischen Industrie sollten Mediziner die zu erwartenden Wirkungen der Immissionen an gasförmigen, flüssigen und festen Fremdstoffen abschätzen. Hierbei müssen zum einen die toxikologischen Grenzwerte berücksichtigt, zum anderen Geruchsbelästigungen vermieden werden.

Eine untergeordnete Rolle spielt die Industrie für das *CO-Problem* (Abb. 64). Hier stehen Kraftfahrzeugverkehr und Hausbrand als Verursacher an erster Stelle. Den zunehmenden CO-Konzentrationen durch das ständige Anwachsen des Kraftfahrzeugverkehrs kann in etwa Einhalt geboten werden, indem man die Motoren technisch verbessert, Nachverbrenner einführt, oder auch nur die Vergaser optimal einstellt. Ferner müßten in Ballungsgebieten in verstärktem Maße verkehrsfreie Zonen geschaffen oder zumindest in den Spitzenzeiten Umleitungen eingerichtet werden. Was die Emissionen durch den Hausbrand betrifft, so müßte trotz der hohen Kosten langfristig versucht werden, die Einzelfeuerungsanlagen durch Sammelheizungen (Fernheizungen) zu ersetzen, zumindest in dicht besiedelten Gebieten, eine Maßnahme, die nicht nur zu einer Minderung der CO-Konzentration, sondern auch zur Senkung der Konzentrationen von Polyzyklen führen würde.

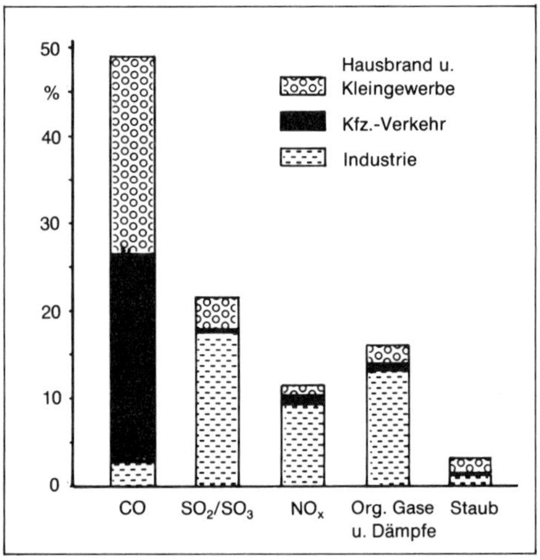

Abb. 64 Prozentualer Anteil der verschiedenen Quellengruppen an den Emissionen im Teilgebiet [Emissionskataster Köln 1972].

Generell sollte bei der *Planung von Wohn- und Industriegebieten* mehr als bisher auf lufthygienische Gegebenheiten und Notwendigkeiten geachtet werden. Da die örtlichen Konzentrationen wesentlich durch die Bebauung beeinflußt werden, ist die Massierung von Hochhäusern, die enge Straßenschluchten schafft, zu vermeiden, denn durch sie wird der zur Verdünnung der Luftfremdstoffe notwendige Luftaustausch beeinträchtigt. Ferner ist eine weitgehende Trennung von Wohngebiet und Industrieanlagen anzustreben. Ein solcher Schutzabstand wird in einzelnen Ländern bereits durch Gesetz bei der Errichtung von Industriebetrieben verlangt.

Schrifttum

ANTWEILER, H., 1973: Tiere als Indikatoren der Luftverschmutzung. In: Probleme der Umweltforschung, S. 46–53. Forschung und Information, Schriftenreihe der Rias-Funkuniversität. Colloquium Verlag Berlin.

DERS., 1974: MIK-Werte – Definition und Begründung. In: Lufthygiene und Silikoseforschung 1973 (Jahresber. 1973, Bd. *6*, Med. Inst. f. Lufthyg. u. Silikoseforsch.). Hrsg. Ges. z. Förderung d. Lufthyg. u. Silikoseforsch. e. V., Düsseldorf, S. 76–86. Girardet, Essen.

DERS., 1975 a: Zur Aufnahme und Wirkung von Kohlenmonoxid bei aktivem und passivem Rauchen. Arbeitsmedizin, Sozialmedizin, Präventivmedizin *10*, 245–248.

DERS., 1975 b: Die Wirkung von Luftverunreinigungen auf Menschen und Tiere. In: Handbuch Umweltschutz – Reinhaltung der Luft, S. 1–39. VDI, Düsseldorf.

DERS., 1976: Kraftfahrzeug-Immissionen als Belastungsfaktor des Menschen. Techn. Mitteilungen *69*, 73–76.

DERS.: Wirkung von Luftverunreinigungen auf den Menschen. In: Handbuch für Immissionsschutzbeauftragte. Verlag TÜV Rheinland, im Druck.

BECK, E. G., 1972: Umweltschäden vom Standpunkt des Mediziners. Physikal. Med. u. Rehabilitation *13*, 154–159.

BROCKHAUS, A. und N. MANOJLOVIĆ, 1974: Arsenverbindungen in unserer Umwelt. In: Lufthygiene und Silikoseforschung 1973 (Jahresber. 1973, Bd. *6*, Med. Inst. f. Lufthyg. u. Silikoseforsch.). Hrsg. Ges. z. Förderung d. Lufthyg. u. Silikoseforsch. e. V., Düsseldorf, S. 49–55. Girardet, Essen.

BRUCH, J., BROCKHAUS, A. und R. DOLGNER, 1975: Ersetzt Sulfat das Schwefeldioxid als Leitsubstanz? In: Lufthygiene und Silikoseforschung 1974 (Jahresber. 1974, Bd. *7*, Med. Inst. f. Lufthyg. u. Silikoseforsch.). Hrsg. Ges. z. Förderung d. Lufthyg. u. Silikoseforsch. e. V., Düsseldorf, S. 91–99. Girardet, Essen.

Dehnen, W. und H.-D. Rogge, 1976: Photochemische Oxidantien. In: Lufthygiene und Silikoseforschung 1975 (Jahresber. 1975, Bd. *8*, Med. Inst. f. Lufthyg. u. Silikoseforsch.). Hrsg. Ges. z. Förderung d. Lufthyg. u. Silikoseforsch. e. V., Düsseldorf, S. 96–127. Girardet, Essen.

Eyer, H., 1973: Umweltschäden und Gesundheit. Deutsches Ärztebl. Nr. 26, 1748–1752.

Grieser, N., 1973: Chlorwasserstoff. In: Lufthygiene und Silikoseforschung 1972 (Jahresber. 1972, Bd. *5*, Med. Inst. f. Lufthyg. u. Silikoseforsch.). Hrsg. Ges. z. Förderung d. Lufthyg. u. Silikoseforsch. e. V., Düsseldorf, S. 64–68. Niederrhein. Druckerei GmbH, Dinslaken.

Ders., 1976: Zink-Stoffwechsel beim Menschen und MIK-Wert. In: Lufthygiene und Silikoseforschung 1975 (Jahresber. 1975, Bd. *8*, Med. Inst. f. Lufthyg. u. Silikoseforsch.). Hrsg. Ges. z. Förderung d. Lufthyg. u. Silikoseforsch. e. V., Düsseldorf, S. 58–86. Girardet, Essen.

Grümm, H., 1971: Energieerzeugung und Umwelt. Atomwirtschaft *16*, 278–288.

Hilscher, W., 1975: Die Wirkung von Schwermetallen auf die weibliche Gametogenese und die Pränatalentwicklung. In: Lufthygiene und Silikoseforschung 1974 (Jahresber. 1974, Bd. *7*, Med. Inst. f. Lufthyg. u. Silikoseforsch.). Hrsg. Ges. z. Förderung d. Lufthyg. u. Silikoseforsch. e. V., Düsseldorf, S. 109–121. Girardet, Essen.

Ders. und G. Fabricius, 1976: Die Keimbahn und ihre Schädigung durch die Umwelt. In: Lufthygiene und Silikoseforschung 1975 (Jahresber. 1975, Bd. *8*, Med. Inst. f. Lufthyg. u. Silikoseforsch.). Hrsg. Ges. z. Förderung d. Lufthyg. u. Silikoseforsch. e. V., Düsseldorf, S. 139–163. Girardet, Essen.

Lange, G., Klein, G. und M. Zimmer, 1973: Gefährdung der Gesundheit durch Abgase. Internist *14*, 191–195.

Perry, H. M., Thind, G. S. und E. F. Perry, 1976: The biology of cadmium. Medical Clinics of North America *60*, 759–769.

Schlipköter, H.-W., 1970: Wirkung von Luftverunreinigungen auf die menschliche Gesundheit. Hrsg. Minister f. Arbeit, Gesundheit u. Soziales des Landes NRW, S. 1–20.

Ders., 1972: Industrieansiedlung und Umweltschutz. Raumforschung und Raumordnung *30*, 202–204.

Ders., 1973 a: Luftverunreinigungen und deren Einflüsse auf die Gesundheit des Menschen. Umwelt Aktuell *4*, 3–20.

Ders., 1973 b: Schadstoffe der Luft unter besonderer Berücksichtigung der Autoabgase. Deutsches Ärztebl. Nr. 39, 2527–2531.

Ders., 1973 c: Krank von der Stadtluft. das techn. umweltmagazin *2*, 20–23.

Ders., 1973 d: Belastung des Menschen durch die Umweltverschmutzung. In: Probleme der Umweltforschung, S. 54–62. Forschung u. Information, Schriftenreihe der Rias-Funkuniversität. Colloquium Verlag, Berlin.

Ders., 1975 a: Wirkung von Luftverunreinigungen auf Menschen. In: Grundlagen der Luftreinhaltung und der Lärmbekämpfung in NRW. Hrsg. Minister f. Arbeit, Gesundheit u. Soziales des Landes NRW, S. 28–39.

Ders., 1975 b: Die Wirkung von Luftverunreinigungen auf den Menschen unter besonderer Berücksichtigung organischer Verbindungen. In: Verunreinigung der Luft. IVA-Rapport *78*, S. 7–16. Stockholm.

Ders. und H. Antweiler, 1974 a: Pathogenität von Luftverunreinigungen. Internist *15*, 405–411.

Dies., 1974 b: Tabakrauch gefährlicher als Smog – Unterschiedliche Empfindlichkeit schafft Risiken. Rhein. Merkur Nr. 33, S. 29.

Ders. und F. Pott, 1971: Die Belastung des Menschen durch Luftverunreinigungen. Rhein. Ärztebl. Nr. 21, 730–735.

Schmidt, P., Pelech, L. und R. Dolgner, 1975: Über Veränderungen einiger biologischer Parameter bei Schulkindern in Gebieten mit unterschiedlich starker Luftverunreinigung. In: Lufthygiene und Silikoseforschung 1974 (Jahresber. 1974, Bd. *7*, Med. Inst. f. Lufthyg. u. Silikoseforsch.). Hrsg. Ges. z. Förderung d. Lufthyg. u. Silikoseforsch. e. V., Düsseldorf, S. 235. Girardet, Essen.

Wimmer, J., 1974: Quecksilber in der Umwelt. Bodenkultur *25*, 272–290.

Winneke, G. und J. Kastka, 1976: Zur Wirkung von Geruchsstoffen in Labor- und Felduntersuchungen. In: Lufthygiene und Silikoseforschung 1975 (Jahresber. 1975, Bd. *8*, Med. Inst. f. Lufthyg. u. Silikoseforsch.). Hrsg. Ges. z. Förderung d. Lufthyg. u. Silikoseforsch. e. V., Düsseldorf, S. 232–233. Girardet, Essen.

1972: Emissionskataster Köln 1972. In: Emissionskataster Köln. Hrsg. Minister f. Arbeit, Gesundheit u. Soziales des Landes NRW, S. 71.

Klosterkötter, Werner †

5.6 Lärm

5.6.1 Definitionen

Lärm ist unerwünschter oder gesundheitsschädlicher Schall. Der Terminus »unerwünscht« deutet psychische Betroffenheit und Störung des Wohlbefindens an; »gesundheitsschädlich« ist Lärm dann, wenn er geeignet ist, das Hörorgan zu schädigen (Hörverlust); weitere Gesundheitsschäden im engeren Sinne durch Lärm sind bisher nicht bekannt. Lärm ist also keine physikalische sondern eine auf die Wirkungen von Schall abgestellte Definition. Soweit in Gesetzen, Verordnungen und Richtlinien der Ausdruck Lärm in Verbindung mit Geräuschpegeln verwendet wird, liegt dem die allgemeine Erfahrung zugrunde, daß die genannten Geräuschpegel in der Regel geeignet sind, negative Wirkungen bei den Betroffenen auszuüben.

Das Bundes-Immissionsschutzgesetz kennt den Begriff Lärm nicht; dort ist von »schädlichen Umwelteinwirkungen« durch Geräusche die Rede, als welche Immissionen gelten, »die nach Art, Ausmaß oder Dauer geeignet sind, Gefahren, erhebliche Nachteile oder erhebliche Belästigungen für die Allgemeinheit oder die Nachbarschaft herbeizuführen«. Unter »Gefahren« sind wohl in erster Linie Gesundheitsgefahren im engeren Sinne zu verstehen, »erhebliche Belästigung« ist mit erheblicher Beeinträchtigung des Wohlbefindens gleichzusetzen, erhebliche Nachteile sind dort anzunehmen, wo Geräuschimmissionen Gefahren oder erhebliche Belästigung auslösen können.

Der Umweltfaktor Lärm unterscheidet sich von vielen anderen negativen Umweltfaktoren dadurch, daß – wenn man von gewissen Beeinflussungen des Schlafverhaltens absieht – auf jeden Fall die bewußte Wahrnehmung eine entscheidende Rolle spielt. Wahrnehmung bedeutet noch keineswegs Belästigung oder sonstige unerwünschte Wirkung. Bei vielen potentiell schädlichen Luftverunreinigungen hingegen entfällt entweder die sinnliche Wahrnehmung (Beispiel CO) oder sie tritt erst dann ein, wenn nach heutigen Vorstellungen bereits Gefährdung anzunehmen ist (Beispiel SO_2, Fluor, NO_2). Diese unterschiedlichen Verhältnisse haben zur Folge, daß das Phänomen »erhebliche Belästigung« bei vielen Luftschadstoffen überhaupt nicht ins Spiel kommt und die relevanten Immissionswerte mit einem mehr oder weniger breiten Sicherheitsabstand auf Vermeidung von Gefährdung abgestellt werden müssen, während beim Lärm die Kette: Wahrnehmung, Belästigung, erhebliche Belästigung, eventuell Gefährdung, besteht, und man im Prinzip auch auf der Seite der Wirkungen im Bereich des Meßbaren bleibt. Dies hat weiterhin zur Folge, daß die Überschreitungen von Richtwerten bei Lärm von den Betroffenen konkret erfahren wird, während die Überschreitung von Immissionswerten für wichtige Luftschadstoffe den Betroffenen erst durch die Mitteilung von Meßdaten bewußt gemacht wird.

Eine weitere Besonderheit des Lärms ist in folgendem zu sehen: Die Empfindung »Lärm« wird durch Schallreize ausgelöst; ebenso laute und noch lautere Schallreize können jedoch bei anderer cognitiver Bewertung als angenehm, lustvoll und positiv empfunden werden, was dann nichts mehr mit dem Begriff Lärm zu tun hat. Die Geräusche der Meeresbrandung von 60 bis 70 und mehr dB(A) dürften kaum je als Lärm empfunden werden; gleich laute breitbandige Geräusche von einer Verkehrsstraße in einem Wohngebiet hingegen rufen bei der Mehrzahl der Betroffenen mehr oder weniger starke Belästigung hervor. Bei Luftschadstoffen hingegen ist diese Ambivalenz nicht anzutreffen.

5.6.2 Physikalische und physiologische Grundlagen

Schall (Töne, Klänge, Geräusche) ist der adaequate Sinnesreiz für das Gehörsystem des Menschen und zugleich die physikalische Grundlage der Empfindung »Lärm«. Schallquellen können schwingende Festkörper, Flüssigkeiten oder Gase sein. Das Phänomen Schall beruht auf mechanischen Schwingungen und Wellen eines elastischen Mediums (DIN 1320); in der Regel handelt es sich um Wechseldruckschwankungen der Luft, die sich unter Normalbedingungen mit einer Geschwindigkeit von 343 m/s ausbreiten. Die Zahl der Schwingungen pro Sekunde (Frequenz) wird in Hertz (Hz) angegeben, der Schalldruck in Pascal (bisher µbar; 1 Pa = 1 Newton/m^2), die Schallintensität in Watt/m^2. Da das menschliche Hörorgan Schalldrucke im Bereich von 6 bis 7 und Schallintensitäten im Bereich von 12 und mehr Zehnerpotenzen verarbeiten kann und derartig große Zahlen unhandlich sind, verwendet man heute allgemein Logarithmen dieser Zahlen, und zwar in der Dezibel-Rechenvorschrift (1 dB = 1/10 Bel). Das Dezibel drückt Intensitätsverhältnisse aus. Die Dezibel-Skala ist abgestellt auf die menschliche Hörschwelle bei 1000 Hz, die nach internationaler Vereinbarung auf 20 µ Pa bzw. 10^{-12} Watt/m^2 (bisher 2.10^{-4} µbar) festgelegt ist = 0 dB. Ein Schallpegel L ist der 10-fache Logarithmus des Intensitätsverhältnisses zur Bezugsintensität J_0 oder der 20-fache Logarithmus des Schalldruckverhältnisses zum Bezugsschalldruck P_0. Eine Verdoppelung des Schalldruckes entspricht einer Zunahme um 6 dB, eine Verdoppelung der Schallintensität oder Schallenergie einer solchen um 3 dB. Bei zwei gleichstarken Schallquellen von z. B. je 85 dB resultiert eine Schallintensität von 88 dB, bei zehn gleichstarken Schallquellen von je 85 dB eine solche von 95 dB.

Bei ungehinderter Schallausbreitung im Freien nimmt der Schallpegel einer punktförmigen Schallquelle pro Abstandsverdoppelung um 6 dB ab. Bei einer Linienschallquelle (Straße) kann man bei Abständen von 25 bis 100 m mit einer Schallpegelabnahme von 3 bis 5 dB pro Abstandsverdoppelung rechnen. Bei Flächenschallquellen (große Industriebetriebe usw.) tritt im Nahbereich eine geringe Schallpegelabnahme auf; die Geräusch-Immissionen in beliebiger Entfernung lassen sich aus den Schalleistungspegeln der Anlage oder von Teilbereichen der Anlage, den Flächengrößen und weiteren Daten berechnen (VDI-Richtlinie 2714 »Schallausbreitung im Freien« Entwurf).

Die Schallausbreitung wird durch schallundurchlässige Hindernisse wie Wände, Wälle und Bebauung behindert. Auf der schallabgewandten Seite von Gebäuden findet man je nach Art der Bebauung Pegelminderungen von etwa 10 bis 30 dB. Im Schallschatten von Wällen und Wänden können je nach wirksamer Höhe und Schattenwinkel Pegelminderungen von 10 bis 20 dB erwartet werden. Bewuchs kann je nach Dichte, Belaubung und Struktur zu einer Zusatzdämpfung von 0,2 bis 1,5 dB je 10 m Tiefe führen [Mags 1975] [1] [2] [3] [4][1)].

Reflexion von Schall an Gebäuden und Wänden führt zu Pegelerhöhungen um 3 dB und mehr.

Ähnlich wie die Dezibelskala auf Funktionscharakteristiken des menschlichen Gehörs abgestellt ist (Hörschwelle), ist auch die Bewertung von Schallpegeln bei der Messung an die Charakteristiken der Schallwahrnehmung angepaßt. Abb. 65 zeigt, daß – vor allem im niedrigeren Schallpegelbereich – die empfundene Lautstärke bei tiefen und sehr hohen Frequenzen bei gleichem Schalldruckpegel in dB wesentlich geringer ist als im Bereich 500 bis 5000 Hz. Die üblichen Schallpegelmeßgeräte enthalten ein elektronisches Filternetzwerk, das mit dem A-Filter die Hörempfindlichkeitskurve annähernd nachbildet (Abb. 66). Man erhält so den international gebräuchlichen A-bewerteten Schallpegel in dB(A).

Viele Umweltgeräusche weisen Variationen hinsichtlich Pegelhöhe und Zeitstruktur auf (z. B. Vorbeifahrten von Autos und Zügen, Überflüge usw.). Zwecks einheitlicher Beurteilung von Geräuscheinwirkungen hat man sogenannte Äquivalenzverfahren entwickelt. Hierbei werden in einem genormten logarithmischen Rechenverfahren (DIN 45641) aus den jeweiligen Pegelhöhen und ihren Wirkzeiten Mittelungspegel berechnet, die einem gleichbleibenden Dauergeräusch entsprechen, welches hinsichtlich seiner Wirkung dem zu kennzeichnenden veränderlichen Geräusch gleichgesetzt wird (äquivalenter Dauergeräuschpegel). Eine Verdoppelung oder Halbierung der Wirkzeit entspricht hierbei der Erhöhung oder Erniedrigung des Schallpegels um einen festen Betrag. International am meisten verbreitet ist der Halbierungsparameter q = 3, was bedeutet, daß eine Halbierung der Wirkzeit und eine Erniedrigung des Schallpegels um 3 dB(A) einander äquivalent sind. Da dies gleichzeitig einer Halbierung der Schallenergie entspricht, nennt man diesen Mittelungspegel auch »energie-äquivalenter Dauerschallpegel«

[1)] Die Zahlen in Klammern beziehen sich auf Verordnungen, Richtlinien und dergleichen; s. Seite 222f.

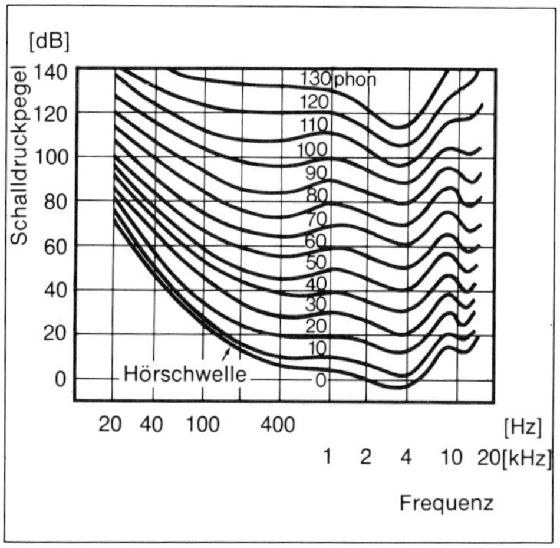

Abb. 65 Hörschwelle und Kurven gleicher Lautstärke für Sinustöne im freien Schallfeld. Nach DIN 45630 Bl. 2.

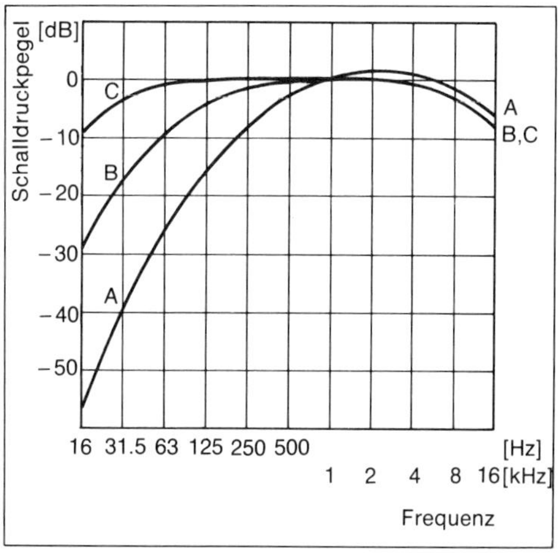

Abb. 66 Bewertungskurven A, B und C eines Schallpegelmeßgerätes.

(L_{eq}). Bei dem äquivalenten Dauerschallpegel des Fluglärmgesetzes – ebenfalls als L_{eq} bezeichnet – ist als Halbierungsparameter q = 4 gewählt worden. Die Äquivalenzformel des Fluglärmgesetzes ergibt in der Regel um 6 bis 7 dB(A) niedrigere Werte als die Äquivalenzformel des energieäquivalenten Dauerschallpegels [DFG 1974]. Neue Benennungen für A-bewertete Mittelungspegel lauten gemäß DIN 45 645 (Entwurf): L_{AFm} oder L_{ASm}, je nachdem ob in der Anzeige FAST (schnell) oder SLOW (langsam) gemessen worden ist (L_{AFm} und L_{ASm} entsprechen dem L_{eq}), ferner L_{AIm}, wenn mit der Anzeige IMPULSE (Impulsschallpegelmesser) gemessen worden ist, und L_{AFTm}, wenn nach dem Taktmaximalpegelverfahren der TA-Lärm gemessen worden ist. Hierbei wird der in jedem 5-sec-Takt gefundene Maximalpegel als repräsentativ für die Störwirkung herangezogen (Wirkpegel). L_{AIm} und L_{AFTm} ergeben bei zeitlich schwankenden Geräuschpegeln in der Regel um einige dB höhere Werte als der L_{eq}.

International sind zahlreiche weitere Beurteilungsverfahren entwickelt worden, vor allem für Fluglärm [Schultz 1972; Kryter 1970]. Diese zeigen im Hinblick auf ihre Beziehungen zu Störwirkungen von Geräuschen in der Regel hohe Interkorrelationen [DFG 1974; Schultz 1972; Arbeitsgemeinschaft für soziopsychologische Fluglärmuntersuchungen 1974], so daß sie im Prinzip austauschbar sind und den einfachsten Verfahren der Vorzug gegeben werden sollte.

Bei der Verwendung von Mittelungspegeln für die Beurteilung von Umweltgeräuschen besteht natürlich die Gefahr, daß wichtige Komponenten der Störwirkung – nachts z. B. die für die Weckwirkung entscheidenden Spitzenpegel, ferner Impulshaltigkeit und herausragende Einzeltöne – nicht angemessen erfaßt werden. Für Ton- und Impulshaltigkeit sind daher Zuschläge von 3 oder 6 dB(A) zum Mittelungspegel vorgesehen. Gemäß TA-Lärm und VDI-Richtlinie 2058 Blatt 1 sollten nachts auch vereinzelte Schallereignisse die Immissionsrichtwerte nicht um mehr als 20 dB(A) überschreiten, man muß also etwa auftretende hohe Maximalpegel auf jeden Fall gesondert erfassen. Im ganzen gesehen hat sich jedoch der L_{eq} immer wieder als hoch-korrelierendes Maß für die Beziehungen zwischen Geräuschbelastung und mittlerer Störwirkung bzw. Belästigung erwiesen. Man kann ihn natürlich nicht verwenden für die Beurteilung von Geräuschen, die innerhalb von Gebäuden übertragen werden; hier sind die Pegel der einzelnen Schallereignisse entscheidend.

Die physiologischen Grundlagen des Hörens [siehe Keidel 1975] können hier nur in groben Zügen dargestellt werden. Die menschliche Hörschwelle (definitionsgemäß 0 dB bei 1000 Hz) liegt bei einem Schalldruck von 20 μ Pascal (2×10^{-4} μbar), die Unbehaglichkeitsschwelle liegt

nach älteren psycho-akustischen Untersuchungen bei 90–100 dB [Niemeyer 1972], nach neueren psychophysikalischen und neurophysiologischen Messungen von Spreng [1975] und Spreng et al. [1976] bei Werten um 70 bis 80 dB; die Schmerzschwelle bei 120 bis 130 dB (20 bis 60 Pa); nach Spreng liegt sie 40 dB über der Unbehaglichkeits-(Belästigungs-)Schwelle. Der wahrnehmbare Frequenzbereich umfaßt bei jugendlichen Ohren 18 Hz bis maximal 20000 Hz (Hörschall). Bei niedrigeren Frequenzen spricht man von Infraschall, bei höheren von Ultraschall. Die Hörempfindlichkeit und die empfundene Lautstärke sind frequenzabhängig (Abb. 65); die in dieser Abbildung dargestellten Phon-Kurven (Isophonen) sind Kurven gleicher Lautstärke, man hat sie an einer großen Zahl normalhörender Personen durch subjektive Lautstärkevergleiche ermittelt. Die größte Hörempfindlichkeit liegt bei 4000 Hz. Eine Zunahme oder Abnahme des Schallpegels um 10 dB(A) bewirkt etwa eine Verdoppelung oder Halbierung der empfundenen Lautstärke.
Im Hörorgan finden Reizantransport, Reizverteilung und Reiztransformation statt. Das äußere Ohr mit Ohrmuschel und äußerem Gehörgang sowie das Mittelohr mit Trommelfell, Paukenhöhle und Gehörknöchelchenkette (Hammer, Amboß, Steigbügel) Schädelknochen sind für den Reizantransport zuständig sowie auch die durch Luftschall in Schwingungen versetzten Schädelknochen. Im Mittelohr findet eine Schallverstärkung auf das 22-fache statt, ferner erfolgt dort die Anpassung der unterschiedlichen Schallwellenwiderstände, schließlich sind gewisse Vorrichtungen für den Schallschutz vorhanden, die die Impedanz verändern (Mittelohrmuskeln: Steigbügelmuskel und Trommelfellspanner). Die Steigbügelplatte sitzt einer Membran am ovalen Fenster der Hörschnecke auf. Hier wird mechanische Schwingungsenergie auf die im Innenohrsystem befindliche Flüssigkeit übertragen. Im Innenohr erfolgt durch sogenannte Wanderwellen [Keidel 1975] und Auslenkungen der Basilarmembran die Reizverteilung auf die Hörsinneszellen, und zwar über Scherkräfte, die an den Hörhärchen einwirken. Durch hierdurch ausgelöste Stoffwechselprozesse in den Haarzellen erfolgt die Reiztransformation in die pulsförmigen körpereigenen Signale, die über die Hörnervenfasern (etwa 18000 Fasern) weitergeleitet werden. Die außerordentliche Empfindlichkeit des Reizverteilungssystems mag daran verdeutlicht werden, daß die durch die Schallwellen bedingte Auslenkung der Basilarmembran in Hörschwellennähe in der Größenordnung des Durchmessers eines Wasserstoffatoms liegt; nahe der Schmerzschwelle ist diese Auslenkung 10 Millionen mal größer, aber immer noch unterhalb der mikroskopischen Feststellungsgrenze.
Die »spezifische« Hörbahn des Hörsystems verläuft über mehrere Ganglien und Umschaltstationen zu den Projektionsfeldern im Großhirn, wo letztlich die bewußte Wahrnehmung und Bewertung der Schallreize stattfindet. Daneben gibt es eine abzweigende »unspezifische« Bahn über das Stammhirn und die Formatio reticularis. Hier werden die Schallreize dergestalt modifiziert, daß nur ein Teil der akustischen Informationen zu bewußten Hörempfindungen verarbeitet wird, außerdem liegt hier das Aktivierungssystem, das für Alarmreaktionen, Wachheitsgrad und Aktivierungspegel des Organismus zuständig ist. Ein Teil der nachteiligen Schallwirkungen wird über dieses unspezifische Leitungssystem vermittelt und gesteuert.

5.6.3 Lärmwirkungen

Die angemessene Bewertung und Beurteilung von Geräuschen setzt Kenntnis der Lärmwirkungen, ihrer Schwellenbereiche und – soweit erfaßbar – der Dosis-Wirkungsbeziehungen voraus. Identifizierbare Lärmwirkungen sind:

- Hörschädigung;
- Behinderung der akustischen Kommunikation;
- Aktivierung (Erregung) des zentralen und des vegetativen Nervensystems;
- Störung von Schlaf und Entspannung;
- Beeinträchtigung von Leistungen;
- Belästigung.

Viele Menschen sind der Überzeugung, daß Lärm – über Hörschädigung hinaus – gesundheitsschädlich sei. Soweit als Folgen definierte Krankheiten gemeint sind, gibt es hierfür einstweilen keine zuverlässigen wissenschaftlichen Belege. Weder sind spezielle Lärmkrankheiten bekannt, noch liegen Hinweise über Beziehungen zwischen Lärmbelastung und psychosomatischen Störungen, klinisch relevanten Befunden und manifesten Krankheiten vor [SCHULTZ 1972; Arbeitsgemeinschaft für Sozio-psychologische Fluglärmuntersuchungen 1974; EPA 1975; EPA 1973; DIEROFF 1975; BURNS 1968]. Es bedarf jedoch keiner Frage, daß aktuelle Befindlichkeitsstörungen infolge erheblicher Belästigung durch Lärm beträchtlich sein und als Bedrohung der Gesundheit erlebt werden können. Dies wäre dann eine Beeinträchtigung der »Gesundheit« im Sinne der programmatisch-politischen Definition der Weltgesundheitsorganisation (Gesundheit als vollkommenes psychisches, physisches und soziales Wohlbefinden und nicht nur Abwesenheit von Krankheit und Schwäche). Über die Häufigkeit solcher Befindlichkeitsstörungen und relevante Dosis-Wirkungsbeziehungen liegen jedoch keine brauchbaren Informationen vor; zum Teil dürften sie unter den Begriff »erhebliche Belästigung« (BImSchG) subsummiert werden; auch kann nach derzeitigen Kenntnissen angenommen werden, daß derartige Befindlichkeitsstörungen unterhalb der Schwelle der erheblichen Belästigung durch Lärm nicht als Lärmfolgen auftreten.

5.6.3.1 Hörschädigung

In Abhängigkeit von der Höhe des Schallpegels und der Dauer und Häufigkeit der Einwirkungen kann es nach mehr oder weniger langer Expositionszeit zur Schädigung und Zerstörung von Hörsinneszellen in der Schnecke des Innenohrs kommen. Die Folge ist ein irreversibler Hörverlust, der typisch im Hörfrequenzbereich um 4000 Hz beginnt und sich bei fortgeschrittener Schädigung als Lärmschwerhörigkeit bemerkbar macht [BURNS 1968; DIEROFF 1963; LEHNHARDT 1965]. Dauerbelastung mit hoher Schallenergie führt zur Stoffwechselüberlastung der Hörsinneszellen. Bei Einwirkung von Schallimpulsen (Schläge, Knalle) mit hohen Pegelspitzen kommt ein anderer Schädigungsmechanismus ins Spiel: wahrscheinlich führen hier mechanische Deformierungen zur Zellzerstörung [DIEROFF 1975].
Lärmschwerhörigkeit ist überwiegend ein Problem der Arbeitsumwelt, jedoch kommen auch außerberuflich erworbene Fälle vor (Schießsport, lautstarke Hobbies, gelegentlich hochverstärkte Beat-Musik, Feuerwerk, Knall-Körper u. a.). Verschiedene Autoren nehmen an, daß zumindest ein Teil des bei Männern stärker als bei Frauen in Erscheinung tretenden Altershörverlustes auf die Summe alltäglich aus der Umwelt einwirkender Schallreize zurückzuführen ist (Soziocusis) [GLORIG et al. 1962; COHEN et al. 1970; EPA 1974; KLOSTERKÖTTER 1972].
Nach berufsgenossenschaftlicher Schätzung sind zur Zeit etwa 2,4 bis 2,7 Mio. Beschäftigte einem Beurteilungspegel von mehr als 85 dB(A) (Beurteilungspegel = energieäquivalenter Dauerschallpegel für 8 Stunden = $L_{eq\,(8)}$) und 1,6 bis 1,8 Mio. Beurteilungspegeln von mehr als 90 dB(A) ausgesetzt. Laut internationalen epidemiologischen Daten liegt der Risiko-Grenzwert für eine definierte Hörschädigung bei 85 dB(A). Dies ist relativ gut begründet (Abb. 67). Der Wert von 85 dB(A) ist in die Arbeitsstätten-Verordnung (20. 3. 1975) eingegangen. Laut UVV-Lärm (VGB 121, 1. 12. 1974) sind den Betroffenen ab 85 dB(A) persönliche Schallschutzmittel zur Verfügung zu stellen; ab 90 dB(A) (laut Vorschrift als »Lärmbereiche« zu kennzeichnen) müssen diese Schallschutzmittel benutzt werden. Ebenfalls ab 90 dB(A) müssen Eignungs- und Überwachungsuntersuchungen der Beschäftigten durchgeführt werden (VDI-Richtlinie 2058 Bl. 2, »Arbeitsplatzlärmschutzrichtlinie« des Bundesministers für Arbeit und Sozialordnung v. 10. 11. 1970, UVV-Lärm).
Die Zahlen der gemeldeten und anerkannten Fälle von Berufsbedingter Lärmschwerhörigkeit haben in den letzten Jahren steil zugenommen (Abb. 68). Die Lärmschwerhörigkeit ist jetzt die häufigste entschädigungspflichtige Berufskrankheit. Dies ist jedoch nicht auf eine Zunahme der Lärmbelastung, sondern in erster Linie darauf zurückzuführen, daß nunmehr Gehörüberwachungsuntersuchungen pflichtgemäß durchgeführt werden; außerdem sind 1968 die Anerkennungsbedingungen wesentlich erleichtert worden. Der Zunahmetrend wird noch einige Zeit anhalten, da bei dem ersten Untersuchungsdurchgang überwiegend die in den letzten Jahrzehnten entwickelten Fälle erfaßt werden. Die stärkere Beachtung der Lärmschwerhörigkeit, die beträchtliche Rentenlast (je Lärmschwerhörigkeitsfall etwa 140000,– DM – bezogen

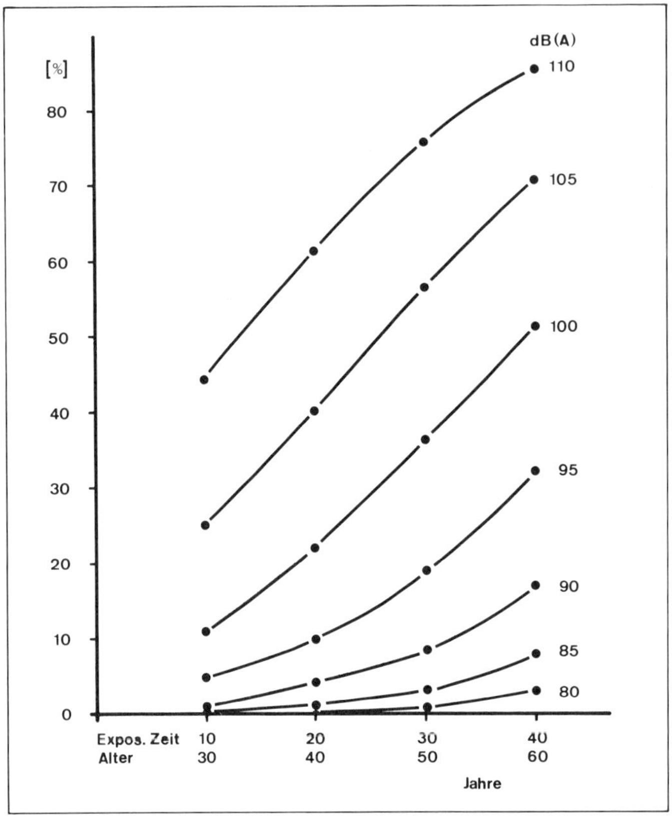

Abb. 67 Prozentsatz der Probanden mit einem gemittelten Hörverlust von 30 dB in den Testfrequenzen 1,2 und 3 kHz, ohne Alterskorrektur, nach Expositionszeiten von 10 bis 40 Jahren und Schallpegeln von 80 bis 110 dB(A) (L_{eq}).

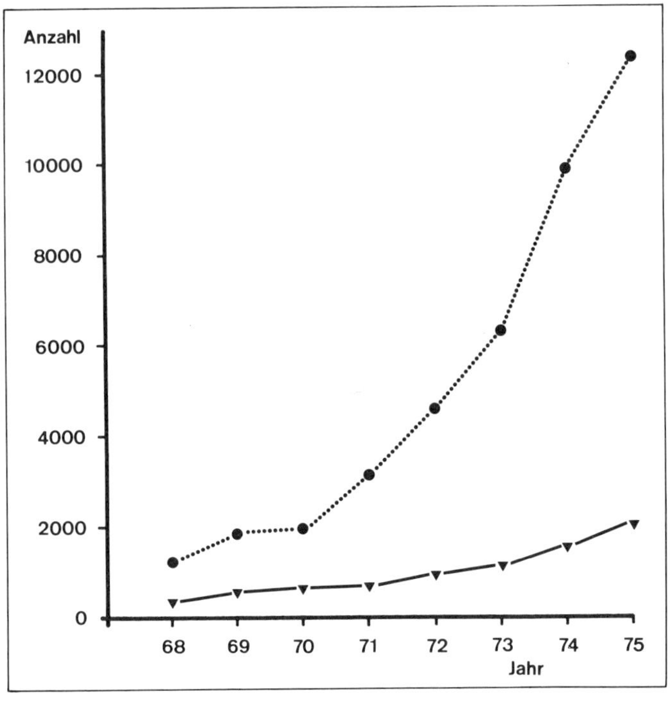

Abb. 68 Entwicklung der gemeldeten (● ···· ●) und anerkannten (▼ – ▼ – ▼) Fälle von beruflicher Lärmschwerhörigkeit nach Änderung der Anerkennungsbedingungen und Einführung von Überwachungsuntersuchungen.

auf eine 25-jährige Rentenlaufzeit) und der Druck staatlicher Arbeitsschutzverordnungen werden in absehbarer Zeit zu einer Verminderung von Neuerkrankungen führen.
Beobachtungen weisen darauf hin, daß bei Einwirkung von Impulsschall mit hohen Spitzenpegeln ein erhöhtes Hörschädigungs-Risiko besteht [Dieroff 1975; Dieroff 1963; Pfander 1975]. Hammerschläge auf Metall können Spitzenpegel von 150 dB(A) aufweisen, Schußknalle 160 bis über 175 dB. Es gab hier bisher beträchtliche Meßprobleme, die aber wohl lösbar sind [Bruel 1975]. Offen ist einstweilen die Frage, ob die Gehörgefährdung durch Impulsschall wie bei Dauergeräuschen ebenfalls der Energie-Äquivalenz-Regel folgt, oder ob hier andere Beurteilungsverfahren erforderlich sind [Coles et al. 1970; Atherley et al. 1971; Martin et al. 1973; Rice et al. 1973; Coles et al. 1973].
Eingangs wurde darauf hingewiesen, daß beim Altershörverlust nicht beruflich lärmexponierter Menschen wahrscheinlich die Summe der aus der Umwelt einwirkenden Schallreize beteiligt ist. In einer Studie der U.S.Environmental Protection Agency [EPA 1974] ist dieses Problem aufgegriffen worden. Die EPA-Autoren haben unter Heranziehung des Energie-Äquivalenz-Konzepts und der TTS-Hypothese (TTS = temporary threshold shift = zeitweilige Hörschwellenverschiebung infolge Schalleinwirkung) berechnet, daß mit einem Schallenergie-Summenwert von 70 dB(A), bezogen auf 24 Stunden unter Berücksichtigung aller beruflichen und außerberuflichen Schalleinwirkungen ($L_{eq(24)}$), nahezu die Gesamtbevölkerung vor einem lärmbedingten Hörverlust von mehr als 5 dB in der empfindlichsten Hörfrequenz (4000 Hz) in einer Expositionszeit von 40 Jahren geschützt werden kann. Dies ist ein sehr hohes Schutzziel; an Lärmarbeitsplätzen lautet das Schutzziel hingegen: Verhütung der Lärmschwerhörigkeit. Übliche Umweltgeräusche, wie Straßenverkehrs-, Schienenverkehrs- und Fluglärm, Baulärm, Industrielärm u. a., führen nicht zur Lärmschwerhörigkeit.

5.6.3.2 Behinderung der akustischen Kommunikation

Störschall verdeckt – maskiert – nach bestimmten Gesetzmäßigkeiten Nutzschall. Der wichtigste Nutzschall ist die menschliche Sprache (Konversation, Rundfunk- und Fernsehhören, Telefon u. a.). Der Sprechschallpegel liegt bei entspannter Konversation zwischen 50 und 60 dB(A), bei normaler Umgangssprache bei etwa 65 dB(A), bei angehobenem Stimmpegel und angestrengtem Sprechen bei 70 dB(A) und mehr, gemessen in 1 m Entfernung vom Sprecher. Innerhalb normal großer und normal ausgestatteter Aufenthaltsräume nimmt der Sprechschallpegel infolge Reflexion jenseits etwa 1,2 m nicht mehr ab, im Freien erfolgt pro Abstandsverdoppelung eine Schallpegelabnahme um 6 dB(A).
Bei Einwirkung von Störgeräuschen wird die Satzverständlichkeit vermindert. Dies ist sehr eingehend untersucht worden [Kryter 1970; EPA 1973; Burns 1968; Harris 1957]. Das genaueste Maß für die Vorhersage von Sprachinterferenz durch Störgeräusche ist der Articulation Index (AI) [Harris 1957; French et al. 1947; Kryter 1962], für dessen Berechnung eine Norm vorliegt [5]. Ein AI von 0,66 mit 98% Sachverständlichkeit gilt als sehr gut, ein AI von 1,0 mit 100% Satzverständlichkeit gilt als hervorragend. Anstelle der AI-Methode, bei der 20 Frequenzbänder berücksichtigt werden, hat man aus dem zur Sprachverständlichkeit beitragenden Frequenzbereich von 200 bis 6100 Hz [Hawley et al. 1957] drei Oktavbänder ausgewählt (600 bis 4800 Hz oder 300 bis 2400 Hz oder 350 bis 2800 Hz), deren arithmetische Mittelwerte in dB den Sprachinterferenzpegel (SIL = Speech Interference Level) ergeben [Kryter 1970; Beranek 1950]. Neuerdings wird auch für den Sprachinterferenzpegel die Angabe in dB(A) bevorzugt. Zwischen A-Schallpegel und SIL besteht folgende Beziehung: L_A = SIL + 9 dB [Webster 1970]. Abb. 69 zeigt, daß bei 45 dB(A) und weniger (Dauergeräuschpegel »innen«) innerhalb von Aufenthaltsräumen eine Satzverständlichkeit von 100% besteht. Für entspannte Konversation und habituelles Leisesprechen muß man den Wert von 40 dB(A) und weniger ansetzen. Dies ist z. B. die Situation in einem reinen Wohngebiet, wenn vor dem geöffneten Fenster des Raumes der Immissionsrichtwert von 50 dB(A) eingehalten ist (Minderung »außen« – »innen« bei geöffnetem Fenster 10 dB(A), bei teilweise geöffnetem Fenster bis 15 dB(A), bei geschlossenem Normalfenster im Mittel 25 dB(A)). Abb. 70 zeigt die Beziehungen zwischen Satzverständlichkeit und Störgeräuschpegel bei verschiedenen Sprecher-Hörer-

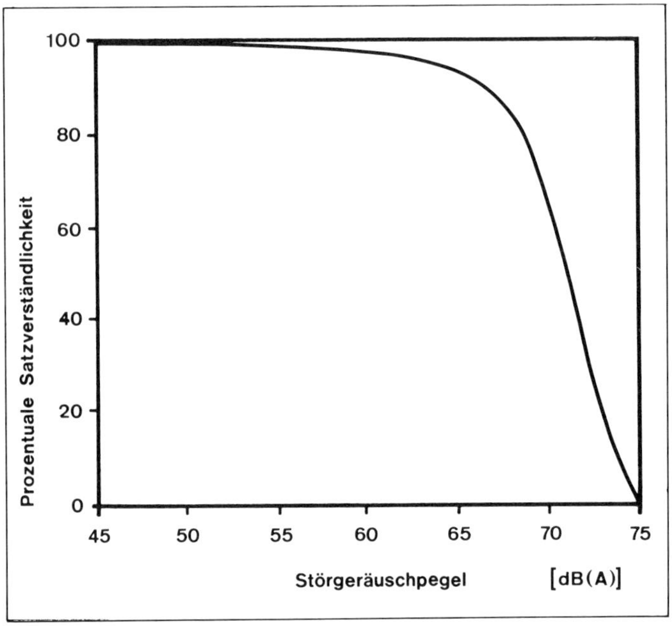

Abb. 69 Satzverständlichkeit bei normalem Sprechschallpegel in Aufenthaltsräumen in Abhängigkeit vom Störgeräuschpegel in dB(A). Aus: BASTENIER et al. [1975].

Abständen im Freien. So besteht z. B. im Außenwohnbereich (Balkon, Terrasse, Garten) bei 50 dB(A) in 2 m Distanz 99%ige Satzverständlichkeit bei entspannter Konversation. Bei 55 dB(A) (Richtwert für allgemeine Wohngebiete) beträgt die Satzverständlichkeit in 3,5 m 95%, was noch als gut bzw. angemessen für Kommunikation im Freien gelten kann; in 1 m Entfernung beträgt die Satzverständlichkeit 98%, was als sehr gut gilt.

Bedenkt man, daß im städtischen Lebensraum viele Flächen unter anderem Kommunikationsfunktionen haben (Einkaufsstraßen, Plätze, Treffpunkte, innerstädtische Parks, Straßencafées u. a.), dann ist von Interesse, daß bei 60 dB(A) Störgeräuschpegel und normaler Umgangssprache dort eine 95%ige Satzverständlichkeit in 2 m Entfernung gegeben ist. Bei fluktuierenden Geräuschen bzw. intermittierenden Geräuschen (Straßenverkehr, Luft- und Schienenverkehr) kann die Satzverständlichkeit während der Maximalpegelzeit natürlich stärker beeinträchtigt sein, was dann in der Regel durch Anhebung des Stimmpegels oder Unterbrechung des Sprachflusses ausgeglichen wird.

Sprachliche Kommunikation ist eines der wichtigsten Mittel der persönlichen Entfaltung und der sozialen Interaktion. Die Behinderung der sprachlichen Kommunikation durch Störgeräusche ist zwar physikalisch-physiologisch determiniert, sie hat jedoch wichtige psychologische Aspekte. Nach SADER [1966] liegt eine Behinderung nicht erst dann vor, »wenn die beabsichtigte Wahrnehmung physikalisch und physiologisch nicht mehr möglich ist, sondern im allgemeinen schon dann, wenn sie als behindert erlebt wird«. Psychologisch wirksam ist nicht nur die tatsächliche oder vermeintliche Notwendigkeit lauter sprechen zu müssen, sondern auch das Erlebnis, sorgfältiger zuhören zu müssen. Mit zunehmenden Verständlichkeitsverlusten geht man in der Regel zu einer Vereinfachung der Sprache über, der Wort- und Satzreichtum wird abgebaut, die Sprache wird weniger differenziert; dies alles kann psychologisch negativ erlebt werden.

Bei Fluglärm- und Straßenverkehrslärmstudien [DFG 1974; Arbeitsgemeinschaft für Soziopsychologische Fluglärmuntersuchungen 1974; BASTENIER et al. 1975; AUBRÉE et al. 1973] haben verbal geäußerte Belästigung durch Kommunikationsinterferenz und gemessene Außengeräuschpegel in der Regel die höchsten Korrelationen ergeben (vgl. Abb. 82). Kommunikationsinterferenz ist damit ein empfindlicher Indikator für Störung durch Lärm und überdies ein Indikator mit gesicherten Dosis-Wirkungsbeziehungen und guter Objektivierbarkeit. Die

Abb. 70 Beziehungen zwischen Stimmpegel, prozentualer Satzverständlichkeit, Sprecher-Hörer-Distanz und Störgeräuschpegel im Freien. A = normaler Stimmpegel, Satzverständlichkeit 95%; B = entspannte Konversation, Satzverständlichkeit 99%; C = entspannte Konversation, Satzverständlichkeit 100%. In Anlehnung an BASTENIER et al. [1975].

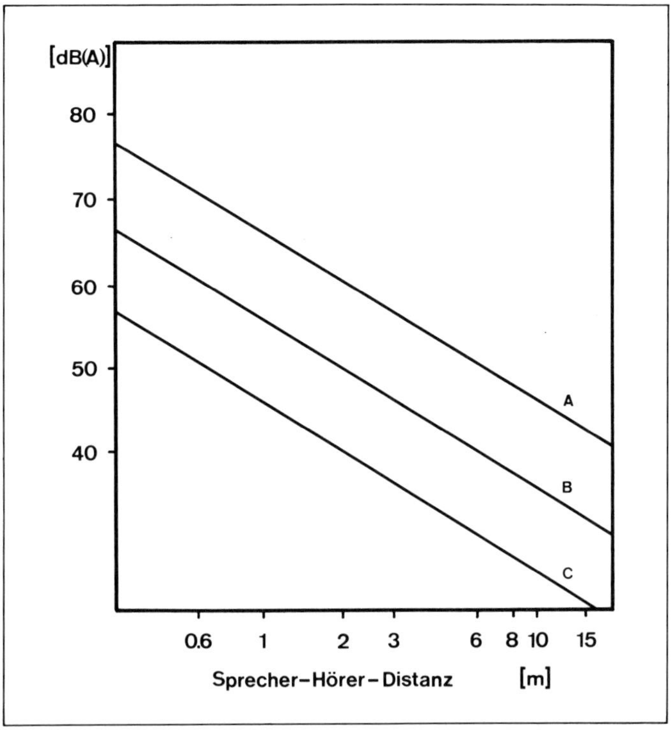

EPA-Autoren [EPA 1974] haben ihn daher neben Hörschädigung und Belästigung als wichtigen Parameter zur Identifizierung von Umweltlärmpegeln herangezogen, die zum Schutze von Öffentlicher Gesundheit und Wohlfahrt angemessen sind.
Innerhalb von Wohnräumen muß 100%ige Satzverständlichkeit möglich bzw. herstellbar sein und zwar bei allen Varianten der im Wohnbereich üblichen sprachlichen Kommunikation. Dies ist bei 40 dB(A) und weniger »innen« gegeben.

5.6.3.3 Aktivierung (Erregung) durch Schallreize

Schallreize wirken aktivierend, weckend, erregend; man bezeichnet diese Reaktionen als corticale, spinale, vegetative und affektive Arousal-Reaktion. Hierbei spielt das im Stammhirn gelegene »aufsteigende, reticuläre Aktivierungssystem« – auch Formatio reticularis (FR) genannt – eine wesentliche Rolle. In diese Hirnstrukturen ziehen vom Hörnerven abzweigende Kollateralfasern ein; jeder Schallreiz läuft also auch durch die FR, ruft dort einen erhöhten Erregungszustand hervor, der wiederum über vielfältige Nervenverbindungen zur Aktivierung des zentralen und des vegetativen Nervensystems führt. Es handelt sich hierbei um ein phylogenetisch altes Orientierungs- und Warnsystem, durch das der Organismus auf Achtung, Abwehrbereitschaft oder Flucht eingestimmt wird, also auf überlebenswichtige Verhaltensreaktionen. Die FR reagiert vor allem auf Differenzen durchlaufender Reize; so treten die entsprechenden Reaktionen sowohl bei Einsetzen eines Schallreizes als auch bei plötzlichem Aufhören einer Geräuscheinwirkung auf. Auch im Schlaf – also bei fehlender bewußter Reizwahrnehmung – bleibt dieses System ansprechbar, zum Teil sogar mit höherer Empfindlichkeit gegenüber dem Wachzustand [JAMSEN 1967; GRIEFAHN et al. 1976]. Dies erscheint sinnvoll, weil die Schwelle der bewußten Reizwahrnehmung im Schlaf beträchtlich erhöht ist. Starke und relevante Reize führen dann zum Aufwachen, während bei unbedeutenden Reizen lediglich gewisse Reaktionen im Elektroencephalogramm und an vegetativen Funktionssystemen nachweisbar sind.

Sokolov [1963, 1966] gliedert die Aktivierungsreaktionen in »Orientierungsreaktion« und »Defensivreaktion«. Bei der Orientierungsreaktion kommt es zu: Herabsetzung der Reizschwellen für das Seh- und Hörorgan, Pupillenerweiterung, Erhöhung der elektrischen Muskelaktivität (Zunahme der Muskelspannung), Änderungen im Elektroencephalogramm (kleinere und schnellere Amplituden), Vasoconstriktion (VCR) in den Gliedmaßenenden, Vasodilatation (VDR) an den Kopfhautgefäßen, Herabsetzung des elektrischen Hautwiderstandes, kurzzeitiger Veränderung der Atemrate und der Herzfrequenz. Bei einem schläfrigen Individuum kann diese generalisierte Orientierungsreaktion zu einer länger anhaltenden Aktivierung (erhöhte Wachheit) führen. Die Orientierungsreaktion erfolgt vor allem bei neuen, überraschenden, bedeutungshaltigen Reizen. Sie ist im allgemeinen schnell gewöhnungsfähig.
Bei der Defensivreaktion treten die Symptome der Orientierungsreaktion auf, zusätzlich kommt es nach Sokolov [1966] jedoch zu einer Vasoconstriktion auch an den Kopfhautgefäßen. Auch kann Blutdruckanstieg auftreten. Die Defensivreaktion ist kaum gewöhnungsfähig, unter bestimmten Bedingungen kann sogar »Sensibilisierung« auftreten. Starke Reize – z. B. Schallreize von etwa 90 dB – führen unmittelbar zu Defensivreaktionen. Bei wiederholten schwächeren Reizen kann es nach anfänglichen Orientierungsreaktionen zu Defensivreaktionen kommen. Die im angelsächsischen Schrifttum sogenannte »startle reaction« ist weitgehend identisch mit der Defensivreaktion [Kryter 1970; Sokolov 1966]. In ihrer vollen Ausprägung entspricht sie einer Schreckreaktion. Die Stärke der physiologischen Reaktionen, die bei Defensiv-startle-Reaktionen auftreten, bewirkt u. U. unangenehme Empfindungen; hier ergibt sich eine Brücke zur »erheblichen Belästigung«.
Schreckreaktionen gehen mit maximaler Aktivierung des Organismus einher. Nach Kryter [1970] werden sie immer dann ausgelöst, wenn Schallpegel in weniger als 0,5 sec um 40 dB und mehr ansteigen. Praktische Beispiele sind plötzlich auftretende unerwartete Geräusche, Überschallknalle von Flugzeugen, Donner bei nahem Blitzschlag u. a. Schreckreaktionen sind nicht oder kaum gewöhnungsfähig.
Die Literatur über Aktivierung durch Schallreize ist sehr umfangreich. Während die meisten Autoren Schallreize verwendet haben, um Grundlagen phsycho-physiologischer Reaktionen, Gewöhnungsphänomene, Streß-Probleme u. a. zu studieren (vgl. Schönpflug [1969]), haben in Deutschland vor allem Lehmann und seine Schüler [Jansen 1967; Lehmann et al. 1956; Lehmann 1961; Lehmann et al. 1958] versucht, aus den Beziehungen zwischen Schallreizstärke und der Stärke vegetativer Gefäßreaktionen Hinweise für Grenz- und Richtwerte abzuleiten. Nach Lehmann gibt es im Bereich 35 bis 65 dB nur psychische Lärmwirkungen, im Bereich 65 bis 90 dB treten zunehmend vegetative Gefäßreaktionen hinzu und ab 90 dB besteht zusätzlich die Gefahr der Gehörschädigung. Jansen [1967, 1973] hat aus den gemittelten Größen der vasoconstriktorischen Reaktion an der Fingerbeere (VCR) auf Breitbandgeräusche (13 gesunde, junge Versuchspersonen, Geräuschdauer 18 sec) und auf Terzbandgeräusche (22 gesunde VP, Alter 20 bis 30 Jahre, Geräuschdauer 30 sec) »Grenzwerte zur Beurteilung lärmbedingter vegetativer Reaktionen« abgeleitet: bei 60 dB treten erste schwache Reaktionen auf (Grenzlinie 1), bei 75 dB gibt es signifikante Lärmreaktionen (Grenzlinie 2); bei 88 dB Breitbandgeräusch zeigen die linearen Intensitäts-Reaktions-Beziehungen einen leichten Knick mit anschließend stärkerem Anstieg, woraus Jansen schließt, daß hier die kritische Grenze für Breitbandgeräusche erreicht ist, oberhalb 88 dB nimmt er »Gefährdung« an (Grenzlinie 3); für Terzbandgeräusche ist nach Jansen bei 94 dB die Grenze der normalen Schallreizverarbeitung erreicht (Grenzlinie 4), höhere Intensitäten sollen eine gesundheitsgefährdende »Übersteuerung« vegetativer Funktionen hervorrufen [Jansen 1967; 1973].
Betrachtet man diese Materie kritisch, so ist folgendes zu sagen: das genannte Lehmann'sche Lärmstufen-Schema berücksichtigt so wichtige Lärmwirkungen wie Schlafstörungen und Kommunikationsinterferenz nicht; die vegetativen Reaktionen auf Einzelschallereignisse können nicht auf äquivalente Dauerschallpegel übertragen werden, wie sie als Beurteilungspegel und Richtwerte üblich sind; einige der von Lehmann besonders herausgestellten Herz-Kreislauf-Reaktionen auf Lärm konnten später mit moderneren und zuverlässigeren Methoden nicht bestätigt werden [Etholm et al. 1964]; lärmbedingte vegetative Reaktionen lassen sich zum Teil mit weit niedrigeren Schallpegeln als 65 dB auslösen [Klosterkötter 1974]. Zu den

Grenzwert-Vorschlägen von Jansen [JANSEN 1967, 1973] ist zu sagen, daß es keinerlei Hinweise auf die gesundheitliche Relevanz der vasoconstriktorischen Reaktion an der Fingerbeere gibt; wäre dies anders, so dürfte man als Grenzwerte zweifellos nicht die mittleren Reaktionsdaten relativ kleiner Gruppen gesunder und junger Probanden nehmen, deren Reaktionen zudem nach eigenen experimentellen Erfahrungen sehr große interindividuelle und intraindividuelle Schwankungen und Unterschiede aufweisen. Wir sehen nach derzeitigen Kenntnissen keine Möglichkeit, einen Knick in einer Kurve von Dosis-Wirkungsbeziehungen oder eine gewisse Abweichung von der Linearität im Zusammenhang mit »Gefährdung« oder »Schädigung« zu interpretieren. Es gibt auch keine Möglichkeit, Beziehungen zwischen den von JANSEN mit Kurzzeitgeräuschen (18 und 30 sec) gefundenen Fingerpulsreaktionen und äquivalenten Dauergeräuschpegeln herzustellen. Läßt man z. B. Geräuschpegel langsam ansteigen, dann nimmt die von JANSEN ausgewertete Reaktion mit zunehmender Anstiegsdauer stark ab, man findet schließlich fast nur noch eine perstimulatorische Vasoconstriktion, deren Größe sich stark von den Kurzzeitreaktionen unterscheidet (Abb. 71). Macht man den gleichen Versuch unter Verwendung der Reaktion des elektrischen Hautwiderstands, dann findet man bei langen Pegelanstiegszeiten überhaupt keine Reaktion mehr (Abb. 72).

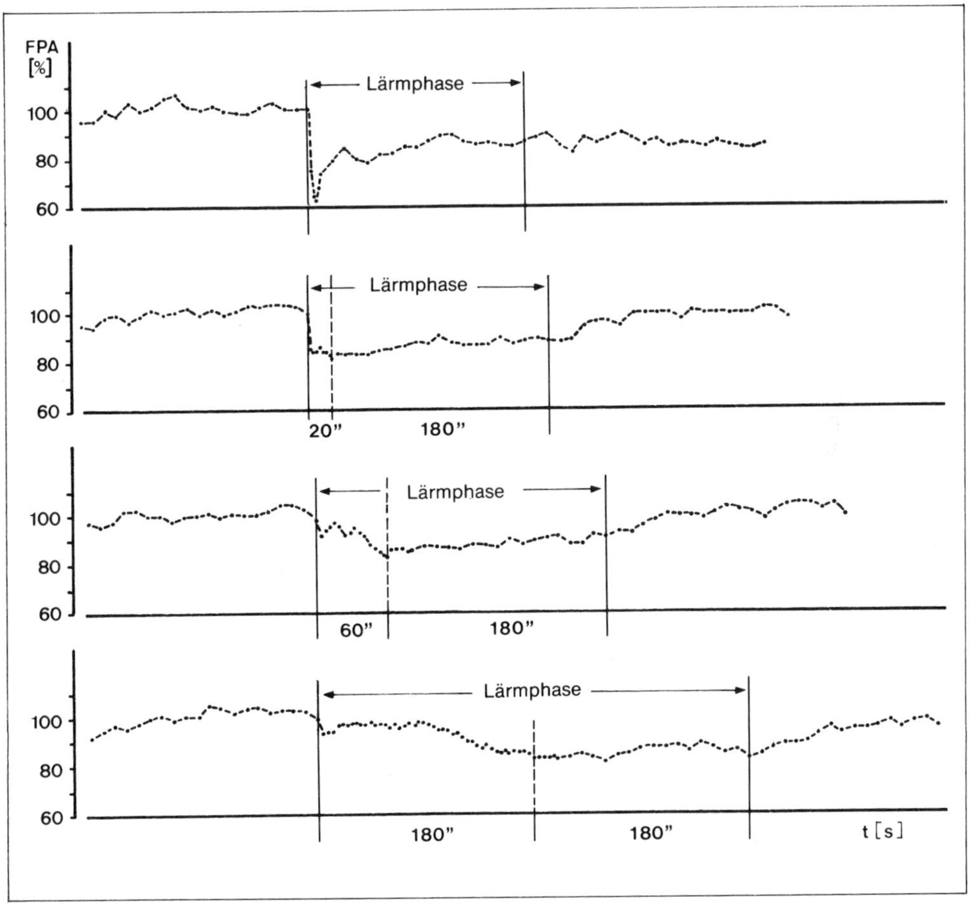

Abb. 71 Verlauf der vasokonstriktorischen Reaktion an der Fingerbeere bei Einwirkung von 95 dB(A) (Weißes Rauschen) mit Pegelanstiegszeiten von Null, 20, 60 und 180 Sekunden. FPA-Fingerpulsamplitude. Vor Lärmanstieg Ruhebedingungen bei 35 dB(A) WR. Mittelwerte von 37 Versuchspersonen.

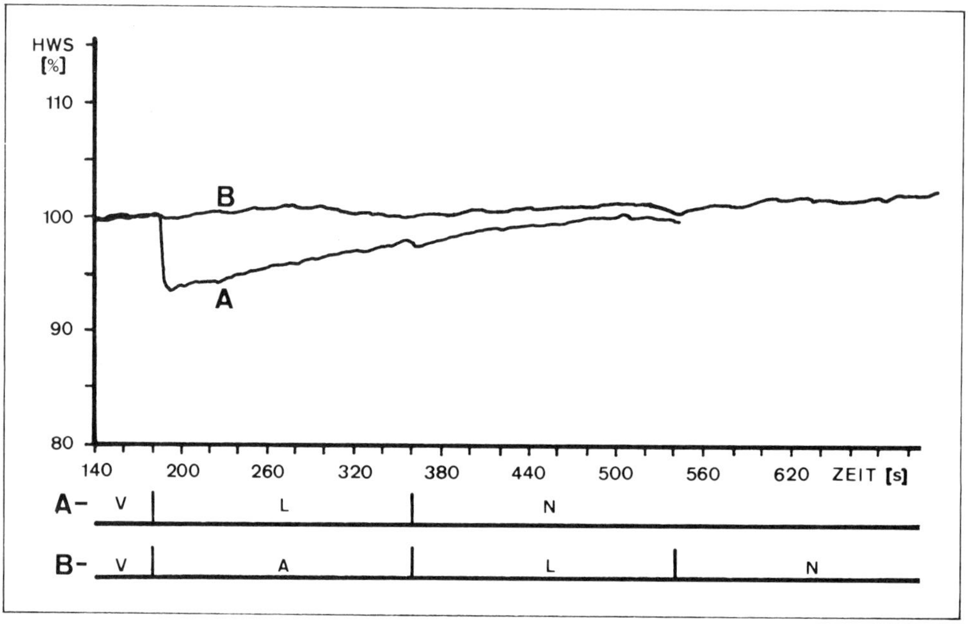

Abb. 72 Reaktion des elektrischen Hautwiderstandes bei Einwirkung von 95 dB(A) (Weißes Rauschen). Kurve A = plötzlicher Anstieg des Schallpegels; Kurve B = Anstieg des Schallpegels innerhalb von 3 Minuten auf 95 dB(A). Mittelwerte von 30 Versuchspersonen.

Die Aktivierungsreaktionen bieten interessante Einblicke in die Verarbeitung von Schallreizen durch den Organismus, sie können jedoch nach dem derzeitigen Stande der Erkenntnisse nicht als Anhaltsdaten für Immissionsrichtwerte herangezogen werden; auch lassen sich von ihnen keine Aussagen im Hinblick auf gesundheitliche Relevanz von Lärmeinwirkungen ableiten. Häufige maximale Aktivierungsreaktionen, wie sie unter Schreckbedingungen auftreten, können natürlich nicht als gesundheitlich belanglos angesehen werden.

5.6.3.4 Störung von Schlaf und Entspannung

Störung von Schlaf und Entspannung sind Folgen der Aktivierung durch Schallreize. Eine integrierende Darstellung der internationalen Literatur über Lärmeinwirkungen und Schlaf findet sich bei Griefahn et al. [1976]. Schlafstörungen durch Geräusche gibt es in Form von

- Einschlafstörungen
- Aufwachen
- Beeinflussung des Schlafverhaltens ohne Aufwachen.

Zwecks Einstimmung auf den Schlaf muß der psycho-physische Aktivierungspegel des Organismus absinken. Belästigende und aktivierende Geräusche können das Einschlafen behindern und die Einschlafzeit verlängern. Besonders wirksam sind Geräusche mit stärker schwankenden Pegeln, intermittierende und impulsartige Geräusche, informationshaltige und auffällig aus dem mittleren Geräuschpegel hervortretende Geräusche. Nach Spreng [1973] bewirken Pegelanstiege um etwa 10 dB eine Aktivierung, kenntlich an Veränderungen der Hirnstromkurven im Elektroencephalogramm. Da die Formatio reticularis – wie oben dargelegt – vor allem auf Differenzen durchlaufender Reize anspricht, wirken sehr gleichmäßige breitbandige Geräusche bei gleichem äquivalentem Dauerschallpegel weit weniger nachteilig auf das Einschlafen als Geräusche mit stark schwankenden Pegeln. Nach Jansen [1970] kann man bei 70 dB(A)

Dauergeräuschen durchaus einschlafen. Monotone Dauergeräusche können sogar einschläfernd wirken. Das Einschlafen zeigt sowohl intraindividuelle Schwankungen als auch starke interindividuelle Unterschiede. So haben sogenannte gute Schläfer Einschlafzeiten von 10 min und weniger, bei schlechten Schläfern kann die Einschlafzeit 60 min und mehr beanspruchen [zit. in GRIEFAHN et al. 1976]. Schlechte Schläfer mit langen Einschlafzeiten dürften durch während der Einschlafzeit auftretende Geräusche eher negativ beeindruckt werden als gute Schläfer und eher geneigt sein, Einschlafschwierigkeiten auf diese Geräusche zurückzuführen; dies bedarf jedoch weiterer Untersuchungen. Einschlafstörungen durch Lärm können bekanntlich quälend und ärgerlich sein, dies insbesondere dann, wenn Vermeidbarkeit der Geräusche oder Rücksichtslosigkeit der Lärmerzeuger angenommen wird. Die Alltagserfahrung spricht dafür, daß es eine gewisse Gewöhnungsfähigkeit an höhere Geräuschpegel während der Einschlafphase gibt, über quantitative Beziehungen liegen jedoch noch keine systematischen Untersuchungen vor.

Der eigentliche Schlaf verläuft zyklisch, mit einem Wechsel verschiedener Schlafstadien, die unterschiedlich weckempfindlich sind. Aufwachreaktionen durch Geräusche erfordern in der Regel stärkere Pegeländerungen, wobei zusätzlich die Dauer der Reize von Bedeutung ist. Experimentell liegt die kritische Aktivierungsschwelle für das Gehirn etwa bei 10 dB Pegelanstieg über den herrschenden Pegel [SPRENG 1973], was aber nicht für alle Schlafstadien untersucht worden ist. Es entspricht jedoch der Alltagserfahrung, daß auch weit höhere Pegelanstiege ohne Weckreaktion toleriert werden. Zudem ist die geräuschbedingte Weckreaktion beträchtlich gewöhnungsfähig. THIESSEN [1973] hat bei Schlafversuchen über 24 Nächte mit Einwirkung von LKW-Geräuschen von 65 dB(A) am Ohr der Schläfer eine Reduzierung der anfänglichen Aufwachquote um 50% gefunden. In der Regel nimmt die Häufigkeit von Aufwachreaktionen zumindest bis zur 6. Versuchsnacht ab [GRIEFAHN et al. 1976]. Das Schlafverhalten in der ersten Versuchsnacht – dies gilt auch für erste Nächte in Hotels, im Urlaubsquartier oder in sonstigen unvertrauten Umgebungen – ist nicht maßgebend für das zu erwartende Schlafverhalten nach einigen Gewöhnungsnächten.

Alternde Menschen haben in der Regel kürzere Schlafdauern, die weckresistenteren Tiefschlafphasen nehmen bei ihnen stark ab, ihr Schlaf wird insgesamt störanfälliger, außerdem haben sie auch wesentlich häufiger »spontane« – also nicht Lärm-bedingte – Schlafschwierigkeiten als junge Menschen [PFLANZ 1962; FISCHER 1967]. Bei Kindern hingegen liegt die Weckresistenz gegenüber Geräuschen durchschnittlich deutlich höher als bei Erwachsenen und bei alten Menschen; die kritische Population sind somit die alternden Menschen und nicht – wie man vielfach hört – Säuglinge und Kinder.

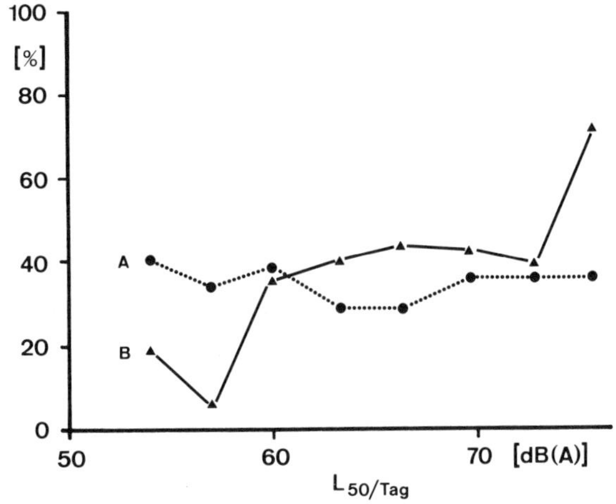

Abb. 73 Untersuchungen über Beziehungen zwischen Straßenverkehrslärm und Schlafstörungen in Paris. Bei insgesamt etwa gleichbleibendem Prozentsatz an Schlafstörungen werden diese mit steigendem Außengeräuschpegel (L_{50}) zunehmend dem Verkehrslärm angelastet. A = % häufige oder sehr häufige Schlafstörungen; B = Personen mit Schlafstörungen (A), die diese auf Straßenverkehrslärm zurückführen. Aus: AUBREE [1973].

Felduntersuchungen haben ergeben, daß es schwierig ist, unter Alltagsbedingungen signifikante Beziehungen zwischen der Höhe von Geräuschpegeln und Schlafstörungen nachzuweisen [Aubrée et al. 1973; Aubrée 1973]. In jeder Population gibt es nämlich zahlreiche Menschen mit funktionellen, psychoreaktiven und organisch bedingten [Finke et al. 1970] Einschlaf- und Schlafstörungen; besonders häufig finden sich Schlafstörungen bei Zeichen einer allgemeinen vegetativen Labilität [Fischer 1967]. Diese Menschen werden um so eher geneigt sein, ihre Schlafstörungen auf den Lärm zurückzuführen, je höher die wahrgenommenen Geräuschpegel sind (Abb. 73). Aubrée [1973] fand bei einer Studie über Belästigung durch Schienenverkehrslärm keine Korrelation zwischen schlechter Schlafqualität und nächtlichen Geräuschpegeln, wohl aber hochsignifikante Beziehungen zwischen schlechtem Schlaf und Lebensalter (Population über 50 Jahre). Andere Autoren [Arbeitsgemeinschaft für Soziopsychologische Fluglärmuntersuchungen 1974; Wanner 1976] fanden bei Untersuchungen über nächtliche Belastung durch Fluglärm und Straßenverkehrslärm einen deutlichen Anstieg häufiger Schlafstörungen mit ansteigenden Außengeräuschpegeln (NNI, L_{50}, L_{eq}) und – soweit untersucht – eine Zunahme des Verbrauchs von Schlaf- und Beruhigungsmitteln und der Verwendung von »Ohropax«. So ergab sich z. B. an Züricher Straßen häufige Einnahme von Schlaf- und Beruhigungsmitteln bei L_{eq} 53 in 7%, bei L_{eq} 63 in 17%, bei L_{eq} 68 in 21% und bei L_{eq} 73 in 30% (L_{eq} für 22 bis 6 Uhr) [Wanner 1976]. In Basel hatten bei mittleren Geräuschpegeln (L_{50}) von 32–36 dB(A) 6,1% ziemlich häufige und sehr häufige Schlafstörungen durch Straßenverkehrslärm; bei 36–40 dB(A) waren es 6,7%, bei 40–44 dB(A) 12%, bei 44–48 dB(A) 19,4% und bei 48–52 dB(A) 32,8%. Der L_{eq} dürfte um 4–6 dB(A) höher liegen als der L_{50}. Rucker [1975] fand für »stark Belästigte« die in Abb. 74 dargestellten Beziehungen bei offenen und geschlossenen Fenstern nachts. Auch hier wäre es natürlich von Interesse, die Altersabhängigkeit der beobachteten Schlafstörungen und die Häufigkeit spontaner Schlafschwierigkeiten bei jenen Menschen zu kennen, die nicht den Verkehrslärm als Ursache von Schlafstörungen angeben. Unter Hinweis auf Abb. 73 muß man mit dem Phänomen »Kausalattribuierung«

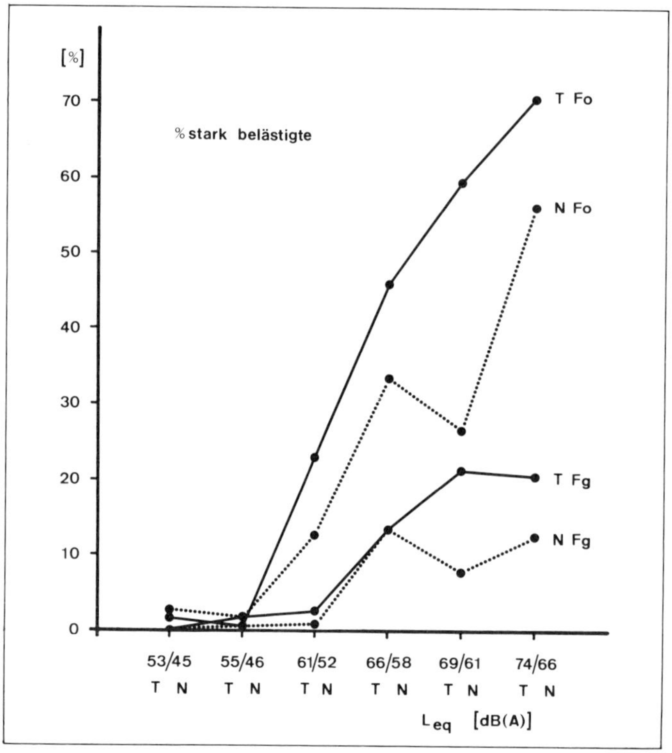

Abb. 74 Untersuchungen über die Beziehungen zwischen Straßenverkehrsgeräuschen (L_{eq}) und starker Belästigung bei geöffneten und geschlossenen Fenstern. T = Tag, N = Nacht, Fo = Fenster offen, Fg = Fenster geschlossen. Aus: Rucker [1975].

Abb. 75 Beziehungen zwischen Null-Reaktionen und Aufwachreaktionen bei Einwirkung verschiedenster Einzelschallreize, umgerechnet auf die 6. Versuchsnacht. Aus: Criefahn et al. [1976]. 0-Reaktionen = Änderungen um weniger als eine Schlafstufe – Schallreize: 40 bis 120 dB(A) – Impulslärm, Industriegeräusche (korrigiert auf die 6. Versuchsnacht, außer bei Muzet, 1973).

Aufwachhäufigkeit	0-Reaktionen
y = − 79,67 + 1,32 ×	y = 282,86 − 3,17 ×
r = 0,835	r = − 0,544

. . . . .

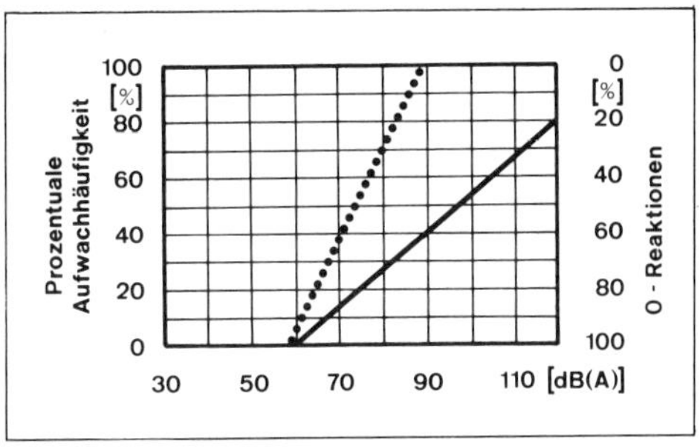

rechnen und außerdem folgendes bedenken: Wer aus irgendwelchen Gründen wach liegt, der nimmt nächtliche Geräusche bei abgesunkenem mittlerem Geräuschpegel deutlicher wahr, er mag dadurch eher belästigt werden als tagsüber, selbst wenn die Geräusche mit der Schlafstörung nicht in ursächlichem Zusammenhang stehen. Außerdem ist in Betracht zu ziehen, daß Menschen, die infolge vegetativer Labilität, aus psychoreaktiven Gründen oder z.B. wegen Gehirnarteriosklerose Schlafschwierigkeiten haben, geräuschempfindlicher sind. Man wird diesen Fragen bei zukünftigen Feldstudien besondere Aufmerksamkeit widmen müssen. Die ausgefeilten Schlaflabor-Versuche sind nur zum Teil auf die gewohnten Alltagsbedingungen übertragbar.

Die Beeinflussung des Schlafverhaltens durch Geräusche ohne Aufwachreaktion ist nur elektroencephalographisch erkennbar. Es kommt zur Verschiebung und Abflachung von Schlafstadien und zur Verminderung der Tiefschlaf- und Traumschlafzeit (REM-Phase). Diese Veränderungen des Schlafverhaltens verlaufen unbewußt, sie sind offensichtlich nicht gewöhnungsfähig; ihre Bedeutung für Gesundheit und Wohlbefinden ist unbekannt; immerhin handelt es sich aber um Störungen physiologisch programmierter Schlafabläufe, man darf sie daher nicht vernachlässigen.

In der neuen Schlafliteratur [zit. in Griefahn et al. 1976] werden Null-Reaktionen und Aufwachreaktionen unterschieden. Von Null-Reaktion spricht man, wenn die elektroencephalographisch nachweisbaren Veränderungen des Schlafverhaltens geringer sind als es einer Schlafstufe entspricht. Aufwachreaktionen liegen vor, wenn ein Wach-EEG in Erscheinung tritt oder ein entsprechendes Verhalten registriert wird. Abb. 75 zeigt die aus der internationalen Literatur verarbeiteten Daten über Beziehungen zwischen der Höhe dargebotener Geräuschpegel und Aufwachreaktionen bzw. Null-Reaktionen. Es handelt sich um Einzelschallpegel und nicht um äquivalente Dauergeräuschpegel. Die Daten sind adaptiert auf die 6. Versuchsnacht, womit eine gewisse Aufwach-Gewöhnung einbezogen ist. Man sieht, daß der kritische Bereich etwa bei 55 dB(A) beginnt. Die prozentuale Häufigkeit der Aufwachreaktion nimmt mit steigender Intensität der Schallreize zu, die Schlafqualität und die Gesamtschlafzeit werden reduziert. Nach kurzer Gewöhnung beträgt die Aufwachwahrscheinlichkeit bei Maximalpegeln von 64 dB(A) – am Ohr des Schläfers – ca. 5%, bei 97 dB(A) etwa 50%. Bei Berechnung der äquivalenten Dauerschallpegel aus Schlaf-Lärm-Versuchen ergibt sich bei einem L_{eq} bis 38 dB(A) theoretisch keine Veränderung der Schlafqualität, während bei 39 dB(A) – am Ohr der Schläfer – mit einer negativen Beeinflussung der Schlafqualität in 5% zu rechnen ist [Griefahn et al. 1976; vgl. auch Lucas 1975].

Es darf heute als weitgehend gesichert gelten, daß Mittelungspegel am Ohr des Schläfers von 25 bis 35 dB(A) im schlafgünstigen Bereich liegen. Diese Situation ergibt sich bei geöffneten Fenstern, wenn die Außengeräuschpegel (L_{eq}) 35 bis 45 dB(A) betragen. Die Immissionsrichtwerte/Nacht der TA-Lärm und der VDI-Richtlinie 2058 Blatt 1 lauten für ausschließlich oder überwiegend dem Wohnen dienende Gebiete 35 bzw. 40 dB(A); im Entwurf April 1976 der DIN 18005 »Schallschutz im Städtebau« ist für Wohngebiete ein Planungsrichtpegel von 45 dB(A)/Nacht angegeben, wobei auch die Verkehrsgeräusche berücksichtigt werden. Alle drei genannten Immissionswerte sind unter Berücksichtigung der Ergebnisse der Schlafforschung für Schlafen bei geöffneten Fenstern tolerierbar.

Da Weckreaktionen in der Regel durch die Größe des Pegelanstiegs über den herrschenden mittleren Pegel bestimmt werden, kann der äquivalente Dauerschallpegel nicht in allen Fällen als adäquater Beurteilungspegel akzeptiert werden. Wenige kurzzeitige Pegelanstiege mit hohen Spitzen tragen u. U. nur relativ wenig zum L_{eq} bei, sie haben aber eine große Weckpotenz. In solchen Fällen muß die Höhe der Maximalpegel mit berücksichtigt werden. Es macht z. B. einen wesentlichen Unterschied, ob ein nächtlicher Mittelungspegel von 50 dB(A) durch die Vorbeifahrt von 2 LKW's pro Stunde oder durch die nur gering schwankenden Immissionen von einer entfernten Autobahn bedingt ist. Im ersteren Falle treten in straßenseitigen Schlafräumen auch bei geschlossenen Fenstern Maximalpegel von 60 dB(A) und mehr auf, was zu Schlafstörungen führen kann; im letzteren Falle sind bei teilweise geöffneten Fenstern im Raum konstant etwa 35 dB(A) zu erwarten, was häufig anzutreffenden Lüftungsgeräuschen in klimatisierten Hotels entspricht.
Wie oben bereits angedeutet worden ist, treten als Folge von Schallreizeinwirkungen auch im Schlaf vegetative Aktivierungsreaktionen auf [Griefahn et al. 1976]. So kommt es zur Steigerung der elektrischen Muskelaktivität, die mit Hilfe der Elektromyographie nachweisbar ist, ferner treten Verminderung des elektrischen Hautwiderstands, Vasoconstriktionsreaktion an der Fingerbeere, vorübergehende Pulsfrequenzzunahme und Veränderung der Atemrate auf. Die Reizschwellen sind im Schlaf niedriger als im Wachzustand, sie liegen für Atemrate und VCR bei 50 und 55 dB(A). Für die VCR konnte im Intensitätsbereich 55 bis 80 dB(A) keine Intensitätsabhängigkeit nachgewiesen werden.
Die fehlenden Dosis-Wirkungs-Beziehungen in dem weiten Bereich 55 bis 80 dB(A) lassen es ratsam erscheinen, sich bei der Beurteilung von Lärmeinwirkungen auf den Schlaf ganz auf das System »Null-Reaktionen« – »Aufwachreaktionen« zu stützen.
Über die gesundheitliche Bedeutung häufiger Schlafstörungen durch Lärm liegen keine gesicherten Erkenntnisse vor. Dies gilt auch im Hinblick auf die beschriebenen vegetativen Funktionsänderungen, die übrigens auch ohne Auslösung durch Lärm im Schlaf spontan auftreten. Lärm ist nur eine der vielen möglichen Ursachen der insgesamt recht häufigen und mit dem Alter zunehmenden Schlafstörungen. Insofern dürfte es sehr schwierig sein, über diesen Faktor eine isolierte Aussage zu gewinnen. Wirkliche oder vermeintliche Schlafstörungen durch Lärm bedeuten jedoch immer eine Minderung des Wohlbefindens und damit Belästigung oder erhebliche Belästigung.
Jeder Mensch bedarf mehr oder weniger täglich Phasen der entspannenden Ruhe. Zum Teil ist dies an die circadiane Rhythmik gekoppelt (z. B. Mittagsphase), zum Teil bestehen soziokulturell bestimmte Erwartungen (Sonn- und Feiertage). Entspannung kann durch aktivierende Geräuschreize verhindert oder in Spannung umgewandelt werden. Neben sehr lauten Geräuschen sind hier besonders wirksam: als vermeidbar und rücksichtslos empfundene Geräusche, Geräusche mit stark schwankenden Pegeln und solche mit Impulscharakter und auffälligen Frequenzanteilen. Verschiedenste Lärmverordnungen tragen dem Schutz der Entspannungsphasen Rechnung, indem die Ausübung bestimmter lärmerzeugender Tätigkeiten zeitlich eingeschränkt und zu bestimmten Stunden des Tages und an Feiertagen untersagt wird.
Auf ein entspannungsgünstiges »Geräuschklima« ist besonders in Krankenhaus- und Kurgebieten zu achten. Dort befinden sich in der Regel kranke, rekonvaleszierende und erholungsbedürftige Menschen, die einer psycho-vegetativen Schonung bedürfen und daher auch vor aktivierenden und belästigenden Geräuschreizen geschützt werden müssen. Die für diese Bereiche geltenden Immissionsrichtwerte (45 dB(A)/Tag, 35 dB(A)/Nacht) können als angemessen gelten.

5.6.3.5 Beeinträchtigung von Leistungen

Geistige und motorische Leistungen, für deren optimale Durchführung die Wahrnehmung akustischer Informationen erforderlich ist, können durch die maskierende Wirkung von Störgeräuschen beeinträchtigt werden. Dies gilt sowohl für Höraufgaben im engeren Sinne als auch für komplexe Aufgaben, bei denen die auditive Komponente nur einen Teil der Leistungsanforderungen darstellt. Schallpegel und Frequenzzusammensetzung der relevanten akustischen Signale, Reize und Informationen können sehr unterschiedlich sein; entsprechend unterschiedlich ist dann auch die von Schallpegelhöhe und Frequenzgehalt abhängige Störwirkung der Geräuschimmissionen.

Über die Beeinflussung nicht-auditiver Leistungen durch Lärm sind in den letzten vier Jahrzehnten zahlreiche Untersuchungen durchgeführt worden, die hier nicht im einzelnen dargestellt werden können (zusammenfassende Darstellungen in [EPA 1971, 1973; BROADBENT 1957; COHEN 1969; GULIAN 1973]. Man hat bei einer Fülle von Versuchen mit sehr einfachen bis hochkomplizierten Aufgaben Leistungsverschlechterung, Leistungsverbesserung oder keine Beeinflussung durch Geräuschimmissionen gefunden. Der ganz überwiegende Teil der Ergebnisse stammt aus Laboratoriumsuntersuchungen, die wiederum vorwiegend Grundlagencharakter haben. Es gibt nur relativ wenige Feldstudien und praxisorientierte Untersuchungen. Erwähnenswert ist die klassische Arbeit von WESTON und ADAMS [1935]. Diese Autoren fanden bei einer Langzeitstudie in einer Weberei, daß Lärmexponierte nach Herabsetzung der Einwirkungspegel durch Tragen von Gehörschützern von 96 auf 80–85 dB(A) eine Leistungsverbesserung um ca. 12% aufwiesen. Diese blieb nach Wiederherstellung der ungünstigeren Geräuscheinwirkung aber bestehen, woraus zu schließen ist, daß die motivationsfördernde Beachtung der Arbeitsbedingungen von entscheidender Bedeutung war, nicht aber die Herabsetzung der Lärmeinwirkung. Bei einer Leistungsstudie mit 263 Kindern der 7. Klasse einer Volksschule fand SLATER [1968] unter Einwirkung von so unterschiedlichen Geräuschimmissionen wie 45–55 dB, 55–70 dB und 75–90 dB (Gemisch von Schullärm und Weißem Rauschen) keinen Einfluß auf Geschwindigkeit und Genauigkeit der Leistung (Test: 70 Fragen in 30 Min. ausfüllen).

Es gibt verschiedene Theorien und Hypothesen über die Zusammenhänge zwischen Lärmeinwirkungen und Leistungen. »Aktivierung« (vgl. 5.6.5.3) wirkt leistungsfördernd, »Überaktivierung (Overarousal) wirkt leistungsverschlechternd. Es gibt hier also umgekehrt »U«-förmige Zusammenhänge zwischen Aktivierung durch Geräusche und Leistungen. Nach HOCKEY [1970] liegt der optimale Aktivierungspegel bei komplexen Leistungsanforderungen niedriger als bei einfachen Aufgaben. Nach MCGRATH et al. [1961] führt Aktivierung bei leichten Aufgaben eher zu einer Verbesserung und bei schwierigen Aufgaben eher zu einer Verschlechterung der Leistung.

Nach BROADTBENT [1958] kann der Mensch die in seiner Umwelt ablaufenden Ereignisse nur in begrenztem Umfange wahrnehmen, die nicht-relevanten Ereignisse bzw. Informationen werden durch eine Art mentales »Filter« ausgefiltert (Filtertheorie). Hierbei gibt es jedoch folgende Grenzen: das »Filter« kann überrannt werden durch irrelevante Reize, die neu, sehr stark oder unerwartet sind; hierdurch kommt es zur Ablenkung. Der aktuelle Aktivierungszustand, Ermüdung oder Streß können die Diskriminationsfähigkeit des »Filters« beeinträchtigen, hierdurch kann die Ablenkbarkeit verstärkt werden. Gleichmäßige Dauersignale können selbst dann, wenn sie wichtig sind, im Laufe der Zeit ignoriert oder nicht mehr durchgelassen werden. Ablenkung bedeutet kurzzeitig oder länger anhaltende Störung der aufgabenrelevanten Konzentration und Aufmerksamkeit. Die Ablenkbarkeit ist interindividuell unterschiedlich. HÖRMANN et al. [1967] fanden bei Probanden mit hoher Ablenkungsneigung eine signifikant stärkere Leistungsstörung als bei niedriger Interferenzneigung.

Bekanntlich kann auch Belästigung durch Lärm den Leistungsvollzug beeinträchtigen, insbesondere dann, wenn hierdurch negative Affekte ausgelöst werden.

Die Störung zentralnervöser Informationsverarbeitungsprozesse durch Schallreize ist mit Hilfe neuro-elektrophysiologischer Untersuchungen objektivierbar; vielleicht wird man auf dieser Ebene kritische Pegelgrößen ermitteln können [SPRENG 1975; SPRENG et al. 1976; SPRENG 1973].

Einige Autoren haben kumulative Effekte im Hinblick auf Leistungsverschlechterung nach längerer Einwirkung von Geräuschpegeln über 90 dB(A) gefunden [zit. in EPA 1973]. GLASS und SINGER [1972] konnten in umfangreichen Studien zeigen, daß nach Einwirkung starker Geräuschreize (über 100 dB) negative Nacheffekte im Leistungsverhalten erkennbar werden, dies insbesondere bei nicht vorhersagbaren und unkontrollierbaren Geräuscheinwirkungen und komplexen Aufgaben mit hohen Anforderungen an Aufmerksamkeitsspannung und Konzen-

tration. Sie haben ferner darauf hingewiesen, daß die in der Regel auftretende Anpassung an hohe Geräuschpegel mit »psychischen Kosten« verbunden ist.
Es ist nach dem Stande der Erkenntnisse nicht möglich, aus der Fülle der vorliegenden Ergebnisse bestimmte Geräuschpegelwerte abzuleiten, die im Hinblick auf mögliche Beeinträchtigung des Leistungsverhaltens nicht überschritten werden dürfen. Die meisten Autoren sind darin einig, daß Lärm per se nur bei Geräuschpegeln über 90 dB(A) – wenn überhaupt – leistungsmindernd wirkt. Einige Aufgaben sind jedoch erhöht störanfällig: so Aufmerksamkeitsaufgaben, Lernen und Informationsaufnahme und analytische Entscheidungsfindungsprozesse. Im übrigen spielen neben Lautstärke, Frequenzzusammensetzung, Zeitstruktur, Informationsgehalt, Neuigkeit, Plötzlichkeit und Unerwartetheit vor allem der gesamte kognitive Kontext, Erwartungen, situative Gegebenheiten, Schwierigkeitsgrad und Art der Aufgaben, Vertrautheit mit dem Geräuschklima und den Aufgaben sowie Motivation und Persönlichkeitsvariablen eine wesentliche Rolle. Es kann also im Grunde genommen keine vereinfachende Aussage über Zusammenhänge zwischen Geräuschpegel und Leistung geben. Insoweit ist es auch kaum möglich, den Komplex »Lärm und nicht-auditive Leistung« als ein Kriterium für die Aufstellung von Immissionsrichtwerten für Umweltgeräusche heranzuziehen.

5.6.3.6 Belästigung

Belästigung äußert sich als Unlustgefühl, Verärgerung, Erregung. Nach LINDVALL und RADFORD [1973] ist Belästigung »ein Gefühl des Unbehagens, welches durch Stoffe oder Umstände hervorgerufen wird, denen negative Auswirkungen auf Individuen oder Gruppen nach Ansicht des Betroffenen oder Wirkungsempfängers zugeschrieben werden«. Hierbei ist die nicht näher zu definierende »Aufdringlichkeit« oder »Zudringlichkeit« ein wichtiges Kriterium [WILSON 1966]. Nach HAWEL [1967] ist jeder Schall dann und nur dann lästig, »wenn er von einer Bezugsperson als nicht mit ihren augenblicklichen Intentionen übereinstimmend erlebt wird«.
Belästigung durch Lärm ist eine erfragbare, der Selbsterfahrung zugängliche und »verstehbare« Realität. In der Regel wird der Begriff übergeordnet verwendet. Geräusche können unmittelbar lästig sein, und zwar durch Lautheit, Impulshaltigkeit, Frequenzeigenschaften, Modulationstiefe und Auffälligkeit gegenüber dem Grundgeräuschpegel oder mittleren Geräuschpegel eines Gebietes. Belästigung kann auch mittelbar aus erlebter Störung von Aktivitäten und Intentionen resultieren, zum Beispiel Störung von Schlaf und Entspannung, Kommunikationsbehinderung, Störung bei der Durchführung von Aufgaben oder aus wahrgenommenen Folgen starker Aktivierung z. B. durch Schreck u. a. m.
Während man Lästigkeit und Lautheit von Geräuschen sowie ihre Störwirkung auf verschiedene Funktionen und Aktivitäten weitgehend in Laboratoriumsversuchen testen kann, lassen sich wichtige Informationen über Belästigung durch Umweltgeräusche nur durch Befragungen in konkreten Umweltsituationen gewinnen.
Demoskopische Befragungen über Belästigung durch Lärm haben in den letzten 23 Jahren zum Teil unterschiedliche Ergebnisse gebracht. Da von den verschiedenen Instituten unterschiedliche Fragen verwendet worden sind, sind Vergleichsmöglichkeiten kaum gegeben. Eine von EMNID regelmäßig gestellte Frage: »Gibt es Lärmeinflüsse, die Sie täglich oder jedenfalls häufiger stören?« wurde von 1953 bis 1976 in folgenden Prozentsätzen mit »ja« beantwortet [EMNID 1977]:

1953	41%	1956	53%	1959	40%	1967	32%	1972	43%
1954	40%	1957	47%	1960	44%	1968	36%	1976	41%
1955	41%	1958	38%	1962	29%	1971	42%		

Eine Frage des Allensbacher Instituts für Demoskopie: »Wohnen Sie ruhig oder ist es manchmal im Haus oder von draußen sehr laut?« wurde 1960 von 35% und 1969 von 43% mit ja beantwortet [KIRSCHHOFER, VON, 1970]. 1960 gaben 27% an, es sei manchmal laut und 8% es sei oft oder immer laut; für 1969 lauten die Zahlen 32% und 11%.

Der Wert demoskopischer Befragungen ist insofern begrenzt, als sie einmal wegen fehlender Geräuschdaten keine Informationen über Beziehungen zwischen Lärmdosis und Belästigung bieten und zum anderen durch direkte Fragen nach Lärmbelästigung der Stellenwert des Lärms als störende Lebensbedingung beträchtlich überhöht werden kann. Eine Spontannennung von Lärm als störende Lebensbedingungen würde demgegenüber ein wichtiges Indiz für konkrete Betroffenheit sein.

Bedeutungsvoller und aufwendiger sind Befragungen in Verbindung mit Geräuschmessungen [RUCKER 1975; CSERJAN 1975; SADOWSKI 1976; GUTHOF et al. 1968]; unter Umständen können allerdings auch hierbei die Nachteile der direkten Frage und damit der Fokussiierung auf den Faktor Lärm wirksam werden.

Die beste Aussagekraft haben auf wendige sozio-psychologische Befragungsanalysen in Verbindung mit Erfassung der kennzeichnenden Geräuschdaten. Das Thema Lärm wird hierbei in der Regel eingebettet in einen Komplex von Fragen nach den Lebensbedingungen insgesamt, es werden Attitüden, psycho-physische Persönlichkeitsvariablen, demographische Daten, Belastungsvorgeschichte und Wünsche nach Veränderung der Situation einschließlich Umzugswünsche erfaßt. Die Mehrzahl der sozio-psychologischen Befragungsanalysen galt bisher dem Fluglärm, der mit Einführung der Düsentriebwerke in den fünfziger Jahren zu einem bedeutenden Problem geworden ist. Es gibt jedoch Hinweise dafür, daß bei anderen Lärmarten ähnliche Beziehungen zwischen Geräuschdosis und Belästigung bestehen [EPA 1973], wenngleich die Frage berechtigt bleibt, ob die Belästigungspotenz verschiedener Lärmarten (Fluglärm, Straßenverkehrslärm, Schienenverkehrslärm, Industrie- und Gewerbelärm) bei gleichem Beurteilungspegel (L_{eq}, dB(A)) gleich ist.

Bisher hat man bei derartigen Untersuchungen etwa lineare Beziehungen zwischen dem mittleren Belästigungsgrad und dem Prozentsatz an Belästigten einerseits und gemessenen Geräuschpegeln andererseits gefunden (Abb. 76, 77). Die Korrelationskoeffizienten erreichen 0,85 und mehr. Bezogen auf Individuen sind die Beziehungen zwischen Geräuschbelastung und Belästigung jedoch nicht eng. Bei gleicher Belastung gibt es ungestörte, leicht gestörte und stark gestörte Individuen, wie z. B. der folgenden Tabelle (Tab. 33) über Störungen durch Straßenverkehrslärm in Basel [Arbeitsgemeinschaft für Sozio-psychologische Fluglärmuntersuchungen 1974] entnommen werden kann:

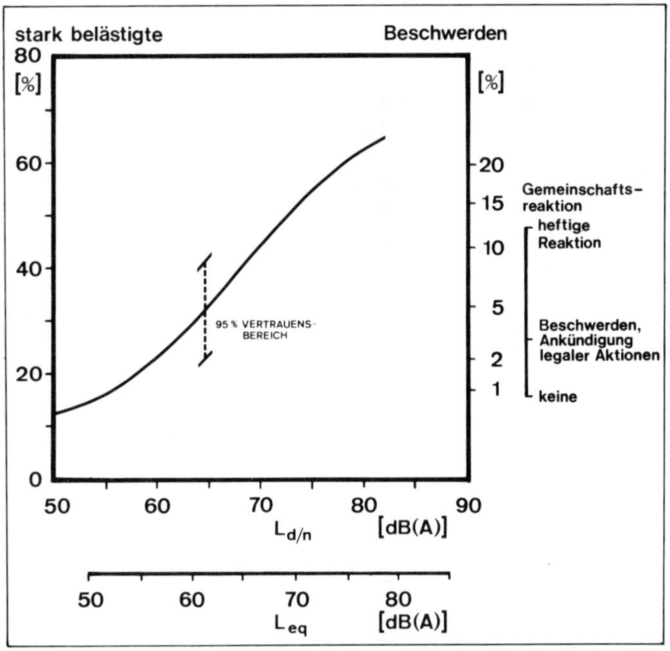

Abb. 76 Beziehungen zwischen Schallpegeln in dB(A) (L_{eq} und L_{dn}) und der Reaktion der betroffenen Bevölkerung (starke Belästigung, Beschwerden, Gemeinschaftsreaktionen). Aus BASTENIER et al. [1975].

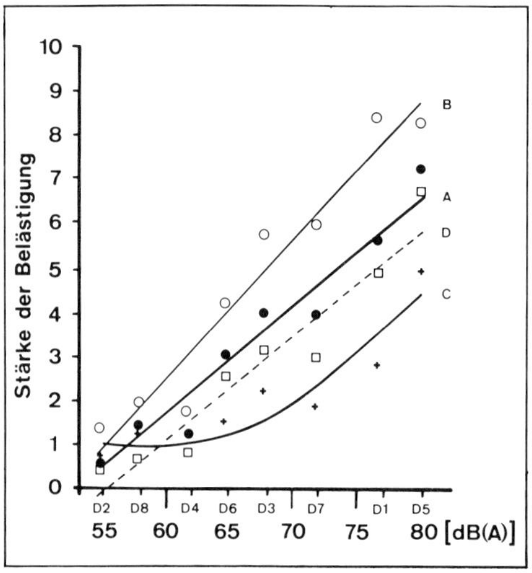

Abb. 77 Beziehungen zwischen Straßenverkehrsgeräuschen (L_{eq}, dB(AF))und Stärke der Belästigungsreaktionen. Aus Kastka [1976].
a = Globale Verkehrslärmbelästigungsreaktion ●●●
b = Generalisierte sensorische Belästigungsreaktion ○○○
c = Somatische u. emotionale Belästigungsreaktion × × ×
d = Akustisch-physikalische Belästigungsreaktion □□□

Tabelle 33 Störung in % der Befragten durch Straßenverkehrslärm in Basel in Beziehung zum mittleren Geräuschpegel (L_{50}) in dB(A). L_{eq} liegt wahrscheinlich um etwa 4 dB(A) höher.

L_{50} dB(A)	keine Störung	geringe Störung	mittlere Störung	starke Störung	%
44–47,9	32,8	45,8	16,9	5,1	
48–51,9	18,8	51,2	27,6	2,4	
52–55,9	14,1	53,8	27,3	4,8	
56–59,9	6,1	26,3	55,3	12,3	
60–63,9	2,3	22,1	55,8	19,8	
64 und höher	5,0	13,3	58,3	23,3	

Diese Unterschiede bei gleicher Geräuschbelastung können mit sogenannten Moderator-Variablen [DFG 1974] erklärt werden. Es handelt sich hierbei um extraexpositionale Faktoren wie: individuelle Lärmempfindlichkeit, Gewöhnbarkeit, Attitüden, Vorerfahrungen, Meinungen über Angemessenheit und Vermeidbarkeit des Lärms und dessen gesundheitliche Bedeutung sowie über Umweltschutzaktivitäten der Behörden und Bereitwilligkeit der Störer, den Lärm zu mindern. Natürlich spielen auch Erwartungen im Hinblick auf die akustische Umweltqualität eines Gebietes eine Rolle. 60 dB(A) vor innerstädtischen Wohnhäusern haben eine andere Belästigungspotenz, als 60 dB(A) in der Wohnstraße eines reinen Wohngebietes. Die individuelle Geräuschempfindlichkeit ist ein bedeutender Faktor im Hinblick auf Belästigungsanfälligkeit. Eine von Beranek [1969] vorgelegte Auswertung der Zentral-London-Studie (1377 befragte Erwachsene) ergab, daß etwa 1/4 der Interviewten relativ geräuschunempfindlich und etwa 10% stark geräuschempfindlich waren. Von den geräuschunempfindlichen Personen beklagten sich nur 20% über die wahrgenommenen Straßenverkehrsgeräusche, bei den stark empfindlichen Personen betrug der Anteil 80% und bei den durchschnittlich empfindlichen etwa 50%. Lamure et al. [1967] betonen, daß immer ein gewisser Prozentsatz der Befragten über Lärmbelästigung klagt, wie niedrig der Geräuschpegel auch immer sei. Es ist auch zu bedenken – worauf von Gierke [1975] hingewiesen hat –, daß Belästigungserlebnisse ja für eine gewisse Zeit im Bewußtsein gespeichert bleiben und daß eine angegebene Belästigung nicht unbedingt etwas mit dem aktuell gemessenen Störgeräuschpegel zu tun hat oder aktueller Belästigung entspricht. Eine zeitweilige Belästigung durch Geräusche dürfte kaum je vermeid-

bar sein, was zur Folge haben könnte, daß der Prozentsatz an Belästigten auch bei sehr niedrigen Schallpegeln nicht auf Null sinkt.
Eine interessante Studie ist 1969 von Jonsson et al. [1969] veröffentlicht worden. Diese Autoren haben 200 Personen in Stockholm und 166 Personen in Ferrara (Italien) befragt, die unter vergleichbaren soziologischen und ökonomischen Bedingungen lebten. In Stockholm fühlten sich 61% und in Ferrara 49% der Befragten durch Verkehrslärm belästigt. Es scheint also auch zwischen den Menschen verschiedener Nationen Unterschiede der Lärmtoleranz zu geben, was sich z. B. bei der Harmonisierung von Emissionswerten für Kraftfahrzeuge im EWG-Raum nachteilig auswirken könnte.
In Laboratoriumsuntersuchungen konnten Cederlöf et al. [1963] zeigen, daß man Belästigungserlebnisse und Sensibilisierung durch gezielte positive, negative oder neutrale Informationen manipulieren kann. Die Autoren beschallten Versuchspersonen mit Flugzeug- und Kraftfahrzeuggeräuschen von 90 dB(A), nachdem vorher durch entsprechende Informationen eine positive oder negative Beeinflussung im Hinblick auf das Testgeräusch erfolgt war, oder einfach neutrale Informationen vermittelt worden waren. Die Flugzeuggeräusche wurden daraufhin von 14% der positiv beeinflußten, 36% der neutral informierten und 59% der negativ beeinflußten Personen als »große Störung« bezeichnet. Bei Einwirkung von Kraftfahrzeuggeräuschen lauteten die entsprechenden Prozentzahlen 27%, 41% und 75%. Man kann Menschen also durch entsprechende Aktionen belästigungsanfälliger machen, was nicht unbedingt erwünscht ist, bzw. nur dann erwünscht sein kann, wenn daraufhin die Verhältnisse alsbald verbessert werden können.
Bei der DFG-Flug-Lärmstudie [DFG 1974] und bei einer Straßenverkehrslärmstudie in Paris [Aubrée et al. 1973] hat sich die Überzeugung der Befragten, daß Lärm gesundheitsschädlich sei, als eine besonders wirksame Moderator-Variable im Hinblick auf die Belästigungsanfälligkeit erwiesen. Da sich in jeder Population ein beachtlicher Prozentsatz an Menschen mit vegetativer Dystonie, neurotischen Beschwerden und psychoneurotischen Störungen befindet [Pflanz 1962], wird man damit rechnen müssen, daß derartige unabhängig bestehende Befindlichkeitsstörungen häufig deutlich wahrnehmbaren Umweltgeräuschen angelastet werden (Kausalattribuierung). Natürlich können solche Befindlichkeitsstörungen auch mit erhöhter Lärmempfindlichkeit einhergehen [Fischer 1967]. Wenn man zusätzlich bedenkt, daß die Aussage: »Lärm macht krank« eine viel gebrauchte Umweltschutzformel ist und daß die im Grunde genommen nichtssagende Gesundheitsdefinition der WHO in der Regel recht undifferenziert verwendet wird, dann werden die gesundheitlichen Befürchtungen vieler Menschen verständlich. Aubrée et al. [1973] haben dargelegt, daß Befürchtungen im Hinblick auf Gesundheitsschädlichkeit des Lärms ebensoviel zum Belästigungsindex beitragen, wie eine Erhöhung der Geräuschimmissionen um 7 dB(A) (»psychische Dezibels«); sie sind der Meinung, daß eine ungeschickt vereinfachende Darstellung echter Forschungsergebnisse im Bewußtsein der Öffentlichkeit so viel »Lärm« erzeugen könne, wie 1000 Autos mehr auf einer Straße.
Laut Bundes-Immissionsschutzgesetz (BImSchG) ist nur »erhebliche Belästigung« rechtlich relevant. »Erheblich« ist ein unbestimmter und relativer Begriff. Die Relativität findet z. B. Ausdruck in den gestuften Immissionsrichtwerten der TA-Lärm und den Planungsrichtpegeln der DIN 18005. Menschliche Aktivitäten – wirtschaftliche, gesellschaftliche, private – sind in der Regel mit Geräuschemissionen verbunden; im Interesse der freien Entfaltung muß es daher gestufte Toleranzbereiche geben, in denen gewisse Belästigungen als noch nicht »erheblich« bzw. als zumutbar gelten. Dies ist unvermeidlich; nach neueren Erkenntnissen korreliert nämlich die mittlere Geräuschbelastung der Allgemeinheit in hohem Maße mit der Bevölkerungsdichte bzw. Einwohnerzahl eines Gebietes [Galloway et al. 1974; Commins et al. 1975; Sälzer 1975] (Abb. 78). OECD-Autoren [Commins et al. 1975] haben unter Berücksichtigung der Bevölkerungsdichte errechnet, daß in der Bundesrepublik Deutschland 72% der Einwohner Außengeräuschpegeln/Tag von 55 dB(A) und mehr, 46% 60 dB(A) und mehr, 18% 65 dB(A) und mehr und 4% 70 dB(A) und mehr ausgesetzt sind. Es handelt sich hierbei um Summengeräuschpegel als Ausdruck der Summe aller menschlichen Aktivitäten einer bewohnten Region, wobei die Geräuschbelastung durch den Straßenverkehr absolut dominiert.

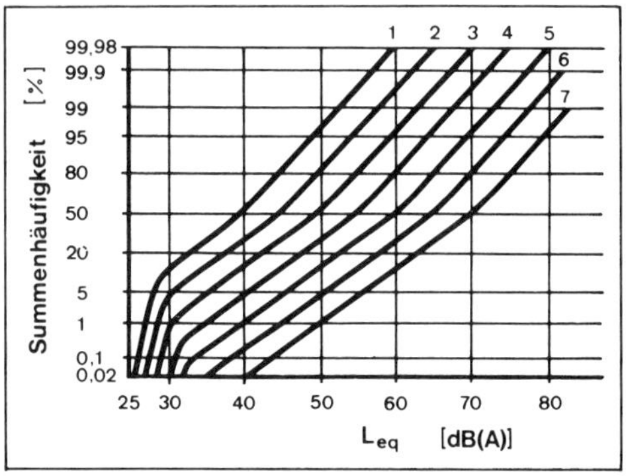

Abb. 78 Rechnerisch ermittelte Beziehungen zwischen Einwohnerzahl einer Region und äquivalentem Dauerschallpegel in dB(A), dargestellt als Summenhäufigkeit. Aus SÄLZER [1975].
1 – 10 Einwohner
2 – 100 Einwohner
3 – 1000 Einwohner
4 – 10000 Einwohner
5 – 100000 Einwohner
6 – 1000000 Einwohner
7 – 10000000 Einwohner

Nach Lage der Dinge und aus pragmatischen Gründen kann »erhebliche Belästigung« nicht an einen einzigen Immissionswert für Geräusche gekoppelt werden; vielmehr sind die Zweckbestimmung eines Gebietes, die tatsächlichen Verhältnisse und verschiedenste sonstige Umstände zu berücksichtigen. Sozialpsychologen und Mediziner haben keine wissenschaftlichen Kriterien zur Hand, mit denen zwingend bestimmt werden könnte, ab welchem Grad einer mehrstufigen Belästigungsskala und ab welchem Prozentsatz wie stark Belästigter »Erheblichkeit« für die Allgemeinheit oder die Nachbarschaft angenommen werden soll. Besondere Probleme bietet hierbei die Berücksichtigung bzw. Nichtberücksichtigung der überdurchschnittlich lärmempfindlichen Menschen.

Bei integrierender Betrachtung verschiedenster Untersuchungsergebnisse kann man sagen, daß ab 55 dB(A)/Tag – 45 dB(A)/Nacht und weniger lineare Dosis-Wirkungsbeziehungen für Belästigung und Beschwerden praktisch nicht mehr erkennbar sind. Nach EPA-Autoren [EPA 1973] lag der Mittelwert für den Befund »keine Reaktion« bei 55 dB(A) (L_{dn}), unterhalb 50 dB(A) wurden in keinem Falle Beschwerden registriert. Die Autoren haben daher zum Schutze von Gesundheit und Wohlfahrt der Bevölkerung einen Grenzwert von 55 dB(A) (L_{dn}, entspricht im Normalfall 55 dB(A)/Tag, 45 dB(A)/Nacht) vorgeschlagen [EPA 1974], wobei ein Sicherheitsspielraum von 5 dB(A) in Ansatz gebracht worden ist.

5.6.4 Lärmquellen

Es ist zweckmäßig, die zahlreichen Lärmquellen einerseits differenziert zu betrachten und sie andererseits zu Gruppen zusammenzufassen; letzteres wegen unterschiedlicher Geräuscharten, unterschiedlichen räumlichen und zeitlichen Auftretens, unterschiedlicher Verursacher und unterschiedlicher Zuständigkeiten der Lärmbekämpfung und Lärmabwehr. In diesem Sinne kann man grob gliedern in: Industrie- und Gewerbelärm (Arbeitslärm), Verkehrslärm durch Luftverkehr, Straßenverkehr, Schienenverkehr und Schiffsverkehr, Baulärm, Nachbarschaftslärm und Freizeitlärm. Natürlich gibt es hier zum Teil Überschneidungen.

Eine grobe Übersicht über das Gewicht verschiedener Hauptlärmquellen liefert die 1%-Wohnungsstichprobe 1972 des Statistischen Bundesamtes (88). Die Frage lautete: »Fühlen Sie sich in Ihrer Wohnung durch Lärmbelästigung beeinträchtigt? zeitweise/dauernd«. Dabei gaben Belästigung an durch

Lärm allgemein	37,7%	Gewerbelärm	3,6%
Verkehrslärm	26,5%	sonstigen Lärm	4,8%
Fluglärm	8,4%		

Von den Belästigten gaben als Quelle an:

Verkehrslärm	70,3%	Gewerbelärm	9,5%
Fluglärm	22,3%	sonstigen Lärm	12,8%

Durch Gewerbe- und Industrielärm fühlten sich in ihrer Wohnung zeitweise oder dauernd beeinträchtigt:

	zeitweise	dauernd		zeitweise	dauernd
insgesamt	2,9%	1,1%	in Kerngebieten	3,9%	2,1%
in reinen Wohngebieten	1,6%	0,5%	in Gewerbegebieten	11,9%	5,7%
in allgemeinen Wohngebieten	2,8%	1,0%	in Industriegebieten	20,8%	7,0%
in Mischgebieten	4,4%	1,9%			

Durch zeitweisen Verkehrslärm waren 14,8% und durch dauernden Verkehrslärm 13,4% der Haushalte belästigt, wobei sich deutliche Unterschiede bei offener Bauweise (13,1% zeitweise und 10,1% durch dauernden Verkehrslärm belästigt) und geschlossene Bauweise (17,2% zeitweise und 17,5% durch dauernden Verkehrslärm belästigt) fanden. Auch gab es beträchtliche Unterschiede zwischen den Baugebieten:

	zeitweiser	dauernder		zeitweiser	dauernder
	Verkehrslärm			Verkehrslärm	
reines Wohngebiet	11,7%	7,2%	Dorfgebiet	13,1%	14,3%
allgemeines Wohngebiet	14,6%	12,9%	Gewerbegebiet	13,1%	18,0%
Mischgebiet	22,2%	22,7%	Industriegebiet	13,3%	keine genauen Angaben
Kerngebiet	21,5%	29,7%	Kleinsiedlungsgebiet	8,3%	(3,9%)

Unter der Rubrik »sonstiger Lärm« (zeitweise 4,2%, dauernd 1,1%) fanden sich zwischen den Baugebieten – soweit genügendes Zahlenmaterial vorlag – keine nennenswerten Unterschiede. Alle diese globalen Prozentzahlen dürfen natürlich nicht darüber hinwegtäuschen, daß die Betroffenheit durch Lärm regional ganz andere Ausmaße annehmen kann (vgl. Tab. 34). Lärm ist nun einmal – was mit den Schallausbreitungsgesetzen zusammenhängt – ein regionales Problem.

Bei dem Mikrozensus 1973 (»Erweiterte Wohnungserhebung«) fühlten sich durch Lärm

sehr stark gestört	10%	geringfügig gestört	23%
stark gestört	16%	nicht gestört	51%

Auch hier dominierte der Verkehrslärm (Straßen-, Schienen- und Luftverkehr) mit etwa 80% (sehr stark und stark Gestörte [Mikrozensus März 1973]

5.6.4.1 Industrie- und Gewerbelärm

Die meisten Lärmprobleme aus diesem Bereich sind Folgen vergangener Planung und gewachsener Verzahnung zwischen Industrie und Wohngebieten. Häufig sind auch in den Nachkriegsjahren noch Wohngebiete ohne Berücksichtigung der Schallausbreitungsgesetze zu nahe an ausgewiesene Industrie- und Gewerbegebiete herangerückt. Auch müssen eine höhere Lärmempfindlichkeit, ein gewachsenes Umweltbewußtsein und eine geförderte Kenntnis der rechtlichen Lärmabwehrmöglichkeiten in Rechnung gestellt werden. Wurde früher das Wohnen nahe bei der Arbeitsstätte als Vorteil gewertet, der gewisse Umweltnachteile aufwog – was für Betriebszugehörige zum Teil auch heute noch gilt, – so führen all diese Ursachen zusammengenommen dazu, daß von Generationen tolerierte Geräuschimmissionen heute nicht mehr hingenommen werden. In Gemengelagen stoßen Betriebserweiterungen und Erneuerungen an die Grenzen der Immissionsrichtwerte, wobei der Immissionsschutz gegenüber anderen Interessen Vorrang genießt. Die Zahlen der 1%-Wohnungsstichprobe lassen aber erkennen, daß Belästigung durch Industrie- und Gewerbelärm – vor allem dauernde Beeinträchtigung – nicht mehr vorrangig ist, und daß das System der Genehmigungen, Überwachungen, Bearbeitung von Beschwerden und Anordnungen zum Schutze der Nachbarschaft im Prinzip gut funktioniert.

5.6.4.2 Verkehrslärm

Unter den Belästigungsquellen dominiert der Straßenverkehrslärm (Der Rat von Sachverständigen für Umweltfragen 1973, 1974) gefolgt von Fluglärm; Schienenverkehrslärm und Schiffslärm tauchen bei Befragungen kaum je gesondert auf, was in erster Linie auf die regionale Begrenzung der Geräuschbelastungen zurückzuführen ist.
Es gibt in der Bundesrepublik zur Zeit (Stand Mitte 1975) rund 22 Mio. Kraftfahrzeuge, darunter 17,9 Mio. PKW und Kombi-Fahrzeuge, 1,06 Mio. LKW, 1,5 Mio. Zugmaschinen, 0,249 Mio. Motorräder und 1,7 Mio. Mopeds [Shell Prognose 1975]. Die Einzelgeräuschpegel hängen von den jeweiligen Betriebsbedingungen ab; die äquivalenten Dauerschallpegel (L_{Am}) werden von Emissionswerten, Betriebszustand, Geschwindigkeit, Verkehrsdichte (Fahrzeuge/h), LKW-Anteil, Straßenbelag und Bebauung bestimmt.
Bei Verdoppelung der Verkehrsmenge nimmt der L_{Am} um 3 dB(A) zu, bei Verdoppelung der Geschwindigkeit um 12 dB(A). Bei PKW's überwiegt in den unteren Gängen und bis ungefähr 50 km/h das Motorgeräusch, darüber das Rollgeräusch (Rollgeräusch bei 50 km/h etwa 65–75 dB(A), je nach Fahrzeugtyp) [Ullrich 1972]. Geschwindigkeitsbegrenzungen auf unter

Tabelle 34 Mittlere und starke Störung in % der Befragten durch Verkehrslärm in Münchener Wohngebieten in Beziehung zum äquivalenten Dauerschallpegel bei geöffneten und geschlossenen Fenstern. Aus Rucker [1975]; T = Tag, N = Nacht.

L_{eq}	dB(A)	Störung	Fenster	offen	Fenster	geschlossen
T	N		T%	N%	T%	N%
53	45	mittel	10	7	1	4
		stark	2	3	0	0
55	46	mittel	15	11	1	2
		stark	1	2	2	1
61	52	mittel	26	15	22	11
		stark	23	13	3	1
66	58	mittel	34	12	40	23
		stark	46	34	14	14
69	61	mittel	19	23	40	21
		stark	60	27	22	8
74	66	mittel	20	20	51	17
		stark	71	57	21	13

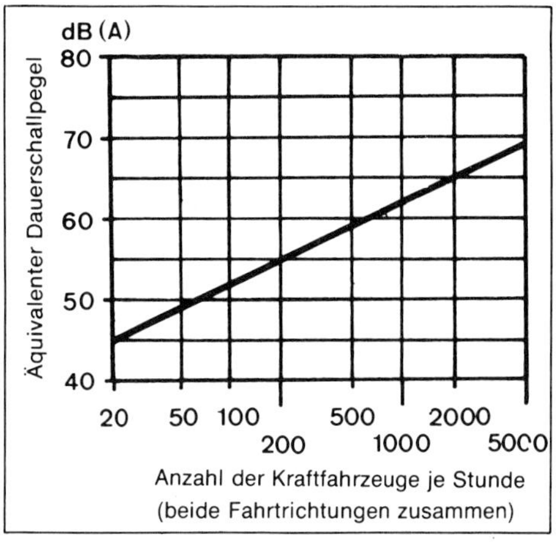

Abb. 79 Beziehungen zwischen Verkehrsdichte und äquivalentem Dauerschallpegel in 25 m Entfernung von der Straße bei 10% LKW-Anteil und Stadtgeschwindigkeit. Aus Vornorm DIN 18005, Schallschutz im Städtebau.

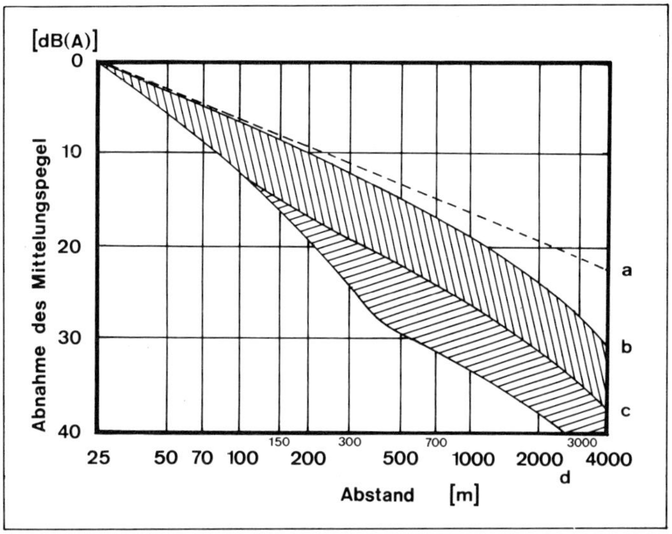

Abb. 80 Schallpegelabnahme mit zunehmendem Abstand von einer Autobahn; a) theoretische Abnahme bei verlustloser Ausbreitung, b) Pegelabnahme ohne Bodeneinfluß, nur Luftabsorption, c) Pegelabnahme über ebenem offenen Gelände, d) Pegelabnahme in Wäldern ohne Unterholz. Aus SCHREIBER et al. [1973].

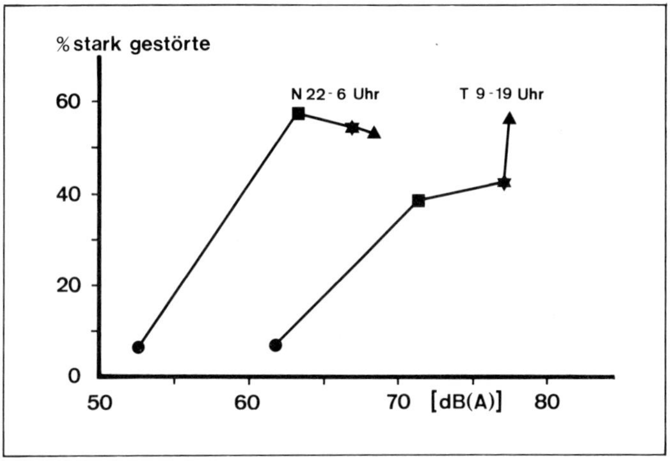

Abb. 81 »Starke« Störung durch Straßenverkehrsgeräusche (L_{eq}, dB(A)) in verschiedenen Straßen von Zürich bei Tag (9–19 Uhr) und bei Nacht (22–6 Uhr) [WANNER 1976].

50 km/h ergeben also keine weitere Geräuschminderung, eher können sie kritisch sein, weil dann höher-tourig und damit geräuschvoller gefahren wird. Bei LKW's dominiert in der Regel in allen Gängen und bei allen Geschwindigkeiten das Motorgeräusch [ULLRICH 1975]. Abb. 79 zeigt die Beziehungen zwischen Verkehrsdichte und äquivalentem Dauerschallpegel in 25 m Entfernung von der Straße bei 10% LKW-Anteil und Stadtgeschwindigkeit. Pro Entfernungsverdoppelung nimmt der Geräuschpegel um 3 dB(A) ab, je zusätzlichem 10%-LKW-Anteil ist dem L_{Am} 1 dB(A) hinzuzurechnen. Abb. 80 zeigt die Abnahme des L_{Am} in Beziehung zur Entfernung von der Straße (Bezugsentfernung bei 0 = 25 m) bei unbehinderter Schallausbreitung und bei Berücksichtigung der Bodenabsorption [SCHREIBER et al. 1973]. In 500 m Entfernung von einer stark befahrenen Autobahn kann man also Mittelungspegel von 53 bis 55 dB(A) erwarten.

Wie die Tabellen und Abb. 81 zeigen, nimmt prozentual die verbal geäußerte Belästigung durch Straßenverkehrslärm mit steigendem L_{Am} bzw. L_{50} stark zu.

Fluglärm ist mit Einführung der Strahltriebwerke in den Mittelpunkt des Interesses gerückt. Neben 11 großen Zivilflughäfen (einschließlich Berlin-Tegel) und rund 90 Militärflugplätzen, wo der Lärm hauptsächlich von Strahltriebwerken ausgeht, gibt es mehr als 280 Flugplätze

Tabelle 35 Störung der Anwohner durch Lärm (% stark belästigt) an Straßen in Wien. Lg = Grundgeräuschpegel, i = Lärm insgesamt, V = Verkehrslärm. Aus CSERJAN [1975].

		Tag		Nacht	
L_{eq} dB(A)	Lg dB(A)	i %	V %	i %	V %
58	45,1	20,4	14,3	13,3	7,8
64,2	54,4	47,7	46,8	37,4	33
63,4	50,7	40,7	35,4	33,3	28,7
69,1	59,3	77,4	56,2	56,3	42,6
74	64,5	80	71	76	62
75,5	65,5	72	70	68	34
76	63,4	69	62	65	58
76,4	69,9	81	74	67	61
78,5	66,5	82	75	84	73

bzw. regionale Verkehrslandeplätze, die im wesentlichen dem sportlichen und privaten Fliegen dienen, wobei hauptsächlich wesentlich leisere und kleine Propellerflugzeuge zum Einsatz kommen. Der Bestand an Kleinflugzeugen beträgt etwa 5000. 1974 standen etwa 484000 Starts von Verkehrsflughäfen 1498 Mio. Starts von Landeplätzen gegenüber. Man nimmt an, daß die Zahl der Flugbewegungen sowohl im Verkehrsbereich als auch im privaten und Sportbereich noch weiter zunehmen wird [ROHRMANN 1976].

Die Belastung der Anwohner ergibt sich aus dem Überflugpegel (in der Münchener Fluglärmstudie der DFG mittlere Überflugpegel 83,4 bis 98 dB(A)) und der Zahl der Überflüge pro Tag. In den untersuchten Münchener Belastungsgebieten ergaben sich daraus äquivalente Dauerschallpegel (nach der Rechenformel des Fluglärmgesetzes) von im Mittel etwa 77, 71, 64 und 60 dB(A) was energie-äquivalenten Dauerschallpegeln (L_{eq}) von etwa 84, 77, 71 und 67 dB(A) entspricht. Art der Betroffenheit und Prozentsatz an Belästigten sind den Abb. 82 und 83 zu entnehmen. Wie auch bei verschiedenen Studien in anderen Ländern gibt es hier enge Beziehungen zwischen dem Grad der Lärmbelastung und dem Prozentsatz an Belästigten, die Beziehungen zwischen individueller Belästigung und Fluglärmpegel sind jedoch nur

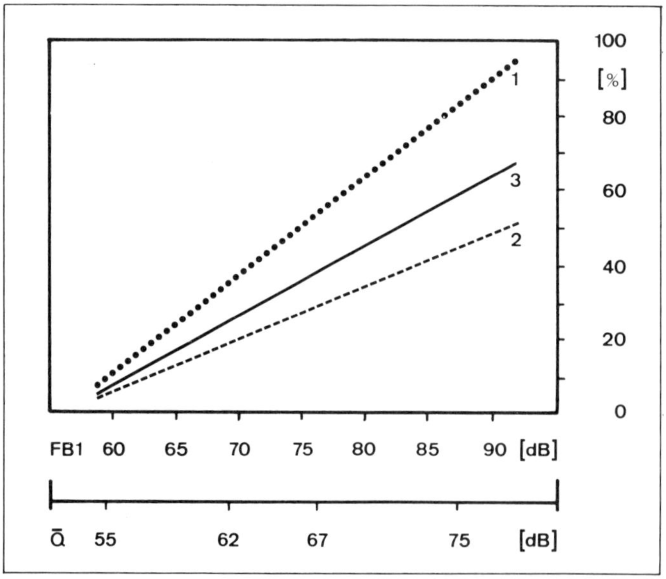

Abb. 82 Beziehungen zwischen Fluglärmpegeln (L_{eq} nach Fluglärmgesetz), Art der Störungen und Prozentsatz der belästigten Bevölkerung. Aus DFG [1974]. ① = Kommunikationsstörungen; ② = Störungen von Ruhe und Entspannung; ③ = Spontannennung als »störende Lebensbedingung«. Anteil der Probanden mit Werten über Skalenneutralitätspunkt (schematisiert).

Abb. 83 Beziehungen zwischen Fluglärmpegeln (L_{eq}), Art der Betroffenheit und Prozentsatz der gestörten Bevölkerung. Aus DFG [1974]. ④ = Störbarkeit durch Fluglärm; ⑤ = negative Bindung an die Gegend; ⑥ = Nicht-Erträglichkeit von Fluglärm. Anteil der Probanden mit Werten über Skalenneutralitätspunkt (schematisiert).

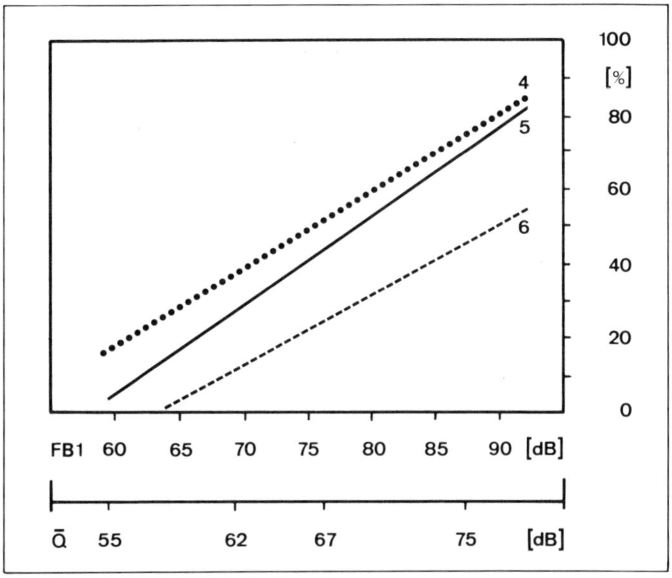

schwach. Bemerkenswert ist, daß es auch unterhalb des Grenzbereiches für Lärmschutzbereiche ($\overline{Q}$ = 67 dB(A)) noch einen beträchtlichen Prozentsatz an Gestörten gibt, umgerechnet auf absolute Anwohnerzahlen sogar mehr als in den hochbelasteten Gebieten.

Rohrmann [1976] hat die Störwirkung des Flugbetriebes an Landeplätzen untersucht und gefunden, daß sich 50% der Befragten als »mittelmäßig«, »ziemlich« oder »sehr« verärgert bezeichneten. Häufigste Störungen waren Behinderung der Entspannung und Feierabendruhe im Hause (40%) und Störung der Freizeit im Freien (55%). Hierbei ist zu berücksichtigen, daß die Start-, Lande- und Überflugpegel (vorwiegend zwischen 45 und 80 dB(A)) erheblich niedriger sind als in Anwohnergebieten von Verkehrsflughäfen. Dies beweist einmal mehr, daß bei Lärmbelästigung extraexpositionale Faktoren (Moderatorvariablen) eine beträchtliche Rolle spielen – im Falle der Landeplätze: Einstellung zum privaten und sportlichen Flugbetrieb, Einstellung gegenüber den »privilegierten« Störern, aber auch die vorwiegend betroffenen Zeitphasen (Feierabend, Wochenende mit Erwartung von Ruhe und Entspannungsmöglichkeit).

Schienenverkehr ist seit Generationen als Lärmquelle bekannt. Wie Abb. 84 zeigt, ist in 25 m Entfernung von einer Fernverkehrsstrecke mit einem äquivalenten Dauerschallpegel von 75 dB(A) zu rechnen. Eine Verdoppelung der Zugzahl oder Verdoppelung der Zuglänge erhöht den L_{eq} um 3 dB(A). Pro Abstandsverdoppelung nimmt der L_{eq} bis 100 m um 4 dB(A), von 100 auf 200 m um 3 dB(A) und oberhalb 200 m um 6 dB(A) ab. Die Vorbeifahrtpegel – abhängig von Geschwindigkeit und Gleisbettaufbau – liegen zwischen 80 bis etwa 95 dB(A) in 25 m Meßentfernung [Stüber 1976/77]. Obwohl die Mittelungspegel in 25 m Entfernung von einer Autobahn und einer Bundesbahn-Fernstrecke etwa gleich sind, gibt es erhebliche Unterschiede im Hinblick auf die zeitliche Struktur der Geräusche. An einer dichtbefahrenen Autobahn liegt der Geräuschpegel nahezu dauernd oberhalb etwa 73 dB(A), während die Störzeit an einer Bahnstrecke – bedingt durch die Vorbeifahrtpegel – innerhalb der 16-stündigen Tageszeit etwa 23 Minuten dauert, dies allerdings mit wesentlich höheren Störgeräuschpegeln als an der Autobahn; in der Zwischenzeit herrscht der ortsübliche Pegel. Es gibt in der Bundesrepublik noch keine vergleichenden Untersuchungen über Belästigung durch Straßenverkehrs- und Schienenverkehrsgeräusche, man kann also über die Auswirkungen derartig unterschiedlicher Geräusche noch keine konkrete Aussagen machen. Einer französischen Eisenbahnlärm-Studie Aubrée [1973] kann mit aller Vorsicht entnommen werden, daß die Toleranz gegenüber Schienenverkehrsgeräuschen um einige dB(A) höher ist als gegenüber Straßenverkehrslärm.

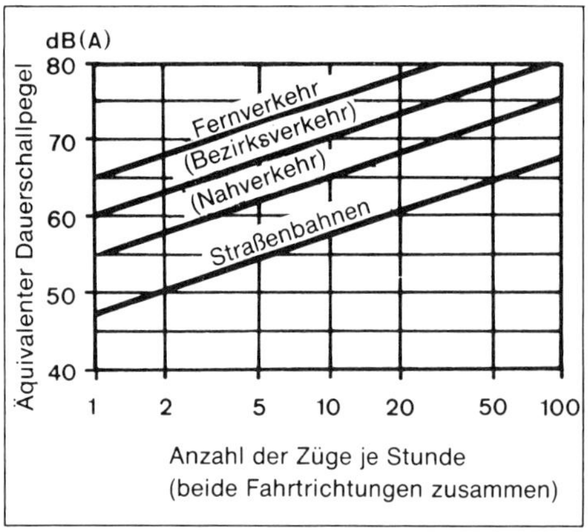

Abb. 84 Äquivalente Dauerschallpegel für Schienenverkehr in 25 m Abstand von Gleiskörper in Abhängigkeit von Verkehrsdichte und Verkehrsart bei freier Schallausbreitung. Aus Vornorm DIN 18005, Schallschutz im Städtbau.

Schiffsverkehrslärm kann Anwohner von Wasserstraßen – z. B. Rhein – belästigen. Nach der Untersuchungsordnung für Rheinschiffe (1975) gilt für neue Schiffe ein Emissionsgrenzwert von 75 dB(A) (25 m Entfernung). Zur Zeit liegt noch ein beträchtlicher Teil der älteren Schiffe über diesem Grenzwert (98). Tab. 36 zeigt die Maximalpegel und die äquivalenten Dauerschallpegel, die in Stromnähe auftreten.

Tabelle 36 Geräuschimmissionen von Binnenschiffen in Rheinufernähe in dB(A) bei freier Schallausbreitung. Aus Der Rat von Sachverständigen für Umweltfragen [1976].

Entfernung Fahrtrinne	Maximalpegel	äquivalenter Dauerschallpegel Tag	Nacht
100 m	68–73	55–60	50–55
250 m	60–65	50–55	45–50
500 m	50–55	45–50	40–45

Schiffe/Tag: 10 bis 15/h, Schiffe/Nacht: 2 bis 3/h.

Man erkennt, daß vor allem die Nacht-Pegel kritisch sein können.

5.6.4.3 Baulärm

Der bereits frühzeitig (1965) in gesetzlicher Regelung genommene Baulärm ist wegen der hohen Geräuschemissionen verschiedener Baumaschinen und Arbeitsvorgänge ein Problem (Betonmischer, Radlader, Planierraupen, Bagger, Kompressoren, Preßlufthämmer, Rammen u. a.). Die Emissionspegel lagen vielfach über 90 dB(A), bei manchen Geräten auch über 100 dB(A). Hinzukommt, daß Baulärm – je nach Bauvorhaben – für Tage, Wochen oder Monate den ortsüblichen Geräuschpegel überlagert und nicht selten beträchtlich über diesen hinausragt. Inzwischen ist eine Reihe von Emissionsrichtwerten für Baumaschinen erlassen worden, mit einer Weiterentwicklung des Standes der Technik im Hinblick auf Emissionsminderungen ist zu rechnen [Hornung et al. 1976].

5.6.4.4 Nachbarschaftslärm und Freizeitlärm

Hierunter sind sehr heterogene Geräte, Quellen und Verhaltensweisen zusammenzufassen: von Kindern und Jugendlichen verursachter Lärm (Spielplätze, Bolzplätze), Lärm von Haustieren, insbesondere Hundegebell, Lärm von Gartengeräten (Rasenmäher, Motorsägen), Lärm von

Nachbarschaftsfesten, Volksfesten und Musikgeräten, Gaststättenlärm [Guski 1976], Lärm von Sportplätzen, Motorbooten, Schießständen, Modellflugzeug-Plätzen, Glockengeräusche, Lärm von Garagenplätzen, Zuschlagen von PKW-Türen, Laufenlassen von Motoren, Anfahrtverhalten, Hupen u. v. a. Häufig handelt es sich um informationshaltige Geräusche und solche mit hohen Maximalpegeln und herausragenden Frequenzanteilen. Viele dieser Geräusche werden als vermeidbar angesehen, zum Teil sind sie es auch. Nachbarschaftslärm ist konfliktträchtig, insbesondere, weil hier Ansprüche der freien Entfaltung gegeneinander stehen können. Wenn und wo der Schutz ungestörten Wohnens absolute Priorität genießt, dann können so wichtige Entfaltungsbereiche wie Spielen und Sport zu stark eingeengt werden.

5.6.5 Immissionswerte für Geräusche

Immissionswerte für Geräusche bestimmen, welche Geräuschpegel (Beurteilungspegel) in bestimmten Gebieten nicht überschritten werden dürfen. Für die Bauleitplanung und andere raumbezogene Fachplanungen gelten die »Planungsrichtpegel« der Vornorm DIN 18005 »Schallschutz im Städtebau« (1971) (Neufassung Entwurf 1976); sie sind auf die Baugebiete der Baunutzungsverordnung abgestellt (Tab. 37). Über die im Entwurf 1976 hauptsächlich im Hinblick auf die Berücksichtigung der Verkehrsgeräusche vorgeschlagene Anhebung der Planungsrichtpegel für reine und allgemeine Wohngebiete (WR von 50/35 auf 55/45 db(A), WA statt 55/40 neu 55/45 dB(A)) wird lebhaft kontrovers diskutiert. Zwar ist nicht zu erkennen, wo diese Anhebung von Richtwerten in der Praxis zu einer Verstärkung der »Lärmbelastung« führen würde, dennoch ist nicht zu übersehen, daß hier »Dezibel-Besitzstände« betroffen sind; es dürfte jetzt und in Zukunft sehr schwierig sein, niedrig angesetzte Immissionswerte beliebiger Art bei neuer Erkenntnislage heraufzusetzen, wahrscheinlich geht dies nur über »politische« Entscheidungen.
»Immissionsrichtwerte« enthalten die »Technische Anleitung zum Schutz gegen Lärm« (TA-Lärm) (1968), die »Allgemeine Verwaltungsvorschrift zum Schutz gegen Baulärm – Geräuschimmissionen (1970) und die VDI-Richtlinie 2058 Blatt 1 »Beurteilung von Arbeitslärm

Tabelle 37 Planungsrichtpegel für Baugebiete.

Baugebiet	Planungsrichtpegel in dB(A) Tag[1)]	Nacht	Tag[2)]	Nacht
Reines Wohngebiet Wochenendhausgebiet	50	35	55	45
Allgemeines Wohngebiet Kleinsiedlungsgebiet	55	40	55	45
Dorfgebiet Mischgebiet	60	45	60	50
Kerngebiet Gewerbegebiet	65	50	65	55
Industriegebiet	70	70		
Sondergebiet je nach Nutzung bis	45 70	35 70	45 70	35 70

1) Vornorm DIN 18005.
2) Entwurf 1976 DIN 18005.

in der Nachbarschaft« (1973). Die »Planungsrichtpegel« der Vornorm DIN 18005 und die »Immissionsrichtwerte« der Verwaltungsvorschriften und der VDI-Richtlinie 2058/1 sind identisch, nur die Gebietsbezeichnungen sind unterschiedlich. Die Immissionsrichtwerte gelten für Arbeitslärm, nicht jedoch für Verkehrslärm. In der Vornorm DIN 18005 wird auch der Verkehrslärm angesprochen; es heißt dort sinngemäß, daß sich die Planungsrichtpegel nahe Verkehrswegen nicht immer einhalten lassen, daß dort Überschreitungen um mehr als 10 dB(A) aber nur in besonders begründeten Ausnahmefällen zugelassen werden sollen, woraus sich ergibt, daß Routineüberschreitungen bis 10 dB(A) zulässig sind. Überschreitungen ergeben sich allein schon aus der Kumulation von zulässigem Arbeitslärm und gleich lauten Verkehrsgeräuschen. Im Entwurf der neugefaßten DIN 18005 (s. Tab. 37) ist die – nirgendwo einsehbar begründete – Tag/Nacht-Differenz von 15 dB(A) zu gunsten einer realistischeren Tag/Nacht-Differenz von 10 dB(A) verändert worden, außerdem sind die ausschließlich oder überwiegend dem Wohnen dienenden Gebiete zu einer Gruppe mit dem einheitlichen Planungsrichtpegel 55 dB(A)/Tag, 45 dB(A)/Nacht zusammengefaßt worden, wobei diese Werte allerdings für die äußere Begrenzung dieser Gebiete gelten. Hieraus ergibt sich faktisch keine Verschlechterung der Immissionssituation; die vorgetragenen umweltpolitischen Bedenken sind jedoch so gravierend, daß man eher vermuten kann, es werde im Hinblick auf den Straßenverkehr bei der Routineüberschreitung um 10 dB(A) auf der Basis der bisherigen Richtpegel bleiben.
Richtwerte sind dem allgemeinen Sprachverständnis nach keine festen Grenzwerte. Dementsprechend können die Immissionsrichtwerte der AVV-Baulärm und der VDI-Richtlinie 2058/1 sowie die Planungsrichtpegel der DIN 18005 in gewissen Fällen überschritten werden. Die Immissionsrichtwerte der TA-Lärm, die die Verwaltung, nicht aber die Gerichte binden, werden in der verwaltungsgerichtlichen Praxis jedoch mehr und mehr wie Grenzwerte behandelt. Neuerdings wird jedoch erkennbar, daß die Gerichte bei Aneinandergrenzen von Gebieten mit unterschiedlicher Nutzung und Schutzbedürftigkeit die Gesetzmäßigkeiten der Schallausbreitung in Form zu bildender Zwischenwerte für Immissionen in Rechnung stellen [OVG Lüneburg, 21. 8. 1974; BVerwG 12. 12. 1975]. Dies entspricht einer realistischen Betrachtungsweise und dient dem angemessenen Interessenausgleich. Nach dem Bundes-Immissionsschutzgesetz (§ 41 Abs. 1) müssen im Hinblick auf den Straßen- und Schienenverkehr »Immissionsgrenzwerte« bestimmt werden, die zum Schutz der Nachbarschaft vor schädlichen Umwelteinwirkungen durch Geräusche nicht überschritten werden dürfen. Falls sie bei dem Bau oder der wesentlichen Änderung von Verkehrsanlagen (§ 41, Abs. 1) dennoch überschritten werden, erwächst für die Eigentümer betroffener baulicher Anlagen ein Entschädigungsanspruch in Höhe der für bauliche Schallschutzmaßnahmen erbrachten notwendigen Aufwendungen. Die »Immissionsgrenzwerte« (IGW) sollen in einer Straßenschallschutzverordnung und einer Schienenschallschutzverordnung festgelegt werden. Die Höhe dieser Werte muß logischerweise auf angemessene Innengeräuschpegel in Aufenthaltsräumen (Tag/Nacht) abgestellt werden; sie hat – je nachdem, welche Entscheidung getroffen werden wird – beträchtliche ökonomische Konsequenzen (Tab. 38).

Tabelle 38 Jährliche Kosten für Lärmschutzmaßnahmen in Mio. DM.

Straßengattung	Immissionsgrenzwerte in dB(A)			
	75/65	70/60	65/55	60/50
Bundesfernstraßen	34	180	494	993
Landstraßen	0,1	22	60	108
Kommunale Straßen	170	370	733	1405
Summe	204	572	1287	2506

Die Definition der »wesentlichen Änderung« wirkt sich bei Stadtstraßen (kommunalen Straßen) wie folgt aus (Tab. 39):

Tabelle 39 Jährliche Lärmschutzkosten bei Stadtstraßen in Mio. DM in Abhängigkeit von der Definition der »wesentlichen Änderung« und der Höhe der IGW.

Imissionsgrenzwerte in dB(A)	I	II	III
75/65	170	424	503
70/60	370	733	885
65/55	735	1727	2017
60/50	1410	2667	3029

- *Definition I* Eine wesentliche Änderung gem. § 41 BImSchG liegt dann vor, wenn durch den Eingriff in die bauliche Substanz der Straße die Lärmsituation um mehr als 3 dB(A) verschlechtert wird;
- *Definition II* Der Anbau von einem oder mehreren durchgehenden Fahrstreifen ist eine wesentliche Änderung im Sinne § 41 BImSchG;
- *Definition III* Alle baulichen Änderungen sind wesentliche Änderungen im Sinne § 41 BImSchG.

Es wäre sinnvoll, als Entschädigungsgrenzwert einen IGW von 65 dB(A)/Tag und 55 dB(A)/Nacht zu wählen. Bei geschlossenen Normalfenstern (Dämmwirkung im Mittel 25 dB(A)) hat man dann in den Aufenthaltsräumen 40 dB(A)/Tag und 30 dB(A)/Nacht. Ersteres entspricht den Verhältnissen in reinen Wohngebieten bei geöffneten Fenstern (außen 50 dB(A), innen 40 dB(A)), letzteres liegt im schlafgünstigen Bereich und entspricht den ganz überwiegenden Verhältnissen in Wohngebieten bei geöffneten Fenstern nachts [vgl. Müller 1976]. Man wird außerdem im Interesse einer Gleichbehandlung im Hinblick auf den Schutz vor schädlichen Umwelteinwirkungen durch Geräusche Schritt für Schritt auch die Schallschutzprobleme der Wohnungen an bestehenden Verkehrsstraßen lösen müssen, beginnend etwa in den besonders kritischen Bereichen (75 dB(A) und mehr); dies erscheint sozialmedizinisch als wichtiger als die sehr kostspielige Anwendung einer zu weit gehenden Definition der »wesentlichen Änderung«.

Die Immissionswerte des Fluglärmgesetzes (1971), durch die der »Lärmschutzbereich« (äquivalenter Dauerschallpegel höher als 67 dB(A)) und die beiden Schutzzonen (Schutzzone 1: höher als 75 dB(A); Schutzzone 2: höher als 67 dB(A) und bis 75 dB(A)) definiert werden, haben als Rechtsfolgen Bauverboten, sonstige Beschränkungen der baulichen Nutzung, Entschädigung bei Bauverboten und Anspruch auf Erstattung von Aufwendungen für bauliche Schallschutzmaßnahmen (bis DM 100,–/m² Wohnfläche in Schutzzone 1) [Vogel 1975]. Bei der amtlichen Festlegung der Lärmschutzbereiche werden heute auch die Grenzlinien für 62 dB(A) mitgeliefert, was für weitergehende planungsrechtliche Vorschriften – die unberührt bleiben – wichtig ist; die DFG-Fluglärmstudie hat nämlich gezeigt, daß auch unterhalb 67 dB(A) in beträchtlichem Umfange Belästigung durch Fluglärm zu erwarten ist.

In der VDI-Richtlinie 2719 »Schalldämmung von Fenstern« sind erstmalig Immissionswerte für Innengeräuschpegel für von außen eindringende Geräusche aufgestellt worden (Tab. 40).

Tabelle 40 Anhaltswerte für Innengeräuschpegel in dB(A).

Raumart	Mittelungspegel L_{Am}	Mittlere Maximalpegel
Schlafräume nachts in Wohngebieten,		
Krankenhaus- und Kurgebieten	25–30	35–40
in allen übrigen Gebieten	30–35	40–45
Wohnräume tagsüber in Wohngebieten,		
Krankenhaus- und Kurgebieten	30–35	40–45
in allen übrigen Gebieten	35–40	45–50

Hierbei ist zum Teil berücksichtigt worden, daß nach Bruckmaier u. Lang [Bruckmaier et al. 1967] gleich laute Geräusche bei geschlossenen Fenstern etwas stärker belästigend wirken als bei geöffneten Fenstern.
Am Arbeitsplatz gelten gemäß Arbeitsstättenverordnung (1976) folgende Immissionswerte (Beurteilungspegel):

- bei überwiegend geistigen Tätigkeiten 55 dB(A)
- bei einfachen oder überwiegend mechanisierten Bürotätigkeiten und vergleichbaren Tätigkeiten 70 dB(A)
- bei allen sonstigen Tätigkeiten 85 dB(A)
- in Pausen-, Bereitschafts-, Liege- und Sanitätsräumen 55 dB(A).

In der DDR gilt als Nacht-Wert »Innen« für Krankenzimmer, Kinderschlafzimmer und Wohnräume ein äquivalenter Dauerschallpegel von 30 dB_{AI}, für Übernachtungszimmer in Hotels 30 bis 40 dB_{AI} und in Stadtzentren, an Verkehrsstraßen, Stadtschnellbahnen usw. 35 dB_{AI}. Die Tag-Werte lauten für Krankenzimmer 35 dB(A) (empfohlen 30 dB(A)), für Kinderschlafzimmer 40 dB(A) (empfohlen 35 dB(A)), für Wohnzimmer 40 dB(A) (empfohlen 30 dB(A), für Hotelzimmer 45 dB(A) (empfohlen 35 dB(A)) und für Wohnzimmer in Verkehrsbelastungsgebieten 45 dB(A) [Schuschke 1976].
Die Einhaltung von Immissionswerten für Geräusche setzt voraus, daß die Emissionen entsprechend begrenzt und die Gesetzmäßigkeiten der Schallausbreitung in Rechnung gestellt werden. Bisher sind Nutzungsgebiete weitgehend ohne Berücksichtigung der Schallausbreitungsgesetze festgelegt worden.
Die gestuften Immissionsrichtwerte und Planungsrichtpegel tragen der Tatsache Rechnung, daß die Geräuschbelastung eines Gebietes weitgehend von der Bevölkerungsdichte, der damit zusammenhängenden Verkehrsdichte und den zugehörigen wirtschaftlichen Aktivitäten bestimmt wird. Damit wird aber notwendigerweise der Begriff »schädliche Umwelteinwirkungen durch Geräusche« relativiert. So wohnen z.B. in »Mischgebieten« (nach der TA-Lärm: Gebiete mit gewerblichen Anlagen und Wohnungen, in denen weder vorwiegend gewerbliche Anlagen noch vorwiegend Wohnungen untergebracht sind) sehr viele Menschen, für die Immissionen von 60/45 dB(A), die in einem reinen oder allgemeinen Wohngebiet als schädliche Umwelteinwirkungen bewertet würden, nicht als solche gelten. Hierbei kann man natürlich nicht medizinische Gesichtspunkte der Gesundheit bzw. Gesundheitsschädlichkeit ins Feld führen, sondern nur solche des »relativen Wohlbefindens«. Nach Krane [1976] sind die Immissionsrichtwerte der TA-Lärm als langfristige Ziele anzusehen, »die bei gegebenem ungünstigen Nebeneinander von Wohn- und Industriebereichen kurzfristig nicht zu realisieren sind«. »Zu ihrer Verwirklichung bedarf es gezielter Bauleitplanung zur Entzerrung der zu eng nebeneinander liegenden Industrieanlagen und Wohnbereiche, der Entwicklung lärmarmer Techniken und wirtschaftlich stabiler Betriebe«.

5.6.6 Maßnahmen der Lärmbekämpfung

Lärmbekämpfung – das heißt, Minderung von Schall, der als Lärm empfunden wird – ist eine vielschichtige Aufgabe. Die wichtigsten Angriffsebenen sind Technik, Recht einschließlich Planung, Verhalten und Kontrolle. Dies kann hier nur in groben Umrissen und beispielhaft dargestellt werden.

5.6.6.1 Technik – Maßnahmen an der Schallquelle

Maßnahmen an der Schallquelle (Emissionsminderung) müssen – wo immer möglich – Priorität haben. Es gibt zahlreiche Beispiele für technisch-konstruktive Minderung der Schallentstehung, so bei Ventilen, Armaturen, Antriebsaggregaten und Ventilatoren (lärmarm konstruieren). Es gibt des weiteren die Möglichkeit, die Schallabstrahlung zu dämmen (Kapselung) und zu dämpfen (Schalldämpfer). In vielen Fällen lassen sich lärmige Arbeitsverfahren durch geräuschärmere ersetzen. Der Stand der Technik wird auf all diesen Gebieten mittelfristig Fortschritte machen, die technischen Möglichkeiten sind bei weitem noch nicht voll ausgeschöpft. Als

Beispiel sei hier nur erwähnt, daß die derzeitig auf dem Markt vorhandenen Kraftfahrzeugtypen in den einzelnen Phasen des europäischen Fahrzyklus zum Teil erheblich unterschiedliche Geräuschemissionen aufweisen [FRIETZSCHE 1974]. Da ist es nur logisch zu fordern, daß die Weiterentwicklung insgesamt in Richtung auf die »leisesten« technischen Lösungen fortschreitet, das technische Know How ist ja bereits vorhanden; die unteren Grenzen ergeben sich dann beim Rollgeräuschpegel, der durch Geschwindigkeit, Straßenbelag und Reifen determiniert wird. Bei schweren Fahrzeugen (LKW's, Busse) sind Emissionsminderungen bis etwa 10 dB(A) zu erwarten, bei PKW's möglicherweise um weitere 5 dB(A), nachdem in den letzten 10 Jahren bei vielen Fahrzeugtypen schon deutliche Fortschritte erzielt worden sind. Ein weiteres Beispiel stellen Flugzeuge dar; auch hier gibt es bei den neuen Generationen ganz erhebliche Fortschritte, es sind jedoch immer noch beträchtliche Unterschiede vorhanden. Das gleiche gilt für Schienenfahrzeuge. Die Langlebigkeit dieser verschiedenartigen Verkehrsmittel bedingt natürlich, daß technische Fortschritte im Bereich der Emmissionsminderung erst in einem Zeitraum von 10 bis 15 Jahren voll zur Wirkung kommen können.

5.6.6.2 Recht und Planung

Der Schutz vor unzumutbaren Geräuschimmissionen läßt sich weitgehend durch Gesetze, Verordnungen und Verwaltungsanordnungen regeln. In den letzten zehn Jahren ist hiervon in der Bundesrepublik Deutschland in erheblichem Umfang Gebrauch gemacht worden [Umweltbericht 1976]; im Gefolge des Bundes-Immissionsschutzgesetzes (15. 3. 1974) stehen weitere Entwicklungen an. Die Instrumente finden sich sowohl im Gewerberecht, als auch im Baurecht und Raumordnungsrecht, im Verkehrsrecht, im Bürgerlichen Recht und Strafrecht, in Lärmbekämpfungsverordnungen der Länder und in Polizeiverordnungen. Richtlinien der Europäischen Gemeinschaften auf dem Gebiete des Umweltschutzes müssen in deutsches Recht transformiert werden. Gerade auf diesem Gebiet ist die Bundesrepublik jedoch eher eine treibende Nation, viele Initiativen gehen von ihr aus.
Wirksame rechtliche Instrumentarien sind Immissionswerte (Richtwerte, Grenzwerte), Emissionsgrenzwerte (z. B. für Baumaschinen und Rasenmäher), zeitliche Einschränkungen (z. B. Baulärm, Rasenmäherbenutzung, Flugbetrieb mit Leichtflugzeugen und Motorseglern an Landeplätzen), Festsetzung von Lärmschutzbereichen (Fluglärmgesetz), Entschädigung (Fluglärmgesetz, Bundes-Immissionsschutzgesetz, Bundesfernstraßengesetz), Verbote (z. B. Verbot ziviler Flüge mit Überschallgeschwindigkeit über dem Gebiet der Bundesrepublik); wesentlichen Geräuscheinwirkungen von Nachbargrundstücken kann nach dem Bürgerlichen Recht entgegengetreten werden, die Abwehr ruhestörenden Lärms fällt unter das Strafrecht (§ 360 StGB) [FELDHAUS 1971].
In Anbetracht der Tatsache, daß Emissionsbegrenzungen ihre Grenzen haben (z. B. Straßen-, Schienen- und Luftfahrzeuge, bestimmte industrielle Anlagen, insbesondere sogenannte Freiluftanlagen) und daß die Schallausbreitungsgesetze nicht durch Rechtssätze oder Richtwerte verändert werden können, läßt sich ein beträchtlicher Teil der rechtlichen Regelungen nur bei der Planung, (Raumordnung, Regionalplanung, Bauleitplanung, Verkehrsplanung) voll verwirklichen. Soweit heutige Lärmprobleme aus dem industriell-gewerblichen Bereich herrühren, sind sie teils Folge der gewachsenen Verzahnung von Wohn- und Gewerbe/Industrie-Gebieten und teils Folge der Festlegung benachbarter Baugebiete mit unterschiedlicher Nutzung ohne ausreichende Berücksichtigung der Schallausbreitungsgesetze. Die vorhandenen Instrumentarien reichen aus, um weiteren unerfreulichen Entwicklungen für die Zukunft vorzubeugen. In der bebauten Umwelt – und das ist der wesentlich größere Teil – können Verbesserungen nur Schritt für Schritt und mittel- bis längerfristig erreicht werden, wobei auch der Bestandsschutz genehmigter Anlagen großes Gewicht hat. Entzerrungen, Entmischungen und Verlagerungen – falls geeignetes Gelände überhaupt zur Verfügung steht – haben beträchtliche ökonomische Konsequenzen, außerdem sind Arbeitsplatzprobleme und die Folgen der mit Verlagerungen verbundenen neuen Verkehrsimmissionen frühzeitig zu bedenken.
Besondere Probleme ergeben sich bei der Planung von Verkehrswegen. Straßen- und Schienenverkehr dringen – soweit es sich nicht nur um überregionale Trassen handelt – ihrer Zweckbe-

stimmung nach in Wohnsiedlungen ein. Die Emissionsminderung hat Grenzen (die allerdings noch nicht ausgeschöpft sind). Immissionsrichtwerte für Wohngebiete sind nahe Verkehrswegen in der Regel nicht einzuhalten. Genügend breite Abstandsflächen oder Flächen für Schallschutzwände, Wälle, wirksame Bepflanzung stehen sehr oft nicht zur Verfügung. Dennoch müssen Wohngebiete verkehrsmäßig erschlossen werden, wobei immer auch eine gewisse nächtliche Mobilität einzukalkulieren ist. Man wird im Hinblick auf die Baugebiete der Baunutzungsverordnung eine Entkoppelung von Immissionsrichtpegeln und zulässiger baulicher Nutzung erwägen müssen, damit nicht die höchst unerwünschte Entwicklung eintritt, daß wegen Nichteinhaltbarkeit der Richtwerte anstelle von Wohngebieten »Mischgebiete« ausgewiesen werden, was dann eine für Wohngebiete nicht erwünschte bauliche Nutzung nach sich zöge.
Man kann davon ausgehen, daß dem angemessenen Ruheschutz des Wohnens zunehmend Priorität gegenüber anderen Belangen und Nutzungen zuerkannt wird und daß rechtlich abgesicherte »Ansprüche« erwachsen werden. Dies hätte zur Konsequenz, daß man solche Flächen, die der mit Geräuschentwicklung verbundenen freien Entfaltung und Rekreation in Sport, Spiel und Vergnügungen dienen (Sportstadien, Freizeitplätze verschiedenster Art, Festwiesen, Fluß- und Seeuferbereiche mit Motorsportbetrieb, Sportflugplätze, sonstige Motorsporteinrichtungen u. a.) in genügendem Abstand von Wohnbebauung freihalten muß. Es darf nicht zugelassen werden, daß derartige Freizeit- und Rekreationsmöglichkeiten, die ebenfalls ein wichtiger Teil von Lebensqualität sind, durch heranrückende Wohnbebauung verdrängt und verödet werden.
Allgemeine und spezielle Hinweise für den Schallschutz im Städtebau bei der Planung finden sich in der VDI-Richtlinie 2718, Entwurf 1975.

5.6.6.3 Immissionsbewußtes Verhalten – Kontrollen

Selbstverursachte Geräusche werden in der Regel nicht als Lärm empfunden. Häufig fehlt die Bewußtheit, daß solche Geräusche Dritte stören und erheblich belästigen können (wobei die Reichweite der Einwirkung meist unterschätzt wird); daneben spielt sicherlich oft auch Rücksichtslosigkeit oder banale Gedankenlosigkeit eine Rolle. Es gibt zahlreiche Beispiele für »lärmige« Verhaltensweisen (Zuknallen von Autotüren, Garagentüren, Hupen, unnötiges Laufenlassen von Motoren und Hochdrehen der Tourenzahl, Anfahren mit »Kavaliersstart«, Umfrisieren von Auspuffanlagen bei Motorrädern und PKW's, zu laute Nutzung von Musikgeräten, lautes Verhalten bei Heimkehr aus Gaststätten, Party-Lärm, lautes Spielen zur falschen Zeit am falschen Platz, unachtsame Haustierhaltung und vieles andere).
Lärmige Verhaltensweisen können zum Teil durch Bewußtmachung und Erziehung (Elternhaus, Schule, Volkshochschule, öffentliche Vorträge, Information in Massenmedien und sonstige Informationsmaterialien, Verkehrserziehung u. a.) beeinflußt werden, insbesondere soweit Unkenntnis und Gedankenlosigkeit bestehen. Immissionsbewußtes Verhalten im Straßenverkehr und Unterlassen von Manipulationen (Ansaug- und Auspuffsystem) kann erheblich zur Minderung besonders belästigender Verkehrsgeräusche beitragen [Frietzsche 1975]. Kontrolle von »Lärmsündern«, Erfassung zu lauter Fahrzeuge (Manipulationen, Verschleiß) durch vereinfachte Standardmessungen [Betzl 1975] oder bei den TÜV-Kontrollen, Bußgeldverfahren u. a. können die Bewußtmachung erheblich stimulieren. Eine technische Hilfe zur Vermeidung lärmigen Anfahrverhaltens ist die Verwendung von Automatik-Getrieben, die »Kavalierstarts« mit Pegelüberhöhungen um 5 dB(A) und mehr unmöglich machen.

Verordnungen, Richtlinien und dgl.

1 VDI-Richtlinie 2718, Entwurf 1975: Schallschutz im Städtebau, Hinweise für die Planung.
2 DIN 18005, Vornorm Blatt 1, 1971: Schallschutz im Städtebau.
3 DIN 18005, Blatt 1, Entwurf 1976: Schallschutz im Städtebau, Berechnungs- und Bewertungsgrundlagen.
4 Vorläufige Richtlinie für den Schallschutz an Straßen, 1975: Bundesanstalt für Straßenwesen.

5 Methodes for the calculation of the Articulation Index, 1969: Am. Nat. Standards Inst., New York.
6 Statistisches Bundesamt, 1976: Bauwirtschaft, Bautätigkeit, Wohnungen. 1%-Wohnungsstichprobe 1972. Heft 6 Wohnsituation der Familien, Heft 7 Städtebauliche Grunddaten. Kohlhammer, Stuttgart und Mainz.
7 Mikrozensus März 1973. Statistische Nachrichten 28 (neue Folge) Heft 8, 523.
8 Umweltbericht 1976. Fortschreibung des Umweltprogramms der Bundesregierung vom 14. Juli 1976. Kohlhammer, Stuttgart und Mainz.
9 Handbuch des Lärmschutzes. E. Gossrau, H. Stephany u. W. Conrad (Hrsg.) Loseblattsammlung. Erich Schmidt Verlag, Berlin.
10 Uhle, C. H.: Bundes-Immissionsschutzgesetz. Kommentar, Rechtsvorschriften. Luchterhand Verlag, Neuwied.

Schrifttum

Arbeitsgemeinschaft für Sozio-psychologische Fluglärmuntersuchungen (Hrsg.), 1974: Untersuchungen über den Fluglärm und seine Wirkungen im Gebiet von drei Schweizer Zivilflughäfen 1971/72. Eidgen. Luftamt, Bern.

Atherley, G. R. C., und A. M. Martin, 1971: Equivalent-continuous noise level as a measure of injury from impact and impulse noise. Ann. occup. Hyg. *14*, 11.

Aubrée, D., 1973: Enquête acoustique et sociologique permettant de définir une échelle de la gêne eprouvée par l'homme dans son logement du fait des bruits de train. C. S. T. B.

Aubrée, D., S. Auzou, und J. M. Rapin, 1973: Le bruit des rues et la gêne exprimée par les riverains. C. S. T. B. Nr. 138, Cahier 1174.

zit. in Bastenier, H., W. Klosterkötter, und J. B. Large, 1975: Damage and Annoyance caused by Noise. Commission of the European Communities, EUR 5398 e.

Beranek, L. L., 1969: General Aircraft Noise. In: ASHA Rep. Nr. 4, 256.

Beranek, L. L., 1950: Noise control in office and factory space. 15th Ann. Meeting Chm. Engr. Conf. Transact. Bull 18, 26.

Betzl, W., 1975: Nahfeldmessung gegen Verkehrslärm. Umwelt *4*, 27.

Broadbent, D. E., 1957: Effects of noise on behavior. In: C. M. Harris (Ed.), Handbook of Noise Control. McGraw-Hill, New York.

Broadbent, D. E., 1958: Perception and Communication. Pergamon Press, London.

Bruckmayer, F., und J. Lang, 1967: Störung der Bevölkerung durch Verkehrslärm. Österr. Ing.-Zeitschr. *10*, 302, 338, 376.

Bruel, P. V.: Noise – Do we measure it correctly? Bruel + Kjaer A/S, 2850 Naerum, Dänemark.

Burns, W., 1968: Noise and Man. John Murray, London.

Cederlöf, R., Jonsson, E., und A. Kajland, 1963: Annoyance reactions to noise from motor vehicles. An experimental study. Acustica 13, 270.

Cohen, A., 1969: Effects of noise on psychological state. In: Noise as a Public Health Hazard. ASHA Reports 4, 74.

Cohen, A., Anticaglia, J., und H. H. Jones, 1970: »Sociocusis« – Hearing Loss from Non-Occupational Noise Exposure. Tranact. 32. Ann. Meeting ACGIH, Detroit, Michigan 10.–12. 5. 1970.

Coles, R. R. A., und C. G. Rice, 1970: Towards a criterion for impulse noise in industry. Ann. occup. Hyg. *13*, 43.

Coles, R. R. A., Rice, C. G., und A. M. Martin, 1973: Noise-induced hearing loss from impuls noise: present status. Proc. Internat. Congr. on Noise as a Public Health Hazard. Dubrovnik, 211. Environmental Protection Agency.

Commins, D. E., und L. J. Schreiber: Tentative assessment of the number of people exposed to varying noise levels in seven OECD Countries. OECD U/ENV/N/75.4.

Cserjan, K., 1975: Subjektive und objektive Beurteilung von Immissionen. Mitteilung des Österreichischen Instituts für Raumplanung 5, 216.

DFG, 1974: Forschungsbericht Fluglärmwirkungen. Bonn-Bad Godesberg.

Der Rat von Sachverständigen für Umweltfragen, 1973: Auto und Umwelt. Kohlhammer, Stuttgart/Mainz.

Der Rat von Sachverständigen für Umweltfragen, 1974: Umweltgutachten 1974. Kohlhammer, Stuttgart und Mainz.

Der Rat von Sachverständigen für Umweltfragen, 1976: Umweltprobleme des Rheins. Kohlhammer, Stuttgart und Mainz.

Deutsche Shell AG., 1975: Prognose des PKW-Bestandes.

Dieroff, H. G., 1963: Die Lärmschwerhörigkeit in der Industrie. Barth, Leipzig.

DIEROFF, H. G., 1975: Lärmschwerhörigkeit. Urban und Schwarzenberg, München-Berlin-Wien.
EPA, 1971: Effects of Noise on People, NTID 300.7.
EPA, 1974: Information on Levels of Environmental Noise requisite to protect Public Health and Welfare with an adequate Margin of Safety, 550/9-74-004.
EPA, 1973: Puplic Health and Welfare Criteria for Noise, 550/9-73-002.
EMNID-Institut, Bielefeld, 1977: Persönliche Mitteilung.
ETHOLM, B., und K. E. EGENBERG, 1964: The influence of noise on some circulatory functions. Acta otolaryng. *58*, 208.
FELDHAUS, G., 1971: Umweltschutz. Luftreinhaltung, Lärmbekämpfung Deutscher Gemeindetag. Kohlhammer, Köln.
FINKE, J., und W. SCHULTE, 1970: Schlafstörungen – Ursachen und Behandlung. Thieme, Stuttgart.
FISCHER, P. A., 1967: Schlafstörungen als Problem der Allgemeinpraxis. In: Schlaf, Schlafverhalten, Schlafstörungen. Hrsg. H. BÜRGER-PRINZ u. P. A. FISCHER. S. 81. Enke, Stuttgart.
FRENCH, N. R., J. C. STEINBERG, 1974: Factors governing the intellibility of speech sounds. J. Acoust. Soc. Am. *19*, 90.
FRIETZSCHE, G., 1974: Teilstudie I.1.2 der EG Enquête Untersuchung der Umweltbelästigung und Umweltschädigung durch den Straßenverkehr – Lärm und Abgase. VDI Düsseldorf.
FRIETZSCHE G., 1975: Voraussetzungen erfolgreicher Verkehrslärmbekämpfung in der EG gestern, heute und morgen. Europ. Sympos. über Entwicklung der Rechtsvorschriften für den Kraftfahrzeugbau, Brüssel 9.–12. 12. 1975.
GALLOWAY, W. J., ELDRED, K. Mck., und M. A. SIMPSON, 1974: Population of the United States as a function of outdoor noise level. U. S. Environmental Protection Agency, 550/9-74-009.
GIERKE, H. E. VON, 1975: Noise – how much is too much? Noise Control Engin. *5*, 25.
GLASS, D. C., und J. E. SINGER, 1972: Urban Stress. Experiments on Noise and Social Stressors. Academic Press, New York.
GLORIG, A., und J. NIXON, 1962: Hearing loss as a function of old age. Laryngoscope *72*, 1569.
GRIEFAHN, B., JANSEN, G., und W. KLOSTERKÖTTER, 1976: Zur Problematik lärmbedingter Schlafstörungen – eine Auswertung von Schlafliteratur. F. + E-Vorhaben II 3-60 424/1. Bericht Nr. 4/76 des Umweltbundesamtes.
GULIAN, E., 1973: Psychological consequences of exposure to noise, facts and explanations. In: Proc. Internat. Congr. on Noise as a Public Health Problem Dubrovnik, S. 363.
GUSKI, R., 1976: Eine Inhaltsanalyse von Lärmbeschwerden, die bei »Umwelttelefonen« eingehen. Kampf dem Lärm *23*.
GUTHOF, O., GABLESKE, R., und H. TRAINER, 1968: Verkehrslärm und subjektive Lärmgestörtheit von Straßenanliegern. Kampf dem Lärm *15*, 7.
HARRIS, C. M. (Hrsg.), 1957: Handbook of Noise Control. McGraw-Hill, New York.
HAWEL, W., 1967: Untersuchungen eines Bezugssystems für die psychologische Schallbewertung. Arbeitswiss. *6* Nr. 2.
HAWLEY, M. E., und K. D. KRYTER, 1957: Effects of Noise on speech. In: HARRIS, C. M. (Ed.): Handbook of Noise control. McGraw-Hill, New York.
HOCKEY, G. R. J., 1970: Effect of loud noise on attentional selectivity. Q. J. exp. Psychol. *22*, 28.
HÖRMANN, H., und U. OSTERKAMP, 1967: Über den Einfluß von kontinuierlichem Lärm auf die Organisation von Gedächtnisinhalten. Z. exp. angew. Psychol. *14*, 31.
HORNUNG, J., und T. TRÜMPER, 1976: Beurteilung des Baulärms in Deutschland und den Anliegerstaaten. Kampf dem Lärm *23*, 127.
JANSEN, G., 1970: Beeinflussung des natürlichen Nachtschlafes durch Geräusche. Forschungsbericht Nr. 2131. Westdeutscher Verlag Köln und Opladen.
JANSEN, G., 1973: Grenz- und Richtwerte in der Lärmbekämpfung und ihr psycho-physiologischer Aussagewert. Kampf dem Lärm *20*, 71.
JANSEN, G., 1967: Zur nervösen Belastung durch Lärm. Dr. Dietrich Steinkopff Verlag, Darmstadt.
JONSSON, E., KAJLAND, A., PACCAGNELLA, B., und S. SÖRENSEN, 1969: Annoyance reactions to traffic noise in Italy and Sweden. Arch. Environm. Health *19*, 692.
KASTKA, J., 1976: Untersuchungen zur Belästigungswirkung der Umweltbedingungen Verkehrslärm und Industriegerüche. In: Umweltpsychologie. G. KAMINSKI (Hrsg.), S. 187ff. Ernst Klett Verlag, Stuttgart.
KEIDEL, W., 1975: Physiologie des Gehörs. Georg Thieme, Stuttgart.
KIRSCHHOFER, A. VON, 1970: 20 Millionen stöhnen unter Lärm. Kampf dem Lärm *17*, 91
KLOSTERKÖTTER, W., 1972: Arbeitsmed. Aspekte der Lärmschwerhörigkeit. Z. Laryng. Rhinol. *51*, 203.
KLOSTERKÖTTER, W., 1974: Belastbarkeit von Menschen durch Geräusche im Hinblick auf die Immissionsrichtwerte. Schriftenreihe Städtebauliche Forschung des Bundesministers für Raumordnung, Bauwesen u. Städtebau, 03.031.

KRANE, D., 1976: Unberechtigte Vorwürfe gegen die TA Lärm. Umwelt *5*, 37.
KRYTER, K. D., 1962: Methodes for the calculation and use of the articulation index. J. Acoust. Soc. Am. *34*, 1698.
KRYTER, K. D., 1970: The Effects of Noise on Man. Academic Press, New York und London.
LAMURE, C., und G. BACELON, 1967: La gêne due au bruit de la circulation automobils, C. S. T. B. Nr. 88, Cahier 762.
LEHMANN, G., 1961: Die Einwirkung des Lärms auf den Menschen, Arbeitsgemeinschaft f. Forschung NW, H. 94. Westdeutscher Verlag, Köln und Opladen.
LEHMANN, G., und J. MEYER-DELIUS, 1958: Gefäßreaktionen der Körperperipherie bei Schalleinwirkung. Forschungsbericht Nr. 517. Westdeutscher Verlag, Köln und Opladen.
LEHMANN, G., und J. TAMM, 1956: Die Beeinflussung vegetativer Funktionen des Menschen durch Geräusche. Forschungsbericht Nr. 257. Westdeutscher Verlag, Köln und Opladen.
LEHNHARDT, E., 1965: Die Berufsschäden des Ohres. Arch. Ohr. –, Nas.- u. Kehlk.-Heilk. (Kongreßbericht 185 (65) 11–242).
LINDVALL, T., und E. P. RADFORD, 1973: Measurement of annoyance due to exposure to environmental factors. Environm. Res. *6*, 1.
LUCAS, J. S., 1975: Measures of Noise Level: Their relative accuracy in predicting objective and subjective responses to noise during sleep. Stanford Research Institute, Menlo Park, California.
MAGS, Ministerium für Arbeit, Gesundheit und Soziales Nordrhein-Westfalen, 1975: Schallausbreitung in bebauten Gebieten. Verlag TÜV Rheinland, Köln.
MARTIN, A. M., und G. R. C. ATHERLEY, 1973: A method for measurement of impact noise with respect to injury of hearing. Ann. occup. Hyg. *16*, 19.
MCGRATH, J. J., und J. F. HATCHER, 1961: Irrelevant stimulation and vigilance under fast and slow stimulus rates, Los Angeles: Human Factors Res. Inc., Techn. Rep. Nr. 6.
MÜLLER, W., 1976: Lärmbelästigung in städtischen Wohngebieten Bayerns zur Nachtzeit. Landesgewerbeanstalt Bayern-Nürnberg.
NIEMEYER, W., 1972: Gibt es eine Habituation des Innenohrs? HNO *20*, 198.
PFANDER, F., 1975: Das Knalltrauma. Springer, Berlin-Heidelberg-New York.
PFLANZ, M., 1962: Sozialer Wandel und Krankheit. Enke, Stuttgart.
RICE, C. G., und A. M. MARTIN, 1973: Impulse noise damage risk criteria. J. Sound Vibration 359.
ROHRMANN, B., 1976: Die Störwirkung des Flugbetriebes an Landeplätzen – eine empirische Studie. Kampf dem Lärm *23*, 6.
RUCKER, A., 1975: Straßenverkehrslärm in Wohngebieten. Kampf dem Lärm *22*, 72.
SADER, M., 1966: Lautheit und Lärm. Gehörpsychol. Fragen der Schallintensität. Hochgrefe, Göttingen.
SADOWSKI, J., 1976: zit. in: Erhebung zur Lärmbelastung durch Straßenverkehr, Bericht 5/76, Umweltbundesamt Berlin.
SÄLZER, E., 1975: Städtebaulicher Schallschutz. Bauverlag, Wiesbaden.
SCHÖNPFLUG, W. (Hrsg.), 1969: Methoden der Aktivierungsforschung. Huber, Bern.
SCHREIBER, L., WITTMANN, H., und G. VOLBERG, 1973: Schallausbreitung in der Umgebung von Verkehrswegen und Industriegebieten in Bodennähe und in ebenem Gelände. Schriftenreihe »Städtebauliche Forschung«, Bundesminister für Raumordnung, Bauwesen und Städtebau, Nr. 03.008.
SCHULTZ, Th. J., 1972: Community Noise Ratings. Applied Science Publishers, London.
SCHUSCHKE, G., 1976: Lärm und Gesundheit. VEB Verlag Volk und Gesundheit, Berlin.
Schutz gegen Fluglärm (1975), Sonderheft Kampf dem Lärm *22*, 4.
SLATER, B. R., 1968: Effects of noise on pupil performance, J. Educ. Psychol. *59*, 239.
SOKOLOV, E. N., 1966: zit. bei LYNN, R.: Attention, Arousal and the Orientation Reaction. Pergamon Press, Oxford.
SPRENG, M., 1973: Einige vorläufige neuro-elektrophysiologische Gesichtspunkte zur Lärmbelästigung, Arbeitsbericht L73-L, II. Physiol. Inst. d. Univ. Erlangen Nürnberg.
SPRENG, M., 1975: Physiologische und psychophysikalische Gesichtspunkte zur Unbehaglichkeits- und Schmerzschwelle beim Hören. Z. Hörgeräte-Akustik *14*, 14.
SPRENG, M., und K. ANDERNACH, 1976: Psychophysikalische Skalierungsversuche zur Bestimmung einer Unbehaglichkeits- und Unannehmbarkeitsschwelle bei Einwirkung verschiedener Schalle. Kampf dem Lärm *23*, 12.
STÜBER, C., 1976/77: Schienenverkehrsgeräusche. Acustica *36*, 192.
THIESSEN, G. J., 1973: Truck noise, sleep and habituation. ASA-Meeting Los Angeles, Nov. 1973.
ULLRICH, S., 1975: Zum Verhältnis Rollgeräusch zu Fahrgeräusch bei Lastkraftwagen. Kampf dem Lärm *22*, 125.
ULLRICH, S., 1972: Zum Verhältnis Rollgeräusch zu Fahrgeräusch bei Personenkraftwagen. Kampf dem Lärm *19*, 131.

Urteil des OVG Lüneburg vom 21.8.1974 – VII OVG A 107/72.
Urteil des BVerwG vom 12.12.1975 – IV C 71/73 – Baurecht 2/76, S. 100.
WANNER, H. U., ETH Zürich, Institut für Hygiene und Arbeitsphysiologie, 1976: persönliche Mitteilung.
WEBSTER, J. C., 1970: Updating and interpreting the Speech Interference Level (SIL). J. Audio Engin. Soc. *18*, 2.
WESTON, H. C., und S. ADAMS, 1935: The performance of weavers under varying conditions of noise. Industr. Health Res. Rep. 70, 1.
WILSON, A. H. (Chairman), 1966: Noise, Final Report, London. H. M. Stationery Office.

5.7 Strahlung

BARTHELMESS, ALFRED

5.7.1 Biologisch-medizinische Aspekte der Strahlung

Leben hat sich auf Erden von Anfang an in Gegenwart von Strahlung entwickelt. Sie liefert Energie, deren Absorption für die Lebensprozesse nutzbringend oder schädlich, für organische Strukturen erträglich oder zerstörend sein kann, je nach spezifischer Energie, Dosis und Intensität der Strahlung. Entscheidend ist, ob lebenswichtige Strukturen und Funktionsträger von ihr erreicht werden können.

Aus der Tatsache, daß sich Leben unter ständiger Einwirkung von Strahlung aus irdischen und kosmischen Quellen nicht nur erhalten, sondern auch höher entwickeln konnte, darf jedoch nicht geschlossen werden, daß diese sog. *»Natürliche Umgebungsstrahlung«* (»Grundstrahlung«) von Organismen ausschließlich nutzbringend verwendet wird. Von den wichtigsten physikalischen Effekten der Energieabsorption können von ihnen nur Wärmebewegung, Anregung und eventuell Dissoziation von Molekülen oder Atomen genützt, bzw. in bestimmten Grenzen ertragen werden. Ionisation und Kernreaktionen sind stets destruktiv.

Daß Leben sich trotz destruktiver Anteile in der natürlichen Umgebungsstrahlung erhalten und entwickeln konnte, wird häufig als »Anpassung« an Art, Dosis und Intensität derselben gedeutet. Diese Deutung bedarf einer Präzisierung. »Anpassung« in dieser Beziehung beruht nicht auf individueller gerichteter Reaktion, sondern ist ein Bilanzergebnis kollektiver Vorgänge: Aus der Fortpflanzungsgemeinschaft einer Art werden im Sinne der darwinistischen Deutung der Evolution alle jene Individuen ausscheiden, deren genetische Konstitution durch ionisierende Strahlen so geschädigt wurde, daß sie dem »Kampf ums Dasein« nicht gewachsen sind. Der Ausfall kann je nach der genetischen Zusammensetzung der Fortpflanzungsgemeinschaft (»Population«) für diese als Ganzes ungefährlich (sogar »reinigend«), aber auch erhaltungsbedrohend sein, je nach Ausmaß des Schadens und Verfügbarkeit ungeschädigter Reserven im Erbgut.

Diese Klarstellung ist notwendig, weil in den aktuellen Diskussionen und legislativen Maßnahmen sehr oft die natürliche Umgebungsstrahlung als Bezugsbasis für Grenzwerte zusätzlicher anthropogener Strahlenbelastung verwendet wird [AURAND 1976; Strahlenschutz-Kommission BRD 1977]. Die dabei bevorzugte Schlußfolgerung lautet nicht selten: Wenn die Dosis und Intensität der natürlichen Grundstrahlung offensichtlich unschädlich ist, darf gleiches auch von einer gleichen Dosis und Intensität anthropogener Strahlung angenommen werden. Eine solche Schlußfolgerung übersieht jedoch, daß es sich bei der anthropogenen Strahlung um *zusätzliche* Belastung handelt und daß damit stillschweigend angenommen würde, daß eine doppelte Dosis genau so wirkungslos sei wie eine einfache.

Daß die Grundstrahlung somatisch und genetisch »wirkungslos« ist, läßt sich zwar experimentell weder beweisen noch widerlegen, doch sprechen sehr gut begründete theoretische Überlegungen mit Sicherheit dafür, daß sie eine – wenn auch entsprechend geringe – Wirkung hat. Nach übereinstimmender Meinung führender Genetiker dürfte sie für etwa 1–3% der sog.

»spontanen« Mutationen und einen etwa gleichen Anteil der »spontanen« Fälle von Krebs und Leukämie verantwortlich sein.

5.7.1.1 Natürliche Umgebungsstrahlung

Angaben über die Höhe der natürlichen Umgebungsstrahlung einschließlich ihrer lokalen Variationsspanne [Aurand 1976; National Council of Radiation Protection (USA) 1975; Schulze 1970] sind in Tab. 41 zusammengefaßt.

5.7.1.1.1 Die kosmische Strahlung ist z. T. solaren, z. T. galaktischen Ursprungs. Sie besteht vorwiegend aus verschiedenen Partikeln hoher Energie, die bei Kollision mit Bestandteilen der Atmosphäre Neutronen, Protonen und Alphapartikel mit hoher Ionisationsrate (in Gewebe) sowie Gammastrahlen freisetzen. Sie hängt nicht nur von der Meereshöhe, sondern auch von der geographischen Breite ab; ein Maximum zeigt sie im europäischen Breitengürtel. In mittlerer Siedlungshöhe ergibt die kosmische Strahlung etwa 50 mrem/J, in Höhen des Düsenflugverkehrs das 10 bis 100-fache. Am Flugverkehr nimmt heute eine derart große Personenzahl teil, daß die daraus resultierende Strahlenbelastung nicht mehr außer Betracht bleiben kann [Allkofer u. Mit. 1962, 1964, 1968, 1970; Schaefer 1971].

Tabelle 41 Natürliche Strahlenbelastung.

Quelle		Strahlenbelastung mrem/Std	mrem/J.	mrem/700 Std Flugzeit	rem/40 J	
A. *Kosmische* Strahlung (50° n. Br.)						
Höhe (m) 0	Siedlungen		35		0,140	1) 2)
500	Siedlungen		40		0,160	1) 2)
1000	Siedlungen		50		0,200	1) 2)
1500	Siedlungen		66		0,264	1) 2)
2000	Siedlungen		80		0,320	1) 2)
3000	Düsenflugverkehr	0,015	128	10,2		2)
6100	Düsenflugverkehr	0,05	500	35,0		2)
10000	Düsenflugverkehr	0,5	4380	350,0		3)
13000	Düsenflugverkehr	0,95	8322	665		3)
20000	Überschall-Flugverkehr	1,6	14016	1120		3)
23000	Überschall-Flugverkehr	1,7	14892	1190		4)
B. *Terrestrische* Strahlung						
im Freien BRD	Mittel		52		2,08	5)
	Minimum		37		1,05	5)
	Maximum		69		2,76	5)
andere Gebiete	mit normaler Strahlung		120		4,8	5)
	Granitbezirke		300–400		12–16	5)
	Monazitbezirke in Brasilien		500–12000		20–480	5)
	Monazitbezirke in Kerala		1300–4000		42–160	5)
in Wohnhäusern BRD	Mittel		70		2,8	5)
	Minimum		46		1,84	5)
	Maximum		106–500		4,24–20	5)
Körpereigene Strahlung						
	Gonaden		20		8,0	5)
	Knochenmark		23		9,2	5)
	Lunge		60–200		2,4–8,0	5)

1) Claus 1958. 2) Unscear 1958. 3) Schaefer 1971. 4) Allkofer 1970. 5) Aurand 1976.

5.7.1.1.2 Die terrestrische Strahlung [Adams u. Lowder 1964; National Council on Radiation Protection and Measurement (USA) 1975] stammt z. T. von einigen extrem langlebigen, seit Entstehung der Erde vorhandenen Radionukliden in *Gesteinen und Boden* (K-40, Rb-87), die nach dem Zerfall in inaktive Isotope übergehen, vor allem aber von weiteren ebenfalls langlebigen Nukliden der Uran-Radium-Reihe (U-238), der Thorium-Reihe (Th-232) und der Actinium-Reihe (U-235), jede mit zahlreichen radioaktiven Tochternukliden sehr verschiedener Halbwertzeit. Hierzu kommen einige Radionuklide, die zwar durch Kernreaktionen von Neutronen aus der kosmischen Strahlung in der Lufthülle der Erde gebildet werden, aber durch Luftströmungen und Niederschläge in die Biosphäre gelangen; hierher gehören Tritium (H-3) und Kohlenstoff-14.
Der Gehalt der Gesteine an rad.-akt. Elementen kann sehr verschieden sein. Bei der natürlichen Auswaschung gelangen Spuren auch in Quellen, wo sie z. T. medizinisch genutzt werden, und in Flüsse, die Trinkwasser liefern. Untersuchungen über den Aktivitätsgehalt von Pflanzen und Tieren auf solchen Böden scheinen nur sehr wenige vorzuliegen [Franca 1965]. Von besonderem Interesse sind einige Gegenden der Erde, in denen infolge extrem hohen Gehalts an Radionukliden im Boden (z. B. Monazitsand mit hohem Thoriumgehalt in Kerala und Brasilien) die Strahlenbelastung das 10–100-fache des Durchschnitts beträgt (siehe S. 243–245).

Tabelle 42 Keimdrüsendosis durch terrestrische Strahlenexposition von außen in den Ländern der Bundesrepublik Deutschland (mrem/Jahr). Aus: Umwelt Nr. 54, 1977, S. 18.

	Werte im Freien			Werte in Wohnungen[1]		
Land	Mittel	Maximal	Minimal	Mittel	Maximal	Minimal
Baden-Württemberg	45	165	11	57	134	11
Bayern	50	291	14	61	243	14
Berlin	42	133	22	50	129	17
Bremen	30	45	20	38	65	18
Hamburg	40	86	22	40	77	21
Hessen	43	108	7	65	144	24
Niedersachsen	34	80	7	47	122	12
Nordrhein-Westfalen	42	118	4	55	154	14
Rheinland-Pfalz	49	90	22	74	180	23
Saarland	57	114	22	87	158	28
Schleswig-Holstein	37	57	13	43	124	19
Mittel, Max., Min.	43	291	4	57	243	11

[1] Wohnungsmittelwerte aus allen Räumen einer Wohnung.

Aus den Gesteinen gelangen Radionuklide in unterschiedlicher Menge auch in Baustoffe (Tab. 43) [Aurand 1976; Kolb 1974]. In Häusern aus Schlackensteinen (z. B. im Saarland) kann das zu Strahlenbelastungen bis zu 500 mrem/J führen; noch mehr bei Zufügung von schwedischen Alaunschiefern zu Leichtbeton. Daher ist in den meisten Wohnhäusern und baulich vergleichbaren Arbeitsstätten die Strahlenbelastung höher als im Freien. Dagegen enthalten andere Baumaterialien wie z. B. Holz und Kunststoffe so wenig Radionuklide, daß in solchen Häusern die Strahlenbelastung wegen Abschirmung der kosmischen Strahlung geringer ist als im Freien (Tab. 42, 43).

5.7.1.1.3 Körpereigene Strahlung stammt aus radioaktiven Nukliden, die über Luft, Wasser und Nahrung aufgenommen und eingebaut werden (Tab. 41). Den Hauptanteil der Gonaden- und Knochenmarkdosis stellen K-40 und Po-210, den der Lungendosis Rn-220 und Rn-222 (mit kurzlebigen Folgeprodukten) sowie Po-210. Die Lunge ist schon durch die körpereigene Strahlung stärker belastet als Gonaden und Knochenmark.

Tabelle 43 Mittlere Abweichung der Strahlenexposition in Wohnungen zu der im Freien durch den unterschiedlichen Anteil natürlicher radioaktiver Stoffe in Baumaterialien.

1. *gegliedert nach dem Haustyp*

Haustyp	Unterschied
Massivhäuser	+36%
Fachwerkhäuser	+33%
Fertighäuser (Leichtbau)	− 6%
Holzhäuser	+ 2%

2. *gegliedert nach dem Baumaterial*

Baumaterial	Unterschied
Bimsstein	+51%
Schlackenstein	+47%
Ziegel	+36%
Klinker	+34%
Naturstein	+34%
Lehm	+32%
Kalksandstein	+24%
Beton	+24%
Blähbeton	+18%
Holz	− 4%

Aus: Bundesregierung: Bericht über Umweltradioaktivität und Strahlenbelastung im Jahre 1974. Drucksache 7/4706.

Insgesamt variiert also die natürliche Strahlenbelastung pro Person in ziemlich weiten Grenzen je nach lokaler und zeitlicher Kombination der einzelnen Anteile. Es können dabei u. U. Belastungen resultieren, die Vorsichtsmaßnahmen angezeigt erscheinen lassen. Praktikabel dürfte jedoch nur das Verbot der Verwendung von Abraum des Uranbergbaus und von Abfall der Uranerzverarbeitung als Baumaterial oder Füllmaterial für Straßen und Plätze (so geschehen in USA), der Verzicht auf natürliches Baumaterial besonders hoher Aktivität, sowie die ständige Überwachung des Trinkwassers in Gegenden mit Urgestein sein.

5.7.1.2 Anthropogene Strahlenbelastung

Eine gedrängte Übersicht über die wichtigsten Anwendungsmöglichkeiten umschlossener und offener Quellen ionisierender Strahlung (Tab. 44) zeigt eine erstaunliche Vielfalt, die sich künftig sicher noch erweitern wird. Sie bieten Gelegenheiten zu freiwilliger oder unfreiwilliger Strahlenexposition. Was derzeit über die Höhe der anthropogenen Strahlenbelastung aus den wichtigsten Sektoren bekannt oder zulässig ist, zeigen Tab. 45 bezüglich der Personendosen und Tab. 46 bezüglich der genetisch signifikanten mittleren pro Kopf-Dosis der Gesamtbevölkerung der BRD.

5.7.1.2.1 Der Hauptteil der anthropogenen Strahlenbelastung stammt aus dem Bereich der medizinischen Strahlenanwendung an Patienten. Da nicht zu den Aufgaben des Umweltschutzes gehörend ist er nicht in Tab. 45 aufgenommen; sein relativer Anteil an der Gesamtbelastung ist aus Tab. 46 ersichtlich. Eine Umweltbelastung aus diesem Sektor ist jedoch durch die Anwendung *offener* radioaktiver Stoffe in der *Nuklearmedizin* möglich [Barthelmess 1973; Exterman 1958; Kaul und Mit. 1973; Silver 1968; Witcofski 1973; United States Atomic Energy Commission 1970; United States Environmental Protection Agency 1972; Neufassung der VO über Zulassung von Arzneimitteln . . . 1967, 1971]. Diese ist überdies durch die immer leichtere Verfügbarkeit von immer mehr Radionukliden, sowie durch den »Prestigewert« ihrer Anwendung in einer äußerst bedenklichen Expansion begriffen (Abb. 85; Tab. 47). Das Bemühen auf diesem Wege geht allerdings dahin, Nuklide mit kurzer physikalischer Halbwertszeit sowie reiner Betastrahlung zu verwenden, um die Belastung von Patienten, Personal und Umgebung so niedrig wie möglich zu halten. Die Möglichkeiten sind aber sehr beschränkt.

5.7.1.2.2 Auch in der *Forschung* werden auf vielen Gebieten Radionuklide eingesetzt [Broda 1958; Exterman 1957, 1958; Haberer 1969; Schulz 1966; Silver 1968; BM des Innern 1970, 1974; Bundesregierung BRD 1976; Inst. f. Völkerrecht Göttingen 1976; International Atomic Energy Conference 1955; United States Environmental Protection Agency 1972] und auch hier

Tabelle 44 Anwendung umschlossener und offener Strahlenquellen und Expositionsgelegenheiten beim Umgang mit diesen. Aus BARTHELMESS [1973] ergänzt.

Anwendungsgebiet, Zweck oder Art der Verwendung	feste Röntgen-, γ-, β- u. Neutronenquellen; umschlossene radioaktive Stoffe	Offene (flüssige, gasförmige) radioaktive Stoffe
1. Medizin		
Diagnose	Röntgenaufnahme, Röntgendurchleuchtung	Funktionsprüfungen versch. Organe, Lokalisation von Krankheitsherden
Therapie	Tumorzerstörung, Reizbestrahlung	Tumorzerstörung, Beseitigung von Drüsenüberfunktion, Behandlung von bestimmten Blutkrankheiten; Bäder, Inhalationen. Früher auch temporäre Sterilisation, Radium-Trinkkuren.
2. Forschung		
Physik	zahlreiche Aufgaben an verschiedenen Strahlenquellen	zahlreiche Arbeiten mit natürlichen und künstlich radioaktiven Nukliden
Chemie	Aktivierungsanalyse, Röntgenfluoreszenz-Verfahren Gammaspektrometrie	Kontrolle quantitativer Analysen, Austauschreaktionen, Papierchromatographie, Herstellung und Versand radioaktiver Verbindungen
Biologie	Mutationszüchtung, Reizbestrahlung zur Erntesteigerung, Tiermedizin,	Stoffwechseluntersuchung an Pflanzen, Tieren und Mikroorganismen
Medizin	Diagnose, Therapie	Stoffwechseluntersuchung
3. Nahrungsmittelindustrie	Konservierung von Fleisch, Fischen, Früchten, Kartoffeln	
4. Wasserwirtschaft	Klärwirkung von Absetzbecken, Schlickhöhe in Röhren, Sterilisierung von Klärschlamm	Grundwasserverlauf, Dichte von Staudämmen
5. Industrie	Zerstörungsfreie Materialprüfung, Korrosionsprüfung, Füllstandmessung, Abnutzung von Maschinenteilen, Dikkenmessung von Walzgut, Härtung von Kunststoffen, Beseitigung störender Reibungselektrizität, Kontrolle des Hochofenbetriebs.	Herstellung von Leuchtfarben u. Bemalung der Zifferblätter, Keramikfarben, opt. Linsen, Herstellung und Versand radioaktiver Verbindungen für die Forschung, Herstellung der Brennelemente für Reaktoren, Aufarbeitung benutzter Brennelemente bei Plutoniumgewinnung, Herstellung von Kernwaffen
6. Bergbau	Gesteinsaktivierung im Bohrloch mit Neutronenquellen	Abbau und Transport radioaktiver Erze, Abtrennung u. Anreicherung der Nuklide, Abraumhalden, Schätzung der Ergiebigkeit von Ölquellen.
7. Reaktoren		
Forschung	physik., chem., biol. Versuche	Herstellung radioaktiver Nuklide für Forschung und Nuklearmedizin
Energie-Gew.	Stromgewinnung, Prozeßwärme für chem. Großindustrie, Fernheizung	Abluft, Abwasser, Deponie von Atommüll
8. Transport	Gefährdung durch undichte Verpackung, Beschädigung der Verpackung bei Be- und Entladen und Verkehrsunfällen, Verlust, Diebstahl, Mißbrauch	

Tabelle 45 Anthropogene Strahlenbelastung.

Quelle	Radioaktive Nuklide enthalten in	Ganzkörper-(≅ Gonaden-) Dosis/Person bzw. Aktivitätsgehalt/Person			Personenzahl BRD	
Atomare Versuchsexplosionen	Fallout	extern mr/a	intern pCi/a Cs-137	intern pCi/a Sr-90		
1961		6				
1963		17–33*	112 284	12 749		
1965		12–20*	82 027	9 007	60 000 000	1)
1970		8–15*	11 094	2 743		
Umgebung kern-techn. Anlagen	Luft, Wasser, Boden, Nahrung	intern und extern mrem/a	rem/40 J.			
von Unternehmen behauptet		1	0,040			2)
Grenzwert nach StrSchV.						
§ 45		60	2,4		4 375 000	
§ 44(1)		150	6,0			3)
§ 44(2)		500	20,0			
§ 28(3)		5000	(Unfall)			
Bergwerkstollen	Luft, Staub	rem/a				
	uranfreie B., belüftet	0,225				
	nicht bel.	11,25			?	4)
	Uran-B. belüftet	2,25				
	nicht belüftet	112,5–1125	L			
Aufbereitungsräume für Uranerz	Luft, Staub	1125	L			
Berufliche Strahlenexposition	offene und umschlossene r.a.St.	mrem/a	rem/40 J.			
Grenzwert nach StrSchV.						
§ 49(1), Gruppe A		5 000	200			
Gruppe B		1500	60		ca. 60 000	
§ 49(2) Jugendliche		500				3)
§ 50(2) Spez. Personal		10 000	(Leben) 25		(? 100)	
in den letzten 10 Jahren gemessen		200–500	8–20		ca. 60 000	5)
Luftfahrt: Personal, Piloten Bodenwartung	Oberflächenkontamination (und kosmische Strahlung)	500–1200	(ca. 500 St/J. Flugdienst)		ca. 3000 (ohne Milit.)	6)

* 1. Wert: Durchschnitt BRD.; 2. Wert: Meßstelle Oberstdorf.

1) BMBW 1974.
2) Zahlr. Publ.
3) Str. Sch. V. 1976.
4) Rajewsky 1956.
5) Stieve 1976.
6) Allkofer 1964.
7) Allkofer und Simon 1970.

ist ein noch immer ununterbrochener Trend zur Expansion feststellbar (Abb. 85), begünstigt durch die gleichen Gründe wie in der Medizin. Bedenklich ist hier besonders das weitgehende Fehlen wirksamer Kontrolle der Vorschriften. Nicht selten steht auch hier der Prestigewert in deutlichem Mißverhältnis zum wissenschaftlichen Wert der Untersuchungen. Bemühungen, anstelle radioaktiver »Tracer« stabile schwerere oder leichtere Isotope eines Elements zu verwenden, haben ebenfalls noch wenig Chancen.

5.7.1.2.3 In zunehmendem Maße haben sich auch *Industrie und Gewerbe* ionisierende Strahlen nutzbar gemacht (Abb. 85) [Bundesministerium des Innern 1970; Bundesregierung BRD 1976; Haberer 1969; Inst. f. Völkerrecht, Göttingen 1976; Krawczynski 1967; Rosenbaum 1976; Schulz 1966; International Atomic Energy Agency 1975]. Da es sich hier vorwiegend um umschlossene Quellen handelt, ist auf diesem Sektor die Gefahr einer radioaktiven Kontamination der Umwelt relativ gering. Dagegen ist wegen der Stärke vieler Quellen und dem ungenügenden Gefahrenbewußtsein der damit Arbeitenden in Zusammenhang mit der mehr physikalisch-technischen als biologischen Vorbildung die berufliche Gefährdung eher größer. Soweit auch Verwendungsmöglichkeit für offene radioaktive Stoffe bestand, wird von seiten der Strahlenschutzbehörden auf Verzicht, Einschränkung oder Umstellung auf möglichst ungefährliche Nuklide gedrängt.

5.7.1.2.4 Mit der Erweiterung des Aufgabenkreises des bisherigen »Naturschutzes« zum heutigen und künftigen »Umweltschutz« wird auch die Beachtung der *beruflichen Strahlenbelastung* aktuell. Sie kann nicht nur zu den somatischen Spätschäden beitragen, die auf die berufstätigen Personen beschränkt bleiben, sondern die bei diesen induzierten genetischen Schäden können auch deren nicht-exponierte Nachkommen beeinträchtigen. Die exponierten Personen »kontaminieren« gleichsam mit ihren genetischen Defekten ihre Nachkommen! Ein weiterer Grund für die Beachtung ist, daß bei beruflichem Umgang mit offenen radioaktiven Stoffen eine Verschleppung vom Arbeitsplatz in die Umwelt möglich ist.
Die berufliche Strahlenexposition ist in der neuen deutschen Strahlenschutz-Verordnung (StrSchV) durch obere Grenzwerte sowohl der Ortsdosis wie der Personendosis geregelt. Die

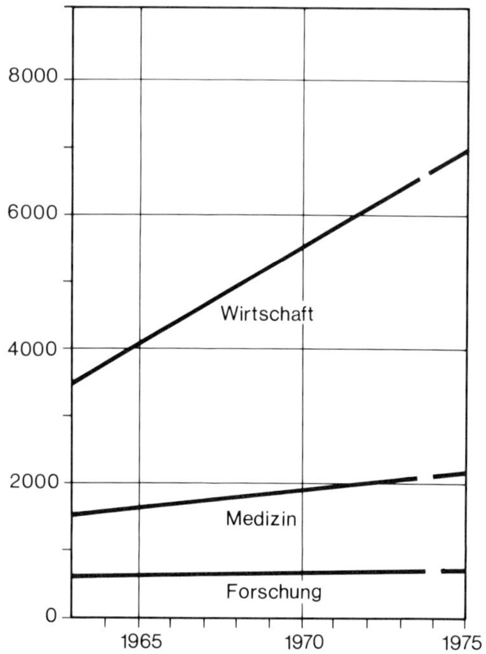

Abb. 85 Zunahme der Isotopen-Anwender in der Bundesrepublik Deutschland. Aus BMI: 4. Atomprogramm der BRD für die Jahre 1973 bis 1976 [Bonn 1973].

Tabelle 46 Mittlere genetisch signifikante Strahlenexposition in der Bundesrepublik Deutschland 1975 (Stand Juli 1976). Aus: Bundesregierung: Bericht über Umweltradioaktivität und Strahlenbelastung im Jahre 1975. Bonn [1977].

1 Natürliche Strahlenexposition	ca. 110 mrem/a
1.1 durch kosmische Strahlung in Meereshöhe	ca. 30 mrem/a
1.2 durch terrestrische Strahlung von außen	ca. 50 mrem/a
Bei Aufenthalt im Freien	ca. 43 mrem/a
bei dauerndem Aufenthalt in Häusern	ca. 57 mrem/a
1.3 durch inkorporierte radioaktive Stoffe	ca. 30 mrem/a
2 Künstliche Strahlenexposition	ca. 60 mrem/a
2.1 durch kerntechnische Anlagen	< 1 mrem/a
2.2 durch Verwendung radioaktiver Stoffe und ionisierender Strahlen in Forschung und Technik	< 2 mrem/a
2.2.1 durch technische Strahlenquellen	< 1 mrem/a
2.2.2 durch Industrieprodukte	< 1 mrem/a
2.2.3 durch Störstrahler	< 1 mrem/a
2.3 durch beruflich strahlenexponierte Personen (Beitrag zur mittleren Strahlenexposition des Menschen)	< 1 mrem/a
2.4 durch Anwendung ionisierender Strahlen und radioaktiver Stoffe in der Medizin	ca. 50 mrem/a
2.4.1 Röntgendiagnostik	ca. 50 mrem/a
2.4.2 Strahlentherapie	< 1 mrem/a
2.4.3 Nuklearmedizin	ca. 2 mrem/a
2.5 durch Strahlenunfälle und besondere Vorkommnisse	0
2.6 durch Fall-out von Kernwaffenversuchen	< 8 mrem/a
2.6.1 von außen im Freien – unabgeschirmt	< 8 mrem/a
2.6.2 durch inkorporierte radioaktive Stoffe	< 1 mrem/a

Verantwortung für Messung und Kontrolle der Ortsdosen sowie für die Kennzeichnung der verschiedenen Bereiche trägt (nach § 29 (1) (2) StrSchV) letztlich der Strahlenschutz-Verantwortliche, aber auch der von ihm bestellte Strahlenschutz-Beauftragte (nach § 29 (2–4) und 31 (2) StrSchV) entsprechend den ihm speziell übertragenen Aufgaben. Innerhalb dieser Bereiche ist der Aufenthalt durch (differenzierte) Grenzwerte der dort akkumulierbaren Personendosis beschränkt (Tab. 45). Die Überwachung erfolgt durch von den dort Tätigen getragene und zentral ausgewertete Dosimeter, die Verantwortung für vorsorgliche Vermeidung jeder unnötigen Exposition trägt der Strahlenschutzbeauftragte, sowie der dort Beschäftigte selbst. Zur Verantwortung des Strahlenschutzbeauftragten gehört auch die Belehrung der in solchen Betrieben Tätigen über die Gefahren und den richtigen Umgang mit den Strahlenquellen.

Die tatsächliche berufliche Strahlenbelastung hat sich seit einigen Jahren auf den Durchschnittswert von 200–500 mrem/Jahr/Person eingependelt (Tab. 45). Das ist etwa das 2–5-fache der Grundstrahlung und $^1/_{10}$ des zugelassenen Grenzwerts (5000 mrem/J). Würde letzterer jahrelang voll ausgeschöpft, so müßte dies zweifellos zu ernsten somatischen und genetischen Schäden führen. Da die neue Strahlenschutz-Verordnung als obersten Grundsatz die Forderung aufstellt, die Strahlenbelastung »so niedrig wie *möglich*« zu halten, ist dieser Grenzwert in Widerspruch zu obigem Grundsatz um den Faktor 10 zu hoch angesetzt [Barthelmess 1976]. Der Beitrag aus diesem Sektor zur mittleren Strahlenbelastung der Gesamtbevölkerung ist allerdings relativ gering (Tab. 46).

Die *Zahl der Betriebe,* die umschlossene oder offene Strahlenquellen verwenden, nimmt seit Jahren ununterbrochen zu und damit auch die *Zahl der beruflich strahlenexponierten Personen* (Tab. 47). Zwar wird die Genehmigung zur Verwendung solcher Quellen und zum persönlichen Umgang damit von der Erfüllung der in den einschlägigen Gesetzen und Verordnungen präzisierten Voraussetzungen abhängig gemacht, aber keine Vorschrift beschränkt die Zahl solcher Betriebe und der in ihnen strahlenexponierten Personen. Hier fehlt eine an den Beweis der wissenschaftlichen, technischen oder volkswirtschaftlichen *Notwendigkeit* gebundene gesetzliche Einschränkungsmöglichkeit.

Über die Gewissenhaftigkeit, mit der die Vorschriften der Strahlenschutz-Verordnung eingehalten werden, informiert eine Statistik von Betriebsüberprüfungen in Nordrhein-Westfalen (Tab. 48): Bei 4383 Genehmigungen wurden 1567 Mängel und Verstöße festgestellt [ROSENBAUM 1976].

Tabelle 47 Zahl der Betriebe und Personen die in der BRD mit ionisierenden Strahlen arbeiten. Aus: Radioaktivität und Strahlenbelastung, BMI Jahresbericht 1973, S. 142.

Jahr	Zahl der überwachten Personen	Zahl der überwachten Betriebe	durchschnittliche Zahl der Personen pro Betrieb
1962	8310	874	9
1963	11291	1026	11
1964	13539	1207	11
1965	13638	1272	11
1966	14628	1320	11
1967	17323	1293	13
1968	20805	1473	14
1969	22144	1457	15
1970	22606	1548	15
1971	24867	1660	15
1972	28363	1729	16
1973	28464	1901	15

5.7.1.2.5 Atomare Versuchsexplosionen [Bundesministerium f. Bildung u. Wissenschaft 1970, 1974; International Atomic Energy Agency 1969; Medical Research Council 1966; RAJEWSKY 1956; WEIHS und GRUBER 1973, 1975].

Mit Beginn der Entwicklung und Erprobung von Atomwaffen in den 50er Jahren wurde eine Riesenmenge und ein reichhaltiges Inventar von Radionukliden in die Atmosphäre freigesetzt, durch Luftströmungen ungleichmäßig [REITER 1964] über die ganze Erde verteilt (Abb. 86) und durch Turbulenz und Niederschläge als »Fallout« in Boden, Wasser und Organismen eingebracht. Wegen der langen physikalischen Halbwertzeit vieler dieser Nuklide führte das zu einer rasch ansteigenden Akkumulation von Aktivität in der Biosphäre und parallel dazu zu einer zunehmenden externen und internen Strahlenbelastung der Bevölkerung unter den Zugwegen dieser Luftströme (Abb. 87). Die bisherige Spitze um die Jahre 1955–66 brachte z. B. in Deutschland eine Strahlenbelastung von ca. 30 mrem/J, also ebensoviel wie heute als Umgebungsbelastung durch Abluft eines Kernkraftwerks nach § 45 StrSchV bewilligt wird. Zwar ging diese Belastung nach Einstellung der meisten oberirdischen Testexplosionen (ab 1962) allmählich wieder zurück, jedoch bis heute noch nicht auf den ursprünglichen Wert. Das ist auch wohl in absehbarer Zukunft nicht zu erwarten, falls immer wieder neue Atommächte ihre Waffen erproben.

Während Fallout aus Zündungen in der Troposphäre relativ leicht in die Biosphäre gelangen kann, verbleibt der Fallout aus Zündungen in der Stratosphäre wegen des geringen Austausches mit der Troposphäre lange dort. Da der interkontinentale *Flugverkehr* sich heute auch z. T. in der Stratosphäre abspielt, der Überschallverkehr fast nur dort, werden die Flugzeuge in beiden Luftschichten mehr oder weniger stark kontaminiert und transportieren das aktive Material zur Erde [ALLKOFER und Mit. 1962, 1964, 1968, 1970; SCHAEFER 1971]. Diese Aktivität wird bei der Wartung der Flugzeuge abgewaschen und gefährdet nicht nur das Bodenpersonal, sondern gelangt letztlich auch in die Biosphäre.

Abb. 86 Beziehung zwischen Strontium-90-Ablagerung auf der Erde und der geographischen Breite [LANGHAM und ANDERSON 1959; MACHTA 1959]. Aus: WEISH und GRUBER [1973].

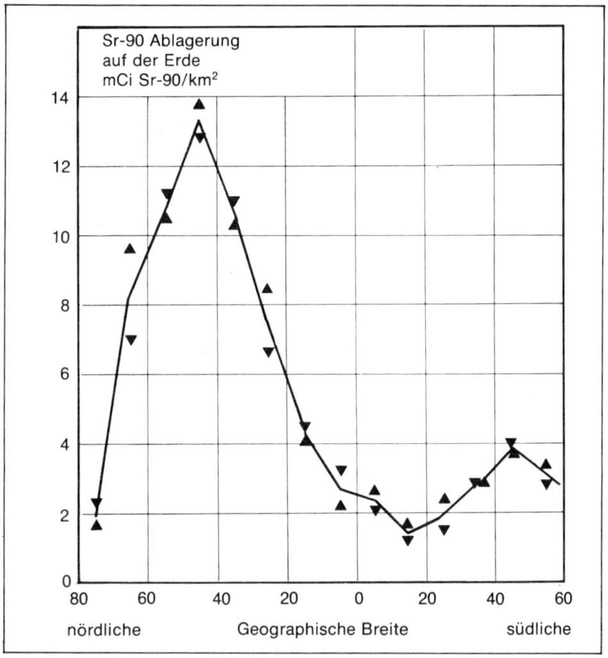

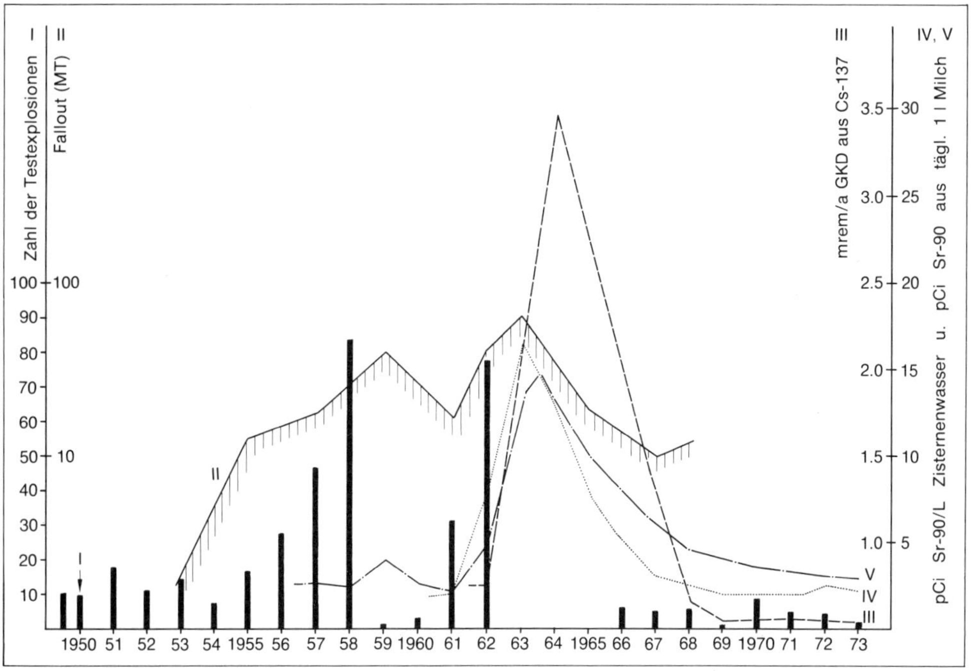

Abb. 87 Kontamination von Wasser und Milch durch Sr-90, sowie Ganzkörperdosis durch Cs-137 aus Fallout von oberirdischen Testexplosionen nach Messungen und Berechnungen in der BRD. I: Zahl der jährlichen Testexplosionen. Aus BMI [1974]. II: In der Atmosphäre freigesetzter Fallout (entspr. MT). Aus ALLKOFER [1968]. III: Ganzkörperdosis in mrem/a beim Menschen aus Cs-137. Aus BMI [1974]. IV: Sr-90-Gehalt von Zisternenwasser. Aus BMI [1974]. V: Aufnahme pro Person von Sr-90 aus tgl. 1 l Milch. Aus IAEA [1975].

Tabelle 48 Genehmigungen zum Umgang mit ionisierenden Strahlen und Verstöße gegen Vorschriften der 1. Strahlenschutzverordnung. Aus ROSENBAUM [1976].

Genehmigungen nach § 3. 1. StrSchV						
Bereich der Aktivität:	Gesamtzahl	Industrie	Gewerbe bzw. Spedition	Forschung	Medizin	
					Krankenhaus	Praxen
1–>10^7 d. Freigrenze	3091	1554	87	629	481	340
Genehmigungen nach § 4. 1. StrSchV.						
<10^2–>10^6	369	143	29	45	62	64
Ausnahmebewilligungen nach § 1. 1. StrSchV.						
	923	574	15	99	190	45
Verstöße gegen Vorschriften der 1. StrSchV						
Genehmigungspflicht	76	22		14	38	2
Buchführung und Anzeige	207	102		22	68	15
Kennzeichnung und Abgrenzung des Kontrollbereichs	164	111		7	39	7
Tätigkeitsverbote	1	–		–	1	–
Abluft, Abwasser	5	2		–	3	–
Personendosimetrie	139	28		28	63	20
Kennzeichnung	190	119		19	89	12
Belehrung	213	93		19	89	12
Abfallbeseitigung	22	4		3	12	3
Aushang der Verordnung	45	29		2	11	3
Dichtigkeitsprüfung	73	36		5	22	10
Verlust radioaktiver Stoffe	10	4		1	5	–
Ärztl. Überwachung	215	46		36	112	21
Gesamt	1360	596		156	509	99
Strahlenschutzmängel						
Kontaminationen	85	4		17	52	12
Beeinflussung von Nachbarräumen	18	1		1	13	3
Lager- und Beförderungsbehälter	25	6		4	13	2
Ungeeignete Räume	29	9		3	13	4
Fehlende Schutz- und Manipuliereinrichtungen	14	2		3	9	–
Fehlende Meßgeräte	36	–		6	22	8
Gesamt:	207	22		34	122	29

Da die Zusammensetzung des mittel- und langlebigen Nuklidgemisches im Fallout weitgehend dem in den *Brennelementen von Reaktoren* entspricht, haben die Beobachtungen über Verteilung, Akkumulation und Auswirkungen des Fallout wertvolle Erfahrungen für das geliefert, was bei einem schweren *Unfall* in einem Reaktor, einer Wiederaufarbeitungsanlage oder Deponie mit Freisetzung auch nur eines kleinen Bruchteils der Aktivität zu erwarten ist, aber auch für die Beurteilung der ständigen Emissionen solcher Anlagen im mehr oder weniger störungsfreien »Normalbetrieb«.

Die *medizinische* Forschung befaßte sich mit den Bedingungen der Aufnahme, Verteilung,

Speicherung und Ausscheidung der Nuklide beim Menschen und der daraus resultierenden Strahlenbelastung der wichtigsten Organe. Es zeigte sich, daß vor allem die chemischen Eigenschaften des Nuklids für sein Verhalten im Körper entscheidend sind, aber auch Konkurrenzprozesse mit nicht-radioaktiven gleichen oder verwandten Elementen in der aufgenommenen Nahrung. Als Meßwert wird meist die sog. *»biologische Halbwertzeit«* (HWZ_b, t_b) berechnet, d. h. die Zeit, in der die Hälfte der aufgenommenen Nuklidmenge ausgeschieden wird. Für die Berechnung der Strahlenbelastung gilt als Maß die *»effektive Halbwertzeit«* (HWZ_e, t_e), das ist diejenige Zeit, in der die Hälfte der aufgenommenen Aktivität ihre Strahlung im Körper abgibt. Sie richtet sich also nach dem Verhältnis von »Verweilzeit« zu »Zerfallzeit« und errechnet sich nach der Formel $t_e = \frac{t_p \times t_b}{t_p + t_b}$. Aus den physikalischen Daten der betreffenden Strahlung ergibt sich dann die Dosis in rad, aus weiterer Umrechnung mit einem »Qualitätsfaktor« der Strahlung, der »relativen biologischen Wirksamkeit« (RBW, vor allem aus der Ionisationsdichte abgeleitet) die Dosis in rem. Angesichts der vielen, in die Berechnung eingehenden Parameter ist es verständlich, daß sowohl die biologische, wie die effektive HWZ je nach Nuklid, Organismus und Gewebe sehr verschieden sein können. Bis heute sind sie nur für wenige bekannt; die Werte in Tab. 49 sollen nur eine Vorstellung von der Größenordnung und der Variation an einigen ausgewählten Beispielen vom Menschen vermitteln.

Die *biologische* Forschung [»Radioökologie« Åberg, Hungate 1966; Foster u. Davis 1956; Exterman 1957, 1958; Herbst 1968; International Atomic Energy Agency 1969; 1971; Krumbholz, Foster 1957; Ludwieg 1962; National Academy of Sciences 1957, 1959; Policarpov 1966; Ruf 1967; Schultz, Klement 1963; Vanderploeg 1976; Wegener 1966; Weish, Gruber 1973, 1975] konzentriert sich vor allem auf die Akkumulation und Weitergabe der Radionuklide in sog. *»Nahrungsketten«,* in erster Linie natürlich solchen, deren Endglied der Mensch ist (Abb. 88, 89; Tab. 50, 52). Je zahlreicher die Glieder einer solchen Kette sind, desto komplizierter wird das Geschehen, nicht zuletzt auch wegen der Verflechtung der Ketten zu Netzen in den verschiedenen Ökosystemen. Außer der biologischen HWZ der einzelnen Nuklide in den verschiedenen Kettengliedern kommt noch die Freisetzung des nicht ausgeschiede-

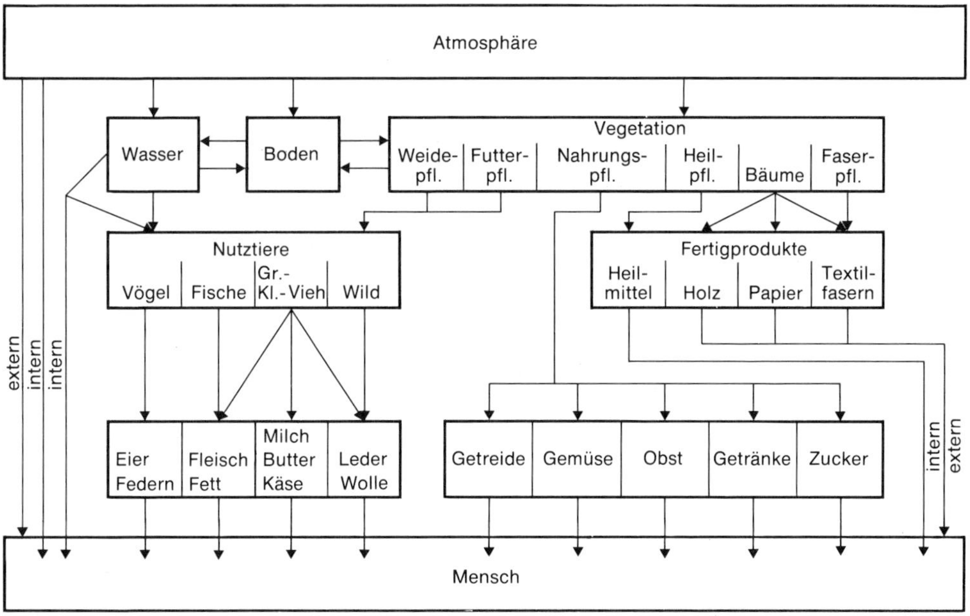

Abb. 88 Inkorporationswege radioaktiver Nuklide aus der Atmosphäre in den menschlichen Körper. Aus Herbst [1968].

Tabelle 49 Vorkommen, Verwendung und Halbwertzeiten einiger wichtiger Radionuklide, sowie für sie kritische Organe beim Menschen.

Nuklid	Strahlung bzw. Zerf. art	T_{phys}	Vorkommen N	F	R	Verwendung M	B	I	T_{biol}	T_{eff}	Krit. Organ
H-3	β^-	12,26 J	+		+			+	19 T	19 T	GK
C-14	β^-	5730 J	+	(+?)	+		+		35 T	35 T	GK, Fe
Na-24	β^-, γ	15,5 St			+				19 T	14,6 St.	?
P-32	β^-	14,3 T			+	+	+		?	?	KM, Le, Mi, pG
S-35	β^-	88 T				+	+		?	?	Ht
K-40	β^-, γ	$1{,}27 \times 10^9$ J	+								GK
Ca-45	β^-, γ	165 T		+	+		+		?	?	Kn
Cr-51	γ, EC	27,8 T			+	+			110 T	22,2T	Bl, Mi
Mn-54	γ, EC	303 T		+	+	+		+	?	?	?
Fe-59	β^-, γ	45 T			+	+			?	?	Bl
Co-57	γ, EC	270 T			+	+			?	?	Bl
Co-58	β^+, EC	71 T			+	+			?	?	Bl
Co-60	β^-, γ	5,26 J			+	+		+	?	?	Bl
Kr-85	β^-, γ	10,7 J			+	+			?	?	? (Lu)
Rb-87	β^-	$4{,}7 \times 10^{10}$ J	+								Gk
Sr-89	β^-	50,5 T		+	+				?	?	Sk
Sr-90	β^-	28,1 J		+	+				11 J[1]	7,9 J	Sk
Y-90	β^-,γ	64 St		(+)	+				500 T[1]	63,7 St	Sk,Ho
Zr-95	β^-,γ	65,5T		+	+	+			180 T	47,8 T	Sk, Le
Nb-95	β^-,γ	35 T		+	+	+			?	?	Kn
Mo-99	β^-,γ	2,8 T		+	+	+			150 T	2,7 T	?
Tc-99 m	β^-	$2{,}1 \times 10^5$ J				+			?	?	DD, Sch, Le
J-131	β^-,γ	8 T		+	+	+			138 T[1]	7,6 T	Sch, Bl, Le
Cs-137	β^-, IT	30 J		+	+			+	70 T	69T; 2,5J	Mu, N.
Ba-140	β^-,γ	13 T		+	+				200 T	12 T	Le
La-140	β^-,γ	40 St		+	+				35 T	38 St	Sk
Ce-144	β^-,γ	12 T		+	+	+			500 T[1]	181 T	Sk, Le
Pm-147	β^-	2,6 J						+	100 T[1]	90 T	
Ir-192	β^-,β^+,γ	74 T						+	?	?	?
Au-198	β^-,γ	2,7 T				+			?	?	Le,Lk
Hg-197	γ, EC	64 St				+			?	?	N
Hg-203	β^-,γ	46,9 T				+			?	?	N
Pb-210	α,β^-, γ	22 J	+						531 T[1]	1,4 J	Kn, Le, N
Pb-212	β^-,γ	10,6 St	+			+		+	?	?	?
Po-210	α,γ	138,4 T	+			+			57 T	40 T	Kn
Rn-222	α,γ	3,8 T	+			+			?	?	Lu
Ra-226[3]	α,γ	1600 J	+			+			55 J[1]	53 J	Kn
Th-234	β^-,γ	24,1 T	+						110 J[1]	24 T	Kn
U-233	α,γ	$1{,}6 \times 10^5$ J	+						300 T	300 T	Kn
U-238	α,γ	$4{,}5 \times 10^9$ J	+		+			+	?	?	Kn, Ht
Pu-238	α,γ	86,4 J			+	+			?	?	Sk, Le
Pu-239	α,γ	$2{,}4 \times 10^4$ J		+	+			+	120 T[2]	120 T	Sk, Le
Am-241	α,γ, SF	433 J			+	+		+	2,4 J	2,4 J	?

EC: Elektroneneinfang IT: Innere Kernumwandlung SF: spontane Spaltung.
Bl: Blut DD: Dickdarm Fe: Fettgewebe Ho: Hoden Ht: Haut GK: Ganzkörper Kn: Knochen KM: Knochenmark Le: Leber Lu: Lunge Lk: Lymphknoten Mi: Milz Mu: Muskulatur N: Niere pG: proliferierende Gewebe Sch: Schilddrüse Sk: Skelett.
N: Natur F: Fallout R: Reaktor M: Medizin B: Biologie I: Industrie T_{biol} und T_{eff}werte aus [100].

[1] Im kritischen Organ. [2] Im Knochen, als unlösl. Verb. in Lunge ist T_b1J. [3] Inkl. 55% Tochterprodukte.

Abb. 89 Anreicherung von Radionukliden in Organismen. Oben: Gesamtgemisch in Wasserorganismen im Columbia-Fluß unterhalb der Hanford-Plutonium-Anlage. Nach Foster-Davis. Unten: Relativer Radiojod-Gehalt von Land-Organismen in der Umgebung einer Aufarbeitungsanlage für Reaktor-Spaltprodukte (Hanford, USA). Nach Hanson und Mit., aus Graul [1971].

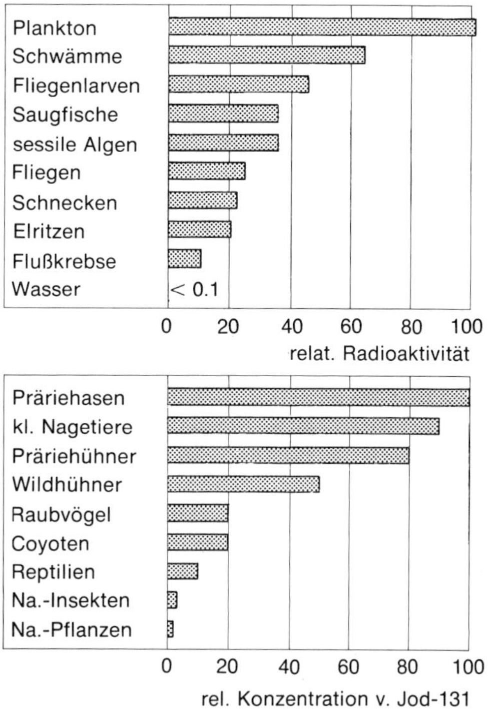

Tabelle 50 Zufuhr von Cs-137 über ausgewählte Nahrungsmittel 1973. Berechnung nach Pro-Kopf-Verbrauch und Gehalt der Lebensmittel in pCi/kg. Aus BMI [1974].

Lebensmittel	Verbrauch kg pro Kopf und Jahr	Gehalt pCi/kg	Zufuhr pro Kopf pCi/Jahr
Trinkmilch und Milcherzeugnisse	135,2	11	1487
Käse (4 Arten)	3,0	17[1)]	49
Weizenmehl Type 550	25,4	39[1)]	991
Weizenmehl Type 812	3,4	48[1)]	163
Weizenmehl Type 1050	4,7	57[1)]	
Roggenmehl Type 815	1,5	55[1)]	83
Roggenmehl Type 1150	4,4	91[1)]	400
Roggenmehl Type 1800	2,9	250[1)]	725
Reis	1,6	10[1)]	16
Kartoffeln	101,0	74	7474[2)]
Weißkohl	7,6	28	213
Wirsingkohl	1,4	5[1)]	7
Äpfel	37,8	7	265
Pflaumen, Zwetschgen	7,1	4	28
Rindfleisch	21,6	63	1361
Schweinefleisch	41,4	27	1118
Kalbfleisch	2,1	73	153
Seefisch-Filet	3,7	75[1)]	261
Eier (Schaleneier)	16,8	0[1)]	17
Bier	145,9	2[1)]	291
Wein	19,4	3[1)]	58
Wasser (ohne Getränke)	119,9	0,01	1

[1)] Geschätzter Durchschnittswert. [2)] Extremwert.

nen Restes derselben durch Verwesung und seine eventuelle Wiederaufnahme durch Glieder anderer Ketten in Betracht. Weitere Variationen ergeben sich durch örtliche (Tab. 51: höhere Aufnahme im Gebirge!), zeitliche (Vegetationszustand), altersbedingte (höhere Aufnahme im Wachstumsalter) und soziale (Nahrungswahl) Unterschiede in der Menge, Herkunft und Zusammensetzung der menschlichen Nahrung (Tab. 50).
Angesichts dieser Schwierigkeiten ist es nicht verwunderlich, daß Forschungszweige, die nur knapp zwei Jahrzehnte alt sind, bisher noch wenig brauchbare Erfahrungen für die Beurteilung des somatischen und genetischen Strahlenrisikos durch diese Stoffe und auf diesen Wegen beisteuern konnten. Sie beschränken sich im wesentlichen auf die Nahrungskette Gras-Vieh-Milch-Kind und auf die Nuklide Sr-90, Cs-137 und J-131. Von seiten der Grundlagenforschung wird jedoch immer wieder auf wichtige, bisher vernachlässigte oder überhaupt unbeachtete Nuklide aufmerksam gemacht und ihre künftige Überwachung gefordert, z. B. H-3, C-14, P-32, S-35, Ca-45, Lanthaniden u. a.

Tabelle 51 Radionuklide im Fleisch von Rindern und Wild. Aktivität von Caesium–137 in pCi/kg (1970). Aus Keck, G. und W. Krocza [1974]: Radionuklide im Fleisch. Wiener Tierärztl. Monatsschrift 61, 265–275.

	Rinder			Wild	
	Flach-L.	Mittel-L.	Hochgeb.	Flach-L.	Hochgeb.
Mittelwert der Aktivität im Fleisch	66	451	1743	48	2147
Alpungsversuch mit Rindern (1970)					
Muskeln	57	451	1743		
Leber	36		793		
Milz	51		744		
Niere	60		729		
Panseninhalt	14		190		
Enddarmkot	38		541		

5.7.1.2.6 Kerntechnik

Wie schon gesagt, entspricht die Zusammensetzung des aus einer Testexplosion resultierenden Nuklidgemisches weitgehend der schon nach kurzer Betriebszeit in den Brennelementen von Reaktoren vorhandenen. Die sicherheitstechnischen Probleme, die die dauernde vollständige Fernhaltung dieses Inventars von der Biosphäre betreffen, werden im Beitrag von v. Borries behandelt. Hier sollen nur die aus tatsächlicher oder möglicher Freisetzung von Teilen dieses Gemisches resultierenden gesundheitlichen Probleme besprochen werden.
Direkte Strahlung aus dem Reaktorkern könnte die Umgebung nur bei Bersten des Druckgefäßes oder Kernschmelzen mit gleichzeitiger Zerstörung der Sicherheitshülle erreichen. So katastrophal ein solcher Unfall auf viele Kilometer Entfernung wäre, kann hier davon wegen der Unwahrscheinlichkeit desselben abgesehen werden. Einen vorbeugenden Schutz würde nur die unterirdische Bauweise bieten können.
Die praktisch bei weitem wichtigere, weil näherliegende Gefahr kommt vielmehr von der Freisetzung begrenzter Mengen des radioaktiven Inventars bei Störfällen und Unfällen, sowie langlebiger und daher lokal und global sich anreichernder Nuklide im »Normalbetrieb« kerntechnischer Anlagen [Meyer 1962/63; Schulz 1966]. Soweit diese Freisetzung beherrschbar ist, schreibt die Strahlenschutz-Verordnung bestimmte obere Grenzwerte der Umgebungsbelastung vor, von denen die wichtigsten für den Ganzkörper bzw. die Keimdrüsen gültigen aus Tab. 45 zu ersehen sind. Daraus geht u. a. hervor, daß bei einem Unfall auch für Personen in der Umgebung der Anlage der gleiche Wert erreicht werden darf, wie ihn beruflich strahlenexponierte Personen erfahrungsgemäß erhalten (500 mrem/J), ja sogar der Höchstwert für beruf-

liche Strahlenbelastung (5000 mrem/J)! Wird einer dieser Grenzwerte kurzfristig überschritten, so muß die Anlage zumindest für den Rest des Jahres abgeschaltet werden (de jure!); nach dem Sinn der Verordnung müßte sie sogar solange abgeschaltet bleiben, bis gewährleistet ist, daß nach Wiederinbetriebnahme der Jahresgrenzwert für Normalbetrieb eingehalten werden kann.
Die Werte der §§ 28, 44 und 45 gelten für die Summe der Strahlenbelastung auf allen Expositionswegen inklusive Nahrungsketten und außerdem für den Standort, nicht die einzelne kerntechnische Anlage. Mehrere Anlagen am selben Standort (z. B. auch weitere »Blöcke«) müssen sich also in diesen Wert teilen.
Die *Kontrolle* über die Einhaltung der Grenzwerte überließ der Verordnungsgeber allerdings den Unternehmen. Die Behörde kann, muß aber nicht eine vom Unternehmen unabhängige Stelle damit beauftragen. Ist das Unternehmen ganz oder teilweise in staatlichem Besitz, so ist der Fall gegeben, daß der Unternehmer sich ausschließlich selbst kontrollieren darf. Bei kerntechnischen Anlagen mit derart gefährlichen und ohne entsprechende Einrichtungen nicht rechtzeitig nachweisbaren Auswirkungen ist dies sowohl juristisch wie psychologisch bedenklich. Die bisher vorliegenden Messungen sammelt und veröffentlicht in der BRD das Bundesgesundheitsamt im Auftrag des Bundesinnenministeriums. Sie besagen, daß die nach der StrSchV zulässigen, sowie die von den Genehmigungsbehörden »für besondere Fälle« (?!) bewilligten (z. T. erheblich höheren!) Werte bisher nur in wenigen Fällen überschritten, meist jedoch bei weitem nicht erreicht wurden. Bei der Beurteilung dieser »Erfahrungen« ist jedoch außer den Schwächen des Kontrollsystems und dem bisherigen Fehlen eines größeren Unfalls zu bedenken, daß sie vorerst fast nur an relativ kleinen oder erst wenige Jahre in Betrieb befindlichen Anlagen gewonnen wurden. Andersartige Berichte über amerikanische Reaktoren mahnen zur Vorsicht; doch liegen dort in mehrfacher Hinsicht Verhältnisse vor, die mit denen in Europa und speziell in der BRD nicht ohne weiteres vergleichbar sind.

5.7.1.3 Gesundheitliche Bedeutung der Strahlenexposition

[Barthelmess 1973; Furth, Lorenz 1954–56; Hollaender 1954–56; International Atomic Energy Agency 1969; International Commission on Radiological Protection 1965/66, 1966, 1970; Medical Research Council 1966; National Academy of Sciences – National Research Council 1972; Rajewsky 1956; Rausch 1976; United Nations Scientific Committee on the Effects of Atomic Radiation 1972; Weihs, Gruber 1973, 1975; World Health Organisation 1957].

5.7.1.3.1 Die wichtigsten biologischen Effekte ionisierender Strahlung

Auf dem weiten Weg vom primären physikalischen Schadereignis bis zu dem gesundheitlich relevanten Endeffekt sind je nach Strahlung, Objekt und Expositionsbedingungen verschiedene Wirkungsmöglichkeiten gegeben.

- *Erbkrankheiten* sind rein genetisch bedingte Effekte aufgrund von Genmutationen, strukturellen oder numerischen Chromosomenaberrationen mit einem breiten Spektrum morphologischer, anatomischer, physiologischer oder psychologischer Merkmale, einschließlich Sterilität und Aborten. Soweit die Schäden nicht zum Tod vor Fortpflanzung oder zu Unfähigkeit zur Fortpflanzung führen, können sie dominant oder rezessiv über eine nicht vorhersehbare Zahl von Generationen vererbt werden. Die Auslösung dominanter und im X-Chromosom erzeugter rezessiver Mutationen kann z. T. schon an den Kindern der exponierten Person erkennbar werden, die Auslösung aller anderen rezessiven Mutationen ist erst in späteren Generationen nach inzwischen erfolgter Ausbreitung der Anlage erkennbar. Die Entstehung von Mutationen, deren Auswirkungsmöglichkeit an bestimmte nicht immer gegebene Bedingungen geknüpft ist (Resistenzverlust, bestimmte Geisteskrankheiten) kann lange Zeit unbemerkt bleiben [Barthelmess 1973].
- *»Mißbildungen«:* Der Begriff ist mehrdeutig. Mißbildungen können auf genetischen Vorgängen an somatischen Zellen beruhen, aber auch auf strahlenbedingten Entwicklungsstörungen

und manchmal Ähnlichkeit mit bestimmten Erbkrankheiten haben, sind aber im typischen Fall nicht vererbbar.

- *Krebs, Leukämie* und verwandte Blutkrankheiten beruhen auf genetischen und entwicklungsphysiologischen Prozessen besonderer, z. T. noch unbekannter Art in somatischen Zellen, sind daher nicht vererbbar, benötigen aber zur Manifestation z. T. Jahre oder Jahrzehnte.
- *Frühgeburten* und *Säuglingssterblichkeit* sind in letzter Zeit in Zusammenhang mit Fallout und Kernenergienutzung in Diskussion gekommen [STERNGLAS u. a.]. Da die perinatale Entwicklungsphase stets besonders kritisch ist, wären als fatale Faktoren durchaus auch Strahleneinwirkungen (z. B. auf Nervensystem, Lymphozyten, Hormondrüsen der Mutter und des Kindes) in relativ schwacher Dosis denkbar. Sicheres ist bisher weder vom Menschen noch aus Tierversuchen bekannt.

5.7.1.3.2 Modifizierende Wirkungsbedingungen

In den Diskussionen um Sinn und Grenzen des Strahlenschutzes wird immer wieder nach der »gefährlichen Dosis« gefragt. Ganz abgesehen von der Problematik des Begriffs »gefährlich« kann die Frage grundsätzlich nicht mit der Nennung einer bestimmten Zahl beantwortet werden, da der quantitative Effekt einer bestimmten Strahleneinwirkung von einer ganzen Reihe modifizierender Faktoren abhängt: Außer von der Dosis selbst (Zahl von Ionisationen pro absorbierender Masseneinheit) noch von der Dosisrate (Dosis pro Zeiteinheit), der kontinuierlichen oder intermittierenden Einwirkung, der Reichweite und Ionisationsdichte der Strahlung, der Zellart, dem Zellzustand (Ruhe oder Teilung), der Zellphase im Mitose- oder Meioseablauf, der Anwesenheit von Wasser und Sauerstoff (mutationsfördernd) bzw. von reduzierenden Stoffen (mutationsmindernd).
Die gesundheitliche Gefährdung hängt ferner noch von weiteren alternativen Bedingungen ab:
»*Umschlossene*« Strahlenquellen (z. B. Röntgenröhren, C-60-Geräte u. a.) können jederzeit entfernt, die einwirkende Dosis also willkürlich und genau begrenzt werden. »*Offene*« Quellen, d. h. freie, gasförmige, flüssige oder feste radioaktive Stoffe dagegen haben mehr oder weniger freien Zugang zum Körper und zur Umwelt (»vagabundierende« Quellen). Ihre weiteren Wege sind zwar noch teilweise überwachbar, jedoch kaum oder nicht mehr beherrschbar. Ihre vollständige Entfernung und damit die Begrenzung der Personendosis und der exponierten Personenzahl ist kaum möglich. Als Folge des freien Zirkulierens können sekundäre Anreicherungszentren entstehen: durch physikalisch-chemische Akkumulation in Boden, Schlamm, Wasser, Luft, durch biologische Akkumulation in Pflanzen, Tieren (Tab. 52) und im menschlichen Körper (direkt oder über Nahrungsketten; siehe S. 237–240). Umschlossene Quellen bleiben dauernd »*extern*«, d. h. außerhalb der Zellen. Offene Quellen dagegen können absichtlich (wie in der Nuklearmedizin) oder unabsichtlich über Haut, Atmungswege oder Verdauungstrakt in den Blutkreislauf und mit ihm in alle Zellen und Gewebe des Körpers eindringen und

Tabelle 52 Anreicherungfaktoren einiger Radionuklide in zwei Süßwasserbiozönosen. Aus KRUMHOLZ und FOSTER [1957].

Radionuklid	Ort	Phytoplankton	Fadenalgen	Insektenlarven	Fische
Na-24	Columbia Fluß	500	500	100	100
Cu-64	Columbia Fluß	2000	500	500	50
Seltene Erden	Columbia Fluß	1000	500	200	100
Fe-59	Columbia Fluß	200000	100000	100000	10000
P-32	Columbia Fluß	200000	100000	100000	100000
P-32	White Oak See	150000	850000	100000	50000
Sr-90	White Oak See	75000	500000	100000	25000

dort ihre Strahlung abgeben. Sie werden dann zu *»internen«* Strahlenquellen. Selbst Strahlen extrem geringer Reichweite können dann alle lebenswichtigen innerzelligen Strukturen, vor allem die die Erbinformationen enthaltenden Nukleinsäuren in den Chromosomen und anderen Erbträgern erreichen. Nuklide, deren nicht-radioaktive Isotope ohnehin Bausteine der organischen Substanz und vor allem der Nukleinsäure und ihrer Trägerproteine sind, wie H-3, C-14, P-32, S-35 werden in diese Strukturen eingebaut und zerstören sie nicht nur durch die Abgabe der Strahlung, sondern auch durch ihren Übergang in chemisch andere Elemente (z. B. H-3 in Helium, C-14 in N-14, P-32 in S-32, S-35 in Cl-35), ein Vorgang, den man *Transmutation* nennt [Barthelmess 1973; Herbst 1970; International Atomic Energy Agency 1968]. Eingefügt zwischen die Phosphatgruppen der DNS-Stränge sowie in das Gerüst des Trägerproteins der DNS werden aber auch strukturfremde radioaktive Nuklide, vor allem mehrwertige Ionen (Ca-45, Mn-54, Co-60, Sr-90, Cs-137, U-233, Pu-239).
Vom Ort der Strahlenquelle und der Reichweite der Strahlung hängt es ferner ab, ob die Strahlung nur *somatische* oder auch *generative* Gewebe (Gonaden) erreichen kann, ob also erbliche oder nicht erbliche Schäden ausgelöst werden.

5.7.1.3.3 Kriterien für die Beurteilung des Schadensausmaßes

Die Berechnungen, Schätzungen oder Meinungen über die gesundheitliche Bedeutung der Strahlenbelastungen aus den verschiedenen natürlichen und anthropogenen Quellen variieren noch immer erheblich trotz intensiver Bemühungen angesehener Fachgremien wie z. B. der International Commission on Radiological Protection (ICRP), dem Advisory Committee on the Biological Effects of Ionizing Radiation (Washington), dem United Nations Committee on the Effects of Atomic Radiation (UNSCEAR), der U. S. Environmental Protection Agency (EPA), der Weltgesundheitsorganisation (WHO) und einiger anderer [Gilette 1972; International Commission on Radiological Protection 1965/66, 1966, 1970; Jacobi 1973; Medical Research Council 1966; National Academy of Sciences – National Research Council 1972; Pietzsch 1974; United Nations Scientific Committe on the Effects of Atomic Radiation 1972; Wachsmann]. Die Gründe werden verständlich, wenn man außer den schon erwähnten Komplikationen noch einige weitere Schwierigkeiten bedenkt:
Die *Grundlagenforschung* arbeitet fast ausnahmslos mit hohen Dosen und Intensitäten der Strahlung, während Versuche mit niederen Dosen und Langzeit-Applikation niederer Intensitäten wegen des erforderlichen großen Versuchsumfangs und der Versuchsdauer wenig attraktiv sind und daher kaum durchgeführt wurden [z. B. Brues 1959; Buzzati-Traverso 1960]. Der Rückschluß aus diesen üblichen Versuchsbereichen auf die beim Menschen tatsächlich gegebenen Bereiche berührt entscheidend die noch immer umstrittene Frage von *Schwellenwerten* bei der Induktion der verschiedenen Typen von Schadeffekten. Während bezüglich Gen-Mutation und Chromosomenbruch kaum Zweifel an durchgängig linearer Dosis-Effekt-Beziehung (also »keine Dosis ohne Wirkung«) möglich sind (Abb. 90), wird für Umwandlung einzelner Zellen in Krebszellen (»Tumorkeimanlagen«) von einer Reihe von Forschern (im Gegensatz zu der Mehrzahl anderer) immer noch ein echter Schwellenwert für möglich gehalten, ohne daß aber bisher ein solcher eindeutig festgestellt werden konnte [Druckrey und Kupfmüller 1948; Hug 1971]. Die Beantwortung durch das gezielte Experiment in vivo scheidet beim Menschen aus. Verfügbar sind hier nur *statistische Erhebungen* an einigen überdurchschnittlich strahlenexponierten Personengruppen (Patienten der Strahlentherapie, Radiologen, Uranbergarbeitern, Bevölkerungsgruppen in Kerala und Guarapi, sowie den Überlebenden von Hiroshima und Nagasaki). Der Umfang solcher Gruppen ist jedoch meist nicht groß genug, um den statistischen Anforderungen an einen eindeutigen Nachweis oder Ausschluß erhöhter Strahlenschäden bei den Exponierten und/oder ihren Nachkommen voll zu genügen. Immerhin scheint im Bereich der bei diesen Gruppen gegebenen Dosen und Dosisraten sich eine Wirksamkeit bereits anzudeuten.
Besonderes Interesse finden in Zusammenhang mit den Befürchtungen hinsichtlich der Kernenergienutzung die Untersuchungen an den Monazitgebieten in Indien und Brasilien.
Die erste Untersuchung wurde im Auftrag des britischen Medical Research Council durchge-

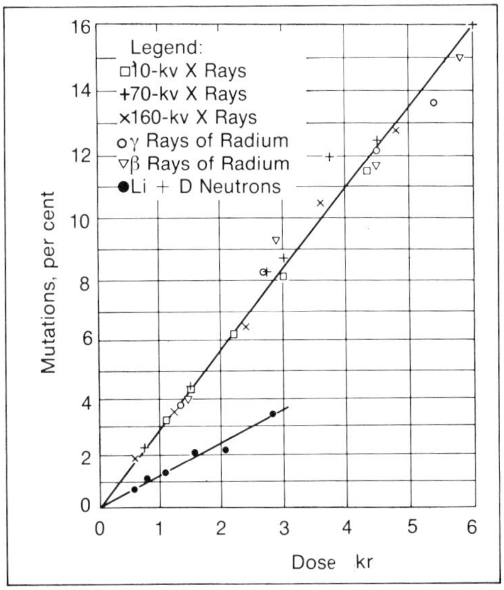

Abb. 90 Beziehung zwischen Dosis und strahleninduzierter Mutationsrate bei *Drosophila* als Beispiel linearer Dosisabhängigkeit ohne Schwellenwert. FANO, in HOLLAENDER [1954–56] nach TIMOFEEFF-RESSOVSKI und ZIMMER [1947].

führt [GRÜNEBERG 1971]. Je 438 Ratten aus 8 Gebieten des Küstenstreifens in Kerala und 8 Gebieten des Binnenlandes zeigten weder in Skelettmerkmalen noch Zähnen, noch in Fertilität, embryonaler Letalität oder Gesamtvariabilität einen signifikanten Unterschied. Ratten sind jedoch zwar billige, für diesen Zweck aber recht ungeeignete Testobjekte: Mehrlingsgeburten, Kannibalismus und verunreinigte Nahrung sorgen für eine so scharfe Selektion im freilebenden Zustand, daß Tiere mit selbst geringfügigen genetischen Schäden wenig Chancen des Überlebens und damit der Erfaßbarkeit haben. Auch sind alle gewählten quantitativen Merkmale von so vielen Erbanlagen abhängig, daß sich rezessive Mutationen kaum manifestieren können. Untersuchungen auf Krebs wurden anscheinend nicht durchgeführt.
Die zweite Untersuchungsreihe [GOPAL-AYENGAR 1971] wurde vom Bhabha Atomic Research Centre in Bombay an 13355 Haushalten mit 70000 Personen durchgeführt. Aufgrund der Messungsergebnisse von Personen- und Raumdosimetern in 7 Zonen mit je 7 Segmenten wurden 4 Belastungsgruppen unterschieden:

Gruppe 1 (25% der Haushalte)	mit 100–500 mrem/J
Gruppe 2 (8,8% der Haushalte)	mit 600–1000 mrem/J (2020 Personen)
Gruppe 3 (1,1% der Haushalte)	mit 1100–2000 mrem/J (551 Personen)
Gruppe 4 (?)	mit > 2000 mrem/J (57 Personen)

Die mittlere Strahlenbelastung dieser 4 Gruppen betrug 400 mrem/J, in Bombay ist sie 100 mrem/J. Als Testeffekte wurden gewählt: Fruchtbarkeitsindex, Geschlechtsproportion, Kindersterblichkeit, Fehlgeburten, Mehrlingsgeburten und Mißbildungen; eine Untersuchung auf Krebs wurde nicht durchgeführt. Die Gruppe 3 hatte insgesamt den größten Nachkommenausfall und zeigte auch das erwartete Knabendefizit, hatte aber die niedrigste Rate an Totgeburten. Die Gruppe 4 zeigte zwar die höchste Rate an Totgeburten, aber nur die gleiche Rate an Fehlgeburten wie Gruppe 1 und keinerlei Knabendefizit. Bezüglich Fruchtbarkeitsindex, Mehrlingsgeburten und Mißbildungen waren die Unterschiede zwischen den vier Gruppen statistisch nicht zu sichern. Das Fehlen einer sicheren Parallelität zur Dosis veranlaßte auch die Autoren zu deutlicher Distanzierung von voreiligen Schlüssen. Die für Untersuchungen in einem relativ kurzen Zeitraum an so großen Gruppen methodisch brauchbaren und daher notgedrungen ausgewählten Kriterien sind auch in diesem Fall nicht genügend trennscharf, die genetische Grundlage der Testmerkmale ist polygen, dazu kommt noch die von nicht erfaßten Umweltfaktoren bedingte nichterbliche Variabilität. Außerdem fehlten hier Unter-

suchungen an einer gleichgroßen äquivalenten Personengruppe auf normaler Grundstrahlung.
Eine weitere indisch-amerikanische Gruppe [AHUJA 1973] untersuchte an 74 Männern aus Kerala (Strahlenbelastung 2900 mrd/J) und 72 Männern einer ethnisch vergleichbaren Kontrollgruppe (Belastung 200 mrd/J) mehrere Hautleistenmerkmale (ziemlich strenge genetische Determination!) auf ihre Variabilität. Entgegen der Erwartung zeigte die erstere Gruppe geringere Variabilität in diesen Charakteren als die letztere. Eine überzeugende Erklärung konnte noch nicht gefunden werden.
Die bisher letzte Untersuchung einer indischen Forschergruppe [KOCHUPILLAI et al. 1976] am All-India-Institute of Medical Sciences (Ansari Nagar) wählte neben dem größtenteils genetisch bedingten Syndrom »schwere geistige Entwicklungsverzögerung mit körperlichen Abnormitäten« das genetisch und cytologisch gut bekannte »DOWN-Syndrom« (»Mongolismus«) und untersuchte einen kleinen Teil der Personen auch chromosomal. Die Population auf Monazitsand lebte unter Ortsdosen von 100–1500 mrd/J, die nach ethnischer Zusammensetzung, Altersgliederung, Lebens- und Ernährungsgewohnheiten, sozialem und ökonomischem Status vergleichbare Kontrollpopulation unter Ortsdosen von ca. 100 mrem/J. Die Ergebnisse sprechen zwar auf den ersten Blick recht eindrucksvoll für einen dysgenischen Effekt der hohen Grundstrahlung, doch ist die statistische Sicherung des Unterschieds zur Vergleichsgruppe wegen der geringen Personen- (bzw. Zellen-)Zahl nicht besonders gut.
Auch in Brasilien gibt es um die Stadt Guarapi ein Strandgebiet mit Monazitsand, auf dem eine Ortsdosis von 640 mrd/J, 6mal mehr als normal, gemessen wurde. 202 Personen, die mindestens 8 Jahre in Guarapi wohnten und keine medizinische Strahlenbelastung hatten, wurden mit einer sozioökonomisch ähnlichen Gruppe von 147 Personen aus einer anderen Stadt mit normaler Grundstrahlung verglichen [BARCINSKI 1975]. Als Test dienten Chromosomenuntersuchungen an Leukozytenkulturen. Hier fand sich eine signifikant höhere Zahl von Chromosomenaberrationen in Guarapi. Da kein übernormaler Gehalt an langlebigen Radionukliden im Körper nachgewiesen werden konnte, vermuten die Autoren, daß die Chromosomendefekte von aufgenommenen kurzlebigen Nukliden stammen, vor allem von Thoron (Rn-220, HWZ 55 sec) und dessen Zerfallsprodukten, darunter Pb-212 (HWZ 10,6 St) und Bi-212 (HWZ 60 min). Sie sehen eine Bestätigung dieser Vermutung in den ebenfalls erhöhten cytologischen Defekten bei Arbeitern eines Monazitsand verarbeitenden Betriebes (höherer Thorongehalt in der Luft!) [RIBEIRO COSTA 1975].
Ein weiterer Grund für die Unsicherheit von Gruppenuntersuchungen liegt in der Tatsache, daß alle Effekte ionisierender Strahlung auch von bestimmten *chemischen* Fremdstoffen, einigen *Viren* sowie von Alterungsprozessen im Organismus hervorgerufen werden können [AMES 1973; BARTHELMESS 1970, 1973; GEBHART 1977; GRUNDMANN und TULINIUS 1972; HETTCHE 1971; JACOBI 1974; LEWIS 1973; MEISSNER 1973; SCHMÄHL 1972; VOGEL und RÖHRBORN 1970]. Solche Fälle aus dem statistisch auszuwertenden Material strahlenexponierter Personen sicher und vollständig auszuschließen, kann schwierig sein.

5.7.1.3.4 Schätzungen der Strahlenschäden

Wenn trotzdem in der folgenden Übersicht (Tab. 53) einige Beispiele solcher Schätzungen zusammengestellt wurden, so vor allem, um wenigstens den Bereich zu zeigen, um den es in den ernster zu nehmenden Diskussionen geht.
Angaben wie »1 rem verursacht x Todes- oder Krebsfälle pro Million Personen« sind leider für die mit der Ableitung und dem Sprachgebrauch der Fachleute nicht vertrauten Leser leicht mißverständlich. Natürlich verursacht 1 rem bei einer *gesunden* Person weder einen Todesfall noch einen Krebsfall. Derartige Angaben gehen vielmehr von der durchaus realistischen Annahme aus, daß gesundheitliche Konstitution und Disposition innerhalb der Bevölkerung in weiten Grenzen variieren, und zwar sowohl aus erblichen wie aus Umweltbelastungen. Bei extrem ungünstigen Vorbelastungen kann dann schon ein kleiner zusätzlicher Insult die Verträglichkeitsgrenze überschreiten und 1 rem zusätzliche Belastung den Ausschlag geben. Solche Personen werden aber selten sein und nur in diesem Sinne sind solche Angaben zu verstehen.

Tabelle 53 Schätzungen der somatischen und genetischen Schäden durch ionisierende Strahlen.

Quelle	Schadenstypen	Betroffene pro Million
ICRP-Report 1966	Leukämiefälle	1–2/rd/a[1)]
	alle anderen fatalen Krebsfälle	1–2/rd/a[1)]
	Schilddrüsenkrebs im Kindesalter	1–2/rd/a[1)]
	Leukämie bei Expos. in utero	5–10/rd/a[1)]
	schwere genetische Schäden (erste 10 Generationen)	7/rd/a[2)]
	schwere genetische Schäden (im Gleichgewicht)	30/rd/a[2)]
BEIR-Report 1972	Leukämie	4–10/rad/a
	alle anderen Krebsarten zusammen	9/rad/a
	schwere genetische Schäden in F_1	10–100/rem/a
	schwere genetische Schäden im Gleichgewicht	50–500/rem/a
	angeborene spätmanifestierte konstitutionelle Krankheiten in F_1	1–100/rem/a
	angeborene spätmanifestierte konstitutionelle Krankheiten im Gleichgewicht	10–1000/rem/a
UNSCEAR-Report 1972	Leukämie	3–8/rd/a
	alle anderen Krebsarten zusammen	8/rd/a
	schwere genetische Schäden in F_1 (♂ exp.)	30/rd/a
EPA-Report 1973	vorz. Todesf. an Krebs und schwere genetische Schäden	500/rem/?
	nichtfatale Krebsfälle und genetische Schäden	500/rem/?
Thorne und Vennart [1976]	Krebs, Leukämie und schwere genetische Schäden	180/rem/?
Comar und Sagan [1976]	Krebstodesfälle.	1–16/GW_e/a
Gofman und Tamplin	Krebstodesfälle	480–960/rem/?
Jacobi [1973]	Todesfälle an Krebs und Leukämie	1–4/rem/a

1) Während einer Latenzzeit von 10 Jahren also insgesamt 10–20 Fälle nach einmaliger Exposition mit 1 rem.
2) In den ersten 10 Generationen insgesamt 2000, im Gleichgewicht nach weiteren Generationen insgesamt 8500 genet. Todesfälle nach einmaliger Exposition durch 1 rad.
? Bezugszeitraum nicht erkennbar. GWe = Gigawatt el. Leistung von Reaktoren.

Wieviele solche »sensitive« Personen in einer Bevölkerung vorhanden sind, hängt erstens von dem Gesamtbestand an erblicher Belastung im Genpool der Bevölkerung und zweitens vom umweltbedingten Gesundheitszustand derselben ab. Da hierfür verläßliche Zahlen nicht in die Rechnung eingebracht werden können, beziehen sich die obigen Schätzungen auf den »gesunden erwachsenen Standardmenschen« nach WHO-Definition. Ein Viertel der Bevölkerung ist aber nicht erwachsen, und wie gesund der Rest ist, illustrieren zahlreiche Statistiken eindringlich genug.

5.7.1.3.5 Kosten

Einige amerikanische Forscher, darunter als wohl sachkundigster der Genetiker und Nobelpreisträger Lederberg [1971] haben versucht, die Kosten der Gesundheitsfolgen der Strahlenbelastung wenigstens nach der Größenordnung zu schätzen [Crow 1973; Holcomb 1970; Lederberg 1971; Starr 1969; Starr et al. 1972]. Da ja auch Schutzmaßnahmen sowie Einschränkungen der Strahlennutzung etwas kosten, wäre mit einer einigermaßen zuverlässigen Schätzung auch eine Basis für die notwendige Kosten-Nutzen-Analyse auf allen Sektoren anthropogener Strahlenbelastung gewonnen. Die Schätzungen gehen von folgenden Prämissen aus, deren Begründung hier nicht näher ausgeführt werden kann:

- Die natürliche Umgebungsstrahlung (zu 100 mrem/J angenommen) ist für etwa 10% der spontanen Mutationsrate verantwortlich (sehr hoch geschätzt, meist werden nur 1–3% angenommen).

- Eine Verdoppelung der gesamten Strahlenbelastung durch eine zusätzliche anthropogene Dosis von 100 mrem/J würde die Mutationsrate um 10% (bzw. 1–3% nach anderer Schätzung) über den spontanen Wert erhöhen.
- Etwa 20% unserer gesundheitlichen Belastung ist mehr oder weniger stark genetisch bedingt.
- Die natürliche Grundstrahlung könnte etwa 2% der jährlichen Kosten unserer genetisch bedingten Gesundheitsschäden, sowie denselben Betrag für Krebs und Leukämie verursachen.

Für die gegenwärtigen Verhältnisse in den USA (die Kosten für die heute induzierten genetischen Schäden laufen aber über Generationen!) rechnet LEDERBERG auf grund dieser Prämissen ca. 40 Dollar pro manrem (= pro Person pro rem oder für 1000 Personen mit je 1 mrem) für vorwiegend genetisch bedingte Schäden und ca. 100 Dollar unter Einschluß von Krebs und Leukämie. Die Kosten der zusätzlichen anthropogenen Strahlenbelastung aus den verschiedenen Sektoren würden sich nach deren Anteil an der gesamten Strahlenbelastung richten.
Auch der BEIR-Report [National Academy of Sciences 1972] schätzt die künftigen Gesundheitskosten der Exposition gegen ionisierende Strahlen pro manrem auf 12–120 Dollar. Das »Committee 17« ergänzt diese Schätzung durch Einbeziehung der chemischen Noxen mit gleicher Wirkung: pro Reproduktionsperiode des Mannes könnten weitere 5 »Strahlenäquivalente« (hier gemeint: die der Wirkung von 5 rem entsprechende Schadensmenge) hinzukommen.

5.7.1.4 Weitere Gesichtspunkte zur Bewertung der anthropogenen Strahlenbelastung

Die Forderung nach weitestmöglicher Einschränkung der anthropogenen Strahlenbelastung ist angesichts der Folgen dieser Exposition zweifellos berechtigt. Bei der Planung entsprechender Maßnahmen wird man auch den relativen Anteil der einzelnen Sektoren mit in Betracht ziehen. Wie aus Tab. 46 hervorgeht, kommt der ganz überwiegende Teil der anthropogenen Exposition aus dem Bereich der *Medizin.* Mit Recht wird daher von Biologen und vor allem Genetikern, aber auch von den mit Strahlenschutz befaßten medizinischen Gremien eine erhebliche Einschränkung vor allem auf diesem Sektor gefordert [HOLCOMB 1970; International Commission on Radiological Protection 1966; NADER 1975; STIEVE 1976; WITCOFSKI 1973; SEELENTAG 1962; GRAHN 1972]. Die Verschärfung der Ausbildungs- und Fortbildungsvorschriften der Strahlenschutz-Verordnung konnte nur ein erster Schritt in dieser Richtung sein.

5.7.1.4.1 Im Zuge des Druckes der Industrie auf Expansion der Kernenergienutzung wird von dieser Seite versucht, die grundsätzliche Formulierung »as low as *possible*« zu modifizieren in »as low as *practicable*« oder »as low as reasonably (readily) *achievable*«. Dahinter steckt zwar die unleugbare Erfahrung, daß Verminderung der Umweltbelastung von einem bestimmten Grad an relativ zum Kostenanstieg wenig zusätzlichen Erfolg mehr bringt. Die Entscheidung über eine bestimmte Grenze weiterer Einschränkungen darf aber keinesfalls der Industrie überlassen werden, es sei denn daß diese die Berechnungsgrundlagen soweit offenlegt, daß der Gesetzgeber sie kontrollieren kann, und daß sie von Zeit zu Zeit der Entwicklung angepaßt werden.

5.7.1.4.2 Ähnliches gilt von der in der StrSchV mehrfach genannten Richtschnur des *»Standes von Wissenschaft und Technik«*. Auch hier ist es Aufgabe der der Öffentlichkeit verpflichteten Organe, darüber zu wachen, daß hier nicht im Interesse der kommerziellen Vorteile von Standardisierung weitere Verbesserungen blockiert werden.

5.7.1.4.3 Angesichts der komplexen und langfristigen Konsequenzen einer vorwiegend kommerziell motivierten Expansion der Kernenergienutzung in dem bisher propagierten Ausmaß erhält der oberste Grundsatz der StrSchV: »jede *unnötige* Strahlenbelastung zu vermeiden« (§ 28 (1) 1) überragendes Gewicht. Die Entscheidung, welches Ausmaß an Nutzung unumgänglich nötig ist, und die Beweisführung gegenüber der betroffenen Bevölkerung in der Umgebung aller gegenwärtigen und künftigen kerntechnischen Anlagen ist eine verantwortungsvolle Aufgabe im Rahmen langfristiger politischer Zielsetzungen.

5.7.1.4.4 Die verbindliche Festlegung von *Grenzwerten* sowohl für Exposition gegenüber ionisierenden Strahlen wie gegenüber chemischen Umweltnoxen (»MZK-Werte«) ist zwar eine juristische Notwendigkeit, aber mit einer gefährlichen Nebenwirkung: Im Zivilisationsmilieu sind wir alle simultan oder sukzedan mehreren verschiedenen Schadfaktoren gleicher Endwirkungen (S. 241 f.) ausgesetzt. Auch wenn jeder einzelne unter dem zulässigen Grenzwert bleibt, kann die *kombinierte* Einwirkung mehrerer zur Induktion oder Manifestation derjenigen Effekte führen, deren Vermeidung eigentlich Ziel der Grenzwertfestsetzung war. Diese Situation ist insbesondere dann gegeben, wenn gemäß dem Trend der Kernenergie-Industrie zu verbrauchsnahen Standorten oder dem Trend der stromintensiven chemischen, metallurgischen und keramischen Industrie zur Ansiedlung um Kernkraftwerke Ballungsgebiete mit chemischen *und* radiologischen Immissionen entstehen. Auch Konzentration oder Dispersion industrieller Tätigkeit bzw. ein zuträgliches Verhältnis beider müssen Gegenstand langfristiger Standortplanung sein.

5.7.1.4.5 Die Schadensregelung nach dem *Verursacher-Prinzip* wird zwar mehr und mehr zu einem anerkannten Grundsatz. Bei Strahlenschäden wie Krebs mit einer Latenzzeit von Jahren und Jahrzehnten zwischen induzierendem Ereignis und Manifestation des Schadens, erst recht bei genetischen Strahlenschäden, die frühestens und nur z. T. an den Kindern der exponierten Person, z. T. erst an einer unvorhersehbaren Zahl späterer Nachkommen in einer unbestimmten Zahl von Generationen manifest werden, kann eine rechtswirksame Identifikation des Verursachers jedoch äußerst schwierig, seine Heranziehung zum Schadenersatz nach Jahrzehnten auch wegen inzwischen erfolgten Todes unmöglich sein [über die juristische Problematik siehe auch BARTHELMESS 1973; BENTZIEN 1971; CARTELLIERI 1967; FISCHERHOF 1962; GÖTZ 1976; HINZ 1976; Institut f. Völkerrecht Göttingen 1976; International Commission on Radiological Protection 1965/66; SCHÜLLI 1961].
Die Identifizierung wird außerdem erschwert, wenn die strahlenexponierte Person noch anderen mutagenen, kanzerogenen oder teratogenen Schadensquellen ausgesetzt war. Wer hat dann den entscheidenden regreßpflichtigen Schaden verursacht?

5.7.1.4.6 Auf einen weiteren bisher völlig unbeachtet gebliebenen juristischen Aspekt hat der Verfasser anläßlich des 4. Deutschen Atomrechts-Symposiums aufmerksam gemacht [BARTHELMESS 1976]. Die *berufliche* Strahlenexposition erfolgt zwar aufgrund freier Berufswahl, die dabei induzierten *genetischen* Defekte schädigen aber auch *Dritte*, nämlich eigene Nachkommen und damit auch die des Ehepartners ohne deren Einwilligung und Wissen. Aus ethischen Gründen dürfte daher freiwillige Übernahme eines genetischen Risikos gar nicht zulässig sein. Auch aus diesem Grunde sollte die Anwendung ionisierender Strahlen und radioaktiven Materials und damit die Zahl beruflich strahlenexponierter Personen auf das gesamtwirtschaftlich wirklich unumgängliche Maß eingeschränkt und strahlenexponierte berufliche Tätigkeit möglichst nur von Personen ausgeübt werden, die aus Alters-, Gesundheits- oder anderen Gründen keine Nachkommen haben werden.

Erklärung einiger Fachausdrücke

Rad Abkürzung: *rd;* Einheit der absorbierten Strahlendosis. 1 rd = 0,01 Joule/Kg.

rem Abkürzung für »rad equivalent mammal« oder ». . . man«. 1 rem ist die spezifische Einheit der Äquivalentdosis, die die gleiche biologische Wirkung am gleichen Objekt entfaltet wie eine Dosis von 1 rd Röntgenstrahlen (200 kV) oder 1 rd Gammastrahlen von Co-60. Siehe RBW. 1 mrem = 1/1000 rem.

RBW Abkürzung für »Relative Biologische Wirksamkeit«. Sie wird ausgedrückt durch einen Qualitätsfaktor, der den Unterschied im quantitativen Effekt einer bestimmten Strahlenart im Vergleich zu dem von 200-kV-Röntgenstrahlen oder von Co-60-Gammastrahlen angibt. Dieser Unterschied beruht im wesentlichen auf der Ionisationsdichte (bzw. dem »linearen Energietransfer« LET) der Primär- und Sekundärstrahlung. Dosis in rd × RBW-Faktor = Dosis in rem.

Ci Abkürzung für Curie. Einheit der Radioaktivität. 1 Ci entspricht $3{,}7 \times 10^{10}$ Zerfällen pro Sekunde. 1 Ci = 10^3 Millicurie (mCi) = 10^6 Mikrocurie (mCi) = 10^9 Nanocurie (nCi) = 10^{12} Picocurie (pCi).

MZK Abkürzung für »Maximal zulässige Konzentration« einer gesundheitschädlichen Substanz in Luft, Wasser oder Nahrungsmittel. Die MZK-Werte beruhen auf internationaler Forschungsarbeit und sind in den meisten Staaten gesetzlich fixiert.

»Genetisches Gleichgewicht« Aus dem Zufluß an Neumutationen, ihrer Reproduktion während der ontogenetischen Entwicklung der Keimdrüsen und ihrer Weitergabe durch Fortpflanzung einerseits, sowie der Ausschaltung durch letale pathogene oder sterilisierende Wirkung einzelner Mutationen, vor allem aber der Akkumulation vieler andererseits ergibt sich im Laufe von Generationen ein Gleichgewicht in Gestalt eines annähernd gleichbleibenden Gehalts an schädlichen Erbanlagen im Genbestand einer Bevölkerung (soweit diese eine einigermaßen geschlossene Fortpflanzungsgemeinschaft darstellt). Siehe Barthelmess [1973].

Schrifttum

Aberg, B. und F. P. Hungate (Edits.), 1966: Radioecological concentration processes. London/New York. Pergamon Press.

Adams, J. und W. Lowder (Edits.), 1964: Natural radiation environment. Chicago.

Ahuja, Y. R. et al., 1973: Evaluation of effects of high natural background radiation on some genetic traits in the inhabitants of monazite belt in Kerala, India. Human Biology *45*, 167–179.

Allkofer, O. C., Bagge, E. und J. Trümper, 1962: Untersuchung über die Strahlengefährd. der Flugbesatzung und des Bodenpers. von Düsenflugzeugen. I.–III. Atomkernenergie *7*, 173–178, 204–216, 249–257.

Ders., 1964: Strahlengefährdung im Düsenflugverkehr. Atompraxis *10*, H. 12, 1–5.

Ders., 1968: Kontamination von Düsenflugzeugen durch Kernexplosionen. Atompraxis *14*, H. 11/12, 1–4.

Ders., und M. Simon, 1970: Strahlengefährdung im Höhenbereich des Überschallflugverkehrs. Atompraxis *16*, H. 3, 1–8.

Ames, B. N., 1973: Carcinogens are mutagens: their detection and classification. Environmental Health Perspectives, 115–118.

Atom-Gesetz vom 23. 12. 1959. BGBl. 1959, S. 814. Änderungen des AtG: siehe BGBl. 1969, S. 1429; 1975, S. 1885; 1975, S. 3162; 1976, S. 2573.

Aurand, K. (Hrsg.), 1976: Kernenergie und Umwelt.

Ders., 1976: Die natürliche und künstliche Strahlenexposition des Menschen. In: Aurand 1976.

Barcinski, M. A. et al., 1975: Cytogenetic investigation in a Brasilian population living in an area of high natural radioactivity. Amer. J. Human Genet. *27*, 802–806.

Barthelmess, A., 1976: Gesichtspunkte zur genetischen Beurteilung von Grenzwerten der Strahlenbelastung. In: Inst. f. Völkerrecht Göttingen.

Ders., 1973: Erbgefahren im Zivilisationsmilieu. (Das Wiss. Taschenbuch, Abt. Naturw., Na-24). Goldmann-Verlag, München.

Ders., 1970: Mutagenic substances in the human environment. In: Vogel/Röhrborn.

Bentzien, W. R., 1971: Die Haftpflicht für genetische Strahlenschäden. Studien zum intern. Wirtschaftsrecht und Atomenergierecht, Bd. 46. Göttingen.

Broda, R., 1958: Radioaktive Isotope in der Biochemie. Wien.

Brues, A. M., 1959: Low level irradiation. Amer. Ass. Adv. Sci. Wash. Publ. Nr. 59.

Bundesministerium des Innern, 1970: Umweltradioaktivität und Strahlenbelastung. Jahresbericht über den Gehalt an radioaktiven Stoffen in Luft, Wasser, Boden und Nahrungsmitteln und die Strahlenbelastung in der Bevölkerung der BRD. Schriftenreihe Kernforschung, Nr. 3. Bonn. – Desgl. Jahresbericht 1973. Bonn 1974. – Dass., 1976: Vergleichbarkeit der natürlichen Strahlenexposition mit der Strahlenexposition durch kerntechnische Anlagen. Bonn. – Dass.: 1977: Besondere Vorfälle in Kernkraftwerken in der Bundesrepublik Deutschland. Berichtszeitraum 1965–1977.

Bundesministerium f. Forschung u. Technologie, 1973: Viertes Atomprogramm der BRD für die Jahre 1973–1976, Bonn.

Bundesregierung, BRD: Bericht der Bundesregierung über »Umweltradioaktivität und Strahlenbelastung« im Jahre 1974. Deutscher Bundestag, Drucksache 7/4706 vom 5. 2. 1976. – Dies.: Bericht der Bundesregierung über »Umweltradioaktivität und Strahlenbelastung im Jahre 1975«. Deutscher Bundestag, Drucksache 8/311 vom 22. 04. 77. – Dies.: Bericht. 1976. Drucksache 8/1682 vom 5. 4. 78.

Buzzati-Traverso, A. A. (Edit.), 1960: Immediate and low level effects of ionizing radiations. Intern. J. Rad. Biol. Suppl. Vol.

Cartellieri, U., 1967: Rechtliche Probleme bei Strahlenschäden unter besonderer Berücksichtigung der gesetzlichen Unfallversicherung. Bonn.

Claus, W. D., 1958: Radiation Biology and Medicine.
Committee 17, Council of the Environmental Mutagen Society, 1975: Environmental mutagenic hazards. Science *187*, 503–514.
Crow, J. F., 1973: Impact of various types of genetic damage and risk assessment. Environmental Health Perspectives, 1–5.
Cushing, C. E. jr. (Edit.), 1976: Radioecology and energy resources. Proc. 4th Nat. Symp. on Radioecology.
Davis, J. J. und R. F. Foster, 1958: Bioaccumulation of radioisotopes through aquatic food chains. Ecology *39*, 530–535.
Druckrey, H. und K. Kupfmüller, 1948: Quantitative Analyse der Krebsentstehung. Z. f. Naturf. 3_b, 254–266.
Exterman, P. C. (Edit.), 1958: First International Conference on Radioisotopes in Scientific Research. Paris 1957. Vol. III: Research with isotopes in human and animal biology and medicine. Vol. IV: Research with isotopes in plant biology.
Feldt, W., 1974: Radioökologie der Binnengewässer und des Meeres. Jahrestagung d. Fachverb. f. Strahlenschutz, Helgoland.
Fischerhof, H., 1962: Deutsches Atomgesetz und Strahlenschutzrecht. Baden-Baden.
Furth, J. und E. Lorenz, 1954–56: Carcinogenesis by ionizing radiation. In: Hollaender.
Foster, R. F. und J. J. Davis, 1956: The accumulation of radioactive substances in aquatic forms. In: International Atomic Energy Conference, Geneva, Vol. 13, 364–367.
Franca, P. et al., 1965: Survey of radioactive content of food grown on Brasilian areas of high natural radioactivity. Health Physics *11*, 1471–1484.
Gebhart, E., 1977: Chemische Mutagenese.
Gesellschaft für Reaktorsicherheit (GRS) 1977, 1978: Kurzinformationen. Köln.
Gillette, R., 1972: Radiation standards: The last word or at least a definitive one. Science *178*, 966–967, 1012.
Gopal-Ayengar, A. R., K. Sundaram, K. B. Mistry et al., 1971: Evaluation of the longterm effects of high background radiation on selected population groups of the Kerala coast. In: Peaceful Uses of Atomic Energy, Vol. 11, Proc. 4th Intern. Conf., Geneva, 31–51.
Götz, V. 1976: Die Verfassungsmäßigkeit der Dosisgrenzwerte. In: Inst. f. Völkerrecht Göttingen, 177–186.
Grahn, D., 1972: Genetic problems related to radiology practices. Radiology *105*, 653–657.
Graul, E. H., 1971: Biozyklische Prozesse radioaktiver Substanzen. Dtsch. Ärzteblatt *68*, 2751–2759.
Grundmann, E. und H. Tulinius (Edits.), 1972: Current problems in the epidemiology of cancer, lymphomas and leukemia. Sympos. Düsseldorf 1971. Berlin. In: Rentschnick, P., Recent results in cancer research, Vol. 39.
Grüneberg, H. et al., 1971: A search for genetic effects of high natural radioactivity in South India. Brit. Med. Council, Spec. Rep. Ser. Nr. 307, London.
Haberer, K., 1969: Radionuklide im Wasser. Ihre Verbreitung und Anwendung, Messung und Entfernung. (Thiemig Tasch.-B., Bd. 17). München.
Herbst, W., 1968: Radioaktive Kontamination von Ernährungsketten (neuere Ergebnisse). Ges. f. Strahlenf. Neuherberg, Publ. Nr. K 52.
Ders., 1970: Transmutationen als vernachlässigte Dimensionen bei der Bewertung der Radioaktivitätsrisiken. Österr. Ärztezeitung *20*, 2475–2480.
Hettche, H. O., 1971: Luftverunreinigung und Lungenkrebs. Naturwiss. *58*, 409–413.
Hinz, P., 1970: Die Verfassungsmäßigkeit der Dosisgrenzwerte. In: Inst. f. Völkerrecht Göttingen, 165–175.
Holcomb, R. W., 1970: Radiation risk: a scientific problem? Science *167*, S. 853–855.
Hollaender, A., (Edit.), 1954–56: Radiation biology. 4 Bde. New York.
Hug, O., 1971: Strahlenschäden und Strahlenschutz. Atomwirtschaft, 294–300.
Institut für Völkerrecht d. Universität Göttingen u. Bundesministerium d. Innern (Hrsg.), 1976: 4. Deutsches Atomrechtssymposium 1975 in Göttingen. Referate u. Diskussionsberichte. Köln.
International Atomic Energy Agency (IAEA), 1968: Biological effects of transmutation and decay of incorporated radioisotopes. Panel Proc. Ser. STI/Publ. /183. Wien. – Dies., 1969: Environmental contamination by radioactive materials. Wien. – Dies. 1969: Radiation induced cancer. (Symp.) Proc. Ser. STI/Publ./228. Wien. – Dies., 1971: Disposal of radioactive wastes into rivers, lakes and estuaries. IAEA Safety Ser. Nr. 36. Wien. – Dies., 1975: Utilisation des radioindicateurs dans l'industrie.« (Bericht einer Beratergruppe). IAEA-Collection Sécurité Nr. 40. STI/Publ/369. – Dies., 1975: Radiation for a clean environment. (Proc. Symp. Use of High Level Radiation in Waste Treatment. Status and Prospects.) IAEA Proc. Ser. STI/Publ./40.

International Atomic Energy Conference, Geneva 1955, 1958: Peaceful uses of atomic energy. Vol. 12: Radioactive isotopes and ionizing radiations in agriculture, physiology and biochemistry. Genf.

International Commission on Radiological Protection (ICRP), 1965/66: Recommendations of the International Commission on Radiological Protection. Publ. Nr. 9, Oxford. – Dies., 1966: Protection against ionizing radiation from external sources. Publ. Nr. 15, Oxford. – Dies., 1970: The evaluation of risks from radiation. Publ. Nr. 8 Oxford.

Jacobi, W., 1973: Die Grenzen der Strahlenbelastung. In: Informationstagung d. Schweiz. Vereinigung f. Atomenergie u. d. Fachverbands f. Strahlenschutz. Zürich, S. 76.

Ders., 1974: Über das somatische Risiko durch radiologische und chemische Umwelteinflüsse. Atomkernenergie *24*, 217–223.

Kaul, A. und Mitarb., 1973: Die Strahlenbelastung von Patienten bei der nuklearmedizinischen Anwendung offener radioaktiver Stoffe. Inf.-Dienst f. Nuklearmedizin. Klinikum Steglitz, Berlin.

Keck, G. und W. Krocza, 1974: Radionuklide im Fleisch. Wiener Tierärztl. Monatsschr. *61*, 265–275.

Kochupillai, N., Verma, I. C., Grewal M. S. und V. Ramalingaswami, 1976: Down's syndrom and related abnormalities in an area of high background radiation in coastal Kerala. Nature 262, 60–61.

Kolb, W., 1974: Einfluß der Baustoffe auf die Strahlenexposition der Bevölkerung. Atom-Informationen *4*, 18–20.

Krawczynski, S. J. B., 1967: Radioaktive Abfälle (Aufbereitung, Lagerung, Beseitigung). (Thiemig Tasch.-B., Bd. 27) München.

Krumbholz, L. A. und R. F. Foster, 1957: Accumulation and retention of radioactivity from fission products and other radiomaterials by freshwater organisms. In: National Academy of Sciences (USA) 88–95.

Lederberg, J., 1971: Squaring an infinite circle. Radiobiology and the value of life. Bull. of the Atomic Scientists, 43–44.

Lewis, E. B., 1973: Leukemia and the somatic risks of chemical mutagens. Environmental Health Perspectives, 185–190.

Ludwieg, Fr., 1962: Radioaktive Isotope in Futter- und Nahrungsmitteln. (Thiemig Tasch.-B., Bd. 7). München.

Lundin, F. jr., Wagoner, J. K. und V. E. Archer, 1971: Radon daughter exposure and respiratory cancer. Quantitative and temporal aspects. National Techn. Inf. Serv., U. S. Dept. of Commerce. Springfield, Va.

Medical Research Council, 1966: The hazards to man of nuclear and allied radiations. London.

Mehring, C. E., 1972: Die Immunitätslage der Bevölkerung während der Erhöhung der Umweltradioaktivität. Protectio Vitae Heft 2, 66–73. – Ders., 1972: Die biologischen Folgen der nuklearen Waffentests. Protectio Vitae, H. 6, 220–226.

Meissner, J., 1973: Biologische Auswirkungen der Emissionen von Schadstoffen durch technische Anlagen, insbesondere durch Kraftwerke. VGB-Konferenz »Kraftwerke und Umwelt«. Essen.

Meyer, K. F., 1962/63: Unfälle in Verbindung mit radioaktiven Substanzen. Eine Einführung in das Gebiet der Strahlenunfälle aus der Sicht polizeilicher Interessen. Bundeskriminalamt Wiesbaden.

Nader, Cl., 1975: The dispute over safe uses of X-rays in medical practice. Health Physics *29*, 181–206.

National Academy of Sciences (USA), 1957: The effects of atomic radiations on oceanography and fisheries. Washington. – Dies., 1959: Considerations on the disposal of radioactive wastes from nuclear power ships into the marine environment. Washington.

National Academy of Sciences – National Research Council, 1972: The effects on populations of exposure to low levels of ionizing radiation. Report of the Advisory Committee on the Biological Effects of Ionizing Radiations (Beir-Report). Washington.

National Council on Radiation Protection and Measurement (USA), 1975: Natural background radiation in the United States. Report Nr. 45.

Pellerin, P., 1975: Reparaturmechanismen von Strahlenschäden. Neuere Erkenntnisse der Strahlenbiologie. (Vortrag vor der École Polytechnique). Deutsche Übersetzung in: Atomwirtschaft, Dez. 617–620.

Pietzsch, W., 1974: Auswirkungen der Strahlenexposition auf die genetisch-signifikante Dosis und andere Bevölkerungsdosen. In: Information über die Röntgenverordnung. Str. Sch. in Forsch. u. Praxis. Bd. XIV. Stuttgart.

Polikarpov, G. G., 1966: Radioecology of aquatic organisms. Amsterdam/New York.

Rajewsky, B., 1956: Wissenschaftliche Grundlagen des Strahlenschutzes. Karlsruhe.

Rausch, L., 1976: Die medizinisch-biologische Rechtfertigung von Dosisgrenzwerten. In: Inst. f. Völkerrecht, Göttingen, 277–299.

Reiter, R., 1964: Felder, Ströme und Aerosole in der unteren Troposphäre. Darmstadt.

Rosenbaum, O., 1976: Rechtstatsachen zum bisherigen strahlenschutzrechtlichen Genehmigungs- und Aufsichtsverfahren. In: Inst. f. Völkerrecht, Göttingen S. 31–38.

RUF, M., 1967: Radiobiologische Untersuchungen über die Konzentration und Verteilung des langlebigen Kernwaffen-Fallout in pflanzlichen und tierischen Organismen sowie in den Grundsedimenten von Oberflächengewässern. Habil-Schrift Univ. München.
RIBEIRO COSTA, C. et al., 1975: Control of radiation hazards in a radioactive ore mill. Health Physics *28*, 225–231.
SCHAEFER, H. J., 1971: Radiation exposure in air travel. Science *173*, 780–783.
SCHMÄHL, D., 1972: Karzinogene Faktoren in der Umwelt. Umschau *72*, S. 288–289.
SCHÜLLI, W., 1961: Rechtsprobleme des Kausalitätsnachweises bei Strahlenschäden. Die Atomwirtschaft, 557–560.
SCHULTZ, V., und A. W. KLEMENT, 1963: Radioecology (Sympos.). New York.
SCHULZ, E. H., 1966: Vorkommnisse und Strahlenunfälle in kerntechnischen Anlagen. Aus 20 Jahren internationaler Erfahrung. München.
SCHULZE, R., 1970: Das Strahlenklima der Erde. Darmstadt.
SEELENTAG, W., 1962: Die gegenwärtige Exposition der Bevölkerung durch die medizinische Strahlenanwendung und ihre Bedeutung. (Strahlentherapie und Strahlenbehandlung. Sonderband 4 zu Strahlentherapie 52).
SILVER, S., 1968: Radioactive nuclides in medicine and biology. Philadelphia.
STARR, Chr., 1969: Social benefit versus technological risk. Science *165*, 1232–1238.
DERS., GREEFIELD, M. A. und D. F. HAUSKNECHT, 1972: A comparison of public health risks: Nuclear versus oil fired power plants. Nuclear News, Oct., 37–45.
STIEVE, F.-E., 1976: Schutz beruflich strahlenexponierter Personen und von Patienten. In: Inst. f. Völkerrecht, Göttingen, 317–334.
Strahlenschutzkommission der BRD, 1977: Vergleichbarkeit der natürlichen Strahlenexposition mit der Strahlenexposition durch kerntechnische Anlagen. Umwelt Nr. 54, 14–18.
THORNE, M. C. und J. VENNART, 1976: The toxicity of ^{90}Sr, ^{226}Ra and ^{239}Pu. Nature *236*, 555–558.
United Nations Scientific Committee on the Effects of Atomic Radiation (UNSCEAR), 1958/1972: Ionizing radiation: Levels and effects. Report. New York (kosm. Str.).
United States Atomic Energy Commission, 1970: Medical Radionuclides: Radiation Dose and Effects. Conference 69.12.12, Juni.
United States Environmental Protection Agency (EPA), 1972: Estimates of ionizing radiation dose in the United States, 1960–2000. Special Studies Group, Office of Radiation Programs.
VANDERPLOEG, H. A. et al., 1976: Bioaccumulation factors for radionuclides in freshwater biota. Oak Ridge National Laboratory.
Verordnung über das Verfahren bei der Genehmigung von Anlagen nach § 7 des Atomgesetzes (Atomrechtliche Verfahrensordnung – AtVfV –). Drucksache 524/76 d. Bundesrats. z. Zt. in Vorbereitung.
Verordnung über den Schutz vor Schäden durch ionisierende Strahlen (Strahlenschutzverordnung – StrlSchV – vom 13. 10. 1976). BGBl. 1976, 2905.
Neufassung der Verordnung über die Zulassung von Arzneimitteln, die mit ionisierenden Strahlen behandelt worden sind oder die radioaktive Stoffe enthalten, vom 8. 8. 1967. BGBl. 1967 S. 893. – Änderung: BGBl. 1971, 449.
VOGEL, F., und G. RÖHRBORN (Hrsg.), 1970: Chemical mutagenesis in mammals and man. Berlin/Heidelberg/New York.
VOGEL, F., 1970: Statistical examinations in human populations. – DERS., 1970: Monitoring of human populations. In VOGEL/RÖHRBORN, 433–452.
WACHSMANN, F.: Die Entwicklung der Strahlenbelastung und daraus folgende Risikobetrachtungen. Vortrag, nicht veröffentlicht, sowie persönl. Mitt.
WEGENER, K. H., 1966: Radioaktivität und Veterinärmedizin. Berlin/Hamburg
WEISH, P. und E. GRUBER, 1973: Atomenergie und Umweltsituation. (Aufs. u. Reden d. Senckenberg. Naturf. Ges., H. 23.) Frankfurt/M.
DIES., 1975: Radioaktivität und Umwelt. Stuttgart.
WITCOFSKI, R. L., 1973: Radiobiologic aspects of nuclear medicine. In: DALRYMPLE u. Mit.: Medical Radiation Biology. Philad., 246–249.
World Health Organisation (WHO), 1957: Effect of radiation on human heredity. Report of a Study Group. Genf. – DIES., 1959: Effect of radiation on human heredity. Investigations of areas of high natural radiation. Techn. Rep. Ser. Nr. 166. Genf.

VON BORRIES, DIETRICH F. W.

5.7.2 Umweltrisiko und Standortfragen der Kernenergie

5.7.2.1 Einführung

Zum besseren Verständnis der folgenden Abschnitte sollen ganz kurz summarisch die physikalischen Grundlagen der Kernenergiegewinnung beschrieben werden. Einige Isotope schwerer Elemente können durch Beschuß mit langsamen (thermischen) Neutronen (U-235, Pu-239, U-233) bzw. mit schnellen Neutronen (Pu-239, mit geringem Wirkungsquerschnitt auch U-238) unter Freisetzung von 2 oder 3 Neutronen gespalten werden. Bei dieser Spaltung werden etwa 200 MeV[1)] = $3{,}2 \cdot 10^{-11}$ Ws[2)] Kernbindungsenergie frei, von denen rund 10 MeV als Energie der Neutrinos[3)] verloren gehen, die jedoch durch rund 10 MeV Anlagerungsenergie bei der Absorbtion von Neutronen durch nichtspaltbare Nuklide kompensiert werden, so daß pro Spaltung rund 200 MeV im Reaktor verbleiben [KESSLER 1974, Kap. 4]. Der vollständigen Spaltung von 1 kg U-235 entspricht eine Energie von rund $24 : 10^6$ KWh_{th} bzw. 3000 tSKE[4)]. Von den wesentlichen spaltbaren Isotopen kommt nur U-235 in der Natur vor (0,71% vom natürlichen Isotopengemisch des Urans); Pu-239 und U-233 entstehen durch Neutroneneinfang von U-238 und Th-232 und anschließenden zweimaligen ß-Zerfall; dieser Vorgang wird als »Brüten« bezeichnet.

Als Spaltprodukte entstehen verschiedene, wegen des Neutronenüberschusses meist ß-aktive Isotope, deren Massenzahlen bevorzugt im Verhältnis 2:3 stehen, so daß sich in der Umgebung der Massenzahlen 95 und 140 Maxima der Häufigkeit ergeben. Die bei der Spaltung gebildeten Neutronen (prompte Neutronen, Entstehungszeit etwa 10^{-14} s) lösen entweder neue Spaltreaktionen aus oder werden von Spaltprodukten oder dem Strukturmaterial des Reaktors absorbiert. Das Ziel kontinuierlicher Energieproduktion ist nur erreichbar, wenn die bei einer Spaltung freigesetzten Neutronen im Mittel genau eine neue Kernspaltung auslösen (kritische Anordnung); werden weniger als eine Kernspaltung ausgelöst, so erlischt die Kettenreaktion (unterkritische Anordnung); werden mehr als eine Kernspaltung ausgelöst, so nimmt die Zahl der je Zeiteinheit gespaltenen Kerne exponentiell zu. Entscheidend für das Tempo der Zunahme oder Abnahme der Kernspaltungen ist sowohl das Verhältnis der Populationsstärken (Multiplikationsfaktor k, $(k-1)/k = \varrho$ heißt Reaktivität) als auch der zeitliche Abstand (Generationsdauer τ) aufeinanderfolgender Spaltgenerationen. Die Generationsdauer τ ist für schnelle Neutronen von der Größenordnung 10^{-7} s, für thermische Neutronen – sie werden erst durch Abbremsung gebildet – von der Größenordnung 10^{-3} s. Wegen der Kürze dieser Generationsdauer läßt sich eine sichere Regelung mit den direkt aus der Spaltung stammenden (prompten) Neutronen nicht erreichen. Neben den prompten Neutronen werden nach der Spaltung mit einer Verzögerung im Sekundenbereich zusätzliche Neutronen durch den Zerfall einiger Spaltprodukte emittiert (bei U-235 etwa 0,64%, U-233 etwa 0,3%, Pu-239 etwa 0,4%). Dadurch können Anlagen gebaut werden, die bezüglich prompter Neutronen unterkritisch sind, unter Einschluß der verzögerten Neutronen kritisch (stationärer Betrieb) oder sogar überkritisch (Anfahrbetrieb) werden dürfen, da wegen der Verzögerung Zeit zur Regelung bleibt [KESSLER 1974, Kap. 5]. Die Regelung erfolgt meist durch Neutroneneinfang mit Cadmium oder Bor. Die verzögerten Neutronen bilden die Voraussetzung für den Bau von Reaktoren; Kernwaffen dagegen beruhen auf der plötzlichen Bildung von prompt überkritischen Anordnungen.

Die für den Aufbau einer kritischen Anordnung benötigte Spaltstoffmenge wird durch Reflektoren, die den Neutronenverlust nach außen vermindern, und durch Moderatoren, die das Verhältnis von absorbierten und langsamen spaltenden Neutronen herabsetzen, stark beeinflußt. Während die kritische Masse für reine kugelförmige Spaltstoffe für U-235 22,8 kg, für Pu-239 5,6 kg beträgt, läßt sich die kritische Masse von U-235 durch einen Moderator und Reflektor aus D_2O auf 600 g, durch Anordnung mit Polyäthylenfolien als Moderator und

1) 1 MeV = 10^6 Elektronenvolt.

2) 1 Ws = 1 Wattsekunde = Joule = 1 J.

3) Neutrino: masseloses Elementarteilchen von extrem geringer Wechselwirkung mit Materie.

4) tSKE = Tonne Steinkohleneinheiten = $7 \cdot 10^6$ kcal = $8{,}15 \cdot 10^3$ kWh_{th}.

Beryllium als Reflektor sogar auf 241 g senken [Kessler 1974, S. 46]. Der beispielhaft belegte Einfluß von Moderator- und Reflektorwirkungen macht deutlich, daß bei der Handhabung und Lagerung von spaltbarem Material streng darauf geachtet werden muß, daß unter Berücksichtigung dieser Effekte auch bei Unfällen keine kritische Anordnung entstehen kann.
Die für einen Kernreaktor wesentliche Bedingung einer kritischen Anordnung von spaltbarem Material mit Ausrüstungen für die Kontrolle und Steuerung der Reaktivität kann auf vielfältige Weise erfüllt werden; wichtige Elemente zur Beschreibung der verschiedenen Reaktorkonzepte sind Brennstoff, Moderator, Kühlmittel, Hüllmaterial, Abbrand und Leistungsdichte. Ferner kann man nach dem Verwendungszweck (Neutronenquelle, Plutoniumerzeugung, elektrische Energie, Prozeßwärme) unterscheiden. Die folgende Zusammenstellung (Tab. 54) thermischer Reaktoren für die Stromerzeugung ist dem 6. Report der Royal Commission on environmental pollution, Nuclear Power and the Environment, London [1976] entnommen.

Tabelle 54 Eigenschaften wichtiger thermischer Reaktortypen.

Reaktortyp	Magnox^I	AGR^II	CANDU^III	LWR^IV	SGHWR^V	HTR^VI	Wasser/^VII Graphit
Ursprungsland	GB/Fr	GB	Kanada	USA	GB	verschiedene	UdSSR
Brennstoff	Natururan metallisch	Uranoxid 2% angereichert	Uranoxid natürlich	Uranoxid 3–4% angereichert	Uranoxid 2–3% angereichert	Urancorbid 93% angereichert	Uranoxid 1,8% angereichert
Hüllmaterial	Magnesiumoxid	rostfreier Stahl	Zirkaloy	Zirkaloy	Zirkon	Silizium Karbid	Zirkon/ Nioblegierung
Moderator	Graphit	Graphit	Schweres Wasser	H_2O	Schweres Wasser	Graphit	Graphit
Kühlmittel	CO_2	CO_2	Schweres Wasser	H_2O	H_2O	Helium	H_2O
Abbrand MWd/t[2)]	4000	18000	9000	20000[1)]	21000	100000	18000
Leistungsdichte kW/l	1	4,5	16	50–100	11	6	k. Angaben

[1)] Inzwischen sind Abbrände um 30000 MWd/t üblich, [2)] MWd/t = MW_{th} Tag je Tonne Brennstoff.
I) Reaktorbezeichnung nach dem Hüllenmaterial; II) Advanced Gas-cooled Reactor; III) Canadian Deuterium natural Uran; IV) Light Water Reactor; V) Steam Generating Heavy Water Reactor; VI) High Temperature Reactor; VII) Reaktorbezeichnung nach Kühlmittel und Moderator.

5.7.2.2 Radioaktive Emissionen und Strahlenbelastung beim Normalbetrieb von Anlagen des Kernenergiesystems

a) Emissionen von Kernkraftwerken

Von den in Kernreaktoren durch Kernspaltung, Neutroneneinfänge und Zerfall zu Tochterkernen gebildeten Radionukliden gelangt trotz umfangreicher Einrichtungen zur Rückhaltung und Verzögerung ein kleiner Teil in die Umwelt. Die Emissionen müssen so begrenzt werden, daß die damit verbundene Strahlenexposition der Bevölkerung und des Betriebspersonals die vorgeschriebenen Grenzwerte einhält und möglichst ausgeprägt unterschreitet. Die in der Brennstoffmatrix gebildeten Spaltprodukte gelangen zu einem kleinen Teil durch verschiedene physikalische Mechanismen in den Spaltgasraum der Brennelemente und von dort, wenn diese defekt sind, in das Primärkühlmittel oder sie entstehen durch Kontamination der Brennstabhüller bzw. der »coated particles« (Brennelemente der HTR). Aktivierungsprodukte entstehen überwiegend im Kühlmittel, den darin schwebenden Korrosionsprodukten und dem Strukturmaterial, aus dem sie ebenfalls teilweise ins Kühlmittel freigesetzt werden, sowie im Luftraum zwischen Reaktordruckgefäß und »biologischem Schild« (Strahlenschutzmauer). Als Quelle radioaktiver Edelgase und des Jods kommt im wesentlichen die Spaltung in Frage. Tritium entsteht sowohl durch ternäre Spaltung als auch durch Aktivierung. Radioaktive Nuklide von Metallen entstehen vor allem durch Aktivierung. Die auf diese Weise im Reaktor freigesetzten Radionuklide werden durch Behandlung in der Abluftanlage (Verzögerungsstrecke aus Aktivkohlefiltern und Absolutfilter) sowie der Abwasseranlage (Filtern, Verdampfen, Fällen, Ionenaustauschen) zu einem erheblichen Teil zurückgehalten bzw. zerfallen im Reaktor; der Rest wird über den Kamin an die Luft bzw. zusammen mit dem Kühlwasser ans Gewässer abgegeben. Angaben über wahrscheinliche Erwartungswerte der Abgas- und Abwasseremission verschiedener Radionuklide für 1000-MWe-Kernkraftwerke verschiedenen Typs (SWR[1]), DWR[2]), HTR, SBR[3]) findet man in Bonka 1975, S. 75. Der Hauptanteil der Aktivität des Abgases entfällt auf Xe^{133}, Kr^{85}, H^3 und J^{131}, des Abwassers auf H^3, J^{131} und Nuklide von metallischen Elementen.

b) Emissionen anderer kerntechnischer Anlagen

Die Nutzung der Kernenergie in Reaktoren ist nicht möglich ohne diejenigen Schritte des Brennstoffkreislaufs, die in anderen kerntechnischen Anlagen vorgenommen werden Abb. 91. Auch von diesen Anlagen (Gewinnung und Verarbeitung der Uranerze, Urananreicherung, Brennelementfertigung, Wiederaufarbeitung, Abfallbehandlung und Endlagerung) gehen radioaktive Emissionen aus, besondere Bedeutung kommt dabei den Stufen des Bergbaus und der Wiederaufarbeitung zu.

Beim Uranbergbau und der Erzaufbereitung wird ein erheblicher Teil der im Uranerz natürlich

1) SWR = Siedewasserreaktor.
2) DWR = Druckwasserreaktor.
3) SBR = Schneller Brutreaktor.

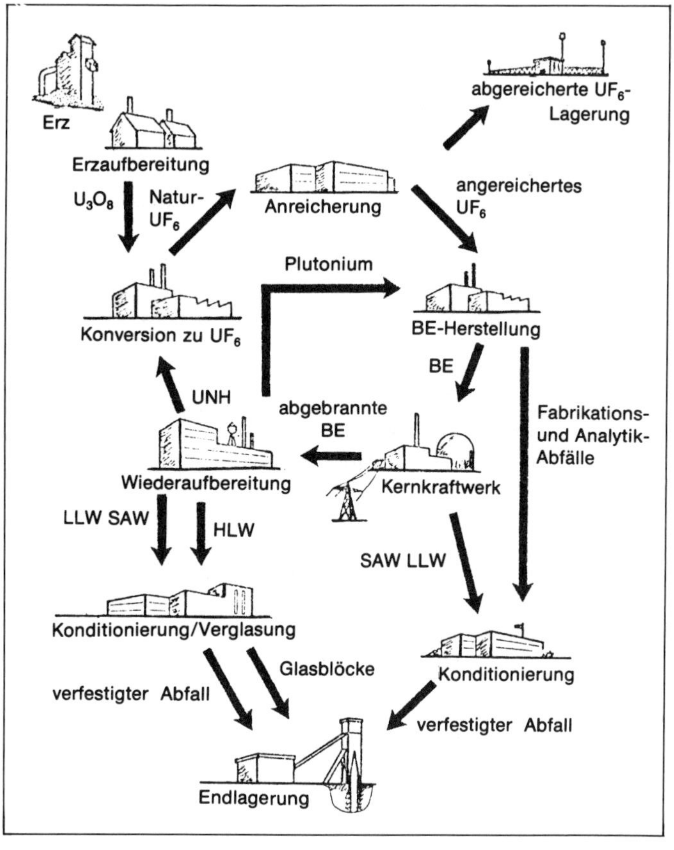

Abb. 91 Brennstoffkreislauf. Nach H. Keese [1977].

Zeichenerklärung:
SAW ≙ feste aktive Abfälle, LLW ≙ wenig aktive flüssige Abfälle, HLW ≙ hochaktive flüssige Abfälle, BE ≙ Brennelemente, UNH ≙ zurückgewonnene Uranverbindung.

enthaltenen Zerfallprodukte freigesetzt. Dadurch werden sowohl die Bergleute einer Strahlendosis ausgesetzt, als auch das natürliche Niveau dieser Radionuklide in der Umwelt erhöht. Die Bewertung der mit der Urangewinnung verbundenen Emissionen ist – insbesondere bezüglich der sehr langlebigen Radionuklide – heftig umstritten [Pohl und Erwiderung 1976].
Abgebrannte Brennelemente müssen aus dem Reaktorkern entfernt und durch neue ersetzt werden; sie werden anschließend im Brennelementlagerbecken des Kernkraftwerks mindestens ein halbes Jahr gelagert. Während dieser Zeit nimmt ihre Aktivität[1)] durch radioaktiven Zerfall kurzlebiger Spaltprodukte stark ab. Da die Lagerbecken begrenzt sind, müssen die Brennelemente auf die Dauer entfernt und anderswo untergebracht werden. Grundsätzlich kann man entweder die abgebrannten Brennelemente selbst einer Endlagerung zuführen oder eine chemische Aufarbeitung vornehmen und die dabei anfallenden hochaktiven Abfälle anschließend ihrerseits – nach geeigneter Behandlung – endlagern. Für die Wiederaufarbeitung von LWR- und SBR-Brennelementen ist der PUREX-Prozeß, von HTR-Brennelementen der THOREX-Prozeß vorgesehen. Als erster Schritt wird dabei eine Zerstörung der Brennelemente (mech. Zerlegen bzw. Mahlen und Verbrennen) und anschließende Auflösung des Brennstoffs in Salpetersäure vorgenommen (head end). Dabei werden die Spalt- und Aktivierungsprodukte in die Spaltproduktlösung und das Auflöserabgas freigesetzt.
Bei den gegenwärtigen Wiederaufarbeitungsanlagen werden die Edelgasnuklide vollständig, das flüchtige Jod zu einem Teil (Schwierigkeiten bei der Abscheidung organischer Jodverbindungen) in die Atmosphäre abgegeben. Angaben über die Aufteilung der Emission der Edelgase und des Jods sowie des Tritiums auf die verschiedenen Emissionswege findet man in Bonka [1975, S. 79]. Die gleiche Publikation enthält auch Angaben über die Aktivität einiger wichtiger Nuklide, bezogen auf den Abbrand und auf eine Wiederaufarbeitungsanlage für eine Kernkraftwerkskapazität von 50000 MW_e bei einer Auslastung von 80%. Zur Bewertung einer teilweisen Freisetzung von einzelnen Radionukliden muß neben der Aktivität auch die aus der Aktivität A und der Halbwertszeit T bestimmbare Molzahl N ($N\,[\mathrm{mol}] = 2{,}8 \cdot 10^{-6}\, A \cdot T\, [\mathrm{Ci} \cdot \mathrm{a}]$) herangezogen werden. An der Molzahl erkennt man z. B. leicht die Bedeutung des J 129 und seiner Rückhaltung. Die radioaktiven Emissionen der einzelnen Anlagen des Brennstoffzyklus werden zum Zwecke der Beurteilung am besten auf die erzeugte elektrische Arbeit bezogen; als Einheit dafür hat sich das $GW_e \cdot a$, d. h. Jahreserzeugung eines 1000-MW_e-KKW bei vollständiger Verfügbarkeit bzw. eines 1250-MW_e-KKW bei einer Verfügbarkeit von 80%, eingeführt. Eine Zusammenstellung der Umweltbelastungen – darunter auch der radioaktiven Emissionen – für eine Nachladung eines 1000-MW_e-LWR mit 80% Auslastung, d. h. für 0,80 $GW_e \cdot a$, findet man in Oszuszky [1976]. Einen Vergleich mit den Emissionen konventioneller Kraftwerke und den entsprechenden Immissionen bieten die Studie Kernenergie und Umwelt [1973] sowie Schikarski [1975]. Die Emissionen der Kernkraftwerke und Kernforschungszentren (unter Einschluß der Wiederaufarbeitungsanlage und der Versuchskraftwerke) für das Jahr 1975 sind im Bericht der Bundesregierung BTD 8/311 (siehe Tab. 55) angegeben.
Auch die radioaktiven Abfälle können in einem weiteren Sinn zu den Emissionen des Kernenergiesystems gerechnet werden. Ein wesentlicher Teil dieser Abfälle entsteht bei der Abwasseraufbereitung, der Kühlmittelreinigung und der Abgasreinigung, d. h. bei der Reduktion der Emissionen in Luft und Gewässer. Radioaktive Abfälle ergeben sich aber daneben auch aus dem sonstigen Kraftwerksbetrieb (Verbrauchsmaterial, Verschleißteile, Reparaturteile, Material der Reaktorregelung). Es ist üblich, schwach-, mittel- und hochaktive Abfälle zu unterscheiden und darüber hinaus eine Unterteilung nach den physikalisch-chemischen Eigenschaften (fest, flüssig, gasförmig, gärfähig, brennbar) vorzunehmen. Eine Übersicht über die gegenwärtigen und voraussichtlichen zukünftigen radioaktiven Abfälle aus Kernkraftwerken (KKW), Wiederaufarbeitungsanlagen (WAA), Brennelementherstellung und sonstigen Anwendungen von Radionukliden findet man in Dyroff und Fleischmann [o. J.]; danach entfällt der größte Anteil am Volumen (m^3) auf die Abfälle der Kernkraftwerke, fast die gesamte Aktivität (Ci) jedoch auf Abfälle aus der Wiederaufarbeitung.
In dem stillgelegten Salzbergwerk Asse II wird seit 1967 schwachaktiver, seit 1972 auch mittel-

[1)] Die Aktivität wird in Curie (Ci) bzw. Becquerel (Bq) gemessen, 1 Ci = $3{,}7 \cdot 10^{10}$ Bq = $3{,}7 \cdot 10^{10}$ Zerfälle/s.

Tabelle 55 Abgabe radioaktiver Stoffe aus KKW und KFZ für 1975 in Ci/a nach BTD 8/311 (ohne die ergänzenden Anmerkungen des Originals).

Kernkraftwerk bzw. Kernforschungszentrum	Abluft Edelgase	Aerosole langlebige	Aerosole kurzlebige	Jod-131	C-14	Tritium	Abwasser Spalt- und Aktivierungsprodukte (ohne Tritium)	Abwasser Tritium
Kahl	380	0,025	n. b.[2]	0,005	0,1	ca. 2	0,006	7,9
Grundremmingen	7400	9	0,008	0,25	2	ca. 100	1,0	125
Lingen	35000	9	0,01	1,3	2	ca. 30	0,045	16
Obrigheim	8000	0,003	0,026	0,012	1,5	27	1,8	170
Stade	1300	n. b.	0,03	0,01	3	15	0,13	106
Würgassen	120	2	0,011	0,001	2	ca. 2	0,89	3,9
Biblis A	1700	0,047	0,006	0,05	5	ca. 13	0,38	110
Kernforschungszentrum Karlsruhe (einschl. Wiederaufarbeitungsanlage)	ca. 140000	0,44	0,060			1571	0,088	2800
davon Wiederaufarbeitungsanlage	ca. 43500	0,18	0,043					
Kernforschungsanlage Jülich[1]	723	56	0,072			131	0,435	357

[1] Abgabe von zusätzlich 0,044 Ci/a α-Strahler. [2] n. b. = nicht berichtet.

aktiver Abfall eingelagert. Schwachaktive Abfälle werden in 200 l-Fässern (aus Stahlblech) ohne besondere Abschirmung transportiert und gelagert, während mittelaktive Abfälle nur mit Abschirmung transportiert werden dürfen und mittels einer speziellen Beschickungsanlage unmittelbar aus dem Förderbehälter in die Lagerkammer überführt werden [BMI, 1974: Sicherheit kerntechnischer Einrichtungen und Strahlenschutz. Rechenschaftsbericht und Programm.] Hochaktive Abfälle enthalten ein Vielfaches der Aktivität mittelaktiver Abfälle und erzeugen deshalb erhebliche Wärmemengen. Die Wärmeentwicklung verursacht ein zusätzliches Problem für die Endlagerung, da ohne ihre Ableitung eine Selbsterhitzung mit Zerstörung der Gefäße und damit Freisetzung der Aktivität erfolgen würde. Es ist geplant, die hochaktiven Abfälle zu verfestigen und in Form von Zylindern in Bohrlöchern endzulagern, um so auf Dauer sowohl die Wärmeableitung als auch den Strahlenschutz zu gewährleisten. Zur Ermittlung des Wärmeleitungsverhaltens von Salzlagern werden in Asse II Simulationsversuche durchgeführt [Albrecht u. a. 1977].

c) Bestimmung der Strahlenbelastung aus den Emissionen

Radioaktive Emissionen verursachen über verschiedene Pfade eine Strahlenbelastung. Man unterscheidet dabei zweckmäßigerweise zwischen der Erstbelastung, die sich bei der Verteilung der Emissionen in der Atmosphäre und den Gewässern ergibt, sowie der globalen Strahlenbelastung, die sich einstellt, nachdem die Radionuklide in der Atmosphäre und Hydrosphäre global verteilt sind. Einen Überblick über die möglichen Pfade der Strahlenbelastung vermittelt Abb. 92.

Bei der Erstbelastung über den Luftpfad unterscheidet man die äußere Strahlenbelastung (Submersion) sowie die innere Strahlenbelastung durch Einatmen radioaktiver Gase und Aerosole (Inhalation) und durch Aufnahme von Nahrungsmitteln (Ingestion). Die Strahlenbelastung wird durch die Äquivalentdosis mit der Maßeinheit »rem«[1] gemessen. Die Dosisrate [rem/a]

[1] Die pro Masseneinheit absorbierte Strahlenenergie nennt man Energiedosis, sie wird in J/kg oder rad (radiation absorbed dose) gemessen (1 J/kg = 100 rad). Die unterschiedliche biologische Wirksamkeit verschiedener Strahlenarten, Strahlenenergien und Bestrahlungsbedingungen werden durch international festgelegte Bewertungsfaktoren berücksichtigt; aus Energiedosis mal Bewertungsfaktor addiert über die Strahlungsarten ergibt sich die Äquivalentdosis die in J/kg oder rem (radiation equivalent man) ausgedrückt wird (1 J/kg = 100 rem).

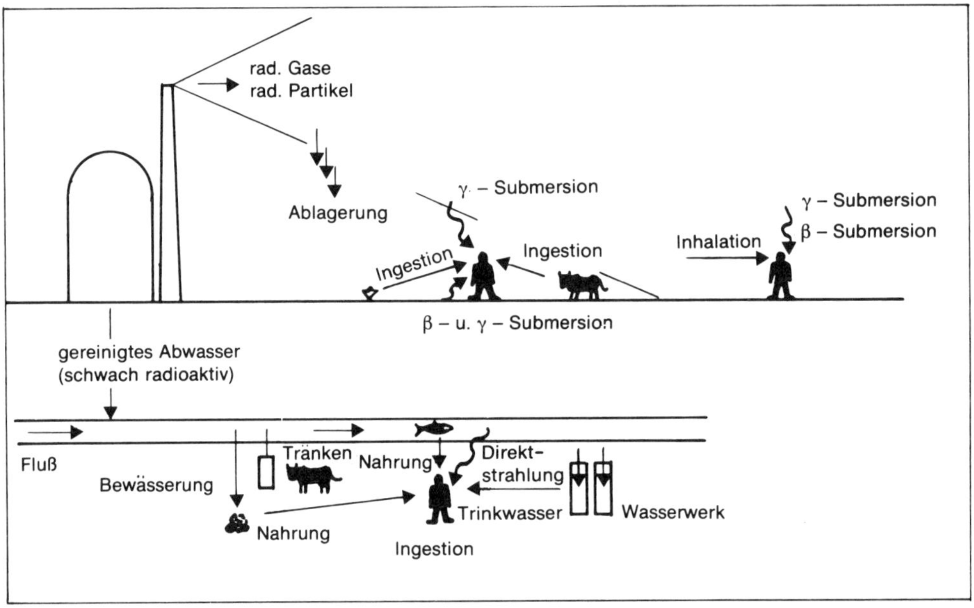

Abb. 92 Pfade der Strahlenbelastung des Menschen durch radioaktive Stoffe aus kerntechnischen Anlagen. Aus Bonka [1975].

ergibt sich aus der Emissionsrate der einzelnen Nuklide [Ci/a] durch Multiplikation letzterer mit Langzeitausbreitungsfaktoren, wodurch mittlere Aktivitätskonzentrationen [Ci/m^3] gewonnen werden, und anschließende Multiplikation mit Dosiskonstanten sowie Summation über die Radionuklide. Die Lanzeitausbreitungsfaktoren ergeben sich aus der turbulenten Diffusion in der Atmosphäre und hängen dementsprechend von den meteorologischen Verhältnissen des Standortes ab; sie werden mit Hilfe von Ausbreitungsmodellen berechnet [Hübschmann 1976]. Die Berechnung der Dosiskonstanten erfolgt üblicherweise nach den Regeln der Internationalen Strahlenschutzkommission (ICRP) [Recommendations of the Int. Comm. on Radiological Protection, 1959]; liegen für einzelne Nuklide neuere, zuverlässige Erkenntnisse vor, so können diese verwendet werden. Formeln und Literaturhinweise für die Berechnung der Dosis aus der Emission findet man in Bonka [1975, S. 102 ff.].
Die wichtigsten Möglichkeiten einer Strahlenbelastung über den Wasserpfad ergeben sich aus der Trinkwasserversorgung, aus der Nutzung von Fischen und der landwirtschaftlichen Bewässerung (Ingestion). Die Belastungen erfolgen also überwiegend aus Nutzungen des Wasserkörpers, während die Submersionsdosisleistungen aus einer Abluftwolke weitgehend unvermeidbar sind. Eine detaillierte Behandlung der oben genannten einzelnen Pfade ist schwierig. Experimentelle Untersuchungen haben gezeigt, daß die Radionuklide nahezu vollständig gelöst oder an Schwebstoffe gebunden in Wasser transportiert werden; Sedimentierung und Remobilisierung spielen außer bei Stauhaltungen und Hochwasserführung keine wesentliche Rolle; nur ein geringer Anteil der radioaktiven Fracht wird in die Biomasse eingebunden. Eine Behandlung der Belastung über den Trinkwasserpfad findet man in Bonka [1975, S. 167 ff.], eine Analyse der Nuklidzusammensetzung im Abwasser von Kernkraftwerken in Aurand [1974].
Zur Berechnung der Strahlenbelastung durch global verteilte Radionuklide bedient man sich vereinfachter Modellannahmen über die Art und Geschwindigkeit der Verteilung. Für Prognosen müssen nicht nur Annahmen über den weltweiten Ausbau des Kernenergiesystems gemacht werden, sondern auch darüber, welche Rückhaltefaktoren künftig in den verschiedenen Ländern realisiert werden. Alternative Berechnungen zeigen, daß bei der prognostizierten Ausdehnung des weltweiten Kernenergieeinsatzes die verbesserte Rückhaltung des J^{129} und die Rück-

haltung des Kr^{85} aus WAA[1)] unbedingt notwendig ist, eine Rückhaltung des Tritiums angestrebt werden sollte [Bonka 1975]. Die Ergebnisse von Berechnungen über die Strahlenbelastung in der Umgebung von KKW und KFZ in der Bundesrepublik für das Jahr 1975 findet man in BTD 8/311, für das Jahr 1974 in Umweltradioaktivität und Strahlenbelastung, Jahresbericht 1974, S. 155 [BMI 1976].

5.7.2.3 Die Risiken kerntechnischer Anlagen

a) Technische Sicherheitsmaßnahmen und Risikostudien

Durch die mit der Energiegewinnung im Kernreaktor notwendig verbundene Bildung von Spalt- und Aktivierungsprodukten entsteht im Reaktorkern ein sehr großes radioaktives Inventar (Gesamtheit der Radionuklide); für einen 1000-MW_e-LWR hat es die Größenordnung von 10^{10} Ci insgesamt und rd. 10^9 Ci für mehrere Radionuklide hoher Aktivität. Um einen Begriff von der Bedeutung dieser Aktivität zu erhalten, vergleicht man sie am besten mit den Aktivitätsmengen, die von der ICRP als maximal zulässig für unbedenkliche Inkorporation festgelegt wurden (Freigrenzen); sie liegen im Bereich von 10^{-7} bis 10^{-5} Ci und damit 14 und mehr Größenordnungen unter dem Inventar. Aufgabe der sicherheitstechnischen Auslegung der Reaktoren ist es, zu verhindern, daß Teile dieses Inventars unkontrolliert in die Umwelt gelangen. Gegen das Auftreten der Spaltprodukte bestehen im wesentlichen vier Barrieren. Das Kristallgitter des Brennstoffs, die Brennelementhülle, das Reaktordruckgefäß und die Sicherheitshülle. Einen weiteren Beitrag zur Sicherheit leisten die Rückhalteeinrichtungen, der biologische Schild und die Stahlbetonhülle des Reaktorgebäudes. Die Sicherheitsmaßnahmen sind darauf gerichtet, daß diese Barrieren jederzeit funktionstüchtig bleiben. Zu diesem Zwecke wird einerseits eine rigorose Qualitätskontrolle bei der Herstellung der Kernkraftwerke durchgeführt [Rösler 1977] und andererseits eine Konstruktion gewählt, die höchstmöglichen Schutz gegen Einwirkungen von außen bietet, ferner werden spezielle Einrichtungen vorgesehen, die dazu dienen, die Folgen von Unfällen möglichst gering zu halten. Die amtlichen Sicherheitskriterien in der Fassung vom 25. 6. 74 und in der Fassung vom 1. 4. 77 findet man in den einschlägigen Veröffentlichungen des BMI: Sicherheit kerntechnischer Anlagen u. Strahlenschutz, Anlage 2, Sicherheitskriterien für Kernkraftwerke bzw. Bekanntmachung von Sicherheitskriterien für Kernkraftwerke.

Verschiedene Reaktortypen stellen unterschiedliche Anforderungen an die Sicherheitstechnik, da sich die durch den nuklearen Prozeß und die technische Grundkonzeption bestimmte inhärente Sicherheit der Reaktorkonzepte unterscheidet. Die Tatsache, daß die Reaktivität mit steigender Temperatur abfällt, leistet beispielsweise einen wesentlichen Beitrag zur inhärenten Sicherheit von LWR und HTR. Die Fähigkeit des HTR, die Nachwärme auch ohne Kühlung durch die hohe Wärmekapazität der Brennelemente lange Zeit ohne Gefahr des Kernschmelzens aufnehmen zu können, erhöht die inhärente Sicherheit dieses Reaktortyps. Die Verwendung von flüssigem Natrium zur Kühlung des Schnellen Brüters (SNR)[2)] bietet einerseits Vorteile, weil sie drucklos ist und eine hohe Wärmekapazität hat, doch folgen zugleich Nachteile aus der chemischen Reaktivität des Natriums. Hinsichtlich der denkbaren Möglichkeit der Bildung von prompt kritischen Anordnungen (s. o.) des Brennstoffes gelten Schnelle Brüter als problematischer als die Leichtwasserreaktoren [6. Report der Royal Commission on environmental pollution, 1976, Kap. 8]. Bezüglich der inhärenten Sicherheit wird gegenwärtig üblicherweise die Reihenfolge HTR, LWR, SNR angenommen; damit ist jedoch über die integrale Sicherheit noch nichts ausgesagt, weil diese erst durch die sicherheitstechnische Auslegung bestimmt wird.

Unter den gegenwärtig betriebenen und im Bau befindlichen Kernkraftwerken bilden die LWR die überwältigende Mehrheit; sie sind auch für den weiteren Ausbau des Kernenergiesystems in naher Zukunft vorgesehen, erst danach soll eine Ergänzung durch fortgeschrittene Reaktorli-

1) Wiederaufarbeitungsanlagen.

2) Reaktor, der mit schnellen Neutronen Pu-239 spaltet und zugleich ebensoviel oder mehr neues Pu-239 aus U-238 bildet und mit Natrium gekühlt wird (Schneller Natriumgekühlter Reaktor).

nien (HTR, SNR) erfolgen. Aus diesem Grund haben sich bisherige Risikostudien besonders intensiv mit LWR befaßt. Kernkraftwerke werden auf die sichere Beherrschung eines größten anzunehmenden Unfalls (GAU) ausgelegt. Bei LWR wird in der Regel dafür der Bruch der Primärkühlmittelleitung angenommen. Das wichtigste Mittel zur Begrenzung der Folgen eines derartigen Unfalls ist das Notkühlsystem, welches die im Reaktorkern durch radioaktiven Zerfall der Spaltprodukte entstehende Nachwärme auch im Störfall abführen und so das Aufschmelzen der Brennelemente verhindern soll (die Nachwärme beträgt 10 s nach Abschaltung etwa 6%, ein Jahr nach Abschaltung etwa 0,1% der thermischen Leistung des Reaktors). Das Notkühlsystem wird wie alle Elemente des Sicherheitssystems redundant ausgelegt, damit es auch dann noch seine Aufgabe erfüllt, wenn einzelne Einspeisungsstränge versagen.
Das Prinzip der Risikoanalyse besteht darin, denkbare Schadensverläufe zu analysieren, die Häufigkeit derartiger Ereignisse abzuschätzen und ihre Folgen zu bestimmen. Das Risiko eines speziellen Schadensereignisses wird dabei definiert als das Produkt aus der Wahrscheinlichkeitsrate des Ereignisses und der Intensität seiner Folgen. Die Unfallauswirkungen ergeben sich aus der Aktivitätsfreisetzung – ggf. differenziert nach Nukliden – und der damit verbundenen individuellen oder kollektiven Dosisbelastung, die von den Wetterverhältnissen und der Besiedlung abhängt. Das Gesamtrisiko ergibt sich aus der Addition der Einzelrisiken der verschiedenen Schadensereignisse. Die Risikoüberlegungen verwenden die formalen Regeln der Wahrscheinlichkeitsrechnung; besondere Bedeutung kommt dabei den Situationen zu, bei denen das Versagen von Komponenten nicht unabhängig von einander ist (sogenannte common-mode-Ausfälle), da sie die Wahrscheinlichkeit eines Schadensereignisses sehr erhöhen können. Die Ergebnisse der Risikostudien können nicht ohne weiteres mit üblichen stochastischen Aussagen verglichen werden, da ihnen nicht reale, sondern nur fiktive Ereignismannigfaltigkeiten unterlegt werden können; eben weil es sich nicht um Massenerscheinungen, sondern um extrem seltene Ereignisse handelt, können die unterlegten Modellvorstellungen nicht ohne weiteres verifiziert oder falsifiziert werden.
Die bisher umfassendste Studie über das Risiko von Leichtwasserreaktoren ist die sogenannte »Rasmussen-Studie« Wash 1400 [Reactor Safety Study 1975, Rasmussen 1976]. Ihre Aufgabe war die realistische Abschätzung der öffentlichen Risiken durch mögliche Unfälle kommerzieller Leichtwasserreaktoren und der Vergleich dieser Risiken mit nichtnuklearen Risiken, denen die Gesellschaft und ihre Individuen bereits ausgesetzt sind. Die Untersuchung zeigte, daß die einzig relevante Möglichkeit für die Freisetzung nennenswerter Anteile des radioaktiven Inventars ein Niederschmelzen des Reaktorkerns ist. Wegen der Auslegung der Kernkraftwerke kann ein solcher Störfall nur bei einer Kette aufeinanderfolgender Funktionsfehler geschehen. Eine solche Kette bildet der Verlust des Primärkühlmittels durch ein Leck im Hauptkühlsystem und anschließendes Versagen des Notkühlsystems (Kühlmittelverlust-Unfall). Eine andere Kette ergibt sich, wenn nach einer erfolgreichen Schnellabschaltung das Hauptkühlsystem und das Notkühlsystem ausfallen oder bei Versagen der Schnellabschaltung und dem durch Nichtansprechen der Druckentlastungsventile ausgelösten Bruch des Hauptkühlsystems – woraufhin die Kettenreaktion wegen Verlust des Moderators abbricht – das Notkühlsystem ebenfalls versagt (Transienten-Unfall). Nach einem Unfall mit Kernschmelzen sorgen die verbleibenden Barrieren dafür, daß nicht eine sofortige Freisetzung der gesamten enthaltenen Radioaktivität auftritt, sondern ein großer Teil zerfällt oder an den Innenwänden des Reaktors bzw. in den Filteranlagen gebunden wird, ehe auch die Sicherheitshülle versagt.
Für die über alle untersuchten Unfallwege aufsummierte Wahrscheinlichkeitsrate des Kernschmelzens ergab sich ein Ereignis auf rund 20000 Reaktorbetriebsjahre, wobei die Folgen der wahrscheinlichsten Form eines solchen Unfalls jedoch gering waren. Bisher ist bei kommerziellen LWR kein Fall von Kernschmelzen oder gefährlicher Überhitzung aufgetreten. Als empirisch gesicherte obere Grenze der Wahrscheinlichkeit des Kernschmelzens erhält man, je nachdem ob nur die Erfahrungen mit großen KKW oder auch diejenigen mit kleineren KKW und Schiffsreaktoren berücksichtigt werden, Werte von 1:100 bzw. 1:1000 je Reaktorbetriebsjahr.
Zur Bestimmung der Folgen von Unfällen mit Kernschmelzen wurden 140000 mögliche Kombinationen von radioaktiven Freisetzungen, Wetterbedingungen und Bevölkerungsverteilung

durchgerechnet. Dabei wurden anhand der Analysen verschiedener Unfalltypen 9 Freisetzungskategorien für DWR[1)] und 5 Freisetzungskategorien für SWR[1)] gebildet, die Wetterbedingungen vieler Reaktorstandorte berücksichtigt und die Ballungsdichte im Umkreis vorhandener und geplanter KKW verwendet. Den Berechnungen liegt die Annahme einer Evakuierung der Bevölkerung zugrunde, das Evakuierungsmodell lehnt sich an Erfahrungen bei nicht nuklearen Unfällen an. Auf diese Weise konnten die Unfallfolgen (akute Todesfälle, akute Erkrankungen, Krebsfälle, genetische Schädigungen und Schilddrüsenknoten) als Funktion der Unfallwahrscheinlichkeit bestimmt werden. Die geschätzten Unsicherheiten der Unfallwahrscheinlichkeiten werden durch Faktoren $^1/_5$ bzw. 5 erfaßt, diejenigen der Unfallfolgen durch Faktoren ähnlicher Größe. Die Tabelle 56 enthält charakteristische Werte aus diesen Funktionen sowie für Sachschäden außerhalb der Anlage.

Tabelle 56 Ergebnisse aus der »Rasmussen-Studie«.

Unfallwahrscheinlichkeit je Reaktorbetriebsjahr	$5 \cdot 10^{-5}$	10^{-6}	10^{-7}	10^{-8}
akute Todesfälle (bis zwei Monate)	1	<1	100	1000
akute Krankheitsfälle (bis ein Jahr)	1	300	3000	15000
Krebsfälle pro Jahr (10.–40. Jahr)	1	170	500	900
genetische Schäden pro Jahr (erste Generation)	1	25	60	120
Schilddrüsenknoten pro Jahr	1	1400	3500	6000
Sachschäden außerhalb der Anlage (10^6 \$)	1	1000	3000	8000

Die angegebenen Risiken sind wesentlich geringer als diejenigen der 1957 von der AEC[2)] publizierten Sicherheitsstudie (Wash 740), welche bewußt konservativ vorging und auf dem damaligen Stand der Technik die Grundlagen für das Reaktorhaftungsgesetz bereitstellen sollte. Die »Rasmussen-Studie« kommt zu dem Ergebnis, daß die empirische Wahrscheinlichkeit zahlreicher technischer und natürlicher Unfälle (Feuer, Explosion, toxisch-chemische Dammbrüche, Flugzeugabstürze, Erdbeben, Hurrikane, Tornados) bei gleich schweren Konsequenzen größer ist als die geschätzte Wahrscheinlichkeit für Reaktorunfälle.

Die »Rasmussen-Studie« ist vielfältig kommentiert und im Detail kritisiert worden, sie wurde jedoch in methodischer Hinsicht allgemein als Fortschritt anerkannt. Sehr bald wurde vorgeschlagen, eine entsprechende Studie für die deutschen Verhältnisse vorzunehmen, da eine unmittelbare Übertragung wegen der im Detail anderen Technologie und der größeren Besiedlungsdichte nicht möglich sei. Inzwischen wurde eine derartige Sicherheitsstudie in Auftrag gegeben, über die bisherigen Zwischenergebnisse berichten BIRKHOFER u. a. 1977.

Eine Untersuchung der Sicherheit kommerzieller LWR hat auch die Amerikanische Physikalische Gesellschaft (APS) vorgenommen [veröff. in Physics Today 1975]. Diese Studie fand keinen Anlaß für konkrete kurzfristige Besorgnisse über die Reaktorsicherheit, andererseits jedoch auch keine vollständig befriedigende quantitative Behandlung wichtiger Sicherheitsfragen. Aus diesem Grund und weil die gesundheitlichen Folgen großer Unfälle möglicherweise ernster als bisher erwartet seien, wird ein ausgedehntes und modifiziertes Programm der Reaktorsicherheitsforschung vorgeschlagen. Besondere Bedeutung wird daher den künftigen Ergebnissen der Experimente der LOFT (Loss of Fluid Test)-Anlage von 55 MW_{th} beigemessen, die speziell für experimentelle Untersuchung von Druckwasserreaktoren entwickelt wurde.

Neuerdings hat die Frage des Berstschutzes für das Reaktordruckgefäß durch das Urteil des Verwaltungsgerichtes Freiburg über das KKW Süd bei Whyl besondere Bedeutung erlangt. Die Reaktorsicherheitskommission hat den vom Gericht verlangten Berstschutz mit dem Hinweis

[1)] Druckwasserreaktor (DWR) und Siedewasserreaktor (SWR) sind die beiden technisch wichtigen Ausprägungen des Leichtwasserreaktors.

[2)] Atomic Energie Commission.

auf neuere Entwicklungsergebnisse als nicht notwendig bzw. überholt bezeichnet [Energiewirtschaftliche Tagesfragen *27*, H. 4, 1977], das Verwaltungsgericht Würzburg hat die Notwendigkeit eines Berstschutzes für das im Bau befindliche KKW Grafenrheinfeld verneint.
Neben der Frage nach der Funktionssicherheit des Notkühlsystems wird das Risiko von LWR auch bestimmt durch die Sicherheit der Anlage gegenüber äußeren Einwirkungen. Als äußere Einwirkung werden insbesondere Erdbeben, Gasexplosionen und Flugzeugabstürze betrachtet und bei der Auslegung der Bauwerke berücksichtigt. Die Einwirkungen von außen sind für Risikostudien besonders deshalb relevant, weil sie die Ursache von »common-mode-Ausfällen« sein können. Für die Auslegung gegen Erdbeben unterscheidet man zwischen dem Auslegungserdbeben, dessen Auswirkungen das Kraftwerk ohne Verlust der Betriebsfähigkeit überstehen soll, und dem Sicherheitserdbeben, bei dem die für die Sicherheit relevanten Einrichtungen intakt bleiben müssen, Betriebsfähigkeit jedoch nicht verlangt wird. Die Annahmen über die Art der Gasexplosion und das ggf. abstürzende Flugzeug werden bei der Auslegung des Gebäudes berücksichtigt und haben auch Einfluß auf die Anordnung der Kraftwerksbauten [Sütterlin 1975, De Jong 1975]. Die für zu genehmigende KKW geltenden Anforderungen zum Schutz gegen äußere Einwirkungen haben bisher nicht zu entsprechenden Verbesserungen von bestehenden Anlagen geführt. In Zusammenhang mit der Herabsetzung des Restrisikos durch Einwirkung von außen wird auch die unterirdische Anlage von KKW wieder intensiv diskutiert [Merz 1975].
Das Risiko der Kernenergienutzung ist nicht auf die Kernkraftwerke beschränkt, es muß vielmehr bei allen Schritten des Brennstoffkreislaufes untersucht werden [Lindackers 1974]. In den letzten Jahren ist insbesondere die Entsorgung der KKW zu einem strittigen Thema geworden. Wie die Entsorgung der KKW erfolgen soll und ob es überhaupt eine ausreichend sichere Lösung für die damit verbundenen Probleme der Endlagerung hochradioaktiver Abfälle, der Kontrolle von Spaltstoffen sowie ggf. der Sicherheit und Emissionsbegrenzung von Wiederaufarbeitungsanlagen gibt, ist zu einem zentralen Punkt in der Kontroverse um die Kernenergie geworden.
Die Frage, ob durch sensitive Anlagen (Anreicherung, Wiederaufarbeitung) die Ausbreitung von Kernwaffen (Proliferation) begünstigt wird, ist Gegenstand internationaler Verhandlungen geworden. Befürworter der Wiederaufarbeitung betonen, daß Plutonium aus hochabgebrannten Brennelementen für Waffenzwecke wenig geeignet ist und für Kernwaffen geeignetes Plutonium billiger durch unmittelbar auf diesen Zweck gerichtete Anlagen gewonnen werden kann. Ein Argument für die Wiederaufarbeitung ist die Gewinnung des restlichen U-235 und des Plutoniums, das auch in Brennelementen für LWR eingesetzt werden kann, wodurch nicht nur die Vorräte an Uran gestreckt werden können, sondern auch eine relativ sichere Unterbringung des Plutoniums erreicht wird. Schließlich ist das bei der Wiederaufarbeitung anfallende Plutonium eine Voraussetzung für den Übergang der Kernenergieerzeugung auf das System der Schnellen Brüter. Andererseits ist unbestreitbar, daß die Handhabung größerer Mengen Plutonium und die begrenzte Genauigkeit der Spaltstoffbilanzen die Entwendung und die unterschiedlichsten Formen des Mißbrauchs von Plutonium tendentiell erleichtert.
Eine neuere Studie aus den USA (Ford-Studie) kommt unter Zugrundelegung des inzwischen reduzierten Programms der Kernenergienutzung zu dem Ergebnis, daß die Uranvorräte so groß sind, daß für die USA in diesem Jahrhundert keine Notwendigkeit besteht, auf die Schnellen Brüter überzugehen. Sie empfiehlt deshalb, von der Aufarbeitung abzusehen und die Brennelemente selbst endzulagern bzw. langfristig zwischenzulagern. Damit werden zwar die mit der Wiederaufarbeitung verbundenen Probleme vermieden, die Probleme der Endlagerung jedoch nicht gelöst, möglicherweise auch erschwert; als denkbares Verfahren kommt das heißisostatische Pressen in Frage [Atom u. Strom, H. 1, 1977].
Die Bedeutung der Entsorgung wird auch dadurch deutlich, daß die Bundesregierung beschlossen hat, künftig Genehmigungen für neue KKW erst dann zu erteilen, wenn die Entsorgung ausreichend gesichert ist. Das in der Bundesrepublik verfolgte Konzept [Hagen 1977] sieht ein räumlich konzentriertes Entsorgungszentrum vor (dadurch werden die mit den Transporten verbundenen Risiken minimiert), bei dem die Entsorgung zugleich als Teil des Brennstoffkreislaufs verstanden wird, und dementsprechend vier Teilschritte unterschieden werden:

- Empfang und Zwischenlagerung von bestrahlten Brennelementen
- Wiederaufarbeitung von bestrahlten Brennelementen
- Rückführung des wiedergewonnenen Urans und Plutoniums
- Behandlung und Endlagerung der radioaktiven Abfälle

Die Anlagen des Entsorgungszentrums sollen – bis auf die Anlagen zur Endlagerung – von den Elektrizitätsversorgungsunternehmen (EVU) errichtet und betrieben werden. Die Endlagerung ist nach der vierten Novelle zum Atomgesetz dem Bund gegen Kostenerstattung vorbehalten. Die technischen Planungen wurden zunächst durch eine von der Chemie- und Brennelementindustrie getragene Gesellschaft (Kewa), später durch eine Projektgesellschaft von zwölf großen EVU (PWK) und nach deren Umgründung nunmehr durch die Deutsche Gesellschaft für Wiederaufarbeitung von Kernbrennstoffen mbH (DWK) durchgeführt; diese Gesellschaft hat einen Sicherheitsbericht vorgelegt, der gegenwärtig geprüft wird.

Die schwach- und mittelaktiven Abfälle aus der Wiederaufarbeitung sollen sofort nach ihrer Entstehung konditioniert und am Standort des Entsorgungszentrums endgelagert werden. Ein besonderes Problem stellen die hochaktiven Abfallösungen dar, die der Biosphäre unbedingt ferngehalten werden müssen. Es ist inzwischen anerkannt, daß als erster Schritt – ggf. nach einer Zeit der Zwischenlagerung – eine Verfestigung und Einbindung in Glas oder Keramik vorgenommen werden muß. Bezüglich des Verbleibs der verfestigten Abfälle muß die Grundsatzentscheidung gefällt werden, ob sie zugänglich bzw. wiedergewinnbar gelagert oder einer echten Endlagerung zugeführt werden sollen.

Die Konzepte der Endlagerung durch Niederschmelzen im Inlandeis, durch Raketentransport in den Weltraum oder durch Einbringen in den Erdmantel an den Kanten der tektonischen Platten werden aus Gründen der Sicherheit und des Aufwandes als nicht vielversprechend angesehen. Die verbleibenden Optionen sind die Lagerung in geologischen Formationen an Land oder unter dem Grund der Ozeane. Als geeignete Formationen an Land kommen Salzdome, Tonlager oder kristalliner harter Fels in Frage; die Schwerpunkte der entsprechenden Entwicklungsarbeiten der einzelnen Länder folgen ihren jeweils geologischen Gegebenheiten. Eine Endlagerung in Bohrlöchern in stabilen geologischen Formationen der Ozeane hätte den Vorteil sehr großer Kapazität, der Stabilität gegenüber Klimaänderungen auf der Erde sowie der Sicherheit gegen vorsätzliche oder zufällige Rückgewinnung [6. Report der Royal Commission on environmental pollution, 1976, § 411 ff.]. Der Vorschlag, die Spaltprodukte und die Actiniden im hochaktiven Abfall zu trennen und die Actiniden anschließend durch Neutronenbestrahlung zu spalten, um so die Zeit, während derer die Abfälle gefährlich sind, auf etwa 1000 Jahre zu reduzieren, könnte ein Anlaß sein, zunächst noch eine wiedergewinnbare Lagerung vorzunehmen. Ob die »Actinidenverbrennung« angesichts der zusätzlichen Verfahrensschritte und der damit verbundenen Risiken praktisch sinnvoll ist, muß noch geprüft werden [6. Report der Royal Commission on environmental pollution, 1976, § 384 ff.].

In der Bundesrepublik wird unter anderem die Möglichkeit entwickelt, die hochaktiven Abfälle in Phosphatglas einzuschmelzen, das anschließend in Form kleiner Tropfen (Durchmesser 5 mm) in eine Bleimatrix eingebettet wird (PAMELA-Verfahren) [Humerl 1975]. Diese Methode garantiert eine hohe thermische Leitfähigkeit und vermeidet die Rekristallisation des Glases sowie die Bildung von inneren Sprüngen. Die so konditionierten Abfälle sollen in Bohrlöchern gelagert werden, sofern die entsprechenden Untersuchungen über thermische Leitfähigkeit und Standfestigkeit der Salzlager positiv abgeschlossen werden.

b) Nichttechnische Aspekte der Risiken der Kernenergie

Mit dem Einsatz der Kernenergienutzung in großem Umfang entsteht nicht nur das für Großtechnologien typische Risiko sehr seltener, dann aber folgenschwerer Unfälle, sondern ein Risiko von weitgehend neuartigem Charakter. Damit hängt es zusammen, daß die gesellschaftliche Akzeptanz auch dann noch keineswegs gesichert ist, wenn die quantitativen Abschätzungen des Restrisikos der Kernenergienutzung – an denen intensiv gearbeitet wird – zeigen, daß das verbleibende Risiko von gleicher oder geringerer Größenordnung ist wie andere gesellschaftlich inzwischen akzeptierte technische Risiken allgemeiner, d. h. unfreiwilliger Art. Ein Vergleich mit den freiwillig, d. h. zur Erfüllung persönlicher Aktivitäten, übernommenen Risiken, die bis zu drei Größenordnungen über den typischen allgemein akzeptierten Risiken liegen, gilt zu Recht als unzulässig [STARR 1977]. In der Akzeptanz einer neuen Technologie gehen nämlich neben den quantitativen Risiken auch deren qualitative Aspekte und die sonstigen Rückwirkungen auf die Gesellschaft ein. Es gehört wesentlich zum qualitativen Aspekt der Kernenergie, daß ihre Risiken in räumlicher, zeitlicher und sachlicher Hinsicht sehr schwer abzugrenzen sind und sie sich insoweit von älteren technischen Entwicklungen – mit teilweiser Ausnahme der Chemie – unterscheidet.

Aus der geringen Abgrenzbarkeit in räumlicher Hinsicht ergibt sich ein beträchtliches Konfliktpotential zwischen den Betreiberstaaten, wenn es nicht gelingt, gleichwertige Sicherheitsstandards durchzusetzen. Um hier Vorsorge zu treffen, wird gegenwärtig im Rahmen einer Vereinbarung zwischen der Bundesrepublik und Frankreich ein Sicherheitsvergleich zwischen KKW Obrigheim und KKW Fessenheim durchgeführt. Analoge Abstimmungen zwischen Ländern der OECD und des Comecon bestehen bisher nicht. Da es im Interesse der Begrenzung langfristiger globaler Strahlenbelastungen sinnvoll ist, die Emissionen von KKW und WAA stärker zu begrenzen als es lokal – insbesondere bei günstigen Austauschverhältnissen – zur bloßen Einhaltung der Dosisgrenzwerte der ICRP nötig wäre, kann es auch über diese Frage wegen der teilweisen »free rider«-Position zu Unstimmigkeiten kommen.

Die lange Lebensdauer einiger Radionuklide wirft die Frage auf, in welchem Ausmaß es zulässig ist, künftige Generationen mit gesundheitlichen Risiken zu belasten. Beim hochaktiven Abfall wird durch die Langlebigkeit nicht nur die technische Lösung der Endlagerung erschwert, sondern auch die Frage aufgeworfen, ob es überhaupt möglich ist, die zur Ausübung der Überwachung notwendigen Kenntnisse sicher zu überliefern [EDSALL 1974]; die Vorschläge zur Actinidenverbrennung sind daher nicht nur unter technischen Gesichtspunkten zu beurteilen [6. Report der Royal Commission on environmental pollution, § 178ff., 1976]. Angesichts sehr langer Zeiträume und abnehmenden wirtschaftlichen Wachstums erscheint die Diskontierung der Folgelasten problematisch, andererseits kann auch der Verzicht auf Kernenergienutzung negative Folgen für die wirtschaftliche Situation zukünftiger Generationen (verbleibende fossile Rohstoffe) haben. Es gehört zu den typischen Kennzeichen menschlicher Geschichte, daß bestimmte Entscheidungen die Lebensbedingungen künftiger Generationen mitbestimmen. Sofern der besondere Charakter einer solchen Entscheidung vorher erkennbar ist, erweist sie sich eben deshalb als schwierig und umstritten; nur eine gründliche Erforschung und erfolgreiche Begrenzung der mit ihr verbundenen Zukunftshypotheken kann die Chance einer befriedigenden Lösung eröffnen.

Die Tatsache, daß Dosisleistungen sowohl bezüglich ihrer Wirkungen als auch ihrer Wirkungspfade nicht vollständig geklärt sind, wird zwar in den Risikoabschätzungen durch konservative Maßnahmen möglichst abgedeckt, führt jedoch dazu, daß die von der Wissenschaft vielfach erreichte und deshalb allgemein erwartete Präzision auf diesem Gebiet nicht bzw. noch nicht erreicht wird, obwohl die Kenntnisse im Vergleich zu vielen anderen Umweltbelastungen als fortgeschritten einzuschätzen sind. Diese Ungewißheit erschwert die Akzeptanz und erhöht die Sensibilität gegenüber radiologischen Gefahren [HERBST 1976]. Die Maßnahmen der Sicherung gegen vorsätzlichen Mißbrauch der Kernenergie (Terror, Sabotage) müssen diesen Aspekt berücksichtigen; das zutreffende Argument, zahlreiche andere schwere Bedrohungen der Gesellschaft seien leichter zugänglich, vermag weder als solches noch bezüglich der faktischen Sensibilität zu beruhigen.

Zu den gesellschaftlichen Rückwirkungen sind auch die Folgen einer wachsenden Zentralisierung der Energieversorgung zu rechnen; extreme Zentralisierung hat nicht nur bedenkliche sozialpsychologische und ordnungspolitische Folgen, sondern auch ökonomische Nachteile. Eine schwere Betriebsstörung einer Wiederaufarbeitungsanlage könnte künftig – unabhängig vom Ausmaß der radioaktiven Freisetzung – die Elektrizitätsversorgung eines ganzen Landes in Frage stellen und so schweren ökonomischen Schaden verursachen.

Die Fragen der gesellschaftlichen Rückwirkungen von Maßnahmen, die zur Sicherung der Kernenergieanlagen nötig sind, werden seit einiger Zeit intensiv diskutiert. Es läßt sich voraussehen, daß es sehr schwer sein wird, zugleich die Sicherung der Kernenergieanlagen und die persönlichen Freiheitsrechte zu gewährleisten, wenn die Kernenergie unter Einschluß der

Schnellen Brüter (Plutoniumwirtschaft) zur Grundlage der Energieversorgung werden sollte [6. Report der Royal Commission on environmental pollution, §§ 182–186, 1976].
Die Rückwirkungen auf die äußere Sicherheit sind ohne Zweifel von großer Bedeutung, es ist jedoch schwer, die zusätzliche Gefährdung abzuschätzen, die im Falle eines internationalen Konflikts aus dem Vorhandensein von KKW und WAA folgt. Eine Bewertung der Kernenergie unter Einbeziehung der Fragen der inneren und äußeren Sicherheit findet man bei WEIZSÄCKER [1977], Kap. 1, einen umfassenden Überblick über die Wirkungen der Kernenergienutzung auf die internationale Politik gibt KAISER u. LINDEMANN [1975].

5.7.2.4 Standortfragen für Anlagen des Kernenergiesystems unter den Bedingungen der Bundesrepublik Deutschland

Der wichtigste fachliche Beitrag, den Umweltplanung bei der Entwicklung des Energiesystems leisten muß, besteht in der Auswahl geeigneter bzw. am wenigsten bedenklicher Standorte für Energieanlagen, deshalb sollen einige allgemeine und spezielle Gesichtspunkte zur Standortwahl von Kraftwerken erörtert werden.
Unterstellt man, daß für Zwecke der rationelleren Nutzung von Primärenergie und zur Steigerung der Lebensqualität einschl. des Umweltschutzes ein Zuwachs an elektrischer Energie benötigt wird, der nicht in vollem Umfang durch Einsparungen bei weniger dringlichen Verwendungen gedeckt werden kann, so müssen die Erzeugungskapazitäten für elektrische Energie ausgebaut werden. Für die Ausweitung der Erzeugungskapazitäten gibt es dabei grundsätzlich zwei Möglichkeiten:
- Dezentrale Erzeugung in zahlreichen kleinen und mittleren Anlagen
- Zentrale Erzeugung durch Ausbau des Systems der Kraftwerke

Die dezentrale Erzeugung hat hinsichtlich der Krisenstabilität, der Primärenergienutzung, des Umweltschutzes sowie der Nutzung regenerativer Energiequellen bei optimaler Einbindung in die örtlichen Gegebenheiten viele Vorteile. Unter den gegenwärtigen Umständen bestehen in technischer, betrieblicher und wirtschaftlicher Hinsicht jedoch Schwierigkeiten bei der Realisierung dieser Strategie. Hier Fortschritte zu erzielen ist eine wichtige künftige Aufgabe umweltbewußter Energieplanung. Ein Ausbau des Systems der Kraftwerke kann nur erfolgen durch den Ausbau der Erzeugungskapazität bestehender Kraftwerke oder durch den Bau von Kraftwerken an neuen Standorten. Der Ausdehnung der Erzeugungskapazität bereits genutzter Standorte sind häufig relativ enge Grenzen gesetzt; daraus ergibt sich die Suche nach neuen Kraftwerksstandorten. Die verschiedenen Kraftwerkstypen – konventionelle Wärmekraftwerke, Wasserkraftwerke, Kernkraftwerke – unterliegen je nach ihrer Produktionspalette – Einzweckkraftwerke für elektrische Energie, Mehrzweckkraftwerke für elektrische Energie und andere Güter, z. B. Prozeßwärme, Heizwärme, Meerwasserentsalzung – sowie unterschiedlichen Funktionen im elektrischen Verbundnetz – Grundlast, Mittellast, Spitzenlast – sehr unterschiedlichen Standortbedingungen. Bestimmte Kraftwerkstypen – alle Formen von Wasserkraftwerken sowie thermische Kraftwerke auf der Basis von Torf und Braunkohle – sind praktisch völlig an natürliche Standortbedingungen gebunden. Standortkriterien können dann nur über die Realisierung, ggf. den Ausbaugrad – abgesehen von lokalen Variationen –, jedoch nicht über den Standort selbst entscheiden. Bei den weniger standortgebundenen Kraftwerkstypen – Wärmekraftwerke mit hochwertigen Brennstoffen und Kernkraftwerke – kommt der Würdigung von Standortkriterien besondere Bedeutung zu, da hier echte Alternativen bestehen können.

a) Allgemeine Standortkriterien für Kraftwerke

Kraftwerksstandorte wurden ursprünglich allein unter Gesichtspunkten der technisch-betriebswirtschaftlichen Optimierung gewählt. Die einzelnen Gesichtspunkte der wirtschaftlichen Optimierung – Anlagebau, Anlagebetrieb, Produktabsatz – haben sich im Laufe der technischen Entwicklung wesentlich verschoben. Die Fortschritte in der Entwicklung der Verbundnetze und der Hochspannungsfernleitungen haben schrittweise immer größere Übertragungsstrecken ermöglicht und so das Kriterium der Verbrauchernähe relativiert, dies war die Voraussetzung für

den Aufschwung der billigen rheinischen Braunkohle bei der Stromerzeugung. Den neben der Brennstoffversorgung wichtigsten betrieblichen Gesichtspunkt bilden die Kühlmöglichkeiten. Mit Ausnahme der Standorte auf der Primärenergie – Ruhrkohle, rheinische Braunkohle –, an denen mangels ausreichender Wassermengen schon frühzeitig mit nasser Rückkühlung produziert wurde, ist der Vorteil der Frischwasserkühlung so bedeutsam, daß zunächst Standorte nur an solchen Flüssen gewählt wurden, deren Wasserdargebot zum Abtransport der großen Abwärmemengen des Dampfkraftprozesses ausreicht.
Mit dem zunehmenden Einfluß der öffentlichen Hand erhielten auch Kriterien der Raumordnung und Landesentwicklung wachsende Bedeutung [Zur Standardproblematik in der regionalen Energiewirtschaft 1972, Bockelmann 1974]. Das Ziel der ausreichenden Versorgung zu regional möglichst einheitlichen Preisen wurde damit zu einem zusätzlichen Kriterium für die Standortwahl. Mit einer Standortentscheidung wird in regionalpolitischer Hinsicht häufig ein industriell-gewerblicher Anstoßeffekt angestrebt. Da Energiekosten nur einen unter vielen Gesichtspunkten für die industrielle Standortwahl darstellen, wirken sich niedrige Kosten für elektrische Energie erst dann auf eine Ansiedlungsentscheidung aus, wenn sie einen erheblichen Prozentsatz der Produktionskosten ausmachen. Diese Bedingung ist nur bei einigen Produkten der Grundstoffindustrie – z. B. Aluminium, Chlor – gegeben, die ihrerseits mit fühlbaren Umweltbelastungen verbunden sein können. Die Abschätzung etwaiger Multiplikationswirkungen durch Zulieferer und Weiterverarbeiter sowie den Folgebedarf an Infrastruktureinrichtungen ist schwierig und unsicher. Positive Wirkungen auf die Entwicklung bereits vorhandener Unternehmungen sind dagegen wahrscheinlich.
Neben die technisch-betriebswirtschaftlichen und die raumordnerischen Kriterien treten seit einigen Jahren zunehmend Kriterien des Umweltschutzes. Dabei kann man zwischen technologischem Umweltschutz – Reinhaltung der Luft, Gewässerschutz, Lärmschutz –, landschaftspflegerischem Umweltschutz – Landschaftsbild, Erholungsgebiete, Ökosystemschutz, Schutz besonders hochwertiger Nutzungen – und klimabezogenem Umweltschutz unterscheiden.
Für die Reinhaltung der Luft kommt es insbesondere auf die Vorbelastung des Standortes – belastetes oder schutzwürdiges Gebiet – sowie auf die durch das lokale Klima bestimmten Austauschbedingungen an. In Kraftwerken fällt neben dem Kühlwasser aufgrund des Kraftwerksbetriebs (Wasseraufbereitung, Kesselreinigung, Abschlämmwasser, Aschebehandlung) auch Abwasser im engeren Sinn an. Die Reinigung dieser Abwässer verursacht zwar Kosten, beeinflußt die Standortwahl aber nicht wesentlich. Bei der Lagerung der Brennstoffe und der Unterbringung von Schlacke und Flugasche muß auf eine evtl. Belastung von Grundwasservorräten Rücksicht genommen werden. Zur Begrenzung der thermischen Belastung der Gewässer ist je nach Standort der Übergang von Durchlauf- auf Abfluß- oder nasse bzw. trockene Kreislaufkühlung erforderlich. Mit den ersten drei Kühltechniken ist ein Verbrauch von Wasser durch zusätzliche Verdunstung verbunden. Inwieweit die Möglichkeit, bei der Durchlauf- und Abflußkühlung bedeutende Sauerstoffmengen in das Gewässer einzutragen, im Hinblick auf die Gewässerbiologie und den Sauerstoffhaushalt als Ausgleich für die Erwärmung angesehen werden kann, ist im Detail noch umstritten [Gerking 1975, Kap. 4, 5].
Die notwendigen Lärmschutzmaßnahmen hängen ab von der Lage des Standortes zu den Siedlungsgebieten unterschiedlicher Nutzung und dem Emissionspegel. Der Lärmpegel der elektrischen Anlagen ist nur größenabhängig, weitere Lärmquellen sind die Kühltürme und bei konventionellen Kraftwerken die Kessel sowie die Brennstoffaufbereitung und -lagerhaltung. Die notwendigen Lärmminderungsmaßnahmen sind technisch fast stets erreichbar, verursachen jedoch Investitionskosten, die gegen die Vorteile des Standorts abzuwägen sind.
Die Schonung des Landschaftsbildes ist ein Problem aller Kraftwerksanlagen, das jedoch bei Großkraftwerken, die mit Kühltürmen ausgestattet werden müssen, besonders gravierend wird, wenn landschaftlich wertvolle Räume betroffen sind. Kraftwerke in Erholungsgebieten müßten in mancher Hinsicht ebenso ausgelegt sein wie solche in Wohngegenden, ohne deren Verbrauchernähe zu besitzen.
Wertvolle natürliche Ökosysteme können durch den Flächenbedarf des Kraftwerkes beeinträchtigt werden. Bedenklicher ist der größere Flächenbedarf möglicher Folgeindustrien; er muß jedoch nicht in unmittelbarer Nähe des Kraftwerkes gedeckt werden.

Die Beeinflussung des lokalen Klimas durch Kraftwerke ist ein wesentlicher Gesichtspunkt der Standortbeurteilung geworden. Ein Kernkraftwerk von 1300 MWE gibt bei 6000 Betriebsstunden im Jahr eine Abwärmemenge ab, die 2 Mill. t SKE äquivalent ist, zwei oder mehr Blöcke entsprechen damit dem Energieumsatz einer regionalen Metropole. Für die Berechnung der Fahnen von Naßkühltürmen und ihrer Häufigkeitsverteilungen gibt es computergestützte numerische Modelle, deren prinzipielle Tauglichkeit experimentell gesichert ist. Die Qualität ihrer numerischen Vorhersagen hängt im wesentlichen von der genauen Kenntnis des Klimas am Standort ab. Die Bewertung der vorhergesagten – meist geringen – Änderungen typischer Klimaparameter bezüglich ihrer möglichen Wirkungen ist schwierig und zuweilen umstritten. Die unterschiedliche Wirkung von Siedlungsballungen und Kraftwerken bei gleichem Energieumsatz wurde kürzlich untersucht [Fortak 1977].
Eine weitere Gruppe von Gesichtspunkten für die Standortwahl hat neuerdings große Bedeutung erlangt: die Kriterien der Sicherung gegen Großrisiken. Wesentliche Gesichtspunkte sind dabei die Siedlungsdichte im Einflußbereich, die Sicherheit gegen Naturkatastrophen, die Sicherheit gegen zivilisatorische Unfälle, die Sicherheit gegen vorsätzliche Unfälle sowie die Sicherheit bei Kriegshandlungen. Die schwersten denkbaren Unfälle bei konventionellen Wärmekraftwerken sind Großbrände der Brennstoffvorräte und Kesselexplosionen, hinsichtlich des Standorts folgt daraus nur die Forderung nach ausreichenden Abständen. Sehr viel bedeutsamer sind die Risiken von großen Speicherkraftwerken; der Bruch einer Staumauer durch Erdbeben, Bergrutsch oder Sprengung ist je nach Standort mit enormen Sach- und ggf. Personenschäden verbunden. Große Unfälle an Speicherseen haben gezeigt, daß es sich um reale Gefahren handelt, die bei der Standortbewertung berücksichtigt werden müssen. Besondere Bedeutung erhalten Fragen des Großrisikos bei Kernkraftwerken, die zugehörigen Standortkriterien haben deshalb besonderes Gewicht. Unterscheidet man zwischen interner Sicherheit und Sicherheit unter Berücksichtigung äußerer Einwirkungen, so erkennt man, daß nur gewisse Teile des zweiten Aspektes standortabhängig sind. Das Ausmaß der Folgen eines eventuellen Unfalles ist jedoch in vielerlei Hinsicht standortabhängig, z. B. bezüglich der Besiedlungsdichte, der meteorologischen Ausbreitungsbedingungen und der Evakuierungsmöglichkeiten. Dieser Unterschied gilt für Spontanschäden ausgeprägter als für die langfristige ökologische Belastung durch radioaktive Freisetzungen. Einzelheiten der typischen Standortkriterien für Kernkraftwerke sollen wegen ihrer Bedeutung im folgenden als eigener Abschnitt behandelt werden.

b) Spezielle Standortkriterien für Kernkraftwerke

Sieht man von den Aspekten, die sich aus der großen Einheitsleistung und dem geringeren Wirkungsgrad von Kernkraftwerksblöcken ergeben, ab, so folgen die nuklear-spezifischen Standortsgesichtspunkte aus der Notwendigkeit der Verdünnung radioaktiver Emissionen, des optimalen Schutzes gegen Einwirkungen von außen und der Begrenzung des Schadens im Störfall [Guck 1973].
Der aus den meteorologischen Bedingungen folgende Langzeit-Ausbreitungsfaktor (s. o.) bestimmt die Standorteignung hinsichtlich der mit der Abluft erfolgenden radioaktiven Emissionen. Bei der Bewertung ist die radiologische Vorbelastung des Standortes durch andere radioaktive Strahlenquellen sowie durch mehrere Kraftwerksblöcke an einem Standort zu berücksichtigen. Die Aktivität der radioaktiven Abwässer von Kernkraftwerken ist so niedrig, daß bei den gegenwärtig betriebenen Standorten an leistungsfähigen Vorflutern nach der Vermischung in dieser Hinsicht Trinkwasseransprüche erfüllt sind. Falls in Zukunft von der Möglichkeit der Luftkühlung Gebrauch gemacht wird und sich die Standorte von leistungsfähigen Gewässern lösen, muß jedoch die radioaktive Ableitung mit technisch bereits verfügbaren Methoden weiter gesenkt werden. Um bei Störfällen Grundwasserverseuchungen zu vermeiden, sollten die Standorte außerhalb von vorhandenen oder geplanten Trinkwasserschutzgebieten bzw. von Grundwasserkörpern mit überregionaler Bedeutung liegen. Bei Standorten ohne größeres Gewässer ist darauf zu achten, daß der Mindestkühlwasserbedarf für die Nachwärmeabfuhr aus strömendem oder stehendem Gewässer mit Sicherheit jederzeit vorhanden ist.
Die Wahl eines Standorts geringer Besiedlungsdichte setzt die Zahl der bei einem evtl. Unfall mit Freisetzung radioaktiver Stoffe exponierten Personen herab und trägt dadurch zur Begren-

zung des Risikos bei. In der Bundesrepublik mit ihrer hohen mittleren Bevölkerungsdichte und relativ gleichmäßigen Besiedlung lassen sich Standorte mit so niedrigen Besiedlungsdichten, wie sie in anderen Ländern angestrebt werden, schwer finden. Um dennoch eine Bewertung zu erreichen, vergleicht man die vorhandene Besiedlungsdichte in Kreis- bzw. Kreisringzonen um den Standort mit der mittleren Besiedlungsdichte der entsprechenden Flächen und berücksichtigt dabei zusätzlich diejenigen 30-Grad-Sektoren, die in den Hauptwindrichtungen liegen. Die Anlieger eines geplanten Standorts für Kernkraftwerke betrachten den pragmatischen Grundsatz, das verbleibende Restrisiko besser einer kleinen als einer großen Bevölkerungszahl zuzumuten, häufig als zynisch; für diese Praxis läßt sich jedoch anführen, daß dadurch Katastrophenabwehrmaßnahmen erheblich erleichtert werden. Die Tatsache, daß sich die Besiedlung laufend ändern kann, erzeugt für die Standortvorsorgeplanung das Problem, daß die Eignung eines Standorts durch diese Vorgänge verändert werden kann.
Der Baugrund eines Standorts sollte ungestört und ausreichend tragfähig sein sowie keine Beeinträchtigungen durch Bergbau, Grundwasserabsenkungen oder Erdbeben erwarten lassen. Da die Anlagen mit einer Sicherheitsmarge gegen das höchste beobachtete Hochwasser und das stärkste beobachtete Erdbeben ausgelegt werden und die Sturmsicherheit der Kühltürme zu beachten ist, ergeben sich standortabhängige Kosten für die Sicherheitsmaßnahmen gegenüber natürlichen äußeren Einwirkungen.
Neu errichtete Kernkraftwerke werden zwar gegen Flugzeugabstürze und die Explosion von zündfähigen Gaswolken ausgelegt, dennoch sind Standorte abseits von Gebieten mit erhöhter Flugverkehrsdichte und in ausreichender Entfernung von Lagern explosionsfähiger Stoffe sowie von Verkehrswegen mit erhöhter Wahrscheinlichkeit für Unfälle mit explosiven Stoffen anzustreben.
Der Einfluß des Standorts auf die Verhinderung vorsätzlich herbeigeführter Unfälle ist schwer zu beurteilen; man kann vermuten, daß grenznahe und stadtnahe Standorte in dieser Hinsicht gewisse Nachteile haben. Bezüglich der Sicherheit bei Kriegshandlungen ist zu unterscheiden zwischen geplanter Störung der Betriebsfähigkeit, geplanter Zerstörung des Kraftwerks mit Freisetzung von Radioaktivität und ungeplanter Zerstörung mit möglicher Freisetzung von Radioaktivität. Hinsichtlich geplanter Zerstörung sind Standortgesichtspunkte ohne Bedeutung, es sei denn, man sichert Kernkraftwerke ähnlich wie strategische Kernwaffen. Dagegen spielt der Standort bezüglich ungeplanter Zerstörung – militärischer Unfall – eine wesentliche Rolle; unter diesem Gesichtspunkt sollen Kernkraftwerke nicht in der Nähe wichtiger militärischer Ziele liegen.
Eine Konkretisierung der hier genannten Standortkriterien für die nuklearen Aspekte von Kernkraftwerken findet man in den »Bewertungsdaten für die Eigenschaften von Kernkraftwerksstandorten aus der Sicht von Reaktorsicherheit und Strahlenschutz«, die nach einem Beschluß im Länderausschuß für Atomenergie am 11.6.1975 zukünftig bei der Auswahl und Bewertung von Standorten für Kernkraftwerke im Rahmen der langfristigen Standortvorsorge einheitlich angewendet werden sollen. Die Auswahl und Sicherung von Kraftwerksstandorten erfolgt durch die Länder im Rahmen der Landesentwicklungsplanung [Grave 1975: Entwicklungsplan-Kraftwerksstandorte Ba-Wü, 1975; Landesentwicklungsplan VI NRW 1977].
Für die Standortwahl von Wiederaufarbeitungsanlagen wurden bisher förmliche Kriterienlisten nicht aufgestellt, da es zunächst nur um einen einzigen Standort geht. Wird die Wiederaufarbeitung wie vorgesehen im Rahmen eines räumlich konzentrierten Versorgungszentrums geplant, so muß der Standort vor allem nach seinem Potential für die Endlagerung aufgesucht werden; für die Bundesrepublik heißt dies praktisch: über einem bisher nicht genutzten Salzdom ausreichender Mächtigkeit. Ursprünglich wurden die Standorte Wahn, Lichtenhorst und Lutterloh – alle in Niedersachsen – in die engere Wahl gezogen, inzwischen hat die Landesregierung von Niedersachsen den Standort Gorleben benannt. Die Arbeiten für die genaue Untersuchung der geologischen Verhältnisse müssen noch durchgeführt werden. Wegen der hohen Bevölkerungsdichte in der Bundesrepublik wurde die Frage der Entsorgung im Ausland aufgeworfen. Bisher fehlen jedoch verbindliche Angebote ebenso wie geeignete internationale Abmachungen, die sicherstellen könnten, daß auf diese Weise keine weiteren Abhängigkeiten für die Energieversorgung entstehen.

Schrifttum

Albrecht, D., Hagen, M., und K. Kühn, 1977: Beseitigung nuklearer Abfälle. In: Energie und Umwelt; Envitec Kongreß – Berichtswerk. Vulkan-Verl., Essen.

Aurand, K., 1974: Erfassung radioaktiver Abwässer aus Kernkraftwerken. Atomwirtschaft 5, S. 296.

Birkhofer, A., Köberlein, K., und F. M. Heuser, 1977: Zielsetzung und Stand der deutschen Risikostudie. Atomwirtschaft, S. 331.

Bmi, 1976: Umweltradioaktivität und Strahlenbelastung, Jahresbericht 1974.

Bmi, 1974: Sicherheit kerntechnischer Einrichtungen und Strahlenschutz, Anlage 2, Sicherheitskriterien für Kernkraftwerke.

Bmi, 1977: Bekanntmachung von Sicherheitskriterien für Kernkraftwerke. Bundesanzeiger 8. Juni 1977, S. 3.

Bockelmann, D., 1974: Kernkraftwerke. Ihre Standortwahl und ihre Bedeutung für die Raumordnung. Hrsg. Institut für Regionalwissenschaft der Universität Karlsruhe, Heft 5.

Bonka, H. u. a., 1975: Zukünftige radioaktive Umweltbelastung in der Bundesrepublik Deutschland durch Radionuklide aus kerntechnischen Anlagen im Normalbetrieb. Jülich 1220.

De Jong, K. H., 1975: Schutz von Kernkraftwerken gegen äußere Einflüsse, Flugzeugabsturz, Druckwellen, Erdbeben. Technische Überwachung 15, Nr. 2, S. 41.

Dyrhoff, H., Fleischmann, F. K., u. a., o. J.: Radioaktive Abfälle in der Bundesrepublik Deutschland. Band 1, Studie im Auftrag des BMFT, Kennzeichen KWA 1214.

Edsall, J. T., 1974: Hazards of nuclear fusion power and the choice of alternative. Environmental Conservation 1, S. 21.

Fortak, H. G., 1977: Beeinflussung des Lokalklimas durch große Energieerzeugungs- und Verbrauchszentren. In: Energie und Umwelt; Envitec Kongreß-Berichtswerk. Vulkan-Verl., Essen.

Gerking, E., 1975: Wärmekraftwerke und Umweltschutz. Hrsg. VDEW.

Grave, J., 1975: Auswahl und Sicherung von Kraftwerksstandorten in Baden-Württemberg. Energiewirtschaftliche Tagesfragen, H. 1/2, S. 31.

Guck, R., 1973: Standorte für KKW. Atomwirtschaft, S. 386.

Hagen, M., 1977: Nukleares Entsorgungskonzept und Lösungsweg in der Bundesrepublik Deutschland. Atom und Strom 1, S. 3.

Herbst, W., 1976: Zur Bewertung und Behandlung der radiologischen und radioökologischen Risiken der Kern- und Strahlentechnik. In: Kernenergie, Mensch, Umwelt. Verlag Wissenschaft und Politik, Köln.

Hübschmann, W., 1976: Ausbreitung radioaktiver Stoffe mit der Luft. In: Kernenergie und Umwelt. Erich Schmidt-Verlag, Berlin.

Humerl, W., 1975: HAW – Glaspartikel in Metallmatrix. Atomwirtschaft 7/8, S. 347.

Kaiser, A., und B. Lindemann (Hrsg.), 1975: Kernenergie und Internationale Politik. R. Oldenbourg, München, Wien.

Keese, H., 1977: Abtransport bestrahler Brennelemente und radioaktiver Abfälle. Atom und Strom, S. 12.

Kessler, F. R., 1974: Kernenergiegewinnung und Kernstrahlung rororo vieweg Physik, Reinbek bei Hamburg.

Lindackers, K. H., 1974: Die Bedeutung technischer Risiken. Atomwirtschaft 7/8, S. 363.

Merz, L., 1975: Unterirdische Anordnung von Kernkraftwerken. Atomwirtschaft 7/8, S. 363.

Oszuszky, F. J. P., 1976: Nuklearer Brennstoffzyklus und Umwelt. Atom und Strom, Heft 2, S. 34.

Pohl, R. O., 1976: Health effects of rodon 222 from uranium und comment; ferner Fry, R. M. and J. E. Cook sowie Response Pohl, R. O.: Search, Vol. 7, No. 3.

Rasmussen, N., 1976: Wahrscheinlichkeit und Folgen schwerer Reaktorunfälle. Atomwirtschaft, S. 286.

Rösler, U., 1977: Qualitätssicherung in der Kerntechnik. Atomwirtschaft, S. 347.

Schikarski, W., 1975: Möglichkeiten und Grenzen vergleichender Modelluntersuchungen am Beispiel der Umweltbelastung durch Kraftwerke. In: Technikfolgen – Abschätzung. Hrsg. Haas. R.; Oldenbourg, München, Wien.

Starr, Ch., 1977: Risk and risk Acceptance by society. In: Energie und Umwelt; Envitec 1977, Kongreß-Berichtswerk, S. 124. Vulkan-Verl., Essen.

Sütterlin, L., 1975: Über die Gefährdung von Kernkraftwerken durch äußere Einwirkungen. Technische Überwachung 16, Nr. 2, S. 38.

Weizsäcker, C. F. von, 1977: Wege in der Gefahr, Verlag Carl Hanser, München, Wien.

Bericht der Bundesregierung über Umweltradioaktivität und Strahlenbelastung im Jahre 1975, BTD 8/311 vom 22. 04. 1977.

Bewertungsdaten für Kernkraftwerksstandorte. Umwelt Nr. 43 (BMI) vom 29. 09. 1975.

Die Asea-Technik kann das Problem des radioaktiven Abfalls lösen. Atom und Strom. 1977, H. 1, S. 17.

Fachlicher Entwicklungsplan Kraftwerksstandorte, 1975, Landtagsdrucksache Bad.-Württ. 6/7799.

Kernenergie und Umwelt, Studie im Auftrag des BMFT, KFK – 1366, 1973.
Landesentwicklungsplan VI Entwurf, Stand 18. 01. 1977, Landesplanungsbehörde NRW.
Reactor Safety Study, Wash 1440, Executive Summary. U. S. Nuclear Regulatory Commission, Okt. 1975.
Reaktorsicherheitskommission zum Urteil gegen Kernkraftwerk Whyl. In: Energiewirtschaftliche Tagesfragen, 1977, 27. Jg., Heft 4, S. 306.
Recommendations of the International Commission on Radiological Protection, 1959: Report of Committee II on Permissible Dose of Internal Radiation. Pergamon Press, New York.
Royal Commission on environmental pollution, 1976: Sixth Report, Nucker Power and the Environment. Her Majesty's Office, London.
Sicherheit kerntechnischer Einrichtungen und Strahlenschutz, Rechenschaftsbericht und Programm, 2. Aufl., 1974, Anlage 5 und 6, BMI.
The Study-Group on Light-Water Reactor Safety, 1975: Nuclear Reactor Safety – The APS submits it report. Physics Today, S. 38.
Zur Standortproblematik in der regionalen Energiewirtschaft, 1972. Veröffentlichungen der Akademie für Raumforschung und Landesplanung, Bd. 82. Gebr. Jänecke Verlag, Hannover.

Das Manuskript wurde im Juli 1977 abgeschlossen.

SCHENKEL, WERNER – KNAUER, PETER

5.8 Feste Abfälle

5.8.1 Das Problem Abfall

5.8.1.1 Ursachen der Abfallawine

»Jedes lebendige System produziert Abfall. Es hat ein von Struktureigenschaften und energetischen Prozessen abhängiges Wachstum. Dabei wächst im allgemeinen bei natürlichen, von Menschen ungestörten Systemen die Abfallmenge umso weniger, je komplexer das lebendige System ist. In hochdiversen Systemen mit zahlreichen Produzenten- und Nahrungsnetzen mit langen Konsumenten- und Destruentenketten wird Abfall zum fortwährend gebrauchten Rohstoff. Systematische Nutzungen durch den Menschen beruhen im allgemeinen auf einer Ausschaltung der Mitkonsumenten. Besonders beim Abfallproblem zeigt sich, daß im Gegensatz zu ökologischen Systemen bei ökonomisch-technischen Systemen eine Rückkoppelung zwischen Abfallproduzenten und Abfallabnehmern noch weitgehend fehlt«.
Diese Erklärung von P. MÜLLER [1977] stellt kurz und bündig das gegenwärtige Dilemma dar. Auf dem Gebiet der Bundesrepublik Deutschland lebten im Jahre 1850 15 Mio Menschen, heute sind es 60 Millionen. Das Bruttosozialprodukt hat sich vervielfacht. Das für den »freien Konsum« nicht lebensnotwendiger Waren verfügbare Einkommen hat zugenommen. Der Energieverbrauch steigerte sich in den vergangenen Jahren jährlich um 7% (seit 1950 um das Vierfache). Der Verbrauch an kurz-, mittel- und langfristigen Gütern (Massenkonsum) hat explosionsartig zugenommen. Parallel dazu findet eine starke Zunahme von Verpackungsmaterialien, u. a. auch Einwegverpackungen statt. Die Kurzlebigkeit der Gebrauchsgüter nimmt zu. Nicht mehr der Abnutzungsgrad oder Totalausfall bestimmen die Lebensdauer der Gebrauchsgüter, sondern Prestigewerte und Statusgebaren. Die Änderung der Lebensgewohnheiten, z. B. Fertigmahlzeiten, Konservengemüse, Rückgang der Einzelheizungen, in denen Abfälle verbrannt werden konnten, die Wahrnehmung von Freizeitangeboten u. a. führten zu grundlegenden Veränderungen der Abfallstruktur und der Abfallmengen.
In den nachfolgenden Abschnitten werden die wichtigen Phänomene am Beispiel der kommunalen Abfälle, besonders Hausmüll, abgehandelt. Im vierten Abschnitt wird vertiefend auf die Verwertung und Rückführung von Abfällen eingegangen.

5.8.1.2 Der Begriff Abfall

Im Abfallbeseitigungsgesetz der Bundesrepublik Deutschland vom 7.6.1972, in der Fassung der Neubekanntmachung vom 5.1.1977, werden Abfälle
- als bewegliche Sachen, deren sich der Besitzer entledigen will oder deren geordnete Beseitigung zur Wahrung des Wohls der Allgemeinheit geboten ist,

definiert (§ 1 Abs. (1)).
Die Abfälle, für die das Abfallbeseitigungsgesetz (AbfG) gilt, werden unterschieden in:
- Abfälle, die in Haushaltungen anfallen,
- Abfälle, die mit den in Haushaltungen anfallenden Abfällen nach ihrer Art oder Menge beseitigt werden können,
- Abfälle, die nach ihrer Art und Menge nicht zusammen mit den in Haushaltungen anfallenden Abfällen beseitigt werden können (§ 3 Abs. 3 AbfG),
- Abfälle oder bestimmte Mengen dieser Abfälle, die, sofern ein Bedürfnis besteht und eine Beeinträchtigung des Wohls der Allgemeinheit nicht zu befürchten ist, außerhalb von Beseitigungsanlagen beseitigt werden dürfen,
- Abfälle wie Autowracks und Altreifen.

Keine Abfälle im Sinne des Abfallbeseitigungsgesetzes sind Abfälle, für die
- das Tierkörperbeseitigungsgesetz,
- das Fleischbeschauungsgesetz,
- das Viehseuchengesetz,
- das Pflanzenschutzgesetz

gelten;
- Kernbrennstoffe und sonstige radioaktive Stoffe im Sinne des Atomgesetzes,
- Abfälle, die beim Aufsuchen, Gewinnen, Aufbereiten und Weiterverarbeiten von Bodenschätzen in den der Bergaufsicht unterstehenden Betrieben anfallen,
- nichtgefaßte gasförmige Stoffe,
- Abwässer, soweit sie in Gewässer oder Abwasseranlagen eingeleitet werden,
- Altöle, soweit sie nach Maßgabe des § 3 Abs. 1 des Altölgesetzes abgeholt werden.

Die rechtliche Kategorisierung der Abfälle genügt aber für die konkrete Anlagenplanung nicht, obwohl sie selbstverständliche Voraussetzung ist. Für Art und Auslegung einer Beseitigungsanlage ist eine detaillierte Analyse der Abfallmengen und der Abfallzusammensetzung erforderlich. Im folgenden ist die Abfallbilanz für eine Stadt mit 25000 Einwohnern in der Bundesrepublik Deutschland wiedergegeben, die als typisch gelten kann.

Tabelle 57

Mutterboden, Sand, feiner Erdaushub und Bauschutt	21366 t/J	173,3 kg/E,J
Steine, Schotter, Erdaushub mit Steinen, grober Bauschutt, Straßenaufbruch	3886 t/J	31,5 kg/E,J
Industrieaschen, Stäube, Straßenkehricht, Granulat	2824 t/J	22,6 kg/E,J
Haus- und Gewerbemüll (kommunal angefallen)	29244 t/J	234,0 kg/E,J
hausmüllähnl. Gewerbemüll (privat angefallen)	7072 t/J	56,5 kg/E,J
Sperrmüll, Sperrgut, Marktabfälle	2280 t/J	18,2 kg/E,J
Gartenabfälle, Laub- und Rasenschnitt, Strauchwerk	1350 t/J	10,8 kg/E,J
Kanal- und Sinkkastenschlamm	nicht ausgewertet	
Rechengut, Klärschlämme	nicht ausgewertet	
Industrielle Sonderabfälle	nicht ausgewertet	

5.8.1.3 Menge und Zuwachsraten

Über Abfallmengen sind zahlreiche Angaben vorhanden und veröffentlicht worden. Meist ist die Definition der Meßgröße, die Art der Probenahme, der Erhebungszeitraum u.a. unbekannt, so daß bei der Interpretation solcher Daten äußerste Zurückhaltung geboten ist.

Die Bundesregierung hat 1971 in ihrem ersten Umweltprogramm abgeschätzt und hat es 1975 im Abfallwirtschaftsprogramm bestätigt, daß sich bei Hausmüll, Sperrmüll und hausmüllähnlichem Gewerbemüll folgende Entwicklung abzeichnete bzw. abzeichnen wird:

Tabelle 58 Abfallmengen in Mio t pro Jahr in der Bundesrepublik Deutschland. Aus: Materialien zum Umweltprogramm 1971 der Bundesregierung; Abfallwirtschaftsprogramm 1975 der Bundesregierung.

Abfallarten	1971	1975	1980
Hausmüll und Sperrmüll	16	18	20
hausmüllähnliche Gewerbeabfälle	4	6	7
Summe	20	24	27

Die Mengen an Hausmüll und hausmüllähnlichen Gewerbeabfällen sind in den vergangenen Jahren um etwa 3–4 Gewichtsprozent und 6–8 Volumenprozent pro Jahr gestiegen. Auf den Einwohner bezogen bedeutet das eine Zunahme der Abfallmengen von

330 kg/E/J auf 450 kg/E/J bzw.

1,4 m^3/E/J auf 2,2 m^3/E/J,

d. h. der Hausmüll wird zunehmend leichter und voluminöser.

Der Anfall an hausmüllähnlichen Gewerbeabfällen kann für 1975 mit etwa 5–6 Mio Tonnen angenommen werden.

Für den Sperrmüllanfall muß mit einem Gewicht von 10–25 kg/E/J bzw. mit 4 bis 10% des Hausmülls gerechnet werden.

Produktions- und Verbrauchsprognosen für die im Haus- und Sperrmüll als Abfall anfallenden Güter lassen bis 1980 eine weitere, wenn auch verlangsamte Zunahme der Abfallmengen erwarten. Man kann davon ausgehen, daß die Abfallmengen, bis 1980 insgesamt um 8–13 Ge-

Tabelle 59 Prognose der Siedlungsabfälle[1] in t/J und der spez. Hausmüllmengen in kg/E/J. Nach Umweltbundesamt [1976].

	1976		1980		1985	
Bundesland	t/J	kg/E/J	t/J	kg/E/J	t/J	kg/E/J
Schleswig-Holstein	800 082	264[2]	915 466	318	1 084 878	382
Hamburg	705 309	333	762 550	380	840 676	425
Niedersachsen	2 236 874	255[2]	2 565 125	300[2]	3 047 164	351
Bremen	255 218	288	285 502	347	328 615	409
Nordrhein-Westfalen	6 413 102	303	7 073 670	341	8 007 312	386
Hessen	1 887 578	278	2 124 283	324	2 465 077	371
Rheinland-Pfalz	1 194 898	268	1 357 743	317	1 594 265	374
Baden-Württemberg	3 086 970	272	3 486 702	306	4 063 119	348
Bayern	3 558 061	270[2]	4 012 886	315[2]	4 678 163	368[2]
Saarland	373 993	278[2]	422 572	329	492 259	385
Berlin (West)	994 889	380	1 035 284	420	1 088 092	468
Summe	21 506 974	–	24 041 783	–	27 689 620	–

[1] Siedlungsabfälle = Hausmüll/Hausmüllähnliche, Gewerbeabfälle, Sperrmüll, Marktabfälle, Straßenkehrricht, Sinkkastenschlamm

[2] Zum Vergleich, die in den Abfallbeseitigungsplänen der Bundesländer angegebenen Planzahlen:

Schleswig-Holstein	1973: 310 kg/E/J	1980: 500 kg/E/J
Niedersachsen	1972: 250 kg/E/J	1980: 320 kg/E/J
Bayern	1972: 270 kg/E/J	1980: 390 kg/E/J
Saarland	1975: 180–270 kg/E/J	

wichtsprozent steigen werden. Nicht ohne Einfluß auf das Abfallaufkommen dürfte der vom Statistischen Bundesamt für die Bundesrepublik Deutschland vorhergesagte Bevölkerungsrückgang von 1,8 Mio Einwohnern bis 1985 bleiben.
Die Prognoserechnung in Tabelle 59 erfolgte auf Grund von Sozialindikatoren in einigen Testgebieten und weist geringere Werte gegenüber den bisherigen Annahmen aus. Eine Bestätigung, welche der Prognosen die genauere ist, wird sich aus den Ergebnissen der ersten Befragung nach dem Umweltstatistikgesetz ergeben. Das Ergebnis lag bei Abgabe dieses Manuskripts noch nicht vor.
Mangels ausreichender Unterlagen für die Bundesrepublik zeigen wir am Beispiel der Stadt Stuttgart die langfristigen Mengenentwicklungen. Die Kurven zeigen deutlich die nach dem zweiten Weltkrieg einsetzende Entwicklung: In Folge des heftigen und steten Wirtschaftswachstums, des einsetzenden Massenkonsums mit sich ändernden Ge- und Verbrauchsgewohnheiten entsteht eine stark wachsende jährliche Abfallmenge, d. h. die Verdoppelungszeiträume werden immer kürzer. Abschwünge dagegen treten, zumindest bis 1990, nicht auf.
Die spezifische Abfallmenge und Abfallzusammensetzung ist je nach Siedlungsstruktur, Gemeindegröße, Wirtschafts- und Sozialstruktur des Einzugsgebiets unterschiedlich.
Neuere Messungen haben ergeben, daß ein gesicherter Zusammenhang zwischen der Zahl der Einwohner je Grundstück und dem Gewicht des Abfalls je Einwohner und Woche besteht. Bei einer Wohndichte bis zu sieben Einwohnern je Grundstück ist das Abfallgewicht je Einwohner und Woche umgekehrt proportional zur Einwohnerzahl. Bei acht und mehr Einwohnern pro Grundstück ist das Abfallgewicht je Einwohner und Woche relativ konstant. Dies bedeutet, daß in bezug auf das einwohnerspezifische Abfallgewicht von einer Art Sockel- oder Grundbelastung ausgegangen werden kann, wodurch eine recht gute Ausgangsbasis für die Planung von

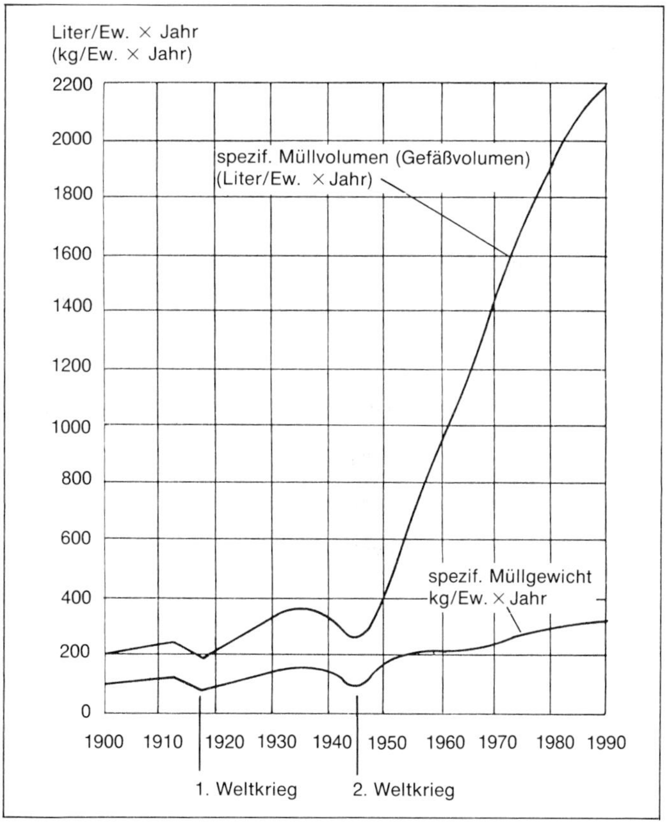

Abb. 93 Spezifische Hausmüllmengenentwicklung in Liter/E/J und kg/E/J. Nach Angaben des Stadtreinigungsamtes Stuttgart [1972]. Umweltbundesamt 1977.

Abfallbeseitigungssystemen (Sammel- und Transportsysteme, Kapazität der Anlagen) und für Gebührenbemessungen zur Verfügung steht [Städtereinigung KG Edelhoff 1976].
Aufgrund der Erhebungen im Rahmen des Abfallwirtschaftsprogramms und verschiedener anderer Untersuchungen kann die folgende Abfallbilanz für die Bundesrepublik aufgestellt werden:

Tabelle 60 Abfallbilanz für die Bundesrepublik Deutschland. Nach Umweltbundesamt [1975].

Abfallarten	Menge in Mio t
Hausmüll und Sperrmüll	18,0
Hausmüllähnliche Gewerbeabfälle	7,4
Sonderabfälle	3,0
Bauschutt und Bodenaushub	72,0
Inertmaterial aus Bergbau, Stahlgewinnung etc.	13,4
Abraum, Gruben- und Waschberge	47,4
Produktionsspezifische Abfälle	14,1
Klärschlämme (aus mech.-biolog. Anlagen)	33,6
Klärschlämme (aus Hauskläranlagen)	10,0
Autowracks	1,3
Altreifen	0,34
Problematischer Düngerüberschuß aus der Massentierhaltung	3,0
Gewerbliche Schlachtabfälle	1,5
Summe	225,04

5.8.1.4 Zusammensetzung der Abfälle

Hausmüll Es gibt keine repräsentativen Analysen der Stoffgruppenverteilung, die eine Aussage über die durchschnittliche Zusammensetzung des Hausmülls in der Bundesrepublik ermöglichen. Durch verschiedene sektorale bzw. regionale Untersuchungen sind einige Parameter bekannt, die die Hausmüllzusammensetzung beeinflussen. Sie ist unterschiedlich je nach Siedlungs-, Wirtschafts- und Sozialstruktur, unterliegt starken saisonalen Schwankungen und hängt signifikant vom Heizungssystem ab.
Im allgemeinen ist in Gebieten höherer Siedlungsdichte (Städte, Verdichtungsgebiete) mit einem höheren Anteil an Verpackungsmaterialien (Papier, Glas, Kunststoff) zu rechnen als in ländlichen Gebieten. Weniger Möglichkeiten der Beseitigung (Fernheizungsquote), der Mehrfachnutzung und der Verwertung sowie eine andere Grundhaltung (Gewöhnung an eine regelmäßige Entsorgung) spielen hier eine entscheidende Rolle. In Gebieten, die durch einen höheren Anteil gewerblicher und industrieller Arbeitsplätze gekennzeichnet sind, nimmt der Anteil der Gewerbe- und Industrieabfälle ab, da diese dann häufig (und zunehmend) als Gewerbeabfälle separat beseitigt werden. Über die Einflüsse der Sozial- und Einkommensstruktur lassen sich bisher keine gesicherten Aussagen machen. Die unterschiedliche Verteilung von Selbständigen, Beamten, Arbeitern etc. und die entsprechend veränderte Hausmüllzusammensetzung beeinflußt die Anlagenplanung auch nur sehr geringfügig, da sie sehr kleinräumig (ortsteilweise) wirkt und die Abfallzusammensetzung eines großen Einzugsgebietes insgesamt kaum entscheidend verändert.
Im Laufe der letzten Jahre und Jahrzehnte hat sich die Hausmüllzusammensetzung erheblich gewandelt. Die Gründe sind vor allem das sich ändernde Konsumverhalten (Verpackungsmaterialien, Wegwerfmentalität), die tendenziellen Veränderungen der Heizungssysteme (Fernheizung, Erdöl) und die Einführung neuer Produkte und neuer Materialien. Beispielhaft ist die Entwicklung der Hausmüllzusammensetzung in Stuttgart (vgl. Abbildung 94).
Bei Umstellung von Kohleheizungen auf Öl- und Gasfeuerungen bzw. Fernheizung vermindert

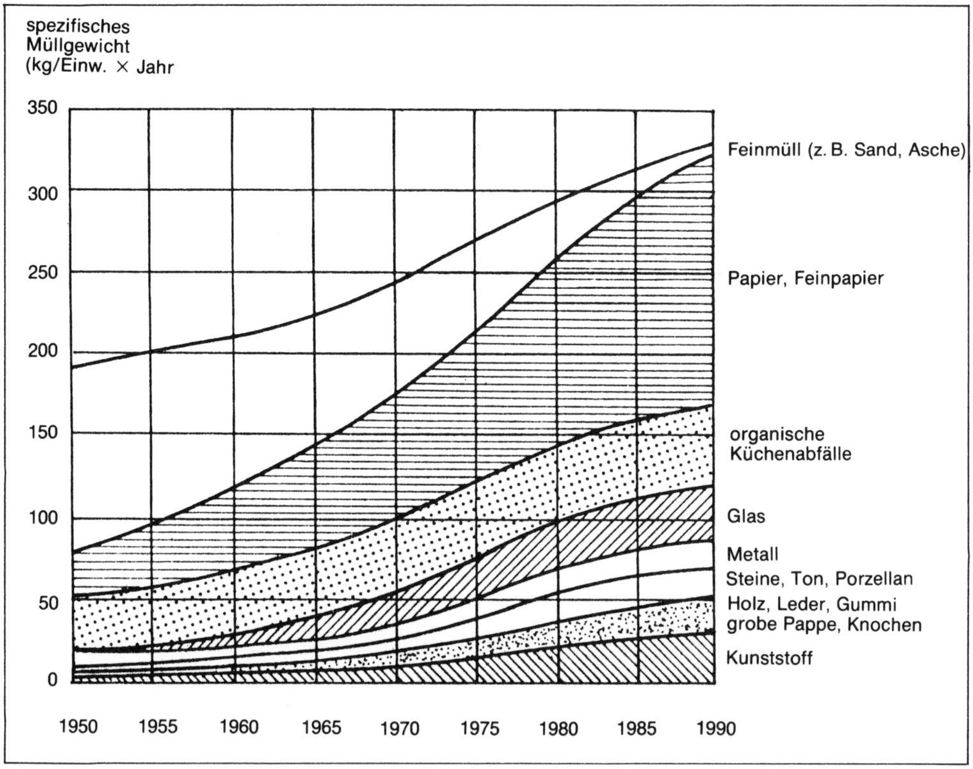

Abb. 94 Entwicklung der Hausmüllzusammensetzung in Stuttgart [Stadtreinigungsamt Stuttgart 1972]. Nach Umweltbundesamt [1977].

sich der Ascheanteil und damit das spezifische Müllgewicht auf ca. 150 kg/E,J. Gewichtssteigernd wirkt sich dagegen der zunehmende Verpackungsanteil im Hausmüll aus.
Nach Untersuchungen und Abschätzungen beträgt der Verpackungsanteil im Hausmüll etwa 33 Gewichtsprozent, d. h. 6,0 Mio t. Einzeluntersuchungen lassen den Schluß zu, daß nahezu die Hälfte des Haus- und Gewerbemülls aus Verpackungsmaterial besteht.
Der Verbrauch an Verpackungen hat bis 1973 jährlich um 6–7 Gewichtsprozent zugenommen. Nach einer gewissen Pause rechnet die Packmittelindustrie mit einer jährlichen Zunahme von 2–3 Gewichtsprozenten. Eine ähnliche Relation spiegelt sich auch in der Abfallzusammensetzung wieder:

Tabelle 61 Zusammensetzung des Verpackungsanteils im Hausmüll (in %). Nach Umweltbundesamt [1976].

Stoffgruppe	1971 Rational. Kurat. d. W.	1973 Abfallwirtsch. programm	1974/75 Bundes-modell	1975 USA
Papier/Pappe	21,4	26,0	28,0	50,0
Glas	7,5	15,0	9,0	9,0
Metalle	3,1	5,0	4,5	9,0
Kunststoff	2,1	3,0	4,0	5,0
Sonstiges	66,0	51,0	54,5	27,0
Summe	100	100	100	100

5.8.1.5 Hygienische und ökologische Gesichtspunkte

Die Gewöhnung an die regelmäßige Hausmüllentsorgung durch die städtische Müllabfuhr verführt dazu, die hygienischen Gefahren, die bei ausbleibender Abfuhr und ungeordneter Beseitigung von Abfällen auftreten können, zu unterschätzen. Streiks der Müllabfuhr in Paris, London und New York in den vergangenen Jahren haben drastisch vor Augen geführt, welche Folgen schon das nur kurzfristige Zusammenbrechen des Entsorgungssystems gerade in Verdichtungsgebieten hat: Geruchs- und Staubemissionen, Papierflug, Ausbreitung von Krankheitserregern, Übertragung von Viren, Bakterien und Pilzen durch Haustiere, Ungeziefer, Ratten etc. Zwar ist Hausmüll seuchenhygienisch weniger bedenklich als etwa kommunale Abwässer, aber auch von diesem können, oft auf dem Umweg über Tiere, hygienische Gefahren ausgehen. Die Geschichte weist eine Fülle von Beispielen auf, wo Epidemien und Seuchen durch mangelnde Städtehygiene hervorgerufen worden sind.
Besonders große hygienische Gefahren gehen aus von Krankenhausabfällen und Abfällen aus Massentierhaltungen, die mit besonders aufwendigen Vorkehrungen beseitigt werden müssen.
Für den Umweltschutz von Bedeutung ist der ökologische Stellenwert, den Abfälle ohne Behandlung bzw. nach ihrer Behandlung und Beseitigung haben. Weiter unten wird ausführlich auf diese Problematik eingegangen. Dort werden auch die mit den Beseitigungsmethoden zusammenhängenden Lastpakete diskutiert.

Grundsätzlich sei aber an die Lehrsätze von Lavoisier und R. Maier erinnert,
- daß bei chemischen Reaktionen und mechanischen Bewegungsabläufen die Summe aller daran teilnehmenden Stoffe und Energien konstant bleibt und
- daß die zivilisatorische Lebens- und Wirtschaftsweise unaufhörlich Ressourcen, d. h. Materialien mit tiefer Entropie durch Energieaufwand in Produkte und schließlich Abfall, d. h. Materialien höchster Entropie, umwandelt. Dieser Prozeß der Veränderung geordneter Strukturen (= kleine Entropie) in weniger geordnete Strukturen (= große Entropie) ist auf dem Hintergrund begrenzter bzw. endlicher irdischer Ressourcen und Energiepotentiale bei nur kurzfristiger Nutzung mit dem Blick auf die Zukunft unverantwortlich.

Der erste Satz bedeutet, daß es keine Abfallbeseitigung gibt, sondern lediglich eine Stoffumwandlung mit Hilfe von Energie. Auch die Verbrennung von Abfällen ist nur optisch-technisch ein »Wegschaffen« von Abfällen, wenn man die dabei an die Atmosphäre abgegebenen Stoffmengen nur als leidiges Nebenergebnis betrachtet.
Es wird deutlich, daß eine Beseitigung von Abfällen ohne Umweltbelastung nicht möglich ist. Die Anstrengungen der Forschung und Planung gehen deshalb vor allem dahin, die notwendig auftretenden Belastungen so weit wie möglich zu reduzieren.
Der zweite Satz bedeutet, daß die durch den industriellen Wirtschaftsprozeß stetig erfolgende Verwandlung von Ressourcen und der Verbrauch von Energie ein möglichst sparsames Umgehen mit diesen Gütern vorschreibt. Am umweltfreundlichsten in diesem Sinne sind die Verminderung und Vermeidung von Abfällen, hohe Verwertungs- und Rückführungsquoten und für völlig unbrauchbare Abfälle ein Verfahren mit geringem Energieaufwand, die Ablagerung. Technisch und energetisch aufwendige Verfahren wie Verbrennung und Kompostierung sind zwar emissionsarm zu gestalten und aus Gründen der Flächenknappheit auch teilweise notwendig, aber auch sie verbrauchen Ressourcen und Energie (z. B. Beton für die Bauten, Stützfeuer, Stromverbrauch etc.). Bei einer derartigen, auf den globalen Stoff- und Energiehaushalt gerichteten Betrachtungsweise geraten möglicherweise sogar fortschrittliche Abfallsortier- und Verwertungsanlagen zum Problem. Es gibt bisher nur ungenügende Methoden um, z. B. durch eine Input-Output-Energiebilanz, auszurechnen, ob eine Behandlungsanlage langfristig gesehen für ihren Bau und Betrieb nicht wesentlich mehr Energie und Rohstoffe verbraucht als sie an Verwertungsleistung erbringt.
Diese Betrachtungen bedeuten natürlich nicht, daß die Verwertung und Rückführung von Abfällen, wie sie derzeit durch Forschung und Politik angestrebt werden, vom Standpunkt einer global verstandenen Ökologie aus schädlich sind. Sie sollen nur andeuten, daß einige der heute bei der Abfallbehandlung in den Industriestaaten eingeschlagenen Wege kritisch überprüft werden müssen.

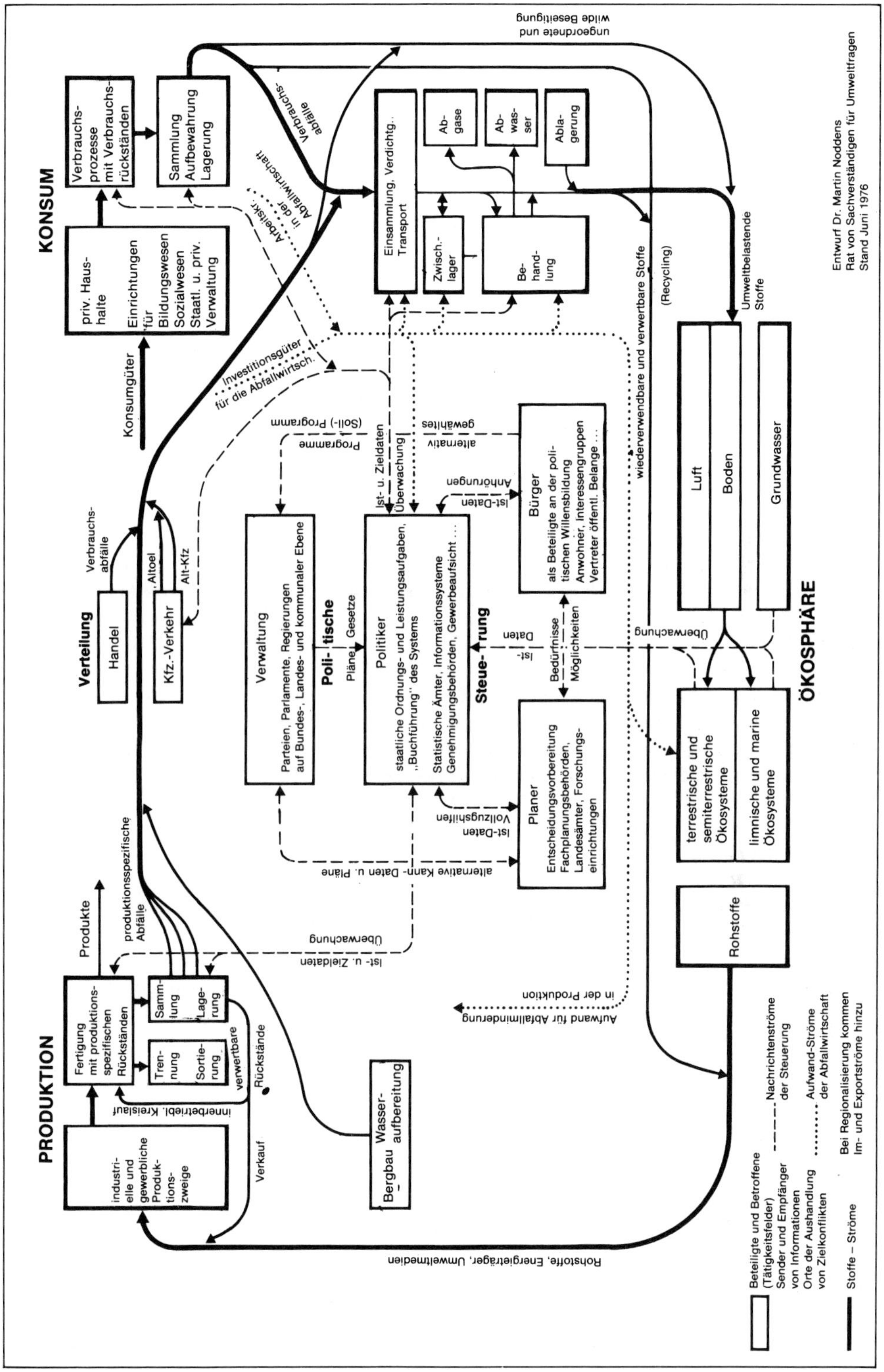

Abb. 95 Funktionales Modell der Abfallwirtschaft.

Besonders der zweite Lehrsatz hat wesentlich den Wandel von der Abfallbeseitigung zur Abfallwirtschaft beeinflußt.
Das bedeutet wissenschaftlich und volkswirtschaftlich, daß die Behandlung der Abfälle als Teilsystem der Gesamtwirtschaft aufzufassen sind, als interdependentes Regelsystem, in dem die Veränderung eines Faktors wellenartig fortsetzende Wirkungsketten nach sich zieht, die es zu erkunden und zu steuern gilt.
Ebenso muß eine ökologisch verantwortungsbewußte Abfallwirtschaft Abfälle nicht als naturnotwendige und unabänderliche Erscheinung sehen, sondern als Ergebnis eines Stoff- und Energiehaushalts des Ökosystems Erde, das beeinflußbar ist und das beeinflußt werden muß, wenn die Menschheit nicht ihre eigene Lebensgrundlage zerstören will.

5.8.1.6 Verknappung von Flächen

Das Abfallproblem in der Bundesrepublik ist nicht zuletzt ein Flächenproblem. Geht man von einem mittleren Abfallaufkommen von 620 kg/E/J aus, so sind darin ca. 220 kg inerte Abfälle enthalten, die nicht reduzierbar sind. Der Rest ist reduzierbar, wobei Verbrennungsanlagen 20%, d.h. 80 kg/E/J, Kompostierungsanlagen 40%, d.h. 160 kg/E/J, Reststoffe produzieren, die zur Ablagerung verbleiben. Recyclingverfahren liefern hier Zwischenwerte.
Das heißt, selbst wenn alle Abfälle, ohne Rücksicht auf die Kosten, mit chemischen und biologischen Reduktionsverfahren behandelt würden, müßten jährlich 250–300 kg/E/J abgelagert werden. Dies entspricht bei 18 Mio to bei einem spez. Schüttgew. von 1 t/m^3 und bei einer mittleren Schütthöhe von 10 m, einem jährlichen Flächenbedarf von 1,8 Mio m^2. Diese Bedarfsrechnung ist sicher zu gering, da die Anforderungen aus dem gewerblichen Bereich, besonders dem Bergbau, hier keine Beachtung gefunden haben und die organischen Abfälle bei uns nicht 100%ig, sondern nur etwa auf 24%, in den Verdichtungsgebieten auf 60% des Ausgangsvolumens reduziert werden.
Das ergibt für die zukünftige Entwicklung in der Abfallbeseitigung, daß trotz vermehrtem Bau von Reduktionsanlagen (erwarteter Anteil max. 30%) auch in Zukunft 70% der Abfälle durch Ablagerung beseitigt werden. Das bedeutet wiederum, daß der Flächensicherung geeigneter Standorte und deren Nutzung nach der Aufschüttung größte Bedeutung zukommt.
Die folgende Tab. 62 zeigt, daß die Einzugsgebiete der Verbrennungsanlagen überwiegend Gemeinden mit mehr als 100000 Einwohnern umfassen und fast ausschließlich in den 1968 von der Ministerkonferenz für Raumordnung festgelegten Verdichtungsräumen liegen [Barniske 1975].

Tabelle 62 Nach Umweltbundesamt [1977].

Gemeindegrößenklassen	Einwohner nach Gemeindegrößenklassen in % der Einwohner der Bundesrepublik Deutschland	An Müllverbrennungsanlagen angeschlossene Einwohner in 1000	in % der Gemeindegrößenklasse
Bis 10	36,5	–	–
10– 50	23,6	88	0,6
50–100	7,9	575	11,9
100–500	15,1	4231	75,8 (100–500 und über 500 zusammen)
über 500	16,9	10739	
Gesamt	100	15633	25,3

Nach den Umfrageergebnissen des Statistischen Bundesamtes wurden 1975 4415 Deponien für kommunale und ca. 2500 Deponien für gewerbliche Abfälle betrieben. Als voraussichtliche Nutzungszeit für die Deponien für kommunale Abfälle wird angegeben:

Tabelle 63 Nutzungszeitraum und Zahl von Deponien.

Nutzungszeitraum	Anzahl der öffentlichen Deponien	Differenz	Nutzungszeitraum	Anzahl der Deponien im produzierenden Gewerbe	Differenz
bis 2 Jahre	819	–	bis 10 Jahre	2852	1563
in 2–5 Jahren	1120		in 10–20 Jahren	1041	
bis 5 Jahre	1939	2476	bis 20 Jahre	3893	522
in 5–10 Jahren	913		über 20 Jahre	522	
				4415	

Als allgemeine Planungszahlen für den Flächenbedarf bei Hausmüllreduktionsanlagen kann nach TABASARAN [1975] gerechnet werden mit:

	Geordnete Deponie	Kompostierung	Verbrennung
Raumbedarf l/E/Tg	0,88	0,31	0,25

Abgeschlossene Deponien bieten, bei entsprechender planerischer und konstruktiver Vorbereitung, eine Fülle von Nutzungsmöglichkeiten. Obwohl sogar Flughäfen (La Guardia, Morgan-Town, Meriden) darauf errichtet wurden, erscheint die gängigere Nutzung die für die Land- und Forstwirtschaft sowie für Erholungsstätten zu sein.
Der meliorativen Wirkung der Ablagerung kommt große Bedeutung zu. So wurden 1975 29% der Deponien in Brach- und Unland angelegt und in 40% der Fälle Gruben und Brüche verfüllt.
Eine gute Möglichkeit der Melioration besteht z. B. für:
- Sand-, Kies- und Tongruben ohne anstehendes Wasser
- Bergsenkungsgebiete des Untertagebaues
- Errichtung von Schutzwällen gegen Lärm-, Staub- und Abgasemissionen
- Hinterfüllung von Deichen und Dämmen
- Aufhöhung von Flächen
- Steinbrüche etc.

Allerdings zeigt die Entwicklung der Müllverbrennung, daß gerade in und um die Verdichtungsgebiete als den Schwerpunkten des Müllanfalls derartige Flächen selten zur Verfügung stehen. Hier steht die Abfallbeseitigung in scharfer Konkurrenz zu anderen Flächennutzungsansprüchen an sehr nachgeordneter Stelle.

5.8.1.7 Volkswirtschaftliche Belastung

Die Abfallbeseitigung ist in den letzten Jahren zu einem erheblichen Kostenfaktor für Haushalte, Betriebe und die öffentliche Hand geworden.

Tabelle 64 Kosten der Abfallbeseitigung (in Mrd. DM).

	Investitionsaufwendungen der		Betriebskosten der	
	Industrie	öffentlichen Hand	Industrie	öffentlichen Hand
(Bis) 1974	1,1	2,5	0,591	1,0
1975	0,15	0,4	0,7	1,1
1976	0,2	0,4	0,8	1,3
1977	0,25	0,4	0,9	1,4
1978	0,3	0,4	1,0	1,7
1979	0,35	0,4	1,1	1,9
1975–1979	1,25	2,0	4,5	7,4

Eine Untersuchung des Battelle-Instituts e. V. aus dem Jahre 1973 kommt zu folgenden Ergebnissen hinsichtlich der Kosten für die Abfallbeseitigung:
Prozentual hat die Abfallbeseitigung bei den Investitionskosten der Industrie gegenüber den anderen Maßnahmenbereichen (Abwasser, Luft, Lärm) einen steigenden Anteil: bis 1974: 5%, 1975–1979: 7%; bei den Betriebskosten bleibt der Anteil mit 11% konstant. Die Abfallbeseitigung zählt zu den Bereichen, auf denen noch ein Nachholbedarf besteht.
Die Investitionskosten-Verteilung auf die Beseitigungsmethoden wird auf der Grundlage der Abfallbeseitigungspläne wie folgt angenommen:

Deponien	900 Mio DM
Müllverbrennungsanlagen	1000 Mio DM
Kompostwerke	100 Mio DM

Bei diesen Kostenberechnungen bzw. -schätzungen sind die Aufwendungen für Sammlung und Transport noch nicht enthalten. Sie machen den Hauptanteil der Abfallbeseitigungskosten aus. Von den im Jahre 1975 für die Abfallbeseitigung aufgewendeten DM 2,5 Mrd. entfallen DM 2,0 Mrd. auf Sammlung und Transport. Das entspricht einer durchschnittlichen Belastung je Einzelhaushalt von DM 110,–.
Den Hauptanteil der Belastung tragen die in der Regel Beseitigungspflichtigen, die Stadt- und Landkreise. Daß auch die öffentlichen Haushalte direkt an der Finanzierung der Abfallbeseitigung beteiligt sind, zeigt eine Untersuchung der Dornier System AG in 46 Städten und Gemeinden, wonach durchschnittlich 90% der Ausgaben der Aufwendungen für die Abfallbeseitigung durch die Gebühreneinnahmen abgedeckt werden. Der Rest wird aus Haushaltsmitteln gedeckt. In der Regel werden in den Kommunen der Bundesrepublik durch die Gebühren die Anlagenbetriebskosten voll aufgewogen, während die Kapitalkosten oft nur zum Teil auf die Abfallverursacher umgelegt werden.
Da der weitaus größte Teil der Aufwendungen für Sammlung und Transport erforderlich ist (1975: 80%), werden durch verstärkte Abfallverwertung, die ja nur die Beseitigungsanlagen entlastet, nicht aber das Sammel- und Transportsystem, nur geringe Einsparungen möglich sein etwa dadurch, daß Investitionen in neue Anlagen nur noch in geringerem Umfang nötig sind. Es wird deutlich, daß das Kostenproblem bei der Abfallbeseitigung langfristig nur durch die Verminderung und Vermeidung der Abfällen lösbar ist.

5.8.1.8 Rohstoffprobleme

Spätestens seit der ersten Ölkrise 1973/74 ist der Weltöffentlichkeit bewußt geworden, daß in dem abgeschlossenen System der Erde bei weiterem Wachstum der Produktion eine Verknappung von mineralischen Rohstoffen nicht ausgeschlossen werden kann. Bei den meisten mineralischen Rohstoffen wird dieser Fall zwar nicht vor dem Jahre 2000 eintreten, sind doch über die gesicherten Vorräte hinaus noch große Reserven zu vermuten. Langfristig muß jedoch bei allen nicht nachwachsenden Rohstoffen mit der allmählichen Erschöpfung der wirtschaftlich und mit einem erträglichen Energieaufwand zu gewinnenden Vorkommen gerechnet werden.
Die Bundesrepublik verfügt auf ihrem Territorium meist nur über geringfügige oder unwirtschaftliche Vorkommen der wichtigsten 45 mineralischen Industrierohstoffe. Eine fast völlige Abhängigkeit vom Import besteht für die Rohstoffe Aluminium, Kupfer, Erdöl, Phosphat. Neuere Berechnungen zeigen, daß sogar bei bisher für ausreichend gehaltenen Rohstoffen wie Baukiese, Bausand, Bausandsteine, gebrochene Natursandsteine in Form von Schotter und Splitt, Rohmaterial für Zement und Baukalk, reine Kalk- und Dolomitsteine, Flußspat, Schwerspat, Graphit, Betonit, Kieselerde, Kieselgur, Schwefel, Gips- und Anhydritstein, Quarzrohstoffe, feuerfeste Tone, Feldspat und Kaolin in absehbaren Zeiträumen mit Versorgungsschwierigkeiten zu rechnen ist. Diese Schwierigkeiten beruhen zum Teil auf Erschöpfung der Lagerstätten, zum anderen aber auch auf Blockierung der oberflächennahen Rohstoffvorkommen durch andere, den Abbau verhindernde Flächennutzungen. Die zunehmende technisch bedingte Ressourcen-Verknappung verschärft sich durch politische Restriktionen und weltpolitische Gegensätze. Langfristig sind die verfügbaren Rohstoffmengen ein wachstumsbestimmender Faktor, der das Produktionspotential einer Volkswirtschaft bestimmt.

Diese Entwicklungstendenzen erfordern neue Überlegungen, wie Rohstoffe eingespart, in den Produktionskreislauf zurückgeführt oder substituiert werden können. Folgende Möglichkeiten müssen hinsichtlich ihrer technischen Machbarkeit und ihrer Wirtschaftlichkeit im einzelnen untersucht werden:
- Erweiterung der Rohstoffbasis für Primär- und Sekundärrohstoffe
- Einsparung von Rohstoffen
- Verwertung und Rückführung von Rückständen und Abfällen.

Nur wenn es gelingt, ein sehr breit gestreutes »Abfallbewußtsein« zu entwickeln, kann es gelingen, die Möglichkeiten zu nutzen, die die »Abfälle als Rohstoffe am falschen Ort« bieten. Wirtschaft und Verbraucher müssen zunehmend Abfälle nicht nur aus wirtschaftlichen Erwägungen zu vermeiden suchen, obwohl dies sicher eine der stärksten Motivationen bleiben wird, sondern aus Gründen der Energie- und Rohstoffersparnis.
Kritisch zu beurteilen ist diese Überlegung bei »weitverteilten« Abfällen, die zu einer Aufbereitungsanlage rückgeführt werden müssen. Die Entropie hat sich bei der Herstellung und Vermarktung der Produkte ständig erhöht, so daß große Energiemengen benötigt werden, um die »verteilten« Abfälle in Sekundärrohstoffe zurückzuwandeln.
In der Konsequenz heißt dies, daß unser Bestreben, mit Hilfe von Recycling die Ressourcen zu konservieren, mißlingen wird, wenn nicht gleichzeitig die Verbrauchsrate des Primärrohstoffes in ihrem Wachstum gedämpft wird.

5.8.2 Abfallbeseitigung und Abfallwirtschaft

5.8.2.1 Die Neuordnung der Abfallbeseitigung

In den Jahren nach dem Krieg wurde die Abfallbeseitigung als ein Teil des Bereiches »Ver- und Entsorgung« der technischen Infrastruktur angesehen, der im Schatten der attraktiveren und eher vorzeigbaren sozialen Infrastruktur (z. B. Schulen, Kindergärten etc.) finanziell und planerisch deutlich vernachlässigt wurde. Überwiegend in der gemeindlichen Zuständigkeit liegend, wurde der Abfallentsorgung wenig Beachtung geschenkt, ihre Funktionsfähigkeit, d. h. das schlichte »Wegschaffen« der anfallenden Abfälle, meist einfach vorausgesetzt. Weder die Stadtplanung noch die räumlichen Planungsinstitutionen höherer gebietskörperschaftlicher Ebenen verwandten viel Mühe auf die Planung der Abfallbeseitigung.
In der ersten Hälfte der sechziger Jahre begannen aufgrund der durch die ansteigenden Abfallmengen zunehmenden Belästigungen und Gefährdungen bereits erste Überlegungen, ob und wie die Abfallbeseitigung organisatorisch neu geordnet werden könnte. Es wurden erste Berichte der Bundesregierung »zum Problem der Beseitigung von Abfallstoffen« (1963 und 1966) erstellt und die »Länderarbeitsgemeinschaft Abfallbeseitigung« (1966) gegründet. Noch 1966 entstanden erste Arbeitspapiere für eine bundeseinheitliche gesetzliche Regelung und 1968 wurde die »Zentralstelle für Abfallbeseitigung« beim Bundesgesundheitsamt geschaffen.

Im Umweltprogramm 1971 der Bundesregierung wird zur Neuorientierung der Abfallbeseitigung gesagt:
- »Abfälle müssen mehr als bisher in den ›Rohstoffkreislauf‹ und den Produktionsprozeß wiedereingeleitet werden.
- Regionale Zweckverbände können große und damit wirtschaftlicher arbeitende Regionalanlagen errichten; die Bildung solcher Verbände muß deshalb erleichtert werden.
- Die Abfallbeseitigung muß sich nach einheitlichen Grundsätzen richten; Abfallbeseitigungspläne sollen dazu führen, daß Müll nur noch in hygienisch einwandfreien Anlagen beseitigt wird.«

Nach der notwendigen Änderung des Grundgesetzes, durch die die konkurrierende Gesetzgebungskompetenz auf den Bund übertragen wurde, wurde das Abfallbeseitigungsgesetz (AbfG) am 7. Juni 1972 verabschiedet. Mit diesem Gesetz war die Abfallbeseitigung nunmehr als Rechtsmaterie in einem eigenständigen Bundesgesetz erfaßt worden, das eine einheitliche Grundlage für die Neuordnung der Abfallbeseitigung in der Bundesrepublik bot.

Das Gesetz bestimmt u. a., daß Abfälle nur in den dafür (durch die Behörde) zugelassenen Anlagen gelagert und behandelt werden dürfen und daß diese Anlagen nach der Schließung rekultiviert werden müssen. Es verlagert die Zuständigkeit für die Abfallbeseitigung von den Gemeinden auf größere Gebietskörperschaften, (überwiegend Stadt- und Landkreise). Das Gesetz verpflichtet die Länder zur Aufstellung von Abfallbeseitigungsplänen nach überörtlichen Gesichtspunkten und leitet damit einen langfristigen Sanierungs- und Neuordnungsprozeß für einen ganzen Umweltsektor durch eine umfassende Anlageplanung ein.
Es bedroht Verstöße gegen seine Vorschriften mit Freiheitsstrafen bis zu fünf Jahren oder mit Geldbußen bis zu DM 100000 und sieht schließlich die Möglichkeit vor, daß die Bundesregierung per Rechtsverordnung das Einführen oder Verwenden von Verpackungen und Behältnissen verbieten kann, wenn dies aus Gründen des Umweltschutzes geboten ist.
Besonders nach den »Giftaffären« des Jahres 1973 war es notwendig, das Gesetz im Hinblick auf Sammlung, Transport und Beseitigung gefährlicher Abfälle zu novellieren. In der Novelle vom 21. 6. 1976 (in Kraft getreten am 1. 1. 1977) sind u. a. folgende Änderungen und Neuerungen enthalten:
Gefährliche Abfälle müssen besonders durch Rechtsverordnung definiert werden. Die Länder sind gehalten, in ihren Abfallplänen Möglichkeiten zur Beseitigung solcher Stoffe auszuweisen. Das Genehmigungsverfahren wird verbessert, besonders was den sofortigen Vollzug anbetrifft. Es wird ein Betriebsbeauftragter für Abfallbeseitigung eingeführt.
Dieses Gesetz wird durch eine Reihe von Rechtsverordnungen, z. B. Nachweis über den Verbleib von Abfällen, Nachweis über den Abfalltransport, Nachweis über Einfuhr und Ausfuhr von Abfällen, den Betriebsbeauftragten und die gefährlichen Abfälle ergänzt.

5.8.2.2 Die Abfallbeseitigungspläne

Im § 6 des AbfG wird bestimmt, daß die Länder »für ihren Bereich Abfallbeseitigungspläne nach überörtlichen Gesichtspunkten« aufstellen. Er ist als der fortschrittlichste Teil des Gesetzes bezeichnet worden. Während in den übrigen Bestimmungen das klassische Instrumentarium des Staates (Verbote, Gebote, Genehmigungen, Auflagen, Kontrollen) im Vordergrund steht, kommt hier das der planenden und gestaltenden Verwaltung zum Ausdruck. Das Abfallbeseitigungsgesetz initiiert ein zweigleisiges Verfahren zur Neuordnung der Abfallbeseitigung: Parallel zur Sanierung bestehender Anlagen, zur Verfahrensregelung für die Zulassung neuer Anlagen, zur Kontrolle von Abfallsammlung und -transport etc. soll mit dem Instrument der Abfallbeseitigungspläne der Aufbau einer nach modernen ökologischen und nach ökonomischen Kriterien geplanten Neuorganisation der Abfallbeseitigung vollzogen werden.
Nach der Erstellung von Generalplänen (Niedersachsen 1972, Rheinland-Pfalz 1970, Saarland und Schleswig-Holstein 1974), die überwiegend den Charakter von Absichtserklärungen hatten, haben die meisten Länder schon Teilpläne für Hausmüll vorgelegt, die zum Teil noch Entwürfe, z. T. aber auch bereits als Rechtsverordnungen verbindlich gemacht worden sind. Sie sehen die folgende Anlagenstruktur vor:

Tabelle 65 Geplante Abfallbeseitigungsanlagen in einigen Bundesländern.

Land \ Anlagen	Deponien	Verbrennungsanlagen	Kompostierungsanlagen	Umladestationen	Ende des Planungszeitraums
Schleswig-Holstein	13	5	5	17	1980
Nordrhein-Westfalen	41	15	6	17	1990[3]
Baden-Württemberg	50	10[4]	19	–	1985
Bayern	9	13	22[1]	40	1990
Saarland	7	2[2]	1	–	–

[1] Davon 19 maschinelle Anlagen = Verfahren noch nicht bestimmt und 2 kombinierte Kompostierungs-/Verbrennungsanlagen. [2] Davon 1 maschinelle Anlage = Verfahren noch nicht bestimmt. [3] Angenommenes Ende des Planungszeitraumes. [4] Davon 2 kombinierte Verbrennungs-/Kompostierungsanlagen.

Die vorliegenden Pläne lassen folgende durchgehenden Planungsgrundsätze erkennen:

- Für die Hausmüllbeseitigung sind die eingeführten Beseitigungsmethoden der Deponie, der Kompostierung, der Verbrennung mit zugeordneten Umladestationen sowie einige Kombinationsanlagen (Verbrennung/Kompostierung) das Gerüst der Entsorgungsstruktur.
- Überwiegend sind, dies ist neu zumindest für die Ablagerung, Zentralanlagen mit großen Einzugsgebieten geplant, denen Umladestationen zugeordnet werden.
- Bestehende, als nicht geordnet einzustufende Deponien werden entweder geschlossen und rekultiviert oder abfalltechnisch saniert und als Übergangsanlagen weitergeführt oder zu Zentraldeponien ausgebaut.
- Die Zahl der Verbrennungs- und Kompostierungsanlagen sowie der Prozentsatz der durch diese Methoden entsorgten Einwohner wird zu Lasten der Ablagerung steigen.
- Für die Beseitigung der industriellen Sonderabfälle zeichnet sich ein System zentraler, leistungsfähiger Vorbehandlungs-, Verbrennungs- und Ablagerungsanlagen mit zugeordneten Sammelstationen ab, das von öffentlichen und privaten Trägern gemeinsam vorgehalten wird.
- Träger der Beseitigungsorganisation und der Anlagen für Sonderabfälle sind oder werden überwiegend Sonderabfallgesellschaften privatrechtlichen Charakters (mit jeweils unterschiedlicher Beteiligung von Ländern, Kommunen, Industrie, Gewerbe und Industrie- und Handelskammern) sein.

5.8.2.3 Das Abfallwirtschaftsprogramm

Das Abfallbeseitigungsgesetz und die Abfallbeseitigungspläne enthalten noch keine Hinweise auf die Verwertung oder gar die Verminderung und Vermeidung von Abfällen, sie sehen keine Instrumente der quantitativen oder qualitativen Steuerung des Abfallstroms selbst und seiner Entstehung vor.

In diese Lücke stößt das Abfallwirtschaftsprogramm aus dem Jahre 1975. Ausgehend von der Ist-Situation stetig angewachsener Abfallmengen und ihrer veränderten Zusammensetzung ist hier für alle relevanten Teilbereiche (Sammlung, Beseitigung, Wiederverwendung, Verwertung usw.), für die flankierenden Maßnahmenbereiche (Statistik, Recht, Aus- und Fortbildung, Forschung und Entwicklung) sowie gezielt für zehn Abfallarten (Glas, Papier, Kunststoffe, Altreifen, Metalle und metallische Verbindungen, metallische Schlämme und Aschen, Sonderabfälle, pflanzliche Reststoffe, tierische Rückstände und organische Schlämme) das Programm für eine mittelfristige Abfallwirtschaftspolitik geschaffen worden.

Das Programm setzt mit seinen Maßnahmen auf allen Ebenen der Entstehung des Abfallstromes an (Verminderung und Vermeidung bei der Produktion, Rückführung, Wiederverwendung, Verwertung usw.), geht also von einem steuerbaren, interdependenten Systemzusammenhang der Abfallentstehung aus und, last but not least, es betrachtet die Abfallentstehung als Teil des industriewirtschaftlichen Stoff- und Energiehaushalts, der weitgehend den Gesetzen dieses Wirtschaftsgeschehens und ihren Regelmechanismen folgt. Es appelliert dabei deutlich an das Eigenverantwortungsbewußtsein der Beteiligten, den gegenwärtigen Zustand zu bessern.

Das Abfallwirtschaftsprogramm hat im einzelnen folgende Ziele:

- Reduzierung der Abfälle auf Produktions- und Verbrauchsebene unter folgenden Gesichtspunkten:
  - Verringerung der Produktionsabfälle
  - Anwendung umweltfreundlicher Produktionsverfahren
  - Überprüfung des Materialeinsatzes hinsichtlich der Zweckbestimmung von Erzeugnissen
  - Erhöhung der Haltbarkeit von Produkten
  - Steigerung der Mehrfachverwendung von Produkten
- Steigerung der Nutzbarmachung von Abfällen durch
  - Verwertung als Rohstoff im Produktionsprozeß
  - Ausnutzung des Energieinhaltes
  - Rückführung in biologische Kreisläufe

- Schadlose Beseitigung von Abfällen
- Zurechnung der Kosten nach dem Verursacherprinzip

Die Betrachtung des industriewirtschaftlichen Stoff- und Energiehaushaltes als ein steuerbares System und der Versuch, dieses zu steuern, sind ohne Zweifel notwendig und ein großer Fortschritt. Es wurde in den vergangenen Jahren allenthalben deutlich, daß die Vorsorge für die schadlose »Beseitigung« Staat und Wirtschaft ökonomisch überfordert und auch ökologisch zu unerträglichen Belastungen führen muß. Neben der Verwertung müssen verstärkt Wege beschritten werden, die Abfallentstehung zu vermeiden.
Gleichwohl wissen wir doch heute schon, daß eine wirklich gesamtökologische Bewertung aller angewendeten Beseitigungs- und Behandlungsmethoden nicht vorgenommen wird. Kein abfallwirtschaftlicher Planer kann heute sagen, ob eine bestimmte Beseitigungsmethode, die vordergründig umweltfreundlich ist, d. h. möglichst wenig Emissionen an die Medien Luft und Wasser abgibt, nicht langfristig einen Verbrauch an Stoffen und Energie hat, der ihre Anwendung zu einer Belastung werden lassen kann.
Ein derartiger Ansatz zu einer abfallwirtschaftlichen Umweltverträglichkeitsprüfung weist deutlich über den gegenwärtigen Kenntnisstand und die jetzt vorhandenen Bewertungsmaßstäbe für Abfallbehandlungssysteme hinaus.
Die hier anschließende Frage, ob das Problem dieser Abfallströme dann nur durch eine Verminderung bzw. völlige Vermeidung der entsprechenden Abfälle gelöst werden kann und das wiederum daraus hervorgehende Problem, was denn mit den unterdessen aufgebauten Verwertungsanlagen zu geschehen hat, deutet an, daß der Abfallwirtschaftler sich bei konsequenter Erforschung und Inwertsetzung ökonomisch-ökologischer Wirkungsketten nur allzu häufig einem »circulus vitiosus« ausgesetzt sieht.
Die hier sich andeutenden Zusammenhänge zu erforschen und sie, etwa durch Modelle, anschaulich, erklärbar und damit auch steuerbar zu machen, ist eine der wesentlichsten Forschungsaufgaben der nächsten Jahre und Jahrzehnte.

5.8.3 Das Entsorgungssystem in der Bundesrepublik Deutschland (Hausmüll)

5.8.3.1 Ablagerung

Anlagenstruktur Noch vor zehn bis fünfzehn Jahren war die Ablagerung, meist in der Form der ungeordneten Müllkippe, praktisch die alleinige Methode der Abfallbeseitigung. Das Umweltprogramm 1971 der Bundesregierung ging von mehr als 50000 »wilden« Müllkippen aus, die es zu schließen oder zu sanieren und zu geordneten Deponien umzugestalten galt.
Im Jahre 1975 existierten noch 4415 Deponien, von denen ca. 2500 trotz sehr unterschiedlicher technischer Ausstattung als geordnet bezeichnet werden können. Dazu kommen noch ca. 2500 Deponien für gewerbliche und industrielle Abfälle.
Die Abfallbeseitigungspläne der Länder sehen vor, diese Zahl von Anlagen wesentlich zu verringern. Es sind überwiegend Zentraldeponien mit großen Einzugsgebieten geplant (wünschenswerte Größe 50000 t/J).

Verfahren Die Ablagerung ist das preiswerteste Abfallbeseitigungsverfahren und sie erfordert im Vergleich zur Kompostierung und Verbrennung auch den geringsten Stoff- und Energieaufwand für ihre Anwendung (wenig Bauten, geringer Energieaufwand für die Behandlung und Umwandlung von Abfällen, relativ wenig Personal etc.).
Aus der dynamischen Entwicklung von Kompostierungs- und Verbrennungsanlagen in den letzten Jahren könnte man schließen, die Ablagerung von Abfällen würde wegen der zunehmenden Flächenverknappung und weil die Abfälle nicht verwertet oder genutzt werden, mehr und mehr zurückgedrängt und schließlich ganz durch Verbrennungs-, Kompostierungs- und Verwertungsanlagen ersetzt werden. Im Abschnitt 5.8.1.6 wurde nachgewiesen, warum dies nicht der Fall sein wird.
Für folgende Stoffgruppen müssen auf jeden Fall Ablagerungsflächen auch in noch so ferner Zukunft vorgehalten werden:

- Vorwiegend mineralische Stoffe, die sich nicht reduzieren lassen, z. B. Abbruch, Schutte, Erden, Schlacken und Aschen.
- Rückstände aus Reduktions- und Aufarbeitungsanlagen, z. B. Siebreste, Flugaschen, Verbrennungsschlacken, Vergasungskoks, Filterkuchen.
- Stoffe, die zwar reduzierbar sind, für die sich die vorgesehenen Reduktionsanlagen aber nicht eignen oder für die sie nicht ausgelegt sind.

Außerdem sind Deponien als Reserveeinrichtungen für Teil- und Totalausfall von Reduktionsanlagen sowie zur Deckung von Anfallspitzen völlig unverzichtbar.

Eine ökologische Bewertung der Beseitigungsverfahren der Ablagerung ist ebenso wie für die Verbrennung und die Kompostierung methodisch heute noch nicht vollständig durchführbar. Nachfolgend sollen die wichtigsten Parameter dargestellt werden.

Tabelle 66 Emissionen aus geordneten anaeroben und aeroben Deponien [Rasch 1977].

Indikator	Emissionen verdichtete Deponie	Rottedeponie
Abbau	anaerob	aerob
Abbauzeit (Mineralisierung)	über 10^5 (über 3650 Tg)	10^2–10^4 (ca. 365 Tg)
Sickerwasser	0,05–0,1 l/sec, ha	0–0,1 l/sec, ha
Abluft	0,15 l/E/Tg 0,05–0,14 Nl/E/Tg 0,3–0,5 Nm^3/kg CH_4	0,5–1,4 Nl/E/Tg[1)] 3,0–5,0 Nm^3/kg[2)] CO_2

[1)] Nl = Normliter. [2)] Nm^3 = Normkubikmeter.

Man erkennt die Phänomene der geordneten Deponie am ehesten, wenn man die Lagerung von Abfällen als einen Sedimentationsprozeß versteht und die Wirkung der wichtigsten geologischen und hydrogeologischen Aktionen beschreibt. Es sind dies die Alterung, die Verwitterung und die Auslaugung.

Mit der Alterung wird die Summe der Vorgänge im abgelagerten Material bezeichnet, die sich bei normaler Durchfeuchtung ohne wesentliche Einflüsse von der Oberfläche her vollziehen. Es handelt sich dabei weitgehend um anaerobe Prozesse. Bei der Alterung führt die Verdichtung zu einer mechanischen Verfestigung. Die Umwandlung organischer Substanz durch biologischen Abbau führt bei Anwesenheit von basischen Umgebungsstoffen zur Bildung von Grauhumus (Analogie: Flachmoormudde) bzw. bei Anwesenheit von basischen Umgebungsstoffen zu nährstoffarmem Rohhumus (Analogie zum Zwischenprodukt vor der Braunkohlenbildung). Außerdem findet eine starke Mineralbildung statt. Im einzelnen handelt es sich dabei um Vererzung und Petrifikation. Die Vererzung führt zu einer Umbildung der Metallhydroxyde in Sulfide, Karbonate, Silikate und Phosphate. Dies vermindert die Löslichkeit gegenüber Wasser und schwachen Säuren. Die Bildungen von Humussäuren und Silikaten wirken wie Ionenaustauscher und binden Metallionen statt Alkaliionen. Die hydraulische Verfestigung tritt nur an bestimmten Materialien, speziell aus Abfällen der Steine- und Erdenindustrie, auf.

Es besteht eine Wechselwirkung zwischen Alterung und Verwitterung. Während die Alterung ganz generell zur Verfestigung und Unlöslichmachung der abgelagerten Substanz beiträgt, wirkt die Verwitterung gegenläufig.

Die Auslaugung erfaßt alle löslichen Stoffe. Es handelt sich dabei um spontan lösliche Stoffe, d. h. Substanzen, die bereits bei der Ablagerung in löslicher Form vorliegen. Bei der Alterung treten lösliche Zwischenprodukte auf, die der Auslaugung unterliegen können, bevor sie zu unlöslichen Endprodukten umgeformt werden. Im organischen Bereich kommen hierfür in erster Linie Fettsäuren, Aldehyde und Alkohole in Betracht. Von anorganischen Stoffen sind Metallionen, Bicarbonate, H_2S und Phosphate zu nennen. Bei der Verwitterung gehen Endprodukte in Lösung, wie z. B. Erdalkaliionen, Schwermetallionen, Sulfate, Phosphate und Kieselsäuren.

Die Auslaugung ist direkt proportional zur Wasserdurchlässigkeit. Alle Vorgänge, durch die die Wasserdurchlässigkeit verringert wird, schränken gleichzeitig die Auslaugung ein.

Eine weitere wichtige Erkenntnis ist, daß es nur wenige Stoffe gibt, die dem Festhalte- und Abbauvermögen des Untergrundes auf die Dauer erfolgreich zu trotzen vermögen.

Zu den wenigen Stoffen gehören sicher die Verbindungen der Alkalimetalle. Die Adsorption im Untergrund vollzieht sich vorwiegend an Ton- und Humusstoffen. Organische Materialien werden außerordentlich stark von Ton absorbiert. Die epigenetische Bildung von Mineralien führt ebenfalls zu einer Zurückhaltung bereits aufgelöster Stoffe und läßt sich chemisch von der Adsorption nicht trennen.

Die bisher gemachten Ausführungen hatten im wesentlichen Auswirkungen auf dem Wasserhaushalt bzw. das entstehende Sickerwasser. Wie aber steht es um die Auswirkungen auf den Gas- und Wärmehaushalt?

Es ist zu unterscheiden zwischen chemischer und biologischer Oxydation von organischer Substanz.

Bei der biologischen Oxydation wird der benötigte Sauerstoff bei der Verrottung der Luft entnommen (aerob), bei der Verfaulung wird der chemisch gebundene Sauerstoff aktiviert (anaerob).

Die Verrottung beruht auf einem exothermen Prozeß. 1 g abgebauter Kohlenstoff ergibt nach Abzug der für die Neubildung von Zellsubstanz benötigten Wärme 6–8 kcal freie Wärme. Diese führt zu der bereits besprochenen starken Anwärmung des Mülls. Über den Luftbedarf und damit die Abluftmengen bei Deponien liegen keine Untersuchungsergebnisse vor. Ein Analogieschluß könnte höchstens aus der Müllverbrennungstechnik gezogen werden, bei der für die Oxydation von 1 kg Müll 5–6 Nm^3 Luft benötigt werden (Luftüberschuß 2).

Beim anaeroben Abbau wird weniger Wärme direkt freigesetzt, dafür aber entsteht Faulgas, das entsprechende Wärmemengen bei seiner Verbrennung freigibt (H_u = 10000 kcal/kg).

Je Gramm abgebauter Kohlenstoff entsteht 1,8 l Faulgas (CH_4, CO_2). Eine t Müll erzeugt bis zum vollständigen Abbau des Kohlenstoffs etwa 0,36 m^3 Faulgas.

Es werden teilweise sehr hohe CH_4-Werte in der Bodenluft gemessen (bis zu 60%). Der Methangehalt führt leicht zu Schwelbränden; deshalb dürfen Deponiebrände nicht mit Wasser gelöscht werden. Wasser aktiviert den biologischen Prozeß und erzeugt immer mehr Gas.

Sicher ist, daß die wichtigste Emission von Deponien, der Sickerwasseranfall, in seinem negativen Einfluß auf Grund- und Oberflächenwasser in unserem Klima nur minimiert werden kann. Die Möglichkeiten der Reinigung beim Bodendurchfluß, die Klärung, die Abdichtung nach Schüttabschluß sind Alternativen zur Lösung dieses Problems. Da ein großer Teil der organischen Inhaltstoffe biologisch abbaubar ist, erscheint als gegenwärtige Tendenz: der natürlich dichte oder künstlich abgedichtete Untergrund mit Sickerwassersammlung und anschließender Reinigung. Auch für die Entgasung, falls notwendig oder wünschenswert, gibt es in der Zwischenzeit Lösungen.

Andererseits darf nicht übersehen werden, daß der Stoff- und Energieeinsatz für die Ablagerung gering ist. Es sind im Vergleich zur Kompostierung, Verbrennung oder Verwertung keine großen baulichen, maschinentechnischen und anlagenmäßigen Aufwendungen nötig. Wenn man die Qualität eines Beseitigungsverfahrens nur danach beurteilen könnte, ob es ihm schnell und mit geringstmöglichem Energieaufwand gelingt, Stoffe so festzulegen, daß sie sich möglichst wenig den Medien Luft und Wasser mitteilen, ist die Deponie zweifellos ein umweltfreundliches Beseitigungsverfahren.

Abschließend seien noch die Monodeponien (nur ein Stoff) erwähnt, die als Rohstofflager in der Zukunft stärker zur Anwendung kommen.

Die Ablagerung ist das preiswerteste Abfallbeseitigungsverfahren. Investitionskosten bzw. Betriebskosten sind in Abhängigkeit von Kapazität bzw. Schütthöhe nach Ferber [1975] wie folgt:

Tabelle 67 Investitionskosten für Deponien (Stand 1975).

Jahreskapazität	25000	75000	150000	225000
Investitionen DM/t/J	53	34	27	26
Gesamtinvestitionen	1325000	2550000	4050000	5850000

Tabelle 68 Betriebskosten von Deponien (Stand 1975).

Kapazität	25000	75000	150000	225000	jato
Schütthöhe	5 Meter				
Kosten	14,07	10,64	–	–	DM/m³
Schütthöhe	15 Meter				
Kosten	10,84	7,47	6,58	6,55	DM/m³
Schütthöhe	25 Meter				
Kosten	–	6,94	6,02	5,99	DM/m³
Schütthöhe	50 Meter				
Kosten	–	–	–	5,63	DM/m³

5.8.3.2 Müllverbrennung

Anlagenstruktur Im Jahre 1977 sind in der Bundesrepublik Deutschland 39 Müllverbrennungsanlagen in Betrieb. An sie sind ca. 15 Mio Einwohner bzw. 25,3% der Gesamtbevölkerung angeschlossen. Sie haben einen Jahresdurchsatz von 5000 (Böbingen) bis 400000 (Berlin) Tonnen und zwischen 18000 (Glückstadt) und 1,1 Mio (Berlin) angeschlossene Einwohner. Bei 37 Anlagen findet eine Wärmenutzung für unterschiedliche Zwecke (Heizung, industrielle Zwecke, Stromerzeugung) statt.

In 13 Anlagen findet eine Eisenschrott-Auslese, in 16 Anlagen eine Schlackenverwertung statt. Die Müllverbrennung als Beseitigungsmethode ist zwar seit ca. 80 Jahren bekannt, der Aufbau der jetzt vorhandenen Anlagenkapazitäten vollzog sich allerdings erst in den letzten 15 Jahren. Der quantitativ stärkste Zuwachs geschah in den Jahren 1965 bis 1970.

Während in jener Periode jährlich etwa 8 Verbrennungseinheiten mit einer durchschnittlichen Kapazität von 12 t/h in Betrieb gingen, waren es von 1970 bis 1975 durchschnittlich nur noch 5 Einheiten jährlich mit einer mittleren Kapazität von rund 14 t/h.

Tabelle 69 Emissionen aus Müllpyrolyse und -verbrennungsanlagen. Nach Umweltbundesamt [1977].

Emission / Indikator	Luftzusatz ohne	Luftzusatz mit
	Müllpyrolyse[1]	Müllverbrennung
Abbau	anaerob	aerob
Abbauzeit	ca. 10 h	1 h
Luftverh. zahl	–	2,5
Betriebswässer	0,36 l/E/Tg	0,4 l/E/Tg
Abluft	0,3–0,5 m³/kg	3÷5 Nm³/kg
Leitgas	CH_4	CO_2
feste Rückstände	20% Gewicht	20% Gewicht

[1] Müllpyrolyse ist die Erhitzung von Abfällen unter Luftabschluß, wobei die flüchtigen organischen Bestandteile ausgetrieben werden (Entgasung von Abfällen).

Nach den Abfallbeseitigungsplänen der Länder sollen bis zum Jahre 1990 etwa 20–25 neue Verbrennungsanlagen gebaut werden.
Die Methode der Verbrennung von kommunalen Abfällen ist nicht unumstritten, obwohl sie durch Wärmenutzung, Schrott- und Schlackeverwertung dem Gedanken der Weiterverwendung und Verwertung von Abfällen Rechnung trägt. Sie ist die teuerste und technisch aufwendigste der drei in der Bundesrepublik angewendeten Verfahren der Abfallbeseitigung.
Die wichtigsten Emissionen sind in Tab. 69 verzeichnet.

Tabelle 70 Investitionskosten für Müllverbrennungsanlagen nach Leistung u. Nutzungsarten (Mio DM). Nach Umweltbundesamt [1977].

Nutzungsarten / Leistung	Anlagen mit: Strom- und Fernwärmeerzeugung Schlackenaufbereitung Schrottauslese	Fernwärmeerzeugung Klärschlammverbrennung	Fernwärmeerzeugung
3 × 6 t/h	55877	52816	48331
3 × 10 t/h	77100	71713	66341
3 × 20 t/h	121571	114091	103884

Vorteile der Müllverbrennung
1. Volumenreduktion auf ca. 5–15% des ursprünglichen Müllvolumens; der Platzbedarf ist bei der Ablagerung mit Verdichtung etwa fünfmal, bei der Kompostierung etwa doppelt so groß wie bei der Verbrennung.
2. Verwertungsmöglichkeit der Schlacke und damit verbundener kostensenkender Erlös.
3. Verwertungsmöglichkeit und damit verbundener Erlös von Eisenschrott.
4. Krankheitserregende Bakterien und Viren werden im Verbrennungsprozeß abgetötet.
5. Möglichkeit der Wärme- und Energieerzeugung; die bestehenden Verbrennungsanlagen haben einen Anteil von 0,3% am Primärenergiebedarf. Ersatz von Einzelheizungen durch emissionsärmere zentrale Fernheizungen.
6. Klärschlämme können mitverarbeitet werden.

Nachteile der Müllverbrennung
1. Die Verbrennung ist die teuerste Beseitigungsmethode. Sie wäre bei ausreichendem Platzangebot für die Ablagerung nicht konkurrenzfähig.
2. Die Konzentration von Schadgasen in Form von Salzsäure (HCl) wird zunehmen, da der PVC-Anteil im Kunststoff steigt. Die Anlagen müssen mit teuren Rauchgasreinigungsanlagen ausgerüstet werden.
3. Die Rauchgaswaschanlage liefert stark saures Abwasser, das nach der Nachbehandlung durch Neutralisation große Salzmengen enthält, deren Beseitigung noch ein ungelöstes Problem ist.
4. Bei der Verbrennung werden die organischen Abfälle chemisch in anorganische umgewandelt und gehen so einer anderen Nutzung (wie sie z. B. bei der Kompostierung möglich ist) verloren; sie werden von Stoffen mittlerer Entropie in solche hoher Entropie verwandelt (hohe Dispersion).
5. Die Verbrennung ist, ebenso wie die Kompostierung, nur in Verbund mit einer Deponie zu betreiben.
6. Die Müllverbrennung stellt umweltökonomisch eine Vernichtung von Wertstoffen (z. B. Altpapier) dar, für die es produktive Verwendungsmöglichkeiten gibt. Der Nutzen aus der Energiegewinnung kann solange nicht zweifelsfrei als positiv gewertet werden, als Methoden für eine Berechnung des volkswirtschaftlichen Faktoreneinsatzes für die Energiegewinnung und der Kalkulation der ökologischen Schäden nicht zur Verfügung stehen.

Abb. 96 Verteilung der in Betrieb befindlichen Müllverbrennungsanlagen in der Bundesrepublik Deutschland. Umweltbundesamt [1977].

7. Die Emissionen und Rückstände sind, gemessen an der Effizienz der Umwandlung, höher als bei den meisten anderen Energieumwandlungsverfahren. Die Erlöse für die erzeugte Energie sind dementsprechend verhältnismäßig gering.
8. Die Rückstände, besonders die Flugasche aus MVA, sind wasserverunreinigend und müssen in speziell ausgerüsteten Anlagen abgelagert werden.

Das Für und Wider dieser Methode ist vielfach diskutiert worden und ist nicht leicht zu beurteilen. Die Methode wird auch mittelfristig in Verdichtungsgebieten zum Einsatz kommen müssen. Die Kosten, die Schwierigkeit der Unterbringung der Restprodukte und die Verbesserung bei der Berechnung ökologisch sinnvoller, mehrfach rückgekoppelter Systeme werden sicher dazu führen, Alternativen, auch für die stoffliche Nutzung des Abfalls, ernster zu prüfen und zu realisieren.
Zur Technik der Ent- und Vergasung, sowie der Hochtemperaturtechnik werden hier keine Ausführungen gemacht. Die Verfahren dieser Methoden befinden sich in einer Erprobungs- und Entwicklungsphase, die es noch nicht angezeigt sein lassen, Folgerungen für die Praxis zu ziehen.

5.8.3.3 Kompostierung

Anlagenstruktur In der Bundesrepublik Deutschland sind derzeit 19 Kompostanlagen in Betrieb. Durch sie werden etwa 1 664 000 Einwohner entsorgt. Jährlich werden aus 475 000 t Müll und 110 900 t Klärschlamm ca. 133 175 m^3 Kompost hergestellt. 11 Anlagen verarbeiten Müll und Klärschlamm, 8 Anlagen nur Müll. Die verarbeiteten Abfallarten sind Hausmüll, Geschäftsmüll, Sperrmüll und Gewerbeabfälle. Die Reststoffe werden bei neun Anlagen verbrannt, bei ebensovielen Anlagen deponiert und in einer Anlage sowohl abgelagert als auch verbrannt. Der Jahresdurchsatz der Anlagen schwankt zwischen 3000 und 100 000 t (durchschnittlich 28 000 t).
Von den heute bestehenden Anlagen entstanden neun zwischen 1953 und 1969, während allein in den fünf Jahren von 1970 bis 1975 10 neue Anlagen in Betrieb genommen wurden.

Verfahren Die Kompostierung wird als ein aerober biologischer Prozeß des Ab- und Umbaues organischer Verbindungen infolge mikrobieller Einwirkungen definiert. Die wesentlichen Emissionen sind aus der Tafel im Kapitel Deponie ersichtlich. Die Ziele der Kompostierung sind die folgenden:
- Reduzierung des Abfallvolumens (ca. 25%–50%)
- Verkürzung des langdauernden natürlichen Mineralisierungsprozesses von Abfallstoffen
- Entseuchung der in den Abfallstoffen enthaltenen Krankheitserreger
- Herstellung eines Produktes, das sich vor allem zur Bodenverbesserung in der Landwirtschaft und im Landschaftsbau verwenden läßt.

Die organischen Hausmüllbestandteile zerfallen in drei Gruppen:
- natives Material wie Gartenabfälle, Speisereste etc.
- verarbeitete Stoffe wie Textilien, Papier etc. und
- synthetisches Material wie Polyäthylen, Polyvinylchlorid und andere Kunststoffe.

Kompostierbar sind nur die nativen und die verarbeiteten organischen Stoffe. Sie bestehen hauptsächlich aus Kohlehydraten, Eiweißverbindungen und Fetten. Lignin, Harze, Wachse, Leder, Gummi und auch andere Fette sind kaum angreifbar.
Die organischen Hausmüllbestandteile haben einen Anteil von etwa (1975) 20%; bedingt kompostierbare Stoffe wie Papier, Holz, Pappe, Textilien, Leder, Gummi machen etwa 26 Gewichtsprozent aus. Einige Grobstoffe wie Glas oder Schlacke können zermahlen und dem fertigen Kompost beigegeben werden. Dies bedeutet, daß bei der Kompostierung erhebliche Stoffmengen nicht verarbeitet werden können oder als Siebrest verbleiben.
Die Kompostierung ist, obwohl durch sie natürlich im Verbund mit einer Verbrennungsanlage und einer Deponie ein Einzugsgebiet entsorgt wird, primär keine Abfallbeseitigungsmethode, sondern ein Verfahren der Sekundärrohstoffproduktion. Für einen Teil der Hausmüllinhaltsstoffe findet eine sinnvolle Verwertung des Rohstoffes Abfall und eine Rückführung von Mate-

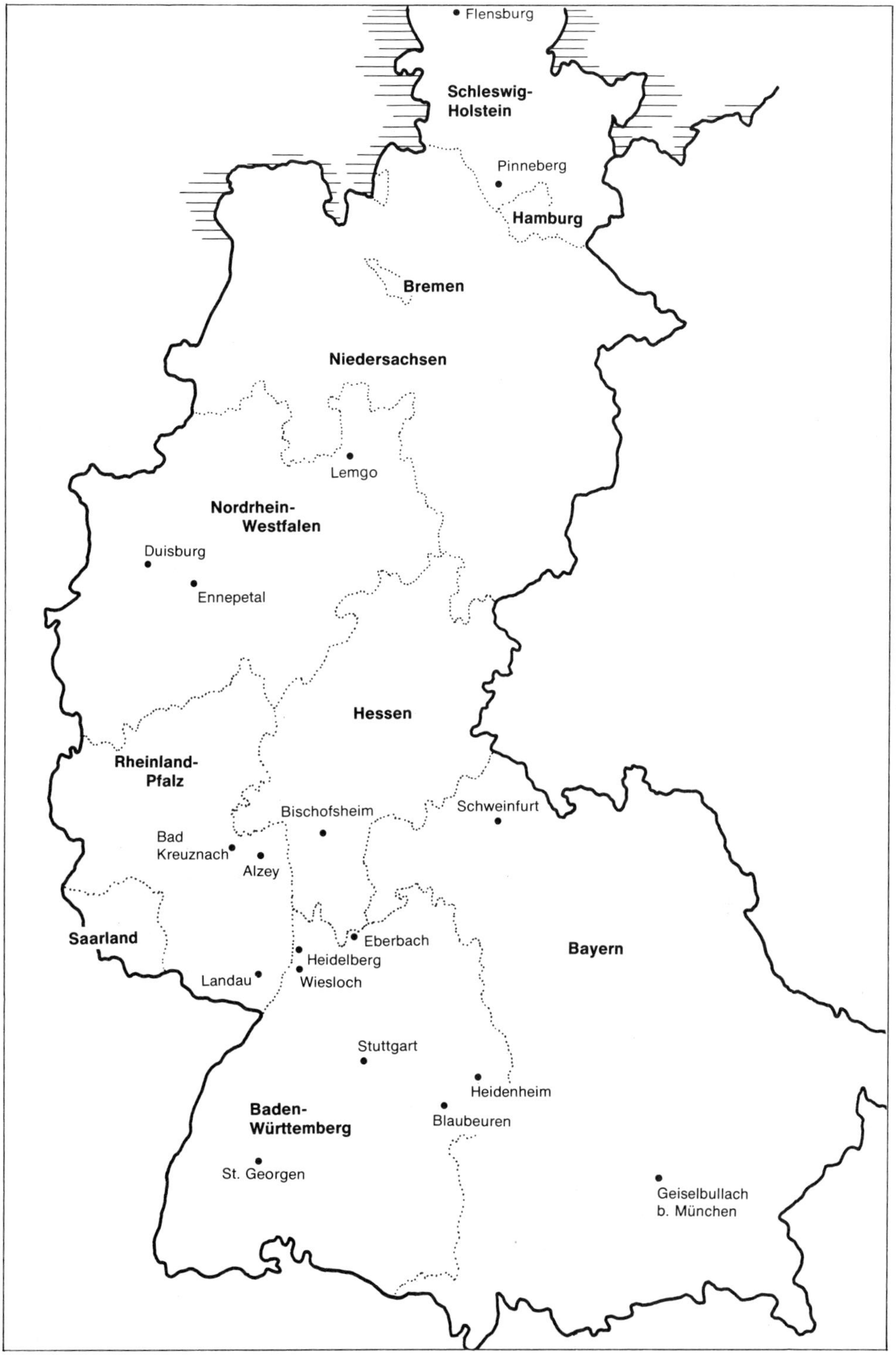

Abb. 97 Verteilung der Kompostierungsanlagen in der Bundesrepublik Deutschland. Umweltbundesamt [1977].

rialien in den Stoffkreislauf statt, die Modellcharakter für die gezielte Verwertung auch anderer Abfallstoffe hat. Allerdings sind ihrer verstärkten Anwendung gewisse Grenzen gesetzt. Diese sind u. a. abhängig vom Absatz des Produktes Kompost, denn es kann nicht sinnvoll sein, aus ökologischen Gründen ein Produkt zu produzieren, um es dann nur abzulagern. Der Kompost muß qualitäts- und preismäßig in Konkurrenz treten mit anderen Bodenverbesserungsmitteln, hat ihnen gegenüber aber den Nachteil, daß seine umweltfreundliche Funktion (Entlastung von Beseitigungsanlagen, Energieersparnis) nicht bewertet wird und daß hohe Transport- und Ausbreitungskosten finanziert werden müssen [Mach 1975].

Nach neuesten Untersuchungen ist für Kompostanlagen mit folgenden Investitionskosten zu rechnen:

Tabelle 71 Investitionskosten für Kompostierungsanlagen nach Leistung und Betriebsart (Mio DM). Nach Umweltbundesamt [1977].

Betriebsart / Leistung	Anlage mit Klärschlamm Reststoffverbrennung Sperrmüllzerkleinerung	Klärschlammverarbeitung Reststoffverbrennung	Klärschlammverarbeitung	Reststoffverbrennung Sperrmüllzerkleinerung
2 × 40 t/Tg	24081	23009	13023	23835
2 × 100 t/Tg	36830	32235	20566	36463
4 × 100 t/Tg	60965	58954	33086	60459

Vorteile der Kompostierung

1. Im Gegensatz zur Verbrennung kommt es zu keinen schädlichen Emissionen in die Atmosphäre; allerdings können Geruchsbelästigungen entstehen.
2. Es findet eine sinnvolle, wenn auch nur teilweise, Ausnutzung des Abfalls statt.
3. Kompost beeinflußt die Bodenstruktur (Wasser-, Luft- und Wärmehaushalt) positiv. Das Porenvolumen erhöht sich. Die Erodierbarkeit nimmt ab. Die biologische Aktivität von Pflanzenwurzeln und Mikroorganismen wird verbessert. Durch seine Aufbringung wird die Filtrationsfähigkeit der Bodendeckschichten für grundwassergefährdende Stoffe vergrößert. Dadurch dient der Kompost in mehrfachem Sinne dem Umweltschutz.
4. Es tritt zwar eine Schwermetallanreicherung im Boden auf, diese ist aber nach den Ergebnissen z. T. mehrjähriger Messungen für Pflanzen, Tiere und die menschliche Nahrungskette mit ziemlicher Sicherheit bei normalen Gaben ungefährlich (Vorsicht im Weinbau).
5. Durch die biochemischen Vorgänge bei der Kompostierung werden Krankheitserreger abgetötet. Es können also auch infektiöse Abfälle verwendet werden, da sie entseucht werden. (z. B. Klärschlämme).

Nachteile der Kompostierung

1. Prinzipiell besteht die Möglichkeit, daß Tiere und damit über die Nahrungskette auch Menschen durch Schadstoffe im Kompost gefährdet werden. Die Auswirkungen der Aufnahme von Futtermitteln, die auf kompostbehandelten Böden produziert wurden und das direkte Verfüttern von Kompost, sind nicht erforscht. Auf Böden für die direkte Nahrungsmittelproduktion sollte Kompost aus Müll sparsam angewendet werden.
2. Es fallen relativ große Reststoffmengen an, die beseitigt werden müssen.
3. Die Geruchsentwicklung zwingt zu großem Abstand von Siedlungsgebieten. Sickerwässer aus den Mieten sind hochgradig verunreinigt und müssen geklärt werden.

Volkswirtschaftlich gesehen, ist eine Erweiterung der Komposterzeugung durchaus erstrebenswert. Vor allem für die Anwendung von Komposten in der Landschafts- und Gartengestaltung sind in der Bundesrepublik noch lange nicht alle Möglichkeiten ausgeschöpft. Ein Blick auf andere Länder zeigt, daß mehr Kompost wirtschaftlich erzeugt, abgesetzt und sinnvoll verwendet werden kann (Niederlande). Die Kompostierung ist (jedenfalls bis zu einem Einzugsgebiet von ca. 900000 Einwohnern) kostengünstiger als die Verbrennung. Sie vermindert zudem den Flächenbedarf für Ablagerungen und stellt eine natürliche Form der Abfallrückführung dar. Der energetische und volkswirtschaftliche (Stoff- und Energieaufwand für den Bau der Anlagen, die Herstellung des Kompostes, den Absatz, die Emissionsbegrenzung etc.) Aufwand für die Herstellung des Produktes Kompost bleibt allerdings unberücksichtigt. Für die Einbeziehung von Rohstoffen, Energiequellen und sozialen Zusatzkosten in eine wirklich umfassende Stoff-, Energie- und Kostenbilanz dieses Beseitigungsverfahrens fehlen bisher die entsprechenden Methoden.

5.8.4 Verwertung und Bewirtschaftung von Abfällen

5.8.4.1 Industrie und Gewerbe

Die Bemühungen in der Bundesrepublik, alle Stoff- und Abfallströme auf Möglichkeiten der Verminderung, Vermeidung, Verwertung und Rückführung zu untersuchen und die Instrumente zu einer ökonomischen Bewirtschaftung und ökologisch verantwortungsbewußten Steuerung zu schaffen bzw. zu verbessern, sind vor allem aus folgenden Gründen sinnvoll und notwendig:

- Die Abfallbeseitigung soll entlastet werden. Die Verringerung der Abfallmengen vermindert die bei ihrer Behandlung auftretenden Emissionen: es werden Flächen geschont und für andere Nutzungsarten verfügbar gehalten; die notwendigen finanziellen Aufwendungen für die Abfallbeseitigung werden geringer.
- Der für die Produktion von Gütern und auch für die Abfallbeseitigung notwendige Energieeinsatz wird geringer. Steigende Energiepreise und die Endlichkeit von Energieträgern (z.B. fossile Brennstoffe) zwingen zu Überlegungen, den für die industriewirtschaftliche Erzeugung und den Konsum notwendigen Energieeinsatz zu vermindern bzw. neu zu verteilen.
- Rohstoffvorkommen sollen durch Mehrfachnutzung primärer Rohstoffe als Sekundärrohstoffe geschont werden. Steigende Rohstoffpreise und begrenzte Vorkommen machen verstärkte Anstrengungen erforderlich, Rohstoffe zurückzugewinnen oder weiterzuverwerten.

Diese drei Kriterien sind von einer ökologisch orientierten Abfallwirtschaft an alle Erzeugungs- und Verbrauchsprozesse, alle Stoff- und Abfallströme und alle Abfallbehandlungs- und -beseitigungsverfahren anzulegen.

Abfallverwertung und Recycling sind nicht neu; schon vor ihrer Aufnahme in die staatliche Umweltpolitik und vor ihrer bewußten Förderung ist die Verwertung und Rückführung von Abfällen, vor allem im industriellen und landwirtschaftlichen Bereich, betrieben worden.

Für einzelne Stoffe sind die Rückführungs- bzw. Sekundärrohstoffeinsatzquoten schon recht hoch und sind es auch in der Vergangenheit schon gewesen.

So ist die Einsatzquote von Altpapier bei der Papiererzeugung etwa 45%. Bei Blei und Kupfer werden etwa 45% bzw. 40% des Bedarfs aus Schrottanfall gedeckt. In der Kunststoffindustrie werden Produktionsrückstände je nach Kunststoffart zu 25–80% verwertet. Für Zink wird die Rückführungsquote auf 20 bis 25%, für Aluminium auf 25–30% geschätzt.

Diese und andere Rückführungsprozesse sind sehr stark von betriebswirtschaftlichen Überlegungen motiviert. Relativ sortenrein und an wenigen Anfallstellen konzentriert anfallende Abfälle eignen sich gut für die Verwertung im Produktionsprozeß.

Ein weiteres Beispiel für die abfallwirtschaftlich sinnvolle Verwertung sind die Abfallbörsen der Industrie- und Handelskammern und des Verbandes der chemischen Industrie, an denen in den letzten Jahren große Mengen industrieller Rückstände durch eine gezielte Vermarktung Abnehmer fanden, für die einige Stoffe, die vorher aufwendig und teuer beseitigt werden mußten, einen wertvollen Rohstoff oder ein brauchbares Zwischenprodukt darstellen (Tab. 72).

Tabelle 72 Angebote an die Abfallbörsen der Industrie- und Handelskammern im 2. Halbjahr 1974. Nach Umweltbundesamt [1975].

Abfallstoffe	Angebote Absolut	Angebote in %
Kunststoffe	805	19,2
Chemieerzeugnisse	783	18,6
Papier	572	12,6
Sonstiges	2044	50,4
Summe	4204	100

Tabelle 73 Nachfragen bei den Abfallbörsen der Industrie- und Handelskammern im 2. Halbjahr 1974. Nach Umweltbundesamt [1975].

Abfallstoffe	Nachfragen Absolut	Nachfragen in %
Papier	128	20,5
Kunststoffe	124	19,8
Chemieerzeugnisse	113	18,1
Sonstige	261	41,6
Summe	626	100

Ein entscheidender Beweggrund für Industrie und Gewerbe, Abfälle wieder als Rohstoffe oder Zwischenprodukte zu verwenden, sind Kostengesichtspunkte. Steigende Rohstoffpreise durch knapper werdende Ressourcen und Kostensteigerungen für die Beseitigung von Abfällen durch verschärfte Umweltschutzbestimmungen werden in Zukunft den Anreiz zur Rückführung und Verwertung von Abfällen erhöhen. Die konsequente Anwendung des Verursacherprinzips, d. h. die Festlegung kostendeckender und damit höherer Beseitigungsgebühren in den Sonderabfallbeseitigungsanlagen führte schon bisher zu größerer Neigung, Abfälle wiedereinzusetzen.

Es gibt eine Reihe von weiteren Beispielen aus der Industrie, wo der Einsatz von Abfallstoffen längst zu einer selbstverständlichen Technologie geworden ist. So z. B. die thermische Veredelung von Kohle mit dem Ziel der Koksgewinnung, durch die eine Fülle von Nebenprodukten (Rohteer, Rohbenzol etc.) entsteht. Diese Stoffe sind längst die Grundlage der Kohlenwertstoffchemie geworden und haben sich in unserem Bewußtsein als eigenständige Gebiete der organischen Chemie so verselbständigt, daß die Tatsache, daß es sich hier um die intelligente Aufarbeitung von ehemaligen Abfällen handelte, in Vergessenheit geraten ist.

Nicht mit jedem Rückführungs- oder Verwertungsprozeß kann man alle positiven Effekte gleichzeitig erzielen. So kann verschiedentlich der Energieaufwand für abfallvermeidende Technologien sehr groß sein und den gesamtökologischen Gewinn der Vermeidung von Abfallstoffen zunichtemachten. Besonders kritisch ist die allgemeine Erwartung zu prüfen, daß mit der Rückführung von Abfällen Rohstoffreserven beliebig gestreckt werden können. Am Beispiel des Kupfers kann gezeigt werden, daß die Verwertung nicht generell tauglich ist, die Rohstoffverknappung zu überwinden. Könnte man die Verwertungsquote von 40% auf 100% erhöhen, so würde das bei gleichem Verbrauchszuwachs von jährlich 4,6% und einer durchschnittlichen Produktlebensdauer von 22 Jahren eine Verlängerung von 3 Jahren bis zur Erschöpfung der gegenwärtig bekannten Vorräte führen. Würde Kupfer ersetzt, das Wachstum des Verbrauchs auf 0% eingefroren und die mittlere Lebensdauer der Produkte von 22 auf 30 Jahre verlängert, dann würden die Reserven um 83 Jahre länger reichen. Diese Rechnung

Abb. 98 Energieaufwand bei der Kupferbestellung in Abhängigkeit vom Altkupfereinsatz. Nach Umweltbundesamt [1975].

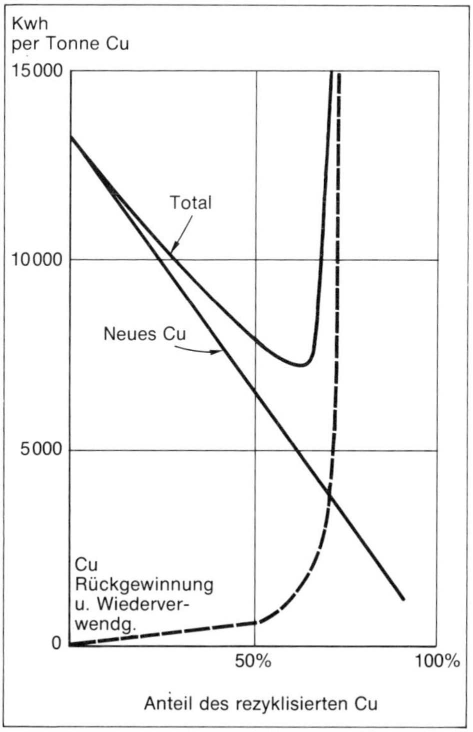

macht deutlich, daß Kupferreserven und auch andere Rohstoffvorkommen nicht entscheidend durch Abfallverwertung geschont werden, sondern nur durch Einfrieren des Verbrauchszuwachses. Es folgt daraus die Notwendigkeit, zu rohstoffsparenden und substituierenden Techniken sowie zum Überdenken gegenwärtiger Konsumgewohnheiten. Ökologisch bedeutsamer dürfte im Falle des Kupfers die Energieeinsparung durch die Rückführung von Altkupfer sein. In Abb. 98 ist der Energieaufwand bei der Kupferherstellung in Abhängigkeit vom Altkupfereinsatz dargestellt [W. Stumm, J. Davis].
Der spezifische Energieverbrauch für die Gewinnung von Rohkupfer aus Erz beträgt 13000 KWh je Tonne Kupfer. Aus Abb. 98 ist zu entnehmen, daß nur 60–70% des verbrauchten Kupfers wirtschaftlich, d. h. mit einem angemessenen Energieaufwand wiedergewinnbar sind. Wird anstelle des Erzes Kupferschrott eingesetzt, so sinkt der spezifische Energieverbrauch zunächst mit zunehmendem Anteil an rezirkuliertem Kupfer. Dies wird verständlich, wenn man berücksichtigt, daß etwa 30% des totalen Kupferverbrauches in leicht rezirkulierbarer Form (z. B. Kupferdrähten, Kupferröhren, Kupferblech) vorliegt und nur ein geringer Transportaufwand erforderlich ist. Der weitere rückführbare Anteil (ca. 25–30%) liegt in schwer rezirkulierbarer Form, wie Legierungen, Mischungen mit anderen Materialien etc. vor oder erfordert einen großen Transportaufwand. Der Rest von 35–45% des verbrauchten Kupfers wird dissipativ verbraucht (Pigmente, Farbstoffe, Korrosionsprodukte, Gewässer-, Land- und Luftverunreinigung). Wollte man diese Verteilung rückgängig machen, d. h. in der Sprache der Thermodynamik, die Entropie vermindern, dann würden der Energieaufwand und damit die Kosten ins Unendliche steigen.

5.8.4.2 Verwertung von Hausmüll

Auch im Bereich der Konsumabfälle, des Hausmülls, findet die Verwertung, Nutzung und sogar die Rückführung von Abfällen in den natürlichen Stoffhaushalt statt. Hier ist besonders an die

Kompostherstellung sowie die Wärmenutzung, Schlackeaufbereitung und Schrottverwertung bei Verbrennungsanlagen zu denken. Das in der Bundesrepublik bestehende Entsorgungssystem bedeutet längst kein bloßes Beseitigen der Abfälle mehr. Trotzdem werden nicht nur bei der Ablagerung, sondern auch bei der Verbrennung und Kompostierung, große Mengen von Stoffen nicht genutzt, die bei entsprechender Sammlung oder Sortierung sowie Aufbereitung oder Rückführung in Produktionsprozesse durchaus Wertstoffe werden können. Es handelt sich vor allem um folgende Stoffe und Mengen:

Tabelle 74 Wertstoffe im Hausmüll 1975 in der Bundesrepublik Deutschland. Nach Umweltbundesamt [1975].

Wertstoffe	Vorhandener Anteil in %	Gewinnbarer Anteil in %	Mengen Mio t/a	Maximaler Erlös DM/t
Papier	28	20	3,6	60,0
Hartstoffe	15	13	–	5,0
davon Glas	9	6	1,08	25,0
Eisen	4,5	4	0,72	70,0
Kunststoff	4	2	0,36	200,0

In der Bundesrepublik wird gegenwärtig an zwei unterschiedlichen Systemen gearbeitet, um diese Wertstoffe gewinnen zu können:
- Die vom übrigen Hausmüll getrennte Bereitstellung und Sammlung einzelner Abfallbestandteile (Glas, Papier etc.), die z. B. in einem Forschungsprojekt in der Stadt Konstanz erprobt und eingehend untersucht worden ist.
- Die herkömmliche, gemischte Sammlung der Abfälle und ihre anschließende technisch-mechanische Sortierung und Trennung in zentralen Abfallverwertungsanlagen. Eine derartige Anlage ist als Bundesmodell Abfallverwertung in Süddeutschland geplant.

Beide Verfahren haben Vor- und Nachteile. Es ist heute noch nicht absehbar, welches der Systeme sich durchsetzen wird. Die getrennte Bereitstellung und Sammlung von Abfallbestandteilen erfordert einen erheblichen Mehraufwand an Vorhaltungs-, Sammlungs- und Transportleistungen. Die kostengünstigsten Organisationsformen sind bei zentral aufgestellten, besonderen Sammelbehältern in ländlichen und kleinstädtischen Gebieten festgestellt worden. Diese Organisationsformen liefern allerdings nicht das optimale Wertstoffaufkommen.
Die Sozialstruktur der Bewohner des Einzugsgebietes beeinflußt das Ergebnis getrennter Sammelaktionen stark.
Eine detaillierte Untersuchung des Einflusses der Sozial-, Alters- und Wirtschaftsstruktur auf die Ergebnisse von getrennten Sammlungen von Abfällen wurde in jüngster Zeit begleitend zu einem Großversuch in Konstanz durchgeführt. Ohne Anspruch auf Allgemeingültigkeit erheben zu können, weisen die Untersuchungsergebnisse gewisse Trends aus. Es sollten mit verschiedenen Systemen (Mülltonnen unterschiedlichen Volumens, Säcken, Mulden, ohne Gefäße) Altglas, Altpapier und Restmüll getrennt gesammelt und für die Abfuhr bereitgestellt werden.
In durchschnittlich großen Haushalten fiel dabei mehr Altglas an als in Haushalten von Beamten, Angestellten und Rentnern. Das gleiche gilt für Betriebe und für Haushalte mit Kohleheizung. Der Trenngrad des Altglases wird günstig vom Anteil der Selbständigen, der Rentner und der Großhaushalte beeinflußt, dagegen negativ von Hauptschüler-Haushalten.
Altpapier fällt unterdurchschnittlich in großen Haushalten und Betrieben an, überdurchschnittlich dagegen in Haushalten von Selbständigen und Hochschulabsolventen. Hinsichtlich des Trenngrades des Altpapiers gilt ähnliches wie für den Trenngrad des Altglases.
Haushalte mit Kohleheizung haben durchweg ein geringeres Müllaufkommen als andere Haushalte, produzieren aber überdurchschnittlich viel Feinmüll. Für Haushalte ohne Gartennutzung

ist ein sichtlich größeres Aufkommen an Restmüll und damit auch an Hausmüll festzustellen. Haushalte mit höherem Lebensstandard produzieren überdurchschnittlich viel Müll [SCHÄFFER 1977].
Das Verfahren der gemischten Sammlung mit anschließender Sortierung bietet sich vor allem in großstädtischen Gebieten an. Das Müllsammelsystem muß nicht angepaßt werden, so daß in diesem Punkt keine Mehrkosten entstehen. In großstädtischen Bereichen ist die Abfallmenge ausreichend, um einerseits die Sortieranlage in Verbindung mit vorhandenen Verbrennungs-, Kompostierungs- und Deponieanlagen als Vorschaltanlage betreiben zu können und andererseits einen Abfallstrom von mindestens 150000 t/J in vertretbarer Transportentfernung zur Verfügung zu haben, der für einen wirtschaftlichen Betrieb notwendig ist.
Die erforderliche Sortiertechnik wird gegenwärtig entwickelt. Man unterscheidet prinzipiell zwischen Naß- und Trockentrennverfahren. Die trocken arbeitenden Verfahren (z. B. Magnetabscheider für Eisenmetalle, verschiedene Siebe, Windsichter) liefern in der Regel Stoffe guter Qualität, die sich gut absetzen lassen. Unterschiede bestehen hauptsächlich in den benutzten Zerkleinerungs- und Sortierungsaggregaten. Der entscheidende Vorteil von Trockensortierverfahren ist die Vermeidung des großen Wasserbedarfs (ca. 25 t Wasser pro Tonne Abfall) und der damit verbundenen Wasserverschmutzung bzw. notwendig werdenden Wasserreinigung.
In Rom werden schon seit 1964 Wertstoffe aus Abfall in zentralen Aufbereitungsanlagen nach wirtschaftlichen Verfahren getrennt und verwertet. Heute wird dort der gesamte Müll von ca. 3 Mio Einwohnern (etwa 750000 t pro Jahr) in vier Anlagen verarbeitet.

Bundesmodell Abfallverwertung Um auch in der Bundesrepublik Deutschland Abfallverwertungs- und -aufbereitungsverfahren erproben und verstärkt entwickeln zu können, beteiligt sich die Bundesregierung finanziell maßgeblich an der Errichtung einer Abfallverwertungsanlage mit Modellcharakter für die Landkreise Reutlingen und Tübingen.
Die Anlage soll über einen Erprobungszeitraum von fünf bis sieben Jahren im Verbundbetrieb mit einer Deponie etwa 150000 t Abfall pro Jahr verarbeiten und ein Einzugsgebiet von 400000 bis 600000 Einwohnern entsorgen. Die zu gewinnenden Sekundärrohstoffe sind

- Eisen
- Glas und andere Hartstoffe
- Papier und Pappe
- Kunststoffe
- Kompost.

Die Abb. 99 zeigt im Fließbild die einzelnen Anlagenteile und den Verfahrensablauf der Verwertungsanlage.
Gewisse Probleme bestehen noch hinsichtlich der Vermarktung der Produkte, vor allem in organisatorischer und wirtschaftlicher Beziehung. Eine speziell auf die Bundesmodell-Anlage ausgerichtete Marktanalyse läßt in diesem Fall zwar eine positive Absatzentwicklung erwarten, doch ist dies nicht an allen Standorten vorauszusetzen, wie die großen Absatzschwierigkeiten beim Verkauf von Komposten beweisen. Große Schwankungen in den Preisen und Absatzchancen gibt es z. B. auch bei Altpapier. Es werden deshalb Anstrengungen unternommen, andere Möglichkeiten der Verwendung von Altpapier neben der Rückführung in die Papier- und Pappeproduktion zu entwickeln (Pressen von Dämmplatten, Paletten etc.).

Verwertung von Glas Nachfolgend sollen exemplarisch für alle verwertbaren Hausmüllbestandteile die Glasabfälle hinsichtlich der Verwertungsmöglichkeiten, der möglichen Energieeinsparung und der Rohstoffproblematik genauer untersucht werden.
Für die Rückführung von Hausmüllwertstoffen gilt in besonderem Maße, daß sie, gesamtökologisch gesehen, vor allem aus Gründen der Energieersparnis interessant ist, denn Rohstoffe für die Papier- und Pappeherstellung sowie die Glasproduktion wachsen entweder nach (Holz) oder sind noch für Jahrzehnte ausreichend vorhanden. Eventuell können künstliche Verknappungen der inländischen Vorkommen durch Nutzungsrestriktionen eintreten.

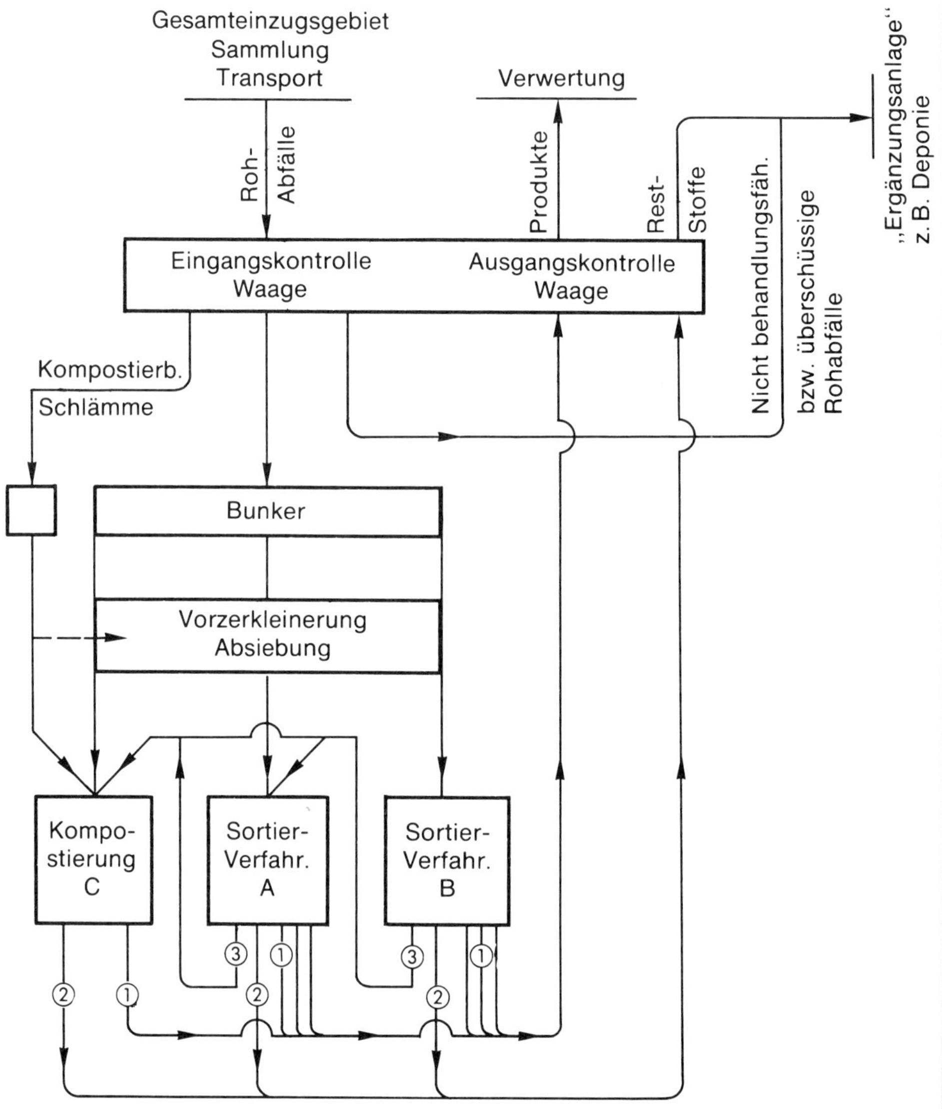

Abb. 99 Schematische Darstellung des Verfahrensablaufs in der Anlage Bundesmodell Abfallverwertung. Nach Umweltbundesamt [1975].

Angesichts der sich erschöpfenden fossilen Energieträger ist die Energieersparnis durch Abfallverwertung ökologisch möglicherweise von größerer Bedeutung als die Streckung der Rohstoffvorkommen.
Neben der Energieeinsparung erbringt der Einsatz von Altglas im Herstellungsprozeß auch noch eine erhöhte Schmelzleistung der Öfen (0,2% Energieeinsparung je % Altglaszusatz). Alle diese Gründe sprechen dafür, die Altglasrückführungsquote zu erhöhen. Die getrennte Sammlung ist sinnvoll an größeren Anfallstellen wie Hotels, Restaurants, Kantinen, Krankenhäusern, Flughäfen, Häfen, Abfüllbetrieben, Kaufhäusern und Wohnanlagen (Hochhäuser). Sie wird und sollte verstärkt angeboten werden von karitativen Organisationen, Verbänden, Initiativen, dem Rohstoffhandel sowie auch durch kommunale und private Entsorgungsunternehmen. Die Glasindustrie hat in den letzten Jahren technische Umstellungen vorgenommen, durch die die Aufnahme großer Altglasmengen möglich wird. Derzeit wird rund 22% der Glasproduktion aus Altglas gedeckt. Die Industrie sieht folgende technische Grenzen für den Scherbeneinsatz:

Tabelle 75 Technische Grenzen für den Scherbeneinsatz bei der Glasproduktion in %. Nach Umweltbundesamt [1975].

	Grünglas	Braunglas	Weißglas
Eigenscherben	15	15	15
Fremdscherben	35	20	10
Insgesamt	50	35	25

Ein großes Problem bei der Altglasverwertung ist die Färbung der Gläser. Für die Weißglasherstellung lassen sich nur weiße Scherben einsetzen, Braunglas verträgt den Zusatz geringer Mengen grüner Scherben, nur bei der Herstellung von Grünglas lassen sich größere Mengen unsortierter Scherben zusetzen. Die Sortierung der Scherben verbessert den Erlös und ist eine wichtige Voraussetzung für erhöhte Rückführungsquoten, zumal 50 Prozent der Produktion Weißglas ist.
Die technische, wirtschaftliche und organisatorische Durchführbarkeit der Glasverwertung darf allerdings nicht darüber hinwegtäuschen, daß die optimale Entlastung für die Abfallbeseitigungssysteme sowie den Rohstoff- und Energieverbrauch immer die Vermeidung bzw. Reduzierung anfallender Abfallmengen ist. Das bedeutet im Falle des Glases, daß der Ersatz der Mehrweg- durch die Einwegflasche weder volkswirtschaftlich noch ökologisch erwünscht sein kann. Es ist berechnet worden, daß die Steigerung des Einwegflaschenverbrauchs für Bier um nur 1% eine zusätzliche Glasmüllmenge von etwa 40000 t pro Jahr zur Folge hat. Wenn man den Energie- und Rohstoffaufwand für die Sortierung aus dem Hausmüll sowie steigende Aufwendungen bei der Müllabfuhr berücksichtigt, ergibt das eine ökonomische und ökologische Belastung, die vermieden werden kann und muß.
Die Glasindustrie ist bemüht, durch Produktentwicklung das Behältergewicht bei gleichem Füllvolumen zu reduzieren. Das Gewicht von Hohlglasbehältnissen konnte in den letzten Jahren gesenkt werden. Eine weitere Veränderung der Gewicht-Volumen-Relation wäre durch stärkere Standardisierung und die Einführung einer Oberflächenvergütung zu erreichen.
Die Ausführungen zur Glasverwertung und Verwertung von Hausmüllbestandteilen zeigen, daß die öffentlichen Hände, die Forschung und die Industrie in den letzten Jahren viel getan haben, um die Umweltbelastungen durch Abfälle zu verringern. Gleichwohl bleibt noch viel zu tun, vor allem etwas, was nur bedingt gezielt durch den Einsatz staatlicher Instrumente angestrebt werden kann: Die Verbesserung der »Abfall-Mentalität«, die Unterstützung breiter Bevölkerungsschichten bei der Verwertung und Vermeidung von Abfällen beim Konsum. Hier muß ein langfristiger, schon in der Schule ansetzender Umlernprozeß initiiert werden; Ansätze sind bereits vorhanden, um von der Wegwerfgesellschaft wegzukommen.

5.8.5 Zusammenfassung und Ausblick

Die Instrumente für die Bewältigung der Abfallawine müssen in der Zukunft verstärkt die einer systemorientierten Abfallwirtschaft sein, d. h. alle technologischen, gesellschaftlichen, wirtschaftlichen und ökologischen Aspekte und Maßnahmen müssen als Teil eines interdependenten Regelsystems betrachtet werden. Der Abfallwirtschaftler muß zunehmend die Abfallentstehung, -beseitigung, -verwertung und -vermeidung als Teil des Wirtschaftssystems, des Infrastruktursystems, des industriewirtschaftlichen Stoffhaushalts und des globalen Ökosystems sehen, erforschen und sich bemühen, die abfallrelevanten Sektoren aller dieser Systeme zum Wohle des wirtschaftenden Menschen und seiner Umwelt steuerbar zu machen.

Das bedeutet, daß er oft gleichzeitig scheinbar widersprüchliche Dinge tun muß. Insgesamt sind drei Aufgabenfelder erkennbar. Die Abfallbeseitigung muß technisch, organisatorisch und kostenbezogen im Sinne des optimalen Umweltschutzes weiterentwickelt und verbessert werden. Dazu gehören z. B. Probleme wie die Kontrolle und Sicherung von Boden und Grundwasser gegen Deponieemissionen, die Reinigung der Abgase von Müllverbrennungsanlagen, die Verbesserung der Qualität und der Absatzchancen von Komposten und die organisatorisch perfekte Kontrolle der industriellen Sonderabfälle.

Gleichzeitig müssen die Bemühungen verstärkt werden, das Entsorgungssystem durch stärkere Verwertung und Rückführung von Abfällen zu entlasten und es damit langfristig, wenigstens teilweise, überflüssig zu machen. Dazu gehören die Erforschung von Möglichkeiten der Produktherstellung aus Sekundärrohstoffen, die Entwicklung und Verbesserung von Sortierverfahren, der Aufbau von Sammelsystemen zur getrennten Sammlung von Abfallbestandteilen, vor allem aber verstärkte Bemühungen der Abfallverminderung und -vermeidung.

Für die Abfallbeseitigung und für die Verwertung ist in den letzten Jahren viel getan worden bzw. sind Forschungs- und Entwicklungsvorhaben größeren Umfangs in Arbeit. Das Abfallbeseitigungsgesetz, die Abfallbeseitigungspläne, das Abfallwirtschaftsprogramm, die Verwertungs- und Rückführungsbemühungen von Industrie und Gewerbe und die Aufklärungsarbeit von Verbänden können exemplarisch als Elemente einer erfolgreichen Umweltpolitik angeführt werden.

Zukünftig müssen in größerem Umfang als bisher einem dritten Aufgabenfeld der Abfallwirtschaft die Bemühungen von Wissenschaft, Politik und Wirtschaft gelten, der Erforschung übergeordneter ökologischer Zusammenhänge, der Abhängigkeit unseres industriewirtschaftlichen Stoff- und Energiehaushalts von beschränkten Ressourcen und einer beschränkten Belastungsfähigkeit des Ökosystems Erde. Ökologische Energiebilanzen für Beseitigungsketten, aber auch für Verwertungssysteme müssen aufgestellt und hinsichtlich ihrer langfristigen Auswirkungen geprüft werden. Methoden einer abfallwirtschaftlichen Bilanzierung von ökologischen Folgen im Verfolg auch langer und schwieriger Wirkungsketten, einer Umweltverträglichkeitsprüfung abfallwirtschaftlicher Maßnahmen müssen in Zukunft zur Verfügung stehen, um jedwede Abfallbehandlung, sogar die technologische Abfallverhinderung, einer rationalen ökologischen Überprüfung aussetzen zu können.

Schrifttum

Abfallbeseitigungsgesetz (Neubekanntmachung): BGBl I, S. 41, ber. S. 288, 1977.

Bundesministerium des Innern (Hrsg.): Abfallwirtschaftsprogramm '75 der Bundesregierung. Umweltbrief Nr. 13 vom 12. März 1976.

Battelle-Institut e. V., 1975: Schätzung der monetären Aufwendungen für Umweltschutzmaßnahmen bis zum Jahre 1980. Frankfurt/M.

Bundesminister für Forschung und Technologie, 1976: Forschungsbericht »Umweltfreundliche Technik«.

Dornier System AG, 1975: Untersuchung zur Struktur und Entwicklung der kommunalen Ausgaben für Umweltschutzmaßnahmen.

Ferber, M., 1975: Kosten der Müllbeseitigung. In: Stuttgarter Berichte zur Abfallwirtschaft, Bd. 1. Berlin.

Gottlieb-Duttweiler-Institut für wirtschaftliche und soziale Studien (Hrsg.), 1975: Recycling-Lösung der Umweltkrise? Brennpunkte, Nr. 2. Zürich und Stuttgart.

Hösel, G. von, und H. Frh. von Lersner, 1972ff.: Recht der Abfallbeseitigung des Bundes und der Länder. ESV-Handbücher zum Umweltschutz (Loseblattsammlung) (Text des AbfG von 1972 und Kommentar). Berlin.

Institut für Siedlungswasserbau und Wassergütewirtschaft der Universität Stuttgart (Gutachter, Herausgeber), 1974: Gutachten über »Vor- und Nachteile der Verbrennung und der Kompostierung von kommunalem Müll«. Erstellt im Auftrag des Bayerischen Staatsministeriums für Landesentwicklung und Umweltfragen. Stuttgart.

Institut für Siedlungswasserbau und Wassergütewirtschaft der Universität Stuttgart: Entgasung von Abfällen nach dem Destrugasverfahren. Berichte 8/76 des Umweltbundesamtes.

Institut für Siedlungswasserbau und Wassergütewirtschaft der Universität Stuttgart (Hrsg.): Fachlehrgang für Müll- und Abfallbeseitigung an der Universität Stuttgart, Arbeitsunterlagen Stuttgart 1975. Stuttgarter Berichte zur Abfallwirtschaft, Bd. 1.

Keller, Egon (Hrsg.), 1977: Abfallwirtschaft und Recycling.

Kostenstrukturuntersuchungen verschiedener Abfallbeseitigungsverfahren, Forschungsvorhaben im Auftrag des Umweltbundesamtes durchgeführt von der Fa. Beratende Ingenieure P. Goepfert/H. Reimer. Zwischenbericht 1977.

Materialien zum Abfallwirtschaftsprogramm '75. Reihe »Materialien« Nr. 2/76 des Umweltbundesamtes. Glasabfälle *1*, Papierabfälle *2*, Kunststoffabfälle *3*, Altreifen *4*, Metalle und metallische Verbindungen *5*, Metallhaltige Schlämme und Aschen *6*, Problematische Sonderabfälle *7*, Pflanzliche Reststoffe *8*, Tierische Reststoffe *9*, Organische Schlämme *10*.

Müller, P., 1977: Abfallwirtschaft als ökonomisch-ökologisches System, in. E. Keller (Hrsg.), Abfallwirtschaft und Recycling.

Schäffer, K.-A., 1977: Statistisches Gutachten über die Müllbehebung in Konstanz, Köln.

Schenkel, W., 1977: Abfall und Rohstoff. In: E. Keller (Hrsg.), Abfallwirtschaft und Recycling.

Ders., 1974: Die geordnete Deponie von festen Abfallstoffen. Theoretische Grundlagen und praktische Durchführung. Beihefte zu Müll und Abfall, Nr. 9. Berlin.

Ders., 1976: Die Rolle der geordneten Deponie in der Abfallwirtschaft. In: Stuttgarter Berichte zur Abfallwirtschaft, Bd. 7. Berlin.

Ders., 1976: Abfallwirtschaft – Stand und Entwicklungstendenzen. In: Müll und Abfall 6, S. 165ff.

Ders., und H. Langer, 1977: Menge und Zusammensetzung vom häuslichen und gewerblichen Abfällen. In: Handbuch des Umweltschutzes. München.

Statistik des Deutschen Industrie- und Handelstages. Umweltschutz-Dienst 4/1975, S. 11.

Stadtreinigungsamt Stuttgart 1972 (Jahresbericht).

Statistisches Bundesamt, Abfallerhebungen, 1975.

Straub, H., Hösel, G., und W. Schenkel (Hrsg.), o. J.: Müll- und Abfallbeseitigung, Handbuch über die Sammlung, Beseitigung und Verwertung von Abfällen aus Haushaltungen, Gemeinden und Wirtschaft (Müll-Handbuch). Loseblattsammlung. Berlin.

Tabasaran, O., 1975: Einführung in die aktuellen Probleme der Abfallbeseitigung, Erkenntnisse, Tendenzen. In: Stuttgarter Berichte zur Abfallwirtschaft, Bd. 1. Berlin.

Umweltbundesamt 1975: Projektstudie Bundesmodell Abfallverwertung. Berlin.

SEIBERT, PAUL

5.9 Vegetation

Als Vegetation bezeichnen wir die Gesamtheit der Pflanzendecke eines Gebietes sowohl in ihrer floristischen Zusammensetzung als auch in ihrem durch Lebensform und Wuchsweise der Einzelpflanzen bedingten Erscheinungsbild.

5.9.1 Eigenschaften der Vegetation

Die Pflanzengesellschaften oder Phytozönosen, aus denen sich die Vegetation eines Gebietes aufbaut, sind durch bestimmte Eigenschaften ausgezeichnet. Von diesen werden Gestalt und Struktur in der Synmorphologie, die Wechselbeziehungen zur natürlichen Umwelt in der Synökologie, die zeitliche Entwicklung in Syndynamik und Synchronologie und die räumliche Verbreitung in der Synchorologie behandelt. Die genannten Eigenschaften sind für den Charakter der Landschaft, für die den Menschen interessierenden Nützlichkeiten (Funktionen) und für alle den Schutz und die Neuanlage von Pflanzenbeständen interessierenden Fragen von großer Bedeutung. Deshalb sollen sie hier kurz behandelt werden.

5.9.1.1 Gestalt und Struktur

Die Gestalt der Pflanzen bestimmt das Bild der Vegetation und damit zu einem wesentlichen Teil die Physiognomie der Landschaft. Um die unübersehbare Formenfülle der Pflanzen typologisch greifbar zu machen, sind sie nach morphologischen Wuchsformen gegliedert worden. Der Einteilung liegen wesentliche Merkmale der Pflanzen wie Größe, Organgliederung, Lebensdauer, periodische Änderung der Tracht wie Laubabwurf, Formen der Vermehrung und Ausbreitung zugrunde. Soweit diese Merkmale Anpassungen an die Umweltbedingungen darstellen, spricht man auch von Lebensformen. Das System solcher Lebensformen wurde von RAUNKIAER ausgebaut und durch andere Forscher weiterentwickelt [ELLENBERG und MUELLER-DOMBOIS 1967a]. Das Haupteinteilungsprinzip für dieses System ist die Anpassung der Pflanzen an die ungünstige Jahreszeit, wobei Lage und Schutz der überdauernden Erneuerungsorgane, z. B. der Knospen, während der ungünstigen Jahreszeit für die Eingruppierung der Pflanzen ausschlaggebend sind. Die Hauptgruppen RAUNKIAERS sind:

1. Phanerophyten: Knospen mehr als 25–30 cm über dem Boden (Bäume, Sträucher)
2. Chamaephyten: Knospen bis 25–30 cm über dem Erdboden (Zwergsträucher)
3. Hemikryptophyten: Knospen unmittelbar an der Erdoberfläche (»Erdschürfepflanzen«)
4. Kryptophyten oder Geophyten: Knospen als Knollen, Zwiebeln, Rhizome im Boden
5. Therophyten: In Form von Samen überdauernd.

Die Struktur der Pflanzengesellschaften, d. h. die räumliche Anordnung ihrer Bestandteile, wird sehr wesentlich von den Wuchsformen geprägt. Ihre meist unselbständigen Glieder, die Synusien, bauen sich aus Pflanzen gleicher Wuchsformen auf. Komplizierter aufgebaute Pflanzenbestände, wie manche Laubmischwälder, setzen sich aus mehreren Synusien zusammen, die sich in verschiedenen Schichten ausbreiten: mehrere Baumschichten, Strauchschicht, Kraut- und Moosschicht, Epiphyten an den oberirdischen Teilen der Gehölzpflanzen.
Die Pflanzengesellschaften lassen sich nach ihren dominierenden Wuchsformen charakterisieren. Die hieraus resultierende physiognomische Klassifizierung ist unter landschaftlichen Aspekten von großer Bedeutung, zumal der äußere Habitus der Pflanzengesellschaften in hohem Maße auch ihren ökologischen Charakter erkennen läßt. Sie ist in großen Teilen der Erde, die floristisch noch ungenügend untersucht sind, auch heute noch ein wichtiges Einteilungsprinzip. Ihre Grundeinheit ist die Pflanzenformation, für welche die Begriffe sommergrüner Laubwald, Wiese, Steppe und Heide als Beispiele genannt werden sollen. Systeme bei ELLENBERG und MUELLER-DOMBOIS [1967b], SCHMITHÜSEN [1968].

Ein anderes Strukturelement ist die Zusammensetzung der Pflanzendecke aus Pflanzen verschiedener taxonomischer Zugehörigkeit (Pflanzenarten). Die Artenkombination ist in der modernen Vegetationskunde das wichtigste Einteilungsprinzip und ermöglicht die Ausscheidung von Einheiten, die in synökologischer, syndynamischer und synchorologischer Hinsicht mehr aussagen als die Formationen [Braun-Blanquet 1964]. Artenarmen Pflanzengesellschaften stehen solche von großem Artenreichtum gegenüber.
In den gemäßigten Zonen und Subtropen zeigen die meisten Pflanzengesellschaften einen ausgeprägten jahreszeitlichen Entwicklungsgang vom Austreiben der Knospen, Blühen und Fruchten bis zum Laubabfall und Welken der Pflanzen. Dieser Entwicklungsgang wird in verschiedenen jahreszeitlichen Aspekten sichtbar. Phänologische Beobachtungen ermöglichen seine quantitative Erfassung und können zur geländeklimatologischen Charakterisierung eines Gebietes herangezogen werden [Ellenberg et al. 1956, Schreiber 1969].

5.9.1.2 Vegetation und natürliche Umwelt

Die Vegetation steht in vielfältiger Wechselbeziehung zu ihrer natürlichen Umwelt. Als Primärproduzenten gewinnen die grünen Pflanzen aus der Sonnenenergie die für das Ökosystem notwendige Energie und verwenden sie auf dem Wege der Photosynthese zur Herstellung organischer Grundstoffe. Hierzu benötigen sie außerdem eine Reihe von anorganischen Stoffen.
Die energieliefernde Strahlung, die sich über Wärme und Licht auf die Pflanzen auswirkt, wird aber ebensowenig wie die verschiedenen von der Pflanze benötigten Grundstoffe: Wasser, Kohlenstoff, Sauerstoff, mineralische Nährstoffe an allen Stellen der Erde in gleicher Weise und gleicher Menge angeboten. Vielmehr wird dieses Angebot durch Klima, Relief und Boden gesteuert. Es bewirkt eine bestimmte Auswahl der Pflanzen, deren ökologische Eigenschaften und Ansprüche genetisch fixiert sind, und beeinflußt in hohem Grade die Zusammensetzung der Pflanzendecke, wobei neben den unmittelbaren Wirkungen auch die Beeinflussung des Konkurrenzverhaltens eine wichtige Rolle spielt. Als Ergebnis finden wir ein Pflanzenkleid der Erde, dessen grobe Verteilung vom tropischen Regenwald bis in die Tundra und von den feuchten Küstenländern bis in das Innere der Kontinente vom Allgemeinklima bestimmt wird, dessen feinere Züge jedoch auf Relief- und Bodenunterschiede zurückzuführen sind.
Umgekehrt sind die Pflanzengesellschaften Ausdruck aller auf sie wirkenden Umweltfaktoren, die man auch unter dem Begriff »Standort« als Gesamtheit aller für das Leben wichtigen Eigenschaften eines Geländeteils [Schmithüsen 1968] zum Ausdruck bringen kann. Für die Kongruenz zwischen Pflanzengesellschaften und Standorten [Scamoni 1965] wurden schon viele Beispiele angeführt. Schmithüsen [1965] weist jedoch darauf hin, daß diese Kongruenz nur dann stimmt, wenn wir im engen Raum operieren, also z. B. in Mitteleuropa, wo ein gleiches floristisches Inventar zur Verfügung steht. Es gibt in anderen Erdteilen sicher ganz gleichwertige Standorte, auf denen die Phytozönosen von ganz anderen Pflanzensippen gebildet werden.
Wie mit den Umweltfaktoren stehen die Phytozönosen auch mit den anderen lebenden Bestandteilen der Ökosysteme in vielseitiger Wechselbeziehung. Sie sind Lebensgrundlage für die Sekundärproduzenten, also für alle heterotrophen Organismen, die auf organische Stoffe angewiesen sind. Ein Teil von diesen wirkt durch Beschädigung oder Vernichtung hemmend auf die Pflanzen ein. Andererseits spielen viele Tierarten, besonders die Insekten, als Bestäuber höherer Pflanzen eine fördernde Rolle, ebenso wie alle beweglichen Tiere als Verbreiter von Samen und Keimen für die Pflanzen unentbehrliche Partner sind. Sie wirken unmittelbar auf die Pflanzen ein und beeinflussen daneben auch deren Konkurrenzverhalten ebenso wie die anorganischen Umweltfaktoren, so daß sie von der Phytozönose aus betrachtet, auch als Umweltfaktoren angesehen werden können.
Jede Änderung dieser Umweltfaktoren führt zu einer Beeinflussung der Wechselbeziehungen mit den Pflanzengesellschaften und löst bei diesen Entwicklungen zu einem neuen Gleichgewichtszustand, oft auch zu neuen phylogenetischen Anpassungen aus.

5.9.1.3 Vegetationsdynamik

Auch unter natürlichen Verhältnissen kann eine Vegetationsentwicklung (Sukzession) stattfinden. Wo ein Rohboden von Pflanzen besiedelt wird, erschließen die zuerst auftretenden Pioniergesellschaften mit dem Aufbau von Humusstoffen, Stickstoffbindung und Beschleunigung der Verwitterung den Boden, der sich sowohl unter dem Einfluß dieser Pflanzen als auch dem des Klimas zu reiferen Stadien weiterentwickelt und dann von anspruchsvolleren Folgegesellschaften besiedelt werden kann. Die Schlußgesellschaft stellt sich ein, wenn ein Gleichgewichtszustand zwischen Vegetation und Standort erreicht ist (Abb. 100).

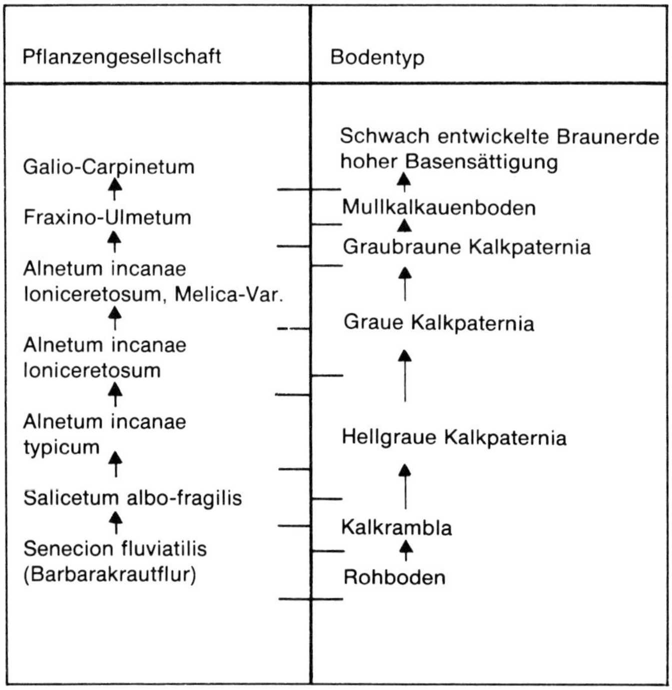

Abb. 100 Sukzession der Pflanzengesellschaften und Bodenentwicklung an der Isar nördlich München.

In solchen und vergleichbaren Fällen einer erstmaligen Vegetationsentwicklung sprechen wir von einer primären Sukzession. Wenn jedoch durch Störungen in einer vorhandenen Pflanzendecke eine Vegetationsentwicklung ausgelöst wird, haben wir es mit einer sekundären Sukzession zu tun. Solche werden in der Kulturlandschaft meist vom Menschen ausgelöst, sei es durch Eingriffe in den Pflanzenbestand, wie beim Holzschlag und der Mahd, oder sei es durch Veränderungen des Standortes wie bei Eingriffen in den Wasserhaushalt, der Düngung usw.

Diese Einwirkungen führen von der Schlußgesellschaft weg zu anthropogenen oder Ersatzgesellschaften, die bei gleichbleibenden Einwirkungen wiederum einen gewissen Gleichgewichtszustand erreichen können. Die Sukzession ist degressiv[1]. Bei Aufhören des menschlichen Einflusses setzt von neuem (sekundär) eine Entwicklung in der Richtung auf eine Schlußgesellschaft ein, die man als aszensive Sukzession bezeichnen kann.

Diesen Schlußgesellschaften, die sich einstellen würden, wenn man jeglichen menschlichen Einfluß ausschalten könnte, kommt eine besondere Bedeutung zu, weil sie sich im Gleichgewicht mit allen natürlichen Umweltfaktoren befinden, deshalb deren Wirkung am vollständigsten widerspiegeln und damit das natürliche Potential der Landschaft erkennen lassen.

[1] Wir bevorzugen den Begriff »degressiv«, weil die Sukzession nicht zu ehemaligen Stadien zurück, sondern zu einfacher strukturierten und organisierten »hinab« führt. Das Gegenteil ist die aufsteigende, »aszensive« Sukzession.

Man nennt sie potentielle (oder potentiell) natürliche Vegetation [TÜXEN 1956]. In Mitteleuropa sind großflächig nur die verschiedenen Waldgesellschaften natürlich. Alle anderen natürlichen Pflanzengesellschaften wie die der Gewässer und Moore, der Felsfluren und Schutthalden, der Dünen und Watte und der Hochgebirge sind im Vergleich zu ihnen nur auf kleinen Flächen verbreitet.
Die potentielle natürliche Vegetation braucht nicht mit der ursprünglichen, d. h. vor dem Eingreifen des Menschen vorhandenen, identisch zu sein. In vielen Fällen weicht sie von dieser mit Sicherheit ab, nämlich überall dort, wo durch menschliches Wirken die Standorte irreversibel verändert sind oder noch nicht genügend Zeit hatten, sich in den ursprünglichen Zustand zurückzuentwickeln. Entwässerte Flußtäler, verarmte Heideböden oder eutrophierte Landwirtschaftsflächen mögen als Beispiele genannt sein.

5.9.1.4 Vegetationsverbreitung

Jede Pflanzengesellschaft besiedelt einen bestimmten Raum, ein bestimmtes Wohngebiet. Dieses bezeichnet man wie bei den Sippen als Areal. Diese Gesellschaftsareale sind von den gegebenen Standorteigenschaften, die der ökologischen Konstitution der Arten entsprechen müssen, aber auch von den Ausbreitungsmöglichkeiten bestimmt, welche die Arten im Laufe der Geschichte hatten.
Verhältnismäßig wenige Arbeiten haben sich mit der Verbreitung der Areale einzelner Gesellschaften befaßt. Dagegen hat seit jeher die Verbreitung *aller* Pflanzengesellschaften in einem bestimmten Raum großes Interesse gefunden. Ihrer Feststellung dient die Vegetationskartierung. Sie ist die Grundlage für die Vegetationsbeschreibung des betreffenden Gebietes und läßt eine Reihe von Gesetzmäßigkeiten der Vegetationsverbreitung erkennen, die sich synökologisch, oft auch syndynamisch ausdeuten lassen. Großmaßstäbliche Vegetationskarten (1 : 1000 bis 1 : 10000) erfordern eine aufwendige Geländearbeit. Sie geben die Verbreitung der tatsächlich vorhandenen Vegetationseinheiten genau wieder und sind deshalb zur vegetationskundlichen Inventarisierung von Naturschutzgebieten, Naturwaldreservaten und anderen schutzwürdigen Biotopen geeignet. Bei menschlichen Eingriffen in die Landschaft, insbesondere bei Änderungen des Wasser- und Nährstoffhaushaltes, sind sie ein wertvolles Dokument über den Vegetationszustand vor der verändernden Maßnahme, mit dem sich zu einem späteren Zeitpunkt aufgenommene Karten vergleichen lassen. Als Mittel der Beweissicherung haben sie eine große praktische Bedeutung. Da jede dargestellte Einheit Ausdruck der sie bedingenden ökologischen Faktoren ist (vgl. 5.9.1.2), sind sie zugleich Standortskarten und damit für land-, forst- und wasserwirtschaftliche Planungen als Grundlage geeignet. Oft lassen sich aus ihnen Karten für bestimmte Standortsfaktoren (Faktorenkarten) ableiten. Das erleichtert die Anwendung vegetationskundlicher Ergebnisse den anderen, in der Landschaft tätigen Fachkräften, die nicht über spezielle pflanzensoziologische Kenntnisse verfügen. Das bekannteste Beispiel hierfür sind Wasserstufenkarten [TÜXEN 1954, MEISEL u. WATTENDORFF 1962, SEIBERT 1963], die bei der wasserwirtschaftlichen Planung verwendet werden. Eignungs- und Belastbarkeitskarten, zu denen auch die Rutschgefährdungsstufenkarten von SEIBERT [1968] und PFADENHAUER [1974] zu zählen sind, stellen weitere Möglichkeiten für abgeleitete Karten dar (Abb. 101).
Auch bei Karten mittlerer Maßstäbe (1 : 25000) ist die Darstellung der realen Vegetation, wenn auch generalisiert unter Wegfall kleinflächiger Einheiten, noch möglich.
Kleine Maßstäbe (1 : 100000 und kleiner) erfordern weitere Zusammenfassungen zu Gesellschaftskomplexen. Am aussagekräftigsten ist unter diesem Aspekt die Darstellung der potentiellen natürlichen Vegetation, weil sie trotz Zusammenfassung von natürlichen Pflanzengesellschaften und verschiedenen Ersatzgesellschaften zu einer abstrakten Einheit immer noch der umfassende Ausdruck des natürlichen Standortspotentials bleibt.
Die Aussagekraft der Einheiten der potentiellen natürlichen Vegetation gewinnt erheblich an Wert, wenn deren Gesellschaftsinventar mit angegeben ist. Bei Vorliegen einer Karte der potentiellen natürlichen Vegetation lassen sich dann über Flächennutzungskarten mit ausreichender Genauigkeit die Einheiten der realen Vegetation ermitteln. Für viele Planungsaufgaben kann auf diese Weise eine wertvolle Arbeitsgrundlage geschaffen werden. Die Einheiten

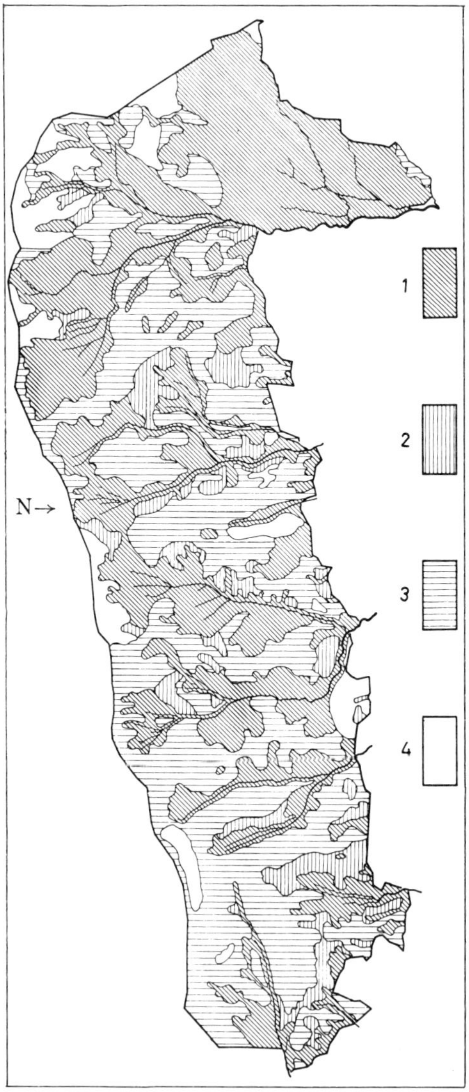

Abb. 101 Karte der Rutschgefährdungsstufen vom Teisenberg-Nordhang (Maßstab des Originals 1:10000).
Rutschgefährdungsstufen
1. Stark gefährdet: Huflattichflur; Grauerlen-Hangwald; Waldziest-Tannen-Buchenwald, *Equisetum maximum*-Ausbildung; Waldgeißbart-Ahornwald; Bach-Grauerlen-(Eschen-) Wald; Torfseggen-Quellmoor.
2. Gefährdet: Fichten-Tannenwald, *Veronica montana*-Ausbildungen; Waldziest-Tannen-Buchenwald (ohne *Equisetum maximum*-Ausbildung).
3. Mäßig gefährdet: Buntreitgrasflur; Fichten-Tannenwald, Reine und *Dryopteris linnaeana*-Ausbildung; Echter Tannen-Buchenwald; Fichtenwald, *Deschampsia caespitosa*- und *Adenostyles*-Ausbildung.
4. Nicht gefährdet: Fichten-Tannenwald, *Leucobryum*-Ausbildung; Fichtenwald, Trockene und Reine Ausbildung.

der potentiellen natürlichen Vegetation lassen sich auch mit Vorteil als Bezugseinheiten für Bewertungsverfahren verwenden. Mrass und Bürger [1968] und Seibert [1975] haben auf diese Möglichkeit hingewiesen.

Inzwischen ist etwa ein Drittel der Fläche der Bundesrepublik Deutschland in Karten der potentiellen natürlichen Vegetation im Maßstab 1:25000 erfaßt worden. Diese Karten dienen als Material für eine Vegetationskarte 1:200000, von der einige Blätter – Minden, Köln, Fulda, Hamburg (West) – veröffentlicht worden sind oder kurz vor der Veröffentlichung stehen. Daneben existieren Vegetationsübersichtskarten einiger Bundesländer, die nicht im Gelände aufgenommen sondern unter Beiziehung von Hilfsmitteln konstruiert worden sind.

Übersichtskarten der potentiellen natürlichen Vegetation liegen z. Zt. vor für die Bundesländer:

- Baden-Württemberg: Müller, T. u. E. Oberdorfer: Die potentielle natürliche Vegetation von Baden-Württemberg. – Beitr. Veröff. Landesst. Natursch. u. Landschaftspfl. Baden-Württ. 6. 1974.

– Bayern: SEIBERT, P.: Übersichtskarte der natürlichen Vegetationsgebiete von Bayern, 1:500000, mit Erläuterungen. – Schriftenr. Vegetationsk. 3, 1968.
– Nordrhein-Westfalen: TRAUTMANN, W.: Deutscher Planungsatlas Band Nordrhein-Westfalen, Vegetation. Bd. 1. Nordrhein-Westfalen, 1972.

Andere und weitergehende Möglichkeiten der Zusammenfassung von Pflanzengesellschaften sind die synphytosoziologischen Einheiten wie Synassoziationen [RIVAS MARTINEZ 1976] oder Sigmassoziationen [GEHU 1976, TÜXEN 1977], auf die hier nicht näher eingegangen werden kann, und die vegetationsgeographischen Einheiten SCHMITHÜSENS [1968], die sich leicht mit den Einheiten der naturräumlichen Gliederung [MEYNEN und SCHMITHÜSEN 1953 ff.] parallelisieren lassen. Ein Beispiel hierfür zeigt Abb. 102.

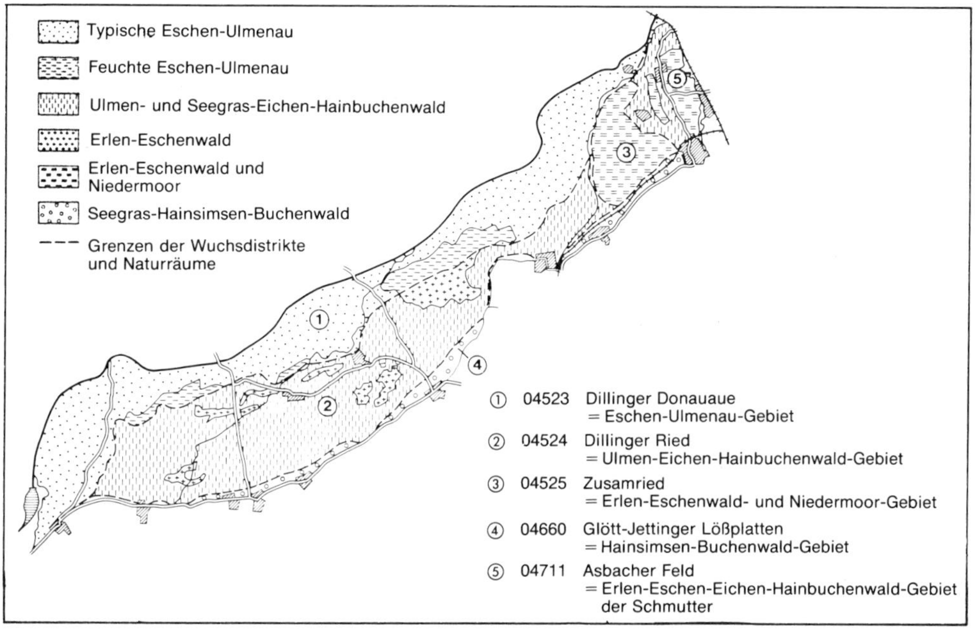

Abb. 102 Potentielle natürliche Vegetation, Vegetationsgebiete und Naturräume des Donaurieds (M = ca. 1:800000).

5.9.2 Der Einfluß des Menschen

5.9.2.1 Arten menschlicher Einflußnahme

Durch Aktivitäten mit wirtschaftlicher Zielsetzung, aber auch durch solche, die nicht auf den Erwerb ausgerichtet sind wie z. B. die Erholung, übt der Mensch in vielfältiger Weise einen Einfluß auf die Vegetation aus. Hierbei sind die Wirkungen in den verschiedenen Bereichen nach Qualität und Quantität sehr unterschiedlich. Während beispielsweise die Forstwirtschaft zwar auf großen Flächen operiert, sie im Vergleich zum natürlichen Ausgangszustand der Vegetation aber nur wenig verändert, wirken andere Zweige, wie die Industrie, zwar weniger flächendeckend aber in den Folgen viel radikaler, indem sie nicht nur die Vegetationsflächen total vernichten, sondern durch gasförmige, flüssige und feste Abfallstoffe auch noch im weiten Umkreis andere Pflanzenbestände schädigen.

Wenn auch die Einwirkungsbereiche des Menschen sehr verschieden sind, so lassen sich ihre Wirkungen auf die Vegetation doch auf wenige Eingriffsarten zurückführen, die, von der Pflanze her gesehen, direkt oder über die Veränderung des Standorts indirekt, stattfinden können. Sie sollen im folgenden, ohne Anspruch auf Vollständigkeit, getrennt nach vorwiegend mechanisch-physikalischen und vorwiegend chemischen Wirkungen auf die Pflanzendecke aufgezählt werden.

5.9.2.1.1 Eingriffsarten mit vorwiegend mechanisch-physikalischen Wirkungen

- *Schlag* Entnahme der oberirdischen Gehölzteile mit vorübergehender Änderung des Lokalklimas und des Nährstoff- und Wasserhaushalts des Bodens.
- *Mahd* Entnahme der oberirdischen Pflanzenteile im Grünland.
- *Verbiß* Entnahme und Beschädigung oberirdischer Pflanzenteile durch Haustiere und Wild.
- *Tritt* Beschädigung oberirdischer Pflanzenteile durch Haustiere und Menschen mit Änderung der Bodenstruktur (Verdichtung), des Wasserhaushalts und anderer Eigenschaften des Bodens.
- *Brand* Beschädigung und Vernichtung oberirdischer Pflanzenteile durch Feuer mit Humuszerstörung und Stickstoffverlust, aber Anreicherung von anderen mineralischen Nährstoffen, die jedoch rasch ausgewaschen werden.
- *Sonstige Beschädigungen* Sammeln und Pflücken von Blumen, Beeren, Pilzen, Wurzeln, Fegen des Rehwildes u. a.
- *Entwässerung* Ableitung des Bodenwassers durch Dränage und Absenken des Grundwasserspiegels.
- *Bewässerung* Wasserzufuhr durch Gräben, Überrieselung und Beregnung oder durch Anhebung des Grundwasserspiegels.
  Land- und forstwirtschaftliche *Bodenbearbeitung* mit Änderung der Bodenstruktur und des Bodenwasserhaushalts.
- *Rodung* Vollständige Beseitigung von Gehölzen mit dem Ziel einer anderen Landnutzung.
- *Hacken und Graben* Vorübergehende und dauernde Beseitigung von Pflanzen im Rahmen oder zur Änderung der Landnutzung.
- *Saat und Pflanzung* Anlage von Pflanzenbeständen jeder Art (einschl. Aufforstung) im Rahmen oder zur Änderung der Landnutzung.
- *Einschleppen* Ungewolltes Einbringen gebietsfremder Pflanzen.
- *Bodenbewegung* Abgraben oder Überschütten des Bodens mit Vernichtung der Pflanzendecke zum Zweck anderweitiger Nutzung.

5.9.2.1.2 Eingriffsarten mit vorwiegend chemischen Wirkungen

- *Ungewollte Eutrophierung* Unbeabsichtigte Nährstoffanreicherung, vor allem von Stickstoff und Phosphor, durch die Gegenwart von Menschen und Tieren, durch flüssige und feste Abfallstoffe und durch Staubimmissionen.
- *Düngung* Beabsichtigte Nährstoffanreicherung im Zuge land- und forstwirtschaftlicher Nutzung, auch der Fischerei.
- *Nährstoffverarmung* Nährstoffentzüge durch Auswaschung und Entnahme lebender und toter organischer Substanz (z. B. Waldfeldbau, Waldstreunutzung).
- *Immission* Vernichtung und Schädigung von Pflanzen durch giftige Abgase von Siedlungen, Industrie und Verkehrsfahrzeugen.
- *Herbizidanwendung* Beabsichtigte Vernichtung und Schädigung von Pflanzen durch Pflanzengifte und Wuchsstoffe.

5.9.2.2 Folgen für die Vegetation (Wirkungsweise und Grad des menschlichen Einflusses)

All diese Eingriffsarten wirken nicht nur direkt oder indirekt über Veränderung des Standorts auf die Pflanzen ein, sondern sie beeinflussen auch das Konkurrenzverhalten der Pflanzen untereinander, indem als Folge der Eingriffe resistente Pflanzenarten in ihrer Konkurrenzkraft gegenüber weniger resistenten begünstigt werden. Hierdurch treten Verschiebungen in der

Artenzusammensetzung auf; in vielen Fällen werden auch in der Konkurrenzkraft geschwächte Arten ganz verdrängt.
Manche Eingriffsarten, wie z. B. Abgraben und Überschütten, sind so extrem, daß sie gleich die ganze Pflanzendecke vernichten. Im Gegensatz dazu sind andere, z. B. Schlag und Mahd, oft so schwach, daß sie leicht durch die natürlichen Regenerationskräfte der Pflanzengesellschaften kompensiert werden können und damit das biologische Gleichgewicht innerhalb des Ökosystems wiederhergestellt wird.
Alle Eingriffsarten können aber so weit gesteigert werden, daß die Wiederherstellung des biologischen Gleichgewichts nicht möglich ist. Es treten Änderungen in der Pflanzendecke ein oder diese verschwindet ganz.
Das Ergebnis dieser Wirkungen, die schon jahrtausendelang anhalten, ist ein Nebeneinander von Formationen und Pflanzengesellschaften ganz verschiedenen Alters und Aussehens.
Diese vom Menschen gestaltete »heutige reale Vegetation« [TÜXEN 1956] prägt das gegenwärtige Landschaftsbild auf großen Flächen viel stärker als die natürlichen Umweltbedingungen. Neben Resten natürlicher und naturnaher Vegetation finden wir eine menschlich beeinflußte Pflanzendecke mit vorwiegend Ersatzgesellschaften. Es können im Stockausschlagbetrieb bewirtschaftete Mittel- und Niederwälder, Nadelholz-Monokulturen, Wirtschaftswiesen und -weiden, Acker- und Ruderalfluren und viele andere Pflanzengesellschaften sein, die sich nach dem Grad oder der Intensität des menschlichen Einflusses deutlich unterscheiden. TÜXEN [1956] spricht von Ersatzgesellschaften 1.–4. Grades und führt als Beispiel einer Ersatzgesellschaft 1. Grades die Heiden, als Beispiel für eine solche 4. Grades Trittgesellschaften an. ELLENBERG [1963] veröffentlichte eine Einteilung aller Vegetationsbestände nach dem Grad ihrer Veränderung, die sich in folgende Reihe einordnen lassen:

unberührt natürlich naturnah bedingt naturnah	naturbetont
bedingt naturfern naturfern naturfremd künstlich	kulturbetont

Für alle Abstufungen bringt ELLENBERG verschiedene Beispiele, die von unberührten Steinhafter- und Spaltengesellschaften unzugänglicher Felsen im Gebirge bis zu naturfremden Aufforstungen mit gebietsfremden Baumarten und annuellen Ackerwildkrautfluren reichen. Künstliche Kombinationen aus Zuchtformen oder landfremden Arten auf eigens bereitetem Boden bilden das Schlußglied dieser Abfolge. Sie sind jedoch nicht mehr Forschungsgegenstand der Vegetationskunde. Weitere Beispiele in Abschnitt 5.9.2.4.1.
SUKOPP [1972b] bevorzugt in Anlehnung an JALAS eine Abstufung des menschlichen Einflusses nach sechs Hemorobiegraden.
Alle Ersatzgesellschaften lassen sich auf die Gesellschaften der potentiellen natürlichen Vegetation zurückführen. Die Zuordnung geschieht mit Hilfe syndynamischer Beobachtungen und Erfahrungen, wobei man sich im einzelnen der Sukzessions- und Kontaktgesetze und des Biochorenbegriffs, d. h. der Zusammengehörigkeit von Vegetation und Standort bedient [SCHMITHÜSEN 1968, TÜXEN 1956].

5.9.2.3 Fragen der Belastung und Belastbarkeit

In den letzten Jahren ist unter dem Eindruck stark zunehmender menschlicher Einflußnahme sehr viel von Belastung und Belastbarkeit die Rede gewesen [OLSCHOWY et al. 1969, OLSCHOWY 1971, STEUBING et al. 1972, BÜRGER 1975], wobei die diesem Fragenkomplex zugrunde liegenden Begriffe und Probleme nicht immer klar definiert waren. Es erscheint deshalb notwendig, hierzu einige Erläuterungen zu geben. Hierbei wollen wir uns auf die Überlegungen von ELLENBERG [1972] und SEIBERT [1974] stützen.

Belastungen sind durch Einwirkungen des Menschen ausgelöste, normalerweise nicht auftretende Änderungen der Ökosysteme und ihrer Kompartimente. Der natürliche, zur normalen Umwelt der Pflanze gehörende Streß, z. B. ein Trockenjahr, gilt nicht als Belastung. Vom menschlichen Standpunkt aus gesehen ist eine solche Änderung keineswegs immer ein Schaden. Sie kann, je nach Standpunkt, Schaden, Nutzen oder beides zugleich sein. Beispielsweise wird die Entwicklung eines Borstgrasrasens zur Fettweide, die durch Eutrophierung herbeigeführt wird, von Standpunkt des landwirtschaftlichen Nutzens als Vorteil gewertet, weil mehr und qualitativ besseres Futter angeboten wird. Wasserwirtschaftlich kann jedoch ein Nachteil vorliegen, weil infolge höheren Wasserverbrauchs durch die Fettweide das Angebot an Grundwasser verringert und dieses durch Nährelementanreicherung in seiner Qualität verschlechtert wird. Als Belastung muß bei anthropogen bedingten Ökosystemen auch das Aufhören des menschlichen Einflusses angesehen werden. Wir wissen, daß z. B. bei einer Mähwiese das Unterlassen der Mahd eine Umstellung des Artenbestandes, Einwandern von Waldpionieren und schließlich Bewaldung zur Folge hat.

Die Reaktion der Ökosysteme hängt von den belastenden Faktoren und der Belastbarkeit als Eigenschaft des belasteten Objekts ab. Bei den belastenden Faktoren sind Belastungsart, Belastungsgrad und Belastungsdauer zu unterscheiden. Die im vorigen Abschnitt genannten Eingriffsarten, auch Kombinationen und feinere Differenzierungen von ihnen, – beim Tritt etwa die durch die Einwirkungen von Mensch, Tieren und Fahrzeugen gegebenen Unterschiede – stellen, soweit sie für die Ökosysteme zur Belastung werden, *Belastungsarten* dar. Der *Belastungsgrad* wird durch Belastungsstärke und Belastungsmenge bestimmt. Die *Belastungsstärke* ist die spezifisch-quantitative Komponente, bei der Belastungsart Tritt z. B. das Gewicht der Menschen, Tiere oder Fahrzeuge, bei Immissionen die Konzentration. Die *Belastungsmenge* bezeichnet die Anzahl oder Menge der wirkenden Komponenten, beim Tritt etwa die Zahl der Menschen, bei Immissionen die Menge eines bestimmten Gases. Unter *Belastungsdauer* wird der zeitliche Aspekt der Belastung verstanden. Eine gleiche Belastungsdauer kann für die Ökosysteme unterschiedliche Wirkungen haben, je nachdem, ob sie kontinuierlich oder unterbrochen ist.

Unter *Belastbarkeit* ist die Fähigkeit eines Ökosystems zu verstehen, einen gewissen Grad von Belastungen zu ertragen, ohne sich zu verändern. Von einer Veränderung muß gesprochen werden, wenn wesentliche Bestandteile aus dem Ökosystem verschwinden oder in dieses eindringen. Die Belastbarkeit resultiert aus der Empfindlichkeit gegen einen belastenden Faktor oder gegen eine Kombination von mehreren, einander mehr oder minder steigernden Faktoren, seiner Regenerationsfähigkeit und seiner Kondition.

Die *Empfindlichkeit* enthält zumindest zwei verschiedene Komponenten: die Labilität und die Disposition.

Die *Labilität* ist die coenotische Komponente, die sich in Ausmaß und Schnelligkeit der Veränderung des Ökosystems bei einer bestimmten und zeitlich begrenzten Belastung äußert. Positiv ausgedrückt ist es die Widerstandsfähigkeit oder Pufferkraft gegen die belastende Störung. Die *Disposition* ist die abiotische Komponente, welche durch die Exponiertheit gegenüber bestimmten Belastungen gegeben ist.

Die *Regenerationsfähigkeit* ist vom Ausmaß, aber auch von der Schnelligkeit abhängig, mit der das Ökosystem in seinen früheren Zustand zurückstrebt.

Schließlich ist das Ökosystem in seiner Belastbarkeit auch von zeitlich wechselnden Zuständen abhängig, die wir *Kondition* nennen wollen. Als Beispiele seien der jahreszeitlich bedingte Vegetationszustand und der witterungsbedingte Bodenzustand genannt, der z. B. beim Tritt eine große Rolle spielt.

Unter Belastbarkeit haben wir die Fähigkeit eines Ökosystems verstanden, einen gewissen Grad von Belastungen zu ertragen, ohne sich zu verändern. Wo Änderungen eintreten, d. h. wo das Ökosystem durch ein anderes, sei es zunächst auch ähnliches, Ökosystem abgelöst wird, ist die Grenze der Belastbarkeit überschritten. Das wäre beispielsweise der Fall, wenn ein Borstgrasrasen infolge Tritteinwirkung in einen Trittrasen umgewandelt wird. Der Belastungsgrad kann aber so groß werden, daß auch der Trittrasen zugrunde geht und, eventuell noch gefördert durch Bodenerosion, das ganze Ökosystem zusammenbricht und verschwindet. Nur über eine primäre Sukzession wäre dann der Aufbau eines neuen Ökosystems möglich.

5.9.2.4 Beeinflussung und Belastung verschiedener Vegetationstypen

5.9.2.4.1 Entstehung der aktuellen Vegetation

Während nach dem Zurückweichen des Inlandeises die zunächst auftretenden Jäger in der Vegetation noch kaum Spuren hinterließen, muß seit dem Ende der mittleren Steinzeit, als die Besiedlung dichter und die Wirtschaftsweise bäuerlicher wurde, mit stärkeren Einflüssen des Menschen gerechnet werden. Schon während des Neolithikums (etwa 3000–1800 v. Chr.) waren, wenigstens in den siedlungsfreundlichen Lößgebieten Mittel- und Süddeutschlands wie auch in Nordwestdeutschland, zahlreiche Bauern ansässig, die ihr Vieh in den Wäldern weiden ließen und mit seiner Hilfe, aber auch mit Feuer und primitiven Werkzeugen Lichtungen in dem ursprünglich fast geschlossenen Waldkleid schufen.
In der darauffolgenden Bronze- und Eisenzeit dehnten sich zunächst die waldfrei gehaltenen Siedlungsflächen nur allmählich aus. Aber schon im Mittelalter wurde als Ergebnis planmäßiger Rodungen und Siedlungen eine Verteilung von landwirtschaftlicher Flur und Wald erreicht, die von der heutigen nicht sehr abweicht, wenn es auch im Laufe der Jahrhunderte mit dem Wechsel von Bevölkerungsdichte und wirtschaftlicher Situation ständig ein Vordringen und Zurückweichen der Feldflur gegeben hat.
Große Waldverwüstungen brachten Spätmittelalter und Neuzeit, als die aufkommenden Industrien das Kohlenbrennen förderten und als Bergwerke, Salinen und Glashütten riesige Massen von Holz verfeuerten. Die in der Folge entstehende Forstwirtschaft bevorzugte beim Wiederaufbau der Wälder die Nadelhölzer Fichte und Kiefer und trug damit zu einem weiteren Wandel des Waldbildes bei.
Heute sind nur noch 29% des Gebietes der Bundesrepublik Deutschland mit Wald bestockt, wobei der Waldanteil in den einzelnen Bundesländern recht unterschiedlich ist.
Mit 39,4% ist er in Hessen am größten, mit 8,7% in Schleswig-Holstein am geringsten. Nur ein Teil dieses Waldes kann als naturnahe oder bedingt naturnahe Vegetation bezeichnet werden; naturferne und naturfremde Kunstbestände überwiegen.
Die Vegetation außerhalb des Waldes, die noch vor hundert Jahren durch einen mannigfaltigen Wechsel verschiedener Pflanzengesellschaften unterschiedlichen Natürlichkeitsgrades gekennzeichnet war, erfuhr durch die Intensivierung der Landwirtschaft, insbesondere im Rahmen der Flurbereinigung, tiefgreifende Wandlungen und Nivellierungen, die zu großflächigen einheitlichen Kulturen und zu einer Entmischung der Pflanzenformationen führte. Zugleich fielen große, von Vegetation bedeckte Flächen den sich ausdehnenden Siedlungen, Industrieanlagen und Verkehrseinrichtungen zum Opfer.
Von den verschiedenen Pflanzengesellschaften außerhalb des Waldes stehen die Hecken und Gebüsche floristisch und strukturell den Wäldern nahe. Nur wenige dieser Formationen, etwa im Übergang zu Felsfluren oder zu Gewässern, sind naturnahe, alle übrigen verdanken ihre Entstehung dem Menschen, der die angrenzenden Flächen entwaldet hat.
Naturnahe Vegetation finden wir auch im Bereich mancher Gewässer und Moore, soweit diese nicht durch Entwässerung und Melioration in landwirtschaftliche Nutzflächen umgewandelt sind. Sowohl an der Meeresküste mit ihren Dünen- und Wattlandschaften wie auch im Hochgebirge mit seinen Latschengebüschen, Rasen und Felsfluren oberhalb der alpinen Baumgrenze sind naturnahe Pflanzengesellschaften noch in größerer Ausdehnung erhalten.
Dagegen können die Wildgrasfluren und Zwergstrauchheiden des Flachlandes und des Mittelgebirges trotz ihres natürlichen Aussehens nicht mehr als naturnah bezeichnet werden. Sie verdanken ihre Entstehung und weitere Existenzmöglichkeit der Weidewirtschaft und gelten als »teilweise oder bedingt naturfern«. Die Futterwiesen und Intensivweiden, die zu ihrer Unterhaltung einer regelmäßigen Mahd und Düngung bedürfen, sind dagegen naturferne, die Acker- Garten- und Weinbergfluren sogar naturfremde Vegetation.

Schließlich gibt es im Umkreis des menschlichen Wirkens noch eine Reihe von Pflanzengesellschaften, die unter dem Begriff Ruderalfluren zusammengefaßt werden. Sie gelten ebenso wie die meist an künstlichen Gewässern verbreiteten Ufer- und Schlammbodenfluren ebenfalls als naturfremd.
Wir wollen die aufgezählten Vegetationsformationen im folgenden kurz beschreiben und ihre heutige Beeinflussung durch den Menschen schildern. Dabei soll den Fragen ihrer Belastung und Belastbarkeit besondere Aufmerksamkeit gewidmet werden.

5.9.2.4.2 Wald- und Forstgesellschaften

Die Wald- und Forstgesellschaften Mitteleuropas sind bei Freitag [1962], Ellenberg [1963] und Knapp [1971] ausführlich dargestellt worden. An dieser Stelle können wir nur einen kurzen Überblick geben, der die Waldsituation in Mitteleuropa skizzieren und das Verständnis der nachfolgenden Ausführungen erleichtern soll.
Die Zusammensetzung der Wälder nach dominierenden Baumarten wird in Mitteleuropa vornehmlich durch die Höhenlage, auf kleineren Flächen auch durch hohe Grundwasserstände bedingt. Dementsprechend können wir Eichenwälder der planaren und kollinen Stufe, Buchenwälder, z. T. mit Tanne, der montanen Stufe und Nadelwälder aus Tanne und Fichte in der hochmontanen Stufe unterscheiden, zu denen sich in den Auen der Bäche und Flüsse und in Moorgebieten Wälder gesellen, die sich aus verschiedenen Laubbaumarten, in bestimmten Fällen auch aus Kiefern zusammensetzen können. Innerhalb der einzelnen Höhenstufen wird die übrige floristische Zusammensetzung vor allem durch den Boden bestimmt, sodaß man eine Gruppierung nach Wäldern saurer, kalkreicher und mittlerer Standorte, die weder sauer noch kalkreich sind, treffen kann (Abb. 103).

Zonale Vegetation	hochmontan	Fichtenwälder *Vaccinio-Piceion p. p.*		Ahorn-Buchenwälder *Aceri-Fagion*
	montan	Beerkraut-Fichten-Tannenwälder *Vaccinio-Abietion*	Labkraut-Fichten-Tannenwälder *Galio-Abietion*	
	montan / submontan	Hainsimsen-Buchenwälder und -Tannen-Buchenwälder *Luzulo-Fagion*	Waldmeister-Buchenwälder und -Tannen-Buchenwälder *Asperulo-Fagion*	Orchideen-Buchenw. *Cephalanthero-Fagion*
	kollin bis planar	Eichen-Birkenwälder *Quercion robori-petraeae*	Eichen-Hainbuchenwälder *Carpinion*	Wärmeliebende Eichen-Mischwälder *Quercion pubescenti-petraeae*
Azonale V.	Moore und Auen	Birken-, Kiefern- und Fichten-Moorwälder *Vaccinio-Piceion p. p.*	Erlenbruchwälder *Alnion glutinosae*	Auenwälder *Alno-Padion*
		sauer	*neutral*	*basisch*

Abb. 103 Ökologisches Schema der wichtigsten Waldgesellschaften (Verbände und Unterverbände) nach Höhenstufen und Basengehalt des Bodens.

In dem größten Teil unserer Waldgebiete sind die eben beschriebenen natürlichen Waldgesellschaften verschwunden, so daß der Laubwaldanteil in der Bundesrepublik heute nur noch 31% beträgt. An ihrer Stelle breiten sich Nadelholzbestände, die vor allem aus Kiefer oder Fichte gebildet werden, aus (Forstgesellschaften) [Tüxen 1950].
Der im Rahmen der forstlichen Bewirtschaftung übliche *Holzschlag* kann auf die Wald- und Forstgesellschaften sowohl nur vorübergehende Wirkungen als auch dauernde Folgen haben. Schon eine im Rahmen von Durchforstungen, Plenterungen oder Naturverjüngungsverfahren durchgeführte Auflichtung bewirkt durch die Verbesserung der Licht- und Wärmeverhältnisse und vermehrte Zufuhr von Niederschlagswasser gewisse Veränderungen in der Bodenvegetation. Im allgemeinen gehen aber solche Eingriffe kaum über das hinaus, was sich auch im natürlichen Bestandesleben abspielt.
Erst größere Kahlschläge bewirken charakteristische Änderungen der Lebensgemeinschaft, die vielfach beschrieben worden sind [z. B. Ellenberg 1963].
Solche sind in Eichen- und anderen Edellaubwäldern auf nährstoffreichen Standorten am geringsten. Hier regeneriert die Waldgesellschaft rasch aus Stockausschlägen und aufkommender Naturverjüngung, ohne daß sich eine eigene Schlagflora einstellt. Bei den Eichenwäldern saurer Standorte und den meisten Buchen- und Nadelwaldgesellschaften kommt es zur Ausbildung eigener Schlagfluren. Noch ausgeprägter ist das bei den Kiefern- und Fichtenforsten der Fall.
Diese Schlagfluren verdanken ihre Lebensmöglichkeit dem stärkeren Lichteinfall und der Verbesserung des Wärmeklimas. Neben der unmittelbaren Wirkung auf die Pflanzen haben diese eine stärkere Mineralisation von Schlagabraum, Streu und Humus zur Folge, die zu einem erhöhten Nährstoffangebot führt. Eine gleiche Wirkung hat zusätzlich der Entfall des Nährstoffverbrauchs der Waldbäume. Durch die Verminderung der Interzeption und Transpiration steigt außerdem das Wasserangebot. Ein großer Teil der freiwerdenden Nährstoffe wird von der nitrophilen Schlagflora in den Kreislauf des Ökosystems zurückgeführt. Untersuchungen in den USA [Bormann u. a. 1968, Likens u. a. 1970, zitiert nach Rehfuess 1974] haben gezeigt, daß bei Beseitigung der Schlagflora hohe Mengen an Nitrat, Phosphat und anderen Nährstoffen ins Grundwasser gelangen und auf die Gewässer eutrophierend wirken.
Die erhöhte Abflußspende der Kahlschläge kann in hängigem Gelände zur Bodenerosion führen, vor allem wenn durch den Holzschlag und -transport auch größere Bodenverwundungen stattgefunden haben. Auf tonigen Böden wird die Gefahr von Hangrutschungen vergrößert.
Nach dem Durchlaufen verschiedener Phasen der Bestandesentwicklung wird in Wäldern mit naturnaher Baumartenzusammensetzung wieder der Ausgangszustand erreicht: Das Ökosystem ist wieder im Gleichgewicht.
Rasch laufende *Brände* zerstören als Bodenfeuer die oberirdischen Teile der Sträucher und Kräuter oder greifen als Wipfelfeuer auch in die Kronen der Bäume über. Die Wirkung ist ähnlich wie beim Kahlschlag. Durch das Feuer tritt aber eine noch raschere Mineralisierung der Nährstoffe ein, die jedoch leicht durch den Niederschlag ausgewaschen werden und damit der Vegetation verloren gehen. Langsam vordringende Bodenfeuer verbrennen die Humusdecke und rufen an Hängen die Gefahr der Bodenerosion hervor. Nach den Bränden tritt eine Vegetationsentwicklung ein, in der zunächst gewisse Brandmoos (*Funaria*)-Gesellschaften auftreten, dann aber eine Sukzession in Gang kommt, die der auf Kahlschlägen ähnlich ist.
Die Brandgefährdung ist bei den Wald- und Forstgesellschaften recht unterschiedlich. Sie ist am größten bei den Kiefernforsten und allen natürlichen Kiefern- und Kiefern-Eichenwäldern. Auch trockene, grasreiche Ausbildungen anderer Waldgesellschaften, sogar der Auenwälder, können als brandgefährdet gelten. Die gefährlichste Jahreszeit sind das zeitige Frühjahr und der Hochsommer dann, wenn längere Trockenperioden auftreten.
Die weitaus meisten Brände sind durch Menschen verursacht; natürliche Ursachen wie Blitzschlag sind nur in Ausnahmefällen der auslösende Faktor. Fahrlässigkeit bei dem Gebrauch von offenem Feuer im Walde steht als Brandursache an der Spitze. Dadurch, daß mit dem zunehmenden Erholungsverkehr immer mehr mit ihrer natürlichen Umgebung wenig vertraute Menschen in den Wald kommen, hat die Brandgefahr in den letzten Jahren zugenommen. Dazu hat auch das neuerdings in Mode gekommene Grillen im Freien beigetragen. Die zweithäufigste

Entstehungsursache ist böswillige Brandstiftung. Sie hat vermutlich die großen Waldbrände der Sommer 1975 und 1976 hervorgerufen.
Dauernde Veränderungen stellen sich jedoch ein, wenn der Holzschlag, wie beim Nieder- und Mittelwaldbetrieb, in kurzen Zeitabständen wiederholt wird oder wenn anstelle der bodenständigen Baumarten standortsfremde angebaut werden.
Beim *Nieder-* und *Mittelwaldbetrieb* treten zunächst einmal die geschilderten Folgen des Kahlschlags in kürzeren Zeitabständen auf. Ausschlaggebend für eine dauernde Veränderung der Artenkombination ist jedoch das unterschiedliche Stockausschlagvermögen der Baumarten. Die floristischen Veränderungen, welche diese Betriebsformen hervorrufen, sind deshalb bei den einzelnen Waldgesellschaften unterschiedlich, auch hängen sie von Art und Intensität des Betriebes ab. Unmittelbar betroffen ist die Baumschicht. Von der Ausschlagfähigkeit der Baumarten hängt es ab, ob sich die Baumschicht nach Arten und ihren Mengenanteilen unverändert erhält, oder ob gewisse Baumarten von anderen, ausschlagfähigeren, zurückgedrängt werden. Wenn die neu auftretenden oder sich stärker ausbreitenden Baumarten in ihrer Lichtdurchlässigkeit den vorhergehenden gleichwertig sind, ändert sich an der Bodenvegetation nichts, im anderen Fall bringt das veränderte Licht- und Wärmeklima des Bestandes auch hier Art- und Mengenverschiebungen mit sich. In manchen Niederwaldgebieten wurde die Bodenvegetation auch durch an den Schlag anschließenden zwischenzeitlichen Ackerbau in Verbindung mit Brand und durch Weidenutzung unmittelbar beeinflußt.

Hinsichtlich der Auswirkungen des Nieder- und Mittelwaldbetriebes können wir demnach drei Gruppen von Pflanzengesellschaften unterscheiden [Seibert 1966], nämlich
- Gesellschaften, bei denen die Artenkombination nicht verändert wird;
- Gesellschaften, bei denen nur die Baumschicht, und
- Gesellschaften, bei denen durch die veränderte Baumschicht auch die Bodenvegetation beeinflußt wird und teilweise durch Ackerbau, Brand oder Weidenutzung zusätzliche Abwandlungen erleidet.

In großen Teilen Deutschlands sind die ursprünglich vorhandenen Buchenwälder durch Nieder- und Mittelwaldgesellschaften abgelöst worden. Der *Nieder*wald hat seine Hauptverbreitung im Rheinischen Schiefergebirge, wo sich in Eifel, Hunsrück und Siegerland verschiedene Nutzungsformen entwickelt haben. Einen ähnlichen Betrieb stellen die Hackwaldungen im hessischen Odenwald, die Reutberge im badischen Schwarzwald und die Birkenberge im Bayerischen Wald dar. Sie haben sich fast alle aus bodensauren Buchenwäldern entwickelt und gleichen heute in ihrer Artenkombination den Eichen-Birken- und Buchen-Traubeneichenwäldern. Das Hauptverbreitungsgebiet der *Mittel*wälder liegt in Mittel- und Unterfranken, wo sie sich aus Eichen-Hainbuchenwäldern und Waldmeister-Buchenwäldern entwickelt haben. Da ihre heutige Artenkombination der des Eichen-Hainbuchenwaldes gleicht, fällt es in diesem Gebiet oft schwer, Rückschlüsse auf die potentielle natürliche Vegetation zu ziehen [Kriso 1958].
Der Nieder- und Mittelwaldbetrieb entzieht den Beständen mit dem Feinreisig mehr Nährstoffe als der Hochwaldbetrieb. Bei zusätzlichem Brand und Feldbau wird dieser Nährstoffentzug noch verstärkt. Die Gefahr von Bodenerosion und Hangrutschungen wird durch diese Betriebsformen selten vergrößert.
Die *Forstgesellschaften* aus Nadelbäumen wurden zunächst beim Wiederaufbau der Wälder seit etwa 200 Jahren geschaffen. Wegen ihrer wirtschaftlichen Bedeutung hat man sie danach trotz mancher Nachteile und Gefährdungen meist beibehalten und erweitert ihren Flächenanteil auch heute noch bei der Aufforstung nicht mehr rentabler landwirtschaftlicher Flächen. Erst in neuerer Zeit begann man, ihre einseitige Baumartenzusammensetzung durch Einbringen von Laubbaumhorsten aufzulockern.
Die beiden hauptsächlich verwendeten Nadelbäume Kiefer und Fichte haben hinsichtlich des Licht- und Wärmeklimas recht unterschiedliche Folgen für den Bestand, indem sich unter der lichten Kiefer oft mehr Arten finden als im vergleichbaren Naturwald, unter der schattenden Fichte dagegen die Artenzahl stark zurückgeht. Deshalb lassen sich in Fichtenforsten weniger Einheiten voneinander unterscheiden als in Kiefernforsten.

Die Bodenveränderungen, die durch den Nadelholzanbau verursacht werden, sind je nach Standort unterschiedlich zu beurteilen. Ganz allgemein wirkt sich die geringere Zersetzbarkeit der Nadelstreu am meisten aus. Auf allen nicht ausgesprochen basen- und nährstoffreichen Böden kommt es zu einer Ansammlung von Rohhumus als sichtbarem Ausdruck der biologischen Bodenverarmung. Im obersten Mineralbodenhorizont findet eine deutliche Humusinfiltration statt, je ärmer der Boden desto mehr. Dementsprechend sind die Böden unter Nadelforsten saurer und zugleich ärmer an Mineralstoffen. Eine Podsolierung wird jedoch nur auf extrem armen Böden, auf denen vorwiegend Kiefernforste stocken [MEISEL-JAHN 1955], gefördert. Auf den im allgemeinen besseren Böden der Fichtenforste wurde sie nicht beobachtet [GENSSLER 1959, NEUHÄUSL 1966]. Auf basen- und nährstoffreichen Böden tritt mit dem stärkeren Licht- und Wärmeeinfluß des ausgehenden Stangenholzalters der Fichte, bei Kiefer schon früher, eine starke Ammonifikation und Nitrifikation ein. Auf wenig entwickelten kalkreichen Auenböden kann der vermehrte Streuanfall zu einer stärkeren Humusbildung beitragen und damit eine günstige Bodenentwicklung fördern [SEIBERT 1962].

Unter Fichtenforsten sind die Böden in der Regel schlechter durchwurzelt als unter den bodenständigen Baumarten der entsprechenden Standorte. Das gilt besonders für schwere Böden und solche mit hohem Grundwasserstand. Dadurch ist eine erhöhte Windwurfgefahr, an steilen Hängen auch die Gefahr von Hangrutschungen gegeben.

Viele Forstgesellschaften sind labile Neubildungen, die fast nirgendwo einen Gleichgewichtszustand erreicht haben und vielleicht auch nicht überall erreichen werden. Sie sind durch Pilzbefall, Insektenkalamitäten und Sturmkatastrophen gefährdet. Auch die Schäden durch Wild sind gerade bei Fichtenforsten größer als im Naturwald, zumal bei ihnen die natürliche Äsung stark reduziert ist.

Der *Verbiß*, sei es durch Wild oder durch Weidevieh, spielt auch heute in unseren Wäldern noch eine große Rolle. ELLENBERG [1963] hat gezeigt, daß es schon zur Römerzeit in Mitteleuropa kaum einen Wald gab, der nicht unter Weideeinfluß gestanden ist. Die offenen Parklandschaften der vergangenen Jahrhunderte verdankten ihre Entstehung ebenso der Weidewirtschaft wie die Magerrasen und Heiden, die wir heute noch großflächig in einigen Teilen Deutschlands finden. Selbst manche besonders urig und natürlich wirkende Wälder sind als ehemalige Hudewälder das Ergebnis früherer Beweidung.

Mit dem Entstehen einer geregelten Forstwirtschaft verschwand das Weidevieh aus den meisten der mitteleuropäischen Wälder. Nur im Alpenraum gibt es auch heute noch Waldweidegebiete von beträchtlicher Ausdehnung (in Bayern 70000 ha).

Da von den gewöhnlichen Waldbodenpflanzen nur wenige als Weidenahrung geeignet sind, werden vom Vieh zunächst vor allem Jungbäume und Sträucher gefressen. Auf den entstehenden Lücken siedeln sich nahrhafte Weidegräser und -kräuter an.

Der mit der Waldweide verbundene Tritt der Weidetiere ist oft noch schwerwiegender als der Verbiß. Die durch den Tritt hervorgerufene Bodenverdichtung führt zu einer verringerten Luftkapazität und zu einer verminderten Wasseraufnahmefähigkeit. Die verlängerten Sickerzeiten führen zu einem vermehrten Oberflächenabfluß und erhöhen die Abschwemmungsgefahr. Durch den Tritt verringert sich auch die organische Bodensubstanz, und es kommt zu einem Rückgang des Bodenlebens.

Es leuchtet ein, daß eine ordnungsgemäße Forstwirtschaft mit Naturverjüngung bei starker Waldweidebelastung nicht mehr möglich ist.

Die örtlich sehr auffälligen Folgen der Waldweide werden an Breitenwirkung jedoch von den Schäden übertroffen, die vom Schalenwild, insbesondere von Hirschen und Rehen, angerichtet werden. Während unter natürlichen Verhältnissen die Wilddichte mit 0,5–1,0 Hirsch und 1–2 Rehen je 100 ha sehr gering ist, liegen die Wildbestände heute fast überall um ein vielfaches darüber. MAYER [1973] nennt beispielsweise für den Alpenraum eine 6- bis 13-fach höhere Wilddichte als im Naturwald. Diese trifft aber auf eine Landschaft, die in vielfacher Hinsicht verarmt und umgestaltet ist, nämlich durch Zunahme der Nadelholz-Monokulturen, die an die Stelle verschiedenartiger Laubwälder getreten sind, durch quantitative und qualitative Einengung des Äsungspotentials durch Verarmung der Pflanzendecke, Ausräumung der Kulturlandschaft, Erhöhung der Besiedlungs- und Verkehrsdichte und Verdrängung des Rot- und Rehwil-

des aus dem Feld-Wald-Grenzbereich, wodurch es entgegen seinem vielseitigen Bedürfnis als Wild mehr offener Landschaften nunmehr auf den Wald beschränkt wird [EIBERLE 1966, 1968].
Während das Rehwild in seiner Nahrung wählerisch ist und nur wenige Baum- und Straucharten selektiv verbeißt, daneben aber auch durch Fegen schadet, führt der Verbiß des in Herden auftretenden Rotwildes zu stärkeren und allgemeineren Schäden, die durch das Schälen noch verschärft werden. Die unterschiedliche Beliebtheit der Waldpflanzen [KLÖTZLI 1965, MAYER 1971] führt bei den verschiedenen Waldgesellschaften zu einer einseitigen Auslese und zu starken Verschiebungen in der Artenkombination. SCHAUER [1977] fand bei den artenreichen Beständen des Hainlattich-Tannen-Buchenwaldes (*Aposerido-Fagetum*) bei Berchtesgaden in der Krautschicht eingezäunter Flächen um rund 50% mehr Arten und einen wesentlich höheren Anteil von Farnen und Kräutern, während der Grasanteil außerhalb des Zaunes etwa doppelt so hoch war. Durch die Veränderung der Baumartenzusammensetzung fallen vor allem Tanne, Buche, Bergahorn, Esche und sonstige Laubbäume aus, wodurch die Ausbreitung von Reinbeständen vor allem von Fichte anstelle gemischter Wälder noch weiter stark gefördert wird.
Durch die Verbißschäden an den Baumarten erleiden die Bestände hohe Zuwachsverluste und Wertminderungen. Das Ausbleiben der Naturverjüngung führt zu einer Überalterung und zu einer Auflichtung der Bestände mit allen Nachteilen für den Bodenwasserhaushalt. Diese werden noch dadurch verschärft, daß die flachwurzelnde Fichte die Bodenstruktur verschlechtert und den Oberflächenabfluß erhöht. Die Bestände verlieren damit die vor allem im Hochgebirge wichtige Schutzwirkung gegen Lawinen, Erosion und Hochwasser. Da diese aber für die gesamte Bevölkerung im Gebirge direkt oder indirekt lebenswichtig ist, mehren sich seit längerer Zeit die Stimmen, die eine Reduzierung der Wildbestände und ihre Anpassung an die natürlich gegebenen Äsungsmöglichkeiten fordern. Die tragbare Wilddichte, die hierbei anzustreben ist, läßt sich objektiv nur über äsungsbiologische Untersuchungen an den vorhandenen Vegetationseinheiten ableiten [KLÖTZLI 1965, MRAZ 1961, MAYER 1973].
Seit etwa 2 Jahrzehnten werden in zunehmendem Maße Waldbestände gedüngt, um über eine bessere Nährstoffversorgung bestimmter Standorte den Holzertrag zu steigern. Mit Vorrang findet die *Düngung* in Beständen von Kiefer und Fichte auf basen- und nährstoffarmen Böden statt, wo Stickstoff in verschiedener Form ausgebracht wird. Auch die Kalkung führt auf armen Böden über die Mineralisierung des Rohhumus zu einem höheren Stickstoffangebot. Dem Zweck einer Standortverbesserung dient ebenfalls die Einbringung von Lupine, die in größerem Umfang im Nürnberger Reichswald und in der Oberpfalz stattgefunden hat [REHFUESS 1965, REHFUESS u. SCHMIDT 1971].
Nicht nur die letztgenannte Maßnahme bewirkt durch das Einbringen einer auffälligen neuen Pflanzenart eine Änderung der Artenzusammensetzung und des Aspektes der betroffenen Bestände. Auch die Düngung führt zu einer starken Veränderung der Artenkombination. Die düngebedürftigen Forstgesellschaften aus Kiefer oder Fichte haben fast immer eine azidophile Bodenvegetation aus Heidekraut *(Calluna vulgaris)*, Drahtschmiele *(Deschampsia flexuosa)* und mehreren azidophilen Moosen. Als Folge der Düngung entwickelt sich die Beerkrautdecke üppig, und es stellen sich nitrophile Pflanzen ein, von denen Arten der Schlagfluren wie Weidenröschen *(Epilobium angustifolium)*, Gewöhnliches Greiskraut *(Senecio sylvaticus)*, Mauerlattich *(Mycelis muralis)* die wichtigste Rolle spielen. Häufig ist auch der Löwenzahn *(Taraxacum officinale)* auf Düngungsflächen anzutreffen.
Eine *Nährstoffzufuhr* ist auch mit anderen menschlichen Aktivitäten verbunden, ohne daß sie unbedingt deren Ziel wäre. Hierzu gehören die Ablagerungen kommunaler Abfälle (Müll, Müllkomposte, Abwässer, Klärschlamm) [EVERS u. HÜSER 1975, REHFUESS 1974] und der Erholungsverkehr, soweit er in die Waldflächen eindringt. SEIBERT [1974] veröffentlichte eine Übersicht, welche die Belastbarkeit der Bodenvegetation wichtiger natürlicher Waldgesellschaften durch Eutrophierung (und Tritt) wiedergibt. Zu vergleichbaren Ergebnissen kommt auch FISCHER [1975] aufgrund eines umfangreichen Aufnahmematerials aus dem Berliner Gebiet.
Gegen staub- und gasförmige Luftverunreinigungen *(Immissionen)* sind Pflanzen wegen ihrer

großen Blattoberfläche äußerst empfindlich. Das gilt in besonderem Maße für die Flechten, bei denen wegen des Fehlens einer undurchlässigen Kutikula der Gasaustausch an der ganzen Oberfläche stattfinden kann. Die epiphytischen Flechten sterben in luftverschmutzten Gebieten ab oder werden zumindest stark geschädigt, wobei die verschiedenen Arten unterschiedlich reagieren (vgl. Kap. 5.5.2).

Die Wirkungen der Immissionen sind abhängig von ihrer Konzentration, der Einwirkungsdauer und ihren physikalisch-chemischen Eigenschaften einerseits, andererseits aber auch von Entwicklungs- und Ernährungszustand der Pflanzen. Bezüglich seiner Bedeutung und seines flächenmäßigen Auftretens steht das Schwefeldioxid (SO_2) an erster Stelle. In der Giftwirkung wird es von Fluor übertroffen, bei dem schon außerordentlich geringe Konzentrationen zu Schäden führen.

Von wirtschaftlicher Bedeutung sind die Schädigungen, die vor allem an den Nadelbäumen Kiefer und Fichte auftreten. Außer Verbrennungen, Chlorosen und Nekrosen, die zum Abfall der Nadeln führen können, sind schon vorher physiologische Schädigungen zu verzeichnen, die eine Ertragsminderung bewirken (vgl. Kap. 5.5.2).

Die Einwirkungen der Immissionen über den Boden auf die Pflanzen sind nicht einheitlich zu beurteilen. SO_2 kann über die Versauerung des Bodens azidophile Pflanzen begünstigen. Gewisse Flugstaubablagerungen dagegen können sich gegenteilig auswirken. Im Raume Mannheim – Ludwigshafen gingen säuretolerante Arten wie *Calluna vulgaris* und *Vaccinium myrtillus* unter diesem Einfluß zurück, während sich an ihrer Stelle nitrophile Pflanzen wie *Sambucus nigra, S. racemosa, Rubus fruticosus, Moehringia trinervia, Galeopsis tetrahit, Solanum dulcamara* u. a. ausbreiteten [Trautmann, Krause und Wolff-Straub 1970].

Die Anwendung von *Herbiziden* zur »Unkraut«-Bekämpfung, die häufig infolge fehlerhafter waldbaulicher Eingriffe notwendig wird [Klöck 1969], verändern den Artenanteil, indem die bislang dominierenden und daher bekämpften Pflanzenarten zurückgehen oder ganz verschwinden. Stattdessen breiten sich jedoch andere Arten aus. So führte die Bekämpfung von Landreitgras *(Calamagrostis epigeios)* zwar zum Rückgang dieses Grases, hatte aber die Ausbreitung von Himbeere *(Rubus idaeus)* oder auf Pseudogleyboden von Sumpfdistel *(Cirsium palustre)* und Bärenklau *(Heracleum sphondyleum)* zur Folge, oder es breiteten sich nach Einsatz von Mitteln gegen Dicotyledonen wie Weidenröschen *(Epilobium angustifolium)* die Gräser aus [Münch 1972]. Nach Bekämpfung des Adlerfarns *(Pteridium aquilinum)* entstand eine Mischverunkrautung von Birke, Faulbaum, Himbeere, Brombeere, Weidenröschen und Landreitgras. Wirksame Herbizidanwendung, die in Ausnahmefällen vertretbar ist, setzt demnach eingehende vegetationskundliche Kenntnisse über die zu erwartenden Entwicklungen voraus [Klöck 1969].

Eingriffe in den *Wasserhaushalt* mit dem Ziel einer Standortverbesserung sind auf Waldflächen seltener als auf landwirtschaftlich genutzten. Viel häufiger sind wasserwirtschaftliche Eingriffe im Rahmen von Flußregulierungen, Deichbauten, Anlage von Rückhaltebecken, Talsperren und Flußkraftwerken. Im Oberrheingebiet wurden nach der TULLAschen Rheinkorrektur und dem Bau des Rheinseitenkanals auf großen Flächen die Auwälder durch Trockengebüsche aus Weiden (*Salix purpurea* u. a.) und Sanddorn *(Hippophaë rhamnoides)* abgelöst [Hügin 1962]. Ähnliche Beispiele sind auch von den Flüssen des Alpenvorlandes bekannt geworden [Seibert 1962]. Beim Bau von Flußkraftwerken kann sich im Oberwasser der Wehre der Grundwasserspiegel erhöhen, während unterhalb eine Absenkung eintritt. Durch Grabensysteme versucht man meist diese Eingriffe auszugleichen. An der Donau bei Offingen bewirkte bei einem ungenügenden Grabenausbau der Anstieg des Grundwassers um 60–80 cm die Ausdehnung der feuchten Ausbildung der Eschen-Ulmenau *(Querco-Ulmetum)* und das Vordringen der Röhrichtgesellschaften innerhalb von drei Jahren (Abb. 104) [Seibert 1975a]. Meist führt die Änderung des Grundwasserspiegels zu einem Absterben vor allem der älteren Bäume.

Durch den Bau von Seitendämmen werden die außerhalb der Dämme liegenden Auwaldflächen hochwasserfrei. Danach finden hier keine Überschwemmungen mehr statt; außerdem entfällt die stetige Verjüngung der Böden durch Sedimentauftrag. Infolgedessen können sich reifere Waldgesellschaften entwickeln, in denen auch Bäume gedeihen, die gegen Hochwasser

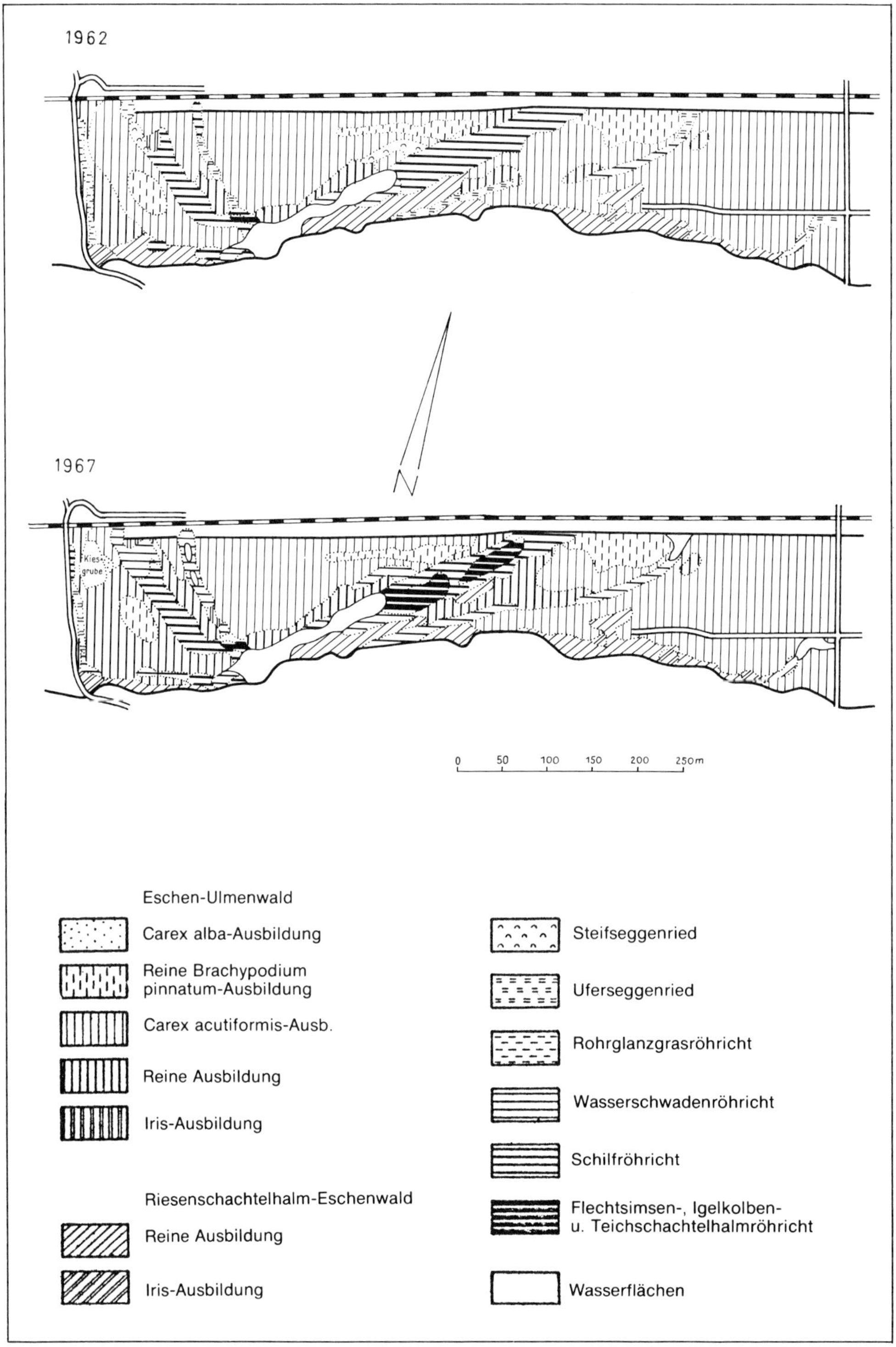

Abb. 104 Veränderung der Pflanzendecke in einem Auwald an der Donau bei Offingen nach Anhebung des Grundwasserspiegels.

empfindlich sind. In den meisten Fällen ist es der Eichen- Hainbuchenwald, der hier den Auenwald ablöst. Umgekehrt kann es bei Auflandungen zwischen den Dämmen, wie beispielsweise am Inn, zu einer Auenwald-Sukzession kommen [REICHHOLF 1976].
Änderungen des Grundwasserspiegels treten auch bei Wassergewinnungsanlagen und in Verbindung mit dem Bergbau auf, der durch Zerstörung der undurchlässigen Schicht zu Grundwasserspiegelsenkungen, durch Auslösung von Bodensenkungen aber auch zur Anhebung des Grundwasserspiegels führen kann.
Alljährlich gehen große Waldflächen durch *Rodung* verloren. An ihrer Stelle entstehen Wohnsiedlungen, Straßen und andere Verkehrsanlagen, Industrie- und Gewerbegebiete, landwirtschaftliche Siedlungen, ja gelegentlich sogar Äcker. Diese Verluste an Waldflächen finden hauptsächlich in ohnehin waldarmen Gebieten statt, insbesondere in den Ballungsgebieten. Dieser Abnahme von Waldflächen steht eine Zunahme gegenüber, die auf die Aufforstung von landwirtschaftlichen Grenzertragsböden zurückzuführen ist, die nun ihrerseits vornehmlich in waldreichen Gebieten verbreitet sind. Deshalb ist die allgemeine Zunahme der Waldflächen von 1935/38 bis 1966 um 151000 ha weniger günstig zu beurteilen, als es zunächst den Anschein hat.

5.9.2.4.3 Waldränder, Hecken und Gebüsche

In vielen Gebieten Mitteleuropas, vor allem in der Eichenstufe, verläuft der Übergang vom geschlossenen Wald zur freien Flur in einer ganz bestimmten Zonation. Den Waldbäumen, die selbst am Rand tief beastet sind, ist ein Strauchgürtel vorgelagert, der sog. Waldmantel. Auch dieser grenzt nicht immer unmittelbar an die großflächig entwickelten baumfreien Gesellschaften, sondern es schiebt sich eine hochwüchsige Staudenflur dazwischen, der sog. Waldsaum.
Diese Waldmäntel haben ihre eigene Struktur. Da sie mehr Licht empfangen als das Bestandesinnere, können sich lichtliebende Sträucher ausbreiten, die ein so dichtes Gebüsch bilden, daß der Unterwuchs extrem unter Lichtmangel leidet. Es sind daher fast reine Holzpflanzengesellschaften mit Lianen und Spreizklimmern (Waldrebe, Hopfen), die kaum eine Schichtung aufweisen, sondern eher mit den angrenzenden Saumgesellschaften ein Randmosaik bilden.
In dem ursprünglichen Waldland Mitteleuropa sind Waldränder von Natur aus selten gewesen. Natürliche Waldränder gibt es auch heute nur dort, wo der Wald an Standorte grenzt, die für die Besiedlung mit Wald entweder zu trocken oder zu naß sind. Als Steppenheide sind die Waldrandmosaike der trockenen Felsstandorte des Jura schon durch GRADMANN [1950] bekannt geworden. An den Ufern von Gewässern bestehen die Waldmäntel überwiegend aus Weidenarten. Der Waldsaum wird hier durch Röhrichte gebildet.
Der Mensch hat durch Rodung viele Waldränder neu geschaffen und damit den Waldrandgesellschaften neuen Lebensraum geboten. Heute überwiegen diese anthropogenen Waldränder bei weitem. Forstliche Eingriffe, wie Nieder- und Mittelwaldbetrieb, haben sogar die flächenhafte Ausbreitung dieser Gesellschaften möglich gemacht.
Hecken, Feldgehölz und Gebüsche, welche diese Waldrandgesellschaften losgelöst vom Wald repräsentieren, hat der Mensch an den Eigentumsgrenzen und in schlecht bewirtschaftbaren Winkeln der Feldflur entstehen lassen, entweder gewollt als lebenden Zaun (Wallhecken, Knicks usw.) oder durch Freihalten einer unbewirtschafteten Fläche (Feldrain, Erd- oder Lesesteinwälle). Wir finden sie als maritime Grünland-Heckenlandschaft im Nordwesten Europas, als Gebirgsheckenlandschaft im Alpenraum und als Feldheckenlandschaft in den Ackerbaugebieten unserer Mittelgebirge [BUCHWALD 1968].
Die Standorte der Waldränder und Hecken weisen gegenüber denen der angrenzenden Flächen vielfach eigene Züge auf. Das Kleinklima nimmt nach Licht, Wärme und Feuchtigkeit eine Übergangsstellung zum Freilandklima ein, ist aber örtlich nach Exposition, Beschattung und Wind stark modifiziert [DIERSCHKE 1974]. Die Böden der anthropogenen Waldränder sind meist lockerer als die der angrenzenden Wiesen und Wälder und haben einen höheren Stickstoffgehalt, der z. T. auf eingewehten Sand, Löß und Kunstdünger oder auch auf eingeschwemmte Ackererde zurückzuführen ist.

TÜXEN [1952] hat die Waldmantelgesellschaften in der Ordnung *Prunetalia* zusammengefaßt. Er unterscheidet die subatlantischen Gesellschaften, in denen Brombeer *(Rubus)*-Arten charakteristisch, wenn auch nicht immer vorherrschend sind, von den kalk- und wärmeliebenden Gebüschen des zentralen und südlichen Mitteleuropas. Diese finden wir als artenreiche natürliche Gebüsche auf den Steppenheidestandorten des Jura und als Liguster-Schlehenbusch weitverbreitet in Feldfluren und Flußauen. Daneben existieren in Osteuropa kontinentale Gebüschgesellschaften, in denen die Feldulme hervortritt.

Bei den Saumgesellschaften sind die artenreichen Säume thermophiler Kalkstandorte *(Trifolio-Geranietea)* mit z. T. prächtig blühenden Stauden von den nitrophilen Säumen *(Galio-Calystegietalia, Artemisietea)* zu unterscheiden [MÜLLER 1962, DIERSCHKE 1974]. Letztere kommen vor allem in landwirtschaftlich genutzten Fluren und Flußtälern vor.

Von erheblicher biologischer Bedeutung ist bei den Waldrändern, daß hier bei dem Aneinandergrenzen von zwei Formationen, Wald und Feld oder Wiese noch zwei weitere Formationen, nämlich Strauchmantel und Staudensaum eingeschaltet sind, wodurch sich die Vielfältigkeit sowohl nach Artenzahl, Struktur und Erscheinungsbild als auch nach den lokalen ökologischen Bedingungen wesentlich erhöht. Hieraus ist auch die biologische Bedeutung von Wallhecken für die umliegende Kulturlandschaft zu verstehen, auf die TISCHLER [1951] von zoologischer Seite hinweist. Es herrscht eine Mannigfaltigkeit der Lebensbedingungen auf kleinstem Raum, die den Tierarten der offenen Landschaft wie auch denen des Waldes Platz bietet.

Feldgehölze, Hecken und Gebüsche unterliegen verschiedenartigen anthropogenen Einwirkungen.

Ihre übliche Bewirtschaftung ist der Stockausschlagbetrieb, bei dem sie wie Niederwälder genutzt werden. Da fast alle Gehölzarten gut aus dem Stock ausschlagen, regenerieren sie in wenigen Jahren. Zur Beseitigung unerwünschter Dornsträucher wurde gelegentlich auch das Feuer angewandt. Die häufigere Ursache des Abbrennens von Feldgehölzen ist jedoch das Übergreifen von Feuer, wenn benachbarte Flächen abgebrannt werden.

Das geschieht beim Flämmen von Trockenrasen und in den vergangenen Jahren in großem Umfang auch beim Verbrennen von Getreideernterückständen [LOHMEYER u. KRAUSE 1973].

Von der Nährstoffanreicherung durch Düngereinflug und -einschwemmung war schon die Rede. Auch die ungeregelte Müllablagerung in Feldgehölzen und an Waldrändern, die in manchen Gegenden immer noch zu beobachten ist, führt zu einer Eutrophierung, die auch durch die Beseitigung der Abfälle bei gelegentlichen Säuberungsaktionen nicht verhindert werden kann. Sie bewirkt im Bereich oligotropher Waldgesellschaften die Ansiedlung hier völlig unpassender nitrophiler Saumgesellschaften [SEIBERT und ZIELONKOWSKI 1972].

Für Waldränder, Hecken und Gebüsche sind außerhalb von Industrie- und Ballungsgebieten vor allem diejenigen Immissionen und Herbizide wirksam, die mit dem Betrieb und Unterhalt von Straßen in Zusammenhang stehen. Die Staub- und Bleibelastung ruft zwar kaum äußerlich feststellbare Schäden hervor, beeinflußt aber dennoch bestimmte ökophysiologische Prozesse [STEUBING und KIRSCHBAUM 1976] und kann zu Ertragsminderungen führen.

Kritischer ist die Belastung durch Streusalze. Von diesen werden in der Bundesrepublik Deutschland nach WENTZEL [1973] im Mittel etwa 1 Mill. t pro Winter auf die Straßen gestreut. Auf 1 km Autobahn entfallen im Durchschnitt etwa 20 t. Streckenweise sterben, vor allem auf den Mittelstreifen, alle Gehölze ab. Als sehr empfindlich für Streusalzeinwirkungen, sei es durch oberirdischen Kontakt mit Salzstaub und Spritzwasser oder durch Aufnahme der salzhaltigen Bodenlösung, hat sich die Fichte erwiesen. Von zahlreichen Autobahnstrecken kennt man die braunen, durch vertrocknete Nadeln auffallenden Bestandesränder dieser Baumart. Die Empfindlichkeit der Gehölzarten ist unterschiedlich. Nach SAUER [1967] werden wahrscheinlich von den einheimischen Gehölzarten folgende nur gering geschädigt: *Acer platanoides, A. pseudoplatanus, Fraxinus excelsior, Hippophaë rhamnoides, Lonicera xylosteum, Ribes alpinum, Ulmus glabra.*

Auch der Einsatz von Herbiziden zur »Unkraut«-Bekämpfung schädigt den Gehölzaufwuchs an Straßenrändern und schafft auf einem »Todesstreifen« mit kränkelnden Bäumen und Sträuchern schon im Sommer einen trostlosen Herbstaspekt.

Maßnahmen der Flurbereinigung, Gewässerregulierungen und Straßenbauten haben in den vergangenen Jahren zu einem erheblichen Verlust an Flurgehölzen geführt. In manchen landwirtschaftlich genutzten Gebieten, insbesondere im Bereich guter und sehr guter Böden, sind große Räume vollkommen von Feldgehölzen ausgeräumt worden. Neuangelegte Windschutz-, Uferschutz- und Straßenbepflanzungen sind nur ein ungenügender Ausgleich für diese Verluste, wie man durch Vergleiche mit alten Karten oder Luftbildern leicht feststellen kann.

5.9.2.4.4 Vegetation der Gewässer

An Gewässern finden wir entsprechend dem Standortwechsel vom tiefen Wasser über Bereiche geringer Wassertiefe, wasserbeeinflußte Landstreifen bis zu höherliegenden, vom Gewässer nur noch wenig betroffenen Uferpartien eine charakteristische Zonation von Pflanzengesellschaften [Bittmann 1968, Seibert 1967]. Wenn diese vollständig ausgebildet ist, besteht sie aus

- Wasserpflanzenzone, die ständig unter Wasser steht,
- Röhrichtzone, die sich im unteren Teil ständig, im oberen etwa die Hälfte des Jahres unter Wasser befindet,
- Weichholzzone, die nur bei Hochwasser überflutet ist,
- Hartholzzone, die nur bei größeren Hochwässern überflutet wird.

Je nach Art des Gewässers und seiner Standorte setzen sich die einzelnen Zonen aus bestimmten Wasserpflanzen-, Röhricht-, Großseggen-, Weichholz- und Hartholz-Gesellschaften zusammen. Die Kombination der Pflanzengesellschaften dieser Zonen, aber auch das Vorhandensein oder Fehlen bestimmter Zonen ist somit für die verschiedenen Gewässer charakteristisch. Am vollständigsten ist die Zonation an stehenden Gewässern ausgebildet. An Fließgewässern ist sie umso vollständiger, je breiter die Gewässer und je besser damit die Lichtverhältnisse sind. An schmalen, gehölzbestandenen Bächen stehen die Bäume, fast ausschließlich Schwarzerlen, unmittelbar in der Uferlinie; die Röhrichtzone fällt ganz aus und auch die Wasserpflanzengesellschaften sind nur kümmerlich entwickelt [Lohmeyer und Krause 1974, 1975, Krause 1976].

Während Wasserstand und -bewegung in erster Linie den Ort der Vegetationsbesiedlung und die Zonation der Pflanzengesellschaften bestimmen, sind andere Eigenschaften des Wassers wie Stoffhaushalt, Transparenz, Trübe und Temperatur zusammen mit den Standortsfaktoren des Bodens und Klimas mehr für deren floristische Zusammensetzung von Bedeutung. Sie bestimmen, welche Pflanzenarten sich ansiedeln und in der Konkurrenz gegenüber anderen Pflanzen behaupten können.

Dementsprechend gibt es für jede Zone eine Reihe verschiedener Pflanzengesellschaften.

An *Fließgewässern* war Uferbewuchs bis vor wenigen Jahrzehnten fast überall vorhanden, auch wenn die Täler der Bäche und Flüsse und die Verlandungszonen der stehenden Gewässer landwirtschaftlich, in der Regel als Grünland, genutzt waren.

Für eine landwirtschaftliche Nutzung waren die Uferstreifen wertlos, dagegen lieferten die Ufergehölze, die niederwaldartig bewirtschaftet und damit unterhalten und gepflegt wurden, Brenn- und in geringem Umfang auch Nutzholz. Da die Gehölze immer wieder rasch austrieben, brachte diese Nutzung keinen Nachteil für die Ufervegetation.

Verschiedene menschliche Eingriffe in den letzten Jahrzehnten haben bewirkt, daß diese über Jahrhunderte stabile Situation an unseren Fließgewässern beeinträchtigt, ja zerstört wurde.

Am einschneidendsten haben sich die Gewässerausbauten und -regulierungen ausgewirkt, deren Ziele Hochwasserfreilegung von Talgründen, Verbesserung der Vorflut, Landgewinnung oder auch nur, im Rahmen von Flurbereinigungen, Begradigungen waren, welche die mechanisierte Landbearbeitung erleichtern sollen.

Mit Beseitigung der alten Bach- und Flußläufe verschwanden auch deren uferbegleitende Gehölzbestände, wenn sie nicht schon vorher der sich bis in den Uferbereich ausdehnenden Landnutzung zum Opfer gefallen waren. Die neuen Gerinne sind oft nach Linienführung, Querprofilgestaltung und Uferbefestigung gar nicht für die Ansiedlung einer der natürlichen Zonation entsprechenden Ufervegetation geeignet [Seibert 1960]. Anstelle der Gehölzbestände haben sich in vielen Gegenden staudenreiche Wildkräuterfluren angesiedelt [LOHMEYER 1969]. Mädesüß- und Pestwurzfluren *(Filipenduletum, Petasitetum hybridi)*, die auch unter natürlichen Verhältnissen die Uferstandorte besiedelt haben, finden sich heute an sauberen Bächen der Mittelgebirge. In landwirtschaftlich intensiver genutzten und besiedelten Gebieten überwiegen dagegen nitrophile Staudenfluren. Hier sind es verschiedene Assoziationen, an deren Aufbau immer Brennessel *(Urtica dioica)*, Geißfuß *(Aegopodium podagraria)* und Quecke *(Agropyron repens)* beteiligt sind. Sie verdanken ihre Existenz den stark düngenden Hochwassersedimenten, deren Nährstoffgehalt heute infolge der Eutrophierung der Fließgewässer durch eingeschwemmte Düngesalze und Siedlungsabwässer viel höher ist als früher.

Seit geraumer Zeit unterliegen diese Staudenfluren einem erneuten Wandel, indem konkurrenzkräftige und zur Herdenbildung neigende Kulturflüchtlinge ihre Standorte erobern und sich breit machen. Es handelt sich überwiegend um verwilderte Zier- und Nutzpflanzen, deren Stammeltern in Amerika oder Japan beheimatet sind.

LOHMEYER [1969] nennt als Beispiele aus dem Gebiet des Rheins und seiner Nebenflüsse Asterarten (*Aster salignus* u. a.), Späte Goldrute *(Solidago gigantea)*, Knollensonnenblume *(Helianthus tuberosus)* und den Spießblättrigen Knöterich *(Polygonum cuspidatum)*, die sich Jahr um Jahr weitere Uferstandorte erobern.

Sowohl die heimischen als auch die neophytischen Uferstaudenfluren vermögen die Böschungen gegen Erosion durch Hochwasser zu schützen. Trotzdem wirkt sich *Helianthus tuberosus* eher negativ aus, weil die stärkereichen Ausläuferknollen zahlreiche, den Boden durchwühlende, Nagetierarten anlocken. Die dabei entstehenden Bodenwunden bilden häufig Ansatzpunkte für die Erosion und können großflächige Uferanbrüche auslösen.

Die gleichen Einflüsse, welche die verschiedenen Änderungen der Ufervegetation hervorgerufen haben, wirken sich auch verändernd auf die Wasservegetation aus.

Die mit dem Gewässerausbau zusammenhängende Beseitigung der schattenden Ufergehölze verbessert das Lichtklima für die meist sehr lichtbedürftigen Wasserpflanzen, so daß sie sich stark vermehren und ausbreiten können. Wenn auch an rascher fließenden Gewässern hierdurch z. B. die Fluthahnenfußgesellschaft *(Ranunculetum fluitantis)* gefördert wird, so betrifft diese Massenzunahme doch vor allem langsam fließende Bäche und Vorfluter, wie man sie vor allem im nordwestdeutschen Flachland antrifft. Hier ist die Vermehrung der Wasserpflanzen ausgesprochen schädlich, weil sie den notwendigen Abfluß des Wassers verzögert.

Dieser Massenzunahme steht gleichzeitig eine Artenverarmung gegenüber, die ebenfalls durch den Gewässerausbau veranlaßt wird. Der Ausbau gleichförmiger Regelquerprofile führt zu einer Uniformierung der ökologischen Verhältnisse in Bezug auf Fließgeschwindigkeit, Wassertiefe, Temperatur usw., welche die Ansiedlung verschiedenartiger, an unterschiedliche Situationen angepaßter Pflanzengesellschaften nicht mehr zuläßt. Der Einbau von Schwellen und Wehren in Bächen oder Staustufen in Flüssen, mit dem eine Verminderung der Fließgeschwindigkeit und eine stärkere Sedimentation von Trübstoffen einhergeht, läßt Pflanzen, die an sauberes, rasch fließendes, sauerstoffreiches Wasser gebunden sind, zugrunde gehen.

Die Anreicherung von Nährstoffen im Wasser wirkt sich in ähnlicher Weise aus. Bei Belastung eines Gewässers gehen manche Submerse rasch zurück oder verschwinden ganz. Zu ihnen gehören oft seltene, vom Aussterben bedrohte Arten und Gesellschaften. Andere Submerse erfahren durch die Gewässerverunreinigung eine Förderung ihrer Vitalität und breiten sich stark aus, bis schließlich bei Überlastung des Gewässers die Pflanzen wieder zugrunde gehen und eine völlige Verödung des betroffenen Gewässerabschnittes eintreten kann [VOLLRATH 1965, ANT 1966, KOHLER et al. 1971, 1974, KOHLER 1975].

Die durch die Massenentfaltung der Wasserpflanzen veranlaßten Maßnahmen wie Mähen und Ausbaggern der Gewässersohle reduzieren nur vorübergehend den Pflanzenwuchs, weil sich dieser rasch aus Samen und vegetativen Organen erneuern kann.

Auch Herbizideinsatz setzt die Verkrautung nur vorübergehend herab. Die hauptsächlichen Abflußhemmer werden nur soweit geschädigt, wie ihre Teile über das Wasser herausragen. Die verfaulenden Stengel und Blätter verbleiben meist an Ort und Stelle und verunreinigen die Gewässer. Abgesehen davon ist in Bezug auf die Reinhaltung des Wassers der Gebrauch von Herbiziden mit zahlreichen Risiken verbunden [HEIDLER 1976].

Zu den *stehenden Gewässern* gehören außer den natürlichen Seen ganz verschiedener Größenordnung auch künstliche Teiche, Rückhaltebecken, Stauseen, Talsperren und schließlich auch Schiffahrtskanäle. An allen kann die oben bezeichnete Vegetationszonierung vorhanden sein oder sich einstellen, wenn nicht durch die Bewirtschaftung des Wassers ungünstige ökologische Verhältnisse geschaffen werden. Das ist bei manchen Stauseen, die der Wasserkraftnutzung dienen, oft auch bei Hochwasser-Rückhaltebecken der Fall, wenn durch einen häufigen Wechsel des Wasserstandes an keiner Stelle der Uferzone die Standortverhältnisse so gleichbleibend sind, wie es für das Gedeihen irgendeines Uferbewuchses notwendig wäre. Bei Zeiten niedrigen Wasserstandes ist hier das Landschaftsbild durch eine breite bewuchslose Zone, die sog. Schlammkrawatte verdorben.

Auch die Vegetation der stehenden Gewässer unterliegt seit alters her gewissen anthropogenen Einflüssen. Zur Nutzung des Schilfrohrs werden vielerorts dessen Bestände im Winter gemäht. Das führt aber keineswegs zu einer Beeinträchtigung der Röhrichte, sondern begünstigt nach Ellenberg [1963] vielmehr die Bildung von Schilf-Reinbeständen, weil aufkommende Holzgewächse vernichtet werden und verhindert wird, daß die von Wellen, Wind und Eis geknickten Schilfhalme zu dicken Wällen zusammengespült werden, die ihrerseits wieder das Austreiben des Schilfs verhindern.

Gegen Verbiß sind die Röhrichte allgemein sehr empfindlich. Weidevieh aber auch Gänse, Enten und die in letzter Zeit stark zunehmenden Schwäne können den Röhrichtbewuchs völlig zum Verschwinden bringen [Sukopp 1968]. Auch die Laichkrautgesellschaften werden von Schwänen vernichtet. Bisamratten bevorzugen Rohrkolben *(Typha)*, dann Binsen *(Scirpus)* und andere Röhrichtpflanzen (*Sparganium, Carex* u. a.). Dagegen bleibt Kalmus *(Acorus calamus)* allgemein vom Verbiß verschont.

Die größte Belastung der Ufervegetation, z. T. auch der Wasserpflanzengesellschaften bringt in neuerer Zeit der Erholungsverkehr, bei dem durch Tritt und andere Beschädigungen die Pflanzengesellschaften vernichtet werden. Selbst das an sich sehr kampfkräftige und robuste Schilf ist gegen das Abknicken seiner Halme sehr empfindlich, weil bei Ausfall der oberirdischen Organe die Luftzufuhr unterbunden wird und danach auch die unterirdischen Teile absterben und verfaulen. Nach Sukopp [1968, 1973] gab es 1962 an der Berliner Havel noch 37,5 km röhrichtbestandene Uferstrecken. Diese gingen bis 1967 auf 31,6 km (d.h. um 15,8%), bis 1972 schließlich auf 21,6 km (d. h. um 42,4%) zurück. Noch höher, nämlich 50,4%, ist der auf die Flächenbedeckung bezogene Rückgang. An den westexponierten Ufern der Feldwieser Bucht am Chiemsee und der Osterseen in Oberbayern setzte nach dem Verschwinden des Röhrichtgürtels durch Wellenschlag eine Erosion ein, welche das Ufer unterspült und die angrenzenden Baumbestände zum Umstürzen bringt.

Ursache für den Rückgang der Röhrichte sind die Beschädigungen, die von der Landseite her durch Badende, von der Wasserseite her durch Eindringen von Booten oder durch deren Wellenschlag hervorgerufen werden.

Für weitere Flächenverluste der Röhrichte sorgen Uferbauten, Anlegestellen und Bootsstege, ferner auch Aufschüttungen zur Baulandgewinnung oder auch zur Schaffung von Badestränden. Nicht selten grenzen im Verlandungsbereich Niedermoore an die Röhrichte, gelegentlich auch Hochmoore. Diese sind infolge der weichen Torfböden besonders empfindlich und werden durch den Tritt der Erholungsuchenden leicht zerstört [Kraus 1968].

Die zunehmende Einleitung von ungeklärten Abwässern führt zu einer Umwandlung der Gewässervegetation, von der zunächst oligotrophe Pflanzengesellschaften betroffen werden, die sich unter diesem Milieuwechsel in eutrophe umwandeln. Eine weiter zunehmende Verschmutzung und Eutrophierung führt zum biologischen Tod der Seen und zur völligen Zerstörung der Pflanzendecke. Beispiele für den Zusammenhang zwischen der Veränderung des Nährstoffhaushaltes und der der Vegetation brachte Lang [1967, 1973] vom Bodensee, wo z. B. im Ermatinger Becken riesige Characeenfelder von *Zanichellia palustris, Potamogeton pusillus* und *P. pectinatus* verdrängt wurden.

Beim Schilf bewirkt die durch die Eutrophierung bedingte übermäßige Nährstoffkonzentration in der Pflanze eine beträchtliche Reduktion des Sklerenchymanteils. Hierdurch werden Widerstandsfähigkeit und Bruchfestigkeit vermindert [Klötzli 1974], sodaß sich die mechanischen Einwirkungen durch Wellenschlag, Boote und Badende umso empfindlicher auswirken können.

5.9.2.4.5 Wildgrasfluren und Zwergstrauchheiden

Wildgrasfluren, d. h. nicht oder nur extensiv bewirtschaftete Rasen, und Zwergstrauchheiden nehmen in Mitteleuropa von Natur aus nur kleine Flächen ein, z. B. an Felsbändern und anderen extremen Standorten. Nur oberhalb der alpinen Waldgrenze bilden sie ausgedehnte natürliche Bestände. Jedoch sind, wie bei den Hecken und Gebüschen, ihre Wuchsorte durch den Menschen stark ausgeweitet worden, vor allem durch extensive Beweidung mit Schafen oder Rindern, durch Brand oder auch durch Nutzung als einschürige Mähwiese.
Je nach geographischer Lage und Standort finden wir sie in ganz verschiedener Ausprägung. Die artenreichen und blumenbunten Trocken- und Halbtrockenrasen der Klasse *Festuco-Brometea* gedeihen auf wärmebegünstigten Kalkstandorten. Als kontinentale Steppenrasen greifen sie vom Osten bis in die Trockeninseln des Rheintales über, als submediterrane Felsheiden sind sie nach Norden bis in die Kalkgebirge des Wesergebietes und der Eifel verbreitet und als dealpine Grasfluren schließlich auf manchen Trockenstandorten des Alpenvorlandes. Im Alpenraum werden sie von den Kalksteinrasen der *Elyno-Seslerietea* abgelöst, die ihnen an Artenreichtum und Buntheit nicht nachstehen. Viele seltene und geschützte Pflanzen vom Enzian bis zu den Orchideen können in den Rasen der Kalkstandorte angetroffen werden.
Ihnen gegenüber sind die Borstgrasrasen der *Nardetalia* weniger farbenprächtig, wenngleich auch die westlichen Ausbildungen, z. B. des Schwarzwaldes, mit *Arnica* und Ginsterarten wie auch die Borstgrasrasen der Alpen noch bunte Wiesen abgeben. Borstgrasrasen reichen vom Alpenraum bis nach Norddeutschland. Am besten sind sie noch in den Mittelgebirgen auf Silikatgestein erhalten.
Die mit den Borstgrasrasen verwandten Heidekrautheiden der *Calluno-Ulicetalia* treten landschaftsbestimmend nur in NW-Europa auf. Von diesen ausgedehnten Heideflächen der vergangenen Jahrhunderte sind heute nur noch Restbestände erhalten, unter denen die Lüneburger Heide der berühmteste ist.
Anders als Wälder und Gebüsche, die ein eigenes Bestandesklima ausbilden, sind die Wildgrasfluren und Heiden sehr stark vom Allgemeinklima geprägt und weisen daher in den verschiedenen geographischen Räumen zahlreiche Abwandlungen auf.
Zu ihrer Erhaltung sind Maßnahmen des Menschen erforderlich. Ein Übermaß kann jedoch zu beträchtlichen Vegetationsschäden führen.
Die Mahd spielt bei den Wildgrasfluren nur eine untergeordnete Rolle. Bei den Halbtrockenrasen führt sie zu einer Begünstigung der Aufrechten Trespe. Von den Wildgrasfluren des Hochgebirges lohnen nur die Rostseggenrasen das Mähen.
Die meisten Wildgrasfluren und Heiden verdanken ihre Entstehung und ihre dauerhafte Existenz der Beweidung, und zwar in den überwiegenden Fällen der Beweidung durch Schafe. Bei einem dem Futterangebot angemessenen Weidegang bleiben die Gesellschaften im Gleichgewicht. Bei Unterbeweidung breiten sich, da das Vieh sie meidet, die schlechten Futterpflanzen, zu denen vor allem stachelige und giftige Arten zählen, übermäßig aus. Überbeweidung hat in allen Fällen Verschiebungen in der Artenkombination und schließlich auch Schäden am Boden zur Folge.
In den Trocken- und Halbtrockenrasen geht unter diesem Einfluß der Anteil der Aufrechten Trespe *(Bromus erectus)* zurück; an ihrer Stelle breiten sich Fiederzwenke *(Brachypodium pinnatum)* und Schafschwingel (*Festuca ovina* u. a.) stärker aus. Borstgrasrasen reagieren durch starke Zunahme des Borstgrases auf Kosten von Heidekraut und Drahtschmiele [Klapp 1951]. Bei den Kalksteinrasen der Alpen verschwinden die für die Gesellschaft charakteristischen Alpenkräuter, und es findet bei genügender Dauer und Intensität der Beweidung auf nicht zu stark geneigten Flächen eine Umwandlung in die ergiebigen, floristisch aber eintönigen Kammgras- (*Cynosurion*) und Milchkrautweiden (*Poion alpinae*) statt. An steilen Hängen (>25°) führt Überbeweidung leicht zu einer Auflösung der Grasnarbe, wodurch Ansatzpunkte für die Erosion entstehen.

Hierzu trägt vor allem auch der Tritt der Weidetiere bei, der für die treppenartigen »Viehgangeln«, aber auch für das Loslösen von Rasenstücken (Narbenversatz) [LAATSCH und GROTTENTHALER 1973] verantwortlich ist.
Die Viehgangeln spielen je nach ihrer Lage eine wichtige Rolle bei Bodenabschürfungen und Plaikenbildungen durch Gleitschnee. Am Oberhang tragen sie durch Aufrauhen der Oberfläche dazu bei, daß der Schnee festgehalten wird; am Unterhang dagegen sind sie Ansatzstellen für den herabgleitenden Schnee, der die Rasenstücke umkippt und auf diese Weise Bodenverwundungen hervorruft [LAATSCH 1974].
Der allgemeine Rückgang der Weidewirtschaft auf den Wildgrasfluren und Heiden hat dazu geführt, daß die durch Verbiß und Tritt entstehenden Schäden heute nicht mehr so aktuell sind wie früher. Stattdessen ergeben sich Folgen, die von landeskultureller Seite im Interesse der Erhaltung einer abwechslungsreichen Kultur- und Erholungslandschaft nicht gewünscht werden. Da die meisten dieser Gesellschaften sekundär sind, muß das Aufhören der Beweidung auf lange Sicht zu einer Wiederbewaldung führen. Schon vor mehr als 20 Jahren begann in dem Naturpark Lüneburger Heide die natürliche Ausbreitung von Kiefer und Birke Sorgen zu machen. Diese sind aber nur das sichtbare Symptom für eine tiefergreifende Umwandlung der Heide-Gesellschaft, bei der *Calluna vulgaris* überaltert und eine stärkere Rohhumusbildung eintritt. Die inzwischen wieder aufgenommene kräftige Beweidung mit Heidschnucken verjüngt das Heidekraut und fördert die Entfaltung der Blüten. Sie reicht aber nicht aus, um auch den Rohhumus zu beseitigen. Weil das Plaggen wohl nirgends mehr möglich ist, empfiehlt TÜXEN [1973] kontrolliertes Abbrennen, das auch früher bei der Heidebewirtschaftung üblich war. Auch in den mit Wacholder überstandenen Trocken- und Halbtrockenrasen der Schwäbischen und Fränkischen Alb setzte nach Aufhören der Beweidung eine Verbuschung ein, bei der die Schlehe einen wichtigen Anteil hatte. Eigene Landschaftspflegetrupps sorgen hier für die Beseitigung der unerwünschten Gehölze [SCHÖNNAMSGRUBER 1971], und alle an der Offenhaltung der Landschaft interessierten Stellen bemühen sich, die Wanderschäferei wieder in Gang zu bringen oder auszuweiten [MATTERN 1969]. Daneben wird auch hier die Anwendung des Flämmens diskutiert [ZIMMERMANN 1975].
Auch im Alpenraum befürchtet man, soweit die Almflächen in der Waldstufe liegen, eine rasche Wiederbewaldung. ZIELONKOWSKI [1975] konnte jedoch zeigen, daß Gehölzkeimlinge vor allem in den ersten Jahren nach Aufgabe der Beweidung zur Entwicklung kommen können, solange nämlich noch offene Bodenstellen vorhanden sind. Später wird deren Aufkommen durch eine dichte Grasstreulage erschwert. Ähnliche Beobachtungen wurden auch außerhalb des Alpenraumes gemacht [MEISEL und v. HÜBSCHMANN 1973].
Die meisten unserer Wildgrasfluren und Heiden sind gegen das Begehen wenig empfindlich. Man kann auf ihnen unbekümmert lagern oder spielen, ohne gleich große Schäden an der Pflanzendecke befürchten zu müssen. Eine Überbeanspruchung wirkt sich aber ebenso verheerend aus wie der Weidegang. Davon zeugen die großen Erosionsschäden in den Heidekrautheiden des Naturparks Lüneburger Heide, den Borstgrasrasen in den stark begangenen Gipfelbereichen unserer Mittelgebirge, wo nach starken Regengüssen tiefe Erosionsrinnen entstanden sind [KETTLER 1970] oder auch im Bereich der Gipfelstationen der Bergbahnen des Alpenraumes, wo, wie beispielsweise am Jenner bei Berchtesgaden, flächenhafte Erosionen stattgefunden haben [KRAUS 1968].
Dieser Tritteinfluß ist schon in sehr frühen Stadien an einer allmählichen Umstellung der Pflanzendecke zu erkennen, in der die charakteristischen Arten der Wildgrasfluren verschwinden und durch Arten der Tritt- und Weiderasen abgelöst werden.
Durch Düngung werden die Wildgrasfluren mehr oder weniger rasch in Wirtschaftswiesen und -weiden umgewandelt. Trocken- und Halbtrockenrasen sind weniger gefährdet, weil bei ihnen das Wasser immer der wichtigste Minimumfaktor bleibt und eine Ertragssteigerung durch Düngung nur in begrenztem Umfang möglich ist. Hingegen sind bei den Borstgrasrasen, die in kühlen, niederschlagsreichen Gebieten liegen, alle Voraussetzungen für eine rasche Umwandlung in ertragreiche Wiesen und Weiden gegeben, wenn Kalk und Dünger ausreichend eingesetzt werden. Viele Borstgrasrasen sind in den letzten Jahrzehnten solchen Maßnahmen, die vielfach mit großen Entsteinungen verbunden waren, zum Opfer gefallen.

Als besonders abträgliche Maßnahme soll noch der Einsatz von Herbiziden zur Bekämpfung der Silberdistel *(Carlina acaulis)* in den Borstgrasrasen des Schwarzwaldes erwähnt werden. Die erwähnten Düngungs- und Meliorationsmaßnahmen bedeuten für unsere Wildgrasfluren einen Flächenverlust, ebenso wie die Umwandlung in Ackerland. Dieser durch landwirtschaftliche Intensivierung bedingte Flächenverlust wurde aber in den letzten Jahren durch die Verluste übertroffen, die durch die Aufforstung dieser landwirtschaftlichen Grenzstandorte hervorgerufen wurden.

5.9.2.4.6 Wirtschaftswiesen und -weiden

Wirtschaftswiesen und -weiden stellen in jeder Hinsicht an den Standort höhere Ansprüche als die zuvor behandelten Wildgrasfluren. Ihre Ansprüche an die Bodenfeuchtigkeit bedingen ihre Verbreitung in den atlantischen Gebieten NW-Europas und in den montanen Lagen der Mittelgebirge und des Alpenvorlandes ebenso wie ihre Bindung an die Bach- und Flußtäler der dazwischen liegenden Gebiete. Hier sind sie aber keineswegs als natürliche Vegetation anzusehen; vielmehr verdanken sie ihre Existenz mehr noch als die Wildgrasfluren einer intensiven Bewirtschaftung durch Mahd oder Beweidung.
Je nach Art, Intensität, Häufigkeit und Jahreszeit dieser Eingriffe bilden sich verschiedene Pflanzengesellschaften des Grünlandes aus. Zeitige Mahd mit ein- oder mehrmaliger Wiederholung im Jahr und Düngung bewirkt durch Förderung rasch wachsender und sich gut regenerierender Pflanzen die Ausbildung von Mähwiesen. Je nach Wasserhaushalt handelt es sich hierbei um Fettwiesen, zu denen die Glatthaferwiesen *(Arrhenatherion)* des Tieflandes und die Goldhaferwiesen *(Polygono-Trisetion)* der Gebirge gehören, oder um nährstoffreiche Feuchtwiesen *(Calthion)*. Bei intensiver Bewirtschaftung als Stand- oder Umtriebsweide stellen sich Fettweiden *(Cynosurion)* ein, bei denen durch Ausschaltung der hohen Gräser die niedrig wachsenden Arten und »Teppichbildner« gefördert werden. In den getreidearmen Gebieten des Alpenvorlandes gibt es auch heute noch Streuwiesen, die nur einmal und zwar erst im Spätsommer gemäht und nicht gedüngt werden. Hier können die Pflanzen zur Samenreife gelangen und Reservestoffe speichern, wodurch eine von den Mähwiesen stark abweichende Artenkombination zustande kommt. Diese Streuwiesen gehören dem Verband *Molinion* an oder sind sekundäre Niedermoorgesellschaften *(Scheuchzerio-Caricetalia, Tofieldietalia)*. Sie zeichnen sich floristisch durch eine große Artenmannigfaltigkeit aus.
In den letzten Jahrzehnten wurden Mahd, Beweidung und Düngung, insbesondere durch höhere Stickstoffgaben intensiviert, sodaß es zu einer deutlichen Ertragssteigerung kam, sowohl in quantitativer als auch in qualitativer Hinsicht. Nach Untersuchungen von Meisel und v. Hübschmann [1976] im nordwestdeutschen Flachland wurde diese Qualitätsverbesserung durch eine Zunahme der guten Futtergräser *(Poa pratensis, Lolium perenne, Phleum pratense, Poa trivialis, Festuca pratensis)* erreicht, die auf Kosten der Wiesenkräuter und einiger Gräser geringeren Futterwerts stattfand. Von den Kräutern hat sich vor allem der Löwenzahn *(Taraxacum officinale)* so stark ausgebreitet, daß er heute in den meisten Wiesen die Hauptmasse des Krautanteils bildet. Die Abnahme betrifft konkurrenzschwache anspruchslose Kräuter und wegen der reichlichen Stickstoffgaben auch die Kleearten. Insgesamt wird diese qualitative Verbesserung des Futters durch eine strukturelle und physiognomische Uniformierung der Wiesen erkauft.
Ähnliches gilt auch für die Fettweiden, bei denen der stärkere Viehbesatz und der Übergang zur Umtriebsweide vergleichbare Änderungen bewirkt.
Fast in allen Teilen der Bundesrepublik Deutschland, am meisten aber wohl in Nordwestdeutschland, wurden diese Einflüsse noch durch großflächige Entwässerungen, sei es durch Dränungen oder durch Grundwassersenkungen verschärft. Hierdurch kam es nun zusätzlich noch zu einer Uniformierung der Standorte, welche die ehemals weit verbreiteten Feuchtwiesen zum Verschwinden brachte und an ihre Stelle, oft durch Ansaat, artenarme Fettwiesen treten ließ, wenn nicht gar die Flächen in Ackernutzung genommen wurden.
Diesen Flächenverlust an Wiesen, insbesondere an Feuchtwiesen haben Meisel und v. Hübschmann [1976] an eindrucksvollen Beispielen aus dem Emstal zwischen Herbrunn und

Haren und dem Seckbruch östlich Hannover-Misburg dargestellt und mit Karten des früheren [1950] und heutigen [1975] Vegetationsinventars belegt (Abb. 105).
Ähnliche Entwicklungen haben auch in süddeutschen Feuchtgebieten stattgefunden. Dazu haben neben den Grundwasserabsenkungen auch die Hochwasserfreilegungen von Fluß- und Bachtälern beigetragen, durch welche erst eine gefahrlose Ackernutzung möglich wurde.
Als Gegenstück zu diesen durch Intensivierung bedingten Flächenverlusten ergeben sich in abgelegenen Gebieten, in denen die Bewirtschaftung der Wiesen nicht mehr lohnend erscheint, ähnlich wie bei den Wildgrasfluren Flächenverluste durch Aufforstungen. In vielen Fällen werden hiervon die schmalen Wiesentäler unserer Mittelgebirge betroffen, die in Waldgebiete eingebettet sind.
Durch die meist mit Fichten vorgenommenen Aufforstungen verschwinden diese offenen Täler, die damit als belebendes Element der Landschaft verloren gehen [Bierhals-Scharpf 1971].

5.9.2.4.7 Acker-, Garten- und Weinbergfluren

Schon immer waren die Ackerwildkrautgesellschaften nach Entwicklung und Artenzusammensetzung das Ergebnis intensiver anthropogener Einwirkungen. Mit deren Wandlung haben auch sie in ihrer mehr als 5000 Jahre alten Geschichte immer wieder Änderungen erfahren. Mit Aufgabe der Dreifelderwirtschaft und der damit verbundenen Brachweide, welche den ausdauernden und regenerationsfähigen Pflanzen immer wieder Gelegenheit zur Erholung bot, verschwanden viele Wiesenarten von den Äckern; stattdessen bekamen annuelle Wildkräuter größere Chancen sich auszubreiten [Ellenberg 1963]. Die Einführung des Kartoffelbaus beendete nicht nur die Brache, sondern führte eine Art Fruchtwechsel ein, an der nun auch die Hackfrüchte teilnahmen.
Der Unterschied in der Art der Bodenbearbeitung, insbesondere der Zeitpunkt, zu dem das letzte Hacken oder Pflügen erfolgt, ist ausschlaggebend für die Entwicklung der Ackerwildkrautgesellschaften. Feldbestellung im Herbst läßt durch Begünstigung der bei kalten Temperaturen keimenden Wildkräuter eine Halm- oder Winterfruchtgesellschaft *(Secalinetea)* entstehen, während bei Feldbestellung und Hacken im Frühjahr und Sommer nur noch den Wärmekeimern Platz zur Ansiedlung bleibt, was zur Entwicklung der Hack- oder Sommerfruchtgesellschaften *(Chenopodietea)* führt. Infolge des Fruchtwechsels sind freilich immer Arten der einen oder anderen Gruppe beigemischt.
In den letzten Jahrzehnten hat die Intensivierung des Ackerbaus zu einer ständig zunehmenden Verarmung der Ackerwildkrautgesellschaften geführt. Schon vor dem letzten Kriege hat die Saatgutreinigung früher häufige Arten stark dezimiert und z. B. die Kornrade *(Agrostemma githago)* fast ganz zum Verschwinden gebracht. Doch waren bis zu dieser Zeit die Ackerwildkrautgesellschaften immer noch relativ artenreich und gut charakterisiert.
Den entscheidenden Wandel haben die moderne Anbau-, Pflege- und Erntetechnik in Verbindung mit geänderten Fruchtfolgebedingungen und dem Anbau neuer Zuchtsorten gebracht. Für die Ackerwildkrautgesellschaften waren die Mechanisierung der Bodenbearbeitung, veränderte Saattermine, Verstärkung der mineralischen Düngung, besonders der Zufuhr von Stickstoff, Herbizideinsatz, vollmechanisierte Ernteverfahren und schließlich die verarmten und eingeengten Fruchtfolgen mit hohem Getreideanteil (= 70% der Ackerfläche) ausschlaggebend.
Über die Folgen haben Meisel und v. Hübschmann [1976] ausführlich berichtet. Sie stützen sich dabei auf den Vergleich des pflanzensoziologischen Aufnahmematerials der früheren Bundesanstalt für Vegetationskartierung (heute in der Bundesforschungsanstalt für Naturschutz und Landschaftsökologie) aus den Jahren 1950–53, 1960–65 und 1970–75 aus Nordwestdeutschland.
Das Ergebnis dieser komplexen Einwirkungen sind Veränderungen in der Besatzdichte der Wildkräuter und Verschiebungen bei ihrer Stetigkeit und Menge. Verschiedene dieser Änderungen lassen sich durch Kenntnis der ökologischen Ansprüche der Wildkrautarten ohne weiteres mit bestimmten Einwirkungen in Verbindung bringen. So ist die Stetigkeitsabnahme der säuretoleranten Arten und anderer Magerkeitszeiger ebenso wie die Zunahme von Stetigkeit

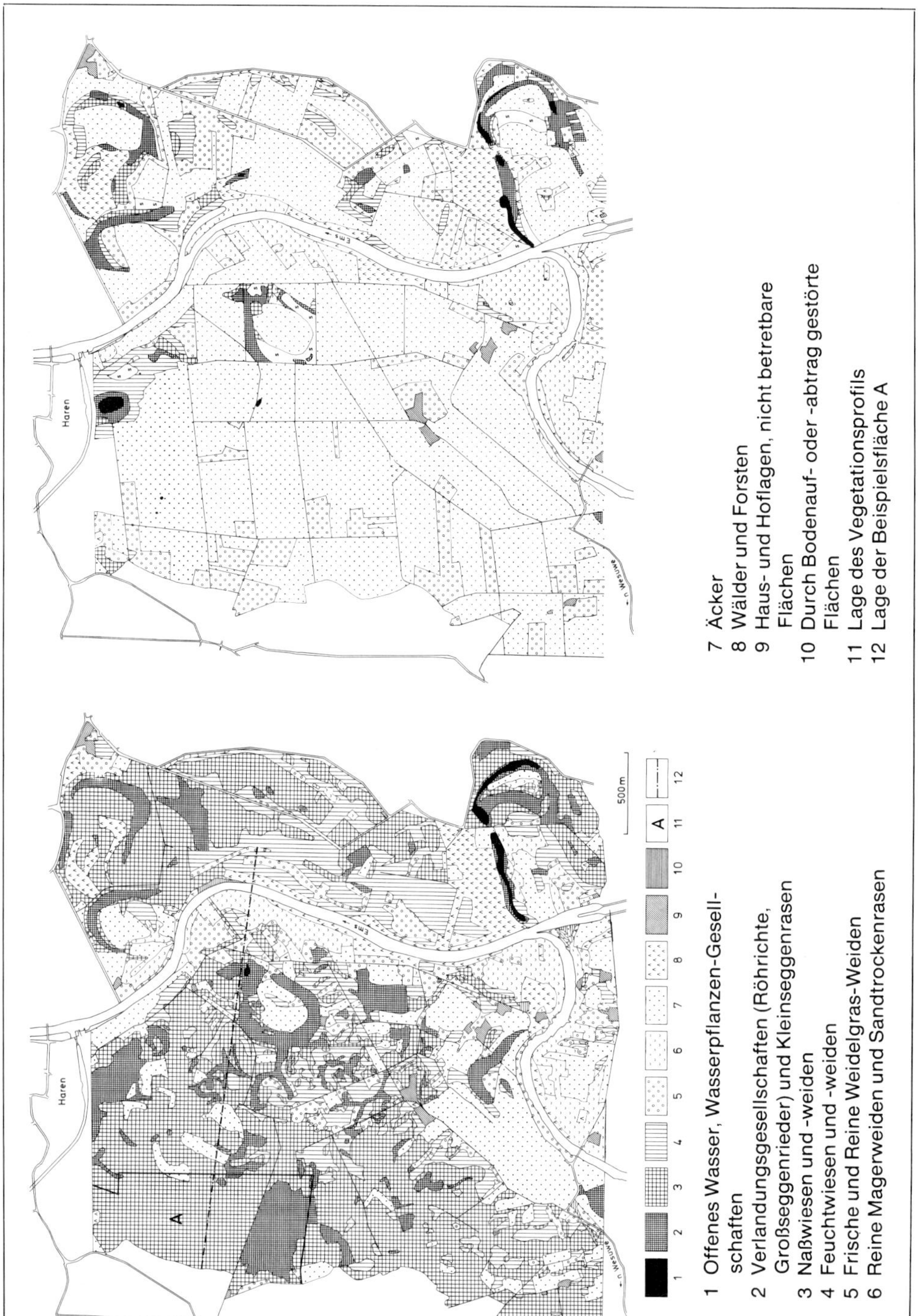

Abb. 105 Anordnung der Gesellschaftskomplexe im Emstal zwischen Wesuwe und Haren. Aufgenommen 1956/57 und 1974 von A. v. HÜBSCHMANN und K. MEISEL.

und Menge bei den anspruchsvolleren Arten auf die intensive Düngung zurückzuführen. Sie wirkt sich verständlicherweise auf basen- und nährstoffarmen Sandböden deutlicher aus als auf Böden, die von Natur aus besser mit Basen und Nährstoffen versorgt sind.
Die allgemeine Verminderung der Besatzdichte geht auf die Wirkung der Herbizide zurück. An dieser nehmen aber einige Gramineen nicht teil. So hat sich fast überall die Quecke *(Agropyron repens)* vermehrt, aber auch Windhalm *(Apera spica-venti)*, Ackerfuchsschwanz *(Alopecurus myosuroides)* und Flughafer *(Avena fatua)* haben in manchen Gebieten z. T. stark zugenommen. Sie werden von den auf die Dicotylen abzielenden Wuchsstoffmitteln nicht betroffen und durch den vermehrten Getreideanbau begünstigt.
Gelegentlich hat *Poa annua* so stark zugenommen, daß sogar die ursprüngliche Besatzdichte überschritten wurde. Meisel und v. Hübschmann [1976] vermuten als Ursache den Anbau kurzstrohiger Getreidesorten oder die Anwendung von Halmverkürzungsmitteln, wodurch die niedrigwachsenden Arten eine vermehrte Lichtzufuhr erhalten, und schließen auch mögliche Druckschäden bei im nassen Zustand befahrenen Böden nicht aus.
Der Rückgang von Wildkräutern mit Verbreitungsschwerpunkt in den Hackfrüchten ist sicher auch teilweise auf die Zunahme des Getreideanbaus in der Fruchtfolge zurückzuführen.
Schließlich werden als Arten mit verminderter Häufigkeit auch Feuchtigkeitsanzeiger aufgeführt, deren Rückgang mit Bodenentwässerungen und damit verbundener besserer Bodendurchlüftung zusammenhängt.
Ganz allgemein hat auch die mittlere Artenzahl der Gesellschaften um etwa ein Drittel und mehr abgenommen. Hiervon sind vor allem die floristisch und vegetationskundlich interessanten Wildkrautarten betroffen, die zugleich Kenn- und Trennarten ihrer Gesellschaften sind. Auch hier ist, wie beim Grünland, eine floristische Verarmung und zugleich ökologische Nivellierung zu verzeichnen, die zu einem Biozönose-Verfall mit Störung der Wechselwirkungen in den Ökosystemen führt, deren Folgen heute noch gar nicht zu übersehen sind [Tüxen 1962].
Der Rückgang der Wildkräuter nach Menge, Stetigkeit und Artenzahl betrifft auch Sonderkulturen wie z. B. die Weinberge. Hier wurden schon seit längerer Zeit charakteristische Frühjahrsgeophyten *(Muscari, Tulipa)* von der Ausrottung betroffen [Wilmanns 1975].

5.9.2.4.8 Ruderalfluren ländlicher und städtischer Siedlungen

Seit alters her zeichnen sich unsere Dörfer und ländlichen Siedlungen durch eine ihnen eigentümliche nitrophile Vegetation aus, an der Trittgesellschaften *(Plantaginetalia)* und ein- und mehrjährige Ruderalfluren *(Sisymbrietalia, Artemisietalia)* als charakteristische Bestandteile beteiligt sind. Wir finden sie an ungenutzt liegenden Standorten der Weg- und Gehöftränder, am Fuß der Gemäuer, neben Misthaufen, Jauche- und Schmutzwasserrinnen und auf Müllplätzen. Immer sind es mit Fäkalien und organischen Abfällen überdüngte Standorte. Die hier wachsenden Ruderalpflanzen mit ihrem ausgesprochen hohen Nährstoff- und namentlich Stickstoffbedarf sind zum überwiegenden Teil nicht Bestandteile der ursprünglichen Flora Mitteleuropas gewesen; vielmehr sind sie aus den südlichen und östlichen Regionen Europas schon vor langer Zeit entweder absichtlich eingeführt – z. B. als Heilpflanzen – oder ungewollt eingeschleppt worden (Anthropochoren) [Schroeder 1969]. Viele Jahrhunderte gehörten diese Ruderalfluren zum gewohnten Bild der bäuerlichen Siedlungen.
In neuerer Zeit verschwinden sie in zunehmendem Maße, weil Straßen und Wege geteert oder gepflastert, ungenutzte Flächen in Rasen oder Blumen- und Sträucherbeete umgewandelt und die Abflüsse verrohrt wurden.
Die »Unkraut«-Bekämpfung mit Herbiziden sorgt dafür, daß auch die Restbestände noch vernichtet werden. So kommt es, daß man sie am ehesten noch an ungenutzten, abgelegenen Plätzen antreffen kann. Zu ihnen gehören alte Burgen und Ruinen, welche wie die bäuerlichen Siedlungen von früher her mit Fäkalien und Abfallstoffen angereicherte Standorte besitzen [Lohmeyer 1975].
Bei städtischen Siedlungen, die eine größere Ausdehnung haben und deren Standorte infolge unterschiedlich langer Besiedlung sich hinsichtlich der Eutrophierung graduell voneinander

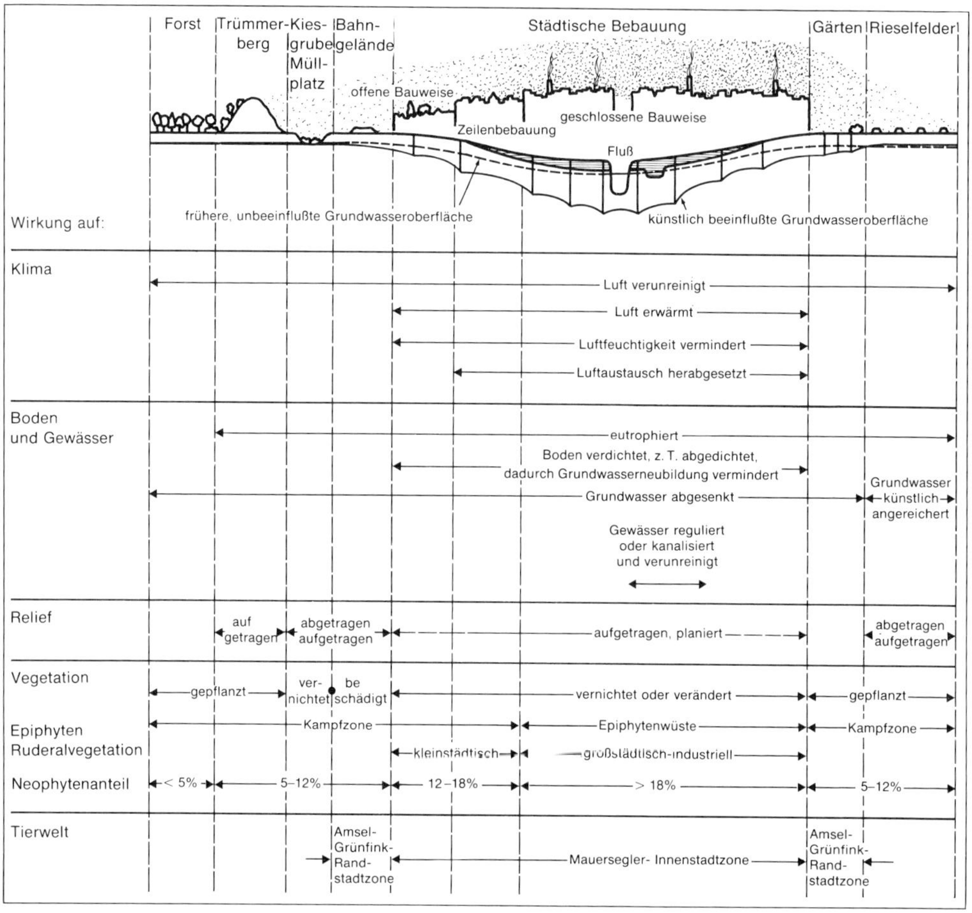

Abb. 106 Veränderungen der Biosphäre in einer Großstadt. Nach SUKOPP [1968].

unterscheiden, finden sich floristische Unterschiede in der Zusammensetzung der Ruderalfluren bei den verschieden alten Siedlungsgebieten oder Stadtteilen, wie SAARISALO-TAUBERT [1963] am Beispiel dreier südfinnischer Städte nachgewiesen hat.

Noch ausgeprägter und an die besondere Situation angepaßt ist die Ruderalvegetation großstädtischer Siedlungsräume. Da innerhalb der Bundesrepublik in diesen Räumen, die etwa 7% des Bundesgebietes bedecken, mehr als die Hälfte der 60 Mill. Einwohner leben, soll hierauf kurz eingegangen werden.

Am Beispiel von Berlin haben SUKOPP et al. [1974] die anthropogenen Veränderungen von Klima, Boden und Vegetation unter dem Einfluß großstädtischer Siedlungsweise beschrieben.

Als wesentliches Merkmal großstädtischer Verdichtungsräume gilt die Konzentration der Bevölkerung auf einem engen Raum, der sehr dicht bebaut ist. Hiermit verbunden ist eine tiefgreifende Veränderung der Biosphäre, die in Abb. 106 dargestellt ist.

Die klimatischen Folgen städtischer Bebauung und Wirtschaft sind Luftverschmutzung und Erwärmung. Die dichtestbebauten Gebiete sind zu allen vier Jahreszeiten um durchschnittlich 1° C wärmer als das die Stadt umgebende Freiland, wodurch das Erblühen bei Straßenbäumen bis zu 8 Tagen vorverlegt wird. In sommerlichen Strahlungsnächten kann in dichtbebauten

Stadtteilen die Temperatur um 4 bis 8° C über der des Freilandes liegen. Auffallend ist die stark abkühlende Wirkung selbst kleinerer Freiflächen.
Die Böden eines Stadtgebietes weisen außerordentlich heterogene Eigenschaften auf, da einerseits das Ausgangssubstrat sehr verschieden sein kann, andererseits starke Unterschiede in Art und Grad des menschlichen Einflusses zu verzeichnen sind.
Kalkung und Düngung früherer Landwirtschaftsflächen, Eutrophierung durch Abfälle und Haustiere, pH-Erhöhung durch Kalkstaub- und Bauschutt, pH-Erniedrigung durch Kohlen- und Schwefelsäure, Einwirkung von Streusalzen, Grundwasserabsenkung, Vermischen und Überdecken von Bodenhorizonten bei Umgestaltung der Geländeoberfläche und Bodenverdichtung mit negativen Folgen für Durchwurzelbarkeit und Durchlüftung haben gegenüber dem Ausgangszustand große Veränderungen hervorgerufen, sodaß von humusreichen, tiefgründigen Gartenböden mit guter Nährstoffversorgung und ausgeglichenem Wasserhaushalt bis zu humusarmen, flachgründigen Trümmerschuttböden, die infolge hoher Wasserdurchlässigkeit ausgeprägte Trockenstandorte darstellen, alle Übergänge vertreten sind. Als besonders, aber noch weitgehend unerforschtes Phänomen wurden hohe Konzentrationen bestimmter Metalle festgestellt, so bis zu 50fach höhere Gehalte mobilen Kupfers im Vergleich zu Rosterden unter Wald. Für Blei, Zinn, Cadmium und andere Metalle erwartet man ähnliches.
Auf Grund floristischer und ökologischer Untersuchungen ergab sich eine Einteilung des Stadtgebietes in Bereiche unterschiedlich starker anthropogener Standortsveränderungen, die als

- Zone der geschlossenen Bebauung,
- Zone der aufgelockerten Bebauung (Zeilen- und Randbebauung),
- innere Randzone mit Kleingärten, Mülldeponien, Trümmer- und Schutthalden sowie Rieselfelder,
- äußere Randzone mit Waldgebieten und großen Parkanlagen

bezeichnet wurden.
Jede dieser Zonen unterscheidet sich von den übrigen hinsichtlich der floristischen Ähnlichkeit, der Zahl spontan auftretender Farn- und Blütenpflanzen pro Flächeneinheit (1 qkm), der Zahl seltener Arten, des Anteils an Arten unterschiedlicher Einwanderungszeit, bei denen die Hemerochoren, d. h. die durch Vermittlung des Menschen in das Gebiet eingebrachten Arten, von der äußeren Randzone bis in die Zone der geschlossenen Bebauung kontinuierlich zunehmen, der vorherrschenden Lebensformen und der Anteile an soziologisch-ökologischen Artengruppen (Tab. 76).

Tabelle 76 Einige floristisch-vegetationskundliche Kenngrößen der Zonen 1 bis 4.

	geschl.	aufgel.	inn.	äuß.
	Bebauung		Randzone	
Zone	1	2	3	4
Artenzahl/km^2	380	424	415	357
seltene Arten/km^2	17	23	35	58
Anteil Hemerochoren (%)	49,8	46,9	43,4	28,5
Anteil Therophyten (%)	33,6	30,0	33,4	18,9
Anteil an Arten bodensaurer Eichenwälder, Kiefern-Eichenwälder und der sie ersetzenden Schlagfluren, Heiden und Borstgrasrasen (Quercion, Nardetalia, Epilobion) (%)	5,9	8,1	5,6	11,7
Anteil an Arten der Sandtrockenrasen (Corynephoretea, Sedo-Scleranthetea) (%)	7,5	8,2	8,9	11,6
Anteil an Arten kurzlebiger Ruderalvegetation (Sisymbrion) (%)	9,5	7,1	8,5	3,6
Anteil an Arten der Hackfrucht- und Gartenunkräuter (Polygono-Chenopodietalia) (%)	13,1	12,4	11,6	6,2

In zahlreichen Städten wurde in der Nachkriegszeit die Pioniervegetation auf Trümmerschuttstandorten untersucht. Infolge des Wiederaufbaus der Städte gelang es fast nie, auch die weiteren Entwicklungsstadien zu beobachten. Umso wertvoller ist die Untersuchung von SUKOPP et al. [1974], die das Gelände des ehemaligen Potsdamer Bahnhofs in Berlin, das nach dessen Zerstörung im Jahre 1945 rund 25 Jahre von weiteren menschlichen Eingriffen unberührt geblieben ist, minutiös pflanzensoziologisch aufgenommen und kartiert hat.
Das Gelände ist von einfachen Initial- und rasenartigen Besiedlungsstadien, von Hochstauden- und ruderalen Saumgesellschaften, von Gebüschstadien und Einzelgehölzen besiedelt, die sich jeweils in Anpassung an die verschiedenen, recht unterschiedlichen Standorte angesiedelt haben. Auf Grund dieser Beobachtungen ließ sich ein ökologisches Schema erarbeiten, das erkennen läßt, daß vor allem an den in der Innenstadt vorherrschenden, carbonathaltigen und trockenen Ruderalstandorten neophytische Arten *(Robinia, Ailanthus, Clematis, Buddleja)* einen bedeutenden Platz einnehmen, während im Bereich feuchter und frischer Standorte einheimische Gehölze wie *Acer platanoides, Ulmus glabra* oder *Sambucus nigra* verbreitet sind.
Diese neuartige, an die spezielle, künstlich geschaffene Situation der Großstädte angepaßte Vegetation wird in der Zukunft als lebendiger und lebensfähiger Bestandteil des Ökosystems Großstadt eine zunehmende biologische Bedeutung erlangen und Aufgaben und Funktionen erfüllen, die von der einheimischen Vegetation nicht mehr wahrgenommen werden können.

5.9.2.5 Veränderung der Flora durch den Menschen

Mit seinen Eingriffen in die Pflanzendecke und ihre Standorte hat der Mensch nicht nur die Pflanzengesellschaften in ihrer Verbreitung und floristischen Zusammensetzung verändert, sondern er hat damit zugleich auch die Flora, d. h. die Pflanzenarten beeinflußt. Diese sind an bestimmte Gemeinschaften gebunden und können nur auf den ihnen zusagenden Standorten leben.
Tatsächlich hat die Veränderung und Zerstörung der Standorte, für welche bei der Besprechung der Pflanzengesellschaften immer wieder Beispiele genannt wurden, mehr zum Rückgang der Pflanzenarten beigetragen als die unmittelbaren Einwirkungen auf die Pflanzenvorkommen selbst.
Nicht alle Arten sind gleichmäßig gefährdet. Die Unterschiede sind durch eine Reihe von Eigenschaften bestimmt, die für das Überleben von Bedeutung sind. Charakteristika bedrohter Pflanzenarten sind Stenökie (Eigenschaft, nur geringe Umweltschwankungen zu ertragen), beschränktes Verbreitungsgebiet, spezialisierte Fortpflanzungsbedingungen und geringe Konkurrenzkraft [SUKOPP 1972 b].
Die Gefährdung der Farn- und Blütenpflanzen ergibt sich aus Tab. 77 nach SUKOPP und MÜLLER [1976]. Sie liegt mit dem Gesamtwert bei 40%. In Ballungsgebieten und Großstädten ist dieser Wert erheblich höher. Er beträgt beispielsweise in Berlin 54%.

Tabelle 77 Gefährdung der Farn- und Blütenpflanzen in der Bundesrepublik Deutschland.

	Artenzahl	davon in %				
		ausgestorben od. verschollen	akut bedroht	stark gefährdet	gefährdet	insgesamt
Farnpflanzen	80	2,5	12,5	16,3	10,0	41,3
Blütenpflanzen	2282	2,4	7,5	7,0	21,6	38,5

Die »Rote Liste der in der Bundesrepublik Deutschland gefährdeten Arten von Farn- und Blütenpflanzen« [SUKOPP 1974] ermöglicht es, die gefährdeten Arten nach Pflanzenformationen aufzuschlüsseln. In der von TRAUTMANN [1976 a] zusammengestellten Übersicht

Tabelle 78 Aufgliederung der in der Bundesrepublik Deutschland verschollenen und gefährdeten Farn- und Blütenpflanzen nach Pflanzenformationen (in Klammern: absolute Zahlen).

	verschollen	akut bedroht	stark gefährdet	gefährdet	potentiell gefährdet (Arealrand)	potentiell gefährdet (selten)	gesamt	Abschnitt
	%	%	%	%	%	%	%	
Trocken- und Halbtrockenrasen	16 (9)	15 (27)	17 (29)	18 (41)	12 (24)	19 (13)	16 (143)	5.9.2.4.5
(Sub)alpine Vegetation	– –	6 (10)	4 (7)	0,5 (1)	48 (94)	6 (4)	13 (116)	5.9.2.4.5
Flußufer- und Teichvegetation, Quellfluren	13 (7)	17 (30)	16 (27)	13 (29)	4 (7)	6 (4)	12 (104)	5.9.2.4.4
Feuchtes Extensivgrünland	7 (4)	14 (25)	11 (19)	15 (34)	3 (5)	8 (5)	10 (92)	5.9.2.4.6
Moore	5 (3)	10 (18)	13 (22)	12 (27)	– –	1 (1)	8 (71)	5.9.2.4.4
Unkrautfluren der Äcker, Gärten und Weinberge	16 (9)	11 (19)	10 (17)	9 (20)	2 (4)	4 (3)	8 (72)	5.9.2.4.7
Thermophile Säume und Gebüsche	7 (4)	4 (7)	2 (4)	7 (15)	9 (18)	15 (10)	6 (58)	5.9.2.4.3
Wälder	5 (3)	4 (8)	4 (6)	9 (22)	5 (10)	12 (8)	6 (57)	5.9.2.4.2
Zwergstrauchheiden und Borstgrasrasen	13 (7)	3 (5)	6 (11)	3 (6)	3 (5)	3 (2)	4 (36)	5.9.2.4.5
Schlammbodenvegetation	9 (5)	3 (5)	8 (13)	4 (8)	3 (5)	– –	4 (36)	–
Salzvegetation	4 (2)	2 (4)	3 (5)	3 (7)	4 (8)	9 (6)	4 (32)	–
Küsten- und Binnendünen	2 (1)	7 (12)	3 (5)	1 (3)	3 (6)	5 (3)	3 (30)	–
Ruderalfluren und nitrophile Säume	4 (2)	3 (6)	1 (2)	6 (13)	2 (5)	1 (1)	3 (29)	5.9.2.4.3 5.9.2.4.8
Felsspaltengesellschaften	– –	2 (4)	2 (3)	0,5 (1)	2 (4)	10 (7)	2 (19)	–
	(56)	(180)	(170)	(227)	(195)	(67)	(895)	

(Tab. 78) enthalten die senkrechten Spalten an erster Stelle die Prozentzahlen, an zweiter Stelle in Klammern die absoluten Artenzahlen der einzelnen Gefährdungsstufen, die waagerechten Spalten ergeben die Aufteilung der Gefährdungsstufen auf jede Pflanzenformation. Diese sind nach abnehmender Zahl an verschollenen und gefährdeten Arten angeordnet. Die letzte Spalte gibt an, in welchem Abschnitt dieses Buches die betreffenden Formationen behandelt sind bzw. auf welche nicht weiter eingegangen wurde.

Diesem Rückgang zahlreicher Pflanzenarten stehen andere Arten gegenüber, die durch menschliche Vermittlung, gewollt oder ungewollt, in unser Gebiet gelangt sind (Hemerochoren). Zahlenmäßig kommt ihre Einführung jedoch nicht an den Artenrückgang heran. Nur 16% unserer Blüten- und 2,5% der Farnpflanzen gelten als eingebürgert.

Nach der Einwanderungszeit unterscheidet man bei ihnen Archäophyten (Alteinwanderer, die bis zum Ausgang des Mittelalters in das Gebiet gelangt sind. Neophyten (Neueinwanderer, nach 1500 eingewandert).

Folgende Einwanderungsweisen führt Sukopp [1972 b] auf:

1. Sippen die vom Menschen absichtlich eingeführt und kultiviert wurden und dann auch außerhalb von Kulturflächen auftreten.
   1.1 Verwilderte Nutzpflanzen.
   1.2 Verwilderte Zierpflanzen.
   1.3 Verwilderungen aus botanischen Gärten.
   1.4 »Ansalbungen«, d. h. zum Zweck der Verwilderung außerhalb des Verbreitungsgebietes angepflanzt.
2. Sippen, deren Verbreitungsorgane (Diasporen) unabsichtlich eingeführt wurden.
   2.1 Eingeschleppte Unkräuter der Äcker und Gärten.
   2.2 Getreideunkräuter.
   2.3 Begleiter von Rasensaatgut.
   2.4 Sippen, die mit Gehölzen und Stauden im Boden verbreitet werden.
   2.5 Vogelfutterpflanzen.
   2.6 Südfruchtbegleiter.

Nicht alle Hemerochoren haben die Eigenschaft, sich voll zu naturalisieren. Manche sind so anpassungsfähig, daß sie sich sogar in naturnahen Pflanzengesellschaften, wie Wäldern und Mooren, konkurrenzfähig erweisen (Agriophyten). Andere vermögen sich nur in der von Menschen beeinflußten und geschaffenen Vegetation zu behaupten (Epökophyten). Am Ende der Skala der wildwachsend auftretenden Hemerochoren stehen die Unbeständigen (Ephemerophyten), die nicht zur Samenreife gelangen und bald wieder verschwinden.

5.9.2.6 Pflanzen und Pflanzengesellschaften als Bioindikatoren

Die Pflanzengesellschaften sind nicht nur Ausdruck aller auf sie wirkenden natürlichen Umweltfaktoren, sondern sie reagieren auch sehr empfindlich und jeweils ganz spezifisch auf die verschiedenartigen menschlichen Einflüsse. Sie verändern ihren Artenbestand nach Menge und Zusammensetzung und werden dadurch zu Bioindikatoren.

Spezialisierte Pflanzengesellschaften mit Arten geringer ökologischer Amplitude (stenöke Arten) sind als Bioindikatoren besonders gut geeignet. Voraussetzung ist, daß sich ihre Empfindlichkeit auf den anzuzeigenden oder zu messenden anthropogenen Einfluß bezieht. Dabei ist ihr Indikatorwert umso höher, je besser das ökologische Verhalten der Arten und Gesellschaften bekannt ist. Gegenüber der Messung des anthropogenen Einflusses durch physikalische und chemische Analysen hat die Verwendung von Bioindikatoren den Vorzug, daß diese besser die integrierten Wirkungen anzeigen und darüber hinaus nicht einen Augenblicks- sondern den Dauerzustand charakterisieren.

Die Verwendung von Pflanzen*arten* als Bioindikator ist heute am weitesten entwickelt. Grundsätzlich muß man zwei Typen der Bioindikation unterscheiden [Müller 1974]:

1. Ökologisch an einen bestimmten Lebensraum gebundene Arten werden zu Indikatoren für die Gesamtheit der Veränderung der äußeren Lebensbedingungen.
2. Pflanzen mit bekanntem ökologischen Verhalten werden an einem Standort in Gefäßen exponiert und in bestimmten Zeitintervallen auf Vitalität und Aufnahmerate bestimmter Stoffe getestet. Dieser Typ der Bioindikation ist für eine Betrachtung innerhalb des Abschnittes »Vegetationskunde« nicht geeignet.

Die Verwendung von Flechten als Zeiger für Luftverschmutzung ist die am häufigsten angewandte und bekannteste Einsatzmöglichkeit für Bioindikatorpflanzen. Hierbei hat es sich als notwendig erwiesen, den Einfluß anderer Faktoren möglichst auszuschließen, indem man nur Flechtenbewuchs vergleicht, der unter ähnlichen Standortsbedingungen lebt, insbesondere auch auf der Rinde gleicher Baumarten [Schmidt u. Kreeb 1974]. Dieser Forderung entspricht man am besten, wenn die Reaktion bestimmter Flechtenarten in gleichen Flechtenvereinen (Synusien) innerhalb gleicher Pflanzengesellschaften untersucht wird (vgl. Kap. 5.5.2).

Bei der Untersuchung der Bioindikation für die Verschmutzung der Gewässer verwendet man u. a. Höhere Wasserpflanzen. Auch hierbei hat sich der Bezug auf die Pflanzengesellschaften als zweckmäßig erwiesen [LANG 1967, 1973, KOHLER 1975]. Ebenso werden bei der Beobachtung von Veränderungen des Bodenwasserhaushalts im Grünland schon seit längerer Zeit fast nur die Pflanzengesellschaften der Wiesen und Moore und nicht Pflanzenarten als Bioindikatoren verwendet.

Abschließend darf festgestellt werden, daß die Pflanzen*gesellschaften* als Bioindikatoren gegenüber Pflanzenarten den Vorteil haben, daß sie mit ihrer gesamten Artenkombination feiner reagieren als diese. Auch der Zeigerwert von Pflanzenarten wird größer, wenn man die Reaktion der Pflanzen unter Bezug auf die Pflanzengesellschaften, in denen sie leben, beurteilt und bewertet. Freilich wird es noch großer Anstrengungen bedürfen, durch Eichen und Testen die Änderungen der Pflanzengesellschaften in ihrer quantitativen Abhängigkeit von Einfluß- und Belastungsgrößen kennenzulernen.

5.9.3 Die Bedeutung natürlicher und naturnaher Vegetation

5.9.3.1 Biologische Bedeutung

Als wesentlicher Bestandteil der Ökosysteme nimmt die Vegetation im Lebensraum des Menschen eine grundlegende Stellung ein. Sie ist für seine Existenz unentbehrlich. Der Mensch muß daher daran interessiert sein, in den von ihm genutzten und ihm als Lebensraum dienenden Landschaften Pflanzengesellschaften zu erhalten, die ein hohes Maß an Stabilität aufweisen, wobei hier in erster Linie an die Konstanz des Systems und die Widerstandsfähigkeit gegen Störungen (Inertie) gedacht ist.

Die Pflanzenbestände der vom Menschen angelegten und unterhaltenen Nutzflächen sind nicht stabil. Sie bedürfen ständiger Eingriffe und Maßnahmen, um ihren Zustand, ihr Gleichgewicht zu bewahren. Ihre (scheinbare) Stabilität ist anthropogen bedingt. Da sie sich unter dem Aspekt der Gesellschaftsentwicklung in einem frühen Stadium befinden, würden sie sich ohne diese Eingriffe und Maßnahmen rasch in andere Vegetationstypen verwandeln. Der Mensch nützt die hohe Produktivität, die solchen frühen Entwicklungsstadien eigen ist, für seine Zwecke, nämlich die Erzeugung von Rohstoffen und Nahrungsmitteln, aus.

Eine hohe Stabilität haben dagegen Pflanzengesellschaften, die nach einer mehr oder weniger langen Entwicklung (Sukzession) das Endstadium erreicht haben, in dem sie sich mit den Umweltfaktoren soweit im Gleichgewicht befinden, daß keine weitere Entwicklung mehr vonstatten geht. Es sind die Klimax- und Dauergesellschaften (vgl. Abschnitt 5.9.1.3), in denen der Höchstwert an Reife (Maturität) erreicht ist [MARGALEF 1963, 1968].

Die *Maturität* scheint demnach das wichtigste Kriterium für die Stabilität zu sein. Die Klimax- und Dauergesellschaften haben gleichzeitig einen hohen Grad von *Natürlichkeit.* Freilich sind auch manche Pionier- und Folgegesellschaften natürlicher Sukzessionen »natürlich«, doch nehmen sie in Mitteleuropa außerhalb des Alpenraumes nur unbedeutend kleine Flächen ein. Im großen und ganzen darf man sagen, daß ein hoher Grad von Natürlichkeit mit einem solchen von Maturität parallel geht.

In der Diskussion um die Stabilität wird jedoch immer wieder behauptet, daß die Vielfältigkeit oder *Diversität* das wichtigste Kriterium für einen optimalen, sich im Gleichgewicht befindlichen, Naturhaushalt sei.

Bezogen auf die Biozönosen hat TTHIENEMANN [1956] dies als »erstes biozönotisches Grundprinzip« formuliert. Ohne bis heute hierfür konkrete Beweise zu haben, geht man davon aus, daß eine Lebensgemeinschaft umso stabiler ist, je vielfältiger sie nach Artenzusammensetzung, Schichtung und Organisation aufgebaut ist. Der Regelmechanismus, der Störungen ausgleicht, arbeite umso effektiver, je anpassungsfähiger das System und je besser es gegen Einflüsse von außen abgepuffert ist. Ein vielfältig aufgebautes Ökosystem halte für diesen Einsatz ein vielseitigeres Sortiment von Arten und Strukturen bereit.

Schon ELLENBERG [1973] hat darauf aufmerksam gemacht, daß es durchaus Pflanzengesellschaften gibt, die sowohl nach Artenzusammensetzung als auch nach Schichtung und Organisation einförmig aufgebaut und trotzdem stabil sind.

Als Beispiele nennt er das nur aus einer Art bestehende Schilfröhricht und den in Mitteleuropa weit verbreiteten Hainsimsen-Buchenwald *(Luzulo-Fagetum),* dessen mittlere Artenzahl bei

8–12 Arten liegt und der mit nur einer Baumschicht einfach strukturiert ist. Das Angebot an unterschiedlichen ökologischen Nischen scheint bei derartigen Gesellschaften stark reduziert zu sein, ohne daß sich negative Auswirkungen für die Stabilität erkennen ließen.
Artenreichtum und Vielfältigkeit in Schichtung und Organisation brauchen nicht zwangsläufig miteinander verbunden zu sein. Es gibt Beispiele für artenarme, mit mehreren Schichten auftretende Waldgesellschaften, z. B. *Vaccinio-Abietetum,* denen sehr artenreiche, aber nur ein- oder zweischichtige Rasengesellschaften, z. B. *Mesobrometum,* gegenübergestellt werden können.
Eine hohe Diversität geht nun keineswegs immer mit hoher Maturität und hoher Natürlichkeit einher. Zumindest die Klimaxgesellschaft »artenarmer Hainsimsen-Buchenwald« ist nach diesen Kriterien hoch zu bewerten; aber auch das Schilfröhricht besitzt als Dauergesellschaft einen höheren Grad von Maturität und Natürlichkeit als etwa der erwähnte artenreiche anthropogene Halbtrockenrasen *(Mesobrometum).*
Zweifellos kommt der Diversität als Kriterium für die Stabilität eine große Bedeutung zu, doch ist es wohl nicht berechtigt, ihr den ersten Rang einzuräumen. Dieser steht der Maturität und, mit der oben gemachten Einschränkung, der Natürlichkeit zu.
Möglicherweise dürfte sich eine gute Koinzidenz zwischen Diversität und Stabilität finden lassen, wenn man Pflanzengesellschaften gleichen Maturitäts- und Natürlichkeitsgrades untereinander vergleicht.
Auch für die Stabilität der *Landschaft* wird ihre Vielfältigkeit oder Diversität als wesentliches Kriterium hervorgehoben. Diese äußert sich in einem flächigen Wechsel mehrerer Pflanzengesellschaften. Je zahlreicher und je kleinräumiger diese Pflanzengesellschaften sind, die in einem Landschaftsraum miteinander abwechseln, desto enger sind die Wechselbeziehungen (Interaktionen) und desto länger auch die Grenzen zwischen ihnen. Auf die besondere Vielfältigkeit der Grenzräume, insbesondere zwischen sehr unterschiedlichen Formationen wie Wald einerseits und waldfreier Vegetation andererseits wurde bereits hingewiesen (Abschnitt 5.9.2.4.3).
Bei der Forderung nach der Diversität der Landschaft als Voraussetzung für ihre Stabilität wird immer unausgesprochen unterstellt, daß in der Kulturlandschaft die Diversität dadurch erreicht wird, daß der Wechsel von meist einförmigen Nutzflächen mit Vegetationstypen stattfindet, die sich durch höhere Maturität und größere Natürlichkeit auszeichnen. So gesehen ist eine vielfältige Landschaft nicht in erster Linie stabil wegen ihrer höheren Diversität, sondern vielmehr wegen der Erhöhung des Maturitätsniveaus, das die Diversität zwangsläufig begleitet. Der Ruf nach natürlicher Vegetation als Stabilisator, nach ökologischen Zellen, nach Ausgleichs- oder Regenerationsflächen ist nichts anderes als die Forderung nach Landschafts- oder Vegetationseinheiten mit höherer Maturität.
Unter den biologischen Aspekten ist die Bedeutung der Pflanzengesellschaften als *Art-* und *Genreservoir* als weiterer wichtiger Punkt hervorzuheben. Neben manchen Arten, die mit einer weiten ökologischen Amplitude über viele Standorte und große Räume verbreitet sein können (euryöke Arten) gibt es andere, die an bestimmte Biotope angepaßt sind und nur in den dort heimischen Pflanzengesellschaften gedeihen können (stenöke Arten). Deren Zerstörung würde diese Arten ausrotten und den in ihnen vorhandenen Genvorrat reduzieren oder vernichten.
Wenn man den Extremfall, das völlige Aussterben einer Art auf der ganzen Erde, betrachtet, läßt sich die genetische und phylogenetische Bedeutung der Arterhaltung klar erkennen. »Mit dem Aussterben einer Sippe ist nicht nur ein bestimmter, unwiederbringlicher Typ, das Ergebnis einer langen Entwicklung, verschwunden, sondern es sind zugleich alle zukünftigen Entwicklungsmöglichkeiten abgeschnitten, die von dieser Sippe hätten ausgehen können« (SUKOPP 1972a]. Unter Sippen sind in diesem Zusammenhang auch den Arten untergeordnete taxonomische Einheiten zu verstehen. Weitverbreitete Arten sind nämlich in verschiedenen Lebensräumen oft genetisch nicht einheitlich, sondern den örtlichen Bedingungen ökologisch angepaßt (Ökotypen). Ihr Aussterben beeinträchtigt die ökologische Differenzierung des Genpools und damit wiederum das Anpassungspotential der Lebensgemeinschaften in der Landschaft [ODUM 1967].

Schließlich ist unter biologischen Aspekten auch die *Seltenheit* als Kriterium bei der Beurteilung des Wertes von Pflanzengesellschaften zu erwähnen. Seltenen Biotopen und Pflanzengesellschaften kommt unter dem Gesichtspunkt der Vielfältigkeit und der Bedeutung als Arten- und Genreservoir, in unserem von Menschen fast überall stark beeinflußten Mitteleuropa auch unter dem Gesichtspunkt der Natürlichkeit, eine besondere Bedeutung zu. Da sie auf Grund ihrer Seltenheit weit stärker als weitverbreitete Biotope und Gesellschaften von der Ausrottung bedroht sind, müssen sie einen besonders guten Schutz genießen.

5.9.3.2 Nützlichkeiten (Funktionen für den Menschen)

Die Pflanzendecke ist für den Menschen in vieler Hinsicht nützlich; sie erfüllt eine Reihe von Funktionen, die für ihn lebenswichtig sind. Diese Nützlichkeiten lassen sich nach 1. ökonomischen Wirkungen und 2. Komitativwirkungen (lat. »comitatus« = Begleitung) [Thomasius 1973] unterscheiden.

Bei den landwirtschaftlichen Nutzflächen und beim Wirtschaftswald stehen die ökonomischen Wirkungen mit der Produktion von Nahrung und Rohstoffen und dem Angebot von Arbeitsmöglichkeit im Vordergrund. Doch hat sich beim Wald das Verständnis auch für die Komitativwirkungen, vor allem unter dem Einfluß der Funktionenlehre von Dieterich [1953] fest eingebürgert und seinen praktischen Niederschlag in der Waldfunktionsplanung [WFK 1974] gefunden.

Die Nützlichkeiten der natürlichen und naturnahen Pflanzengesellschaften vieler Wälder, Gehölzbestände, Gewässer und Moore, aber auch der bedingt naturfernen Gesellschaften der Wildgrasfluren und Heiden liegen vor allem im Bereich der Komitativwirkungen. Diese sind sehr verschiedenartig und lassen sich nach landeskulturellen, sozialen und kulturellen Wirkungen unterscheiden.

Die landeskulturellen Wirkungen erstrecken sich auf die vom Menschen in irgendeiner Weise genutzten Flächen, vom Wirtschaftswald bis zu den Industrie- und Siedlungsgebieten. Sie dienen der Verbesserung der Umweltqualität, dem Schutz gegen Naturgefahren, dem Schutz gegen Zivilisationsschäden und der räumlichen Gliederung der Landschaft.

Die sozialen Wirkungen gliedern sich in sozialhygienische Wirkungen zugunsten der materiellen Lebensbedingungen des Menschen, insbesondere zugunsten seiner Gesundheit und Arbeitskraft und in die psychischen Wirkungen, welche die Einflüsse auf das psychische, insbesondere ethische und ästhetische Empfinden umfassen.

Diesen stehen die kulturellen Wirkungen nahe, welche die Gebiete der Erziehung, Lehre, Forschung und die Erhaltung kultureller Werte einschließen.

Die nachstehende systematische Übersicht der Nützlichkeiten der Vegetation wurde in Anlehnung an Bitterlich [1961], Tromp [1971] und Thomasius [1973] zusammengestellt (Tab. 79).

Die verschiedenen Pflanzengesellschaften, Gesellschaftskomplexe und mit Vegetation ausgestatteten Landschaftsräume sind hinsichtlich ihrer verschiedenen Komitativwirkungen sehr unterschiedlich zu beurteilen und zu bewerten. Für die Verfahren einer synoptischen Eignungsbewertung [Seibert 1975] kann die gebrachte Einteilung der Nützlichkeiten einen gewissen Rahmen abgeben (vgl. im übrigen Abschnitt 6.3).

5.9.4 Erfassung und Schutz von Flora und Vegetation

Aus der Bedeutung der Pflanzen und Pflanzengesellschaften und aus der vielseitigen Beeinflussung und Gefährdung durch menschliche Maßnahmen ergibt sich die Notwendigkeit ihres Schutzes. Kriterien für die Schutzwürdigkeit leiten sich daher in erster Linie aus der Seltenheit, der Bedrohung, der Bedeutung für den Naturhaushalt und für den Menschen ab. Schutzwürdig sind nicht nur natürliche und naturnahe Pflanzengesellschaften, sondern auch anthropogene, wenn die genannten Kriterien bei ihnen zutreffen. Wirksamer Schutz setzt darüber hinaus die Kenntnis der Vorkommen schutzwürdiger Pflanzen und Pflanzengesellschaften voraus.

Tabelle 79 Nützlichkeiten der Vegetation.

1 Ökonomische Wirkungen
 1.1 Produktion von Nahrung
  Grundnahrungsstoffe, Genußmittel, Gewürze, Heilmittel, Futterpflanzen, Fleisch, Fisch, sonst. Tierprodukte
 1.2 Produktion von Rohstoffen
  Holz, Rinde, Fasern, Gerbstoffe, Harze, Wachs, Farbstoffe
 1.3 Arbeitsmöglichkeit
  Waldarbeit, Arbeit im Pflanzenbau, Arbeit in Tierzucht, Jagd, Fischerei

2 Komitativwirkungen
 2.1 Landeskulturelle Wirkungen
  2.1.1 Verbesserung der Umweltqualität für Nutzpflanzen, -tiere und menschliche Einrichtungen
   Klima, Wasserhaushalt, Boden
  2.1.2 Schutz gegen Naturgefahren
   Erosion, Austrocknen und mechanische Schäden durch Wind, Erosion durch Wasser, Wildbäche, Lawinen, Schneeverwehungen, Überflutung, Muren, Steinschlag.
  2.1.3 Schutz gegen Zivilisationsschäden
   Staub und Ruß, Rauch und Abgase, Abwasser und Agrochemikalien, Tausalze, Abwärme, Lärm, Belästigung durch Licht.
  2.1.4 Gliederung der Landschaft
   Trennfunktion, Orientierungshilfe, optische Abschirmung.

 2.2 Soziale und kulturelle Wirkungen
  2.2.1 Sozialhygienische Wirkungen
   Verbesserung der Umweltqualität für das körperliche Wohlbefinden des Menschen, Erholungsmöglichkeit
  2.2.2 Psychische Wirkungen
   unmittelbare ästhetische und emotionale Wirkungen, mittelbare Wirkungen über die Medien der Kunst
  2.2.3 Kulturelle Wirkungen
   Erziehung, Lehre, Forschung, Erhaltung kultureller Werte.

Bei den Pflanzenarten sind Seltenheit und Grad der Bedrohung hinreichend bekannt, sodaß es möglich war, eine »Rote Liste« der in der Bundesrepublik Deutschland gefährdeten Arten von Farn- und Blütenpflanzen aufzustellen [Sukopp 1974] (Abschnitt 6.5 dieses Buches). Ein vollständiger Überblick über die Verbreitung der Pflanzenarten ist durch die laufende Kartierung der Flora Mitteleuropas zu erwarten [Ellenberg et al. 1968]. Der geplante »Atlas der mitteleuropäischen Flora« wird für den Schutz der Pflanzenarten eine wesentliche Grundlage abgeben.
Weniger gut sind die für den Schutz notwendigen Grundlagen bei den Pflanzengesellschaften bekannt. Bis heute besteht nicht einmal ein vollständiger Überblick über die Pflanzengesellschaften Mitteleuropas. Bei den bisher bekannten hat man jedoch eine Vorstellung über ihre Seltenheit und den Grad ihrer Bedrohung.
Die Verbreitung der Pflanzengesellschaften kann durch die Kartierung der Vegetation ermittelt werden. Für die Erfassung der seltenen und bedrohten Einheiten ist eine großmaßstäbliche Kartierung der realen Vegetation, mindestens im Maßstab 1:25000 erforderlich. Eine solche Kartierung ist sehr aufwendig und liegt bislang nur für wenige Gebiete vor. Bei der Kartierung der potentiellen natürlichen Vegetation der Bundesrepublik Deutschland, die flächendeckend arbeitet, können Unterlagen über die Vorkommen seltener und bedrohter Pflanzengesellschaften nur beiläufig anfallen. Aus diesem Grunde ist die in Bayern im wesentlichen abgeschlossene, in einigen anderen Bundesländern im Gang befindliche, Kartierung schutzwürdiger Biotope als ein wichtiges und für den Naturschutz dringend notwendiges Unternehmen zu beurteilen. Mit dieser Kartierung soll ein ausführliches Datenmaterial über Lage, Zustand und Wert landschaftsökologisch bedeutender Flächen gewonnen werden. Auch die Wald-

funktionsplanung der Forstverwaltungen steuert entsprechende Unterlagen für die Waldflächen bei.

Für den Schutz der Arten reicht das gesetzliche Verbot, geschützte Pflanzen abzupflücken oder auszugraben, nicht aus. Aus den bisherigen Ausführungen über den Einfluß des Menschen auf die Vegetation ist eindeutig hervorgegangen, daß die Pflanzenarten weniger direkt durch Beschädigung und Zerstörung als vielmehr indirekt durch Veränderung und Beseitigung ihrer Biotope und Pflanzengesellschaften bedroht sind. Die beste Lösung für den Artenschutz besteht im Schutz ihrer Lebensgemeinschaften (Gebietsschutz). Artenschutz und Schutz von Pflanzengesellschaften sind daher im wesentlichen durch *eine* Maßnahme, nämlich die Ausweisung von Schutzgebieten, realisierbar.

Zu einer solchen Ausweisung bieten die Naturschutzgesetze verschiedene Möglichkeiten, von denen in den letzten Jahrzehnten mit der Anlage von Nationalparken und Naturschutzgebieten und mit der Ausweisung von Naturdenkmalen in vielen Fällen Gebrauch gemacht wurde [ANT und ENGELKE 1973, KLEINE 1975]. Bei der Ausscheidung dieser Flächen standen bislang Seltenheit und Bedrohung als Kriterium im Vordergrund. Neuerdings ist man bestrebt, durch Unterschutzstellung von gut ausgebildeten Flächen aller Vegetationseinheiten zu einem repräsentativen Netz von Naturschutzgebieten für die Bundesrepublik Deutschland zu kommen.

Für dieses Vorhaben stellt die Ausweisung von Naturwaldreservaten durch die Forstverwaltungen einen wesentlichen Beginn und Beitrag dar. In diesen Reservaten sollen alle menschlichen Eingriffe unterbleiben, sodaß die Wälder die Möglichkeit erhalten, sich wieder zu urwaldähnlichen Beständen zu entwickeln. Ziel dieses absoluten Schutzes ist die Erhaltung natürlicher Waldbestände aus ethischer Verpflichtung und biologisch-ökologischen Gründen, ferner die Bereitstellung von Naturwaldbeständen für die wissenschaftliche Forschung [DIETERICH et al. 1970, LAMPRECHT 1971, SEIBERT u. HAGEN 1974]. Über den Stand der Auswahl und Einrichtung von Naturwaldreservaten in der Bundesrepublik Deutschland berichtet die nachstehende Übersicht (Tab. 80) [TRAUTMANN 1976 b]. Es sollte angestrebt werden, diese zunächst nur verwaltungsintern geschützten Flächen, soweit das nicht schon geschehen ist, zu Naturschutzgebieten im Sinne der Naturschutzgesetze zu erklären.

Nur ein Teil der geschützten Pflanzengesellschaften ist in einem solchen Grade natürlich, daß er sich selbst überlassen werden könnte. Viele Gesellschaften, wie die Wildgrasfluren und Heiden, aber auch bestimmte Wirtschaftsformen des Waldes, wie Mittel- und Niederwälder, bedürfen gezielter Eingriffe, damit sie den Zustand, der das Motiv ihres Schutzes ist, auch für die Zukunft behalten. Solche Schutzmaßnahmen können sinnvoll nur aus Beobachtungen und Untersuchungen über Ökologie und Dynamik der Gesellschaften abgeleitet werden. Die wissenschaftliche Beobachtung muß daher ständiger Bestandteil des Managements von Naturschutzgebieten sein.

Tabelle 80 Naturwaldreservate in der Bundesrepublik Deutschland.

Bundesland	Anzahl	Flächengröße in Hektar	Gatterung	gleichzeitig Naturschutzgebiete
Baden-Württemberg	41	1700	2 vorhanden, weitere vorgesehen	21
Bayern	137	~5000	vorgesehen	32
Hessen[1)]	26	~1000	bisher nicht vorgesehen	26
Niedersachsen	63	1010	10 vorhanden, weitere vorgesehen	7
Nordrhein-Westfalen	40	600	20 vorhanden, für fast alle vorgesehen	4
Rheinland-Pfalz	24	200	5 vorhanden, weitere vorgesehen	3
Saarland	17	270	nicht vorgesehen	5
Schleswig-Hostein	–	–	–	–
Bundesgebiet	348	~9780		98

1) Waldnaturschutzgebiete.

5.9.5 Neuanlage von Pflanzenbeständen

Die Neuanlage von Pflanzenbeständen, die sich über mehrere, oft viele Jahre entwickeln sollen, ohne daß regelmäßige und intensive menschliche Eingriffe stattfinden, setzt eine Reihe von Kenntnissen voraus, die auf vegetationskundlicher Seite vorliegen oder mit vegetationskundlichen Methoden erarbeitet werden können. Gleichgültig, ob mit Gehölzpflanzungen Hecken, Gebüsche oder Wälder, oder ob mit Gras- und Kräuteransaaten Wirtschaftswiesen, Wildgrasfluren, Heiden oder Staudenfluren angelegt werden sollen: Immer sind bestimmte Vegetationstypen das Ziel solcher Maßnahmen.

Die erste Grundlage bildet die Kenntnis der Zusammenhänge zwischen Standort und Pflanzengesellschaft. Sie ermöglicht es, unter gleichzeitiger Berücksichtigung des Zieles der Pflanzmaßnahme, festzulegen, welcher Typ von Vegetation mit der Pflanzung oder Saat angestrebt werden soll.

Auf Grund der Artenzusammensetzung und des strukturellen Bestandesaufbaus bestehender Pflanzengesellschaften dieses Typs ist es möglich, die richtigen Mischungsverhältnisse verschiedener Arten zusammenzustellen und die geeignete Mischungsform zu ermitteln. Wuchsgeschwindigkeit und Konkurrenzverhalten, die auch die natürliche Bestandesentwicklung beeinflussen, sind hierbei zu berücksichtigen.

Wo verschiedene Pflanzengesellschaften von Natur aus in einer bestimmten Zonation miteinander kombiniert sind, wie etwa an Gewässerufern und Waldrändern, ist auch diese Gesellschaftsabfolge bei der Pflanzung zu berücksichtigen. Während für Gewässerufer, insbesondere durch die Arbeiten von Bittmann [1968], hierfür Methoden und Vorschläge entwickelt sind und z. T. auch Berücksichtigung finden, werden Waldränder und Feldgehölze oft noch sehr schematisch und mit zu schmalen Übergangszonen angelegt, so daß für die natürliche Entfaltung der Saumgesellschaften kaum Platz bleibt.

Die natürliche Gesellschaftsentwicklung ist in fast allen Fällen bei der Planung von Pflanzungen und Saaten zu beachten. Besondere Aufmerksamkeit erfordert sie, wenn solche Maßnahmen auf unentwickelten Böden durchgeführt werden sollen. In diesen Fällen ist es notwendig, bei der Anlage der Pflanzenbestände die aufbauenden Arten der Anfangsstadien der Sukzession in die Mischung aufzunehmen. Bei der Festlegung von Küstendünen [Lux 1968] und von Erosionshängen im Gebirge [Schiechtl 1973] sind auf dieser Basis bereits geeignete Verfahren entwickelt worden. Doch gelten die Grundregeln der Sukzession auch für jede andere Fläche, die als Pflanzgrund einen Rohboden ohne Mutterbodenauftrag aufweist.

So sind im Grunde die theoretischen Kenntnisse vorhanden oder leicht zu erlangen, um auch schwierigere Aufgaben in Angriff zu nehmen und weiterzuentwickeln, an denen Vegetationskundler und Naturschützer in gleicher Weise interessiert sind. Dazu gehört die Neuansiedlung von Wildgrasfluren auf Böschungen, insbesondere an Straßen und Autobahnen, an denen ohnehin Rasen ohne Pflegebedürftigkeit erwünscht sind [Zielonkowski 1973]; dazu gehört die Neugestaltung gestörter Moorflächen [Klötzli 1975, Evers und Schmatzler 1976] und schließlich auch die Wiederaufnahme alter Ackerkulturen mit den entsprechenden Unkrautgesellschaften und die Wiedereinbürgerung der dörflichen Ruderalfluren [Lohmeyer mdl.], für die sich die Bauernhausmuseen in den verschiedenen Landschaften der Bundesrepublik anbieten.

Schrifttum

Ant, H., 1966: Die Benthos – Biozönosen der Lippe. Düsseldorf.

Ant, H., und H. Engelke, 1973: Die Naturschutzgebiete der Bundesrepublik Deutschland. 2. Aufl. Bonn-Bad Godesberg.

Bierhals, E. und H. Scharpf, 1971: Zur ökologischen und gestalterischen Beurteilung von Brachflächen. Natur u. Landsch. *46.*

Bitterlich, W., 1961: Vorschläge zum forstlichen Meßwesen. Allg. Forstztg. *72.*

Bittmann, E., 1968: Landschaftspflege an Gewässern. In: Buchwald, K. und W. Engelhardt, Handbuch für Landschaftspflege und Naturschutz. BLV Verlagsges., München-Basel-Wien.

BRAUN-BLANQUET, J., 1964: Pflanzensoziologie. 3. Auflage. Wien-New York.
BUCHWALD, K., 1968: Naturnahe und ihnen verwandte, von Menschen mitgeschaffene Elemente der Kulturlandschaft. In: BUCHWALD, K. und W. ENGELHARDT, Handbuch für Landschaftspflege und Naturschutz. BLV Verlagsges., München-Basel-Wien.
BÜRGER, K., 1975: Auswertung von Untersuchungen und Forschungsergebnissen zur Belastung der Landschaft und ihres Naturhaushaltes. Schriftenr. Landschaftspfl. u. Natursch. *10.*
DIERSCHKE, H., 1974: Saumgesellschaften im Vegetations- und Standortsgefälle an Waldrändern. Scripta Geobotanica *6.*
DIETERICH, H., MÜLLER, S. und G. SCHLENKER, 1970: Urwald von morgen. Bannwaldgebiete der Landesforstverwaltung Baden-Württemberg. Stuttgart.
DIETERICH, V., 1953: Forstwirtschaftspolitik, Hamburg u. Berlin.
EIBERLE, K., 1966: Wilddichte, Lebensraum des Wildes, Wildschäden. HESPA-Mitt. *3.*
DERS., 1968: Der Wald als Lebensstätte des Schalenwildes. Schweiz. Ztschr. f. Forstw. *119.*
ELLENBERG, H., 1963: Vegetation Mitteleuropas mit den Alpen. Stuttgart.
DERS., 1972: Belastung und Belastbarkeit von Ökosystemen. In: Tagungsber. Ges. f. Ökologie, Tagung Gießen 1972, Gießen.
DERS., 1973: Ziele und Stand der Ökosystemforschung. In: Ökosystemforschung. Berlin-Heidelberg-New York.
DERS., HAEUPLER, H. und U. HAMANN, 1968: Arbeitsanleitung für die Kartierung der Flora Mitteleuropas (Ausgabe für die Bundesrepublik Deutschland). Mitt. Flor.-soz. Arbeitsgem. N. F. *13.*
DERS. und D. MUELLER-DOMBOIS, 1967a: A key to Raunkiaer plant life forms with revised subdivisions. Ber. geobot. Inst. ETH Stiftg. Rübel *37.*
DIES., 1967b: Tentative physiognomic-ecological classification of plant formations of the earth. Ber. geobot. Inst. ETH Stiftg. Rübel *37.*
ELLENBERG, H., SCHREIBER, K.-F., SILBEREISEN, R., WELLER, F. und F. WINTER, 1956: Grundlagen und Methoden der Obstbau-Standortskartierung. Der Obstbau *75.*
EVERS, F. H. und R. HÜSER, 1975: Zur Anwendung der vorläufigen Richtlinien für die Ausbringung von Klärschlamm auf Waldflächen in der Praxis. Allg. Fzschr. *30.*
EVERS, O. und E. SCHMATZLER, 1976: Vorschläge zur Renaturalisierung von Hochmooren, dargestellt am Uchter Moor im Landkreis Nienburg/Weser. Natur u. Landsch. *47.*
FISCHER, W., 1975: Vegetationskundliche Aspekte der Ruderalisation von Waldstandorten im Berliner Gebiet. Arch. Natursch. u. Landschaftsforsch. *15.*
FREITAG, H., 1962: Einführung in die Biogeographie von Mitteleuropa. Stuttgart.
GEHU, J.-M., 1976: Sur les paysages végétaux ou sigmassociations des prairies salées du Nord-Ouest de la France. Doc. Phytosoc., *15/18.*
GENSSLER, H., 1959: Veränderungen von Boden und Vegetation nach generationsweisem Fichtenanbau. Diss. Hann.-Münden.
GRADMANN, R., 1950: Das Pflanzenleben der schwäbischen Alb, 4. Auflage. Stuttgart.
HEIDLER, G., 1976: Die Anwendung von Herbiziden an und in Gewässern. Merkblatt der BBA *38.* Braunschweig.
HÜGIN, G., 1962: Wesen und Wandlung der Landschaft am Oberrhein. Stuttgart.
KETTLER, D., 1970: Landschaftsplan Feldberg/Schwarzwald. Schriftenr. Landesforstverw. Baden-Württemberg *32.*
KLAPP, E., 1951: Pflanzengesellschaften des Wirtschaftsgrünlandes. Braunschweig-Völkenrode.
KLEINE, H.-D., 1975: Naturschutzgebiete, Landschaftsschutzgebiete, Nationalparke, Naturparke in Bayern. München.
KLÖCK, W., 1969: Herbizidanwendung und waldbauliche Vorbeugemaßnahmen bei der Unkrautbekämpfung. Allg. Forstzeitschr. *24.*
KLÖTZLI, F., 1965: Qualität und Quantität der Rehäsung in Wald- und Grünlandgesellschaften des Schweizer Mittellandes. Veröff. Geobot. Inst. ETH Zürich, Stiftg. Rübel.
DERS., 1974: Über Belastbarkeit und Produktion in Schilfröhrichten. Verh. Gesellsch. f. Ökologie, Saarbrücken 1973. Den Haag.
DERS., 1975: Naturschutz im Flughafengebiet – Konflikte und Symbiose. Flughafen-Information.
KNAPP, R., 1971: Einführung in die Pflanzensoziologie. Stuttgart.
KOHLER, A., 1975: Submerse Makrophyten und ihre Gesellschaften als Indikatoren der Gewässerbelastung. Beitr. naturk. Forsch. Südw. Dtl. *34.*
DERS., VOLLRATH, H. und E. BEISL, 1971: Zur Verbreitung, Vergesellschaftung und Ökologie der Gefäß-Makrophyten im Fließwassersystem Moosach (Münchener Ebene). Arch. Hydrobiol. *69.*
DERS., BRINCKMEIER, R. und H. VOLLRATH, 1974: Verbreitung und Indikatorwert der submersen Makrophyten in den Fließgewässern der Friedberger Au. Ber. Bayer. Bot. Ges. *45.*

KRAUS, O., 1968: Möglichkeiten und Grenzen der Erholung in bayerischen Naturschutzgebieten – erläutert an Beispielen. Schriftenr. f. Landschaftspfl. u. Naturschutz *3*.

KRAUSE, A., 1976: Gehölzbewuchs als natürlicher Uferschutz an Bächen des Hügel- und unteren Berglandes. Natur u. Landsch. *51*.

KRISO, K., 1958: Entstehung, Aufbau und Leistung von Eichen-Hainbuchen-Beständen in Süddeutschland. Forstwiss. Forsch., Beih. Forstwiss. Cbl. *9*.

LAATSCH, W., 1974: Hangabtrag durch Schnee in den oberbayerischen Alpen und seine Begünstigung durch unpflegliche Almwirtschaft und Wildverbiß. Forstwiss. Cbl. *93*.

DERS. und W. GROTTENTHALER, 1973: Labilität und Sanierung der Hänge in der Alpenregion des Landkreises Miesbach. München.

LAMPRECHT, H., 1971: Zur wald- und vegetationskundlichen Bedeutung von Naturwaldparzellen. Forst- u. Holzwirt. *26*.

LANG, G., 1967: Die Ufervegetation des westlichen Bodensees. Arch. Hydrobiol./Suppl. XXXII.

DERS., 1973: Die Makrophytenvegetation in der Uferzone des Bodensees. Karlsruhe.

LOHMEYER, W., 1969: Über einige bach- und flußbegleitende nitrophile Stauden und Staudengesellschaften in Westdeutschland und ihre Bedeutung für den Uferschutz. Natur u. Landsch. *44*.

DERS., 1975: Rheinische Höhenburgen als Refugien für nitrophile Pflanzen. Natur u. Landsch. *50*.

DERS. und A. KRAUSE, 1973: Über den Verlust von Gestaltelementen der Landschaft in Nordwestdeutschland durch Einwirkung von Brand und Pflanzengiften. Natur u. Landsch. *48*.

DIES., 1974: Über den Gehölzbewuchs an kleinen Fließgewässern Nordwestdeutschlands und seine Bedeutung für den Uferschutz. Natur u. Landsch. *49*.

DIES., 1975: Über die Auswirkungen des Gehölzbewuchses an kleinen Wasserläufen des Münsterlandes auf die Vegetation im Wasser und an den Böschungen im Hinblick auf die Unterhaltung der Gewässer. Schriftenr. Vegetationsk. *9*.

LUX, H., 1968: Festlegung und Begrünung von Dünen. In: BUCHWALD, K. und W. ENGELHARDT, Handbuch für Landschaftspflege und Naturschutz. München-Basel-Wien.

MARGALEF, R., 1963: On certain unifying principles in ecology. Amer. Naturalist *97*.

DERS., 1968: Perspectives in ecological theory. University of Chicago Press.

MATTERN, H., 1969: Hilfe für den Schäfer ist Landschaftspflege. Veröff. Landesst. f. Natursch. u. Landschaftspfl. Baden-Württemberg *37*.

MAYER, H., 1971: Quantität und Qualität der Rotwildäsung im bodensauren Fichtenwald. Allg. Forstztg.

DERS., 1973: Möglichkeiten und Grenzen der Schalenwildhege im Gebirgswald. Wald + Wild, Beitr. Ztschr. Schweiz. Forstver. *52*.

MEISEL, K. und A. v. HÜBSCHMANN, 1973: Grundzüge der Vegetationsentwicklung auf Brachflächen. Natur u. Landsch. *48*.

DIES., 1975: Zum Rückgang von Naß- und Feuchtbiotopen im Emstal. Natur u. Landsch. *50*.

DIES., 1976: Veränderungen der Acker- und Grünlandvegetation im nordwestdeutschen Flachland in jüngerer Zeit. Schriftenr. f. Vegetationsk. *10*.

MEISEL, K. und J. WATTENDORFF, 1962: Über eine von der Wirtschaftsart unabhängige Wasserstufenkarte. – Mitt. Flor.-soz. Arbeitsgem. N. F. *9*.

MEISEL-JAHN, S., 1955: Die Kiefern-Forstgesellschaften des norddeutschen Flachlandes. Angew. Pflanzensoziol. *11*.

MEYNEN, E. und J. SCHMITHÜSEN, 1953: Handbuch der naturräumlichen Gliederung Deutschlands. Remagen.

MRASS, W. und K. BÜRGER, 1968: Zur Bestimmung der Erholungseignung von natürlichen Vegetationsgebieten. Natur u. Landsch. *43*.

MRAZ, K., 1965: Zusammenhang zwischen Wildbestand und Waldgesellschaft. (Zur Frage der Ermittlung wirtschaftlich tragbarer Wildbestände mit Hilfe der Vegetationskartierung). Ber. Intern. Symp. in Stolzenau/Weser 1960. Den Haag.

MÜLLER, P., 1975: Ökol. Kriterien für die Raum- und Stadtplanung. Umwelt Saar 1974. Saarbrücken.

MÜLLER, Th., 1962: Die Saumgesellschaften der Klasse Trifolio-Geranietea sanguinei. Mitt. flor. soz. Arbeitsgem. N. F. *9*.

MÜNCH, W. D., 1972: Änderungen der Artenzusammensetzung von Unkräutern in Forstkulturen nach Anwendung von Herbiziden. Zeitschr. f. Pflanzenkrankh. *79*.

NEUHÄUSL, R., 1966: Fichtenanbau in der Fagion-Stufe und die dadurch verursachten Vegetations- und Standortsveränderungen. Ber. üb. d. Intern. Symp. in Stolzenau/Weser 1961. Den Haag.

ODUM, E. P., 1967: Ökologie. München-Basel-Wien.

OLSCHOWY, G., 1971: Belastete Landschaft – Gefährdete Umwelt. München.

DERS., MRASS, W., KULLMER, H. J. und K. BÜRGER, 1969: Zur Belastung der Landschaft. Schriftenr. f. Landschaftspflege u. Naturschutz *4*.

DERS., BÜRGER, K., ZWIRNER, E. und D. WEBER, 1974: Auswertung von Untersuchungen und Forschungsergebnissen zur Belastung der Landschaft und ihres Naturhaushaltes. Schriftenr. f. Landschaftspflege u. Naturschutz *10.*

PFADENHAUER, J., 1974: Versuch einer Kennzeichnung rutschgefährdeter Hänge im Flysch mit Hilfe von Vegetation und Hangneigung, dargestellt am Beispiel des Teisenberg. Forstw. Cbl. *93.*

REHFUESS, K.-E., 1965: Ernährung und Wachstum der Dauerlupine *(Lupinus polyphyllus L.)* unter Kiefernschirm auf Oberpfälzer Standorten. Forstwiss. Cbl. *84.*

DERS., 1974: Belastungen von Waldökosystemen – Möglichkeiten der Vorbeugung und Abwehr. Forstw. Cbl. *93.*

DERS. und A. SCHMIDT, 1971: Die Wirkung von Lupinenunterbau und Kalkammonsalpeterdüngung auf den Ernährungszustand und den Zuwachs älterer Kiefernbestände in der Oberpfalz. Forstwiss. Cbl. *90.*

REICHHOLF, J., 1976: Zur Ökostruktur von Flußstauseen. Natur u. Landsch. *51.*

RINGLER, A., 1971: Auswirkungen des Erholungsverkehrs auf die alpine Vegetation im Bereich einiger Bergbahnen. Zul. Arbeit München.

RIVAS-MARTINEZ, S., 1976: Sinfitosociologia, una nueva metodología para el estudio del paisaje vegetal. An. Inst. Bot. Antonio José Cavanilles del C. S. IC. XXXIII.

SAARISALO-TAUBERT, A., 1963: Die Flora in ihrer Beziehung zur Siedlung und Siedlungsdichte in den südfinnischen Städten Porvoo, Loviisa und Hamina. Ann. Bot. Soc. Vanamo *35.*

SAUER, G., 1967: Über Schäden an der Bepflanzung der Bundesfernstraßen durch Auftausalze. Nachrichtenbl. d. Deutsch. Pflanzenschutzdienstes *19.*

SCAMONI, A., 1965: Biogeozönose – Phytozönose. Ber. üb. d. Intern. Symp. in Stolzenau/Weser 1960. Den Haag.

SCHAUER, Th., 1977: Veränderte Waldvegetation in den Wäldern des Nationalparks Berchtesgaden. Jb. Ver. Schutze d. Bergwelt *42.*

SCHIECHTL, H. M., 1973: Sicherungsarbeiten im Landschaftsbau. München.

SCHMIDT, R. und K. KREEB, 1974: Flechten als Umweltzeiger. Verhandl. Ges. f. Ökologie Saarbrücken 1973. Den Haag.

SCHMITHÜSEN, J., 1965: Diskussionsbemerkung zu SCAMONI: Biogeozönose – Phytozönose. Ber. üb. d. Intern. Symp. in Stolzenau/Weser 1960. Den Haag.

DERS., 1968: Allgemeine Vegetationsgeographie, 3. Auflage. Berlin.

SCHÖNNAMSGRUBER, H., 1971: Die Pflege von Naturschutzgebieten in der Praxis. Schriftenr. f. Landschaftspfl. u. Natursch. *6.*

SCHREIBER, K.-F., 1969: Landschaftsökologische und standortskundliche Untersuchungen im nördlichen Waadtland als Grundlage für die Orts- und Regionalplanung. Arb. d. Univ. Hohenheim *45.*

SCHROEDER, F.-G., 1969: Zur Klassifizierung der Anthropochoren. Vegetatio *16.*

SEIBERT, P., 1960: Naturnahe Querprofilgestaltung beim Ausbau von Wasserläufen. Natur u. Landschaft *35.*

DERS., 1962: Die Auenvegetation an der Isar nördlich von München und ihre Beeinflussung durch den Menschen. Landschaftspflege u. Vegetationskunde *3.*

DERS., 1963: Über eine Grundwasserstufenkarte mit Darstellung verschiedener Wassereigenschaften. – Mitt. Flor.-soz. Arbeitsgem. N. F. *10.*

DERS., 1966: Der Einfluß der Niederwaldwirtschaft auf die Vegetation. Ber. üb. d. Intern. Symp. in Stolzenau/Weser 1961. Den Haag.

DERS., 1967: Conservation des Eaux – Influence de la végétation naturelle le long des torrents, des rivières et des canaux en rapport avec l'aménagement des rives. Strasbourg.

DERS., 1968: Die Vegetationskarte als Hilfsmittel zur Kennzeichnung rutschgefährdeter Hänge. Ber. üb. das Intern. Symp. in Stolzenau/Weser 1963.

DERS., 1974: Die Belastung der Pflanzendecke durch den Erholungsverkehr. Forstw. Cbl. *93.*

DERS., 1975 a: Veränderung der Auenvegetation nach Anhebung des Grundwasserspiegels in den Donauauen bei Offingen. Beitr. naturk. Forsch. Südw.-Dtl. *34.*

DERS., 1975 b: Versuch einer synoptischen Eignungsbewertung von Ökosystemen und Landschaftseinheiten. Forstarchiv *46.*

DERS. und J. HAGEN, 1974: Zur Auswahl von Waldreservaten in Bayern. Forstw. Cbl. *93.*

DERS. und W. ZIELONKOWSKI, 1972: Landschaftsplan »Pupplinger und Ascholdinger Au«. Schriftenr. Natursch. u. Landschaftspfl. *2.*

STEUBING, L. und U. KIRSCHBAUM, 1976: Immissionsbelastung der Straßenrandvegetation. Natur u. Landsch. *51.*

STEUBING, L., KUNZE, C. und J. JÄGER, 1972: Belastung und Belastbarkeit von Ökosystemen. Tagungsber. Ges. f. Ökologie. Gießen 1972.

SUKOPP, H., 1968: Veränderungen des Röhrichtbestandes der Berliner Havel 1962–67. Berlin.

DERS., 1972 a: Grundzüge eines Programmes für den Schutz von Pflanzenarten in der Bundesrepublik Deutschland. Schriftenr. f. Landschaftspfl. u. Natursch. *7.* Godesberg.

DERS., 1972 b: Wandel von Flora und Vegetation in Mitteleuropa unter dem Einfluß des Menschen. Ber. üb. Landwirtschaft *50.*

DERS., 1973: Conservation of wetlands in Central Europe. Pol. Arch. Hydrobiol. *20.*

DERS., 1974: »Rote Liste« der in der Bundesrepublik Deutschland gefährdeten Arten von Farn- und Blütenpflanzen (1. Fassung). Natur u. Landsch. *49.*

DERS., BLUME, H.-P., CHINNOW, D., KUNICK, W. und F. ZACHARIAS, 1974: Ökologische Charakteristik von Großstädten, besonders anthropogene Veränderungen von Klima, Boden u. Vegetation. TUB 6. Hochschulforschung.

DERS., MARKSTEIN, B. und L. TREPL, 1975: Röhrichte unter intensivem Großstadteinfluß. Beitr. naturk. Forsch. Südw. Dtl. *34.*

DERS. und P. MÜLLER, 1976: Symposium über Veränderungen von Flora und Fauna in der Bundesrepublik Deutschland – Ergebnisse und Konsequenzen. Schriftenr. f. Vegetationsk. *10.*

THIENEMANN, A. F., 1956: Leben und Umwelt. Hamburg.

THOMASIUS, H., 1973: Wald, Landeskultur und Gesellschaft. Dresden.

TISCHLER, W., 1951: Die Hecke als Lebensraum für Pflanzen und Tiere, unter besonderer Berücksichtigung ihrer Schädlinge. Erdkunde *5.*

TRAUTMANN, W., 1976 a: Veränderungen der Gehölzflora und Waldvegetation in jüngerer Zeit. Schriftenr. f. Vegetationsk. *10.*

DERS., 1976 b: Stand der Auswahl und Einrichtung von Naturwaldreservaten in der Bundesrepublik Deutschland. Natur u. Landsch. *51.*

DERS., KRAUSE, A. und R. WOLFF-STRAUB, 1970: Veränderungen der Bodenvegetation in Kiefernforsten als Folge industrieller Luftverunreinigungen im Raum Mannheim-Ludwigshafen. Schriftenr. f. Vegetationsk. *5.*

TROMP, H., 1971: Der Wald als Element der Infrastruktur. Schweiz. Ztschr. f. Forstw. *122.*

TÜXEN, R., 1950: Neue Methoden der Wald- und Forstkartierung. Mitt. flor.-soz. Arbeitsgem. N. F. *2.*

DERS., 1952: Hecken und Gebüsche. Mitt. Geogr. Ges. *50.*

DERS., 1954: Die Wasserstufenkarte und ihre Bedeutung für die nachträgliche Feststellung von Änderungen im Wasserhaushalt einer Landschaft. – Ang. Pflanzensoziol. *8.*

DERS., 1956: Die heutige potentielle natürliche Vegetation als Gegenstand der Vegetationskartierung. Angew. Pflanzensoziol. *13.*

DERS., 1962: Gedanken zur Zerstörung der mitteleuropäischen Ackerbiozönosen. Mitt. flor.-soz. Arbeitsgem. N. F. *9.*

DERS., 1973: Zum Birken-Anflug im Naturschutzpark Lüneburger Heide. Eine pflanzensoziologische Betrachtung. Mitt. Flor.-soz. Arbeitsgem. N. F. *15/16.*

DERS., 1977: Zur Homogenität von Sigmassoziationen, ihrer syntaxonomischen Ordnung und ihrer Verwendung in der Vegetationskartierung. Doc. phytosoc. N. S. I.

VOLLRATH, H., 1965: Das Vegetationsgefüge der Itzaue als Ausdruck hydrologischen und sedimentologischen Geschehens. Landschaftspfl. u. Vegetationsk. *4.*

WENTZEL, K. F., 1973: Salzstaub und Salzspritzwasserschäden an Straßenrändern. Forst- u. Holzwirt *28.*

WFK, 1974: Arbeitskreis Zustandserfassung und Planung der Arbeitsgemeinschaft Forsteinrichtung – Arbeitsgruppe Landespflege: Leitfaden zur Kartierung der Schutz- und Erholungsfunktionen des Waldes (Waldfunktionskartierung) WFK. Frankfurt.

WILMANNS, O., 1975: Wandlungen des Geranio-Allietum in den Kaiserstühler Weinbergen? Pflanzensoziologische Tabellen als Dokumente. Beitr. naturk. Forsch. Südw.-Dtl. *34.*

ZIELONKOWSKI, W., 1973: Wildgrasfluren der Umgebung Regensburgs. Vegetationskundl. Untersuchungen an einem Beitrag zur Landespflege. Hoppea *31.*

DERS., 1975: Vegetationskundliche Untersuchungen im Rotwandgebiet zum Problemkreis Erhaltung der Almen. Schriftenr. Natursch. u. Landschaftspfl. *5.*

ZIMMERMANN, R., 1975: Einfluß des Flämmens auf einen Halbtrockenrasen im Kaiserstuhl. Natur u. Landsch. *50.*

REICHHOLF, JOSEF

5.10 Tierwelt

5.10.1 Ökologische Grundlagen

5.10.1.1 Struktur tierischer Lebensgemeinschaften

Einsichten in das Funktionsgefüge tierischer Lebensgemeinschaften zu gewinnen, setzt die Kenntnis der Zusammenhänge voraus, welche zwischen den Organismen in den Ökosystemen bestehen. Insbesondere die menschlichen Eingriffe lassen sich nur bei hinreichender Analyse der gegenseitigen Abhängigkeiten in den tierischen und pflanzlichen Lebensgemeinschaften (Biozönosen) und vom Lebensraum (Biotop) auf einer ökologischen Basis werten. Der Art der Strukturierung der Biozönosen kommt dabei grundlegende Bedeutung zu. Denn aus der Struktur ergeben sich entscheidende Hinweise auf die biologischen Prozesse und Funktionen, die in den Ökosystemen ablaufen.

Im Gegensatz zur unabhängigen (autotrophen) pflanzlichen Primärproduktion sind sämtliche tierische Organismen von bereits produziertem, organischem Material abhängig (heterotroph). Nach Art der Verwertung dieses Materials lassen sie sich in zwei große Gruppen gliedern, die zusammen mit der Primärproduktion die Grundelemente eines Ökosystems bilden: in Konsumenten und Destruenten. Die Konsumenten verwerten das lebende Material, die Destruenten bauen dagegen die toten Abfallstoffe in die anorganischen Bestandteile ab. Eine klare Trennung ist indes nicht immer ganz einfach zu ziehen, weil es vor allem bei den Mikroorganismen des Bodens Übergänge zwischen Konsumenten- und Destruententätigkeit gibt.

Produktion, Verbrauch und Abbau fügen sich dadurch in einen Kreislauf, der von der durchziehenden Strahlungsenergie des Sonnenlichtes angetrieben wird. Die von den grünen Pflanzen fixierte Energiemenge wird dabei feinstufig weitergegeben, so daß sie nur mit Verzögerung das Ökosystem als Wärmestrahlung wieder verlassen kann. Diese kurzzeitige Speicherung ermöglicht den Bestand der dynamischen Biosysteme und verhindert, daß sie unter dem Druck der abiotischen Energiegefälle ihren Ordnungsgehalt verlieren.

Die an diesem Energiefluß beteiligten Substanzen werden im Idealfall quantitativ im Kreislauf gehalten (Recycling). Normalerweise ergeben sich aber mehr oder weniger starke Verluste, die durch permanente Nährstoffzufuhr ausgeglichen werden müssen. Wasser und Boden schließen Mineralien aus dem Muttergestein auf, welche die Verluste ergänzen. Dieser Aspekt der Funktion von Ökosystemen fällt in den Bereich des Bodens (Kap. 5.1). Für die Beurteilung der Rolle der Tierwelt kommt daher vorrangig die Konsumentengruppe in Betracht.

Auch sie gliedert sich in Bestandteile, die untereinander in funktioneller Beziehung stehen. Die wichtigsten Abhängigkeiten ergeben sich aus den hierarchischen Strukturen, welche die Verteilung der Nahrungsstoffe im biologischen Energiefluß festlegen. Für den Konsumentenbereich beginnen sie mit der Verwertung der Primärproduktion durch die Pflanzenfresser, zu denen beispielsweise Huftiere, Nagetiere sowie zahlreiche Insekten und deren Larvenstadien zählen. Man faßt sie zur ökologischen Gilde der Pflanzenfresser (herbivore Formen) zusammen. Von diesen ernähren sich die Fleischfresser (carnivore Formen), zu denen nicht nur die beutegreifenden Formen, wie Katzen, Hunde und Greifvögel, sondern auch die insektenfressenden Singvögel gehören. Man bezeichnet sie als Konsumenten 2. Ordnung, wenn sie sich vorwiegend von Pflanzenfressern ernähren. Sie stellen das zweite Glied in der Kette von Verwertungsprozessen der pflanzlichen Primärproduktion dar. Weitere Glieder können sich anfügen, wenn die Konsumenten 2. Ordnung wieder anderen Organismen als Nahrung dienen, so daß je nach Art des betreffenden Ökosystems 3 oder 4, in Ausnahmefällen sogar 5 Glieder aufeinander folgen. Solche Ketten werden als Nahrungsketten bezeichnet. Sie sind im Wasser in der Regel um ein bis zwei Glieder länger als in Lebensräumen des Landes (vgl. dazu Abb. 107).

Die Nahrungsketten existieren aber nicht unabhängig voneinander als getrennte Kanäle des biologischen Energieflusses, sondern sie sind auf allen Ebenen mehr oder weniger stark unter-

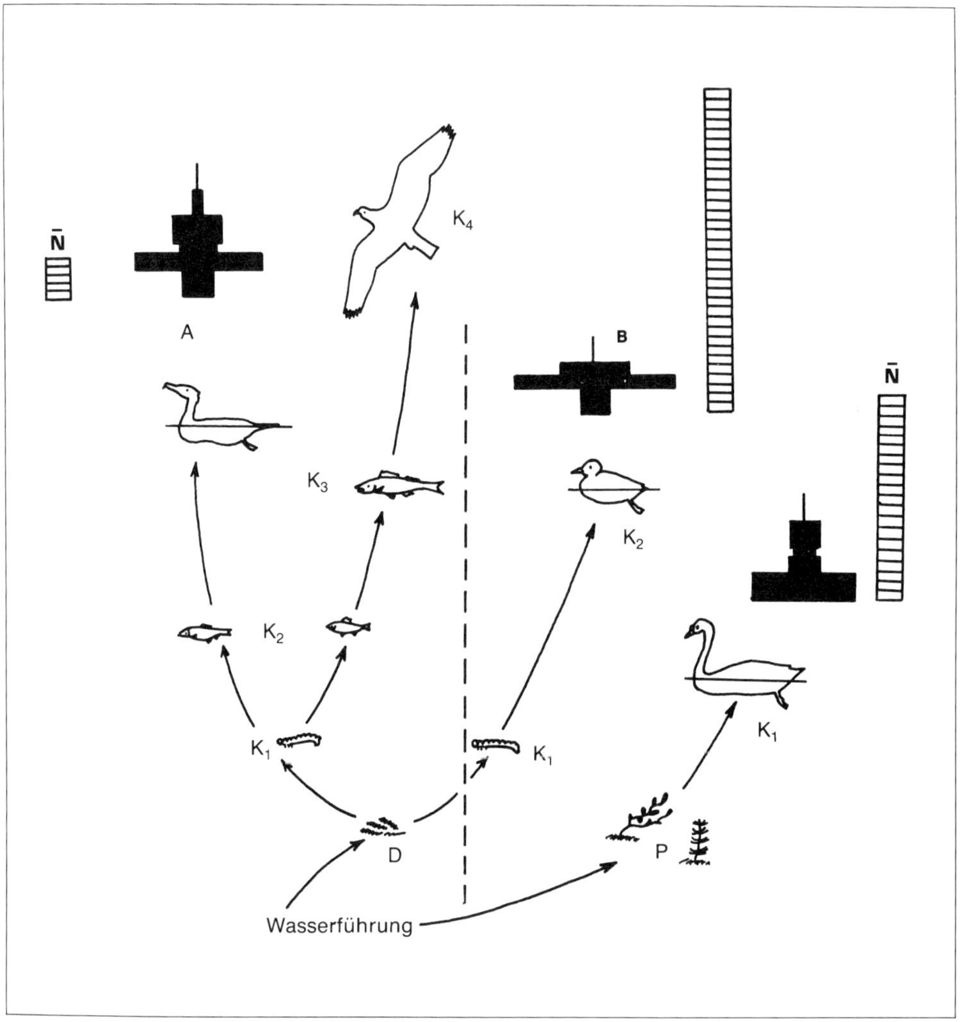

Abb. 107 Verkürzung der Nahrungsketten in den fischarmen, verschmutzten Stauseen (B) im Vergleich zum ungestörten Ökosystem von wenig belasteten Flüssen (A) und gut abgegliederten Seitenbuchten der Stauseen. N̄ = durchschnittliche Menge der Wasservögel, deren Verteilung über die verschiedenen Positionen der Nahrungsketten (K_1–K_4) in den schwarzen »Pyramiden« vergleichend dargestellt ist. Nach Reichholf [1976c und d].

einander vernetzt. Die Betrachtung komplexer Nahrungsnetze kommt daher den natürlichen Verhältnissen näher, auch wenn aus Gründen der notwendigen Vereinfachung eine getrennte Analyse der Nahrungsketten manchmal geboten ist.
In dieses Netz fügen sich auch die Konkurrenzverhältnisse ein, die zwischen den verschiedenen Arten gleicher nahrungsökologischer Position bestehen. Sie bedeuten eine Aufteilung der zur Verfügung stehenden Ausgangsnahrung und ihre differenzierte Nutzung.
Sie bestimmen zusammen mit der nahrungsökologischen Einordnung die Position der verschiedenen Arten im Gesamtgefüge der Lebensgemeinschaft. Diese Position wird als »ökologische Nische« bezeichnet. Sie gibt an, welche Rolle (welchen »Beruf«) die einzelne Art im Ökosystem ausübt. Ihre »Adresse« ist der Lebensraum, der Biotop, in dem sie zu finden ist (vgl. Kap. 2.2).

5.10.1.2 Funktion der Tierwelt in den Ökosystemen

Die einzelnen Tierarten erfüllen ganz unterschiedliche Teilfunktionen im Haushalt der Ökosysteme. Sie reichen von der Bestäubung von Blüten und der Ausbreitung von Samen bis zur Übertragung von Krankheiten und zum Transport von Stoffen. Die größte Bedeutung hat jedoch ihr regulierender Einfluß auf die Energie-Umsetzungen. Pflanzenfresser verwerten zwischen 1‰ und 10% der Primärproduktion, wobei die geringsten Werte in Wäldern, die höchsten im Grasland erzielt werden [Remmert 1973]. Doch wenn Produktion und Verbrauch zeitlich genügend entkoppelt sind, können bis zu 90% der stehenden Ernte, z. B. von Wasserpflanzen durch Wasservögel abgeweidet werden [Reichholf 1973b, 1976a]. Entscheidend ist dabei die zeitliche Verteilung, die »Dosierung« der Verbrauchsraten. Selbst die Entlaubung von Wäldern durch Raupen- oder Käferfraß kann langfristig einen Regulationsmechanismus für den Nährstoffhaushalt darstellen, wenn wichtige Mineralien zu knapp werden und die Remineralisation zu lange dauert [Mattson und Addy 1975].

5.10.2 Menschliche Einflußnahme

5.10.2.1 Direkter Einfluß

Der Mensch nutzte Bestandteile der Tierwelt seit jeher als Nahrungs- und Rohstoffquelle. Dies zog weitreichende Folgen nach sich, die von der Ausrottung [Ziswiler 1967] bis zur gezielten Förderung und Haustierhaltung verschiedener Arten reichen. Heute übertrifft die Biomasse, das gesamte Lebendgewicht aller Haustiere diejenige der Wildtiere in den meisten Gebieten der Erde bei weitem. Selbst in der extrem dicht besiedelten Bundesrepublik macht allein die Rinderbiomasse das doppelte Gewicht der menschlichen Bevölkerung und mindestens das hundertfache der Schalenwildbiomasse aus. Im Jahre 1976 gab es 14496377 Rinder, 20589208 Schweine und 88085035 Hühner in der Bundesrepublik (Bayerisches Statistisches Landesamt). Ihre ökologischen Auswirkungen (Nahrungsbedarf und Abfallproduktion) sind ungleich größer als die vergleichbarer Wildtiere (Reh, Hirsch und Wildschwein sowie Fasan und Rebhuhn), deren Bestände größenordnungsmäßig nur ein Zehntel bis ein Hundertstel der Haustiere ausmachen. Dennoch spielt gerade auch die Nutzung der jagdbaren Wildtierbestände eine große wirtschaftliche und ökologische Rolle. Allein im Jagdjahr 1974/75 wurden in der Bundesrepublik 32123 Stück Rotwild, 593433 Rehe, 1333749 Hasen, 1389194 Kaninchen, 1315940 Fasane, 306601 Rebhühner, 371215 Enten und 626799 Ringeltauben erlegt [DJV-Handbuch 1976]. Trotz dieser gewaltigen Entnahme von rund 30 Stück Wild pro Quadratkilometer unbebauter Landesfläche nahm der Bestand dieser Hauptwildarten – mit Ausnahme der Rebhühner – seit Jahren kontinuierlich zu. Die natürliche Produktivität der Wildbestände erlaubt offensichtlich bei diesen Arten eine so hohe Nutzungsrate. Doch es wäre falsch, aufgrund dieser Bilanzen verallgemeinernde Rückschlüsse auf die Situation anderer, nicht besonders gehegter Wildtierarten ziehen zu wollen. Die Produktivität ist eine Funktion von Nahrungsbasis und Angebot an geeignetem Lebensraum, die von Störfaktoren, wie Vergiftung, Konkurrenz oder Mangel an Nist- und Ruheplätzen erheblich modifiziert werden kann.

So überlagerten sich die Effekte der Jagd und die Veränderung der Ernährungsbasis wohl mit Sicherheit beim Aussterbeprozeß von Braunbär, Wolf, Biber, Luchs und anderen regional verschwundenen Großtierarten in Mittel- und Westeuropa. Besonders für die Großgreifvögel (Adler) dürften Veränderungen im artspezifischen Nahrungsangebot zusätzlich den Vernichtungsprozeß beschleunigt haben, wenngleich der Beitrag der unmittelbaren Nachstellungen [Bijleveld 1975, Thielcke 1975] ohne Zweifel ausschlaggebend war. Dies zeigen u. a. die geglückten Wiedereinbürgerungen großräumig ausgerotteter Arten, wie beispielsweise des Bibers [Niethammer 1963, Reichholf 1976a] oder des Rotwildes nach seiner fast völligen Ausrottung im letzten Jahrhundert [Niethammer 1963]. Selbst bei den durch andere Faktoren geschädigten Greifvögeln (s. u.) erholen sich die Bestände rasch und nachhaltig, wenn sie vor der Verfolgung geschützt werden [Ratcliffe 1963, Reichholf 1976]. Allerdings erfassen die Jagdstatistiken in der Regel den Abschuß bestandsgefährdeter Wildtierarten nicht genau ge-

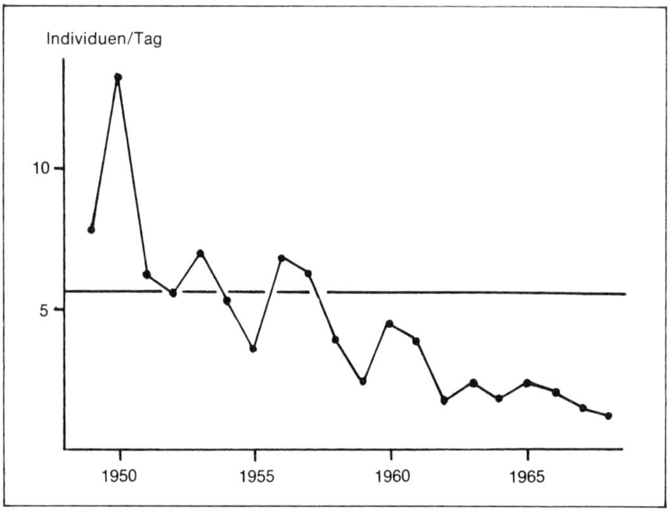

Abb. 108 Durchschnittliche Tageszahlen (G/T) aller Greifvögel im Ismaninger Teichgebiet von 1949 bis 1968 im Vergleich zum Mittelwert der Jahre 1930 bis 1934 (waagrechte Gerade). Aus BEZZEL [1969].

nug, um das quantitative Ausmaß der Gefährdung tatsächlich abschätzen zu können. Für die am genauesten untersuchte Tiergruppe, die Greifvögel, läßt sich nach BIJLEVELD [1975] nur kalkulieren, daß durch alle Vernichtungsfaktoren zusammen der Greifvogelbestand Europas auf etwa 1% des noch vor zwei Jahrhunderten vorhandenen abgesenkt worden ist. Eine vergleichbare Größenordnung erhält man bei der Gegenüberstellung der heutigen Greifvogeldichte Europas und der nur mäßig beeinflußten Gebiete im Hochland Ostafrikas. Der Trend der Bestandsentwicklung verlief in Mitteleuropa während des letzten halben Jahrhunderts besonders alarmierend negativ [BEZZEL 1969, 1976]. Von 1950 bis 1970 nahm die Häufigkeit von Greifvögeln im Europareservat Ismaninger Teichgebiet bei München um etwa 84% kontinuierlich ab (Abb. 108). Inzwischen scheint sich eine leichte Wiedererholung abzuzeichnen, nach-

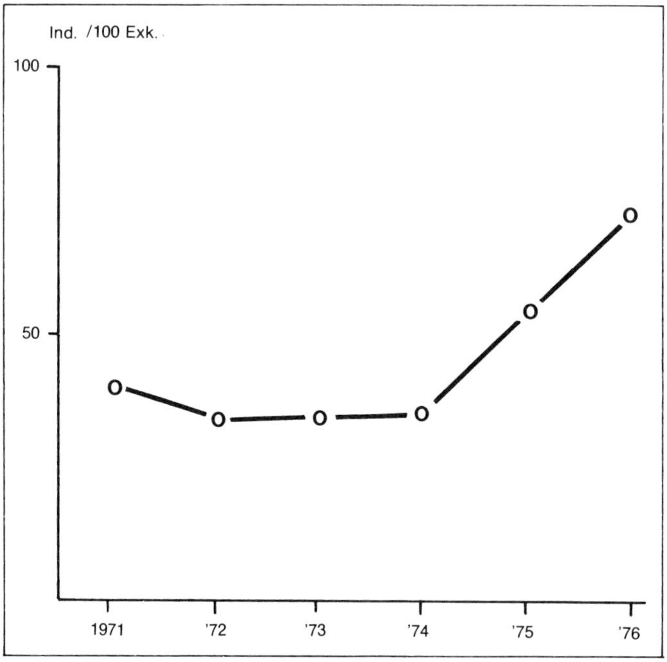

Abb. 109 Anzeichen der Wiedererholung der Bestände seltener Greifvögel (alle Arten mit Ausnahme von Mäusebussard und Turmfalke) nach Einstellung der Bejagung im Jahre 1971 für ein südostbayerisches Untersuchungsgebiet. Aus REICHHOLF [1976f].

dem in Bayern die Greifvogelbejagung im Jahre 1971 generell eingestellt worden war. In einem südostbayerischen Untersuchungsgebiet stieg die Beobachtungshäufigkeit von seltenen Greifvogelarten von 30 bis 40 Stück auf 70 Stück pro 100 Exkursionen infolge der Einstellung der Bejagung der Greifvögel wieder an [Reichholf 1976f.], doch diese Entwicklung reicht für eine Bestandsstabilisierung bei diesen hochgradig bedrohten Arten noch lange nicht aus (Abb. 109).

Unerwartet starke Nebenwirkungen zeitigte der Einsatz der chemischen Schädlingsbekämpfungsmittel (Pestizide) auf die freilebende Tierwelt. Nicht nur Insekten und andere Wirbellose verschiedenster Gruppenzugehörigkeit wurden durch die Anwendung von Mitteln mit geringer Selektivität [z. B. DDT] massenhaft getötet, sondern auch die nicht unmittelbar vergifteten Wirbeltiere zeigten unvermutete Reaktionen. So trat insbesondere bei Vögeln eine Störung des Kalkstoffwechsels ein, der zur Verdünnung der Eischalen führte. Diese zerbrachen dann leicht während der Bebrütung, so daß sich stark verringerte Nachwuchsraten bei einigen Arten einstellten. Insbesondere Arten in Spitzenpositionen der Nahrungsketten wurden davon betroffen, aber neuere Untersuchungen ergaben eine generelle Schadstoffbelastung freilebender Vögel, die z. T. weit über den nach der Höchstmengenverordnung zulässigen Grenzwerten liegen. Die Untersuchungen am Tiermedizinischen Institut der Universität Freiburg [Conrad 1977] erfolgten an 457 Eiern von 19 mitteleuropäischen Vogelarten. Kein Ei war frei von Pestizidrückständen und PCB, und bei fünf Vogelarten traten statistisch gesicherte Eischalenverdünnungen auf (Greifvögel und Eulen!). Bei 6 Vogelarten erwecken die Ergebnisse den Anschein, daß die Biozide eine »bestandslenkende« Wirkung entfalten.

Viel problematischer ist die Beurteilung der Auswirkungen der Biozide auf die Wirbellosen. Hohe Vermehrungsraten gleichen bei ihnen im Gegensatz zu den Wirbeltieren die lokalen Totalausfälle oder Bestandsschädigungen meist rasch wieder aus. Doch bei großflächiger Behandlung und beim Fehlen von unbeeinflußten Restbiotopen (Schutzgebiete, »ökologische Zellen«) bleibt diese Regeneration aus oder funktioniert nur noch unvollständig. Die überall zu beobachtende Artenverarmung trifft daher vornehmlich die intensiv bewirtschafteten Ackerbaugebiete und Sonderkulturen wie Wein- und Obstbau. Der rapide Rückgang der Tagfalter signalisiert diese Entwicklung. Vergleichende Untersuchungen im niederbayerischen Inntal zeigten, daß in der intensiv bewirtschafteten Feldflur nur noch ein Drittel der Tagfalterarten und nur noch 6% (!) der Schmetterlingsmengen leben, die auf naheliegenden, extensiv genutzten Wiesen zu finden sind [Reichholf 1973 a] (Abb. 110).

Der Rückgang ist bei anderen Tiergruppen vielleicht noch stärker aber weniger gut beobachtbar. So ging die Häufigkeit der früher so bekannten Maikäfer großflächig sehr stark zurück [Günther 1977]. Massenflüge scheinen nur noch an wenigen Plätzen in relativ schwach beeinflußten Flußauen in alter Regelmäßigkeit und annähernd vergleichbarer Stärke aufzutreten [Reichholf unpubl.], während sie anderswo kaum mehr in Erscheinung treten. Die Ursachen sind keineswegs klar. Langfristige Zyklen in den Bestandsschwankungen und/oder Veränderungen in der Struktur und Zusammensetzung des Wurzelbereichs von Kräutern und Gräsern werden diskutiert [Günther l.c.].

Auch Heuschrecken scheinen vielerorts stark abzunehmen [Engelhardt pers. Mitt.], insbesondere in Düngewiesen.

Das Symposium über Veränderung von Flora und Fauna in der Bundesrepublik Deutschland [Sukopp und Trautmann 1976] zeigte, daß die Abnahmetendenzen keineswegs örtliche Verhältnisse oder einzelne Tiergruppen betreffende Phänomene, sondern vielmehr ein generell zu beobachtender Prozeß sind, der zweifellos schon seit Jahrzehnten abläuft, ohne daß er hinreichend genau verfolgt worden wäre.

So sind alle Fledermausarten bestandsgefährdet, 8 von ihnen sogar hochgradig. Besonders drastisch zeigt sich der Rückgang der Fledermäuse in der Abnahme der winterschlafenden Populationen. So schmolz die wohl bedeutendste mitteleuropäische Ansammlung der Mopsfledermaus *(Barbastella barbastellus)* in einem Bergwerksstollen bei Bodenmais von 2–3000 Tieren vor 1970 um mehr als 80% auf nur noch 550 Exemplare im Winter 1976/77 zusammen. Noch stärkere Verluste sind für das wichtigste Winterquartier des Mausohrs *(Myotis myotis)* im Raitenbucher Forst zu verzeichnen. Von 1958 bis 1977 sank der Winterbestand um 92% von

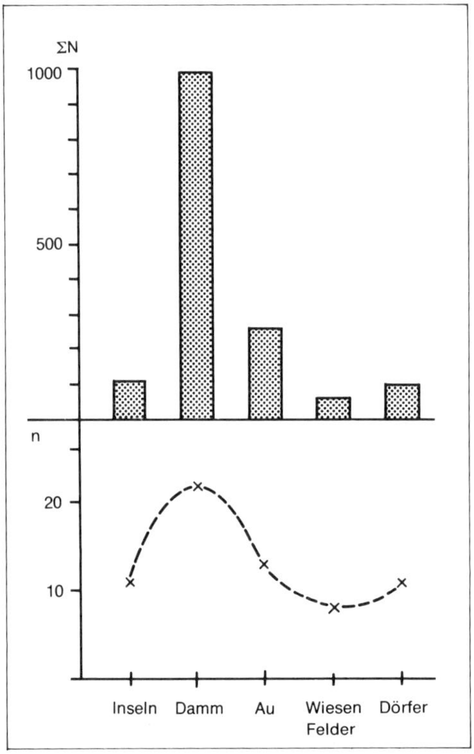

Abb. 110 Häufigkeit (ΣN), und Artenreichtum (n) von Tagfaltern in verschiedenen Biotopen im niederbayerischen Inntal. Aus Reichholf [1973 a].

3500 auf 270 Fledermäuse. Zahlreiche kleinere Überwinterungsquartiere weisen gleichermaßen auf starke Bestandsverluste hin [W. Antoni in litt.].

Der Fischotter steht kurz vor dem Aussterben und auch den Dachs haben starke Bestandsverluste im Zuge der Fuchsbekämpfung zur Kontrolle der Tollwut betroffen. 12 Säugetierarten wurden auf dem Gebiet der Bundesrepublik in historischer Zeit ausgerottet; ein hoher Anteil bei nur 81 freilebenden Arten insgesamt! [Röben 1976]. Von den 260 Brutvogelarten sind 14 ausgestorben; 14,5% sind hochgradig, weitere 30% stark gefährdet. Nur rund die Hälfte des Artenbestandes kann als einigermaßen gesichert gelten [Erz 1976]. Ähnlich liegen die Verhältnisse bei den Reptilien, Amphibien [Müller 1976] und bei den Fischen [Lelek 1976]. Bei den Wirbellosen sind die Bestandsverhältnisse quantitativ viel zu wenig bekannt, um das Ausmaß der Veränderung abschätzen zu können. Vor allem ist es schwierig, bei hochgradig spezialisierten Arten direkte Gefährdung von natürlicher Seltenheit zu unterscheiden, da in den Lebensräumen keineswegs alle Arten gleich häufig vorkommen. Seltenheit ist vielfach eine biologische Gegebenheit, doch das ändert nichts daran, daß seltene Arten stärker gefährdet sind als häufige.

Im Vergleich zu diesen Veränderungen treten andere Einflüsse mengenmäßig stark zurück. Selbst wirtschaftlich hohe Verluste bei den Jagdwildarten fallen bestandsdynamisch offenbar nicht ins Gewicht. So forderte der Straßenverkehr im Jagdjahr 1967/68 [DJV Handbuch 1976] folgende Opfer: 700 Stück Rotwild, 800 Stück Damwild, 60000 Rehe, 1000 Stück Schwarzwild und 120000 Hasen. Sie machen zusammen einen Wert von 5,5 Millionen DM aus. Doch der Anteil an der Gesamtpopulation dieser Wildtiere beläuft sich bei keiner Art auf mehr als 10%, den Vermehrungszuwachs nicht eingerechnet. Die Straßenverkehrsverluste an Wild liegen daher weit innerhalb der Ungenauigkeitsgrenzen der Bestandsabschätzungen und bleiben – wie die Bestandsentwicklung der letzten Jahre zeigte – ohne erkennbare populationsdynamische Bedeutung.

Praktisch unbekannt ist dagegen der Einfluß, den die Lichtanlockung durch die nächtliche

Straßen- und Gebäudebeleuchtung auf die verschiedenen Insektenarten ausübt. Diese ›light pollution‹ bedarf dringend eingehender Untersuchungen, speziell auch im Zusammenhang mit der biologischen Schädlingsbekämpfung.
Einzelne Arten profitieren direkt oder indirekt von menschlichen Maßnahmen. Die Verschmutzung und Eutrophierung der Gewässer im Binnenland und winterliche Fütterung in den Städten verbesserten die Existenzgrundlage von kulturfolgenden Vogelarten, wie beispielsweise der Lachmöwe, die im Binnenland nun in 30–40000 Paaren brütet. Allein in Bayern verdreifachte sich der Bestand in den letzten 20 Jahren auf etwa 20000 Brutpaare, die vornehmlich an künstlichen Teichen und Stauseen nisten [Reichholf und Schmidtke i. V.]. Auch die halbwilden Stadtpopulationen der Stockenten wuchsen stark an. Genauere Zahlen hierüber liegen jedoch nicht vor. Die Verkrautung der eutrophierten Gewässer und winterliche Zufütterung verschafften dem Höckerschwan so ideale Nahrungsbedingungen, daß sich die verwilderten Parkschwäne stürmisch ausbreiten und kräftige Bestände aufbauen konnten. Der noch vor einem halben Jahrhundert seltene Wintergast lebt nun in Süddeutschland in wenigstens 500 Brutpaaren, zu denen noch über 2000 Nichtbrüter hinzukommen [Hölzinger 1973]. Stark ausgebreitet haben sich auch völlig gebietsfremde Arten wie Fasan, Kaninchen und Bisamratte, die zusammen mit Damwild und einigen anderen Neueinbürgerungen zum festen Bestandteil der heimischen Fauna zählen [Niethammer 1963, Reichholf 1977]. Ihre Integration in die Lebensgemeinschaften wurde vielfach einseitig nach den potentiellen wirtschaftlichen Vor- oder Nachteilen beurteilt, die sich in der Regel nicht mit den ökologischen Gegebenheiten decken. So verursachte die »gewaltsame« Einführung des Jagdfasans größere Veränderungen in der heimischen Fauna (Greifvogelbekämpfung und Raubzeugvernichtung) als die Bisamratte oder der neuerdings so gefürchtete Waschbär.

5.10.2.2 Indirekter Einfluß

In der Gesamtbilanz der Veränderung der Tierwelt in Mitteleuropa dürften die indirekten Einflüsse des Menschen die direkten überwiegen. Die Landschaft, und damit die Lebensräume der Tierwelt, wurde im Verlaufe des 20. Jahrhunderts in einem noch nie dagewesenen Ausmaß verändert. Selbst die großen Rodungen des frühen Mittelalters vermochten keine so tiefgreifenden Auswirkungen zu zeitigen. Im Gegenteil, sie förderten durch Auflockerung der Landschaftsstruktur und durch die Schaffung neuer Kleinlebensräume die Artenvielfalt. Dieser positive Trend zeigt sich heute noch beim Eindringen der Siedlungen in die finnischen Wälder [Nuorteva 1971].
Erst die Umstellung der Landbewirtschaftung auf den quasi-industriellen Einsatz von Maschinen und Energien kehrte diese Entwicklung um und führte zu einer großflächigen Nivellierung des Artenreichtums. Wasserverschmutzung und Vergiftung mit Stoffen, die dem Naturhaushalt bisher fremd waren, kamen hinzu. Als Ergebnis dieser Gesamtentwicklung findet sich die Mehrzahl der Wirbeltierarten gegenwärtig in einem Zustand mehr oder minder akuter Bestandsbedrohung [Sukopp und Trautmann 1976]. Das Ausmaß ist bei den Wirbellosen noch kaum abschätzbar, aber sicher nicht wesentlich verschieden von der Situation der Wirbeltiere. Gefährdet sind neben den jagdlich nicht gehegten Großtierarten insbesondere Nahrungsspezialisten, Arten in Spitzenpositionen der Nahrungsketten und Bewohner selten gewordener Lebensräume (Hochmoore, nährstoffarmer Gewässer und Trockenrasen). Die Vereinheitlichung komplexer Biotopstrukturen, z. B. bei der Flurbereinigung [Reichholf 1976 b] oder in der Forstwirtschaft [Vidal 1975] nimmt zahlreichen Arten lebenswichtige Faktoren [Potts 1970, Shrubb 1970], und leitet damit Bestandsrückgänge ein, die bis zum völligen Erlöschen in weiten Gebieten führen können.
Strukturveränderungen und Vernichtung von Kleinlebensräumen (Tümpel, Quellmoore, Feuchtwiesen, Hecken etc.) wirken sich unter Umständen örtlich in kaum meßbarer Weise aus. Überregional summieren sich diese Effekte aber so stark auf, daß beträchtliche Verschiebungen zustande kommen. Der Rückgang der meisten Singvogelarten in Mittel- und Westeuropa dürfte im wesentlichen auf die Summation vieler kleiner Veränderungen zurückzuführen sein [Berthold 1972].

Die Gesamtbilanz wäre katastrophal, wenn nicht die Neuschaffung von Lebensräumen immer wieder einen gewissen Ausgleich bringen würde. So vernichtete die praktisch vollständige Kanalisierung der mitteleuropäischen Flußläufe den allergrößten Teil der Fauna der Fließgewässer. Besonders stark betroffen waren die Wasservögel. Doch die Anlage von Stauseen glich diese Entwicklung wieder aus und stellenweise kam es sogar zu einer geradezu erstaunlichen Regeneration der Gewässer-Ökosysteme, wie das Beispiel der Stauseen am unteren Inn zeigt [Reichholf 1966, 1976c und d]. Als Folge dieser Entwicklung wanderten verschiedene Wasservogelarten neu nach Mitteleuropa ein [Tafelente – Bezzel 1967, Nachtreiher – Reichholf 1976d]. An den Innstauseen stieg die durchschnittlich pro Jahr zu beobachtende Anzahl an Wasservogelarten von 25 vor der Einstauung auf über 100 danach. Die Entwicklung verlief sehr rasch und zeigte die erstaunliche Fähigkeit zur Selbstregulation naturnaher Ökosysteme [Reichholf 1976d].
Wiederum sind die Entwicklungen bei den Wirbellosen, vor allem bei der Bodenfauna, ungleich schlechter dokumentiert als bei den Wirbeltieren [Sukopp und Trautmann 1976]. So gibt es nur sporadisch Untersuchungen über die Auswirkungen von Verkehrsimmissionen auf die Verhältnisse im Freiland.
Maurer [1974] stellte fest, daß die Käfer- und Spinnenfauna im Immissionsbereich verkehrsreicher Straßen in der Schweiz statistisch signifikant reduziert wird. Doch die einzelnen Arten reagieren ganz unterschiedlich darauf, so daß Verallgemeinerungen schwierig sind.
Ganz ähnlich liegen die Verhältnisse bei der Abwassereinleitung und der thermischen Belastung von Fließgewässern [Hynes 1960, Gibbons und Sharitz 1974]. Mit jeder Art von Eutrophierung oder thermischer Belastung gehen Artenreichtum und Diversität bei nahezu allen Gruppen von Organismen zurück, während einige wenige Formen Massenvermehrungen durchmachen und zunehmende ökologische Instabilität signalisieren. Dieser Prozeß ist generell zu beobachten und zeigt die enge Koppelung an die Anreicherungsprozesse an Nährstoffen und Energien durch die menschliche Umweltbeeinflussung. Der Trend verläuft in Richtung auf eine Vereinheitlichung der Lebensbedingungen und folglich auf eine Nivellierung des Artenspektrums. Daran ändern auch Einbürgerungen und Verschleppungen exotischer Arten nicht viel. Denn für den Ablauf der ökologischen Prozesse ist weniger die absolute Artenzahl als vielmehr die Häufigkeitsverteilung der verschiedenen Arten von Bedeutung. Je gleichmäßiger die relativen Häufigkeiten, umso ausgeglichener kann der biologische Energiefluß durch die Nahrungsketten und -netze erfolgen. Und umso geringer ist die Störanfälligkeit des ökologischen Systems.

5.10.3 Konsequenzen

5.10.3.1 Veränderungen der Fauna

Die direkten und indirekten Einwirkungen des Menschen auf die Tierwelt beeinflussen in so starkem Maße die Art ihrer Zusammensetzung, daß die mitteleuropäische Fauna ein im wesentlichen anthropogenes Produkt darstellt. Sie ist weit entfernt von einer »natürlichen« Zusammensetzung und damit auch außerhalb eines natürlichen Gleichgewichtszustandes. Ihre Dynamik wird von den steuernden und regelnden menschlichen Eingriffen bestimmt.
Eine Fauna ist naturgemäß kein statisches, sondern ein hochgradig dynamisches System, in welchem die einzelnen Arten in Wechselwirkungen zueinander und zu ihrer Umwelt stehen. Die Umwelt, die verschiedenen Lebensbedingungen der unterschiedlichen Lebensräume, setzt dabei die Rahmenbedingungen, innerhalb derer die Arten sich einnischen können. Die Artenzahl bestimmen die vorhandenen ökologischen Positionen, die genaue Zusammensetzung aber auch historische Ereignisse und die Zuwanderungsmöglichkeiten aus anderen Räumen. Der Mensch beeinflußt alle diese Grundgegebenheiten. Durch Schaffung neuer oder Vernichtung vorhandener ökologischer Positionen regelt er die Möglichkeiten für die Existenz, durch Überbrückung unüberwindlicher Barrieren im modernen, weltweiten Verkehr beseitigt er historische Zufälle (Isolationen) und hilft über Ausbreitungsschwierigkeiten hinweg. Der Mensch ist daher zum wichtigsten faunenbildenden Faktor geworden, der Vorgänge, die in geologischen

Zeiträumen abgelaufen sind, in einer vieltausendfach beschleunigten Dynamik auf Jahrzehnte, ja mitunter bis auf Jahre reduziert. Die Fauna befindet sich daher in einem bisher nicht dagewesenen Umwälzungsprozeß.

5.10.3.2 Einstellung neuer Gleichgewichte

Mit dieser Dynamik in der Fauna verbinden sich nun Veränderungen im Funktionsgefüge der tierischen Biozönosen [Udvardy 1969], die weit über das bloße Verschwinden oder Hinzukommen von einzelnen Arten hinausführen. Ihre Beurteilung für den Naturhaushalt knüpft sich an die grundlegenden Auswirkungen von Artengleichgewichten und ihrer Auslenkung aus dem Grundzustand. Die Gleichgewichte ergeben sich dabei aus der Dynamik der relativen Häufigkeit der einzelnen Arten als Fließgleichgewichte, die sich – solange sie die Fähigkeit zur Selbstregulation besitzen – auf die sich ändernden Umweltgegebenheiten einstellen. Gut eingespielte Gleichgewichtszustände weisen einen hohen Bestand an Arten auf, die nicht mehr ausgetauscht werden, während stark fluktuierende Stadien durch hohe Austauschraten gerade der wesentlichen Arten gekennzeichnet sind.
Wie die Untersuchungen von Winkler [1975] zeigten, können Wasservogelbiozönosen sehr stabile Systeme aufbauen, wenn starke Korrelationen zwischen den häufigsten Arten (die zusammen wenigstens 90% der Gesamtbiomasse umfassen) bestehen. Diese Korrelationen bleiben dann konstant, auch wenn bei schwankenden Umweltbedingungen die numerischen Fluktuationen ein größeres Ausmaß annehmen. Die Stabilität einer Biozönose hängt daher vorrangig von der Stabilität der ökologischen Beziehungen der Arten in Schlüsselpositionen im betreffenden Ökosystem und nicht so sehr vom Ausmaß der zahlenmäßigen Schwankungsstärken ab. Der Begriff des »biologischen Gleichgewichts« ist daher nur recht schwer faßbar und nur bei sehr gründlichen Untersuchungen auch hinreichend genau quantifizierbar.

5.10.3.3 Kontrolle der Entwicklungen mittels Indikatorarten

Die Schwierigkeit, die verschiedenen Ökosysteme gut genug zu analysieren, um die Veränderungen in der Fauna richtig interpretieren zu können, macht den Einsatz von Methoden not-

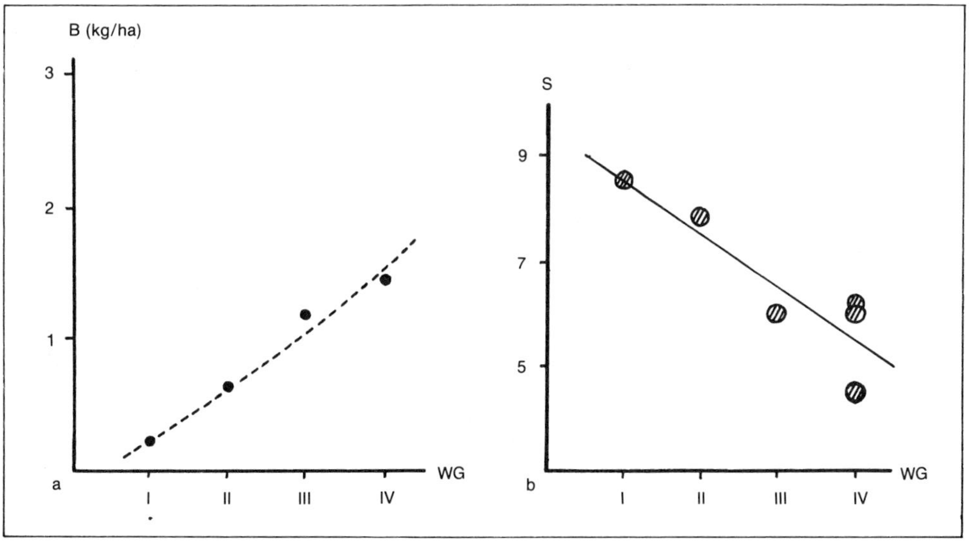

Abb. 111 a Korrelation zwischen Wassergüte (WG) und Biomasse (B) der Wasservögel (in kg/ha) für oberbayerische Seen; b Korrelation zwischen Artenzahl (S) und Wassergüte (WG – Einteilung in vier Stufen nach dem System von Liebmann). Die Biomasse nimmt mit fortschreitender Eutrophierung zu, die Artenmannigfaltigkeit dagegen ab. Nach Utschick [1976].

wendig, bei denen auf eine Gesamtanalyse verzichtet werden kann. Die bedeutendste und bereits vielfach benutzte ist die Kontrolle der ablaufenden Entwicklungen mittels Indikatorarten, deren ökologische Ansprüche und Reaktionen gut genug bekannt sind, um aus ihrem Vorkommen oder leicht erkennbarem Verhalten Rückschlüsse auf Veränderungen im Ökosystem ziehen zu können [Ellenberg 1975].
Während im terrestrischen Bereich insbesondere die Luftverschmutzung über Bioindikatoren (Flechten) kontrolliert wird [Steubing 1976] (vgl. Kap. 5.5.2 des Handbuchs), erwiesen sich verschiedenste Gruppen von Organismen, von Ciliaten [Bick 1976] bis zu Wasservögeln [Reichholf 1976 c, Utschick 1976] als für spezielle Problemstellungen gut verwertbar.
So hängen beispielsweise die Häufigkeit und die Diversität von Wasservögeln von der Wassergüte ab [Utschick 1976], und sie vermögen diese sogar genauer aufzuschlüsseln als die herkömmlichen Bioindikatoren [Utschick l.c.], da sie vom O_2-Gehalt der Gewässer nicht direkt beeinflußt werden (vgl. dazu auch Abb. 111).

5.10.3.4 Veränderungen der Funktion der Tierwelt

In natürlichen Ökosystemen bestand die Hauptfunktion der Tierwelt darin, den Stoffkreislauf zu regeln und die raum-zeitliche Verteilung der Nährstoffe zu steuern. Trotz geringer Biomasse und niedriger unmittelbarer Verbrauchsraten führte die Entwicklung der tierischen Komponente der Ökosysteme ganz klar zu einer wechselseitigen Anpassung, die im tropischen Regenwald maximal ausgeprägt ist. Diese Funktion wurde in dem Maße vermindert, wie Produktion und Verbrauch in den menschlichen Produktionssystemen entkoppelt wurden. Die ursprünglich mehr oder minder gut geschlossenen Kreisläufe werden immer mehr zu Durchlaufsystemen, in denen nicht nur die Energie, sondern auch die Substanzen zum überwiegenden Teil durchgeschleust werden. Die Tierwelt als Regulationsmechanismus wurde laufend zurückgedrängt. Dies zeigt der Extremfall des städtischen Lebensraumes, in dem fast nichts mehr produziert wird (pflanzliche Primärproduktion), sondern nur umgesetzt und nach außen wieder abgegeben. Die Fauna der innerstädtischen Bereiche ist daher weitgehend ein Konglomerat aus Kommensalen (Ratten, Tauben, Fliegen) oder aus Konsumenten der von außen eingebrachten Primärproduktion (Schädlinge an Lebensmittelvorräten bzw. von menschlicher Zufütterung abhängige Formen, wie z. B. Enten, Schwäne und Möwen innerstädtischer Gewässer, Stadttauben und Singvögel an den Futterhäuschen).
Im globalen Trend wird die Fauna mit zunehmender menschlicher Umgestaltung der Lebensräume vom stoffkreislaufregulierenden Konsumenten zum Kommensalen, vom Nahrungskonkurrenten zum Parasiten. Zwischen diesen Extremen unbeeinflußter und total veränderter Natur liegt aber das weite Feld mäßiger Eingriffe, in das sich der überwiegende Teil der Tierwelt eingeordnet hat.

5.10.4 Ein neues Design für die Tierwelt der Kulturlandschaft?

5.10.4.1 Notwendigkeit der Artenvielfalt

Die Frage nach der Funktion der Artenvielfalt in den Lebensgemeinschaften ist bis heute nicht hinreichend geklärt. Eine einfache Formel »hoher Artenreichtum = hohe Stabilität« scheint es nicht zu geben [Van Dobben und Lowe-McConnell 1975]. Die Evolution der feinen Abstimmungen und Wechselbeziehungen in den Lebensgemeinschaften der Ökosysteme macht enge Verbindungen von Artenvielfalt und ausbalanzierter Funktionsweise (»Gleichgewicht«) jedoch sehr wahrscheinlich. Wenn auch Artenreichtum an sich nicht mit Stabilität gleichzusetzen ist, so muß doch bei künstlicher Verringerung der Artenvielfalt – wie dies in den Kulturland-Ökosystemen häufig der Fall ist – eine Verminderung der Eigenstabilität der Systeme beobachtet werden. Dies zwingt dann zu regelmäßigen Eingriffen und zur künstlichen Stabilisierung unter zusätzlichem Energieaufwand. Die Aufteilung des biologischen Energieflusses in eine Vielzahl von Kanälen mit geringen energetischen Niveauunterschieden schafft offenbar günstigere Input-Output-Relationen und vermindert Substanzverluste, so daß derart strukturierte, ökologi-

sche Systeme von der Selektion begünstigt werden [MARGALEF 1968, ODUM 1971, STUGREN 1972; vgl. auch die Lehrbücher der Ökophysik, z. B. WESLEY 1974].
Neben diesen, den Ökosystemen selbst innewohnenden Funktionen hat die Erhaltung der Artenvielfalt auch erhebliche praktische Bedeutung (humanökologischer Bezug). Jede Art stellt einen einmaligen, nicht wiederherstellbaren Träger genetischer Information dar, der im Laufe von Jahrmillionen aus dem Wechselspiel Organismus – Umwelt herausselektiert worden ist. Die Möglichkeiten zur Nutzung dieser unterschiedlichen Informationsgehalte lassen sich in aller Regel a priori nicht abschätzen. Da außerdem jede Art eine eigene ökologische Nische besetzt, kann ihr Verhalten zum Indikator für Umweltveränderungen werden. Ökologische Funktion, Indikatorwirkung und Informationsgehalt ergeben zusammen die rationale Basis für die Notwendigkeit der Erhaltung der Artenvielfalt.

5.10.4.2 Bedeutung der Reste natürlicher Lebensgemeinschaften

Die in der modernen Kulturlandschaft verbliebenen Reste naturnaher Lebensgemeinschaften bilden geradezu Inseln der Vielfalt in der Einförmigkeit der sie umgebenden, naturfernen Ökosysteme. Ihre wichtigste Funktion besteht in der Erhaltung der für das biologische Funktionieren der naturfernen Produktionsbiotope notwendigen Refugien für Tierarten, die in der Kulturlandschaft nicht dauerhaft lebensfähig sind. Darüber hinaus bewahren sie auch einen wesentlichen Teil der genetischen Vielfalt jener Formen, die zum gegenwärtigen Zeitpunkt noch keine unmittelbare Bedeutung für den Menschen zu haben scheinen. Als »ökologische Zellen« sollten sie das natürliche Potential an Arten bewahren (vgl. Kap. 6.5). Ökologisch sind sie Ausgleichsflächen, die – sofern sie in ausreichender Dichte und Verteilung vorhanden sind – gestörte Gleichgewichte im Kulturland wieder ausbalanzieren. Ihre Bedeutung bemißt sich aus ihrer relativen Häufigkeit einerseits und aus dem Anteil seltener Arten, die sie beherbergen andererseits. Als Richtgröße in erster Näherung kann der Kehrwert ihrer relativen Häufigkeit (bezogen auf die Gesamthäufigkeit = 1) gelten.

5.10.4.3 Spannungsfeld »dynamische Anpassung« und »konservierender Naturschutz«

Natürliche Ökosysteme weisen im Vergleich zu den aus ihnen hervorgegangenen künstlichen nicht nur einen meist erheblich höheren Artenreichtum, sondern auch eine geringe Produktivität pro Art auf. Die menschliche Bewirtschaftung versetzt sie daher in einen produktiveren Zustand zurück – zurück deshalb, weil es sich dabei strukturell meist um ein frühes Sukzessionsstadium handelt, das unter Energieaufwand vom Menschen künstlich aufrecht erhalten wird. In diesem Zustand produzieren einige wenige Arten oder eine einzige Art, während sich in den fortgeschritteneren Stadien, insbesondere aber im Endstadium der Entwicklung (Klimax) zahlreiche Arten die Produktionsleistung untereinander aufteilen. Der Anteil der einzelnen Art nimmt dabei in dem Maße ab, wie der Artenreichtum zunimmt. Die Tendenz der wirtschaftlichen Nutzung geht daher zur Monokultur, da sie pro Art maximale Erträge liefert. Gleichzeitig wird damit aber das Angebot an artspezifischen Lebensmöglichkeiten für einige wenige Tierarten maximiert. Ohne Gegenspieler und Kontrollfaktoren können sie ihre Nische in nie dagewesenem Umfang nutzen – und zum Schädling werden! Diese Entwicklung zieht weitere Stabilisierungsmaßnahmen nach sich, wie z. B. die chemische Schädlingskontrolle, deren Folgewirkungen häufig weit über das Anwendungsgebiet hinausreichen und heute globale Dimensionen angenommen haben.
Mit der biologischen Schädlingsbekämpfung, also mit dem gezielten Einsatz natürlicher Feinde zur Bekämpfung wirtschaftlich, hygienisch oder gesundheitlich unerwünschter Massenvermehrungen hat man neue Wege der Kontrolle versucht, die jedoch nur dann erfolgversprechend sind, wenn den natürlichen Verzögerungszeiten, die in der Reaktion des Feindes auf die Entwicklung der Beutebestände auftreten, Rechnung getragen werden kann. Die Methoden sind in rascher Entwicklung begriffen und langfristig durchaus vielversprechend [FRANZ und KRIEG 1972]. Vgl. Kap. 5.14.
Als Ergebnis aus diesen Entwicklungen zeigte sich immer wieder die Feststellung, daß in der

Kulturlandschaft offenbar Artenfehlbeträge auftreten, die darauf zurückzuführen sind, daß das regionale Artenspektrum nicht über eine ausreichende Anpassungsbreite verfügt, um mit den starken Verschiebungen in den Produktionsverhältnissen und den Veränderungsgeschwindigkeiten zurechtkommen zu können.

Odum (1971) stellt daher die Frage nach der Notwendigkeit eines neuen Designs für die Kulturlandschaft:

> »When man has already disturbed and displaced the natural system, conditions are different and new species may be required to form a new network. . . . Perhaps conservatism was justified as long as natural systems were little disturbed and knowledge was lacking. Now, however, the natural systems are mostly disrupted and man is integrating small separate systems into one larger system anyway. Perhaps now multiple transplantation is needed to develop new designs.«

Die Einwanderung und Einschleppung gebietsfremder Arten hat längst auch in Mitteleuropa floristische und faunistische Verhältnisse geschaffen, die weit von einer natürlichen Artenzusammensetzung entfernt sind [Reichholf 1976e]. Wirtschaftlich negative Auswirkungen eingeschleppter Arten setzte man dabei häufig mit ökologischen Schäden gleich [Elton 1958, Niethammer 1963]. Unbeachtet blieb die andere Möglichkeit, die Bereicherung der naturfernen Lebensgemeinschaften und ihre Stabilisierung, wie sie Odum (l.c.) aus theoretischen Gründen fordert. Auf der Basis einer rationalen Beurteilung funktioneller Beziehungen sollte daher die Fauna der Kulturlandschaft so natürlich wie möglich und so funktionsgerecht wie unumgänglich notwendig sein. Ihre Zusammensetzung und Dynamik zeigt den jeweiligen Zustand der Ökosysteme empfindlicher an als jedes Meßinstrument, das im Gegensatz zu den Organismen auf komplexe Zustandsänderungen nicht integriert reagieren kann.

Schrifttum

Berthold, P., 1972: Über Rückgangserscheinungen und deren mögliche Ursachen bei Singvögeln. Vogelwelt *93*, 216–226.

Bezzel, E., 1967: Versuch einer Bestandsaufnahme und Darstellung der Arealveränderungen der Tafelente (Aythya ferina) in einigen Teilen Europas. Anz. Orn. Ges. Bayern *8*, 13–44.

Ders., 1969: Ergebnisse quantitativer Greifvogelbeobachtungen in Oberbayern. Orn. Mitt. *21*, 29–36.

Ders., 1976: Greifvögel sind bedroht! Der Bussard nimmt überhand! Was wissen wir wirklich? Die Pirsch Nr. 26.

Bick, H., 1976: Ciliaten als Indikatororganismen bei der Gewässeruntersuchung. Daten und Dokumente zum Umweltschutz *19* (Hohenheim), 173–180.

Bijleveld, M., 1975: Birds of prey in Europe. Macmillan, London.

Conrad, B., 1977: Die Giftbelastung der Vogelwelt Deutschlands. Vogelkundl. Bibl. 4. Kilda-Verlag, Greven.

DJV-Handbuch (1976): Jagd 1976. Deutscher Jagdschutzverband, Bonn.

Ellenberg, H., 1975: Definition des Bioindikators, anläßlich eines DFG-Rundgesprächs in Bonn.

Elton, C. S., 1958: The ecology of invasions by animals and plants. Chapman & Hall, London.

Erz, W., 1976: Über Veränderungen der Brutvogelfauna in der Bundesrepublik Deutschland. Schr. Vegetationskde. *10*, 255–267.

Franz, J. M. und A. Krieg, 1972: Biologische Schädlingsbekämpfung. Parey, Hamburg und Berlin.

Gibbons, J. W. und R. R. Sharitz, 1974: Thermal ecology. US Atomic Energy Commission. Springfield, Virginia.

Günther, I., 1977: Die Maikäfer kommen wieder. Bild d. Wissenschaft *14*, 54–64.

Hölzinger, J., 1973: Brutverbreitung, Brut- und Sommerbestand des Höckerschwans (Cygnus olor) 1969 in Süddeutschland. Anz. Orn. Ges. Bayern *12*, 10–14.

Hynes, H. B. N., 1960: The biology of polluted waters. Liverpool Univ. Press, Liverpool.

Lelek, A., 1976: Veränderungen der Fischfauna in einigen Flüssen Zentraleuropas (Donau, Elbe und Rhein). Schr. Vegetationskde. *10*, 295–308.

Margalef, R., 1968: Perspectives in ecological theory. Univ. Chicago Press, Chicago.

Mattson, W. J. und N. D. Addy, 1975: Phytophagous insects as regulators of forest primary production. Science *190*, 515–522.

MAURER, R., 1974: Die Vielfalt der Käfer- und Spinnenfauna des Wiesenbodens im Einflußbereich von Verkehrsimmissionen. Oecologia *14*, 327–352.
MÜLLER, P., 1976: Arealveränderungen von Amphibien und Reptilien in der Bundesrepublik Deutschland. Schr. Vegetationskde. *10*, 269–293.
NIETHAMMER, G., 1963: Die Einbürgerung von Säugetieren und Vögeln in Europa. Parey, Hamburg und Berlin.
NUORTEVA, P., 1971: The synanthropy of birds as an expression of the ecological cycle disorder caused by urbanization. Ann. zool. Fenn. *8*, 547–553.
ODUM, H. T., 1971: Environment, power, and society. Wiley Interscience, New York.
POTTS, G. R., 1970: Recent changes in the farmland fauna with special reference to the decline of the Grey Partridge. Bird Study *17*, 145–166.
RATCLIFFE, D. A., 1963: The status of the peregrine in Great Britain. Bird Study *10*, 59–90.
REICHHOLF, J., 1966: Untersuchungen zur Ökologie der Wasservögel der Stauseen am unteren Inn. Anz. Orn. Ges. Bayern 7, 536–604.
DERS., 1973a: Die Bedeutung nicht bewirtschafteter Wiesen für unsere Tagfalter. Natur und Landschaft *48*, 80–81.
DERS., 1973b: Die Bestandsentwicklung des Höckerschwans (Cygnus olor) und seine Einordnung in das Ökosystem der Innstauseen. Anz. Orn. Ges. Bayern *12*, 15–46.
DERS., 1975: Schädlingsbekämpfung zwischen Ökonomie und Ökologie. Z. angew. Entomol. *78*, 10–12.
DERS., 1976a: Die quantitative Bedeutung der Wasservögel für das Ökosystem eines Innstausees. Verh. Ges. Ökol. Wien 1975, 247–254.
DERS., 1976b: Landschaftsstruktur und Artenvielfalt. Nationalpark Heft 12, 16–19.
DERS., 1976c: Die Wasservogelfauna als Indikator für den Gewässer-Zustand. Landschaft und Stadt *8*, 125–129.
DERS., 1976d: Die Innstauseen – Versuch einer ökologischen Zwischenbilanz. Jb. Ver. Schutz Alpenpfl.-tiere *41*, 77–94.
DERS., 1976e: Ökologische Aspekte der Veränderung von Flora und Fauna in der Bundesrepublik Deutschland. Schr. Reihe Vegetationskde. *10*, 393–399.
DERS., 1976f: Bussarde und Niederwild. Ber. Dt. Sekt. Int. Rat Vogelschutz 16, 75–81.
DERS., 1977: Zur Ein- und Wiedereinbürgerung von pflanzenfressenden Säugetieren. Z. Säugetierkde. *42*, 189–196.
DERS. und K. SCHMIDTKE in Vorbereitung: Die Dynamik des Brutbestandes der Lachmöwe (Larus ridibundus) in Bayern.
REMMERT, H., 1973: Über die Bedeutung warmblütiger Pflanzenfresser für den Energiefluß in terrestrischen Ökosystemen. J. Orn. *114*, 227–249.
RÖBEN, P., 1976: Veränderungen des Säugetierbestandes der Bundesrepublik Deutschland und deren Ursachen. Schr. Vegetationskde. *10*, 239–254.
SHRUBB, M., 1970: Birds and farming today. Bird Study *17*, 123–144.
STEUBING, L., 1976: Niedere und höhere Pflanzen als Indikatoren für Immissionsbelastungen. Daten u. Dokumente zum Umweltschutz (Hohenheim) *16*, 13–28.
STUGREN, B., 1972: Grundlagen der allgemeinen Ökologie. Fischer, Jena.
SUKOPP, H. und W. TRAUTMANN, 1976: Veränderungen der Flora und Fauna in der Bundesrepublik Deutschland. Schr. Vegetationskde. *10*.
THIELCKE, G., 1975: Das Schicksal der Greifvögel in der Bundesrepublik Deutschland. Vogelkundl. Bibl. 1. Kilda Verlag, Greven.
UDVARDY, M. D. F., 1969: Dynamic zoogeography. Van Nostrand Reinhold, New York.
UTSCHICK, H., 1976: Die Wasservögel als Indikatoren für den ökologischen Zustand von Seen. Verh. Orn. Ges. Bayern *22*, 395–438.
VAN DOBBEN, W. H. und R. H. LOWE-MCCONNELL, 1975: Unifying concepts in ecology. Dr. W. Junk, Den Haag.
VIDAL, A. 1975: Ökologisch-faunistische Untersuchungen der Vogelwelt einiger Waldflächen im Raum Regensburg. Anz. Orn. Ges. Bayern *14*, 181–195.
WESLEY, J. P., 1975: Ecophysics. C. C. Thomas, Springfield, Illinois.
WINKLER, M., 1975: Untersuchungen zur Statistik und Dynamik von Ökosystemen. Mitt. Zool. Ges. Braunau *2*, 51–150.
ZISWILER, V., 1967: Extinct and vanishing animals. Springer, New York.

An der Lan, Hannes

5.11 Ernährung – Umweltchemikalien – Gesundheit

Das Leben in seiner Gesamtheit bildet mit belebter und unbelebter Umwelt eine Einheit. In sämtlichen Bereichen ist es ganzheitlich aufgebaut und die vielfältigen Lebensprozesse laufen ebenfalls nach ganzheitlichen Prinzipien ab. Einzelne Faktoren, die wir als wichtig erkannten, bedeuten doch nur einen winzigen Ausschnitt aus dem nicht überschaubaren vielschichtigen Gefüge des Haushaltes der Natur, dessen Wissenschaft bekanntlich als Ökologie bezeichnet wird. Wenn in der zweiten Hälfte dieses Jahrhunderts der Umwelt immer mehr Beachtung geschenkt und versucht wurde, diesen oder jenen Umweltfaktoren besondere Bedeutung zuzulegen, so blieb auffallend, wie wenig die Ernährung als Umweltfaktor herausgestellt wurde. Der bekannte Ernährungswissenschaftler Kollath hat die Ernährung als den Umweltfaktor Nummer eins bezeichnet und man muß ihm Recht geben. Denn die gesamte Pflanzen- und Tierwelt, ebenso natürlich die Menschheit, alle sind auf eine richtige Ernährung angewiesen und durch sie in das ganzheitliche Geschehen der Lebensprozesse hineinverwoben. Ernährung bedeutet in der Natur Aufnahme und Weitergabe von Energie im Rahmen des biologischen Stoffkreislaufes. Dieser durchzieht als unsichtbares Band das gesamte Organismenreich und kettet dadurch auch den Menschen an das biologische Gesamtgeschehen [An der Lan 1973]. So wie wir von einer Evolution der Organismen überzeugt sind, müssen wir es auch von einer Evolution der Ernährung sein. Das mag auf den ersten Blick ungewöhnlich erscheinen. Es hat aber seine Berechtigung, die Ernährung unter diesem Blickwinkel zu untersuchen und vor allem zu verstehen, um die gegenwärtige Lage richtig einzuschätzen.
Tierische Organismen konnten sich erst auf der Grundlage pflanzlichen Lebens entwickeln, zunächst im Wasser und später auf dem Land. In vielen hunderten von Millionen Jahren vollzog sich dieser Prozeß, der allmählich zu dem gegenwärtigen Floren- und Faunenbild überleitete. In diesen ungeheuren Zeiträumen wurde von der Natur morphologisch und physiologisch jener Weg gegangen, der im Zusammenwirken der genetischen Grundkonzeption mit sämtlichen Umweltfaktoren die besten Möglichkeiten bot. Physiologisch gesehen bedeutet dies [An der Lan 1973, 1978], daß die für eine Ernährung wichtigen pflanzlichen Inhaltsstoffe ebenfalls eine Evolution durchmachten, heute daher die pflanzlichen Grundstoffe wie Proteine, Kohlehydrate, Fette und Öle, ebenso viele andere Substanzen, wie Vitamine und Mineralstoffverbindungen in ihrer chemischen Struktur und auch im Hinblick auf die richtigen Mengenverhältnisse spezifisch geprägt sind. Es ist wichtig, sich diese Tatsachen immer vor Augen zu halten, um die negativen Aspekte der heutigen Ernährungsweise richtig einschätzen zu können. In der ganzheitlichen Evolution ist auch die der Ernährung inbegriffen. Dadurch haben, in erdgeschichtlicher Gegenwart, tierischer und menschlicher Organismus die pflanzlichen Grundstoffe stets in quantitativ und qualitativ richtiger Zusammensetzung erhalten. Die einzelnen physiologisch wichtigen Komponenten stehen in einem ganz bestimmten Verhältnis zu einander. Der tierische und der menschliche Organismus sind seit Jahrmillionen auf die spezifische Prägung der pflanzlichen Inhaltsstoffe eingestellt und angewiesen. Schon sehr früh erkannte man die Zusammenhänge zwischen Boden, Pflanze und Gesundheit. Gesunde Böden geben eine gesunde Ernährung. Paracelsus hat vor über 400 Jahren diese Zusammenhänge richtig gesehen, wenn er sagte: »*Wir werden nicht nur geboren durch unsere Mutter, sondern in gleicher Weise durch unsere Mutter Erde, die mit jedem Mundvoll Nahrung täglich Einzug in uns hält.*« Mit diesen wenigen Worten ist im Hinblick auf eine richtige Ernährungsweise eigentlich Alles gesagt. Sind unsere Böden in Ordnung, wird auch unsere Ernährung richtig sein. Diese einfachen Zusammenhänge hat aber die technisch-wissenschaftliche Entwicklung vollkommen übergangen; dieser Vorwurf trifft vor allem unser Jahrhundert, besonders ab der Mitte. Man hat sich keine Gedanken darüber gemacht, daß unsere Ernährung das Ergebnis verschiedenster Ernährungskreisläufe ist, beginnend bei den Primärproduzenten, niedersten pflanzlichen Lebewesen. Von diesen bis zum Endverbraucher spannt sich ein weiter Bogen sog. Nahrungsketten. Wir kennen solche in den Böden, im Süßwasser und in den Meeren. Für einen im Meer lebenden

Organismus wird die Nahrungskette kürzer sein als für einen sich aus dem Meer ernährenden Seevogel. Für einen Küstenbewohner, der sich vorwiegend von Meeresprodukten ernährt, mag die Nahrungskette länger sein als für den Seevogel. Jedenfalls ist der Mensch Endglied sehr unterschiedlich langer und sehr verschieden zusammengesetzter Nahrungsketten. Gleichgültig wie unterschiedlich diese sein mögen, für alle ist kennzeichnend, daß von ihnen stammende Stoffwechselprodukte, so wie auch alle von absterbenden Organismen herrührenden Substanzen, wieder am allgemeinen Stoffkreislauf teilnehmen, in das unsichtbare Band des biologischen Stoffkreislaufes eintreten. Daher kennt die Natur keine Abfallprobleme.

Durch viele Jahrtausende hindurch, auch lange in unsere Zeitrechnung herein, ja in manchen Gegenden auch heute noch, war der Mensch derart im allgemeinen Naturgeschehen verhaftet, daß er reiner Nutznießer dessen war, was er sich aus der Natur holen oder aus dem Boden erarbeiten konnte. Mit einem Wort: Er stand in harmonischen Wechselbeziehungen zu seiner Umwelt. Die technisch-naturwissenschaftliche Entwicklung der Industriegesellschaft führte ihn aber immer rascher von den bisherigen allgemein gültigen Lebensprinzipien weg, entfremdete ihn sozusagen seiner Umwelt. In der Geschichte der Lebewesen hat sich zum ersten Mal eine Entwicklung ergeben, die in ihrer Selbstständigkeit mit den Belangen der gesamten Umwelt nicht koordinierbar war. Während der letzten Jahrzehnte, hauptsächlich in den allerletzten Jahren, wurde dieses Fehlverhalten wohl erkannt, doch wurde noch wenig getan, um diesen progressiv weiterlaufenden Prozeß zu stoppen oder doch auf ein erträgliches Maß zurückzuführen. Das Ergebnis dieses Fehlverhaltens ist die schon seit 1970 viel besprochene und stets von neuem ins Licht gerückte Belastung unserer Umwelt durch Fremdstoffe der Industriegesellschaft. Sie betrifft alle Gewässer, die Böden und den Luftraum. Zwangsläufig werden dadurch alle Bereiche unserer Ernährung in die Umweltproblematik hineingezogen, und zwar dadurch, daß über die verschiedensten Kreisläufe und Nahrungsketten, die in die Umwelt gebrachten Fremdstoffe den Weg zurück zum Menschen nehmen. Daß die Ernährung als Umweltfaktor meist unberücksichtigt blieb, mag vielleicht daran liegen, daß von wissenschaftlicher Seite der grobe Irrtum gemacht wurde, *»die Ernährung zu einem materiell faßbaren Energieproblem zu degradieren und zu entheiligen«* [MOMMSEN 1977], womit man aber an sehr wesentlichen Dingen vorbeiarbeitet.

Im Hinblick auf die massive Fremdstoffbelastung unserer Umwelt müssen alle Fragen der Ernährung, global gesehen, unter dem Eindruck der »toxischen Gesamtsituation« betrachtet werden. Dieser von EICHHOLTZ [1967] geprägte Begriff bedeutet, daß unsere allgemeinen Lebensgrundlagen, damit auch unsere Ernährung, einer schleichenden Vergiftung unterliegen. Bei anderer Gelegenheit habe ich schon darauf hingewiesen [AN DER LAN 1975], daß der von EICHHOLTZ geprägte Begriff der toxischen Gesamtsituation nach heutigem Wissen eine Erweiterung erfahren muß. Damals schlug ich vor, allgemein von körperfremden Substanzen zu sprechen, weil es sich nicht immer um toxische im herkömmlichen Sinn handeln muß. So kann z. B. ein in der Landwirtschaft gebräuchliches Mittel sich für Nahrungspflanzen als untoxisch erweisen. Seine Aufnahme durch die Pflanze bewirkt aber in dieser z. B. einen strukturellen Umbau oder eine Verschiebung der Mengenverhältnisse der spezifischen Inhaltsstoffe, was im menschlichen Organismus zu physiologischen Störungen führen kann, nicht im Sinne akuter Wirkungen, wohl aber auf längere Sicht, vielleicht erst bei der nächsten Generation sich auswirkend.

Die Frage der Fremdstoffbelastung unserer Ernährung, bzw. die Auswirkungen der Umweltchemikalien auf unser gesamtes Nahrungsgut, ist zu einem akuten Problem geworden. Die Problematik liegt einmal in der unglaublichen Vielfalt der Fremdstoffe, zum anderen in der nur äußerst lückenhaften Durchschaubarkeit ihrer möglichen Auswirkungen. Wenn auch inzwischen einiges bekannt geworden ist, überwiegt bei weitem unsere Unwissenheit. Man vergegenwärtige sich folgendes: Nach einer Zusammenstellung der deutschen Forschungsgemeinschaft führen die Flüsse unserer Nordhalbkugel aus den Industrielandschaften den Ozeanen ständig ca. eine Million Fremdstoffe zu, von denen knapp 400 bekannt sind. Aber auch von diesen wissen wir nur wenig darüber, wie sie sich in den Meeresgebieten auswirken, welche Zwischenaktionen sie auslösen können und in welcher Art und Weise sie in den biologischen Stoffkreislauf eintreten und ihn verändern.

Unsere gesamte Umwelt unterliegt der Überschwemmung durch Fremdstoffe bzw. Umweltchemikalien, die Ozeane, die Atmosphäre und die Böden. Der enorme technisch-wissenschaftliche Fortschritt in der zweiten Hälfte dieses Jahrhunderts ist die Ursache für diesen prekären Zustand. Die verschiedensten Zweige der Industrie, vor allem die chemischen, erzeugen eine Unzahl von Produkten, die zwar als solche bekannt und überschaubar sind, über deren Verhalten in der Umwelt wir jedoch nur allzuwenig wissen. Man denke in diesem Zusammenhang an Produkte der kosmetischen Industrie, mit den verschiedenen Seifen und Waschmitteln, mit den unterschiedlichsten Sprays. Man denke an die Agrarchemie mit den Kunstdüngern, vor allem aber mit den verschiedensten Pflanzenschutzmitteln, wie Fungiziden, Insektiziden und Herbiziden, um nur die wichtigsten Sparten zu nennen. Weiter erinnere man sich an den motorisierten Verkehr, der unentwegt eine Vielzahl von Substanzen abgibt, wovon wieder in erster Linie die großen Industrielandschaften betroffen sind. Von den Industrieanlagen gelangen nicht nur die hergestellten Stoffe und Substanzen in die Umgebung, sondern auch die zwangsläufig entstehenden Abfallstoffe, die über Abgase und über die Abwässer unsere Umwelt belasten. Auf diesem Sektor stellen sich uns wohl die schwierigsten Probleme. Nicht zu vergessen ist natürlich die Kernindustrie, die über ihre Reaktoren laufend radioaktive Substanzen freigibt, die sich in manchen Gebieten schon zu biologisch gefährlichen Größenordnungen angereichert haben. Die Probleme liegen hier so, daß man in völlig unverantwortlicher Weise späteren Generationen praktisch unlösbare Aufgaben zuschiebt. Aus allen diesen erwähnten Bereichen gelangen unüberschaubare Mengen mannigfaltigster Verbindungen in die Umwelt und als solche oder in veränderten Zusammensetzungen über die unterschiedlichsten Nahrungsketten in den menschlichen Organismus. Aber auch ohne Fremdstoffbelastung der Umwelt kann unsere Ernährung kurzfristig einer unter Umständen nicht tragbaren Veränderung unterliegen, und zwar durch lebensmittelchemische und lebensmitteltechnische Maßnahmen.
Wenn eben auf verschiedene Möglichkeiten der Fremdstoffbelastung unserer Umwelt hingewiesen wurde, so müssen, im Hinblick auf unsere Ernährung, vor allem die Agrochemikalien besonders herausgestellt werden. Man versteht darunter alle in der Landwirtschaft angewendeten Chemikalien, sei es gegen tierische und pflanzliche Schädlinge (z. B. Insektizide und Fungizide) oder sei es gegen unerwünschte Pflanzen (Herbizide).
Am bekanntesten unter diesen Agrochemikalien sind die Insektizide und unter diesen vor allem die Gruppe der sog. chlorierten Kohlenwasserstoffe. Von besonderer Bedeutung deshalb, weil eine Reihe von ihnen durch eine hohe Stabilität ausgezeichnet ist. Hierher gehören, wie sie gelegentlich bezeichnet wurden, die sog. bösen Sieben, wobei gemeint waren: DDT, Aldrin und Dieldrin, Endrin, Heptachlorepoxyd, Chlordan und Lindan. Diese Substanzen, verfrachtet durch Luftströmungen und durch die verschiedensten Abwässer, können heute überall aufgefunden werden, auch in den Ozeanen. Allen genannten ist eine hohe Affinität gegenüber allen Fett- und Ölarten, gegenüber Wachsen und Lipoiden eigen. Mit anderen Worten: Sie gehen rasch Bindungen mit den angeführten Stoffen ein, sie sind, wie meist angeführt wird, fettlöslich, aber auch löslich in fettähnlichen Stoffen, wie den Lipoiden. Im Süßwasser und im Meer werden sie daher rasch vom pflanzlichen Plankton aufgenommen, das bekanntlich reich an Fetten und Ölen ist. Das pflanzliche Plankton bildet aber die Ernährungsbasis für jede Art höheren Lebens. Von hier ausgehend treten diese Substanzen in die verschiedensten Glieder von Nahrungsketten ein und sind dann in Fischen, Raubfischen, wie in Fische fangenden Vögeln zu finden. Es ist wichtig sich zu vergegenwärtigen, daß über die Passage der einzelnen Glieder von Nahrungsketten eine Kumulation, eine Anreicherung, eintritt und wir daher in Endgliedern von Nahrungsketten Maximalwerte antreffen. Je nach den Meeresgegenden und den Küstengebieten können die Maximalwerte sehr unterschiedlich sein; jedenfalls sind Höchstwerte von einigen 100 mg pro kg Körpergewicht nachgewiesen worden, manches Mal bis zu 1000 mg/kg Körpergewicht. Im Organismus einzelner, Fische fressender Seevogelarten traten sogar Werte von 2000 mg/kg auf. Wesentlich ist die Frage, welche physiologischen Vorgänge durch diese Substanzen beeinflußt werden können, sowohl in den einzelnen Gliedern der Nahrungsketten als auch bei den Endgliedern. Gerade diese sind von besonderer Bedeutung, da ein Großteil von ihnen für die menschliche Ernährung wichtig ist. Zunächst muß erwähnt werden, daß die Assimilationsleistung des pflanzlichen Organismus, nach Arten sehr unterschiedlich, herabge-

setzt sein kann oder einen anderen physiologischen Weg nimmt [An der Lan 1966, 1967, 1969; Eichler 1964, 1965, 1967; Heinisch 1969; Schuphan 1964, 1971; Schwabe 1970]. Der Mensch kann nicht ohne die im Meer, im Süßwasser und im Boden ökologisch wohl abgestimmten Nahrungsketten existieren. Er ist auf sie angewiesen. Da, wie erwähnt, die angeführten Insektizide eine hohe Stabilität aufweisen und eine besondere Vorliebe haben, sich mit Fetten und fettähnlichen Substanzen innig zu vereinigen, so ist es klar, daß sie im menschlichen Organismus anzutreffen sind und in ihm auch kumulieren. So sind im menschlichen Fettgewebe DDT-Werte nachgewiesen worden, die, je nach Ländern und Gegenden sehr unterschiedlich, zwischen 3 und 30 mg/kg liegen. In Mitteleuropa wurden z. B. Werte gefunden, die über 20 mg/kg erreicht haben. In diesem Zusammenhang stößt man immer wieder auf die Meinung, daß im Fettgewebe gespeicherte Substanzen hier fixiert sind und nicht in das Stoffwechselgeschehen des Menschen eingreifen können. Dies ist eine vollkommen irrige Meinung. Erstens liegen Stoffe der hier erwähnten Art nicht nur im Fettgewebe gespeichert, sondern ebenso in anderen Organen, wie z. B. im Nervensystem, in verschiedenen Drüsen und auch in den Gonaden. Zweitens treten auch die im Fettgewebe gespeicherten Substanzen in den allgemeinen Stoffwechsel ein, vor allem dann, wenn das Fettgewebe, aus welchen Gründen auch immer, mehr oder weniger abgebaut wird. DDT z. B. wird in so einem Fall nicht ausgeschieden, sondern lagert sich dann in anderen Organen ab. Außerdem bildet die Placenta für diese Verbindungen keine Schranke, so daß der Embryo durch sie beeinflußt werden kann [Engst u. Knoll 1967, 1969; Schuphan 1971]. Dies ist von besonderer Bedeutung, da das werdende neue Leben in seinen verschiedenen Entwicklungsstadien besonders anfällig ist. Da die angeführten Insektizide alle neurotoxisch sind, so weiß man zur Zeit nicht, was dies für den Embryo bzw. für das Kleinkind in der Zukunft bedeutet. Denn das Nervensystem ist zu diesen Zeitspannen der Entwicklung 50- bis 100mal empfindlicher als das des Erwachsenen. Jedenfalls sind die beim Warmblüter daraus resultierenden Schäden teilweise bekannt [An der Lan 1969; Eichler 1964; Engst u. Knoll 1967; Marth 1965; Schuphan 1971]. Bei dem enormen wissenschaftlichen Fortschritt in der zweiten Hälfte dieses Jahrhunderts, ist es, vom Standpunkt der allgemeinen Umwelttoxikologie aus gesehen, völlig unverantwortlich, neurotoxische Substanzen auf die menschliche Gesellschaft einwirken zu lassen. Wir haben keine Möglichkeit abzuschätzen, wie das neurovegetative System, auf längere Sicht gesehen, reagiert und was es für den Organismus als Ganzes bedeutet. Jeder einzelne ist ungewollt diesem Großversuch mit ungewissem Ausgang unterworfen. Jedenfalls haben Tierversuche als auch Versuche am Menschen erkennen lassen, daß DDT in der Lage ist, abnormale Erregungen in bestimmten Teilen des Mittelhirns (Diencephalon) zu induzieren, die im EEG (Elektroencephalogramm) signifikant in Erscheinung treten [Desi et al. 1966]. Anscheinend hat man vergessen, daß auch histologisch Veränderungen im Zentralnervensystem nachzuweisen sind [Lillie et al. 1947]. Außerdem ist bekannt, daß DDT sich nachteilig auf die Gonaden von Vögeln auswirkt, was eine Abnahme der Nachkommenschaft zur Folge hat [Wurster & Meyer 1968]. Eine Dezimierung der Nachkommenschaft kann bei Vögeln auch durch einen fehlgesteuerten Kalkstoffwechsel verursacht sein, wodurch die Eier dünnschalig werden und deshalb während des Brütens zerdrückt werden [Bitman et al. 1970; Peakall 1970; Woodwell 1967]. Wie sich DDT auf die Gonaden und den Kalkstoffwechsel der Säuger auswirkt, darüber läßt sich zur Zeit nichts sagen, doch ist auch hier mit einer Störung zu rechnen.

Es ist wichtig, festzuhalten, daß ein Potenzierungseffekt in Erscheinung treten kann, wenn einer der erwähnten chlorierten Kohlenwasserstoffe schon im Organismus vorhanden ist. So kann z. B. die Giftigkeit von Aldrin zunehmen, wenn Endrin oder Chlordan zusätzlich in den Organismus kommen. Chlordan ist in der Lage, die Giftwirkung zweier Phosphorsäureester, Parathion (E 605) und Malathion zu erhöhen. Diese Tatsachen sind deshalb nicht zu unterschätzen, weil es durchaus möglich ist, daß eine unwirksame kleine Dosis (unwirksam im Sinne von erkennbaren Schäden) in Kombination mit anderen Verbindungen plötzlich wirksam wird. Es ist das Verdienst von Schuphan, auf solche Möglichkeiten hingewiesen zu haben [Schuphan 1971]. Auch alltägliche Arzneimittel sind in der Lage, schnell derartige Insektizide zu aktivieren. Wenn z. B. Dieldrin im Körper gespeichert ist, so kann dieses durch Arzneien aus der Aminopyrin- und Heptabarbital-Gruppe frei gesetzt werden [Schuphan 1971].

Wenn auch manche der stabilen chlorierten Kohlenwasserstoffe weitgehend eingeschränkt wurden, die Anwendung von DDT in manchen Staaten verboten wurde, so ist zunächst mit keiner Änderung in der Umwelt zu rechnen, weil diese Stoffe weltweite Verbreitung gefunden haben. Auch bei weitgehender Einschränkung von DDT z. B. werden die Werte in Fischen noch weiter steigen und haben noch keine Höchstwerte erreicht [Meadows 1972]. Der genannte Autor rechnet erst gegen das Jahr 2000 mit einer merklichen Abnahme. Es ergibt sich von selbst, wie wenig Sinn es hat, für stabile und nur in geringem Maß abbaubare Substanzen Toleranzwerte festzulegen. Darauf wird später noch eingegangen werden. Es mag aber jetzt schon darauf hingewiesen werden, daß dies nicht nur für Pflanzenschutzmittel gilt, sondern auch für andere Fremdstoffe in unserer Umwelt.
Die vorhin erwähnte Eigenschaft der chlorierten Kohlenwasserstoffe, sich an Fette, Öle und fettähnliche Substanzen (Lipoide) innig anzulagern, hat zur Folge, daß diese Stoffe über die Milch der Rinder ausgeschieden werden, in einer Menge, die meist ein Vielfaches der Toleranzwerte beträgt. Dies zeigt klar, daß diese Verbindungen nicht im Fettgewebe fixiert sind und am Stoffwechselgeschehen teilnehmen, worauf schon hingewiesen wurde. Dasselbe gilt für die Muttermilch. DDT wird mit der Nahrung aufgenommen und erscheint in der Muttermilch wieder. Schon zu Beginn der fünfziger Jahre ergab eine Untersuchung in Washington, daß von 32 Müttern nur bei zweien kein DDT in der Muttermilch nachweisbar war. In den folgenden Jahrzehnten wurde die Situation in allen Industrieländern noch schlechter. So mußte in vielen Gebieten, auch in der Bundesrepublik Deutschland Müttern der Rat erteilt werden, ihre Säuglinge nicht mehr selbst zu stillen. Dabei handelt es sich nicht nur um DDT, sondern zusätzlich noch um andere Umweltgifte, wie z. B. Polychlorbiphenyle (PCB-Verbindungen). Mit der Nahrung gelangen solche Stoffe in den mütterlichen Organismus und über ihn in den Embryo. Zusätzlich erhält dann das Kleinkind über die Muttermilch abermals DDT in seinen Körper. Man hat daher schon sehr frühzeitig gefordert, daß Milch und andere Säuglingsnahrung keine Schädlingsbekämpfungsmittel enthalten dürfen. Man hat daher Nulltoleranzen für DDT gefordert und dies schon 1969, durch R. Engst und R. Knoll [siehe Briejèr 1970]. Bei Untersuchungen von Totgeburten und verstorbenen Kleinkindern fand man durchschnittlich 7 mg/kg DDT! Derartige Untersuchungsergebnisse zeigen klar, daß DDT im mütterlichen Körper umgesetzt wird, an den verschiedensten Stoffwechselvorgängen teilnimmt und nicht, wie es immer wieder von der Pflanzenschutzmittelseite behauptet wurde, im Fettgewebe lokalisiert bleibt. Die vorhin erwähnte Forderung, nach einer einwandfreien Ernährungsmöglichkeit für Kleinstkinder wurde immer wieder gestellt, blieb aber meist in der Luft hängen. Wenn auch heute möglichst einwandfreie Nahrung für Kleinkinder existiert, so ist aber immer noch die Muttermilch Träger der verschiedensten Umweltgifte und Fremdstoffe.
Wenn die Problematik Ernährung-Umweltchemikalien-Gesundheit so vielschichtig, vor allem aber so undurchschaubar geworden ist, liegt es in Fehlern und schweren Irrtümern der Wissenschaftler. So hat man sich z. B. zu Beginn des sog. modernen chemischen Pflanzenschutzes – gemeint ist damit die Zeit der ersten Herstellung synthetisch gewonnener Substanzen – überhaupt keine Gedanken darüber gemacht, was mit diesen Verbindungen geschieht, wenn sie durch die praktische Anwendung einmal in der Umwelt sind. Man hat weiter nicht untersucht, ob eine Pflanze in der Lage ist, solche Substanzen aufzunehmen, und wenn ja, ob sie diese etwa speichert oder ob pflanzliche Inhaltsstoffe eine Veränderung erleiden. Unbekannt blieb sehr lange Zeit, welche Wege stabile Pflanzenschutzmittel in den Böden oder in den Gewässern einschlagen können. Ein wissenschaftlich schwerwiegender Fehler war die Ansicht, daß stabile Pflanzenschutzmittel in den ozeanischen Räumen eine derart große Verdünnung erleiden, daß sie keine Rolle mehr spielen können. Dieser Irrtum gilt nicht nur für Pflanzenschutzmittel, sondern in gleicher Weise für viele andere in diese Großräume eingeschwemmte Stoffe. Die meisten von ihnen erleiden nämlich keine Verdünnung, sondern werden so wie sie sind, von Kleinstorganismen aufgenommen und treten also in den biologischen Stoffkreislauf ein. Wie weit sie durch diesen einer Änderung unterliegen können – z. B. durch Bildung von physiologisch sehr unterschiedlich reagierenden Metaboliten – auf diese Frage ist zur Zeit keine befriedigende Antwort möglich. Tatsache aber ist, daß sie, von Nahrungsglied zu Nahrungsglied angereichert, vom menschlichen Organismus in sehr häufig biologisch-medizinisch nicht duld-

baren Größenordnungen aufgenommen werden. Wenn ich die ozeanischen Räume so sehr betone, geschieht es deshalb, weil immer wieder die Rede davon ist, daß sie für die Zukunft eine für die zunehmende Weltbevölkerung unentbehrliche Reserve darstellen. Das ist richtig, doch wenn sie von uns weiterhin derart gleichgültig mit unzähligen Fremdstoffen beschickt werden, wird der Zeitpunkt nicht fern sein, zu dem diese Gebiete als Nahrungsquelle nicht mehr in Frage kommen. In einigen abgeschlossenen Meeresgebieten ist es bereits so weit; ich verweise in diesem Zusammenhang auf die warnenden Stimmen von THOR HEYERDAHL und von COUSTEAU. *»Zerstören wir den Lebensraum Meer«,* so THOR HEYERDAHL, *»dann zerstören wir unsere eigene Existenz«.*

Ein anderer schwerer Fehler ist in der historischen Wissenschaftsentwicklung zu sehen, und zwar an dem Festhalten des über 400 Jahre alten Paracelsus-Ausspruches *»sola dosis facit venenum«,* wonach es nur auf die Dosis ankommt, ob eine Substanz als Gift anzusprechen ist oder nicht. Jedes hat eine bestimmte Grenzschwelle, unter der sich eine chronische Reaktion einstellen kann; bei noch geringerer Dosis ist keine Wirkung mehr erkennbar. Nach diesen Überlegungen wurden Giftmengen unter der jeweiligen Grenzschwelle, und unter den chronischen Reaktionsmöglichkeiten, verharmlost oder als vollkommen unbedenklich abgetan. Es geschieht sogar heute noch! Ich möchte betonen: das *»sola dosis facit venenum«* hat zwar auch nach dem gegenwärtigen Stand der Dinge seine Gültigkeit, darf aber nicht generell auf alle Verbindungen angewendet werden. Wer in den fünfziger Jahren noch an dem Paracelsus-Grundsatz festhielt, dem kann niemand einen Vorwurf machen. Die Forschungen sind aber seither weitergegangen und haben neue Erkenntnisse gebracht. Heute noch die Gefährlichkeit jedes Stoffes nach dem alten Grundsatz zu beurteilen, und zwar im Sinne einer Verharmlosung unterschwelliger Mengen, muß als unwissenschaftlich, vor allem als verantwortungslos bezeichnet werden. Schon in den vierziger, vor allem in den fünfziger Jahren, wurden Stimmen laut, daß von den verschiedenen Pflanzenschutzmitteln Rückstände im Nahrungsgut zu erwarten seien; dagegen argumentierten andere, die auftretenden Mengen würden so gering sein, daß sie vernachlässigt werden könnten. Derartige Überlegungen betrafen nicht nur Pflanzenschutzmittel, sondern genau so eine Reihe anderer in der Nahrung auftretender Fremdstoffe. Mit der Aufstellung der sog. Toleranzwerte, wonach dieser oder jener Stoff in einer ihm angemessenen Größenordnung als Rückstand zulässig sei, ist es nicht getan. Sicher können Toleranzwerte ihren Sinn haben. Aber es wurden große Fehler begangen, nämlich die Werte stets nur für eine Substanz aufzustellen, die möglichen Kombinationswirkungen außer acht gelassen zu haben, wie das empfindlichere Reagieren von Kleinkindern und alten Menschen nicht zu berücksichtigen; ferner wurden die kumulativen Eigenschaften vieler stabiler Stoffe außer acht gelassen, die bei diesen das Aufstellen von Toleranzwerten vollkommen sinnlos machen [AN DER LAN 1975, SCHUPHAN 1971]. An einigen Beispielen sei dies erläutert. Innerhalb der Insektizide unter den chlorierten Kohlenwasserstoffen kann das DDT als allgemein bekannt gelten. Zunächst hatte man einen Toleranzwert von 7 mg pro kg Nahrungsgut zugelassen, der in der BRD später auf 1 mg pro kg reduziert wurde. Auf Grund seiner hohen Stabilität breitete sich DDT über Luftströmungen und Abwässer auf der ganzen Erde aus, so daß es schließlich selbst bei den Pinguinen der Antarktis nachgewiesen werden konnte. Wenn auch zunächst in den Meeren eine weitgehende Verdünnung eintrat, wurde das Mittel doch sehr rasch von Primärproduzenten aufgenommen und in der bekannten Weise weitergegeben; bei jedem höheren Glied der Nahrungskette trat eine Anreicherung ein, so daß bei Endgliedern – Speisefischen oder Seevögeln, die sich ja von Fischen und anderen Meerestieren ernähren – DDT-Werte festzustellen waren, die ein Vielfaches des Toleranzwertes betrugen.

Bei den verschiedenen Schwermetallen stoßen wir auf ein analoges Verhalten. Wer hätte je daran gedacht, daß Quecksilber eine akute Gefahr für einzelne Gebiete werden konnte? Quecksilber kommt in der Natur, abgesehen von Gegenden, wo quecksilberhaltige Verbindungen abgebaut werden, nur in verschwindend kleinen Mengen vor. Im allgemeinen enthalten Ackerböden und andere Bodenarten nur 0,2 mg pro kg. Man wird sich die Frage vorlegen, woher kommt dieses Metall in unsere Umgebung, bzw. in unsere Nahrung? Es wird von der einschlägigen Industrie mitunter in beachtlichen Mengen freigesetzt. Quecksilberhaltige Pflanzenschutzmittel (Saatgutbeizmittel) bringen es in die Ackerböden. In der BRD sind das jährlich

27 Tonnen [Moll 1973]. Für die Papierherstellung wird bekanntlich Holz verarbeitet, das bis zu einer breiartigen Konsistenz zerkleinert und zermahlen wird. Dieses feuchte Material ist ein guter Nährboden für Bakterien und Pilze. Um deren Ansiedlung zu verhindern, werden quecksilberhaltige Mittel zugesetzt, die bei der eigentlichen Papierherstellung mit den Abwässern in die Umgebung gelangen. Unterhalb von solchen Fabriken konnten in verschiedenen Wasserorganismen erhebliche Mengen von Quecksilber festgestellt werden. Schon in den sechziger Jahren wurde von schwedischer Seite in etlichen Seen und Flüssen ein so hoher Quecksilbergehalt mancher Fischarten nachgewiesen, daß der Verkauf untersagt werden mußte. Damals waren 40 Seen in Schweden von dieser Maßnahme betroffen. Da ein großer Teil des Quecksilbers über die Flüsse den Meeren zugetragen wird, unterliegen im Bereich von Industriestaaten, gelegentlich auch darüber hinaus, weite Teile von Küstengebieten ebenfalls einer Quecksilberverseuchung. Es sei auf den Rhein verwiesen, der jährlich mindestens 110000 kg Quecksilber ins Meer führt [Universitas 1972]. Wieder auf dem Weg über die verschiedenen marinen Nahrungsketten geschieht es, daß sich dieses Metall bis zum Vieltausendfachen einer eventuell duldbaren Menge anreichern kann [Moll 1973]. In den allerletzten Jahren wurde von französischer Seite die mehr als betrübliche Tatsache bekannt gegeben, daß die ansässige, sich vorwiegend von Meerestieren ernährende Küstenbevölkerung der Côte d'Azur, in 5 bis 6 Jahren von Erblindungen und Lähmungserscheinungen bedroht sei, derart hoch ist der Quecksilbergehalt der dortigen Meerestiere geworden. Wahrscheinlich stehen in analog gelagerten Küstengebieten, und ähnlich in Flüssen, gleiche Zustände bevor.
Große Sorgen bereitet ein anderes Schwermetall: das Blei. Über eine Vielzahl von Industriezweigen gelangt es über die Abwässer und über die Schornsteine in die Umgebung oder wird in den Industrieländern durch den motorisierten Verkehr (Bleiverbindungen im Benzin) an die Atmosphäre abgegeben. Schon 1968 gab der amerikanische Geochemiker Patterson bekannt, daß allein die Flüsse unserer Nordhalbkugel jährlich ca. 500000 Tonnen Blei in die Ozeane einbringen. Wir sind zur Zeit nicht im Stande zu sagen, welche Spätwirkungen daraus erwachsen können. Durch die Motorisierung werden allein in der BRD jährlich ca. 7000 Tonnen Blei freigesetzt, um nur zwei Beispiele anzuführen. Das über die Nahrung aufgenommene Blei wird größtenteils wieder ausgeschieden. Sehr gefährlich wirken sich aber atemgängige Bleiverbindungen aus (also solche, die über die Atemluft aufgenommen werden), weil sie in kürzester Zeit in den Organismus eindringen. Schon geringe Mengen bedeuten eine schleichende Bleivergiftung, mit teilweise uncharakteristischen Störungen im Zentralnervensystem. Eine Reihe biochemischer Störungen sind bekannt geworden [Stöfen 1968, 1970, 1971, 1974, 1977]. Es ist sicher anzunehmen, daß Bleiverbindungen die Infektionsresistenz beträchtlich herabsetzen können. Entsprechende Untersuchungen an Mäusen zeigten folgendes: Durch 30 Tage hindurch erhielten diese unterschwellige Bleimengen, eine Gruppe 0,1 mg, eine zweite Gruppe 0,25 mg mit der Nahrung; eine dritte Gruppe diente zur Kontrolle. Erkennbare Schäden konnten nicht nachgewiesen werden. Nach 30 Tagen wurden die Tiere mit einem Salmonellen-Stamm infiziert. Das Ergebnis war vielsagend! Bei der ersten Gruppe (0,1 mg) starben innerhalb von 7 Tagen 54% der Tiere. Die Tiere der zweiten Gruppe (0,25 mg) waren alle nach drei Tagen tot. Bei der Kontrollgruppe waren nach 7 Tagen nur 13% an der Infektion zugrunde gegangen [Hemphil u.a. 1973]. Diese Versuche lassen klar erkennen, daß durch Bleiverbindungen die Widerstandskraft gegenüber dieser Infektion stark herabgesetzt war. Da die Antikörperbildung beim höheren Warmblüterorganismus in ihrem biochemischen Mechanismus grundsätzlich gleichartig verläuft, können diese Versuchsergebnisse sehr wohl auf den menschlichen Organismus übertragen werden. Auch für Blei wäre es vollkommen verfehlt, Toleranzwerte aufzustellen, da wir bereits über sehr subtile negativ zu beurteilende biochemische Wirkungen unterrichtet sind.
So muß in diesem Zusammenhang auf folgende Möglichkeiten hingewiesen werden: Blei und Bleiverbindungen können sich auf Konzentrations- und Gedächtnisleistungen von Schülern negativ auswirken, worauf Antal u.a. hingewiesen haben [1968]. Auch von russischer Seite wurde auf eine negative Auswirkung bezüglich der Leistungen von Schülern hingewiesen. Schon seit längerem besteht die Ansicht, daß auch die Kriminalität auf eine Zunahme von Bleiverbindungen im Organismus zurückzuführen sei. Zahlenmäßig nachgewiesen ist, daß der

Bleigehalt von Strafgefangenen in der Schweiz doppelt so hoch war wie jener von amerikanischen Großstädtern. Von mancher Seite verharmlost werden Schäden und Störung der Geschlechtsfunktionen bei Tankwarten und Arbeitern, die mit verbleitem Benzin zu tun haben [nach STÖFEN 1974]. Von besonderem Interesse sind in diesem Zusammenhang russische Bleiforschungen, die schon 1968 von STÖFEN übersichtlich zusammengestellt wurden. In Zentraleuropa hat man diesen Dingen überhaupt keine Bedeutung beigemessen, sie zum Teil sogar als übertrieben hingestellt. So weisen russische Forschungen darauf hin, daß über 20 verschiedene Krankheiten möglicherweise durch Blei ausgelöst bzw. mit anderen Umweltgiften zusammen verursacht sein können. Einige wichtigere seien angeführt: Anämie, Polyneuritis, Arteriosklerose, besonders im Gehirn, Verkümmerung der Nasenschleimhäute, Asthma, Hypertonie, Myokardschäden, Nierenkrankheiten und andere mehr. Von besonderer Bedeutung ist, daß Blei während der Schwangerschaft auf den Embryo übergeht, was im Zusammenhang mit anderen Fremdstoffen zu Mißbildungen führen kann. Als gesichert gilt, daß in europäischen Bleigrubengebieten eine abnorm hohe Häufigkeit von Mißbildungen zu beobachten ist [STÖFEN 1968]. In neuester Zeit wird dieses Metall auch als ein möglicher Krebserreger angesehen, worauf vor allem wieder STÖFEN [1977] hinweist. Sicher ist, daß die Krebs auslösende Wirkung mancher chemischen Verbindungen (Nitrosamine) durch die Anwesenheit von Schwermetallen gesteigert ist. Da die Synthese von Nukleinsäuren durch Blei gestört sein kann, liegt der Gedanke nahe, eine krebsauslösende Wirkung in diesen Bereich zu verlegen. Dies um so mehr, da neueste zellphysiologische Untersuchungen und Experimente dafür sprechen [POPP 1976, 1977]. Wie sehr Blei als Umweltgift beachtet werden muß, vor allem im Zusammenwirken mit anderen Substanzen, zeigt eine diesbezügliche Zusammenstellung von HIRAO und PATTERSON [1974]: Die Bleibelastung des Menschen der Industriegesellschaft ist gegenüber vorindustriellen Zeitabschnitten um das 100- bis 400fache angestiegen! Jedenfalls steht zu hoffen, daß mit dem neuen Benzinbleigesetz eine Änderung eintritt. Wie rasch läßt sich schwer sagen, da in der gesamten Umwelt und in den meisten Organismen noch durch Jahre Bleidepots vorhanden sein werden.

Einem anderen Metall wird man in naher Zukunft erhöhte Aufmerksamkeit widmen müssen, nämlich Cadmium. Die Gefährlichkeit dieser Substanz erkannte man erst Ende der sechziger Jahre, doch erst in allerletzter Zeit wurde offenkundig, daß sich dieses Metall in verschiedenen Bereichen unserer Umwelt anreichert. So in einer Reihe dem menschlichen Konsum zugeführten Meerestieren, in Böden und aus den Böden eindringend in manche Pflanzenarten, wie z. B. in eßbare Pilze. Wieso sich Cadmium in manchen Böden, vor allem aber in Speisepilzen anreichert, darüber kann zur Zeit keine klare Antwort gegeben werden. Schwerwiegend ist die Anreicherung von Cadmium in besonders wichtigen Organen wie in der Leber, Niere, Milz und Schilddrüse, wobei, ähnlich wie bei Blei, das eingeatmete Cadmium besonders gefährlich ist. Die biologische Halbwertszeit im menschlichen Organismus beträgt 10 bis 25 Jahre. In dieser Zeit können schwere Schäden in den eben genannten Organen auftreten. Da Cadmium in der galvanischen Technik, bei Farbenherstellungen und auch in manchen Bereichen der Kunststoffindustrie verwendet wird, weiters in Schmierölen enthalten ist, so ergeben sich zahlreiche Möglichkeiten, daß Cadmium den Weg in die Umwelt findet, vor allem auch vermehrt im Nahrungsgut nachzuweisen ist [siehe MOLL 1973]. Da dieses Metall auch über den Flugstaub mancher Zink, Blei und Kupfer verarbeitenden Industriezweige, aber auch durch Phosphatdünger, in die Umwelt gelangt, muß schon in sehr naher Zukunft, bei Meerestieren und in landwirtschaftlich genutzten Böden, mit höheren Cadmium-Werten gerechnet werden, als bisher.

Zu den angeführten Substanzen seien noch hinzugefügt die verschiedenen PCB-Verbindungen, wie sie international abgekürzt bezeichnet werden. Es handelt sich um die Polychlorbiphenyle, von denen über 20 verschiedene Verbindungen bekannt sind. Strukturchemisch sind sie dem DDT nahe verwandt, ebenso hoch stabil, so daß sie heute über die ganze Erde verbreitet sind. Seit Ende der zwanziger Jahre finden sie in den verschiedensten technischen Zweigen Verwendung. Über einen möglichen biochemischen Abbau ist zur Zeit nichts bekannt. Physiologisch verhalten sie sich ebenfalls dem DDT ähnlich und reichern sich in den Organismen an. Das Aussterben mancher Vogelarten ist auf ihr Konto zu setzen [Näheres bei MOLL 1973]. Die chemische Ähnlichkeit mit dem DDT ist ein Grund, warum man sie lange Zeit analytisch nicht fassen konnte. Heute weiß man, daß viele DDT-Angaben zu hoch waren, weil das ebenfalls weltweit verbreitete PCB als DDT angesprochen wurde. Inzwischen ist es aber gelungen, eine eindeutige Trennung durchzuführen. So zeigten Dorsche der Ostsee zu Beginn der siebziger Jahre 19 mg DDT und 11 mg PCB pro kg. In diesem Fall macht das PCB fast die Hälfte aus [Aus: Senkenbergreihe Nr. 3, 1971]. Ich führe diese Substanz deshalb an, weil erst spät der Nachweis erbracht wurde, daß sie für schwerste Nachkommenschaftsschäden verantwortlich sein kann.

Im Hinblick auf die gesamte Umweltproblematik, vor allem aber auf die menschliche Gesundheit, muß noch eine Stoffgruppe genannt werden, die in den letzten Jahren teilweise heftigste Diskussionen auslöste. Es handelt sich um die sog. Herbizide, Mittel gegen unerwünschte Pflanzen. Sie werden meist als Wuchsstoffmittel oder als Unkrautvernichtungsmittel bezeichnet. Im allgemeinen wirken sie durch Störung des pflanzlichen Stoffwechsels, und zwar derart, daß sich die Pflanzen buchstäblich zu Tode wachsen. Am bekanntesten unter ihnen sind die sog. 2,4-D-Mittel und das 2,4,5-T-Mittel, das letztgenannte auch unter dem Handelsnamen »Tormona« bekannt. Chemisch handelt es sich bei diesen beiden Verbindungen um Phenoxyessigsäuren; die Zahlen beziehen sich auf die Stellung der Chloratome. Diese Präparate, die im allgemeinen von sehr spezifischer Wirkung sind, brachten für die Landwirtschaft den naheliegenden Vorteil, in den Kulturen die unerwünschten Pflanzen, das Unkraut, auf einfache Weise zu vernichten. Da die Warmblütergiftigkeit sich als gering erwies (zumindest im Vergleich zu anderen Pflanzenschutzmitteln) betrachtete man sie als weitgehend harmlos. Wieder wurde von wissenschaftlicher Seite ein grober Fehler gemacht: Man stellte zunächst überhaupt keine Überlegungen darüber an, was diese Mittel in jenen Pflanzen bewirken, die nicht von ihnen vernichtet werden. Spritze ich einen Kartoffelacker gegen Unkräuter, so gehen nur diese zugrunde, aber die Kartoffelpflanze nimmt auch die ausgebrachten Stoffe auf. Sie wächst normal und fruchtet normal. Meines Wissens war es Schuphan, der erstmals auf eine mögliche Gefahr aufmerksam gemacht hat.

Manche dieser Verbindungen bleiben als solche in den nicht zu vernichtenden Pflanzen erhalten, andere sind in der Lage, die spezifischen pflanzlichen Inhaltsstoffe, wie Proteine, Kohlehydrate, Fette und Öle, qualitativ (in ihrer chemischen Struktur) und quantitativ (bezüglich der normalen Mengenverhältnisse untereinander) zu ändern. Das bedeutet aber, daß das durch Jahrtausende geprägte pflanzliche Nahrungsangebot physiologisch eine Änderung erfährt, die auf längere Sicht vom Menschen nicht vertragen werden muß. Vielmehr sind in allen solchen Fällen auch Nachkommenschaftsschäden zu gewärtigen, die nicht nur durch eine stoffliche Veränderung der pflanzlichen Inhaltsstoffe entstehen können, sondern vor allem auch durch die Mittel selbst, wenn sie in den Warmblüterorganismus gelangen [Näheres bei: Schuphan 1969, Wellenstein 1974]. Der Großeinsatz dieser Verbindungen im Vietnam-Krieg hat viel von sich reden gemacht; dort wurde mit wesentlich höheren Konzentrationen gearbeitet, und gerade dadurch zeigt sich deutlich, daß auch beim Menschen schwerste Nachkommenschaftsschäden einsetzen können. Nach Moll [1973, S. 179] *»war die Zahl der abnormalen Geburten auch bei Menschen so hoch, daß die Statistik geheim gehalten wurde«*. Diese Angaben sind deshalb von Interesse, weil in der Zeit vor dem Vietnam-Krieg von mancher Seite behauptet wurde, Nachkommenschaftsschäden könnten durch Herbizide beim Warmblüter nicht auftreten. Vielfach sind derartige Verbindungen in die Praxis gegangen, ohne daß vorher die Frage geklärt worden war, ob beim Warmblüter Schäden auftreten können. So erklärte man z. B. Paraquat amtlich erst dann zum Gift, nachdem schwerste Schäden beim Spritzpersonal bekannt wurden [weitere Angaben bei: Wellenstein 1974].

Einleitend habe ich allgemein auf die Fremdstoffbelastung unserer Umwelt hingewiesen, dabei auch kurz die Anreicherungsmöglichkeiten radioaktiver Substanzen erwähnt. Durch den Ausbau der Kernindustrie wurde die menschliche Gesellschaft in den letzten zwei Jahrzehnten in eine vollkommen neue Umweltproblematik hineingedrängt. In diesem Zusammenhang halte man sich stets zwei sehr wesentliche Gesichtspunkte vor Augen. Der eine ist der, daß die Wissenschaften heute einen Entwicklungsstand erreicht haben, mit dem eine Fremdstoffbelastung unserer Umwelt praktisch unterbunden werden könnte. Warum und wieso es nicht geschieht, sei hier nicht untersucht. Der zweite betrifft die in der ganzen Umwelt sich anreichern-

den radioaktiven Substanzen, deren Strahlung durch nichts unterbunden werden kann. Die daraus sich ergebenden Probleme sind großteils unlösbar.
Die Gewinnung von Atomenergie birgt Gefahren in sich, die für die Menschen vollkommen neu sind. Auch beim Normalbetrieb eines Kernkraftwerkes werden radioaktive Stoffe an die Umgebung abgegeben, die in den verschiedenen Gliedern von Nahrungsketten, auch im menschlichen Körper gespeichert werden können. Die daraus sich ergebenden Gefahren sind nicht akuter Art. Abgesehen von sog. Störunfällen oder gar Katastrophen, ist weder eine Wirkung zu sehen noch zu spüren. Die radioaktiven Partikel bedeuten eine schleichende Gefahr für den Menschen, mit Wirkungen, die erst nach Jahrzehnten oder überhaupt erst bei den Nachkommenschaftsgenerationen nachweisbar werden. Es sei nochmals betont: Da durch den heutigen Ausbau der Kernindustrie in erster Linie unsere Kinder und Kindeskinder schwer gefährdet sind, bürden wir uns eine nicht zu verantwortende Schuld auf. Das gegenwärtige Vorgehen auf dem Gesamtgebiet der Kernenergie ist auf den augenblicklichen Vorteil ausgerichtet. Gesundheitliche Gefahren werden bagatellisiert. Man hat durchaus den Eindruck, daß so gehandelt wird, als ob die Gesundheit unserer Nachkommen uninteressant wäre.
Zur allgemeinen Orientierung, bezüglich radioaktiver Strahlung, muß folgendes festgestellt werden: Die Menschen unterliegen seit dem sie die Erde bevölkern unentwegt einer natürlichen Strahlenbelastung. So geht radioaktive Strahlung auch von der Erdoberfläche aus und ist nach geographischer Lage sehr unterschiedlich. Im Gebirge ist sie immer oder doch zumeist größer als im Flachland. Auch diese natürliche Strahlung kann zu den verschiedensten Schäden am menschlichen Organismus führen, auch zu Krebs. Diese natürlich auftretenden Strahlungsmengen sind z. B. im Alpenraum unterschiedlich hoch, jeweils abhängig von den Gesteinsarten. So sind im Urgestein größere Strahlungswerte zu erwarten als im Kalk. Höchstwerte werden im Gebiet von Bad Gastein erreicht, doch gelten diese nur für den unmittelbaren Quellbereich. Sie liegen hier 5- bis 9mal höher als im Durchschnitt.
Gerade diese natürliche von der Erdkruste ausgehende Strahlung wird immer als Argument dafür herangezogen, wie ungefährlich ein Atomreaktor sei, da die von ihm ausgehende Strahlung (bei Normalbetrieb) nur ein Bruchteil dessen ist, was wir ohnehin an Strahlung von der Erdoberfläche erhalten. Dies mag in vielen Fällen richtig sein. Es geht aber auf keinen Fall an, aus diesem Vergleich eine Harmlosigkeit eines Kernreaktors abzuleiten. Die wirklichen Gefahren liegen auf einer gänzlich anderen Ebene: Ein Atomkraftwerk gibt auch bei Normalbetrieb radioaktive, d. h. strahlende Substanzen, strahlende Teilchen ab. Diese gelangen in die Umwelt, sei es über die Schornsteine oder über die Abwässer. Da sie überall in der Umwelt auftreten, gelegentlich auch stark angereichert, finden diese strahlenden Substanzen über die Atemluft, über das Trinkwasser oder über die Nahrung Eingang in den menschlichen Körper. Man unterscheide sehr genau: Die natürliche Strahlung (Erdkruste) wirkt von außen, die in den Körper aufgenommenen strahlenden Substanzen nisten sich in den verschiedensten Organen und Geweben ein und strahlen nun, auf kleinstem Raum, dauernd von innen. So kann es sich um radioaktives Jod handeln, das sich in der Schilddrüse festsetzt. Strontium-90 lagert sich bekanntlich im anorganischen Teil des Knochens ab, hingegen das außerordentlich gefährliche Plutonium im organischen Teil des Knochens, auch in der Lunge. Schon ein Millionstel Gramm des Plutonium-239 genügt, um über die Atemwege Lungenkrebs zu erzeugen. Andere radioaktive Substanzen lagern sich z. B. im Muskelgewebe ein. Gleichgültig, wo sich diese strahlenden Teilchen im Organismus aufhalten, das betreffende Gewebe wird zunächst im Zellbereich schwer geschädigt. Dieser Schaden frißt sich von Zelle zu Zelle weiter, völlig unmerklich. Erst nach längerer Zeit, oft erst nach Jahrzehnten, werden die Schäden bemerkbar, meist als Krebs oder als Leukämie. Daß ein erwachsener Mensch durch die Aufnahme radioaktiver Teilchen überhaupt nicht zu Schaden kommen muß, liegt bei der langen Latenzzeit auf der Hand, da für den Ausbruch der betreffenden Krankheit das nötige Erwartungsalter nicht mehr erreicht wird. Daß Jugendliche wesentlich mehr gefährdet sind, ist klar. Ganz besonders empfindlich reagiert der im Mutterleib heranwachsende Embryo. Es darf auch nicht vergessen werden, daß durch Kernkraftwerke strahlende Stoffe freigesetzt werden können, die es auf unserer Erde überhaupt noch nicht gegeben hat und von deren Verhalten im lebenden Gewebe wir zur Zeit nur wenig oder gar nichts wissen.

Es wurde darauf hingewiesen, daß durch den Normalbetrieb eines Atomkraftwerkes radioaktive Teilchen freigesetzt werden und dadurch in die Biosphäre gelangen. Auch wenn es sich nur um Spuren derartiger Substanzen handeln sollte, ihre Anreicherung ist eine nicht wegzuleugnende Tatsache. Daß die sich daraus ergebenden biologischen Probleme unlösbar sind, mag durch folgendes erhärtet werden: Es gibt keine Möglichkeit, radioaktive Stoffe, die einmal in die verschiedenen Lebensräume gelangt sind oder in Nahrungsketten auftreten, zurückzuholen oder unschädlich zu machen. Schäden am menschlichen Organismus, vor allem Erbdefekte, können durch keine auch nur irgendwie geartete Technologie rückgängig gemacht werden [siehe auch LÖTSCH 1976]. Von der Kernenergieseite wurden und werden diese Tatsachen vollkommen bagatellisiert, so daß breite Bevölkerungskreise, leider vielfach auch politische Instanzen, die wirklichen Gefährdungsmöglichkeiten der menschlichen Gesellschaft nicht erkennen.

Um darzustellen, wie ungefährlich ein Atomkraftwerk ist, hat man von physikalischer Seite und in Zusammenarbeit mit der Kernenergieseite eine Größenordnung eingeführt, die bei allen Sitzungen, Vorträgen und bei den verschiedenen Massenmedien Verbreitung gefunden hat: Es ist das »rem« bzw. das »mrem« (millirem). »rem« bedeutet die Abkürzung von: *r*oentgen *e*quivalent *m*an. Man hat also ein Verhältnis zwischen »rad« (Einheit der absorbierten Strahlendosis) und dem »rem« hergestellt. Man hat früher von der relativen biologischen Wirksamkeit gesprochen und meinte damit das Verhältnis von »rem« und »rad«. Die Aufstellung des Begriffes »rem« war verständlich, da man nach einer Möglichkeit gesucht hat, biologische Langzeitwirkungen zu erfassen. Dies ist aber mit physikalischen Größenordnungen unmöglich. Wohl kann das »rem« für manche Vergleichszwecke gute Dienste leisten, wenn es sich z. B. um die schon erwähnte natürliche Strahlung der Erdkruste handelt. Diese liegt um Durchschnitt zwischen 80 und 150 »mrem« und kann in manchen Gegenden wesentlich höhere Werte erreichen. Die Strahlungsbelastung in der Nähe eines Atomkraftwerkes betrage für gewöhnlich nur ein hundertstel dessen, was an natürlicher Strahlung auf den Menschen zukommt. Wenn dies auch in den meisten Fällen unrichtig ist, denn es werden 90 und mehr »mrem« pro Jahr für über den Schornstein abgehende radioaktive Substanzen genehmigt, so wird doch die Bevölkerung mit dem Begriff »rem« und »mrem« in die Irre geführt. Allein schon deshalb, weil »rem« keine meßbare Größe darstellt, sondern ausgehend von geschätzten Faktoren errechnet wurde. LÖTSCH [1976] sagt in diesem Zusammenhang wörtlich: »daß »rem« keine meßbare Einheit, sondern eine mit Hilfe zum Teil arbiträrer Qualitätsfaktoren konstruierte Rechengröße ist«. MANSTEIN [1977] widmet diesem Fragenkomplex in seinem Buch ein eigenes Kapitel, das vielsagend überschrieben ist mit dem Titel: Die Lüge vom »rem«. Wie vorhin gesagt wurde, handelt es sich bei dem »rem« um eine der Röntgenstrahlung äquivalente Dosis. Es soll sich dabei [nach MANSTEIN] um ein Maß zur Beurteilung der Schädlichkeit einer Strahlung auf den Menschen handeln. Ein derartiges Maß kann es aber nicht geben, da wir nur sehr lückenhaft darüber orientiert sind, was nach der Einstrahlung in den Körper passieren kann. Die durch Strahlung und Aufnahme radioaktiver Teilchen im menschlichen Organismus ablaufenden physiologischen Vorgänge sind sehr komplexer Natur und können auf keinen Fall mit dem »rem« auch nur irgendwie erfaßt werden. Ebensowenig kann damit gesagt werden, ob das Erbmaterial in Mitleidenschaft gezogen wurde.

Eine weitere sehr große Irreführung breiter Bevölkerungsschichten erfolgt in der Weise, daß behauptet wird: Durch die friedliche Nutzung der Kernenergie ist noch kein Mensch zu Schaden gekommen. Von dem Augenblick der Aufnahme radioaktiver Strahlung oder radioaktiver Teilchen (immer im Sinne friedlicher Nutzung) kann gar keine Schädigung nachgewiesen werden, da sich derartige Schäden, wie Strahlenkrebs z. B. erst nach einer Latenzzeit von 10 bis 20 Jahren erkennen lassen. Schäden am Erbmaterial erst nach Generationen. Außerdem muß in diesem Zusammenhang betont werden, daß es für die radioaktive Strahlung, gleichgültig ob sie von außen kommt oder von inkorporierten radioaktiven Partikeln ausgeht, keine untere Grenze der Wirkungsdosis gibt. Es gibt keinen Schwellenwert der Wirkung! Bei geringsten Dosen hören die Auswirkungen nicht auf, sie werden nur im statistischen Sinn immer seltener oder verlagern sich auf die nächsten Generationen.

Völlig ungelöst ist die Frage der Lagerung der bei der Kernindustrie anfallenden strahlenden

Abfallstoffe, des sog. Atommülls. Vor Jahren hat man sich dazu verleiten lassen, sehr weitschauend waren die diesbezüglichen Überlegungen sicher nicht, mehr als 40000 Fässer mit strahlenden Abfallstoffen vor der Küste von San Francisco im Meer zu versenken. Gegenwärtig erweist sich, daß eine Reihe von Fässern korrodiert sind, dadurch strahlendes Material in das Meer gelangt. Dieses wird über die verschiedenen Glieder von Nahrungsketten angereichert (einfache pflanzliche Organismen können sehr große Mengen radioaktiver Stoffe speichern), so daß Fische dieser Küstenregion radioaktiv verseucht sind. Daß manches genetische Material mit einem Riesenwuchs reagieren kann, zeigen die Feststellungen des Ozeanographen R. S. DYER [1977], wonach im Pazifik, wo der radioaktive Abfall gelagert wurde, eine neue Art von Riesenschwämmen entdeckt wurde. Sie wachsen in Vasen-Form und erreichen eine Größe von einem Meter.
Um zu zeigen, wie weit die radioaktive Verseuchung unserer Umwelt vorangekommen ist, braucht man nicht an die pazifische Küste zu gehen, sie ist bei uns in Zentraleuropa in der gleichen Weise eine Tatsache geworden. Von der Bayerischen Biologischen Versuchsanstalt München wurden unterhalb des Kernkraftwerkes Grundremmingen an der Donau Schlammablagerungen, Schwebstoffe und Fische auf bestimmte radioaktive Substanzen untersucht. Vorausgeschickt muß werden, daß es sich bei dem erwähnten Reaktor um einen mit geringer Leistung handelt. Trotzdem zeigen die Untersuchungen aus dem Jahr 1971 eine starke Anreicherung radioaktiver Stoffe. Selbstverständlich benötigt es eine gewisse Zeit, bis diese Substanzen auch in den Fischen auftauchen. Zunächst erfolgt eine Anreicherung in den Sedimenten und Algen und erst allmählich finden diese Stoffe auch den Weg in höhere Organismen. Im Sediment wurde z. B. eine Anreicherung von Caesium 137 auf das 37000-fache nachgewiesen, bei Fischen ergaben sich sehr unterschiedliche Werte bis zum 100-fachen, aber auch bis zum 3500-fachen [nach MANSTEIN 1977]. An sich sind dies geringe Werte im Vergleich zu manchen Gegenden in Amerika, wo in tierischen und pflanzlichen Organismen Anreicherungen von Radioaktivität gefunden wurden, die bis zum 500000-fachen höher lagen als an der Ablaßstelle des Abwassers [ebenfalls nach MANSTEIN 1977].
Ernährung, Umweltchemikalien und Gesundheit bilden einen filzartig verflochtenen Komplex von Fragen und Problemen. Das eine ist vom anderen nicht zu trennen. Unser eigener wissenschaftlicher Fortschritt hat uns in diese Lage gebracht, die uns großteils über den Kopf gewachsen ist. In naher Zukunft schon, werden alle diesbezüglichen Probleme noch weniger durchschaubar werden, weil einige Prozesse progressiven Charakter angenommen haben. Dies gilt für Ökosysteme, im besonderen aber für den menschlichen Organismus. Der Wiener Arzt und Schriftsteller FEUCHTERSLEBEN [1838] hat das Wesentliche der heutigen Situation schon vor über 130 Jahren vollkommen richtig eingeschätzt, wenn er folgendes niederschrieb: *»Die Natur übt ein heimliches Gericht; leise und langmütig, aber unentrinnbar«*. Diesem »Gericht« stehen wir heute in all seiner Schwere gegenüber. Tritt global gesehen, keine radikale Änderung ein, so wird die Natur noch schwerer auf die Menschheit zurückschlagen. Daß gerade die menschliche Gesundheit darunter leidet, und in Zukunft noch mehr darunter leiden wird, läßt sich heute mit Sicherheit vorhersagen. Nur will man es von mancher Seite nicht wahr haben.
Absolut verwerflich ist es [AN DER LAN 1975], wenn von Medizinern, Toxikologen und Hygienikern, von mancher Industrieseite gar nicht zu reden, die Ansicht vorgebracht wird, daß im Hinblick auf die verschiedensten in unserer Umwelt vorkommenden Fremdstoffe keine signifikanten Schäden zu erkennen seien. Will man wirklich warten, bis es zu spät ist? Eine derartige Einstellung läßt eine katastrophale wissenschaftliche Kurzsichtigkeit erkennen, schlägt aber vor allem jeder Präventivmedizin ins Gesicht. Die in mancher Hinsicht progressiv verlaufende Zunahme von Zivilisationsschäden und Zivilisationskrankheiten sollte Signifikanz genug sein! Von 1952 bis 1972 stieg in der Bundesrepublik Deutschland die Zahl der Herzinfarkte um mehr als 500%. Sie steigt weiter. Vor rund 75 Jahren starben 2,5% an Krebs. 1971, ebenfalls in der BRD, waren es schon 21%. Diese Todesursache ist weiter im Steigen. Allein diese beiden Beispiele, sind sie nicht Signifikanz genug? Dabei muß hinsichtlich Krebs hinzugefügt werden, daß sich dieser seit den fünfziger Jahren mehr und mehr in jugendliche Altersstufen verlagert hat und in der allerletzten Zeit vermehrt bei Kleinkindern, ja selbst bei Neugeborenen festgestellt wurde. Nach einer schriftlichen Mitteilung von Herrn Dr. med. SCHULTZ-FRIESE [Ende

1977] ist Krebs als Todesursache bei Kindern in der BRD an die zweite Stelle vorgerückt. So erschütternd diese Feststellung ist, zeigt sie uns in aller Deutlichkeit, wie sehr gerade in diesem Bereich die Dinge progressiven Verlauf angenommen haben. Mit der gegenwärtigen Umweltsituation, im Hinblick auf das kindliche Individuum, hat dieser Kinderkrebs in seinen ursächlichen Zusammenhängen nichts zu tun. Die Ursache liegt in Fremdstoffen, die vom mütterlichen Organismus aufgenommen wurden, ohne diesen nachweislich zu schädigen. Daß Manches der gegenwärtigen Umweltsituation sich beschleunigend auf diesen Krankheitsverlauf auswirken kann, ist nicht von der Hand zu weisen.

Bezüglich der Gesamtzahl der uns heute beeinflussenden Umweltchemikalien – ein Mensch der Industriegesellschaft unterliegt täglich dem Einfluß einer Vielzahl derartiger Verbindungen – wird bei der Aufstellung sog. Toleranzwerte und bei der Abschätzung ihrer Gefährlichkeit, stets von einem vorkalkulierten Risiko gesprochen. Ein Autorennfahrer kann sicherlich ein gewisses Risiko einkalkulieren. Bei Fremdstoffen in unserer Umwelt ist dies eine bloße Redewendung, eine Beruhigungspille. Niemand kann die physiologische Auswirkung all der vielen mit der Ernährung auf uns zukommenden Fremdstoffe auch nur in irgendeiner Weise einkalkulieren. Nicht im Hinblick auf den Einzelorganismus, schon gar nicht bezüglich der Nachkommenschaftsgenerationen. Ich gehe vollkommen konform mit BRIEJÈR [1970], der wörtlich sagt: *»Die sogenannten vorkalkulierten Risiken sind Barbarismen unter dem Deckmantel der Wissenschaft«*. Allein die rapide Zunahme mancher Krebserkrankungen ist ein deutlicher Indikator dafür, daß mit der analytisch-naturwissenschaftlichen, auf klassischer Physik und Chemie aufbauenden Denkweise nicht an die Probleme des Lebens, im besonderen unserer Gesundheit, herangegangen werden kann [nach MOMMSEN 1975]. In Abwandlung eines von Gauß für die Mathematik aufgestellten Gedankenganges, kann im Hinblick auf das Fehlen ganzheitlichen Erfassens in diesem Jahrhundert gesagt werden: Der Mangel an ganzheitlichem Denkvermögen gibt sich durch nichts so auffallend zu erkennen, wie durch maßlose Schärfe in analytischer Denkweise. Der menschliche Organismus ist eine Ganzheit und bildet mit seiner Umwelt, die seine Ernährung einschließt, eine übergeordnete Einheit. Die Analytik hat uns in weiten Bereichen von diesen ganzheitlichen Aspekten weggeführt [KÖTSCHAU 1977]. Schon in den sechziger Jahren hat KÖTSCHAU auf die daraus resultierenden Fehleinschätzungen hingewiesen. Die Analytik hat uns auch weggeführt von einer möglichst ganzheitlich belassenen natürlichen Ernährungsart. Diese Fehleinschätzung unserer Ernährung, verursacht durch die analytische Arbeitsweise, hat schon vor ca. 100 Jahren eingesetzt. Das Ergebnis war eine kalorienmäßige Einteilung unseres Nahrungsgutes, nach der vielfach auch heute noch vorgegangen wird. Eine analytische Ernährungslehre muß zwangsläufig unvollständig bleiben. *»Ernährung ist ein echter ganzheitlicher Lebensprozeß, dessen Erforschung mit physikalischen und chemischen Methoden nur Teilergebnisse liefert«* [MOMMSEN 1977]. MOMMSEN ist der Ansicht, und ich pflichte ihm vollkommen bei, daß man *»bei einer streng wissenschaftlichen Ernährung von einer Diät zum Krankmachen«* sprechen muß. Wie sehr eine natürliche Ernährungsart, auch noch in der heutigen Zeit, einem an Zivilisationsschäden leidenden Menschen helfen kann, ist durch zahlreiche Publikationen nachgewiesen. Ich nenne in diesem Zusammenhang die Namen BIRCHER-BENNER, R. BIRCHER, KOLLATH, SCHNITZER und vor allem BRUKER. Wenn wir durch unsere mit einer Vielzahl von Fremdstoffen belasteten Ernährung in diesem Jahrhundert in eine mehr als mißliche Lage geraten sind, dann sicher auch dadurch, daß mit den üblichen physikalisch-chemischen Untersuchungs- und Nachweismethoden die eigentlichen Gefahren gar nicht erkannt werden können. Sie liegen vielfach jenseits der üblichen Nachweismethoden. Die neuesten Ergebnisse der Zellphysiologie lassen erkennen, daß schon kleinste Mengen von Fremdstoffen in der Lage sind das Zellmilieu ernstlich zu stören, Mengen in homöopathischer Größenordnung oder noch weit darunter. An sich ist die physiologische Wirkungsmöglichkeit in derart niedrigen Größenordnungen nicht neu, denn in diesen Größenordnungen präsentiert uns die Natur in allen Bereichen des Stoffwechsels lebenswichtige Prozesse, die wir im biologischen Experiment vielleicht erfassen, zur Zeit aber nicht erklären können. Unsere Gesundheit muß ganzheitlich gesehen werden. Ganzheitlich im Hinblick auf unseren Organismus, ganzheitlich im Hinblick auf unser gesamtes Nahrungsgut und ganzheitlich bezüglich des erwähnten unsichtbaren Bandes des biologischen Stoffkreislaufes, durch das wir, auf Gedeih und Verderb, an das

Geschehen in unserer Umwelt gekettet sind. Der technisch-naturwissenschaftliche Fortschritt hat uns dazu geführt, die Einheitlichkeit dieses Bandes in manchen Bereichen empfindlich zu verletzen, und, wenn nicht eine radikale Änderung unserer Denkweise durchgreift, es vollkommen zu zerstören.

Schrifttum

AN DER LAN, H., 1966: The present situation of toxicology in the field of crop protection. Residue Reviews, 15, 31.

DERS., 1967: Biologische Probleme durch die Chemisierung unserer Umwelt. – Universitas *22*, 579.

DERS., 1969: Schädungsmöglichkeiten der Nachkommenschaft durch Pflanzenschutzmittel bei Warmblütern. Zbl. f. Bakteriol., Parasitenkd., Infektionskrankh. u. Hygiene, I, Orig., 210, 234.

DERS., 1973: Ernährung: Ein wesentlicher Umweltfaktor. Z. f. Allg.med., Der Landarzt *49*, H. 12, 546.

DERS., 1975: Auswirkungen der Erkenntnisschwierigkeiten in der Toxikologie für Lebens- und Umweltschutzaktivitäten. In: H. D. Engelhardt. Umweltstrategie, Materialien und Analysen zu einer Umweltethik der Industriegesellschaft. Gütersloher Verlagshaus Gerd Mohn.

DERS., 1978: Umwelt und lebende Zelle. Scheidewege, Vierteljahresschrift f. skeptisches Denken. *8*, H. 1.

ANTAL, A., et al., 1968: – Atmosph. Environ., *2*, 383–392.

BITMAN, J., CECIL, H. C. B. and G. F. FRIED, 1970: DDT-induced inhibition of avian shell gland carbonic anhydrase. A mechanism for thin eggshells. Science *168*, 3931, 594.

BRIEJÈR, C. J., 1970: Silberne Schleier, Gefahren chemischer Bekämpfungsmittel. Biederstein Verlag, München.

BRUKER, M. O., 1976: Gesund durch richtiges Essen. Econ Verlag, Düsseldorf–Wien.

DESI, J., FARKAS, J., and T. KEMENY, 1966: Changes of central nervous Function in response to DDT administration. Acta Physiol. Acad. Scient. Hungaricae, T. 30, 275.

DYER, R. S., 1977: Riesenschwämme wachsen auf Atommüll. Bericht in: Universitas *32*, H. 3, 324.

EICHHOLTZ, Fr., 1967: Die toxische Gesamtsituation auf dem Gebiet der menschlichen Ernährung. Berlin-Göttingen-Heidelberg, Springer-Verlag.

EICHLER, W. D., 1964: Neue Erkenntnisse und Gesichtspunkte zur Frage der Gefährdung des Menschen durch moderne Insektizide. Vitalst. Zivilisationskrankheiten *9*, 164.

DERS., 1967: Die augenblickliche Problematik der Insektizidanwendung. Schrift. Ver. Verbreitung Naturwiss. Kenntn. i. Wien *107*, 97.

ENGELHARDT, H., 1975: Umweltstrategie. Materialien und Analysen zu einer Umweltethik der Industriegesellschaft. Gütersloher Verlagshaus, Gerd Mohn.

ENGST, R., und R. KNOLL, 1967: Über die Anreicherung von DDT und seinen Metaboliten im menschlichen Fettgewebe. Lebensmittelchemie u. gerichtl. Chemie *12*, 297.

DERS., 1969: Über das Vorkommen von DDT und DDE im Fettgewebe von Kleinstkindern. Lebensmittelchemie u. gerichtl. Chemie *23*, 5, 73.

FEUCHTERSLEBEN, E. v., 1838: Zur Diätetik der Seele, nebst ausgewählten Aphorismen. Deutsche Bibliothek zu Berlin.

HEINISCH, E., 1969: Über Kontaminations-Möglichkeiten von Gewässern durch Pflanzenschutz- und Schädlingsbekämpfungsmittel. Fortschr. d. Wasserchemie u. ihrer Grenzgebiete. H. 11, Akademie-Verlg, Berlin, 9.

HEMPHIL u. Mitarb., 1973: Referat in: Naturwiss. Rundschau, *26*, H. 1.

HIRAO, Y. u. C. PATTERSON, 1974: Science *184*, 989–992.

KÖTSCHAU, K., 1977: Die Stellung der Natur in Biologie und Medizin. Der deutsche Apotheker, *29*, H. 5.

DERS., 1977: Über die Auswirkungen unterschiedlicher Denkmethoden. Erfahrungsheilkunde *26*, 541.

LEIBUNDGUT, H., 1971: Schutz unseres Lebensraumes. Symposium a. d. Eidgen. Techn. Hochschule Zürich, v. 10.–12. Nov. 1977. Verlag Huber, Frauenfeld.

LILLIE, R. D., SMITH M. J., and E. F. STOHLMANN, 1947: Pathologic Action of DDT and Certain of its Analogs and Derivates. Arch. Pathol. *43*, 127.

LÖTSCH, R., 1976: Kernenergie für Österreich? Beurteilung aus umweltwissenschaftlicher Sicht. In: Veröffentlchg. d. Bundesministeriums f. Wissensch. u. Forschg. Springer-Verlag.

MANSTEIN, B., 1977: Strahlen, Gefahren der Radioaktivität und Chemie, Medizin und Wissenschaft im Umbruch, ein kritisches Handbuch. S. Fischer Verlag, Frankfurt/M.

MARTH, E. H., 1965: Residues and some Effects of Chlorinated Hydrocarbon Insecticides in Biological Material. Resid. Rev. 9, 1.

MOLL, W., 1973: Taschenbuch für Umweltschutz, I. Chem. u. technolog. Informationen. UTB, Steinkopff-Verlag, Darmstadt.

Mommsen, H., 1977: Eine neue Definition des Begriffes Gesundheit. Erfahrungsheilkd. *26*, 3, 81.
Patterson, 1968: Refer. in Pflanzenarzt 1968, 5, 27.
Peakall, D. B., 1970: p,p'-Effect on Calcium Metabolism and Concentration of Estradiol in the Blood. Science *168*, 3931, 592.
Popp, F. A., 1976: Biophotonen. Verlg. f. Medizin Dr. Ewald Fischer, Heidelberg.
Ders., 1977: So könnte Krebs entstehen. Bild d. Wissenschaft *13*, H. 1, 58.
Schnitzer, J. G., 1974: Gesund und vital durch Schnitzerkost – 4702 Personen berichten über ihre Erfolge. Schnitzer Verlag, St. Georgen, Schwarzwald.
Schuphan, W., 1963: Aktuelle Pflanzenschutzprobleme in ihrer möglichen Auswirkung auf die Gesundheit von Tier und Mensch im Spiegel lebensmittelrechtlicher Bestimmungen. Qualitas Plantarum et Materiae Vegetabilis *9*, 337.
Ders., 1964: Pflanzenschutz – Landschaftsschutz – Menschenschutz. Kosmos, 60, 498.
Ders., 1969: Pestizide, Nutzen und möglicher Schaden. Zbl. Bakteriol., Parasitenkd., Infektionskrankh. u. Hygiene, I, Orig., 210, 240.
Ders., 1971: Gefahren durch Pestizidanwendung. Nahrungspflanzen und Umwelttoxikologie. Institut f. Natursch. Darmstadt, Schriftenreihe, Bd. X, H. 2, 51.
Schwabe, G. H., 1970: Was ist die Umwelt des Menschen? D. W. Junk, N. V., Publishers, The Hague.
Ders., 1973: Umwelt heute. Eugen Rentsch Verlag.
Stöfen, D., 1968: Die larvierte Bleivergiftung. Arch. f. Hygiene u. Bakteriol. *5*, 551.
Ders., 1970: Larvierte Bleivergiftung ein Massenphänomen? Selecta 37, v. 14. 9., 3232.
Ders., 1971: Die Auswirkungen des Umweltgiftes Blei auf die Psyche. Städtehygiene *8*.
Ders., 1974: Blei als Umweltgift. Verlag, Auxilibris.
Ders., 1977: Schwermetalle in der zahnärztlichen Praxis: Über die Carcinogenität des Bleis. Notabene medici *7*, H. 2, 59.
Ders., 1977: Über die Karzinogenität des Bleis. Forum Städtehygiene *28*, H. 7, 194.
Universitas, 1972: Blei begünstigt Infektionskrankheiten. *27*, H. 2, 216.
Wellenstein, G., 1974: Pestizide im Wald. Kosmos, H. 6, 261.
Ders., 1976: Ist unsere Gesundheit in Gefahr? Ein kritischer Rück- und Ausblick auf den chemischen Pflanzenschutz. Heinrich Schwab Verlag, 786 Schopfheim.
Ders., 1977: Agrochemikalien und Lebensschutz. Garten organisch, Nr. 4.
Woodwell, G. M., 1967: Toxic Substances and Ecological Cycles. Scientif. Amer., 216, 24.
Wurster, C. F. Fr., and A. S. Meyer, 1968: DDT Residues and Declining Reproduction in the Bermuda Petrell. Science, 159, 979.

Schuphan, Ingolf

5.12 Probleme und Methoden des Einsatzes von Schädlingsbekämpfungs- und Pflanzenbehandlungsmitteln

5.12.1 Allgemeine Betrachtungen

Schädlingsbekämpfungs- und Pflanzenbehandlungsmittel, hier kurz Pflanzenschutzmittel genannt, sind Stoffe, die zur Bekämpfung unerwünschter Tiere, Mikroorganismen, Pflanzen und Pflanzenteile angewendet werden oder das Keimen und Wachstum von Pflanzen regeln. Im englischen Sprachgebrauch faßt man alle Pflanzenschutz- und Schädlingsbekämpfungsmittel sowie Wachstumsregler, einschließlich der Zusatzstoffe unter dem kurzen Begriff Pestizide zusammen [Anonym 1975].

In der Bundesrepublik Deutschland werden schätzungsweise über 50% der landwirtschaftlichen Nutzfläche mit Pflanzenschutzmitteln behandelt. Erwerbsanbau von Getreide, Zuckerrüben, Mais, Wein und Obst sind ohne Anwendung von Herbiziden (Unkrautbekämpfungsmitteln), Insektiziden (Insektenbekämpfungsmitteln) und Fungiziden (Pilzbekämpfungsmitteln) kaum noch denkbar [Umweltgutachten 1974]. Den Herbiziden kommt mit 60% der ausgebrachten Gesamtpestizidmenge die Hauptbedeutung zu (Abb. 112).

Für 1972 weist die Statistik im Areal der Bundesrepublik einen Absatz von 21000 t chemischen Wirkstoffs aus. Er stieg nur schwach um ca. 5% bis 1974, wie sich aus statistischen Angaben berechnen läßt [Umweltgutachten 1974, Statistisches Jahrbuch 1976]. Die Produktion von Pflanzenschutz- und Schädlingsbekämpfungsmittel-Wirkstoff in der Bundesrepublik betrug mit mehr als 230000 t für 1975 über das zehnfache des Inlandabsatzes [Statistisches Jahrbuch 1976]. Diese Zahlen verdeutlichen die Bedeutung des chemischen Pflanzenschutzes, zum einen von der Anwendungs- zum anderen von der Produktionsseite.

Pflanzenschutz ist keine Erfindung der Neuzeit. Seit der Hinwendung des Menschen zum Ackerbau betreibt er Pflanzenschutz. Dieser wurde jenen Pflanzen zuteil, die sich durch besondere Leistung für den Menschen auszeichneten. Durch Rodung von Wäldern verschaffte er ihnen Lebensraum, durch Fernhalten unerwünschter Pflanzen und Tiere wurde versucht, die Erträge zu optimieren.

Das gleiche Ziel wird heute unter anderen Voraussetzungen mit neuen Methoden verfolgt. Dabei muß davon ausgegangen werden, daß der Mensch durch Schaffung von Kulturland seine

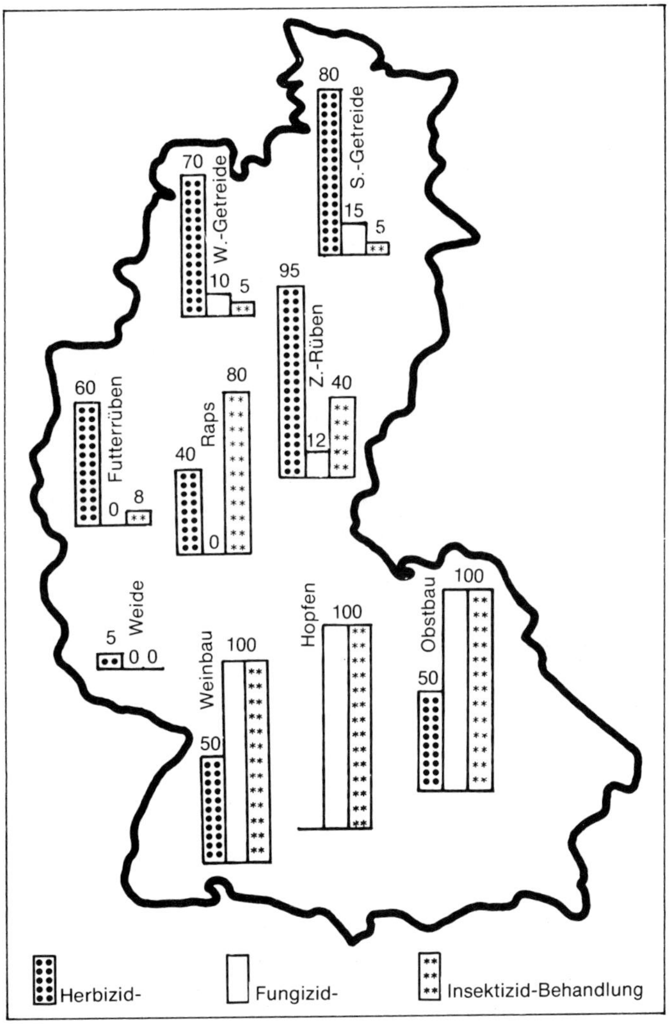

Abb. 112 Geschätzter Anteil der mit Herbiziden, Fungiziden + Saatgutbehandlungsmitteln und Insektiziden behandelten Flächen in Prozent der jeweiligen Anbaufläche. Nach Umweltgutachten [1974].

Umwelt entscheidend verändert hat, mit allen seinen Konsequenzen für Fauna und Flora. Wir haben es mit künstlich geschaffenen Ökosystemen zu tun. Diese Tatsache muß bei einer Beurteilung der Fortentwicklung bis zu den heutigen Kultur- und Schutzmaßnahmen beachtet werden. Der Pflanzenschutz hat heute zwei Funktionen zu erfüllen: die klassische Aufgabe der Verlustverhütung und die in der Pflanzenproduktion zusätzliche Aufgabe, die Verwendung arbeitssparender Produktionsmethoden überhaupt zu ermöglichen [Beran 1976]. Unter den gegebenen Umständen, verbunden mit den Erwartungen und Vorstellungen der Verbraucher war und ist diese Entwicklung nur mit Hilfe des chemischen Pflanzenschutzes in diesem Ausmaße möglich. Über die Notwendigkeit und Probleme des chemischen Pflanzenschutzes zur Nahrungsmittelerzeugung und -sicherung sei hier auf zusammenfassende Arbeiten verwiesen [Diercks 1975, Hanf 1972, Reichholf 1975, Schuhmann 1972].
Der chemische Pflanzenschutz bedient sich biologisch wirksamer Substanzen, die im Ökosystem der Kulturpflanzen die gewünschten Wirkungen hervorbringen sollen. Im allgemeinen beschränkt sich die Wirkung maßgeblich auf diesen von Menschenhand künstlich geschaffenen Umweltbereich. (Umwelt definiert als die auf einen Organismus einwirkende unbelebte und belebte Umgebung). Aus ihm herausgetragen werden möglicherweise Wirkungen durch Restmengen der angewendeten Mittel, sogenannte Rückstände in den Erntegütern und Nahrungsmitteln, durch ungewollte Mitkontamination angrenzender Umweltbereiche durch Vertriftung, durch Verdampfungs- und Destillationsvorgänge sowie atmosphärische Transportvorgänge. Aber auch gezielt werden Pflanzenschutzmittel auf wildlebende Pflanzen außerhalb von Kulturland, wie es das Pflanzenschutzgesetz vorsieht, zur Abwehr von Schadorganismen [Lorz 1969] angewandt.
Zur Landschaftspflege, sogar in Naturschutzgebieten, werden heute Pflanzenschutzmittel – überwiegend Herbizide – eingesetzt. Für den Landschaftspfleger ist die Sozialbrache zum Problem geworden. Sinnvoll eingesetzte selektive Herbizide können z. B. eine Verbuschung eindämmen [Schönnamsgruber 1970], die ohne Wirkstoff-Einsatz wegen nicht zu bewältigender arbeitsintensiver Maßnahmen hingenommen werden müßte. Auf zusammenfassende Literatur über eine mögliche chemische Steuerung der Vegetation in der Landschaftspflege und im Naturschutz [Eggers 1972 und 1976, Blaszyk 1970], den Einfluß von Pflanzenschutzmitteln auf die freilebende Tierwelt [Blaszyk 1972] und Nebenwirkungen [Blumenbach 1971, Maas und Pestemer 1975] soll hingewiesen werden.
Die infolge von Pflanzenschutzmaßnahmen, Schädlings- und Lästlingsbekämpfungsaktionen in die Umwelt gebrachten Chemikalien verhalten sich sehr unterschiedlich, je nach der Applikationsform und -art, ihren chemischen Eigenschaften und ihrer biologischen Wirksamkeit. Ganz besondere Aufmerksamkeit muß der Ausbringungsart gewidmet werden. Zur Vermeidung von möglichen Gefahren für die Umwelt soll besonders eine zu feine Verteilung (Abtriftmöglichkeit) vermieden werden [Kohsiek 1972]. Mit Bedacht sollten möglichst wenig breitwirkende, sondern nützlingschonende Präparate kurzer Wirkdauer ausgewählt werden. Unter den verschiedenen Einflüssen (Abb. 113) verwandeln sich kurzlebige Wirkstoffe relativ schnell im Zielorganismus und in seiner ungewollt mitkontaminierten Umwelt in Umwandlungs- und Abbauprodukte.
Neben den selektiven Eigenschaften ist das chemische Umwandlungsvermögen von Pflanzenschutzmitteln – ihr Metabolismus – entscheidend für ihre Beurteilung als umweltbelastende Stoffe [Ebing und Schuphan 1972].

5.12.2 Methodische Grundlagen

5.12.2.1 Wirkstoff-Zubereitung und Anwendung

Pestizid-Wirkstoffe können allein ohne eine besondere Zubereitung nur in Ausnahmefällen als Pflanzenschutz- und Schädlingsbekämpfungsmittel verwendet werden. Daher sind Pestizide fast immer Mischungen (Formulierungen) aus einer Wirkverbindung bzw. mehreren Wirksubstanzen mit weiteren Zusatzstoffen (Formulierungshilfsstoffen). Dadurch erhalten sie erst ihre Handhabbarkeit als Stäube- und Streumittel, als Granulat und Saatgutbehandlungsmittel, lösli-

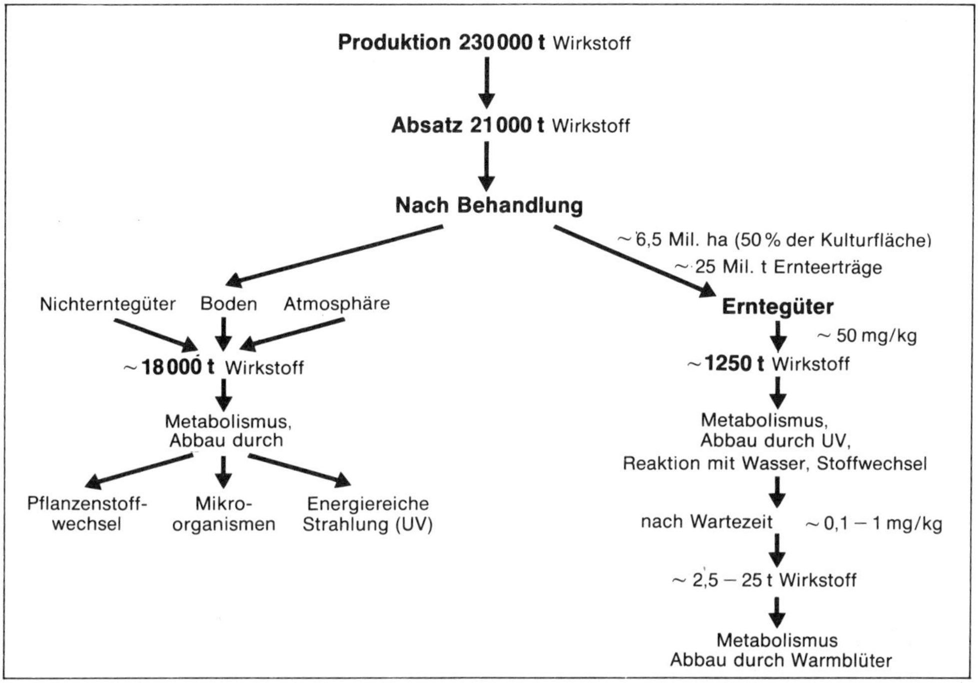

Abb. 113 Abschätzung des Verbleibs ausgebrachter Pflanzenschutzmittel in der Bundesrepublik Deutschland pro Jahr 1975.

che, emulgierbare und dispergierbare Konzentrate, Präparate in organischen Verdünnungsmitteln, als unverdünnte flüssige Zubereitungen und Aerosole. Formulierungshilfsstoffe werden auch als Inertstoffe in bezug zum Wirkstoff, Verpackungsmaterial und Anwendungsgerät bezeichnet. Ansonsten handelt es sich überwiegend um eine Fülle an oberflächen-aktiven Verbindungen wie aliphatischen Sulfonaten, aromatischen Alkylsulfonaten, Phosphaten, Sulfamiden, quartären Ammonium- und Phosphoniumbasen, Fettsäureestern, Polyoxyäthylenen und vielen mehr [Becher 1973]. Zusammen mit den verschiedenen Wirkstoffen in Form der Pestizid-Präparate erreichen auch diese Verbindungen die Zielorganismen und Umwelt. Die Ermittlung der richtigen Formulierungskomposition bedarf großer Erfahrung und umfangreicher Forschungsexperimente. Manche Hilfsstoffe können ähnlich wie die Wirkstoffe selbst zu Schäden bei den besprühten Organismen führen. Nicht sorgfältig ausgesuchte Netzmittel (Emulgatoren, Dispergiermittel) ermöglichen Änderungen der Potentiale an den Pflanzenmembranen. Dadurch können Osmose und Wasserhaushalt so stark gestört werden, daß der betroffene Pflanzenteil abstirbt. Ähnlich kann falsche Wahl des Lösungsmittels zu Schäden führen, wenn es durch Lösung von Lipoiden das Gleichgewicht im Organismus stört [Telle 1970]. Erschwert wird die Beurteilung eines Hilfsstoffes dadurch, daß sich seine Verhaltensweise in Kombination mit anderen Substanzen ändert. So muß jede neu entwickelte Wirkstoff-Formulierung in umfangreichen Experimenten getestet werden.

5.12.2.1.1 Stäubemittel, Granulate, Beizmittel

Stäubemittel sind Präparate, deren Wirkstoffgehalt bevorzugt zwischen 1–10% liegt und die als Streckmittel meist Gesteinsmehl enthalten. Sie dienen bevorzugt zur Bekämpfung von Schädlingen und Krankheiten an oberirdischen Pflanzenteilen. Die durchschnittlichen Aufwandmengen liegen bei 20–40 kg/ha [Telle 1970]. Der Idealbereich für die Körnung liegt zwischen 10–40 μm. Es ist wichtig, diese beim Transport bis zur Ausbringung eventuell veränderbaren

Eigenschaften wie Teilchengröße, -festigkeit und -form möglichst zu gewährleisten. Außerdem muß im Ausbringungsgerät auf die schwierige gleichmäßige Dosierung und Verteilung geachtet werden. Bei der Ausbringung dieser staubförmigen Mittel können für die das Zielgebiet umgebende Umwelt durch Abtriftgefahr [Kohsiek 1972] zusätzliche Belastungen und Probleme entstehen.
Die Anwendung von Stäubemitteln ist zurückgegangen, da Staubapplikation meist teurer ist als das Ausspritzen wäßriger Verdünnungen [Telle 1970].
Um eine gezielte Plazierung bei der Ausbringung zu gewährleisten, trägt man Wirkstoffe auch auf gekörnte Trägerstoffe auf und erhält sogenannte Streumittel und Granulate (auch Mikrogranulate). Bei vorhandenem Pflanzenbestand sind Granulate nahezu die einzige Möglichkeit, ein Präparat ohne große Schädigung der Vegetation auf den Boden oder in bewachsenen Gewässern ins Wasser zu bringen [Telle 1970]. Wenn diese Granulate hochtoxische Wirkstoffe enthalten, müssen diese mit ganz besonderer Sorgfalt ausgestreut und anschließend mit Erdreich abgedeckt werden. Nur dann können Gefahren für die körnerfressende Tierwelt abgewendet werden.
Diese gleiche Sorgfaltspflicht gilt für die Aussaat von Saatgut, das zum Schutze vor Auflaufkrankheiten und Schädlingen mit Trockenbeizmitteln (Aufbau ähnlich den Stäubemitteln), Feucht-, Naß- und Schlämmbeizen behandelt wurde. Die Saatgutbeizung stellt eine sehr wirkungsvolle, in vielen Fällen nicht zu umgehende phytosanitäre Maßnahme dar. Sie hat vor vielen anderen Pflanzenschutzmaßnahmen den großen Vorteil, ganz gezielt und unmittelbar an den Befallsort die unbedingt notwendige Menge der Wirksubstanz zu verbringen. Die heute z. T. noch nicht entbehrlichen, hervorragend breitfungizid wirkenden quecksilberhaltigen Beizmittel sollen in der nahen Zukunft durch andere organische Beizmittel ersetzt werden. Die Zulassung des gegen Weizensteinbrand und Zwergsteinbrand gut wirksamen Hexachlorbenzols wurde im Jahre 1974 nicht verlängert.
Feuchtbeizmittel gewinnen wegen ihrer relativ sicheren Handhabung bei der Saatgutbeizung mehr und mehr an Boden. Versucht wird die Tauchbeizung einzuschränken, damit keine Probleme durch übriggebliebene Beizbrühen entstehen.

5.12.2.1.2 Präparate – Konzentrate

In Wasser lösliche, emulgierbare und dispergierbare Konzentrate dürften heute die bedeutendste Gruppe unter den Pestiziden darstellen. Die Zubereitungen besitzen je nach den Eigenschaften der Wirkstoffe einen Gehalt bis nahe 100%. In der Praxis werden wäßrige Verdünnungen in Konzentrationen von 0,01 bis 20% verwendet, wobei die Wassermengen von 50 bis 3000 l/ha variieren [Telle 1970]. Neben der Auswahl einer geeigneten Formulierung für ein Pestizid, muß zur Sicherung des Bekämpfungserfolgs das geeignete Gerät eingesetzt werden. Normalerweise dienen Spezialgeräte mit besonders konstruierten Spezialdüsen zur Ausbringung. Bei der Wahl der Tropfengröße ist darauf zu achten, daß Teilchen unter 100 µm leicht vom Wind abgetrieben werden [Koch und Goossen 1961]. Eine Reihe von Pflanzen weist jedoch Tröpfchen mit einer Größe über 100 µm ab. Als Ursache dafür werden Wachspartikel auf ihren Oberflächen angesehen, zu deren Beseitigung besondere Behandlungsmaßnahmen möglich sind [Amsden und Lewins 1966].
Betriebswirtschaftliche Gründe sind für das Bestreben maßgebend, die Wasseraufwandmenge bei der Sprühapplikation herabzusetzen. Das Ultra-Low-Verfahren (ULV) bedient sich nur noch Präparatevolumen von 0,5 – 5 l/ha. Es wird in Ländern mit Monokulturen, besonders bei Einsatz von Luftfahrzeugen angewandt. In der Bundesrepublik hat diese Ausbringungsart hauptsächlich im Wein- und Obstbau, sowie im Forst gewisse Bedeutung. Die Applikation durch diese Verfahren, häufig in kommerziell betriebenen Spritzaktionen angewandt, setzt großes Verantwortungsbewußtsein voraus, um eine Umweltgefährdung durch Abtrift zu vermeiden. Über den Einsatz von Luftfahrzeugen zur Pestizidausbringung sei auf Wilton [1976], Häfner [1974], Hauck [1975] und Gersdorf [1973] verwiesen.
Alle im Freiland angewendeten Verfahren, bei denen die Teilchen unter der Größe von 100 µm liegen, können nur schwer Probleme durch Abtrift vermeiden. Fachleute empfehlen sie deswe-

gen nicht mehr ohne weiteres für die Anwendung. Das gilt besonders für das Nebeln, bei dem Teilchengrößen von weniger als 50 μm entstehen [Kohsiek 1972]. Nur wenige Pflanzenschutzmittel sind für die Heißvernebelung (Vernebelung von Pestiziden durch heiße Auspuffgase eines Verbrennungsmotors) geeignet und zugelassen. Diese beliebte Ausbringungsart z. B. in Gewächshäusern darf nur mit den wenigen dafür geprüften Präparaten erfolgen. Im heißen Auspuffstrom können aus den verschiedenen Pestiziden eine Vielzahl an Umwandlungs- und Pyrolyseprodukten entstehen, deren Wirknatur und Verhalten unbekannt sind.
Bei allen Ausbringungsmethoden muß sich besonders der Anwender schützen. Über Haut, Schleimhäute und Lunge können Wirkstoffe aufgenommen werden. Partikel bis 30 μm Größe können die Nase passieren, Teilchen unter 10 μm auch die Lunge. Der Schutz kann vornehmlich durch Kleidung und Atemmasken erreicht werden. Er wird jedoch häufig aus Leichtsinn nicht in Anspruch genommen, weil er die Bewegungsfreiheit einengt und die Belastung des Körpers steigert [Kohsiek 1972].

5.12.2.2 Pflanzenschutzmitteleinsatz

Die Zulassung und Anwendung von Pflanzenschutz- und Schädlingsbekämpfungsmitteln ist durch Gesetze geregelt. Der Gesetzgeber zeichnet durch seine Behörde (Biologische Bundesanstalt, Bundesgesundheitsamt) verantwortlich für die Prüfung von neu entwickelten Präparaten und spricht nach positivem Befund für einen ganz bestimmten Zweck die Zulassung bzw. Anerkennung aus. Für jedes Pflanzenschutzproblem stehen eine ganz bestimmte Reihe für diese Zwecke geprüfter Präparate zur Verfügung. Durch Vorschrift der zu verwendenden Konzentration und der nach Anwendung bis zur Ernte nötigen Wartezeit soll die Einhaltung der nach toxikologischen Gesichtspunkten nötigen, gesetzlich vorgeschriebenen Rückstandshöchstmengen sichergestellt werden.

5.12.2.2.1 Wirkstoffauswahl und Einsatzkriterien

Der Anwender von Pflanzenschutzmitteln kann unter den über 1500 (1975) zugelassenen und anerkannten Mitteln [Statistisches Jahrbuch 1976] die Wahl treffen. Die Wirkstoffanzahl, die diesen Mitteln zugrunde liegt, beträgt etwa ein Siebentel dieser Präparate. Sie unterscheiden sich durch unterschiedliche Wirkstoffe, Wirkstoffmischungen und Konzentrationen, teils jedoch nur durch unterschiedliche Namensgebung für Präparate der einzelnen Firmen. Abgesehen von den Doppelpräparaten ist eine große Präparatezahl mit *unterschiedlichen* Wirkstoffen eine Hilfe, um gezielt ein bestimmtes Schutz- oder Bekämpfungsproblem zu lösen. Mit einem möglichst selektiven Mittel kann versucht werden, ohne weitgreifende Erfassung von anderen Organismen (z. B. Nützlingen) nur den Schaderreger zu erfassen. Besonders auf dem Gebiet der Herbizid-Präparate ist man auf diesem Gebiet weit vorangekommen, und auch der Praktiker lernt schnell, die Palette der selektiven Mittel zu seinem Vorteil zu nutzen. Nicht so leicht erwirbt er diese Kenntnis auf dem Gebiet der Insektizide, da es für den ungeübten Anwender schwer ist, unmittelbar nach einer Bekämpfung zu erkennen, ob Nützlinge geschont wurden. Der Trend bei der Anwendung geht aber ganz zweifellos in die Richtung, möglichst selektive Mittel einzusetzen. Folgt man zusätzlich nicht blindlings vorgeschriebenen »Spritzkalendern«, sondern orientiert sich am tatsächlichen Krankheitsgeschehen, so kann man durch gezielte, prognostisch abgesicherte Einzelmaßnahmen mit einem Minimum an Pestizideinsätzen auskommen. Die Orientierung am Prinzip der »wirtschaftlichen Schadensschwellen« – der Rückgriff auf chemische Mittel, wenn die Populationsdichte des Schädlings ein kritisches Ausmaß erreicht, das Produktionsverluste erwarten läßt, die größer sind als die Bekämpfungskosten – ist ein Weg, Belange der Agrarproduktion und Umwelt gleichermaßen zu berücksichtigen. Er setzt eine zuverlässige Prognose voraus. Die Grundlagen zur Erstellung dieser Prognosen sollten von jedem Landwirt während seiner Ausbildung erlernbar sein! Die gemeinschaftliche Beachtung der hier erläuterten Prinzipien führt zur Strategie des integrierten Pflanzenschutzes [Steiner 1968, Wilbert 1972, Franz et al. 1976].
Besonders werden hier biologische Bekämpfungsmaßnahmen (siehe auch nachfolgender Bei-

trag) mit chemischen kombiniert, indem ganz gezielt versucht wird, natürliche Gegenspieler (Räuber und Parasiten) zu schonen. Damit soll vor allem der in Intensivkulturen immer wieder beobachteten Massenvermehrung der bekämpften oder anderer Schädlinge entgegengewirkt werden. Besonders das stark beunruhigende Problem, daß Präparate an Wirkung einbüßen, da sie resistente Stämme der Schädlinge auslesen, könnte durch integrierte Maßnahmen eingeschränkt werden.
Eine allgemeine Anwendung dieses Prinzips bedarf noch großer Forschungsanstrengungen, um aus dem Schatten des einseitig chemisch orientierten Pflanzenschutzes herauszutreten, wie es bereits in Teilen des Obstbaues möglich war [Steiner 1965].

5.12.3 Verhalten von Pflanzenschutzmitteln in Pflanzen, Tieren und Umwelt

Die Pflanzenschutzmittel-Wirkstoffe stellen ein Vielzahl völlig verschiedener Chemikalien mit unterschiedlicher Stabilität und biologischer Wirkung dar. Jeder Wirkstoff verhält sich entsprechend seinem chemischen Aufbau deshalb auch ganz charakteristisch in der belebten und unbelebten Natur. Vereinfachend kann man sagen, daß Verbindungen aus Kohlenstoff und Chlor (auch Fluor), sogenannte Chlorkohlenwasserstoffe (allgemein Organohalogenverbindungen) unter Umweltbedingungen schwer angreifbar (spalt-, oxydier-, reduzier-, konjugierbar) sind. Trotz z. T. hoher Schmelzpunkte verdampfen, sublimieren und destillieren sie (auch zusammen mit Wasser) relativ leicht und sind so prädestiniert, sich in der unbelebten und belebten Welt zu verbreiten. Unter ihnen befinden sich eine Vielzahl vorzüglich insektizider Verbindungen, die durch eine geringe Warmblütertoxizität ausgezeichnet sind.
Mindestens so gute insektizide Wirkungen zeigen eine Vielzahl von Estern mit einer charakteristischen Kohlenstoff-Sauerstoff-Phosphor-Verknüpfung (Phosphorsäureester) bzw. Kohlenstoff-Sauerstoff-Stickstoff-Verknüpfung (Carbamate). Diese Verbindungen sind im allgemeinen weniger stabil, weil chemische Reaktionen an den Heteroatomen leicht angreifen können. Dagegen sind sie durch ihre häufig sehr viel höhere akute Warmblütertoxizität gefährlicher zu handhaben.
Eine Reihe von herbizid wirksamen Verbindungen enthalten ebenfalls Kohlenstoff-Chlorbindungen, wie die Chlorphenoxyalkancarbonsäuren. Dies sind Herbizide von Wuchsstoff-Charakter mit der augenblicklich größten Bedeutung in der Bundesrepublik. Auf Grund einer in ihnen zusätzlich enthaltenen Kohlenstoff-Sauerstoffbindung sind diese Verbindungen in der Natur nach einiger Zeit chemisch veränderbar. Es entstehen z. B. langlebige Chlorphenole [Loos 1975]. Weitere bedeutende Herbizide enthalten z. B. mehrere Stickstoffatome in sogenannter Triazin- (3 Atome Stickstoff) oder Harnstoff- (2 Atome Stickstoff) Verknüpfung.
Unter den organischen Fungiziden spielen solche mit einer Kohlenstoff-Schwefelbindung die Hauptrolle. Diese Verbindungen, Phthalsäurederivate und Thiocarbamate sind in der Umwelt relativ leicht zu schwer analysierbaren Umwandlungsprodukten veränderbar. Das äußerst persistente Fungizid Hexachlorbenzol ist in der Bundesrepublik als Pflanzenschutzmittel nicht mehr zugelassen, für die umwelttoxikologisch bedenklichen organischen Quecksilberfungizide, als hervorragend breitwirksame Getreidebeizmittel sehr geschätzt, ist trotz Bemühen bisher noch kein gleichwertiger Ersatz gefunden worden.

5.12.3.1 Wirksamkeitsdauer, Rückstandsbildung, Umwandlung und Abbau

Langlebigkeit (Persistenz) war in den Anfängen der Herstellung synthetischer organischer Pestizide eine wohlerwünschte Eigenschaft. Erst Jahrzehnte später erkannte man, daß durch die in vieler Hinsicht vorteilhafte langandauernde Wirksamkeit von Pestiziden ernste Probleme für Menschen und Umwelt entstanden. Zusammen mit einer unbekümmerten Anwendung (geringe akute Toxizität) konnten sich in den verschiedenen Organismen und Bereichen der Umwelt hohe Rückstände an Organochlorverbindungen wie DDT, Aldrin, Dieldrin, Endrin, Heptachlor ansammeln. Durch ihre lipoiden Eigenschaften akkumulieren die Rückstände besonders im Fettgewebe. Dort sind sie dem physiologischen Stoffwechselgeschehen weitgehend entzogen und reichern sich immer weiter an.

Diese Wirkstoffe sind in den letzten Jahren in vielen Industrienationen in der Anwendung stark eingeschränkt oder verboten worden (1974 in der Bundesrepublik). Auf weiterführende Literatur sei verwiesen [EDWARDS 1976, MURDOCH 1975].
Die vielen anderen Wirkstoffe bilden ebenfalls Rückstände. Im allgemeinen akkumulieren diese jedoch nicht. Das bedeutet, der Ausgangswirkstoff nimmt mit der Zeit auf den Zielobjekten ab. Gesetzlich vorgeschriebene Wartezeiten stellen bei vorschriftsmäßiger Anwendung sicher, daß die nach dem heutigen Wissensstand toxikologisch vertretbaren Rückstandswerte nicht überschritten werden.
Die Abnahme eines Wirkstoffes vom Zielobjekt kann auf unterschiedlichste Art erfolgen, wie die Abb. 113 veranschaulicht. Erstrebt wird ein Abbau der Verbindungen, wobei eine Überführung in Endoxidationsprodukte erfolgt oder in Bruchstücke, die in den intermediären Stoffwechsel eingehen. So wäre ein Pestizid als endgültig abgebaut zu betrachten, wenn aus dem Kohlenstoffgerüst Kohlendioxid, dem Chlor Chlorid, dem Phosphor Phosphat usw. gebildet würde. Auf keinen Fall kann unter Abbau das Verschwinden eines Wirkstoffes durch den Abwaschvorgang beim Regnen, durch Verdampfungsvorgänge oder durch eine kleinere oder größere chemische Veränderung verstanden werden. DDT ist keinesfalls abgebaut, wenn es durch Dehydrochlorierung (Abspaltung von Salzsäure) in das hochpersistente DDE übergeht oder wenn Endosulfan durch Verlust der Sulfitgruppierung in das nach wie vor die persistente HexachlorbicyclodienGruppierung tragende Endosulfandiol übergeht [SCHUPHAN et al. 1968] oder wenn 2, 4, 5-Trichlorphenoxyessigsäure unter Seitenkettenabspaltung zu 2, 4, 5-Trichlorphenol reagiert. Diese Umwandlungsprodukte (Metaboliten) eines jeden Wirkstoffes gilt es zu erfassen und mit bei den Rückstandsuntersuchungen zu berücksichtigen. Um dies zu ermöglichen, muß der Metabolismus eines jeden in der Praxis eingesetzten Wirkstoffes aufgeklärt sein. Dabei erscheint es von großem Wert, auch in geschlossenen Pflanzenkulturapparaturen zu arbeiten, um in Form einer Bilanz auch verdampfenden Wirkstoff und gasförmige Metaboliten erfassen zu können [SCHUPHAN und EBING 1977]. Nur so ist eine eindeutige und vollständige Aussage über einen Wirkstoff in bezug auf seine Umweltrelevanz möglich. Es wird in Zukunft darauf zu sehen sein, daß für die Festsetzung von Rückstandswerten nicht nur die toxikologischen Einzelwerte berücksichtigt werden, sondern die Mischung vorliegender Rückstände, einschließlich bedeutender Umwandlungsprodukte [SCHUPHAN 1976]. Diese in die Zukunft gerichtete Forderung ergibt sich zwingend daraus, daß viele Kulturen mehrmals mit den verschiedensten Pestiziden zur Erlangung der heute geforderten Marktqualität behandelt werden. Auf Grund der Komplexizität, die sich bei der toxikologischen und umweltbezogenen Beurteilung von gemischten Rückständen ergibt, wird auf diesem Feld noch viel wissenschaftliche Arbeit zu investieren sein.

5.12.3.2 Nachgewiesene biologische Effekte

Sofort sichtbare Effekte werden in manchen Fällen durch die akute Toxizität der in einigen Präparaten enthaltenen Wirkstoffe hervorgerufen. Sie beruhen meist auf der Unvorsichtigkeit und Gleichmut bei der Ausbringung der Wirkstoffe. Der Anwender selber kann sich durch Atemmaske und Schutzkleidung schützen. Bei der Aussaat von gebeiztem Saatgut muß tief genug gesät werden und Körnerverlust sorgfältig vermieden werden. Nach dem Ausstreuen von Granulat mit toxischen Wirkstoffen (z. B. Aldicarb) muß peinlichst genau mit Erde abgedeckt werden. Einhaltung der Bienenschutzverordnung und der vorgeschriebenen Gegebenheiten beim Einsatz von Spritzgeräten, ganz besonders beim Einsatz von Luftfahrzeugen (Abtrift und Sicherheitsabstände) sollten selbstverständlich sein. Zuwenig oder falsche Aufklärung, mangelnde Einsicht in biologische Zusammenhänge, aber auch menschliches Versagen mögen dafür verantwortlich sein, daß die »good agricultural practice« nicht immer beherzigt wird. Davon zeugen Auswirkungen auf die Tierwelt, z. B. Vogelsterben und Bienenvölkerdezimierungen [dazu Lit. bei BLASZYK 1972, GNÄDINGER 1975, WELLENSTEIN 1976]. Großflächiges Ausbringen von Giftgetreide zur Nagetierbekämpfung brachte in vielen Ländern große Tierverluste, auch durch sekundäre Vergiftungen bei Greifvögeln [MENDELSSOHN 1972]. Ebenfalls Flächenbegiftung in Obstanlagen mit PhosphorsäureInsektiziden hatten erhebliche Vögelverluste [SCHÖN-

BECK 1968] zur Folge. Die Anwendung von Wuchsstoffherbiziden auf Grünland führte zur Erkrankung von Rindern [BLASZYK 1969]. Solchen beobachteten, im Grunde vermeidbaren biologischen Effekten stehen diejenigen gegenüber, die nicht so leicht zu überblicken und zu beeinflussen sind. So erkannte man das Problem der Anreicherung von z. B. DDT und vielen anderen persistenten Organochlorverbindungen in der Nahrungskette erst, als unerklärlich hohe Rückstände in Tierarten auftraten, die in nicht auffällig kontaminierten Lebensräumen oder sogar nie behandelten Arealen (Polargegenden) leben [WEINMANN 1969]. Auch großräumige Transportmechanismen, die über eine Abtrift hinausgehen, z. B. durch Absorption von Pestizidteilchen an Staubpartikel wurden erst spät erkannt. Daß alle diese Mechanismen wirksam und Anreicherungsfaktoren zwischen tausend und einer Million [EDWARDS 1970] beobachtet werden konnten, liegt primär an der hohen Persistenz mancher Wirkstoffe, die eine Halbwertszeit bis zu vielen Jahren besitzen. Bei ihnen können nicht alle in Abb. 113 angeführten Mechanismen schnell genug zu einem endgültigen Abbau führen. Auf Grund der starken Anwendungseinschränkung der meisten persistenten Organohalogenverbindungen in den Industrienationen ist der nachgewiesene Rückstandsgehalt z. B. von DDT, jedoch nicht von dessen persistentem Metaboliten DDE, im Humanfett rückläufig [ABBOTT 1972]. Am Rande muß noch erwähnt werden, daß neben diesen Pestizid-Wirkstoffen Industriechemikalien, wie polychlorierte Biphenyle (PCB's), -Terphenylene, -Wachse usw. wegen ihrer ähnlichen Eigenschaften weltweit verbreitet und angereichert in dkosystemen vorliegen. Speziell in Nahrungsketten-Endgliedern wie carnivoren Vögeln erreichen sie neben verschiedenen Pestiziden hohe Konzentrationen und bewirken ebenfalls oder durch additive Wirkung [HEATH 1970] Abnahme der Fertilität, Dünnschaligkeit und erhöhte Embryonalmortalität [s. BLASZYK 1972, CECIL 1974].

Auf mögliche mutagene, carzinogene und teratogene Effekte werden Pestizidwirkstoffe vor ihrer Zulassung oder Anerkennung eingehend untersucht. Daß trotzdem hin und wieder bei einzelnen gebräuchlichen Wirkstoffen eine dieser Eigenschaften in Versuchen wahrscheinlich gemacht wird, liegt häufig an der Verwendung zu empfänglicher Bakterien oder Tierstämme [NEWBERNE 1975]. Auch die Dosisabhängigkeit solcher Effekte mit anschließender unterschiedlicher Bewertung (Übertragung auf den Menschen) kann zu Meinungsverschiedenheiten führen [ROE 1975]. (Arsen kann beim Menschen nachgewiesenermaßen Haut- und Leberkrebs erzeugen, im Tierversuch gelang dies überzeugend jedoch nicht).

Die während des Vietnam-Krieges festgestellte teratogene Wirkung des dort eingesetzten »Agent Orange« [NEILANDS 1973] wurde 1970 aufgeklärt. Das in dem Entblätterungsmittel enthaltene Herbizid 2, 4, 5-T enthielt zum Teil bis zu 40 mg/kg Tetrachlordibenz-dioxin, welches für die teratogene Wirkung verantwortlich ist [SPARSCHAU et al. 1971]. Das in der Bundesrepublik verwendete 2, 4, 5-T enthält unter 0,1 mg/kg dieses Tetrachlordibenzdioxins.

Biologische Effekte ganz anderer Art können Pestizide bei einseitigem Einsatz auslösen: Die Resistenzbildung. Bestimmte Insekten, Bakterien und Pilze usw. müssen nach wiederholter Anwendung des gleichen Mittels mit immer höheren Dosen bekämpft werden, bis schließlich das Mittel versagt. Dieses Phänomen stellt ein ernstes Problem im reinen chemischen Pflanzenschutz dar. Verfechter des integrierten Pflanzenschutzes und der biologischen Schädlingsbekämpfung weisen darauf hin, daß ihren Methoden dieses Problem nicht anhaftet. Auf weiterführende Literatur sei hingewiesen [GEORGHION 1972, FEHRMANN 1976, HOFFMANN u. KIEBACHER 1976].

5.12.4 Chemischer Pflanzenschutz – mögliche Probleme

Auf einzelne Probleme, die durch den Einsatz von Pestiziden entstehen können, wurde in den vorstehenden Kapiteln bereits hingewiesen. Auf eine Diskussion soll vielleicht noch aufmerksam gemacht werden. Es wird diskutiert, zulässige Rückstandswerte für ganze Gruppen von Kulturen unter Ausschöpfung der toxikologisch möglichen Grenzen zu vereinheitlichen [IPS 1976]. Für den internationalen Warenaustausch hätte dies sicher große Vereinfachungen zur Folge, da damit in vielen Fällen die Toleranzen höher gesetzt werden könnten. Abgesehen von

der sich daraus sofort ergebenden weiteren Forderung nach einer möglichen Wartezeitverkürzung wäre in diesem Fall die tatsächliche Belastung mit Pestiziden – auch wenn sie toxikologisch unbedenklich sein mag – erhöht [IPS 1976 a]. Gehäufte Anwendung von Mischpräparaten (Wirkstoffmischungen mit gleichem Wirkziel) oder auch mehrfache Anwendung verschiedener Einzelpräparate könnte zur Ausschöpfung der toxikologisch möglichen Grenzwerte vieler Präparate auf nur einem Lebensmittel führen. Mischungen aus mehreren Pestizidrückständen gehen jedoch nicht in die Untersuchungen zur Festlegung der toxikologischen Grenzwerte ein. Auch sind Effekte von Wirkstoff-Mischungen auf die Umwelt noch schwerer frühzeitig erkennbar als die von Einzelwirkstoffen.
Neben Problemen, die sich aus der gezielten Anwendung von Pestiziden ergeben, sind auch solche für die Umwelt bedeutend, die durch die Produktion dieser Chemikalien entstehen. Bei der Synthese der Wirkstoffe fallen immer Abfallprodukte an (z. B. Reste von Destillationen und Kristallisationen), die beseitigt werden müssen. Da es sich um biologisch aktive Verbindungen handelt, ist dieses Abfallproblem besonders heikel. Das große Fischsterben vom 23. Juni 1969 im Rhein, ausgelöst durch den polychlorierten Sulfitester Endosulfan zeugt von diesem schwer lösbaren Problem [Sievers et al. 1972]. Besonders fragwürdig auch vom Gesichtspunkt sich verknappender Resourcen sind Synthesen, die nur zu sehr geringen Wirkstoffausbeuten aber zu großen Abfallproblemen führen. Seit der Einschränkung des Gebrauchs von technischem Hexachlorcyclohexan (HCH) wird hauptsächlich das die insektizide Wirkung tragende γ-Isomere (Lindan) aus dem technischen HCH isoliert. Dieses liegt, ohne daß man von der Syntheseseite weiter Einfluß nehmen kann, nur zu einem Prozentsatz von 8–16% im technischen HCH vor [Herbst u. Bodenstein 1973]. Der Rest (Gemisch der Isomeren α-, β-, δ- und ε-HCH) ist Abfall. Er beträgt das Achtfache der Lindanausbeute, fällt teils kristallin, teils in Form von Schlamm an und wird auf ausgesuchten Deponien abgelagert [Bodenstein 1973]. Aufarbeitung zu Trichlorbenzol ist z. T. möglich, Einsatzmöglichkeiten müssen noch gefunden werden. Besonders das äußerst persistente β-HCH stellt für die Umwelt eine Gefahr dar, da es sogar unter Laborbedingungen nur schwer veränderbar ist. Weitere Probleme können durch Synthesenebenprodukte entstehen. Das Syntheseverfahren für Trichlorphenol, Ausgangsverbindung für die Produktion des Herbizids 2, 4, 5-T, zeugt davon, daß auch heute noch *Nebenprodukte* bei Pestizidsynthesen entstehen können [Sandermann 1974], die 1976 im Unglücksfall Seveso für Menschen und Umwelt katastrophale Folgen hatten. Dabei ist zu beachten, daß nur dieses Nebenprodukt, die Verunreinigung 2, 3, 7, 8-Tetrachlordibenz-dioxin, TCDD, welches nicht Ziel der Synthese war, diese Katastrophe auslöste.

5.12.5 Ausblick

Die Segnungen, die uns der moderne chemische Pflanzenschutz ermöglichte, sind unbestritten. Ohne diese Wirkstoffe ist unter den gegebenen Verhältnissen, verbunden mit den hohen Ansprüchen der Verbraucher keine wirtschaftliche Agrarproduktion möglich. Wie jeder andere technische Fortschritt Schattenseiten aufweist, können wir verständlicherweise auch auf diesem Gebiet Beeinträchtigungen erkennen. Es gilt diese so gering wie möglich zu halten, da bedacht werden sollte: Millionen hungern auf der Welt, aber satt sein bedeutet alleine noch nicht zu leben! Deshalb sollte neben der Diskussion zur Sicherung von Ernten zur Ernährung der Weltbevölkerung auch an die Aspekte gedacht werden, die ein Leben lebenswert erscheinen lassen. Dieses rührt prinzipiell an dem Fundament des unbegrenzten technischen Fortschritts, der schon immer seinen Tribut gefordert hat. Auf dem Agrarsektor könnte man versuchen, ob es nicht möglich wäre, statt Höchsterträgen sozio-ökonomische Erträge zu erwirtschaften [Franz et al. 1976]. Durch langfristigen Einbezug biologischer Maßnahmen neben einem sinnvoll betriebenen chemischen Wirkstoffeinsatz könnte so allen Belangen Rechnung getragen werden.

Schrifttum

ABBOTT, D. C., COLLINS, G. B., und R. GOULDING, 1972: Organochlorine pesticide residues in human fat in the United Kingdom 1969–71. Brit. Med. J. 553–556.

AMSDEN, R. C. und C. P. LEWINS, 1966: Beurteilung der Netzfähigkeit von Blättern durch Tauchen in Kristallviolett. World Review Pest Control *5*, 187–194.

ANONYM, 1975: Umwelt und Chemie von A–Z. Hrsg. Verband der Chemischen Industrie, Frankfurt/M. Herder Verlag, Freiburg.

BECHER, P., 1973: The emulsifier. In: Pesticide formulations. Hrsg. WADE VAN VALKENBURG. Marcel Dekker, Inc. New York.

BERAN, F., 1976: Pflanzenschutz und Umwelt. Naturwis. *63*, 368–374.

BLASZYK, P., 1969: Erkrankung von Rindern nach Anwendung von Wuchsstoffen auf Grünland. Gesunde Pflanzen *21* , 33–36.

DERS., 1970: Grundsätzliche Bemerkungen zum Einsatz von Herbiziden in Natur- und Landschaftsschutzgebieten. Z. Pflanzenkrankh., Pfl.schutz. Sonderh. *5*, 163–166.

DERS., 1972: Beeinträchtigung der freilebenden Tierwelt durch Pestiziden. Ber. Ldw. *50*, 404–416.

BLUMENBACH, D., 1971: Pestizide in der Umwelt: Eine Bibliographie über Nebenwirkungen, Rückstände und Schutzmaßnahmen. Mitt. Biol. Bundesanst. Land u. Forstw. *141*, 1–146.

BODENSTEIN, G., 1973: Lindan und Fragen des Umweltschutzes. In: LINDAN, Monographie eines insektiziden Wirkstoffs, S. 139. Verlag K. Schillinger, Freiburg.

CECIL, H. C., BITMAN, J., LILLIE, R. J., FRIES, G. F. und J. VERRETT, 1974: Embryotoxic and teratogenic effects in unhatched fertile eggs from hens fed polychlorinated biphenyls (PCB's). Bull. Environ. Contam. Toxicol. *11*, 489–495.

DIERCKS, R., 1975: Aktuelle Fragen der pflanzlichen Produktion aus der Sicht des Pflanzenschutzes. Bayer. Landwirtsch. Jahrb. *52*, 112–123.

EBING, W. und I. SCHUPHAN, 1972: Umwandlungsprodukte von Pestiziden als umweltbelastende Stoffe. Ber. Ldw. *50*, 325–347.

EDWARDS, C. A., 1970: Persistent pesticides in the environment. Butterworths, London.

EGGERS, T., 1972: Pflanzenschutz und Landschaftspflege. Ber. Ldw. *50*, 48–56.

DERS., 1976: Zur Landschaftspflege – eine Betrachtung aus der Sicht des Pflanzenschutzes. Natur und Landsch. *51*, 159–163.

FEHRMANN, H., 1976: Systemische Fungizide – ein Überblick; 2. Fungizidresistenz phytopathogener Pilze. Phytopathol. Z. *86*, 144–185.

FRANZ, J. M., PHILLIPS, D. H. und R. W. STARK, 1976: Integrierter Pflanzenschutz gegen Schadinsekten und Krankheiten im Wald. Z. Pflanzenkrankh., Pfl.Schutz *83*, 59–65.

GEORGHION, G. P., 1972: The evolution of resistance to pesticides. Ann. Rev. Ecol. *3*, 133–168.

GERSDORF, 1973: Vom Flugzeugeinsatz kuriert? Hannov. Land-Forstwirtsch. Ztg. *126*, 115.

GNÄDINGER, F., 1975: Bienenschäden im badischen Rebbaugebiet. Allg. Deutsche Imkerzeitg. *9*, 217–219.

HÄFNER, M., 1974: Untersuchungen zur Abtrift und zum Abbau von Endosulfan nach dem Ausbringen mit dem Hubschrauber. Gesunde Pflanzen *26*, 241–246.

HANF, M., 1972: Von der Mechanik zur Chemie – 35 Jahre Pflanzenschutzmittelentwicklung. Mitt. Biol. Bundesanstalt f. Land- und Forstw., Berlin-Dahlem, H. 146, 9–37.

HAUCK, E., 1975: Imker zum Hubschraubereinsatz im Rheingau 1967–1974. Deutsch. Weinb. *30*, 339–340.

HEATH, R. G., SPANN, J. W., KREITZER, J. F. und C. VANSE, 1970: Effects of polychlorinated biphenyls in birds. Proc. XV Intern. Orn. Congr. Den Haag.

HERBST, M. und G. BODENSTEIN, 1973: Toxikologie des Lindans. In: LINDAN, Monographie eines insektiziden Wirkstoffs, S. 25. Verlag K. Schillinger, Freiburg.

HOFFMANN, G. M., H. KIEBACHER, 1976: Resistenzbildung bei pflanzenpathogenen Pilzen gegen systemische Fungizide. Z. Pflanzenkrankh., Pfl.schutz, *83*, 368–382.

IPS, 1976: Im Brennpunkt. Zur Festsetzung und Harmonisierung von zulässigen Höchstmengen für Pflanzenschutzmittel-Rückstände. Podiumsdiskussion am 5. Mai 1976, Bad Schachen. Hersg. v. Industrieverband Pflanzenschutz- u. Schädlingsbekämpfungsmittel e. V., Frankfurt/M., S. 1–28; IPS 1976 a: S. 17.

KOCH, H., und H. GOOSSEN, 1961: Die technischen Mittel des Pflanzenschutzes. In: SORAUER, Handbuch der Pflanzenkrankheiten. Bd. VI, 2. Aufl. Parey, Berlin und Hamburg.

KOHSIEK, H., 1972: Anwendungstechnik zur Minderung der Umweltbelastung mit Pestiziden. Ber. Ldw. *50*, 371–382.

LOOS, M. A., 1975: Phenoxyalkanoic acids. In: Herbicides. Hrsg. P. C., KEARNEY, and D. D. KAUFMAN, Vol. 1. Marcel Dekker, Inc. New York and Basel.

LORZ, A., 1969: Pflanzenschutzgesetz. In: ERBS-KOHLHAAS: Strafrechtl. Nebenges., Bd. III, 25. Lfg. P 65.

MAAS, G. und W. PESTEMER, 1975: Nebenwirkungen chemischer Unkrautbekämpfungsmittel, Eugen Rentsch Verlag, Erlenbach-Zürich und Stuttgart.
MENDELSSOHN, H., 1972: Effects of toxic chemicals on bird life. Intern. Council f. Bird Preserv. XI, 75–104.
MURDOCH, W. W., Editor 1975: Environment. Sinauer Ass., Inc., Sunderland, Massachusetts.
NEILANDS, J. B., 1973: Survey of chemical and related weapons of war. Naturwiss. *60*, 177–183.
NEWBERNE, P. M., 1975: The mouse as experimental animal to extrapolate to man. Intern. Symposium »Ecological and Toxicological Aspects of Organochlorines« München, 9. Okt.
REICHHOLF, J., 1975: Schädlingsbekämpfung zwischen Ökonomie und Ökologie. Z. ang. Ent. *78*, 10–12.
ROE, F. J. C., 1975: General toxicological principles of extrapolation from animal to man. Intern. Symposium »Ecological and Toxicological Aspects of Organochlorines«. München, 9. Okt.
SANDERMANN, W., 1974: Polychlorierte aromatische Verbindungen als Umweltgifte. Naturwis. *61*, 207–213.
SCHÖNBECK, H., 1968: Auswirkungen der Anwendung chemischer Pflanzenschutzmittel auf höhlen- und halbhöhlenbrütende Singvogelarten in Obstanlagen. Pflanzenschutz-Ber. *37*, 161–178.
SCHÖNNAMSGRUBER, H., 1970: Herbizide in der Landschaft. Z. Pflanzenkrankh., Pfl.schutz, Sonderh. *5*, 153–161.
SCHUHMANN, G., 1972: Umweltschonender Pflanzenschutz. Möglichkeiten und Perspektiven. Mitt. Biol. Bundesanstalt f. Land- und Forstw., Berlin-Dahlem, H. 146, 61–86.
SCHUPHAN, I., 1977: Zum Metabolismus von Phenylharnstoff-Herbiziden. VI. Geschlossene Kultursysteme für die Bilanzierung radioaktiv markierter Pestizide nach Anwendung bei Kulturpflanzen. Chemosphere *6*, 5–10.
DERS., K. BALLSCHMITER und G. TÖLG, 1968: Zum Metabolismus des Endosulfans in Ratten und Mäusen. Z. Naturforsch. *23b*, 701–706.
DERS. und W. EBING, 1977: Zum Metabolismus von Phenylharnstoff-Herbiziden. VII. Metabolismusaufklärung und Bilanzierung des Verbleibs von Buturon-^{14}C nach Anwendung bei Winterweizen. Weed Res. *17*, 181–189.
SCHUPHAN, W., 1976: »Translocation«-toxicity ought to be considered in tests for pesticide registration. Qual. Plant. *26*, 321–329.
SIEVERS, J. F., AURAND, K., HERZEL, F., HÖFFKEN, F., KOPPE, P. und W. NIEMITZ, 1972: Untersuchungen über den Endosulfan-Gehalt im Rhein, Main und in Uferfiltraten (Juni 1969–Februar 1970). In: Environmental Quality and Safety Vol. I, Hrsg. F. COULSTON und F. KORTE. Georg Thieme Verlag, Stuttgart.
SPARSCHAU, G. L., DUNN, F. L. und V. K. ROWE, 1971: Study of the teratogenicity of 2, 3, 7, 8-tetrachlorodibenzo-p-dioxin in the rat. Food Cosmet. Toxicol *9*, 405–412.
STEINER, H., 1965: Zwölf Jahre Arbeit am integrierten Pflanzenschutz im Obstbau. Gesunde Pflanzen *17*, 5–13.
DERS., 1968: Das Prinzip des integrierten Pflanzenschutzes. Anz. Schädlingskde., *41*, 129–131.
Statistisches Jahrbuch 1976: Statistisches Jahrbuch über Ernährung, Landwirtschaft und Forsten. Hrsg. Bundesministerium für Ernährung, Landwirtschaft und Forsten. Landwirtschaftsverlag Münster-Hiltrup.
TELLE, O., 1970: Handelsformen von Pflanzenschutz- und Schädlingsbekämpfungsmitteln. In: Chemie der Pflanzenschutz- und Schädlingsbekämpfungsmittel. Bd. 1, Hrsg. R. WEGLER. Springer-Verlag, Berlin-Heidelberg-New York.
Umweltgutachten 1974: Der Rat von Sachverständigen, Verlag W. Kohlhammer, Stuttgart und Mainz.
WEINMANN, W. D., 1969: Über die Kontamination der Umwelt mit persistenten Insektiziden. Nachr. Bl. Dt. Pfl.-schutzd. *21*, 86–91.
WELLENSTEIN, G., 1976: Ist unsere Gesundheit in Gefahr? Heinrich Schwab Verlag, Schopfheim, pp. S. 22.
WILBERT, H., 1972: Integrierter Pflanzenschutz – Pest management. Ber. Ldw. *50*, 426–440.
WILTON, B., 1976: Many uses for aircraft in agriculture. Span *19*, 4–6.

Franz, Jost Martin

5.13 Probleme und Methoden der biologischen Schädlingsbekämpfung

5.13.1 Allgemeines

Bei seinen Versuchen, sich gegen die Konkurrenz der Pflanzenschädlinge zu wehren, greift der Mensch auf grundsätzlich dieselben Kategorien von Faktoren zurück, welche in der Natur selbst einschränkend auf die Vermehrungskraft pflanzenfressender Organismen wirken. Je nach dem Einsatz physikalischer Kräfte, chemischer Stoffe, anbautechnischer (kultureller) Verfahren oder lebendiger Wesen spricht man von einer physikalischen, chemischen, kulturellen oder biologischen Schädlingsbekämpfung. Die zuletzt genannte Methode verwendet also Lebewesen zur aktiven Verminderung oder Vertilgung schädlicher Tiere oder Pflanzen, sei es durch direkten Einsatz, sei es mittels spezifischer Förderung durch die Schaffung wichtiger Lebensbedingungen. Im Gegensatz zu den physikalischen und chemischen Bekämpfungsmaßnahmen muß man sich bei den biologischen allein nach den ökologischen Voraussetzungen und den Lebensgewohnheiten von Schädling und Gegenspieler richten. Wir arbeiten hier also in der Regel nicht mit »Mitteln«, sondern versuchen, die Häufigkeit einer unerwünschten Population (Schädling) durch die gelenkte Aktivierung einer oder mehrerer Feindarten (Nützlinge) einzuschränken. Biologische Schädlingsbekämpfung ist angewandte Ökologie. Ohne die Grundkenntnisse der Lehre vom Massenwechsel in Zeit und Raum lassen sich wohl erprobte Verfahren gelegentlich wiederholen, nicht aber wirkliche Fortschritte erzielen. Wer biologische Schädlingsbekämpfung betreiben will, muß ein viel tieferes Verständnis für das in der Natur überall bestehende dynamische Verhältnis zwischen Verzehrern von Pflanzensubstanz und ihren Feinden haben, als derjenige, der mit technischen Mitteln daran geht, möglichst schnell möglichst viele Schädlinge zu vernichten. Das Ideal einer solchen technisierten Aktion ist die Ausrottung des Schädlings, das Ideal der ökologischen (biologischen und kulturellen) Verfahren die nachhaltige, regulierte Eindämmung der Schädlinge auf einer wirtschaftlich unbedeutenden Höhe. Daraus ergeben sich gewisse Grenzen für die biologische Methode: wo jedes Einzelwesen schweren Schaden anrichtet, wie etwa ein Überträger von Virosen, wo also die Schädlingsschwelle, die man noch dulden kann, extrem niedrig liegt, scheiden biologische Maßnahmen zumeist aus.

5.13.2 Schädlingsbekämpfung und Landschaft

Chemische und physikalische Verfahren der Schädlings- und Unkrautbekämpfung, hier als technische Verfahren zusammengefaßt, stellen in der Natur nichts Neues dar. Seit Urzeiten tötet der Mensch Nahrungskonkurrenten oder Krankheitsüberträger, wenn sie ihm gefährlich werden. Die Technik spielt bei diesen Bekämpfungsverfahren die überragende Rolle. Der Erfolg eines Verfahrens läßt sich als »Abtötungsziffer« relativ leicht ermitteln. Je größer die technische Raffinesse des Verfahrens und je geringer dabei die persönliche Mühe ist, um so eher ist man bereit, die gleichen Methoden immer wieder anzuwenden. Schnelle, aber kurzfristige Erleichterung kennzeichnet den Erfolg technischer Maßnahmen.

Erst sehr viel später begann man, sich für die Bedingungen zu interessieren, die ein Schädlingsauftreten auslösen. Dabei zeigte es sich, daß beim Anbau von Kulturpflanzen die Monokulturen zu Höchsterträgen je Flächeneinheit führen können. Sie lassen sich »rationell« Jahr für Jahr auf großen Flächen bewirtschaften und bringen, wenn es sich um hochwertige Kulturen handelt, gute Erträge. Dabei ist die erhöhte Anfälligkeit der Kulturen gegen Krankheiten und Schädlinge in Kauf zu nehmen, da man in Monokulturen zugleich ideale Bedingungen für Lebewesen schafft, die sich ausschließlich oder mit Vorliebe von den in so großer Menge angebauten Pflanzen ernähren. Hier wirken zwei an sich richtige Einsichten gegeneinander:

1. Intensive und einheitliche Kulturen können um so rationeller bewirtschaftet werden, je größer die Fläche ist. Nur so lassen sich die kostspieligen landwirtschaftlichen Maschinen

amortisieren, nur dort vermag das Flugzeug bei Saat, Düngung und Schädlingsbekämpfung das Beste zu leisten.
2. Große, einförmige über Jahre gleiche Bestände von Kulturpflanzen führen zu einer einförmigen Landschaft, zu einer armen Lebensgemeinschaft und zu erhöhter Gefährdung durch Schadorganismen.

Hier setzen nun die beiden als »ökologische Verfahren« den »technischen« gegenübergestellten Pflanzenschutzmethoden ein. Der Name deutet an, daß die Umweltbedingungen der vom Menschen genutzten und bekämpften Organismen im Mittelpunkt stehen. Das ökologische Denken begegnet hier also dem rein wirtschaftlichen. Nur dort wird man für Verfahren der kulturellen und der biologischen Bekämpfung etwas übrig haben, wo sich das bewußte oder unbewußte Empfinden für die natürlichen Gegebenheiten noch erhalten hat. Anfänglich genügte in der Landwirtschaft z.B. ein Fruchtwechsel (Drei- oder Vier-Felder-Wirtschaft), um vielen Schädlingen zu entgehen. Mit der zunehmenden Verbesserung der technischen Abwehrverfahren konnte man teilweise darauf verzichten und Jahr für Jahr jene Pflanzen anbauen, welche die höchsten Erträge brachten. Ähnlich ging die Entwicklung im Forst, wo sich z.B. der Fichtenanbau weit über die natürlichen Grenzen dieser Baumart ausdehnte. Heute haben wir, um nur zwei Beispiele zu nennen, beim Daueranbau von Weizen sehr häufig erhebliche Ausfälle durch »Fußkrankheiten«, und im künstlichen Fichtenanbau mehr und mehr Übervermehrungen von Blattwespen, Borkenkäfern und anderen Schadinsekten.

So ist der Begriff der »Nachhaltigkeit«, also der Ertragssicherheit über längere Zeit, wieder etwas zu Ehren gekommen. Kulturverfahren bieten sich dabei als erste an, und zwar solche, die zur Gesundheit und höheren Widerstandskraft der Kulturpflanzen beitragen und auch solche, die einen Lebensraum verändern, so daß er sich für Schadorganismen weniger gut eignet als zuvor. Zu der ersten Gruppe zählen wir gewöhnlich Bodenpflege, Düngung und Sortenzucht (Resistenzzucht von Pflanzen und Haustieren), zu der zweiten Gruppe den Fruchtwechsel, die rechte Standortwahl oder die Veränderung des Lebensraumes durch Kultur (z.B. Trockenlegen von Sümpfen, um in Malariagebieten den Überträgern die Lebensmöglichkeit zu nehmen). Die im folgenden ausführlich besprochene Nutzung von Schädlingsfeinden bei der biologischen Bekämpfung greift ebenfalls auf ökologische Beziehungen zwischen dem Schädling und seiner Umwelt zurück. Das Verfahren beschränkt sich dabei auf eine der vielen Umweltbeziehungen, und zwar auf die des Feindes zu seiner Beute, und versucht, diese von der Natur gegebenen und unter natürlichen Verhältnissen meist auch funktionierenden Regulationsmechanismen im einzelnen zu verstehen und dann im Sinne der menschlichen Gesellschaft zu handhaben. Der Gegensatz zu dem technischen Denken und Handeln wird nun klar: Dort die direkte, wiederholte Aktion des Menschen, hier die Lenkung und Förderung bereits vorhandener Gegenkräfte, also eine indirekte Einwirkung auf die Schadorganismen.

Auch dabei haben wir es mit verschiedenen Aspekten des prinzipiell gleichen Vorgangs zu tun, nämlich mit der Verwendung von Schädlingsfeinden. Einen Extremfall stellt die biologische Bekämpfung im Gewächshaus dar, also in einer vom Menschen vollkommen nach seinem Belieben gesteuerten künstlichen Umwelt. Schon »natürlicher«, aber trotzdem extrem in ihrer Art, sind die Kulturbedingungen in bewässerten Wüstengebieten, wie wir sie teilweise in Kalifornien vorfinden. Bei uns in Europa bilden jedoch waldreiche, mit wechselnder Vegetation bedeckte und mit Niederschlägen reichlich versehene Landschaften den natürlichen Ausgangszustand. Wie wir sahen, verwandelt die landwirtschaftliche Nutzung oder erst recht die Besiedlung mit Mensch und Haustier eine natürliche, gegliederte Landschaft leicht in einen einförmigen Landschaftstyp, den wir mit »Kultursteppe« oder »Häuserwüste« zu umschreiben pflegen. Diesen Prozeß können wir nicht verhindern. Wir sollten uns nur klar sein, daß auch hier ein Kompromiß zwischen wirtschaftlichem und natürlichem, ökologischem Denken erstrebenswert erscheint. Jede durch Übernutzung bewirkte Verarmung der Landschaft verringert gleichzeitig meist auch die Aussichten auf eine »natürliche«, d.h. vom Menschen nicht veranlaßte Regulation der Lebensgemeinschaft. Ohne Regulation bricht zu leicht eines der Glieder dieser Gemeinschaft aus und vermehrt sich einige Generationen lang ungehemmt. Da wir durch unsere Monokultur den Verzehrern der Kulturpflanzen zu einer solchen Übervermehrung beste Bedingungen bieten, entstehen die gefürchteten Schädlingsplagen.

Wie hilft nun eine vielseitige und gegliederte Landschaft bei der Abpufferung starker Schwankungen in der Lebensgemeinschaft? Nehmen wir ein konkretes Beispiel: Schwebfliegen *(Syrphidae)* sind wichtige Vertilger von Blattläusen. Je stärker die erste Schwebfliegen-Generation im Frühjahr ist, um so mehr dieser Räuber stehen dann im Sommer, der eigentlichen Blattlaus-Zeit, bereit. Die Frühlingsgeneration kann nur gedeihen, wenn sie bereits im März und April Beutetiere findet. So früh treten Blattläuse jedoch nur an Gehölzen auf. Hecken und Gehölze schaffen also für Schwebfliegen eine Nahrungsreserve, von deren Ergiebigkeit es abhängt, ob als Gegengewicht gegen die im Sommer auf Rüben- oder anderen Feldern auftretenden Blattläuse hinreichend Schwebfliegen verfügbar sind.
Ganz allgemein können wir festhalten, daß eine vielseitige Pflanzenwelt auch den verschiedensten Räubern und Parasiten Nahrung und Unterschlupf gewährt. Wohnbiotop und Jagdgebiet liegen oft räumlich getrennt. Manche Schmarotzerwespen vermögen ihre Generationsfolge nur zu vollenden, wenn sie außer dem (uns besonders interessierenden) Schädling auch noch andere Wirte finden. Wenn aber über viele Kilometer alle Vielfalt der Landschaft und damit der Pflanzendecke verschwindet, dann fehlen auch solche für das Vorkommen der Entomophagen (Insektenfeinde) entscheidend wichtigen Glieder der Lebensgemeinschaft. Verarmte Landschaft aber wird zur gefährdeten Landschaft. Das Gesetz, daß ökologische Vielfalt das Überhandnehmen einer Tierart erschwert, finden wir auch im großen auf der Erde bestätigt: Die »klassischen« Zentren für die Übervermehrung von Lemmingen oder Wanderheuschrecken sind relativ arme und einförmige Landschaften, während im reichen Tropenwald unzählig viele Tier- und Pflanzenarten nebeneinander leben und sich dabei gegenseitig in Schach halten. Unser Bestreben sollte daher dahingehen, im Rahmen des wirtschaftlich Tragbaren Gehölze, Buschwerk, Raine und ungenutzte Geländeteile zu erhalten, aus denen sich auch nach chemischer Bekämpfung die zumeist stark angeschlagene Gemeinschaft der Schädlingsfeinde wieder regenerieren kann (vgl. Abschn. 5.13.3.6).

5.13.3 Verfahrensweisen

Zum Wirkungsprinzip der biotischen Antagonisten sei hier erwähnt, daß sie von der Populationsdichte der Schadorganismen beeinflußt werden. Viele der als »natürliche Feinde« zusammengefaßten Räuber (Prädatoren), Schmarotzer (Parasiten) und Krankheitserreger (Pathogene) wirken oft dichteabhängig, das heißt, sie erreichen mit zunehmender Schädlingsdichte einen höheren Wirkungsgrad. Das hängt ab von ihrer Bindung an bestimmte Wirte/Beutetiere, ihrer Vermehrungskraft und der Fähigkeit, ihre Opfer zu finden. Auf dieser mehr oder weniger ausgeprägten Tendenz zur Dichteabhängigkeit beruht ihre abbremsende Wirkung gegenüber beginnenden Übervermehrungen von Schädlingen.
Nützlinge benötigen eine gewisse Anlaufzeit, und ihre Populationsdynamik unterliegt, wie die aller Lebewesen, mehreren limitierenden und determinierenden Faktoren, vor allem den übergeordneten Witterungsfaktoren. Rechtzeitig, das heißt vor dem Deutlichwerden einer Schädlingsgradation aktiv gewordene Feindarten übersieht man häufig. Ihre unauffällige Wirkung läßt sich demonstrieren, indem man sie allein ausschaltet. Das ist unabsichtlich schon oft geschehen, etwa durch Verwendung solcher Insektizide, die stärker gegen Insektenvertilger (Entomophagen) als gegen die Schädlinge wirken und dadurch Übervermehrungen hervorrufen (zum Beispiel Anwendung von DDT gegen zuvor durch Schmarotzerwespen begrenzte Schildläuse). Wie früh und wie wirksam natürliche Feinde erscheinen, hängt von den ökologischen Bedingungen ab. Jedenfalls ist es verfehlt, aus dem verspäteten Auftreten der Feindorganismen generell auf deren mangelnde Eignung zu schließen. Kulturbiotope bieten häufig den Pflanzenfressern so viel günstigere Lebensbedingungen, daß sie dort manchmal ihren Feinden in der Vermehrung »davonlaufen«, auch wenn die gleichen Nützlingsarten unter natürlicheren Verhältnissen wirksame Begrenzungsfaktoren darstellen.
Die Verfahren der biologischen Schädlingsbekämpfung lassen sich unter folgenden Überschriften zusammenfassen: Einbürgerung, Masseneinsatz und Förderung von Nutzorganismen. In dieser Reihenfolge werden sie im folgenden besprochen. Eine ausführlichere Darstellung und Literaturhinweise geben Franz und Krieg [1976].

5.13.4 Einbürgerung neuer Nutzorganismen

Die bekannteste Form der biologischen Schädlingsbekämpfung bildet die Einbürgerung von Nützlingsarten in ein fremdes Faunengebiet, in das der betreffende Schädling – ohne seine Gegenspieler – zuvor eingeschleppt worden ist oder eingewandert war. Da man eine dauerhafte Lösung anstrebt, muß sich der importierte Nützling im neuen Lebensbereich vermehren und ausbreiten. Rund 100 Schädlingsarten sind durch solche Einbürgerungen dauerhaft und vollständig zurückgedrängt worden; außerdem ergaben sich bei rund 200 Arten Teilerfolge. Das erste durchschlagende Beispiel dieser »klassischen« Form der biologischen Bekämpfung war im Jahre 1880 die totale Unterdrückung der eingeschleppten Australischen Wollschildlaus *(Icerya purchasi)* in Kalifornien durch einen aus Australien nachgeführten Marienkäfer *(Rodolia cardinalis)*. Von den wenigen Fällen gelungener Einbürgerungen nützlicher Insekten in unserem Lande sei der spezifische Feind der San-José-Schildlaus *(Quadraspidiotus perniciosus)*, die Zehrwespe *Prospaltella perniciosi* genannt. Die in den letzten 20 Jahren von der Landesanstalt für Pflanzenschutz in Stuttgart vorgenommenen Importe, besonders aus Nordamerika, ließen sich in den befallenen Obstanlagen von Baden-Württemberg ansiedeln, wo sie jetzt, vor allem außerhalb der ständig chemisch behandelten Intensivanlagen, erheblich zu einer Verminderung des Bestandes beitragen.
Ungünstig an der Importmethode ist es, daß meist langfristige Vorstudien durch Experten erforderlich sind, daß sich Erfolge nie voraussagen lassen und daß es auch bei gelungenen Vorhaben einige Zeit dauert, bis auf größerer Fläche praktische Ergebnisse vorliegen. Andererseits bildet eine solche dauerhafte Bestandssenkung eines Schädlings durch die Einbürgerung der entsprechenden Gegenspieler zweifellos die billigste und vom Umweltschutz aus gesehen ideale Lösung.
Die inzwischen gesammelten Erfahrungen zeigen, daß sich das Prinzip, neue natürliche Feinde anzusiedeln, in verschiedener Weise ausweiten läßt: Außer parasitischen oder räuberischen Insekten konnte man auch andere Feinde von zuvor verschleppten Schadorganismen umsiedeln. Genannt seien als Beispiele:

Biologische Bekämpfung von eingeschleppten Unkräutern Die instinktmäßige Bindung der pflanzenfressenden Nützlinge, die durch Hungertests zu erhärten ist, garantiert, daß sie sich nach Verminderung ihrer eigentlichen Fraßpflanze nicht anderen, erwünschten Pflanzenarten zuwenden. Über ein Dutzend eingeschleppter Unkrautarten sind mit dieser Methode bisher auf mehr oder weniger großem Areal erfolgreich und dauerhaft bekämpft worden. Bekannte Beispiele dafür sind die Beseitigung von Feigenkakteen (*Opuntia*-Arten) auf rund 10 Millionen Hektar Land in Australien durch einen südamerikanischen Kleinschmetterling *(Cactoblastis cactorum)* oder die Zurückdrängung von Johanniskraut *(Hypericum perforatum)* auf 1 Million Hektar wertvollem Weideland in den Staaten Kalifornien, Oregon und Washington durch zwei eingeführte Blattkäferarten *(Chrysolina quadrigemina* und *C. hyperici)*. Das erste derartige europäische Projekt ist kürzlich an der russischen Schwarzmeerküste angelaufen, zur Eindämmung des Allergie-erzeugenden Traubenkrautes *(Ambrosia artemisiifolia)*.

Einbürgerung von Krankheitserregern Gegen zuvor eingeschleppte, aber unverseuchte Populationen von Schädlingen hat diese Methode einige wenige, aber sehr wichtige Erfolge gezeitigt. Außer der aus Südamerika in Australien und Europa eingebürgerten Myxomatose des Kaninchens handelte es sich bisher stets um Krankheiten von Insekten: Die aus Europa stammenden Nadelholzblattwespen *Diprion hercyniae* (an Fichte) und *Neodiprion sertifer* (an Kiefer) bedrohten zum Beispiel nach ihrer Einschleppung und Ausbreitung in den ersten 40 Jahren dieses Jahrhunderts die Wälder des nordöstlichen Nordamerika. Durch kombinierte Einfuhr von parasitischen Schlupfwespen und einer Virose nach Kanada konnte die Fichtenblattwespe bis zur völligen Bedeutungslosigkeit reduziert werden. Eine ähnliche, spezifische Virusseuche gegen die Kiefernblattwespe wird sehr erfolgreich zur Bekämpfung beginnender Übervermehrungen eingesetzt. Zu ihrer Ausbreitung über den Kontinent fehlen aber noch die geeigneten Überträger (Vektoren), so daß der Mensch mit künstlichen Virusapplikationen nachhelfen muß. Ebenfalls sehr wichtig verspricht die Einbürgerung einer 1963 in Malaysia entdeckten

Virose des Indischen Nashornkäfers *(Oryctes rhinoceros)* zu werden. Die Seuche fehlte bisher auf den Südseeinseln, wo der Käfer als Zerstörer der Öl- und Kokospalmen überaus schädlich ist; dort gelang es, zusammen mit der South Pacific Commission bzw. der FAO, in den letzten Jahren die Krankheit künstlich einzubringen und eine langfristige Schädlingsverminderung einzuleiten.

Verwendung der Feinde verwandter Arten Neuere Erfahrungen haben gezeigt, daß zur Bekämpfung eingeschleppter Schadarthropoden auch häufig die Vertilger verwandter Arten aus deren Heimatgebiet eingebürgert und mit Erfolg genutzt werden können. Die Auswahl der geeigneten Nützlinge setzt eine solide Kenntnis ihrer ökologischen Ansprüche und spezifischen Leistungen voraus. Ein neues Beispiel für diesen Typ der Nützlingseinfuhr liefert die Einbürgerung einer Brackwespe *(Apanteles flavipes)* und einer Tachine *(Lixophaga diatraeae)* zur Bekämpfung des Amerikanischen Zuckerrohrbohrers *(Diatraea saccharalis)* an Zuckerrohr auf Barbados. Beide Schmarotzer parasitieren in ihren Herkunftsländern andere Schadraupen, ließen sich aber an den neuen Wirt adaptieren. Dies führte zu einem Rückgang der Verluste bei der Zuckerrohrernte um 7 bis 9 Prozent und dadurch zu Mehreinnahmen von jährlich umgerechnet 2,7 bis 3,6 Millionen DM.

Einfuhrkontrolle Bei der Einfuhr von Nutzorganismen aus fremden Faunenbereichen können dadurch Gefahren entstehen, daß unbeabsichtigt Schädlinge oder Vertilger von Nützlingen mit in den Sendungen enthalten sind. Auch kranke Tiere oder potentielle Konkurrenten von besonders wichtigen Nützlingen sollen nicht freigelassen werden. Durch Vorschalten von zentralen Einfuhrkontroll-Laboratorien, die in allen auf diesem Gebiet aktiven Ländern üblich sind, ließ sich die irrtümliche Freilassung unerwünschter Lebewesen aus solchen Importen bisher verhindern. In dem neuen Institut für biologische Schädlingsbekämpfung (Biologische Bundesanstalt für Land- und Forstwirtschaft) in Darmstadt steht ein solches Speziallaboratorium erstmalig auch in der Bundesrepublik zur Verfügung.

5.13.5 Masseneinsatz von Nutzorganismen

Eine meist periodische Applikation großer Mengen von Nutzorganismen hat sich bewährt, wenn eine dauernde Einbürgerung unmöglich ist oder kritische Perioden zu überbrücken sind. Unter diesem Begriff sollen die folgenden Verfahren zusammengefaßt werden.

Mikrobiologische Bekämpfung Darunter verstehen wir die Verwendung von Krankheitserregern zur Schädlingsbekämpfung, wobei bisher vor allem gegen Insekten und Milben, gelegentlich auch gegen Wirbeltiere (Nagetiere) und gegen Erreger von Pflanzenkrankheiten beachtliche Erfolge erzielt worden sind. Voraussetzung dazu ist die Kenntnis der in Frage kommenden Pathogene unter den Viren, Bakterien, Pilzen, Protozoen oder Rickettsien, ihrer Pathologie und ihrer Kultur auf künstlichem oder lebendem Substrat. Eine technologisch durchentwickelte Massenproduktion bildet zumeist die Voraussetzung zur praktischen Anwendung. Auf diesem Gebiet der biologischen Bekämpfung von Insekten entsteht somit, soweit kommerziell nutzbare mikrobielle Präparate erzeugt werden, eine interessante Zusammenarbeit mit der einschlägigen Pflanzenschutzmittel-Industrie. Äußerlich und in der Applikationsform entsprechen solche Biopräparate häufig weitgehend den Insektiziden. Allerdings wirken sie langsamer, da der Infektionsprozeß erst anlaufen muß. Abgesehen von den Pilzen müssen die Erreger mit der Nahrung aufgenommen werden. Somit entziehen sich saugende und versteckt fressende Arten zumeist derartigen Bekämpfungsverfahren. Auf der positiven Seite zu verbuchen sind im wesentlichen drei Merkmale der bis heute verfügbaren mikrobiellen Präparate aus der Gruppe der sporenbildenden Bakterien und der Viren mit Einschließungskörpern (Polyedern bzw. Granula):

1. Sie sind für Warmblüter und den Menschen völlig ungefährlich, was durch jahrelange strenge Prüfungen vor allem der amerikanischen Umweltschutzbehörde (EPA) bestätigt worden ist.

2. Sie dürften nach den bisherigen Erfahrungen als plastische, genetisch wandelbare Systeme kaum oder wenigstens viel langsamer als Pestizide zur Selektion resistenter Biotypen bei den Schadinsekten führen; dazu trägt auch ihre selektive Wirkung bei, die durch Verschonen der übrigen Feindarten jene einseitige Selektion toleranter Rassen verhindert, welche bei der intensiven Anwendung von Pestiziden sonst bekanntlich häufig vorkommt.
3. Diese Selektivität erhält außerdem die Regulationsfähigkeit der Biozönose. Dies äußert sich darin, daß jene wiederholten Schädlingsplagen ausbleiben, wie sie bei der Applikation von breitenwirksamen Insektiziden durch die Vernichtung der zumeist empfindlicheren Feindarten immer wieder entstehen. Man kann mit den Präparaten der genannten Pathogengruppen ruhig in die Blüte spritzen, etwa bei der Bekämpfung von Gespinstmotten (*Hyponomeuta* sp.) an Obstbäumen, da die Mittel bienenungefährlich sind. Selbstverständlich unterliegen sie den gleichen, oft sogar strengeren Prüfungen als andere Pestizide, ehe sie zugelassen werden.

Von den Bakterienpräparaten werden bei uns zur Zeit nur solche auf der Basis des *Bacillus thuringiensis* angewandt. Sie wirken gut gegen jüngere Stadien verschiedener Lepidopteren wie Weißlinge (*Pieris*-Arten), Gespinstmotte, verschiedene Frostspanner, Ringelspinner *(Malacosoma neustria)* oder Eichenwickler *(Tortrix viridana)*. Die Auslese neuartiger Varietäten hat neuerdings die Wirkungsbreite auch auf einige Eulenraupen (Noctuidae) erweitert. Die Produktion findet auf künstlichem Nährsubstrat, zumeist in Submerskulturen statt. Ihre Wirkung ist nur kurzfristig, das heißt sie müssen gegen jede Schädlingsgeneration erneut ausgebracht werden.

Insektenviren mit Einschließungskörpern, in denen die Virionen relativ gut gegen äußere Einwirkung (außer UV-Strahlen) geschützt sind, werden heute für die Praxis nur in lebenden Wirten erzeugt. Dabei erlauben rationelle Massenzucht und weitgehende Mechanisierung des Prozesses eine billige Produktion. In einer erwachsenen Kohleulenraupe befinden sich zum Beispiel rund 10^9 Polyeder mit je 50 bis 100 Virionen. Je Hektar genügen daher oft die in wenigen Dutzend Raupen produzierten Erreger. Erfolgreiche Versuchsergebnisse liegen bei uns vor, zum Beispiel gegen die Gelbrote Kiefernbuschhornblattwespe *(Neodiprion sertifer)*, die Kohleule *(Mamestra brassicae)*, die Nonne *(Lymantria monacha)* und besonders gegen den Apfelwickler *(Laspeyresia pomonella)*. Interessant ist, daß außer der direkten peroralen Infektion auch noch eine Weitergabe der Erreger auf die nächste Generation vorkommt, die bei den natürlichen Seuchenwellen eine besondere Rolle spielt. In den USA ist je ein Viruspräparat gegen den Amerikanischen Baumwollkapselwurm *(Heliothis zea)* und den Douglasienspinner *(Orgyia pseudotsugata)* endgültig zugelassen. Auch bei uns dürfte die Entwicklung von Viruspräparaten lohnen, soweit brauchbare Erreger vorliegen, da die selektive nützlingsschonende Wirkung solcher Präparate im Rahmen des integrierten Pflanzenschutzes und des Gesundheitsschutzes zukünftig immer wichtiger zu werden verspricht.

Herdbildung von Entomophagen Verschiedene räuberische und parasitische Milben und Insekten lassen sich relativ einfach in Massen züchten. Auf dieser Basis entwickelte man im In- und Ausland Verfahren, derartige Entomophagen freizulassen, wenn ihre Zahl nach kritischen Klimaperioden (Überwinterung, Trockenzeiten) zurückgegangen war, oder wenn es galt, nützlingsfreie Bereiche wieder zu besiedeln. In der UdSSR wird zum Beispiel alljährlich im Frühling auf vielen 100000 Hektar Kulturfläche (Rüben, Kohl, Mais, Apfelanlagen) ein winziger Eiparasit (Gattung *Trichogramma*) ausgesetzt, wenn die Eiablage der betreffenden Schadlepidopteren beginnt. Auch in Europa haben sich Trichogrammen kürzlich zur Unterdrückung des Maiszünslers *(Ostrinia nubilalis)* bewährt. Neue Versuche in den Vereinigten Staaten haben sogar gezeigt, daß es richtig sein kann, durch Freilassen von Wirten (Schädlingen) im Frühling, zugleich mit *Trichogramma*, dem Parasiten einen besseren Start zu geben; dann erwies sich der hohe Nützlingsbestand als hinreichend wirksam beim Kurzhalten der späteren Schädlingsgenerationen. Aus demselben Prinzip der *Wirtsanreicherung* hat man jetzt vor allem in England und Holland Methoden entwickelt und bereits in einem Drittel der englischen Gurkenhäuser eingeführt, die darauf beruhen, daß zuerst der später zu bekämpfende Schädling (hier: *Tetranychus urticae*) auf die Kulturpflanzen verteilt und nach einigen Wochen eine sehr aktive, vor etwa

20 Jahren importierte Raubmilbe *(Phytoseiulus persimilis)* hinzugegeben wird. Diese vermehrt sich so schnell, daß wirtschaftliche Verluste durch die Schadmilben vermieden werden. Dieses Beispiel zeigt außerdem, daß biologische Bekämpfungsverfahren keineswegs an Naturlandschaften gebunden sind. Vielmehr erleichtert es die Manipulation der Schädlings- und Nützlingspopulationen, wenn sich die Außenbedingungen voll beherrschen lassen. Schwierig zu lösen sind vorerst noch jene Fälle, bei denen außerdem noch Pestizide anzuwenden sind, im Gurkenhaus also zum Beispiel Mittel gegen den Gurkenmehltau. Die Suche nach Präparaten, welche die Hauptnützlinge verschonen, macht jedoch Fortschritte. Auch hier muß also, wie zumeist in intensiven Kulturen mit komplexen Pflanzenschutzproblemen, ein Weg zur Integration brauchbarer Einzelverfahren gefunden werden.

Genetische Verfahren Das Wesen der genetischen (auch: Selbstvernichtungs- oder Autozid-) Verfahren besteht darin, daß man Schädlinge zur Vernichtung ihrer eigenen Art ansetzt. Hierzu lassen sie sich verwenden, wenn ihre Fortpflanzungsfähigkeit oder andere lebenswichtige Leistungen künstlich vermindert worden sind und sie dann anschließend in Massen freigelassen werden. Sie verhalten sich dann wie überaus spezifische natürliche Feinde der Schädlingsart (deshalb wird die Methode auch zu den biologischen Verfahren gestellt) und führen bei der Paarung sozusagen eine Erbkrankheit in die Population ein. Man nutzt also den starken Trieb aus, der Männchen und Weibchen zusammenführt. Genetische Verfahren sind daher auf zweigeschlechtliche Arten bzw. Vermehrungsphasen beschränkt. Sie lassen sich ferner nur dann vorteilhaft verwenden, wenn Schädlingsbevölkerungen total erfaßt werden. Naturgemäß gelingt dies mit bescheidenen Mitteln nur bei kleinen isolierten Populationen, wie sie in Spezialkulturen, Gewächshäusern oder nach Neueinschleppungen vorliegen. Anderenfalls muß man großräumige bis kontinentale Operationen vorsehen. Durch die Freilassung der genetisch geschädigten, zumeist sterilisierten Tiere läßt sich die natürliche Bevölkerung ausrotten oder, wenn Zuwanderer nicht auszuschließen sind, auf eine Minimaldichte unterhalb der Schadensschwelle senken. Dort kann man sie durch laufende Freilassung künstlich geschädigter Tiere halten. Obwohl sich das Verfahren prinzipiell für alle Tiergruppen eignet, wurde es bisher vorwiegend gegen Arthropoden verwendet. Folgende Verfahren zur Erzeugung genetischer Schäden sind bisher im Freiland erfolgreich erprobt worden:

a) Die natürliche Unverträglichkeit (cytoplasmatische Inkompatibilität) läßt sich bei einigen Schädlingen ausnutzen, bei denen Kreuzungen zwischen Individuen der gleichen Art, aber verschiedener Herkunft, nur unfruchtbare Nachkommen ergeben (erfolgreiche Feldversuche mit der Gemeinen Hausmücke, *Culex pipiens*).
b) Die Sterilisierung durch energiereiche Strahlung ist das Verfahren, mit dem an einem Viehschädling, der Amerikanischen Schraubenwurmfliege *(Cochliomyia hominivorax)* seit 1955 die ersten praktischen Erfolge erzielt wurden. Die in riesigen Anlagen gezüchteten und dann von einer radioaktiven Kobaltquelle mit Gammastrahlen behandelten Puparien wurden, 100 Millionen je Woche, kurz vor dem Schlüpfen mit Flugzeugen verteilt und über dem Operationsgebiet an der Grenze USA–Mexiko abgeworfen. Der so erzielte, auch wirtschaftlich eindrucksvolle Erfolg ließ sich zunächst nicht ohne weiteres auf andere Arten übertragen. Zumeist wurde die Schädlingsdichte und die Größe des Aktivitätsradius unterschätzt, so daß sich Anfangsverluste durch Zuwanderung bald ausglichen. Nach entsprechender Weiterentwicklung gelangen Feldversuche zum Beispiel gegen verschiedene Fruchtfliegen und den Apfelwickler *(Laspeyresia pomonella).*
c) Die Sterilisierung durch Chemikalien (Chemosterilants) würde Massenzuchten und Überschwemmen durch sterile Tiere unnötig machen, wenn es gelänge, große Teile der Schädlingsbevölkerung mit besonderen Verfahren dorthin zu locken, wo die (zumeist auch für Warmblüter sehr giftigen) Sterilantien ausgelegt sind. Erste positive Versuchsergebnisse gegen Fruchtfliegen, Noctuiden und hygienisch wichtige Zweiflügler liegen bereits vor.
d) Translokationen von Chromosomenstücken und andere genetische Mechanismen versprechen nach bisherigen Modellexperimenten einen neuen Zugang zur Selbstvernichtungsmethode. Dabei erzielt man in der ersten Generation meist nur teilweise Unfruchtbarkeit (Semisterilität), endet aber schließlich doch bei nachhaltigeren Schäden für die Population.

Zusammengenommen dürften die genetischen Verfahren, die sich auch gut mit anderen Bekämpfungsmethoden kombinieren lassen, dort wichtige Erfolge versprechen, wo es möglich wird, ganze Schädlingspopulationen zu treffen. In Mitteleuropa laufen gegenwärtig Projekte unter anderem gegen Kirschfruchtfliege *(Rhagoletis cerasi)*, Zwiebelfliege *(Phorbia antiqua)* und Apfelwickler.

5.13.6 Förderung vorhandener Nutzorganismen

Das Vorkommen einheimischer oder künstlich eingebürgerter Nützlinge allein sichert noch nicht ihre optimale Wirksamkeit. Einer Nachhilfe durch den Menschen bedürfen sie besonders in einförmigen Kulturlandschaften, zum Beispiel durch Verfrachten in neue Lebensbereiche, durch Zucht von besser angepaßten Rassen oder durch Abänderung der von ihnen bewohnten Lebensstätten.

Verfrachtungsverfahren Von den Verfrachtungsverfahren seien hier nur die Versuche erwähnt, durch Umsiedlung von Kolonien der Roten Waldameisen (*Formica rufa*-Gruppe) forstschädliche Insekten zu bekämpfen. Durch Ablegerbildung in Standorten, die erfahrungsgemäß häufig unter Raupenplagen zu leiden hatten, gelang es manchmal (vor allem in blattlausreichen Nadelwäldern), solche Kalamitäten örtlich abzupuffern.

Änderungen der Lebensbedingungen In Gebieten mit intensiver Pflanzenkultur müssen sie sich den wirtschaftlichen Verhältnissen anpassen. Die Erfahrung hat gezeigt, daß es oft mit relativ kleinen Kunstgriffen gelingt, spezifische Bedürfnisse von Nützlingen zu befriedigen und dadurch ihre Siedlungsdichte zu erhöhen. Dazu sollte man wissen, welche Räuber oder Parasiten förderungswürdig sind. Die Ansiedlung von insektenfressenden Vogelarten in höhlenarmen Wirtschaftswäldern durch Aufhängen von Nistkästen oder Anbieten von geeigneten Hecken ist nicht allzu schwierig. Sehr viel mühsamer ist der Nachweis, wieweit diese stets gern gesehenen Lebewesen allein Schädlinge wirksam begrenzen können. In Verbindung mit anderen Maßnahmen tragen solche Faunenbereicherungen aber offenbar zur Steigerung der Regulationsfähigkeit bei.
Für die Förderung von Nutzinsekten bieten sich recht vielfältige Möglichkeiten. Ansäen von Nektarpflanzen oder Ausbringen künstlicher Nahrung kann Entomophagen an gewisse Standorte binden. Zu dem gleichen Zweck legt man geeignete Verstecke an, schafft günstigere mikroklimatische Bedingungen oder bietet Lockpflanzen an. Oft entscheidet das Nahrungsangebot in bestimmten, kritischen Zeitabschnitten über die Nützlingsdichte. Blattlausvertilgende Schwebfliegen (Syrphidae) können zum Beispiel in den Gebieten aktiver werden, in denen sie bereits im März an Gehölzen überwinternde Beutetiere finden (vgl. oben). Die Gestaltung der Landschaft und die Vegetation außerhalb der Kulturen können also den Nützlingsbestand stark beeinflussen. Daher sollte auch die moderne, rationelle Landwirtschaft »Refugien« für solche Schädlingsfeinde reservieren, die nachweislich wichtig werden können. Ökologische Grundlagenarbeiten sind auf diesem Sektor der biologischen Bekämpfung besonders notwendig.

5.13.7 Integrierter Pflanzenschutz

Wir definieren heute den integrierten Pflanzenschutz als ein Verfahren, bei dem alle wirtschaftlich, ökologisch und toxikologisch vertretbaren Methoden verwendet werden, um Schadorganismen unter die wirtschaftliche Schadensschwelle zu bringen, wobei die bewußte Ausnützung aller natürlichen Begrenzungsfaktoren im Mittelpunkt steht. Wirtschaftlich vertretbar heißt hier, es soll nicht teurer werden, sondern billiger als bei den bisherigen Methoden und doch den gleichen Zweck erfüllen. Ökologisch vertretbar bedeutet, daß man den Komplex der belebten und unbelebten Umweltfaktoren als System begreift (Ökosystem) und beachtet, daß jeder Eingriff in das System auch die anderen Glieder mit berührt. Also muß man mit solchen Eingriffen (Bekämpfungsaktionen) sparsam umgehen und selektive Verfahren bevorzugen, die vorwiegend bestimmte Schädlinge oder Krankheitserreger treffen.

Jedes Ökosystem, auch das eines Feldes oder einer Gewächshauskultur, besitzt regulierende Begrenzungsfaktoren, die eine Übervermehrung einzelner (dann schädlicher) Lebewesen verhindern oder erschweren. Dieses Vermögen zur Selbstregulation zu erhalten und zu verstärken, ist somit aus ökologischen Gründen geboten. Daß es auch ökonomisch vernünftig ist, liegt auf der Hand.

Das Schlüsselwort dazu ist die »wirtschaftliche Schadensschwelle«. Sie liegt im allgemeinen oberhalb einer nicht sichtbaren Schädigung. Dies geht schon daraus hervor, daß von einem Überschreiten der Schwelle erst gesprochen werden kann, wenn die Schäden mindestens soviel Geldverluste verursachen, wie die Bekämpfung der betreffenden Schadorganismen kostet. Chemische Mittel können Schädlinge direkt oder indirekt fördern. Eine Bekämpfung löst häufig noch eine weitere aus. Praktische Erfahrungen sprechen deshalb dafür, die wirtschaftliche Schadensschwelle bei einer Schädlingsdichte anzunehmen, bei der Ertragsverluste eintreten, die doppelt so hoch sind wie die Bekämpfungskosten.

Bei Erregern von Pflanzenkrankheiten kann es zweckmäßiger sein, nicht die Dichte der Schaderreger zugrunde zu legen. Bei der Kraut- und Knollenfäule der Kartoffel *(Phytophthora infestans)* hat es sich zum Beispiel im Emsland bewährt, statt dessen die Zeitspanne zu ermitteln, um die es sich lohnt, das vegetative Wachstum der Kartoffel durch Fungizidspritzungen zu verlängern. Im Mittelpunkt steht dabei immer der Gedanke, daß nicht die Verminderung von Schädlingen oder Krankheitserregern das Wesentliche ist, sondern das Eindämmen des Schadens mit einem ökologisch und ökonomisch vertretbaren Aufwand.

Der integrierte Pflanzenschutz verwendet alle verfügbaren Methoden, *soweit sie miteinander verträglich* sind. Kulturverfahren, chemische Mittel, physikalische, biotechnische und biologische Methoden sind teilweise schon verfügbar; weitere müssen entwickelt werden. Integration heißt also sinnvolle Verzahnung und nicht unbedachte Mischung gerade verfügbarer Teilkomponenten. So stellt z. B. die Mischung von Biopräparaten (auf der Basis von Insekten-Pathogenen) mit persistenten breitenwirksamen Insektiziden alles andere als eine Integration dar. Man erzielt zwar eine höhere Sofortwirkung, erreicht aber in der Regel kein synergistisches (also mehr als additives) Zusammenwirken beider Komponenten. Trotz der (an sich erwünschten) Verminderung der ausgebrachten Pestizidmenge in einer sogenannten subletalen Dosis genügen die verbleibenden Rückstände doch, um wichtige Nützlings-Gruppen auszuschalten. Damit verliert man die in integrierten Programmen so erwünschte Selektivität des Eingriffs.

Ein Programm für den integrierten Pflanzenschutz kann man weder fertig beziehen noch je als abgeschlossen betrachten. Es verlangt ständige Verbesserungen, je nach der örtlichen Situation in der Kultur und dem Angebot an verfügbaren Abwehrmethoden. Integrierter Pflanzenschutz bildet keine Alternative zur chemischen Bekämpfung, sondern gliedert sich diese in einem ökologisch und wirtschaftlich vertretbaren Ausmaß ein; das meint der Begriff »integrieren«. Offenbar treten dabei ganz besondere Schwierigkeiten psychologischer Art auf.

Wenn man als Praktiker oder Berater jahrzehntelang bemüht war, den Bestand aller Schädlinge, Krankheitserreger und Unkräuter möglichst tief zu halten, muß es naturgemäß zuerst schwerfallen, nun anders vorzugehen: Schadorganismen unterhalb bestimmter Toleranzgrenzen nicht zu bekämpfen und anzuerkennen, daß zur vorsichtigen Korrektur eines Schädlingsauftretens gegebenenfalls Mittel mit geringerem Wirkungsgrad (aber höherer Selektivität) bessere Erfolge bringen können als durchschlagende, aber breitenwirksame Präparate.

Nicht nur dem Laien, auch dem praktizierenden Landwirt wird man immer wieder erläutern müssen, daß Fragen der *Rentabilität von Pflanzenschutz-Aktionen* nur langfristig gestellt und beantwortet werden können.

Das hat folgende Gründe:

1. Neben den verhältnismäßig gut faßbaren Unkosten, die dem Anwender von Pflanzenschutzmaßnahmen entstehen (für Pestizide und deren Ausbringung), also den sogenannten *internen* Kosten, müssen auch jene Schäden (Kosten) mit einbezogen werden, die bei jeder Pestizidanwendung entstehen und die von der Gesellschaft getragen werden (*externe* oder Sozialkosten). Dazu gehören Energieverbrauch, Abwasser- und Abdriftprobleme, Schäden an der Lebewelt, gesundheitliche Gefahren nach leichtsinnigem Umgang mit toxischen Stoffen u. a. m.

Von betriebswirtschaftlicher Seite ist mit Recht darauf hingewiesen worden, daß sich externe Kosten nur langfristig ermitteln lassen; außerdem kann von einer ökonomisch positiven Bilanz erst gesprochen werden, wenn der Vorteil der Bekämpfungsmaßnahmen (Mehrertrag), geteilt durch die Summe der internen und externen Kosten, größer als 1 ist.

2. Eine langfristige Bewertung ist außerdem deswegen notwendig, weil die Nachteile bestimmter Pflanzenschutzverfahren auch im Bereich des eigenen Betriebes oft erst langsam sichtbar werden. Das gilt z. B. für das Auftreten von Resistenz bei Insekten und Milben gegen Insektizide/Akarizide oder bei Schadpilzen gegen Fungizide. Das gilt auch für die Umwandlung vieler Gelegenheitsschädlinge in Dauerschädlinge als Folge langfristiger Pestizidanwendung. Um diesen Folgeschäden zu begegnen, werden immer mehr Behandlungen ausgeführt, wird höher dosiert und auf neue (meist teurere) Mittel ausgewichen.

Für die inzwischen vielerorts multiresistente Obstbaumspinnmilbe *(Panonychus ulmi)* in Apfelanlagen ergab sich dadurch in den letzten Jahren ein Anstieg der Bekämpfungskosten auf fast den sechsfachen Betrag, bei der Apfelblattütenmotte *(Lithocolletis blancardella)*, wenn sie zum Hauptschädling wurde, ein über fünffacher Anstieg. In Südtirol mußte auf 4/5 der bisherigen Fläche die Birnenkultur aufgegeben werden, weil der Gelbe Birnenblattsauger *(Psylla pyricola)* in wenigen Jahren gegen alle verfügbaren Insektizide resistent geworden war.

Damit dürfte klar sein, welcher geringe Aussagewert all den heute noch üblichen Angaben über die wirtschaftliche Seite eines Pflanzenschutzverfahrens zukommt, die allein auf Ertragsänderungen nach ein oder zwei Vegetationsperioden beruhen und bei denen weder externe Kosten noch Folgeschäden mit einbezogen worden sind. Außerdem läßt sich an diesen Beispielen gut zeigen, daß die heute angestrebte und im Umweltschutzprogramm der Bundesregierung empfohlene Einschränkung des Pestizidgebrauches nicht nur eine gesundheitspolitische, sondern eine sehr handgreifliche ökonomische Komponente hat.

In Dauerkulturen, wo integrierte Pflanzenschutzmaßnahmen zuerst entwickelt und am längsten betrieben worden sind, lassen sich die wirtschaftlichen Vorteile langfristiger Zurückhaltung beim Einsatz von chemischen Pflanzenschutzmitteln am besten belegen. Mit Zurückhaltung sind hier zwei Aspekte angesprochen: Einmal die Anwendung der Pestizide nur dann und nur dort, wenn und wo die wirtschaftliche Schadensschwelle bei bestimmten Schädlingen oder Krankheitserregern überschritten worden ist. Zum zweiten die vernünftige Anwendung der Pestizide, also die Verwendung selektiver Mittel oder – wenn diese fehlen – solcher Mittel, die relativ kurzfristig wirken, die auch in verminderter Konzentration noch genug Schädlinge abtöten, oder die Ausbringung auf begrenzter Fläche, z. B. am Feldrand, wenn nur dort der Befall stark ist, oder auf Triebspitzen, z. B. von Jungkiefern, wenn sich Schädlinge nur dort befinden.

Mit anderen Worten: Durch Dosisänderung, örtliche oder zeitliche Konzentration lassen sich die schädlichen Nebenwirkungen vieler breitenwirksamer Mittel, vor allem Insektizide, abschwächen. So beliebt auch aus technischen Gründen und wegen einer scheinbaren Rentabilität (Kosten je Flächeneinheit) die Abrundung eines Behandlungsgebietes ist, so wenig entspricht dies den Bestrebungen einer integrierten Bekämpfung.

Zurückhaltende Pestizidanwendungen beruhen zum Teil auf Erfahrung ebenso wie das Herantasten an die wirtschaftlichen Schadensschwellen. Diese Werte sind ja keine überall und dauernd gültigen Zahlenangaben. Vielmehr hängen sie von den Standortverhältnissen ebenso stark ab wie von wirtschaftlichen Größen, z. B. von Arbeitslöhnen, Pestizid- und Maschinenkosten oder Ernteerlösen. Daher können bundesweit, von zentraler Stelle aus, zur Frage der Schadensschwellen nur allgemeine Hinweise gegeben werden. Eine Verteuerung der Pestizide bedingt z. B., daß die Schadensschwelle steigt, daß es also erst bei höherem Niveau der Schadorganismen rentabel wird, mit chemischen Mitteln einzugreifen. Trotzdem sind ungefähre Zahlen als Ausgangswerte für eigene Verbesserungen nützlich.

Die Ermittlung der Einzeldaten wird immer den örtlichen Bearbeitern vorbehalten bleiben. Ihre Entscheidungen profitieren auch von regionalen Prognosen der Dienststellen des Pflanzenschutzes. Der Gedanke, die Entscheidung über die Behandlung (Mittelwahl, Konzentration, Ausdehnung) dem speziell ausgebildeten Betriebsleiter anzuvertrauen, hat sich in Apfelanlagen Baden-Württembergs seit über zehn Jahren bewährt. Der Erfolg läßt sich hier an den Einspa-

rungen beim chemischen Pflanzenschutz direkt ablesen, wobei Menge und Qualität des Erntegutes nicht geringer waren als bei den verglichenen Anlagen, die »konventionell« behandelt worden waren, d. h. nach amtlicher Beratung oder nach Empfehlungen der Mittelhersteller.
Die besondere Rolle der biologischen Bekämpfung im integrierten Pflanzenschutz erschöpft sich nicht in der Bereitstellung und Anwendung neuer Nützlinge oder Biopräparate. Darüber hinaus schafft die Teilnahme von Vertretern dieser Fachrichtung an der Entwicklung integrierter Programme häufig erst die Voraussetzung dafür, wirksame Schädlingsfeinde als besonders empfindliche Glieder des Systems vor möglichen Schädigungen durch andere Techniken schützen zu können; außerdem tragen sie dazu bei, die Wirkung der Vertilger richtig in die Prognose über die Schadensentwicklung einzubauen. An die Schlüsselstellung biotischer regulierender Elemente sollte immer dann erinnert werden, wenn – dem Zuge der Zeit folgend – von Integration geredet, aber nur die Koppelung bereits greifbarer technischer Einzelvorgänge praktiziert wird.

5.13.8 Grenzen und Möglichkeiten der biologischen Verfahren

Die hier nur unvollständig skizzierten biologischen Verfahren finden, da es sich um die Manipulation von Lebewesen handelt, ihre natürliche Grenze in der angeborenen Leistungsfähigkeit der Nützlinge und in den Umweltbedingungen, mit denen sie sich auseinandersetzen müssen. In Mitteleuropa liegen zum Beispiel jene klimatischen Grenzbereiche, die noch günstig genug für gewisse Schädlinge sind (beispielsweise für die Blutlaus), in denen sich ihre Feindarten aber nicht mehr voll entfalten können. Begrenzt ist die Anwendbarkeit vieler biologischer Methoden auch dort, wo die Schadensschwelle extrem niedrig liegt, also zum Beispiel bei Überträgern von Krankheiten. Weitere Anwendungsgrenzen waren schon bei der Besprechung der Verfahren erwähnt worden.
Andererseits erweitert die Anerkennung einer wirtschaftlichen Schadensschwelle dort die Möglichkeiten für eine biologische Bekämpfung, wo man eine geringfügige Schädlingsbevölkerung auf Kulturpflanzen tolerieren kann. Eine gewisse Restpopulation von indifferenten und schädlichen Arten sichert vielen Raubfeinden, Schmarotzern und Krankheitserregern ihre biologische Persistenz. Rein biologische Verfahren haben daher im Forst, in extensiv bewirtschafteten landwirtschaftlichen Kulturen und Kleingärten die besten Aussichten, ferner dort, wo andere Verfahren wegen drohender Rückstände von Pflanzenschutzmitteln ausscheiden, wie im Gemüse- und Obstbau kurz vor der Ernte. Im integrierten Pflanzenschutz lassen sich, wie Beispiele aus dem Obst- und Gemüsebau sowie aus dem Forst zeigen, die manipulierten Leistungen natürlicher Schädlingsfeinde als Bausteine in das dort erarbeitete Abwehrsystem einfügen. Wie sehr sich seit der ersten Erprobung von auch heute noch sehr aktuellen Nützlingsimporten (zunehmender Weltverkehr!) die gesamte Palette der biologischen Verfahren vergrößert und den verschiedensten Möglichkeiten angepaßt hat, dürfte aus den obigen Ausführungen ersichtlich sein.
Ein abschließendes Urteil über die Potenz eines so vielfältigen Verfahrens läßt sich nur dann bilden, wenn man seine Weiterentwicklung mit dem gleichen Aufwand betrieben hat wie jene anderer, vor allem chemischer Methoden. Davon kann weder bei uns noch andernorts bisher die Rede sein.

Schrifttum

FRANZ, J. M. und A. KRIEG, 1976: Biologische Schädlingsbekämpfung, 2. Auflage. Pareys Studientexte *12*. Paul Parey, Berlin und Hamburg, 222 S.

von Boguslawski, Eduard

5.14 Umweltproblematik des konventionellen Landbaues und seiner Alternativen

5.14.1 Einführung

5.14.1.1 Zur Geschichte und Entwicklung des konventionellen Landbaues

Zu allen Zeiten wurde die Landnutzung im Ackerbau in Umfang und Durchführung von den ökologischen Voraussetzungen des jeweiligen Standortes, den Bedürfnissen der Menschen und von ökonomischen Gesichtspunkten bestimmt. So haben – abgesehen von den bekannten Siedlungszentren im Altertum und bestimmten an die künstliche Wasserzufuhr gebundene Gebiete – bis in die Neuzeit hinein extensive Nutzungsformen vorgeherrscht. Nur ein begrenzter Teil der zur Verfügung stehenden Landfläche wurde nach Umbruch bzw. Beseitigung der ursprünglichen Vegetation durch Anbau von Kulturpflanzen genutzt. Dies geschah vorherrschend einseitig im Sinne der »Monokultur« und des »Raubbaues«, so daß nach einer gewissen Nutzungsdauer ein neues Landstück in Nutzung genommen wurde, während das bisher genutzte Gelände liegenblieb. Im gemäßigten Klima entstand so das System der »Alten Feld-Gras-

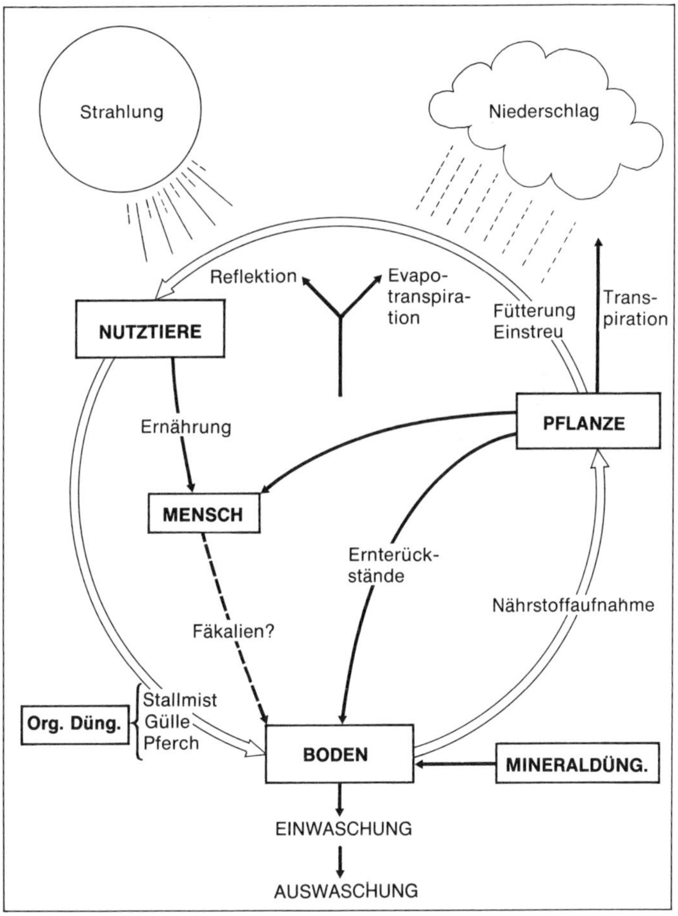

Abb. 114 Der Energie- und Faktorenkreislauf im Pflanzenbau.

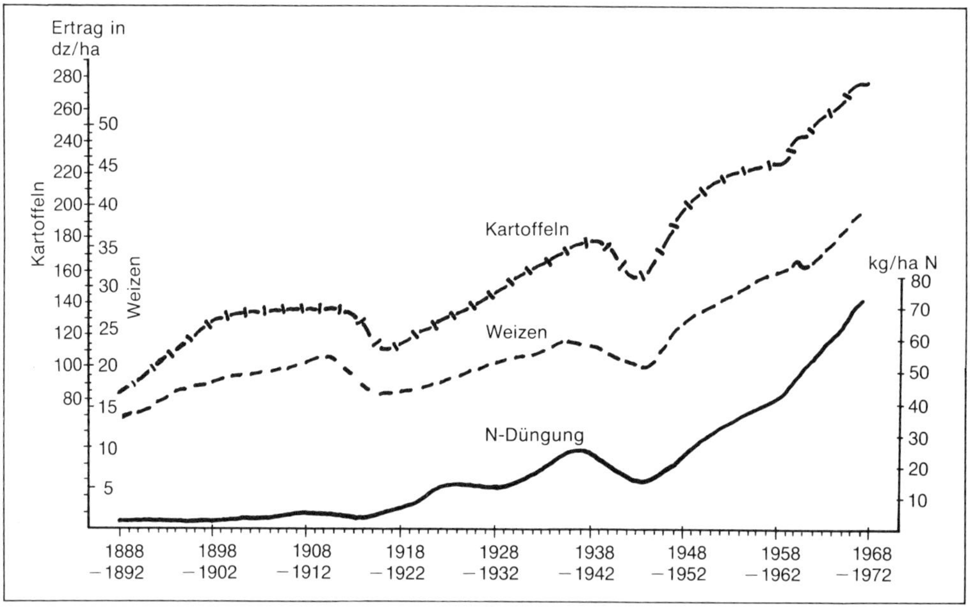

Abb. 115 Entwicklung der Stickstoffdüngung sowie der Weizen- und Kartoffelerträge in Deutschland, ab 1945 in der Bundesrepublik (fünfjähriges gleitendes Mittel von 1888–1969).

Wirtschaft«. Mit zunehmendem Nahrungs- und Landbedarf entstand das System des Wechsels zwischen »Brache« (zur Unkrautbekämpfung und Regeneration der Fruchtbarkeit) und zweijährigem Getreidebau, die sogenannte klassische *3-Felderwirtschaft.* Wo die Branche durch intensive Bearbeitung und Düngung entbehrt werden konnte, entstand das Prinzip des »*Fruchtwechsels*«, welches die Nutzungssysteme des letzten Jahrhunderts maßgeblich bestimmt hat. Empirisch und zunehmend naturwissenschaftlich erforscht entstand die Lehre von der *Fruchtfolge* (Rotation) und »Vorfruchtwirkung« auf die jeweilige Nachfrucht. Fast alle im Laufe der Jahrhunderte entstandenen *Nutzungssysteme* finden wir in modernen Formen auch im Intensivanbau vor, zumal die ökologischen Gegebenheiten und der Stand der Entwicklung in verschiedenen Anbaugebieten der Erdoberfläche starke Unterschiede aufweisen. Der entscheidende Wandel liegt mit dem sukzessiv entstandenen »Landmangel« in der *Intensität* der Bewirtschaftung, welche zu einer *Vervielfachung* der *Produktivität pro Flächeneinheit* führte. Eine Voraussetzung war bzw. ist die Selektion und der Anbau leistungsfähiger Formen bzw. Rassen der Kulturpflanzen. An die Stelle der ursprünglichen Auslese auf Qualität trat die Züchtung von »Landsorten« und mit zunehmender Intensität von *Zuchtsorten* mit hohem Ertragspotential.

Die Fortschritte im Anbau erstreckten sich – abgesehen von der schon genannten Fruchtfolge – auf die Intensivierung der *Bodenbearbeitung*, der *Pflege* der Pflanzenbestände und der Düngung. Mit zunehmender Viehhaltung wurde die *organische Düngung* mit Stallmist im Sinne eines partiellen Kreislaufes der Stoffe (Abb. 114) verbunden mit verschiedenen Prinzipien des Fruchtwechsels [A. THAER 1880] durchgeführt, welche im Laufe der Zeit durch die *Gründüngung* [SCHULTZ-LUPITZ 1895] ergänzt wurde.

Von entscheidender Bedeutung für die moderne Entwicklung wurde die auf Grund der von C. SPRENGEL [1831] begründeten Mineralstofftheorie von JUSTUS VON LIEBIG [1841] eingeführte Mineraldüngung (Abb. 114). So wurde die während der letzten 150 Jahre stattgefundene Vervielfachung der Erträge möglich, wie dies für die Bundesrepublik Deutschland die Darstellung in Abb. 115 für den Zeitraum ab 1880 wiedergibt. Gerade in der letzten Phase ist keine Abnahme im Ertragszuwachs zu verzeichnen. Dabei ist hervorzuheben, daß dieser Ertragszuwachs trotz der allgemeinen »Vereinfachung« der Fruchtfolge bei einem Ansteigen des Getrei-

deanteils bis zu 80% – wobei Weizen und Gerste im Vordergrund stehen – zu verzeichnen ist. Die Ursache liegt in der Tatsache, daß in der Neuzeit in zunehmendem Maße ökonomische Gesichtspunkte zur Geltung kommen.
Die Nachteile solcher Vereinfachungen werden bisher mit sichtbarem Erfolg durch intensive Düngung und Bekämpfung der evtl. auftretenden »Fruchtfolgekrankheiten« kompensiert. Andererseits ist evident, daß solche Vereinfachungen nur auf der Basis wissenschaftlich-biologischer Kenntnisse und genauer Beachtung des Entwicklungs- und Wachstumsverlaufes der jeweiligen Kulturpflanze möglich ist. Hinzu kommt – soweit die genetische Disposition gegeben ist – die Verbesserung bestimmter Qualitätseigenschaften durch Maßnahme des Anbaues bzw. der Düngung.

5.14.1.2 Zur Geschichte und Entwicklung der Alternativen des Landbaues

Seit etwa fünf Jahrzehnten werden Verfahren des Landbaues vorgeschlagen, welche sich selbst als im Gegensatz zu der eben geschilderten Entwicklung bzw. Durchführung des »allgemeinen Landbaues« betrachten. Die profilierteste und besonders in Deutschland viel diskutierte Methode geht auf Rudolf Steiner – den Begründer der Anthroposophie – und den in Koberwitz/Schlesien 1924 von ihm durchgeführten Kurs »Geisteswissenschaftliche Grundlagen zum Gedeihen der Landwirtschaft« zurück und wurde später als *biologisch-dynamische Wirtschaftsweise* bekannt. Wesentlich ist die »ökologisch orientierte Gesamtschau« über das Leben der Kulturpflanzen und die Lebensprozesse des »Organismus des Naturwachstums«. Am jeweiligen Standort ist zu berücksichtigen, daß sich im Rhythmus des »Tagesablaufes« und des »Jahresablaufes« der Charakter exogener »kosmisch-irdischer Rhythmen« entfaltet und gestaltet [H. Heinze et al. 1973]. Siehe auch G. Brugger [1973], Krosch [1975], E. Breda, H. Heinze, W. Schaumann [1975]. Das Verfahren hat in Deutschland, in der Schweiz und fast allen westeuropäischen Ländern sowie in neuerer Zeit in anderen Erdteilen wie auch auf dem amerikanischen Kontinent Anhänger in der Praxis der Landwirtschaft und des Gartenbaues gefunden. Allerdings ist die Zahl der Betriebe und der zugehörigen Flächen begrenzt. Eine unter der Bezeichnung »Anog« organisierte »Arbeitsgemeinschaft für naturgemäßen Anbau für Obst und Gemüse« verbindet enge Zusammenarbeit mit der biologisch-dynamischen Wirtschaftsweise. Eine ähnliche Bewegung wurde in USA von I. J. Rodales gegründet [siehe H. H. Koepf et al. 1974].
Für die Praxis entscheidend ist der geschlossene Kreislauf – Atmosphäre, Boden, Pflanze, Tier, Mensch, Boden – (siehe auch Abb. 114) *ohne* Zufuhr der konventionell üblichen Mineraldüngung sowie von Pestiziden und Herbiziden. Hinzu kommt die Verwendung bestimmter Präparate zur Sicherung der Fruchtbarkeit des Bodens und die Berücksichtigung der »Gestirnkonstellation« (siderischer Kalender) bei allen Maßnahmen des Pflanzenbaues. Das Ziel ist die Gewinnung von Ernteprodukten hohen Gesundheitsgrades, hoher Lagerungsfähigkeit und allgemein hoher Qualität für den Verzehr durch Mensch und Tier. Neben der biologisch-dynamischen Wirtschaftsweise werden – wie gesagt – weitere Verfahren empfohlen, welche vornehmlich in der mehr oder weniger konsequenten Ablehnung der »chemisch synthetischen Hilfsmittel« einerseits und der betonten Anwendung von organischen Düngerformen andererseits übereinstimmen. Schon 1925–1930 entwickelte Sir A. Howard [1940] während seiner Tätigkeit in Indien das sogenannte »Indore-Verfahren«, welches in neuerer Zeit Lady L. Belford zur Gründung des »Organischen Landbaues« in der *Soil association* anregte [Mc. Sheehy und J. A. Rawlings 1973].
In der Schweiz gründete Dr. Müller die sogenannte *»organisch-biologische Richtung«* des Landbaues, welche – verbunden mit der »Anbau- und Verwertungsgenossenschaft Heimat« – in der Praxis eine beachtliche Anzahl von Anhängern gefunden hat. Der Begründer baut dabei auf den Vorstellungen der Boden- und Fruchtbarkeitsforschung von P. Rusch [1968] auf. Ferner ist in neuerer Zeit in Frankreich die Methode nach Lemaire-Boucher [Buess 1975; Büchting und Gutschow 1976] bekannt geworden, welche ebenfalls eine beachtliche Verbreitung in der Praxis gefunden hat. Besonderes Gewicht kommt hierbei der Kompostierung und der organischen Düngung einschließlich der Verwendung von Meeresalgen zu.

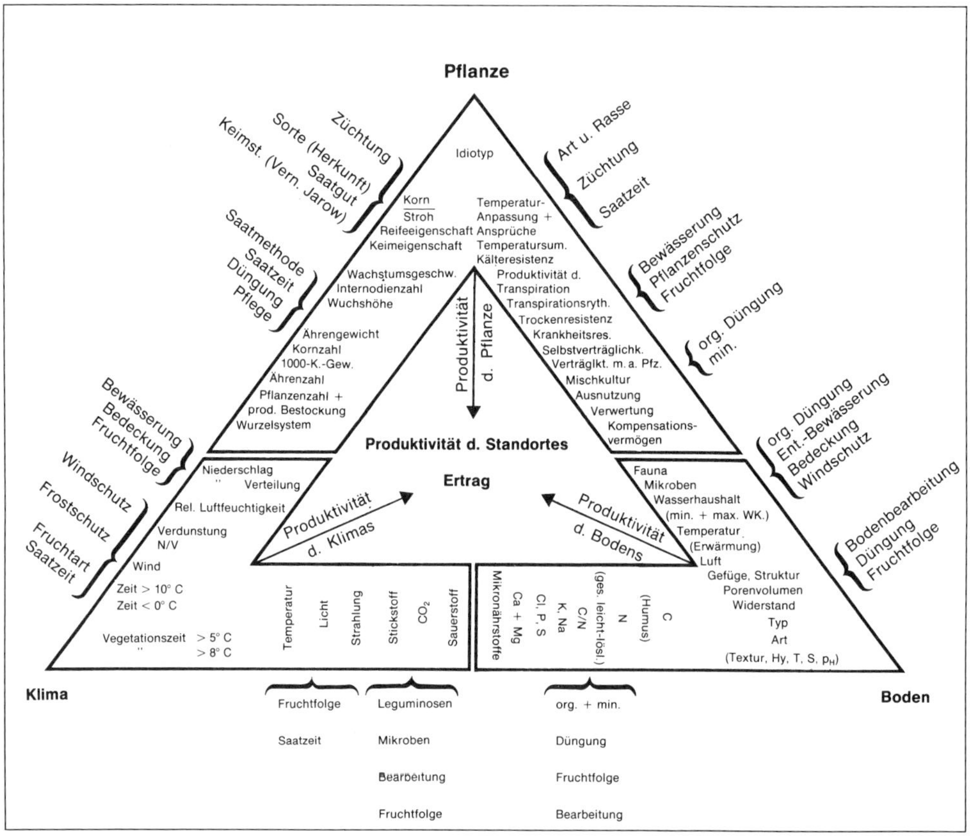

Abb. 116 Wirkungsdreieck. Nach von Boguslawski [1959].

Wie gesagt, steht bei allen genannten Verfahren die *organische Düngung* zur Erhaltung bzw. Verbesserung der Bodenfruchtbarkeit und Sicherung der Erträge im Vordergrund. Daneben wenden die einzelnen Verfahren aber auch spezielle Mineraldünger verschiedener Zusammensetzung und Formulierung an (siehe später).

Bemerkenswert ist, daß, wie schon angedeutet, die einzelnen Verfahren teilweise selbst zur Begründung und Weiterentwicklung ihrer Methoden Forschung betreiben. Auch dies ist bei der »biologisch-dynamischen Richtung« am stärksten der Fall, wenngleich hierbei die Grenze bzw. die Übergänge zum weltanschaulichen Denken zu berücksichtigen sind. Abgesehen von dem engen Kontakt dieser Richtung mit der Forschung am »Goetheanum« in Dornach (Schweiz), wurde 1946 der »Forschungsring für biologisch-dynamische Wirtschaftsweise« in Darmstadt gegründet, welcher auch Mittel öffentlicher Stiftungen bzw. Geldgeber erhält. Unabhängig von der genannten Richtung ist in der Schweiz – getragen von einer Stifung – das Forschungsinstitut für »biologischen Landbau« in Oberwil entstanden [H. Vogtmann 1976].

5.14.1.3 Abgrenzung der Begriffe

Die bei den erwähnten Verfahren allgemein benutzten Begriffe »biologisch« bzw. »organisch« können mißverstanden werden, da *jegliche* Form des Landbaues auch biologischen Charakter hat und infolgedessen auch die zeitgemäße Praxis im Intensivpflanzenbau auf biologischer Grundlage durchgeführt wird.

Deshalb wird hier unterschieden zwischen »konventionellem Landbau« und den »Alternativen zum konventionellen Landbau«. Die Begriffe »biologisch« und »organisch« können somit im

Sinne ihres eigentlichen Inhaltes und unabhängig von den teilweise kontroversen Auffassungen über Landbauverfahren benutzt werden.
Der Begriff »Kunstdünger« statt »Mineraldünger« und die z. B. im organisch-biologischen Landbau übliche Gegenüberstellung bzw. Differenzierung zwischen Kunstdünger und Mineraldünger bleibt hier unbeachtet. Dasselbe gilt für den allgemein auch benutzten Begriff Handelsdünger. Deshalb wird nur von »Mineraldünger« gesprochen.

5.14.2 Die Produktivität des Standortes

Nur die Kenntnis der für das *Wachstum und die Ertragsbildung* geltenden Gesetzmäßigkeiten läßt eine kritisch-objektive Urteilsbildung über die verschiedenen, offensichtlich kontroversen Bewirtschaftungsverfahren zu. Die Ertragsbildung ist ein komplexer Vorgang, da hierbei eine große Zahl von Wachstumsfaktoren des Klimas, des Bodens und der Pflanzen bzw. des Pflanzenbestandes zusammenwirken, wie dies in Abb. 116 dargestellt ist. In der Abbildung wurden nur die wichtigsten Parameter der drei Gruppen genannt. Das Zusammenwirken der Faktoren versucht der wirtschaftende Mensch zu beeinflussen (s. von außen wirkende Maßnahmen in Abb. 116). Dies ist für die einzelnen Faktoren nur begrenzt und in sehr verschiedenem Ausmaß möglich. So ist die Einflußnahme auf die Klima- bzw. Witterungsfaktoren äußerst begrenzt, während die Bodenfaktoren durch Bearbeitung, Düngung, Fruchtfolge usw. stärker verändert bzw. verbessert werden können. Bei der Pflanze sind die Anzahl pro Flächeneinheit, die Selektion bzw. Züchtung von »Varietäten bzw. Zuchtsorten« und die Beeinflussung des Pflanzenbestandes durch »Anbaumaßnahmen« möglich. Das Zusammenwirken aller Wachstumsfaktoren gilt jeweils nur für die Konstellation eines bestimmten Standortes. Wir können die Produktivität des Standortes durch die folgende allgemeine Formel wiedergeben: (t = Zeit; f = Funktion von)

$$\text{Produktivität Standort} = \frac{\text{Ertrag}}{t} = f\left(\frac{\text{Klima, Boden, Düngung}}{t}\right)$$

Die Bewirtschaftung schließt alle Maßnahmen der Bodenbearbeitung, der Düngung und des Anbaues ein. Die Gleichung kann für jede der genannten Faktorengruppen und jeden Einzelfaktor aufgelöst bzw. berechnet werden. Andererseits kann mit Hilfe der Varianzanalyse das

Tabelle 81 IDV[1)]-Versuche 1957–1968. s%[2)] in Abhängigkeit von Standort, Düngung und Pflanze. Nach R. Mikhtchi [1976].

Düngungsstufen	Kartoffelknollen	Weizen/Korn	Hafer/Korn
Rauisch-Holzhausen			
$N_0K_2P_2$	28,7	22,2	34,1
$N_2K_2P_2$	24,8	19,5	21,4
Linz-Hart			
$N_0K_2P_2$	29,6	27,7	37,6
$N_2K_2P_2$	18,2	29,0	30,1
Völkenrode			
$N_0K_2P_2$	27,0	24,0	33,7
$N_2K_2P_2$	20,3	23,5	28,0
Groß-Gerau			
$N_0K_2P_2$	33,4	39,8	58,0
$N_2K_2P_2$	38,8	33,7	48,2

1) Internationale Dauerversuche für Bodenfruchtbarkeit.
2) s% = mittlere Streuung in %.

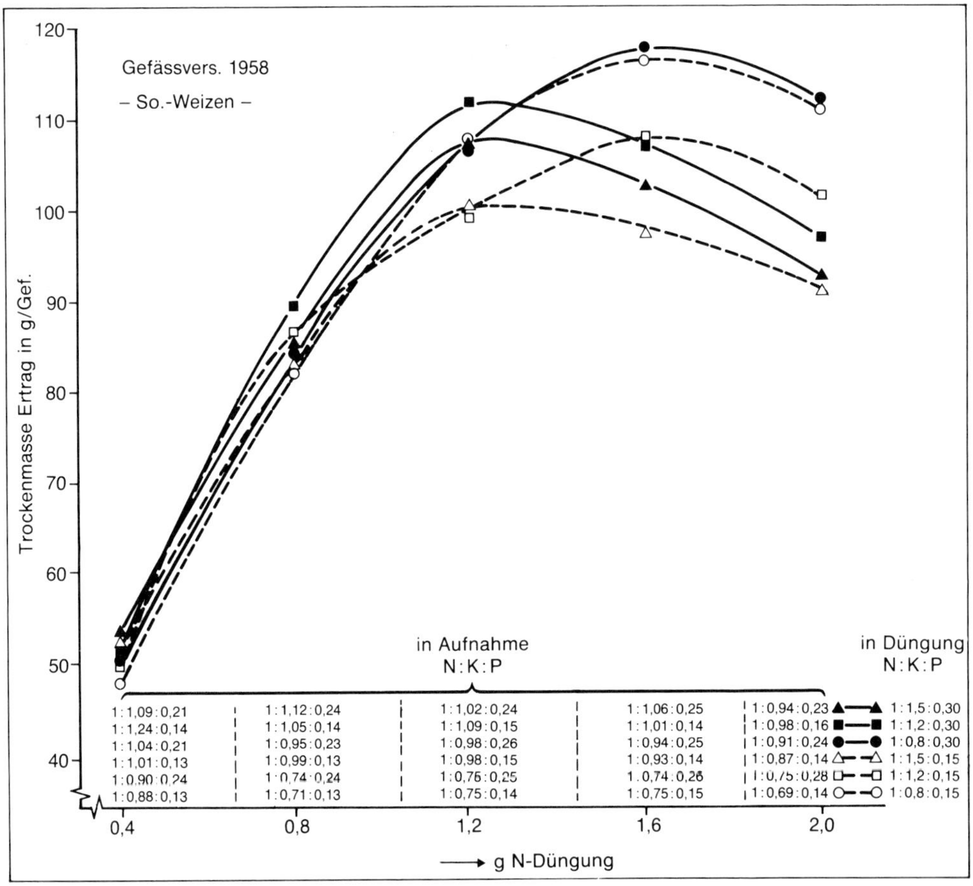

Abb. 117 Nährstoffverhältnis-Ertrag. Nach von Boguslawski und Schneider [1961].

Gewicht jedes Faktors bzw. jeder Gruppe von Faktoren errechnet bzw. geschätzt werden. In Tab. 81 ist dies im Rahmen eines internationalen Standortvergleiches für 4 Standorte gezeigt, wobei die Werte für s% als Indexwerte genutzt werden [R. Mikhtchi 1976].

Das Zusammenwirken der Wachstumsfaktoren schließt die Wechselwirkungen (Interaktion) zwischen den Einzelfaktoren ein. Deshalb muß das *Verhältnis* der Faktoren untereinander berücksichtigt werden. In Abb. 117 zeigt das Ergebnis eines Modellversuches den Einfluß des N:K:P-Verhältnisses in der Düngung. Wesentlich ist die Tatsache, daß die Wechselwirkung und damit die Bedeutung des Nährstoffverhältnisses mit der Intensität der Düngung zunimmt! Für die Praxis bedeutet dies, daß bei Steigerung eines Faktors zu klären ist, inwieweit auch andere Wachstumsfaktoren beeinflußt bzw. verbessert werden müssen. In jedem Fall handelt es sich nicht um eine additive Wirkung, sondern um eine »Komplexwirkung« der Faktoren.

Mit diesen Feststellungen wird bereits eine weitere Gesetzmäßigkeit deutlich, nämlich die Tatsache, daß es sich bei allen beteiligten Prozessen der Ertragsbildung um dynamische Vorgänge handelt. Als Beispiel wird auf die Dynamik der Nachlieferung der Nährstoffe hingewiesen [E. v. Boguslawski und G. Lach 1971]. Folgerichtig stellen wir bei einfachen Untersuchungen jeweils nur den »Zustand« der Bodenfruchtbarkeit fest, welche – wie das Schema in Abb. 118 zeigt – durch Maßnahmen der Bewirtschaftung sowohl nach der positiven wie auch der negativen Seite verändert werden kann.

Für die Bodenfruchtbarkeit ist der »organischen Komponente« d. h. der organischen Substanz (Humus) und den »substantiellen beteiligten Abbau- und Umsetzungsprozessen« besondere

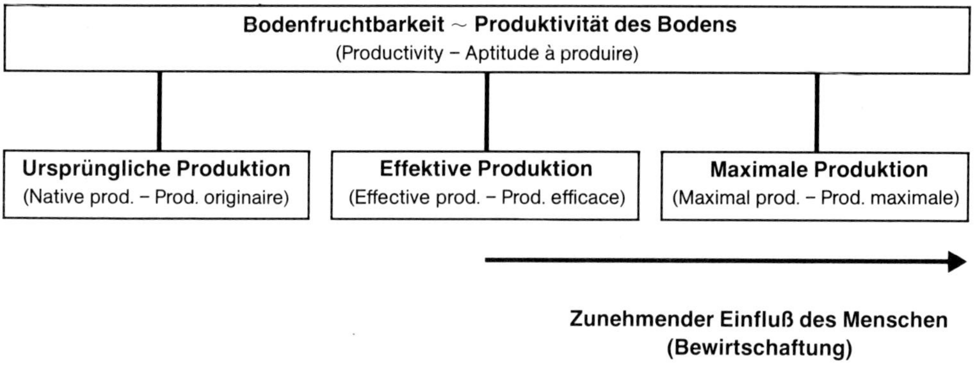

Abb. 118

Beachtung zu schenken. Die Dynamik der Prozesse kann – wie Abb. 119 in Abhängigkeit von der Stroh- und Gründüngung zeigt – durch Messung der Bodenatmung bzw. CO_2-Abgabe und der Dehydrogenaseaktivität gemessen werden. Wie Abb. 120 zeigt, wird zugleich eine physikalische Komponente der Bodenfruchtbarkeit erkennbar, nämlich die Stabilität der Aggregate, so daß eindeutige Beziehungen zwischen biologischer Aktivität – Struktur – Ertrag bestehen [E. v. Boguslawski, J. Debruck, F. Zadrazil 1976 a, b].

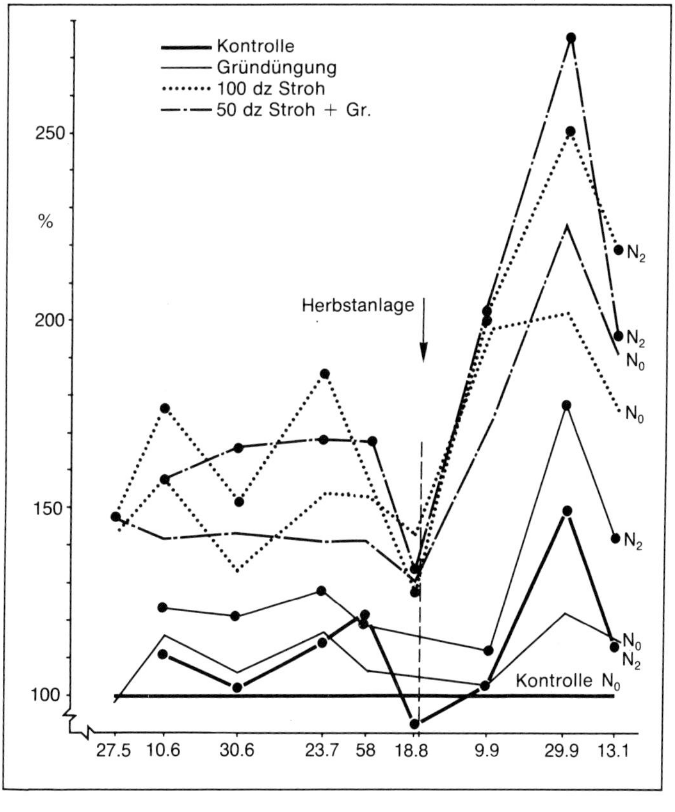

Abb. 119 Wirkung von Stickstoffdüngung auf die Dehydrogenaseaktivität bei verschiedener org. Düngung. Nach Zadrazil [1971].

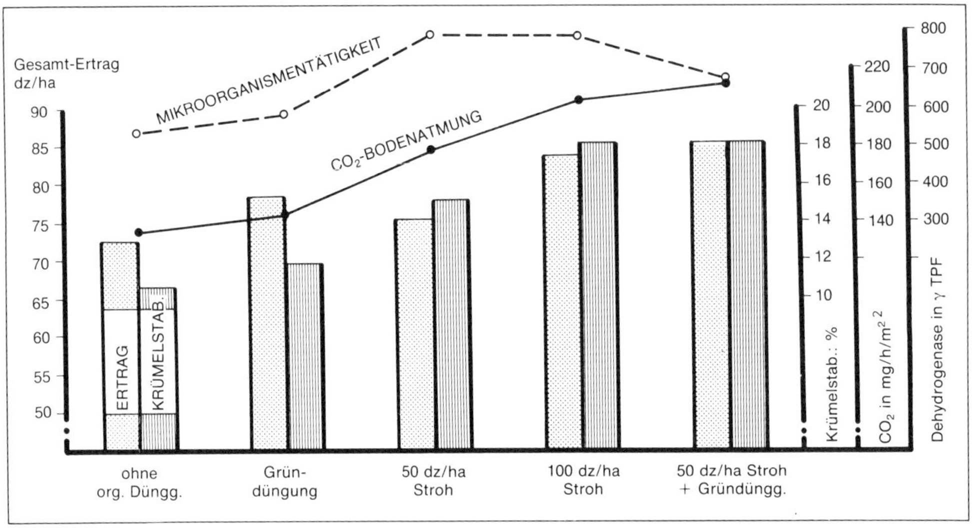

Abb. 120 Der Einfluß von Krümelstabilität und biologischer Aktivität des Bodens auf den Ertrag. Nach DEBRUCK [1972].

Mit zunehmender Intensität der Düngung bzw. aller Maßnahmen zur Ertragssteigerung wird – wie es E. A. MITSCHERLICH [1906, 1950] im »Wirkungsgesetz der Wachstumsfaktoren« nachweisen konnte – der Ertragszuwachs geringer. Dabei nähert sich der Ertrag dem bei der jeweiligen Konstellation aller Wachstumsfaktoren möglichen Ertragsmaximum. In Abb. 121 ist das *Ertragsgesetz* auf Grund der Formulierung der 3. Annäherung des Ertragsgesetzes an die Wirklichkeit nach E. v. BOGUSLAWSKI und B. SCHNEIDER [1961] dargestellt. Bei einer bestimmten »optimalen« Konstellation der Faktoren wird das Maximum erreicht. Bei weiterer Zufuhr von

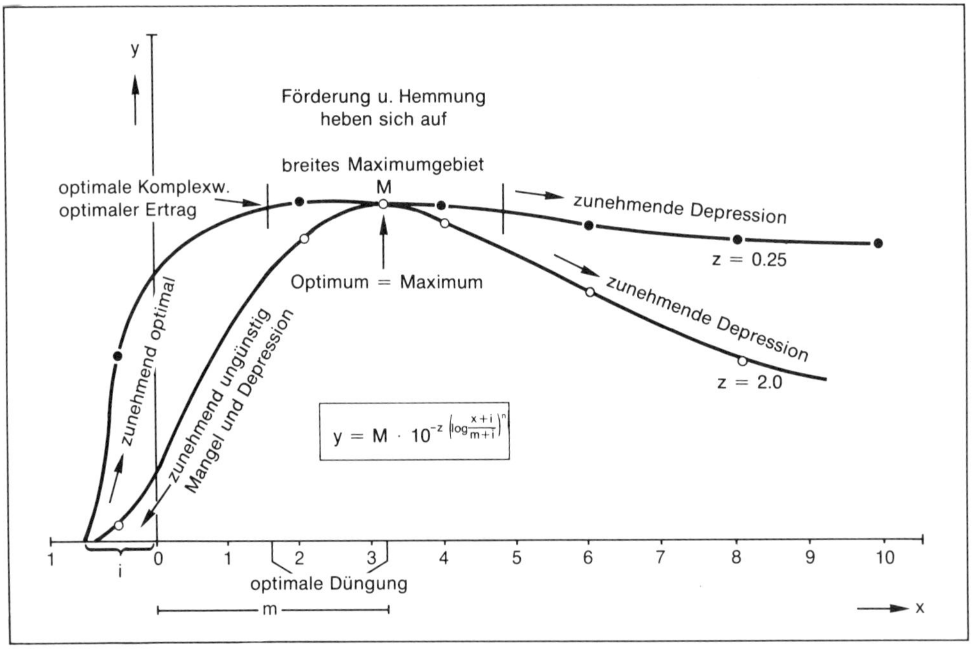

Abb. 121 Zur Interpretation der Ertragskurve. Nach VON BOGUSLAWSKI und SCHNEIDER [1961].

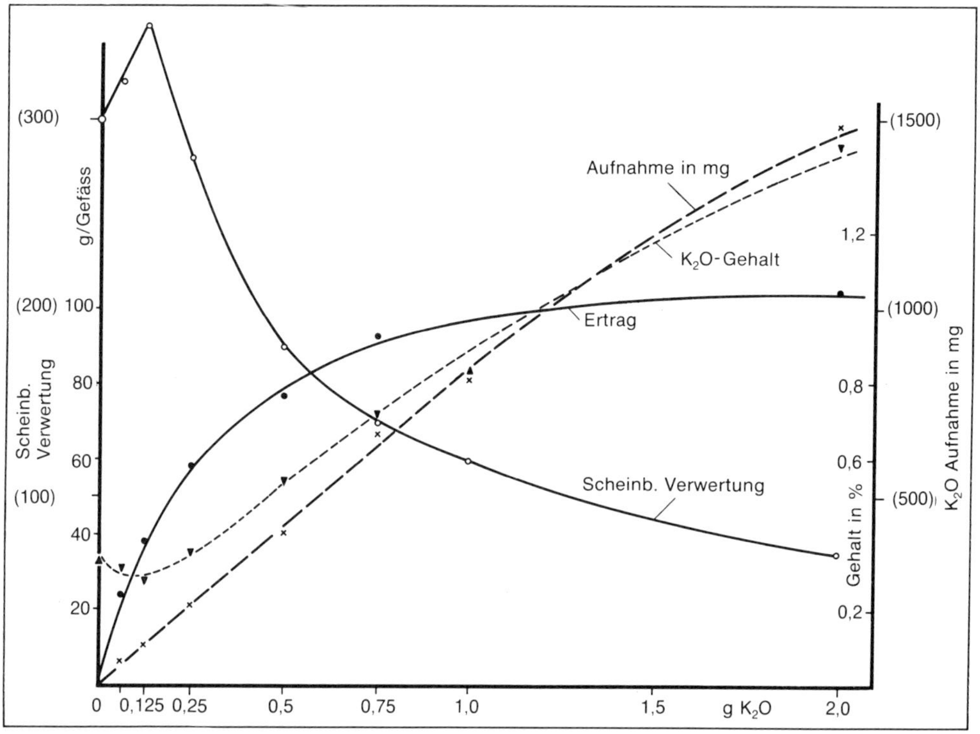

Abb. 122 K_2O-Steigerung zu Hafer, Ertrag, K_2O-Gehalt, Aufnahme und scheinbare Verwertung. Nach Mitscherlich, von Boguslawski und Gutmann [1935].

Faktoren ändert sich der Ertrag innerhalb des »Maximumgebietes« zunächst nicht. Bei zusätzlicher Steigerung kommt es zur Depression des Ertrages. Bei mangelhafter Zufuhr eines Faktors sinkt der Ertrag auf der Anstiegsseite. Bei x = Null, also ohne Zufuhr eines Faktors (wie Dünger oder Wasser) wird ein Ertrag festgestellt, welcher ausschließlich durch Aufnahme bzw. Entzug des Faktors aus dem »Bodenvorrat« zustande kommt. Jeder Wachstumsfaktor hat einen spezifischen »Wirkungsgrad«, der sich in der Steilheit des Anstieges der Ertragskurve bis zum Optimum bzw. Maximum einerseits und auf den Abfall durch Überschuß bzw. Depression andererseits auswirkt.

Aus der Tatsache, daß der Ertragszuwachs mit steigender Zufuhr eines Faktors abnimmt, ist leicht abzuleiten, daß die *physiologische Verwertung* eines durch die Pflanze aufgenommenen Faktors in der Pflanze mit zunehmender Intensität der Zufuhr- bzw. Aufnahme abnimmt. In Abb. 122 kommt die generelle Beziehung zwischen »Zufuhr, Aufnahme« und »scheinbarer Verwertung« $\left(\frac{\text{Ertrag}}{\text{Aufnahme}}\right)$ zur Darstellung.

5.14.3 Optimale Bewirtschaftung und Bilanz der Wachstumsfaktoren

Die Ertragskurve gibt zugleich Auskunft über die Frage nach der optimalen Bewirtschaftung (s. Abb. 122). Im Punkt der »optimalen Düngung« ist auch die *Verwertung* in der Pflanze günstig. Innerhalb des »Maximumgebietes« – und noch mehr im »Depressionsgebiet« – nimmt die scheinbare Verwertung stark ab. Im Anstiegsteil ist die Verwertung der Faktoren zunächst ungünstig. Einerseits kommt es darauf an, daß die Zufuhr von Wachstumsfaktoren – und zwar besonders der Nährstoffe u. ä. – so gestaltet wird, daß keine Verarmung (»Raubbau«) stattfindet und andererseits Verluste durch Versickerung sowie »Belastungen« im Boden vermieden

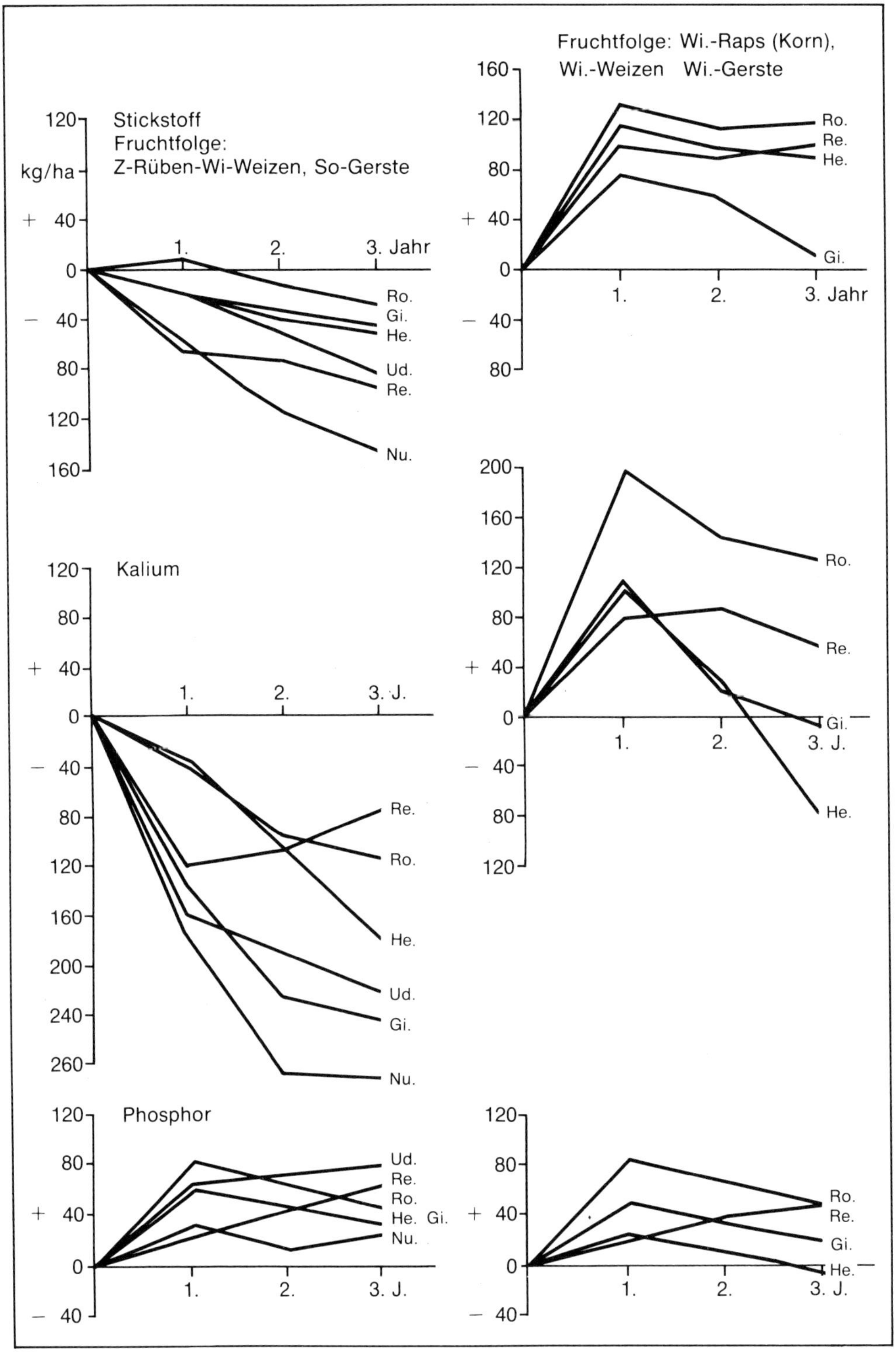

Abb. 123 Verlauf der Nährstoffbilanz in der Fruchtfolge auf den Standorten. Nach KITZ [1975].

werden. Für die Abrundung der Problematik ist die Frage nach der Bilanz der Faktoren, und zwar unter Berücksichtigung der Intensität bzw. Nutzung zu beantworten.
In Abb. 123 ist die *Bilanz der Hauptnährstoffe* (N, K, P) auf 5 landwirtschaftlichen Betrieben verschiedener Intensität und Nutzung wiedergegeben. Sowohl für die Nutzungssysteme (Fruchtfolgen) als auch für die einzelnen Nährstoffe ergeben sich auf den 5 Standorten erhebliche Unterschiede! In der genannten Darstellung sind die Verluste durch *Auswaschung* nicht berücksichtigt. In Tab. 82 sind als Beispiel die aus 9-jährigen Beobachtungen errechneten durchschnittlichen Werte für die aus dem durchwurzelten Bodenprofil pro Jahr ausgewaschenen N-, K-, P-Mengen für die 4 Böden der Lysimeterversuche in Rauischholzhausen angegeben [A. Vömel 1974] (s. auch A. Amberger und P. Schweiger [1973]; H. Hagin, A. Amberger, G. Kruh und E. Segall [1976]).

Tabelle 82 Durchschnittliche jährliche Nährstoffauswaschung in kg/ha (1960–1968). Nach A. Vömel [1974].

Boden	Sand	Löß	Lehm	Ton
Düngung I (niedrige Düngung)				
N	31	14	23	22
K	21	7	5	6
P	–	–	–	–
Na	32	35	29	36
Ca	182	118	105	211
Mg	28	20	37	37
Düngung II (hohe Düngung)				
N	33	16	27	24
K	22	6	5	4
P	–	–	–	–
Na	36	35	26	31
Ca	200	132	126	208
Mg	30	22	44	36

Die Intensität des *Umsatzes* in Abhängigkeit von der Bewirtschaftung gilt jedoch auch für die organischen Substanzen im Boden. Deshalb ist besonders bei intensiver Bewirtschaftung auf die Bilanz der organischen Stoffe zu achten. Auf Grund langjähriger Versuchsergebnisse werden in Abb. 124 [v. Boguslawski und J. Debruck 1977] Modellrechnungen wiedergegeben, und zwar unter Berücksichtigung des Nutzungssystems und verschiedener Formen der *organischen Düngung*.
Somit ist evident, daß im Boden nur bei sehr starker Zufuhr organischer Substanzen eine Anreicherung mit »Humus« möglich ist, welcher auf Grund vorliegender Ergebnisse nur 0,1–0,2% C bzw. 0,2–0,4% Humus beträgt, wobei diese Werte selten überschritten werden (s. W. Sauerlandt und C. Tietjen [1970]; v. Boguslawski und J. Debruck [1976]; B. Sadat [1975]; W. Flaig [1975]).
Indessen können Abbauprodukte der zugeführten organischen Substanzen nicht nur das Mikroleben im Boden fördern, sondern auch eine direkte Wirkung auf das Wachstum der Kulturpflanzen ausüben. Hierfür gibt Tab. 83 ein Beispiel aus den Arbeiten von W. Flaig [1975], (siehe auch F. Scheffer und B. Ulrich [1960] und A. Kloke [1963]). In diesem Zusammenhang sind die wegweisenden Erkenntnisse von F. Boas [1939] (siehe auch A. Virtanen [1933]; P. Rusch 1968]) zu nennen, der die »dreifache ernährungsphysiologische Grundlage« im Boden wie folgt definiert:

a) Massennährstoffe = Baunährstoffe wie Kalium, Kalzium, Phosphor, Schwefel
b) Hochleistungselemente wie Eisen, Zink, Kalzium, Mangan, Bor, Vanadium, Molybdän
c) organische Hochleistungswirkstoffe wie Wuchsstoffe, Vitamine, Hormone, Humusstoffe

Tabelle 83 Einfluß von p-Hydroxyzimtsäure und Vanillesäure auf das relative Trockengewicht von Roggensämlingen (Sand-Kultur). Nach W. FLAIG [1975][1].

Konzentration in Mol	p-Hydroxyzimtsäure		Vanillesäure	
	Sproß	Wurzel	Sproß	Wurzel
0	100	100	100	100
10^{-4}	116	103	123	130
10^{-5}	118	103	117	126
10^{-6}	95	100	107	118

Einfluß von Protacatechinsäure und Vanillin auf den relativen Ertrag von Sommerweizen (Mitscherlich-Gefäße)

Konzentration in Mol	Protocatechinsäure		Vanillin	
	Korn	Stroh	Korn	Stroh
0	100	100	100	100
6×10^{-5}	111	104	113	108
12×10^{-5}	110	113	111	111

[1] Unterstrichene Werte statistisch signifikant.

Unter Hinweis auf die schon von NÄGELI erkannte »Kleinstwirkung« definiert F. BOAS [1939] die »oligodynamische« Wirkung der Hochleistungselemente bzw. Wirkstoffe.
Wir können somit – unabhängig von der Nährstoffwirkung im engeren Sinne – von einer *Komplexwirkung* sprechen, welche bereits in Abb. 116 zum Ausdruck kam und physiologische und biologische Prozesse bzw. Faktoren einschließt. Hierin ist die entscheidende Ursache für das günstige Zusammenwirken zwischen der organischen und der mineralischen Düngung zu suchen, ohne welche Kombination die Produktivität im Intensivpflanzenbau nicht erreicht werden kann. Abb. 125 enthält das Ergebnis einer 18-jährigen (6 Rotationen) Versuchsreihe mit der Kombination verschiedener Formen der organischen Düngung mit Mineraldüngung bzw. Stickstoffdüngung. Aus der Darstellung ist ersichtlich, daß die Wechselwirkung zwischen den verschiedenen organischen Düngerformen und der N-Düngung sehr verschieden bzw. spezifisch ist. Ferner zeigen die Bilanzzahlen in Tabelle 84, daß nur die Kombination zu ausgeglichenen bzw. positiven N-Bilanzen geführt hat. Prinzipiell gilt die gleiche Problematik für Kalium und Phosphor. Obwohl in allen Varianten eine gleich hohe »Grunddüngung« verabfolgt wurde, ergeben sich aus der Zufuhr dieser Nährstoffe mit den organischen Düngerformen einerseits und dem Entzug des Pflanzenbestandes andererseits sehr verschiedene Bilanzwerte [E. v. BOGUSLAWSKI und J. DEBRUCK 1976].

5.14.4 Diskussion, vergleichende Betrachtung

5.14.4.1 Problem Düngung

Aus den Betrachtungen über die Ertragskurve und den damit zusammenhängenden Gesetzmäßigkeiten läßt sich für jeden Standort und das jeweilige Nutzungssystem die *optimale Methode* der Nutzung der Biosphäre ableiten. Der Begriff »optimal« schließt die Forderung ein, daß weder eine Verarmung des Bodens an Fruchtbarkeitsfaktoren noch Belastungen des Bodens und des Sickerwassers durch »Fremdkörper« sowie vermeidbare Verluste von Pflanzennährstoffen durch Auswaschen aus dem durchwurzelten Profil entstehen. »Optimal« schließt die Vermeidung von Mangelerscheinungen in der Qualität und Belastung unerwünschter Fremdstoffe bei den Kulturpflanzen als Nahrungsrohstoffe ein.
Diese Feststellungen können auf Grund der vorliegenden Erkenntnisse für den konventionellen Pflanzenbau gemacht werden! Selbstverständlich können *Fehler* in der Durchführung des Anbaues und infolge Nichtbeachtung der Gesetzmäßigkeiten zu »negativen Erscheinungen« füh-

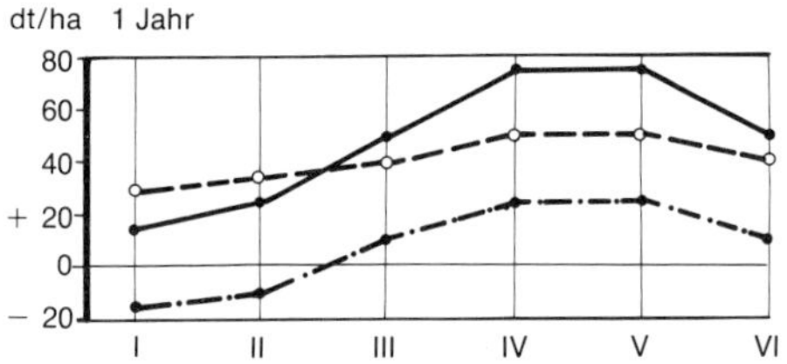

1 Jahr	I	II	III	IV	V	VI
Z.-Rüb.	St.+W.	Rückst. St.+W.	Rü.-bl.	Stm.	Stm.	Stroh
Zufuhr	15	25	50	75	75	50
Abbau	30	35	40	50	50	40
Bilanz	−15	−10	+10	+25	+25	+10

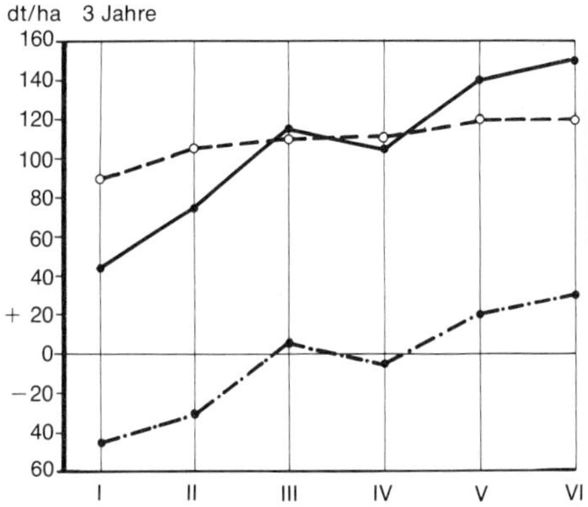

3 Jahre	I	II	III	IV	V	VI
Z.-Rüb.	St.+W.	Rückst.	1 Rü.-bl.	1 Stm.	1 Stm.	3 Stroh
Getr.		St.+W.	1 Stroh	2 St.+W.	1 GD	
Getr.			1 St.-W.		1 St.-W.	
Zufuhr	45	75	115	105	140	150
Abbau	90	105	110	110	120	120
Bilanz	−45	−30	+5	−5	+20	+30

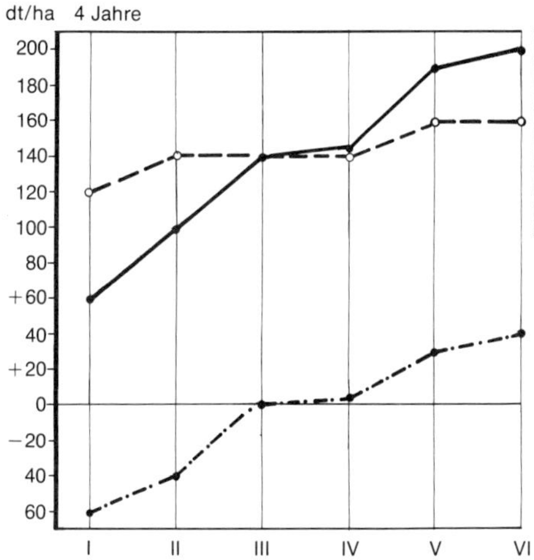

4 Jahre	I	II	III	IV	V	VI
Z.-Rüb.	St.+W.	Rückst.	1 Rü.-bl.	1 Stm.	1 Stm.	4 Stroh
Getr.		St.+W.	1 Stroh	2 St.+W.	1 St.+W.	
Getr.			2 R.-St.	1 GD	1 GD	
Getr.					1 Stroh	
Zufuhr	60	100	140	145	190	200
Abbau	120	140	140	140	160	160
Bilanz	−60	−40	± 0	−5	+30	+40

Werte in dt/ha Trockenmasse.

Zufuhr ●——●
Abbau ○– – –○
Bilanz ●-·-·-●

Abb. 124 Bilanz der organischen Substanz im Boden bei verschiedenen Nutzungssystemen.

ren. Im Intensivpflanzenbau treten bestimmte Fehler und entsprechende Folgen leichter auf als bei extensiver Bewirtschaftung. Das System »Boden-Pflanze« reagiert bei intensiver Bewirtschaftung und der damit verbundenen starken Düngung sensibler, was aus dem Verlauf der Ertragskurve leicht abgeleitet werden kann. Die trotz Resistenzzüchtung und biologischer Schädlingsbekämpfung im Sinne des »integrierten Pflanzenschutzes« noch erforderliche Anwendung von Fungiziden sowie Insektiziden und Wachstumsregulatoren dürfen durch mögliche »Rückstände« bzw. Abbauprodukte keine Beeinträchtigung der Qualität der Ernteprodukte zur Folge haben. Dasselbe gilt für die auch bei geregelter Fruchtfolge und gezielter Bodenbearbeitung infolge des Mangels an Handarbeitskräften nicht ganz vermeidbare Anwendung von Herbiziden zur Unkrautbekämpfung. Im übrigen darf nicht unerwähnt bleiben, daß zeitlich und mengenmäßig falsch zur Anwendung gebrachte Bekämpfungsmittel und Wachstumsregulatoren auch quantitativ, d. h. den *Ertrag* schädigen können.

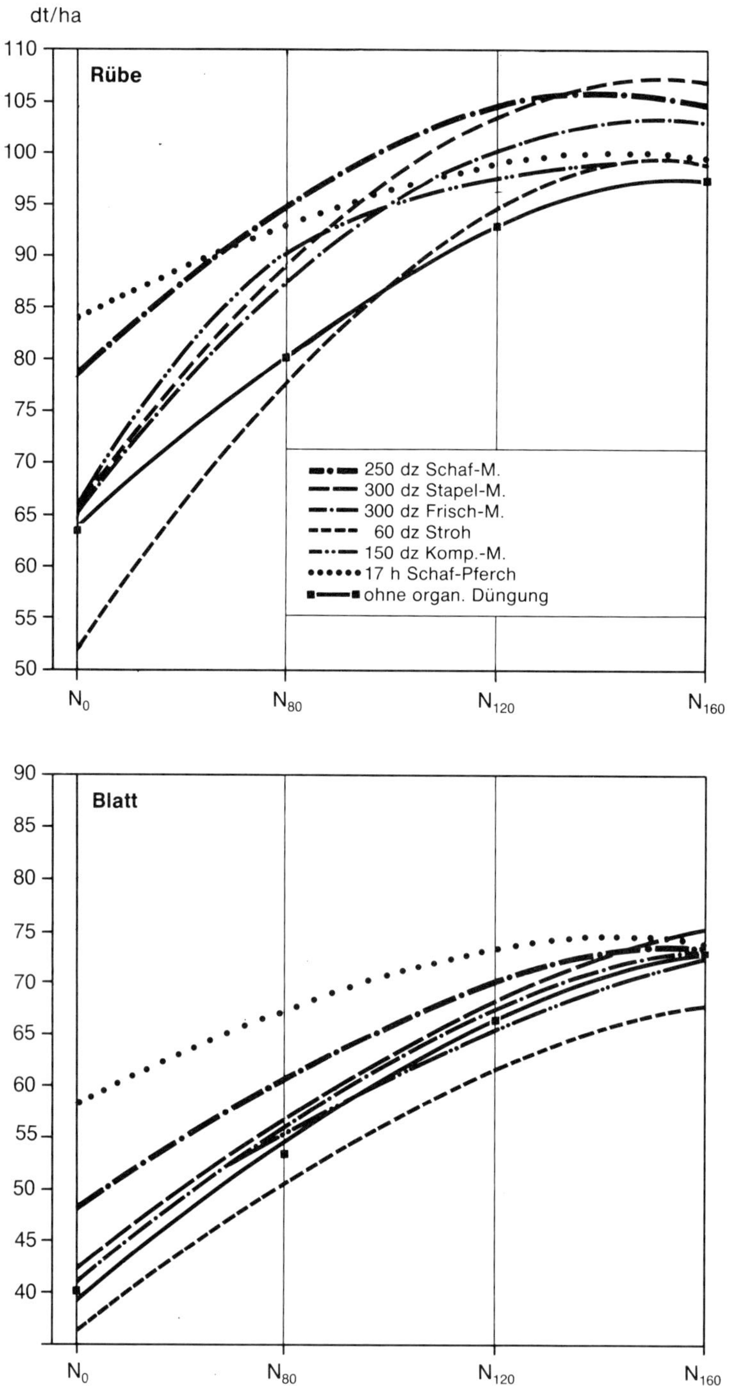

Abb. 125 Organischer Dauerdüngungsversuch R.-Holzhausen 1954–1972. Erträge in dt/Ha absol. Trokkenmasse. Nach von Boguslawski und Debruck [1976].

Tabelle 84 Die Nährstoffbilanzen in kg/ha, organischer Dauer-Düngungsversuch Rauisch-Holzhausen (1954–1972).

Düngungsstufen	VII Kontrolle	I Schaf-Tiefst.-mist	II Stapelmist	III Frischmist	IV Stroh	V Kompostmist	VI Pferch
Stickstoff, Gesamtbilanz nach 6 Rotationen:							
N_0	−1072	−165	−319	−420	−974	−507	+798
N_3	−273	+798	+373	+336	+82	+298	+1737
Kalium, Gesamtbilanz nach 6 Rotationen:							
N_0	−982	+2480	+2006	+1550	+1295	+1111	+2217
N_3	−741	+944	+236	−133	−440	−434	+964
Phosphor, Gesamtbilanz nach 6 Rotationen:							
N_0	+290	+556	+554	+464	+350	+536	+568
N_3	+56	+440	+412	+298	+178	+364	+447

Die intensive Bewirtschaftung setzt deshalb die Kenntnis der Zusammenhänge und Gesetzmäßigkeiten sowie genaues Arbeiten voraus! Hinzu kommt, daß die als Grundlage erforderliche Forschung stets nur begrenzt bzw. mit begrenzter Approximation an die Wirklichkeit vorliegt und ständiger Erweiterung und Vertiefung bedarf. Dies gilt insbesondere für die begrenzte Möglichkeit der Verallgemeinerung bestimmter Feststellungen auf andere Standorte, also in regionaler Hinsicht. Wie oben schon gesagt, können *ökonomisch* motivierte Entscheidungen bzw. Zwangslagen zu einseitigen und extremen Maßnahmen führen, welche zu Ursachen für auftretende Fehler werden können.

Die Ausführungen haben gezeigt, daß der konventionelle Landbau auf umfangreichen biologisch -physiologischen Grundlagen aufbauen kann und muß. Der entscheidende Unterschied zu den »Alternativen« besteht zunächst darin, daß diese – mit gewissen Differenzierungen – die Formen und die Intensität der Mineraldüngung ablehnen. Im Vordergrund steht die *organische Düngung* verschiedener Form einschließlich Gülle, Kompost und Gründüngung. Abgesehen davon, daß die Frage der Anwendung von »vorbehandelten Siedlungsabfällen« generell noch nicht als geklärt bezeichnet werden kann, besteht hierzu auch bei den Alternativen keine eindeutige Aussage [H. H. Koepf, B. D. Pettersson und W. Schaumann 1974]. Die Betonung der organischen Düngung ist grundsätzlich anzuerkennen, zumal der Pflege bzw. Qualität dieser Düngerform bei allen Varianten des alternativen Landbaues besondere Beachtung und Sorgfalt gewidmet wird [siehe u. a. H. Heinze 1973, 1976; H. Brauner 1974]. Auch wird damit – abgesehen von extremen Fällen – der Kreislauf der sogenannten »Spurennährstoffe« (Spurenelemente) gesichert. Folgerichtig beruht die Wirtschaftsweise der sogenannten »Alternativen« in der Regel auf dem in Abb. 114 dargestellten Kreislauf der Stoffe einschließlich der Viehhaltung, aber *ohne Mineraldüngung*. Indessen wird das allgemeine Prinzip nicht konsequent durchgeführt. Einmal werden teilweise organische Substanzen fremder Herkunft in den Kreislauf eingeführt, wie Abfälle tierischer Herkunft (z. B. Knochenmehl, Hornmehl, Tierhaare u. a.). Ferner werden bei einzelnen Varianten in verschiedenem Ausmaß und in verschiedener Form auch *Mineralstoffe* zugeführt, welche entweder zur Bodenverbesserung dienen oder Pflanzennährstoffe enthalten bzw. beide Funktionen verbinden. Hierbei werden schwerlösliche Verbindungen bevorzugt, wie Rohphosphate, Kalksteinmehle, Urgesteinsmehle, schwerlösliche Stickstoffverbindungen bis zu den üblichen Düngesalzen wie Thomasphosphat, Kali-Magnesia u. a.. Allerdings stehen besonders bei den Gesteinsmehlen die empfohlenen Mengen unter Berücksichtigung der Löslichkeit in keinem Verhältnis zu dem tatsächlichen Nährstoffbedarf der Pflanzen. Im übrigen werden die »wasserlöslichen« Mineraldünger – von H. Brauner [1974] willkürlich als »Kunstdünger« bezeichnet – weitgehend vermieden bzw. abgelehnt [H. Heinze 1975, 1976; H. Vogtmann 1976].

Sowohl aus alten Erfahrungsberichten wie aus Experimenten verschiedener Entwicklungsperioden kann als nachgewiesen gelten, daß mit entsprechend hohen regelmäßigen Gaben von Stallmist grundsätzlich die Nährstoffversorgung der Pflanzen gesichert werden kann. Es wird auf die älteste Versuchsreihe (1827–1902) in Kerstenbruch [s. K. BEINERT und W. SAUERLANDT 1951], die klassischen Versuchsreihen in Rothamsted [Sir. J. RUSSEL 1928] und die in Halle [s. K. SCHMALFUSS 1950], sowie in Darmstadt [P. WAGNER 1915] hingewiesen, welche allerdings teilweise noch mit relativ niedrigem Ertragsniveau verbunden sind [Th. ROEMER und F. SCHEFFER 1933]. Demgegenüber sind neuere Versuche, siehe F. BERKNER [1947], U. ABELE [1973] und Versuchsreihen des Biologisch-Dynamischen Forschungsringes [siehe H. HEINZE et al. 1973; E. VON WISTINGHAUSEN 1977] mit intensiverem Anbau aber verschiedenem Ertragsniveau verbunden.
Insbesondere in den zuletzt genannten Veröffentlichungen und weiteren Arbeiten [u. a. A. RONNENBERG 1973; H. H. KOEPF 1974; H. VOGTMANN 1976 u. a.] wird auf die enge Abhängigkeit von der *Tierhaltung* hingewiesen. Den hiermit im Zusammenhang angebauten *Leguminosen* in mehr- bzw. einjährigem Anbau für die Futtergewinnung und Gründüngung kommt für den Stickstoffhaushalt und die allgemeine Bodenfruchtbarkeit besondere Bedeutung zu, in welcher Auffassung wiederum *kein Unterschied* zu den konventionellen Verfahren des Landbaues besteht.
Die Problematik entsteht naturgemäß dann, wenn die Voraussetzung für die ausreichende Gewinnung von Stallmist oder »Mehrungsmist« nicht gegeben ist. Betriebswirtschaftlich verliert dann in der Regel der Anbau von Leguminosen für die Futterleistung an Bedeutung, während die günstige Wirkung als Gründüngung ihr Gewicht behält. Auch bei günstigen Voraussetzungen für die organische Düngung kann das durch die jeweiligen Genotypen (Zuchtsorten) der Kulturpflanzen und der allgemeinen ökologischen Voraussetzungen des Standortes gegebene *Potential* der Produktivität durch die sogenannten Alternativen häufig *nicht voll genutzt* werden. Hieraus ergeben sich betriebswirtschaftliche und marktwirtschaftliche Fragen, auf welche hier nicht näher eingegangen werden kann.
Nicht unterschätzt werden darf in diesem Zusammenhang die Frage der oben behandelten *Nährstoffbilanz*. Zwar ist die organische Bindung bzw. Einlagerung in der organischen Substanz der mit der organischen Düngung ausgebrachten Nährstoffe als günstig zu bezeichnen, dies auch hinsichtlich der Vermeidung von Nährstoffverlusten durch Auswaschung usw. Andererseits wurden der quantitative *Nährstoffumsatz* und die *Bilanz* zumindest in der einschlägigen Literatur wenig beachtet. Letzteres ist zwar auch bei der konventionellen Methode des Landbaues noch mangelhaft der Fall [E. v. BOGUSLAWSKI 1973, 1975]. In dem in Abb. 125 dargestellten Beispiel war die N-Bilanz »ohne N-Düngung« mit Ausnahme der Variante Schafpferch entweder annähernd ausgeglichen (siehe Schafmist) oder negativ. Daß bei »sachgemäßer« Mineraldüngung generell negative Bilanzen auftreten [siehe H. H. KOEPF, B. D. PETTERSSON und W. SCHAUMANN 1974] trifft nicht zu [siehe u. a. E. v. BOGUSLAWSKI 1975]. Andererseits ist es möglich, daß bei intensiver Düngung ohne ausreichende Beachtung des *Nährstoffverhältnisses* (siehe oben) bei bestimmten Nährstoffen negative Bilanzen zu erwarten sind. Im Zusammenhang mit der Frage der Bilanz sprechen H. H. KOEPF et al. [1974] vom »Ökonomieprinzip«, welche Bezeichnung zu Mißverständnissen führen kann. Gemeint ist die geringere Gefahr der Verluste bzw. Auswaschung von NO_3 durch Vermeidung der wasserlöslichen Stickstoffsalze. Hier ergibt sich eine gedankliche Verbindung mit dem in neuerer Zeit einseitig betonten »Energieproblem« in der Landwirtschaft [H. H. KOEPF 1974].
Was nun die *Qualität* der Ernteprodukte als eine auch für den Marktpreis der Produkte wichtige Frage anbetrifft, so bestehen zwischen den Forschern der verschiedenen Richtungen unterschiedliche und teilweise kontroverse Auffassungen. Abgesehen von der Komplexität des Qualitätsbegriffes einschließlich der Haltbarkeit bzw. Lagerungsfähigkeit liegen seitens der alternativen und insbesondere der biologisch-dynamischen Richtung zahlreiche Veröffentlichungen vor [siehe u. a. H. HEINZE et al. 1973; W. SCHUPHAN 1974]. Die biologisch-dynamische Richtung wendet neben anderen Testen die sonst nicht übliche »Kristallisationsmethode« nach PFEIFFER an [B. D. PETTERSON 1967; siehe H. HEINZE et al. 1973, S. 155]. Abgesehen davon, daß die »konventionelle Qualitätsforschung« während der letzten Jahrzehnte erhebliche Fort-

schritte gemacht hat, fehlen bei den vorliegenden Veröffentlichungen in den meisten Fällen Vergleiche sowohl hinsichtlich der Bewirtschaftungsmethode als auch der zur Anwendung gekommenen Teste.
A. AMBERGER [1972] kommt bei grundsätzlicher Betonung der Notwendigkeit der Qualitätsbeurteilung zu dem Ergebnis, daß exakte Beweise einer Beeinflussung bzw. Verschlechterung der Gesundheit durch Mineraldüngung bisher *nicht nachgewiesen wurden.* Bei den Untersuchungen von U. ABELE [1973] stimmten die üblichen Qualitätsmerkmale z. B. bei Zuckerrüben bei ähnlicher Ertragshöhe weitgehend überein. Der oben benutzte Begriff der »optimalen Düngung« schließt letztlich die einwandfreie Qualität ein. Daß einseitige Nährstoffversorgung bzw. Überdüngung zu Minderungen der Qualität und Haltbarkeit führen können, ist unbestritten.

5.14.4.2 Anwendung von Präparaten und Pflanzenschutz

Da aus der biologisch-dynamischen Wirtschaftsweise verhältnismäßig viel mehr Literatur bzw. Untersuchungen vorliegen, ergibt sich in dieser Diskussion ungewollt eine stärkere Behandlung dieser Richtung. Andererseits kann auf die speziellen Methoden und auf die Frage der *Reproduzierbarkeit* der Ergebnisse nicht näher eingegangen werden. Es kommt hinzu, daß auch auf diesem Gebiet in der Literatur bisher wenig vergleichende Exaktversuche vorliegen. Dies gilt besonders für die Anwendung der sogen. *Präparate* wie das Hornmist- (500) und das Quarzpräparat (501), welche in potentieller Verdünnung im Sinne von Entitäten auf den Boden bzw. Pflanzenbestand gespritzt werden. Die Präparate 502 bis 507 sind pflanzlicher Herkunft und werden vornehmlich bei der Stallmist- und Kompost- sowie Güllebereitung verwendet [H. HEINZE 1973]. In diesem Zusammenhang ist auf die oligodynamische Wirkung der Hochleistungswirkstoffe nach BOAS hinzuweisen [F. BOAS 1939]. H. H. KOEPF, B. D. PETTERSSON und W. SCHAUMANN [1974] verweisen zur Erklärung der Wirkung von Wirkstoffen in hoher Verdünnung auf das Problem der in der biologischen und medizinischen Forschung zunehmend bekannt gewordenen »Antagonisten«, welche sowohl »Förderung« wie »Hemmung« auslösen können. In der Wechselwirkung kann es schließlich zur gegenseitigen Aufhebung der Wirkung kommen. Auf jeden Fall handelt es sich um Wirkstoffe, welche auf das Wachstum der Kulturpflanzenschädlinge bzw. Pflanzenkrankheiten Einfluß nehmen. Für die Bodenfruchtbarkeit sind biologisch aktive Böden die Voraussetzung für die Entstehung solcher Wirkstoffsysteme. Generell besteht auch hierin kein Unterschied zu den Forschungsergebnissen und Auffassungen des sogen. konventionellen Landbaues!
Auf die Anwendung von *Pflanzenextrakten* in der Schädlingsbekämpfung kann nicht näher eingegangen werden. Dasselbe gilt für die Anwendung entsprechender Spritzbrühen bei der Unkrautbekämpfung. Andererseits bestehen bei den Bemühungen um die sogen. »biologische Schädlingsbekämpfung« zwischen der konventionellen Verfahrensweise und der biologisch-dynamischen Richtung grundsätzlich keine unterschiedlichen Auffassungen [s. J. M. FRANZ 1972; V. DELUCCHI 1974]. Im Zusammenhang mit der schon behandelten Frage der Anwendung von Bioziden zur Bekämpfung von Pflanzenkrankheiten und Unkräutern ist zu bemerken, daß die Vertreter der alternativen Richtungen für die zur Anwendung kommenden chemischen Mittel allgemein den Begriff »Gift« benutzen. F. BOAS [1939] kommt zu der Feststellung, daß es pflanzenphysiologisch »kein Gift an sich« gibt, daß es vielmehr auf die Wirkungskurve ankommt. Inwieweit diese Definition medizinisch gilt, wird vom jeweiligen Wirkstoff abhängen. Demgegenüber wird von »alternativer Seite« [H. HEINZE 1976] der Standpunkt vertreten, daß auch bei Rückständen unterhalb der sogen. Toleranzgrenze eine Verschlechterung der Qualität vorliegt.

5.14.4.3 Der Einfluß der Gestirn-Konstellation

Auch bei diesem Phänomen handelt es sich um spezielle Hypothesen und Verfahrensweisen der biologisch-dynamischen Richtung, welche im Ansatz schon von Rudolf STEINER konzipiert wurden. Dabei handelt es sich um die Teilproblematik der biologisch-dynamischen Richtung, welche bisher auch von den Vertretern dieser Richtung noch am wenigsten erforscht und methodisch fixiert war. In unserer Zeit hat M. THUN [siehe u. a. M. THUN und H. HEINZE 1973 und ebenso M. THUN 1977] umfangreiche Beiträge geliefert. Nach dem *siderischen Kalender* wird zwischen Wurzel-, Blüten-, Blatt- und Frucht-Trigonen unterschieden, welche für die Aussaat der Pflanzenarten sowie für alle Maßnahmen der Pflege einschließlich der Anwendung der Spritzmittel u. a. maßgeblich sind [siehe Beispiel M. THUN Aussaattage 1977]. Bisher wird vornehmlich empirisch vorgegangen, da die kausale Aufklärung weitgehend fehlt und vergleichende Untersuchungen nur in begrenztem Umfange vorliegen, welche wechselnde Ergebnisse erbrachten [siehe U. ABELE 1973; U. GRAF 1973, 1974; E. R. KELLER 1975] und in verschiedener Hinsicht Ergänzungen und Vertiefungen notwendig erscheinen lassen.

5.14.5 Schlußwort

Die Ernährung der Menschen und ebenso der Haustiere ist ohne mehr oder weniger starken Eingriff in die ursprünglichen Biotope und Ökosysteme nicht möglich. In dem Bemühen um Steigerung der Produktivität sind die ökologischen Gegebenheiten der Standorte und das genetische Potential der angebauten Pflanzen zu berücksichtigen und zu verbessern. Die öko-physiologischen Gesetzmäßigkeiten lassen erkennen, daß die Faktoren der Ökosysteme und insbesondere die Pflanzenbestände mit steigender Intensität der Bewirtschaftung auf Fehler stärker reagieren. Die Sicherung der Ernährung ist in der Zukunft davon abhängig, daß die ökologischen und biologischen Zusammenhänge bekannt sind und beachtet werden. Die einschlägige *Forschung* sollte sowohl in der *Analyse* als auch in der *kausalen sowie finalen* Fragestellung unabhängig von der Weltanschauung erfolgen.

Die Steigerung der Produktivität der jeweiligen Standorte ist auf die Dauer nur *gesichert*, wenn das System Klima- bzw. Mikroklima-Boden-Pflanze intakt bleibt. Dies bedeutet, daß die Fruchtbarkeit des Bodens sowie die Produktivität der Pflanzen und damit die Produktivität des Standortes auch für die Zukunft gesichert bleiben [H. JENNY 1941; E. v. BOGUSLAWSKI 1968, 1971].

In der Bereitung und Anwendung organischer Düngerformen haben die sogenannten Alternativen des Landbaues alte Erkenntnisse bestätigt und wertvolle neue Anregungen gebracht, welche im konventionellen Anbau Beachtung verdienen. Andererseits ist im Falle der Düngung nur eine sinnvolle *Kombination* von organischer und mineralischer Düngung geeignet, die Produktivität zu sichern und zu verbessern [G. BARBIER 1968; E. v. BOGUSLAWSKI und J. DEBRUCK 1976; E. v. BOGUSLAWSKI 1976]. Diese Folgerung gilt auch für extreme Formen des sogen. konventionellen Landbaues, welche die organische Komponente in Boden und Düngung zu wenig berücksichtigen.

Die »optimale Bewirtschaftung« schließt die Beachtung und Verbesserung der *Qualität* der Ernteprodukte als Nahrungsrohstoffe ein. Auf den Gebieten der Pflegemaßnahmen und Anwendung von Wirkstoffen einschließlich der Bekämpfung von Pflanzenkrankheiten und Unkraut werden von einzelnen Alternativen des Landbaues verschiedene Methoden empfohlen, welche der Nachprüfung und vertieften Erforschung bedürfen. Im Vordergrund stehen dabei – einschließlich der Wirkung der Konstellation der Gestirne – Methoden der biologisch-dynamischen Wirtschaftsweise. Unabhängig hiervon kommt auf den Gebieten der Qualitätsverbesserung und der Krankheitsresistenz der *Pflanzenzüchtung* eine entscheidende Bedeutung zu.

In neuerer Zeit kann auf Teilgebieten der Forschung von einer Annäherung der ursprünglich vorwiegend kontroversen Denkansätze zwischen den entsprechenden Arbeitsrichtungen des konventionellen Landbaues und den Alternativen des Landbaues gesprochen werden. Bei einigen Fragestellungen trifft dies sowohl hinsichtlich des kausalen Forschungsprinzips als auch der Methodik zu. Andererseits sind diese Voraussetzungen auf entscheidenden Teilgebieten noch nicht gegeben. Es liegt im Interesse der gesicherten Produktion der Nahrung für Mensch und Tier, daß – unabhängig von weltanschaulichen Gesichtspunkten – die Gemeinsamkeit vertieft wird. So könnten auch die kausal bisher nicht aufgeklärten Verfahren der Alternativen des Landbaues einer baldigen Erforschung zugeführt werden.

Unser Thema berührt in einigen Punkten philosophische Denkansätze. Gelegentlich wird die

»konventionelle Richtung« als materialistisch bezeichnet, während Vertreter »biologischer Alternativen« ihre Richtung als Betrachtung des »Lebendigen« identifizieren. In Wirklichkeit liegt die Aufgabe zwischen beiden Richtungen, nämlich in der Betrachtung bzw. im Verstehen des »funktionierenden Organismus« als offenes Wirkungssystem, womit auch das Wesen des »Dynamischen« eingeschlossen ist [siehe hierzu u. a. R. STEINER in H. HEINZE 1976; H. HEINZE 1977; L. v. BERTALANFFY 1942, 1951].

Schrifttum

ABELE, U., 1973: Vergleichende Untersuchungen zum konventionellen und biologisch-dynamischen Pflanzenbau unter besonderer Berücksichtigung von Saatzeit und Entitäten. Diss. Gießen.

AMBERGER, A., 1972: Mineraldünger und menschliche Gesundheit. Vortr. Düngerweltkongr., Baden-Wien.

AMBERGER, A. und P. SCHWEIGER, 1973: Wanderung der Pflanzennährstoffe im Boden und deren Bedeutung in einer umweltbewußten Landwirtschaft. Die Bodenkultur, *24*, Heft 3.

BARBIER, G., 1958: Mineraldüngung und Humushaushalt des Bodens. In 100 Jahren erfolgreicher Düngewirtschaft. Sauerländer-Verlag, Heidelberg.

BEINERT, K. und W. SAUERLANDT, 1951: Der wirtschaftseigene Dünger, seine Gewinnung, Behandlung und Verwertung. Verl. P. Parey.

BERKNER, F., 1947: Ein weiterer Beitrag zum Problem der Fruchtbarkeit unserer Böden. Z. Pflanzenern., Düng., Bdkd., *39 (84),* 10–26.

BERTALANFFY, L. VON, 1942: Biologie II. Bornträger Berlin, 239–253. Theoretische Biologie, 2. Aufl. Franke, Bern, 1951.

BOAS, F., 1939: Biologische Zukunft. Gemeinverständliche Betrachtungen über Ergebnisse der pflanzlichen Ernährungslehre. J. F. Lehmanns-Verl., München-Berlin.

BOGUSLAWSKI, E. VON, 1959: Zur Problematik der Pflanzenbauwissenschaft. Z. Acker- u. Pflanzenb., *108*, 321–338.

DERS., 1968: Die Bedeutung eines geordneten Landbaus für eine funktionsfähige Biosphäre. Natur u. Landschaft, *9*, 219–224.

DERS., 1971: Ökologische Probleme der Landnutzung. AVA-Jahrestag., Sonderheft 42, 90–119.

DERS., 1973: Entwicklung und Problematik der Standortforschung im Pflanzenbau. Beih. 1, Z. Acker- u. Pflanzenbau.

DERS., 1975: Die pflanzenphysiologischen und ackerbaulichen Grundlagen der Düngerbedarfsermittlung. Landw. Forsch., 31/I. Sonderheft, 270–289.

DERS., 1976: Konventioneller Landbau – biologischer Landbau. Diskussionsbeitrag aus wissenschaftlicher Sicht. Landw. Forsch., *29*, 268–274.

DERS. und J. DEBRUCK, 1976: Ergebnisse aus dem langjährigen Stallmist-Schafpferchversuch in Rauisch-Holzhausen. Z. Acker- u. Pflanzenb., *143*, 223–242.

DIES., 1977: Die Verwertung der Strohernten als Strohdüngung, DLG-Verlag, Bd. 155, Frankfurt/M.

DERS. und G. LACH, 1971: Die K-Nachlieferung des Bodens im Pflanzenexperiment im Vergleich mit dem austauschbaren Kalium. Z. Acker- u. Pflanzenb., *134*, 135–164.

DERS. und B. SCHNEIDER, 1961: Die dritte Annäherung des Ertragsgesetzes. I. Mitt. Z. Acker- u. Pflanzenb., *114*, 221–236.

DERS., ZADRAZIL, F. und J. DEBRUCK, 1976 a, b: Der Einfluß langjähriger Stroh- und Gründüngung sowie Stickstoffdüngung auf Faktoren der Bodenfruchtbarkeit. Z. Acker- u. Pflanzenb., *143*, 249–258, 259–269.

BRAUNER, H., 1974: Die wirtschaftlichen Grundlagen des organisch-biologischen Landbaus. Förderungsgemeinsch. f. ges. Bauerntum, Linz.

BREDA, E., HEINZE, H. und W. SCHAUMANN, 1975: Zielsetzungen und Wege der biologisch-dynamischen Wirtschaftsweise in der gegenwärtigen Situation der Weltlandwirtschaft. Forschungsring f. biol.-dyn. Wirtschaftsweise, 1–8.

BRUGGER, G., 1973: Informationen für den Wirtschaftsberater Württembergs. Auszug in »Im Blickfeld«, Chemie Linz.

BUESS, O., 1975: Grundsätzliches zum biologischen Landbau. Schweiz. Stiftung z. Förderung d. biol. Landbaus, *3*, 1–18.

BÜCHTING, A. J. und A. GUTSCHOW, 1976: Grenzen und Engpässe moderner Agrarverfahren – ökologische Alternativen. Eden-Stiftung z. Förderung naturnaher Lebenshaltung u. Gesundheitspflege.

DEBRUCK, J., 1972: Pflanzenbau und integrierter Pflanzenschutz. Ergebn. Landw. Forschung. Hochschultagung Gießen.

DELUCCHI, V., 1974: Biologische Schädlingsbekämpfung. 2. Jahresber. d. Schweiz. Stiftung z. Förderung d. biol. Landbaus, *5*, 1–16.
FLAIG, W., 1975: Specific effects of soil organic matter on the potential of soil productivity. FAO Soil Bulletin, Ann. *27*, 31–69.
FRANZ, J. M., 1972: Biologische Schädlingsbekämpfung. Ber. d. Landw., *50*, 417–425.
GRAF, U., 1973: Methoden des biologischen Landbaus – Versuch einer vergleichenden Darstellung. Schweiz. Landw. Monatshefte, *51*, 299–309.
DIES., 1974: Interner Bericht. Inst. für Pflanzenb. d. ETH Zürich.
HAGIN, H., AMBERGER, A., KRUH, G. und E. SEGALL, 1976: Comparsion of nitrate leaching results in a lysimeter experiment to those predicted by a simulation model and estimates of influences of varying parameters on simulation results. Z. Pflanzenern., Düng., Bdkd., *4*, 457–464.
HEINZE, H., 1977: Auf der Suche nach biologischen Lebensmitteln. Lebendige Erde, *4*, 122–123.
DERS. et al., 1973: Biologisch-Dynamischer Land- und Gartenbau. Lebendige Erde, *2*.
DERS. et al., 1975: Zielsetzungen und Wege der biologisch-dynamischen Wirtschaftsweise in der gegenwärtigen Situation der Weltlandwirtschaft. Forschungsr. für biologisch-dynamische Wirtschaftsweise, Darmstadt.
DERS. et al., 1976: Biologisch-Dynamischer Landbau 1945/49. Lebendige Erde.
DERS. und W. SCHAUMANN, 1973: Übersicht über die Untersuchungen der letzten Jahre in Darmstadt und Järna. Lebendige Erde, *2*, 11–20.
HOWARD, A., Sir, 1940: An agriculture testament. OUP 1940.
JENNY, H., 1941: Factors of soil formations. New York 1941.
KELLER, E. R., 1975: Neue Wege im Ackerbau? Schweiz. Landw. Monatshefte, Separatdruck, *53*, 1–30.
KITZ, M., 1975: Vergleichende Standortuntersuchungen in den Übergangslagen des Vogelsberges und in der Waberner Senke mit besonderer Berücksichtigung von Düngung und Nährstoffbilanz. Diss. Gießen.
KLOKE, A., 1963: Die Humusstoffe des Bodens als Wachstumsfaktoren. Verl. P. Parey, Berlin.
KOEPF, H. H., 1974: Die Bedeutung der Forschung auf dem Gebiet der biologischen Landwirtschaft. 1. Jahresber. d. schweiz. Stiftung z. Förderung d. biol. Landbaus, *2*, 1–17.
DERS., 1974: Energiekrise und Nahrungsmittelerzeugung. Lebendige Erde, *1*.
DERS., PETTERSSON, B. D. und W. SCHAUMANN, 1974: Biologische Landwirtschaft. Verl. Eugen Ulmer, Stuttgart.
KROSCH, G., 1975: Gutachten für Akademie für Raumforschung und Landesplanung.
LIEBIG, J. VON, 1841: Die organische Chemie in ihrer Anwendung auf Agricultur und Physiologie. Braunschweig 1841.
Mc. SHEEHY, T. W. und J. A. RAWLINGS, 1973: The influence of three different farming systems on organic matter in the soil. Pye Research Centre, Haughley, Suffolk.
MIKHTCHI, R., 1976: Erträge und Nährstoffbilanzen auf vier Standorten der internationalen ökologischen Dauerversuchsreihe (IDV). Diss. Gießen.
MITSCHERLICH, E. A., 1906: Bodenkunde für Landwirte, Forstwirte und Gärtner. Max Niemeyer-Verl., Halle/Saale, 6. Aufl. 1950.
DERS., BOGUSLAWSKI, E. VON, und A. GUTMANN, 1935: Studium über die Ernährung der Pflanzen. Schr. Königsberg, Gelehrte Ges. Naturwiss. Kl. 12, Heft 2.
ROEMER, Th. und F. SCHEFFER, 1933: Ackerbaulehre. Verl. P. Parey, Berlin.
RONNENBERG, A., 1973: Ökonomische Aspekte der biologisch-dynamischen Wirtschaftsweise – Konsequenzen für den Einzelbetrieb und für den Produktmarkt. Diplomarb., Darmstadt.
RUSCH, P., 1968: Bodenfruchtbarkeit. Haugh-Verl., Heidelberg.
RUSSEL, J., 1928: 85 years of fertilizer experiments at Rothamsted. 7. Kalitag, Berlin.
SADAT-DASTEGHEIBI, B., 1974: Untersuchungen zur Stoffdynamik in Ackerböden in Abhängigkeit von verschiedener organischer Düngung und Stickstoffdüngung. Diss. Gießen.
SAUERLANDT, W. und C. TIETJEN, 1970: Humuswirtschaft des Ackerbaus. DLG-Verl., Frankfurt/M.
SCHEFFER, F. und B. ULRICH, 1960: Humus und Humusdüngung. *I*, Lehrbuch der Agrikulturchemie u. Bdkd., III. Teil.
SCHMALFUSS, K., 1950: Siebzig Jahre »Ewiger Roggenbau«. Kühn-Archiv, *63*. Verl. M. Niemeyer, Halle/S.
SCHULTZ-LUPITZ, A., 1895: Zwischenfruchtbau auf leichtem Boden. Arb. d. DLG, Berlin 7.
SCHUPHAN, W., 1974: Ertrag und Nahrungsqualität pflanzlicher Erzeugnisse unter besonderer Berücksichtigung der Problematik »organischer« oder »chemisch-mineralischer« Düngung. Ernährungs-Umschau, *21*, 103–108.
SPRENGEL, G., 1831: Chemie für Landwirte, Forstmänner und Kameralisten. Göttingen.
THAER, A., 1880: Grundsätze der rationellen Landwirtschaft. Neue Ausg., Verl. von Wiegandt, Hempel und Parey, Berlin.
THUN, M., 1977: Aussaattage 1977, Jahrgang 15.

DIES. und H. HEINZE, 1973: Mehrjährige Weiter-Anbau von Kartoffeln im siderischen Mond-Rhythmus sowie Nachbau unter gleichen Bedingungen und Versuche mit verschiedenen Kiesel-Behandlungen. Lebendige Erde, *2*, 251–266.

DIES., 1973: Anbauversuche über Zusammenhänge zwischen Mondstellung im Tierkreis und Kulturpflanzen. Lebendige Erde, *1*, 38, 43, 70, *2*, 84, 85.

VIRTANEN, A., 1933: Biochemische Zeitschrift. Berlin.

VOGTMANN, H., 1976: Biologischer Landbau – eine Alternative? Schweiz. Stiftung z. Förderung d. biol. Landbaus, *6*, 1–14.

VÖMEL, A., 1974: Der Nährstoffumsatz in Boden und Pflanze aufgrund von Lysimeterversuchen. Beiheft z. Z. Acker- u. Pflanzenb. *3*, 1–94.

WAGNER, P., 1915: Die Wirkung von Stallmist und Handelsdünger. DLG, Heft 279.

WISTINGHAUSEN, E. VON, 1977: Bodenvergleiche nach 19jähriger unterschiedlicher Düngung. Lebendige Erde, *3*, 91–100.

ZADRAZIL, F., 1971: Der Einfluß von langjährigen Düngungsmaßnahmen mit Stroh- und Gründüngung sowie Stickstoffdüngung auf einige physikalische, chemische und biologische Bodeneigenschaften. Diss. Gießen.

Einheiten-Umrechnungstabelle (Umstellung auf die neuen gesetzlichen Einheiten, SI-Einheiten).

Größe	Einheitenzeichen alt	neu	Beziehung				Bemerkung			
Raum										
Länge	m	m								
Fläche	qm	m^2								
	b	m^2	1b	$= 10^{-28}$	m^2		Wirkungsquerschnitt von Teilchen in der Kernphysik		b	Barn
Volumen	cbm	m^3								
Winkel	^{g}	gon	1^g	= 1	gon	$= \frac{\pi}{200}$ rad	$1° = \frac{400}{360}$ gon = 1,1111 gon^g (° weiterhin zulässig)			Neugrad
									rad	Radiant
									gon	Gon
Mechanik										
Kraft, Gewichtskraft	dyn	N	1 dyn	$= 10^{-5}$	N				N	Newton (sprich Njuten)
	kp	N	1 kp	= 9,80665	N	(≈ 10N)				
Druck in Flüssigkeiten, Gasen und Dämpfen	at = kp/cm^2	bar (bzw. Pa)	1 at	= 0,980665	bar	(≈ 1 bar)	1 bar	$= 10^5$ Pa	at	techn. Atmosphäre
	atm		1 atm	= 1,01325	bar	(≈ 1 bar)			atm	phys. Atmosphäre
	m WS		1 m WS	= 0,0980665	bar	(≈ 0,1 bar)			bar	Bar
	mm Hg		1 mm Hg	= 1,33322	mbar		1 mm Hg	= 1 Torr (bei 0 °C)		
	Torr		1 Torr	= 1,33322	mbar					
Mechanische Spannung,	kp/mm^2	N/mm^2	1 kp/mm^2	= 9,80665	N/mm^2		1 Pa	= 1 N/m^2	Pa	Pascal
Festigkeit	kp/cm^2	N/mm^2					1 N/mm^2	= 1 MPa		
Energie, mechanische	m kp	J	1 m kp	= 9,80665 J			1 J	= 1 W s = 1 N m	J	Joule (sprich Dschuhl)
kalorische	kcal	kJ	1 kcal	= 4,1868	kJ					
elektrische	kW h	kW h, MJ	1 kW h	= 3,6	MJ					
atomare	eV	eV	1 eV	$= 1{,}602 \cdot 10^{-19}$	J				eV	Elektronvolt
Leistung	PS	W	1 PS	= 735,49875	W	(≈ 735 W)	1 PS	= 75 kp m/s	W	Watt
Viskosität, dynamische	cP	N s/m^2	1 cP	$= 10^{-3}$	N s/m^2	$= 10^{-3}$ Pa s			P	Poise
kinematische	cSt	cm^2/s	1 cSt	$= 10^{-2}$	cm^2/s				St	Stokes
Elektrizität und Magnetismus										
Magnetische Feldstärke	Oe	A/m	1 Oe	$= 10^3/4\pi$	A/m	= 79,5775 A/m			Oe	Oersted
Magnetischer Fluß	M	Wb	1 M	$= 10^{-8}$	Wb		1 Wb	= 1 V s	M	Maxwell Wb Weber
Magnetische Flußdichte (Induktion)	G	T	1 G	$= 10^{-4}$	T		1 T	= 1 Wb/m^2	G	Gauß T Tesla

Größe	Einheitenzeichen alt	neu	Beziehung		Bemerkung	
Wärme						
Temperatur, thermodynamische	°K	K	1 °K =	1 K		K Kelvin
Temperaturdifferenz, -intervall	grd	K (bzw. °C)	1 grd =	1 K = 1 °C	grd Grad	
Wärmemenge	kcal	kJ	1 kcal = 4,1868	kJ	cal Kalorie	1 kcal = 1,1630W h
Radiologie						
Aktivität der radioaktiven Stoffe	Ci	s^{-1}	1 Ci = $3{,}7 \cdot 10^{10}$	s^{-1}	Ci Curie	
Äquivalentdosis	rem	J/kg	1 rem = 10^{-2}	J/kg	rem Rem	
Energiedosis	rd	J/kg	1 rd = 10^{-2}	J/kg	rd Rad	
Ionendosis	R	C/kg	1 R = $2{,}58 \cdot 10^{-4}$	C/kg	R Röntgen	C Coulomb
Optische Strahlung						
Leuchtdichte	asb	cd/m^2	1 asb = $1/\pi$	cd/m^2	asb Apostilb	cd Candela
	sb	cd/m^2	1 sb = 10^4	cd/m^2	sb Stilb	

Größe	*Einheitenname*	*Einheitenzeichen*	*Dezimale* Zehnerpotenz	*Vielfache und Teile* Vorsatz	Vorsatzzeichen	*Anmerkung:*
SJ-Basiseinheiten						
Länge	Meter	m	10^{12}	Tera	T	Zur Erklärung der neuen Einheiten dürfen alte Einheiten in Fußnoten oder Klammern angegeben werden. °C ist weiterhin für Celsiustemperaturen gültig.
Masse	Kilogramm	kg	10^{9}	Giga	G	
Zeit	Sekunde	s	10^{6}	Mega	M	
Elektrische Stromstärke	Ampere	A	10^{3}	Kilo	k	
Thermodynamische Temperatur	Kelvin	K	10^{-3}	Milli	m	←Mit diesen Vorsätzen dürfen alle hier genannten gesetzlichen Einheiten (mit Ausnahme von °C, min, h, °, ′, ″) kombiniert werden.
Stoffmenge	Mol	mol	10^{-6}	Mikro	μ	
Lichtstärke	Candela	cd	10^{-9}	Nano	n	
			10^{-12}	Piko	p	Eine Einheit darf nicht mehr als einen Vorsatz erhalten.
Atomphysikalische Einheiten			10^{-15}	Femto	f	
Masse	atomare Masseneinheit	u	10^{-18}	Atto	a	Alle Einheiten dürfen nur ohne Indices verwendet werden.
Energie	Elektronvolt	eV				Näheres siehe DIN 1301, DIN 1305 und KUN 304.01 (KWU-Normung)

Sachregister